中研院歷史語言研究所集刊論文類編

文獻考訂編 五

中華書局

史 記 斠 證 卷 八 十

樂 毅 列 傳 第 二 十

王 叔 岷

樂毅賢好兵。

　　案文選賈誼過秦論注引賢下有而字。

而齊大敗燕。

　　案文選王子淵四子講德論注引敗作破。

於是屈身下士，先禮郭隗以招賢者。

　　正義：『說苑云：「…………寡人地狹民寡，…………不失揖讓之理，…………
　　北面等禮，…………西面逡巡以求臣，………………。』

　　考證：楓、三本屈作詘。

　　施之勉云：『正義「不失揖讓之理。」張森楷曰：「理當作禮。」各本並誤。』
　　案文選注引屈亦作詘，作詘是故書。正義引說苑『民寡，』民字當譌。『揖讓之
　　理，』今說苑君道篇理作禮，與張說合。『北面、』『西面，』今說苑北、西二
　　字互易。

燕王以客禮待之。

　　考證：楓、三本燕王作燕昭王。

　　案文選袁彥伯三國名臣序贊注、賈誼過秦論注引燕王，亦並作燕昭王。（東方朔
　　荅客難注引燕王作『燕時，』時葢昭之誤。）

南敗楚相唐眛於重丘。

　　索隱：眛，莫葛反。

　　梁氏志疑據湖本眛作眜，云：『眛當作眜，重丘當卽茈丘。…………………「楚
　　相」乃「楚將」之誤。』

　　案索隱單本、景祐本、黃善夫本、殿本眛皆作眜，黃本、殿本索隱亦並作眜。

眛、眛並眜之誤。參看秦本紀斠證。唐眜爲楚將，非楚相，楚表：『敗我將軍唐

眜於重丘。』楚世家：『殺楚將唐眜。』韓世家：『敗楚將唐眜。』屈原列傳：

『其後諸侯共擊楚，殺其將唐眜。』（眛、眛皆當作眜。）皆其證。

王必欲伐之，莫如與趙及楚、魏。

　　案必猶若也。通鑑周紀四與作約，義同。

令趙啗說秦以伐齊之利。

　　王念孫云：『「令趙啗秦以伐齊之利，」（啗與啖同。）索隱本啗下有說字，是
　　也。集解引徐廣曰：「啗，進說之意。」則正文內有說字明矣。說秦伐齊，其大
　　指在啗之以利，故曰「啗，進說之意。」高祖紀曰：「使酈生、陸賈往說秦將，
　　啗以利。」義與此同也。』

　　考證：各本啗下無說字，索隱本有。

　　案景祐本、黃善夫本、殿本皆無說字，通鑑同。審徐注『啗，進說之意。』則啗
　　下似本無說字，蓋『啗秦以伐齊之利，』即是『進說秦以伐齊之利』也。如據索
　　隱本有說字，則啗字當在以字上，（通鑑注：以利誘之曰啗。）『令趙說秦，啗
　　以伐齊之利。』與王氏所引高祖紀云云，句法同。

諸侯害齊湣王之驕暴，

　　案害猶患也。淮南子脩務篇：『時多疹病毒傷之害。』（今本疹誤疾，王氏雜志
　　有說。）高注：『害，患也。』

樂毅於是并護趙、楚、韓、魏、燕之兵以伐齊，破之濟西。

　　索隱：護，謂總領之也。

　　梁玉繩云：六國破齊，此失書秦，說在秦紀。

　　案通鑑護作將，與索隱釋護之義合。荀子王制篇楊注引史記云：『齊湣王四十
　　年，樂毅以燕、趙、楚、魏、秦破齊。』（失書韓。）燕策一稱樂毅『與秦、
　　楚、三晉合謀以伐齊。』（失書燕。）通鑑云：『樂毅將秦、魏、韓、趙之兵以
　　伐齊』（失書楚、燕。）亦皆可證此失書秦。

而燕軍樂毅獨追至于臨菑。

　　案御覽二百引菑作淄，下同。燕策、田完世家亦並作淄。書鈔四七、御覽三百

七、八百二引下文亦皆作淄，新序雜事三、通鑑並同。菑、淄古通，燕世家已有
　　說。

盡取齊寶財物祭器，

　　案御覽二百引取作以，寶下有貨字。

燕昭王大說。

　　案治要、御覽二百、三百七引此皆無燕字。

封樂毅於昌國，號爲昌國君。

　　集解：『徐廣曰：屬齊。』

　　索隱：地理志，縣名，屬齊郡。

　　正義：故昌城，在淄州淄川縣東北四十里也。

　　施之勉云：『吳汝綸曰：案燕惠王後復以樂閒爲昌國君，其時齊城已盡復歸齊
　　矣。然則昌國，當是燕地。』

　　案通鑑注：『班志，昌國縣，屬齊郡。封毅爲昌國君，以其能昌大燕國也。』昌
　　國，齊地，非燕地。下文『燕王復以樂毅子樂閒爲昌國君。』閒僅承襲其父之封
　　號而已，恐非封以其地也。

會燕昭王死，

　　案治要引死作卒，中論愼所從篇亦作卒。

嘗不快於樂毅。及即位，齊之田單聞之，

　　案記纂淵海七二引快作樂，（疑因樂字聯想而誤。）『齊之』作『齊將。』

齊城不下者兩城耳。

　　案下城字疑衍，御覽二九二引戰國策作『齊王已死，城不拔者二耳。』（通典一五
　　一同。）田單列傳亦云：『齊王已死，城之不拔者二耳。』又見中論（無齊字）

　　及通鑑，皆無下城字。容齋隨筆十一作『齊不下者兩城耳。』則無上城字。

南面而王齊。

　　案殿本無齊字，容齋隨筆作『南面而王耳。』亦無齊字。

於是燕惠王固已疑樂毅。得齊反閒，乃使騎劫代將，而召樂毅。

　　索隱：騎劫，燕將姓名也。

案『於是』猶『於時，』爾雅釋詁：『時，是也。』通鑑注：『騎劫時以能而將，騎以官稱，非姓也。』

趙封樂毅於觀津，號曰望諸君。

索隱：望諸，澤名，在齊，蓋趙有之，故號焉。戰國策望作藍也。

考證：『今本策作望諸。恩田仲任曰：「中山策云：『齊攻中山，藍諸君患之。』〔鮑〕注：『中山相也。』索隱誤混望諸、藍諸為一。」』

案燕策二云：『樂毅奔趙，趙封以為望諸君。』又云：『望諸相中山。』中山策云：『齊…………欲割平邑以賂燕、趙，出兵以攻中山，藍諸君患之。』吳氏補云：『索隱云：「戰國策望諸作藍諸。」愚按燕策：「望諸相中山。」恐即此人，與樂毅同號者。索隱指為毅，則誤矣。』竊以為相中山之望諸君，一作藍諸；而樂毅封為望諸君，小司馬所見燕策故本亦作藍諸，故云『戰國策望作藍。』恐不致誤以相中山之藍諸君為樂毅也。

將軍過聽，

案『過聽』猶『誤聽，』秦策二：『過聽於張儀。』高注：『過，誤也。』

臣不佞，

案小爾雅廣言：『佞，才也。』新序雜事三『不佞』作『不肖，』下文『臣雖不佞，』亦作『不肖，』義略同。

故遁逃走趙。

考證：燕策『走趙』下，有『自負以不肖之罪』七字，辭意更明。

案燕策『走趙』作『奔趙，』下更有『自負以不肖之罪，故不敢為辭說。』十三字。新序無『走趙』二字，下亦有『自負以不肖之罪，而不敢有辭說。』十三字。而與故同義，有與為同義。

不以祿私親，其功多者賞之。其能當者處之。

案燕策作『不以祿私其親，功多者授之。不以官隨其愛，能當者處之。』新序作『不以祿私親，功多者授之。不以官隨愛，能當者處之。』此文『其能當者處之』上，疑脫『不以官隨愛』五字。

臣竊觀先王之舉也，見有高世主之心。故假節於魏，以身得察於燕。

正義：樂毅見燕昭王，有自高尊世上人主之心，故假魏節使燕。

王念孫云：察讀爲交際之際。際，接也。（見爾雅及左傳昭四年注、孟子萬章篇注。）言假魏節使於燕，而以身得接見先王也。際與察古同聲而通用。

考證：『楓、三本舉下有錯字，與策合。當依補。李笠曰：既云「竊觀，」不應復出見字也。也下見字衍。燕策、新序雜事三並無見字。』

施之勉云：『張森楷曰：「初疑『假節、』『得察』字有誤，以問新城王樹枏，王云：『假節，』謂爲魏使。察，至也。見廣雅及尚書大傳。」』

案新序舉下有措字，與楓、三本及燕策合，措、錯古通，其例習見。也下見字，蓋涉正義『見燕昭王』而衍。廣雅釋詁一：『察，至也。』『察於燕，』猶言『至於燕，』王樹枏說是。察、際古通，王氏讀察爲際，際亦至也。淮南子原道篇：『高不可際。』高注：『際，至也。』

厠之賓客之中，立之羣臣之上。

案釋名釋宮室：『厠，雜也。』燕策、新序厠並作擢。記纂淵海五十、七一引賓客』並作『士民。』

不量輕弱，

案記纂淵海七二引量作論，有注云：『一作量。』論亦有量義，呂氏春秋論人篇：『此賢主之所以論人也。』高注：『論，猶論量也。』

與天下圖之，莫若結於趙。且又淮北、宋地，楚、魏之所欲也。趙若許，而約四國攻之，齊可大破也。

考證：『…………………中井積德曰：「此稱趙、楚、魏，而下稱四國，蓋漏韓一條也。且云『楚、魏所欲，』而無予楚、魏之語，皆脫文耳。」』

施之勉云：『策作「趙若許，約楚、魏、宋盡力，四國攻之，齊可大破也。」鮑彪注：「宋雖已舉，其遺民怨之。」則是四國者，趙、楚、魏、宋也。』

案『趙若許，而約四國攻之。』當讀『趙若許而約』句。『四國攻之』句。『四國攻之，』謂燕、趙、楚、魏攻之也。新序作『趙若許約，楚、魏盡力，四國攻之。』文義亦同。燕策作『趙若許約，楚、魏、宋盡力，四國攻之。』（鮑本魏誤趙。）宋字乃涉上文『宋地』而衍。黃氏札記云：『新序較此但無宋字，此當

衍宋。』是也。如中井說，四國爲趙、楚、魏、韓，不知連燕計之，則是五國；如施氏說，四國爲趙、楚、魏、宋，不知連燕計之，亦是五國。其誤皆由『趙若許，而約四國攻之。』之斷句而起也。

具符節，南使臣於趙。顧反命起兵擊齊。

王念孫云：『「顧反」句。「顧反」者，還反也。文選沈約鍾山詩注引蒼頡篇曰：「顧，旋也。」穆天子傳：「吾顧見女。」郭璞曰：「顧，還也。」故還反謂之「顧反。」屈原傳曰：「使於齊。顧反，諫懷王。」呂氏春秋觀表篇曰：「郈成子爲魯聘於晉，過衞，右宰穀臣止而觴之。顧反，過而不辭。」韓子外儲說左篇曰：「曾子之妻之市，其子隨之而泣。其母曰：女還顧反，爲女殺彘。」趙策曰：「公子魏牟過趙，趙王迎之。顧反，至坐前。」淮南人閒篇曰：「陽虎赴圍而走。顧反，取其出之者，以戈推之。」皆謂還反也。』

考證：『顧反，』王說是也。與田完世家『顧反聽命於韓也，』『顧反』異義。命字，新序雜事三無。此與燕策恐衍。

施之勉云：『穆天子傳：「吾顧見女。」注「：顧，還也。」周禮宰夫：「主諸臣之復。」注：「復之爲言報也，反也，反報於王。」是「顧反命，」即「還復命」也。論語鄉黨篇：「賓退，必復命曰：賓不顧矣。」江永鄉黨圖考記：「復命，若非君有命，何以謂之復命乎？」左傳宣四年：「箴尹克黃使於齊，還及宋，聞亂。其人曰：『不可以入矣。』箴尹曰：『棄君之命，獨誰受之？君，天也。天可逃乎？』遂歸復命。」又襄二十八年：「鄭伯使游吉如楚，歸復命，告子展曰：楚子將死矣。」是古者使出，歸必復命也。國語魯語：「明日有司復命。」韋昭注云：「復，反也。明日反命於公也。是復命即反命也。樂毅奉燕昭王命，使於趙，歸復命，故云「顧反命。」孟子滕文公上，兩言「然友反命。」命字非衍。「顧反命，」新序雜事三作「顧反。」是屈原傳「顧反，」即「顧反命，」又即左傳所謂「歸復命」也。諸說皆非。』

案『顧反』二字句。『顧反』猶『還反。』王說是也。『顧反、』『還反，』並複語，顧、還並猶反也。淮南子主術篇：『簡子欲伐衞，使史黯往觀焉。還反，報曰：蘧伯玉爲相，未可以加兵。』（還下有反字，據宋本。）道應篇：『荆有

伙非，得寶劒於千隊。還反，度江。』人閒篇：『荀息伐虢，遂克之。還反，伐
虞。』諸言『還反，』皆與『顧反』同。至於王氏所舉韓子『女還顧反，爲女殺
彘。』一例，還、顧、反，三字疊義，當三字連讀，與僅用『顧反』二字爲複語
者有別。新序『顧反』下略命字，或脫命字。考證以命字爲衍文，非也。命字屬
下讀，燕策鮑本『顧反命』三字連讀，施氏從之，釋『顧反命』爲『還復命。』
並云：『新序雜事三作「顧反。」是屈原傳「顧反，」即「顧反命，」又即左傳
所謂「歸復命」也。』夫『顧反命，』固可釋爲『還復命，』或『歸復命。』
『顧反』下無命字，焉得云『顧反』即『顧反命』乎？屈原傳云：『使於齊，顧
反，諫懷王。』楚世家作『屈原使從齊來，諫王。』文義相同。則此『顧反』非
即『顧反命』之意矣。又施氏引周禮及注云云，主乃令之誤，言上衍爲字。

而舉之濟上。

正義：濟上，在濟水之上。

案黃善夫本正義作『濟水之上，在濟上。』

長驅至國，齊王遁而走莒。

考證：楓、三本國作齊，遁下有逃字。

施之勉云：新序雜事篇國作齊，遁下有逃。

案燕策國下姚校云：『錢作齊。』與此楓、三本合。又燕策遁上有逃字。

齊器設於寧臺。

正義：『括地志云：燕元英、歷石二宮，皆燕宮。……………』

案正義『燕元英，』殿本正義燕作按，是。燕策吳氏正引正義作『元英、曆石，
燕二宮名。』曆當作歷。

故鼎反乎歷室。

集解：『徐廣曰：歷，歷也。』

索隱：……………戰國策作歷室也。』

正義：『…………高誘云：燕噲亂，齊伐燕，殺噲，得鼎。今反歸燕故鼎。』

梁氏志疑所據湖本歷作磨，云：『磨當作歷，說在功臣表歷侯下。』

案景祐本、黃善夫本、殿本歷皆誤磨，春申君列傳亦有說。新序作歷室，與索隱

引戰國策合。惟燕策姚本作厤室，鮑本作曆室。曆當作曆。厤，古歷字。曆，俗字。正義引高誘云云，乃燕策高氏佚注。吳氏正引『故鼎』作『古鼎，』古上無燕字。

薊丘之植，植於汶篁。

施之勉云：『楊樹達曰：「樂毅報燕惠王書云：『薊丘之植，植於汶皇。』索隱云：『言燕之薊丘所植，皆植齊王汶上之竹也。』蓋樂毅此書，意在誇示己爲燕伐齊之功績。上文『齊器設於甯臺，大呂陳於元英，故鼎反乎曆室。』三句，皆指在齊之物，移入於燕而言。今按，『植於汶篁』之於字，當訓爲以。言薊丘之植，植以汶篁耳。」』

案之猶所也。索隱釋『之植』爲『所植，』是也。楊氏釋於爲以，亦符索隱之旨。燕策姚本篁作皇，篁、皇正、假字。（記纂淵海四二引此篁作湟，湟蓋本作皇，涉汶字而誤加水旁也。）

自五伯已來，功未有及先王者也。先王以爲慊於志，

索隱：按慊，音苦簞反，作嗛。嗛者，常慊然而不愜其志也。

考證：慊，快也，足也。燕策作愜，新序作快，索隱不字衍。

案記纂淵海引已作以。荀子正名篇楊注引慊作嗛，（與索隱云『作嗛』合。）云：『嗛，足也，快也。史記：「樂毅曰：先王以爲嗛於志。」』慊、嗛並厭之借字，說文：『厭，快也。』今字作愜。『慊於志，』燕策姚本作『愜其志，』（鮑本作『順于其志。』）新序作『快其志。』於、其同意。考證謂『索隱不字衍。』孝文本紀：『天下人民未有嗛志。』索隱：『嗛者，不滿之意也。』不字亦衍，彼文斠證有說。

若先王之報怨雪恥，

案雪借爲㪍，謂拭除也。秦本紀有說。

及至弃羣臣之日，餘教未衰。執政任事之臣，脩法令，愼庶孽，施及乎萌隸。

考證：愼，燕策、新序作順。『順庶孽，』謂不亂適庶之分。萌、氓同。『餘教未衰，』策作『餘令詔後嗣之遺義。』蓋史公改修。

案『餘教未衰，』新序作『餘令詔後嗣之義法。』本燕策。愼、順古通，莊子列

禦寇篇：『順於兵，故行有求。』釋文本順作愼，荀子仲尼篇：『能耐任之，則
愼行此道也。』楊注：『愼讀爲順。』並其證。考證『萌、氓同。』本燕策鮑注。

昔伍子胥說聽於闔閭，

案燕策姚本伍作五，黃氏札記云：『今本五作伍，鮑本作伍。五、伍同字。史
記、新序作伍。』通鑑亦作伍。伍、五古通，非同字。伍子胥列傳有說。

吳王不寤先論之可以立功，故沈子胥而不悔。子胥不蚤見主之不同量，是以至於入江
而不化。

索隱：言子胥懷恨，故雖投江而神不化，猶爲波濤之神也。

王念孫云：『小司馬誤解化字。化者，變也。「至於入江而不化，」猶言至死不
變耳。燕策作「故入江而不改。」改亦變也。上文曰：「吳王不寤先論之可以立
功，故沈子胥而不悔。」「不悔」與「不化，」意亦相近。』

案燕策姚本寤作悟。黃氏札記云：『悟，鮑本作悮。史記作寤，新序作計。』
寤、悟古通，悮（俗誤字）乃悟之誤。黃善夫本、殿本索隱，『懷恨』並作『怨
恨，』通鑑注引同。

夫冤身立功，以明先王之迹，臣之上計也。離毀辱之誹謗，墮先王之名，臣之所大恐
也。

案燕策立作全，誹作非。新序立亦作全。誹、非古通，管子明法篇：『而誹者不
能退也。』韓非子有度篇誹作非，莊子刻意篇：『非世之人。』御覽五百一引非
作誹，並其比。通鑑注：『離與罹同，墮與隳同。』遭罹字古通用離。墮，敗
也。『說文：陸，敗城阜曰陸。墮，篆文。』陸，籀文。墮，小篆。墮與墮同。
隳，俗字。

臨不測之罪，以幸爲利，義之所不敢出也。

索隱：謂既臨不測之罪，以幸免爲利。今我仍義先王之恩，雖身託外國，而心亦
不敢出也。

殿本考證：『余有丁曰：「爲利，」即所謂「乘燕之敝」者。索隱解未明。』

案『不測』猶『無極。』呂氏春秋論人篇：『闊大淵深，不可測也。』高注：
『測，盡極也。』莊子在宥篇：『彼其物無測，而人皆以爲有極。』測、極互文，

中研院歷史語言研究所集刊論文類編(文獻考訂編)

測亦極也。又通鑑注:『謂不敢與趙謀燕。』是也。索隱解未審。御覽四百二十

引史記曰:『樂毅去燕之趙,趙王欲圖燕,毅泣曰:臣事昭王,猶事大王。若獲

戾施在他國,終身不敢謀趙之徒隸;況燕昭王後嗣乎?』此樂毅重義,不敢與趙

謀燕之實證也。

忠臣去國,不絜其名。

正義:言不絜己名行而咎於君。……………

案燕策絜作潔,通鑑作潔。絜、潔古、今字。潔乃潔之俗省。其猶己也,正義解

是。

故敢獻書以聞。唯君王之留意焉。

集解:『夏侯玄曰:觀樂生遺燕惠王書,其殆庶乎知機合道,以禮始終者與?…

………………』

殿本考證:集解所引,與今所傳王羲之帖小有異同,互有長短。至其『殆庶乎知

機合道』句,帖作『庶乎幾合乎道』者是。『庶乎幾,』誼見易繫辭。

案文心雕龍才略篇云:『樂毅報書辨以義。』

於是燕王復以樂毅子樂閒為昌國君。

索隱:閒,音紀閑反。樂毅之子也。

案黃善夫本、殿本索隱,並無『樂毅之子也』五字,是也。正文已云『樂毅子,』

何必贅此五字邪?如索隱本有此五字,則所據正文當無『樂毅子』三字也。

趙,四戰之國也。

考證:燕策『四戰』作『四達。』

案燕世家、趙世家並作『四戰,』通鑑秦紀一同。

樂乘者,樂閒之宗也。

梁玉繩云:此八字當在後文『趙封樂乘為武襄君』之下,錯簡也。

案下文『趙封樂乘為武襄君。』索隱:『樂乘,樂毅之宗人也。』如梁說,則彼

文索隱,或本為正文與?

其憂患之盡矣。

案之猶已也。莊子外物篇:『東方作矣,事之何若?』之亦與已同義。

— 614 —

室有語，不相盡以告鄰里。

　　正義：言家室有忿爭不決，必告鄰里。今故以書相告也。

　　殿本考證：『顧炎武曰：謂一室之中有不和之語，乃不自相規勸，而告之鄰里。
此爲情之薄矣。正義謂「必告」者非。』

　　考證：『李笠曰：「燕策云：『室不能相和，出語鄰家，未爲通計也。』較史文
更爲顯明。」』

　　案語借爲唔，說文：『唔，逆也。』『不相盡，』當絕句。相猶互也。小爾雅廣
言：『盡，止也。』『室有唔，不互止。』卽燕策三『室不能相和』之意。正義
『言家室有忿爭不決。』於義亦符。惟下言『必告鄰里。』則誤耳。

襄王使樂乘代廉頗。

　　考證：『梁玉繩曰：襄上缺悼字。』

　　案燕世家、趙世家、廉頗藺相如列傳皆作『悼襄王。』

樂臣公。

　　集解：一作巨公。

　　索隱：本亦作巨公也。

　　正義：巨音詎，本作臣者誤。

　　考證：『梁玉繩曰：「巨字是。田叔傳作巨公，漢書作鉅公。可證。」愚按「巨
公」是得道之名，猶墨家有「鉅子，」非名字也。下文四「臣公，」皆當作「巨
公。」』

　　施之勉云：『考證非也。漢書田叔傳：「學黃、老術於樂鉅公。」師古曰：「姓
樂，名鉅也。公者，老人之稱。」修黃、老術者，傳中尚有毛翕公、樂瑕公、蓋
公，三人稱公，與樂巨稱公同。豈可傳會墨家有「巨子，」道家有「巨公」乎？』
案高士傳中亦誤作樂臣公。漢書田叔傳王氏補注云：『御覽五百十引道學傳作樂
鉅公。』鉅、巨古通。名鉅，公者老人之稱，師古說是。史記田叔傳正義云：
『巨公名。』公非名也。黃善夫本、殿本索隱，並在後贊『樂瑕公敎樂臣公』
下，當在此爲是。

讀樂毅之報燕王書，

　　案文選潘安仁閑居賦序注、江文通詣建平王上書注引此，並無之字。

　樂瑕公敎樂臣公。

　　索隱：本亦作互公也。

　　案上文樂臣公下已有索隱，此不當重出。

史記斠證卷八十一

廉頗藺相如列傳第二十一

王　叔　岷

廉頗者，趙之良將也。

　　案世說新語言語篇注引殷尤三將敍，稱平原君對趙孝成王曰：『廉頗爲人，勇鷙
　　而愛士，知難而忍恥。』

趙惠文王十六年，廉頗爲趙將伐齊，大破之，取陽晉。

　　梁氏志疑所據湖本陽晉作晉陽，云：『事在十五年。晉陽當作淮北，竝說在年表
　　及趙世家。

　　考證：『張文虎曰：「索隱本作陽晉，各本誤倒。」愚按慶長本作陽晉。』
　　案景祐本南宋補版、黃善夫本、殿本陽晉皆誤作晉陽，御覽四三三引同。趙世家
　　又誤作昔陽。

得楚和氏璧。

　　案文選魏文帝與鍾大理書注引氏下有之字。

使人遺趙王書，

　　考證：楓、三本書下有曰字。
　　施之勉云：類聚八十四引書下有曰字。
　　案文選謝希逸宋孝武宣貴妃誄注引書下亦有曰字。

趙王與大將軍廉頗諸大臣謀。

　　案文選盧子諒覽古詩注引趙王下有『得秦王書』四字。

欲予秦，秦城恐不可得，徒見欺。

　　案文選注引作『欲與秦璧，城恐不可得，而見欺。』引下文予亦作與。御覽六百
　　三十引此文及下文予亦並作與，通鑑周紀四同。予、與古通，其例習見。

故燕王欲結於君。

案御覽引結下有交字。

今君乃亡趙走燕，燕畏趙，其勢必不敢畱君，而束君歸趙矣。君不如肉袒伏斧質請罪，則幸得脫矣。

案乃與『不如』對言，乃猶如也。（吳昌瑩經詞衍釋六有『乃猶如也』之說。）
御覽引質作鑕，質、鑕古、今字。後趙奢傳：『請就鈇質之誅。』文選王仲宣從軍詩注引質作鑕，亦同例。脫猶免也。

秦以城求璧，而趙不許，曲在趙。趙予璧，而秦不予趙城，曲在秦。

案兩而字並與如同義。

均之二策。

案之猶此也。

王必無人，

案必猶若也。下文『大王必欲急臣，』必亦猶若也。

趙王於是遂遣相如奉璧而入秦。

案御覽四三三引『遂遣』作『乃使，』義同。文選與鍾大理書注、宋孝武宣貴妃誄注、後漢書朱暉傳注、御覽四六七、四八三、六百三十引遣亦皆作使。文選覽古詩注引遣作令，奉下有和字。御覽四六七、四八三引奉並作賫。賫，俗齎字。
廣雅釋詁三：『齎，持也。』

傳以示美人及左右。

案御覽四三三、四六七、四八三引傳下皆有璧字。

請指示王。

案後漢書注引作『願指視王。』示、視古通。

王授璧，相如因持璧卻立倚柱。

案文選覽古詩注引此疊相如二字。與鍾大理書注引作『王授相如，相如持璧倚柱。』亦疊相如二字。後漢書注引因作乃，乃猶因也。

怒髮上衝冠。

考證：楓、三本、御覽三百七十三、八百六，衝作穿。

案穿與衝同義。左襄二十五年傳：『宵突陳城。』杜注：『突，穿也。』淮南子
氾論篇：『隆衝以攻。』高注：『衝，所以臨敵城衝突壞之。』廣雅釋詁四：
『衝，揳也。』突與揳同。『穿冠』猶『突冠，』亦卽『衝冠』矣。

使臣奉璧拜送書於庭。何者？嚴大國之威以修敬也。

　　案御覽四三三引庭作廷，古字通用。下文『乃設九賓禮於廷。』御覽五百三十引
　　廷作庭，可互證。嚴，畏也。離騷：『湯、禹儼而祇敬兮。』王注：『儼，畏
　　也。儼，一作嚴。』儼、嚴古通。

大王見臣列觀，禮節甚倨。得璧，傳之美人，以戲弄臣。

　　考證：類聚『戲弄臣，』作『爲戲弄。』

　　施之勉云：合璧事類六十二，『戲弄臣，』亦作『爲戲弄。』

　　案『列觀』猶『陳觀，』淮南子俶眞篇：『利害陳乎前。』高注：『陳，列也』
　　御覽四八三引『傳之』下有『以示』二字。藝文類聚十七引『戲弄』下無臣字，
　　八四引『戲弄臣』作『爲戲弄。』御覽三六三引亦作『爲戲弄。』

臣觀大王無意償趙王城邑，

　　案上下文皆不以『城邑』連文，記纂淵海四九引此無邑子。藝文類聚八四引此作
　　『無償趙王城色。』文選與鍾大理書注引作『無償趙城色。』趙下略王字。御覽
　　六九三引作『無償城色。』略趙王二字。文選覽古詩注引作『無償趙城意，』御
　　覽四八三引作『無償城意。』亦並有略文。

相如度秦王特以詐，詳爲予趙城，

　　考證：詳，凌本作佯，同。

　　施之勉云：册府元龜奉使部引詳作佯。文選盧子諒覽古詩注引史，詳作僞。

　　案景祐本、黃善夫本、殿本詳皆作佯。佯，俗字。

設九賓於廷。

　　案賓與儐通，莊子列禦寇篇：『賓者以告列子。』釋文：『賓，本亦作儐，同。』
　　說文：『儐，導也。擯，儐或从手。』段注：『周禮司儀注曰：「出接賓曰擯」
　　〔儀禮〕聘禮注曰：「擯，謂主國之君所使出接賓客者也。」士冠禮注曰：「擯
　　者，有司佐禮者，在主人曰擯。」經典多作擯，史記作賓，廉藺列傳「設九賓於

廷，」是也。』

秦王度之，終不可彊奪。

案之猶其也，當屬下讀。

乃使其從者衣褐懷其璧，從徑道亡，歸璧于趙。

案文選覽古詩注、御覽四三三引懷並作裹。書鈔一二九、御覽六九三引徑並作便。

而先割十五都予趙。

案而猶若也。御覽四三三引作『王若割十五都與趙。』

唯大王與羣臣孰計議之。

案唯猶願也。景祐本、黃善夫本、殿本孰皆作熟，御覽七五七引同。孰、熟正、俗字。

秦亦不以城予趙，

案文選覽古詩注引亦作乃。亦猶乃也，與下亦字異義。

其後秦伐趙，拔石城。

集解：『徐廣曰：惠文王十八年。』

案趙表、趙世家惠文王十八年，並書『秦拔我石城。』

明年，復攻趙，殺二萬人。秦王使使者告趙王，欲與王爲好，會於西河外澠池。

索隱：……案表在趙惠文王二十年也。

考證：『梁玉繩曰：案表，「二萬」作「三萬。」又秦王上疑缺「明年」二字。』

施之勉云：『景祐本、黃善夫本表作「二萬。」顧觀光曰：「趙表：『惠文王十九年，秦敗我軍，斬首三萬。二十年，與秦會澠池。』廉頗傳在一年。表用秦正，傳用夏正。」』

案景祐本、黃善夫本、殿本秦表皆稱『斬首二萬，』（通鑑同。）趙表皆作『斬首三萬。』施氏未檢及趙表。趙世家：『〔惠文王〕二十年，王與秦昭王遇西河外。』集解引徐廣曰：『年表云：與秦會澠池。』澠池之會在二十年，世家與趙表合。此傳不得獨用夏正。梁氏疑秦王上缺『明年』二字，蓋是。

某年月日，秦王與趙王會飲，令趙王鼓瑟。

　　考證：楓、三本月、日上竝有某字。

　　施之勉云：治要十二、初學記十五、御覽四百三十三、五百八十四、七百五十

　　八、萬花谷後集三十二引，月上有某字，月下無日字。

　　案後漢書寇恂傳注、御覽四三三、五八四引『月日』皆作『某月，』下同。御覽

　　七五八未引此文，引下文『月日』作『某月。』風俗通聲音篇引『某年月日，』

　　作『某日』二字，蓋有略文。御覽五八四引令作命。

請奉盆缻秦王，以相娛樂。

　　集解：『風俗通義曰：缶者瓦器，所以盛酒漿，秦人鼓之以節歌也。』

　　索隱：缻音缶。

　　正義：缻音絣。

　　王念孫云：『奉當為奏，字之誤也。奏，進也。言請進盆缻於秦王前也。上文秦

　　王曰：「寡人竊聞趙王好音，請奏瑟。」故相如亦曰：「趙王竊聞秦王善為秦

　　聲，請奏盆缻秦王以相娛樂。」「請奏盆缻，」正與「請奏瑟」相對。今本奏作

　　奉，則非其指矣。文選西征賦注、太平御覽器物部，引此竝作奏。上文又云：

　　「相如奉璧奏秦王。」』

　　考證：說文作缶。缻、缶同。正義音絣，誤。

　　施之勉云：『御覽三百六十六，四百三十三引缻作缶。吳汝綸曰：案集韻以缻為

　　缶字。索隱音是，正義非。』

　　案王氏謂奉為奏之誤，是也。風俗通引此奉正作奏，缻作缶。說文：『奏，進

　　也。』說文繫傳十引此『奉盆缻』作『進盆缶。』繫傳二十引下文『相如前進

　　缻，』進作奏。並可證此文奉字之誤。武安侯列傳：『諸侯奉金玉狗馬玩好不可

　　勝數。』漢書奉作奏，（師古注：奏，進也。）奉亦奏之誤，與此同例。詩陳風

　　宛丘孔疏、文選潘安仁西征賦注、後漢書注、初學記二一、御覽五八四、六百三

　　十、記淵纂海七八、爾雅釋宮邢疏，引缻皆作缶，水經穀水注、大戴禮保傳篇盧

　　注、通鑑咸同。集解引風俗通義云云，見聲音篇。說文亦云：『缶，瓦器，所以

　　盛酒漿。秦人鼓之以節謌。』

相如請得以頸血濺大王矣。

　　案一切經音義七四引矣作衣。

相如張目叱之，左右皆靡。

　　案通鑑注：『靡，委靡不振之貌。』淮陰侯列傳：『項王喑噁叱咤，千人皆廢』

　　索隱引張晏曰：『廢，偃也。』靡猶廢也。靡亦有偃義，廣韻上聲紙第四：

　　『靡，偃也。』

爲一擊頗。

　　案治要引一作壹，蓋故本如此。

相如顧召趙御史，書曰：某年月日，

　　施之勉云：治要『某年月日，』作『某月。』

　　案御覽五八四引『顧召』作『亦命。』治要『某月』上蓋脫『某年』二字，上文

　　『某年月日，』治要引作『某年某月。』可證也。

請以秦之咸陽爲趙王壽。

　　案文選西征賦注、後漢書注引此並無之字，與上文一律。

秦王竟酒，終不能加勝於趙。趙亦盛設兵以待秦，秦不敢動。

　　案左宣十二年傳：『諸侯相見，軍衞不徹，警也。』

以相如功大，拜爲上卿，位在廉頗之右。

　　案世說新語品藻篇注引以上有趙字，右作上。文選覽古詩注引以上有趙王二字，

　　當從之。後漢書注引右亦作上，義同。

有攻城野城之大功。

　　考證：治要、文選西征賦注、後漢書寇恂傳注、御覽人事部、疾病部，引竝無大

　　字，通鑑亦無。蓋涉上文而衍。

　　案考證說，本王氏雜誌。御覽三百八（兵部三十九）引此亦無大字，王氏亦已言

　　之。

而位居我上。

　　案書鈔一三九引作『而位反居吾上。』

宣言曰：我見相如，必辱之！

　　案秦策二：『宣言之於朝廷。』高注：『宣，徧也。』後漢書注引必下有厚字。

相如聞，

　　案白帖十五、御覽四九六引聞下並有之字，通鑑同。

常稱病，不欲與廉頗爭列。

　　案世說新語識鑒篇注、書鈔三七引病並作疾。記纂淵海四五引爭作同。

相如引車避匿。

　　案後漢書注引引上有輒字，通鑑同。白帖十五引引上有則字，則猶輒也。書鈔一
　　三九、後漢書注引匿並作之。

臣所以去親戚而事君者，

　　案『親戚』謂父母，楚世家記懷王卒，『楚人皆憐之，如悲親戚。』鄭世家記子
　　產卒，『鄭人皆哭泣悲之，如亡親戚。』並同此例。

今君與廉頗同列。廉君宣惡言，而君畏匿之。

　　王念孫云：廉頗當作廉君，下文作廉君，卽其證。今作廉頗者，涉上文而誤。文
　　選盧諶覽古詩注、曹攄感舊詩注，引此竝作廉君。羣書治要同。『畏匿之，』覽
　　古詩注引作『畏匿，』感舊詩注引作『畏之匿。』案作『畏之匿』者是也。今本
　　之字在匿字下，則文不成義。

　　案王校廉頗當作廉君，是也。『畏匿之，』則不必從文選注作『畏之匿，』『畏
　　匿之，』謂畏之匿之也。畏下略之字耳。下文『大破殺匈奴十餘萬騎。』謂大破
　　匈奴、殺匈奴十餘萬騎也。破下略匈奴二字。（通鑑秦紀一破下增之字，之亦謂
　　匈奴也。）畏與匿爲二事，而連文；破與殺爲二事，亦連文。文例相同。文選覽
　　古詩注引此作『畏匿，』略之字；感舊詩引此作『畏之匿，』蓋不得其義而妄乙
　　『匿之』二字，或傳寫誤倒，不足據。

藺相如固止之，曰：『公之視廉將軍，孰與秦王？』曰：『不若也。』

　　案舊本治要引固作故，古字通用，其例習見。與與『不若』對言，與猶若也。

夫以秦王之威，而相如廷叱之，辱其羣臣。相如雖駑，獨畏廉將軍哉？

　　案世說新語識鑒篇注引上相如二字作吾，獨作何。後漢書注引廷上有能字，獨亦
　　作何，獨猶何也。記纂淵海四三引下相如二字亦作吾。

徒以吾兩人在也。

　　案後漢書注引徒作葢。書鈔三七引也作耳，義同。

今兩虎共鬭，其勢不俱生。

　　案記纂淵海五七引今作如，今猶如也。文選覽古詩注引共作自，不上有必字。後

　漢書注引不上亦有必字，生作全。

吾所以爲此者，以先國家之急，而後私讎也。

　　案『爲此』猶『如此。』刺客豫讓傳：『然所以爲此者，將以愧天下後世之爲人

　臣懷二心以事其君者也。』『爲此』亦猶『如此。』世說新語注、治要引國並作

　公。

卒相與驩，

　　案治要、文選注、御覽四百六引驩並作歡，歡、驩正、假字。

是歲，廉頗東攻齊，破其一軍。

　　案趙世家：『〔惠文王〕二十年，廉頗將攻齊。』

居二年，廉頗復伐齊幾，拔之。

　　集解：『徐廣曰：「幾，邑名也。」案趙世家：「惠文王二十三年，頗將攻魏之

　幾邑，取之。而齊世家及年表，無「伐齊幾，拔之」事。疑幾是邑名，而或屬

　齊、或屬魏耳。田單在齊，不得至於拔也。」

　　索隱：『世家云：「惠文王二十三年，頗將攻魏之幾邑，取之，」與此列傳合。

　戰國策云：「秦敗閼與，及攻魏幾。」幾亦屬魏。……』

　　考證：『梁玉繩曰：「幾，是魏邑。趙世家言：『頗攻魏幾，取之。』秦策亦

　云：『秦敗閼與，反攻魏幾，廉頗救幾。』此作『齊幾，』誤。裴駰謂『或屬

　魏、或屬齊，』非也。先是，樓昌攻幾，不能取。故云『復伐。』又『居二年』

　乃『居三年』之誤。」』

　　施之勉云：『張森楷曰：「按索隱云：『世家與此傳合。』考世家，廉頗攻齊在

　二十年趙會秦前。二十三年，趙攻魏幾不能取。頗將攻幾，取之。是伐齊與攻魏

　幾爲兩事，且相距在三年外，與此云『居二年』者不合。『攻魏幾、』『攻幾，』

　兩書此事，皆不有齊，與此言『齊幾』者亦不合。而云『世家與傳合。』非

也。」』

案趙世家，廉頗攻齊，在惠文王二十年；攻幾，在二十三年。此傳上文『是歲』
即二十年；則此文『居二年，』自當作『居三年』矣。『齊幾』疑本作『魏
幾，』涉上文『攻齊』字而誤。（集解所據本已誤。）索隱引趙世家及戰國策
（『及攻』乃『反攻』之誤。趙世家正義引戰國策亦誤）云云，明是辯證此文齊
當作魏，所云『與此列傳合，』合上蓋脫不字也。梁氏稱『秦策亦云，』秦策乃
趙策三）之誤。所稱『樓昌攻幾不能取。』見趙世家惠文王二十三年。

後三年，廉頗攻魏之防陵、安陽，拔之。

　　集解：『徐廣曰：一作房子。』

　　梁氏志疑所據湖本集解在防陵下（索隱、正義並同），云：『「後三年，」當作
　　「後一年。」乃惠文王二十四年事也。防陵，徐廣作房子，索隱曰：「陵字誤」
　　防、房古通。』

　　案趙世家：『〔惠文王〕二十四年，廉頗將攻魏房子，拔之，因城而還。又攻安
　　陽，取之。』徐注『一作房子。』梁說『「後三年，」當作「後一年。」並本趙
　　世家。景祐本、黃善夫本、殿本集解皆在防陵下（索隱、正義並同），當從之。

趙奢者，趙之田部吏也。

　　索景祐本、黃善夫本、殿本皆提行。通鑑周紀五注：『田部吏，部收田之租稅者
　　也。』（『部收』猶『統收。』）說文：『租，田賦也。』繫傳云：『趙奢，主
　　田租之吏也。』

收租稅，而平原君家不肯出租，奢以法治之。

　　考證：租，各本作趙，今從舊刻。

　　施之勉云：治要無租字，亦無趙字。合璧事類二十七引同。通鑑無租字，有趙
　　字。白帖出下有『田稅』二字。

　　案上既言『收租稅，』則出下不必有租字，亦不必有『田稅』二字。租，仍當從
　　各本作趙，屬下讀。御覽六百三十引此亦作『而平原君家不肯出，趙奢以法治
　　之。』

殺平原君用事者九人。

案白帖二二引作『乃殺其家用事者。』蓋非此文之舊。然『平原君用事者，』固指其家用事者也。

諸侯加兵，是無趙也。

案御覽引此無『諸侯加兵』四字，通鑑同。

以君之貴，

案御覽引以上有當字。

秦伐韓，軍於閼與。

考證：『御覽引國策作「秦師伐韓，圍閼與。」今本國策無。今本趙策作『伐趙，』與此異，說在趙世家。徐孚遠曰：閼與，本趙地，伐韓而軍閼與，假道也。亦以脅趙。』

案御覽二九三引戰國策亦云：『秦伐韓，軍於閼與。』趙表：『〔惠文王〕二十九年，秦拔我閼與。』（梁氏志疑云：拔當作攻，我當作韓。）趙世家：『〔惠文王〕二十九年，秦、韓相攻，而圍閼與。』御覽九一一引春秋後語亦云：『趙惠文王二十九年，秦、韓相攻，軍於閼與。』二十九年，卽秦昭襄王三十七年。韓表：『〔桓惠王〕三年，秦擊我閼與城。』亦秦昭襄王三十七年，當周赧王四十五年。通鑑赧王四十五年書『秦伐趙，圍閼與。』御覽二九二引戰國策云：『秦師圍趙閼與。』趙策三：『趙惠文王三十年，秦王令衛胡易（舊誤易）伐趙，攻閼與。』秦本紀：『〔昭襄王〕三十八年，中更胡傷攻趙閼與。』（胡傷卽胡易。）御覽一六三亦引史記曰：『秦昭襄王三十八年，攻趙閼與。』（下引趙奢事，與本傳合。）則當周赧王四十六年。閼與乃趙地，本傳下文『秦將大喜，曰：夫去國三十里，而軍不行，乃增壘，閼與非趙地也。』則閼與固是趙地矣。韓表誤，趙表不誤。秦伐韓，假道趙地，（如徐說。）因而圍攻閼與，故或書伐韓、或書伐趙也。其戰蓋始於趙惠文王二十九年，終於三十年，故或稱二十九年或稱三十年也。又考證所稱御覽引國策云云，見卷三三二。

其道遠險狹，譬之猶兩鼠鬬於穴中。

案御覽一六三引狹作抏，（未引上文。）『譬之猶』作『譬如。』抏蓋阨之誤。記纂淵海五七引『猶兩鼠』作『如兩虎。』

王乃令趙奢將救之，兵去邯鄲三十里。

　　案御覽一六三引令作使，二八二引作命。文選賈誼過秦論注引救上有而字。御覽
　　二九二引國策云：『去趙國都三十里。』通典一五一同。邯鄲，即趙國都也。下
　　文『去國三十里。』國，亦謂國都。

秦軍軍武安西。

　　考證：御覽二百八十二，引史秦下不重軍字。

　　施之勉云：通典一百五十三引秦下不重軍字。杜牧孫子軍爭篇注引，亦不重軍
　　字。

　　案御覽一八八引軍字亦不疊，二九三引國策、容齋續筆九並同。御覽七六七引武
　　安上有於字。

武安屋瓦盡振。

　　案白帖十五引盡作皆。御覽一八八、二八二、七六七引振皆作震，三九三引國
　　策、通典一五三並同。振、震古通。

間以報秦將。

　　案御覽二八二引以作還。

乃卷甲而趨之。

　　考證：楓、三本趨上有行字。

　　施之勉云：通典一百五十三趨上有行字。

　　案御覽二九三引國策趨上亦有行字。孫子軍爭篇：『卷甲而趨。』

將軍必厚集其陣以待之。

　　案文選王仲宣從軍詩注引陣作陳，通鑑同，作陳是故書。陣，俗字。

請受令。

　　考證：『請受令，』猶言汝宜從前令也。請字，寓不忍行令之意。通鑑改令爲
　　教，非是。

　　案『請受令，』即請受教令也。令或命並有教義，（樂毅傳：『不能奉承王
　　命。』燕策二命作教。）通鑑以教代令，最得其義。考證曲說也。又文選注引請
　　作謹。

趙奢曰：『胥後令。』邯鄲，許歷復請諫。

　　索隱：『「邯鄲」二字，當爲「欲戰。」謂臨戰之時，許歷復諫也。王粲詩云：「許歷爲完士，一言猶敗秦。」是言趙奢用其計，遂破秦軍也。』

　　梁玉繩云：『索隱曰：「『邯鄲』二字，當爲『欲戰。』」通鑑胡注曰：「胥，語絕。許歷請刑，趙奢令其且待也。蓋謂『敢諫者死，』邯鄲之令耳。今既進軍近閼與矣，許歷之諫固在邯鄲之後，不當用邯鄲之令以殺之，故曰『後令邯鄲。』」史詮引田博士曰：「意許歷是邯鄲人，故加邯鄲於其上。」三說皆未確。錢宮詹曰：「『胥後令邯鄲，』是五字句。趙都邯鄲，謂當待趙王之令也。」此解甚愜。後書循吏衞颯傳云：「須後詔書。」語意相似。』

　　考證：『中井積德曰：「『邯鄲』當作『將戰。』」「愚按中說可從。索隱本「復請」作「請復。」』

　　案梁氏不從前三說，而以錢氏『胥後令邯鄲』五字句爲愜。然『胥後令』三字句，與後漢書『須後詔書，』語意已相似，令下何必贅邯鄲二字邪？且讀『胥後令邯鄲』爲句，與下『許歷復請諫，』文意亦不啣接。竊以爲小司馬謂『邯鄲』當作『欲戰，』其說較勝。中井云『當作「將戰。」』『欲戰』猶『將戰』也。戰誤爲鄲，復因聯想而誤爲邯鄲耳。白起傳：『陵攻邯鄲少利。』考證稱楓山、三條本邯鄲二字作戰，治要及中山策並同。彼文鄲亦戰之誤，復因聯想而作邯鄲矣。文選注引『復請』作『請復，』與索隱本合。索隱所引王粲詩，即王氏從軍詩。文選所載，猶作獨，義同。

即發萬人趨之。

　　案御覽二八二引發作以。文選注引趨作赴。

大破秦軍。秦軍解而走，遂解閼與之圍而歸。

　　案文選王粲從軍詩注、盧子諒贈崔溫詩注引破並作敗，通鑑同。容齋續筆云：奢之將略，所謂玩敵於股掌之上。雖未合戰，而勝形已著矣。』

『趙惠文王賜奢號爲馬服君。

　　案趙世家正義：『因馬服山爲號也。虞喜志林云：「馬，兵之首也。號曰馬服者，言能服馬也。」括地志云：「馬服山，邯鄲縣西北十里也。」』通鑑注：『服虔

曰：馬服，猶言服馬也。』

七年，秦與趙兵相距長平。

考證：『梁玉繩曰：「七年」乃「八年」之誤。』

施之勉云：『呂氏春秋應言篇云：「秦雖大勝於長平，三年然後決也。」故趙表在孝成王五年、六年，趙世家與此傳在七年。』

案『七年』乃『六年』之誤。秦表、白起列傳，並在秦昭王四十七年，即趙孝成王六年。通鑑在周赧王五十五年，亦當趙孝成王六年。趙表在孝成五年、六年，梁氏志疑云：『當并書於孝成六年。』趙世家：『廉頗將軍，軍長平。七年，廉頗免而趙括代將。』梁云：『「廉頗將軍，」廉頗上失書「六年」二字。「七年」「七月」之誤，白起傳可證。』施氏所據之趙表、趙世家及此傳，文皆有誤。所引呂氏書秋之『三年，』似謂秦大勝長平後三年，非謂勝長平經三年也。施氏於虞卿傳亦有此說。參看趙世家及虞卿傳斠證。白帖十五引距作拒，御覽二九二引國策、通典一五一並同。距、拒古、今字。

趙軍固壁不戰。

案白帖引固作堅，白起傳、通鑑並同。

趙王信秦之閒。秦之閒言曰：秦之所惡，獨畏馬服君趙奢之子趙括爲將耳。

考證：『張文虎曰：王本不重「秦之閒」三字。御覽引國策惡作患。』

施之勉云：通志不重『秦之閒』三字。通典一百五十一惡作患。

案白起傳：『秦相應侯又使人行千金於趙爲反閒。』范雎傳：『昭王用應侯謀，縱反閒賣趙。』惡、畏互文，義同，通鑑惡作畏。參看白起傳斠證。國策及通典惡作患，義亦同。呂氏春秋安死篇：『非惡其勞也。』高注：『惡猶患也。』

王以名使括，

案御覽七六六引名下有而字。白帖十五引括作人，通典一四八同。

以天下莫能當。

案以猶『以爲』也。莊子德充符篇：『自狀其過，以不當亡者衆；不狀其過，以不當存者寡。』兩以字亦並與『以爲』同義。

奢不能難。

　　案白帖六、記纂淵海四一引難並作詰。詰、難義近，書僞周官孔疏引周禮秋官

　　『詰四方。』並引馬融注云：『詰猶窮也。』

括母問奢其故。奢曰：兵，死地也。而括易言之。使趙不將括即已；若必將之，破趙

軍者必括也！

　　考證：『李笠曰：問下奢字疑衍。治要即作則。御覽「使趙」以下，作「趙若以

為將，破趙軍者必是兒！』

　　施之勉云：治要問下無奢字。御覽二百七十二、通鑑五、合璧事類四家世門亦

無。通鑑、通志即作則。通典一百四十八『使趙』以下，作『趙若以為將，破趙

軍者必是兒也！』

　　案御覽二七二引國策、通典『而括』並作『而乃。』記纂淵海八一引即亦作則，

四一引破作敗。白帖六引破亦作敗。李、施二氏所稱御覽，並御覽引國策之文。

　　又管子大匡篇：『先人有言：知子莫若父。』奢之知括，正其驗也。

其母上書言於王曰：括不可使將！

　　案白帖引言作請。御覽五一一引『使將』作『使也。』也上蓋略將字。

何以？

　　案御覽引作『母何以知之？』

始妾事其父，時為將。身所奉飯飲而進食者以十數，所友者以百數。

　　案御覽引『時為將，』作『時其父為將。』列女傳仁智篇趙將括母傳作『父時為

將。』韓詩外傳八載宓子賤治單父，『所父事者三人，所兄事者五人，所友者十

有二人，所師者一人。』孔子稱之。（又見說苑政理篇、家語辯政篇，『十有二

人，』並作『十一人。』）趙奢之虛懷，與子賤正相類也。

大王及宗室所賞賜者，盡以予軍吏士大夫。

　　案御覽五一一引所上有之字，『以予』作『分散與。』二百八十引予亦作與，治

要引同。御覽二七二引國策、列女傳、通鑑亦皆作與。

受命之日，不問家事。

　　案司馬穰苴列傳：『穰苴曰：將受命之日，則忘其家。』尉繚子武議篇亦云：

　『將受命之日，忘其家。』

今括一旦爲將，東向而朝，軍吏無敢仰視之者。

　　案御覽引且作朝。列女傳疊吏字，『東向而朝軍吏』句。『吏無敢仰視之者』句。

王所賜金璧，歸藏於家。

　　案御覽五一一引王下有之字，歸作悉。列女傳作『歸盡臧之。』臧、藏古、今字。

而日視便利田宅可買者買之。

　　考證：……御覽所引國策，無『可買者』三字。

　　案御覽二百八十引此亦無『可買者』三字，通典同。

吾已決矣。

　　案後漢書應劭傳注引吾下有計字，列女傳同。

王終遣之，

　　案御覽五一一引終作必，義同。張耳陳餘列傳：『楚雖強，後必屬漢。』漢紀二必作終，亦二字同義之證。（此義前人未發。）後漢書注引遣作將。

即有如不稱，妾得無隨坐乎？

　　案如字淺人所加，即猶如也，若也。『即有不稱，』猶言『如有不稱。』孟嘗君列傳：『如有不得還，君得無爲土偶人所笑乎？』與此句法同。彼文用如，此用即，其義一也。文選任彥昇奏彈曹景宗一首注、後漢書注引此並作『即有不稱。』列女傳、通典並同。御覽五一一引此作『忽有不稱，』亦無如字。（二百八十引作『有所不稱，』蓋略即字而增所字耳。）通鑑作『即如有不稱，』是所據此文已有如字，而不知即有如義，因乙『有如』爲『如有』耳。後漢書注、御覽二百八十引隨下並無坐字，列女傳同。御覽二七二引國策『隨坐』作『隨罪，』通典同。通鑑注：『隨坐，相隨而坐罪也。觀此，則知古者敗軍之將，罪併及其家。』

王許諾。

　　案御覽五一一引諾作之，通鑑同。御覽引國策作『王許之諾。』『之諾』二字蓋誤倒，通典作『王許諾之。』

詳敗走。

考證：詳，各本作佯，今從毛本。

施之勉云：景祐本作詳。

案白起傳亦作詳。

自邯鄲圍解五年，而燕用栗腹之謀。

梁玉繩云：『五年』乃『七年』之誤。

案梁說是也。五，古文作×，與七形近，往往相亂。秦軍解邯鄲之圍，魏表、魏世家、魏公子傳並在安釐王二十年。燕世家在孝王元年，楚世家在孝烈王六年，皆當秦昭王五十年。（通鑑在周赧王五十八年，亦同。）趙表孝成王九年，書『秦圍我邯鄲，楚、魏救我。』秦軍蓋亦於是年解去，亦即秦昭王五十年。燕表，燕王喜四年書『伐趙，趙破我軍，殺栗腹。』燕世家亦在王喜四年。趙世家在孝成王十五年，皆當秦昭王五十六年。（昭王於是年卒。）自昭王五十年解邯鄲之圍計之，至五十六年燕用栗腹之謀伐趙，正七年。趙世家邯鄲圍解，在孝成王八年。春申君傳在春申君爲相五年，即考烈王五年，亦即趙孝成王八年。則至燕用栗腹之謀伐趙，是八年，非七年矣。邯鄲圍解，當在趙孝成王九年，參看趙世家斠證。

趙以尉文封廉頗爲信平君。

索隱：『信平，號也。徐廣云：「尉文，邑名。」按漢書表，有尉文節侯，云：「在南郡。」蓋尉，官也。文，名也。謂取尉文所食之邑，復以封頗，而後號爲信平君。』

施之勉云：『錢大昕曰：「尉文節侯，趙王子封，不應遠屬南郡。」沈欽韓曰：「趙以尉文封廉頗爲信平君，尉文自在趙地。紀要：『廉臺在真定府無極縣西十三里，相傳以廉頗名。』或其封處歟？張守節云：『尉文，蓋蔚州地。』其說無稽。」』

案尉文，趙地，趙世家考證引錢大昕亦有說。索隱『尉，官也。文，名也。』云云，趙世家索隱亦有此臆說。施氏引錢、沈說，本漢書王子侯表王氏補注。張守節云云，見趙世家正義。

客曰：吁，君何見之晚也！

　　案蔡澤傳：『蔡澤曰：吁，君何見之晚也！』

君有勢，我則從君；君無勢，則去。

　　案從下君字不當疊，後漢書朱穆傳論注引此作『君有埶，我卽從；君無埶，卽

　　去。』（埶、勢古、今字。）白帖十引此作『君有勢，我則進；君無勢，則去。』

　　御覽八二七引春秋後語作『君有勢，我卽進；君無勢，我卽去。』皆可證今本此

　　文從下誤疊君字。

有何怨乎？

　　考證：『王念孫曰：有讀爲又。』

　　施之勉云：後漢書朱穆傳論注引有作又。白帖十引亦作又。

　　案後漢書注、白帖引此並作『又何怨焉？』春秋後語作『君何怨焉？』乎、焉同

　　義。

其明年，趙乃以李牧爲將，而攻燕，拔武遂、方城。

　　考證：『梁玉繩曰：「其明年，」當作「後二年。」蓋廉頗奔魏，在孝成王卒

　　年。李牧攻燕，在悼襄二年。』

　　案燕世家：『〔王喜〕十年，趙孝成王卒，悼襄王立。十二年，趙使李牧攻燕，

　　拔武遂、方城。』燕表，王喜十二年，亦書『趙拔我武遂、方城。』十二年，爲

　　趙悼襄王二年，則此『其明年，』當從梁說作『後二年。』御覽一六二引史記

　　曰：『趙悼襄王二年，李牧將攻燕，拔武遂。』亦其證。惟據趙世家：『二十一

　　年，孝成王卒，子偃立，是爲悼襄王。悼襄王元年，大備魏。二年，李牧將攻

　　燕，拔武遂、方城。』是悼襄立後之次年乃稱元，趙表同。則此『其明年』卽

　　『後二年，』不必改字矣。

魏不能信用。趙以數困於秦兵。

　　考證：楓、三本趙下有亦字。

　　案文選丘希範與陳伯之書注引此作『魏王不能信用。而趙亦數困於秦兵。』御覽

　　八百五十引趙上亦有而字。以、亦同義，趙下有亦字，則不必有以字。

趙王使使者視廉頗尚可用否。

考證：楓、三本用上有得字。

施之勉云：御覽八百六十三引用上有得字。

案御覽八百五十引作『趙王因使使魏，視頗尚可用不。』八六三引『可用否』作
『可得用不。』不讀爲否。

廉將軍雖老，尚善飯。然與臣坐，頃之，三遺矢矣！

索隱：謂數起便也。矢，一作屎。

案御覽八百五十引雖上有年字，『頃之』作『少頃，』矢作屎。屎當作屎，說
文：『𥜽，糞也。』矢，借字。屎，俗字。莊子知北遊篇：『在屎溺。』釋文：
『屎，本或作矢。』亦同此例。

李牧者，趙之北邊良將也。

梁玉繩云：趙策，武安君名繓，子活反。則牧有二名。

案景祐本、黃善夫本、殿本皆提行。姚本秦策五：『武安君曰：繓病鉤。』高
注：『繓，李牧名。』鮑本在趙策，吳氏補曰：『繓，子活反。』即梁說所本
也。

市租皆輸入莫府，

索隱‥『……又崔浩云：「古者出征爲將帥，軍還則罷，理無常處，以幕帝爲府
署，故曰莫府。」則莫當作幕字之訛耳。』

梁玉繩云：莫卽幕也。索隱于李廣傳云『古字通用。』而此言莫爲幕之誤，自相
戾矣。

案通典一五三、記纂淵海八十、焦氏易林三注引莫皆作幕，御覽二九四引國策
同。作莫是故書。

多閒諜。

案白帖十五引多下有爲字。

匈奴卽入盜，急入收保，有敢捕虜者斬。

案卽猶若也。御覽二七八、焦氏易林注引『有敢』並作『敢有。』

然匈奴以李牧爲怯。

案白帖引『匈奴』下有皆字，通鑑同。

匈奴每來出戰，出戰數不利。

　　考證：『羣書治要引史、御覽引策，竝無下出字。崔適曰：「出戰」二字衍。』

　　施之勉云：通典、元龜、通志無下『出戰』二字。

　　案御覽二九四引國策無下『出戰』二字，考證失檢。通鑑亦無下『出戰』二字。

復請李牧。

　　案通典引請作遣，御覽引國策同。

趙王乃復彊起使將兵。牧曰：『王必用臣，臣如前乃敢奉令。』王許之。

　　考證：楓、三本兵下有李字。

　　案通鑑牧上亦有李字。必猶若也。御覽二七八引『許之』作『許諾。』

百金之士五萬人。彀者十萬人。

　　集解：『管子曰：能破敵擒將者賞百金。』

　　施之勉云：『馮唐傳「五萬」作「十萬。」

　　案馮唐傳『五萬』作『十萬，』漢書同。十蓋本作×，卽古文五字。御覽引彀下
　　有弦字。通鑑注引管子『破敵擒將』作『禽敵殺將。』禽、擒古、今字。今本管
　　子輕重乙云：『誰能陷陳破眾者賜之百金。』

人民滿野。

　　考證：御覽引策民作眾。

　　施之勉云：通典一百五十三民作眾，杜牧孫子計篇注亦作眾。

　　案通典、杜牧孫子注引民並作眾，避唐太宗諱改也。御覽引策亦作眾，則承唐人
　　諱民改。

以數千人委之。

　　案廣雅釋詁一：『委，棄也。』

張左右翼，擊之大破，殺匈奴十餘萬騎。

　　考證：御覽引策作『擊大破之。』

　　案通鑑『大破』下亦有之字。此文蓋本無之字。『張左右翼擊之』句。『大破殺
　　匈奴十餘萬騎』句。（治要斷句如此。）下文『大破殺趙蔥。』『大破殺』三字
　　連續，與此同。

趙悼襄王元年，廉頗即亡入魏。趙使李牧攻燕，拔武遂、方城。居二年，龐煖破燕軍，殺劇辛。

　　考證：『梁玉繩曰：「元年」當作「二年。」「二年」當作「一年。」』

　　案李牧攻燕，在趙悼襄王二年，上文已有說。趙世家：『〔悼襄王〕三年，龐煖將攻燕，禽其將劇辛。』燕表王喜十三年，書『劇辛死於趙。』即趙悼襄三年。（通鑑龐煖殺劇辛，在秦始皇五年。亦即悼襄三年。）燕世家龐煖殺劇辛在王喜十二年，當從表在十三年。

後七年，秦破殺趙將扈輒於武遂城。

　　梁玉繩云：當作『後八年。』又遂字衍，說在始皇紀。

　　王念孫云：『「秦破趙殺將扈輒於武遂城。」趙字本在殺字下，「秦破殺趙將扈輒於武遂城。」作一句讀。上文云：「大破殺匈奴十餘萬騎。」下文云：「大破殺趙蔥。」皆以「破殺」連文，史記中若是者多矣。……索隱本正作「破殺趙將扈輒。」』

　　考證本武遂下無城字，云：『各本「殺趙」作「將殺，」從索隱本。……張文虎曰：「各本武遂下有城字，索隱本無。」』

　　案七當作八，梁說是。『後八年，』即秦始皇十三年。始皇紀、表並在十三年，通鑑同。趙表、趙世家並在王遷二年，亦即始皇十三年。『破殺趙將扈輒，』今本『殺趙』二字誤倒，王說是。始皇本紀：『殺趙將扈輒，』亦可證。考證云：『各本「殺趙」作「將殺。」』『將殺』乃『趙殺』之誤。

擊秦軍於宜安。

　　正義：宜安，在桓州藁城縣西南二十里。

　　施之勉云：恆州，各本訛作桓州，今據趙世家正義改。

　　案正義桓州，趙世家正義引括地志作恆州，恆之作桓，恆、桓形近，又涉正文桓齮字而誤也。通鑑注引括地志作常山，郡名，即恆州。

居三年，秦攻番吾。

　　正義：在相州房山縣東二十里也。

　　考證：『……沈家本曰：「世家、表，皆在四年。」梁玉繩曰：「三年」當作

「一年。」』

案上文『後七年，』梁云：『當作「後八年。」』卽秦始皇十三年，趙王遷二年。自遷二年計之，『居三年，』正遷四年也。通鑑在始皇十五年，亦合。正義相州黃善夫本作桓州，亦並恆州之誤。

秦多與趙王寵臣郭開金，爲反閒。

案趙策四云：『王翦惡之，乃多與趙王寵臣郭開等金，使爲反閒。』

趙王乃使趙蔥及齊將顏聚代李牧。

案景祐本、黃善夫本、殿本蔥皆作蔥，鮑本趙策、通鑑並同。姚本趙策作蔥。蔥、蔥並蔥之俗變。趙策聚作冣，冣乃冣之俗變，冣、聚古、今字。趙世家有說。

後三月，王翦因急擊趙，大破，殺趙蔥，虜趙王遷及其將顏聚。

梁玉繩云：策作『後五月。』

案趙策鮑本作『後五月。』姚本作『後三月，』與史合。後三月，當已至八年。趙表虜王遷，在八年。始皇紀、表並在始皇十九年，通鑑同。卽王遷八年。趙世家在遷七年，梁氏以爲誤，斟證亦有說。通鑑『大破』下有之字。無之字，則讀『大破殺趙蔥』爲句。趙策作『大破趙殺趙軍。』破下趙字衍。又趙世家云：『顏聚亡去，』通鑑從之，不言被虜。或被虜後復亡去與？

太史公曰：

梁玉繩云：論中不及頗、牧，似疏。

案論中亦不及趙奢。蓋史公特重相如耳。相如智勇兼備，謙德可風，固高出頗、奢、牧諸將之上矣。

非死者難也，處死者難。

案上者字義與之同，下者字義與則同。文選覽古詩注引作『非死者難，言處死者難也。』韓非子說難篇：『非知之難也，處知則難也。』（又見韓非傳。）與此句法同。

然士或怯懦而不敢發。

案韓非子說難篇：『略事陳意，則曰怯懦而不盡。』（韓非傳略作順。）

相如一奮其氣，威信敵國。

　　索隱：信音伸。

　　案長短經臣行篇注引奮作厲，義同。黃善夫本、殿本索隱，伸並作申。申、伸

　古、今字。

退而讓頗，

　　案記纂淵海四二引作『退避廉頗。』（葢避宋英宗父諱，以避令讓。）長短經注

　引頗上亦有廉字。

出自第四十五本第四分（一九七四年六月）

史記斠證卷八十二

田單列傳第二十二

王　叔　岷

田單者，齊諸田疏屬也。

案燕王世家：『燕王劉澤者，諸劉遠屬也。』『疏屬』猶『遠屬。』

而傅鐵籠。

索隱：『…………又方言：「車轄，齊謂之籠。」郭璞云：「車軸也。」』

案卷子本玉篇車部引籠作轆，並云：『方言：「齊謂轄爲轆。」郭璞曰：「車軸頭也。」』與今本方言九作轆合。索隱所據此文作籠，故引方言改轆爲籠耳。（古人引書，往往改字以就正文。）所引郭注，『車軸』下脫頭字。

習兵。

案焦氏易林八注引作『是多智，習兵。』通鑑周紀四同。

立以爲將軍，以卽墨距燕。

案易林注引作『因共立以爲將，以拒燕。』通鑑同。長短經掩發篇云：『推田單爲將，以拒燕。』將下亦無軍字，距亦作拒。距、拒古、今字，其例習見。

燕人士卒忿。

考證：楓、三本分作『分心。』『惠王立』以下，與御覽二百九十二所引國策略同。『士卒忿，』作『士卒離。』今本國策無。

施之勉云：通典一百五十一『士卒忿，』作『士卒離心。』

案忿字乃『分心』二字之誤合。御覽二九二引國策作『士卒離心。』考證失引心字。御覽九一四引春秋後語作『王卒離心。』王乃士之誤。趙奢傳亦云：『士卒離心。』

而田單乃令城中人，食必祭其先祖於庭。

　　考證：楓、三本無人字。

　　施之勉云：白帖十五引史無人字。

　　案御覽九一四引春秋後語亦無人字，庭下有中字。二九五引此文庭上有中字。
　　『中庭』猶『庭中』也。

飛鳥悉翔舞城中，下食。燕人怪之。

　　案白帖十五引飛作蜚，『燕人』作『燕軍。』蜚、飛古、今字。

田單因宣言曰：神來下教我。

　　案御覽引因作復。白帖引教作助，論衡紀妖篇亦作助。

乃令城中人曰：當有神人爲我師。

　　案御覽引乃作又，師下有者字。乃與又同義。白帖引當上有『今日』二字。

有一卒曰，

　　案白帖引卒下有入字。論衡作『有一人前曰：』

田單乃起引還，東鄉坐，師事之。

　　考證：楓、三本、通鑑無坐字。

　　案通鑑坐字在還字下，非無坐字也。

每出入約束，必稱神師。

　　案御覽引作『每出入約束，必稱神，衆心乃安。』神下當有師字。

僇先人，

　　案御覽二九二引國策僇字同，有注云：『僇與戮同。』二八二引國策僇作戮。廣
　　雅釋詁三：『戮，辱也。』

卽墨人從城上望見，皆涕泣，俱欲出戰，怒自十倍。

　　考證：『「乃宣言曰」以下，與御覽百八十二所引國策文同，今本國策無。張文
　　虎曰：「俱，各本作其，今依舊刻。」愚按通鑑作共。』

　　案記纂淵海六十引望作遙，俱作其，自作皆。御覽引國策同。景祐本、黃善夫本
　　俱亦並作其，通鑑、容齋續筆一並同。考證謂『通鑑作共。』失檢。殿本俱作
　　共，張氏云『各本作其。』亦失檢。長短經俱亦作共（一本作其），自亦作皆。

竊疑『俱欲出戰，』本作『其欲出戰。』其乃期之借字。後人不得其義，乃改爲共、改爲俱耳。易繫辭下：『死期將至。』釋文本期作其，卽其、期通用之證。又考證此文及下文所稱『御覽百八十二，』百上皆脫二字。

田單知士卒之可用，乃身操版插，與士卒分功。妻妾編於行伍之間。

案記纂淵海八十引插作鍤，通鑑同，（注：鍤，鍫也。）古字通用。齊策六載魯仲子謂田單曰：『將軍之在卽墨，坐而織蕢，立則杖插，爲士卒倡。』（鮑本及說苑指武篇丈並作杖，通鑑周紀四作仗。杖、丈正、假字。仗，俗字。）

田單又收民金，得千溢。

案長短經又作乃。御覽引國策、通鑑溢並作鎰，溢、鎰古、今字。

令卽墨富豪遺燕將曰，

案御覽引國策、長短經將下並有書字，當從之。

令安堵。

案『安堵，』亦作『案堵。』高祖本紀：『諸吏人皆案堵如故。』漢書師古注：『案堵，言不遷動也。』安、案正、假字。（參看高祖本紀斠證。）

田單乃收城中，得千餘牛。

案記纂淵海八十引收作募。

束兵刃於其角，

案藝文類聚九四引作『束矛其角。』書鈔一五八、文選潘安仁馬汧督誄注、御覽八九八、記纂淵海九八引此皆無於字，其猶於也。（御覽三二一、八六八引此並無其字。）

而灌脂束葦於尾。

案記纂淵海八十引於下有其字，通鑑同。與上文『於其』連文一律。惟上文故本葢無於字，則此文於下亦不必有其字矣。

夜縱牛，壯士五千人隨其後。

案長短經牛下有『出以』二字，出字屬上絕句。

所觸盡死傷。

案御覽八六八引盡作輒。

燕軍大駭敗走。

　　案書鈔引駭下有而字。

兵以正合，以奇勝。

　　案孫子勢篇：凡戰以正合，以奇勝。

善之者，出奇無窮。

　　施之勉云：文選潘安仁馬汧督誄注引，『善之者，』作『兵善者。』

　　案上文『兵以正合，以奇勝。』文選注僅引一兵字。此文『善之者，』文選注僅
　　引『善者』二字。合引之則爲『兵善者。』非引此文『善之者，』作『兵善者』
　　也。

奇正還相生，如環之無端。

　　正義：猶當合也。言正兵當陣，張左右翼，掩其不備，則奇正合敗敵也。

　　施之勉云：『黃善夫本、凌本正義，當在猶上。張森楷曰：王、秦本，當在猶
　　上。「奇正還相生」者，謂正中有奇，奇中有正。奇忽而正，正忽而奇。如環無
　　端，子母相生，不可方物之謂也。正義說殊鈍滯。』

　　案孫子：『奇正相生，如循環之無端。』正下當有還字，循字蓋後人所加。文選
　　左太沖魏都賦張載注引孫武曰：『奇正還相生，若環之無端。』與史文合。淮南
　　子兵略篇：『奇正之相應，若水火金木之代爲雌雄也。』正義首句作『當猶合
　　也，』是。張氏所據正文還蓋作當耳。

適人開戶。

　　集解：『徐廣曰：適音敵。』

　　索隱：適音敵。若我如處女之弱，則敵人輕侮開戶，不爲備也。

　　正義：敵人，謂燕軍也。…………

　　案正義云云，所據本適蓋作敵。長短經掩發篇亦作敵，下同。索隱單本『適音
　　敵，』作『上音敵。』黃善夫本、殿本索隱，並無『適音敵，若我如處女之弱。』
　　十字。

後如脫兔，適不及距。

　　考證：女、戶、兔、距韻，孫子九地篇文。

案殿本考證已云：語出孫子九地篇。

初，淖齒之殺湣王也。

梁氏志疑所據湖本淖作悼，云：『史詮曰：「此節當在上文『號曰安平君』之下，今脫簡在後。」悼當作淖。』

案黃善夫本淖亦作悼，古字通用。上文『淖齒既殺湣王於莒。』集解引徐廣曰：『多作悼齒也。』（大戴禮保傅篇盧注亦作悼齒。）則故本固有作悼者矣。又通鑑『封田單爲安平君』下，接載『齊王以太史敫之女爲后』事，可爲史詮說之旁證。

得之太史敫之家。

案齊策六、田完世家、通鑑嫩皆作敫。嫩諧敫聲，與敫通用。

聞畫邑人王蠋賢，令軍中曰：『環畫邑三十里無入。』以王蠋之故。

梁玉繩云：說苑立節作『蓋邑人。』…………

施之勉云：說苑立節篇蠋作歜。

案通鑑注：『蠋，班固古今人表作歜。』水經淄水注亦作歜。蠋、歜並諧蜀聲，古字通用。文選桓元子薦譙元彥表注引無作毋，說苑同。記纂淵海六五引故下有也字。

已而使人謂蠋曰，

案白帖八引謂作請，通鑑同。

故退而耕於野。

案文選注引故作則，義同。

固不如烹。遂經其頸於樹枝，

案文選注引烹作『享名』二字，享蓋本作亨，卽古烹字。亨誤爲享，因妄加名字耳。說苑經作懸，義同。

乃相聚如莒，求諸子立爲襄王。

考證：立下脫法章二字。…………

案白帖引聚作率。上文已云『莒人共立法章爲齊王。』則此立下不必再出法章二字。說苑亦作『立爲襄王。』又齊策六，有『襄王立，田單爲相、』『貂勃常惡

田單、』及『田單將攻狄（又見說苑指武篇）』三章，通鑑周紀四亦並載之，可補此傳所略。

出自第四十五本第四分（一九七四年六月）

史　記　斠　證　卷　八　十　三

魯仲連鄒陽列傳第二十三

王　叔　岷

好奇偉俶儻之畫策，而不肯仕宦任職。

　　梁玉繩云：湖本宦譌官。

　　考證：『張文虎曰：「蔡本、中統、舊刻、游本作宦，他本竝譌官。」

　　施之勉云：景祐本、黃善夫本作宦。文選左太沖詠史詩注、元龜七百七十八、萬花谷續集三十引，亦作宦。

　　案文選左太沖詠史詩注、夏侯孝若東方朔畫贊注、一切經音義八九、九五、史通點煩篇引俶皆作倜，倜與俶同，藝文類聚三六引嵇康高士傳亦作倜。記纂淵海四四引此宦字不誤。史通宦亦誤官，浦起龍通釋云：『王（損仲）譌作宦。』不知作官乃誤也。

而秦王使白起破趙長平之軍，

　　案文選詠史詩注、謝靈運述祖德詩注引此並無而、王二字。而字疑涉上文『而不肯』而衍。

止於蕩陰，不進。魏王使客將軍新垣衍閒入邯鄲。

　　案長短經七雄略注蕩陰作湯陰，蕩、湯古通，至唐遂定作湯陰矣。趙策三姚校云：『錢、劉改蕩爲湯。』實不必改。趙策新作辛，下同，古字通用。釋名釋天：『辛，新也。』

秦所爲急圍趙者，

　　案趙策爲作以，義同。史通爲下浦釋亦云：『或作以。』

今齊湣王已益弱，

　　殿本考證：『鮑彪戰國策注曰：衍湣王字。今乃襄王爾，史亦誤。』

　　梁玉繩云：湣字衍，是時爲齊王建也。

案潛王二字涉上文而衍，鮑說是。（鮑本正文、注文本作閔王，考證引鮑說，改

從此文。）是時爲齊王建，梁說是。

尊秦昭王爲帝。

　　考證：『鮑彪曰：「昭字衍。」梁玉繩曰：「史仍策之誤。」』

　　施之勉云：『鮑彪曰：「稱謚，非當時語。」吳師道曰：「追書之辭。」』

　　案生稱謚，史記習見，日知錄二十三有說。

平原君猶預未有所決。

　　案史通引預作豫，趙策同。豫、預正、俗字。

此時魯仲連適遊趙。

　　案文選詠史詩注、鮑明遠擬古詩注、史通引魯仲連皆無仲字，下同。文選枚叔七

　　發注、後漢書逸民傳注引下文，亦並無仲字。藝文類聚及御覽五百十引嵇康高士

　　傳、長短經注亦並作魯連。

而不能去。

　　案史通引此無能字，（浦釋本照史補能字。）鮑本趙策同。姚本趙策有能字，云：

　　『曾本添能字。』是舊本原無能字矣。

魏王使客將軍新垣衍令趙帝秦。

　　索隱：新垣衍欲令趙尊秦爲帝也。

　　案文選詠史詩注引『令趙帝秦，』作『說趙尊秦昭王爲帝。』蓋引大意，與索隱

　　合。

吾乃今然後知君非天下之賢公子也。

　　案『乃今然從』猶『而今而後。』左襄七年傳：『吾乃今而後知有卜筮。』莊子

　　逍遙遊篇：『而後乃今將圖南。』『乃今』亦猶『而今』也。

世以鮑焦爲從頌而死者，皆非也。

　　索隱：從頌者，從容也。……………

　　正義：『韓詩外傳云：「姓鮑，名焦，周時隱者也。飾行非世，廉潔而守，荷擔

　　採樵，拾橡充食。故無子胤，不臣天子，不友諸侯。子貢遇之，謂之曰：『吾聞

　　非其政者，不履其地。汙其君者，不受其利。今子履其地，食其利，其可乎？』

鮑焦曰：『吾聞廉士重進而輕退，賢人易愧而輕死。』遂抱木立枯焉。」……』

考證：『莊子盜跖篇：「鮑焦飾行非世，抱木而死。」………策「從頌」作「從容。」頌、容通。』

案長短經注『從頌』亦作『從容。』正義引外傳云云，莊子盜跖篇成玄英疏全同，惟未言本於外傳。『姓鮑』至『不友諸侯。』不見於今本外傳，『子貢遇之』以下，見今本外傳一，（又見新序節士篇。）惟字句頗有出入。趙策鮑焦下，吳氏補亦引外傳云：『周時隱者，無子胤，不臣天子，不友諸侯。』蓋本正義。鮑焦事，又見列士傳，詳後鄒陽傳索隱及文選鄒陽獄中上書自明一首注。風俗通愆禮篇：『鮑焦耕田而食，穿井而飲，非妻所織不衣。餓，於山中食棗，或問之：「此棗子所種邪？」遂嘔吐，立枯而死。』所載鮑焦事，與諸書不同。

彼秦者，弃禮義而上首功之國也。

索隱：…………謂斬一人首，賜爵一級，故謂秦爲首功之國也。

案商君列傳：『有軍功者，各以率受爵。』（今本爵上衍上字，彼文斠證有說。）

通鑑注：『上，尙也。』又引索隱賜上有則字，爲下有上字。

虜使其民。

考證：『梁玉繩曰：鹽鐵論論功篇引史，「虜使」作「虛使。」』

案考證引梁說，『虛使』乃『虐使』之誤。

彼卽肆然而爲帝，過而爲政於天下，則連有蹈東海而死耳。吾不忍爲之民也。

王念孫云：『索隱解「過而爲政於天下」云：「謂以過惡而爲政也。」正義讀至過字絕句，解云：「言秦得肆志爲帝，恐有烹醢納筭，徧行天子之禮過失也。」徐孚遠曰：「此解非也。言秦未能并滅六國，若尊之太過，使得稱帝，則爲政於天下矣。」案司馬與張固失之，而徐亦未爲得也。「過而爲政於天下，」指秦言之，非謂「尊之太過」也。案高誘注呂氏春秋知士篇曰：「過猶甚也。」言秦若肆然而爲帝，甚而遂爲政於天下，則吾有死而已。不忍爲之民也。過與大義亦相通，…………韓策曰：「夫羞社稷而爲天下笑，無過此者矣。」蘇秦傳過作大。然則「過而爲政於天下，」猶言「大而爲政於天下」耳。呂氏春秋注訓過爲甚，甚與大義亦相通，故趙岐注孟子梁惠王篇曰：「甚，大也。」』

案即猶若，過猶甚、猶大，王解並是。『爲帝』下文作『稱帝，』爲、稱同義，秦本紀有說。『過而』猶『甚且。』『連有』猶『連即，』有、即同義，古書虛字新義〔五、有〕條有說。此謂『秦若肆然無忌而稱帝，甚且爲政於天下，則連即蹈東海而死耳。吾不忍爲其民也。』

所爲見將軍者，

案長短經注爲作以，義同。

居歲餘，周烈王崩。

集解：『徐廣曰：烈王十年崩，威王之七年。』

正義：『周本紀及年表云：「烈王七年崩。」齊威之十年也。與徐不同。』

案集解十、七二字當互易。周本紀：『十年，烈王崩。』十蓋本作十，古七字。竹書紀年亦作『七年。』周本紀有說。

天崩地坼，天子下席。

考證：烈王太子，宜爲顯王。

案考證說，本殿本考證。

東藩之臣因齊後至，

梁玉繩云：『齊字衍，說在六國表。或曰：國君以國爲氏，當作齊因。趙策田嬰齊，亦當作齊因。蓋由田爲因之誤，而嬰、因二字以同音通借又誤重也。宜衍嬰字。其時齊有田嬰，豈君臣同名歟？』

案威王名因齊，年表、田完世家並同，齊字非衍。莊子則陽篇釋文云：『史記威王名因。』因下脫齊字。田完世家有說。趙策作田嬰齊，蓋本作田因齊，因、嬰同音，又聯想及田嬰而誤耳。長短經注作田嬰，誤從趙策，且脫齊字也。

寧力不勝而智不若邪？

案記纂淵海六五引若作足。

昔者九侯、鄂侯、文王，紂之三公也。

集解：『徐廣曰：………九，一作鬼。鄂，一作邢。』

案殷本紀稱紂『以西伯昌、九侯、鄂侯爲三公。』集解引徐廣曰：『九侯，一作鬼侯。鄂，一作邢，音于。』趙策九侯作鬼侯，九、鬼聲近古通。竹書紀年鄂侯

作邢侯。此文徐注：『鄂，一作邢。』鄂，正作郢。邢乃郢之壞字，邢又邢之形
誤。殷本紀有說。

紂以爲惡，

案長短經注引惡作醜，義同。

辯之疾。

案趙策、殷本紀、長短經注辯皆作辨，古字通用。

故拘之羑里之庫百日，

案趙策、長短經注，通鑑周紀五羑皆作牖，古字通用，殷本紀有說。

天子巡狩，諸侯辟舍，

索隱：辟音避。避正寢。案禮，天子適諸侯，必舍於祖廟。

考證：『辟舍，謂避正廟而外舍，不敢有其國也。中井積德曰：索隱案禮云云，
援引失當。』

施之勉云：『賈子新書禮篇：「天子適諸侯，諸侯不當有宮，不敢爲主人，禮
也。」田完世家：「湣王出亡之衛，衛君辟宮舍之，稱臣而共具。」是辟舍，即辟
宮。賈子所謂「不敢有宮，」索隱所謂「避正寢，」是也。白虎通德論：「王者
巡狩，必舍諸侯祖廟何？明尊無二上也。故禮坊記曰：『君適其臣，升自阼階，
示不敢有其室也。』禮運曰：『天子適諸侯，必舍其祖廟。』」此禮不見于經，
秦蕙田氏亦疑之。中井說索隱「援引失當。」是也。』

案鮑本趙策、長短經注辟並作避。考證『不敢有其國』之說，本趙策鮑注。施氏
引白虎通德論（巡狩章）『禮運曰，』原無運字。

納筦籥，

索隱：音管藥。

考證：管籥即鑰也。策作『管鍵。』

案長短經注筦作管。趙策作『筦鍵，』鮑注：『筦，鑰也。鍵，其牡。』籥、鑰
古、今字。

攝衽抱机，視膳於堂下。

正義：⋯⋯⋯⋯枹，抱也。

考證：『張文虎曰：「官本、舊刻、毛本、凌引一本作抱。他本作枹。」中井積
德曰：「机，蓋食案之類，非憑几。」』

施之勉云：景祐本、黃善夫本作抱。机，策作几。……………

案正義本抱作枹。索隱單本、殿本並作抱，趙策、長短經注並同。趙策机作几，
古字通用，（莊子齊物論篇：『南郭子綦隱机而坐。』釋文：『机，李本作几。』
即其比。）鮑注：『几，所據也。』則是憑几。中井釋机爲『食案之類，』蓋由
下文言『視膳於堂下』耳。

不敢入於鄒。

案趙策、長短經注固並作故，古字通用，其例習見。

鄒、魯之臣不果納。

索隱：…………齊欲行天子禮於鄒、魯。鄒、魯之臣皆不果納之。……………

考證：『徐孚遠曰：索隱非也。言鄒、魯國小而貧，不〔能〕備生死之禮。』

案單本索隱『之臣』上脫『鄒、魯』二字。趙策吳氏正引索隱『鄒、魯之臣，』
作『其臣。』考證引徐說，本殿本考證。

各有稱王之名。

案史通引各作交，趙策、長短經注並同。

秦將聞之，爲卻軍五十里。

考證：『通鑑考異云：仲連所言，不過論帝秦之利害耳。使新垣衍憋怍而去則有
之，秦將何預而退軍五十里乎？此游談者之誇大也。』

施之勉云：『文選謝靈運述祖德詩注引「五十里」作「十五里。」吳師道曰：
「秦將爲卻軍五十里，說者以爲辯士夸辭。愚謂仲連毅然不肯帝秦，則魏救必
至。聲天下之大義，以作三軍之氣，不戰而自倍矣。是時公子無忌且至，仲連之
智足以知其事之克濟。不然，則且有俶儻非常之畫以佐趙之急。彼秦將者，必聞
其言，而憚其謀故爾，豈爲虛言卻哉？」』

案文選詠史詩注、擬古詩注引此皆作『五十里。』（趙策、長短經注並同。）述
祖德詩注引作『十五里，』必『五十里』之誤倒矣。考證引通鑑考異說，本梁氏
志疑。

於是平原君欲封魯連。

考證：楓、三本君下有乃字，策無。

案後漢書荀彧傳注引此無『於是』二字，君下亦有乃字。乃猶『於是』也。有『於是』二字，則不必有乃字。藝文類聚二一、文選述祖德詩注、詠史詩注、江文通上建平王書注、史通、御覽二百一、四二三，引此皆無乃字。文選左太沖招隱詩注及御覽八二九引魯連子、藝文類聚三六及御覽五百十引嵇康高士傳、御覽八一一引春秋後語、通鑑，亦皆無乃字。

魯連辭讓使者三，終不肯受。

王念孫云：『辭讓』下不當有使字，蓋衍文也。趙策作『辭讓者三。』藝文類聚人部、太平御覽封建部、人事部，引此並作『辭謝者三。』文選左思詠史詩注、江淹上建平王書注，引此並作『辭謝，』皆無使字。又案諸書引史記作『辭謝，』而今本作『辭讓，』疑後人依趙策改之也。

施之勉云：唐寫本春秋後趙語、史通點煩篇，並作『辭謝者三，』無使字。元龜七百七十八引，作『使者三往，』三下有往字。

案書鈔四八引此亦作『辭謝者三。』御覽八一一引春秋後語同。文選上建平王書注引此作『連謝，終不肯受。』謝上無辭子，王氏失檢。通鑑『使者三』下有返字。

魯連笑曰，

案藝文類聚二一（人部）引笑作歎，御覽四二三（人事部）引作嘆。（說文：嘆，一曰太息也。）嘆、歎正、假字。嘆，俗書作嘆。笑，俗書作咲。往往相亂。咲誤爲嘆，復易爲歎耳。鄒陽傳：『無使臣爲箕子、接輿所笑。』新序雜事三笑作歎，衞將軍列傳：『靑笑曰，』藝文類聚三五、御覽六四四引笑並作歎，陸賈列傳：『尉他大笑曰，』考證引高山寺本笑作嘆，並同此例。此文作笑較長，趙策、藝文類聚八三及御覽八二九引魯連子、藝文類聚三六及御覽五百十引嵇康高士傳、御覽八一一引春秋後語、通鑑，皆作笑。

所貴於天下之士者，爲人排患釋難解紛亂而無取也。

王念孫云：『爲人排患釋難解紛亂，』文與趙策同。而類聚人部、御覽人事部、

文選詠史詩注、北山移文注、後漢書桓榮傳論注、荀彧傳注，引史記皆無亂字。

考證：『各本所下有謂字，舊刻無。中井積德曰：謂字衍文，策無。』

施之勉云：景祐本無謂字。後漢書桓榮荀彧二傳注、文選左太沖詠史詩注、白帖十四引史，事類賦九引春秋後語，亦皆無謂字。事類賦引春秋後語亦無亂字。

案藝文類聚二一、御覽四二三引所下並無謂字，類聚八三及御覽八二九引魯連子、類聚三六及御覽五百十引嵇康高士傳、通鑑皆同。記纂淵海七二引所下亦無謂字，紛下無亂字，御覽八一一引春秋後語同。文選詠史詩注、北山移文注引『無取』並作『不取，』義同。類聚引無下有所字，趙策亦有所字。

即有取者，

案即猶若也。藝文類聚八三引魯連子作『若即有取。』若蓋後人旁注字誤入者。其後二十餘年，燕將攻下聊城。聊城人或讒之燕，燕將懼誅，因保守聊城不敢歸，齊田單攻聊城。

集解：『徐廣曰：案年表，田單攻聊城，在長平後十餘年也。』

索隱：按徐廣據年表，以爲田單攻聊城，在長平後十餘年耳。言『二十餘年，』誤也。

梁玉繩云：『「二十，」索隱本作「三十。」故曰「徐廣云：『年表以田單攻聊城在長平後十餘年。』言『三十餘年，』誤。」今本皆作「二十。」然俱非也。古史「作十餘年，」是。』

考證：『錢大昕曰：按六國表，無田單攻聊城事。……………今細繹徐氏文義，特以仲連遺書，有栗腹事。推檢時代，當在長平後十餘年，以正史公云「二十餘年」之誤，非謂年表有田單事也。……………」』

案索隱本二作三，並衍文。徐氏謂『田單攻聊城，在長平後十餘年。』古史作『十餘年，』蓋本徐說。長平之戰，在秦昭王四十七年，趙孝成王六年，當周赧王五十五年。詳秦本紀、秦表及白起傳。通鑑載長平之戰於赧王五十五年；田單攻聊城於秦孝文王元年。則田單攻聊城，上距長平之戰爲十一年。與徐注所云：『十餘年』合。又黃善夫本、殿本索隱，據並作云，以下並無爲字，（與梁氏志疑所據湖本合。）二上並無言字。單本索隱言作然。

魯連乃爲書，約之矢以射城中。

案『約之矢，』猶言『束於矢。』齊策六鮑注：『纏束書於矢上。』是也。記纂淵海七十引『矢以』二字倒，長短經七雄略注亦作『約之以矢。』以猶於也。藝文類聚六十、御覽三百五十引魯連子並作『著之於矢。』御覽三二八引『矢以』作『以箭，』箭字恐非其舊。

遺燕將書曰：吾聞之，智者不倍時而弃利，勇士不怯死而滅名，

索隱：却死，猶避死也。

考證：怯，畏也。索隱本作却。

案上文已言『連乃爲書，』則此『遺燕將』下不必有書字，蓋涉上文而衍。文選詠史詩注、御覽三二八引此並無書字。齊策、藝文類聚六十、及御覽三百五十引魯連子、類聚三六引嵇康高士傳、通鑑，皆無書字。長短經注作『遺燕將軍曰，』亦無書字。御覽引倍作背，類聚二五（不言引何書）同。倍、背古通，其例習見。齊策怯下吳氏補云：『史記作却。』據索隱本也。黃善夫本、殿本索隱，『却死』並作『怯死，』依正文作怯妄改。

功敗名滅，

案御覽引『功敗』作『忠廢。』藝文類聚二五同。齊策、長短經注敗亦並作廢。

此時不再來。

考證：齊策作『此其一時也。』

案長短經注作『此其時也。』

且楚攻齊之南陽，

索隱：卽齊之淮北，泗上之地也。

考證：『顧炎武曰：「南陽者，泰山之陽。孟子：一戰勝齊，遂有南陽。」』

案單本索隱齊誤楚，黃善夫本、殿本索隱齊並誤濟。齊策吳氏補引此不誤。

故定計審處之。

考證：『審處之，』策作『而堅守之。』

案長短經注『審處之，』亦作『而堅守之。』『審處』與『堅守』義近。

衡秦之勢成，

案齊策、長短經注衡並作橫，義同。

計猶且爲之也。

　　考證：策『猶且』作必。

　　案必與且同義。

且夫齊之必決於聊城，公勿再計。

　　考證：齊策『且夫』以下十三字，在下文『公之不能得也』下。

　　案此十三字，齊策作『齊必決之於聊城，公無再計。』十一字，在下文『公之不

　　能得也』下。長短經注作『齊之必決於聊，公無再計。』十字，亦在下文『公之

　　不能得也』下。

無天下之規，

　　施之勉云：『鮑彪曰：規猶謀也。秦救之，而楚、魏退，無謀齊者。』

　　案淮南子主術篇：『是故心知規而師傅諭道。』高注：『規，謀也。』與此規字

　　同義。

栗腹以十萬之衆，五折於外。

　　集解：『徐廣曰：此事去長平十年。』

　　案姚本齊策、長短經注『十萬』並作『百萬。』鮑本齊策作『十萬，』從史記也。

　　徐注『此事去長平十年，』當燕王喜四年，趙孝成王十五年，詳燕表及燕趙世

　　家。次年即秦孝文王元年也。

距全齊之兵，是墨翟之守也。

　　正義：如墨翟守宋郤楚軍。

　　考證：齊策兵下有『朞年不解』四字。

　　案長短經注兵下亦有『期年不解』四字。墨翟守宋郤楚軍事，見墨子公輸篇，孟

　　荀列傳集解曾引之。又見呂氏春秋愛類篇、淮南子脩務篇。

食人炊骨，士無反外之心，是孫臏之兵也。

　　王念孫云：外當作北。北，古背字。言雖至食人炊骨，而士卒終無反背之心也。

　　齊策作『士無反北之心。』是其證。隸書外字或作外，形與北相近，故北誤爲

　　外。……………………

案左宣十五年傳：『華元曰：敝邑易子而食，析骸而爨。』（公羊傳、淮南子人閒篇、論衡福虛篇、列子說符篇爨皆作炊。）宋世家作『析骨而炊，易子而食。』楚世家二句倒置。管子參患篇亦云：『主人易子而食之，析骸而爨之。』王氏謂『外當作北。』外與北（背）義近，似非誤字。韓非子難一篇：『今襄子於晉陽也，知氏灌之，曰竈生竈，而民無反心。』趙世家：『三國攻晉陽歲餘，引汾水灌其城，城不浸者三版。城中懸釜而炊，易子而食，羣臣皆有外心。』『反心』與『外心』合而言之，則曰『反外之心。』可證外字不誤。長短經注亦作『反外之心。』又『孫臏之兵』作『孫臏、吳起之功。』齊策孫臏下亦有吳起二字。

以資說士。

考證：『沈家本曰：說士，游說之士。』

案齊策『說士』下鮑注云：『辯說之士。』卽沈說所本。

亡意亦捐燕弃世，東游於齊乎？

索隱：亡音無。言若必無遷燕意，則捐燕而東游於齊乎？

正義：亡，岡良反。亡，失也。若不歸燕失意，棄其忠良之名，東游齊國也。

王念孫云：『亡讀如無。索隱斷「亡意」爲一句，以「亡意」爲「無遷燕意，」非也。「亡意亦」者，「意亦」也。「意亦」者，「抑亦」也。（抑、意古字通。）轉語詞也。齊策作「意者亦捐燕棄世，東游於齊乎？」「意者，」亦轉語詞也。（「意者」猶言「抑者。」）』（范雎蔡澤傳雜志。）

案索隱、正義並未達『亡意亦』之義，王說是。長短經注亦作『意者。』

富比乎陶、衞。

索隱：『按延篤注戰國策云：「陶，陶朱公也。衞，衞公子荆。」非也。王劭云：「魏丑封陶，商君姓衞。富比陶、衞，謂此也。」』

孫志祖云：『此言陶、衞，自當謂陶朱及子貢尒。鹽鐵論刺權篇亦云：威重於六卿，富累於陶、衞。』（讀書脞錄七。）

案延氏謂『衞，衞公子荆。』固非；王氏以衞爲商君，亦未得。商君不以富聞。且商君，衞之庶孽子，姓公孫，亦非姓衞也。孫氏謂陶、衞爲陶朱及子貢，蓋是

。貨殖列傳述陶朱公之富後，即述衞子貢之饒益，可證也。黃善夫本、殿本索
隱，末句並作『謂此云爾。』齊策吳氏正引同。

規小節者，不能成榮名。惡小恥者，不能立大功。

　　案御覽三二八引作『效小節者，不能行大威。惡小恥者，不能立榮名。』與齊策
　　同，藝文類聚二五亦同。疑所引乃齊策文也。長短經注作『效小節者，不能行大
　　威。惡小恥者，不能成榮名。』成字蓋從史，餘則皆本齊策也。

遺公子紏不能死，怯也。

　　正義：管仲傅子紏，而魯殺之，不能隨子紏死。是怯懦畏死。
　　案正義所據本遺蓋作傅。藝文類聚二五作『傅公子紏而不死。』（紏，俗紏字。）
　　准南子氾論篇云：『管仲輔公子紏而不能遂。』傅猶輔也。

若此三行者，

　　案准南子若作當，若猶當也。論衡論死篇：『使死人有知，必恚人之殺己也。當
　　能言之於吏旁，告以賊主名。若能歸語其家，告以尸之所在。』當、若互文（裴
　　氏古書虛字集釋七有說），其義一也。

故管子不恥身在縲紲之中，而恥天下之不治。不恥不死公子紏，而恥威之不信於諸
侯。

　　案長短經臣行篇注：『管子曰：不恥身在縲紲之中，而恥天下之不理。不恥不死
　　公子紏，而恥威之不申于諸侯。』即本此文，而誤以爲管子語。治作理，避唐高
　　宗諱改。信作申，古字通用。

而光燭鄰國。

　　正義：『蒼頡篇云：燭，照也。』
　　案齊策、長短經七雄略注燭並作照。藝文類聚作昭，昭、照音義同。

曹子爲魯將，三戰三北，而亡地五百里。

　　索隱：魯將曹昧是也。
　　考證：『齊策曹子作曹沫，「五百里」作「千里。」李笠曰：「淮南氾論訓亦云
　　『喪地千里。』亦誇辭。魯地亦安得如此之廣。」』
　　案藝文類聚、長短經注亦並作曹沫，（意林引胡非子同。）『五百里』亦並作『千

里。』齊策曹子作曹沫，既似沫字，又似沫字，故考證引作曹沫，而刺客傳梁氏
志疑又引作曹沫。梁氏並云：『索隱於魯仲連傳作昧，疑誤。』是也。他書無作
曹昧者。曹沫，蓋本作曹沫，齊世家、刺客傳並作曹沫，（鹽鐵論復古篇同。）
未、末古通，形亦相近，故沫亦作沫耳。又考證引李說，刺客傳梁氏志疑已言
之。

議不還踵，

　　案御覽三二三引作『義不旋踵。』議、義古通，莊子齊物論篇：『有倫有義。』
　　釋文引崔譔本義作議，即其比。還、旋古通，淮南子亦作旋。

則亦名不免爲敗軍禽將矣。

　　案御覽引此無名字。齊策、藝文類聚、長短經注皆無『亦名』二字。淮南子作
　　『則終身爲破軍擒將矣。』

枝桓公之心於壇坫之上，

　　考證：『中井積德曰：「壇坫」之坫字，以類帶說耳。只是謂壇上也。坫字無
　　意。齊策作「壇位之上。」』

　　案長短經注坫亦作位。藝文類聚無坫字，齊世家、刺客傳亦並無坫字。

**若此二士者，非不能成小廉、而行小節也。以爲殺身亡軀，絕世滅後，功名不立，非
智也。**

　　案齊策作『若此二公者，非不能行小節、死小恥也。以爲殺身絕世，功名不立，
　　非智也。』（姚本智作知。）藝文類聚同。長短經注亦同，惟『二公』下無者字。
　　御覽三二八引史作『昔管仲、曹沫二公者，非不能效小節、死小恥也。以爲殺身
　　絕代，功名不立，非智也。』『昔管仲、曹沫』五字，乃概舉上文，『二公者』
　　以下，蓋本齊策。（『絕世』作『絕代，』承唐人避太宗諱改。）類書引二書同
　　見之文，往往引自較早之書，而標較晚而習見之書名，如此節所引乃齊策之文，
　　而標史記之名是也。此檢用類書所當留意者。

故去感忿之怨，立終身之名。棄忿悁之節，定累世之功。

　　正義：忿，敷粉反。悁，於緣反。『忿悁，』悒憂貌。

　　考證：『感忿、』『忿悁，』忿字複。古文無此法，疑有誤。策作『去忿恚之

心，』『除感忿之恥。』亦重忿字。

　　案齊策作『故去忿悲之心，而成終身之名。除感忿之恥，而立累世之功。』（長
短經注首二句同，略下二句。）王氏雜志云：『上旣言「忿悲，」下不當復言
「感忿，」荀子議兵篇：「善用兵者，感忽悠闇，莫知其所從出。」楊倞曰：
「感忽、悠闇，皆謂倏忽之閒也。魯連子曰：弃感忽之恥，立累世之功。」所引
魯連子，即是遺燕將書之文。然則「感忿」當是「感忽」之譌。忿字隸書或作
忩，形與忽相近，故忽譌爲忿。史記魯仲連傳………「感忿」亦「感忽」之譌。
考正義「忿，敷粉反」之音，不在「感忿」之下，而在下文「忿悁」之下，則上
文之本作「感忽」明矣。…………』其說極是！

是以業與三王爭流，

　　案御覽引作『故業與王霸爭流。』所引蓋齊策之文。惟齊策『王霸』本作『三
王，」與史合。藝文類聚、長短經注亦並作『三王。』

燕將見魯連書，泣三日，猶豫不能自決。

　　案文選謝靈運遊赤石進帆海詩注、鮑明遠擬古詩注、御覽一六二、記纂淵海七十
引見皆作得，藝文類聚及御覽引魯連子、長短經注並同。見疑暴之壞字。暴，古
得字。御覽引『猶豫』作『猶與，』豫、與古通。景祐本、黃善夫本、殿本豫皆
作預，預，俗字。前已有說。（記纂淵海引此作豫，通鑑同。）

喟然歎曰：『與人刃我，寧自刃。』乃自殺。聊城亂，田單遂屠聊城。

　　考證：『梁玉繩曰：「國策：『燕將曰：「敬聞命矣。」因罷兵倒韔而去。』吳
注云：『史稱燕將得書自殺，單屠聊城。非事實也。連之大意，在于罷兵息民。
而其料事之明，勸以歸燕降齊，亦度其計之必可者，迫之於窮而置之於死，豈其
心哉？夫其勸之，政將以全聊城之民，而忍坐視屠之？策得其實，史不可信。』
孫侍御云：聊城齊地，田單齊將，將何以反屠聊乎？」』

　　案齊策鮑本作『因罷兵倒韔而去。』（注：『韔，弓衣。倒，示無弓。』岷案
倒，示不用弓耳。）姚本『倒韔』作『到讀。』黃氏札記云：『今本讀作櫝。鮑
改「到讀」爲「倒韔。」吳氏正曰：「未詳。或誤字、衍文。」案鮑改、吳補，
皆非也。到即倒字。又以讀爲櫝耳。不當輒改。』（『吳補』當作『吳正。』禮

記少儀：『劍則啓櫝。』鄭注：『櫝，謂劍函也。』）齊策言燕將去。史則稱燕
將自殺，蓋別有所本。藝文類聚引嵇康高士傳、通鑑亦並稱燕將自殺，長短經注
稱其自刎，皆從史也。記纂淵海六三引亂上有大字。後漢書崔駰傳注引屠作平，
極是！則田單固未屠聊城矣。（通鑑作『克聊城。』）

吾與富貴而詘於人，寧貧賤而輕世肆志焉。

案書鈔四八引與下有其字，詘作屈，『肆志焉』作『肆意者也。』御覽二百一引
詘亦作屈，『肆志』亦作『肆意。』詘、屈古通，志、意同義。藝文類聚引嵇康
高士傳亦作『肆意。』莊子繕性篇：『不爲軒冕肆志，不爲窮約趨俗。』留侯世
家正義引漢書外傳載四皓歌有云：『富貴而畏人，其如貧賤而樂肆志。』（其，
高士傳作不，當從之。）蓋本魯連語。

鄒陽者，齊人也。游於梁，與故吳人莊忌夫子、淮陰枚生之徒交。

索隱：忌，會稽人，姓莊氏，字夫子。後避漢明帝諱，改姓曰嚴。…………
考證：忌字後人旁注，誤入正文。

案景祐本、黃善夫本、殿本皆提行。夫子二字疑涉索隱而衍。漢書但稱嚴忌。

惡之梁孝王。（原脫之字。）

正義：『顏師古曰：惡，謂讒毀也。』
案新序雜事三惡作讒。

昔者荊軻慕燕丹之義，白虹貫日，太子畏之。

集解：『應劭曰：燕太子丹質於秦，始皇遇之無禮，丹亡去，故厚養荊軻，令西
刺秦王，精誠感天，白虹爲之貫日也。』
索隱…………戰國策又云：「聶政刺韓傀，」亦曰「白虹貫日」也。』
考證：畏猶疑也。丹疑軻不往也。

案白帖一引此，義下更有『欲刺秦王。其精誠上感於天，乃』十二字，蓋據集解
所增益。（類書引書，往往據注文增益字句，此類是也。）索隱所引國策，見魏
策四，乃唐且對秦王語。書鈔一五一引戰國策：『唐雎說秦王曰：聶政刺韓傀，
白虹貫日。荊軻欲刺秦王，白虹貫日。』（且、雎古通，魏世家亦作唐雎。）今
本魏策，無荊軻以下十字。御覽四亦引戰國策云：『聶政刺韓相，荊軻刺秦王，

並白虹貫日。』王先謙漢書補注云：『荊軻未去，太子屢疑之事，詳國策。「畏
之」者，畏其不去也。』考證說，即本王說。太子屢疑荊軻事，又詳刺客荊軻
傳。

衞先生爲秦畫長平之事，太白蝕昂，而昭王疑之。

索隱：『服虔云：「衞先生，秦人。白起攻趙軍於長平，遣衞先生說昭王，請益
兵糧，爲穰侯所害，事不成，精誠感天，故太白食昂。昂，趙分也。」…………
又王充云：「夫言白虹貫日，太白食昂，實也。言荊軻之謀，衞先生之策，感動
皇天，而貫日、食昂，是虛也。」』

考證：『中井積德曰：蝕，如日食之食。」愚按，索隱本蝕作食。漢傳、文選並
無而字。

施之勉云：漢傳、新序蝕作食，無而字。類聚同。

案新序、論衡事並作計，荀悅漢紀九作策，策猶計也。論衡、文選鄒陽獄中上書
自明一首蝕亦並作食，作食是故書。漢紀亦無而字，與上文句法一律。索隱『爲
穰侯所害。』穰侯，當從集解引蘇林注作應侯。白起爲應侯所害，詳白起及范雎
傳，又索隱所引服注，黃善夫本、殿本並略之；所引王充說，見論衡感虛篇。
（今本食作蝕。）

夫精變天地，

案漢紀、文選精下並有誠字。漢書亦有誠子，王氏補注云：『官本無誠字，引宋
祁曰：精字下疑有誠字。』

畢議願知。

考證：新序議作義。

施之勉云：荀紀議作義。

案議、義古通，魯仲連傳已有說。

是使荊軻、衞先生復起。

案漢紀起作出，義同。

昔卞和獻寶，楚王刖之。

集解：『應劭曰：「卞和得玉璞，獻之武王，武王示玉人，玉人曰：『石也。』』

刖右足。武王沒，復獻文王，玉人復曰：『石也。』刖其左足。至成王時。卞和
抱璞哭于郊。乃使玉尹攻之，果得寶玉。」』

索隱：楚人卞和得玉璞，事見國語及呂氏春秋。

考證：索隱本卞和作『玉人，』與漢書、文選合。但與李斯對言，則當以卞和爲
正。

施之勉云：新序作『玉人，』類聚亦作『玉人。』

案漢紀卞和亦作『玉人，』（下同。）刖作誅。新序、漢書、文選、藝文類聚五
八刖皆作誅。韓非子和氏篇記卞和獻玉璞於厲王、武王、文王，新序雜事五作厲
王、武王、共王，並非，楚表、楚世家並無厲王。淮南子覽冥篇高注作武王、文
王、成王，與此集解引應注合，是也。論衡變動篇：『厲、武之時，卞和獻玉，
刖其兩足。』言厲王，亦相承而誤。索隱『卞和得玉璞，事見國語及呂氏春秋。』
今本國語及呂氏春秋並無其事。

李斯竭忠，

梁玉繩云：以李斯自況，而稱其竭忠，鄒陽之失言也。

案李斯傳，斯獄中上書，自言七罪，正以見其竭忠也。

是以箕子詳狂，

索隱：『詳音陽，謂詐爲狂也。司馬彪曰：「箕子名胥餘。是也。」

案索隱單本、景祐本、黃善夫本、殿本詳皆作佯，新序、漢紀、藝文類聚咸同。
漢書、文選並作陽。詳、陽古通。佯，俗字。莊子大宗師篇『箕子胥餘，』釋
文：『司馬云：「胥餘，箕子名也。見尸子。」又云：「尸子曰：箕子胥餘，漆
身爲厲，被髮佯狂。」』索隱所引彪說，即莊子大宗師篇彪注也。

恐遭此患也。

案新序患作變。

諺曰：有白頭如新，傾蓋如故。

案文選、藝文類聚諺並作語，並無有字。漢書諺亦作語。索隱單本亦無有字。新
序兩如字並作而，義同。御覽三六三引國策亦云：『白頭如新，傾蓋如舊。』

藉荊軻首以奉丹之事。

案奉猶助也。淮南子說林篇：『風雨奉之。』高注：『奉，助也。』

王奢去齊之魏，

　　集解：『漢書音義曰：王奢，齊人也。……………』

　　施之勉云：『四庫全書考證曰：集解「王奢，齊臣也。」刊本臣訛人，據漢書注
　　改。』

　　案文選注引漢書音義亦作『齊臣。』

是以蘇秦不信於天下，而為燕尾生。

　　索隱：『服虔云：「蘇秦於齊不出其信，於燕則出尾生之信。」………………案
　　言蘇秦於燕獨守信如尾生，故云，為燕之尾生也。』

　　正義：尾生守信死，言蘇秦合從，諸侯不信。唯燕信之若尾生。

　　考證：『中井積德曰：「本文言天下，索隱特稱齊，何邪？」愚按天下言六國，
　　正義是。或以為蘇代訛，非。』

　　案此謂蘇秦欺詐天下，而於燕獨守信如尾生也。淮南子說林篇：『蘇秦以百誕成
　　一誠。』（高注：誠，信也。） 文意相近。索隱引服注『蘇秦於齊。』黃善夫
　　本、殿本齊並作秦，漢書服注、文選注引服注並同。齊乃誤字。中井謂『索隱特
　　稱齊，』當云『服注特稱秦。』服氏謂『蘇秦於秦不出其信，』於義雖未備。而
　　言『於燕則出尾生之信，』則是。即索隱所謂『於燕獨守信如尾生』也。正義云
　　云，未得此文之義。考證『或以為蘇代訛。』沈欽韓漢書疏證以蘇秦為蘇代訛
　　也。王氏補注曾引其說。

白圭戰亡六城，為魏取中山。

　　索隱：案事見戰國策及呂氏春秋也。

　　王先謙云：『魏世家，樂羊為魏文侯拔中山。說苑復恩篇，吳起為魏將攻中山，
　　為軍人吮疽。無白圭取中山事。圭與孟子同時問答，據呂覽先識篇：「白圭之中
　　山，中山之王欲留之，白圭辭去。又之齊，齊王欲留之仕，又辭而去。人問其
　　故，圭云：二國有五盡，必亡。」後中山果亡於趙，齊湣王為燕所破殺，與孟子
　　時事脗合。是圭實當後中山亡時。若前中山之見滅於魏，時代不相及也。此蓋別
　　一白圭，與樂羊、吳起同時為魏將兵者。』

案魏策一及中山策，並稱『樂羊爲魏將攻中山。』無白圭取中山事。亦不見於他
策。呂氏春秋先識篇所載白圭事，與此亦不符。亦不見於他篇。此蓋別一白圭，
王說是。然則索隱云『事見戰國策及呂氏春秋。』或出二書佚文與？（韓非子內
儲說下云：『白圭相魏。』王氏引呂覽云云，又見說苑權謀篇。御覽四百五十引
戰國策亦有此文。）

王按劍而怒，食以駃騠。

集解：『漢書音義曰：駃騠，駿馬也。…………敬重蘇秦，雖有讒謗，而更膳
以珍奇之味。』

考證：『恩田仲任曰：…………王怒讒蘇秦之人，使駃騠食之。猶晉厲公怒趙盾
喉夫獒也。下文「投之以夜光璧，」意與此同。』

施之勉云：此言燕王不信讒者，而轉重蘇秦，更烹一駃騠之駿馬，以珍奇之味食
之也。晉靈公喉獒噬趙盾，事見左氏宣三年傳，非晉厲公也。恩田說燕王使駃騠
食讒蘇秦之人，大謬。

案施氏釋『食以駃騠』之義，乃本〔孟康〕漢書音義說，是也。駿馬之肉乃珍
味，呂氏春秋愛士篇、韓詩外傳十、淮南子氾論篇、說苑復恩篇咸載野人食秦繆
公駿馬事，（秦本紀作『善馬。』）可參。恩田謂使駃騠食讒蘇秦之人，誠迂曲
可笑。晉靈公喉獒噬趙盾事，見左宣二年傳，非三年也。施氏失檢。又文選注引
孟康漢書音義，『讒謗』作『讒惡，』而作王。漢書孟氏音義膳作食。

白圭顯於中山，中山人惡之魏文侯。文侯投之以夜光之璧。

考證：漢書、文選不重中山二字，似長。「投以夜光之璧」者，憤怒之極，不暇
擇物也。

施之勉云：五臣本（文選）重中山二字。類聚五十八、事類賦九引，不重中山二
字。御覽八百六、事類賦九引投作賜，漢書亦作賜。此投字，即衛風木瓜之詩
「投我以木瓜」之投，義與遺贈、與賜字同。此言文侯不信讒者，而更親白圭，
贈以夜光之璧也。瀧川以投作投擲解，謬甚！

案御覽四七五、八百六引此亦並不疊中山二字。中山二字當疊，上文『蘇秦相
燕，燕人惡之於王。』疊燕字，與此疊中山二字同例。御覽八百六引『惡之』下

中研院歷史語言研究所集刊論文類編(文獻考訂編)

有於字，以上無之字，新序、漢書、文選、藝文類聚皆同，與上文句法一律。記
纂淵海六五引『惡之』下亦有於字，御覽四七五引以上亦無之字。

剖心坼肝相信。

　　案景祐本、黃善夫本坼並作拆，殿本作折，御覽四七五引亦作折 。 拆乃坼之俗
　　誤 ， 折又拆之誤也。 新序、漢書、文選皆作析，坼、析同義。 廣雅釋詁一：
　　『坼，分也。』漢書師古注：『析，分也。』

入宮見妒。

　　案扁鵲倉公列傳贊、新序入並作居。

昔者司馬喜髕腳於宋，卒相中山。

　　索隱：『…………蘇林云：六國時人，相中山也。』
　　案姚本中山策喜作憙，古字通用。黃善夫本、殿本索隱，並略蘇林云云十一字。

范雎摺脅折齒於魏，卒爲應侯。

　　索隱：『案應侯傳作「折脅摺齒。」是也。……………。』
　　考證：摺，古拉字。
　　案新序、漢書摺並作拉。御覽四九七引范雎傳作『折脅拉齒。』說苑尊賢篇郪子
　　說梁王語同。摺，古拉字。范雎傳有說。

挾孤獨之位。

　　考證：楓、三本、漢書、文選位作交。位字義長。
　　施之勉云：新序位作交。
　　案漢紀作『挾孤特之位。』獨、特同義。下文『是以申徒狄自沈於河。』索隱：
　　『新序作「抱甕自沈於河。」不同也。』於彼文言不同，於此文未言不同。竊疑
　　小司馬所見新序交作位。

是以申徒狄自沈於河。

　　集解：『漢書音義曰：殷之末世人。』
　　索隱：『申屠狄，按莊子：「申屠狄諫而不用，負石自投河。」韋昭云：「六國
　　時人。」漢書云：「自沈於雍河。」服虔曰：「雍州之河。」又新序作「抱甕自
　　沈於河。」不同也。

案索隱本作申屠狄。所引莊子，見盜跖篇。今本作『申徒狄諫而不聽，負石自投於河。』文選注引〔漢書〕如淳注云：『莊周云：申徒狄諫而不聽，負石自投河。』蓋索隱引莊子所本。因所據正文作申屠狄，故改徒爲屠耳。黄善夫本、殿本索隱並作申徒狄，則又後人因正文作申徒狄而改之也。莊子外物篇：『湯與務光〔天下〕，務光怒之。紀他聞之，帥弟子而踆於窾水，諸侯弔之。三年，申徒狄因以踣河。』是申徒狄爲夏末殷初人。元和姓纂三引尸子：『申徒狄，夏賢也。湯以天下讓，恥以不義聞，已自投於河。（已猶乃也。又見通志氏族略引風俗通。參看汪繼培『尸子存疑。』）亦其證。淮南子說山篇：『申徒狄負石自沈於淵。』高注：『申徒狄，殷末人也。』鶡冠子備知篇：『申徒狄以爲世溷濁不可居，故負石自投於河。』陸佃注：『殷之末世枯槁者也。』則並與〔服虔〕漢書音義合。荀子不苟篇：『故懷負石而赴河，是行之難者也。而申徒狄能之。』楊注：『申徒狄，莊子音義曰：殷時人。』（莊子大宗師篇釋文音義。）此概言之也。又據韓詩外傳一：『申徒狄非其世，……………曰：「桀殺關龍逢、紂殺王子比干，而亡天下。吳殺子胥，陳殺泄冶，而滅其國。故亡國殘家，非無聖智也。不用故也。」遂抱石而沈於河。』（又見新序節士篇、莊子盜跖篇釋文。）則申徒狄當是春秋末六國初人。與韋注『六國時人』頗合。蓋傳聞各異耳。漢書『自沈於河』作『蹈雍之河。』索隱引作『自沈於雍河。』蓋依此正文改蹈爲『自沈於』三字，又略之字耳。（注疏引書，往往依正文改易字句。）漢紀、文選亦並作『蹈雍之河。』王先謙漢書補注引王氏雜志云：『雍讀爲甕，謂蹈甕而自沈於河也。井九二：「甕敝漏。」釋文甕作雍，…………是甕與雍古字通也。史記作「申徒狄自沈於河。」索隱曰：「新序作『抱甕自沈於河。』」（今新序雜事篇作「蹈流之河。」後人改之也。）彼言「抱甕，」此言「蹈甕。」義相近也。「蹈甕之河，」「負石入海，」皆欲其速沈於水耳。莊子謂「申徒狄負石自投於河，」意與此同。漢紀孝成紀荀悅曰：「雖死猶懼形骸之不深，魂神之不遠，故徐衍負石入海，申徒狄蹈甕之河。」此尤其明證也。服虔以爲蹈雍州之河，失之遠矣！』岷以爲今本新序作『蹈流之河，』流字固是後人所改。索隱引作『抱甕自沈於河，』與下句『負石入海。』文不相儷，恐非其舊。竊疑小司馬

所據新序本作『抱甕之河，』『自沈於』三字，亦依此正文改之也。

徐衍負石入海。

　　索隱：亦見莊子。

　　案今本莊子無此文。王氏漢書補注云：『文選注引論語讖曰：「徐衍負石，伐子
　　自貍。守分亡身，握石失軀。」宋均曰：「貍猶殺也。力之切。」』

不容於世，義不苟取比周於朝，以移主上之心。

　　考證：『文選容下有身字，李善曰：「言皆義不苟取比周朋黨在朝廷，以移主上
　　之心，妄求合也。」中井積德曰：「『義不苟取』爲一句，其下葢脫數字。」愚
　　按中說是。』

　　案『義不苟取比周於朝，』新序、漢書、漢紀、文選皆同，無脫文。中井臆說，
　　不足據。考證引文選及李注，本漢書補注。

故百里奚乞食於路，繆公委之以政。

　　考證：楓、三本、漢書於下有道字。

　　施之勉云：新序於下有道字，五臣本文選亦有。類聚路作道。

　　案漢紀無道字，與史合。文選注：『說苑：「鄒子說梁王曰：百里奚乞食於路，
　　而穆公委之以政。』見說苑尊賢篇，今本『乞食』誤『道之。』

甯戚飯牛車下，而桓公任之以國。

　　集解：『應劭曰：齊桓公夜出迎客，而甯戚疾擊其牛角，商歌曰……………』
　　索隱：『事見呂氏春秋。「商歌，」謂爲商聲而歌也。或云：「商旅人歌也。」
　　二說竝通。…………』

　　案漢書、漢紀、藝文類聚皆無而字，與上文句法一律。事詳呂氏春秋舉難篇、淮
　　南子道應篇、新序雜事五、列女傳辯通篇齊管妾婧傳。又詳御覽四八四、八九八
　　引史記佚文。（參看斠證導論〔四、佚文輯錄〕。）文選注：『說苑：「鄒子說
　　梁王曰：甯戚扣轅行歌，桓公任之以國。」』今本說苑尊賢篇脫之字。又『商歌』
　　之義，索隱所稱或說非，王先謙已言之。

豈借宦於朝，假譽於左右，

　　考證：漢書、文選借作素，假作借。

施之勉云：類聚借作素，假作借。

案漢紀借亦作素。

親於膠漆，

考證：漢書、文選『親於』作『堅如。』

施之勉云：新序『親於』作『堅於。』

案漢紀亦作『堅如。』於猶如也。

宋信子罕之計而囚墨翟。

考證：『梁玉繩曰：漢書陽傳及新序三，子罕作子冉，豈冉、罕音近通用乎？而此子罕必子罕之後，以字爲氏，如鄭罕氏常掌國政也。墨翟與之竝世。…………………』

案文選亦作子冉，藝文類聚作子舟，舟乃冉之誤。

夫以孔、墨之辯，

梁玉繩云：『錢唐范栻曰：孔、墨竝言，可謂傺于不倫。而又目之爲辯，與下言「伊、管之辯」同謬。盍仍戰國游士之譚也。』

案韓非子八說篇：『博習辯智如孔、墨。』

眾口鑠金，積毀銷骨也。

索隱：『案國語云：「眾心成城，眾口鑠金。」……………又風俗通云：「或說：有美金於此，眾人或共詆訿，言其不純。金賣者欲其必售，因取鍛燒以見其眞。是爲『眾口鑠金』也。」』

沈欽韓云：『周語：「眾志成城，眾口鑠金。」注：「眾口所譭，雖金猶可消。」鬼谷子權篇：「眾口鑠金，言有曲故也。」』（王氏漢書補注引。）

案晏子春秋內篇諫上：『眾口鑠金。』楚辭九章惜誦：『故眾口其鑠金兮。』御覽八一一引風俗通（佚文）云：『眾口鑠金。俗說：有美金〔於〕此，眾人咸共詆訿，言其不純。賣金者欲其售，因取鍛燒以見眞。此爲「眾口鑠金。」』索隱所引『金賣者，』（考證本妄以金字屬上絕句。）乃『賣金者』之誤倒。又索隱引國語『眾心成城，』文選注、黃丕烈重雕宋明道本並同。藝文類聚六三引風俗通亦同。沈氏引周語心作志，（考證同。）非其舊也。

齊用越人蒙而彊威、宣。

　　索隱：『越人蒙，未見所出。漢書作子臧。又張晏云：「子臧，越人。」或蒙
之字也。』

　　梁玉繩云：新序作子臧。

　　王先謙云：『沈欽韓曰：「鹽鐵論相刺篇：『越人夷吾、戎人由余，待譯而後
通，並顯齊、秦。』則子臧又名夷吾。」沈曾植曰：「潛夫論論榮篇：『由余生
於五狄，越象產於八蠻，而功顯齊、秦，德立諸夏。』越象與由余並舉，疑卽子
臧。史記作『越人蒙，』蒙葢象字之誤。」索隱引張晏云：「子臧，或是越人蒙
字也。」』

　　案文選亦作子臧，注引張晏曰：『子臧，越人也。』索隱『或蒙之字也。』當是
小司馬語，王氏誤爲張晏注。（汪繼培潛夫論箋已誤爲張晏注。）沈氏據潛夫論
『越象，』謂此文蒙葢象字之誤。古人名與字相應，蒙借爲冡，說文：『冡，覆
也。』臧借爲藏。覆與藏義正相應，則象乃蒙之誤矣。汪繼培潛夫論箋從史，逕
改象爲蒙，是也。

繫阿偏之辭哉？

　　案漢書作『繫奇偏之浮辭哉？』王氏補注云：『「奇偏」無義，史記作「阿偏，」
奇與阿形近致誤也。』廣雅釋詁二：『畸、偏、阿，衺也。』奇、畸古通，『阿
偏、』『奇偏，』並不正之意。奇非阿之誤。新序、文選亦並作『奇偏。』

公聽竝觀，垂名當世。

　　考證：『中井積德曰：「竝觀，謂所見不偏也。」又曰：「言垂，則下宜言『後
世。』言『當世，』則上宜言立。是必有一誤。」』

　　施之勉云：漢書、文選作『垂明當世。』

　　案竝讀爲旁，說文：『旁，溥也。』廣雅釋詁二：『旁，廣也。』溥、廣同義。
新序竝作共，義亦相符。文選注：『「並觀，」言無偏也。』卽中井前說所本。
漢書、文選名並作明，古字通用。釋名釋言語：『名，明也。』『垂名當世，』
就『霸中國、』『彊威、宣』言之也。

不合，則骨肉出逐不收，朱、象、管、蔡是矣。

考證：漢書、文選『出逐不收』作『爲儷敵。』

案新序『出逐不收』作『爲仇讐。』記纂淵海五五引鄒陽書同。漢書師古注：

『朱，丹朱，堯子。象，舜弟。管、蔡，周之二叔也。』

則五伯不足稱，三王易爲也。

考證：漢書、文選稱作佮。文選爲下有比字。

施之勉云：新序稱作佮，爲下有比字。

案爲下有比字，乃與上句相儷。漢書無比字，王氏補注引宋祁云：『一本爲字下

有比字。』有比字是。

而能不說於田常之賢。

王念孫云：漢書作『而不說田常之賢。』文選同，新序雜事篇作『能不說於田常

之賢。』能與而同，漢書作而，新序作能，其實一字也。下文『獨化於陶鈞之

上，而不牽於卑亂之語。』新序而作能，是其證也。史記作『而能』者，一本作

而，一本作能，而後人誤合之耳。能字古讀若而，故與而通。

案此蓋本作『而不說於田常之賢。』後人據新序於而字旁注能字，因竄入正文

耳。

封比干之後，修孕婦之墓。

索隱：『案「比干之後，」後，謂子也。不見其文。尚書；「封比干之墓。」又

惟云：「剋剔孕婦。」則武王雖反商政，亦未必「修孕婦之墓」也。』

梁玉繩云：『二事經傳無攷，通志氏族略謂譜家云：「比干爲紂所戮，其子堅逃

長林之山，遂爲林氏。」其說出于林寶元和姓纂，鄭氏已糾其妄。又書泰誓疏引

帝王世紀云：「紂剖比干妻，以視其胎。」或者「脩孕婦之墓，」即是「封比干

墓」歟？呂子古樂注言紂「斷材士之股。」亦不知高誘何據。』

案索隱引尚書『封比干之墓，』見僞古文武成；引『剋剔孕婦。』見僞古文泰誓

上。墨子明鬼下篇稱紂『剋剔孕婦。』呂氏春秋過理篇言紂『剖孕婦而觀其化。』

春秋繁露王道篇作『剔孕婦見其化。』淮南子道應篇亦謂紂『剔孕婦。』漢書師

古注釋『修孕婦之墓』云：『武王克商，反其故政，乃封修之。』索隱則云『武

王雖反商政，亦未必「修孕婦之墓。」』蓋不從師古說也。又呂氏春秋古樂篇注

言紂『斷材士之股。』梁氏不知高誘何據。淮南子俶眞篇稱紂『析才士之脛。』
即高注所據也。

故功業復就於天下。

　　考證：『漢書、文選無就字，復作覆，注云：覆猶被也。』

　　施之勉云：新序無就字，復作覆。

　　案復、覆古通，就猶成也。『復就』連文，義頗難通。禎疑此文本無復字，後人
　　據新序、漢書、文選諸書於就字旁注復字，因竄入正文耳。考證所引注，乃師古
　　注。

夫晉文公親其讎，彊霸諸侯。

　　案新序、文選彊上並有而字，與下文句法一律。

誠加於心。

　　考證：文選加作嘉。

　　施之勉云：五臣本作加。

　　案嘉諧加聲，與加古通。

兵彊天下。

　　考證：楓、三本、漢書、文選兵作立。

　　施之勉云：新序兵作立。

　　案立字是，兵蓋立之誤，或淺人所改。列子說符篇：『此而不報，無以立懂於天
　　下。』（釋文：懂，勇也。）與此立字用法同。

是以孫叔敖三去相而不悔。

　　索隱：案三得相不喜，知其才之自得也。三去相不悔，知非己之罪也。

　　案索隱云云，本循吏孫叔敖傳。

於陵子仲辭三公，爲人灌園。

　　索隱：『案孟子云「陳仲子。」齊陳氏之族。兄爲齊卿，仲子以爲不義，乃適
　　楚，居于於陵，自謂於陵子仲。楚王聘以爲相，子仲遂夫妻相與逃，爲人灌園。

　　烈士傳云：「字子終。」』

　　考證：『中井積德曰：…………………索隱引孟子云，而所稱非孟子文。』

　　案『於陵子仲，』齊策四同。高士傳中作『陳仲子，』與索隱引孟子（滕文公

篇）合。新序子仲亦作仲子。列女傳賢明篇楚於陵妻傳作『於陵子終，』與索隱
引烈士傳合。漢書人表作『於陵子中，』（王氏補注云：官本子中作中子。）
仲、中、終，古並通用。漢書師古注：『子仲，陳仲子也。其先與齊同族，兄載
爲齊相，仲子以爲不義，乃將妻子適楚，居于於陵，自謂於陵子仲。楚王聞其
賢，………欲以爲相，仲子不許，遂夫妻相與逃而爲人灌園。』索隱引孟子，僅
『陳仲子』三字。』『齊陳氏之族』以下，蓋本師古注，自非孟子文矣。又索隱
『烈士傳云：字子終。』黃善夫本、殿本並作『列士傳「字子終」者是也。』
烈、列古通。

今人主誠能去驕傲之心，

案新序、漢書、藝文類聚傲皆作傲，傲、傲正、俗字。

披心腹，見情素。墮肝膽，施德厚。

考證：『「情素」猶「情實」也。「心腹」下、「肝膽」下，竝添以字看。王先
謙曰：「墮當訓輸。」』

案考證『情素』猶『情實，』乃王念孫說；『心腹』下、『肝膽』下，竝添以字
看，乃本王文彬說。漢書補注並引之。考證引王先謙云云，乃先謙引王念孫說。
並詳王氏補注。

終與之窮達，無愛於士。

正義：『顏曰：無愛，無悋惜也。』

施之勉云：『新序愛作變，五臣本文選亦作變。孫志祖曰：按愛，新序作變，與
上句「終與之窮達，」意相貫。疑愛字誤。』

案漢書愛字同。李善本文選亦作愛，注云：『於士所求，無所愛惜也。』與師古
注合，則愛非誤字。新序作變，疑後人所改。五臣本文選亦作變，又據新序而改
耳。刺客荆軻傳言太子丹『恣荆軻所欲，以順適其意。』即『無愛於士』之意。

則桀之狗可使吠堯，

索隱：及下『跖之客可使刺由。』此竝見戰國策。

王先謙云：『文選李善注：「戰國策：『刁鞮謂田單曰：跖之狗或吠堯，非其主
也。』哦音吠，並同。」』

案齊策六：『貂勃〔謂田單〕曰：跖之狗吠堯，非貴跖而賤堯也，狗固吠非其主也。』文選注引貂勃作刀鞬，（王氏所據刀作刁，俗。）貂、刀古蓋通用。勃之作鞬，疑因聯想晉寺人勃鞬（參看上文『晉文公親其讎』集解）而誤。此『桀之狗可使吠堯，』及下『跖之客可使刺由。』並言，與齊策六所云不符，小司馬蓋失檢耳。

而蹠之客可使刺由。

集解：『應劭曰：跖之客爲其人使刺由。由，許由也。跖，盜跖也。』

案新序、漢書、潛夫論交際篇、藝文類聚皆無而字，蹠皆作跖。文選蹠亦作跖，與集解及上文索隱合。蹠、跖古通。

然則荊軻之湛七族，要離之燒妻子，豈足道哉！

集解：『應劭曰：荊軻爲燕刺秦始皇，不成而死，其族坐之湛沒。……』

索隱：『湛音沈。張晏云：「七族，上至曾祖，下至玄孫。」又一說云：「父之族，一也。……』

考證：『梁玉繩云：「論衡語增云：『秦王誅軻九族，復滅其一里。』與之不同。而漢書作『軻湛七族。』師古曰：『此無荊字。乘諸史籍，荊軻無湛七族之事，不知陽所言何人。』野客叢書又云：『湛之爲義，言隱沒也。軻得罪秦，凡軻親屬皆竄迹隱遯，不見于世，非謂滅其七族。高漸離變姓名，匿于宋子，政此意。』未知孰是。」愚按………漢書、文選足下有「爲大王」三字。』

施之勉云：『朱琰曰：「余謂以暴秦之威，脅燕滅軻族，當爲事之所有。鄒陽漢初人，必有所聞。王充語，惟『七族』『九族』稍別，而意正同。特史傳偶闕未載耳。小顏因其無姓而疑爲他人，非也。王楙說亦近迂。且至軻之同類，如高漸離等，尚俱深匿；則族之不免可知。此不必委曲以解之。」新序足下有『爲大王三字。』

案師古所據漢書軻上無荊字，乃誤脫。王念孫雜志已有說。師古注：『湛讀曰沈。』卽索隱『湛音沈』所本。新序正作沈，文選劉孝標廣絕交論注引鄒陽上書亦作沈。沈猶滅也。湛、沈古、今字。新序、漢書、文選『七族』皆與史同。劉孝標廣絕交論亦云：『誓殉荊卿湛七族。』（王氏漢書補注引此，卿誤軻。）獨

論衡作『九族，』恐誤。新序、漢書、文選燒皆作燔，文選注引鄒陽上書作焚，引足下亦有『爲大王』三字。又書鈔四五引應劭注（誤爲正文）『不成』作『不利，』族上有七字。索隱所引張注，『玄孫』乃『曾孫』之誤。黃善夫本、殿本索隱並略『張晏云：七族，上至曾祖，下至玄孫。』十三字，改『又一說云』四字爲『七族』二字，『父之族，』族並誤姓。

以闒投人於道路，人無不按劍相眄者。

考證：漢書、文選無路字，人作眾。

施之勉云：五臣本有路字。新序人作眾。類聚無路字，人亦作眾。

案御覽八百六引此亦無路字，人亦作眾，無作莫。文選郭景純遊仙詩注引鄒陽上書同。漢書、漢紀、文選、藝文類聚無皆作莫，無猶莫也。

輪囷離詭，

集解：『張晏曰：輪囷離詭，委曲槃戾也。』

考證：楓、三本『離詭』作『離倚。』漢書、文選作『離奇。』

施之勉云：新序、類聚亦作『離奇。』

案記纂淵海五六引此亦作『離奇，』漢紀同。奇、倚古通，外戚世家有說。『離奇』與『離詭』同義。漢書張注本作『離奇，』文選注引張注同。集解引張注作『離詭，』依此正文改之也。又漢書張注、文選注引張注『槃戾』並作『盤戾，』槃、盤古通。

何則？以左右先爲之容也。

案新序、漢書、漢紀、藝文類聚皆無『何則』二字。

故無因至前，雖出隨侯之珠、夜光之璧，猶結怨而不見德。故有人先談，則以枯木朽株，樹功而不忘。

考證：漢書德下無故字，談作游。

施之勉云：『新序德下有故字，談作游。吳昌瑩曰：「上故字，猶夫也。下故字，若也。」桂馥曰：「李善云：「談，或作游。」按「先游」即「先容。」故下文云「素無根柢之容。」屬筌曰：「表異錄：『先游，』介紹也，猶言『先容。』』

案『故無因至前，』此承上文言之，故乃申事之辭，吳氏謂此故字猶夫也。非。
文選隨侯作隋侯，隨、隋古通，淮南子覽冥篇：『譬如隋侯之珠。』高注：『隋
侯，漢東之國，姬姓諸侯也。隋侯見大蛇傷斷，以藥傅之。後蛇於江中銜大珠以
報之，因曰隋侯之珠。』（李斯傳正義引說苑有類此之文。）草堂詩箋三九引正
文、注文隋侯並作隨侯，即隋、隋通用之證。新序、漢書『先談』並作『先游，』
義合。游謂游說也。孟子盡心篇：『孟子謂宋句踐曰：子好遊乎？吾語子遊。』
朱注：『遊，遊說也。』（游、遊古、今字。）莊子外物篇：『我且南游吳、越
之王，』呂不韋傳：『不韋雖貧，請以千金爲子西游。』並與此游字同旨。『則
以枯木朽株』以字與上文雖字互用，以猶雖也。（此義前人未發。）漢書、文選
並無以字。

雖蒙堯、舜之術。

王氏雜志所據震澤王氏本蒙作包，云：『包，本作蒙，此後人以意改之也。索隱
本作蒙，注曰：「蒙被堯、舜之道。」則舊本作蒙明矣。新序、漢書、文選竝作
蒙。』

考證：蒙，依索隱本、楓、三本、新序、漢書、文選。他本作包，包、抱通。

案景祐本、黃善夫本、殿本蒙皆作包。考證本定作蒙，從王說也。又云『包、抱
通。』是也，莊子讓王篇：『今丘抱仁義之道，』（又見風俗通窮通篇。）可爲
旁證。

雖竭精思，欲開忠信，輔人主之治。則人主必有按劍相眄之跡。

考證：漢書、文選思作神，有作襲，跡下有矣字。

施之勉云：新序思作神，有作襲，跡下有矣字。

案新序、漢書、文選精下皆有神字，略思字。恐非思作神也。『竭精神』與『開
忠信』對言，有神字是。思字屬下讀，魏武帝樂府苦寒行：『我心何怫鬱，思欲
一東歸。』亦以『思欲』連文。文選李善注：『小雅曰：開，達也。』王念孫
云：『李說是。』（漢書補注已引王說。）所引小雅，見小爾雅廣詁。

而不牽於卑亂之語，不奪於眾多之口。

案記纂淵海四九引兩於字並作乎，義同。新序、漢書、文選亦皆作乎。『卑亂』

與『衆多』對言，『卑亂之語』猶『微雜之語。』國語周語上：『王室其將卑乎？』韋注：『卑，微也。』荀子解蔽篇：『故學亂術，』楊注：『亂，雜也。』漢紀、文選『卑亂』並作『卑辭。』李善注：『聖人有深謀善計而卽行之，不爲卑辭牽制。』漢書官本亦作『卑辭，』王先謙云：『下言語，上不得言辭。』岷以爲作『卑辭，』義亦可通。惟辭非語辭之辭，『卑辭之語，』謂卑諂辯訟之語也。鬼谷子摩篇：『卑者，諂也。』（五宗世家稱『彭祖爲人卑諂。』）說文：『辭，訟也。』辭之本義爲辯訟。李善未達『卑辭』之義。新序『不奪』作『不惑。』奪、惑同義。禮記仲尼燕居：『給奪慈仁。』鄭注：『奪猶亂也。』說文：『惑，亂也。』

故秦皇帝任中庶子蒙嘉之言。以信荊軻之說，而匕首竊發。

　　索隱：『案風俗通云：其頭類匕，故曰匕首。短而便用也。』

　　考證：『沈家本曰：文選注，風俗通作通俗文。』

案蒙嘉事，詳燕策三、刺客荊軻傳，（亦見通鑑秦紀二。）漢書蒙下脫嘉字，（王氏補注引顧炎武有說。）師古注：『今流俗書本蒙下輒加恬字，非也。』新序作蒙恬，與漢書俗本同誤。索隱『風俗通，』黃善夫本、殿本並作『通俗文。』與文選注合。作『風俗通』誤。

故秦信左右而殺，周用烏集而王。

　　集解：『漢書音義云：太公望塗覯卒遇，共成王功，若烏鳥之暴集也。』

　　索隱：『韋昭云：呂尙適周，如烏之集。』

　　正義：『顏云：文王之得太公，非因舊故，若烏鳥暴集也。』

梁玉繩云：荊卿刺秦不中，何得言殺？漢書、文選作亡，尤非！

施之勉云：『王先謙曰：按諸說皆非也。秦任蒙嘉，未爲荊軻所殺，亦未以此亡國。是「信左右，」不指蒙嘉言。則「用烏集，」亦不指太公也。秦二世信趙高殺身亡國，是信左右而殺亡也。「烏集」猶言「烏合。」周武王伐紂，至孟津，八百諸侯不期而會，若烏鳥之集然，是「用烏集而王」也。文意承上文推究言之。』

案新序殺作弒，竊疑新序本從史作殺，後人改爲弒耳。（古書中殺字，凡對君

言，後人多改爲弒。）漢書、文選殺作亡，殺、亡本同義，莊子大宗師篇：『殺
生者不死。』釋文引李頤注：『殺猶亡也。』卽其證。惟此殺字，非取亡義。
『秦信左右而殺，』承上文荊軻刺秦皇事言之，左右當指蒙嘉，爾雅釋詁：
『刺，殺也。』則殺亦猶刺也。此謂秦皇信任蒙嘉而被刺耳。王氏未明殺字之
義，釋爲『秦二世信趙高，殺身亡國。』葢不然矣！烏羣飛羣集，得太公一人，
固不得喻爲烏集。然亦不必如王氏執著爲八百諸侯。凡武王與太公所率伐村之士
卒，皆以烏集喻之也。

獨觀於昭曠之道也。

考證：『顏師古曰：昭，明。曠，廣也。』

案廣雅釋詁四：『曠、昭，明也。』王氏疏證云：『說文：「曠，明也。」鄒陽
獄中上梁王書云：「獨觀於昭曠之道。」莊子天地篇云：「上神乘光，與形滅
亡，此之謂照曠。」「照曠」與「昭曠」同。』文選謝靈運富春渚詩注引莊子正
作『昭曠。』『昭曠，』複語，義並爲明。師古訓曠爲廣，非也。

今人主沈於諂諛之辭，牽於帷裳之制。

集解：『漢書音義曰：言爲左右便辟、侍帷裳臣妾所見牽制。』

考證：漢書、文選裳作牆。帷牆，左右也。

施之勉云：『新序裳作墻。李善曰：帷，妾之所在。牆，臣之所居也。』

案漢書裳作牆，孟康音義同。文選作墻，李善引孟康音義及自注並同。牆、墻並
俗牆字。集解引孟康音義作『帷裳，』依此正文改之也。王氏漢書補注據集解引
音義，云：『是漢書本有作裳者。』非也。古人引書，往往依正文改字，此當留
意者。

使不羈之士，與牛驥同皁。

索隱：『言駿足不可羈絆，以比逸才之人。應劭云：「皁，櫪也。」韋昭云：
「皁，養馬之官，下士也。案養馬之官，其衣皁也。」……………』

正義：『顏云：不羈，言才識高遠，不可羈係。……………』

王先謙云：韋說非也。牛不當與驥同皁，故以喻賢愚雜處。此文用牛驥又不同，
總謂牛馬畜類耳。

考證：『與牛驥同皁，』謂投囹圄也。驥只做馬字看。

案文選李善注亦云：『不羈，謂才行高遠，不可羈繫也。』賈誼弔屈原文：『使騏驥可得係而羈兮，豈云異夫犬羊？』千里馬不可係羈，猶才行高遠之士不可係羈也。索隱云『言駿足不可羈絆，以比逸才之人。』極是！此文與字，與如同義。謂『使不羈之士，如牛與驥同皁』耳。王氏謂『牛不當與驥同皁，故以喻賢愚雜處。』是也。因不明與字之義，又云『此文用牛驥又不同，總謂牛馬畜類耳。』反失之矣。考證釋『與牛驥同皁』爲『投囹圄，』說極牽強！又謂『驥，只做馬字看。』則因襲王說而不知其誤也。

此鮑焦所以忿於世而不留富貴之樂也。

索隱：…………案此事見莊子及說苑、韓詩外傳，小有不同耳。

案索隱單本忿下無於字。留猶待也。楚辭九歌湘君：『蹇誰留兮中洲。』王注：『留，待也。』鮑焦事見莊子及韓詩外傳，已詳魯仲連傳。說苑雜言篇：『鮑焦抱木而立枯。』

臣聞盛飾入朝者，不以利汙義。砥厲名號者，不以欲傷行。

考證：漢書、文選利作私，欲作利。

施之勉云：新序利作私，欲作利。

案漢紀利亦作私，欲亦作利。新序、漢書、漢紀、文選此文皆同。史文似不得獨異。竊疑利本作私，私誤爲利，後人乃改下文利爲欲，以避複耳。文選注引論語撰考讖云：『子罕言利，利傷行也。』

故縣名勝母，而曾子不入。邑號朝歌，而墨子囘車。

集解：『漢書云：「里名勝母」也。』

索隱：』按淮南子及鹽鐵論並云：「里名勝母，曾子不入。」葢以名不順故也。尸子以爲「孔子至勝母縣，暮而不宿。」則不同也。』

正義：淮南子、鹽鐵論皆云『里名。』尸子及此傳云『縣名，』未詳也。

考證：『梁玉繩曰：「勝母非縣，此誤。然諸書所說多異，不入勝母，水經注廿五及索隱並引尸子作孔子，與此及淮南說山、說苑談叢、論衡問孔、鹽鐵論晁錯、新論鄙名、顏氏家訓文章篇作曾子不同。迴車朝歌，新論、家訓作顏淵。水

經淇水注引論語比考讖云：『邑名朝歌，顏子不舍。七十弟子掩目，宰予獨顧，由甦墮車。』與此及淮南作墨子不同。蓋所傳異詞。如水經注、說苑、論衡言『孔子不飲盜泉之水，』淮南言『曾子立廉，不飲盜泉』也。」』

案天中記十引論語撰考讖、新序雜事三、論衡道虛篇、劉子新論鄙名篇、顏氏家訓文章篇、文選、文選吳季重答東阿王書注引鄒陽上書、容齋三筆五，皆作『里名勝母。』淮南子說山篇、鹽鐵論晁錯篇並稱『勝母之閭，』（文選答東阿王書注引淮南子閭作里。）非云『里名。』然閭即里閭也。論衡問孔篇、後漢書鍾離意傳亦並云『勝母之閭。』新序節士篇作『縣名勝母，』說苑談叢篇作『邑名勝母。』則並與此傳合。焦氏易林十一及十五注並引史記鄒陽書云：『里名勝母，曾子不入。盜泉水名，孔子不漱。』（十一注脫『水名』二字。）與此傳異，恐非其舊。不入勝母，文選陸士衡樂府猛虎行注、天中記十並引尸子，亦作孔子。天中記引論語撰考讖、新序雜事三及節士篇、後漢書鍾離意傳、文選、文選答東阿王書注、容齋三筆則皆稱曾子，與此傳合。囘車朝歌，藝文類聚十八引司馬相如美人賦、新序雜事及節士篇、漢書、曹植與吳季重書、御覽一六一引劉子〔新論〕、文選、文選答東阿王書注、容齋三筆，皆稱墨子，與此傳合。梁氏所云『水經注、說苑、論衡、言「孔子不飲盜泉之水。」』又見文選猛虎行注及天中記引尸子、後漢書列女傳注及天中記引論語撰考讖、新序節士篇、鹽鐵論、申鑒俗嫌篇、後漢書鍾離意傳、劉子新論鄙名篇。至於淮南子說山篇言『曾子立廉，不飲盜泉。』曾子蓋本作孔子，涉彼上文『曾子立孝』而誤。（劉文典淮南鴻烈集解有說。）恐非所傳異詞也。

今欲使天下寥廓之士，懾於威重之權，主於位勢之貴，

考證：『文選寥作恢。懾，漢書作籠，文選作誘。主，漢書、文選作脅，楓、三本作匡。中井積德曰：主作脅爲長。』

施之勉云：新序懾作籠，主作脅，荀紀懾作誘。

案廣雅釋詁三：『主，守也。』漢紀主亦作脅。又國語周語下：『今紲過其主，』韋注：『主，正也。』主有正義，則與楓、三本作匡義合，然此義不長。

故囘面汙行，以事諂諛之人，而求親近於左右。則士伏死堀穴巖巖之中耳。

索隱：『杜預曰：囘，邪也。』

考證：『漢書、文選囘上無故字，士下有有字，「嚴嚴」作「嚴藪。」李笠曰：「『今欲使』至『求親左右』云云，一氣貫注，『囘面』句上不宜冠以故字，當刪。士下有有字，語勢爲足。」中井積德曰：「『嚴嚴』作『嚴藪，』似優。囘，轉也，易也。」』

施之勉云：『新序囘上無故字，士下有有字，「嚴嚴」作「嚴藪。」五臣作「嚴穴，」荀紀作「嚴石。」王先愼曰：「說文：『囘，轉也。』後漢郎顗傳注：『囘，易也。』孟子梁惠王下篇注：『面，向也。』此謂轉易其向，而汙穢其行耳。」』

案漢紀亦無故字，士下亦有有字，堀作窟。師古注：『堀與窟同。』『故囘面汙行，』故字不必刪，故非申事之詞，故猶今言『故意、』『特意』也。（參看楊樹達詞詮三。）魏公子列傳：『故久立與其客語。』與此故字同旨，索隱引杜注：『囘，邪也。』師古注亦云：『囘，邪也。汙，不潔也。或曰：汙，曲也。』汙訓曲，乃紆之借字，於義較長。囘、汙義近，「囘面汙行，」猶言『邪面曲行。』王氏訓囘爲轉、易，（中井說本之。）面爲向，非勝義也。士下當從新序、漢書、漢紀、文選補有字，有猶卽也，魯仲連傳：『則連有蹈東海而死耳。』與此同例。『嚴嚴』五臣本文選作『嚴穴，』與上穴字複，非。

安肯有盡忠信而趨闕下者哉？

案新序『忠信』作『精神。』上文『雖竭精神，思欲開忠信，輔人主之治。』（今本脫神字，詳前。）則此作『忠信，』或作『精神，』並與上文相應。漢紀趨作趣，古字通用。

魯連其指意雖不合大義。

考證：『梁玉繩曰：案仲連不肯帝秦一節，政見大義。戰國一人而已！史公此語殊未當。』

案趙策鮑注：『彪謂仲連，孔子之所謂逸民，非衰周辯者之囿也。太史公賛之，貶矣。』吳氏正云：『史遷論仲連，謂「指意不合大義。」固未當；鮑以爲「孔子所謂逸民，」連雖貧賤肆志，然時出而救時，亦非逸也。大事記引蘇氏曰：

「辯過儀、秦，氣凌髡、衍，從橫之利，不入於口。因事放言，切中機會。排難
解紛，不終日而成功。逃避爵賞，脫屣而去。戰國一人而已！」斯言蔑以加矣！愚
謂仲連，事皆可稱，而不肯帝秦一節尤偉。戰國之士，皆以勢爲強弱，而連獨以
義爲重輕，此其所以異爾。』梁氏之說，葢本蘇、吳。岷以爲魯連之高節，固史
公所稱。（傳首稱其『好持高節。』）若以爲『戰國一人，』似譽之太過。

然其比物連類，

案物猶事也。韓非子難言篇：『連類比物。』亦同例。禮記中庸：『誠者物之終
始。』鄭注：『物亦事也。』

亦可謂抗直不撓矣。

案景祐本、殿本橈並作撓，橈、撓正、俗字。說文：『橈，曲木也。』段注：
『引申爲凡曲之稱。古本無从手撓字，後人肊造之以別於橈，非也。』

出自第四十五本第四分（一九七四年六月）

史記斠證卷八十四

屈原賈生列傳第二十四

王　叔　岷

案西京雜記四：『司馬遷發憤作史記，………其序屈原、賈誼，辭旨抑揚，悲而不傷。』岷謂史公序屈、賈，宛轉沈痛，悲而且傷。爲屈、賈傷，亦寓自傷之意也。

屈原者，名平，楚之同姓也。

正義：『屈、景、昭，皆楚之族。王逸云：楚王始都是，生子瑕。受屈爲卿，因以爲氏。』

考證：『屈原離騷云：「肇錫余以嘉名。名余曰正則兮，字余曰靈均。」與此異。朱熹云：「正，平也。則，法也。靈，神也。均，調也。高平曰原，故名平而字原也。正則、靈均，各釋其義以爲美稱耳。」愚按，正義是，疑當作郢。』

蔣建侯云：『蔣驥山帶閣楚辭注曰：「古人有小名，有小字。蓋屈原名平，而正則、靈均，則其小名、小字也。」通志氏族略曰：「屈氏，楚之公族也。楚武王子瑕食采於屈，因以爲氏，屈原，其後也。」』（諸子通考上編諸子人物考屈原傳考。小名、小字之說，蔣驥引自都玄敬聽雨紀談，金榮華君屈原列傳疏證已言之。）

施之勉云：『王逸楚辭注曰：「武王始都於郢，是時生子瑕，受屈爲客卿，因以爲氏。」是正義所引，都下脫郢字，非是字當作郢也。』

案離騷：『名余曰正則兮，字余曰靈均。』王逸注：『正，平也。則，法也。靈，神也。均，調也。高平曰原，故父伯庸名我爲平，字我爲原。』洪興祖補注云：『史記：「屈原名平。」正則以釋名平之義，靈均以釋字原之義。』並朱熹注所本。容齋五筆一云：『所謂靈均者，釋平之義，以緣飾詞章耳。』疑有誤。靈均乃所以釋原之義也。以正則、靈均爲小名、小字，可備一解，然未必卽是。

離騷經序洪注引元和姓纂云：『屈，楚公族，芈姓之後。楚武王子瑕食采於屈，因氏焉。屈平其後。』『楚公族，』即『楚之同姓。』國語晉語七：『屬公之亂，無忌備公族不能死。』韋注：『公族，同姓。』楚武王都郢，或文王都郢，舊有二說。楚世家：『武王……子文王熊貲立，始都郢。』唐余知古渚宮舊事一云：『熊渠之後數世，至文王熊貲始大，遂都郢。』本世家也。梁氏志疑云：『左桓二年疏，謂「漢地理志從史記，文王都郢。」世本及杜譜云：「武王徙郢。」未知孰是。春秋地名考略曰：「左昭二十三年，沈尹戌曰：『若敖、蚡冒，至于武、文，猶不城郢。』則居郢并不始武王。疑數世經營，至武、文始定耳。」』（參看楚世家斠證。）居郢既至武、文始定，則謂文王都郢，固當；謂武王都郢，亦未爲非。

為楚懷王左徒。

正義：蓋今在左右拾遺之類。

考證：『錢大昕曰：黃歇由左徒爲令尹，則左徒亦楚之貴臣矣。』

姜亮夫屈原傳疏證云：『楚世家：「考烈王以左徒爲令尹，封以吳，號春申君。」自左徒晉爲令尹，則左徒之職甚崇，非左右拾遺之比也。』

案姜氏云云，蓋本錢說。通鑑周紀五：『楚以左徒黃歇侍太子完爲質於秦。』注引此文正義，『拾遺』下有『補闕』二字。又文選馬季長長笛賦注、司馬子長報任少卿書注引此『左徒』並作『左司徒，』未知何據。識之存疑。

嫻於辭令。

集解：『史記音隱曰：嫻音閑。』

正義：閑，雅也。

案嫻、閑古通，爾雅釋詁：『閑，習也。』燕策二：『閑於兵甲，習於戰攻。』（又見新序雜事三，甲作革。）閑、習互文，閑猶習也。正義本嫻蓋作閑，說文：『嫻，雅也。』（段注本雅上有嫻字。）文選司馬長卿上林賦：『妖冶嫻都。』注：『說文曰：「嫻，雅也。」或作閑。』曹子建樂府美女篇：『美女妖且閑。』注：『說文曰：閑，雅也。』蓋唐時俗本說文嫻有作閑者，正義『閑，雅也。』之訓，蓋據俗本說文也。惟此文嫻或閑，皆當訓習。文選報任少卿書注

引此嫺作敏，恐非其舊。又殿本集解作『驅案嫺音閑。』亦非其舊。

王甚任之，

　　案記纂淵海五十引任作厚。

上官大夫與之同列，爭寵，而心害其能。

　　考證：『王逸離騷經序作「同列大夫上官靳尙。」徐孚遠曰：「史記張儀傳別出
　　靳尙，不言卽上官，疑是兩人也。」愚按，說在下文。』
　　案下文及楚世家亦並別出靳尙，不言卽上官，自是兩人。王逸離騷經序所云，當
　　讀作『同列大夫上官、靳尙。』故洪興祖注云：『史記曰：「上官大夫與之同
　　列。」又曰：「用事臣靳尙。」』據此文及下文以釋王說，而不言王氏誤以上官大
　　夫及靳尙爲一人。自朱熹謂王逸『似以爲同列之大夫姓上官而名靳尙。』（楚辭
　　辯證上。）後人相繼誤讀王說，而妄斥王氏者多矣！害猶妬也。離騷序、後漢書
　　崔寔傳注並云『妬害其能。』（班固離騷贊序作『妬害其寵。』）『妬害，』複
　　語，義同。田完世家、韓非列傳並有說。

懷王使屈原造爲憲令。屈平屬草稾，未定。

　　索隱：屬音燭。『草稾，』謂創制憲法之本也。漢書作『草具。』……』
　　姜氏疏證從黃善夫本，『屈平屬草稾未定，』作『屈平屬草藳，二未定。』云：
　　『二字惟黃善夫本有，今本多無之。寅按有二字是也。今從之。然非一二之二，
　　乃藳字之重寫也。』
　　案治要、白帖十三引原並作平，與下文一律。（索隱單本平作原，文選報任少卿
　　書注引同，與上句作原一律。但與下文作平不一律。）『造爲，』複語，義同。
　　『憲令』猶『法令。』爾雅釋詁：『憲，法也。』景祐本、殿本稾並作藳，治
　　要、白帖、文選報任少卿書注、說文繫傳二九、御覽四六八、記纂淵海五十引此
　　皆同。稾、藳正、俗字。各本及諸書所引此文稾或藳字，皆不重。黃本無緣獨重
　　藳字。且黃本重字，別無用二畫以識之之例，恐不足據也。黃本二字下爲索隱，
　　而脫索隱二字，此處有誤無疑。索隱稾字，黃本、殿本並作藳，乃依正文作藳
　　改之，失索隱單本之舊矣。索隱謂『漢書作「草具。」』考漢書賈誼傳云：『迺
　　草具其儀法。』（史記賈生傳作『乃悉草具其事儀法。』）或卽指此。又一切經

音義八十引史記云：『棄，書草也。』疑是此文舊注。

因讒之，

案白帖引因作乃，乃猶因也。項羽本紀：『乃共殺魏豹。』高祖本紀、漢書高帝
紀乃並作因，明其義相同。此義前人未發。

平伐其功，曰：以爲非我莫能爲也。

考證：治要功下無曰字，疑衍。

姜亮夫云：『左襄十三年傳：「小人伐其技以馮君子。」注：『自稱其能爲伐。』

施之勉云：文選司馬子長報任少卿書注引功下亦無曰字。

案伐猶稱也，左襄十三年傳：『君子稱其功以加小人，小人伐其技以馮君子。』
稱、伐互文，義同。曰字涉上文『因讒之曰』而衍。

故憂愁幽思而作離騷。

索隱：『愵，亦作騷。按楚詞愵作騷，音案刀反。應劭云：「離，遭也。騷，憂
也。」又離騷序云：「離，別也。騷，愁也。」』

梁玉繩云：『古史曰：太史公言離騷作自懷王之世，原始見疏而作。案離騷之
文，斥刺子蘭，宜在懷王末年，頃襄王世。』

考證：『索隱本、楓、三本騷作愵。聰、明、公、容韻。王應麟曰：「楚語：
『伍舉曰：德義不行，則邇者騷離，而遠者距違。』伍舉所謂『騷離，』屈平所
謂『離騷，』皆楚言也。」』

案『憂愁幽思，』四字疊義，愁、幽、思，皆憂也。爾雅釋詁：『憂，思也。』則
思亦憂也。幽借爲愵，說文：『愵，憂皃。』又云：『愁，慼也。』慼、憂古、今
字。廣雅釋詁一：『愁、愵，憂也。』集韻：『愵，愁也。通作騷。』蓋據索隱
本此文言之。新序節士篇稱張儀『貨楚貴臣上官大夫、靳尙之屬，上及令尹子
蘭、司馬子椒，共譖屈原。屈原遂放於外，乃作離騷。』子蘭，本傳作子蘭，
（蘭諧闌聲，與蘭古通。）乃懷王子頃襄王之弟。則離騷之作，宜在懷王末年，頃
襄王世。與史記不合。離騷云：『余以蘭爲可恃兮，……椒專佞以慢慆兮。』王
逸注以蘭爲子蘭，椒爲子椒。蓋緣新序之說而傅會。古史所云『離騷之文，斥刺
子蘭。』即本王說也。不知王說與其離騷經序所謂『香草以配忠貞，臭物以比讒

佞。』大相抵牾。蓋以蘭爲子蘭，則是香草以比讒佞矣。此朱熹所以歎其『流誤千載』者也！（楚辭辯證上。）然據王逸離騷經序云：『同列大夫上官、靳尚妬害其能，共譖毀之。王乃疏屈原。屈原執履忠貞而被讒袤，憂心煩亂，不知所愬。乃作離騷經。』則又從史公說，離騷作自懷王之世，原始見疏之時矣。是王氏亦未執著一見也。又黃善夫本索隱，略『愬，亦作騷。按楚詞愬作騷。』十字。『素刀反』下更有『一音蕭』三字。殿本索隱亦略前十字。『音素刀反』四字下更有『又一音蕭』四字，並移此八字於末句『騷，愁也。』下。

離騷者，猶離憂也。

案離騷經序洪注：『太史公曰：「離騷者，猶離憂也。」班孟堅（離騷贊序）曰：「離猶遭也。明己遭憂作辭也。」』『離騷』猶『離憂，』亦卽『遭憂。』班氏最得史公之意。上文索隱引應劭注同。自王應麟據楚語，謂『騷離、』『離騷』皆楚言，（困學紀聞六。）後人翕然和之，以『離騷』釋『遭憂』爲非。蓋『離騷』爲複語，故可倒作『騷離。』騷，憂也。離、罹古通，（書洪範：『不罹于咎，』宋世家罹作離。）亦憂也。爾雅釋詁：『罹，憂也。』（參看蔣伯潛諸子通考屈原傳考補考及姜亮夫離騷篇題注，與岷說略異。）惟據天問：『啓代益作后，卒然離蠥。何啓惟憂，而能拘是達？』王逸注：『離，遭也。蠥，憂也。』姜亮夫云：『「離蠥，」王逸以爲「遭憂，」卽「離蠥」一聲之轉。惟，吾友劉盼遂讀爲罹，是也。』王氏於離騷經序釋『離騷』爲『別愁。』於此何不釋『離蠥』爲『別愁』或『別憂，』蓋由『惟憂』（卽『罹憂』）緊承『離蠥』而言，不得不釋爲『遭憂』也。罹有憂義；亦有遭義。（莊子漁父篇：『丘不知所失，而離此四謗者，何也？』成玄英疏離作罹，云：『罹，遭也。』）『離騷，』複語，義並爲憂，固是楚言；『離騷』猶『離蠥，』義爲『罹憂，』卽『遭憂。』亦是楚言也。則班固、應劭承史公之意，釋『離騷』爲『遭憂，』惡乎不可？九歌：『思公子兮徒離憂。』卽史公所謂『離憂』之所從出，豈非楚言邪？

勞苦倦極，

案『勞苦倦極，』四字疊義，勞、倦、極，皆苦也。文選張平子東京賦：『猶謂爲之者勞。』薛綜注：『勞，苦也。』方言十二：『㑂，㑋也。』㑋與倦同。說

文：『勦，勞也。』廣雅釋詁一：『勦，極也。』趙策四：『恐太后玉體之有所郄也。』趙世家郄作苦。俙、勦、勦、郄，並字異而義同，（王念孫廣雅疏證有說。）則倦、勞、極，皆有苦義。

疾痛慘怛，

　　正義：慘，毒也。怛，痛也。

　　案正義『怛，痛也。』是也。『慘，毒也。』本說文，此非其義。『疾痛慘怛』四字疊義，疾、慘、怛，皆痛也。左成十三年傳：『痛心疾首。』杜注：『疾亦痛也。』列子楊朱篇：『慘於腹。』殷敬順釋文：『慘，痛也。』

信而見疑，忠而被謗，能無怨乎？

　　案鄒陽傳：『臣聞忠無不報，信不見疑，臣常以爲然。徒虛語耳！』

國風好色而不淫；小雅怨誹而不亂。若離騷者，可謂兼之矣。

　　考證：『楚辭王逸注引班固離騷序云：「昔在孝武，博覽古文。淮南王安敍離騷傳，以『國風好色而不淫；小雅怨誹而不亂。若離騷〔者〕，可謂兼之。蟬蛻濁穢之中，浮游塵埃之外，皭然泥而不滓。推此志，雖與日月爭光可也。』」劉勰文心雕龍辨騷篇，亦引「國風好色」以下五十〔一〕字，以爲淮南傳語。洪興祖曰：「豈太史公取淮南語以作傳乎？」』

　　案文心雕龍辨騷篇：『昔漢武愛騷，而淮南作傳。以爲「國風好色而不淫，小雅怨誹而不亂。若離騷者，可謂兼之。蟬蛻穢濁之中，浮游塵埃之外，皭然涅而不緇，雖與日月爭光可也。」』蓋本班氏離騷序。漢書淮南王傳稱武帝使安爲離騷傳，又見金樓子說蕃篇。漢紀十二孝武紀、高誘淮南鴻烈解敍亦並載之，惟離騷傳作離騷賦。文心雕龍神思篇亦云：『淮南崇朝而賦騷。』王念孫漢書雜志云：『傳當爲傅，傅與賦古字通。』作傳、作賦，蓋各有據，似不必改字。史公此文及下文『蟬蛻』云云，自是取淮南語。而淮南國風、小雅二句，似與荀子文有關。荀子大略篇云：『國風之好色也，傳曰：「盈其欲而不愆其止。」小雅不以於汙上，自引而居下。疾今之政以思往者，其言有文焉，其聲有哀焉。』（楊注：『好色，謂關雎樂得淑女也。……故詩序云：「關雎樂得淑女以配君子。憂在進賢，不淫其色。哀窈窕，思賢才，而無傷善之心焉。」小雅多刺幽、厲而思

文、武。「言有文，」謂不鄙陋。「聲有哀，」謂哀以思也。』）正所謂『國風好色而不淫，小雅怨誹而不亂』也。

中述湯、武，

　　姜亮夫云：『離騷有「湯、禹儼而祗敬兮，閼論道而莫差。」及「湯、禹嚴而求合兮，摯、咎繇而能調。」「湯、武」疑「禹、湯」之誤。離騷贊序：「上陳堯、舜、禹、湯、文王之法，」亦言「禹、湯。」唐寫本「湯、武」卽作「湯、禹，」是也。作「禹、湯」者，疑爲離騷原本。古無倒稱「湯、禹」之例，莊子逍遙遊篇：「湯之問棘也是已。」簡文注：「湯，廣大也。」重言曰「湯湯，」詩載馳：「汶水湯湯，」傳：「大貌。」則「湯禹」猶言「大禹」也。湯不必指商湯言。』（節引姜氏此傳疏證及離騷校注。）

　　案此傳唐寫本岷未見。姜氏稱『唐寫本「湯、武」作『湯、禹，』據離騷兩以『湯、禹』連文，則此傳之舊，亦必作『湯、禹。』禹之作武，蓋『湯、武』爲習見連文，傳寫遂致誤耳。唐寫本文心雕龍辨騷篇：『稱禹、湯之祗敬。』今本亦誤作『湯、武。』姜氏因古無倒稱『湯、禹』之例，謂『湯禹』猶言『大禹，』固是新解。然舊注皆以『湯、禹』爲『殷湯、夏禹，』則史公此文之『湯、禹，』亦當指『殷湯、夏禹』矣。若謂古無倒稱『湯、禹』之例，則不盡然。離騷及此傳舊本皆稱『湯、禹，』豈非其例邪？又如莊子人間世篇：『禹、舜之所紐也。』例當言舜、禹，』而倒稱『禹、舜，』亦此類也。呂氏春秋審分篇：『湯、禹之臣不獨忠。』則直與離騷及此傳舊本倒稱『湯、禹』合，可證姜氏之疏矣！

其志絜，

　　案黃善夫本絜作潔，下同。殿本絜作潔，下同。絜、潔古、今字，潔乃潔之俗省。

其行廉，故死而不容。自疏濯淖汙泥之中，

　　考證：『王念孫曰：「濯，直教反。廣雅曰：『淖，濁也。濯，潃也。』皇侃禮記〔喪大記〕疏曰：『濯，謂不淨之汁也。』是濯、淖皆汙濁之名。濯、淖、汙、泥，四字同義。」』

　　楊樹達云：通讀以『不容自疏』爲句。黃侃以『自疏』二字屬下讀，是也。……『不容，』謂不見容。『自疏』猶言『自遠，』下省於字耳。『自疏濯淖汙泥之

中，』與『蟬蛻於濁穢，』意同。以『自疏』屬上讀，則『濯淖汙泥之中』六字
不成句，以無動字故也。（古書句讀釋例。金君屈原列傳疏證亦引楊說。）

案黃氏以『自疏』二字屬下讀，與考證本合。楊氏謂『自疏』下省於字，是也。
莊子山木篇：『雖飢渴隱約，猶且胥疏於江湖之上而求食焉。』『胥疏，』複
語，義同。彼文『胥疏於江湖之上，』猶言『遠於江湖之上。』此文『自疏濯淖
汙泥之中，』猶言『自遠於汙濁之中。』『自疏』下省於字甚明。

蟬蛻於濁穢，以浮游塵埃之外。

案文選左太沖蜀都賦李善注引『浮游』下有於字。春秋繁露天道施篇亦云：『蜩
蛻濁穢之中。』又後漢書逸民傳序：『蟬蛻囂埃之中，自致寰區之外。』蓋直本
淮南離騷傳。

不獲世之滋垢，

考證：『王念孫曰：「廣韻云：獲，辱也。」』

案廣雅釋詁三：『獲，辱也。』考證引王說，廣韻乃廣雅之誤。

皭然泥而不滓者也。

集解：『徐廣曰：皭，疏靜之貌。』

索隱：『皭，音自若反。徐廣云：「疏淨之貌。」泥亦音涅，滓亦音淄。又竝如
字。』

姜亮夫云：『「皭然，」徐廣曰：「疏靜之貌。」按「疏靜」與「泥而不滓」義
不相近。埤蒼云：「皭，白〔色〕也。」皭與皎同。「泥而不滓，」班固序作「涅
而不淄。」』

案廣雅釋器：『皭，白也。』王氏疏證云：『廣韻引埤蒼云：「皭，白色也。」
史記屈原傳云：「皭然泥而不滓者也。」重言之則曰「皭皭。」釋訓：「皭皭，
白也。」』『皭然，』白貌。集解徐注『疏靜之貌，』景祐本靜作淨，與索隱所
引合，是也。（靜、淨古本通用，惟徐注原必作淨。）莊子應帝王篇：『物徹疏
明。』章太炎解故云：『四字平列，物為易之誤。易借為𧮫，詩齊風箋：「𧮫，
明也。」』易、徹、疏、明，四字疊義，疏亦明也。淨借為瀞，說文：『瀞，無
垢薉也。』『疏淨之貌，』猶言『明潔之貌，』亦即『白貌』也。與『泥而不

滓，』義正相應。姜氏未達。班固序引淮南離騷傳『泥而个滓，』與此义同，姜氏亦失檢。文心雕龍引淮南傳作『涅而不緇。』論語陽貨篇亦云：『涅而不緇』阮元校勘記云：『史記孔子世家及論衡問孔篇俱作「不淄。」淄與緇古字通。』文選崔子玉座右銘注、謝靈運過始寧墅詩注引論語亦並作淄。泥與涅古通，滓與淄、緇古亦通。說文：『涅，黑土在水中者也。』廣雅釋詁三：『涅，泥也。』釋器：『緇，黑也。』論語孔注：『涅，可以染皁者。至白者染之於涅而不黑。喻君子雖在濁亂，濁亂不能汙也。』又黃善夫本、殿本索隱，並略『徐廣云：疏淨之貌。』七字。

雖與日月爭光可也。

案雖猶卽也。楚辭九歌雲中君：『與日月兮齊光。』九章涉江亦云：『與日月兮同光。』（同，一作齊。）西京雜記四載鄒陽酒賦有云：『常與日月爭光。』又李白江上吟：『屈平詞賦縣日月，楚王臺榭空山邱！』縣，俗本作懸，非。縣讀爲炫，『炫日月，』猶言『與日月爭光』也。

其後秦欲伐齊，齊與楚從親，惠王患之。

姜亮夫云：此爲懷王十六年事，事載國策、史記，頗有詳略。

案『從親，』謂合縱親善也。參看秦策二、楚世家及張儀傳。通鑑周紀三載此事於赧王二年，卽楚懷王十六年也。

虜楚將屈匃，遂取楚之漢中地。

集解：『徐廣曰：楚懷王十六年，張儀來相。十七年，秦敗屈匃。』（考證本集解誤索隱。）

案徐注本楚表，亦見楚世家。

魏聞之，襲楚至鄧。

考證：『梁玉繩曰：魏當作韓，說在楚世家。』

案魏恐非韓之誤，魏上蓋脫韓字耳。秦策四作『韓、魏聞楚之困，乃南襲至鄧』楚世家作『韓、魏聞楚之困，乃南襲楚，至於鄧。』（梁云：魏字衍，此誤仍秦策。）通鑑亦云：『韓、魏聞楚之困，南襲楚至鄧。』皆兼言韓、魏。魏表、魏世家並未載魏襲楚事，韓表、韓世家言韓而不及魏，此傳言魏而不及韓，各有未

備。參看楚世家斠證。

明年，秦割漢中地，與楚以和。

梁玉繩云：割漢中，與張儀傳異。說在楚世家。

考證：『張儀傳云：「秦要楚，欲得黔中地，欲以武關外易之。」與此異。』
案『明年，』楚懷王十八年。御覽一六八引史記云：『秦惠王十四年，求以武關
外就楚易黔中地。』與張儀傳所記合，而文句異。惠王十四年，當楚懷王十八
年，周根王四年。通鑑於根王四年，亦書『秦惠王使人告楚懷王，請以武關之外
易黔中地。』（參看楚世家及張儀傳斠證。）楚世家云：『十八年，秦使約復與
楚親，分漢中之半以和楚。』與此傳合。（彼文梁氏志疑有說。）然非全割漢中
地也。藍田之戰，齊不救楚，楚大困。漢中本楚地。楚大困之次年，秦反欲割漢
中之半以誘楚和者，蓋一則堅懷王絕齊之心；一則息懷王見欺於張儀之怒耳（參
看下文及楚世家）。

而設詭辯於懷王之寵姬鄭袖。

案五宗世家：『持詭辯以中人。』索隱釋『詭辯』為『詭詐之辯。』

是時屈平既疏，不復在位。使於齊，顧反，

考證：『顧反，』反也。連字一意，說見樂毅傳。

施之勉云：『顧反，』即『顧反命，』又即『還復命，』『歸復命。』說見樂毅
傳。

案『不復在位，』謂不復在左徒之位也。『顧反，』複語，顧亦反也。考證說
是。樂毅傳：『南使臣於趙，顧反，命起兵擊齊。』王氏雜志云：『「顧反」
者，「還反」也。』『還反，』亦複語，還亦反也。施氏『「顧反」即「顧反
命，」』云云，未得其義。詳樂毅傳斠證。

懷王悔，追張儀，不及。

索隱：按張儀傳，無此語也。

案索隱單本無張字。張儀傳有『懷王後悔』四字，楚世家作『懷王悔，使人追
儀，弗及。』與此傳合。新序亦云：『懷王使人追之，不及。』

殺其將唐眛。

集解：『徐廣曰：二十八年敗唐眜也。』

梁氏志疑所據湖本眜作眛，云：『眛當作眜。』

考證：『張文虎曰：眜，各本作眛，依志疑改。』

案景祐本、黃善夫本、殿本眜皆作眛，眜、眛並眯之誤，志疑眜字，蓋本作眛。

秦本紀唐眛，志疑云：『眜字從目、從末，各本作眛。』可證也。（參看秦本紀

及楚世家斠證。）徐注本楚表及楚世家。

時秦昭王與楚婚，欲與懷王會。

案楚表：『懷王二十四年，秦來迎婦。』楚世家：『懷王二十四年，秦昭王初

立，乃厚賂於楚，楚往迎婦。（『楚往』蓋『往楚』之誤倒，彼文斠證有說。）

三十年，秦昭王遺楚王書曰：寡人願與君王會武關。』

屈平曰：秦，虎狼之國，不可信。不如毋行。

索隱：按楚世家昭睢有此言，蓋二人同諫王，故彼此各隨錄之也。

案通鑑亦作昭睢語，從楚世家也。景祐本、黃善夫本、殿本毋皆作無，洪興祖離

騷序注、離騷補注亦並作無。無與毋同。

懷王稚子子蘭勸王行：『柰何絕秦歡！』

考證：『李笠曰：行下疑脫曰字。』

施之勉云：『楚世家作「懷王子子蘭勸王行，曰：柰何絕秦之驩心！」』

楊樹達云：『凡記言用曰，此通例也。然古書中多有不用曰字者，如……史記

留侯世家云：「左右大臣皆山東人，多勸上都雒陽：雒陽東有成皋，西有殽、

黽，倍河向伊、雒，其固亦足恃。」「雒陽東有成皋」四語上無曰字，初若史家

記事之詞。然細按之，實是左右大臣勸都雒陽之語。屈原傳：「懷王稚子子蘭勸

王行：柰何絕秦歡！」「柰何絕秦歡，」子蘭勸王之語也，上亦省曰字。』（古

書疑義舉例再續補。金君屈原列傳疏證亦引楊說。）

案楚世家『子蘭勸王行』下有曰字；此則略曰字，各仍其舊。楊氏引留侯世家云

云，又見漢書張良傳，『多勸上都雒陽』下亦略曰字，存史記之舊。

懷王卒行，入武關，秦伏兵絕其後。因留懷王，以求割地。

集解：『徐廣曰：三十年入秦。』

姜亮夫云：『楚世家作「秦因留楚王，要以割巫、黔中之郡。」』

案徐注本楚表，又見楚世家。通鑑亦稱秦『要以割巫、黔中郡。』本世家也。

懷王怒，不聽。亡走趙，趙不內。復之秦，竟死於秦而歸葬！長子頃襄王立，以其弟子蘭爲令尹。

案頃襄王立在懷王三十年（蓋在年杪），當周赧王十六年。稱元則在赧王十七年。二年（赧王十八年）懷王亡走趙。三年（赧王十九年）懷王卒於秦歸葬。楚表、楚世家及通鑑可參驗。此文記懷王『死於秦而歸葬』下，接以『長子頃襄王立，以其弟子蘭爲令尹。』意在領起下文之論述，非謂頃襄王之立在懷王歸葬之年也。

楚人既咎子蘭以勸懷王入秦而不反也。屈平既嫉之。

案上既字猶盡也，廣雅釋詁一：『既，盡也。』以猶之也，以、之同義，趙世家有說。下既字義與愈同，老子八十一章：『既以爲人己愈有，既以與人己愈多。』既、愈互文，既猶愈也。謂『愈以爲人己愈有，愈以與人己愈多』也。韓策一引老子，上既字作盡，（一本作既。）後人大都訓既爲盡，於義不長。

雖放流，睠顧楚國，繫心懷王，不忘欲反。

梁玉繩云：『自此至「豈足福哉？」似宜在「頃襄王怒而遷之」後。讀史漫錄曰：「讀懷王事，引易斷之曰『王之不明，豈足福哉？』即繼之曰『令尹子蘭聞之，大怒。』何文義不相蒙如此！世之好奇者求其故而不得，則以爲文章之妙，變化不測，何其迂乎！」日知錄廿六曰：「『雖放流，睠顧楚國，繫心懷王，不忘欲反。卒以此見懷王之終不悟也。』似屈原放流于懷王之時。又云：『令尹子蘭聞之，大怒。卒使上官大夫短屈原于頃襄王，頃襄王怒而遷之。』則實在頃襄之時矣。『放流』一節，當在此文之下，太史公信筆書之，失其次序爾。」（細玩文勢，終不甚順。）』

案『雖放流，』承上文『屈平既疏，不復在位。使於齊。』而言。『放流，』乃疏遠之義。『不忘欲反，』謂雖使於齊，不忘返於君側也。屈原疏遠於懷王之時，自無可疑。前賢及近人大都誤解『放流』之義，因謂『雖放流』至『豈足福哉？』一節議論，當在『頃襄王怒而遷之』下。不知史公固未嘗失其次序也。

『睠顧楚國，』睠亦顧也，複語。睠與眷同，說文：『眷，顧也。』廣雅釋詁四：
『眷，嚮也。』嚮亦顧也。

其存君興國，而欲反覆之，

考證：『興國』下，疑有譌脫。

案禮記祭義：『致愛則存。』鄭注：『存，謂其思念也。』『存君，』謂思念懷
王，與上文『繫心懷王』相應。詩大雅抑：『興迷亂于政。』鄭箋：『興，猶尊
尚也。』『興國，』謂『尊尚楚國，』與上文『睠顧楚國』相應。『反覆，』複
語，『而欲反覆之，』謂欲反於君側也。與上文『不忘欲反』相應。

故不可以反。

案『不可以反，』謂不可以反於君側也。承上文『而欲反覆之』而言。或問：
『屈原使於齊，反諫懷王，豈非反於君側乎？』曰：『屈原之欲反，乃欲如爲左徒
懷王甚任之之時。』非此諫而不聽之一晤也。

人君無愚智賢不肖，莫不欲求忠以自爲，舉賢以自佐。然亡國破家相隨屬，而聖君治
國累世而不見者，其所謂忠者不忠，而所謂賢者不賢也！

案『累世而不見者，』而猶亦也。記纂淵海五三引不下有一字。莊子外物篇：
『人主莫不欲其臣之忠，而忠未必信。』孔叢子記問篇：『子思問於夫子曰：「爲
人君者，莫不知任賢之逸也。而不能用賢，何故？」子曰：「非不欲也，所以官
人任能者，由於不明也。」』董仲舒賢良策云：『夫人君莫不欲安存而惡危亡。
然而政亂國危者甚眾，所任者非其人，而所繇者非其道，是目政日目仆滅也。』
（漢書董仲舒傳。）

懷王以不知忠臣之分，

考證：『張文虎曰：臣字疑誤。』

案此即『所謂忠者不忠也。』臣字不誤。

兵挫地削，

考證：楓、三本挫作剉。

案廣雅釋詁一：『挫，折也。』挫、剉古通，楚世家：『兵剉藍田。』亦用剉
字。（參看彼文斠證。）

井渫不食，爲我心惻。

　　集解：『向秀曰：渫者，浚治去泥濁也。』

　　案景祐本、黃善夫本渫並作泄，集解同。渫、泄正、假字。詩大雅民勞：『俾民
　　憂泄。』傳：『泄，去也。』泄亦渫之借字。王弼注：『爲猶使也。』

可以汲。

　　考證：周易井九三，以作用。

　　案史公說用爲以耳。

王之不明，

　　案之猶若也。

令尹子蘭聞之，大怒。

　　考證：『凌稚隆曰：接上「屈平旣疾之。」』

　　施之勉云：『曾國藩曰：「聞之，」聞屈平作離騷。』

　　案此與上文『屈平旣嫉之，』敘事相接，中間夾一節議論，凌說是也。（凌氏引
　　嫉作疾，古字通用。）如聞屈平作離騷，似不當言『大怒。』

卒使上官大夫短屈原於頃襄王，頃襄王怒而遷之。

　　集解：『離騷序曰：遷於江南。』

　　考證：『梁玉繩曰：「王逸離騷序云：『上官靳尙。』蓋仍新序節士之誤。考楚
　　策，靳尙爲張旄所殺，在懷王世。而此言上官爲子蘭所使，當頃襄時，必別一
　　人。故漢書人表列上官五等，靳尙七等。」……』

　　姜亮夫云：此爲屈子見逐之始，此後永廢不用矣。屈子放逐，僅此一次。自劉向
　　以來，有誤讀史公文者，以懷王十六年草憲令時疏遠屈子，卽爲放逐，後復起
　　用，使齊，至此爲第二次見放，其說實不可通。

　　案離騷序『同列大夫上官靳尙。』當讀作『同列大夫上官、靳尙。』王逸蓋本以
　　爲二人也。前已有說。新序節士篇稱秦王『使張儀之楚，貨楚貴臣上官大夫、靳
　　尙之屬。』旣言『之屬，』則是二人，尤爲明白。（姜亮夫屈原傳疏證，亦謂新
　　序『別爲二人。』）梁氏未細繹之耳。後漢書寇恂傳注引史記曰：『屈原事楚懷
　　王，王受讒，流屈原於江南。』懷王乃頃襄王之誤。『流屈原於江南，』蓋與離

騷序文相溷；或即依集解引離騷序文增改。記纂淵海五七引此『遷之』下有江南二字，蓋亦據集解所增也。又新序云：『懷王子頃襄王……聽羣讒之口，復放屈原。』蓋以屈原在懷王時之被疏遠，為第一次放逐；遂以此為第二次放逐，故云『復放屈原』也。不知屈原在懷王時僅是被疏遠，至此『頃襄王怒而遷之，』乃是放逐之始，姜說是也。（蔣伯潛亦云：屈原被放，僅此一次。）

漁父見而問之，曰：子非三閭大夫歟？何故而至此？

考證：『王逸曰：「三閭大夫，謂其故官。」洪興祖曰：「漁父假設問答以寄意耳，太史公以為實錄，非也。」……』

施之勉云：『洪興祖曰』云云，此亦王逸注文也。考證非。

案楚辭漁父序云：『漁父避世隱身，釣魚江濱，欣然自樂，時遇屈原川澤之域，怪而問之。』（『釣魚江濱，』高士傳中魚作於。）孟子告子篇偽孫疏引此『漁父見而問之，』作『時有漁父釣於江濱，怪而問之。』蓋據漁父序有所增改。考證引洪說『太史公以為實錄，非也。』有省略。本作『而太史公屈原傳、劉向新序、嵇康高士傳，或採楚辭、莊子漁父之言，以為實錄，非也。』既言及『嵇康高士傳，』則非王逸注明矣。施說誤。

舉世混濁，而我獨清。

考證：王本楚辭混作皆，下同。

案記纂淵海六九引混作皆，蓋與楚辭漁父之文相溷。伯夷列傳：『舉世混濁，清士乃見。』

舉世混濁，何不隨其流而揚其波？

索隱：按楚詞作『搰其泥。』

案楚辭作『世人皆濁，何不淈其泥而揚其波？』孟子疏引此文作『舉世皆濁，何不淈其泥而揚其波？』皆、泥二字蓋與楚辭相亂。單本索隱在『隨其流』下，搰作滑。黃善夫本在波字下，作『楚詞「隨其流」作「滑其泥」也。』殿本同，惟滑作搰。高士傳作『汩其泥。』汩當作汩，（陶淵明飲酒詩之九：『舉世皆尚同，願君汩其泥。』汩亦汩之誤。）搰、滑、汩，並借為淈，說文：『淈，濁也。』

何不餔其糟而啜其醨。

　　考證：楚辭：啜作歠，醨作釃。

　　案孟子離婁篇：『子之從於子敖來，徒餔啜也。』趙注：『徒食飲而已，謂之餔啜也。』訓餔、啜爲食、飲，亦正此文餔、啜二字之義。歠、啜正、假字，說文：『歠，㱃也。』㱃，隸作飲。醨、釃正、假字，說文：『醨，薄酒也。』（孟子疏引此文醨作漓，俗醨字。）

而自令見放爲？

　　裴學海云：爲與乎字同義。（古書虛字集釋二。）

　　案御覽五百七引高士傳爲作焉，爲、焉、乎，並同義。

新沐者必彈冠，新浴者必振衣。

　　案『彈冠，』王逸注：『拂土坌也。』說苑談叢篇作『拭冠，』文義亦同。『振衣，』王注：『去塵穢也。』禮記曲禮：『振書端書於君前，有誅。』鄭注：『振，去塵也。』

人又誰能以身之察察，

　　集解：『王逸曰：己靜絜。』

　　案集解黃善夫本絜作潔，殿本作潔。（絜、潔古、今字。潔乃潔之俗省。前已有說。）今本楚辭王注作『己淸潔也。』（文選漁父王注靜亦作淸。）淸、靜古通。廣雅釋訓：『察察，著也。』著與『淸潔』義符。荀子不苟篇『察察』作『𤄵𤄵，』韓詩外傳一作『皭皭，』文義並同。廣雅釋訓：『皭皭，白也。』王氏疏證云：『字或作𤄵，韓詩外傳：「莫能以己之皭皭，容人之混混然。」荀子不苟篇作「𤄵𤄵。」』（外傳『混混然』本作『混汚然。』）新序作『泠泠，』淸貌，義亦同也。

受物之汶汶者乎？

　　集解：『王逸曰：蒙垢汚。』

　　索隱：汶汶音閔閔。汶汶，猶昏暗也。

　　考證：『荀子不苟篇：「新浴者振其衣，新沐者彈其冠，人之情也。其誰能以己之鮽鮽，受人之械械者哉？」蓋襲此語。』

案『汝汝，』荀子作『𢧵𢧵，』楊注：『𢧵當爲惑，𢧵𢧵，惛也。』（古人言『當
爲，』大都謂假借，非正誤。）又引楚詞『汝汝』作『惛惛，』（楚辭洪氏補
注已言之。）惛、汝正、假字。新序節士篇作『嘿嘿，』嘿與默同，義亦惛也。
韓詩外傳七：『昔者商紂默默而亡，』新序雜事一『默默』作『昏昏，』昏，惛
古通。索隱：『汝汝音閔閔，』閔亦借爲惛，范睢傳：『竊閔然不敏。』索隱引
鄒誕本閔作惛，音昏。卽閔、惛通用之證。又集解汚字，恐非其舊。景祐本、黃
善夫本、殿本皆作傲。楚辭王注作塵，文選所載王注同。索隱『汝汝音閔閔，』
單本作『「汝汝者，」音閔。』黃本、殿本索隱並作『汝汝，音門門。汝汝，猶
昏暗不明也。』（昏，一作昬，俗。）楚辭洪氏補注：『汶音門；一音昏。惛，
門、昏二音。』則汝音門、音閔並可。閔借爲惛，亦有門、昏二音也。以單本索
隱驗之，『音閔，』蓋存索隱之舊。考證引荀子云云，本洪氏補注。

寧赴常流而葬乎江魚腹中耳。

索隱：『常流，』猶長流也。

考證：楚辭『常流』作『湘流。』

案廣雅釋詁一：『長，常也。』則常亦長也。楚辭乎作於，記纂淵海四六引此
『常流』作『湘流，』乎作于，蓋與楚辭文相涵。

又安能以皓皓之白，而蒙世俗之溫蠖乎？

索隱：……『溫蠖，』猶惛憒。楚詞作『蒙世之塵埃哉？』

正義：『溫蠖，』猶惛憒也。

施之勉云：『朱珔曰：「溫與蘊通。蘊，積也。詩雲漢『蘊隆，』韓詩作『鬱
隆。』鬱積，有穢雜之意。蠖與濩通，山海經『濩濩之水』注：『濩音尺蠖之
蠖。』廣雅釋詁：『濩，汚也。』陳觀婁曰：『溫蠖，卽汚之反語也。』然則
『溫蠖，』正『塵埃』之義。」』

案景祐本、黃善夫本、殿本『皓皓』皆作『皜皜，』楚辭、文選並同。王注：
『皜皜，猶皎皎也。』皜、皓正、俗字。此改俗從正耳。單本索隱『世俗』作『代
俗，』避唐太宗諱改。景祐本、黃本、殿本皆無俗字。溫借爲慍，說文：『慍，
怨也。』（據段注本，各本怨作怒。）蠖讀爲擭，廣雅釋詁三：『擭，辱也。』

『溫蠖』猶『怨辱，』姑備新解於此。記纂淵海四九引『溫蠖』作『塵埃，』蓋

與楚辭文相溷。索隱『惽憤，』當從正義作『惛憤。』憤乃憒之形誤。楚辭洪氏

補注、朱熹集注亦並作『惛憒。』又索隱引楚詞『蒙世之塵埃哉？』今本楚辭作

『蒙世俗之塵埃乎？』文選同。

陶陶孟夏兮，

　　集解：『王逸曰：陶陶，盛陽貌。』

　　考證：楚辭『陶陶』作『滔滔。』

　　案楚辭『陶陶』作『滔滔，』王注：『滔滔，盛陽貌也。』集解引王注作『陶

　　陶，』依此正文改之也。陶與滔音義並通，楚辭王逸九思哀歲：『冬夜兮陶

　　陶。』注：『長貌。』淮南子詮言篇：『自死而天下無窮亦滔矣。』許注：

　　　『滔，曼長也。』『陶陶孟夏，』謂夏日方長耳。

傷懷永哀兮，汩徂南土。

　　集解：『王逸曰：汩，行貌。』

　　索隱：『王師叔曰：「汩，行貌也。」方言曰：「謂疾行也。」』

　　案殿本永誤求。汩乃汩之誤。離騷：『汩余若將不及兮，』王注：『汩，去貌，

　　疾若水流也。』與方言六訓『疾行，』最合。後漢書文苑傳：『王逸字叔師。』

　　索隱師叔乃叔師之誤倒。黃善夫本、殿本索隱，並略『王師叔曰：汩，行貌

　　也。』八字。

眴兮窈窈，

　　集解：『徐廣曰：眴，眩也。』

　　考證：『張文虎曰：「蔡、王、柯、凌本『窈窈』作『窈窔。』」李笠曰：「楚

　　辭作『杳杳。』王逸云：『杳杳，深冥貌。』窈、杳通，作『窈窔』者誤。」』

　　施之勉云：景祐本作『窈窈，』黃善夫本作『窈窔。』

　　案楚辭洪氏補注：『眴與瞚同，說文云：開闔目數搖也。』瞚乃俗瞚字，說文：

　　　『瞚，開闔目數搖也。』洪氏改正從俗耳。楚辭朱子集注：『兮字一本在「杳

　　杳」下。』彼文當從一本作『眴杳杳兮，』此文當作『眴窈窈兮，』兮字誤錯在

　　眴字下，則與上下文例不一律矣。（又疑彼文本作『眴窅杳杳兮，』此文當作

『眴兮窈窈兮，』兮乃兮之壞字。兮，驚懼也。說文：『兮，驚詞也。愕，兮或
从心。』或省作恂，莊子徐无鬼篇：『恂然棄而走。』成玄英疏：『恂，怖懼
也。』）殿本『窈窈』亦作『窈窕。』說文：『窈，深遠也。窕，深肆極也。』
廣雅釋訓：『窈窈，深也。』文選郭璞江賦：『傍通幽岫窈窕。』向注：『窈
窈，深邃也。』是『窈窈』與作『窈窕』義同。惟史公蓋以『窈窈』說楚辭之『杳
杳，』是作『窈窈』乃此文之舊矣。

孔靜幽墨。

集解：『王逸曰：孔，甚也。墨，無聲也。』

正義：孔，甚。墨，無聲。言江南山高澤深，視之眴。野甚清淨，歎無人聲。

考證：楚辭墨作默。

案『孔靜幽墨，』四字平列。孔當借爲空，老子：『孔德之容，』王弼注：
『孔，空也。』後漢書馮衍傳注云：『孔之爲言空也。』即孔、空通用之證。楚辭
墨作默，王注：『孔，甚也。默默，無聲也。言江南山高澤深，視之冥冥，野甚
清淨，漠無人聲。』（默字不當疊。）即正義所本。正義默作墨，集解引王注亦
作墨，並依此正文改之也。墨，默古通，商君傳：『殷紂墨墨以亡。』韓詩外傳
七作『默默，』即其證。（參看彼文斠證。）

冤結紆軫兮，離愍之長鞠。

集解：『王逸曰：……愍，病也。』

索隱：『離潛，』潛，病。鞠，窮。

正義：慆，病也。

考證：楚辭冤作鬱，愍作愍，之作而。正義愍作慆。

案楚辭冤作鬱，考證引作鬱，俗字也。冤亦俗字，正作冤，九章悲回風：『心冤
結而內傷。』（朱子集注本作冤。）作冤，是也。冤、鬱古通，九章惜誦：『心
鬱結而紆軫。』字亦作鬱。楚辭洪氏補注：『離，遭也。愍與愍同。』此文索隱
本愍作潛，愍乃愍之或體。慆，潛並愍之借字。楚辭王注：『愍，痛也。』與說
文『愍，痛也。』合。集解引王注作『愍，病也。』愍之作愍，依此正文改之。
病字疑存王注之舊。索隱『潛，病。』正義：『慆，病也。』義皆本王注。下文

— 49 —

『離湣而不遷兮，』楚辭湣作慜，王注：『慜，病也。』當與注此文同，九章
惜誦：『惜誦以致慜兮。』王注：『慜，病也。』亦可爲此文王注本作『慜，病
也。』之旁證。楚辭之作而，義同。又黃善夫本，殿本並略索隱。

撫情効志兮，俛詘以自抑。

考證：効，楓本作沒，三本作歿。俛，楚辭作寃。

案楚辭王注：『撫，循也。効猶覈也。抑，按也。』楚辭招魂：『柱若交竿，撫
案下些。』王注：『撫，抑也。』此文撫亦當訓抑。効，當從楓本作沒，或從三
本作歿，於義爲長。沒、歿古通，說文：『沒，沈也。』（段注本改沈爲湛，
湛、沈古、今字。）『撫情沒志，』猶言『抑情沈志，』（抑、沈義近。）與下
『俛詘以自抑，』義正相因。俛，古讀如免。『俛詘，』楚辭作『寃屈，』音義
並通。『寃屈，』複語，說文：『寃，屈也。』楚辭以作而，義同。

易初本由兮，君子所鄙。

集解：『王逸曰：由，道也。』

正義：本，常也。鄙，恥也。言人遭世不道，變易初行，違離常道，君子所
鄙。

考證：『楚辭由作廸。中井積德曰：「初本，」猶言初始也。』

施之勉云：『楚辭思美人：「媿易初而屈志。」「易初」二字連讀。「易初，」
變易初行也。中井說非。』

案楚辭由作迪，考證引作廸，俗字也。今本楚辭王注已佚。王注蓋本作『迪，道
也。』（爾雅釋詁、說文並同。）集解依此文改迪爲由耳。迪諧由聲，與由古
通，史公說迪爲由，是也。迪，由並不當訓道，「初、本、由，』三字疊義，九
章思美人言『易初，』此言『易初本由，』其義一也。施氏未達。史記中三字疊
義之例甚多，燕王世家有說。（姜亮夫云：『此句當作「易由初本兮，」「易
由」猶今言「夷猶、」「夷由，」謂行事不決也。』不明三字疊義之例，妄乙舊
文爲說，不足取。）

章畫職墨兮，前度未改。

考證：『楚辭職作志，度作圖。中井積德曰：職、識同，謂明著也。作志亦同。

言規畫章明，繩墨昭著，無變於初本也。……』

案說文：『職，記微也。』職乃記識本字，識、志古通。『章畫職墨，』謂表明

規畫、表識繩墨耳。度字與上文『常度』字複，當從楚辭作圖，義同。

內直質重兮，大人所盛。

集解：『王逸曰：言人質性敦厚，心志正直　，　行無過失　，　則大人君子所盛美

也。』

考證：楚辭直作厚，盛作喊。

案『內直質重，』楚辭作『內厚質正。』審王注『質性敦厚，心志正直。』所據

本蓋本作『內正質厚。』（或作『質厚內正。』）史公以直說正，以重說厚也。

洪本楚辭盛字同，朱本作喊，注云：『所喊，所盛美也。』爾雅釋詁郭注：『自

穆穆已上，皆美盛之貌。』釋文：『盛，或作喊，同。』

孰察其揆正。

正義：『撥正，』賢能。

考證：『揆正，』正義本作『撥正，』與楚辭合。作揆，義長。

楚辭揆作撥，王注：『撥，治也。』姜亮夫云：『撥，史記作揆，朱本同，引一本

作撥。孫詒讓曰：「撥謂曲枉，與正對文。管子宙合篇云：『夫繩扶撥以爲

正，』淮南本經訓：『扶撥以爲正，』高注云：『撥，枉也。』修務訓云：『琴

或撥刺枉撓。』注云：『撥刺，不正也。』荀子正論：『不能以撥弓曲矢中。』

戰國策西周策云：『弓撥矢鉤。』皆其證也。王釋爲治，　失之。　史記作揆，亦

誤。」孫說極確！』

案揆乃撥之形誤，正義本是。惟釋『撥正』爲『賢能，』亦非。孫云『撥謂曲

枉。』是也。惟撥無曲枉義，（說文：『撥，治也。』王注即取此義。）撥乃屮

之借字，說文：『屮，足剌屮也。从止屮相背。』『剌屮，』不正也。

玄文幽處兮，矇謂之不章。

集解：『王逸曰：「玄，黑也。矇，盲者也。詩云：『矇瞍奏公。』章，明

也。」』

考證：楚辭『幽處』作『處幽，』矇下有瞍字。

案玄不當訓黑，玄借爲炫，說文：『炫，爛燿也。』段注：『爛燿，光爛燿明也。』廣雅釋訓：『炫炫，明也。』矇不當訓盲者，說文：『矇，一曰不明也。』此言光明之文在闇冥之所，則目不明之徒謂之不光明也。章與『炫文，』義正相應。莊子逍遙遊篇：『瞽者无以與乎文章之觀。』釋文：『瞽，盲者，無目如鼓皮也。』蓋盲者卽在明處亦無以與文章之觀，『幽處』自不待言矣。楚辭『幽處』作『處幽，』審王注：『言持玄墨之文居於幽冥之處，則矇瞍之徒以爲不明也。』似所據本仍作『幽處。』姜亮夫云：『「玄文幽處，」與（下）「離婁微睇」對文，則作「幽處」爲得。』是也。楚辭矇下有瞍字，疑涉注文而衍，姜云：『無瞍字與下「瞽以爲」句對文益工，是也。集解引王注『玄，黑也。』楚辭王注黑本作墨，義同。廣雅釋器：『墨，黑也。』

離婁微睇兮，瞽以爲無明。

集解：『王逸曰：離婁，古明視者也。瞽，盲也。』

正義：……睇，田帝反，眄也。……

案集解引王注，楚辭王注視本作目，盲下有者字，當從之。王氏並云：『睇，眄之也。離婁明目無所不見，微有所眄，盲人輕之，以爲無明也。』釋『微睇』爲『微有所眄。』然離婁（卽離朱）之明，能察箴末於百步之外。（淮南子原道篇。）卽微有所眄，亦當勝於常人。盲者何得以爲無明乎？小爾雅廣詁：『微，無也。』廣言：『睇，視也。』（洪氏楚辭補注云：『睇音弟，說文曰：目小視也。南楚謂眄曰睇。』此文睇但取視義。）『微睇』猶『無視，』亦卽『不視。』此言離婁不視，則盲者以爲無明也。正義『睇，眄也。』蓋本王注。（方言二亦云：睇，眄也。）黃善夫本、殿本正義眄並誤眄。

鳳皇在笯兮，

索隱：『……徐云：「一作郊。」按籠落，謂藤蘿之相籠絡。』

正義：『應瑞圖云：……翼俟順，……五色備舉。』

案黃善夫本、殿本索隱並略『徐云：「一作郊。」按』六字，句末並有也字。正義應瑞圖，當作瑞應圖。其說又見韓詩外傳八、說苑辨物篇，略見說文。『翼俟順，』外傳、說苑俟並作挾，俟蓋挾之誤。『五色備舉。』御覽九一五引外傳、

說苑色並作光，（今本外傳作彩。）黃本正義亦作光。

鷄鶩翔舞，

　　考證：楚詞鶩作鷖。

　　案楚辭卜居：『將與雞鷖爭食乎？』亦以『雞鷖』連文。唐陳藏器本草拾遺引尸

　　子云：『野鴨曰鳧，家鴨曰鷖。』（爾雅釋鳥郝懿行義疏有說。）

夫黨人之鄙妒兮，羌不知吾所臧。

　　索隱：『按王師叔曰：羌，楚人語辭。……』

　　案夫猶彼也。廣雅釋言：『羌，乃也。』所猶之也。索隱王師叔，當從殿本作王

　　叔師。

任重載盛兮，陷滯而不濟。

　　案洪注：『盛，多也。』朱注：『濟，度也。』

懷瑾握瑜兮，窮不得余所示。

　　考證：楚辭得作知。

　　施之勉云：楚辭無余字。

　　案知、得同義，淮南子說山篇：『魄曰：吾聞得之矣。』高注：『得猶知也。』

　　即其證。無余字較勝，（疑涉下文而衍。）所猶以也，文子上義篇：『智者無所

　　施其策，勇者無所錯其威。』劉子貴農篇所並作以，（參看拙著古書虛字新義

　　〔三四、所〕條。）即其證。此言稟瑾瑜之美質，而窮困不得以示人也。

誹俊疑桀兮·固庸態也。

　　索隱：……今乃誹俊疑傑，固是庸人之態也。

　　考證：楚辭桀作傑，與索隱合。

　　案索隱單本俊作駿，楚辭洪注引同，古字通用。疑猶怪也，淮南子氾論篇：『有

　　立武者見疑。』高注：『疑，怪也。』論衡累害篇桀亦作傑，態作能。桀、能並

　　借字。司馬相如傳：『旼旼睦睦，君子之能。』集解引徐廣曰：『能，一作

　　態。』能亦態之借字。索隱傑字，黃善夫本、殿本並作桀。

文質疏內兮，

　　案洪注：『內，舊音訥。疏，疏通也。訥，木訥也。』

姜亮夫云：內，訥之借。『文質疏內，』言文疏質內。文謂其外表，疏者謂其無繁縟之飾也。與訥正爲對文。質，謂其本質本體。內者，言其木訥不善言也。

案『文質疏內，』姜氏云：『言文疏質內。』是也。惟內借爲訥，取遲鈍義，非言其木訥不善言也。論語子路篇：『剛毅木訥近仁。』王肅注：『木，質樸也。訥，遲鈍也。』是也。『文質疏內，』言外文疏略、內質遲鈍耳。

重華不可牾兮，孰知余之從容？

　　集解：『王逸曰：牾，逢也。』

　　索隱：『楚詞牾作遻，竝吳故反。王師叔云：牾，逢也。』

案牾乃牾之俗誤，說文：『牾，逆也。』繫傳：『相逢也。楚辭曰：重華不可牾兮。』所引楚辭，疑本屈原傳。楚辭本作遻，不作牾。洪補注云：『遻當作遌。』並引史記作悟。遻與遌同。（遻，俗亦作遌。）牾乃遌之借字。爾雅釋詁：『遻，遌也。』則遌亦遻也。（說文：遌，相遇驚也。）正繫傳『相逢』之義。悟亦借爲遌，莊子達生篇：『是故遌物而不慴。』御覽四九七引遌作悟，即遌、悟通用之證。楚辭王注：『遻，逢。從容，舉動也。』集解、索隱引王注遻並作牾，依此正文改之也。黃善夫本、殿本索隱，並略『王師叔云：牾，逢也。』七字。（師叔當作叔師。）

古固有不竝兮，豈知其故也？

　　索隱：楚詞作『莫知其何故。』

案『古固有不竝兮，』洪補注：『此言聖賢有不並時而生者。故重華不可遻，湯、禹不可慕也。』此蓋屈原自歎不與重華、湯、禹並時而生也。顏氏家訓慕賢篇：『古人云：千載一聖，猶旦暮也；五百年一賢，猶比髆也。』則聖賢固難與並時而生矣。索隱引楚辭莫字，今本作豈。

湯、禹久遠兮，邈不可慕也。

案王注：『慕，思也。』湯、武雖久遠，非不可思慕。『不可慕，』蓋謂不可慕企耳。（三國志蜀志龐統傳：不美其譚，即聲名不足慕企。）與上文『不可牾，』義近。

離湣而不遷兮，願志之有象。

集解：『王逸曰：象，法也。』

考證：楚辭潛作慸，象作像。

案楚辭王注：『慸，病也。』洪注：『慸，史記作潛，一作閔。』潛、閔（二字古通，齊世家有說）並借爲慸，慸與慸同。惜誦王注：『慸，病也。』說已見前。楚辭正文、王注象並作像，象、像古、今字。

含憂虞哀兮，限之以大故。

集解：『王逸曰：娛，樂也。大故，謂死亡也。』

索隱：楚詞『含憂虞哀，』作『舒憂娛哀。』娛音虞，娛者樂也。

王念孫云：『含當爲舍，字之誤也。舍，即舒字也。說文：「舒，從予，舍聲。」……舒與舍古同聲而通用。王注楚詞曰：「言己自知不遇，聊作詞賦以舒展憂思，樂已悲愁。」是「舒憂娛哀，」義本相承。若云「含憂，」則與「娛哀」異義矣。』

案王氏謂含爲舍之誤，是也。楚辭朱注引此正作舍。據集解引王注，葢所據此文虞本作娛，與楚辭合。（若本作虞，則當改王注文娛作虞，以就此文。）索隱所據本乃作虞耳。娛、虞古通，莊子秋水篇：『何夫子之娛也？』成玄英疏：『娛，樂也。本亦有作虞字者，虞，憂也，』彼文當從作娛之本訓樂，此文當從作虞之本訓憂。哀亦憂也，說文：『哀，閔也。』左宣十二年傳：『寡君少遭閔凶。』杜註：『閔，憂也。』憂、虞、哀，三字疊義，（與上文『易初本由兮，』初、本、由三字疊義同例。）前賢並未達。『舍憂虞哀，』簡言之，即『舒憂』耳。

楚辭洪補注：『孟子云：今也不幸至於大故。』見滕文公篇。

亂曰，

索隱：『王師叔曰：亂者，理也。所以發理辭指，總撮其要，而重理前意也。』案索隱師叔，當從殿本作叔師，王注見離騷。今本亂下無者字，要下無『而重理前意』五字。

浩浩沅、湘兮，分流汩兮。

集解：『王逸曰：汩，流也。』

案楚辭王注：『浩浩，廣大貌也。』洪引一本分作汾，補注：『汩音骨者，水聲

也。音鶻者，涌波也。』朱集注：『分，一作紛。非是。』分之作汾，蓋涉上下諸字偏旁从水而誤；作紛，蓋後人所改。汩當作汨，注同。離騷：『汩余若將不及兮，』王注：『汩，去貌，疾若水流也。』汩有疾義，漢書司馬相如傳：『汩乎混流。』師古注：『汩，疾貌也。』此文汩，亦『疾貌』也。『分流汩，』言沅、湘二水分流疾也。

脩路幽拂兮，

　　索隱：楚詞『幽拂』作『幽蔽』也。

　　案楚辭王注：『脩，長也。』拂、蔽古通，刺客荆軻傳：『跪而蔽席，』燕策三蔽作拂，即其證。單本、黃善夫本、殿本索隱，皆無『幽拂』二字。

曾唫恆悲兮，永歎慨兮。世既莫吾知兮，人心不可謂兮。

　　案曾借爲層，重也。說文：『層，重屋也。』段注：『引伸爲凡重疊之偁。』唫借爲吟，說文：『吟，呻也。』『不可謂，』言不可奈何也。齊策一：『吾獨謂先生何乎？』高注：『謂猶奈何也。』

懷情抱質兮，獨無匹兮。伯樂既沒兮，驥將焉程兮？

　　考證：『楓、三本匹作正。楚辭「懷情抱質，」作「懷質抱情。」……朱熹曰：「匹當作正，字之誤也。……」正、程韻。』

　　姜亮夫云：『朱云：「匹當作正，字之誤也。以韻叶之；及以哀時命考之，則可見矣。」寅按哀時命云：「懷瑤象而握瓊兮，願陳列而無正」之意義同此。則朱說是也。惟王逸章句：「匹，雙也。」已作匹矣。』

　　施之勉云：『錢大昕曰：程讀如秩，與匹爲韻。書「平秩」史記作「便程。」』

　　案荀子正名篇：『情者，性之質也。』『懷情』猶『抱質，』複語。楚辭情、質二字互易，義同。楚辭王注『匹，雙也。』與史公所據之本作匹合。洪注：『匹，俗作疋，』楓、三本匹作正，正即疋之誤。『程讀如秩，與匹爲韻。』錢說是。哀時命作正，此作匹，義各有取，韻各有叶，不必強同。

人生稟命兮，各有所錯兮。定心廣志，餘何畏懼兮。

　　索隱：楚詞餘竝作余。

　　王氏雜志所據震澤王氏本『稟命』作『有命。』云：『「有命」當從宋本作「稟

命。』此涉下句有字而誤也。楚辭作「民生稟命。」王注曰：「言萬民稟受天命而生。」』

施之勉云：『朱駿聲曰：餘，叚借爲余。』

案景祐本、黃善夫本『稟命』並作『有命，』與王氏所稱宋本不同。殿本亦作『有命。』楚辭洪本作『萬民之生，』注云：『一云「民生有命。」一云「民生稟命。」』朱本作『民生稟命。』蓋存王逸本之舊，卽王氏雜志所據者也。又雜志引『廣志』下有兮字，云：『浩浩沅、湘兮』以下，每句有兮字。』是也。景祐本、黃本餘並作余，與楚辭合。

知死不可讓兮，願勿愛也。明以告君子兮，吾將以爲類兮。

案孟子梁惠王篇：『百姓皆以王爲愛也。』趙注：『愛，嗇也。』『勿愛，』言勿吝嗇死也。『以爲類，』言以君子爲類也。君子必不吝嗇死，所謂『同類相求』者矣。

於是懷石，遂自投汨羅以死。

正義：『……續齊諧記云：……可以楝榆葉塞上，……幷帶五色絲及楝葉，……』

王念孫云：『索隱本「自投」作「自沈。」下文云：「自屈原沈汨羅後，」又云：「側聞屈原兮，自沈汨羅。」又云：「觀屈原所自沈淵。」則作「自沈」者是也。東方朔七諫亦云：「懷沙礫以自沈。」』

案記纂淵海三六引此投作沈，與索隱本合；又引以作而，義同。據上文『豈知其故也』下正義云：『自投汨羅而死也。』卽本此文，是正義本作『自投。』後漢書竇恂傳注、文選馬季長長笛賦注引此投字並同，是唐人所見，自有作沈、作投二本之異。新序節士篇云：『遂自投湘水汨羅之中而死。』文選賈誼弔屈原文序云：『遂自投汨羅而死。』並與此作『自投』之本合。惟據下文，則此當從索隱本作『自沈』較長。正義『楝榆，』黃善夫本作『練樹，』下文楝亦作練。楝、練正、假字，榆乃樹之誤。殿本兩楝字亦作練，玉燭寶典五引續齊諧記同。

楚有宋玉、唐勒、景差之徒者，皆好辭，而以賦見稱。

集解：『徐廣曰：差，或作慶。』

索隱：按楊子法言及漢書古今人表皆作景瑳，今作差，是字省耳。又按徐、裴、鄒三家皆無音，是讀如字也。

梁玉繩云：『攷今本法言吾子篇與史同。而師古于人表云：「瑳，子何反。」蓋隨字爲音也。而李商隱宋玉詩：「何事荊臺百萬家，惟教宋玉擅才華。楚辭已不饒唐勒，風賦何曾讓景差。」宋黃庭堅山谷集答任仲微詩：「縮項魚肥炊稻飯，扶頭酒熟臥蘆花。吳兒何敢當倫比，或有離騷似景差。」讀差初牙切。又熊忠韻會紀要，音景差倉何反，則不如字讀矣。（徐廣「或作慶，」非。）』

考證：『……御覽六百六十三引宋玉賦曰：「景差、唐勒等，並造大言賦。」宋玉賦十六篇。楚辭錄九辯十一篇，招魂一篇。文選錄風賦、高唐賦、神女賦、登徒子好色賦四篇，凡十六篇。古文苑載諷賦、笛賦、釣賦、大言賦、小言賦五篇。張惠言疑其爲五代宋人假託。嚴可均亦云：「笛賦有宋意送荊卿之語，非宋玉作。」愚按古文苑所載，未必皆擬作。但佗書不錄。景差賦，藝文志不載。』

施之勉云：諷賦、笛賦、釣賦、大言賦、小言賦，俱見藝文類聚。張說爲五代宋人假託；瀧川說他書不錄，皆失之不考也。……唯笛賦有宋意送荊卿之語爲可疑耳。

案徐注：『差，或作慶。』差，俗書作羌，往往誤爲羌，（周本紀有例。）羌、慶古通，（漢書揚雄傳王氏雜志、經傳釋詞五並有說。）故差遂轉誤爲慶耳。梁氏證差字不如字讀，似不足以難小司馬之說，蓋索隱僅謂『徐、裴、鄒三家讀如字，』未涉及其他也。考證稱『御覽六百六十三引宋玉賦』云云，本漢書藝文志沈欽韓疏證。『六百六十三』乃『六百三十三』之誤。施氏據藝文類聚載宋玉五賦，以證張氏疑爲五代宋人假託之非，是也。惟據嚴說，僅以笛賦一篇爲可疑，則未必然。蓋其他四賦，未必即宋玉作也。王應麟漢藝文志考證云：『古文苑大言、小言、釣、笛、諷賦，朱文公謂「辭有餘而理不足。」』是也。

然皆祖屈原之從容辭令，終莫敢直諫。

考證：『從容，見懷沙賦。徐孚遠曰：此稱屈原直諫以至放流，餘子不及也。』

案廣雅釋詁一：『祖，法也。』懷沙賦『孰知余之從容，』考證引朱熹曰：『從容，舉動自得也。』施之於此，義頗難通。上文稱屈原『嫺於辭令。』此『從容

辭令，』蓋亦嫻習辭令之意。此言宋玉、唐勒、景差之徒，皆祖法屈原之嫻習辭
令，而終莫敢如屈原之直諫也。

其後楚日以削，數十年竟爲秦所滅。

考證：『陳仁錫曰：「楚以削」二句，見屈平之死，係楚之存亡也。』
案魏公子列傳記公子無忌病酒而卒，續云：『其後秦稍蠶食魏，十八歲而虜魏王，
屠大梁。』彼文見無忌之死，係魏之存亡。與此文寓意同例。

爲長沙王太傅，

案孟子告子篇僞孫疏、記纂淵海六一引太並作大，作大是故書。

賈生名誼，

索隱：名義，漢書並作誼也。
案景祐本南宋補版、黃善夫本（並與上行末一字相接）、殿本皆提行。索隱單本
誼作義，古字通用。賈子新書連語篇：『以臣義竊觀之。』亦作義。黃本、殿本
並無索隱。

聞河南守吳公，

案漢紀八守上增太字。漢書賈誼傳、公卿表、循吏傳序皆稱『河南守吳公。』

故與李斯同邑，

正義：李斯，上蔡人。
案李斯列傳：『李斯者，楚上蔡人也。』（敦煌春秋後語亦云：『李斯居□上
蔡。』居下蓋缺楚字。）即正義所本。

乃徵爲廷尉。

考證：『楓、三本、漢書徵下有以字。王先謙曰：公卿表，在元年。』
案通鑑漢紀五徵作召，（義同。）下亦有以字。亦書在文帝元年。

法制度，

案漢書王氏補注：『法，正也。』

絳、灌、東陽侯、馮敬之屬盡害之。

正義：絳、灌，周勃、灌嬰也。東陽侯，張相如。馮敬，時爲御史大夫。
施之勉云：『荀紀云：絳侯、灌嬰等害之。』

案漢書師古注：『絳，絳侯周勃也。灌，灌嬰也。東陽侯，張相如也。馮敬，時為御史大夫。』即正義所本。王氏補注云：『公卿表，孝文三年，書「典客馮敬，」七年，「典客馮敬為御史大夫。」此在帝初即位時，顏注誤。』是也。正義本顏注而誤。通鑑書此事於文帝四年。害猶妬也，（周壽昌漢書注補正云：『害，忌也。』義同。）屈原傳：『而心害其能，』害亦妬也。（參看彼文及田完世家、韓非列傳斟證。）

專欲擅權，紛亂諸事，於是天子後亦疏之。

　　案朱子楚辭集注專作顓，蓋存漢書之舊，漢書故本專皆作顓。漢紀亦作乃，義同。

乃以賈生為長沙王太傅。

　　考證：『文選李善注引應劭風俗通曰：「賈誼與鄧通為侍中同位，數廷譏之，因是文帝遷為長沙太傅。及渡湘水，投弔書曰：『闒茸尊顯，佞諛得志。』以哀屈原罹讒邪之咎，亦因自傷為鄧通等所愬也。」所傳不同。』

　　案黃善夫本、殿本並有索隱云：『誼為傅，是吳芮之玄孫羑襲長沙王之時也。非景帝之子長沙王發也。荊州記：長沙城西北隅有賈誼祠及誼坐石牀在也。』乃移下文『賈生為長沙王太傅』之索隱於此。長沙王，時人復有長沙靖王著之說，詳後。考證稱文選注云云，本漢書王氏補注，惟王氏引在下文『其辭曰』下耳。（文選注，本在『其辭曰』下。）文選注引風俗通，見正失篇，今本文有出入。『佞諛得志，』『罹讒邪，』文選注志本作意，罹本作離，（今本風俗通同。）考證從王引，非其舊也。又風俗通引弔書『佞諛得意，』今本弔屈原文作『讒諛得志。』（見下。）志、意同義。

賈生既辭往。行聞長沙卑溼。

　　案行字當屬上絕句，『往行，』複語，廣雅釋詁一：『行，往也。』史通點煩篇引此無行字，複語故可略其一。

自以壽不得長，又以適去，

　　集解：『徐廣曰：「適，竹革反。」韋昭曰：「謫，讉也。」』

索隱：『韋昭云：「適，讁也。」字林云：「丈尼反。」』

案史通引壽上有爲字，適作讁，與集解引韋注作讁合。文選賈誼弔屈原文序適亦
作讁，注引韋注同。讁、適正、假字，漢書師古注：『適讀曰讁。』讁乃讁之隸
變。黃善夫本、殿本索隱，並略『韋昭云：適，讁也。』六字，丈上並有『適
音』二字。

及渡湘水，

案殿本源作度，漢書同。渡、渡正、假字，本書習見。

共承嘉惠兮，俟罪長沙。

集解：『張晏曰：恭，敬也。』

正義：『顏云：恭，敬。嘉惠，詔命。俟作竢，同，待也。』

考證：漢書、文選共作恭。

案白帖十三引此共亦作恭，楚辭集注本同。恭、共正、假字。集解引張注、正義
引顏注云云，疑裴、張二氏所據正文亦作恭，否則當改張、顏之注作共，以就此
文也。楚辭集注本俟亦作竢。漢書師古注：『竢，古俟字。』與正義所引意同而
文異。

側聞屈原兮，自沈汨羅。

案漢書、楚辭集注本側並作仄，沈並作湛。師古注：『仄，古側字。』朱注：
『湛，古沈字。』

造託湘流兮，

案小爾雅廣詁：『造，進也。』『湘流』猶言湘水耳。

遭世罔極兮，

考證：『張晏曰：「讒言罔極。」言無中正也。周書：「文王曰：惟世罔極，汝
尚助予。」』

案『罔極』猶言『不正。』考證云云，本文選注。朱注：『詩曰：讒人罔極。』
見小雅青蠅。

方正倒植。

案文選注：『植，史記作值。』胡克家考異云：『袁本、茶陵本作作音，是

也。』竊疑李善所見史記植有作値者，植、値古字通。袁本、茶陵本蓋改作爲晉耳。莊子繕性篇：『謂之倒置之民。』置與植古亦通用。

世謂伯夷貪兮，謂盜跖廉。

索隱：案漢書作「隨、夷溷兮，跖、蹻廉。」一句皆兼兩人。………

案漢書、楚辭集注本並作『謂隨、夷溷兮，謂跖、蹻廉。』文選作『世謂隨、夷爲溷兮，謂跖、蹻爲廉。』一句皆兼兩人。

莫邪爲頓兮，

索隱：『應劭曰：「莫邪，吳大夫也。作寶劍，因名焉。」………………頓，鈍也。』

案御覽四三引頓作鈍，漢書、文選、楚辭集注本皆同。據索隱，則此文舊本作頓。黃善夫本、殿本索隱，並略『應劭曰：莫邪，吳大夫也。作寶劍，因名焉。』十五字。『頓，鈍也。』並作『頓讀爲鈍。』

于嗟嚜嚜兮，生之無故。

集解：『應劭曰：嚜嚜，不自得意。』

考證：『漢書、文選嚜作默。生，先生。鄧展曰：言屈原無故遇此禍也。』

案文選于作吁，胡氏考異：『袁本、茶陵本吁作于。』作于是故書。伯夷列傳：『于嗟徂兮。』與此同例。楚辭集注本嚜亦作默，嚜與默同。漢書、文選、楚辭集注本自此至下文『嗟苦先生兮，獨離此咎。』兮字皆在下句末。漢書及文選注所引應注，並作『默默，不得意也。』集解所引，『嚜嚜』二字，乃據正文改，不下衍自字。考證引鄧注，本漢書及文選注。

斡弃周鼎兮，寶康瓠。

索隱：『斡，轉也。烏活反。爾雅云：「康瓠謂之甈。」甈，音丘列反。李巡云：「康，謂大瓠也。康，空也。」晉灼云：「斡，古管字也。」』

王氏雜志所據震澤王氏本寶上有而字，云：『索隱本無而字，案下句云：「騰駕罷牛兮，驂蹇驢。」則無而字者是也。漢書、文選兮字並在「寶康瓠」下，亦無而字。』

案景祐本、黃善夫本、殿本寶上皆衍而字。康借爲㝩，方言十三：『㝩，空也。』

（俗本薕作㑹。）瓠借爲壺。爾雅釋器：『康瓠謂之甈。』郭注：『瓠，壺也。

賈誼曰：「寶康瓠。」是也。』說文：『甈，康瓠，破罌也。』段注：『康之言

空也。瓠之言壺也。空壺，謂破罌也。罌已破矣，無所用之，空之而已。』黃

本、殿本索隱，「轉也」二字作音，並略『爾雅云：康瓠謂之甈。』及『康，空

也。晉灼云：斡，古管字也。』十九字。『丘列反，』丘並作五，（漢書師古注

同。）『大瓠』下並有瓢字。

驥垂兩耳兮，服鹽車。

　　索隱：『戰國策曰：夫驥服鹽車，上太山，中阪遷延，負轅不能上。伯樂下車哭
　　之也。』
　　施之勉云：戰國策太山作太行。文選賈誼弔屈原文注引，亦作太行。
　　案韓詩外傳七載孔子之言曰：『夫驥罷鹽車，此非無形容也。莫知之也！』（又
　　見說苑雜言篇。）索隱引戰國策云云，見楚策四。太山乃太行之誤。

章甫薦屨兮，漸不可久。

　　案漢書甫作父，（楚辭集注本同。）師古注：『父讀曰甫。』王氏補注：『劉奉
　　世曰：薦之言藉也。言以冠藉屨，貴賤顛倒。』

嗟苦先生兮，獨離此咎！

　　集解：『應劭曰：嗟，咨嗟。苦，勞苦。言屈原遇此難也。』
　　考證：『中井積德曰：苦，傷之也。』
　　案漢書苦作若，應劭注作『嗟，咨嗟也。勞苦屈原遇此難也。』補注：『史記、
　　文選若作苦。據注文亦當作苦。文選〔注〕引『勞苦』上更有苦字，明本書字
　　誤。』王說是也。黃善夫本集解，『勞苦』上無苦字，下無言字，與漢書應注
　　合。『勞苦屈原，』卽是釋『苦先生。』是舊本正文若必作苦。文選作苦，胡氏
　　考異云：『茶陵本校語云：「苦，五臣作若。袁本作苦，無校語，非。」何（義
　　門）云：「漢書作若。」陳（少章）云：「苦當從漢書作若，更有顏延年祭屈原
　　文可以互證。」云云。案所說是也。苦字但傳寫誤。蓋誤認注中「勞苦屈原，」
　　以爲正文有苦字耳。今史記亦作苦，誤與此同。』其說非也。如正文苦本作若，
　　則應注『勞苦屈原，』苦字從何而來？至於顏延年弔原文云：『曰若先生，逢辰

之缺。』李注：『賈誼弔屈原文曰：嗟若先生，獨離此咎。』（金君賈生傳疏證
亦引之。）可證成二事。一，顏文『曰若先生，』明是本賈文『嗟若先生。』則
晉、宋時賈文傳本，苦已有作若者。二，李善於賈文正文、注文並作苦，而於顏
引賈文作若，與五臣同。是唐時賈文，習見作苦、作若不同之兩本。然作苦，必
賈文之舊。中井云：『苦，傷之也。』較釋『勞苦』爲長。呂氏春秋遇合篇：
『自苦而居海上。』高注：『苦，傷也。』

訊曰，

　　集解：『李奇曰：「訊，告也。」張晏曰：「訊，離騷下章亂辭也。」』

　　索隱：『李奇曰：「誶，告也。」音信。張晏曰：「訊，離騷下章誶亂也。」劉
伯莊音素對反。訊猶宣也，重宣其意。周成、師古音碎也。』

　　考證：『張文虎曰：索隱周成下疑有脫文。隋志，梁有解文字義七卷，周成
撰。』

　　施之勉云：訊，周成、師古二人同音碎。周成下，並無脫文也。

　　案索隱單本訊作誶，漢書、楚辭集注本並同。漢書李奇、張晏、師古注亦皆作
誶。劉伯莊音素對反，與周成、師古音碎同。音信，則字作訊。惟訊無告、宣
義，（宣與告義近。）說文：『訊，問也。』爾雅釋詁：『訊，告也。』釋文本
訊作誶，云：『郭音碎。本作訊，音信。』訊乃誶之誤，莊子山木篇：『虞人逐
而誶之。』郭注：『誶，問之也。』唐寫本正文、注文誶並作訊，訊無問義，訊
乃誶之誤。六朝俗書卒作卆，與卂形近，故古籍中誶、訊二字相亂之例至多。說
文：『誶，讓也。國語曰：誶申胥。』段注：『吳語文，韋曰：「誶，告讓也。」
今國語、毛詩、爾雅及他書誶皆譌訊，皆由轉寫形近而誤。』其說是也。或以
誶、訊二字聲義相通者，非。此文訊亦誶之誤。又索隱引張注『誶亂，』當從集
解所引作『亂辭。』文選注引張注亦作『亂辭。』（漢書張注脫辭字，補注有
說。）楚辭朱子集注亦云：『誶，告也。即亂辭也。』索隱『周成、師古音碎
也。』黃善夫本、殿本並作『周成解詁音碎也。』故張文虎疑周成下有脫文。

已矣！國其莫我知，獨壹鬱兮其誰語？

　　索隱：『壹鬱，』漢書作『壹鬱，』意亦通。

裴學海云：『上其字訓旣，屈原傳：「世旣莫我知兮，人心不可謂兮。」文例同此。』（古書虛字集釋五。）

案索隱單本『堙鬱』作『煙鬱，』記纂淵海七十引作『湮鬱。』堙，俗垔字。說文：『垔，塞也。』煙、湮並借字。文選、楚辭集注本並作『壹鬱。』漢書師古注：『壹鬱，猶怫鬱也。』亦猶『抑鬱，』與『堙鬱』同義。『其誰語，』其猶將也。黃善夫本、殿本索隱，並無意字。

鳳漂漂其高遰兮，夫固自縮而遠去。

索隱：遰，音逝也。縮，漢書作引也。

正義：漂漂，輕舉貌。

考證：漢書、文選遰作逝。

案漢書、楚辭集注本『漂漂』並作『縹縹，』師古注：『縹縹，輕舉貌。』即正義所本。文選注：『史記音漂，匹遙切。』今本史記無此音，惟漢書師古注云：『音匹遙反。』漂、縹古通，釋名釋采帛：『縹猶漂也。』楚辭集注本遰亦作逝，縮亦作引，說文：『遰，去也。』遰與逝音義通。（鹽鐵論褒賢篇：『鷙鳳見而高逝。』似本賈文，字亦作逝。）縮、引義亦通，小爾雅廣言：『縮，抽也。』說文：『搊，引也。抽，搊或从由。』文選縮亦作引。

襲九淵之神龍兮，

索隱：『襲，復也。莊子曰：「千金之珠，必在九重之淵，而驪龍頷下。」故云「九淵之神龍」也。』

案襲猶入也，莊子大宗師篇：『伏戲氏得之，以襲氣母。』釋文引司馬彪注：『襲，入也。』索隱引莊子云云，見列禦寇篇。黃善夫本、殿本索隱，並略『襲，復也。』三字。

沕深潛目自珍。

案下文『彌融爚以隱處兮，』正義引顧野王釋此句云：『沒深藏以自珍。』沕有沒義，司馬相如列傳：『沕潏漫衍，』徐廣注：『沕，沒也。』（徐注據文選司馬相如封禪文注引補，今本缺。）亦其證。漢書深作淵，淵、深本同義，（小爾詁廣詁：『淵，深也。』）然此作淵，蓋涉上『九淵』字而誤。楚辭集注本從漢

書作淵，非也。（又此文汋字若在深字下，於義較長。）鹽鐵論：『龜龍聞而深藏。』

彌融爚以隱處兮，

　　集解：『徐廣曰：「一云『僱㺍獺。』一本云『彌蝸爚以隱處』也。」』

　　索隱：『漢書作「僱㺍獺。」徐廣又一本作「彌蝸爚以隱處。」蓋總三本不同也。……………………郭璞注爾雅云：「似鼎，江東謂之魚鵁。」』

　　案徐注『一云「僱㺍獺，」』蓋謂漢書。文選、楚辭集注本並從漢書作『僱㺍獺。』是也。『彌融爚、』或『彌蝸爚，』並誤。㺍獺即魚鵁，郭說是。集解『蝸爚，』當從黃善夫本作『蝸爚，』與索隱所引合。索隱『漢書』至『不同也』二十五字，黃本、殿本並略作『案徐所注，蓋三本總不同也。』十一字。

夫豈從螘與蛭螾？

　　集解：漢書螘字作蝦。

　　索隱：螘音蟻。

　　正義：………………豈陸莽從蟻與蛭蚓？

　　案螘，俗作蟻。文選、楚辭集注本螘亦並作蝦。殿本正義蟻作螘。

所貴聖人之神德兮，遠濁世而自藏。

　　案文選注：『莊子曰：宣尼見蛾丘之漿（原誤將），是聖人僕也。是自埋於民，自藏於畔。』見莊子則陽篇。成玄英疏蛾丘作螘丘，云：『丘名也。』蛾與螘同。釋文本作蟻丘（今本同），俗本也。

使騏驥可得係羈兮，

　　案漢書、楚集注本並作『使麒麟可係而羈兮。』文選係下亦有而字。莊子馬蹄篇：『是故禽獸可係羈而遊。』

般紛紛其離此尤兮，亦夫子之辜也。

　　案漢書、楚辭集注本尤並作郵，辜並作故，尤、郵並借為訧，爾雅釋言：『訧，過也。』離騷：『進不入以離尤兮，』尤亦借為訧。文選辜亦作故，辜、故正、假字。莊子寓言篇：『請問其過。』道藏王元澤新傳本、元纂圖互注本、世德堂本過皆作故，故亦借為辜，與作過同義。

踰九州而相君兮，

　　索隱：…………………漢書作『歷九州。』

　　考證：楓、三本相下有其字，與漢書、文選合。

　　施之勉云：五臣本無其字。

　　案文選亦亦作歷。楚辭集注本亦作『歷九州而相其君兮。』

鳳皇翔于千仞之上兮，覽惪輝焉下之。

　　案漢書、文選、楚辭集注本皆無『之上』二字，焉並作而，索隱單本焉亦作而。

　　吳昌瑩云：『焉義同而。』（經詞衍釋二。）是也。離騷：『覽民德焉錯輔。』

　　裴學海云：『焉猶而也。』（古書虛字集釋二。）與此同例。

見細德之險微兮，搖增翮逝而去之。

　　集解：『徐廣曰：「搖增翮，」一云「遙增擊」也。』

　　梁玉繩云：『困學紀聞十二云：「顏注『險阰之證。』則微當作徵。」王說是。
文選作徵，則知今本史、漢傳譌爲微久矣。』

　　案微乃徵之譌，楚辭集注本從誤本作微，非。漢書『搖增翮』作『遙增擊，』楚
辭集注本從之。文選作『遙曾擊。』搖與遙，增與曾，翮與擊，並古字通用。漢
書補注：『錢大昭曰：「擊卽翮也。長楊賦：『拮隔鳴球。』韋昭曰：『古文隔
爲擊。』說文衣部：『禯讀若擊。』古擊、鬲通用。」王念孫曰：「增或作曾，
淮南覽冥篇：『鳳皇曾逝萬仞之上。』高注：『曾猶高也。』方言：『搖，疾
也。』又曰：『遙，疾行也。』搖與遙通。此言鳳皇必覽德輝而後下。若見細德
之險徵，則速高舉而去之也。』如王說，則此文翮乃擊之借字。竊以爲擊借爲
翮，於義亦得。增或曾不必訓爲高，楚辭九歌東君：『翾飛兮翠曾。』王注：
『曾，舉也。』『搖增翮，』『遙增擊，』『遙曾擊，』義並猶『速舉翮』耳。
漢書、文選楚辭集注本皆無逝字。

彼尋常之汙瀆兮，豈能容吞舟之魚？

　　案漢書、楚辭集注本並無能字。文選下句作『豈能容夫吞舟之巨魚。』注引莊子
云：『弟子謂庚桑楚曰：夫尋常之溝，巨魚無所還其體，而鯢鰍爲之制也。』見
莊子庚桑楚篇。正文巨字，蓋因注引莊子『巨魚』字而妄加。既言『吞舟之

魚，』則無容更言巨矣。淮南子俶眞、繆稱二篇並云：『尋常之溝，無吞舟之
魚。』亦本莊子。（參看王氏讀書雜志餘編下。）

橫江湖之鱣鰽兮，固將制於螻蟻。

集解：『如淳曰：「鱣，大魚也。」瓚曰：「鰽魚無鱗，口近腹下。」』

索隱：『莊子云：「庚桑楚謂弟子曰：吞舟之魚，蕩而失水，則螻蟻能制之。」
戰國策齊人說靖國君亦同。案以此喻小國暗主，不容忠臣，而爲讒賊小臣之所見
害。』

案漢書、楚辭集注本鰽並作鯨，蟻並作蛾。文選鰽亦作鯨，蟻字與此同。考異
云：『袁本云：「善作『螻蟻。』」茶陵本云：「五臣作『蟻螻。』」案螻與魚韻
較協，各本所見，蓋傳寫倒。善未必不與五臣同也。今史記、漢書皆作「螻蟻，」
而單行索隱正文仍作「蟻螻，」可見亦未必史、漢不本皆作「蟻螻。」今誤與此
同也。』胡說是。（惟漢書蟻本作蛾耳。）景祐本、黃善夫本集解『大魚』上並
無鱣字。殿本無亦鱣字，又『鰽魚』作『鱣魚，』與漢書瓚注合。漢書正文有鱣
字，無鰽字，則瓚注自當作『鱣魚』矣。鱣與鰽相似，爾雅釋魚：『鱣。』郭
注：『鱣，大魚，似鰽而短鼻，口在頷下，體有邪行甲，無鱗，肉黃，大者長二
三丈。今江東呼爲黃魚。』釋文：『鰽，字林云：長鼻魚也。重千斤。』郝懿行義
疏云：『鱣與鰽同，唯鼻爲異耳。』索隱所引莊子，見庚桑楚篇；戰國策，見齊
策一。文選注亦引莊子及戰國策之文。淮南子主術篇：『吞舟之魚，蕩而失水，
則制於螻蟻。』亦本莊子。又索隱『案以此喻小國暗主』云云，本漢書晉灼注。

賈生爲長沙王太傅，

案索隱單本無『王太』二字，史通點煩篇引同。漢書亦無『王太』二字，文選賈
誼鵩鳥賦注引漢書與今本史記同。

有鴞飛入賈生舍，

案漢書、楚辭集注鴞並作服，藝文類聚九二引服鳥賦同。文選作鵩，御覽九二七
引鵩鳥賦同。服、鵩古、今字。（記纂淵海三六引漢書服亦作鵩，惟誤爲史記
文。）論衡遭虎篇亦云：『鵩鳥集舍。』

楚人命鴞曰服。

梁玉繩云：『仁和金耀辰曰：「諸書皆言鵬、鵩是一物。然周禮秋官蝜蟆氏疏云：『鵩之與鵩二鳥，俱夜爲惡聲者』。則依漢書作『服似鵩』爲確。」』

案文選作『鵩似鵩，』楚辭集注作『服似鵩，』並從漢書也。

賈生既以適居長沙，

案史通、御覽二一引適並作謫，御覽引鵩鳥賦同。文選作謫，考異引袁本、茶陵本並作謫。謫、適正、假字，謫乃謫之隸變，前已有說。

自以爲壽不得長，傷悼之，乃爲賦以自廣。

案史通引『以爲』作恐，楚辭集注同。藝文類聚乃作而，楚辭集注作故，義並同。

單閼之歲兮，四月孟夏。

集解：『徐廣曰：歲在卯曰單閼。文帝六年，歲在丁卯。』

考證：『汪中曰：攷史記曆書，太初元年，焉逢攝提格。上推孝文五年，是爲昭陽單閼。賈生以孝文元年爲博士，歲中超遷至太中大夫，旋出爲長沙王傅，至此適得三年。』

施之勉云：『魯實先曰：「考賈生所傅者爲長沙靖王著。靖王著元年，當文帝前元三年。賈生傅長沙，當在前元三年。本傳上文云：『絳、灌、馮敬之屬盡害之。』按漢書百官公卿表，文帝二年，絳侯周勃爲丞相。三年，灌嬰爲丞相，馮敬爲典客。四年，灌嬰薨，馮敬遷。當三年時，絳、灌、馮敬居權位，故皆害之。誼即於是年去京師也。又本傳上文云：『賈生爲長沙王太傅三年，有鵩飛入賈生舍，乃爲賦以自廣。』即以靖王元年起數，至文帝六年，始卒三年之數。由是言之，徐廣之注，得其實矣。」』

案景祐本提行。自此至下文『細故蔕芥兮，』漢書並略句末兮字，楚辭集注本從之，考證引汪說，本漢書王氏補注。

庚子日施兮，服集予舍。

索隱：施音移。施，猶西斜也。漢書作斜也。

施之勉云：『御覽二十一引施作斜。錢大昕曰：施，古斜字也。』

案施借爲迤，說文：『迤，日行迤迤也。』段注：『史記賈生傳曰：「庚子日施兮，」施即說文迤字也。迤迤，徐行之意。』『迤迤，』蓋斜行之意。漢書施作

斜，予作余，楚辭集注本從之。御覽二一引此文施作斜，予作余，疑所據乃漢書
也。文選施亦作斜。

異物來集兮，

　　案漢書集作崪，楚辭集注本從之，注云：『崪，史作萃。』今本史作集，與上
　　『服集』字複，蓋涉上文而誤。文選亦作萃，（注：萃，集也。）藝文類聚同。從
　　史也。漢書孟康注：『崪音萃，萃，聚集也。』王氏補注引王念孫云：『上文祇
　　有一服，不得言「聚集」也。崪者止也，其字從止。故上文言「止于坐隅。」廣
　　雅：「崪，待也。止、待，逗也。」逗亦止也。（見說文。）楚辭天問：「北至
　　回水萃何喜？」王注：「萃，止也。」史記崪作集，集亦止也。（見唐風鴇羽
　　傳、晉語注。）非「聚集」之謂。』崪、崪、萃，並諧卒聲，古字通用，崪字不
　　必改爲崪。孟注『聚集，』乃複語，聚亦集也。『聚集』猶言止耳。

策言其度。

　　索隱：『漢書策作諜。案說文云：「諜，驗言也。」今此筴，蓋雜筴辭云然。』
　　案索隱單本策作筴，筴乃策之隸變。文選、楚辭集注本策亦並作諜，藝文類聚
　　同。（俞正燮癸巳存稿十二『諜書』條，誤引史記此文亦作諜。）文選注引說文：
　　『諜，驗也。』今本說文同。索隱引說文驗下言字，蓋涉正文而衍。漢書補注
　　引王先慎云：『度者數也。禮檀弓注：「坵封之度，」釋文：「一作『之數。』」
　　是度與數義通……下文「淹速之度，」亦謂「淹速之數」也。』又
　　索隱『今此筴，蓋雜筴辭云然。』黃善夫本、殿本並作『此作策，蓋諜策之辭。』
　　雜字疑誤。

野鳥入處兮，主人將去。

　　案漢書、文選、楚辭集注本處皆作室，藝文類聚同。論衡指瑞篇處亦作室，（室
　　下無兮字。）將作當。（遭虎篇作將。）將猶當也。

請問于服兮，

　　索隱：『于，於也。漢書本有作「子服。」小顏云：「子，加美辭也。」』
　　案漢書作『問于子服。』楚辭集注本作『問於子服，』本漢書。藝文類聚作『請
　　問於鵩。』黃善夫本、殿本索隱『於也』下並作『漢書作「予服，」小顏云：

「予，加美之辭。」』兩予字並子之誤。

凶言其菑。

正義：音災。

案漢書、文選菑並作災，楚辭集注本作灾。菑、災、灾，並古字通用。本字作

巛，說文：『巛，害也。』

淹數之度兮，

正義：…………………漢書作『淹速。』

案文選、楚辭集注本數亦並作速。速、數正、假字。

請對以意。

索隱：協音憶也。

正義：協韻音憶。

王氏雜志所據震澤王氏本意作臆，云：『索隱本臆作意，注曰：「協音臆。」正

義曰：「協韻音憶。」據此，則正文本作「請對以意。」謂口不能言，而以意對

也。今本作臆者，後人以意與息、翼韻不相協而改之也。不知意字古讀若億，正

與息、翼相協。……………故索隱、正義並以意爲協韻。（下文「好惡積意，」

與息爲韻，正義亦云：「協韻音憶。」）若臆字，則本讀入聲，何煩協韻乎？又

案文選作『請對以臆，』亦是後人所改。據李善注云：「請以意中之事對。」則

本作意明矣。而今本并李注亦改作臆，惟漢書作「請對以意。」顏師古曰：「意

字合韻宜音億。」索隱、正義皆本於此，今據以訂正。』

案景祐本、黃善夫本、殿本意皆改作臆，藝文類聚同。楚辭集注本引史亦作臆，

集注本則作意，與索隱、正義舊本及漢書合，是也。單本索隱『音憶』作『音

臆，』與王氏雜志所引合。黃善夫本、殿本並略索隱。

萬物變化兮，固無休息。

案莊子秋水篇：『物之生也，若驟若馳，无動而不變，无時而不移。』文選李

注：『鶡冠子曰：固無休息。』鶡冠子乃偽書，多襲用服鳥賦文，非服鳥賦文本

於鶡冠子也。後李注引鶡冠子，皆從略。

斡流而遷兮，或推而還。

索隱：幹，音烏活反。幹，轉也。

殷本考證：『顧炎武曰：「賈生傳：『幹棄周鼎兮，而寶康瓠。』應劭曰：『幹音筦。筦，轉也。』『幹流而遷兮，或推而還。』索隱曰：『幹，音烏活反。幹，轉也。』義同而音異。今說文云：『幹，蟊柄也。从斗，臭聲。揚雄、杜林說，皆以爲軺車輪幹。烏括切。』按臭字古案切，說文既云『臭聲，』則不得爲『烏括切』矣。顏師古匡謬正俗云：『聲類、字林並音管。賈誼服鳥賦云：「幹流而遷。」張華勵志詩云：「大儀幹運。」皆爲轉也。楚辭云：「筦維焉繫？」此義與幹同，字即爲筦。故知幹、筦二音不殊，近代流俗音「烏括反，」非也。』漢書食貨志：『浮食奇民，欲擅幹山海之貨。』師古曰：『幹謂主領也。讀與筦同。』」』

案單本索隱作『幹音管。幹，轉也。』（本漢書師古注。）則音、義並與上文應劭注同。黃善夫本以下，『音管』乃作『音烏括反』耳。說文幹下段注云：『匡謬正俗云：「幹音筦，不音烏活反。」引陸士衡愍思賦爲證。按其字臭聲，則顏說是也。然俗音轉爲「烏括切。」又作掆、作扛，亦於六書音義無甚害也。』莊子天運篇：『孰居无事推而行是？意者其有機緘而不得已邪？意者其運轉而不能自止邪？』

形氣轉續兮，化變而嬗。

索隱：『韋昭云：「而，如也。如蟬之蛻化也。」蘇林云：「嬗音禪，謂其相傳與也。」』

考證：『張文虎曰：「化變，」毛本作「變化。」與索隱本及漢書、文選合。各本作「化變。」』

案景祐本、黃善夫本、殷本皆作『化變。』楚辭集注本作『變化。』如韋說，而訓如，則嬗借爲蟬。文選嬗作蟺，李注：『蟺音蟬，如蝸蟬之蛻化也。』與韋義合，蟺亦借爲蟬。如蘇說，則而爲承接連詞，嬗爲本字，蟺亦借爲嬗。說文：『嬗，一曰傳也。』故蘇釋爲『傳與。』漢書師古注：『此即禪代字。』與蘇義合，嬗、禪古、今字。黃善夫本、殷本索隱，『音禪』並作『音嬋，』『傳與』並作「傳之，」非其舊也。莊子至樂篇：『察其始而本无生。非徒无生也，而本

无形。非徒無形也，而本无氣。雜乎芒芴之間，變而有氣。氣變而有形，形變而有生。今又變而之死，是相與爲春秋冬夏四時行也。』寓言篇：『萬物皆種也，以不同形相禪，（淮南子精神篇禪作嬗。）始卒若環，莫得其倫。』

汋穆無窮兮，

　　索隱：漢書『無窮』作『無閒。』汋音密，又音昧。『汋穆，』深微之貌。以言其理深微，不可盡言也。

　　案淮南子原道篇云：『物穆無窮。』王念孫雜志云：『史記賈生傳：「汋穆無窮兮，」漢書作「汋穆無閒。」顏師古曰：「汋穆，深微貌。汋音勿。」說苑指武篇亦云：「肳穆無窮，」汋、肳、物，古字通。』楚辭集注本『無窮』亦作『無閒，』從漢書也。惟漢書無本作亡，亡與無同。漢書補注：『藝文類聚九十二鳥部下引「亡閒」作「無窮，」史記、文選同。』藝文類聚所引服鳥賦，未云據何書，與史記、漢書、文選並有出入。『無閒』作『無窮，』疑所據乃史記或文選，非引漢書文也。索隱『汋穆』至『盡言也』云云，本師古注。

禍兮福所倚，福兮禍所伏。

　　考證：〔老子〕五十八章，福下、禍下有之字。

　　案說苑敬慎篇、文子微明篇引老子此二句，並與服鳥賦同。

憂喜聚門兮，吉凶同域。

　　正義：言禍福相因，吉凶不定。

　　案淮南子人間篇：『禍與福同門，利與害爲鄰。』（又見文子微明篇、劉子愼隟篇。）劉子禍福篇：『妖祥共域。妖之所見，或能爲吉；祥之所降，亦廻成凶。』正義云云，本漢書師古注。

彼吳彊大兮，夫差目敗；越棲會稽兮，句踐霸世。

　　案淮南子泰族篇：『吳王夫差破齊艾陵，勝晉黃池，非不捷也，而子胥憂之，見其必擒於越也。…………句踐棲於會稽，脩政不殆，誤慮不休，知禍之爲福也。』劉子禍福篇：『吳兵大勝，以爲福也，而有姑蘇之困；越棲會稽，以爲禍也，而有五湖之霸。』

斯游遂成兮，卒被五刑。

考證：『應劭曰：李斯西遊於秦，身登相位。二世時爲趙高所讒，身伏五刑。』

案游，謂游說也。李斯列傳：『欲西入秦，辭於荀卿曰：斯聞得時無怠。今萬乘

方爭時，游者主事。（索隱：言萬乘爭雄之時，游說者可以立功成名，當得典主

事務也。）今秦王欲吞天下，稱帝而治。此布衣馳騖之時，而游說者之秋也。』

後斯果以游說而主事。『遂成，』複語，遂亦成也。禮記月令：『百事乃遂。』

鄭注：『遂猶成也。』漢書補注：『遂，達也。「遂成，」謂身達而名成。』強

分爲兩義，似未審。

傅說胥靡兮，乃相武丁。

　　索隱：『⋯⋯⋯⋯⋯⋯墨子云：傅說衣褐帶索，傭築於傅巖。』

　　案離騷：『說操築於傅巖兮，武丁用而不疑。』呂氏春秋求人篇：『傅說，殷之

　　胥靡也。』高注：『胥靡，刑罪之人也。』索隱引墨子云云，見尚賢中篇，殷本

　　紀已有說。

何異糾纆？

　　索隱：『⋯⋯⋯⋯⋯又通俗文云：「合繩曰糾。」字林云：「纆，三合繩也。」

　　⋯⋯⋯⋯⋯』

　　案漢書補注：『文選注引字林曰：糾，兩合繩。纆，三合繩。』說文：『糾，三

　　合繩也，』段注：『劉表易章句曰：「兩股曰纆。」按李善引字林，與許不合。』

　　說文：『纆，索也。』纆、繹古、今字。南越列傳贊：『成敗之轉，譬若糾

　　墨。』墨，借字。

命不可說兮，孰知其極？

　　案楚辭集注本說作測。文選注：『老子道德經曰：孰知其極？』莊子寓言篇：

　　『莫知其所終，若之何其無命也？莫知其所始，若之何其有命也？』

水激則旱兮，矢激則遠。

　　索隱：此乃淮南子及鶡冠子文也。彼作『水激則悍。』而呂氏春秋作疾。以言水

　　激疾則去疾，不能浸潤。矢激疾則去遠也。說文旱與悍同音，以言水矢流飛，本

　　以無礙爲通利。今遇物觸之，則激怒，更勁疾而遠悍。猶人或因禍致福，倚伏無

　　常也。

考證：『劉攽曰：旱讀爲悍，猛疾也。』

案漢書補注：『文選注引呂氏春秋曰：「激矢遠，激水旱。」索隱云：「呂氏春秋作疾。」則所見本不同也。』呂氏春秋去宥篇作『激矢則遠，激水則旱。』文選注所引，蓋略兩則字。淮南子兵略篇云：『水激則悍，矢激則遠。』與索隱所引合。御覽三百五十引韓非子佚文亦云：『水激則悍，矢激則遠。』索隱『以言水激疾則去疾，不能浸潤。矢激疾則去遠也。』本漢書師古注。『去疾』當從師古注作『去盡，』涉上下文疾字而誤也。黃善夫本、殿本索隱，『水激則悍，』悍並誤旱，『水激疾，』並無疾字，『今遇物，』遇下並有有字。單本索隱『呂氏春秋作疾，』疾誤悍。殿本說文下衍云字，『同音』下無以字。『倚伏』下衍而字。考證引劉說，本漢書補注。

振蕩相轉。

案漢書、楚辭集注本振並作震，古字通用。淮南子原道篇：『靡濫振蕩，與天地鴻洞。』

雲蒸雨降兮，錯繆相紛。

案漢書、文選、楚辭集注本『錯繆』皆作『糾錯，』義同。藝文類聚作『紃錯，』紃，俗糾字。莊子天運篇：『雲者爲雨乎？雨者爲雲乎？孰隆施是？孰居无事淫樂而勸是？』淮南子原道篇：『錯繆相紛。』高注：『彼此相糾也。』

大專槃物兮。

索隱：『漢書云：「大鈞播物。」此專讀曰鈞。槃猶轉也，與播義同。如淳云：陶者作器於鈞上，以造化爲大鈞也。」…………』

考證：『朱錦綬曰：案專之與鈞，聲形各別。漢書作鈞，此作專者，漢書五行志注，專有員義。故「大鈞」可作「大專，」猶言「大圜」耳，不必讀專爲鈞也。』

案文選、藝文類聚、楚辭集注本亦皆作『大鈞播物』。『大專』猶『大圓、』『大圜，』與『大鈞』同旨，謂天也。朱說是。管子心術篇：『能戴大圓者，體乎大方。』呂氏春秋序意篇：『有大圜在上。』高注：『圜，天也。』『大鈞』亦作『洪鈞，』文選張茂先答何劭詩：『洪鈞陶萬類。』李注；『洪鈞，大鈞，謂天

也。鵩鳥賦曰：大鈞播物。』黃善夫本、殿本索隱，並略『如淳云：陶者作器於鈞上，以造化爲大鈞也。』十七字。

坱軋無垠。

　　集解：『應劭曰：其氣坱軋，非有限齊也。』

　　索隱：『「坱圠無垠，」應劭云：「其氣坱圠，非有限齊也。」案「無垠，」謂無有際畔也。說文云：「垠，圻也。」郭璞注方言云：「坱軋者，不測也。」王逸注楚詞云：「坱軋，雲霧氣昧也。」

　　案『坱軋無垠，』猶言『廣大無際』也。索隱單本『坱軋』作『坱圠，』漢書、文選、藝文類聚、楚辭集注本皆同。漢書揚雄傳：『忽軮軋而亡垠。』文選揚雄甘泉賦『軮軋』作『坱圠，』李注：『軮軋，廣大貌也。服鳥賦曰：軮軋無垠。』據注，是李所據甘泉賦正文亦作『軮軋，』與漢書合。楚辭招隱士：『坱兮軋，』王注：『霧氣昧也。（洪補注：『賈誼賦云：坱圠無垠。』）索隱所引王注多雲字。郭璞方言十注：『軮軋，氣不利也。』與索隱所引異。『坱軋、』『坱圠，』『軮軋、』『軮軋，』古皆通用。楚辭遠遊：『其大無垠。』淮南子俶眞篇：『通于無圻。』高注：『圻，垠字也。』說文：『垠，地垠咢也。圻，垠或从斤。』圻爲垠之重文，索隱引說文作『垠，圻也。』非其舊矣。漢書應劭注軋本作圠，集解引作軋，依所據正文作軋改之也。黃善夫本、殿本索隱，並略『坱圠無垠，應劭云：其氣坱圠，非有限齊也。』十六字，『際畔』並作『齊畔，』（齊亦借爲際。）『不測』並作『不利，』（與今本方言注合。）『雲霧氣』並無雲字，（與今本楚辭王注合。）單本索隱兩『坱軋』並作『坱圠，』與所據正文作圠合。

天不可與慮兮，道不可與謀。

　　索隱：與音預也。

　　案漢書補注：『文選兩與字作預，史記索隱：與音預。』慮、謀互文，義同。論衡命祿篇引慮作期，義近。

遲數有命兮，惡識其時？

　　案漢書、楚辭集注本數並作速，惡並作烏。論衡、文選數亦並作速，惡並作焉。

　　數借爲速，前已有說。惡、烏、焉，並同義。

且夫天地爲鑪兮，造化爲工。

　　案漢書補注引文選注：『莊子：「子黎曰：今一以天地爲大鑪，以造化爲大冶，惡乎往而不可哉？」』見莊子大宗師篇，今本子黎作子犂，御覽七三八引亦作子黎，黎、梨古通。然此是子來答子黎之語，非子黎語，李注誤。

陰陽爲炭兮，

　　案論衡物勢篇炭作火，疑炭之壞字。

合散消息兮，安有常則？

　　案莊子田子方篇：『消息滿虛，一晦一明，日改月化，日有所爲。』

千變萬化兮，未始有極。

　　索隱：『莊子云：人之形，千變萬化，未始有極。』

　　案文選注：『列子曰：「千變萬化，不可窮極。」莊子曰：「若人之形者，萬化而未始有極。」』列子，見周穆王篇，書晚出，後從略。莊子，見大宗師篇，與今本同。索隱引『萬化』上有『千變』二字，非其舊也。淮南子俶眞篇：『若人者，千變萬化，而未始有極也。』精神篇：『千變萬抮，而未始有極。』

忽然爲人兮，何足控摶？

　　索隱：『按控，引也。摶，音徒端反。「控摶，」謂引持而自玩弄，貴生之意也。又本作「控揣。」揣，音初委反，又音丁果反。揣者，量也。故晉灼云：「忽然爲人，言此生甚輕耳，何足引物量度已年命之長短而愛惜乎？」』

　　案說文：『控，引也。』段注：『引申之爲凡引遠使近之偁。』故有控持、控制義。漢書、楚辭集注本摶並作揣，方言十二：『揣，裳絹反。』是揣字古音。（說文揣字下段注有說。）揣之古音與摶字近，故二字相通。摶，古專字。（秦始皇本紀索隱有說。）『控摶，』謂控持專擅耳。莊子大宗師篇：『今一犯人之形，而曰人耳、人耳！夫造化者必以爲不祥之人。』（一猶忽也。淮南子俶眞篇犯作範，古字通用。高注：範猶遇也。）今忽遇人之形，而曰惟願爲人。不知忽然爲人之不足控持專擅也。又黃善夫本、殿本索隱，並略『按控，引也。』四字，及『控摶，謂引持而自玩弄，貴生之意也。』十四字。『忽然』並作『或然，』

（單本索隱亦作『或然。』）『愛惜乎？』並作『愛惜之也？』文選注引晉灼注惜下亦有之字。

化爲異物兮，又何足患！

　　案漢書師古注：『患，合韻音環。』文選注：『莊子曰：假於異物，託於同體。』見莊子大宗師篇。莊子田子方篇：『且萬化而未始有極也，夫孰足以患心！』淮南子精神篇：『千變萬紾，孰足以患心！』

小知自私兮，賤彼貴我。

　　案漢書補注引文選注：『莊子：「北海若曰：以道觀之，無貴無賤。以物觀之，自貴而相賤。」』見莊子秋水篇，『無貴無賤，』本作『物无貴賤。』莊子齊物論篇：『小知閒閒。』外物篇：『去小知而大知明。』

通人大觀兮，物無不可。

　　索隱：『莊子云：「物固有所然，物固有所可。無物不然，無物不可。」也。』
　　考證：莊子齊物論。漢書、文選『通人』作『達人。』
　　案楚辭集注本『通人』亦作『達人，』義同。（記纂淵海一引史記亦作『達人，』恐非其舊。）索隱引莊子云云，並見齊物論篇及寓言篇。文選注亦引莊子此文，兩固字並作故，（黃善夫本索隱上固字亦作故。）古字通用。

貪夫徇財兮，烈士徇名。

　　索隱：『此語亦出莊子。臣瓚云：亡身從物謂之殉也。』
　　考證：『莊子駢拇：「小人則以身殉利，士則以死殉名。」刻意：「野語有之曰：眾人重利，廉士重名，………」張文虎曰：「烈士，舊刻與索隱本同，各本作列。」愚按文選作烈。』
　　案索隱單本兩徇字並作殉，文選同，敦煌唐寫本伯夷列傳亦同。景祐本、黃善夫本下徇字亦並作殉。徇與殉同，莊子駢拇篇：『伯夷死名於首陽之下，盜跖死利東陵之上。』彼文兩死字與此文兩殉字同義。莊子盜跖篇：『小人殉財，君子殉名。』字亦作殉。文選注引莊子（原誤列子）云：『脣士之殉名，貪夫之殉財，天下皆然，不獨一人。』（漢書補注引文選注，改兩殉字爲徇。）乃莊子佚文。景祐本、黃本、殿本『烈士』皆作『列士，』楚辭集注本同，唐寫本伯夷列

傳亦同。烈、列正、假字。（**參**看伯夷列傳斠證。）又黃本、殿本索隱，並略
『臣瓚云：亡身從物謂之殉也。』十一字。

夸者死權兮，

　　集解：『…………瓚曰：「夸，泰也。莊子曰：權勢不尤，則夸者不悲也。」』

　　案漢書臣瓚注作『謂夸泰也。莊子曰：權勢不充，則夸者悲。』見莊子徐无鬼

　　篇。充，當從集解作尤。惟集解悲上衍不字，當據漢書瓚注刪。

品庶馮生。

　　集解：『孟康曰：馮，貪也。』

　　索隱：『漢書作「每生，」音謀在反。孟康云：「每者，貪也。」服虔云：

　　「每，念生也。」鄒誕本亦作每。…………然案方言，每字合從手旁。每音莫改

　　反也。』

　　考證：史伯夷傳引賈子，『品庶』作『眾庶。』

　　案漢書補注：『說文：「品，眾庶也。」此文「品庶，」亦謂「眾庶」也。方

　　言：「㨊，貪也。」索隱云：「每字合從手旁。」是也。省作每耳。』文選、楚辭

　　集注本馮亦並作每。漢書孟康注：『每，貪也。』索隱引是。集解引每作馮，依

　　此正文作馮改之也。馮，俗作憑，小爾雅廣言：『憑，依也。』引申有『依戀』

　　義。『馮生』猶『戀生，』與『貪生』義近。（**參**看伯夷列傳斠證。）黃善夫

　　本、殿本索隱，並略『孟康云：每者，貪也。』七字。

怵迫之徒兮，或趨西東。

　　集解：『孟康曰：怵，爲利所誘怵也。…………』

　　案漢書孟康注『誘怵』作『誘訹，』師古注：『「誘訹」之訹，則音戌。或曰：

　　「怵，怵惕也。音丑出反」其義兩通。』補注引王念孫云：『孟說是也。管子心

　　術篇：『人之可殺，以其惡死也。其可不利，以其好利也。是故君子不怵乎好，

　　不迫乎惡。』然則「怵迫」者，怵乎利，迫乎害也。「趨西東」者，趨利避害

　　也。不得以怵爲怵惕，明矣。』王說是。怵乃訹之借字，說文：『訹，誘也。』

　　繫傳：『賈誼鵩賦曰：「怵迫之徒兮，或趨西東。」本當作此訹字。』是也。

大人不曲兮，億變齊同。

索隱：『張機云：德無不包，靈府弘曠，故名大人也。』

施之勉云：『張森楷曰：各本譏作機，從索隱本、金陵本改。案張譏，南齊人，見隋書經籍志。張機則漢末名醫，字仲景者是也。未嘗聞其注史，故改之，下同。』

案莊子徐无鬼篇：『生无爵，死无諡，實不聚，名不立，此之謂大人。』秋水篇：『大人無己。』又云：『萬物一齊，孰短孰長？」

拘士繫俗兮，攌如囚拘。

索隱：『攌，音和板反。說文云：「攌，大木柵也。」漢書作儹，音去隕反。』

楊慎云：『「漢書」賈誼服賦：「儹若囚拘。」蘇林音「欺全反。」師古云：「蘇音是也。」南唐張佖辯之曰：「說文，窘音『渠隕切。』李善文選注：『窘，囚拘之貌。』五臣注：『窘，困也。』其字並不從人。惟孫強新加字，玉篇及開元文字，有作儹然者，皆音渠隕切。疑蘇音誤，今宜從說文音。」余按此句，漢書作「儹若囚拘，」史記作「攌如囚拘。」儹，當音渠隕反。攌，當音欺全反。攌，即今拴字也。史記、漢書所見異辭，當各從本文解之。蘇蓋以史記之音而移之漢書，宜其誤而不通。張佖辯之是也。但不知蘇音之誤所由耳。』（丹鉛雜錄十。）

考證：楓、三本、漢書、文選『拘士』作『愚士，』當依改。拘字與末句『囚拘』複。

案楚辭集注本『拘士』亦作『愚士，』拘字涉下文『囚拘』字而誤。文選注引莊子云：『不肖繫俗。』乃莊子逸文。索隱單本攌作櫳，注同。說文既訓『大木柵，』則其字當从木。（今本說文櫳、攌二字並無。）俗書从木、从才之字不分，故櫳變作攌耳。漢書、楚辭集注本攌並作儹，文選作窘，窘、儹正、俗字。櫳義為『大木柵，』引申有困窘義。則史記、漢書雖異辭，而義實相通，固不必各從本文解之。即如楊氏所云『攌，即今拴字。』亦與窘字之義相近。然攌乃櫳之俗變，實非今拴字也。

至人遺物兮，獨與道俱。

案漢書補注引文選注：『莊子曰：「不離於真，謂之至人。」又「孔子謂老耼

曰：形體若槁木，似遺物而立於獨也。」』見莊子天下篇及田子方篇。（今本田

子方篇『形體』下有掘字，『遺物』下有『離人』二字。）又莊子天道篇：『夫

至人…………外天地，遺萬物。』天下篇：『澹然獨與神明居。』淮南子原道

篇：『吾獨忼慨遺物，而與道同出。』

眾人或或兮，好惡積意。

　　集解：『李奇曰：「或或，東西也。所好所惡，積之萬億也。」瓚曰：言「眾懷

　　抱好惡，積之心意。」』

　　考證：漢書、文選或作惑。

　　施之勉云：五臣本作或。

　　案楚辭集注本或亦作惑，惑、或正、假字。漢書補注引王念孫云：『李、薛二說

　　皆非也。意者滿也。言好惡積滿於中也。意字本作𢝬，或作億，（文選作『積

　　億。』）又作臆。說文：「𢝬，滿也。」方言：「臆，滿也。」小雅楚茨：「我倉既

　　盈，我庾維億。」億亦盈也。…………𢝬、億、臆，並與意同。』審薛說以意為

　　心意，亦未為非。莊子刻意篇：『好惡者，心之失。（今本心誤德，據淮南子原

　　道、精神二篇正。）則好惡積於心意，固是眾人之惑亂矣。王氏釋意為滿，『好

　　惡積意，』為『好惡積滿於中。』須加『於中』二字，以足文義。『於中』猶言

　　『於衷、』『於心，』何如竟釋意為心意邪？又集解『或或，』漢書李注本作

　　『惑惑，』文選注引同。集解依此正文改為『或或』耳。

眞人澹漠兮，獨與道息。

　　索隱：『莊子云：「古之眞人，…………不以心損道，不以人助天。」………』

　　考證：漢書、文選澹作恬。…………

　　施之勉云：『莊子大宗師云：「不以心捐道。」釋文：「捐，郭作揖。崔云：或

　　作楫。」』

　　案景祐本、黃善夫本澹並作淡。　殿本作恬，與漢書、文選合，楚辭集注本亦作

　　恬。澹、淡並憺之借字，憺、恬同義。說文：『憺，安也。』又云：『恬，安

　　也。』莊子大宗師『不以心捐道，』捐，作揖、作楫，義並難通。當從索隱所引

　　作損，一損一助，相對成義。（莊子校釋一有說。）文選李注引莊子云：『虛靜

恬淡，寂漠無爲者，道德之至也。』見莊子天道篇。又見刻意篇，惟至作質，古字通用。又索隱『損道，』黃本、殿本並誤『損死。』

釋知遺形兮，超然自喪。

索隱：按釋智，謂絕聖弃智也。遺形者，形故可使如槁木是也。自喪者，謂心若死灰也。…………

考證：索隱知作智，與漢書、文選同。…………

案楚辭集注本知亦作智，知與智同。漢書補注引文選注：『莊子云：「仲尼問於顏回曰：『何謂坐忘？』回曰：『墮支體，黜聰明，離形去智，同於大道，此謂坐忘。』」見莊子大宗師篇。（今本支作枝，亦作肢，支，枝、並借字。又智作知，『大道』作『大通，』道乃通之誤。）文選注又引老子云：『燕處超然。』黃善夫本、殿本索隱，並略『按釋智，謂絕聖弃智也。』九字，『心若』上並無謂字。

寥廓忽荒兮，與道翱翔。

案漢書補注引文選注：『寥廓忽荒，元氣未分之貌。廣雅曰：寥，深也。廓，空也。』

案楚辭遠遊：『上寥廓而無天。』王注：『空無形也。』洪補注：『師古曰：寥廓，廣遠也。』『忽荒』即『忽怳，』淮南子原道篇：『鶩忽怳。』高注：『忽怳，無形之象也。』文選枚叔七發注引『忽怳』作『忽荒。』（今本原道篇正文、注文並倒作『怳忽。』王念孫雜志有說。）莊子山木篇：『獨與道遊於大莫之國。』『大莫』與此『寥廓忽荒』義符，廣大無形之象也。淮南子原道篇又云：『與道沈浮俛仰。』與此『與道翱翔』義近。

得坻則止。

索隱：漢書坻作坎。…………

梁玉繩云：坻作坎者是。

案說文：『坻，小渚也。』記纂淵海四六引此坻作坎，楚辭集注本同。

縱軀委命兮，不私與己。

案縱、委互文，縱亦委也。『縱軀委命，』謂順任身、命之自然耳。莊子知北遊

篇：『舜曰：「吾身非吾有也，孰有之哉？」〔丞〕曰：「是天地之委形也。…

………性命非汝有，是天地之委順也。』（俞樾平議云：『委，付屬也。』與此

文委字異義。）身軀、性命並天地所付與，故不可得而私者也。

其生若浮兮，其死若休。

王念孫云：漢書、文選並作『其生兮若浮，其死兮若休。』索隱本出『其死兮若

休』五字，則上句亦當與漢書、文選同。今案『其生兮若浮，其死兮若休。澹乎

若深淵之靜，氾乎若不繫之舟。』四句文同一例；且浮、休、舟三字，皆於句末

爲韻，則索隱本是也。今本作『其生若浮兮，其死若休。』蓋蒙上文句法而誤。

案楚辭集注本亦作『其生兮若浮，其死兮若休。』漢書補注引文選注：『莊子

曰：其生若浮，其死若休。』見莊子刻意篇。今本此文作『其生若浮兮，其死若

休。』蓋後人據莊子改之，以與上文句法一律耳。

澹兮若深淵之靜，氾乎若不繫之舟。

案澹借爲憺，說文：『憺，安也。』景祐本、黃善夫本兩兮字並作乎，記纂淵海

五一引同，（殿本上兮字作乎。）文選亦作乎。漢書、楚辭集注本並作惔，古乎

字；又靜並作靚，師古注：『靚與靜同。』補注引文選注：『〔莊子〕：「老聃

曰：其居也淵而靜，其唯人心乎！」又曰：「汎若不繫之舟，虛而遨遊。」』見

莊子在宥篇及列禦寇篇。

不以生故自寶兮，養空而游。

王念孫云：『游當爲浮，字之誤也。索隱本作浮，注曰：「言體道之人，但養空

性，而心若浮舟也。」漢書、文選並作浮，服虔曰：「道家養空，虛若浮舟也。」

皆其證。上文「其生兮若浮。」義亦同也。』

案漢書寶作保，古字通用，周本紀：『命南宮括、史佚展九鼎保玉。』集解：

『徐廣曰：保，一作寶。』即其比。莊子知北遊篇：『不以故自持。』養借爲翔，

呂氏春秋仲秋紀：『羣鳥養羞，』（又見禮記月令。）淮南子時則篇養作翔，

（高注：或作養。）即養、翔通用之證。淮南子人閒篇：『翺翔乎忽荒之上。』與

此『養空而游』義近。索隱本游作浮，疑據漢書、文選改。游、浮本同義，（廣

雅釋言：浮，游也。）惟此作浮，與上『若浮』字複。楚辭集注本大都從漢書，

而此游字從史記，非偶然也。

德人無累兮，知命不憂。

案文選無兮字，下文『細故慸葪兮，』亦無兮字，（胡氏考異稱袁本、茶陵本有兩兮字。）與漢書、楚辭集注本合。漢書補注引文選注：『莊子云：「德人者，居無思，行無慮也。」又曰：「聖人循天之理，故無天災，故無物累。」周易曰：「樂天知命故不憂。」』見莊子天地篇及刻意篇（今本無下故字），周易繫辭。

細故慸葪兮，何足以疑！

索隱：『葪音介，漢書作介。張揖云：「慸介，鯁刺也。」以言細微事故，不足慸介我心，故云「何足以疑」也。』

考證：今本漢書葪作芥。…………

施之勉云：『錢大昕曰：葪不成字，當作薊。薊、芥聲相近，故漢書作芥。』案文選、楚辭集注本葪亦並作芥。錢氏謂葪當作薊。竊疑葪乃薊之變體，蓋漢隸及六朝俗書如此。墨子節葬下篇：『昔者越之東有較沐之國者，其長子生，則解而食之。』魯問篇及列子湯問篇解並作鮮，莊子人閒世篇：『挫鍼治繲，』釋文引崔譔本繲作䴵，呂氏春秋應同（舊誤名類）篇：『水雲角觽。』畢沅新校正云：『唐、宋人所作類書皆作「魚鱗。」』漢北海相景君銘：『元元鰈寡。』鰈即鰥字。（王重民列子湯問篇校釋引此銘，逕改鰈為鰥，非也。）皆同此例。『慸葪、』『慸介、』『蔕介、』『蔕芥，』古皆通用。文選注引張揖子虛賦注：『蔕芥，刺鯁也。』漢書司馬相如傳張注同。索隱引張注作『慸介，鯁刺也。』慸字蓋依此正文作慸改之，介字則依所據漢書賈誼傳作介改之。『鯁刺』疑『刺鯁』之誤倒。單本索隱兩『慸介』並作『遰介，』恐非其舊。黃善夫本、殿本索隱，事下並無故字，疑下並有『之者』二字。

孝文帝方受釐。

正義：釐音希。禧，福也。借釐字為之耳。言受神之福也。

案正義『禧，福也。』云云，本漢書師古注。

坐宣室。

正義：『淮南子云：「武王殺殷紂於宣室。」…………』

案正義引淮南子云云，見本經篇。又氾論篇云：『紂拘于宣室。』（殷本紀有

說。）

上因感鬼神事，

案記纂淵海五十、七一引神下並有之字。

至夜半，文帝前席。

案李商隱詠賈生：『宣室求賢訪逐臣，賈生才調更無倫。可憐夜半虛前席，不問

蒼生問鬼神！』所慨良是。

自以爲過之，今不及也。

案漢紀八作『自謂勝之，今見不如也。』過猶勝也。

懷王騎，墮馬而死。

集解：『徐廣曰：文帝十一年。』

案論衡遭虎篇騎上有好字。懷王死，漢興以來諸侯王年表、漢書文帝紀、漢紀並

書在文帝十一年，通鑑漢紀七同。

賈生之死，時年三十三矣。

案史通點煩篇引此無『賈生之死』四字，疑略之。

及孝文崩，孝武皇帝立，舉賈生之孫二人至郡守。而賈嘉最好學，世其家，與余通

書。至孝昭時，列爲九卿。

殿本考證：『凌稚隆曰：按馬遷卒於漢武末年，此言賈嘉「至孝昭時，列爲九

卿。」此句蓋後人所增。』

考證：『梁玉繩曰：「此文爲後人增改，孝武當作『今上。』而中隔景帝，似不

必言『孝文崩。』宜云『及今上皇帝立』也。『至孝昭時』二句，當刪之。唐

表，誼子名璠，璠二子嘉、悝。」徐孚遠曰：「『與余通書，』史公本文。『至

昭帝』句，則後人所增也。」』

施之勉云：『王鳴盛曰：「愚謂遷實卒於昭帝初。觀景帝本紀末云：『太子卽

位，是爲孝武皇帝。』衞將軍驃騎傳末段，亦屢稱武帝。按其文義，皆非後人附

益。間有稱武帝爲『今上』者，史記作非一時，入昭帝未久卽卒，不及改也。惟

賈生傳末，述『賈生之孫嘉與余通書，至孝昭時列爲九卿。』此孝昭二字，則是後人追改，其元本當是『今上』耳。』

案史公卒於昭帝初，蓋可信。惟屈原賈生列傳恐非作於昭帝初也。列傳凡七十篇，屈賈傳爲第二十四。史公作傳，雖未必每篇皆如今本所列先後次序，然大體總依次作之。竊疑屈賈傳之作，當在武帝天漢二年下遷腐刑之前。由傳中之感慨推之，蓋既刑之後，復有所潤色耳。要之，此傳至遲亦作在既刑之後，決不得晚至昭帝初也。然則此文孝武蓋本作『今上，』『至孝昭時，列爲九卿。』二句爲後人所增。淩、徐、梁之說，自較勝矣。

余讀離騷、天問、招魂、哀郢，悲其志；適長沙，觀屈原所自沈淵，未嘗不垂涕，想見其爲人。

案孔子世家贊：『余讀孔氏書，想見其爲人。』想見孔子之爲人，令人肅然起敬；想見屈原之爲人，則令人泫然垂涕耳。

又怪屈原，以彼其材游諸侯，何國不容？而自令若是！

考證：『何焯曰：「卽賦內『歷九州』二句，謂賈生怪之也。」』

案其猶之也。漁父謂屈原曰：『何故懷瑾握瑜，而自令見放爲！』亦卽此意。

讀服鳥賦，同死生，輕去就。

案服鳥賦受莊子影響至深。『同死生，輕去就。』正莊子齊物之旨。（莊子養生、處世之道，亦具於此。）西京雜記五云：『誼作鵩鳥賦，齊死生，等榮辱，以遣憂累焉。』蓋因襲史公之意耳。

又爽然自失矣！

集解：『徐廣曰：一本作㤞。』

案爾雅釋言：『爽，忒也。』釋文：『忒，或作㤞。』㤞、忒正、假字，說文：『㤞，失常也。』一本爽作㤞，㤞乃爽之形誤。莊子秋水篇：『㤞然四解。』釋文：『㤞音釋。』『㤞然』乃無礙貌，施之於此，義不可通。景祐本、黃善夫本集解並在爽字下。殿本在句末，於曰下增㤞字。

史 記 斠 證 卷 八 十 五

呂不韋列傳第二十五

王　叔　岷

呂不韋者，陽翟大賈人也。

索隱：……按戰國策以不韋爲濮陽人。……改彼書，遂令不與史記合也。

案索隱單本出『大賈』二字，下無人字。秦始皇本紀索隱引此亦無人字，通鑑周紀五同。下文集解引徐廣曰：『一本云：陽翟大賈也。』是舊本原有無人字者矣。

戰國策秦策五：『濮陽人呂不韋。』高誘呂氏春秋注序云：『呂不韋者，濮陽人也。爲陽翟之富賈。』合戰國策、史記言之也。黃善夫本索隱改下有易字，合下衍之字。殿本索隱改下亦有易字，史下衍遷字。

往來販賤賣貴，

索隱：王劭賣音作育。案育、賣義同，今依義。

施之勉云：『吳汝綸曰：案音育，當作𧷏，從貝，䜈聲。賣從出買。』

案賣葢本作𧷏，故王劭音育。𧷏乃𧷏之隸省，說文：『𧷏，衒也。從貝，䜈聲。讀若育。』又云：『衒，行且賣也。』黃善夫本、殿本索隱，並作『王劭賣作𧷏，音育。案育、賣義同，今如字讀。』𧷏、育並賣之借字。

以其次子安國君爲太子。

索隱：名柱。

案高氏呂氏春秋注序君下有柱字。

安國君中男名子楚。

索隱：『……戰國策曰：「本名異人，後從趙還，不韋使以楚服見，王后悅之，曰：『吾楚人也，而子字之。』乃變其名曰子楚也。」』

案索隱引戰國策首二句，乃約舉之詞，不韋以下，秦策五本作『不韋使楚服而見。王后悅其狀，高其知，曰：「吾楚人也，而自子之。」乃變其名曰楚。』（高註：而自子之，以異人爲己子。）索隱所引亦非其舊。楚作子楚，蓋依此正文增子字也。秦始皇本紀索隱稱戰國策作子楚，亦同例。呂氏春秋注序、通鑑周紀五並作楚，無子字，從秦策也。古人名中有子字或之字，皆可略。如介子推，亦作介之推，又略作介推也。

毋愛。

考證：楓、三本毋作不。

案呂氏春秋注序作『不甚得幸。』

秦諸庶孽孫，

索隱：『……何休注公羊：「孽，賤子也。」以非嫡正，故曰孽。』

考證：楓、三本無諸字。

案通鑑亦無諸字。黃善夫本、殿本索隱，公羊以下並作『「孽子，賤子也。」非嫡正之子曰孽。』通鑑注引何休注同。公羊襄二十七年傳何注本作『孽，賤子。』

車乘進用不饒，

索隱：『按下文云：「以五百金爲進用。」宜依小顏讀爲賮，音才刃反。進者，財也。古字假借之也。』

考證：『中井積德曰：「進用，猶供給也。賮是送行之財，非泛名。註非。」愚按下文「進用，」義同。』

案漢書高帝紀：『蕭何爲主吏，主進。』師古注：『進者，會禮之財也。字本作賮，又作賵，音皆同耳。古字假借，故轉而爲進。賮，又音才忍反。』即索隱所本，賮、賵正、俗字。說文：『賮，會禮也。』（段註．以財貨爲會合之禮。）孟子公孫丑篇：『行者必以賵。』趙注：『賵，送行者贈賄之禮也。』賮之本義爲以財貨爲會合之禮，或送行者贈賄之禮。泛言財貨，亦可謂之賮。文選左太沖魏都賦張載注引蒼頡篇曰：『賮，財貨也。』即其證。然則此文及下文之『進用，』索隱借進爲賮，訓爲財，何不可之有！又通鑑注引索隱末句，作『古字多假借用之。』

且自大君之門，而乃大吾門？

王念孫云：且當爲盍，字之誤也。盍，何不也。言何不自大君之門，而乃大吾門也？若作且，則與「而乃」二字義不相屬矣。太平御覽居處部引此作『盍自大君之門，顧乃大吾門。』高誘呂氏春秋注序作『何不大君之門，乃大吾之門邪？』皆其證。

裴學海云：而，寧也，何也。御覽引作『盍自大君之門，顧乃大吾門？』是以意改。讀書雜志謂當從御覽，失之。（古書虛字集釋七。）

案『且自大君之門，』御覽一八二（居處都十）引作『盍自大子之門，』（王、裴並誤子爲君。）王氏謂且爲盍（隸變作盍）之誤。惟盍與且形不近，或盍壞爲皿，因誤爲且與？竊疑且非誤字，呂氏春秋注序引作『何不，』蓋以『何不』說且耳。御覽引作盍，蓋不知且有『何不』義而改之也。呂氏春秋注序乃上無而字，『而乃，』複語，而亦乃也，故可略其一。御覽引作『顧乃，』亦複語，顧亦乃也。裴氏訓而爲寧，爲何，於義不長。

吾門待子門而大。

案御覽引大下有耳字，呂氏春秋注序大下有之字，之猶耳也，表決定之詞。

竊聞安國君愛幸華陽夫人，

考證：楓、三本無幸字。

案通鑑亦無幸字。

卽大王薨，安國君立爲王，則子毋幾得與長子及諸子旦暮在前者爭爲太子矣。

索隱：毋音無，幾音冀。……

正義：言子楚無望得爲太子。

案卽猶若也。下文『卽色衰愛弛後，』『王卽薨，以子爲後。』卽亦並與若同義。景祐本毋作無，黃善夫本、殿本毋亦並作無，且並略索隱『毋音無』三字，失其舊矣。黃本正義得下有『預長』二字。

請以千金爲子西游，

案呂氏春秋注序游作行，蓋以行說游也。秦策四：『王資臣萬金而遊。』高注：『遊，行。』（游、遊古、今字。）亦同此例。昔岷寫蘇秦傳及鄒陽傳斠證舉此文，釋游爲游說。驗以下文『而西游秦，求見華陽夫人姊。』則游訓行較長。

而皆以其物獻華陽夫人。

　　案通鑑其作奇。

楚也以夫人爲天，日夜泣思太子及夫人。

　　案呂氏春秋注序天下有母字，泣上有涕字，

不韋因使其姊說夫人，

　　索隱：戰國策作說秦王后弟陽泉君也。

　　案通鑑從史記。

以色事人者，色衰而愛弛。

　　案楚策一：『江乙說於安陵君曰：以色交者，華落而愛渝。』

夫在則重尊。

　　考證：『張文虎曰：據上索隱引，「重尊」當作「尊重。」』

　　施之勉云：通志『重尊』作『尊重。』

　　案殿本亦作『尊重。』

雖欲開一語，

　　案殿本語作言，通鑑同。（記纂淵海五二、五五兩引皆作語。）

夫人則竟世有寵於秦矣。

　　案通鑑『竟世』作『終身，』義同。

立以爲適嗣，

　　案文選班孟堅答賓戲注、御覽五八九引適並作嫡，適、嫡古、今字。

呂不韋取邯鄲諸姬絕好善舞者與居。

　　索隱：言其姿容絕美，而又善舞也。

　　案通鑑取作娶，好作美。注云：『娶字當從史記作取。』取、娶古通，好、美同
　　義，索隱已釋好爲美。秦始皇本紀索隱引不韋傳作『其姬邯鄲豪家女，善歌舞。』
　　乃兼下文『子楚夫人，趙豪家女也』引之。舞上有歌字，恐非其舊。宋張邦畿侍
　　兒小名錄拾遺，稱呂不韋買於邯鄲，娶劉氏女，名曰諸姬，善舞。』注云：『史
　　記。』決非史記文，以『諸姬』爲名，妄甚！

知有身。

案秦始皇本紀索隱、御覽一三五引身並作娠，通鑑同。下文『姬自匿有身。』索隱引身亦作娠。作身是故書。高祖本紀：『已而有身，』書鈔一五二、藝文類聚十、御覽十三、八七、一三六引身皆作娠，與此同例。（參看彼文斠證。）侍兒小名錄拾遺云：『時已懷姙兩月。』稱『兩月』者，據下文『至大期時生子政』推知也。人十月生，大期爲十二月，（徐廣注）始皇大期乃生，匿其兩月，仍合於十月生之常期也。

至大期時生子政。

索隱：『徐廣云：「十二月也。」……』

梁玉繩云：政當作正，說在秦紀。……

案呂氏春秋注序政作正，下同。文選司馬子長報任少卿書注引下文『太子政立爲王。』政亦作正。作正是故書，秦本紀及秦始皇本紀斠證並有說。

使王齮圍邯鄲，

案秦始皇本紀王齮，集解引徐廣曰：『一作齕。』秦本紀、白起傳並作齕，通鑑周紀五、秦紀一並同。齮、齕古通，秦本紀有說。

子楚夫人，趙豪家女也。得匿，以故母子竟得活。

考證：『徐孚遠曰：「子楚夫人，卽不韋姬也，不得爲豪家女。當以秦質子故，有豪家主之，得自匿免。」……』

案子楚夫人，卽不韋姬。而不韋姬，本爲邯鄲豪家女，故稱『子楚夫人，趙豪家女』耳。考證引徐說，本梁氏志疑。（下文『食河南雒陽十萬戶。』考證引金耀辰說，亦本志疑。）

莊襄王卽位三年薨，太子政立爲王。

集解：『徐廣曰：時年十三。』

案秦始皇本紀：『年十三歲，莊襄王死，政代立爲秦王。』附秦記亦云：『始皇生十三年而立。』

當是時，魏有信陵君，楚有春申君，趙有平原君，齊有孟嘗君，皆下士，喜賓客，以相傾。

考證：『四君喜客，敍當時風習耳。平原君傳亦云：是時，齊有孟嘗，魏有信

陵，楚有春申，故爭相傾以客。』

案文選報任少卿書注引此無四君字，索隱單本出『魏有信陵』四字，疑所據本亦無四君字。驗以平原君傳稱孟嘗、信陵、春申，皆不言君，亦相符。考證引平原君傳末句，『以客』本作『以待士。』

呂不韋以秦之彊，羞不如。亦招致士，厚遇之，至食客三千人。

案文選報任少卿書注引彊（作強）下有大字，至作『乃致』二字。初學記二四引士上有術字。

著書布天下。

案文選注引布下有於字。

呂不韋乃使其客人人著所聞，集論以爲八覽、六論、十二紀，二十餘萬言。

索隱：八覽者，有始、孝行、愼大、先識、審分、審應、離俗、恃君也。六論者，開春、愼行、貴直、不苟、以順、士容也。十二紀者，記十二月也。其書有孟春等紀，二十餘萬言，二十六卷也。

殿本考證：『高誘序云：凡十七萬三千五十四言。』

梁玉繩云：『史記十二諸侯年表序及呂不韋傳竝云：「著八覽、六論、十二紀。』以紀居末。故世稱呂覽，舉其居首者言之。今呂氏春秋以十二紀爲首，似非本書次序。』又云：『此余初校妄說也。史記表、傳，文選楊修答臨淄侯牋注引桓譚新論，及誘序，俱著其名曰呂氏春秋。不獨藝文志、禮運注稱之。且古人作序，皆在卷末。呂氏十二紀終，而綴以序意，可知紀當居首。八覽、六論，乃其附見者。』（呂子校補、校續補。）

周中孚云：『呂氏春秋、史記自序及漢書遷傳載報任安書俱稱呂覽，蓋舉其居首者言之。猶之屈原諸賦稱離騷，董子春秋稱繁露，皆舉首篇以該餘篇也。（六十干支稱甲子，亦猶此意。後人改繁露篇爲楚莊王篇，非也。）故史記十二諸侯年表序及呂不韋傳竝云：「著八覽、六論、十二紀。」以紀居末。且古人作序，皆在卷末。呂氏十二紀終，而綴以序意，紀之居末可知。至高誘作注，始以紀居首，八覽、六論次之，而史遷呂覽之稱，竟莫知其何所取義矣。』（鄭堂札記五。）

施之勉云：『高誘呂氏春秋序云：「不韋乃集儒書，使著其所聞，爲十二紀、八

覽、六論，訓解各十餘萬言。」文選司馬子長報任少卿書注引史云：「不韋乃使
其客人人著所聞，集論爲八覽、十二紀，三十餘萬言。」』

案初學記引著下有其字，呂氏春秋注序同。御覽四百五引著下亦有其字，惟無所
字。周氏論呂氏春秋次序，從史記表序及傳，以八覽居首，十二紀居末，與梁氏
前說合，是也。稱呂覽者，舉居首者言之；稱呂氏春秋者，就十二紀言之也。古
人作序，皆在卷末，呂氏春秋十二紀後之序意，當是最末一篇。梁氏旣已知此，
而後說反云：『紀當居首。八覽、六論，乃其附見者。』若爲附見者，史公何致
首稱八覽邪？尹仲容先生呂氏春秋校釋，初版依高誘注本次序。再版改從史記呂
不韋傳次序，以復呂書之舊，是也。殿本考證引高誘序云云，乃高氏自計其呂氏
春秋注文之字數，非呂氏春秋正文爲『十七萬三千五十四言』也。施氏引呂氏春
秋（注）序云云，書鈔九九引『儒書』作『儒士。』御覽六百二引無『訓解』二
字，各作合。並是。（詳蔣維喬等呂氏春秋彙校及許維遹呂氏春秋集釋。）施氏引文選注云
云，胡克家考異云：『覽下當有「六論」二字，三當作二，各本皆脫誤。』是
也。又黃善夫本索隱，恃君誤時君，（單本索隱亦誤時君。）末句『二十六』作『三十
餘，』三葢二之誤。殿本索隱，以順作似順，（王應麟漢藝文志考證七引同。以、似古本通
用，惟此作以，當是似之壞字。）末句『二十六』亦作『三十餘。』

以爲備天地萬物古今之事，

案文選報任少卿書注引『天地萬物』作『天下之物，』恐非其舊。

號曰呂氏春秋。布咸陽市門，懸千金其上，延諸侯游士賓客，有能增損一字者予千
金。

梁玉繩云：『御覽八百九引史同。而百九十一引史云：「呂不韋撰春秋成，牓于
秦市，曰：有人能改一字者，賜金三十斤。」豈別據異本乎？高誘呂氏春秋序
曰：「時人非不能也，蓋憚相國，畏其勢耳。」誘注此書，頗糾其誤。』

考證：『呂氏春秋序意篇：「維秦八年，歲在涒灘。秋甲子朔，朔之日，良人請
問十二紀。文信侯曰：……凡十二紀者，所以紀治亂存亡也。所以知壽夭吉凶
也。……」高誘注云：「秦八年，秦始皇卽位八年也。」是呂氏春秋，呂不韋爲
相國時所爲，史公史記自序、答任安書曰：「不韋遷蜀，世傳呂覽」者，誤

也。』

案初學記引布字以下，作『曝之咸陽市門，懸千金於其上，有能增一字，與之千金，時无能者。』（增下當有損字。）記纂淵海四三引布作『暴之，』予亦作『與之。』暴、曝正、俗字，予、與古、今字。御覽八二七引『有能』以下，作『有能增損改定一字者，與千金。莫能有定者。』呂氏春秋注序布亦作『暴之，』予亦作與，『與千金』下，更有『時人無能增損者』句，與初學記、御覽引此文末並多一句較合。論衡自紀篇：『呂氏、淮南，懸於市門，觀讀之者，無訾一言。………言金由貴家起，文糞自賤室出。淮南、呂氏之無累害所由出者，家富官貴也。夫貴故得縣於市，富故有千金副。觀讀之者，惶恐畏忌，雖見乖不合，焉敢譴一字！』高誘序所云『時人非不能，蓋憚相國，畏其勢耳。』與王充有同感焉。文選楊德祖答臨淄侯牋云：『春秋之成，莫能損益；呂氏、淮南，字直千金。然而弟子箝口、市人拱手者，聖、賢卓犖，固所以殊絕凡庸也。』李善注引桓子新論曰：『秦呂不韋，請迎高妙作呂氏春秋；漢之淮南王，聘天下辯通以著篇章。書成，皆布之都市，懸置千金，以延示眾士，而莫能有變易者。乃其事約艷，體具而言微也。』並以為呂氏、淮南之文無可增損者，蓋不然矣！又據呂氏春秋序意篇，（如考證引。）原書成於呂不韋為相國時，當無可疑。（今本有晚出之文竄入。）史公自序及報任少卿書所云『不韋遷蜀，世傳呂覽』者，蓋謂『不韋雖遷於蜀，而世傳其呂覽。』非謂不韋遷蜀之後始作呂覽也。史公之言不誤，後人未解其義耳。參看老子韓非列傳斠證。

始皇帝益壯，

案文選報任少卿書注引始上有及字。

乃私求大陰人嫪毐以為舍人。

考證：『楓、三本嫪作繆。盧藏用曰：姓嫪，名毐。嫪，力到反。毐，焉亥反。……』

案說文：『毐，士之無行者。从士、毋，賈侍中說。秦始皇母與嫪毐媱，坐誅。故世罵婬曰嫪毐。讀若娭。』段注：『據師古五行志注云：「嫪毐，許慎作繆毐，與今史記、漢書本不同。繆，當依本字讀居蚪反。」然則許自作繆，史、漢

自作摎。今本史、漢改同許作嫪，非古也。其人本姓邯鄲摎氏之摎。摎，力周、居由二切。許云罵之之罻，則無怪乎取其姓同音之字改爲嫪，嫪之本音亦力周切也。』考證引楓、三本嫪作摎，摎當作摎，俗書从才、作木之字往往相亂也。漢書五行志師古注：『嫪，姓也。毒，名也。』與盧藏用言『名毒』合。秦始皇本紀索隱則云：『毒，字。』參看本紀斠證。

以啗太后。

案啗猶誘也。高祖本紀：『使酈生、陸賈往說秦將，啗以利。』又云：『乃多以金啗豨將。』並同此例。字亦作噉，樂毅列傳：『令趙噉秦以伐齊之利。』通鑑周紀四注：『以利誘之曰噉。』

詐令人以腐刑告之。

正義：腐音輔，謂宮刑，胥靡也。

考證：正義『胥靡』二字宜削。

案莊子庚桑楚篇：『胥靡登高而不懼。』釋文引崔譔注：『胥靡，腐刑也。』則正義之說，亦是古義。

拔其鬚眉爲宦者，

考證：『崔適曰：宦者無鬚，非無眉也。此「拔其鬚眉。」非幷其眉拔之也。特以修辭之例，因鬚而及眉耳。』

案宦者美容，亦須拔眉，但非盡拔之也。御覽三六五引春秋後語亦作『拔其鬚眉。』

始皇七年，

案論衡實知篇七作十，十盇本作十，卽古七字。

與孝文王會葬壽陵。

正義：秦孝文王陵，在雍州萬年縣東北二十五里。

施之勉云：黃善夫本、凌本、殿本正義，北作南，殿本二作三。

案黃本、凌本、殿本正義皆與此同。施氏誤據下文『故夏太后獨別葬杜』之正義以校此文之正義也。

故夏太后獨別葬杜東。

正義：夏太后陵，在萬年縣東南二十五里。

案論衡『杜東』作杜陵，從漢宣帝更名杜縣爲杜陵也。漢書宣帝紀：『元康元年

春，目杜東原上爲初陵，更名杜縣爲杜陵。』殿本正義二誤三。

後百年，旁當有萬家邑。

正義：漢宣帝元康元年，以杜東原上爲初陵，更改韓爲杜陵。……

考證：『愚按樗里子傳云：「昭王七年，樗里子卒于渭南章臺之東，曰：後百

歲，是當有天子之宮夾我墓。」詞氣略同。蓋風水之說，自秦人始也。』

案考證謂樗里子傳云云，與此文詞氣略同。論衡已比而論之矣。正義云云，本漢

書宣帝紀，韓蓋縣之誤。

有告嫪毐實非宦者，

案文選報任少卿書注引有上有人字，高祖本紀：『人有上變事告楚王信謀反。』

淮陰侯列傳作『人有上書告楚王信反。』與此句法同。

於是秦王下吏治。

案文選報任少卿書注引治下有之字，通鑑秦紀一作『王下吏治毐。』『治之』卽

『治毐』也。

九月，夷嫪毐三族，殺太后所生兩子，而遂遷太后於雍。

索隱：『按說苑云：遷太后棫陽宮。』

考證：『梁玉繩曰：按始皇紀，誅毐在四月，此誤。』

案通鑑秦紀一從此作『九月。』九、四草書形近易亂。『而遂，』複語，而猶遂

也（趙世家有說）。黃善夫本、殿本索隱棫陽並誤咸陽。今本說苑正諫篇作萯陽，

（通鑑同。）舊注云：『一本作棫陽。』盧文紹拾補以作棫陽爲是，萯陽在鄠縣。

參看秦始皇本紀斠證。

皆沒其家，而遷之蜀。

索隱：『家，謂家產資物，並沒入官。……

案黃善夫本、殿本索隱產並作生，蓋產之壞字。又入並作於。

及齊人茅焦說秦王，秦王乃迎太后於雍，歸復咸陽。

集解：『徐廣曰：入南宮。』

考證：『凌稚隆曰：詳始皇紀。』

施之勉云：元龜九百四十三引，咸陽下有『入南宮』三字。

案茅焦說秦王，說苑尤詳。册府元龜引咸陽下有『入南宮』三字，乃據集解所增。類書引書，往往據注文增字。

乃飲酖而死。

集解：『徐廣曰：十二年。』

案文選班孟堅答賓戲注引乃作竟，竟猶乃也。伯夷列傳：『橫行天下，竟以壽終。』論衡命祿篇竟作乃，卽二字通用之證。文選報任少卿書注引酖作鴆，秦始皇本紀索隱同。鴆、酖正、假字。說文：『鴆，毒鳥也。』國語魯語上：『使醫鴆之，』韋注：『鴆，鳥也。一名運日。其羽有毒，漬之酒而飲之，立死。』始皇本紀：『十二年，文信侯不韋死。』六國年表亦書在始皇十二年。通鑑同。

謚為帝太后。

索隱：『王劭云：秦不用謚法，此葢號耳。……』

梁玉繩云：謚者號也。說在孟嘗君傳。

案謚猶號也，齊世家及孟嘗君列傳斠證亦並有說。

與莊襄王會葬茝陽。

集解：『徐廣曰：一作芷陽。』

案芷與茝同，始皇本紀附秦記斠證有說。

不韋及嫪毐，貴封號文信侯。

索隱：按文信侯，不韋封也。嫪毐封長信侯。上文已言不韋封，此贊中言嫪毐得寵貴由不韋耳。今此合作長信侯也。

梁玉繩云：當云『嫪毐及不韋貴封，長號信侯。』

考證：『……崔適曰：當作「嫪毐以不韋貴，封號長信侯。」』

案此當從索隱說，作『不韋及嫪毐貴封，號長信侯。』及猶以也，使也。長之作文，聯想之誤耳。餘無誤。

人之告嫪毐，

案之猶有也。補孝武本紀贊有說。

矯太后璽，

　　案始皇本紀作『矯王御璽及太后璽。』通鑑但言『矯王玉璽。』

而呂不韋由此紬矣。

　　案紬借爲黜，說文：『黜，貶下也。』

孔子之所謂聞者，其呂子乎？

　　集解：『論語曰：「夫聞也者，色取仁而行違，居之不疑，在邦必聞，在家必
聞。」馬融曰：「此言佞人也。」』

　　梁玉繩云：不韋，亂民也。而以聞許之，豈因其著書乎？黃氏日鈔、經史問荅竝
言其誤。法言淵騫篇以不韋爲穿窬之雄，諒哉！

　　考證：論語子張篇。

　　案集解引論語云云，見顏淵篇，考證失檢。孔子所謂聞者，乃言佞人，史公以許
不韋，甚當。梁氏稱法言云云，通鑑已詳引之。

史記斠證卷八十六

刺客列傳第二十六

王　叔　岷

曹沫者，魯人也。

索隱：沫，音亡葛反。左傳、穀梁竝作曹劌，然則沫宜音劌。沫、劌聲相近而字
異耳。………

考證：『梁玉繩曰：曹子之名，左、穀及人表、管子大匡皆作劌，呂覽貴信作翽，
齊燕策與史俱作沫，葢聲近而字異耳。索隱于魯仲連傳作昧，疑譌。』

案梁氏又云：「沫，荒內反。索隱音「亡葛反，」从末，非。』考證引未備。御
覽四三三引此沫亦誤沫，意林引胡非子，文心雕龍祝盟篇並同。管仲列傳索隱本
亦从末作沫。云：『沫音昧，亦音末。』既言『音昧，』則魯仲連傳索隱云『魯
將曹昧，』昧自是誤字矣。曹子之名，國語魯語上、御覽四百三十引呂氏春秋（
貴信篇）、新序雜事四、鹽鐵論論勇篇、後漢書崔駰傳、劉子履信篇皆作劌，齊
世家有說。

以勇力事魯莊公。

梁玉繩云：史通人物篇稱曹子爲『命世大才，挺生傑出。』困學紀聞七謂其『問
戰，諫觀社，藹然儒者之言。』而目爲勇士，列于刺客之首，何其卑視曹子也？
案曹沫劫齊桓公反魯侵地，史公已詳載其事於齊世家，並略見於魯世家及管仲列
傳。而復列曹沫于刺客之首者，葢由荆軻計劫秦王反諸侯侵地，正欲效曹沫之劫
齊桓公也。

曹沫爲魯將，與齊戰，三敗北。魯莊公懼，乃獻遂邑之地以和。

考證：『梁玉繩曰：莊公自九年敗乾時，後至十三年盟柯，中閒有長勺之勝，是

魯衹一戰而一勝，安得有三敗之事？齊桓會北杏，遂人不至，故滅之。遂非魯
地，何煩魯獻？此皆妄也。』

案文選李少卿答蘇武書注引『三敗北，魯莊公懼，』作『三戰三北，莊公懼。』
後漢書崔駰傳注引莊公上亦無魯字，疑涉上文而衍。戰國策齊策六，魯連遺燕將
書有云：『曹沫爲魯將，三戰三北。』（又見魯仲連列傳，沫作子。）淮南子氾
論篇：『曹子爲魯將兵，三戰不勝。』並與此言『三敗北』合。獻遂邑事，齊世
家所載同，史公蓋別有所本。（參看齊世家斠證。）

曹沫執匕首劫齊桓公。

索隱：『匕音比。劉氏云：「短劍也。」鹽鐵論以爲長尺八寸。其頭類匕，故云
匕首也。』

案後漢書注引執作以。吳世家：『使專諸置匕首於 炙魚 之中以進食。』索隱亦
云：『劉氏曰：「匕首，短劍也。」按鹽鐵論以爲長尺八寸。通俗文云：「其頭
類匕，故曰匕首也。」』今本鹽鐵論論勇篇『尺八寸』作『三尺。』盧文弨拾補據
此文及吳世家索隱，改『三尺』爲『尺八。』荊軻傳集解引鹽鐵論亦作『尺八。』
淮南子氾論篇稱曹子『揄三尺之双。』與今本鹽鐵論作『三尺』合。

君其圖之。

案其猶可也。

桓公乃許盡歸魯之侵地。

案文選求自試表注、答蘇武書注、後漢書注、御覽三二三及四三三引歸皆作還。

桓公怒，欲倍其約。

案魯世家、管仲列傳倍並作背，此習見通用字。

曹沫三戰所亡地，盡復予魯。

案文選求自試表注、御覽三二三引此並無地字，予並作于。淮南子氾論篇云：『
三戰所亡，一朝而反之。』魯仲連傳作『三戰之所亡，一朝而復之。』（齊策六
亡作喪，義同。）亡下亦並無地字。

而吳有專諸之事。

索隱：專字亦作剸，音同。左傳作鱄設諸。

案吳世家：『乃求勇士專諸，』索隱亦云：『專或作剸。左傳作鱄設諸。』伍子
胥列傳索隱則云：『左傳謂之專設諸。』專字恐非其舊。左昭二十年傳作鱄設
諸。昭二十七年傳孔疏引吳世家作鱄諸，文選左太冲吳都賦李善注引左傳、潛夫
論交際篇並同。文選司馬相如子虛賦作剸諸，漢書司馬相如傳同。吳世家有說。

專諸者，吳堂邑人也。

索隱：地理志，臨淮有常邑縣。

案景祐本、黃善夫本、殿本皆提行。索隱單本堂邑作常邑，與注合。文選江文通
別賦注引此作棠邑。堂、常、棠，並諧尚聲，古字通用。黃本、殿本索隱常邑並
作堂邑，與今本地理志合。然非索隱之舊也。

光之父曰吳王諸樊。

梁玉繩云：光父一云夷昧，說在吳世家。

案吳世家：『公子光者，王諸樊之子也。』索隱：『此文以爲諸樊子。系本以爲
夷昧子。』

次曰夷昧。

索隱：亡葛反。公羊作餘末。

案吳世家云：『次曰餘昧。』索隱引公羊亦作餘昧。此引作餘末，末字恐誤。今
本公羊襄二十九年傳作夷昧，夷、餘古通，吳世家梁氏志疑有說。又黃善夫本、
殿本索隱亡上並有『昧音』二字。

吳人乃立夷昧之子僚爲王。

梁玉繩云：一說僚是壽夢子。

案吳世家：『乃立王餘昧之子僚爲王。』索隱：『此文以爲餘昧子。公羊傳以爲
壽夢庶子也。』

使以兄弟次邪？季子當立。必以子乎？則光眞適嗣，當立。

裴學海云：必猶如也，『必以』即『如以，』與上『使以』同義。（古書虛字集
釋十。）

案後漢書朱穆傳論注引適作嫡。適、嫡古、今字。

九年而楚平王死。春。

索隱：春秋昭二十六年『楚子居卒。』是也。吳世家云『十二年，』此云『九年，』竝誤。據表及左傳，合在僚之十一年也。

梁玉繩云：『九年』乃『十一年』之誤。春字衍，當作『明年夏。』

考證：『中井積德曰：光得諸之後九年也。注謬。』

施之勉云：「吳世家，伍子胥奔吳，在僚五年。吳越春秋，子胥退耕於野，求得勇士專諸，而進之公子光。亦載在僚五年。十二諸侯年表，楚平王卒，在僚十一年。五年至十一年，七年也。九當是七之譌。呂氏春秋首時篇：「伍子胥以爲有吳國者，必王子光也。退而耕於野七年，王子光伐吳王僚爲王。」可證。』

案此文『九年，』吳世家作『十二年，』並『十一年』之誤，索隱說是。吳越春秋王僚使公子光傳亦誤作『十二年。』中井從此文之『九年，』以爲光得專諸後之年。惟據左傳，子胥奔吳及得專諸，並在昭公二十年。（即吳王僚五年。）楚平王卒，在昭公二十六年，（即僚十一年。）是平王卒在光得專諸之後七年，作『九年』亦不合。施氏自子胥奔吳之年計之，以『九年』爲『七年』之誤。若正文本作『七年，』則可自子胥奔吳之年計之。今改正文之『九年』以就己說，則不可。仍當從索隱及梁氏舊說，作『十一年。』梁氏又云：『春字衍，當作「明年夏。」』春字非衍，春上當補『明年』二字耳。蓋吳王僚因楚喪使二公子伐楚，公子光因使專諸殺王僚，事在十二年春。至夏四月，專諸乃以匕首刺死王僚也。昭二十七年春秋經傳可證。吳世家作『十三年春。』（吳越春秋從之。）梁氏云：『當作「十二年夏。」』彼文春字亦不誤，僅二誤爲三耳。世家及本傳下文，刺死王僚，皆在四月。春與四月，依次言之。

使其二弟公子蓋餘、屬庸，

索隱：屬音燭。二子，僚之弟也。左傳作掩餘、屬庸，掩、蓋義同。屬、燭字相亂耳。

梁玉繩云：二公子名多不同。

考證：楓、三本無二字，屬作燭。

案索隱謂『屬音燭。掩、蓋義同。』並是。惟謂『屬、燭字相亂，』則非。屬、燭並諧蜀聲，古字通用。左傳本作燭庸，索隱引作屬庸，依此正文改之耳。殿本

索隱作燭庸，則又改從左傳也。楓、三本正文作燭庸，亦非此文之舊。（參看吳
世家斠證。）

將兵圍楚之灊，

索隱：『……地理志，廬江有灊縣，天柱山在南，音潛。杜預左傳注云：灊，楚
邑，在廬江六縣西南也。』

正義：灊故城，在壽州霍山縣東二百步。

案吳世家灊上有六字。景祐本、黃善夫本、殿本灊皆作潛，左傳、十二諸侯年
表、楚世家、吳越春秋闔閭內傳咸同。黃本、殿本此文索隱、正義灊亦皆作潛，
並略『音潛』二字，非其舊也。伍子胥傳，考證稱北宋本作灊，存史文之舊。

王僚可殺也。母老子弱，而兩弟將兵伐楚，楚絕其後。方今吳外困於楚，而內空無骨
鯁之臣，是無如我何。

索隱：『左傳直云：「王可殺也，母老子弱，是無若我何。」則是專設諸度僚可
殺，言其少援救，故云我無奈我何。太史公採其意，且據上文，因復加以兩弟將
兵外困之辭。而服虔、杜預見左氏下文云「我，爾身也。以其子爲卿。」遂彊解
「是無如我何，」猶言「我無若是何。」謂專諸「欲以老弱託光。」義非允愜。
王肅之說，亦依史記也。』

考證：『中井積德曰：太史公謬解左傳耳。杜注非謬。在史記，如索隱解可也。
但「光之身，子之身也。」之語，無所應也已。』

案『母老子弱，』乃就王僚言之。吳世家集解引王肅曰：『專諸言王母老子弱
也。』是也。單本、黃善夫本、殿本索隱，『無奈我何』上皆無我字，此誤衍。
『是無奈我何，』謂王僚無奈我何也。後漢書注引是下有其字，其，卽指王僚，
文意尤爲明白。索隱之說，甚得此文之意；亦符左傳文意。吳世家集解引服虔
曰：『母老子弱，專諸託其母於光也。』卽杜注所本。說並迂曲。下文『光之
身，子之身也。』與左傳『我，爾身也。』同旨。言子、我如一體，由子計事可
也。與專諸之語自相應。

四月丙子，

索隱：注，僚之十二年夏也。吳系家以爲十三年，非也。左氏經傳唯言「夏四

月。』公羊、穀梁無傳，經更與左氏、吳系家同。此傳稱『丙子，』當有所據，
不知出何書。

　　案吳世家亦作『四月丙子。』索隱云：『春秋經唯言「夏四月，」左傳亦無「丙
　　子，」當別有按據，不知出何書也。』惟據此文索隱『左氏經傳』以下云云，是
　　吳世家本無『丙子』二字，僅此傳有之。然則吳世家之有『丙子』二字及索隱云
　　云，或後人所增者與？又黃善夫本、殿本此文索隱，首句僚上並無注字。如原有
　　注字，則『僚之十二年夏也。吳世家以爲十三年，非也。』十七字，當是索隱所
　　引集解之文，但譌世爲系耳。索隱『公羊、穀梁無傳，經更與左氏、吳系家同。
　　此傳稱「丙子，」』黃本、殿本並作『公羊、穀梁無其文，此與吳系家皆稱「丙
　　子，」』蓋因今本吳世家有『丙子』二字而妄改之。

光伏甲士於窟室中，

　　集解：『徐廣曰：窟，一作空。』

　　索隱：『左傳曰「伏甲，」謂甲士也。下文云：「出其伏甲以攻王。」』

　　殿本考證：窟，左傳作堀，吳越春秋作窌。

　　案吳越春秋王僚公子光傳窟作窌，下同，古字通用。此文徐注：『窟，一作
　　空。』空疑本作空，即窟之隸變。（隸書出字作土或作士。）後人不識，轉寫爲
　　空耳。索隱『左傳曰「伏甲，」謂甲士也。下文云。』黃善夫本、殿本並作『左

　　傳云「伏甲士於窟室。」杜預謂「掘地爲室也。」所以下文云。』非其舊也。左
　　傳本作「光伏甲於堀室。』窟，或堀字。（參看吳世家斠證。）

而具酒請王僚。

　　案後漢書注引『而具』作『乃置。』

門戶階陛左右，皆王僚之親戚也。

　　考證：『中井積德曰：「左傳云：『門階戶席，皆王親也。』王親者，謂親信之
　　人也。不必戚屬。史遷添一戚者，害文意不小。吳世家作『門階戶席，皆王僚之
　　親也。』無戚字。」』

　　施之勉云：吳越春秋作『階席左右，皆王僚之親戚。』

案左傳『王親，』孔疏釋爲『王之親兵。』蓋謂親信之兵也。史公說親爲『親戚，』
亦是一解，吳越春秋從之，固未爲非。

公子光詳爲足疾，入窟室中。

考證：楓、三本無中字。

案吳越春秋詳作佯，俗。左傳、吳世家、吳越春秋皆無中字。

王僚立死。

案戰國策魏策四：『唐且曰：夫專諸之刺王僚也，彗星襲月。』（又見御覽五引
春秋後語。）博物志八：『專諸刺吳王僚，鷹擊殿上。』並傅會之說。

王人擾亂。

案吳越春秋作『眾大擾動。』

闔閭乃封專諸之子以爲上卿。

殿本考證：吳越春秋作『拜爲客卿。』

案左傳、吳世家並無上字。

其後七十餘年，而晉有豫讓之事。

集解：『徐廣曰：闔閭元年至三晉滅智伯，六十二年。豫讓一作襄。』

考證：七當作六。

案闔閭元年爲周敬王六年，至三晉滅智伯，爲周定王十六年。適六十二年，見年
表。梁氏志疑已云：『七乃六字之誤。』蓋聯想之誤耳。殿本集解末句脫豫、一
兩字。

豫讓者，晉人也。

梁玉繩云：晉語，伯宗得士畢陽以庇州犂。而畢陽之孫爲豫讓，見國策。祖孫皆
以義烈著，而史公不書于傳，何也？其序豫讓事，亦與策小異。

考證：『趙策云：「豫讓，畢陽之孫。」王應麟曰：「畢陽，亦義士，送伯宗之
子於楚、事見晉語。」』

案景祐本、黃善夫本、殿本皆提行。潛夫論志氏姓篇：『畢陽之孫豫讓。』本趙
策一也。

故嘗事范氏及中行氏。

王氏雜志所據震澤王氏本無『氏及』二字，云：『「范、中行氏，」本作「范氏及中行氏。」今本無「氏及」二字者，後人依趙策刪之也。不知古人屬文，或繁或省，不得據彼以刪此。下文言「范、中行氏」者，前詳而後略耳。亦不得據後以刪前。索隱本出「事范氏及中行氏」七字，解云：「范氏，謂范昭子吉射也。中行氏，中行文子荀寅也。」則有「氏及」二字明矣。羣書治要引此亦作「范氏及中行氏。」』

考證：范下氏字，依索隱本、楓、三本、治要補。

案景祐本、黃善夫本、殿本皆無『氏及』二字。考證『范下氏字，』當云『范下「氏及」二字。』所補『氏及』二字，從王說也。

漆其頭以爲飲器。

索隱：『案大宛傳曰：「匈奴破月支王，以其頭爲飲器。」裴氏注彼引韋昭云：「飲器，捽搰也。」晉灼曰：「飲器，虎子也。」皆非。捽搰所以盛酒耳，非用飲者。晉氏以爲褻器者，以韓子、呂氏春秋竝云：「襄子漆智伯頭爲溲杆。」故云。』

考證：『呂氏春秋義賞篇：「擊智伯，斷其頭爲觴。」韓非子難三：「知伯身死，頭爲飲杯。」淮南子道應訓：「襄子大敗智伯，破其首以爲飲器。」索隱溲字恐有誤。』

案韓非子喻老篇作『漆其首以爲溲器。』（索隱引作『溲杆。』）王先愼集解云：『說苑建本篇作「酒器。」說文：「溲，浸沃也。」浸沃若今人之溲麵。士虞禮：「明齊溲酒。」鄭注：「明齊，新水也。言以新水溲釀此酒也。」「溲器，」卽釀酒之器。』此可備一解。惟說苑作『飲器，』非作『酒器。』淮南子人閒篇稱智伯「身死高梁之東，頭爲飲器。」御覽七百十二引春秋後語亦云：『漆其頭以爲飲器。』有注云：『褻器，虎子也。』與大宛傳裴氏所引晉注合。劉子愼言篇亦稱智伯『頭爲褻器。』說文繫傳十一引大宛傳『飲器，』云：『亦溲器也。』蓋本韓非子喻老篇解之。

士爲知己者死，女爲說己者容。

考證：史公答任安書亦用此語。

案初學記十八引韓詩外傳佚文、說苑復恩篇並云：『管仲曰：士爲知己者死。』
事文類聚別集二八、合璧事類續集五十亦並引外傳佚文，死作用。漢書司馬遷
傳、文選司馬子長報任少卿書死亦並作用，文選注引戰國策同。今本趙策作死。
後聶政傳，政姊亦云：『士固爲知己者死。』廣雅釋詁二：『容，飾也。』阮瑀
琴歌：『士爲知己死，女爲悅者玩。』

乃變名姓爲刑人，入宮塗廁中，挾匕首，欲以刺襄子。

考證：楓、三本、趙策無『中挾匕首』四字，此蓋衍。趙策『名姓』作『姓
名。』

施之勉云：治要無『中挾匕首』四字，『乃變名姓，』作『變名易姓。』事類賦
十二引春秋後語『名姓』作『姓名』，無『中挾七首欲』五字。

案文選江文通別賦注引此『名姓』亦作『姓名，』廁下亦無『中挾匕首』四字。
（御覽一八六引此有『中挾匕首』四字。）施氏稱事類賦十二（注）引春秋後語
云云，御覽六八九引春秋後語同。塗，正作涂。說文：『杇，所以涂也。』段
注：『涂、塗古、今字。涂者，飾牆也。』說苑復恩篇謂豫讓『盜爲抵罪，被刑
人褚衣，入繕宮。』

內持刀兵，曰：欲爲智伯報仇。

考證：趙策『內持刀兵，』作『刃其扞。』

施之勉云：『段玉裁曰：「戰國策：『豫讓變姓名，入宮塗廁，欲以刺襄子。襄
子如廁，心動。執問塗者，則豫讓也。刃其扞，曰：欲爲智伯報讎。』扞，謂涂
廁之杇。今本皆作扞，侯旰切，繆甚！『刃其杇，』謂皆用木，而獨刃之。」』
案趙策：『刃其扞。』姚校云：『曾本作抒。』段校扞爲杇之誤，極是！抒又扞
之誤也。杇乃杇之隸變。

卒醳去之。

索隱：卒，足律反。醳音釋，字亦作釋。

王氏雜志所據震澤王氏本醳作釋，云：『釋本作醳，古多以醳爲釋字，（管蔡世
家：「鄭降楚，楚復醳之。」魏世家：「與其以秦醳衞，不如以魏醳衞。」孔子
世家：「陽虎因囚桓子，與盟而醳之。」張儀傳：「掠笞數百不服，醳之。」…

……）索隱本作醳，注曰：「音釋。」又田儋傳：「乃釋齊。」索隱本亦作醳。
今本皆改醳爲釋，而删去其注，後人之妄也。』

考證：各本及趙策醳作釋。今從索隱本、楓、三本。

案景祐本、黃善夫本、殿本醳皆作釋，治要、御覽一八六引並同。敦煌春秋後語
殘卷亦作釋。史記故本釋皆作醳，管蔡世家斠證亦有說。考證本此文作醳，從王
說也。黃本、殿本索隱，卒下並有音字。又並無『醳音釋，字亦作釋』七字，蓋
因正文已改爲釋而删之也。

豫讓又漆身爲厲，

索隱：厲音賴。賴，惡瘡病也。凡漆有毒，近之多患瘡腫，若賴病然。故豫讓以
漆塗身，令其若癩耳。然厲、賴聲相近，古多假厲爲賴，今之癩字從疒，故古有
賴鄉，亦作厲字。戰國策說此亦作厲字。

案索隱單本厲作癩，說苑同。記纂淵海四九引厲作癩，御覽四八一引戰國策、通
鑑周紀一並同。癩、厲正、假字，癩，俗字。說文：『癩，惡疾也。』繫傳作『
惡瘡疾也。』云：『史記曰：「豫讓漆身爲厲。」人體著漆多生瘡也。』與索隱
說合。黃善夫本、殿本索隱，並略『厲音賴』三字。下『賴，惡瘡病也。』至『
古多假厲爲賴。』四賴字，殿本索隱並作癩。趙策吳氏補引索隱云：『癩，惡
瘡。凡漆有毒，近之多患疥腫，若癩病然。故讓以漆塗身，令若癩。厲、癩聲近
假借。』與殿本索隱較合。索隱末句，黃本、殿本並作『戰國策亦作厲。』

吞炭爲啞。

索隱：『戰國策云：「漆身爲厲，滅鬚去眉以變其容。…………豫讓吞炭以變其
音也。」』

正義：『呂氏春秋云：「豫讓欲報趙襄子。滅鬚去眉。」云云。』

考證：『梁玉繩曰：案下文，豫讓與其友及襄子相問答，則不可言啞。當依策作
「以變其音」爲是。』

施之勉云：『莊子庚桑楚：「兒子終日嗥而嗌不嗄。」玉篇：「嗄，聲破。」釋
文：「嗄，崔本作喝，云：啞也。」是啞爲聲破，非不能言也。趙策：「吞炭爲
啞，變其音。」呂氏春秋：「吞炭以變其音。」說苑：「吞炭更聲。」變音，更

— 316 —

聲。卽是吞炭後其聲破耳。』

案施說是。淮南子主術篇作『吞炭變音，』賈誼新書階級篇作『吞炭變聲。』亦
並其證。北山錄釋賓問篇宋慧寶注引史記作『豫讓乃漆身以變形，吞炭以改
聲。』似雜糅索隱之文引之。正義引呂氏春秋云云，見恃君篇。

以子之才，委質而臣事襄子，襄子必近幸子。近幸子，乃爲所欲，顧不易邪？

　　索隱：顧，反也。邪，不定之辭。反不易邪？言其易也。

　　考證：『陳仁錫曰：「襄子俱當作趙孟。」中井積德曰：「顧，顧反念之也。
　　邪，疑辭。因以爲問辭。」』

　　案通鑑襄子作趙孟，（注：自春秋之時，趙宣子謂之宣孟，趙文子謂之趙孟，其
　　後遂襲而呼爲趙孟。孟，長也。）蓋陳說所本。然此乃追述之詞，稱襄子亦無不
　　可。呂氏春秋恃君篇、趙策並作襄子，春秋後語（殘卷，下同）亦承之。顧猶豈
　　也。（裴氏古書虛字集釋五有說。）季布傳：『僕游揚足上之名於天下，顧不重
　　邪？』顧亦豈也。（助字辨略四引漢書季布傳有說。）索隱、中井並未得顧字之
　　義。

而求殺之，是懷二心以事其君也。

　　索治要引無求、其二字。春秋後語同。

且吾所爲者極難耳。然所以爲此者，將以愧天下後世之爲人臣懷二心以事其君者也。

　　案呂氏春秋、趙策且並作凡，（通鑑從之。）史公說凡爲且耳。春秋後語從史記
　　作且。呂氏春秋『所以』作『所爲，』趙策作『所謂，』爲、謂並與以同義。『
　　爲此』猶『如此，』（春秋後語『爲此』下妄增事字。）廉頗藺相如列傳：『吾
　　所以爲此者，以先國家之急而後私讎也。』『爲此』亦猶『如此，』彼文斠證有
　　說。

既去，頃之，

　　考證：『治要無「既去」二字。中井積德曰：「二字冗。」』

　　案趙策作『居頃之。』（御覽引無居字。）亦無『既去』二字。通鑑略『既去，
　　頃之』四字。

襄子當出，豫襄伏於所當過之橋下。

　　案兩當字並與將同義。說苑『當出』作『將出。』載此事在豫讓為刑人入宮之前。

襄子至橋，馬驚。

　　梁玉繩云：呂子序意有青荓自殺事。水經注六謂汾水上有梁，青荓殞于梁下。此烈士也，策、史何以不及？

　　案春秋後語襄子下有出字。

使人問之，

　　案驗以呂氏春秋序意篇所載，人，蓋即青荓，襄子之參乘，豫讓之友也。漢書人表中上有青荓子。

而反委質臣於智伯，

　　案治要引此無而字，文選江文通詣建平王上書注引於作事，趙策、春秋後語 並同。

而子獨何以為之報讎之深也！

　　案文選注引為上無以字，趙策、春秋後語並同。

至於智伯，國士遇我，我故國士報之。

　　考證：『呂氏春秋不侵篇：「豫讓之友謂豫讓曰：『子之行，何其惑也？子嘗事范氏、中行氏，諸侯盡滅之，而子不為報。至於智氏，而子必為之報，何故？』豫讓曰：『我將告子其故。范氏、中行氏………是眾人畜我也。夫眾人畜我者，我亦眾人事之。至於智氏則不然，………是國士畜我也。夫國士畜我者，我亦國士事之。』」所傳與此異。』

　　案文選潘安仁懷舊賦注引『兩國士』上並有以字，趙策上『國士』上亦有以字，（鮑注：國士，名蓋一國者。）新書諭誠篇同。說苑『國士』作『朝士。』史公記此事，為襄子與豫讓之問答，本趙策。說苑、春秋後語並承之。呂氏春秋載此事，則為豫讓之友與豫讓之問答。新書階級篇、諭誠篇並載此事，為人與豫讓之問答。人，蓋即豫讓之友，本於呂氏春秋者也。竊以為豫讓之友所問於豫讓者，與襄子所問於豫讓者略同，故豫讓對答之辭亦略同。由於所問之人一為襄子；一為友，遂分載為二事耳。

襄子喟然歎息而泣曰。

　　考證：楓、三本無息字。

　　案趙策、春秋後語並無『息而』二字。

然願請君之衣而擊之焉，以致報讎之意。

　　王念孫云：『「願請君之衣而擊之」句。焉字下屬爲句。焉猶於也，於以致報讎

　　之意也。古或謂於爲焉，故宣六年公羊傳注曰：「焉者，於也。」詳見釋詞。』

　　（附見秦始皇本紀雜志。）

　　案擊猶殺也，下同。李牧傳：『日擊數牛饗士。』擊亦與殺同義。

豫讓拔劍三躍而擊之。

　　索隱：「戰國策曰：「衣盡出血。襄子迴車，車輪未周而亡。」此不言衣出血

　　者，太史公恐涉怪妄，故略之耳。』

　　考證：今本國策無此文，後人或以其怪刪之與？

　　案考證說，本趙策吳氏補注，殿本考證已引之。吳氏補注又本於姚氏續注。續注

　　又引說苑云：『襄子自置車庫中，水漿不入口三日，以禮豫讓。』（說苑復恩篇

　　不本作毋，義同。）與趙策、史記（及春秋後語）所記不同，蓋別有所本。

遂伏劍自殺。

　　案後漢書朱穆傳論注引『自殺』作『而死，』趙策、春秋後語並同。通鑑謂襄子

　　殺之，非。

其後四十餘年，而軹有聶政之事。

　　集解：自三晉滅智伯至殺俠累，五十七年。

　　梁玉繩云：當亦徐廣語。七字宜作六。

　　案三晉滅智伯，爲周定王十六年。至殺俠累，爲周安王五年，適五十七年，見年

　　表。集解不誤。

聶政者，軹深井里人也。

　　案景祐本、黃善夫本、殿本皆提行。韓策二：『齊人或言：軹深井里聶政，勇敢

　　士也。』

濮陽嚴仲子事韓哀侯，與韓相俠累有郤。

索隱：『高誘曰：「嚴遂，字仲子。」案表。聶政殺俠累，在列侯三年。列侯生文侯，文侯生哀侯，凡三更代。哀侯六年，爲韓嚴所殺。今言仲子事哀侯，恐非其實。且太史公聞疑傳疑，事難的據，欲使兩存，故表、傳各異。』

考證：『梁玉繩曰：案仲子即嚴遂，俠累即韓傀，其事在列侯三年，年表、世家所書是也。而此傳稱哀侯，索隱謂『史公聞疑傳疑，聞信傳信，欲使兩存。」殊非事實。考列侯三年，聶政刺俠累。十三年，列侯卒。歷文侯十年，至哀侯六年，韓嚴弑哀侯，年數相去甚遠。史蓋誤合嚴遂、韓嚴爲一人，故此傳獨異。然韓策固作列侯，史公反改列爲哀，豈又誤仍韓子內儲乎？而韓策于釐王策中亦誤作哀侯，通鑑因之，古史疑之。惟大事記、國策吳注辨其非。』

案韓策二俠累作韓傀，御覽四七三引作韓傑。吳氏補云：『韓非子傀作庳，藝文類聚引作韓傑。』黃氏札記云：傀、庳同字，累、傑同字。』韓非子內儲說上篇作韓庳，說林上篇作韓傀。索隱稱表云云，與韓世家合。此言嚴遂事哀侯，上記聶政爲遂刺俠累事。梁氏謂『史蓋誤合嚴遂、韓嚴爲一人。』竊以爲史公蓋不以嚴遂、韓嚴爲一人，故韓世家聶政殺俠累；韓嚴弑哀侯，分別載之。（年表亦分別載之，惟稱聶政爲盜。）而此傳亦不涉及嚴遂或聶政弑哀侯事。（參看韓世家斠證。）梁氏又謂『韓策固作列侯，史公反改列爲哀。』不知韓策二原亦作哀侯，鮑本政哀爲列耳。（黃氏札記有說。）又索隱『聞疑傳疑』下，黃善夫本、殿本並有『聞信傳信』四字，與梁氏所據湖本索隱合。

齊人或言，

案敦煌春秋後語殘卷或作有，義同。

然後具酒，自暢聶政母前。

索隱：『徐廣曰：「〔暢〕一作賜。」案戰國策作觴，近爲得也。』

案自猶親也。暢、賜並觴之誤。黃善夫本、殿本索隱，並略『徐廣曰：一作賜。』六字。

嚴仲子奉黃金百溢，

索殿本溢作鎰，韓策同。溢、鎰古、今字。

而聶政謝曰。

案而猶『於是』也。（此義前人未發，孟嘗君列傳有說。）

可以旦夕得甘毳以養親。親供養備。

索隱：鄒氏音脆，二義相通也。

案韓策、春秋後語毳並作脆。脆乃脃之俗變，說文：『脃，小臭易斷也。』脃、
毳正、假字。記纂淵海四一引下親字作而，而猶且也。

將用爲大人麤糲之費，

正義：『韋昭云：「古者名男子爲丈夫，尊婦嫗爲大人。」漢書宣元王傳：「王
遇大人益解。爲大人乞骸去。」按大人，憲王外祖母。古詩云「三日斷五疋，大
人故言遲。」是也。』

梁氏志疑所據湖本『大人』作『夫人，』云：『韓策作「丈人。注云：「一本
『夫人』或作『大人。』」蓋「丈人」是。索隱（見軻傳）、正義作「丈人」
解。然傳刻多誤脫，當曰「韋昭云：『古者名男子爲丈夫，尊大嫗爲丈人。』漢
書宣元六王傳：『王遇丈人益解。爲丈人乞骸骨去。』案丈人，憲王外祖母。古
詩云『三日斷五匹，丈人故言遲。』是也。」』（今本漢書作「大人。」）』

考證：各本『大人』作『夫人，』今從正義本、館本。…………

案景祐本、黃善夫本『大人』並作『夫人，』與湖本同。韓策、春秋後語亦並作
『夫人。』鮑本韓策改爲『丈人，』即梁氏所本也。梁氏以作『丈人』爲是。並
云：『索隱（見軻傳）、正義作「丈人」解。』惟此文黃本正義諸『丈人』皆作
『夫人，』軻傳索隱乃作『丈人，』（詳後。）『夫人』蓋『丈人』之誤耳。考
證本從正義本、館本（即殿本）改正文及正義諸『夫人』爲『大人，』不知各本
正文皆作『夫人，』僅殿本正文作『大人，』則不得臆斷正義本正文本作『大
人』矣。殿本正義五『夫人』皆作『大人。』湖本正義漢書云云四『夫人』皆作
『大人。』與今本漢書、古詩（孔雀東南飛）合。惟古詩舊本亦有作『丈人』
者，與軻傳索隱所引合。此正文及正義，咸當作『丈人，』如梁說爲長。又黃本
正義『婦嫗』作『大嫗，』『宣元』下有六字，（與梁氏訂正者合。）並是。殿本
『大嫗』誤『父謳，』『宣元』下亦有六字。

臣所以降志辱身，

索隱：言其心志與身，本應高絜，今乃卑下其志，屈辱其身。論語孔子謂『柳下惠降志辱身』是也。

案單本索隱及殿本考證引秦蕃本索隱，絜並作潔，絜、潔古、今字。論語云云，見微子篇。殿本缺此索隱三十四字。

嚴仲子固讓，

考證：讓，責也。強欲使受金。

施之勉云：讓猶予也。見呂氏春秋行論篇注。

案讓猶予，則讓借爲攘，說文：『攘，推也。予，推予也。』

然是者，徒深知政也。

考證：徒猶獨也。

案徒猶特也。下文『徒以親在，』徒亦與特同義。（助字辨略一有說。）春秋後語徒作亦，亦與特亦同義。經詞衍釋三云：『亦者，特詞也。』

而政獨安得嘿然而已乎！

考證：韓策已作止。

案春秋後語已亦作止。

今不幸而母以天年終。

考證：楓、三本無『母以天年』四字，終作死。

施之勉云：唐寫本春秋後韓語六作『今不幸親亡。』

案藝文類聚三三引戰國策作『今親已亡。』御覽四七三引戰國策作『親今不幸死。』今本韓策作『今親不幸，』幸下蓋脫亡字或死字。

臣欲使人刺之，眾終莫能就。

王念孫云：『眾與終一字也。鄘風載馳篇：「眾穉且狂。」眾卽終字。猶言「終溫且惠，」「終窶且貧。」（說見經義述聞。）史記五帝紀：「怙終賊刑。」徐廣曰：「終，一作眾。」周頌振鷺篇：「以永終譽。」後漢書崔駰傳終作眾，是古字多借眾爲終也。今本作「眾終莫能就」者，一本作眾，一本作終，而後人誤合之耳。（或讀「臣欲使人刺之眾」爲句，非也。「欲使人刺之，」與眾字意不相屬。）韓策作「臣使人刺之，終莫能就。」是其明證矣。』

案衆、終古通，五帝紀斠證亦有說。此文疑本作『衆莫能就。』後人據韓策注終
字於衆字旁，傳寫因竄入正文耳。春秋後語作『終莫能得就。』本韓策也。

請益其車騎壯士。

　　王念孫云：韓策『益其』作『益具，』於義爲長。

　　考證：楓、三本其作具，與韓策合。

　　案春秋後語其亦作具。

多人不能無生得失。生得失則語泄。

　　索隱：『無生得，』戰國策作『無生情。』言所將人多，或生異情，故語泄。此
　　云『生得，』言將多人往殺俠累，後又被生擒而事泄，亦兩俱通也。

　　正義：『言多人不生擒韓相，其言則漏泄也。又一曰：多人殺韓相，不能無被生
　　擒。得之者其語必泄。』

　　王念孫云：索隱本出『不能無生得』五字，…………如索隱說，則史記本作『
　　不能無生得。』（齊語：『若不生得以戮於羣臣，猶未得請也。』昭二十三年公
　　羊傳：『君死于位曰滅，生得曰獲。』項羽紀：『楚下滎陽城，生得周苛。』淮
　　陰侯傳：『有能生得廣武君者，購千金。』）今本得下有失字，乃後人以意加之
　　也。又索隱引韓策作『無生情，』而今本亦作『無生得失。』則又後人據史記改
　　之也。

　　考證：楓、三本得下失字竝無。愚按索隱、正義二本亦無失字，今本衍。『不能
　　無生得，』索隱、正義後解是。

　　施之勉云：『王駿圖曰：「札記：『唐本無失字，後人誤增。』雜志說同。按『
　　生得失，』即生得失之心，所謂生異情也。下復云『生得失則語泄。』豈可硬裁
　　一失字，而解『生得』爲『生獲』邪？札記謂是後人誤增失字，殆未細玩下句『
　　生得失』三字耳。」』

　　案如索隱說，則所據韓策此二句本作『多人不能無生情。生情則語泄。』此文二
　　句本作『多人不能無生得。生得則語泄。』正義所據此文與索隱同，即二句並無
　　失字。非如駿圖說，下句獨作『生得失』也。春秋後語作『多人不能無得失。得
　　失則語泄。』兩句並有失字，與今本此文及今本韓策合。

是韓舉國而與仲子為讎，

　　索隱：『徐注云：「一作難。」戰國策、譙周亦同。』

　　考證：今策與史同。

　　案春秋後語亦與史同。黃善夫本、殿本索隱，並略『徐注云：一作難。』六字。

杖劍至韓。

　　案殿本杖作仗，韓策同，杖、仗正、俗字。文選江文通別賦注引此杖作拔，御覽

　　四七三引戰國策、三五二引樂資春秋後傳亦並作拔。

韓相俠累方坐府上，持兵戟而衛侍者甚眾。聶政直入上階刺殺俠累。

　　集解：『徐廣曰：韓烈侯三年三月，盜殺韓相俠累。………』

　　考證：『梁玉繩曰：「韓策云：『韓有東孟之會，王及相皆在。政刺殺韓傀，傀

　　走抱烈侯，政刺之，兼中烈侯。』又云：『東孟之會，聶政、陽堅刺相兼君，許

　　異蹶烈侯而殪之，（使之伴死耳。論衡書虛篇謂政刺殺烈侯不可信，盍誤認烈侯

　　眞死耳。）立以為君。許異終身相焉。』據此，則史言『俠累坐府上，』非也。

　　而烈侯之中，陽堅之副，許異之相，史概不及，疏矣！」愚按今本韓策烈侯作哀

　　侯，誤，說既見上。』（括符內三句，岷據志疑補。）

　　案梁氏所引韓策三烈侯，姚本皆作哀侯，鮑本改為列侯耳。列、烈古通。聶政刺

　　俠累，史公未涉及刺哀侯或列侯事，稱『俠累方坐府上，』當別有所本。春秋後

　　語、御覽引春秋後傳、通鑑皆從史記。魏策四：『聶政之刺韓傀也，白虹貫日。』

　　（又見春秋後語魏語。）博物志八：『列傳云：聶政刺韓相，白虹為之貫日。』

　　所稱列傳，乃韓策也。又集解徐注云云，本年表。景祐本、黃善夫本、殿本集解

　　烈皆作列。

因自皮面決眼，自屠出腸，遂以死。

　　索隱：『皮面，』謂以刀割其面皮，欲令人不識。『決眼，』謂出其眼睛。戰國

　　策作『抉眼。』此決亦通。音烏穴反。

　　王念孫云：『如小司馬說，則當云「割面皮，」不當云「皮面」矣。今案廣雅

　　曰：「皮，離也。」又曰：「皮，剝也。」然則「皮面」者，謂以刀自剝其面也。

　　王褒僮約曰：「落桑皮椶，」皮之為言猶披也。續列女傳曰：「聶政自披其面。」

是皮與披同義。』

考證：御覽五百七十四引史亦作披，文選注作破。楓、三本、文選注決作抉。

施之勉云：御覽三百七十六、五百十七引皮作披。春秋後韓語六作破。又御覽五百十七引決作抉。白帖六、合璧事類、續列女傳亦作抉。

案白帖六引『皮面決眼，』作『毀面抉目。』御覽三七六引決亦作抉。記纂淵海四二引眼亦作目，續列女傳同。文選別賦注引此仍作『皮面決眼，』御覽五七四未引此文，考證並失檢。文選注引『自屠出腸，遂以死。』作『屠腹而死。』春秋後語同。續列女傳作『自屠剔而死。』

韓取聶政屍暴於市，購問莫知誰子。

案文選注引屍作尸，與下文一律。續列女傳、春秋後語、通鑑亦皆作尸，屍、尸正、假字，其例習見。文選注引『誰子』作『其誰，』續列子傳、春秋後語並作『爲誰』。其猶爲也。

於是韓購縣之，有能言殺相俠累者予千金。

王念孫云：『「購縣之，」當爲「縣購之。」謂縣金以購之也。下文曰：「王縣購其名姓千金。」韓策曰：「縣購之千金。」皆其證。』

案御覽五一七引之下有曰字。

政姊榮。

集解：榮，一作嫈。

索隱：榮，其姊名也。戰國策無嫈字。

梁玉繩云：集解作嫈，與國策合，此譌榮也。下同。

案御覽引榮作嫈，通鑑同，從一本也。韓策姊下姚校云：『劉有嫈字。』鮑本亦有嫈字（即梁氏所本）。葢據此集解增，不足據。續列女傳姊亦無名。說文榮、嫈並熒省聲，古字通用，作榮非譌。

『其是吾弟與？嗟乎，嚴仲子知吾弟！』立起，如韓之市。而死者果政也！伏尸，哭極哀，曰：『是軹深井里所謂聶政者也！』

案文選注引作『「何愛妾之身 而不揚吾弟 之名於天下哉？」乃之韓市，抱尸而哭，曰：「此妾弟軹深井里聶政！」』與韓策較合，與春秋後語尤合。恐非此文

之舊。

嚴仲子乃察舉吾弟困汙之中而交之。

　　索隱：『案察，謂觀察有志行，乃舉之。劉氏云：察猶選也。』

　　案『察舉，』複語，察亦舉也。（後漢書班彪傳：『後察司徒廉。』注：『察，

　　舉也。』）劉釋察爲選，義近。

妾其柰何畏歿身之誅，終滅賢弟之名！

　　案白帖引歿作沒，名下有乎字。歿、沒正、假字。

卒於邑悲哀而死政之旁。

　　案韓策作『亦自殺於屍下。』文選注引此作『自殺於尸旁。』與策文相亂也。續

　　列女傳、春秋後語並從策。

晉、楚、齊、衞聞之，曰：非獨政能也，乃其姊亦烈女也。

　　殿本考證：『列女傳云：晉、趙、楚、衞聞之。』

　　案今所見四部叢刊景明刊本續列女傳作『晉、趙、楚、衞聞之，』他本皆作『

　　晉、楚、齊、衞聞之。』韓策、春秋後語並同。文選注引『政能』作『政之

　　賢，』春秋後語作『聶政之賢。』韓策作『政之能。』（鮑本政上有聶字。）續

　　列女傳作『聶政之勇。』又於『烈女也』下云：『君子謂聶政姊仁而有勇，不去

　　死以滅名。詩云：「死喪之威，兄弟孔懷。」言死可畏之事，唯兄弟甚相懷。此

　　之謂也。』

鄉使政誠知其姊無濡忍之志，不重暴骸之難，必絕險千里以列其名，

　　索隱：濡，潤也。人性浸潤，則能含忍，故云『濡忍』也。

　　案『濡忍』猶『柔忍，』濡借爲儒，說文：『儒，柔也。』索隱說迂曲。莊子天

　　下篇：『以濡弱謙下爲表。』成疏釋『濡弱』爲『柔弱，』釋文：『濡，一音

　　儒。』濡亦儒之借字。『列其名』猶『顯其名，』列借爲烈，左哀二年傳：『烈

　　祖康叔。』杜注：『烈，顯也。』

嚴仲子亦可謂知人能得士矣。

　　孫志祖云：太史公作刺客傳，於聶政事津津道之。後儒以爲刺客小人，不足取。

　　故綱目書盜，誠萬古不易之義也。志祖案，史公之傳聶政，皆用國策之文，非眞

有取於政，深嘉而樂與之也。六國年表大書『盜殺韓相俠累。』則綱目書盜，其
義例本之史公。後之讀史記者，多忽年表不觀，故輕於持論，而反奉紫陽爲特筆
爾。（讀書脞錄續編三。）

梁玉繩云：『御覽琴部載琴操，謂政之刺韓王，因政父爲王治劍不成，見殺。政
入泰山，遇仙人學琴，琴成入韓，王召使琴，遂出刀刺王以報讎。非爲仲子。抱
政屍而哭者，政之母，亦非其姊。與策、史大異！王厚齋因疑韓有兩聶政。而不
知琴操多不足據也。繹史云：牽合聶政、豫讓、高漸離等事爲一，附會明矣。』
案史公謂『嚴仲子亦可謂知人能得士。』稱仲子，亦所以稱聶政也。政母在，不
以身許人，孝也。直入上階刺殺俠累，勇也。不忍累其姊，仁也。爲知己而死，
義也。政固有足嘉許者矣。史公於年表韓表書盜，就韓而言則謂之盜耳。通鑑亦
本年表書『盜殺韓相俠累。』又御覽四八二（人事部一二三仇讎下）引琴操云：
『聶政父爲韓王治劍，過期不成，王殺之。時政未生。及壯』，問母知之。乃入
山，遇仙人，學鼓琴，漆身吞炭，七年琴成。入韓逢妻，從買櫛，對而笑。妻泣
曰：「君似政兮。」政曰：「天下人齒盡相似耳。」乃入山，援石擊落其齒，以
刀內琴中，刺韓王。』五七八（樂部十六琴中）引大周正樂載此事尤詳。兼及政
自屠剝面・其母抱尸而哭事。梁氏所稱琴操，乃大周正樂之誤。

其後二百二十餘年，秦有荆軻之事。

集解：『徐廣曰：聶政至荆軻，百七十年爾。』

正義：按年表，從始皇二十三年，至韓景侯三百七十年。若至哀侯六年，六百四
十三年也。

張照云：按年表，自韓景侯元年癸酉，至秦始皇二十年甲戌，共一百八十二年。
自列侯三年甲申盜殺俠累，至始皇甲戌荆軻刺王，共一百七十一年。自哀侯六年
庚戌韓嚴弒其君，至始皇甲戌，共一百四十五年。正義不知如何計算，蓋傳寫訛
謬多矣！

案年表，韓烈侯三年盜殺韓相俠累，至秦始皇二十年燕太子使荆軻刺王，適百七
十年，徐說是。張氏計作百七十一年，虛歲耳。

荆軻者，衞人也。其先乃齊人，徙於衞，衞人謂之慶卿。

索隱：軻先齊人，齊有慶氏，則或本姓慶。春秋慶封，其後改姓賀。此下亦至衞而改姓荆。荆、慶聲相近，故隨在國而異其號耳。…………

施之勉云：『陳厚耀曰：「地志：『淇縣人。』博物志：『軻字次非，荆人，卽殺蛟者。』按文選曹子建七啓：『公叔畢命於西秦。』劉良注：『或曰荆軻。』」』

案景祐本、黃善夫本、殿本皆提行。荆、慶聲近古通，索隱說是。淮南子齊俗篇：『孟賁、成荆無所行其威。』漢書景十三王傳師古注引成荆作成慶，（陶方琦淮南許注異同詁有說。）亦其證。荆次非赴江刺蛟，孔子稱之。詳呂氏春秋知分篇，（又詳淮南子道應篇，作佽非。）其人與荆軻相去之時甚遠，決非荆軻也。博物志所記妄甚！文選七啓‥『田光伏劍於北燕，公叔畢命於西秦。』李善注：『公叔，未詳。』蓋其愼也。劉良注：『或曰荆軻。』蓋由上句言田光而傅會耳。

而之燕，

案而猶又也。

徙衞元君之支屬於野王。

考證：『梁玉繩曰：案徙野王者卽元君，豈惟支屬哉！』

案之猶與也，此謂『徙衞元君與支屬於野王』也。梁氏未達。周本紀：『〔武王〕既入，立于社南，大卒之左右畢從。』之亦猶與也，（彼文斠證有說。）與此同例。

魯句踐與荆軻博，

索隱：魯姓，句踐名也。與越王同，或有意義。俗本踐作賤，非。

案釋名釋言語：『賤，踐也。』踐、賤古通，俗本作賤，亦未爲非。孟子盡心篇有宋句踐，或亦慕越王之名邪？

及善擊筑者高漸離，

索隱：…………漸音如字。王羲之音『哉廉反。』

考證：『張文虎曰：案隋志有小學篇一卷，晉下邳內史王義撰。索隱王義下之字，疑衍。蔡本、王本竝無之字，作『之廉反。』與此音同。柯本改王爲正，割

入正義，斯爲謬矣！』

案筑乃𥱼之俗省。一切經音義六二引說文云：『𥱼，以竹擊之成曲，五弦之樂。』
今本說文竹下無『擊之成』三字，段注：『高注淮南曰：「𥱼曲二十一弦。」樂
書云：「十三弦。」𥱼弦數未審。古者箏五弦，說文殆𥱼下鼓弦與箏下五弦互譌
耳。』所稱高注，乃許注之誤，見淮南子泰族篇。高漸離，論衡書虛篇離作麗，
古字通用，易序卦傳：『離者麗也。』索隱『王羲之音「哉廉反。」』之字衍，
張說是。黃善夫本、殿本並作『正義：音子廉反。』與柯本同誤。

高漸離擊筑，

案文選江文通詣建平王上書注引離下有『悲歌』二字，恐非其舊。左太沖詠史詩
注引此與今本同。

已而相泣。

案白帖十九引作『已相對而泣。』蓋引大意。已猶『已而』也。

然其爲人沈深好書。

案『沈深，』複語，沈亦深也。莊子外物篇：『慰暋沈屯。』釋文引司馬彪云：
『沈，深也。』

會燕太子丹質秦，亡歸燕。

正義：『燕丹子云：「太子丹質於秦，秦王遇之無禮。不得意，欲歸，秦王不
聽，謬言曰：『令烏頭白，馬生角，乃可。』丹仰天歎焉，即爲之烏頭白，馬生
角。王不得已遣之，爲機發橋，欲陷丹。過之，爲不發。」風俗通云：「燕太子
丹，天爲雨粟，烏頭白，馬生角」也。』

案正義引燕丹子云云，又見藝文類聚九二、御覽一四七。又略見水經渭水下注、
藝文類聚九。焦氏易林八注：『按史記：「燕太子丹爲質於秦，求歸，秦王曰：
『待馬生角，乃放子還。』既而咸陽馬果生角，乃放歸。」蓋本燕丹子，非史記
文也。正義引風俗通云云，見正失篇。

其後秦日出兵山東，以伐齊、楚、三晉，稍蠶食諸侯，且至於燕。

考證：以上史公以意補。

案燕策三，稱燕太子丹質於秦，亡歸，『見秦且滅六國，兵以臨易水。』（亦見

燕世家。）與此所述，文異而意同。史公固非以意補矣。撰史豈可以意補哉！

問其傅鞠武。

　　案燕策鞠作鞫，鮑本改作鞠，從史記也。說文無鞠字，鞠乃籟之隸變，鞠又鞫之俗變也。

擅巴、漢之饒，右隴、蜀之山，左關、殽之險。

　　考證：楓、三本『擅巴』以下十五字，作『巴、蜀之饒，右隴、蜀，左關、殽。』

　　案楓、三本『巴、蜀』當作『巴、漢，』否則與下言蜀複。

則長城之南，易水以北，

　　案之、以互文，之猶以也。

欲批其逆鱗哉？

　　索隱：白結反。批，謂觸擊之。

　　案燕策批作排，姚校云：『一作批。曾、錢作排。』鮑本亦作批，從史記也。批乃搹之俗省，說文：『搹，反手擊也。』搹、排正、假字。（批、排古通，蔡澤傳有說。）黃善夫本、殿本索隱，並略『白結反』三字。

秦將樊於期，

　　案隸續武梁畫象期作其，古字通用，仲尼弟子列傳梁氏志疑有說。

請西約三晉，南連齊、楚，北購於單于，其後乃可圖也。

　　索隱：『戰國策購作講。講，和也。今讀購與爲燕媾同。媾亦合也。……………
　　陳軫傳亦曰：「西購於秦」也。』

　　考證：『徐孚遠曰：「戰國時未有用胡騎爲援者。燕國弱，而近匈奴，故欲媾之。」愚按索隱「爲燕」二字衍。幻雲抄云：「陳軫傳無此語。」』

　　施之勉云：『按秦本紀：「惠文王七年，韓、趙、魏、燕、齊帥匈奴共攻秦。」是戰國時已有用胡騎爲援者矣。』

　　案通鑑秦紀一購作媾，購、媾並講之借字，說文『講，和解也。』索隱引陳軫傳云云，乃韓世家之誤。（韓世家，韓宣惠王使公仲西購於秦，陳軫計止之。）秦本紀『韓、趙、魏、燕、齊帥匈奴共攻秦』事，梁氏志疑詳較諸處，謂『攻秦

者，實燕、楚、趙、魏、韓、齊六國，而匈奴不與也。』則施氏引以證戰國時已

有用胡騎爲援者。』蓋未必然矣。

心惛然，恐不能須臾。

　　考證：楓、三本無臾字，策有。

　　案說文、『惛，不憭也。』通鑑『須臾』作『須也。』注：『須，待也。』

且非獨於此也，夫樊將軍窮困於天下，歸身於丹。

　　吳昌瑩云：『非獨於此也，』於猶如也，如似之如。（經詞衍釋一。）

　　案夫猶彼也，

夫行危欲求安，造禍而求福，

　　案欲、而互文，欲猶而也。記纂淵海五八引欲正作而。外戚世家：『是日召而幸

之。』漢書而作欲，亦欲、而同義之證。彼文斠證有說。通鑑欲作以，以亦猶而

也。

連結一人之後交，

　　張照云：後疑應作厚，夫與國家之大患相較，固不當論交之先後也。況丹與樊於

期交必舊矣。何以云後邪？且是後非厚，則晉、唐以來必有注釋，今皆無之，可

知爲厚字之訛也。

　　案後、厚古通，後非誤字。釋名釋言語：『厚，後也。』韓子十過篇：『而後爲

由余請期，以疏其閒（今本誤諫）。』說苑反質篇後作厚，淮南子人閒篇：「雖

愈利，後亦無復。』御覽三一三引後作厚，皆後、厚通用之證。

此所謂資怨而助禍矣。

　　考證：此下所字，依舊刻補。

　　案景祐本南宋補版、黃善夫本、殿本皆無所字。通鑑有所字。

燕有田光先生，其爲人智深而勇沈，

　　案御覽四三三引『先生』下有者字，燕策同。鮑本燕策勇作慮。

太子逢迎，郤行爲導，跪而蔽席。

　　集解：『徐廣曰：蔽，一作撥；一作拔。』

　　索隱：蔽，音疋結反。蔽猶拂也。

考證：『張文虎曰：』舊刻、毛本逢作進。」張照曰：「蔽，疑當作撆，音蹩。

孟荀列傳：平原君側行撇席。」愚按燕策作拂。』

案文選任彥昇王文憲集序注引燕丹子云：『田光見太子，太子側階而迎。』書鈔

三四云：『田光見太子，太子側堦。』（堦，俗階字。）孔廣陶校註：『今案史

記荊軻傳無「側堦」二字。』書鈔所引，蓋燕丹子文也。景祐本逢亦作進。蔽借

為撆，撇與撆同，蔽非誤字。文選王子淵洞簫賦注引說文云：『撆，拭也。』段

本改拭為飾，云：『飾者，今之拭字。史記荊軻傳：「跪而蔽席。」孟荀傳：「

撤席。」皆撆之異體。』拭猶拂也，文選揚子雲甘泉賦注引張揖三蒼注云：『

撆，拂也。』撤卽撆字。（參看孟荀傳斠證。）徐注『蔽，一作撥；一作拔。』

撥、拔並拂之借字。黃善夫本、殿本集解，拔並誤捄。

臣聞騏驥盛壯之時，一日而馳千里。

案而讀為能，而、能聲近古通，淮南子原道篇：『而以少正多。』高注：『而，

能也。』莊子秋水篇：『騏驥驊騮一日而馳千里。』而亦猶能也。

光不敢以圖國事。所善荊卿可使也。

正義：『燕丹子云：「田光答曰：竊觀太子客，無可用者。夏扶血勇之人，怒而

面赤。宋意脈勇之人，怒而面青。武陽骨勇之人，怒而面白。光所知荊軻神勇之

人，怒而色不變。」』

考證：『楓、三本圖作乏，為是。燕策亦作乏。或曰：「當作匱。」張文虎曰：

「正義武陽，疑卽下秦舞陽。」』

案楓、三本圖作乏，疑依燕策改之。作圖義自可通。記纂淵海四二引荊卿作荊

軻，下同。（下文『儻行見荊卿。』文選曹子建七啓注、御覽四三三引亦並作荊

軻。）正義引燕丹子云云，又見意林、天中記二七。（略見御覽三七五。）御覽

四三七引莊子亦有此文，自是後人偽託之莊子矣。張氏疑武陽卽秦舞陽，是也。

武、舞古通，釋名釋言語：『武，舞也。』參看下文秦舞陽，梁氏志疑有說。

太子送至門，

案御覽四三三引送下有之字，燕策同。

願先生留意也。

案御覽引『先生』下有之字。

願足下過太子於宮。

案於猶之也。

長者爲行，不使人疑之。

案燕策爲作之，（鮑本作爲。）爲、之並與所同義。文選七啓注引『疑之』作『疑己。』

願先生勿泄。

案御覽引泄下有也字，燕策同。上文亦作『願先生勿泄也。』

言光已死，明不言也。因遂自刎而死。

考證：楓、三本、燕策刎作剄。

案記纂淵海引已作以。『因遂，』複語，因亦遂也。文選注引刎亦作剄。

此天所以哀燕而不棄其孤也。

索隱：案無父稱孤，時燕王尙在，而丹稱孤者，或記者失詞，或諸侯嫡子時亦僭稱孤也。

梁玉繩云：『索隱後說，與語意不合。趙太常曰：只作窮獨意解。』

案『不棄其孤，』謂不棄燕之孤獨也。非丹自稱孤。趙說近之。

闚以重利。

索隱：闚，示也。言以利誘之。

考證：闚當爲闇，闇、啗通。

案作闚義自可通，無煩改字。燕策闚作窺，闚、窺略同。說文：『窺，小視也。』方言十：『闚，視也。』黃善夫本、殿本索隱，示並作視，示、視古通，項羽本紀有說。

誠得劫秦王，使悉反諸侯侵地，若曹沬之與齊桓公，則大善矣。

梁玉繩云：以齊桓望始皇，丹之愚也。

案柳子厚詠荊軻：『秦皇本詐力，事與桓公殊。柰何效曹子？實謂勇且愚！』良是。王應麟云：『燕丹之用荊軻，欲以齊桓待秦政，不亦愚乎！』（困學紀聞七。）蓋梁說所本。孔子稱『齊桓公正而不譎。』（論語憲問篇。）如無管仲之

　　　　規勸，桓公尚欲背曹沫之約。況始皇之鷙忍機詐，而冀其守信哉！丹以此期軻，

　　　　固愚；軻欲以此報丹，（詳後。）亦愚也！

則不可，因而刺殺之。

　　　　案則猶若也。通鑑則字在因字上，蓋不得其義而妄乙之。

其破秦必矣。

　　　　案其猶則也。

唯荊卿留意焉。

　　　　案唯猶願也，下文『唯大王命之。』亦同例。

於是尊荊卿爲上卿。

　　　　案丹爲太子，不得尊荊卿爲上卿。爲猶如也，此謂『尊荊卿如上卿』耳。

供太牢，具異物，間進車騎美女，恣荊軻所欲，以順適其意。

　　　　索隱：『燕丹子曰：「軻與太子遊東宮池，軻拾瓦投䵷，太子捧金丸進之。又共

　　　　乘千里馬，軻曰：『千里馬肝美。』卽殺馬進肝。太子與樊將軍置酒於華陽臺，

　　　　出美人能鼓琴，軻曰：『好手也。』斷以玉盤盛之。軻曰：『太子遇軻甚厚。』」

　　　　是也。』

　　　　案索隱引燕丹子云云，又見文選江文通詣建平王上書注、藝文類聚八三、初學記

　　　　二七、御覽一八八、三六九，文較略。此可廣異聞，而不必信者也。黃善夫本、

　　　　殿本索隱，『投䵷』並誤『投龜，』『馬肝美』上略『千里』二字。

太子丹恐懼，乃請荊軻曰：秦兵旦暮渡易水，則雖欲長侍足下，豈可得哉？

　　　　考證：『張文虎曰：蔡本、毛本「太子」下無丹字。游、王本侍譌待。』

　　　　案通鑑『太子』下亦無丹字。說文：『請，謁也。謁，白也。』下文『臣願謁

　　　　之。』謁字與此請字互用，其義一也。景祐本侍亦作待，待、侍古通，孟嘗君傳

　　　　有說，待非誤字。

微太子言，臣願謁之。

　　　　案微猶無也，之猶矣也。國語越語下：『微君王之言，臣故將謁之。』（韋注：

　　　　微，無也，謁，請也。）與此句法同。

今行而無信，

案而猶如也。

可謂深矣。

案記纂淵海引深作厚，義同。呂氏春秋辨土篇：『必厚其靮。』高注：『厚，深也。』

於期仰天太息流涕，

考證：楓、三本於期上有樊字。

案燕策於期作樊將軍。

常痛於骨髓。

案於猶在也。

右手揕其匈。

集解：『徐廣曰：揕。音張鴆切。一作抗。』

索隱：徐氏音丁鴆反。揕，謂以劒刺其胷也。又云『一作抗。』抗音苦浪反，言抗拒也。其義非。

王念孫云：『抗與揕聲不相近，揕字無緣通作抗。抗當爲扰，俗書從尤之字作冘，從亢之字作冘，二形相似，故扰譌爲抗。說文：「扰，滅擊也。」廣雅曰：「扰，刺也。」集韻扰、揕竝陟甚切。揕之爲扰，猶湛之爲沈也。燕策作「右手揕抗其胷。」抗亦扰字之譌。且亦是一本作揕，一本作抗，而後人誤合之耳。姚宏校本云：「一無抗字。」是其證矣。』

案徐注：『揕，一作抗。』說文扰下段注、燕策黃氏札記，亦並謂抗爲扰之譌。索隱單本、殿本匈並作胷，文選鄒陽獄中上書自明注、一切經音義五二、記纂淵海引皆同。意林引燕丹子、御覽三七一引春秋後語、通鑑亦咸作胷。匈，重文作胷，俗作胷。文選注引徐注張作丁，與索隱所引合。黃善夫本、殿本索隱，並略『徐氏音丁鴆反』六字。

樊於期偏袒搤捥而進，

索隱：捥，古腕字。

案記纂淵海引『搤捥』作『扼腕，』燕策同。扼乃搤之隸變，捥爲掔之重文。搤與搹略同。說文：『搤，捉也。搹，把也。掔，搹或从捥。』手腕字正作掔，捥

俗字。腕，尤俗。

此臣之日夜切齒腐心也。

　　索隱：……腐音輔，亦爛也。猶今人事不可忍云腐爛。………

　　王引之云：『腐讀爲拊，爾雅曰：「辟，拊心也。」郭注：「謂椎胷也。」燕策正作「拊心。」索隱訓腐爲爛，非是。』

　　案王氏據燕策，讀腐爲拊，拊心謂椎胷，於義固當。惟就腐本字爲訓，亦佳。史公蓋說拊爲腐耳。說文：『腐，爛也。』卽索隱所本。鮑本燕策作『腐心，』改從史記也。黃善夫本、殿本索隱亦上並有腐字，通鑑注引同。

遂自剄。

　　案記纂淵海引剄作刎，意林引燕丹子、通鑑並同。

於是太子豫求天下之利匕首，得趙人徐夫人匕首。

　　索隱：徐姓，夫人名。謂男子也。

　　施之勉云：『趙翼曰：「漢書郊祀志：『丁夫人、虞初等，以方祠詛匈奴，大宛。』韋昭曰：『丁姓，夫人名也。』應劭曰：『丁夫人，其先丁復，封陽都侯。夫人其後，以詛軍有功。』此徐夫人、丁夫人，皆男子也。是固有男人而名女名者矣。」』

　　案書鈔一二三引『利匕首』作『名匕首。』（御覽三七五引春秋後語作『名利匕首。』）又引典論云：『徐氏匕首，上世名器。』趙氏引郊祀志云云，又見史記封禪書及補孝武本紀。莊子田子方篇：『於是旦而屬之大夫曰。』釋文本『大夫』作『夫夫，』云：『司馬云：「夫夫，大夫也。」一云：「夫夫，古讀爲大夫。」』是夫、大古通。徐夫人，猶徐大人，（丁夫人亦同例。）竊疑徐姓，夫人乃字，猶疏受字公子之比。（漢書疏廣傳。）

使工以藥焠之。

　　案御覽三四六引焠作淬，燕策、春秋後語並同。焠、淬正、假字，說文：『焠，堅刀刃也。』漢書王襃傳：『淸水焠其鋒。』師古注：『焠，謂燒而內水中以堅之也。』通鑑注：『水與火合爲焠。』

以試人，血濡縷，人無不立死者。

集解：言以匕首試人，人血出，足以沾濡絲縷，便立死也。

考證：『中井積德曰：濡縷，謂傷淺血出，僅如絲縷。』

案御覽引無上無人字，（春秋後語同。）又引裴駰曰：『言以匕首傷人，血出霑
濡絲縷，便立死。讀如儒也。』與集解小異，霑、沾正、假字。通鑑注亦作霑，
並引康曰：「血出如絲縷也。」即中井說所本。『立死』猶『即死，』下文『劍
堅故不可立拔。』立亦猶即也。

乃裝爲遣荊卿。

案爲猶而也。燕策爲字在裝字上，疑淺人不得其義而妄乙之。

燕國有勇士秦舞陽，年十三殺人，人不敢忤視。乃令秦舞陽爲副。

梁玉繩云：『燕丹子載田光答太子云：『武陽骨勇之人，怒而面白。』則何以使
之爲副哉？又國策、燕丹子、人表、隸續武梁畫竝作武陽，而史獨作舞陽，古字
通用，說在魏世家中。』

考證：燕策『十三』作『十二。』

案焦氏易林八及十六注引舞陽並作武陽，所引葢燕丹子文。風俗通正失篇亦作武
陽。通鑑從史記作舞陽。燕策『年十二，』鮑本二作三，改從史記也。

至易水之上。

正義：易州，在幽州歸義縣界。

施之勉云：『凌本正義，易州作易水。張森楷曰：各本水作州，非是。今依金陵
本、繙王本。

案淮南子泰族篇許注：『易水，燕之南水也。』正義易州，葢本作易水，涉下幽
州字而誤。

高漸離擊筑，荊軻和而歌，

考證：『梁玉繩曰：「攷藝文類聚四十四、初學記十六引宋玉笛賦云：『宋意將
送荊卿于易水之上。」文選二十八雜歌序云：『荊軻歌，宋如易和之。』淮南泰
族云：『高漸離、宋意，爲擊筑而歌于易水之上。』水經注十一云：『高漸離擊
筑，宋如意和之。』新論辨樂云：『荊軻入秦，宋意擊筑。』陶潛靖節集詠荊軻

詩云：『宋意唱高聲。』策、史俱不及宋如意，何也？」』

案梁氏所稱水經注十一云云，乃水經注引燕丹子之文。書鈔一百十、意林、御覽五七二亦並引燕丹子云：『高漸離擊筑，宋意和之。』（宋下略如字。）藝文類聚四三引荊軻蕭蕭歌云：『高漸離擊筑，荊軻歌，宋意和之。』盙本文選雜歌序。（宋下亦略如字。）燕策黃氏札記云：『文選所云，出燕丹子。』盙是。藝文類聚五五引陳周弘直賦得荊軻詩：『留言與宋意，悲歌非自憐。』亦涉及宋意。阮瑀詠史：漸離擊筑歌，悲聲感路人。』左思詠史：『哀歌和漸離，謂若傍無人。』則並不及宋意，從燕策、史記也。朱熹楚辭辯證下易水歌序亦從策、史。）

爲變徵之聲，士皆垂淚涕泣。又前而爲歌曰：『風蕭蕭兮易水寒，壯士一去兮不復還！』復爲羽聲忼慨。

梁玉繩云：風俗通聲音卷引史作『濮上音，』『垂淚』作『垂髮。』豈所見本異歟？

考證：楓、三本淚作髮，無『又前』至『復還』二十〔一〕字，復作『而後。』策與史文同，爲下無『羽聲』二字。

施之勉云：風俗通聲音篇淚作髮，無『又前』至『復還』二十一字，復作後。

案燕策『變徵』下姚校云：『一作「濮上。」』與風俗通引史合。御覽四八八引春秋後語亦作『濮上。』淮南子地形篇：『變徵生商，變商生羽。』水經易水注引燕丹子：『爲哀聲，士皆流涕。』（又見意林。）陶淵明詠荊軻詩：『商音更流涕，羽奏壯士驚。』『商音』即『哀聲，』亦即『變徵之聲。』淮南子所謂『變徵生商』是矣。『士皆垂淚』以下，楓、三本作『士皆垂髮涕泣，而後爲羽聲忼慷。』疑據風俗通所引刪改之。蕭借爲肅，楚辭九懷蓄英：『秋風兮蕭蕭。』王注：『陰氣用事，天政急也。』七諫沈江：『商風肅而害生兮。』王注：『肅，急貌。一作「蕭蕭。」』『蕭蕭』猶『肅肅，』亦『急貌』也。羽借爲霱，說文：『霱，水音也。』素問陰陽應象大論：『在音爲羽。』王冰注：『羽謂水音，沈而深也。』羽亦霱之借字。風俗通『忼慨』作『慷慨，』忼、慷正、俗字。說文：『忼慨，壯士不得志也。』又『復爲羽聲忼慨，』燕策作『復爲忼慨

羽聲。』復下姚校云：『曾作後。』與風俗通引史及楓、三本合。考證謂策爲下無『羽聲』二字，不知策『羽聲』二字在『忼慨』下也。鮑本策作『復爲羽聲忼慨。』改從史記耳。

士皆瞋目，髮盡上指冠。

案說文：『瞋，張目也。』曹植孟冬篇：『張目決眥，髮怒穿冠。』文選左太沖吳都賦劉淵林注引此『髮盡上指冠，』作『怒髮直衝冠。』意林引燕丹子作『髮怒衝冠。』水經易水注、書鈔一百十引燕丹子並作『髮皆衝冠。』（初學記一引作『髮衝冠。』蓋略皆字。）

於是荆軻就車而去，終已不顧。

案『終已，』複語，已亦終也。書鈔一五一引戰國策云：『唐雎說秦王曰：荆軻欲刺秦王，白虹貫日。』（今本魏策四，唐雎無此語。）鄒陽列傳：『昔者荆軻慕燕丹之義，白虹貫日，太子畏之。』集解引烈士傳云：『荆軻發後，太子自相氣，見虹貫日不徹，曰：「吾事不成矣！」後聞軻死，事不立，曰：「吾知其然也！」』（烈士傳云云，又見索隱、文選鄒陽獄中上書自明注及御覽十四。）此固傅會之說。論衡變動篇云：『白虹貫日，天變自成，非軻之精爲虹而貫日也。』是矣。

燕王誠振怖大王之威，不敢舉兵以逆軍吏。

案振借爲震，下文『秦舞陽色變振恐，』『故振慴。』並同例。燕策『逆軍吏』作『拒大王。』姚校云：『一作「逆軍吏。」』鮑本作『逆軍吏，』改從史記也。

設九賓，

案賓與儐通，字亦作擯，說文：『儐，導也。擯，儐或从手。』段注：『周禮司儀注曰：「出接賓曰擯。」聘禮注曰：「擯，謂主國之君所使出接賓客者也。」』參看廉藺列傳斠證。

使得畢使於前。

考證：楓、三本畢下使字作事。

施之勉云：燕丹子畢下使字作事。

　　案使、事古通，國語魯語下：『大夫有貳車，備承事也。』韋注：『事，使也。』

因左手把秦王之袖，而右手持匕首揕之。未至身，秦王驚，自引而起，袖絕。拔劍，劍長，操其室。

　　正義：『燕丹子云：「左手揕其胷。秦王曰：『今日之事，從子計耳。乞聽琴而死。』召姬人鼓琴。琴聲曰：『羅縠單衣，可裂而絕。八尺屏風，可超而越。鹿盧之劍，可負而拔。』王於是奮袖，超屏風走之。」』

　　梁玉繩云：正義引燕丹子云云，與此不同。惶急之際，何能聽琴？不可信也。而御覽五百七十七引以爲史記，必是誤耳。

　　案一切經音義五二、七三引持並作執。正義引燕丹子云云，又見藝文類聚八五、意林、御覽三四四，又略見書鈔一二八，『左手』皆作『右手。』記纂淵海七八引此，亦誤爲史記文。（『左手』作右，與御覽五七七引同。）御覽七百一引三秦記亦云：『荊軻入秦，爲燕太子報讎，把秦王衣袂，曰：「寧爲秦地鬼，不爲燕地囚。」王美人彈琴作語曰：「三尺羅衣何不掣？四面屏風何不越？」王因掣衣而走，得免。』

劍堅，故不可立拔。

　　考證：『李慈銘曰：江南本堅作豎，義長。』

　　案燕策堅字同。作豎，恐是誤字。豎，俗作竪。堅，俗作𡋯。堅、堅形近，故致誤耳。

不得持尺寸之兵。

　　考證：楓、三本、燕策，無『寸之』二字。

　　案楓、三本無『寸之』二字，疑據燕策刪。鮑本燕策尺下有『寸之』二字，蓋據史記增。

而以手共搏之。

　　案通鑑秦紀二作『左右以手共搏之。』

中桐柱，

　　正義：『燕丹子云：荊軻拔匕首擲秦王，決耳，入銅柱，火出。』

考證：策無桐字，三條本、毛本作銅。

施之勉云：景祐本、黃善夫本桐作銅。白帖四、元龜八百四十八引，亦作銅。

案景祐本南宋補版（非景祐本）、殿本桐並作銅，論衡儒增篇、通鑑並同。（宋蜀廣都費氏進修堂刊本通鑑作桐。）正義『燕丹子，』黃善夫本丹下衍太字。殿本誤作『燕太子。』

軻被八創。

案創乃刅之重文，說文：『刅，傷也。創，刅或从倉。』

於是左右既前殺軻。

案既猶即也。鄒陽傳：『荊軻之湛七族。』此傳不載湛七族事，（始皇本紀、燕世家亦並不載。）論衡語增篇言秦王『誅軻九族。』九蓋七之誤。鄒陽傳斠證有說。

而賜夏無且黃金二百溢。

案殿本溢作鎰，燕策、論衡定賢篇並同。溢、鎰古、今字，前已有說。

詔王翦軍以伐燕，十月而拔薊城。

考證：始皇二十一年十月。

案拔薊城，始皇本紀、年表並書在始皇二十一年。通鑑秦紀二始皇帝下，書『二十一年冬十月，王翦拔薊。』合紀、表及此傳之年月書之也。燕策薊城作薊城，薊乃薊之變體，古書中从魚之字，往往變爲角，賈生列傳有說。

代王嘉乃遺燕王喜書曰：『秦所以尤追燕急者，以太子丹故也。今王誠殺丹獻之秦王，秦王必解，而社稷幸得血食。』其後李信追丹，丹匿衍水中。

考證：以上燕策所無，史公補足。

案燕策云：『用代王嘉計。』此載代王遺燕王書云云，即代王計也。

燕王乃使使斬太子丹欲獻之秦。

考證：丹下欲字疑衍。

案燕策欲字同，非衍。欲猶而也。欲、而同義，上文已有說。

高漸離變名姓，爲人庸保。

索隱：『欒布傳曰：「賣庸於齊，爲酒家人。」漢書作「酒家保。………鶡冠子曰：「伊尹保酒。」』

殿本考證：『變布傳云：「賃傭於齊，爲酒人保。」索隱所據，或有別本邪？』
案御覽五七六引『變名姓』作『乃變姓名。』五百引變上亦有乃字。藝文類聚三
五引『名姓』亦作『姓名。』風俗通聲音篇、引此作『變名易姓。』（文選潘
安仁射雉賦注引風俗通作『變姓易名。』）藝文類聚、御覽五百引庸並作備，庸
備古、今字。變布傳：『賃傭於齊，爲酒人保。』御覽五百引賃作賣，與索隱引
合。索隱引『爲酒人保，』作『爲酒家人。』家字疑衍。漢書作『酒家保。』
人、家同義，但多保字耳。鶡冠子世兵篇：『伊尹酒保。』索隱『保酒，』黃善
夫本、殿本並作『酒保。』是也。

聞其家堂上客擊筑，傍偟不能去。每出言曰。

梁玉繩云：『顏氏家訓書證篇引風俗通述此事云：「『伎癢不能無出言。』（今
風俗通脫無字，文選射雉賦注引作毋。）　今史記竝作『徘徊』或作『傍徨不能
無出言。』」是六朝時史記本已爲流俗裁改，而今所傳本又異矣。』

案顏氏家訓引風俗通客上有有字。藝文類聚引此『傍偟』作『傍徨，』同。

家丈人召使前擊筑。

索隱：『劉氏云：「謂主人翁也。」又韋昭云：「古者名男子爲丈夫，尊婦嫗爲
丈人。」故漢書宣元六王傳所云丈人，謂准陽憲王外祖母，即張博母也。故古詩
曰：「三日斷五疋，丈人故言遲。」是也。』

考證：『中井積德曰：「家丈人，謂家主人也，決非女稱。按宣元六王傳云：『
遇大人益解。』又云：『爲大人乞骸骨。』未嘗稱『丈人。』此註則引之，字作
『丈人，』以解『家丈人，』大謬！所引古詩亦然。」』

案『家丈人，』謂主人翁。劉說是。殿本改『丈人』爲『大人，』非；又改索隱
三『丈人』皆爲『大人，』與今本漢書、古詩合。然非索隱之舊也。索隱解『丈
人』雖謬；而所據漢書、古詩蓋本作『丈人。』所引韋注，亦本作『丈人，』即漢
書之注也。

而高漸離念久隱，畏約無窮時。

索隱：『約，謂貧賤儉約。……論語云：不可以久處約。』

考證：楓、三本無隱字。

施之勉云：風俗通聲音篇無隱字。

案楓、三本無隱字，疑據風俗通刪之。風俗通引窮下有已字。索隱引論語云云，見里仁篇。皇侃疏：『約，猶貧困也。』莊子繕性篇：『不爲窮約趨俗。』約字亦同義。

舉坐客皆驚，下與抗禮。

案風俗通引作『莫不驚愕。下與亢禮。』抗、亢古通，莊子應帝王篇：『而以道與世亢，』列子黃帝篇亢作抗（釋文：抗或作亢），卽其比。

客無不流涕而去者。宋子傳客之。

集解：『徐廣曰：互以爲客。』

案風俗通引『流涕』作『涕泣。』釋名釋書契：『傳，轉也。』『傳客之，』謂展轉客之，卽徐注所謂『互以爲客』也。孟子滕文公篇：『傳食於諸侯。』與此傳字同義。

秦始皇召見。

案風俗通、文選潘安仁西征賦注引此並無秦字。

乃曰：高漸離也。

案風俗通、文選注並引作『乃高漸離。』

秦皇帝惜其善擊筑，重赦之。

梁玉繩云：風俗通赦作殺。

考證：楓本赦作殺，爲是。重猶難也。

案風俗通引秦皇帝作始皇，下同。御覽八一二引作秦始皇，下作秦始皇帝。帝字衍。楓本赦作殺，疑據風俗通改之。

高漸離乃以鉛置筑中。

案風俗通、御覽引此並無高字。

舉筑朴秦皇帝，不中。

索隱：普卜反。朴，擊也。

施之勉云：風俗通聲音篇朴作扑。

案景祐本、殿本朴並作扑，文選注引同。朴乃扑之誤。風俗通亦誤朴，盧氏拾補

校作扑，施氏失檢。黃善夫本索隱，普上增『朴音』二字。殿本索隱作『扑音普卜反。扑，擊也。』燕策、論衡書虛篇扑並作擊。又案御覽五七六引史記，稱高漸離『入秦，欲爲軻報讐。市中擊筑而乞，人觀而美，奏之，秦王聞，召之於前擊之。王悅，猶以疑焉，熏其兩目，置於帳中。王斛之，親近於漸離。漸離望秦王歎息之聲，舉筑以擊，中王膝，王怒之。』與史記此節之文不類，疑所引乃燕丹子文也。

彼乃以我爲非人也。

　　案人猶偶也。莊子大宗師篇：『彼方且與造物者爲人。』應帝王篇：『予方將與造物者爲人。』淮南子原道篇、俶眞篇並云：『與造化者爲人。』諸人字皆與偶同義。）（王氏雜志九之一及雜志餘編上並有說。）『非人』猶『非偶，』亦卽非同類者耳。黥布傳：『迺率其曹偶亡之江中。』索隱：『偶，類也。』

世言荊軻，其稱太子之命，天雨粟，馬生角也，太過。

　　索隱：『燕丹子曰：「丹求歸，秦王曰：『烏頭白，馬生角，乃許耳。』丹乃仰天歎，烏頭卽白，馬亦生角。」風俗通及論衡皆有此說。仍云：「廄門木烏生肉足。」』

　　正義：『太子丹質於秦，秦王遇之無禮。不得意，欲歸，秦王不聽，謬曰：「烏頭白，馬生角，乃可。」丹仰天嘆焉。乃爲之烏頭白，馬生角。王不得已遣之。爲機發橋，欲陷丹，過之，橋爲不發。』

　　施之勉云：『博物志：「燕太子丹質於秦，秦王遇之無禮。不得意，思欲歸，請於秦王。王不聽，謬言曰：『令烏頭白，馬生角，乃可。』丹仰而歎，烏卽頭白。俯而嗟，馬亦生角。秦王不得已而遣之。爲機發之橋，欲陷丹，丹驅馳過之，而橋不發。遁到關，關門不開，丹爲鷄鳴，於是眾鷄悉鳴，遂還歸。』

　　案論衡感虛篇引命作令，義同。又引『太過，』作『大抵皆虛言也。』疑合下文『皆非也』句，引其大意。揚雄謂史公好奇，（法言君子篇。）然如此贊，不信『天雨粟，馬生角。』之說，則史公之好奇，亦有分寸矣。曹植精微篇：『子丹西質秦，烏白馬角生。』李商隱鏡檻詩：『待烏燕太子。』詩人用事，固多好奇者也。索隱引燕丹子云云，又見藝文類聚九二、御覽一四七、四百八十、九百二

十。所稱風俗通，見正失篇；論衡，見感虛篇及是應篇。『廄門木烏生肉足』
句，論衡兩篇廄並作廚，烏並作象。索隱恐誤；風俗通作『廚人生害足。』人乃
木之壞字，害乃肉之誤。（害，隸書作害。肉，俗書作宍。形近易亂。）盧氏拾
補云：『御覽七百六十二引作「廚中杵生肉。」』正義云云，亦燕丹子文。（施
氏引博物志云云，亦本燕丹子。『遁到關』以下，見藝文類聚六及九一、御覽一
四七及九一八引燕丹子。）已詳上文『會燕太子丹質秦，亡歸燕。』下正義，（
參看彼文斠證。）兩處正義，皆考證本所補。似不應重出。又案記纂淵海五九引
呂氏春秋云：『燕太子丹質於秦，秦王遇之無禮。欲求歸，秦王曰：「烏頭白，
馬生角，乃許爾歸。」丹仰天而歎，烏頭生白，馬即生角。秦王乃放歸。』今本
呂氏春秋無此文，據呂氏春秋序意篇，其書成於秦始皇即位八年。而太子丹質於
秦，亡歸燕，在始皇十五年，見六國年表。則呂氏春秋自不得載此事矣。記纂淵
海所引，蓋亦燕丹子文，誤歸之於呂氏春秋耳。

又言荊軻傷秦王，皆非也。

案文選盧子諒覽古詩注引燕丹子云：『荊軻拔匕首，擿秦王，決耳，入銅柱。』
（軻傳上文『中桐柱』下正義引同。）是傷秦王矣。然軻所持匕首，『以試人，
血濡縷，無不立死者。』則『擿秦王，決耳。』豈有不死者哉？此固不足信也！

自曹沫至荊軻五人，

梁玉繩云：困學紀聞十一，載唐說齋謂曹沫賊禮，專諸賊義，聶政賊仁，荊軻賊
信。並列于傳，而嗟歎其志，為謬。讀史管見、黃氏日鈔並譏之。余謂刺客本不
當立傳，各附入吳齊燕趙韓世家可也。且表稱聶政為盜，足見書法。專、軻亦政
之類，而傳刺客皆稱之不容口，何哉？況曹沫事之誣妄者乎？

案曹沫等五人，輕生行刺，其義可風。唐氏云云，乃腐俗之見耳。曹沫事已載入
齊世家，（又略見魯世家及管仲傳，前已有說。）專諸事載入吳世家，（又略見
伍子胥傳。）聶政事略見韓世家，荊軻事略見燕世家。（亦略見始皇紀、魏世家
及王翦傳。）惟豫讓事未載入趙世家。史公為五人作刺客傳，而稱之不容口，（
蘇子由古史已有此語。）正史公之特識。韓表，烈侯三年三月，書『盜殺韓相俠
累。』就韓而言，乃稱聶政為盜。（前已有說。）此猶王翦傳云：『燕使荊軻為

賊於秦。』就秦而言，則稱軻爲賊。皆非史公本意也。梁氏書法之說未審。法言

淵騫篇云：『若荊軻，君子盜諸。』軻豈盜也哉？

此其義或成或不成，然其立意較然，

　　索隱：較，明也。

　　案『此其，』複語，此亦其也。廣雅釋詁四：『較，明也。』伯夷列傳：『此其

尤大彰明較著者也！』索隱亦云：『較，明也。』

史 記 斠 證 卷 八 十 七

李斯列傳第二十七

王　叔　岷

李斯者，楚上蔡人也。

　　梁玉繩云：『元吾丘衍學古編云：斯字通古。』

　　案御覽一八六引楚下有之字。

年少時爲郡小吏。

　　索隱：『鄉小吏，劉氏云：掌鄉文書。』

　　王念孫云：『索隱本郡作鄉，注曰：「劉氏云：掌鄉文書。」據此，則劉與小司馬本皆作鄉。謂上蔡之鄉也。今本鄉誤作郡，又於注內加「郡，一作鄉」四字，斯爲謬矣。太平御覽獸部引此作郡，則所見本已誤。藝文類聚獸部引此正作鄉。』

　　考證：楓本郡作鄉，御覽百八十八引史亦作鄉。

　　施之勉云：白帖二十九引史，『郡小吏』作『鄉吏。』御覽百八十六引史作鄉。案文選向子期思舊賦注引此已作『郡小吏，』則唐時自有作郡、作鄉之兩本，非至御覽獸部（九一一）引此始作郡也。敦煌春秋後語殘卷作「倉小吏。」考證所稱御覽百八十八，乃百八十六之誤。黃善夫本、殿本索隱，『劉氏』上並有『郡，一作鄉』四字，（與王氏所據震澤王氏本同。）鄉下並有內字。

鼠食不絜，近人犬，數驚恐之。

　　案黃善夫本、殿本絜並作潔，御覽九一一引同。絜、潔古、今字，春秋後語亦作潔，白帖二九引近作遇。

觀倉中鼠食積粟，居大廡之下，不見人犬之憂。

案藝文類聚九五、白帖、御覽九一一、記纂淵海五六引觀皆作見，不皆作無，下
無見字。不、無同義，春秋後語作『無驚恐之憂。』亦無見字。

於是李斯乃歎曰：人之賢不肖，譬如鼠矣。在所自處耳！

案春秋後語乃作安，安猶乃也。斯因鼠勵志，何其卑邪！

乃從荀卿學帝王之術。

考證：『荀子議兵篇：「李斯問孫卿子曰：『秦四世有勝，兵強海內，威行諸侯，
非以仁義爲之也，以便從事而已。』孫卿子曰：『女所謂便者，不便之便也。吾
所謂仁〔義〕者，大便之便也。』」此李斯仕秦之後，亦問道於荀卿。』

施之勉云：『荀子議兵篇，臨武君與荀卿議兵於趙孝成王前，及李斯問荀卿，皆
有「秦四世有勝」之語。楊倞曰：「四世，孝公、惠王、武王、昭王也。」彊國
篇，荀卿對應侯，亦云「秦四世有勝。」然則荀卿答應侯、臨武君、李斯三人，
皆當在秦昭王時，不得獨謂李斯問荀卿已在仕秦之後也。本傳，斯入秦爲郎，說
秦王云：「秦之乘勝役諸侯，葢六世矣。」正義：「秦孝公、惠文王、武王、昭
王、孝文王、莊襄王。」此則仕秦後之語也，議兵篇云「四世，」何得謂仕秦之
後乎？考證誤。』

案荀子議兵篇：『李斯問荀卿子曰。』楊注：『李斯，荀卿弟子。後爲秦相。』
是楊氏已以李斯問荀卿在仕秦之前矣。

今萬乘方爭時，游者主事。

索隱：言萬乘爭雄之時，游說者可以立功成名，當得典主事務也。…………

考證：『中井積德曰：游者，謂游宦浪士，不必說士。…………』

案下文『游說者，』承此『游者』而言，索隱釋『游者』爲『游說者，』是也。

賈誼列傳：『斯游遂成兮，卒被五刑。』『斯游，』謂李斯游說也。游說，古或
省言游。孟子盡心篇：『子好遊乎？吾語子遊。』（朱注：『遊，遊說也。』
游、遊古、今字。）莊子外物篇：『周曰：諾，我且南遊吳、越之王。』（遊，
一作游。陳碧虛闕誤引張君房本遊作『游說。』）遊，並謂遊說也。

而游說者之秋也

考證：楓、三本無說字，爲是，承『游者主事。』

案楓、三本無說字，蓋不知上文『游者』卽『游說者』之義而妄刪之。文選思舊
賦注引此已有說字。長短經懼誡篇注『游說者』作『談遊者，』疑『遊談者』之
誤倒。

此禽鹿視肉，人面而能彊行者耳。

　　索隱：『禽鹿，猶禽獸也。言禽獸但知視肉而食之，莊子及蘇子曰：「人而不
學，譬之視肉而食。」揚子法言曰：「人而不學，如禽何異！」言不能游說取榮
貴。卽如禽獸，徒有人面而能彊行耳。』

　　考證：『中井積德曰：「鹿不食肉者，乃以肉食喩，是偶然之失。索隱宜言：禽
獸視肉，唯知食之而已。」』

蔣伯潛云：禽，擒之本字。言擒鹿而徒視其肉，不得食。以喩不能取富貴而享之
者。雖具人面目，能人立而行，仍不足以為人也。（諸子通考上編諸子人物考第
十章。）

案『禽鹿視肉』之義，蔣說是。索隱、中井之說並非。惟禽非擒之本字，左襄二
十四年傳：『收禽挾囚。』杜注：『禽，獲也。』禽無獲義，禽乃捦之借字。眾
經音義十一云：『三蒼：「捦，手捉物也。」今作擒。』捦、擒正、俗字。御覽
九百六引太公六韜云：『取天下若逐野鹿。得其鹿，天下共食肉。』得鹿當食其
肉。『禽鹿視肉，』謂獲鹿但視其肉而不食，以喩不知享受榮貴也。索隱引莊子
云云，乃佚文。書鈔八三、御覽六百七亦並引莊子云：『人而不學，謂之視肉。』
黃善夫本、殿本索隱，『如禽何異！』並無異字。今本法言學行篇同。

故詬莫大於卑賤，而悲莫甚於窮困。

　　案史公報任安書：『悲莫痛於傷心，……………而詬莫大於宮刑。』與斯所詬、
悲者迥異矣！

非世而惡利，

　　案莊子刻意篇：『非世之人。』

至秦，會莊襄王卒，李斯乃求為秦相文信侯呂不韋舍人。不韋賢之，任以為郎。李斯
因以得說。

　　案御覽四百六十引戰國策云：『李斯詣秦，會莊襄王卒，乃求為秦相呂不韋舍

人。不韋賢之，任以爲郎，李斯因以得說秦王。』（鮑刻本改戰國策爲史記。）

　　『詣秦』猶『至秦。』文選王子淵洞簫賦注引蒼頡篇云：『詣，至也。』

由竈上騷除，足以滅諸侯，成帝業。

　　集解：『徐廣曰：騷音埽。』

　　索隱：騷音埽。言秦欲並天下，若炊婦，除竈上之不淨，不足爲難。

　　正義：言秦國欲東幷六國，若炊婦除竈上塵垢，言其易也。

　　考證：『王念孫曰：由與猶同，騷與埽同。御覽（人事部）引此，竈上有「老嫗」二字，據索隱，正文有此二字明矣。』

　　施之勉云：元龜三百八引由作絲。御覽四百六十一引騷作掃。

　　案絲，古由字。御覽四六一（人事部）引由作如，義同。正義『若炊婦除竈上塵垢，』是所據本竈上亦有『老嫗』二字。藝文類聚二五引騷亦作掃，騷借爲埽，埽、掃正、俗字。黥布列傳：『大王宜騷淮南之兵，』漢書騷作埽，漢紀二作掃，亦同此例。景祐本徐注埽作掃，御覽一八六引注云：『騷音掃。』蓋卽徐注。單本索隱兩埽字亦並作掃。黃善夫本、殿本索隱並略『騷音埽』三字，下埽字亦作掃。

今怠而不急，

　　案藝文類聚、御覽四六一引不並作弗，下文『不能幷也。』亦並作弗。史記舊本不多作弗。

雖有黃帝之賢，

　　案御覽引賢作資。

諸侯名士可下以財者，

　　案呂氏春秋季春記：『勉諸侯，聘名士。』高注：『有名德之士。』又見淮南子時則篇，高注同。亦見禮記月令，鄭注：『名士，不仕者。』有名德不仕者固稱名士；有名德已仕者，亦得稱名士，如張耳宦魏爲外黃令；陳餘尚未仕，兩人皆當時魏之名士也。（參看張耳陳餘列傳。）

會韓人鄭國來閒秦，以作注漑渠。已而覺。

　　正義：『鄭國渠，首起雍州雲陽縣西南二十五里。自中山西邸瓠口爲渠，傍北山，

東注洛，三百餘里以漑田。又曰：韓苦秦兵，而使水工鄭國閒秦，作注漑渠，令
費人工不東伐也。』

考證：『事見河渠書。梁玉繩引孫侍講云：「逐客之議，因嫪毐，不因鄭國。鄭
國事，在始皇初年。大事記云：是時不韋專國。亦客也。孰〔敢〕言逐客乎？本
紀載于不韋免相後，得之矣。」』

案文選李斯上書秦始皇一首注引人作使，河渠書亦稱韓『使水工鄭國閒說秦。』
正義『鄭國渠，首起雍州雲陽縣西南二十五里。』河渠書正義亦有說；『自中山西
邸瓠口』以下，本河渠書，始皇元年，作鄭國渠，見年表。逐客之議，因嫪毐，
見始皇本紀。

請一切逐客。

索隱：『一切』猶『一例，』言盡逐之也。言切者，譬若利刀之割，一運斤無不
斷者。解漢書者，以『一切』爲『權時』義，亦未爲得也。

案燕王世家：『皆高祖一切功臣。』索隱亦云：『按此「一切」猶「一例，」同
時也。非如他「一切」訓「權時」也。』所謂『一切』訓『權時，』乃指漢書平
帝紀師古注，世家斠證有說。

斯乃上書曰，

正義：在始皇十年，

案正義說，本始皇本紀。通鑑秦紀一亦載在始皇十年。文心雕龍才略篇：『李斯
自奏麗而動。』謂斯上諫逐客書也。

昔繆公求士，西取由余於戎，東得百里奚於宛。

索隱：『秦本紀云：晉獻公以百里奚爲秦穆公夫人媵於秦，奚亡走宛。………
………』

考證：楓、三本昔下有者字。

施之勉云：五臣本文選有者字。類聚二十四、元龜八百九十引，亦有。

案文選、藝文類聚二四、通鑑繆皆作穆，古字通用。索隱稱『秦穆公，』（秦本
紀穆本作繆。）所據本蓋亦作穆。類聚稱『秦李斯上書諫始皇』云云，非徑引史
文也。下同。

來丕豹、公孫支於晉。

　　梁氏所據湖本來作求，云：『求乃來之譌。』

　　考證：來，各本作求，與上文『求士』複。今從索隱本、文選。

　　施之勉云：類聚二十四引作來。

　　案景祐本、黃善夫本、殿本來皆誤求，嚴可均輯全秦文所據史記同。通鑑亦誤
　　求。來，隸書作求。求，隸書作求。形近易亂，趙世家已有說。

此五子者，

　　梁玉繩云：『史詮曰：「五子者，」湖本缺子字。』

　　考證：王、柯、凌、毛本、五下脫子字。

　　施之勉云：黃善夫本五下脫子字。

　　案景祐本、殿本、嚴氏所據本子字皆未脫、文選、藝文類聚同。考證（疑本張文
　　虎札記）所稱凌本，即湖本。

幷國二十，

　　梁玉繩云：『二十』非實，說在秦紀。

　　施之勉云：文選『二十』作『三十。』

　　案秦本紀梁氏志疑已云：『文選上始皇書作「幷國三十。」』三乃二之誤。（彼
　　文斠證有說。）藝文類聚、通鑑並作『二十。』

逐華陽。

　　集解：『徐廣曰：華，一作葉。』

　　正義：葉，車涉反。

　　案正義本華作葉，與徐注所稱一本合。秦本紀亦作葉陽，集解：『一云華陽。』
　　梁氏志疑以葉爲華之誤，漢書人表亦誤作葉陽，參看彼文斠證。

有隨、和之寶。

　　正義：『說苑云：「昔隨侯行，遇大蛇中斷。疑其靈，使人以藥封之，蛇乃能去，
　　因號其地爲斷蛇丘。歲餘，蛇銜明珠徑寸，絕白而有光。因號隨珠。」卞和璧，
　　始皇以爲傳國璽也。』

　　考證：『中井積德曰：「正義『徑寸』之下，脫獻隨侯一事，而前文失解。」』又

曰：「秦璽非和璧，和璧豈可以爲璽？」愚按正義璽當作寶。』

施之勉云：『正義是，中說非也。始皇紀：「長信侯毒作亂而覺，矯王玉璽。」

正義：「崔浩云：李斯磨和璧作之，漢諸帝世傳服之，謂傳國璽。」又太平廣記

二百六引書評云：「始皇以和氏之璧琢而爲璽，令斯書其文。」是秦璽，以和氏

璧爲之也。』

案淮南子覽冥篇：『譬如隋侯之珠。』高注：『隋侯，漢東之國姬姓諸侯也。隋

侯見大蛇傷斷，以藥傅之。後蛇於江中銜大珠以報之，因曰隋侯之珠。』隨、隋

古通。正義引說苑云云，乃佚文。驗以淮南子高注，『有光』下當補『以報隨

侯』四字，文意乃完。施氏稱太平廣記引書評云云，注云、『並出書斷。』

乘纖離之馬，

　　集解：『徐廣曰：纖離、蒲梢，皆駿馬名。』

　　索隱：皆馬名，徐氏據孫卿子而爲說。

案文選注引孫卿子云：『纖離：蒲梢，皆馬名。』與此文徐注及索隱合。惟今本

荀子性惡篇作『騏驥、驊騮、纖離、綠耳，此皆古之良馬也。』無『蒲梢』二字，

劉師培荀子斠補疑有挩文，蓋是。黃善夫本、殿本索隱，並略『皆馬名』三字。

秦不生一焉。

　　案藝文類聚生作產。

鄭、衞之女，不充後宮。

　　案文選鄭作趙，下文既言『佳冶窈窕趙女，不立於側。』則此不必言趙女。

阿縞之衣，錦繡之飾。

　　集解：『徐廣曰：齊之東阿縣，繒帛所出。』

王念孫云：『徐以上文云「江南金錫，西蜀丹青。」故以阿縞爲東阿所出之縞

也。今案「阿縞之衣，」與「錦繡之飾，」相對爲文。則阿爲細繒之名，非謂東

阿也。阿，字或作綱，廣雅曰：「綱、縞，練也。」楚辭招魂：「蒻阿拂壁。」

蒻與弱同。阿，細繒也。言以弱阿拂牀之四壁也。（王注以蒻爲蒻蓆，阿爲曲隅，

皆失之。辯見楚辭。）淮南修務篇：「衣阿錫，曳齊紈。」高注曰：「阿，細

縠。錫，細布。」（列子周穆王篇張湛注同。）漢書禮樂志：「曳阿錫，佩珠

　　　　　　　　　　　　　　　　　　　　　　　　　　　　　－531－

玉。」如淳曰：「阿，細繒。錫，細布。」司馬相如傳：「被阿錫，揄紵縞。」張揖注與如淳同。』

案文選注：『徐廣曰：「齊之東阿縣，繒帛所出者也。」此解阿義，與子虛不同，各依其說而留之。』子虛賦：『被阿錫，』張揖注：『阿，細繒也。』王氏因此文『阿縞之衣，錦繡之飾。』相對，釋阿爲細繒，於義較長。然如所舉淮南脩務篇『衣阿錫，曳齊紈。』阿與齊對言，則彼文之阿，似當從此文徐注，釋作東阿矣。

而隨俗雅化，

　　集解：『徐廣曰：「隨俗」一作「修使」』

　　索隱：謂閑雅變化而能通俗也。

　　案『隨俗』一作『修使，』義不可通。黃善夫本集解修作脩，脩蓋隋之誤，隋、隨古通，隋誤爲脩，復易爲修耳。使乃俗之誤。黃本、殿本索隱，『通俗』並作『隨俗，』文選注同。

夫擊甕叩缶，彈箏搏髀，而歌呼嗚嗚快耳目者，眞秦之聲也。

　　考證：『楓、三本無目字。王念孫曰：文選、北堂書鈔（樂部六）、藝文類聚（樂部四）、太平御覽（樂部十四）引此，無目字。案聲能快耳，不能快目，目字後人所加。』

　　施之勉云：景祐本無目字，漢書楊敞傳，惲報會宗書師古注引，亦無目字。

　　案文選楊子幼報孫會宗書注引李斯上書叩作扣，耳下亦無目字。叩，俗𢼒字。扣，借字。說文：『𢼒，擊也。讀若扣。』景祐本、黃善夫本、殿本缶皆作瓵，下同。嚴氏所據史記亦作瓵，瓵與缶同。（藝文類聚四四引缶作瓶，瓶乃瓵之誤。）漢書楊惲傳師古注引『嗚嗚』作『烏烏。』嗚，俗字。

鄭、衞桑間，昭、虞、武、象者。

　　集解：『徐廣曰：昭，一作韶。』

　　梁玉繩云：昭有韶音，故可通借。以韶、武與鄭、衞竝說，殊爲不倫。然出于斯之口，無責耳矣。

　　案文選昭作韶，下同。注引徐廣曰：『韶，一作昭。』與集解所引徐注，昭、韶

二字互易，疑因彼正文作詔而變更之耳。黃善夫本、殿本，集解並誤索隱，又無
『徐廣曰』三字。

今弃擊甕叩缶而就鄭、衞，

　　考證：楓、三本無『叩缶』二字。

　　施之勉云：文選無『叩缶』二字。

　　案重刻宋淳熙本文選，『叩缶』二字在『擊甕』上。胡氏考異云：『袁本、茶陵
　　本無『叩缶』二字。』

在乎色樂珠玉，

　　考證：楓、三本無『珠玉』二字。

　　施之勉云：文選無『珠玉』二字，類聚二十四引亦無。

　　案重刻宋淳熙本文選有「珠玉」二字。考異云：『袁本、茶陵本無「珠玉」二
　　字。』

臣聞地廣者粟多，國大者人眾，兵彊則士勇。

　　案者、則互文，者猶則也。

是以太山不讓土壤，故能成其大。河海不擇細流，故能就其深。

　　索隱：『管子云：海不辭水，故能成其大。泰山不辭土石，故能成其高。』

　　考證：『張文虎曰：索隱泰字誤衍，管子無。』

　　施之勉云：文選注引管子，山上無泰字。擇，失也。見呂氏春秋審應篇注。
　　案記纂淵海六引太作泰，泰與太同。御覽三七引大作高，疑與管子形勢解篇之文
　　相亂。記纂淵海七引管子大作深，六及六十引管子高並作大。疑與此文相亂。索
　　隱本『太山』葢本作『泰山，』（如記纂淵海所引。）所引管子山上有泰子，葢
　　依此正文增之也。

此所謂藉寇兵而賚盜糧者也。

　　案文選注：『戰國策：「范雎說秦王曰：此所謂藉賊兵而賚盜食者也。」』見秦
　　策三。又見范雎列傳，食作糧，與此同。

二十餘年，竟並天下，尊主爲皇帝。

　　考證：『楓、三本主作王。梁玉繩曰：始皇十年有逐客令，至并天下，才十七

年。』

施之勉云：景祐本主作王。元龜三百八、通志九十四引，亦作王。

案本傳逐客之議，載在鄭國爲渠後。鄭國爲渠，在始皇初年，（前已有說。）至并天下，正二十餘年也。據始皇紀，逐客在十年，（如梁說。）則與此不合。殿本主亦作王。

使後無戰攻之患。

案莊子達生篇：『無攻戰之亂。』

殷、周之王千餘歲，封子弟功臣，自爲支輔。

梁玉繩云：『千餘歲，』非也。說在始皇紀。

案御覽四五一引支作枝，始皇本紀同。支、枝古、今字。

卒有田常六卿之患臣。

考證：楓、三本、始皇三十四年紀，竝無患字，臣字屬上讀。

案御覽、帝範建親篇注引此並無患字。惟據論衡正說篇作『卒有田常六卿之難。』疑此文唐以前舊本，有患字而無臣字，患猶難也。國語齊語：『設之以國家之患而不疚。』韋注：『患，難也。』

今靑臣等。

梁氏所據湖本靑臣作臣靑，云：『此靑臣之誤。』帝範注引此作靑臣，始皇紀、論衡語增篇及正說篇並同。景祐本、黃善夫本、殿本皆誤倒作臣靑。

莫能相一。

考證：楓、三本一下有定字。

案一下不當有定字。楓、三本有定字，疑據下文『而定一尊』妄加；或涉下定字而衍。始皇紀作『莫之能一。』可證。

辨白黑，

考證：索隱本辨作別。

案始皇紀辨亦作別，義同。彼文考證引錢大昕有說。

非主以爲名，異趣以爲高，

考證：楓、三本趣作取。

施之勉云：始皇紀趣作取。

案始皇紀非作夸，通鑑秦紀二作誇。非字疑涉上文『非法教』而誤。夸與誇，趣
與取，並古字通用。始皇紀有說。

臣請諸有文學詩書百家語者，蠲除去之。

考證：楓、三本無除字。

案諸猶凡也。『蠲、除、去，』三字疊義。楓、三本無除字，蓋以爲義複而妄刪
之也。史記三字疊義之例甚多，分詳項羽本紀、宋晉楚燕王五宗諸世家。

若有欲學者。

案始皇紀學下有『法令』二字，集解引徐廣曰：『一無「法令」二字。』蓋就斯
傳言之。通鑑亦有『灋令』二字。法乃灋之省。

門廷車騎以千數。

案藝文類聚十六、御覽一五二及四百七十引廷皆作庭，古字通用。

李斯喟然而歎曰，

案御覽四百七十引喟作慨，敦煌春秋後語殘卷同。

夫斯乃上蔡布衣，閭巷之黔首。上不知其駑下，遂擢至此。

案記纂淵海七一引乃作本。御覽引『駑下』作『駑困。』

當今人臣之位，無居臣上者，可謂富貴極矣！物極則衰，吾未知所稅駕也。

索隱：………………李斯言己今日富貴已極，然未知向後吉凶止泊在何處也。

正義：稅，舍車也。

案文選陸士衡招隱詩注引此文，並云：『方言曰：「舍車曰稅。」脫與稅古字
通。』方言七本作『稅，舍車也。』即正義所本。陶淵明雜詩十二首之五：『前
塗當幾許，未知止泊處。』下句蓋索隱末句所本。又案越王句踐世家：『范蠡喟
然嘆曰：居家則致千金，居官則至卿相，此布衣之極也！久受尊名不祥。』與李
斯所慨歎者同旨。然斯重爵祿，不能如范蠡之超然隱退，終至腰斬，且夷三族，
蓋自取耳！

行出游會稽，竝海上，

考證：楓、三本竝作傍。

案始皇紀無行字，通鑑同。『行出，』複語，荀子儒效篇：『出三日而五災至。』
楊注：『出，行也。』則行亦出也。竝、傍古通，已詳始皇紀。

丞相斯、中車府令趙高，

案治要引斯下有及字。

病甚。

考證：楓、三本病作疾。

施之勉云：治要病作疾。

案長短經懼誡篇病亦作疾。

置始皇居轀輬車中。

案始皇紀輬作涼，通鑑同，古字通用。

宦者輒從轀輬車中可諸奏事。

案始皇紀諸作其，通鑑同，諸猶其也。

而獨賜長子書。長子至，卽立爲皇帝。

考證：楓、三本立作位。

施之勉云：文選張平子思玄賦注引秦語，立作位。

案文選思玄賦舊注引〔春秋後語〕秦語作『而獨賜蒲蘇書，蒲蘇卽位爲皇帝。』
敦煌春秋後語蒲蘇作扶蘇，蒲與扶，立與位，並古字通用。（左昭十三年傳：
『奉壺飲冰以蒲伏焉。』釋文：『蒲，本亦作扶。』周禮春官小宗伯：『掌建國
之神位。』鄭注：『故書位作立。』並其證。）長短經立亦作位。

父捐命不封諸子，何可言者！

案長短經父下有旣字，者作也。者、也並與哉同義。

豈可同日道哉？

案長短經日下有而字。游俠列傳：『不同日而論矣。』

而衞國載其德。

考證：『中井積德曰：載，疑當作戴。』

案載、戴古通，無煩改字。詩周頌絲衣：『載弁俅俅。』鄭箋：『載猶戴也。』
卽其證。

夫大行不小謹，盛德不辭讓。

　　案長短經小作細，盛作大，義並同。

斷而敢行，

　　案記纂淵海四八引而作決。

今大行未發，

　　案吳曾能改齋漫錄二云：『古來人君之亡，未有諡號，皆以大行稱之。往而不返之義也。』

贏糧躍馬，

　　考證：贏當作贏，與裹同。

　　案贏不當作贏，長短經贏作贏，莊子胠篋篇：『贏糧而趣之。』釋文：『贏，廣雅云：負也。』今本廣雅釋言作『攍，負也。』釋詁三云：『攍，擔也。』文選賈誼過秦論注引莊子贏作贏，玉篇手部引作攍。贏、攍、贏，古並通用。贏非誤字，始皇紀贊：『贏糧而景從。』與此同例。彼文考證亦妄云：『贏當作贏，與裹同。』（參看彼文斠證。）

不與丞相謀，

　　案文選舊注引秦語不作非，義同。敦煌春秋後語亦作非。

上崩，賜長子書，

　　案始皇賜長子書時，尚未崩，據上文言始皇『病甚，令趙高爲書賜公子扶蘇。』及始皇紀『上病益甚，乃爲璽書賜公子扶蘇。』則此『上崩，』疑本作『上病，』涉下『今上崩』而誤也。通鑑作『上賜長子書。』刪崩字，亦得。

所賜長子書及符璽，皆在胡亥所。

　　梁玉繩云：『書及璽，在趙高所。而云『在胡亥所』者，徐氏測義云：「亦以劫斯也。」』

　　案春秋後語作『皆在臣所。』

君侯自料，能孰與蒙恬？功高孰與蒙恬？

　　考證：楓、三本無高字。以上文推之，無者是。

　　案長短經能上有才字，通鑑能上有材字，才、材古通，『才能孰與蒙恬？功高孰

與蒙恬？』文正相麗。則楓、三本之無高字，蓋由不知上文脫一才字而妄刪者矣。

考證之說，所謂似是而非者也。（說已見斠證導論。）『孰與』猶『孰如，』下

同，其例習見。

高固內官之廝役也。

　　　考證：楓、三本固作故。

　　　施之勉云：景祐本固作故。

　　　案長短經固亦作故。

幸得以刀筆之文，進入秦宮。

　　　考證：楓、三本『秦宮』作『奏官』。

　　　施之勉云：景祐本『秦宮』作『秦官。』

　　　案長短經文作吏。景祐本『秦宮』作『秦官，』官蓋宮之誤。若宮作官，則秦當

　　　從楓、三本作奏。長短經仍作『秦宮。』

信人而奮士。

　　　案長短經士作事，古字通用，說文：『士，事也。』

高受詔教習胡亥，

　　　考證：楓、三本無教字。

　　　案清周廣業校本長短經亦無教字。

故將以存亡安危屬臣也。

　　　考證：楓、三本故作固。

　　　案長短經故亦作固。

就變而從時，

　　　梁玉繩云：文選東方朔畫贊注引史作『龍變而從之。』

　　　考證：毛本就作龍。

　　　施之勉云：『景祐本、黃善夫本並作「就變。」丁晏曰：「王、柯本作『就變，』

　　　是。毛本誤龍。」』

　　　案殿本亦作『就變。』周校長短經作『龍變。』驗以文選注所引，作『龍變』乃

　　　此文之舊。莊子山木篇：『一龍一蛇，與時俱化。』（呂氏春秋必己篇同。）淮

南子俶眞篇：『一龍一蛇，盈縮卷舒，與時變化。』後漢書馮衍傳：『一龍一蛇，與道翱翔，與時變化。』

方今天下之權命，懸於胡亥。

考證：『楓、三本「命懸」二字倒。淮陰侯傳：「當今兩主之命，懸於足下。」』

案長短經『命懸』二字倒。漢書韓信傳：『當今之時，兩主縣命足下。』

故秋霜降者草花落，水搖動者萬物作。

索隱：水搖者，謂冰泮而水動也。…………

王念孫云：『索隱本出「水搖者萬物作」六字，注曰：「水搖者，謂冰泮而水動也。」據此，則正文內本無動字，蓋因注文而誤衍也。此二句原文，當本作「霜降者草華落，水搖者萬物作。」今本作「水動搖，」則多一字。後人不達，又於上句內加秋字以對下句耳。不知「霜降、」「水搖，」相對爲文。若作「秋霜降」與「水搖動，」則參差不協。且下句不言春，而上句獨言秋，亦爲不類矣。又案索隱訓搖爲動，則正文內本無動字。後人不知動爲衍文，又改注文之「水動」爲「搖動，」以牽合正文，甚矣其謬也！』

案花當作華，花乃俗字，其字起於北朝。（段注說文華下有說。）王氏雜志所出正文作華，是也。惟謂此二句原文，當本作『霜降者草華落，水搖者萬物作。』或索隱本原如此，其他古本未必皆然也。長短經所本史記，往往與晉徐廣本相合，其來源必甚早。此二句作『故秋霜降者草華落，水風搖者萬物作。』相對爲文。則上句秋字未必爲後人所加，而下句索隱本作『水搖者萬物作，』亦未必存此文之舊矣。黃善夫本、殿本索隱，泮並誤洋，『水動』並作『搖動。』

君何見之晚！

考證：『楓、三本晚下有也字。范雎傳：「蔡澤曰：吁，君何見之晚也！」』

案長短經作『君侯何見之晚也！』廉頗藺相如列傳：『客曰：吁，君何見之晚也！』考證所稱范雎傳，當作蔡澤傳。

吾聞晉易太子，三世不安。

案景祐本太作大，『太子』字古祇作大，孝文本紀：『爲吏及詔所止者，遣太子。』日本古鈔本太作大，與此同例。『三世』蓋『五世』之誤。趙世家：『晉

國將大亂，五世不安。』（又見扁鵲傳、論衡紀妖篇、風俗通皇霸篇。）謂晉獻

公、奚齊、卓子、惠公、懷公五世也。彼文張以仁弟札記、斠證並有說。

紂殺親戚，

　　案長短經作『紂殘賊親戚。』

斯其猶人哉。安足爲謀！

　　索隱：言我今日猶是人，人道守順，豈能爲逆謀？故下云『安足與謀！』

　　正義：猶人，猶是人也。秉道守順，豈有叛逆？安足與謀也！

　　案長短經猶作由，爲作與。猶、由古通，爲、與同義，哉猶也也。索隱、正義並

　　云『安足與謀！』是所據正文爲並作與矣。黃善夫本、殿本索隱並作『安足爲

　　謀！』依正文作爲改之也。

卽長有封侯，世世稱孤，必有喬、松之壽。

　　考證：『秦策：「蔡澤說范雎云：長爲應侯，世世稱孤，而有喬、松之壽。」』

　　案考證引秦策云云，又見蔡澤傳。此文之『長有，』猶彼文之『長爲，』有、爲

　　同義。此文之『必有，』猶彼文之『而有，』必、而同義（參看古書虛字新義

　　〔十九、而〕條。）

足以爲寒心。

　　考證：『王念孫曰：「以字衍，文選報任安書注引作『足爲寒心。』燕策云：

　　『夫以秦王之暴，而積怨於燕，足爲寒心。』又其一證。」』

　　案長短經亦無以字。王氏引燕策云云，又見刺客荊軻傳。

善者凶禍爲福，

　　案春秋後語、長短經禍並作敗。

旣以不能死，

　　考證：楓、三本以作已。

　　案長短經以亦作已。

丞相立子胡亥爲太子。

　　案治要、文選潘安仁西征賦注引此並無『丞相』二字，始皇紀、春秋後語、文選

　　思玄賦舊注引秦語、通鑑皆同，蓋涉上文而衍。

禱祠名山諸神，

　　　案春秋後語、文選舊注引秦語祠並作祀，古字通用。

日夜怨望，

　　　案望借爲謹，說文：『謹，責望也，』『怨望』一詞，史記習見。

其賜死。

　　　案春秋後語、文選舊注引秦語其並作亦，義同。

復請而後死，

　　　案春秋後語而上有信字，當據補。信，謂果有賜劍自裁事也。復請如不信，則不
　　　必死矣。

使者數趣之。

　　　案通鑑注：『趣讀曰促。』春秋後語正作促。

謂曰：夫人生居世閒也，譬猶騁六驥過決隙也。

　　　案治要引謂下有高字。墨子兼愛下篇：『人之生乎地上之無幾何也，譬之猶駟馳
　　　而過隙也。』莊子知此遊篇：『人生天地之閒，若白駒之過郤，忽然而已。』盜
　　　跖篇：『天與地無窮，人死者有時，操有時之具，而託於無窮之閒，忽然無異騏
　　　驥之馳過隙也。』留侯世家：『人生一世閒，如白駒過隙。』

欲悉耳目之所好，窮心志之所樂，

　　　案列子楊朱篇，楊朱稱桀『恣耳目之所娛，窮意慮之所爲。』

此賢主之所能行也，而昏亂主之所禁也。

　　　考證：羣書治要引史，而上無也字。

　　　施之勉云：通鑑而上亦無也字。

　　　案下文『此不肖人之所勉也，非賢者之所務也。』上下句並有也字，與此同例。
　　　治要引此，蓋略上句也字，通鑑亦同，不足據。

而諸公子盡帝兄，

　　　梁玉繩云：『此言疑不然。始皇二十餘子，集解引善文（隋志：善文五十卷，杜
　　　預撰。）：「辨士遺章邯書曰：李斯爲秦王死，廢十七兄，而立今王。」則二世
　　　是始皇第十八字，尚有弟也。故李斯云：「夷其兄弟而自立。」又云：「行逆于

昆弟。」』

案如梁氏所引證，則此文兄下蓋脫弟字。

此其意怏怏，皆不服。

案『此其，』複語，史記習見，此亦其也。說文：『怏，不服，懟也。』

臣戰戰栗栗，唯恐不終。且陛下安得爲此樂乎？

案治要引『栗栗』作『慄慄，』栗、慄古、今字。且猶則也，（淮陰侯列傳：
『趙已先據便地爲壁。且彼未見吾大將旗鼓，未肯擊前行。』且亦與則同義。）

通鑑無且字，蓋不得其義而刪之。爲猶有也。

財物入於縣官。相連坐者不可勝數。

案通鑑注：『漢謂天子爲縣官。此縣官，猶言公家也。』大戴禮保傅篇：『趙
高，傅胡亥而教之獄。所習者非斬劓人，則夷人三族也。故今日卽位，明日射
人。忠諫者謂之誹謗，深爲計者謂之訞詆。其視殺人若艾草菅然。豈胡亥之性惡
哉？彼其所以習導非其治故也。』二世射人，在卽位二年，詳後。

願葬酈山之足，唯上幸哀憐之。

案治要引酈作驪，通鑑同，古字通用。唯猶願也。

戍傜無已。

案殿本傜作傜，俗字，治要引亦作傜。

而二世責問李斯曰，

梁玉繩云：責問語，與紀不同。說在紀。

殿本考證：『董份曰：二世紀亦載此文，而辭不同。』

案而猶『於是』也，此義前人未發。（孟嘗君傳有說。）

堯之有天下也，堂高三尺，采椽不斲，茅茨不翦。

案始皇紀二世引韓子，堯下有舜字，斲作刮。後漢書逸民傳注引韓子同。（今本
韓子五蠹篇無舜字。）文選魏都賦李善注引墨子佚文：『堯、舜茅茨不翦。』太
史公自序稱司馬談論六家要指：『墨者亦尚堯、舜道，言其德行，曰：堂高三
尺，土階三等，茅茨不翦，采椽不刮。』論衡語增篇：『傳語曰：堯、舜之儉，
茅茨不剪，采椽不斲。』亦皆以『堯、舜』連文。御覽一八八引韓子斲亦作刮（

王先慎集解有說），今本五蠹篇作斷，與此傳合。

飯土匭，啜土鉶。

　　集解：『徐廣曰：「〔匭〕一作湎。」〔鉶〕音刑。』

　　考證：始皇紀匭作湎，鉶作刑。

　　施之勉云：『始皇紀匭作塯。殿本集解引徐：一作䵇。』

　　案始皇紀匭作塯，（如施說。）鉶作形。（墨子節用中篇同。）考證失檢。太史
　　公自序作『食土簋，啜土刑。』集解引徐廣曰：『〔簋〕一作湎。』（考證本湎
　　誤塯。）說文：『匭，古文簋。』簋，古讀若九，與塯、湎聲近相通。形、刑並
　　與鉶通，儀禮公食大夫禮鄭注：『鉶，菜和羹之器。』（參看始皇紀王氏雜志、
　　斠證。）殿本集解湎作䵇，未知何據。䵇與簋亦聲近相通。

雖監門之養，不觳於此矣。

　　集解：『徐廣曰：觳音學。觳一作觳，推也。』

　　案養謂供養，觳，薄也。（管子地員篇：『剛而不觳。』尹注：『觳，薄。』）
　　韓子五蠹篇觳作麤，義亦相近。始皇紀王氏雜志有說。徐氏謂「觳一作觳。』觳、
　　觳並諧殼聲，古蓋通用。觳亦薄也，不當訓推。春秋後語作穀，穀亦諧殼聲，
　　與觳當亦通用。至於觳、穀相通，其例習見，老子：『是以侯王自謂孤寡不穀。』
　　河上公本、敦煌唐天寶鈔本穀並作觳，韓子外儲說左上：『宋人屈穀見之。』文
　　選張景陽七命注引穀作觳，列子天瑞篇：『鷚之為布穀。』釋文本穀作觳，皆其
　　證。

決淳水致之海。

　　集解：『徐廣曰：致一作放。』

　　案廣雅釋詁三：『淳，止也。』始皇紀致作放。

而股無胈，脛無毛。

　　案莊子天下篇稱禹『腓無胈，脛無毛。』御覽八二引腓作股，與此合。文選司馬
　　長卿難蜀父老注引莊子佚文云：『兩神女浣於白水之上，禹過之而趨，曰：「治
　　天下奈何？」女曰：「股無胈，脛不生毛。」』作股，亦與此合。

不烈於此矣。

案春秋後語烈作列，烈、列正、假字。韓子作苦，義亦相近。

然則夫所貴於有天下者，豈欲苦形勞神，身處逆旅之宿，口食監門之養，手持臣虜之作哉？

考證：『「然則」二字，始皇紀無。張文虎曰：「疑衍」』

案春秋後語亦無『然則』二字，本始皇紀也。惟此文『然則』與下『豈欲』呼應，與始皇紀句法不同。不得據彼文謂此『然則』二字爲衍文。治要引此有『然則』二字。始皇紀、春秋後語夫並作凡，夫猶凡也。

必能安天下而治萬民。

考證：楓本必下有將字。

案治要引必下亦有將字。

長享天下。

案治要引享作亨。亨，讀爲享，古書享多作亨，莊子山木篇：『故人喜，命豎子殺鴈而亨之。』（今本亨誤烹。）亨亦讀爲享，王氏雜志餘編上有說。

章邯以破逐廣等兵，

考證：楓、三本以作已。

案殿本以亦作已。

而行督責之術者也。

索隱：督者察也。察其罪，責之以刑罰也。

案督不當訓察，『督責，』複語，督亦責也。張儀列傳 ：『唯大王有意督過之也。』索隱：『督者，正其事而責之。』是也。王氏雜志云：『督、過，皆責也。』『督過，』亦複語也。

命之曰以天下爲桎梏者。

考證：楓、三本無梏字。

施之勉云：治要無梏字。

案長短經是非篇亦無梏字，下同。治要引下文亦無梏字。

而顧以其身勞於天下之民，若堯、禹然。

案顧猶反也，韓世家：『昭侯不以此時惜民之急，而顧益奢。』顧亦反也，與此

　　同例。淮南子脩務篇‥『蓋聞傳書曰：「神農憔悴，堯瘦臞，舜黎黑，禹胼胝。」

　由此觀之，則聖人之憂勞百姓甚矣！』

而人所徇者貴。

　　案而猶爲也，秦本紀有說。治要引此無人字，長短經同。有人字文意較明。

凡古之所爲尊賢者，爲其貴也。而所爲惡不肖者，爲其賤也。

　　案兩『所爲』並猶『所以，』下文『則亦失所爲尊賢之心矣。』『所爲』亦猶『

　所以。』

而堯、禹以身徇天下者也。

　　吳昌瑩云：而猶夫也，『而堯、禹』猶『夫堯、禹』也。

　　考證：楓、三本堯上而字作夫。

　　施之勉云：治電堯上而字作夫。

　　案長短經而亦作夫。

夫可謂大繆矣！

　　案夫猶此也。

故韓子曰：「慈母有敗子，而嚴家無格虜」者，何也？

　　考證：韓非子顯學篇『格虜』作『悍虜。』

　　案長短經適變篇引曰作稱。格猶悍也，格借爲垎，說文：『垎，一曰堅也。』引

　申有『彊悍』義。

故商君之法，刑弃灰於道者。

　　正義：『弃灰於道者黥也。韓子云：「殷之法，弃灰於衢者刑。子貢以爲重。問

　之仲尼。曰：灰弃於衢必燔人；必怒；怒則鬭；鬭則三族。雖刑之可也。」』

　　考證：北地多風，棄灰，有失火之虞，所以爲禁。

　　施之勉云：『漢書五刑志注：「孟康曰：『商君爲政，以弃灰於道路必坋人；坋

　人必鬭。故設黥刑以絕其原也。』臣瓚曰：『弃灰或有火；火則燔廬舍。故刑之

　也。』師古曰：『孟說是也。』」』

　　案白帖一引刑作禁，恐非其舊。御覽八七一引史記曰：『秦商鞅作苛法，有弃灰

　於道者刑之。』蓋引此文大意，商君列傳贊集解引新序論商鞅，『弃灰於道者被

刑。』漢書五刑志中之下：『秦連相坐之法；棄灰於道者黥。』韓子內儲說上：

『殷之法，刑棄灰於街者。子貢以爲重，問之仲尼。仲尼曰：知治之道也。夫棄

灰於街必掩人；掩人，人必怒；怒則鬭；鬭必三族相殘也。此殘三族之道也。雖

刑之可也。』正義所引，仲尼二字、『燔人』二字並當疊。（初學記二十引韓

子，『掩人』亦作『燔人。』王氏集解有說。）『三族』下當補『相殘』二字。

施氏引漢書注，商君乃商鞅之誤，道下衍路字。

故民不敢犯也。

案長短經引也作矣。

故韓子曰：布帛尋常，庸人不釋。鑠金百溢，盜跖不搏者，

索隱：『爾雅：「鑠，美也。」言百溢之美金在於地，雖有盜跖之行亦不取者，

爲其財多而罪重也。……………』

正義：鑠金，銷鑠之金也。熱不可取也。

殿本考證：『徐孚遠曰：鑠訓美，非也。鑠金，謂鎔金於冶，熱不可舉也。故下

文「搏必隨手刑。」』

考證：鑠金，正義是。

案論衡非韓篇引韓子釋作擇，釋、擇正、假字。（王氏集解謂論衡釋誤擇，非

也。）呂氏春秋大樂篇：『先聖擇兩法一。』高注：擇，棄也。）擇亦釋之借

字，（俞樾平議以擇爲釋之誤，非也。）與論衡同例。鹽鐵論詔聖篇：『夫鑠金

在鑪，莊蹻不顧。』劉子利害篇：『銷金在鑪，盜者不掬。』並本韓子，已以鑠

金爲銷鑠之金矣。黃善夫本、嚴氏輯全秦文所據本、殿本溢皆作鎰，下同，索隱

亦同。溢、鎰古、今字，論衡亦作鎰。

非庸人之心重尋常之利深，而盜跖之欲淺也。

考證：『李笠曰：案深字疑衍，此以「庸人、」「盜跖」對擧，上言庸人不釋布

帛，盜跖不搏鑠金。此承上，謂非庸人之心重尋常之利，而盜跖之欲淺百鎰之利

也。不云「百鎰」者省辭也。』

案深與淺相對成義。深字無緣致衍，李說不足據。

是故城高五丈，而樓季不輕犯也。泰山之高百仞，而跛牂牧其上。

集解：『許愼曰：』樓季魏文侯之弟。……………………詩云：「牂羊墳首。」毛傳曰：「牝曰牂。」』

梁玉繩云：『說文繫傳夌字注引史曰：「泰山之高，跛牂牧其上。夌侲故也。」與今本殊。而後書孔融傳注引史，又與今本同。斯語所見亦多異，韓子五蠧篇云：「十仞之城，樓季弗能踰者，峭也。千仞之山，跛羊易牧者，夷也。」韓詩外傳三：「孔子曰：一仞之牆，民不能踰。百仞之山，童子登游焉。淩遲故也。」鹽鐵論詔聖云：「嚴牆三仞，樓季難之。山高干雲，牧豎登之。故峻則樓季難三仞，陵夷則牧豎易山嶺。」（外傳本荀子宥坐。）』

案集解引許說，乃淮南子氾論篇許注；引詩，見小雅苕之華，惟牂本作牂，毛傳同。牂、牂正、俗字。梁氏志疑所出正文牂亦作牂，疑據後漢書孔融傳注及說文繫傳引此文作牂改之，恐非所據湖本作牂也。荀子宥坐篇：『孔子慨然歎曰：數仞之牆，而民不能踰也。百仞之山，而豎子馮而游焉，陵遲故也。』說苑政理篇：『孔子曰：夫一仞之牆，民不能踰。百仞之山，童子升而遊焉。陵遲故也。（本外傳三。）』說文繫傳引此文『跛牂牧其上』下，有『夌侲故也』句，並云：『今作「陵遲。」』疑與荀子、外傳、說苑之文相亂，非所據與今本殊也。

峭塹之勢異也。

索隱：峭，峻也，高也。音七笑反。塹音漸，以言峭峻則難登，故樓季難五丈之限。平塹則易涉，故跛牂牧於泰山也。

案景祐本、黃善夫本『峭塹』並作『陗漸，』殿本漸亦作漸。黃本索隱，『峭，峻也。』峭作陗。『平塹』塹作漸。殿本索隱，『塹音漸』，及『平塹，』塹並作漸，漸乃塹之或體。說文：『陗，陵也。』峭、峻並俗字。段注引此文峭亦作陗，云：『塹當爲漸，陂陀者曰漸，斗直者曰陗。斗，俗作陡。』說文塹下段注引此文峭亦作陗，云：『塹乃漸之叚借，謂斗直者與陂陀者之勢不同也。』朱駿聲說文通訓定聲引峭亦作陗，云：『塹借爲漸，言斗峻者不可犯，其陂阤者可徐進也。』後漢書孔融傳注引此文塹作漸，與段說合。

能獨斷而審督責，必深罰，故天下不敢犯也。

案韓子外儲說右上引申子曰：『能獨斷者，故可以爲天下主。』

夫不能行聖人之術，則舍爲天下役，何事哉？

　　楊樹達云：舍，釋也。今言『除卻』（詞詮五。）

　　案楊說是。聖人之術，在役天下。不能行聖人之術，則除卻爲天下所役，尚何事

　　哉？蓋不能役天下，則惟有爲天下所役而已。

諫說論理之臣閒於側，

　　考證：閒，蔡、王、柯、毛本作閑，楓本作關。

　　施之勉云：景祐本、黃善夫本作開。

　　案左成十六年傳：『以君之靈，閒蒙甲冑。』杜注：『閒猶近也。』記纂淵海六

　　十引閒作閒，閒、間正、俗字。殿本、嚴氏所據本閒亦並作開。作開、作關，義

　　並難通，蓋誤。關，俗書作開。說文：『閞，古文閒。』段注本閞改開。閞或

　　閑，與開、開二字形並相近，故致誤耳。

必將能拂世摩俗，

　　案索隱本摩作磨，摩、磨正、俗字。

塞聰拚明，內獨視聽。

　　案韓子外儲說右上引申子曰：『獨視者謂明，獨聽者謂聰。』

而內不可奪以諫說忿爭之辯。故能犖然獨行恣睢之心，

　　案治要引辯作辨，古字通用。犖卽卓犖之犖，『犖然』猶『卓然。』

未之聞也。

　　案治要引聞作有。

雖申、韓復生，不能加也。

　　考證：『王維楨曰：斯學帝王之術于荀卿，而用申、商之術于秦，何也？』

　　案荀卿之學主儒，而雜糅道、名、法諸家思想。其法後王、重功利之說，頗類法

　　家。然則斯承師學，而用申、商之術于秦，亦無足怪矣。

若此，則可謂能督責矣。

　　考證：『張文虎曰：蔡本、中統、王、柯、毛本、治要，皆無責字。』

　　施之勉云：景祐本、黃善夫本皆無責字。

　　案景祐本無則字。春秋後語亦無責字。

天子所以貴者，但以聞聲，羣臣莫得見其面，故號曰朕。

考證：朕，朕兆、朕漠之朕，微也，少也。趙高取義於不可見、不可聞。

案始皇紀：『趙高說二世曰：天子稱朕，固不聞聲。』索隱：『一作「固聞聲。」言天子常處禁中，臣下屬望纔有兆朕，聞其聲耳。不見其形也。』今本正文固下衍不字，王氏雜志有說。考證『朕兆』之說，本彼文索隱。『但以聞聲，羣臣莫得見其面。』卽取可聞不可見之義。潛夫論明闇篇稱趙高『豫要二世曰：藏已獨斷，神且尊嚴。天子稱朕，固但聞名。』『聞名』猶『聞聲。』亦取可聞不可見之義。考證謂高取義於不可見，固是。謂高取義於不可聞，則大謬！又案說文朕下段注云：『朕在舟部，其解當曰「舟縫也。」凡言朕兆者，謂其幾甚微，如舟之縫。釋詁曰：「朕，我也。」此如卬、吾、台、余之爲我，皆取其音，不取其義。趙高之於二世乃曰：「天子所以貴者，但以聞聲，羣臣莫能見其面，故號曰朕。」比傅朕字本義而言之，遂以亡國。』所謂『比傅朕字本義而言之，』亦與索隱『兆朕』之說合。

未必盡通諸事。今坐朝廷，譴舉有不當者。

集解：『徐廣曰：通，或宜作照。』

案春秋後語通字同。（通鑑秦紀三亦同。）今猶若也，項羽本紀有說。

今上急益發繇治阿房宮。

索隱：房音旁。一如字。

案通鑑秦紀三注：『繇讀曰徭，役也。古字借用。』春秋後語房作旁，與索隱音旁』合。房、旁古通，釋名釋宮室：『房，旁也。』

今時上不坐朝廷，上居深宮。吾有所言者，不可傳也。

案通鑑『上居』作『常居，』上字疑涉上文而誤。治要引吾下無有字，通鑑同。

於是趙高待二世方燕樂，

案通鑑待作侍，古字通用。（孟嘗君列傳、刺客荆軻傳並有說。）春秋後語作候，義亦相同。治要引燕作宴，下同。春秋後語作讌。宴、燕正、假字。讌，俗字。

丞相豈少我哉？且固我哉？

索隱：『謂以我幼，故輕我也。云「固我」者，一云：「以我爲短少，且固陋於
　　我也。」於義疏。』
　　案索隱前說，本漢書曹參傳師古注。後說乃己說，於義實較長。曹相國世家：
　　『惠帝怪相國不治事，以爲豈少朕與？』索隱：『按少者不足之辭，故胡亥亦
　　云：「丞相豈少我哉？」蓋帝以丞相豈不是嫌少於我哉？小顏以爲我年少，非也。』
　　以小顏說爲非，是也。而於此文又取小顏說，何其無主見邪？（參看曹相國世家
　　考證引王念孫〔漢書雜志〕說。）又莊子齊物論篇：『君乎？牧乎？固哉！』
　　固，亦謂固陋。與此固字同義。

趙高因曰：如此殆矣？
　　考證：治要無如字。
　　案春秋後語亦無如字。項羽本紀：『噲曰：此迫矣！』與此句法同。

楚盜陳勝等，皆丞相傍縣之子，以故楚盜公行。
　　集解：『徐廣曰：公，一作訟，音松。』
　　案通鑑注：『傍縣，近縣也。李斯，汝南上蔡人。陳勝，潁川陽城人。汝南、潁
　　川相近也。』公，一作訟。公、訟正、假字，呂后本紀：『未敢訟言誅之。』集
　　解引徐廣曰：『訟，一作公。』亦二字通用之證。黃善夫本、殿本集解，『音松』
　　並誤『音私。』

故未敢以聞。
　　案春秋後語未作不，義同。

乃使人案驗三川守與盜通狀。
　　案通鑑乃下有先字。

方作觳抵優俳之觀。
　　集解：『應劭曰：「戰國之時，稍增講武之禮，以爲戲樂，用相夸示。而秦更名
　　曰角抵。角者角材也。抵者，相抵觸也。」文穎曰：「案秦名此樂爲角抵。兩兩
　　相當，角力、角伎藝射御，故曰角抵也。」駰案觳抵，即角抵也。』
　　考證：楓、三本觳作角。
　　案漢書刑法志：『戰國稍增講武之禮，目爲戲樂，用相夸視。而秦更名角抵。』

集解所引，乃漢書武帝紀應、文注。惟今本應注，無『戰國之時』至『而秦更名曰角抵』二十五字，御覽七五五亦引應注云：『戰國之時，稍增講之，以爲戲樂，用相誇示。至秦更名角抵者也。』可補今本漢書應注所佚。『角材也。』漢書應注材作技，材乃技之誤。楓、三本觳作角，疑據漢書改之。廣雅釋言：『角，觸也。』觳、角並觸之借字。（朱駿聲說文通訓定聲有說。）王氏漢書補注云：『沈欽韓曰：「任昉述異記：秦、漢間，說蚩尤氏，耳鬢如劒戟，頭有角。與軒轅鬥，以角抵人，人不能向。今冀州有樂，名蚩尤戲。其民兩兩三三，頭戴角而相抵。漢造角抵戲，蓋其遺製也。」角抵，蓋即今之貫趹。述異記所說，世俗傳聞之過耳。』述異記所記，乃後人不明角字之義所傅會；角抵戲亦非漢所造也。

昔者司城子罕相宋，身行刑罰，以威行之，朞年遂劫其君。

案子罕劫君事，又詳韓子二柄及外儲說右下、韓詩外傳七、淮南子道應篇、說苑君道篇。又略見韓子說疑篇及人主篇。此子罕當戰國時，與墨翟竝世。鄒陽傳梁氏志疑有說。惟韓子人主篇，梁氏誤爲忠孝篇。

殺宰予於庭。

考證：『中井積德曰：田常所殺，是監止字子我，非宰予，亦傳聞之謬云。』案監止字子我，詳齊世家。（今本齊世家監止作闞止，乃後人依哀十四年左傳改之，梁氏志疑、斠證並有說。）孔子弟子宰予亦字子我，（見仲尼弟子列傳。）故監止、宰予傳聞遂相亂。呂氏春秋慎勢篇、淮南子人閒篇、說苑正諫篇皆稱『陳常攻宰予於庭。』韓子難言篇：『宰予不免於田常。』鹽鐵論殊路篇：『宰我秉事，有寵於齊。田常作難，道不行，身死庭中。』說苑指武篇亦載田常與宰我相攻事。皆與此稱宰予合。至於田完世家以子我、監止爲二人，傳聞愈異矣。（參看世家志疑及斠證。）

其志若韓玘爲韓安相也。

索隱：玘，一作起，竝音怡。韓大夫，弑其君悼公者。然韓無悼公，或鄭之嗣君。案表，韓玘事昭侯，昭侯已下四代至王安。其說非也。

梁玉繩云：『索隱以周顯王二十年，韓姬弑悼公事當之，謂李斯此言爲非，大謬！通鑑卷八胡注曰：余觀李斯書意，正以胡亥亡國之禍在旦夕，故指韓安用韓玘

而亡事警動之。韓安之臣必有韓尫者，特史逸其事耳。李斯與韓安同時，而韓安亡國之事接乎胡亥之耳目，所謂殷鑒不遠也。』

案韓表昭侯十年（周顯王二十年）：『韓姬弑其君悼公。』索隱：『姬，一作
跎，同音怡。韓之大夫姓名。案韓無悼公，所未詳也。』此文索隱稱表，韓尫事
昭侯。則彼文索隱『一作跎，』跎乃尫之誤矣。（殿本表跎，更誤愳。）韓世家
：『韓姬弑其君悼公。』索隱：『紀年，姬，亦作尫。』亦可證韓表索隱跎字之
誤。惟彼韓尫，葢與韓王安之相韓尫同姓名，決非一人也。又通鑑注引索隱，
『亦作』作『一作，』『己下，』作『以下，』『其說』作『斯說。』

不爲安肆志，不以危易心。

案爲，以互文，以猶爲也。莊子繕性篇：『不爲軒冕肆志，不爲窮約趨俗。』兩
句並用爲字。

絜行脩善，

案黃善夫本、殿本絜並作潔，通鑑作潔。絜、潔古，今字，（前已有說。）潔乃
潔之省。其例習見。

無所識知，不習治民。

考證：楓、三本無所、知二字。

施之勉云：治要無所、知、民三字。

案楓、三本無所、知二字，疑據治要刪。治要又無民字，則避唐太宗諱略之也。

下知人情，

考證：楓、三本、治要『人情』作『民情』

案楓、三本人作民，疑據治要改。然治要當諱民字，原本必不作民也。

列勢次主，求欲無窮。

考證：『治要「列勢」作「烈勢。」凌稚隆曰：威勢亞於人主。』

案通鑑注：『言趙高居中用事，其位列權勢次於人主也。』釋列爲『位列，』是
『列勢』猶『位勢。』凌氏釋『列勢』爲『威勢，』則列爲烈之借字。通鑑求作
其，葢是。作求，涉上文而誤。

李斯拘執束縛，

　　　案白帖十三引斯下有旣字。

不道之君，何可爲計哉！

　　　案爲猶與也。項羽本紀：『豎子不足與謀！』『與謀』猶此文『爲計』也。

昔者桀殺關龍逢，紂殺王子比干，吳王夫差殺伍子胥。此三臣者，豈不忠哉？然而不

免於死。

　　　考證：〔然而不免於死，〕楓、三本不上有身字。

　　　案莊子胠篋篇：『昔者龍逢斬，比干剖，萇弘胣，子胥靡。故四子之賢，而身不

　　　免乎戮。』蓋李斯語所本。是斯亦曾讀莊子矣。楓、三本『不免』上有身字，春

　　　秋後語同，與莊子尤合。又莊子外物篇：『外物不可必，故龍逢誅，比干戮，…

　　　……………人主莫不欲其臣文忠，而忠未必信，故伍員流于江。』

身死，而所忠者非也。

　　　正義：所忠，謂吳太宰嚭之類。

　　　考證：言三子所忠非其君也。正義非。

　　　案春秋後語無『身死』二字，而作故。而、故並與則同義，正義說，亦可備一

　　　解。屈原傳：『其所謂忠者不忠。』卽此意也。

吾必見寇至咸陽，麋鹿游於朝也。

　　　案淮南列傳：『子胥諫吳王，吳王不用，乃曰：臣今見麋鹿游姑蘇之臺也。』

　　　（又見漢書伍被傳。）

榜掠千餘，不勝痛。

　　　案通鑑注：『榜，笞擊也。掠，考箠也。』春秋後語榜作笞，痛下有苦字。

自負其辯有功，

　　　考證：治要無『其辯』二字。

　　　案治要蓋略『其辯』二字，不足據。文選思舊賦注引此，有『其辯』二字。（通

　　　鑑同。）

臣爲丞相，治民三十餘年矣。

　　　考證：『梁玉繩曰：案始皇二十八年，李斯尙爲卿，本紀可據。疑三十四年始爲

　　　丞相，則相秦纔六年。若以始皇十年斯用事數之，是二十九年，亦無三十餘年

也。』

案三十餘年，葢自始皇拜斯爲長史時計之，其事當始皇初年，詳前。李斯自計年

數應不致誤也。

飾政敎，

案景祐本飾作飭，通鑑同，飭、飾正、假字。國語吳語：『周軍飾壘。』韋注：

『飾，治也。』飾亦飭之借字。

緩刑罰，薄賦斂，以遂主得眾之心；萬民戴主，死而不忘。罪七矣。

梁玉繩云：以秦之嗜殺深稅，而曰緩刑薄斂；天下共欲亡秦，而云萬民不忘。可

笑也！

考證：『中井積德曰：唯第七罪，爲虛飾非實。』

案史公於贊中稱斯『嚴威酷刑。』亦可證斯語之虛。

微趙君幾爲丞相所賣！

案微猶非也。春秋後語賣作反，反借爲販，販亦賣也。荀子儒效篇：『積反貨而

爲商賈。』楊注：『反讀爲販。』（喩林八一引反作販。）卽反、販通用之證。

及二世所案三川之守至，則項梁已擊殺之。

考證：至，使者至三川也。項梁所擊殺者李由，通鑑守下補由字。

案通鑑守下補『由者』二字。擊殺李由，詳項羽及高祖本紀。

二世二年七月，具斯五刑，論腰斬咸陽市。

梁玉繩云：殺李斯，通鑑依此傳在二年。然始皇紀斯就五刑在二年，論殺在三年

多。似紀爲是。

案六國年表，二世二年書『誅丞相斯。』與此合。通鑑論字屬上絕句，注云：

『班志：「秦法：當三族者，皆先黥劓，斬左右趾，笞殺之。梟其首，葅其骨肉

於市。其誹謗詈詛者，又先斷舌，謂之具五刑。』文選思舊賦注、御覽一五九引

腰並作要，要、腰正、俗字。

吾欲與若復牽黃犬，俱出上蔡東門，逐狡兔，豈可得乎！

案藝文類聚九五引若作汝，（春秋後語詞。）豈作其，其猶豈也。御覽九百七引

若作爾，豈亦作其。又御覽九二六引史記曰：』李斯臨刑，思牽黃犬，臂蒼鷹，

出上蔡東門，不可得矣。』與此頗異，未知何據。

輒決於高。

　　案御覽二百四引作『皆決之。』通鑑作『皆決焉。』之、焉同義。

乃召太卜令卦之。

　　案潛夫論潛歎篇云：『二世占之。』（參看始皇紀斠證。）占謂占卜，汪繼培箋
　　云：『占卽覘之省。』以此文驗之，惡非。

天子無故賊殺不辜人，此上帝之禁也。

　　案左襄二十六年傳引夏書曰：『與其殺不辜，寧失不經。』之猶所也。

入告二世曰：『山東羣盜大至！』二世上觀而見之，惡懼。高卽因劫令自殺。

　　考證：『林伯桐曰：「始皇本紀：『二世曰：「丞相可得見否？」閻樂曰：「不
　　可。」』則是二世之死，不得見趙高也。李斯列傳則曰：「趙高入告二世曰：
　　『羣盜大至！』二世恐懼，高卽因劫令自殺。」則是趙高見二世之死也。此秦之
　　大事，紀與傳自相矛盾如此！』
　　案彼時情勢甚亂，故傳聞有二。史公並載之，正見其不輕於取舍也。春秋後語、
　　通鑑皆從始皇紀。

乃召始皇弟授之璽。

　　集解：『徐廣曰：「一本曰：『召始皇弟子嬰授之璽。』秦本紀云：『子嬰者，
　　二世之兄子也。』」』
　　案索隱本弟下有子嬰二字，並引劉氏云：『弟字誤，當爲孫。子嬰，二世兄子。』
　　（黃善夫本、殿本索隱，並略『二世兄子』四字。）是劉伯莊、小司馬所據本，
　　並與徐氏所稱一本合。漢書高帝紀、漢紀一、春秋後語皆以嬰爲二世之兄子。

與宦者韓談及其子謀殺高。

　　考證：『徐孚遠曰：史記諱談，此後人所改也。』
　　案考證引徐說，本殿本考證。

子嬰立三月。

　　梁玉繩云：嬰立四十六日，此非。
　　案秦本紀：『子嬰立月餘。』始皇紀：『子嬰爲秦王四十六日。』（春秋後語亦

作『冊六日。』兩說相符。此言『立三月，』非。越絕書外傳記地言嬰立六月，亦妄。（梁氏志疑秦本紀有說。）

李斯以閭閻歷諸侯。

案文選任彥昇奏彈劉整一首注引以作自，義同。

人皆以斯極忠，而被五刑死。

梁玉繩云：『法言重黎篇有答或人李斯盡忠之問，當時葢有以為忠者，故鄒陽曰：李斯竭忠。』

案鄒陽獄中上書云：『李斯竭忠，胡亥極刑。』法言重黎篇，或人卽以此為問。『極刑，』卽『被五刑死』也。

察其本乃與俗議之異。

考證：『李笠曰：案之字疑衍。………………』

案之猶為也，非衍。

不然，斯之功且與周、召列矣。

梁玉繩云：『史公贊蕭相國云：「與閎夭、散宜生爭烈。」贊絳侯云：「伊尹、周公何以加！」贊淮陰侯云：「可比周、召、太公之徒。」論張耳、陳餘云：「與太伯、延陵異。」已為儗于不倫；若李斯何人，乃贊其功竝周、召，不亦悖乎！馮衍欲投李斯於四裔，庶幾焉。（見後書衍傳。）』

案史公贊蕭相國、絳侯、淮陰侯、李斯云云，皆就其功勳而言，比儗自不為過。至於張耳、陳餘之爭權，與太伯、延陵之讓國迥異，史公論其不足以相比，安得謂之『儗于不倫』邪？

史 記 斠 證 卷 八 十 八

蒙恬列傳第二十八

王　叔　岷

取成皋、滎陽，作置三川郡。

考證：『張文虎曰：各本成作城，從蔡本、毛本。

施之勉云：景祐本作成，滎作熒。

案殿本城亦作成，秦本紀、通鑑秦紀一並同，古字通用。景祐本滎作熒，乃形誤。秦本紀、通鑑『作置』並作『初置，』作猶初也，下同。春申君傳施氏札記、斠證並有說。

取十三城。

考證：通鑑作『十二城。』

施之勉云：六國年表作『十二城。』

案始皇本紀、韓世家並作『十三城。』與此合。

始皇二十三年，蒙武為秦裨將軍，與王翦攻楚，大破之，殺項燕。二十四年，蒙武攻楚，虜楚王。

考證：『張照曰：「按此與年表同。本紀：二十三年，虜荊王。二十四年，項燕自殺。」』

施之勉云：此與楚世家亦同。

案王翦傳，虜荊王負芻，亦在殺項燕之後。通鑑秦紀二於二十三年言殺項燕，二十四年言虜楚王負芻，並與此合。（參看始皇紀梁氏志疑、斠證。）項羽本紀稱項燕為王翦所殺，與始皇紀言其自殺亦異。

乃使蒙恬將三十萬眾，北逐戎狄，收河南，築長城。

案淮南子人閒篇斠『發卒五十萬。』五蓋三之誤，始皇紀有說。水經河水注引楊

泉物理論云：『秦始皇使蒙恬築長城，死者相屬，民歌曰：生男慎勿舉，生女哺
用脯，不見長城下，尸骸相撐住。』（又見意林五引傅子，歌辭『尸骸』作『白
骨。』）此蓋後人傅會者也。

因地形用制險塞。

考證：『張文虎曰：蔡本、中統、舊刻、毛本作「制險，」他本作「險制。」』

施之勉云：景祐本、黃善夫本作『制險，』元龜九百八十七、通鑑秦紀二、通志
列傳七引亦作「制險。」』

案殿本『制險』作『險制。』

延袤萬餘里。

案一切經音義二二引此文，並云：『爾雅曰：「延，長也。」切韻稱：「袤，廣
也。」』

暴師於外十餘年。

考證：『梁玉繩曰：恬自始皇三十二年將三十萬眾擊胡，至三十七年死，首尾僅
六年，而云「十餘年，」與主父、匈奴傳同誤。』

施之勉云：『匈奴傳：「秦滅六國，而始皇帝使蒙恬將十萬之眾北擊胡，悉收河
南地。匈奴單于頭曼不勝秦，北徙十餘年，而蒙恬死。」觀頭曼北徙十餘年，則
知始皇使蒙恬北擊胡，非始於三十二年。蓋秦已並天下，即使蒙恬攻匈奴。而擊
匈奴，當不止一役。自二十六年秦並天下，至三十七年蒙恬死，計十二年。故此
云「暴師於外十餘年，」匈奴傳云「頭曼不勝秦，北徙十餘年」也。』

案主父列傳：『昔秦皇帝並吞戰國，使蒙恬將兵攻胡，暴兵露師十有餘年。』
（節引。）匈奴傳及主父傳之『十餘年，』（漢書同。）並與此言『十餘年』合。
且皆記蒙恬擊胡在秦並天下後。始皇二十六年並天下，至三十七年恬死，自是
十二年。惟據始皇紀，三十二年乃言『使將軍蒙恬發兵三十萬人北擊胡。（文選
張平子思玄賦舊注引秦語、通鑑秦紀二並在三十二年。）至三十七年恬死，僅六
年。此最明確。此梁氏之所以不信十餘年者也。然李斯傳亦云：『今扶蘇與將軍
蒙恬，將師數十萬以屯邊，十有餘年矣。』此為李斯、趙高詐為始皇賜扶蘇書中
語，乃述當時事，則十餘年自可信也。又施氏引匈奴傳『十萬』上脫數字，詳彼

　　　文考證。

喻之決獄。

　　　案通鑑喻作教，義同。莊子天道篇：『臣不能以喻臣之子。』淮南子道應篇喻作

　　　教，亦其比。

除其官籍。

　　　考證：劉氏宋本、王本、凌、毛本，官作宦。

　　　施之勉云：景祐本、黃善夫本官作宦，元龜六百六十七、通志列傳七引亦作宦。

　　　案殿本作官，與此合。

帝以高之敦於事也，赦之。

　　　集解：『徐廣曰：敦，一作敏。』

　　　考證：『王念孫云：「爾雅云：敦，勉也。」』

　　　案通鑑從一本敦作敏，敏亦勉也。禮記中庸：『人道敏政，地道敏樹。』鄭注；

　　　『敏猶勉也。』

道九原，

　　　案下文作『自九原，』道猶自也。說苑反質篇作『從九原，』義亦同。

行出游會稽，竝海上，

　　　考證：楓、三本竝作傍。

　　　案『行出，』複語，李斯傳有說。竝、傍古通，始皇紀有說。

高雅得幸於胡亥。

　　　案通鑑注『雅，素也。』

廼與丞相李斯、少子胡亥陰謀，

　　　案景祐本、黃善夫本『少子』並作『公子，』始皇紀同。

使者以蒙恬屬吏，更置胡亥以李斯舍人為護軍。

　　　梁玉繩云：『徐氏測義曰：「更置二字連下，言更以李斯舍人典軍也。」方氏補

　　　正曰：『胡亥二字衍。』

　　　施之勉云：『通鑑無「胡亥以」三字。吳汝綸曰：「案更置，即李斯傳所謂：以

　　　兵屬裨將王離。」』

案下句當從通鑑作『更置李斯舍人爲護軍。』胡亥二字涉上下文而衍。以字涉上文而衍。李斯傳所謂『以兵屬裨將王離，』（李斯、趙高詐爲始皇賜扶蘇書中語。）爲一事；此傳言『更置李斯舍人爲護軍，』（通鑑注：以李斯舍人爲護軍，使之護諸將也。）又爲一事。故通鑑並載之。王離非李斯舍人，離代蒙恬爲將，亦非護軍職，吳說謬。

若知賢而俞不立，

　　索隱：俞卻踰也，音臾。

　　案俞乃踰之借字。景祐本、黃善夫本、殿本俞皆作愈，（俞、愈古、今字。）黃本、殿本索隱更於俞上增『愈一作俞』四字，非其舊也。

不若誅之。

　　考證：楓本若作如。

　　案敦煌春秋後語殘卷若亦作如。

臣聞輕慮者不可以治國，獨智者不可以存君。

　　集解（君下云）：『徐廣曰：一無此字。』

　　施之勉云：『王駿觀曰：「存君」與上句「治國」相對而言。無君字，則文法不協矣。一本脫爾。』

　　案一無君字，則上下句不協。御覽四五一引此君字屬下讀，亦不協。此二句本就君而言，似不應復言『存君。』君疑當作身，上文『此三君者，皆各以變古者，失其國，而殃及其身。』國、身對文，與此同例。

而外使鬭士之意離也。

　　案御覽引使作令。

臣乃何言之敢諫？

　　吳昌瑩云：乃猶且也，謂臣且何言也。（經詞衍釋六。）

　　案乃猶尙也。魏公子列傳：『公子當何面目立天下乎？』『乃何、』『當何，』並與「尙何」同義。

且夫順成全者，道之所貴也。刑殺者，道之所卒也。

　　案吳曾能改齋漫錄五引此無全字，卒作棄。

昔者秦穆公殺三良，而死罪百里奚，而非其罪也。故立號曰繆。

　　梁玉繩云：『風俗通皇霸篇亦云：「繆公殺賢臣百里奚，以子車氏爲殉，故諡曰繆。」據此，則任好之諡，音靡幼反。上穆公當改作繆矣。然經傳皆作穆，或亦作繆，二字通用也。蒙毅、應劭之言，必有所據。故唐文粹皮日休秦穆諡論，以諡繆爲定。楊愼二伯論，又因皮氏而暢衍之。』

　　考證：『而死，』疑有誤。

　　案繆、穆古雖通用，既言『立號曰繆，』則上穆公自當從風俗通作繆。而猶又也，不誤。

其勢足以倍畔，然自知必死而守義者，不敢辱先人之敎，以不忘先主也。

　　考證：畔下然字，楓、三本、舊刻，毛本有。

　　施之勉云：景祐本畔下有然字，元龜三百六十九、通鑑秦紀二引亦有。魏志武帝紀注畔作叛，叛下亦有然字。

　　案黃善夫本、殿本並無然字，通鑑同。（通鑑載此文，非引此文也。）施氏稱魏志武帝紀注云云，乃武帝紀注引魏武故事載公十二月已亥令中之文。又令『先主』作『先王。』通鑑作『先帝。』

公旦自揃其爪，

　　考證：楓、三本公旦上有周字，當依補。

　　案魯世家公旦作周公。黃善夫本、殿本旦並誤且。

得周公旦沈書，

　　案沈猶藏也，酷吏楊僕傳：『於是作沈命法。』集解引漢書音義曰：『沈，藏匿也。』

必參而伍之。

　　案說文：『伍，相參伍也。』段注：『參，三也。伍，五也。凡言參伍者，皆謂錯綜以求之。易繫辭曰：「參伍以變。」荀卿曰：「窺敵制勝，欲伍以參。」韓非曰：「偶參伍之驗，以責陳言之實。」又曰：「參之以比物，伍之以合參。」史記曰：「必參而伍之。」漢書曰：「參伍其價，以類相準。」此皆引伸之義也。』所引荀卿語『窺敵制勝，』乃『窺敵觀變』之譌，見荀子議兵篇；所引韓

非語『伍之以合參，』參乃盧之誤，（承荀子議兵篇楊注所引而誤。）見韓非子

揚權篇（權當作攉）。又荀子成相篇：『參伍明，謹施賞罰。』楊注：『參伍，

猶錯襍也。』

身死則國亡，

　　考證：凌引一本作『則身死國亡。』

　　案景祐本、殿本並作『則身死國亡。』

臣故曰，

　　考證：楓、三本無臣字。

　　案索隱本無臣字。

蒙恬喟然太息曰：我何罪於天，無過而死乎？

　　案論衡禍虛篇罪、過二字互易。春秋後語罪作負。莊子達生篇：『有孫休者，踵

　　門而詫子扁慶子曰：胡罪乎天哉？休惡遇此命也！』

恬罪固當死矣。起臨洮，屬之遼東。

　　案論衡固作故，（古字通用。）起上有夫字。水經河水注起上亦有夫字。春秋後

　　語固亦作故，起誤赴，赴上亦有夫字。

此其中不能無絕地脈哉！此乃恬之罪也。

　　考證：「『地脈』下哉字衍，御覽六百四十七、論衡禍虛篇無。凌約言曰：「白

　　起之引劍自裁也，曰：『我何罪乎天，而至此哉？』良久，曰：『我固當死。長

　　平之戰，趙卒降者數十萬人，我詐而盡坑之，是足以死。』與蒙恬之咎地脈同。

　　然實以斂其功耳。」」

　　施之勉云：文選班叔皮北征賦注引史，『地脈』下有哉字。劉昌詩蘆浦筆記引亦

　　有。水經河水注、後漢書袁紹傳注、史記法語引無。

　　案『此其，』複語，此亦其也。史文習見，文選班叔皮北征賦注引此無作毋，論

　　衡同。水經注作不。無、毋、不，皆同義。御覽六四七引絕作斷。春秋後語脈下

　　亦無哉字。論衡已以白起引劍自裁時語，與蒙恬吞藥自殺時語比論。

乃吞藥自殺。

　　考證：楓、三本乃作遂。

施之勉云：後漢書袁紹傳注引史記乃作遜，論衡禍虛篇乃作卹。

案春秋後語乃亦作遜。乃、遜、卹，皆同義。

塹山堙谷，通直道，

考證：『曾國藩曰：「始皇紀：『二十七年，治馳道。』六國表：『三十五年，為直道，道九原通甘泉。』直道與馳道不同也。」』

案景祐本、黃善夫本、殿本塹皆作壍，壍乃塹之或體。曾氏說，本李斯傳王氏雜志。

痍傷皆未瘳。

考證：楓、三本痍作夷。

施之勉云：論衡禍虛篇痍作夷。

案痍、夷正、假字。

振百姓之急，養老存孤。

案論衡引振作救，義同；又引存作矜，義近。說文：『存，恤問也。』矜借為憐。

何乃罪地脈哉？

案論衡引作『何與乃罪地脈也？』今本無與字，疑淺人所刪。與猶為也，衛將軍驃騎列傳贊：『人臣奉法遵職而已，何與招士？』與亦猶為也，（吳氏經詞衍釋一有說。）與此同例。

出自第四十六本第四分（一九七五年十月）

史 記 斠 證 卷 八 十 九

張耳陳餘列傳第二十九

王 叔 岷

張耳嘗亡命游外黃。

　　案漢書王氏補注引劉奉世云：『〔亡命，〕避禍自逃其命爾。』

外黃富人女甚美，嫁庸奴，亡其夫，去抵父客。

　　集解：『徐廣曰：一云「其夫亡」也。』

　　王念孫云：一本是也。嫁字後人所加，亡字本在『其夫』下，『庸奴其夫』爲句。『亡去』爲句。『抵父客』爲句。漢書作『外黃富人女甚美，庸奴其夫，（師古曰：言不恃賴其夫，視之若庸奴。）亡邸父客。（如淳曰：父時故賓客也。）』是其證也。因亡字誤在『其夫』之上，遂與『庸奴』二字義不相屬。後人不得其解，輒於『庸奴』上加嫁字，而讀『嫁庸奴』爲句。（廿二史劄記謂『所嫁者乃庸奴，故逃之。』非也。既爲富人女而又甚美，則無嫁庸奴之理。）『亡其夫』爲句。其謬甚矣！徐廣讀『其夫亡』爲句，亦非。

　　梁玉繩云：『「亡其夫」者，背夫而逃也。故漢書曰：「庸奴其夫，亡邸父客。」解家多誤。徐廣作「其夫亡，」亦非。下有「請決」語，不得言夫亡矣。』

　　案記纂淵海八一引『亡其夫，』作『其父亡。』（一引與今本同。）父乃夫之誤，從徐氏所稱一本也。徐稱『一云「其夫亡。」』蓋指漢書。不知漢書『其夫』二字屬上絕句也。王氏據漢書校史文之誤，其說甚精。又殿本集解誤脫。

『必欲求賢夫，從張耳』。女聽。乃卒爲請決，嫁之張耳。

　　索隱：謂女請父客爲決絕其夫，而嫁之張耳。

　　殿本考證：『余有丁曰：「卒爲請決，」乃父客爲之，注誤。』

　　案『必欲』一詞，史文習見。必猶若也，之猶於也。索隱『女請』二字當刪。

陳餘者，亦大梁人也。

　　案景祐本、黃善夫本、殿本皆提行。

里吏嘗有過笞陳餘，

　　案漢書、通鑑秦紀二有並作以，有猶以也。白帖十三引笞下有撻字，恐非其舊。

張耳躡之。

　　集解：『徐廣曰：躡，一作攝。』

　　正義：『躡，……漢書作攝，師古曰：謂引持也。』

　　案躡、攝古通，釋名釋姿容：『躡，攝也。』此當以作躡爲正。通鑑亦作躡。

陳中豪傑父老，

　　案景祐本傑作桀，漢書、通鑑並同，傑、桀正、假字。下文諸桀字，殿本皆作傑。

出萬死不顧一生之計，爲天下除殘也。

　　考證：『愚按史公報任安書云：「人臣出萬死不顧一生之計。」萬死、一生，對
　　言。漢書刪「一生」二字，非是。』

　　案長短經時宜篇載漢書文，『不顧』下有『一生』二字，殘下有賊字。漢紀一亦
　　有賊字。下文『秦爲亂政虐刑，以殘賊天下。亦以『殘賊』連文。

示天下私，

　　案長短經時宜篇私上有以字，霸圖篇注私上有之字，之猶以也，

野無交兵，縣無守城。

　　正義：校，報也。

　　考證：楓、三本交作校，正義亦作校。『犯而不校』之校，角也。校兵、守城，
　　皆二字連讀，漢書作交。

　　案漢紀、長短經時宜篇及霸圖篇注、通鑑皆作『交兵。』交、校古通，小爾雅廣
　　言：『校，交也。』文選曹子建又贈丁儀王粲一首注引楚漢春秋云：『吳廣說陳
　　涉曰：王引兵西擊，則野無交兵。』字亦作交。

恐天下解也。

　　正義：解，紀買反。言天下諸侯見陳勝稱王王陳，皆解墮不相從也。

　　殿本考證引正義『解墮』作『懈墮，』並云：『凌稚隆曰：「按漢書注：解謂離

散其心也。」』

案黃善夫本正義『解墮』亦作『懈墮。』張氏讀解爲懈。通鑑解作懈，從張說也。

於是陳王以故所善陳人武臣爲將軍，

　　考證：楓、三本陳王下有『許之』二字，與漢書合。

　　案長短經懼誡篇陳王下亦有『許之』二字。

以殘賊天下，

　　案漢書、漢紀、長短經、容齋續筆五皆無以字。

北有長城之役，南有五嶺之戍。

　　正義：蒙恬將二十萬人築城，長城之役，五嶺之戍，竝在始皇三十三年。

　　梁氏所據湖本役作域，云：別本域作役，與漢書同。湖本譌。

　　考證：『正義本、楓、三本、毛本作役，他本譌域。吳仁傑曰：「案淮南書：『始
　　皇發卒五十萬，使蒙公築修城，使尉屠睢發卒五十萬爲五軍，一軍塞鐔城之領，
　　一軍守九疑之塞，一軍處番禺之都，一軍守南野之界，一軍結餘干之水。』與張
　　耳傳相符。所謂五嶺者此也。」』

　　施之勉云：景祐本作役。

　　案殿本亦作役，漢紀、長短經、容齋續筆皆同。黃善夫本誤域。正義『二十萬』
　　乃『三十萬』之誤，見始皇紀、六國表、蒙恬傳、主父傳、文選張平子思玄賦舊
　　注引秦語、通鑑秦紀二。吳氏稱『淮南書』云云，見淮南子人閒篇，『始皇發卒
　　五十萬，』（始皇淮南子本作秦皇。）『五十萬』當作『三十萬。』（始皇紀有
　　說）又考證引吳說，本漢書王氏補注。

頭會箕斂，

　　集解：『漢書音義曰：家家人頭數出穀，以箕斂之。』

　　殿本考證：『此段集解，明有脫落。漢書注：「服虔曰：吏到其家，人人頭數出
　　穀，以箕斂之。」』

　　考證：『淮南子氾論：秦之時，頭會箕賦，輸于少府。』

　　案漢書王氏補注引沈欽韓云：『淮南人閒訓：「大夫箕會於衢。」注：「箕會，
　　以箕於衢會斂。」』考證稱淮南子『頭會箕賦，』御覽八六引賦作斂，與此文

合。（向故宗魯先生有說。）疑是許慎本。高注：『頭會，隨民口數，人責其稅。箕賦，似箕然，斂民財多取意也。』則高誘本自作『箕賦』矣。集解引漢書音義首句，蓋約舉之辭，似無脫落。

陳王奮臂，爲天下倡始。

　　案漢書、長短經陳王上並有今字。漢紀、長短經倡並作唱，唱，倡正，假字。『倡始，』複語，（考證本始字屬下讀，誤。）陳涉世家：『今誠以吾眾詐自稱公子扶蘇、項燕，爲天下唱。』索隱：『漢書作倡。倡，謂先也。』倡亦唱之借字。淮南子脩務篇：『虞始於楚。』高注：『始，先也。』

今已張大楚王陳。

　　考證：『顏師古曰：張建大楚之國而王於陳。』

　　施之勉云：『曾國藩曰：「張大楚，」謂張而大之也。不宜以大楚連讀。」』

　　案陳涉世家：『號爲張楚。』索隱引李奇云：『欲張大楚國，故稱張楚也。』漢書陳勝傳劉德注：『若云張大楚國也。』蓋曾說所本。

下趙十城。

　　案漢書、漢紀、長短經、通鑑十下皆有餘字。史下文亦作『十城。』

范陽人蒯通說范陽令曰：竊聞公之將死，故弔。雖然，賀公得通而生。

　　集解：『漢書曰：范陽令徐公。』

　　梁玉繩云：史、漢皆云『范陽人。』漢書通傳亦作范陽。史淮陰傳前作范陽，後作『齊人。』此范陽疑即東郡范縣，非涿郡之范陽。若依師古謂『通本燕人，後游于齊。』則何以高祖曰『是齊辯士，』詔齊捕之乎？且此時武涉尚未涉燕地也。

　　王念孫云：『竊聞公之將死，』聞字當從漢書蒯通傳作閔。閔，憂也。

　　案漢紀亦云『范陽人。』梁氏疑范陽即東郡范縣，（考證引錢大昕說同。）是也。漢志：『東郡范縣。』王氏補注云：『春秋晉地，士會采邑，見左傳。戰國入齊。』通鑑蒯通作蒯徹，注云：『蒯徹即蒯通，班書避武帝諱，改徹爲通。』史文亦諱徹爲通。漢書蒯通傳、長短經霸圖篇注『范陽令』下並有徐公二字。下文『范陽令乃使蒯通見武信君，』漢紀作『范陽人蒯通爲其令徐公說武信君。』

亦以范陽令爲徐公。『竊聞公之將死，』長短經注聞作憫，盍本漢書，閔、憫
古、今字。又案御覽四百六十引戰國策佚文云：『范陽人蒯通說范陽令曰：竊聞
公之將死，故弔。然賀得通而生。』（鮑崇城刻本妄改戰國策爲史記。）卽史文
所本。蒯徹之作蒯通，亦漢人避武帝諱所改。淮陰侯列傳詳載蒯通勸韓信反事，
索隱云：『案漢書及戰國策皆有此文。』劉向戰國策敍錄云：『其事繼春秋以
後，迄楚、漢之起，二百四十五年間之事。』蒯通正楚、漢間人，是戰國策本載
蒯通之事，史公采之入傳，惜今本佚之矣！（拙著類書薈編序有說。）

莫敢傳刃公之腹中者，

集解：『徐廣曰：「傳音戴。」李奇曰：「東方人以物插地中皆爲傳。」』
孫詒讓云：『釋名釋言語云：「事，傳也。傳，立也。青、徐人言立曰傳也。」
史記張耳傳云：「蒯通曰：莫敢傳刃公之腹中。」集解引李奇云：「東方人以物
插地中皆爲傳，」漢書蒯通傳顏注引李奇說傳作事。』（札迻三。）
案漢書正文、李注傳並作事，集解引李注作傳，依此正文改之也。一切經音義八
一引此刃下有於字，漢書同。

秦法不施。

案漢書、長短經注法並作政。

且傳刃公之腹中，

案漢書、長短經注且並作將，義同。

范陽令乃使蒯通見武信君曰。

梁玉繩云：漢書作通設爲武信君問答之言以說范陽令。而史謂范陽令使通見武信
君，其語亦不同。似宜從漢書。
案長短經注從漢書，通鑑從史記。漢紀作『范陽人蒯通爲其令說武信君曰。』非
通設爲武信君問答之言以說范陽令，與史記合。其語則從漢書。

趙地聞之，

案漢書蒯通傳、漢紀、長短經注、通鑑皆作『燕、趙聞之。』漢書張耳陳餘傳與
史同。

不王無以塡之。

考證：楓、三本塡作鎭。

　　案漢書張耳陳餘傳師古注：『塡，音竹刃反。』卽讀塡爲鎭。

時閒不容息。

　　案淮南子原道篇：『時之反側，閒不容息。』高注：『言時反側之閒，不容氣息，促之甚也。』

陳王相國房君，

　　梁玉繩云：『陳涉世家：「陳王以上蔡人房君蔡賜爲上柱國。」漢傳鄭氏注曰：房君。官號。」師古曰：「封邑之名，非官號也。」索隱曰：「爵之於房，號房君。晉灼案張耳傳言相國房君者蓋誤耳。涉因楚有柱國之官，故以官蔡賜。蓋其時草創，亦未置相國之官也。』

　　考證：『中井積德曰：「相國，」恐當作「上柱國。」陳涉世家可徵。』

　　案漢紀、通鑑『相國』並作『柱國。』漢書張耳陳餘傳本此作『相國。』王氏補注引周壽昌云：『當造亂時，官無定制，柱國、相國，從其尊者稱之，非誤也。』

令趣發兵西入關。

　　案漢書師古注：『趣讀曰促。』

燕人因立廣爲燕王。

　　集解：『徐廣曰：九月也。』

　　案二世元年九月，見月表。通鑑同。

使者往，燕輒殺之，以求地。

　　案通鑑往下有請字。漢紀作『趙使請王。』書鈔七七引以上有固字，新序善謀篇、漢書以下並有固字。

有廝養卒謝其舍中曰。

　　集解：『如淳曰：廝，賤者也。……』

　　索隱：謂其同舍中之人也。漢書作『舍人。』

　　案書鈔引正文及如注，廝並作斯。漢書舍下無中字，師古注：『謝其舍，謂告其舍中人也。故下言「舍中人皆笑。」今流俗書本於此舍下輒加人字，非也。』王氏補注云：『廝卽斯，詩「斧以斯之。」斯本字，廝後起字也。史記舍作「舍

中，」索隱：「漢書作『舍人。』」卽顏所謂流俗本。然「謝其舍，非對人言而
何？顏斥爲俗本，亦太泥。』新序『舍中』下有人字，下同。

杖馬箠，下趙數十城。

集解：『張晏曰：「言其不用兵革。」驅策而已也。』

案集解釋箠爲策，新序、漢紀箠並作策。

夫以一趙尚易燕，況以兩賢王左提右挈，而責殺王之罪，

集解：『徐廣曰：「平原君傳曰：『事成，執右券以責』也。券、 契 ，義同
耳。」』

張照云：『左提右挈，』謂彼此扶助，猶云相救若左右手也。徐廣以挈爲契，未
詳何本。

案漢書師古注『易，輕也。』徐注云云，所見本挈蓋作契。惟契非契券字，契乃
挈之借字，莊子大宗師篇：『狶韋氏得之，以挈天地。』成疏：『提挈二儀，又
有作契字者。』卽挈、契古通之證。又徐注引平原君傳，執本作操。

乃歸趙王，養卒爲御而歸。

案兩歸字複，新序、漢紀『乃歸』並作『乃遣。』

乃遂將其兵襲邯鄲。

案漢書無乃字，『乃遂，』複語，乃亦遂也，故可略其一。

兩君羈旅，而欲附趙，難。獨立趙後，扶以義，可就功。

索隱：謂獨有立六國趙王之後。

考證：各本獨下重立字，以『獨立』屬上，誤。今從索隱本、漢書。

施之勉云：『景祐本、黃善夫本、凌本，獨下俱重立字。錢大昭曰：「南監本、
閩本漢書俱重立字。」王先謙曰：「官本漢書重立字，是也。史記亦作『 難 獨
立。立趙後，扶以義。』」』

案御覽一六一引此文，難字屬下讀，作『難以獨立。立趙後，扶以義， 可 以 就
功。』通鑑秦紀三『難。獨立趙後，』作『難可獨立，立趙後。』殿本 亦 重 立
字　又黃善夫本、殿本索隱，後下並有『可以成功』四字。

王離圍之。

考證：楓、三本王離上有『秦將』二字。

案漢紀王離上亦有『秦將』二字。

使張黶、陳澤往讓陳餘，

正義：澤音釋。

案漢書、漢紀澤並作釋，下同。澤、釋古通，呂后紀有說。

且有十一二相全。

正義：十中冀一兩勝秦。

案漢書師古注『十中尚冀得一二勝秦。』即正義所本。此謂十分之中有一二保全
之機會也。

今必俱死，如以肉委餓虎，

考證：『漢書委作餒，顏師古曰：「餒，飤也。」……』

案今猶若也。漢紀委亦作餒，廣雅釋詁三：『餒，食也。』王氏疏證云：『食本
作飤，眾經音義卷二、卷四、卷十三，並引廣雅：「餒，飤也。」』玉篇：
『餒，飼也。』飼，俗飤字。魏公子列傳：『譬若以肉投餒虎。』

吾死顧以爲無益，

案顧猶徒也。漢書師古注：『顧，思念也。』非。

項羽悉引兵渡河，遂破章邯。

集解：『徐廣曰：三年十二月也。』

案二世三年十二月，見月表。通鑑同。

不意君之望臣深也！豈以臣爲重去將哉？

索隱：案重訓難也。

案望借爲誣，說文：『誣，責望也。』下文『而陳餘還，亦望張耳不讓。』
望亦誣之借字，說文繫傳有說。漢書師古注：『重，難也。』即索隱所本。

臣聞天與不取，反受其咎。

考證：『越語：「范蠡曰：天予不取，反爲之災。」取、咎韻。』

案越王 句踐世家：『范蠡曰：天與弗取，反受其咎。』（吳越春秋句踐伐吳外傳
弗作不，反作還。）與此文尤合。意林引太公金匱亦云：『天與不取，反受其

咎。』淮陰侯列傳蒯通勸韓信反，亦有此語。

陳餘乃使夏說說田榮，

　　案項羽本紀謂『使張同、夏說說齊王田榮。』漢書項籍傳亦稱『張同、夏說』二
　　人，通鑑同。

徙故王王惡地。

　　案項羽本紀、漢書項籍傳、通鑑惡皆作醜，義同。

請以南皮爲扞蔽。

　　正義：扞蔽，猶言藩屏也。

　　案正義說，本漢書張耳陳餘傳師古注。

甘公曰：漢王之入關，五星聚東井。

　　索隱：『天官書云：「齊甘公。」藝文志云：「楚有甘公。」齊、楚不同。劉歆
　　七略云：「字逢，甘德。」志林云：「甘公，一名德。」』

　　正義：『甘氏，七錄云：甘德，楚人。……』

　　案漢紀二云：『齊客有甘公者。』與天官書合。甘公名德，字逢。志林云『一名
　　德。』或別有一名。抱朴子辨問篇：『子韋、甘均，占候之聖也。』則甘公蓋一
　　名均與？

故耳走漢。

　　集解：『徐廣曰：二年十月也。』

　　案徐說本月表。漢書高帝紀、漢紀二，亦並在二年十月，通鑑漢紀一同。

漢二年，東擊楚。

　　考證：『梁玉繩曰：「二年」下當有「四月」二字。』

　　案二年擊楚，項羽本紀、月表、漢書高帝紀、漢紀皆書在四月，通鑑同。

陳餘亦復覺張耳不死，

　　考證：漢書削復字。

　　案通鑑從漢書略復字。

遣張耳與韓信，擊破趙井陘，斬陳餘泜水上。

　　集解：『徐廣曰：三年十月。』

　　案月表、漢書高帝紀、漢紀皆在三年十月，通鑑漢紀二同。

漢立張耳爲趙王。

　　集解『徐廣曰：「四年十一月。」駰案漢書「四年夏。」』

　　案月表在四年十一月，通鑑同。漢書張耳陳餘傳在四年夏。

高祖從平城過趙。

　　案御覽一六一引張耳傳（未言史記或漢書）過上有還字，通鑑漢紀三同。

自上食，

　　案田叔列傳作『自持案進食。』

高祖箕踞罵，甚慢易之。

　　考證：『張文虎曰：「舊刻本踞，與索隱本合。各本作倨。」楓、三本踞下有罵
　　字，與漢書合。』

　　案景祐本、黃善夫本、殿本踞皆作倨，通鑑同，古字通用。御覽一六一引張耳傳
　　作踞，田叔傳同。漢紀四作『箕踞罵詈，』與楓、三本及漢書合。『罵詈，』複
　　語，田叔傳詈作罵，說文：『詈，罵也。』

生平爲氣。乃怒曰：吾王孱王也。

　　索隱：〔孱王〕案服虔音鉏閑反。弱小貌也。小顏音仕連反。

　　考證：『張文虎曰：「索隱『服虔音鉏閑反，』單本作『昨軒反，』孱字無此
　　音。案服虔時未有反切，當有誤。」愚按，或云：「服虔時既有反切，此亦一
　　證。』

　　案『爲氣』猶『使氣。』韓世家：『公又爲秦求質子於楚。』商君列傳：『今或
　　更制其教，而爲其男女之別。』（之猶有也。）兩爲字亦並與使同義。（彼文有
　　說。）顏氏家訓音辭篇：『孫叔然（舊誤言）創爾雅音義，是漢末人獨知反語。
　　』唐元和十二年，景審一切經音義序：『古來音反，多以傍紐而爲雙聲，始自服
　　虔。』此文孱字，索隱稱『服虔音鉏閑反。』則反切之始，自當推至服虔時矣。
　　（張守節史記正義論音例，考證有此說，惟文有脫誤。）　單本索隱，小顏作孟
　　康，考漢書師古注：『音士連反。』或小顏注本於孟康與？

今王事高祖甚恭。

梁玉繩云：高祖非生前之稱，此與下四高祖，皆當從漢書作『皇帝。』

考證：愚按史家追記，生前言謚者甚多，詳見顧氏日知錄二十三卷。但不可以爲法也。

案漢紀高祖亦並作『皇帝。』通鑑省作帝。生稱謚，史記習見。

吾王長者，不倍德。

考證：楓、三本者下有義字，

案田叔傳考證引楓、三本，亦作『義不倍德。』

何乃汙王爲乎？

案漢書、通鑑並無乎字。『爲乎，』複語，爲亦乎也，故可略其一。

令事成，

考證：楓、三本、舊刻，令作今。

案景祐本、黃善夫本、殿本皆作令。

要之置廁。

索隱………廁者隱側之處，因以爲言也。亦音側。

梁氏志疑所據湖本無廁字，云：『索隱本置下有廁字，與漢書同。今本脫。』（張照亦有說。）

考證：『索隱本、楓山本、毛本有廁字，與漢書合。各本並脫。顧炎武曰：「置，驛也。………」錢大昕曰：「廁與側同，非廁圂之廁也。……』

施之勉云：『劉昌詩蘆浦筆記引史記有廁字。吳汝綸曰：「案置廁，傳置廁舍也。」』

案景祐本、黃善夫本、殿本皆脫廁字。通鑑漢紀四云：『貫高等壁人於廁中，欲以要上。』並引文穎曰：『置人廁壁中，以伺高祖也。』是所據本有廁字。惟從文說，以廁爲廁圂字，誤矣。張釋之傳：『居北臨廁。』汲黯傳：『上踞廁而視之。』廁並側之借字，（段氏說文注有說。）與此同例。

柏人者，迫於人也。

案御覽一六一引張耳傳，柏人上有『上曰』二字，通鑑同，當據補。漢紀柏人上有曰字。

於是上皆幷逮捕趙王、貫高等，十餘人皆爭自剄。

　　考證：『中井積德曰：漢書作「逮捕趙王、諸反者，趙午等十餘人皆爭自剄。」
　　意義明白。』

　　案幷上皆字，疑涉下皆字而衍。田叔傳作『漢下詔，捕趙王及羣臣反者。於是趙
　　午等皆自殺。』通鑑從漢書。漢紀亦云：『同謀者趙午等十餘人皆自剄死。』

誰令公爲之？

　　案漢書公下有等字，下文亦作『公等。』

乃轞車膠致，

　　正義：謂其車上著板，四周如檻形，膠密不得開，送致京師也。

　　案正義『四周如檻形，』是所據本轞作檻，漢書、漢紀亦並作檻，檻、轞正、俗
　　字。釋名釋車：『檻車，上施闌檻，以格猛獸；亦囚禁罪人之車也。』

治張敖之罪。

　　考證：漢書削『治張敖之罪』五字。

　　案『治張敖之罪』至下文『從來，』三十九字，漢書並略之，通鑑從漢書。

貫高與客孟舒等十餘人，皆自髡鉗爲王家奴，從來。

　　梁玉繩云：上言貫高與王轞車膠致長安矣；而又言與客從來，何邪？評林明田汝
　　成糾之，漢書刪去，最當。

　　考證：『中井積德曰：稱「王家奴」者，孟舒等耳。田叔傳益從實。「貫高與」
　　三字疑衍。』

　　案田叔傳云：『唯孟舒、田叔等十餘人，赭衣自髡鉗，稱王家奴，隨。』不言貫
　　高。此言貫高與客從來者，總上文言之也。史記行文，往往如此。

刺剟。

　　索隱：徐廣音丁劣反。案剟亦刺也。………

　　案索隱『剟亦刺也。』是所據本剟作剟，通鑑注引索隱剟作剟，盍依正文改之。
　　剟、剟正、假字。淮南子脩務篇：『攫剟之捷。』人閒篇剟作剟，即剟、剟通用
　　之證。又黃善夫本、殿本索隱，並略『徐廣音丁劣反』六字。

張王以魯元公主故，

梁玉繩云：魯元二字當衍，魯封在後，而元乃諡也。

案此亦史家追記之詞，魯元二字非衍，日知錄二三有說。通鑑刪魯元二字，失史、漢之舊矣。

豈少而女乎？

案通鑑注：『而，汝也。』

中大夫泄公曰。

正義：泄，姓也。史有泄私。

考證：史記幻雲鈔引正義，作『泄，姓也。秦時衞有泄姬。』

施之勉云：通鑑胡注引正義作『泄音薛。泄，姓也。秦時有泄姬。』

案通鑑注：『泄音薛。泄，姓也。秦時衞有泄姬。』未言引正義。『泄音薛』三字，乃本漢書師古注。然則幻雲鈔所引，或僞託通鑑胡注爲正義與？惟胡注亦往往暗用正義之文，此未敢遽斷也。

此固趙國立名義，不侵，爲然諾者也。

考證：『胡三省曰：「言以義自立，不受侵辱，重於然諾也。」………』

案『不侵』二字當屬下讀，漢書師古注：『侵猶犯負也。』爲猶其也。『不侵爲然諾，』猶言『不負其然諾。』即下文所謂『能立然諾』也。胡氏以『不侵』二字爲句說之，甚牽強。

泄公勞苦如生平驩。

案『勞苦，』複語，戰國策秦策一：『不苦一民。』高注：『苦，勞。』（漢書師古注：『勞苦，相勞問其勤苦也。』分釋『勞苦』二字，非是。）禮記曲禮：『君苦勞之則還辟。』孔疏：『勞，慰勞也。』『生平』當從漢書作『平生，』論語憲問篇：『久要不忘平生之言。』集解：『孔曰：平生，猶少時。』『勞苦如平生驩。』謂相慰勞如少年時之歡樂也。嵇叔夜與山巨源絕交書：『時與親舊敍闊，陳說平生。』陶淵明停雲詩：『安得促席，說彼平生。』並與此『平生』同旨。（阮籍詠懷：『平生少年時，輕薄好絃歌。』『平生』與『少年時』爲複語。沈約別范安成：『生平少年日，分手易前期。』『生平』亦『平生』之誤倒也。）

陳槃庵兄云：『「勞苦，複語」，甚是。漢書王尊傳，出敎告屬縣曰：「宣恩廣澤，甚勞苦矣」。此亦一例。又南粵王趙佗傳，文帝賜佗書曰：「皇帝謹問南粵王，甚苦心勞意」。苦心勞意，亦卽「勞苦」之謂矣。然顏注謂「勞苦，相勞問其勤苦也」，亦不爲無據。漢書循吏王霸傳：「霸見迎（吏），勞曰：甚苦」；後漢書王常傳：「光武見常，甚歡，勞之曰：王廷尉良苦」。此並勞問勤苦之例也。然則顏說亦存參可也。』岷案顏注有據，良是。其說驗之以漢書王霸傳及後漢書王常傳云云，固當。然彼二文雖涉及勞、苦二字，而與複語『勞苦』之例迥別。顏注施之於此，似嫌迂曲耳。

人情寧不各愛其父母妻子乎？

　　案漢紀『父母妻子』作『親戚，』義同。

於是泄公入，具以報。上乃赦趙王。

　　考證：楓、三本報下重上字。

　　案漢書亦重上字。通鑑作『具以報上。春正月上赦趙王敖。』

上多足下，

　　案上文『上賢貫高爲人，』多猶賢也。漢書師古注『多猶重也。』重與賢義近。

白張王不反也。

　　案漢紀白作明，義同。

且人臣有篡殺之名，

　　案御覽三六八引殺作弒，漢書、漢紀、通鑑皆同。史記故本弒多作殺。

縱上不殺我，我不愧於心乎？

　　案縱猶卽也。『不愧』上疑脫獨字，獨猶豈也。項羽本紀：『縱彼不言，籍獨不愧於心乎？』田儋列傳：『縱彼畏天子之詔不敢動我，我獨不愧於心乎？』（參看考證所引。）並與此句法同。

乃仰絕肮，遂死。

　　集解：『韋昭曰：肮，咽也。』

　　索隱：『蘇林云：肮，頸大脈也。………』

　　案御覽引肮作亢，韋注同，與漢書合。通鑑亦作亢。漢紀作吭。說文：『亢，人

頸也。』肒、肮並俗字。單本索隱蘇注，肒亦作肮，與漢書蘇注合。御覽引『遂死』作『而死，』屬上絕句。漢書、漢紀亦並作『而死。』遂、而同義，古書虛字新義有說。

以尚魯元公主故，

　　考證：『公主』二字，依索隱本補。

　　案漢書、漢紀並作『魯元公主。』

乃封張敖他姬子二人，壽爲樂昌侯，侈爲信都侯。

　　考證：『王、柯、凌本乃誤及。蔡本、中統、舊刻、毛本無壽字。錢泰吉曰：「據傳末集解，壽字、侈字皆後人所增。」愚按楓、三本亦有壽字、侈字，錢說拘。』

　　施之勉云：黃善夫本有壽字、侈字。

　　案黃善夫本乃亦誤及。景祐本亦無壽字。殿本有壽字、侈字，呂后本紀、漢書、通鑑漢紀五皆同。傳末距此文僅數句，集解云：『信都侯名侈，樂昌侯名壽。』則此文當本作『乃封張敖他姬子二人爲樂昌侯、信都侯。』今本壽及『侈爲』三字，蓋後人據漢書增之也。若此文本有二人之名，則傳末集解何須更云名侈，名壽乎？錢說固不拘，惟當云『壽字、侈爲字皆後人所增』耳。史記惠景閒侯者表、漢書高惠高后文功臣表壽並作受。呂后紀信都作新都，通鑑從之。壽與受，信與新，蓋古字通用。

復封故魯元王偃爲南宮侯，續張氏。

　　集解：張敖，諡武侯。張偃之孫，有罪絕。

　　考證：『中井積德曰：張敖卒，賜諡魯元王，在高后七年。焉得更諡武侯？集解謬。』

　　案高祖功臣侯者表宣平下，稱『武侯張敖。』漢表亦稱『宣平武侯張敖。』呂后紀：『宣平侯張敖卒，以子偃爲魯王，敖賜諡爲魯元王。』梁氏志疑云：『張敖以趙王降侯宣平，其卒也諡武。今因妻稱魯元，子爲魯王，別賜敖諡爲魯元王。』是也。中井云云，所謂知其一不知其二者也。

世傳所稱賢者。

出自第四十六本第四分（一九七五年十月）

史記斠證卷九十

魏豹彭越列傳第三十

王 叔 岷

魏豹者，故魏諸公子也。

　　考證：『沈欽韓曰：「列女節義傳云：『秦破魏，誅諸公子。』今魏豹、魏咎皆
魏公子封君，是秦滅國，未嘗誅夷。…………陳勝兵起，齊、韓、趙、魏、
楚，皆故國子孫。…………漢得天下，鑒是故，徙諸豪傑于關中。」』
　　案沈氏引列女節義傳，乃節義傳中之魏節乳母傳。考證引沈說，本漢書王氏補
注，末句『豪傑』乃『豪族』之誤。秦滅國，何嘗不誅夷。蓋誅夷未盡耳。

遷咎爲家人。

　　考證：漢書『家人』作『庶人，』義同。
　　案考證說，本漢書補注。史、漢中『家人』多謂『庶人。』已詳魯世家。韓非子
說林下篇：『堯以天下讓許由，許由逃之，舍於家人。』內儲說上篇：『周主亡
玉簪，令人求而得之家人之屋閒。』『家人』亦並謂『庶人』也。

天下昏亂，忠臣乃見。

　　索隱：『老子曰：「國家昏亂，有忠臣。」此取以爲說也。』
　　案記纂淵海五八引亂作濁，恐非其舊。索隱引老子云云，本漢書師古注。治要引
愼子知忠篇：『忠臣不生聖君之下。』

陳王乃遣立咎爲魏王。

　　集解：『徐廣曰：元年十二月也。
　　考證：『岡白駒曰：咎在陳勝之所。』
　　案二世元年十二月也，見月表。陳涉世家：『時咎在陳王所。』

乃進兵擊魏王於臨濟。

　　　　正義：故城，在淄州高苑縣北二里，本漢縣。

　　　　考證：『齊召南曰：案後志，陳留郡平丘亭有臨濟亭，即此臨濟，爲魏咎所都也。正義非是。』

　　　　案考證引齊說，本漢書補注。齊說又本通鑑秦紀三注。

齊、楚遣項它、田巴將兵隨市救魏。

　　　　考證：『劉奉世曰：田儋傳，儋自將兵救魏，章邯殺儋臨濟下。非遣田巴也。』

　　　　案通鑑秦紀三從田儋傳。考證引劉說，已見梁氏志疑。漢書補注亦引之。

咎自燒殺。魏豹亡走楚。

　　　　集解：『徐廣曰：二年六月。』

　　　　案二世二年六月，見月表。通鑑同。

立豹爲魏王。

　　　　正義：『魏豹自立爲魏王。或云：項羽立之。』

　　　　考證：漢書無立字。

　　　　施之勉云：漢書無豹字。

　　　　案月表：『二世二年九月，魏豹自立爲魏王。』漢紀一亦謂『豹自立爲魏王。』漢書：『立爲魏王。』師古注：『項羽立之。』王氏補注：『高紀：「豹自立爲魏王。」時項梁初死，懷王徙彭城，項羽亦尙無立王之權，顏注誤。』通鑑云：『楚懷王立豹爲魏王。』

能下之，

　　　　案能猶若也。伍子胥列傳：『太子能爲我內應，』蘇秦列傳：『子能以燕伐齊，』范雎列傳：『公能出我，』諸能字皆與若同義。（此義前人未發。）

人生一世間，如白駒過隙耳。

　　　　索隱：『莊子云：「無異騏驥之馳過隙。」則謂馬也。小顏云：「白駒，謂日影也。隙，壁際也。」以言速疾若日影過壁隙也。』

　　　　考證：『墨子兼愛篇：「人之生乎地上之無幾何也，譬猶駟馳而過郤也。」亦謂馬。索隱前說是。』

　　　　案莊子知北遊篇：『人生天地之間，若白駒之過郤。』成玄英疏：『白駒，駿馬

也；亦言日也。』釋文：『白駒，或云：日也。』釋爲日，與小顏說合。酈侯世

家亦云：『人生一世閒，如白駒過隙。』李斯列傳：『夫人生居世閒也，譬猶馳

六驥過決隙也。』索隱引莊子云云，見盜跖篇。考證云云，本漢書補注引沈欽韓

說。（參看酈侯世家及李斯列傳斠證。）

今漢王慢而侮人，罵詈諸侯羣臣，如罵奴耳。

　　考證：『漢書如下無罵字。淮陰侯傳：「蕭何謂漢王曰：王素慢無禮，今拜大將

　　如呼小兒耳。」』

　　案漢紀二『罵奴』作『奴虜。』高祖本紀：『高起、王陵對曰：陛下慢而侮人。』

　　陳丞相世家：『陳平曰：今大王慢而無禮。』酈生列傳：『酈生見謂之曰：吾聞

　　沛公慢而易人。』

於是漢王遣韓信，擊虜豹於河東。

　　集解：『徐廣曰：二年九月也。』

　　案淮陰侯列傳擊豹、虜豹並在二年八月，漢紀二同。月表虜豹在九月。漢書高帝

　　紀擊豹在八月，虜豹亦在九月，通鑑漢紀一同。

彭越者，昌邑人也。

　　案景祐本、黃善夫本、殿本皆提行，漢書同。

諸豪桀相立畔秦，

　　案御覽四九六引作『豪傑相立叛秦。』漢書亦無諸字。殿本桀亦作傑。桀、畔二

　　字是故書。

何至是！

　　案漢紀二至下有如字，通鑑秦紀三至下有於字，如、於同義。

漢乃使人賜彭越將軍印，使下濟陰以擊楚。

　　梁玉繩云：『田榮使越反楚，印卽榮賜之，項羽、高祖二紀可據。此漢字誤。劉

　　氏刊誤曰：不合有漢字。』

　　案漢字涉上文『漢元年』而衍，漢書同。漢紀二云：『田榮與彭越將軍印綬，令

　　反徇梁地。』通鑑漢紀一云：『榮與越將軍印，使擊濟北。』亦並可證漢字衍。

楚命蕭公角將兵擊越。

正義：蕭縣令楚。縣令稱公，冉名。

考證：楓、三本命作令，與漢書合。

施之勉云：『四庫全書考證曰：正義「蕭縣屬楚。」刊本屬訛令，今改。』

案項羽本紀、漢書項籍傳及彭越傳，命皆作令。正義『縣令稱公，』本項羽本紀集解。

漢王二年春，與魏王豹及諸侯東擊楚。

考證：『陳仁錫曰：「『漢王二年，』『漢王三年，』王字當刪。」梁玉繩曰：「春當作夏。」』

施之勉云：『項羽紀：「漢之二年春，漢王部五諸侯共東伐楚。四月，漢皆入彭城。」是漢與魏豹及諸侯東伐楚在二年春，入彭城則在夏也。』

案『漢王二年，』及下文『漢王三年，』漢書彭越傳並無兩王字。項羽紀：『漢之二年春，漢王部五諸侯兵東伐楚。』梁氏志疑云：『春當作夏，下文「四月」二字，亦當移此。事在夏四月也。』月表稱漢王伐楚，在四月。漢書高紀、漢紀載此事，並在夏四月，通鑑同。則梁說有據，施氏忽之。本書高紀事在三月，與此傳及項羽紀言春合。

漢五年秋，項王之南走陽夏，

梁玉繩云：秋當作冬。

考證：『楓、三本「五年」作「四年，」爲是。漢用秦正，以冬十月爲歲首，故冬在前，而秋在後。或云：「漢五年」三字衍。』

施之勉云：『留侯世家：「漢四年，其秋，漢王追楚王至陽夏南。」是在四年秋也。此云「五年秋，」誤。』

案項王走陽夏，項羽本紀、新序善謀篇並在漢五年。漢書高紀、張良傳、漢紀三皆在五年冬，故梁氏云『秋當作冬。』史記高紀誤在四年。留侯世家誤在四年秋，梁氏志疑、斠證並有說。楓、三本此文之作『四年秋，』蓋依留侯世家妄改之也，不足據。『漢五年』三字，亦非衍。

漢王敗，使使召彭越，並力擊楚。

梁玉繩云：『劉攽曰：此時漢未敗，疑是數字。』

案敗字疑涉下文『敗固陵』而衍。

卽勝楚，睢陽以北至穀城，皆以王彭相國。

　　考證：〔卽勝楚〕句上添「今能」二字看。

　　案『卽勝楚』三字，漢書高紀作『今能取，』（彭越傳作『今取。』）通鑑漢紀

　　三從之。蓋考證『句上添「今能」二字看』所本。卽猶若也，卽上無庸添字。下

　　文『卽不能，』卽亦猶若也。

此其意欲復得故邑。

　　案『此其，』複語，此亦其也。漢書高紀無此字，通鑑從之。複語故可略其一。

二人今可致。

　　案今猶卽也。漢紀作『則兩人必至。』必亦猶卽也。（參看古書虛字新義四一〔必〕

　　條。）

五年，項籍已死。

　　梁玉繩云：『五年』二字衍，上文已書之。

　　案漢書彭越傳無『五年』二字。

徵兵梁王。

　　考證：楓、三本無王字。

　　施之勉云：漢書無王字。

　　案通鑑漢紀四亦無王字。

梁王不聽，稱病。

　　案文選司馬子長報任少卿書注引病作疾，漢紀同。

於是上使使掩梁王，梁王不覺，捕梁王囚之雒陽。

　　案漢書作『於是上使使掩捕梁王，囚之雒陽。』文選注引此文作『上使使掩捕梁

　　王，囚之洛陽。』所據蓋漢書文，而標史記之名也。（古注或類書引史、漢，往

　　往如此。）焦氏易林十二注云：『漢帝使使掩捕梁王，囚之。』蓋亦本漢書。

傳處蜀青衣，西至鄭。

　　文選李少卿荅蘇武書注引作『遷處蜀道青衣，行至鄭。』（青衣上原衍著字。）

彭王，壯士。

案文選注引作『彭越，壯士也。』漢書同。漢紀彭王亦作彭越。

廷尉王恬開奏請族之。

考證：『各本開誤關，今從楓、三本、游本。張文虎曰：「開，與功臣表、張釋之傳合。」梁玉繩曰：「案彭越之族，在高帝十一年。而公卿表，十年是廷尉宣義，十二年廷尉育，則非王恬開。此時恬開恐尚爲郎中令也。」』

施之勉云：『景祐本、凌本、殿本作開。功臣表，宣義以廷尉擊陳豨，十一年二月封土軍侯，就國。高紀：「十一年三月，梁王彭越謀反。」英布傳：「十一年夏，漢誅梁王彭越。」宣義於二月封侯就國，則三月越謀反，夏誅越，其時廷尉，已是王恬開矣。公卿表，十年，廷尉宣義。十二年，廷尉育。十一年，失書廷尉王恬開。此正可補表之闕失。』

案黃善夫本、殿本開並誤關，施氏謂『殿本作開，』失檢。關，俗書作開，與開形近，往往相亂。通鑑作開，不誤。張釋之傳：『梁相山都侯王恬開，』集解：『徐廣曰：「開，一作關。」漢書作啓，啓者景帝諱也。故或爲開。』關亦開之誤。彭越之族，高紀、黥布傳、盧綰傳、漢紀、通鑑，皆在十一年。施氏所稱『高紀十一年三月，』乃漢書高紀。史記高紀『三月』作夏。黥布傳、盧綰傳亦並作夏。（參看高紀斠證。）

喋血乘勝，

集解：『徐廣曰：「喋，一作唼。」韓傳亦有喋血語也。』

索隱：『音牒。喋猶踐也。殺敵踐血而行。孝文紀：「喋血京師，」是也。』

案淮陰侯列傳：『新喋血閼與。』即集解所稱韓傳也。孝文本紀：『新啑血京師。』漢書啑作喋，索隱所引，與漢書合。此文喋，一作唼。唼與啑同。作喋是，喋與躞同。廣雅釋詁一：『躞，履也。』

中材已上，

案長短經臣行篇注引已作以。

史記斠證卷九十一

黥布列傳第三十一

王　叔　岷

少年，有客相之曰：當刑而王。

案御覽六四八引『少年』作『年少。』七二九及記纂淵海五六引『少年』並作『少時，』刑並作黥。漢紀一同。漢書『少年』亦作『少時。』一切經音義八六引『當刑而王，』作『黥而後王。』並云：『黥者，刑在面也。』

布欣然笑曰，

案記纂淵海八七引漢書笑上有而字。漢紀作『欣然而喜。』

布已論輸麗山。麗山之徒數十萬人。

考證：楓、三本麗作驪，與漢書合。

案漢紀、通鑑秦紀三麗亦並作驪，古字通用。秦始皇本紀有說。

破之清波。

考證：楓、三本清作青，與漢傳合。史陳涉世家亦作青。

案通鑑清亦作青，漢書王氏補注云：『通用字。』

陳嬰以項氏世爲楚將，迺以兵屬項梁，渡淮南。

考證：楓、三本無南字，此疑衍。

施之勉云：『項羽紀：「聞陳嬰已下東陽，使使欲與連和俱西。」正義：「括地志云：東陽故城，在楚州盱眙縣東七十里，秦東陽縣城也。在淮水南。」是東陽在淮南矣。此云「渡淮南」者，謂嬰以兵屬項梁，從淮南渡淮而西也。』

案楓、三本無南字，蓋據漢書刪。

聞陳王定死，

案定猶已也，此義前人未發。宋世家、趙世家並有說。

項籍使布先渡河擊秦，

　　考證：各本渡上衍涉字。楓、三本、宋本、舊刻無。漢書作『先涉河。』

　　施之勉云：景祐本無涉字，黃善夫本有。

　　案景祐本南宋補版無涉字，非景祐原本也。涉字蓋後人據漢書旁記字誤入正文
　　者。殿本亦衍涉字。

諸侯兵皆以服屬楚者，

　　案漢書無以字，疑涉下文而衍。

布常爲軍鋒。

　　索隱：案漢書作『楚軍前簿。』簿者鹵簿。

　　案今本漢書作『前鋒。』

酒陰令九江王布等行擊之。其八月，布使將擊義帝，追殺之郴縣。

　　考證：『崔適曰：「史記項羽、高祖本紀皆云『使衡山王、臨江王殺義帝。』而
　　此傳則云『令九江王布等行擊義帝。』下文隨何說布曰：『楚兵雖强，天下負
　　之以不義之名，以其背約而殺義帝也。』若項王實使九江王殺之，則隨何當爲之
　　諱。蓋後人從漢書竄入也。顏師古注高紀，謂『衡山、臨江，與布同受羽命。』
　　欲爲史、漢調人。然漢書不謂項王使衡山、臨江，本與史記異指，不可强而爲一
　　也。」梁玉繩曰：「此以弒義帝在八月，與紀、表異，說在羽紀。」』

　　案『九江王布等，』蓋兼衡山王、臨江王言之。三王共擊義帝，而殺義帝者實布。
　　漢書高紀、籍傳、布傳則專就布殺義帝載之耳。師古高紀注：『衡山、臨江同受
　　羽命，而殺之者布也。』正與史記布傳合，非强作史、漢調人也。通鑑漢紀一
　　云：『項王密使九江、衡山、臨江王擊義帝，殺之江中。』合三王言之，是已。
　　本傳下文隨何說布，謂楚殺義帝之不義，不直言布殺義帝，正爲布諱也。崔氏未
　　深思耳。又殺義帝，羽紀、高紀並在漢元年四月，此在八月，蓋受命擊殺之在四
　　月，殺之則在八月耳。月表在二年十月，漢書高紀、漢紀二、通鑑並從之。漢書
　　籍傳亦在二年。（參看項羽本紀斠證。）

遣將將數千人行。

　　案下文、漢紀二、長短經霸圖篇注皆作『四千人。』

－ 144 －

數使使者誚讓召布。

　　集解：『漢書音義曰：誚，責也。』

　　案今漢書誚作譙，師古注：『譙，讓責之也。』說文：『誚，古文譙。』

漢三年，

　　案景祐本提行。

出梁地至虞，謂左右曰，

　　索隱：案謂隨何。

　　考證：『恩田仲任曰：泛言左右人也。』

　　施之勉云：『索隱是，恩田說非也。本書高祖紀：「漢王西過梁地，至虞，使謁
　　者隨何之九江王布所，曰：公能令布舉兵叛楚。」漢書高紀：「漢王西過梁地，
　　至虞，謂謁者隨何曰：公能說九江王布，使舉兵叛楚。」是左右謂隨何，非泛言
　　左右人也。』

　　案『左右，』泛言左右人，隨何乃其中之一耳。恩田說是。史、漢高紀未記王先
　　謂左右，故徑出隨何之名。漢紀作『王謂羣臣曰。』『羣臣』卽『左右』矣。

孰能爲我使淮南，令之發兵倍楚，畱項王於齊數月。我之取天下，可以百全。

　　梁玉繩云：英布歸漢始立爲淮南王，在漢四年七月。是時尚爲九江王，故隨何對
　　楚使者『九江王已歸漢』也。此淮南二字當作九江，下文凡稱淮南，竝非。本紀
　　項羽去齊而後有彭城之戰，漢敗彭城而後有隨何之說，安得言畱齊，當是『畱項
　　王於楚』耳。蓋英布叛楚，則項王必畱身擊布，而漢得以圖取天下也。此誤。

　　施之勉云：『高祖紀：「使謁者隨何之九江王布所，曰：公能令布舉兵畔楚，項
　　王必畱擊之。得畱數月，吾取天下必矣。」漢書高紀同。是畱齊爲畱楚之誤耳。
　　至九江稱淮南，係史臣追稱之。』

　　案漢紀淮南作九江王，通鑑作九江。史臣追稱淮南，漢書補注引周壽昌已有說。
　　漢紀『畱項王於齊數月，』作『項羽必畱。必畱三月。』（下必字義與若同。）
　　通鑑略『於齊』二字。並可證非畱齊也。漢書、漢紀、長短經霸圖篇『百全』皆
　　作『萬全，』與下文隨何所言合。

因太宰主之。

　　索隱：『太宰，掌膳食之官。韋昭曰：主，舍。』

　　案漢書補注：『通鑑胡注：此非周官之太宰也。漢奉常屬官有太宰。』黃善夫本、
　　殿本索隱，並略『韋昭曰：主，舍。』五字。

夫漢王戰於彭城，

　　案漢紀、通鑑漢紀二並無夫字。

大王宜騷淮南之兵渡淮，

　　集解：騷音掃。

　　案漢書、漢紀騷並作帰，長短經霸圖篇注作掃，（漢紀一本亦作掃。）騷、帰古
　　通，帰、掃正、俗字，（李斯傳已有說。）通鑑作悉，義同。景祐本集解掃作帰。

大王撫萬人之眾，

　　考證：楓、三本撫上有今字。

　　案漢書撫上亦有今字，通鑑撫上有乃字，今猶乃也。

大王提空名以鄉楚，

　　正義：提，舉也。

　　案正義說，本漢書師古注。

天下負之以不義之名。

　　索隱：負猶被也。……………

　　案漢書師古注：『負，加也。加於身上，若言被也。』即索隱釋被所本。

然而楚王恃戰勝自彊。

　　案漢書恃作特，古字通用。

深溝壁壘，

　　考證：『中井積德曰：壁疑堅之誤。』

　　施之勉云：『高祖紀：「袁生說漢王曰：王深壁，令滎陽、成皋閒且得休。」淮
　　陰侯列傳：「齊、楚自居其地戰，兵易敗散，不如深壁，令齊王使其信臣招所亡
　　城。」左傳文十二年：「請深壘固軍以待。」疏：「壘，壁也。」是「壁壘」亦
　　可言深。深字，貫下溝與「壁壘」二者而言。壁非堅之誤，中說非。』

　　案漢書、通鑑並承史文作壁，壁固非堅之誤。惟如施說，壘即壁也，深字貫下溝

與『壁壘』而言。則作『深溝壁，』或作『深溝壘』卽可，何必言『深溝壁壘』邪？竊以爲『深溝』與『壁壘』對文，壁有高峻義。漢紀、長短經注並作『深溝高壘。』『高壘』正『壁壘』之義也。荊王世家、淮陰侯傳、吳王濞傳亦皆有『深溝高壘』之文。

進則不得攻，退則不得解。

考證：『張文虎曰：中統本攻上得字作能。中統、游、毛本解上得字作能。』

案景祐本、黃善夫本、殿本解上得字皆作能，漢書、通鑑並同。能猶得也，陳丞相世家：『奇計或頗秘，世莫能聞也。』景祐本能作得，朝鮮列傳：『以故兩將不相能。』漢書能作得，並其比。

臣請大王提劍而歸漢。

案御覽四六一引提作將，漢下有王字。漢書、長短經注漢下亦並有王字。

漢王必裂地而封大王。又況淮南。淮南必大王有也。

考證：楓、三本裂下有土字。漢書封作分，不重淮南二字。

案楓、三本裂下有土字，疑涉地字偏旁而衍。長短經注封亦作分，淮南二字亦不重。通鑑淮南作九江，九江二字亦不重。

楚使者在，方急責英布發兵。舍傳舍。

考證：『中井積德曰：據下文「布愕然」句，是事在布之前也，不於傳舍。漢書削「舍傳舍」三字，爲是。』

案漢紀亦無『舍傳舍』三字，從漢書也。通鑑『舍傳舍』三字，在『方急責英布發兵』句上，則責布發兵，是在布前矣。

事已構，

正義：構，結也。言背楚之事已結成。

案景祐本、黃善夫本、殿本皆作『事以搆。』漢書構亦作搆。構、搆正、俗字。正義云云，本漢書師古注。惟今本師古注構作搆。通鑑注引師古注作構。

項王留而攻下邑。數月，

案漢書補注引劉奉世曰：『「數月」字，宜屬上句。』當讀作『項王留而攻下邑，數月。』

故閒行，與何俱歸漢。淮南王至。

> 集解：『徐廣曰：三年十二月。』

> 案布歸漢，在三年十二月，見月表、漢書高紀及漢紀。史記高紀誤書於二年六月，梁氏志疑有說。通鑑稱三年十一月歸漢，十二月至漢。高紀斠證有說。

上方踞牀洗，

> 案漢書師古注：『洗，濯足也。』通鑑洗下補足字。

布甚大怒。

> 考證：『梁玉繩曰：「甚大」二字，當去其一。漢書無甚字。』

> 案『甚大，』複語，故可略其一。通鑑亦無甚字，從漢書也。

布又大喜過望。

> 正義：高祖以布先分爲王，恐其意自尊大，故峻禮令布折服。已而美其帷帳，厚其飲食，多其從官，以悅其心。權道也。

> 案正義云云，本漢書師古注。

六年，布與劉賈入九江，誘大司馬周殷。

> 考證：『沈家本曰：高紀在四年。按「六年，」衍。項籍之死，實五年也。漢書無此二字。』

> 施之勉云：荊燕世家在五年，漢書布傳亦在五年。

> 案漢書高紀在五年十一月，通鑑漢紀三從之。作四年或六年，並非。

上折隨何之功，謂何爲腐儒。

> 正義：腐，爛敗之物，言不堪用。

> 案折，謂折辱也。漢紀三云：『眾辱隨何。』御覽六三三引『腐儒』上無爲字，與下文合。正義云云，本漢書師古注。

賢於步卒五萬人、騎五千也。

> 案御覽、記纂淵海六三引此並無人字，漢書、漢紀三並同。

七年，朝陳。八年，朝雒陽。九年，朝長安。

> 梁玉繩云：『七年』當作『六年。』

> 考證：『楓、三本「七年」作「六年，」「八年」作「七年，」與漢書合。愚按

高紀會諸侯於陳，在六年。如洛陽，在八年。卽「七年」當從漢書作「六年。」
「八年」本書爲是。梁玉繩云：「『九年』下，缺『十年』二字。」』

案高紀、荊王世家、陳丞相世家、淮陰侯列傳、漢紀、通鑑會諸侯於陳，皆在六
年。漢紀四、通鑑漢紀四如洛陽，亦並在八年。考證所稱高紀，乃漢書高紀。其
說本王氏補注。史、漢高紀、漢紀朝長安，皆在九年、十年。漢書布傳亦缺『十
年』二字。

**十一年，高后誅淮陰侯，布因心恐。夏，漢誅梁王彭越，醢之。盛其醢，徧賜諸侯。
至淮南。**

梁玉繩云：夏當作春。

考證：『楓、三本恐下有憂字。王念孫曰：「夏漢」當作「漢復，」彭越謀反，
高紀在十一年三月。』

施之勉云：『高祖紀：「十一年，夏，梁王彭越謀反，夷三族。」盧綰傳：「十
二年，綰謂其幸臣曰：往年春，漢族淮陰。夏，誅彭越，皆呂后計。」是誅梁王
彭越在十一年夏也。漢書高紀作「三月」者，蓋彭越反，廢遷蜀在三月。彭越道
見呂后，還至雒陽，人告其謀反，遂族誅之。當已在夏。本書高紀是記其實，漢
書高紀係統詞，皆是也。王說非。』

案楓、三本恐下並有憂字，疑夏字之誤而衍者。漢書高紀、漢紀越謀反，並在十
一年三月，通鑑從之。梁氏云『夏當作春，』高紀志疑有說。考證引王說，見王
氏漢書雜志，漢書補注已引之。彭越謀反，廢遷蜀在春。被誅，夷三族在夏，峴
於高紀亦有說。又『至淮南』上，通鑑補『使者』二字，文意較明。

布所幸姬疾，

考證：楓、三本布下有有字，姬下重姬字，疾作病。

案漢書作『布有所幸姬病。』通鑑疾亦作病。

使人微驗淮南王。

集解：微，一作徵。

案漢書補注引宋祁云：『微，或作徵。舊本及李本並作徵。』與此作徵之本合。
徵乃微之形誤，（朝鮮列傳：『左將軍徵至。』考證引楓、三本徵作微，亦二字

相亂之例。）朱駿聲云：『微，叚借爲覹。』（說文通訓定聲。）說文：『覹，司也。』段注：『司者今之伺字。』

淮南王布見赫以罪亡上變，固已疑其言國陰事；漢使又來，頗有所驗，遂族赫家，發兵反。反書聞。

　　案『布見赫，』見猶知也。下文『勝敗之數，未可知也。』漢紀四知作見，莊子田子方篇：『微夫子之發吾覆也，吾不知天地之大全也。』鶡冠子天權篇陸注引知作見，呂氏春秋自知篇：『知於顏色。』高注：『知猶見也。』皆見、知同義之證。文選陸士衡五等諸侯論注引楚漢春秋云：『下蔡亭長晉淮南王曰：封汝爵爲千乘，東南盡日所出，尚未足黥徒羣盜所邪？（峴案黥，或誤黔。所字疑衍。）而反，何也？』可補史記未備。又文選虞子陽詠霍將軍北伐一首注引楚漢春秋云：『黥布反，羽書至，上大怒。』亦可參。

上召諸將問曰：『布反，爲之柰何？』皆曰：『發兵擊之，阬豎子耳！何能爲乎？』

　　案陳丞相世家：『人有上書告楚王韓信反。高帝問諸將。諸將〔皆〕曰：亟發兵阬豎子耳！』

汝陰侯滕公召故楚令尹問之。

　　案漢書布傳作『汝陰侯滕公召問其客薛公。』楚令尹卽薛公也。漢書高紀、漢紀四、長短經三國權篇、通鑑漢紀四皆云：『楚令尹薛公。』

上裂地而王之，疏爵而貴之。

　　案墨子尚賢中篇：『般爵以貴之，裂地以封之。』

往年殺彭越，前年殺韓信。

　　梁玉繩云：殺信、越竝在十一年春，此語誤。

　　案殺越在春或在夏，尚難定。（參看上文。）而殺信、越並在十一年，則可信。文選李少卿答蘇武書注引此作『前年醢彭越，往年殺韓信。』稱前年、往年，亦同誤。漢紀作『往年殺韓信，今年殺彭越。』稱往年，亦誤。殺信、越同在今年（十一年）也。

此三人者，

　　梁氏志疑所據湖本此上有言字，云：『攷證張氏曰：言字疑衍，蓋從上信字誤寫

也。』

考證：『張文虎曰：「各本此上衍言字，宋本、舊刻無。」愚按楓、三本、漢書亦無。』

施之勉云：景祐本此上無言字，黃善夫本有。

案漢紀、長短經三國權篇注、通鑑此上亦皆無言字。

據敖庾之粟，

索隱：『案太康地記云：秦建敖倉於成皋。又立庾，故云敖庾也。』

考證：敖庾，各本作敖倉。今從索隱本、楓、三本。

案漢書、漢紀、長短經三國權篇、通鑑皆作敖倉。下文集解引桓譚新論亦云：『據敖倉。』索隱云云，所據本自是作敖庾，楓、三本從之耳。黃善夫本、殿本索隱，故下並有亦字。

何謂廢上中計而出下計？

考證：楓、三本謂作爲，…………………

施之勉云：漢書謂作爲。

案長短經、通鑑謂亦並作爲，謂猶爲也。

布故麗山之徒也。

案漢書、漢紀麗並作驪，長短經作酈，並古字通用。

果如薛公籌之。

梁玉繩云：『劉攽曰：薛公所言英布出下計，不盡如薛言。布取荊，又敗楚，遂與上遇。何嘗「歸重于越，身歸長沙」乎？』

案文選賈誼鵩鳥賦注引籌作揣，漢書同。

荊王劉賈走死富陵。

正義：故城，在楚州盱眙縣東北六十里。

案正義云云，荊王世家正義引爲括地地志文。通鑑亦引之。

諸侯戰其地爲散地。

案漢書、漢紀、通鑑戰上皆有自字，與孫子九地篇合。

遂西與上兵遇蘄西會甄。

索隱：…………………漢書作甀，應劭音保。鄆下亭名。

正義：…………………甀，逐瑞反。

案漢書布傳、漢紀、朱熹楚辭後語一甀皆作甀，甀蓋甀之省。漢書高紀甀誤甀。
孟康注：『音儈保。』索隱云：『應劭音保。』蓋誤孟康爲應劭。惟孟注『音儈
保，』乃謂會音儈保之儈，非謂甀音保也。（高紀錢大昕考異有說。）黃善夫本、
殿本索隱『鄆下亭名』四字，並作『非也』二字，與高紀索隱合（參看高紀斠
證。）；又正義逐字並作逐。

以故長沙哀王使人給布，

集解：『徐廣曰：「表云：成王臣，吳芮之子也。」駰案晉灼曰：「芮之孫固。」
或曰：「是成王，非哀王也。傳誤也。」』

索隱：哀字誤也。是成王臣，吳芮之子也。

施之勉云：『四庫全書考證曰：集解「芮之孫回」，刊本訛固，據漢書注及表改。』
案漢紀『長沙哀王，』略哀字。通鑑改哀王爲成王。黃善夫本、殿本並略索隱。

立皇子長爲淮南王。

考證：『中井積德曰：皇子長爲王，重出，宜削其一。』

施之勉云：『田汝成曰：前書「立皇子長爲淮南王，」布未滅而先立也；後書
「立皇子長爲淮南王，」總敍封功而帶言也。自不嫌於複。』

案漢書削此句，避與上文複也。

英布者，其先豈春秋所見楚滅英、六臯陶之後哉？

考證：『春秋文五年：「秋，楚人滅六。」左氏傳：「六人叛楚。秋，楚成大心、
仲歸帥師滅六。冬，楚公子燮滅蓼。臧文仲聞六與蓼滅，曰：臯陶、庭堅不祀忽
諸。」史記夏本紀云：「封臯陶之後英、六。」集解：「徐廣曰：史記皆爲英字，
而以英布是其苗裔。」正義：「英，蓋蓼也。」』

案陳杞世家：『臯陶之後，或封英、六。』索隱：『「蓼、六，」本或作「英、
六，」皆通。…………………或者英後改曰蓼也。』正義：『蓋英爲蓼耳。』考證
引梁玉繩曰：『索隱謂本或作「蓼、六，」，非也。英，卽春秋僖十七年所稱英
氏。路史云：「六，分爲英。」是已。此世家索隱，及夏本紀、黥布傳正義，言

英後改蓼。謬甚！』所稱布傳正義，見傳首『黥布者，六人也。姓英氏。』下。

楚世家：『〔成王〕二十六年，滅英。』正義：『英國，蓋蓼國也。』亦同誤。陳榘庵兄云：『英在今安徽六安縣，蓼則初居今河南鄆城縣，後遷今安徽霍丘縣西北之蓼縣故城。又英，皋陶後，偃姓；而蓼則庭堅後，姬姓。居地固不同，祖姓亦異，是英、蓼各自爲國，無緣混爲一事也。』（春秋大事表譔異捌肆、英氏。）

何其拔興之暴也！

索隱：拔，白曷反，疾也。

案索隱拔訓疾，朱駿聲因云：『拔借爲𢫾。』（說文通訓定聲。）說文：『𢫾，疾也。』然暴已有疾速義，拔又訓疾，則『拔興之暴，』猶言『疾興之疾。』文不成義矣。『拔興，』複語，拔借爲發，發亦興也。漢書王吉傳：『愼毋有所發。』師古注：『發，謂興舉衆事。』左襄二十九年傳公叔發，禮記檀弓鄭注及孔疏引世本發並作拔，卽拔、發古通之證。

爲世大僇。

案文選張茂先鷦鷯賦注引僇作戮，戮、僇正、假字，其例習見。

禍之興，自愛姬殖。妒媚生患，竟以滅國。

索隱：『案王邵音冒，媚亦妒也。漢書外戚傳亦云：「成結寵妾妒媚之誅。」又論衡云：「妒夫媚婦。」則媚是妒之別名。今原英布之誅，爲疑賁赫與其妃有亂，故至滅國。所以不得言妒媚是媚也。一云：男妒曰媚。』

梁玉繩云：『顏氏家訓書證篇云：「太史公論英布曰：『禍之興，自愛姬。生于妒媚，以至滅國。』媚當作媚。」顏氏見本異。』

考證：『張文虎曰：「據索隱，是舊本有誤作『妒媚』者。顏氏家訓書證篇引史亦辯之。」愚按楓、三本作媚。』

案說文：『妒，婦妒夫也。媚，夫妒婦也。』繫傳引此文『妒媚生患，』與今本同。通言之，媚亦妒也。廣雅釋詁一：『媚，妒也。』媚與妒同。索隱云云，卽本顏氏家訓言之，非所據舊本別有作『妒媚』者也。其引漢書外戚傳及論衡（論死篇）之文，亦本家訓。惟家訓引外戚傳『妒媚』本作『妒媚，』今本亦作『妒媚。』媚乃媚之誤，顏氏及漢書王氏雜志巳辯之。（所引論衡『媚婦，』今本作

『媦妻，』）楓、三本此文媦作媚，蓋依家訓所引舊本改之也。又黃善夫本、殿本索隱，並略『案王邵音冒，媦亦妎也』九字。

出自第四十七本第一分（一九七六年三月）

史記斠證卷九十二

淮陰侯列傳第三十二

王　叔　岷

常從人寄食飲，人多厭之者。

　　考證：楓、三本無者字。

　　施之勉云：書鈔一百四十三引無者字。

　　案通鑑漢紀一亦無者字。劉子觀量篇：『韓信不營一飱，非其心不愛藝，口不嗜味，由其性大，不綴細業也。』

常數從其下鄉南昌亭長寄食。

　　集解：『張晏曰：下鄉縣，屬淮陰也。』

　　索隱：下鄉，鄉名，屬淮陰郡。案楚漢春秋作『新昌亭長。』

　　梁玉繩云：『索隱曰：楚漢春秋南昌作新昌。』

　　施之勉云：『楊守敬曰：「張晏云：『下鄉縣，屬淮陰。』按淮陰，縣名。果有下鄉縣，不得言屬淮陰。考漢書張晏注無縣字，知下鄉爲鄉名。史記注縣字，乃衍文也。」』

　　案索隱云『下鄉，鄉名。』是。惟謂『屬淮陰郡。』郡當作縣。水經淮水注亦云『淮陰縣。』黃善夫本、殿本索隱，並略『下鄉，鄉名，屬淮陰郡。』八字，『作「新昌亭長，」』並作『南昌作新昌，』下更有『亭長者，主亭之吏也。』八字，與梁氏志疑所據湖本索隱同。高祖本紀正義亦云：『亭長，主亭之吏。』

亭長妻患之，乃晨炊蓐食。

　　集解：『張晏曰：未起而牀蓐中食。』

　　案漢書患作苦，師古注：『苦，厭也。』漢紀二苦正作厭。苦亦有患義，法言先

知篇：『或苦亂。』李注：『苦，患。』爾雅釋詁：『晨，早也。』左文七年
傳：『秣馬蓐食。』杜注：『蓐食，早食於寢蓐也。』集解引張注，『未起』似
當作『早起。』漢書王氏補注：『王引之曰：「方言：蓐，厚也。」厚食，猶言
多食。』亦可備一解。風俗通窮通篇作『乃晨早食。』晨下疑脫炊字，『晨炊早
食，』晨、早互文，猶言『早炊早食』耳。

食時信往，不爲具食。

　　案藝文類聚七二引『食時信往，』作『信食時往。』白帖十六不上有而字，而猶
　　亦也。

信釣於城下

　　正義：淮陰城北臨淮水，昔信去下鄉而釣於此。

　　案藝文類聚、御覽八四七引並作『乃釣城下。』風俗通作『釣城下。』正義說，
　　本水經淮水注。

飯信。

　　案藝文類聚引作『爲設食。』恐非其舊。

吾哀王孫而進食，

　　索隱：『劉德曰：「秦末多失國，言王孫公子，尊之也。」蘇林亦同。……』
　　案漢書補注：『何焯曰：「博物志云：王孫公子，皆相推敬之詞。』何氏所引博
　　物志，蓋本文選左太冲蜀都賦李善注。文選張平子西京賦李善注亦引博物志云：
　　『王孫公子，皆古人相推敬之辭。』黃善夫本、殿本索隱，並略『蘇林亦同』四
　　字。

若雖長大，好帶刀劒，中情怯耳！

　　案書鈔一二九引若作君，風俗通同。御覽八二八引若作汝，莊子盜跖篇，孔子稱
　　跖『生而長大，美好無雙。』陳丞相世家：『平爲人長大美色。』（今本脫大
　　字，王氏雜志有說。）韓信亦以長大著者也。樂書：『四暢交於中。』正義：
　　『中，心也。』禮記大學：『無情者不得盡其辭。』鄭注：『情猶實也。』『中
　　情怯耳，』猶言『心實怯耳。』

信能死，刺我；不能死，出我袴下。

集解：『徐廣曰：「袴，一作胯。胯，股也。音同。」又云：「漢書作跨，同耳。」』

索隱：袴，漢書作胯。胯，股也。音枯化反。……『袴下』即『胯下』也。亦何必須作胯。

正義：眾辱，謂於眾中辱之。

案兩能字並與敢同義。項羽本紀：『沛公不先破關中，公豈敢入乎？』漢書高帝紀敢作能；封禪書：『牽拘於詩書古文而不能騁。』補孝武本紀能作敢，並能、敢同義之證。（參看武紀斠證。）御覽四九九、六九五引『不能』下並無死字，漢書、風俗通、白帖二八皆同。白帖袴作胯，與徐氏所稱一本合。御覽四九九引袴作跨，漢書、漢紀、風俗通皆同。索隱稱『漢書作胯。』所見本異。袴、跨、胯，義皆通。又索隱『袴，漢書作胯。胯，股也。音枯化反。』十二字，黃善夫本、殿本並略乍『胯，音枯化反。』五字。通鑑漢紀一注引作『胯，枯化翻。』四字。索隱末句『亦何必須作胯。』黃本、殿本並作『何必須要作「胯下。」』通鑑注引同。正義云云，本漢書師古注。

俛出袴下，蒲伏。一市人皆笑信，以爲怯。

案御覽四九九引『蒲伏』作『匍匐，』同。風俗通亦作『匍匐。』御覽六九五引市下無人字，漢書同。風俗通、漢紀、通鑑皆有人字，較長。

信杖劍從之，居戲下。

集解：『徐廣曰：戲，一作麾。』

考證：宋本、毛本杖作仗。

施之勉云：景祐本、黃善夫本並作杖。

案殿本杖亦作仗，杖、仗正、俗字。（考證說，疑本張文虎札記。）通鑑戲作麾，從徐氏所稱一本也。戲借爲麾，說文：『麾，旌旗，所以指麾也。』麾，俗字。（下文『而兩將之頭可致於戲下。』藝文類聚二五、御覽四六一引戲並作麾，亦同例。）

爲連敖。

集解：『徐廣曰：典客也。』

案通鑑注：『據史記表，信爲連敖典客。班表作票客，索隱以爲誤。徐廣於周寵

表，以連敖爲典客，蓋以信表爲據。如淳曰：「連敖，楚官。左傳，楚有連尹、
莫敖，其後合爲一官號。」此文徐注，亦以信表爲據。

適見滕公，曰：上不欲就天下乎？

考證：楓、三本無上字。愚按上字當作王，下同。

施之勉云：荀紀上作王。

案『適見』一詞，先秦至晉、宋時皆用之。莊子德充符篇：『適見犳子食於其死
母者。』陶淵明形贈影詩：『適見在世中。』並其證。漢書師古注：『〔滕公，〕夏
侯嬰。』漢紀滕公作夏侯嬰。漢書補注引宋祁曰：『或無此上字。』與此文楓、
三本合。下文『言於上，上拜以爲治粟都尉。』兩上字，漢書並作漢王，通鑑並
作王。（下文諸上字，通鑑皆從漢紀改爲王。）

上拜以爲治粟都尉，上未之奇也。

梁玉繩云：『宋沈作喆寓簡曰：「秦官有治粟內史，高帝因之。元年，執盾襄爲
此官。至武帝時，始有騪粟都尉。蓋誤也。」說本公卿表。而藝文類聚四十九引
史作「治粟內史。」豈改之乎？』

案御覽二三二引此亦作『治粟內史。』蓋本藝文類聚。記纂淵海三一云：『秦爲
治粟內史，掌谷貨。韓信歸漢，爲治粟內史。即其任也。』通鑑『上未』作『亦
未，』較長。

至南鄭，諸將行道亡者數十人。

案漢書韓信傳及史、漢高紀皆無行字。爾雅釋宮：『行，道也。』『行道，』複
語，故可略其一。通鑑作『漢王至南鄭，諸將及士卒皆歌謳思東歸，多道亡者。』
本漢書高紀。

信度何等已數言上，上不我用，即亡。

考證：楓、三本無我字。

案伍子胥列傳：『子胥臨行，謂其子曰：吾數見王，王不用。』說苑正諫篇作『子
胥謂其子曰：吾諫王，王不我用。』（又見吳越春秋夫差內傳。）『王不用，』與
楓、三本此文作『上不用，』句法同。『王不我用，』與此文作『上不我用，』
句法同。有我字蓋此文之舊。『即亡』猶『亦亡。』劉子通塞篇：『命至於屈，

才通卽壅；遇及於伸，才壅卽通。』兩卽字亦並與亦同義。此義前人未發。

臣追亡者。

　　案漢書、漢紀、通鑑者下皆有耳字。

諸將亡者以十數，

　　案漢書『十數』作『數十，』王氏補注云：『據上文，則「數十」是也。』說
　　文：『數，計也。』以十計。卽數十之謂矣。何必以作『數十』爲是邪？容齋隨
　　筆十三載漢書文，作『十數。』

國士無雙。

　　案通鑑注：『師古曰：「爲國家之奇士。」余謂何言漢國之士，僅有信一人，他
　　無與比也。』戰國策趙策一：『豫讓曰：知伯以國士遇臣，臣故國士報之。』
　　（又見刺客傳。）鮑注：『國士，名蓋一國者。』莊子盜跖篇，孔子稱跖『美好
　　無雙。』（已見前。）魏公子列傳，平原君聞公子『天下無雙。』

王必欲長王漢中，無所事信。

　　集解：『文穎曰：「事猶業也。」張晏曰：「無事用信。」』

　　裴學海云：『淮陰侯傳：「無所事信，」酈生陸賈傳：「安事詩書？」事猶用
　　也。』（古書虛字集釋九。）

　　案必猶若也，下同。事猶用也，裴說是，舊注非。魏公子列傳：『尙安事客？』
　　事亦猶用也，彼文斠證有說。

非信無所與議事者，顧王策安所決耳！

　　王引之云：所猶可也，言無可與計事者也。漢書所作可。（釋詞九。）

　　考證：楓、三本『無所』作『無可。』

　　案漢紀、通鑑、容齋隨筆所亦皆作可。顧猶特也。下文『顧諸君不察耳。』『顧
　　恐臣計未必足用！』『顧力不能耳！』顧皆與特同義。

何曰：王素慢無禮。今拜大將，如呼小兒耳。

　　考證：『魏豹傳：「豹曰：漢王慢而侮人。罵詈諸侯羣臣，如奴耳。」』

　　案高祖本紀：『高起、王陵對曰：陛下慢而侮人。』陳丞相世家：『陳平曰：今
　　大王慢而少禮。』酈生列傳：『酈生見謂之（騎士）曰：吾聞沛公慢而易人。』

（參看魏豹傳斠證。）

設壇場，

　　考證：築土而高曰壇，除地爲場。

　　案考證說，本漢書高帝紀師古注。漢書文帝紀師古注亦云：『築土爲壇，除地爲
　　場。』

人人各自以爲得大將。

　　案孟嘗君列傳：『人人各自以爲孟嘗君親己。』漢書元帝紀：『人人自目得上
　　意。』匡衡傳：『人人自目爲得上意。』句例皆同。

至拜大將，乃韓信也！一軍皆驚。

　　案項羽本紀：『漢王使人閒問之，乃項王也！漢王大驚。』與此文例同。

漢王曰：『然。』曰：『大王自料，勇悍、仁、彊，孰與項王？』

　　考證：楓、三本然下有信字。

　　案漢書、漢紀、長短經霸圖篇注，然下皆有信字（屬下曰字讀）。『勇悍，』複
　　語，莊子盜跖篇：『勇悍、果敢。』亦同例。說文：『悍，勇也。』漢書師古
　　注：『與，如也。』

惟信亦爲大王不如也。

　　梁玉繩云：『評林曰：「一本亦下有以字。」』

　　考證：『張文虎曰：「惟，漢書作唯，王本作雖。」王念孫曰：「雖字，古多借
　　作惟，又作唯。『惟信亦以爲大王不如也。』當作一句讀。言非獨大王以爲不
　　如，雖信亦以爲不如也。」愚按王說是。楓、三本亦有以字。』

　　施之勉云：景祐本亦下有以字。

　　案新序善謀篇、漢紀惟亦並作唯，長短經注作雖。惟、唯、雖，皆與卽同義。楚
　　世家：『雖儀之所甚願爲門闌之廝者，亦無先大王。』秦策二雖作惟，雖、惟亦
　　並猶卽也；范雎列傳：『主人翁習知之，唯雎亦得謁。』唯亦猶卽也。（楚世
　　家、范雎傳並有說。）殿本亦下亦有以字，新序、漢書、漢紀、長短經注、通鑑
　　皆同。

項王喑噁叱咤，千人皆廢。

索隱：『瘖噁，上於金反，下烏路反。瘖噁，懷怒氣。吒，字或作咤。……叱吒，發怒聲。……張晏曰：廢，偃也。』

案索隱本噁作啞，云：『吒，字或作咤。』一切經音義七六引此正作『瘖啞叱吒。』云：『瘖，說文作諳，於禁反，大聲也。啞，於格反，大呼也。』今本說文云：『諳，悉也。』或『悉也』下脫『一曰：大聲也。』五字。啞借爲歞，漢書作烏，漢紀作鳴，烏亦借爲歞。鳴，俗字。說文：『歞，心有所惡若吐也。』段注：『此所謂瘖噁，噁即歞之或字。瘖噁，言其未發也。叱吒，言其已發也。』索隱所謂『懷怒氣。』即是未發；『發怒聲，』即是已發。吒乃咤之或字，說文：『咤，噴也，叱怒也。』段注：『亦作吒。』漢紀廢作靡，義同。索隱引張注：『廢，偃也。』廣韻上聲紙第四：『靡，偃也。』又黃善夫本、殿本索隱，『瘖噁』並作『瘖噁，』依正文作噁改之也。

項王見人，恭敬慈愛，言語嘔嘔，

索隱：『音吁。「嘔嘔，」猶「姁姁」也。漢書作「姁姁，」鄧展曰：「姁姁，好也。」張晏音吁。』

考證：楓、三本敬作謹，與漢書合。

施之勉云：新序敬作謹。

案敬、謹同義，玉篇：『謹，敬也。』陳丞相世家：『陳平曰：項王爲人，恭敬愛人。』御覽二百九十引此『嘔嘔』作『姁姁，』疑與漢書之文相亂。新序作『呴呴，』長短經注作『嘔呴。』嘔、姁，呴，古並通用。黃善夫本索隱首句『音吁』上有嘔字，『好也』作『和好貌也。』下無『張晏音吁。』四字。殿本索隱作『嘔音吁，漢書作「姁姁，」鄧展曰：「姁姁，和好貌。」』通鑑注引索隱作『「嘔嘔」猶「姁姁，」同音吁。鄧展曰：和好貌。』並有省略。

至使人有功當封爵者，印刓敝忍不能予。

正義：『「印刓」作「印抏，」注曰：音與刓同，五丸反。角之刓，與玩同。手弄角訛，不忍授也。』

案御覽引『印刓敝忍不能予，』作『刻印刓忍不能與。』蓋與漢書韓信傳相亂。（漢書與本作予，習見通用字。）說文：『鈋，鈋圜也。』繫傳：『史記項羽封諸

侯，「印刓弊忍不能與，」本此字也。』廣雅釋言：『鈮，刓也。』王氏疏證：
『漢書食貨志：「百姓抏敝以巧法。」顏師古注：「抏，訛也。謂摧挫也。」韓
信傳：「刻印刓，」蘇林注云：「刓音刓角之刓，手弄角訛也。」酈食其傳刓作
玩。訛與鈮通，抏、玩竝與刓通。』所引食貨志，又見史記平準書。景祐本、黃
善夫本、殿本此文敝皆作弊，與說文繫傳引合。弊（獘之俗變）、敝古通，新序
亦作弊。高祖本紀，高起、王陵謂項羽『戰勝而不予人功，得地而不予人利。』
陳丞相世家，陳平謂項王『至於行功〔賞〕爵邑，重之。』酈生列傳，酈食其謂項
王『戰勝而不得其賞，拔城而不得其封，爲人刻印刓而不能授。』所見皆與韓信
同。日本古寫本酈生傳，『印刓』作『印抏，』與正義所稱『作「印抏」』合。

而以親愛王諸侯，不平。

案此當讀『而以親愛王』句。『諸侯不平』句。晉世家：『齊桓公益驕，不務德
而務遠略，諸侯弗平。』猶此言『諸侯不平』也。酇侯世家，張良謂漢王『今陛
下爲天子，而所封皆蕭、曹故人所親愛。』則與項王之『以親愛王，』又何異邪？

亦皆歸逐其主，

考證：楓、三本『逐其主，』作『逐其故主爲王。』
案通鑑主上亦有故字。

項王所過，無不殘滅者。天下多怨，百姓不親附。特劫於威彊耳。

考證：『楓、三本彊下有服字。王念孫曰：「漢書及新序善謀篇皆有服字。『特
劫於威彊服耳。』言百姓非心服項王，特劫於威而彊服耳。彊，勉彊之彊。」愚
按「威彊」二字連讀，服字不必補。彊，彊弱之彊。上文云：「勇悍仁彊，」下
文云：「其彊易弱。」』

案高祖本紀，懷王諸老將皆謂項羽『諸所過無不殘滅。』高紀又云：『項羽逐西
屠燒咸陽秦宮室，所過無不殘破，秦人大失望。然恐，不敢不服耳。』『不敢不
服，』即所謂『彊服』也。王氏據漢書、新序於彊下補服字，與楓、三本合，當
從之。長短經君德篇注及霸圖篇注亦並有服字，戰國策秦策一：『刻深寡恩，特
以強服之耳。』（以，語助。）可爲旁證。下文『其彊易弱，』與上文『勇悍、
仁、彊』之彊相應，與此勉彊之彊字無涉。彊下無服字，（通鑑從之。）彊爲彊

弱之彊，義雖可通，然非此文之舊也。

今大王誠能反其道，任天下武勇，何所不誅！以天下城邑封功臣，何所不服！以義兵
從思東歸之士，何所不散！

索隱：『「何不誅，」按劉氏云：「言何所不誅也。」「何不散，」劉氏云：「用
東歸之兵，擊東方之敵，此敵無不散敗也。」』

考證：『王念孫曰：「『何所不誅，』『何所不服，』『何所不散，』三所字皆
後人所加。索隱本出『何不誅』三字，又出『何不散』三字，則正文無三所字明
矣。漢紀有三所字，亦後人據誤本史記加之。漢書、新序竝無。鹽鐵論結合篇：
『夫以天下之力勤，何不擢！以天下之士民，何不服！』句法與此同。」』（漢
紀以下十六字，考證失引，今補。）

案長短經霸圖篇注、通鑑亦並有三所字，與漢紀合。竊疑漢紀本有三所字，今本
史記有三所字，乃後人據漢紀加之也。御覽引散作尅，漢紀作勝，義同。作散蓋
此文之舊。

秦父兄怨此三人，痛入骨髓。

案秦本紀：『晉文公夫人請曰：繆公怨此三人，入於骨髓。』

大王之入武關，秋豪無所害。

索隱：『案毫秋乃成。又王逸注楚詞云：銳毛爲毫，夏落秋生也。』

正義：秋豪，喻微細之物也。

考證：『張文虎曰：豪，宋本、中統、游、王、柯本，竝同。俗作毫。』

案索隱單本、殿本豪並作毫，御覽引同。新序、漢紀、長短經注、通鑑亦皆作
毫。項羽本紀：『范增說項羽曰：「沛公今入關，財物無所取。」沛公（謂項伯）
曰：「吾入關，秋豪不敢有所近。」「樊噲（對項王）曰：「今沛公先破秦入咸
陽，豪毛不敢有所近。」』皆可與韓信語互證。又黃善夫本索隱，案下有秋字，
毫並作豪。殿本索隱案下亦有秋字。正義說，本師古注。

與秦民約法三章耳。

案高祖紀：『與父老約法三章耳：殺人者死。傷人及盜，抵罪。』

韓、殷王皆降。

考證：『梁玉繩曰：「本紀：『韓王昌不聽，擊破之。』此云降，似誤。」』

施之勉云：『漢書高紀：「使韓太尉韓信擊韓，韓王鄭昌降。』本書韓王信傳：

「韓信急擊韓王昌陽城，昌降。」是韓王昌爲韓信所擊而降也。此云降，不誤。

梁說非。』

案韓王鄭昌，或言擊破；或言降。蓋擊破後逐降耳。昌降在二年冬十月，見漢書

高紀，通鑑同。殷王司馬卬降，在二年三月，見月表。史、漢高紀二年三月，皆

書『虜殷王卬。』通鑑同。

四月，至彭城。漢兵敗散而還。

考證：漢書刪『四月』二字，非是。楓、三本兵作王。

案高紀合書在三月，非。項羽紀、月表、漢書高紀、漢紀、通鑑皆在四月。楓、

三本兵作王，疑涉上下文王字而誤。

信復收兵，與漢王會滎陽。

考證：『漢書〔韓信傳〕收作發。趙翼曰：是時信未有分地，從何發兵？蓋收集

潰卒耳。收字得實。』

案漢書高紀、漢紀亦並作『收兵。』是時，蕭何發關中卒詣滎陽，（見羽紀、漢

書高紀、漢紀、通鑑。）韓信則收散卒耳。趙說是。

漢之敗卻彭城，

正義：兵敗散彭城而卻退。

考證：楓、三本漢下有王字。

案項羽紀漢下亦有王字。正義說，本師古注。

齊、趙亦反漢與楚和。

王氏雜志所據震澤王氏本亦作欲，云：『「欲反漢，」當依宋本、游本作「亦反

漢。」亦者，承上之詞。此時諸侯皆反漢而與楚，非但欲反也。漢書正作「齊、

趙、魏亦皆反，與楚和。」』

考證：亦字，楓、三本、中統、毛本同。

施之勉云：景祐本作亦，黃善夫作欲。

案殿本亦亦誤欲。項羽紀：『漢王之敗彭城，諸侯皆復與楚而背漢。』漢紀：

『時諸侯皆復歸楚。』則齊、趙自非欲反而已。

六月，魏王豹謁歸視親疾。至國，卽絕河關反漢，與楚約和。

　　考證：『梁玉繩曰：「六月」當作「五月。」說在高紀。』

　　案豹之反，在漢二年五月，見月表及漢書高紀，通鑑同。參看高紀斠證。

漢王使酈生說豹，不下。其八月，以信爲左丞相擊魏。

　　案此傳說豹在六月。漢書高紀、漢紀、通鑑說豹、擊魏（豹）並在八月。通鑑云：
　　『漢王以韓信爲左丞相，與灌嬰、曹參俱擊魏。漢王問食其：「魏大將誰也？」對
　　曰：「栢直。」王曰：「是口尙乳臭，安能當韓信！騎將誰也？」曰：「馮敬。」
　　曰：「是秦將馮無擇子也。雖賢，不能當灌嬰。步卒將誰也？」曰「項它。」：
　　曰：「不能當曹參。吾無患矣。」韓信亦問酈生：「魏得無用周叔爲大將乎？」酈
　　生曰：「栢直也。」信曰：「豎子耳！」遂進兵。』『吾無患矣』以上，本漢書
　　高紀。『遂進兵』以上，本漢書韓信傳。（參看考證引漢書高紀及信傳。）漢紀
　　亦略載之。可補本傳未備。

以木罌缻渡軍，

　　集解：『徐廣曰：「缻，一作缶。」服虔曰：「以木枬縛罌缻以渡。」韋昭曰：
　　「以木爲器如罌缻以渡軍。」……』

　　考證：『中井積德曰：「高祖功臣表云：『祝阿侯高邑，以將軍屬淮陰侯，以缻
　　渡軍。』此計或邑所建也。」』

　　案御覽二八三引此有注云：『缻、缶同。』七六八引此缻下有注云：『與缶字
　　同。』漢書、漢紀缻並作缶。御覽二八三引渡作度，漢書、長短經霸圖篇注並
　　同，作度是故書。中井說，本周壽昌漢書注補正，王氏漢書補注已引之。木罌渡
　　軍，當是韓信計，周邑從之耳。漢書服、韋注缻本作缶，（通鑑注引同。）集解
　　並引作缻，依此正文改之也。御覽七五八引此文，並引服注缻作缶，（以下有爲
　　字。）蓋復服注之舊耳。

信遂虜豹。

　　案月表、漢書高紀、通鑑虜豹皆在九月，魏豹傳集解引徐注同。漢紀在八月，與
　　此傳合。

定魏爲河東郡。

　　考證：『梁玉繩曰：失書上黨，說在高紀。』

　　案史、漢高紀、漢書魏豹傳皆謂置河東、太原、上黨三郡，通鑑從之。漢志太原
郡，王氏補注引全祖望，亦從高紀及豹傳，云：『楚、漢之際，屬西魏國。高帝
二年屬漢。』月表言河東、上黨二郡，梁氏從之，云：『太原郡屬趙地，漢滅趙
王歇始置，連入魏地，誤矣。』（高紀志疑。）所從既殊，立說自異。長短經奇
正篇從此傳作『定魏爲河東郡。』梁氏謂此失書上黨，據史記魏豹傳言『虜豹於
河東，傳詣滎陽，以豹國爲郡。』此傳蓋僅就虜豹之地言之，故不涉及上黨與？

　　漢書信傳亦但云：『定河東。』

漢王遣張耳與信俱，引兵東北擊趙、代。

　　考證：『漢傳云：信遂虜豹，使人請漢王，願益兵三萬人，北舉燕、趙，東擊
齊，南絕楚之糧道，西與大王會於滎陽。漢王與兵三萬人，遣張耳與俱，進擊
趙、代。』（考證引多脫誤，今補正。）

　　案漢書高紀亦云：『信使人請兵三萬人，願以北舉燕、趙，東擊齊，南絕楚糧
道。漢王與之。』通鑑云：『韓信既定魏，使人請兵三萬人，願以北舉燕、趙，
東擊齊，南絕楚糧道。漢王許之。乃遣張耳與俱，引兵東北擊趙、代。』即據漢
書高紀增補此文者也。是時曹參亦從韓信，詳曹相國世家。漢紀亦述及曹參。

信與張耳以兵數萬，欲東下井陘擊趙。

　　考證：『梁玉繩曰：此上失書「漢三年。」』

　　案高祖本紀、張耳陳餘列傳，事並在三年。漢書高紀、漢紀、通鑑漢紀二，皆在
三年冬十月。（曹相國世家有說。）張耳陳餘傳集解引徐注亦云：『三年十月。』

廣武君李左東說成安君曰：聞漢將韓信涉西河，

　　案長短經霸圖篇注左作佐，俗字。藝文類聚二五、御覽四六一引聞上並有臣字。

　　涉猶渡也。戰國策趙策二：『秦甲涉河。』蘇秦列傳涉作渡。

新喋血閼與。

　　索隱：喋，舊音歃，非也。……

　　考證：『文帝紀：「今誅諸呂，新喋血京師。」喋、蹀同，踐也。』

案索隱『喋，舊音牒。』則字作啑，孝文本紀：『新啑血京師。』正義：『啑

血，上音牒。漢書作喋，廣雅云：喋，履也。』喋，字亦作蹀。今本廣雅釋詁一

云：『蹀，履也。』考證所引，乃漢書文帝紀。

議欲下趙。此乘勝而去國遠鬭，其鋒不可當。

　　考證：楓、三本欲下有以字，與漢書合。

　　施之勉云：類聚二十五、御覽三百三十四、四百六十一引，欲下有以字。

　　案欲下無以字較長，長短經注作『議欲下趙。』去國遠鬭，則『士卒以軍中爲

家，將帥爲父母，不約而親，不謀而信。一心同功，死不旋踵。』（戰國策中山

策。）故『其鋒不可當』也。

臣聞千里餽糧，士有飢色。樵蘇後爨，師不宿飽。

　　集解：『漢書音義曰：樵，取薪也。蘇，取草也。』

　　考證：『沈欽韓曰：四句，見黃石公上略。』

　　案樵與劁通，蘇與穌通，廣雅釋詁：『劁，斷也。穌，取也。』釋言：『劁，刈

也。』（王氏疏證有說。）『宿飽』猶『預飽，』越世家：『有如病不宿誡。』

　　正義：『宿猶預也。』黃氏日鈔五八引六韜云：『千里餽糧，士有飢色。樵蘇後

爨，師不宿餐。』（孫子作戰篇亦云：千里餽糧。）魏志王肅傳，肅上疏曰：『前

志有之：千里餽糧，士有飢色。樵蘇後爨，師不宿飽。』此謂平塗之行軍。』漢

書信傳師古注：『餽字與饋同。』

車不得方軌，騎不得成列。

　　案戰國策齊策一，蘇秦說齊宣王曰：今秦攻齊，徑亢父之險，車不得方軌，馬不

得並行。』（蘇秦傳下句作『騎不得比行。』）漢書師古注：『方軌，謂併行也。』

從閒道絕其輜重。

　　考證：『張文虎曰：舊刻作『閒道，』御覽四百六十一同。各本作「閒路。」』

　　施之勉云：類聚二十五引作『閒道。』

　　案漢書、長短經注、容齋續筆九皆作『閒道。』據漢書師古注：『閒路，微路

也。』是所見漢書正文本作『閒路。』王氏補注稱官本道亦作路。此文景祐本、

黃善夫本、殿本皆作『閒路，』御覽三三四引同。漢紀、通鑑亦並作『閒路。』

據下文『閒道草山』索隱云：『謂令從閒道小路向前，』則小司馬所見此文蓋亦
作『閒路。』若作『閒道，』何必在下文始釋爲『小路』邪？

堅營勿與戰。彼前不得鬭，退不得還。

　　考證：漢書無『堅營』二字。

　　案漢紀、通鑑、容齋續筆皆無『堅營』二字，從漢書也。御覽三三四引彼作使，
　　長短經注同。彼猶使也。吳王濞傳：『彼吳、梁相敝而糧食竭。』漢書彼作使，
　　卽其比。

使野無所掠，

　　考證：楓、三本使作彼，掠上有鹵字。

　　施之勉云：漢書野上無使字，掠上有鹵字。

　　案藝文類聚、御覽四六一引此並無使字，漢紀、通鑑並同。長短經注亦無使字，
　　掠下有鹵字。漢書亦掠下有鹵字，施氏失檢。通典一百六十作『野無所虜掠。』
　　虜、鹵正、假字。說文：『虜，獲也。』中山策：『武安君曰：掠其郊野，必無
　　所得。』

而兩將之頭，可致於戲下。

　　案藝文類聚、御覽四六一引此並無而、於二字，漢書、容齋續筆並同。漢紀亦無
　　而字。齊策一：『不至十日，而戰勝存亡之機決矣。』與此句法同，有而字較
　　長。御覽三三四引『兩將』作『韓信，』通典同，容齋續筆作信。

願君留意臣之計。否，必爲二子所禽矣。

　　案長短經注君作『足下，』與上文一律。御覽引否作『不然，』無『二子』二
　　字，通典同。然字蓋淺人所加，不與否同。漢書亦作不，惟『不必』今本妄乙作
　　『必不，』王氏雜志有說。

吾聞兵法：十則圍之，倍則戰。

　　考證：『張文虎曰：「各本戰下衍之字。」王念孫云：「之字宋本無，涉上誤衍。
　　御覽兵部引無。漢書，通典竝同。」愚按……孫子謀攻篇：「十則圍之，五則攻
　　之，倍則分之，敵則能戰之。」』

　　施之勉云：景祐本無之字，黃善夫本有。

　　案考證引孫子云云，王氏雜志已引之，並云：『能，乃也。（古謂乃爲能，說見

漢書「能或滅之」下。）言兵數相敵，乃與之戰也。今本戰下有之字，亦涉上文
而衍。御覽引孫子亦無之字。』所以證今本此文戰下衍之也。若引今本孫子『敵
則能戰之，』而不校正，則今本此文作『倍則戰之，』有之字與孫子同，之字未
必誤衍矣。惟舊本孫子『敵則能戰，』疑本作『敵能戰，』能猶則也，後人不明
其義，乃據上文妄加則字耳。王氏謂『能，乃也。』『敵則乃戰之。』似不成語。
（孫子『敵則能戰』下云：『少則能守，不若則能避之。』兩則字亦後人妄加。
三能字與上三則字互用，其義一也。）

今韓信兵號數萬，其實不過數千。能千里而襲我，亦已罷極。

　　王念孫云：『此能字非才能之能。能猶乃也，言信兵不過數千，乃千里而襲我，
　　亦已疲極也。又自序述佞幸傳曰：「非獨色愛，能亦各有所長。」能亦乃也。言
　　非獨以色見愛，乃亦各有所長也。乃與能古聲相近，故義亦相通。說見釋詞。』
　　案王氏釋能為乃，是也。惟『亦已罷極，』王氏引已作以，釋詞六同，並云：
　　『以與已同。』史文本作已，漢書乃作以耳。師古注：『罷讀曰疲，』通鑑罷作
　　疲。『罷極』猶『疲困，』漢書匈奴傳：『匈奴孕重墮殰，罷極苦之。』師古
　　注：『罷讀曰疲。極，固也。』

何以加之？

　　考證：漢書加作距。

　　案漢紀加亦作距。距，今作拒，與加義符。老子六十九章：『抗反相加，』王
　　注：『加，當也。』

而輕來伐我。

　　案殿本作『而輕我伐我。』並有集解：『駰案「輕我伐我，」一本作「輕來伐
　　我。」』景祐本、黃善夫本並作『輕來伐我。』且並無集解。御覽引此亦作『輕
　　來伐我。』漢書、漢紀、通典、通鑑、容齋續筆二皆同。『輕我伐我，』輕，謂
　　輕鄙。『輕來伐我，』輕，謂輕易。晉世家：『君卽不起，病大夫輕更立他公
　　子。』輕，亦謂輕易也。彼文斠證有說。

不聽廣武君策。廣武君策不用。韓信依人閒視，知其不用。

　　考證：『中井積德曰：漢書削「廣武君策不用」六字，為是。然削此，則下文

「其不用」之下，添入「廣武君」三字，乃爲盡善，不傷太史公筆意。』

案長短經注無上策字，疑涉下策字而衍。漢書作『不聽廣武君策，』蓋簡化『不聽廣武君。廣武君策不用。』二句爲一句耳。如中井說，削去『廣武君策不用』六字，則下文『其不用』下當補入『廣武君策』四字較善。漢紀作『知其不用廣武君計，』通鑑、容齋隨筆五並作『知其不用廣武君策。』咸可證也。

乃敢引兵遂下。

案御覽引下作進，通典同。漢紀作『乃敢進兵。』長短經注作『乃進軍擊趙。』

止舍。

案漢書師古注：『舍，息也。』息亦止也。『止舍』亦作『頓舍，』並複語。王翦列傳：『三日三夜不頓舍。』漢書李廣傳：『就善水草頓舍。』師古注：『頓，止也。舍，息也。』

從閒道萆山而望趙軍。

索隱：『……萆音蔽。蔽者，蓋覆也。楚漢春秋作「卑山，」漢書作「箄山。」說文云：「箄，蔽也。從竹，卑聲。」』

案索隱單本作『卑山，』（『萆音蔽，』萆亦作卑。）與楚漢春秋合。今本漢書作『萆山，』與今本此文合。長短經利害篇、通典一五九、通鑑亦皆作『萆山。』今本說文：『箄，籠箄也。從竹卑聲。』無『蔽也』之訓。黃善夫本、殿本索隱，並略『萆音蔽』三字。所引漢書、說文箄並作萆，蓋依正文作萆改之。今本說文：『萆，雨衣。一曰衰衣，從艸卑聲；一曰萆歷似烏韭。』亦無『蔽也』之訓。漢書王氏補注云：『說文：萆，蔽也。從艸卑聲。』蓋據索隱所引，改『從竹』爲『從艸』耳。通鑑注：『杜佑曰：萆山，音蔽。今名抱犢山，在鎭州石邑縣。井陘山亦在石邑。意「閒道萆山，」卽此地。』

曰：今日破趙會食。

案齊世家：『頃公曰：馳之，破晉軍會食。』

詳應曰。

考證：凌本詳作佯。

施之勉云：通鑑詳作佯。

案長短經詳亦作佯，漢書作陽。下文『詳不勝，還走。』『已詳狂爲巫。』漢書
詳亦並作陽，通鑑並作佯。（景祐本、黃善夫本、殿本『詳不勝，』詳亦皆作
佯。）詳、陽古通。佯，俗字。

且彼未見吾大將旗鼓，

案且猶則也，李斯傳：『臣戰戰栗栗，唯恐不終，且陛下安得爲此樂乎？』且亦
與則同義，彼文斠證有說。

出背水陳。

案出，一字句。

於是信、張耳詳弃鼓旗，

案御覽二八三引『鼓旗』作『旗鼓，』下文『爭漢鼓旗，』亦引作『旗鼓，』漢
紀、長短經時宜篇並同，與上文一律。長短經利害篇此文亦作『旗鼓。』通鑑下
文亦作『旗鼓。』

水上軍開入之。復疾戰。

梁玉繩云：『「復疾戰，」劉奉世曰：三字衍。』

施之勉云：漢書有『復疾戰』三字，通鑑亦有。

案趙世家：『主父開受之，』（今本脫受字。）與此『水上軍開入之，』句法同。
長短經時宜篇、利害篇亦並有『復疾戰』三字，非衍。

軍皆殊死戰。

考證：『顏師古曰：殊，絕也。謂決意必死。』

案『殊死，』複語，殊亦死也。此猶言『軍皆死戰』耳。莊子在宥篇：『今世殊
死者相枕也。』釋文：『殊，字林云：「死也。」說文同。』（蘇秦傳亦有說。）

皆拔趙旗，

案御覽三四一引旗作幟，漢紀，長短經利害篇、通典皆同，與上文一律。漢書作
『皆拔趙旗幟，』旗字衍。

趙軍已不勝，不能得信等。

考證：楓、三本無『不勝』二字，與漢書合。

施之勉云：御覽二百八十三引史，無『不勝』二字。

　　案長短經時宜篇、通鑑亦並無『不勝』二字。御覽二八三引此無『已不勝』三字，

　　施氏失檢。漢紀、長短經利害篇亦並無『已不勝』三字。

以爲漢皆已得趙王、將矣。

　　案御覽引爲作謂，謂猶爲也。

兵逐亂。

　　案漢書、漢紀、長短經時宜篇及利害篇、通典皆無兵字。

於是漢兵夾擊，大破虜趙軍，斬成安君泜水上，禽趙王歇。

　　考證：『沈家本曰：紀在三年，表在三年十月。』

　　施之勉曰：漢書高紀在三年十月。

　　案張耳陳餘傳在三年，集解引徐注云：『三年十月。』漢紀、通鑑並在三年十

　　月，上文已有說。

於是有縛廣武君而致戲下者。信乃解其縛，東鄉坐，西鄉對，師事之。

　　考證：漢初禮以東鄉爲尊，如王陵傳，項羽東鄉坐陵母，欲以招陵，是羽尊陵母

　　也，周勃傳，每召諸生說事，東鄉坐責之，是勃尊諸生也。皆此類。

　　施之勉云：『絳侯周勃世家：「每召諸生說士，東鄉坐，責之。」勃自尊也。考

　　證以勃尊諸生，誤。說在絳侯世家。』

　　案田單列傳，單引一卒東鄉坐，師事之。則以東鄉爲尊，非漢初始有此禮矣。古

　　人之坐，以東鄉（或作『東面』）爲尊，日知錄二八有說甚詳。（趙奢傳考證已

　　引顧說。）絳侯周勃世家云云，集解引如淳曰：『勃自東鄉坐，責諸生說士（同

　　事），不以賓主之禮。』是也。考證以爲『勃尊諸生，』乃誤從彼文所引中井積

　　德說耳。王安石詠韓信七絕末二句：『將軍北面師降虜，此事人間久寂寥！』傳

　　文明云『西鄉對，師事之。』詩言北面，不言西面（或西鄉），失其舊矣。

諸將效首虜，休畢賀。

　　考證：楓、三本休作皆，漢書畢作皆。

　　施之勉云：景祐本無休字，通鑑亦無。

　　案長短經時宜篇亦無休字，畢亦作皆；利害篇與今本此文同。休字當屬上絕句。

　　畢猶皆也。楓、三本多與漢書合，其休作皆，疑畢作皆之誤也。

兵法：右倍山陵，前左水澤。

　　考證：漢書倍作背。

　　施之勉云：御覽二百八十三引倍作背，通典一百五十九亦作背。

　　案漢紀、長短經時宜篇及利害篇、荀子議兵篇楊注，倍亦皆作背，古字通用，其
　　例習見。

此在兵法，顧諸君不察耳！兵法不曰：陷之死地而後生，置之亡地而後存？

　　考證：兵法，孫子九地篇。

　　案孫子九地篇：『投之亡地然後存，陷之死地然後生。』長短經利害篇引作『陷
　　之死地而後生，投之亡地而後存。』與此文較合。

且信非得素拊循士大夫也。此所謂驅市人而戰之。

　　案長短經時宜篇、利害篇拊並作撫。說文：『拊，揗也。』段注：『揗者摩也。
　　古作「拊揗，」今作「撫循。」古今字也。』荀子富國篇：『拊循之。』楊注：
　　『拊循，慰悅之也。』御覽二八三引戰下無之字，（三百八引有之字。）漢紀、
　　長短經利害篇、通典皆同。（長短經時宜篇有之字。）

其勢非置之死地，使人人自爲戰；今予之生地，皆走。

　　案漢書今下有卽字，補注：『今訓爲卽，史、漢多有。言非置死地，使自爲戰；
　　卽予生地，則皆走耳。今下再加卽字，則語不可通。此蓋後人旁注卽字，以釋今
　　義。傳寫者不知而併入正文也。』岷謂『今予之生地，』漢書蓋本作『卽予生
　　地。』以卽說今也。漢紀作『卽與生地，』卽本漢書，可證。今本漢書卽上有今
　　字，蓋後人據史記旁注字誤入正文者。御覽引『皆走』上有則字。知此文今猶卽
　　也，則上下文意一貫，粲然明白矣。

非臣所及也。

　　案御覽引此無臣字，漢書、漢紀、長短經利害篇、通典皆同。

僕欲北攻燕，東伐齊，何若而有功？

　　案御覽三一四引此，攻、伐二字互易。通鑑攻亦作伐。師古注：『「何若，」猶
　　言「何如」也。』漢紀正作『何如。』

臣聞敗軍之將，不可以言勇；亡國之大夫，不可以圖存。今臣敗亡之虜，何足以權大

事乎？

　　考證：『吳越春秋：『范蠡曰：臣聞亡國之臣，不敢語政；敗軍之將，不敢語
　　勇。』』

　　案長短經霸圖篇注兩『不可以，』以並作與，義同。秦本紀：『百里傒年已七十
　　餘，繆公釋其囚，與語國事。謝曰：亡國之臣，何足問？』說苑談叢篇：『敗軍
　　之將，不可言勇；亡國之臣，不可言智。』考證引吳越春秋云云，見句踐入臣外
　　傳。

誠令成安君聽足下計，若信者亦已爲禽矣。

　　考證：漢書誠作向。

　　案漢紀、容齋隨筆五亦並作向。漢紀若作則，義同。

臣聞智者千慮，必有一失；愚者千慮，必有一得。

　　案漢書下必字作亦，補注引王先愼云：『亦爲必之誤。』亦非誤字，必、亦互文，
　　其義一也。劉子去情篇：『有是必有非，能利亦能害。』妄瑕篇：『荆岫之玉，
　　必含纖瑕；驪龍之珠，亦有微纇。』必、亦互用，與漢書同例。范睢列傳：『楚、
　　趙皆附，齊必懼矣。』長短經七雄略注必作亦；淮南子人閒篇：『雖愈利，後亦
　　無復。』韓非子難一篇亦作必，並必、亦同義之證。（此義前人未發，參看古書
　　虛字新義〔七、亦〕條。）

狂夫之言，聖人擇焉。

　　案之猶所也。越絕請糴內傳：『申胥曰：臣聞愚夫之言，聖人擇焉。』漢書鼂錯
　　傳：『書言：狂夫之言，而明主擇焉。』說苑談叢篇：『狂夫之言，聖人擇焉。』

夫成安君有百戰百勝之計。

　　案漢書夫作故，補注引王先愼云：『史記故作夫，是。』故非誤字，故猶夫也，
　　楚世家：『故秦、魏、燕、趙者，騏驥也。』御覽八三一引春秋後語故作夫，卽
　　其比。張耳陳餘列傳：『陳餘乃復說陳王曰：臣嘗游趙，知其豪傑及地形。願請
　　奇兵，北略趙地。』又『陳餘因悉三縣兵襲常山王張耳，……已敗張耳，皆收復
　　趙地。』則餘固亦善計善戰者也。

不終朝望破趙二十萬衆，誅成安君，名聞海內，威震天下。

案老子二十三章：『飄風不終朝。』御覽三一四引震作振，漢紀、通典一六二並

同。振，震古通，下文『乘利席卷，威震天下。』長短經懼誡篇作振，與此同例。

農夫莫不輟耕釋耒，榆衣甘食，

索隱：『榆，鄒氏音踰，美也。恐滅亡不久，故廢止作業，而事美衣甘食。一

四：「偷，苟且也。」慮不圖久故也。漢書作「靡衣媮食」也。』

朱駿聲云‥『榆借爲褕，索隱：「榆，美也。」按左僖四傳疏：「美、善之字皆

從羊，故褕爲美也。」或曰：「借爲緰，美布也。」』（說文通訓定聲。）

案楚辭九辯：『農夫輟耕而容與兮。』漢北海相景君銘：『農夫醳耒。』醳，古

釋字。史記多此例，管蔡世家有說。長短經霸圖篇注『釋耒』下更有『工女下機』

四字，酈生列傳亦云：『農夫釋耒，工女下機。』左僖四年傳：『攘公之褕。』

杜注：『褕，美也。』榆與褕通，朱說是。漢書作『靡衣媮食。』靡、美古、今

字。師古注：『媮與偷字同，偷，苟且也。』卽索隱一曰所本。媮亦當借爲褕，

此文作甘，甘亦美也，說文：『甘，美也。』平準書：『民偷甘食好衣。』（漢

書食貨志偷作媮。）好亦美也。說文：『好，美也。』又黃善夫本、殿本索隱所

引漢書，『靡衣』作『美衣，』漢書補注所據索隱同，因云：『與顏注本異。』

不知索隱單本本作『靡衣』也。

若此，將軍之所長也。

考證：下文『若此』下有者字。

案長短經注『若此』下有者字，與下文一律。

頓之燕堅城之下。

考證：頓讀爲鈍，弊也。……

案頓猶遽也，驟也。『頓之』猶『遽往，』或『驟往。』漢書賈誼傳：『夫天子

之所嘗敬，眾庶之所嘗寵，死而死耳，賤人安宜得如此而頓辱之哉？』（楊樹達

詞詮二曾引漢書此例。）與此頓字同義。考證讀頓爲鈍﹀訓弊。非也。

欲戰恐久力不能拔，情見勢屈，曠日糧竭，而弱燕不服，

考證：楓、三本無久字，義長。

施之勉云：通典一百六十二、御覽三百十四引，並無久字。

案『欲戰恐久力不能拔，』長短經注作『欲戰恐不得，攻城不能拔。』通鑑作
欲戰不得，攻之不拔。』漢書『勢屈』作『力屈，』漢紀從之。文選任彥昇奏彈
曹景宗一首注、顏延年陽給事誄注引此亦並作『力屈，』蓋與漢書文相亂。師古
注：『見，顯露也。屈，盡也。』廣雅釋詁三：『曠，久也。』王氏疏證：『漢
書五行志引京房易傳云：「師出過時茲謂曠。」廣與曠同。』漢書而作若，漢紀
從之。蓋說而爲若耳。通典一六二載此文，非引此文。

若此者，將軍所短也。

案『將軍』下當有之字，乃與上文『將軍之所長也』一律。長短經注有之字，惟
脫所字。莊子列禦寇篇，曹商見莊子曰：『夫處窮閭阨巷，困窘織屨，槁項黃馘
者，商之所短也；一悟萬乘之主，而從車百乘者，商之所長也。』可爲此文脫之
字之旁證。

而以長擊短。

案而猶當也。

然則何由？

案師古注：『由，從也。』長短經注由作用，由、用亦同義，廣雅釋詁四：『由，
用也。』

方今爲將軍計，莫如案甲休兵，

案齊策六，魯連遺燕將書：『爲公計者，不如罷兵休士，』鹽鐵論擊之篇，文學
曰：『方今爲縣官計者，莫若偃兵休士。』並與此句例文義相符。春申君列傳：
『休甲息眾。』與此『案甲休兵』亦同義。

鎭趙撫其孤。

案御覽引此孤下有弱字，長短經注，通典並同。

百里之內，牛酒日至，以饗士大夫醹兵。

集解：『魏都賦曰：「肴醹順時。」劉逵曰：「醹酒也。」』

索隱：劉氏依劉逵音醹酒，謂以酒食養兵士也。案史記古釋字皆如此作。豈亦謂
以酒食醹兵士，故字從酉乎？

考證：『余有丁曰：「按上文已有『休兵』語，醹字當依劉解。」中井積德曰：

「醳兵二字，竟不可通。或衍文，漢書刪之。」』

施之勉云：『四庫全書考證曰：「索隱『劉氏依劉逵作醳酒。』案『劉氏』當作『裴氏，』指裴駰也。」予謂醳與饗爲對文。百里之內，牛酒日至，故士大夫得以饗牛酒，而兵士亦得酒食也。』

案醳字依劉逵解，固亦可通。然史記故本例以醳爲釋，決無以醳爲『醳酒』字者。則『醳兵』自不得釋爲『以酒食養兵士』矣。『醳兵』者，『釋兵』也。惟上文已言『休兵，』此又言『醳兵，』於義爲複。竊疑上文『休兵』一作『醳兵，』傳寫者誤竄在『大夫』下耳。漢書無『醳兵』二字，蓋存史文之舊，非刪此二字也。（此岷二十餘年前舊說。）漢紀、通鑑並從漢書，無『醳兵』二字。黃善夫本、殿本索隱，『音醳酒，』音並作作，與四庫全書考證所引合。單本索隱『以酒食養，』食作釀。

而後遣辯士，奉咫尺之書，

正義：咫尺，八寸。言其簡牘或長尺也。

案御覽引辯作辨，通鑑同，古字通用，其例習見。記纂淵海八三引『而後遣辯士，』作『君若遣一介，』恐非其舊。（漢書作『然後發一乘之使，』漢紀從之，惟發作使。）正義說，本師古注。

燕必不敢不聽從。燕已從，使諠言者東告齊。

考證：『岡白駒曰：諠言者，辯士。』

施之勉云：『張森楷曰：諠與諼同，詐也。謂策士辯言者也。』

案『聽從，』複語。（秦策二：『魏聽臣矣。』高注：『聽，從。』）漢紀無聽字，長短經注無從字，複語固可略其一。御覽引已作以，蓋故本如此。諠乃諼之或體，說文：『諼，詐也。』辯士多詐言，故諠言者爲辯士。然此以『燕已從』告齊，非詐言也。

則天下事皆可圖也。

案御覽引此無皆字，漢書、長短經注、通典皆同。

漢王許之，乃立張耳爲趙王。

考證：『沈家本曰：表在四年十一月。下文六月，則三年之六月。或三年請之，

四年始立之耳。』

案漢書高帝紀亦在四年十一月，張耳陳餘傳在四年夏。史記高紀、張耳陳餘傳並在三年。漢紀在三年十月。通鑑請立張耳王趙，在三年十月。立張耳爲趙王，在四年十一月。可證成沈說。

走入成皋。楚又復急圍之。

考證：『毛本作成皋。各本作城皋，下同。錢大昕曰：當作成皋。』

施之勉云：景祐本作成皋。

案殿本亦作成皋，下同。項羽紀、高祖紀、漢書、漢紀、通鑑皆作成皋，成、城古通，御覽四一七引項羽紀作城皋。『又復，』複語，漢書略又字。

六月，漢王出城皋，

案此三年六月，見漢書高紀，通鑑同。

至，宿傳舍。晨，自稱漢使，馳入趙壁，張耳、韓信未起。卽其臥內上，奪其印符，以麾召諸將，易置之。信、耳起，乃知漢王來，大驚！

考證：『楓、三本無內字，此疑衍。「臥上」連讀，漢書無「內上」二字。……梁玉繩曰：案此事余疑史筆增飾，非其實也。』

案容齋隨筆十四無『內上』二字，蓋本漢書。通鑑略上字。孔子世家：『唯子貢盧於冢上。』索隱：『上者，邊側之義。』此上字亦同義。記纂淵海八十引漢王上有獨字，漢書同。漢王奪信、耳軍，當有其事。惟此所記，恐非實情耳。

信引兵東，未渡平原。

考證：『梁玉繩曰：下文「漢四年」三字，當移此句上。漢書（韓信傳）又誤置「四年」于前文「漢王出成皋」上也。』

案高紀在四年前，通鑑亦在三年九月。漢書高紀、漢紀三則並在四年冬十月。

（下文『信因襲齊歷下軍，遂至臨菑。』通鑑乃在四年冬十月。）

范陽辯士蒯通

案蒯通本名徹，避武帝諱，以通代徹。通鑑復通爲轍。（張耳陳餘傳有說。）

而漢獨發閒使下齊。

案獨與猶同義，外戚世家：『武帝已立，王太后獨在。』考證引古鈔本獨作猶，

文選王粲從軍詩五首之四：『許歷爲完士，一言獨敗秦。』史記趙奢傳索隱引獨

作猶。並其證。

伏軾掉三寸之舌，下齊七十餘城。

　　案御覽四六一引此文，並云：『漢書曰：食其憑軾下齊。』漢書酈食其傳本作

『馮軾，』馮、憑正、俗字。蒯通傳作『伏軾，』與此合。通鑑注：『軾，車前

橫木，人所憑者。掉，搖也。』『掉，搖也。』本師古注。

將軍將數萬衆，歲餘乃下趙五十餘城。

　　考證：楓、三本『數萬』作『數十萬。』

　　施之勉云：荀紀『數萬』作『數十萬。』

　　案上文『信與張耳以兵數萬，欲東下井陘擊趙。』又『廣武君李左車說成安君

曰：今韓信兵號數萬，』則此作『數萬』是。漢書蒯通傳、通鑑亦並作『數萬。』

遂至臨菑。

　　案田儋傳、長短經水火篇、通典一百六十、通鑑菑皆作淄，古字通用。御覽三二

一、七百四引下文亦並作淄。

乃亨之。

　　案高紀、漢紀、長短經五閒篇注、通鑑亨皆作烹，亨、烹古、今字，其例習見。

楚亦使龍且將，號稱二十萬，救齊。

　　梁玉繩云：龍且裨將，何以不書主帥項它。說在羽紀。

　　案御覽三二一引此文，並有注云：『且，子余切。』（漢書項籍傳師古注亦云：

且，音子余反。）梁氏羽紀志疑云：『漢書籍傳謂「羽使從兄子項它爲大將，龍

且爲裨將，救齊。」舍主將而書偏裨，何也？』考籍傳師古注：『高紀云項聲，

此傳云項它，紀、傳不同，未知孰是。』補注引王鳴盛云：『高紀於是役，但書

龍且，不言項聲，師古云云，不知何據。考其實，則當作項聲。灌嬰傳：「降彭

城，虜柱國項佗。」其事在破斬龍且後，相距甚遠。項它果與龍且同救齊，其時

且死，不應至彭城方被虜。故知救齊乃項聲，非它也。』（節引。）師古既謂

『高紀云項聲，』蓋所見高紀是役，兼言項聲、龍且，（史記高紀兼言龍且、周

蘭，曹相國世家同。）今本或有脫文耳。籍傳項它當作項聲，王說蓋是。救齊，

項聲雖爲大將；而濰水之戰，實由龍且主兵，故僅書龍且也。

人或說龍且曰：漢兵遠鬥窮戰，其鋒不可當。

　　考證：楓、三本窮作寇。漢書窮下有寇字。

　　施之勉云：御覽三百二十一引窮下有『寇力』二字。

　　案或猶有也，下文『人或說信曰。』或亦有也。漢紀戰亦作寇。漢書一本作『漢
　　兵遠鬥窮寇久戰。』（補注引宋祁有說。）與御覽所引此文較合。井陘之戰，李
　　左車謂韓信、張耳『乘勝而去國遠鬥，其鋒不可當。』與此人所見同，惜失其姓
　　名。

齊、楚自居其地戰，兵易敗散。

　　正義：近其室家，懷顧望也。

　　考證：『沈欽韓曰：「孫子九地篇：『諸侯自戰其地爲散地。』秦策：『武安君
　　曰：楚人自戰其地，咸顧其家，各有散心，而莫有鬥志。』」』

　　案黥布傳：『兵法：諸侯戰其地爲散地。』沈氏所引孫子，遞鑑注已引之；所稱
　　秦策，乃中山策之誤。正義說，本師古注。

漢兵二千里客居。

　　考證：楓、三本居下有齊字，與漢書合。

　　施之勉云：御覽三百二十一引居下有齊字。

　　案通典一百六十居下亦有齊字。通鑑引居下有『齊地』二字。漢紀作『客居其間。』
　　猶謂『客居齊地』也。

吾平生知韓信爲人，易與耳！

　　案『易與』一詞，史記習見。與讀爲擧，取也。『易與』猶『易取。』王念孫
　　云：『與謂敵也。』（漢書高紀雜志。）非勝義，項羽本紀有說。漢書『易與耳』
　　下，更有『寄食於漂母，無資生之策；受辱於胯下，無兼人之勇。不足畏也。』
　　二十四字，通鑑從之（胯作袴）。容齋續筆二『易與耳』下有『不足畏也。』四
　　字，亦本漢書。老子六十九章：『禍莫大於輕敵。』

何爲止？

　　考證：愚按漢書爲下有而字。

案容齋續筆爲下亦有而字。

與信夾濰水陳。

　　索隱：『濰音維。地理志：「濰水出琅邪箕縣東北，至都昌入海。」徐廣云：「出

　　東莞，而東北流入海。」蓋據水經，而說少不同耳。』

　　案御覽六三、焦氏易林九注引陳上並有而字，漢紀、通鑑並同。通鑑注引水經注

　　云：『濰水逕高密縣故城西，韓信與龍且夾水而陳，卽此處。』索隱『濰音維，』

　　本師古注，御覽三二一維作唯。黃善夫本、殿本索隱，都昌並誤倒作昌都，『徐

　　廣云』以下，並略作『徐所引，蓋據水經，與此不同。』

韓信乃夜令人爲萬餘囊，滿盛沙，壅水上流，引軍半渡，

　　考證：三條本無滿字，漢書無『滿盛』二字。

　　施之勉云：新論兵術篇注，通典一百六十，御覽六十三、三百二十一、三百三

　　十、七百四引，無滿字。

　　案漢紀、長短經水火篇亦並無滿字，漢書補注引官本亦作『盛沙。』書鈔一三六

　　引壅上有而字，御覽七百四引壅上有以字。漢紀同。而、以同義。御覽六三引壅

　　作遏，上亦有以字。壅、遏同義。御覽三二一引渡作度，下同。漢書亦作度，

　　（補注引官本作渡。）蓋故本如此。御覽三百三十未引此文，施氏失檢；〔劉子〕

　　新論兵術篇〔袁孝政〕注、通典一百六十亦非明引此文。

遂追信渡水。

　　考證：『楓山本、宋本、中統、游、毛本追下有信字，各本脫。慶長本標記云：

　　正義本有。』

　　施之勉云：景祐本追下有信字。御覽三百二十一、四六七、七百四引史亦有。黃

　　善夫本無，漢書亦無。

　　案殿本追下亦有信字，長短經、通典、通鑑皆同。漢紀作『追之渡水，』之，卽

　　謂信也。劉子新論注無信字。

信使人決壅囊，水大至，龍且軍大半不得渡，卽擊殺龍且。

　　考證：楓、三本渡下有水字。

　　案渡下不當有水字，蓋涉上下文水字而衍。孫子行軍篇：『客絕水而來，勿迎之

於水內，令半濟而擊之，利。』龍且擊信軍於水內，是自取害矣！

龍且水東軍散走，齊王廣亡去。

　　梁玉繩云：『錢唐翁孝廉承高曰：廣與龍且同時見殺，高紀、月表、田儋傳及漢

　　書可證。獨此云「亡去，」誤也。因廣被殺，故田廣自立爲王。』

　　案御覽三二一引『散走』作『遂敗走。』通典同，月表於四年十一月書『韓信破

　　殺龍且，擊殺廣。』漢書高紀、漢紀並云：『虜齊王廣。』未言殺廣。史、漢田

　　儋傳，『虜齊王廣』下，復云：『〔田〕橫聞王死。』通鑑從之，與廣被殺合。本

　　傳但云『齊王廣亡去，』下未言虜廣、殺廣。漢書信傳則云：『齊王廣亡去，信

　　追北至城陽，虜廣。』亦未言殺廣。蓋亡去，虜之，殺之，連貫實爲一事。所記

　　各有詳略耳。此僅言亡去，非誤也。

使人言漢王曰。

　　案藝文類聚十七、御覽三六五、記纂淵海四三及五二引言下皆有於字。漢紀言下

　　亦有于字。

南邊楚，不爲假王以鎮之，其勢不定。願爲假王便。

　　案高紀集解引文穎曰：『邊，近也。』藝文類聚、御覽三六六及四八三引鎮上並

　　無以字。秦始皇本紀：『宜爲王如故便，』與此『願爲假王便。』句法同。

張良、陳平躡漢王足，因附耳語曰：漢方不利，寧能禁信之王乎？不如因而立，善遇

之。

　　考證：楓、三本『信之』下有自字，『而立』下有信字。

　　施之勉云：漢書『信之』下有自字，荀紀、通鑑『而立』下有之字。

　　案藝文類聚引足上有之字。記纂淵海五二引足上亦有之字，『信之』下亦有自字。

　　『不如因而立，善遇之。』御覽四八三引作『不如因而立之。』蓋略『善遇』二

　　字，非引『而立』下更有之字也。高紀、漢紀（即荀紀）亦並作『不如因而立

　　之，』不言『善遇。』通鑑作『不如因而立之，善遇。』之字當在『善遇』下。

何以假爲！

　　案此猶言『何用假乎！』

乃遣張良往立信爲齊王，徵其兵擊楚。

集解：『徐廣曰：四年二月。』

案景祐本、黃善夫本、殿本集解，皆在齊王下。月表、漢書高紀、漢紀、通鑑立信爲齊王，皆在四年二月。本書高紀『立韓信爲齊王，』集解引徐廣曰：『三月。』三乃二之誤，彼文斠證有說。

使盱眙人武涉

案高紀、漢書、長短經懼誡篇、通鑑眙皆作台，古字通用。

計功割地，分土而王之。

考證：楓、三本土下有立字。

案『計功』二字句。『割地』當屬下讀，『割地』猶『分土，』複語也。楓、三本土下有立字，不詞。蓋土字之誤而衍者。

且漢王不可必，

正義：必，謂必信也。

案莊子外物篇：『外物不可必。』（又見呂氏春秋必己篇。）正義說，本師古注。

今足下雖自以與漢王爲厚交，爲之盡力用兵，終爲之所禽矣！

案御覽六九六引楚漢春秋云：『北郭先生獻帶於淮陰侯，曰：牛爲人任用，力盡，猶不置其革。』其寓意與武涉之言相近。

足下右投則漢王勝，左投則項王勝。

案御覽四六一引兩投字並作救，於義亦通。廣雅釋詁二：『救，助也。』下文『足下爲漢則漢勝，與楚則楚勝。』爲、與互文，亦猶助也。（詳後。）

參分天下王之。

考證：楓、三本王上有而字。

案漢書王上亦有而字。

且爲智者固若此乎？

案且猶若也。

臣事項王，

案戰國、漢初人相語，多自謙稱臣。（高紀有說。）漢紀改臣爲吾，通鑑秦紀一

注同。（通鑑漢紀二從史作臣。）

故倍楚而歸漢。

　　案御覽四七九引倍作去，與楚漢春秋合。（詳下。）

夫人深親信我，我倍之不祥。雖死不易。幸爲信謝項王。

　　考證：『藝文類聚引楚漢春秋云：「項王使武涉說淮陰侯，信曰：臣事項王，位

　不過中郎，官不過執節，乃去楚歸漢。漢王賜臣玉案之食，玉貝之劍。臣背叛

　之，內愧於心。」』

　　案信謂倍漢王不祥，不知不倍之乃不祥也！『雖死不易，』正以自明決無反意。

　考證引藝文類聚云云，見卷六九。原引有脫誤，今補正。御覽七百十亦引楚漢春

　秋此文，又略見文選張平子四愁詩注。（後漢書皇甫嵩傳王先謙集解引惠棟說，

　亦引楚漢春秋此文，『玉貝之劍，』作『互闕之劍。』未知何據。）

齊人蒯通知天下權在韓信，

　　殿本考證：『顧炎武曰：先云「范陽辯士蒯通，」後云「齊人蒯通，」一傳互

　易。』

　　考證：愚按漢書刪『齊人』二字。

　　施之勉云：『錢大昕曰：范陽，齊地。是蒯通可稱范陽人，亦可云齊人也。』

　　案漢紀、長短經懼誡篇、通鑑皆無『齊人』二字，從漢書也。張耳陳餘傳亦稱

　『范陽人蒯通。』施氏引錢說，張耳陳餘傳考證已引之。

以相人說韓信曰。

　　考證：楓、三本以上有詳字，詳、佯同。

　　案御覽四六一引以上有佯字。佯，俗字。前有說。

貴賤在於骨法。

　　案論衡骨相篇：『人命稟於天，則有表候於體。察表候以知命，猶察斗斛以知容

　矣。表候者，骨法之謂也。』長短經察相篇引相經曰：『言貴賤者存乎骨骼。』

對曰：『願少閒。』信曰：『左右去矣。』

　　考證：楓、三本少作請，去作遠。

案漢書蒯通傳『對曰：願少閒。』作『通因請閒。』（師古注：不欲顯言，故請閒隙而私說。）長短經懼誡篇少作請，去作遠，與楓、三本合。

俊雄豪桀，建號一呼，天下之士，雲合霧集，魚鱗襍遝，熛至風起。

考證：魚鱗，謂若鱗之相比次。

案景祐本、黃善夫本桀並作傑，長短經同。桀、傑古通，其例習見。漢書熛作飄，補注：『飄，史記作熛，是也。說文：「熛，火飛也。」敍傳：「滕、廣熛起。」「熛起」猶『熛至』也。熛、飄音相近，故熛譌爲飄。』熛、飄並諧票聲，飄借爲熛，飄非誤字。考證云云，本漢書補注引沈欽韓說。

肝膽塗地，父子暴骸骨於中野，

考證：楓、三本於上有『流離』二字。

案漢書作『肝腦塗地，流離中野。』韓詩外傳七，絕纓者對楚莊王曰：『當時宜以肝膽塗地。』說苑復恩篇『肝膽』作『肝腦，』與此文膽漢書作腦同例。長短經於上有『肉流離』三字，『父子暴骸』句。『骨肉流離於中野』句。

逐走宛、葉之閒。

案漢書、漢紀逐並作還。長短經一本逐亦作還。

而糧食竭於內府。

考證：楓、三本府作外，漢書蒯通傳作藏。

案漢紀、長短經府亦並作藏。

百姓罷極怨望，容容無所倚。

殿本考證：『顧炎武曰：『容容，』即『顒顒』字。』

考證：『容容，』猶『搖搖』也。

施之勉云：『吳昌瑩曰：『庸，詞之用也。庸，字亦作容。史記淮陰侯傳：『容容無所倚，』謂庸庸不可倚仗也。無，不也。所，可也。」』

案望借爲詻，說文：『詻，責望也。』下文『信由此日夜怨望，』亦同例。『怨望』一詞，史記習見。容借爲搈，說文：『搈，動搈也。』『容容，』動搖貌。

考證云：『猶搖搖也。』是也，顧、吳說，並未審。蘇秦列傳：『心搖搖如縣旌，而無所終薄。』（又見楚第一。）與此『容容無所倚』同旨。

足下爲漢則漢勝，與楚則楚勝。

　　案爲、與互文，並與助同義。論語述而：『夫子爲衞君乎？』鄭注：『爲猶助

　　也。』齊策一：『君不與勢者，而與不勝者，何故也？』高注：『與猶助也。』

參分天下，

　　案殿本參作三，漢紀、長短經並同。

因民之欲西鄉，爲百姓請命。

　　正義：鄉音向，齊國在東，故曰西向也。止楚、漢之戰鬭，士卒不死亡，故云請

　　命。

　　案漢紀作向，長短經作嚮。鄉、向古、今字，嚮卽鄉、向二字合書之俗字也。其

　　例習見。正義說，本師古注。惟師古注兩向字並作嚮。

則天下風走而響應矣。

　　考證：楓、三本走作起。

　　案長短經走亦作起。

懷諸侯以德，

　　王氏雜志所據震澤王氏本以作之，云：『此當從游本作「懷諸侯以德。」今本以

　　作之者，涉上兩之字而誤。漢書正作「懷諸侯以德。」』

　　考證：『以德』各本作『之德，』今從游本。

　　裴學海云：『懷諸侯之德，』漢書之作以，之猶以也。（古書虛字集釋九。）

　　案之、以本同義，然此作『之德，』蓋涉上下文之字而誤。考證本從游本作『以

　　德，』乃本王說，是也。長短經亦作『以德。』左僖七年傳：『懷遠以德。』

蓋聞天與弗取，反受其咎。時至不行，反受其殃。

　　案意林一引太公金匱云：『太公曰：天與不取，反受其咎。時至不行，反受其

　　殃。』越世家：『范蠡曰：天與弗取，反受其咎。』（又見吳越春秋句踐伐吳外

　　傳。）張耳陳餘列傳：『客有說張耳曰：臣聞天與不取，反受其咎。』此習用古

　　語也。

後爭張黶、陳澤之事，

　　案漢書蒯通傳澤作釋，補注：『澤、釋古通。』漢書張耳陳餘傳、漢紀一亦並作

釋。

奉項嬰頭，而竄逃歸於漢王。

　　施之勉云：『張森楷曰：「漢書作『奉頭鼠竄』四字。」案說文：「嬰，繞也。」

　　淮南要略：「以與天和相嬰薄。」注：「嬰，繞抱也。」與「奉頭」同意。』

　　案長短經作『奉項嬰頭，鼠竄歸於漢王。』兼采史、漢也。

漢王借兵而東下。

　　考證：楓、三本……下下有『戰於鄗北』四字。

　　施之勉云：漢書蒯通傳下下有『戰於鄗北』四字。

　　案楓、三本下下有『戰於鄗北』四字，疑據漢書補之。長短經本史記，無『戰於
　　鄗北』四字。

卒爲天下笑。

　　案莊子盜跖篇：『卒爲天下笑。』戰國策趙策三，魯連亦有此語。（又見魯仲連
　　傳。）

而人心難測也。

　　案莊子列禦寇篇：『孔子曰：凡人心險於山川，難知於天。』（今本『知於』二
　　字誤倒。）意林一引魯連子云：『人心難知於天。』

亦誤矣。

　　考證：漢書蒯通傳誤作過。

　　案師古注：『過猶誤也。』

大夫種、范蠡，存亡越，霸句踐，立功成名，而身死、亡。

　　梁玉繩云：『范蠡不死亡，因說文種連及，古人多有此句法。漢書通傳無之。韓
　　王信報柴將軍書亦云：「種、蠡死、亡。」師古曰：「言種不去則見殺，蠡逃亡
　　則獲免。」作逃亡解，亦通。』

　　考證：亡，流亡也。漢書刪范蠡、亡三字。

　　案死、亡二字，分承大夫種、范蠡二人而言，韓信列傳，韓王信報柴將軍書云：
　　『夫種、蠡無一罪，身死、亡。』（漢書韓王信傳同，梁氏未引全文。）與此同
　　例。死謂見殺，亡謂逃去，師古說是。漢紀無范蠡、亡三字，從漢書也。通鑑亦

從漢書刪范蠡二字，而死下未刪亡字，則『死亡』爲複語，亡亦死也。

野獸已盡，而獵狗亨。

　　考證：楓、三本亨作烹，下有『敵國破而謀臣亡』七字。漢書蒯通傳作『野禽

　　殫，走犬烹。敵國破，謀臣亡。』……

　　案漢書野上有『語曰』二字。漢紀作『語曰：野禽殫，走狗烹。飛鳥盡，良弓

　　藏。敵國滅，謀臣亡。』長短經作『諺曰：野獸盡而獵狗烹，敵國破而謀臣亡。』

　　與楓、三本尤合。通鑑盡上亦無已字，亨亦作烹。作亨是故書。漢書作亨，考證

　　誤引作烹。

夫以交友言之，則不如張耳之與成安君也；以忠信言之，則不過大夫種、范蠡之於句

踐也。

　　考證：漢書蒯通傳無范蠡二字。

　　案漢書、漢紀夫並作故，夫、故並與如同義。漢紀、長短經、通鑑亦並無范蠡二

　　字。

此二人者，

　　考證：漢書蒯通傳無人字。

　　案上不僅言二人，漢紀、通鑑亦並無人字，是也。『此二者，』謂此二事也。

而功蓋天下者不賞。臣請言大王功略。

　　考證：漢書刪『臣請』以下七字。

　　案逸周書史記解：『功大不賞者危。』漢紀亦無『臣請』以下七字，從漢書也。

徇趙，

　　案漢書作『且令於趙。』（漢紀令誤全。）左桓十三年傳：『莫敖使徇于師，』

　　杜注：『徇，宣令也。』

足下欲持是安歸乎？

　　案欲猶將也。

名高天下。

　　案越世家，大夫逢同諫句踐亦有『名高天下』一語。

先生且休矣。吾將念之。

楊樹達云：且，暫且也。（詞詮六）。

案信既云『吾將念之，』是曾考慮反事。然念之之後，終不忍背漢也。

夫聽者，事之候也。計者，事之機也。

考證：『沈欽韓曰：「秦策：『陳軫曰：計者，事之本也。聽者，存亡之機。』」……』

案此文候，秦策（二）作機。此文機，秦策作本。候、機並猶本也。此謂聽從、計謀皆事之本也。秦策高注：『機，要也。』齊策一：『不至十日，而戰勝存亡之機決矣。』（又見蘇秦傳。）高注亦云：『機，要。』要亦本也。莊子傳：『然其要本歸於老子之言。』『要本，』複語，要亦本也。

聽過計失，而能久安者鮮矣！聽不失一二者，不可亂以言。計不失本末者，不可紛以辭。

考證：『一二，』『先後』也。

案『聽過計失，』過、失互文，過亦失也。秦策四：『今王之攻楚，不亦失乎？』春申君傳失作過，齊策二：『而齊，燕之計過矣。』高注：『過，失。』齊策六：『彼燕國大亂，君臣過計。』魯仲連傳過作失。皆過、失同義之證。『一二』與『本末』互用，義並猶『先後』也。秦策二：『計失而聽過，能有國者寡也。故曰：計有一二者難悖也（一本無也字）。聽無失本末者難惑。』亦陳軫語。

守儋石之祿者，闕卿相之位。

集解：『……一說：一儋與一斛之餘。』

索隱：……蘇林解爲近之。

考證：『張文虎曰：集解一說，毛本無與字。斛疑當作石，餘疑當作儲，尙有脫文。』

案漢紀儋作擔，儋、擔正、俗字。長短經有注云：『一儋一斛之餘也。』本集解，無與字，與毛本合。斛字、餘字並同，可證無誤，且無脫文。索隱單本『近之』作『近得。』黃善夫本、殿本並作『得之。』

故知者，決之斷也。疑者，事之害也。

考證：『王念孫曰：「『知者決之斷也。』當作『決者知之斷也。』正與『疑者事之害也』相反。下文申之云：『智誠知之，決弗敢行者，百事之禍也。』」』

（王說本無前三也字。）

案知、決二字當互易，後漢書馮衍傳：『夫決者，智之君也。疑者，事之役也。』
亦以決、疑對言，可證成王說。

審豪釐之小計，遺天下之大數。

案淮南子主術篇：『審豪釐之小計者，必遺天下之大數。』高注：『遺，失。』
計、數互文，數亦計也。說文：『數，計也。』

猛虎之猶豫，不若蜂蠆之致螫。

案漢書豫作與，蜂作蠭，螫作蠚。長短經豫亦作與，古字通用。漢紀蜂亦作蠭，
蠭、蜂正、俗字。說文：『螫，蟲行毒也。』蠚與螫同。淮南子兵略篇：『有毒
者螫。』御覽九四四引螫作蠚，（劉文典集解有說。）亦同此例。

騏驥之跼躅，

集解：『徐廣曰：跼，一作蹢也。』

案長短經跼作蹢。跼，俗字。

不如庸夫之必至也。

案漢書、漢紀『庸夫』並作『童子。』呂氏春秋論威篇：『獨手舉劍，至而已
矣。』與此至字用法同。

吟而不言。

索隱：吟，鄒氏音拒蔭反。

案吟音拒蔭反，則讀爲噤。說文：『噤，口閉也。』段注：『史淮陰侯傳：「吟
而不言。」此假吟爲噤也。』鼂錯傳：『噤口不敢復言也。』日者傳：『惍然噤
口不能言。』並用本字。

時者難得而易失也。時乎時，不再來。

考證：『齊世家：「逆旅之人謂太公曰：吾聞時難得而易失。」越語：「范蠡曰：
臣聞之，得時無怠，時不再來。」』

案意林引太公金匱：『太公曰：時難得而易失也。』賈子新書勸學篇：『吾聞之
日：時難得而易失也。』淮南子原道篇亦有此語。楚辭九歌雲中君：『時不可兮
再得。』李斯列傳：『時乎時乎，閒不及謀。』（又見說苑談叢篇。）考證引越

語云云，本沈欽韓說，漢書補注巳引之。

又自以爲功多，漢終不奪我齊。

　　案長短經漢下有王字。信安知漢王之所以奪其齊，正由其功多邪！

遂謝蒯通。蒯通說不聽，已詳狂爲巫。

　　集解：『徐廣曰：「一本『遂不用蒯通。蒯通曰：「夫迫於細苛者，不可與圖大
事；拘於臣虜者，固無君王之意。」說不聽，因去詳狂也。』」』

　　索隱：案漢書及戰國策皆有此文。

　　考證：『楓、三本巫下有「而去」二字。張照曰：「戰國策安得有韓信、蒯通之
事！索隱誤。」……』

　　案長短經此文作『遂謝蒯生，蒯生曰：「夫迫於苛細者，不可與圖大事；拘於臣
虜者，固無君王之意。」說不聽，因去，佯狂爲巫。』與徐氏所稱一本頗合，最
爲可貴！『已詳狂爲巫，』漢書作『乃陽狂爲巫。』御覽七三九引此文同，蓋與
漢書文相亂也。漢紀作『乃佯狂爲巫。』通鑑作『因去，佯狂爲巫。』與長短經
合。已、乃、因，皆同義。元和姓纂三引尸子：『申徒狄，夏賢也。湯以天下
讓，狄以不義聞，已自投於河。』已亦與乃、因同義。（此義前人未發。）詳、
陽古通。佯，俗字。前已有說。張照謂戰國策無韓信、蒯通之事，以索隱爲誤。
今本戰國策誠無韓信、蒯通之事。然劉向戰國策敍錄云：『其事繼春秋以後，訖
楚、漢之起，二百四十五年間之事。』韓信、蒯通之事，正『楚、漢之起』之
事。索隱謂戰國策有此文，正與戰國策敍錄之說合。又御覽四百六十引戰國策逸
文云：『范陽人蒯通，說范陽令曰：竊聞公之將死，故弔；然賀得通而生。』（鮑
崇城刻本御覽，妄改爲史記文。）考張耳陳餘傳：『范陽人蒯通，說范陽令曰：
竊聞公之將死，故弔；雖然，賀公得通而生。』與御覽所引戰國策文正合。然後知
史公記韓信、蒯通事，實多本於戰國策。惜今本戰國策逸之，張氏失於不考耳。
（岷此說，初發於五十七年二月二日所撰之類書薈編序，又見張耳陳餘傳斠證。）

漢王之困固陵，用張良計，召齊王信。

　　案事在五年冬十月，高祖紀、酇侯世家及此傳，皆誤在四年。酇侯世家有說。

爲德不卒。

　　　案漢紀德作惠，義同。

令出胯下者，

　　　考證：胯，上文作袴。

　　　案殿本胯作袴，與上文合。上文徐廣引一本作胯，與此作胯之本合。

我寧不能殺之邪？殺之無名。故忍而就於此。

　　　考證：漢書二殺字作死，無於字。

　　　案漢書韓信傳前二句作『寧不能死？死之無名。』補注引周壽昌云：『史記兩死
　　　字皆作殺。蓋殺者專就少年言；死者兼己身言也。』上文淮陰少年辱信曰：『信
　　　能死，刺我；不能死，出我袴下。』（漢書作『能死，刺我；不能，出胯下。』）
　　　漢書之所以易此二殺字爲死，乃承少年所謂死而言。然則此二死字，蓋信專己身
　　　言之也。通鑑就下亦無於字。

項王亡將鍾離昧，

　　　案景祐本、黃善夫本、殿本昧皆作眛，梁氏志疑所據湖本同。通鑑作昧。漢書作
　　　眛，師古注：『眛，音莫葛反。』（考證引顏注，眛誤昧。）眛、昧、昧，並眛
　　　之誤。陳丞相世家有說。

漢王怨眛。

　　　考證：『梁玉繩曰：高祖卽帝位矣，何言漢王也？下文「漢王畏惡其能，」同
　　　誤。』

　　　案漢書無王字。漢書下文『漢王畏惡其能。』補注引朱祁云：『浙本無王字。』

漢六年，人有上書告楚王信反。

　　　案漢紀在六年冬。漢書高紀在六年冬十月，通鑑從之。史紀高紀在十二月，梁氏
　　　志疑云：『因會陳執信在十二月，遂並敍之。其實是十月也。』

吾將游雲夢。

　　　案漢書作『僞游於雲夢者。』御覽引此文作『僞游雲夢，』疑與漢書文相亂。

實欲襲信，信弗知。高祖且至楚，信欲發兵反。自度無罪。

　　　案陳丞相世家、漢書陳平傳並不言『信欲發兵反。』信既不知高帝欲襲之，何故
　　　發兵反邪？『自度無罪。』正可證信之不反也。

信持其首謁高祖於陳。上令武士縛信，載後車。

案荊軻借樊於期首以刺秦，事雖不成，其義可風。韓信借鍾離眛首以自媚，患終不免。國士無雙，何其負義至此邪！容齋隨筆十四云：『漢高祖用韓信爲大將，而三以詐臨之。信既定趙，高祖自成皋度河，晨自稱漢使，馳入信壁，信未起，卽其臥奪其印符，麾召諸將易置之；項羽死，則又襲奪其軍；卒之僞游雲夢而縛信。夫以豁達大度開基之主，所行乃如是！信之終於謀逆，蓋有以啟之矣。』

狡兔死，良狗亨。高鳥盡，良弓藏。敵國破，謀臣亡。

索隱：『「郊兔死，」郊音狡。狡，猾也。吳越春秋作「郊兔，」亦通。漢書作「狡兔。」戰國策曰：「東郭逡，海內狡兔也。」』

考證：楓、三本亨作烹。

案索隱本狡作郊，引吳越春秋同。今本吳越春秋夫差內傳及句踐伐吳外傳並作『狡兔，』蓋後人所改也。越世家：『狡兔死，』又云：『逐狡兔。』集解並引徐廣云：『狡，一作郊。』與索隱本及舊本吳越春秋合。白帖二九、御覽三二五引亨並作烹，通鑑同。（他書此文亦皆作烹。）作亨是故書，前有說。御覽三四七引破作滅，韓非子內儲說下篇、吳越春秋夫差內傳及句踐伐吳外傳、長短經遣師篇皆同。索隱引戰國策，見齊策三。又見御覽九百七引春秋後語。黃善夫本、殿本索隱，並略『「狡兔死，」郊音狡。狡，猾也。』九字。

遂械繫信。至雒陽，赦信罪，以爲淮陰侯。

案信果有反謀。尚得赦邪？漢紀作『遂執信。訊信無反驗，黜信爲淮陰侯。』所謂『無反驗。』是其實矣。

信知漢王畏惡其能，常稱病不朝從。

案『畏惡』，複語，說文：『畏，惡也。』師古注：『朝，見也。從，從行也。』

居常鞅鞅，

案鞅借爲怏，說文：『怏，不服，懟也。』秦始皇本紀有說。

信出門笑曰：生乃與噲等爲伍！

案師古注：『言俱爲列侯。』容齋隨筆十三云：『樊噲從高祖起豐沛，勸霸上之

還；解鴻門之厄，功亦不細矣，而韓信羞與爲伍。蓋以信而視噲，猶熊羆之與狸

狌耳！』困學紀聞十二云：『淮陰侯羞與樊噲伍。然噲亦未易輕。諫留居秦宮；

鴻門譙項羽，排闥入見。一狗屠能之，漢廷諸公不及也。』

上常從容與信言諸將能不，

　　考證：楓、三本常作嘗。

　　施之勉云：漢書常作嘗。

　　案通鑑常亦作嘗。

上曰：『於君何如？』曰：『臣多多而益善耳。』

　　吳昌瑩云：『於猶如也。』（經詞衍釋一。）

　　案漢書於作如，善作辨。漢紀、白帖十五善亦並作辨。辨（俗辨字：）借爲便，便

　　與善義近。

何爲爲我禽？

　　案白帖『何爲』作『何以。』爲猶以也。

陛下不能將兵，而善將將。此乃信之所以爲陛下禽也！

　　案御覽二七二引不作非，義同。引乃作迺，作迺是故書。能、善互文，能亦善

　　也。呂氏春秋蕩兵篇：『能用之則爲福，不能用之則爲禍。』（今本上能字作善，

　　據高注改。）尤倉子兵道篇能並作善；萬石列傳：『有姊能鼓瑟。』御覽五一七

　　引能作善。並能、善同義之證。

且陛下所謂天授，非人力也。

　　案論衡命祿篇：『韓信與帝論兵，謂高祖曰：『陛下所謂天授，非智力所得。』

　　末句略異。

陳豨拜爲鉅鹿守，

　　集解：『徐廣曰：「表云：爲趙相國，將兵守代也。」』

　　考證：『漢書改作「爲代相監邊。」周壽昌曰：「漢書當得其實。據史記豨傳，

　　亦未嘗爲鉅鹿守。」』

　　案豨傳稱豨『以趙相國將，監代邊兵。』與功臣表合。通鑑漢紀四此文作『陳豨

　　爲相國，監趙代邊兵。』不言豨爲鉅鹿守，從漢書兼本豨傳也。漢紀四作『初豨

　　適代時，』亦不言豨爲鉅鹿守。

唯將軍令之。

　　案唯猶願也。

公之所居，

　　考證：『張文虎曰：公下之字，舊刻有，與漢書合。』

　　施之勉云：『景祐本公下有之字。』

　　案通鑑公下亦有之字。

漢十年，陳豨果反。

　　梁氏志疑所據湖本十下有一字，云：豨反在十年九月，此誤，說在高紀。

　　考證：『張文虎曰：各本十下衍一字，舊刻無。』

　　施之勉云：景祐本作『十年。』

　　案漢書高紀、漢紀、通鑑豨反，皆在十年九月。豨傳在七年九月，（考證本從
　　楓、三本改『七年』爲『十年。』）七蓋本作一，卽古七字。史記多此例。（參
　　看高紀斠證。）

信病不從。

　　案漢書『信病不從。』補注：『朱祁曰：「浙本病字上有稱字。」錢大昭曰：
　　「南監本、閩本有稱字。」』

　　案通鑑病上亦有稱字。長短經霸圖篇注作『信稱疾不從行。』詭順篇注作『信稱
　　疾不從。』亦並有稱字。

弟舉兵，

　　案黃善夫本弟作第，楊樹達云『第，但也。』（詞詮二）弟與第同。

信乃謀，與家臣夜詐詔赦諸官徒奴，欲發以襲呂后、太子。

　　考證：楓、三本發下有兵字，與漢書合。

　　施之勉云：御覽六百四十七引發下有兵字。

　　裴學海云：『信乃謀與家臣』句，與猶於也，（古書虛字集釋一。）

　　案裴說是，漢書作「與家臣謀，』猶言謀於家臣也。容齋續筆八發下亦有兵字。

其舍人得罪於信，

索隱：按『晉灼曰：「楚漢春秋云：謝公也。」姚氏按功臣表云：「愼陽侯樂說，淮陰舍人，告信反。」未知孰是。』

案淮陰舍人，功臣表作樂說，索隱：『漢表作樂說。』容齋續筆亦作樂說，從漢書也。黃善夫本、殿本此文索隱，『告信反』下並有者字。

舍人弟上變，告信欲反狀於呂后。

案韓信反事，必舍人弟誣告。信爲齊王時，武涉、蒯通並激勸之，仍決意不反。此時困居如囚，乃欲反邪？信豈愚至於此！絳侯世家：『文帝朝，太后以冒絮提文帝，曰：絳侯綰皇帝璽，將兵於北軍，不以此時反。今居一小縣，顧欲反邪？』岷於信亦有同感云。

呂后欲召，恐其黨不就，乃與蕭相國謀，詐令人從上所來，言豨已得死。

王引之云：『儻，或然之辭也。字或作黨。淮陰侯傳曰：「恐其黨不就。」黨與儻同。』（釋詞六。）

考證：『岡白駒曰：「黨、儻通。」楓、三本豨上有陳字。漢書無得字。』

施之勉云：荀紀豨上有陳字。

案通鑑黨作儻，注：『儻，或然之辭。』蓋王說所本。（岡說蓋又本王說。）『言豨已得死。』得字當屬上絕句。死，一字句。漢紀作『言陳豨已死，』容齋續筆作『稱陳豨已破，『（漢書官本死亦作破，補注有說。）長短經霸圖篇注作『言豨已死矣。』皆無得字。

相國紿信曰：雖疾，彊入賀。

考證：楓、三本疾作病，與漢書合。

案師古注：『紿，詐也。』長短經霸圖篇注及詭順篇注紿並作詐，疾並作病。容齋續筆疾亦作病。

斬之長樂鍾室。

正義：長樂宮懸鍾之室。

案容齋續筆云：『信之爲大將軍，實蕭何所薦。今其死也，又出其謀，故俚語有「成也蕭何，敗也蕭何」之語。』信之敗，固出蕭何之謀；然主謀者實爲呂后。盧綰傳：『綰謂其幸臣曰：往年春，漢族淮陰。夏，誅彭越。皆呂后計。』是也。

正義說，本師古注。

斬，曰：吾悔不用蒯通之計，乃爲兒女子所詐，豈非天哉！

梁氏所據湖本斬下有之字，云：『史詮謂宋本無之字，是也。漢書無。』案黃善夫本斬下亦衍之字，景祐本、殿本並無之字。御覽六四七引斬下有歎字，漢紀同。漢書蒯通傳作『臨死歎曰。』下文『呂后曰：「信言：恨不用蒯通計。」』此文恨作悔，義同。秦策四：『此講之悔也。』高注：『悔，恨也。』漢書『女子』上無兒字，專就呂后言之也。後漢書皇甫嵩傳：『閻忠曰：昔韓信不忍一餐之遇，而棄三分之業。利劒目揣其喉，方發悔毒之歎者，機失而謀乖也。』

信三族。

施之勉云：『長短說：「高皇后謂酇侯曰：『相國來！帝討叛豨，託君以老婦弱子，胡媮自遂也？』酇侯免冠謝曰：『唯社稷之策，與主上之寵命，不有寧也。』后曰：『吾三使使問軍中事，而三不答也。意者憂不在外歟？夫淮陰侯蹙項之勁也，而中廢意怏怏，吾甚憂之！其反也，老婦請厲礩盎而爲君先。』酇侯曰：『臣聞之，決癰者虞其咽。淮陰侯功臣也，主上未有命誅之，臣懼挑禍也。且臣老不足以任大事。』酇侯趨出。辟陽侯見曰：『臣異日得侍后，未見不色懌者也。今者乃不色懌也，毋以臣委弱歟？』后曰：『否。吾欲甘心淮陰侯，相國不與也。』辟陽侯曰：『相國文吏易搖，臣請徵之。』出見酇侯曰：『下走不敢從百執事以見。竊怪相國鮮食惡寢，中若負隱懲，胡儦也？』相國謝曰：『無有。』曰：『不佞得從良家侍環衞之列，唯是一二語與聞之。日者皇后朝罷而歎曰：老婦詩，過言漢中之帥，誰壇而拜者。得無生語泄乎？吾母子不食新矣！』酇侯大恐色變，入請死，遂謀誅淮陰侯。」觀此，則知淮陰侯之誅，全由於呂后。蕭相國自救且不暇，何能救淮陰於患難乎？又吳志諸葛恪傳：「韓信獲收斂之恩。」胡三省曰：「斂韓信事，史無可考。」史云：「帝聞信死，且喜且憐之。」是必收斂之也。又徐樹丕曰：「信死，蕭相國託其子于尉佗。至今閩、粵之間，姓韋者，皆信之苗裔也。不能救其死，而終不絕其後，何眞仁人哉！」張爾岐亦云：「韓淮陰有後，爲韋姓之官。蕭相國匿其子，貽書尉佗，封海濱，賜姓韋，取韓字之半。今蕭書尉詔，並勒鼎彝。」』

案施氏所稱長短說，乃短長說之誤。是書乃後人偽託，（岷頗疑卽王世貞所偽託。）不足據。惟此節所記，淮陰侯之誅，全由呂后；蕭相國之同謀，乃不得已。尙符情理耳。然此於史文中，已可探驗。不必徵之於偽書短長說也。又吳志諸葛恪傳：『昔項籍受殯葬之施，韓信獲收斂之恩。斯則漢高發神明之譽也。』『收斂』與『殯葬』對言，是斬信之後，收斂其屍也。此當可信。然信受誣，慘遭夷滅，收斂其屍，何足以言恩邪！

見信死，

　　案漢書見作聞，通鑑從之。

刪通至，

　　案藝文類聚九四、御覽九百四引此並無刪字，漢書、長短經詭順篇並同。

若敎淮陰侯反乎？

　　案藝文類聚九四引作『若何敎淮陰侯反？』（恐非其舊。）九五引與今本同。師古注：『若，汝也。』

秦失其鹿，天下共逐之。於是高材疾足者先得焉。

　　集解：『張晏曰：以鹿喻帝位也。』

　　案後漢書袁紹傳注引逐作追，材作才。漢紀材亦作才。文選班叔皮王命論：『遊說之士，至比天下於逐鹿，幸捷而得之。』善注：『漢書隗囂曰：「秦失其鹿，劉季逐而掎之。時人復知漢乎？」太公六韜曰：「取天下若逐野鹿。得鹿，天下共分其肉。」』漢書班彪傳（囂語，掎作騙）注、意林、御覽九百六亦皆引六韜此文。長短經懼誡篇：『太公曰：取天下若逐野獸。得之，而天下皆有分肉。』蓋亦本六韜也。文選揚子雲解嘲：『昔周網解結，羣鹿爭逸。』注引服虔曰：『鹿，喻在爵位者。』鹿，可以泛喻在爵位者。此文鹿，則如張晏說，以喻帝位。

蹠之狗吠堯。堯非不仁，狗固吠非其主。

　　案景祐本、黃善夫本、殿本蹠皆作跖，藝文類聚九四、白帖二九、御覽九百四、記纂淵海五八及九八引此咸同。長短經詭順篇、通鑑亦並作跖。蹠、跖古通，伯夷列傳：『盜蹠日殺不辜。』今本蹠皆作跖，亦同此例。白帖、記纂淵海五八引

狗並作犬。(記纂淵海九八引下狗字亦作犬。)齊策六：『貂勃曰：跖之狗吠堯。
非貴跖而賤堯也，狗固吠非其主也。』鄒陽傳：『桀之狗可使吠堯。』漢書狗作
犬。

臣唯獨知韓信，

案藝文類聚、御覽引此並無唯字，漢書、長短經並同。『唯獨，』複語，故可略
其一。漢紀『唯獨』作但，義亦同。

欲爲陛下所爲者甚衆，顧力不能耳。

考證：『顏師古曰：顧，反也。』

案長短經『所爲』作『所求，』顧作故。故、顧古通。師古注：『顧，念也。』
考證失檢。通鑑注：『余謂顧，反視也。反己而自視。』顧猶特也。(楊樹達詞
詮三有說。)訓念或訓反視，並非。

乃釋通之罪。

案說苑善說篇：『蒯通陳其說，而身得以全。』

然乃行營高敞地，

案廣雅釋詁一：『營，度也。』漢書韓信傳補注引周壽昌亦云：『營，度也。』
『行營』猶今語言『去求』耳。漢書敞作燥。作敞較勝，論衡實知篇、漢紀二並
作敞。

假令韓信學道謙讓，不伐己功，不矜其能，

案田儋列傳贊，謂蒯通之謀驕淮陰，其卒亡此人。武涉、蒯通勸信反，皆所以驕
信。然信神於用兵，其驕乃半由天性也。至其師事李左車，則又深知謙讓者。信
蓋驕上而親下者與？其與高帝論將兵，驕之甚矣！已、其互文，其亦己也。

則庶幾哉，於漢家勳可以比周、召、太公之徒，

梁玉繩云：比儗太過，說在李斯傳。

案新序善謀篇：『漢王東出，秦民歸漢王。遂誅三秦王，定其地，收諸侯兵，討
項王，定帝業。韓信之謀也。』風俗通窮通篇稱信『佐命大漢，功冠天下。』通
鑑司馬光曰：『世或以韓信首建大策，與高祖起漢中，定三秦。遂分兵以北禽
魏，取代，仆趙，脅燕，東擊齊而有之，南滅楚垓下。漢之所以得天下者，大抵

皆信之功也。』然則史公稱信之勳，庶幾可比周、召、太公之徒，亦不爲過。又白起傳，蘇代稱武安君白起云：『雖周、召、呂望之功，不益於此矣。』（本秦策三。）與史公比儗韓信同，則太過矣。

而天下已集，乃謀畔逆。夷滅宗族，不亦宜乎！

案集與輯同，爾雅釋詁：『輯，和也。』『夷滅，』複語，廣雅釋詁四：『夷，滅也。』天下已和，乃謀叛逆。信之愚，何至於此！史公自序：『楚人迫我京、索，而信拔魏、趙，定燕、齊，使漢三分天下有其二，以滅項籍。作淮陰侯列傳。』不言信反，是已。

史　記　斠　證　卷　九　十　三

韓　信　盧　綰　列　傳　第　三　十　三

王　叔　岷

案索隱本、景祐本並作韓信盧綰列傳，與史公自序合。黃善夫本、殿本韓下並有
王字，非其舊也。自序考證引張文虎云：『南宋、游、凌本韓下有王字。』亦非
其舊。漢書作韓信傳，王氏補注：『官本韓下有王字，是。』有王字未必是也。
韓王信者，故韓襄王孽孫也。

集解：『徐廣曰：一云信都。』

索隱：『楚漢春秋云「韓王信都。」恐謬也。諸書不言有韓信都。案韓王信，初
爲韓司徒，後訛云申徒，因誤以爲韓王名耳。……何休注公羊，以爲孽，賤子。
猶之伐木有孽生也。……』

梁玉繩云：『唐世系表以信爲公子蟣蝨子，未知確否？徐廣據楚漢春秋，謂「韓
王信，一云信都。」史通雜說篇從之，譏馬、班去都字爲非。乃妄也。索隱曰：
「楚漢春秋謬。韓王信初爲韓司徒，誤以爲韓王名。」是已。司徒之轉爲信（同
申）都，猶司徒之轉爲申徒、勝屠、申屠也。潛夫論氏姓篇、路史發揮言之詳
矣。』

案潛夫論志氏姓篇：『襄王之孽孫信，俗人謂之韓信都。』漢書功臣表『留文成
侯張良』下，云：『以廄將從起下邳，以韓申都下韓。』師古注：『韓申都，卽
韓王信也。楚漢春秋作信都，古信、申同字。』容齋續筆八云：『良與韓王信了
不相干，顏注誤矣。』王氏漢表補注亦云：『史表作申徒，都、徒音同通用。申
都，韓官名，顏注誤。』張良爲韓申都，顏注以爲楚漢春秋之韓信都，固誤；然
謂『古信、申同字。』則是。何義門讀書記云：『楚漢春秋，韓王本名信都，見

史通。按信都之信，與申同。然則當讀爲平聲，與淮陰侯名異也。』據楚漢春秋『韓王信都，』信讀爲申，固與淮陰侯名異；據史、漢作『韓王信，』則與淮陰侯同名矣。又案公羊襄二十七年傳何注：『庶孽，眾賤子。猶樹之有孽生。』與索隱所引小異。

故立韓諸公子橫陽君成爲韓王，欲以撫定韓故地。

　　集解：『徐廣曰：二年六月也，都陽翟。

　　施之勉云：『月表，二世二年六月，韓王成始。』

　　案漢記一，在沛公二年六月，亦卽二世二年六月也。通鑑秦紀三亦在二世二年六月。都陽翟，見項羽本紀及高祖本紀。

使張良以韓司徒降下韓故地。

　　集解：『徐廣曰：他本多作申徒，申與司聲相近，字由此錯亂耳。……』

　　案功臣表、留侯世家並作申徒，司、申聲近字通，非錯亂。

此左遷也。士卒皆山東人，跂而望歸。及其鋒東鄉，可以爭天下。

　　索隱：跂音企，起踵也。

　　考證：事又見高祖紀。紀，遷上無左字，鋒下有『而用之』三字。

　　施之勉云：漢傳遷上亦無左字。

　　案通典一五九遷上亦無左字。跂借爲企，說文：『企，舉踵也。』索隱說是。高紀『望歸，』御覽二八三引作『思歸，』通典同。又通典鋒作銳，下亦有『而用之』三字。以銳說鋒也。

韓王成以不從，無功，不遣就國，更以爲列侯。

　　集解：『徐廣曰：「元年十一月，誅成。」駰案漢書曰：「封爲穰侯。」』

　　考證：『梁玉繩曰：此但言項籍廢韓王成爲侯，而不言其殺成，疏也。』

　　施之勉云：『月表，項羽誅成，在漢元年七月。荀紀：項王殺韓王成，以張耳從漢入秦故也。』

　　案漢紀二，項王殺成，在漢元年六月。通鑑漢紀一在元年七月，從月表也。漢傳『列侯』作『穰侯，』下更有『後又殺之』四字，通鑑從之（惟後作已）。項羽本紀、留侯世家、漢書高紀及張良傳，皆言殺成。

韓信急擊韓王昌陽城，昌降。漢王迺立韓信爲韓王。

集解：『徐廣曰：二年十一月。』

案昌降，漢書高紀、通鑑並在二年十月。立韓信爲韓王，月表、漢書高紀、漢紀

二、通鑑皆在二年十一月

韓王信、周苛等守滎陽。

案項羽本紀、高紀、漢書高紀及籍傳，並稱周苛、樅公、魏豹守滎陽，漢紀稱周

苛與魏王豹守滎陽，此云韓王信、周苛等，詳略互見。通鑑作『令韓王信與周

苛、魏豹、樅公守滎陽。』合四人言之，最備。（說互詳項羽本紀。）

明年春。

集解：『徐廣曰：「卽五年之二月。」駰案漢書曰：「六年春。」』

正義：『徐廣曰：「卽高帝五年之二月也。」漢書韓信傳云：「六年春。」史記

高祖紀竝云：「六年，徙信都晉陽。」未審徐何據而言之也。』

考證：史記高祖紀亦以爲五年事，正義失考。

施之勉云：『高祖紀：「五年(二月)甲午，立故韓王信爲韓王，都陽翟。六年，

徙韓王信太原。」則此「明年春，」高帝六年之春也。考證非。』

案高祖紀：『六年，徙韓王信太原。』漢書高紀作『六年春正月壬子，目太原郡

三十一縣爲韓國，徙韓王信都晉陽。』正義引史記高紀云云，乃漢書高紀文也。

漢紀三作『六年春正月丙午，徙韓王信太原，都晉陽。』通鑑漢紀三，書在六年

春正月壬子，從漢書高紀也。竊疑徐注『卽五年之二月，』『五年』乃『六年』

之誤。（涉上正文『五年春』而誤。）上文旣云『五年春，』此言『明年春，』

徐氏豈不知明年爲六年邪？惟言『二月，』與諸處作『正月』亦不合。

國被邊，

集解：『李奇曰：被，音被馬之被也。』

案景祐本、黃善夫本集解，並作『被，音被馬也。』馬下脫『之被』二字。殿本

集解作『被，音被馬反。』蓋不知馬下有脫文，而妄改也爲反耳。

信亡走匈奴，與其將白土人曼丘臣、王黃等，立趙苗裔趙利爲王。復收信敗散兵，而

與信及冒頓謀攻漢。

梁玉繩云：『丨與其將白土人，丨朱子文漢書辨正曰：「多一與字。」』

考證：『劉攽曰：「下云『而與信及冒頓謀攻漢，』則上不當有與字。」陳仁錫
曰：「與字衍文。」愚按高紀亦無與字。』

案與曼丘臣、王黃等立趙利爲王，爲一事；與信及冒頓謀攻漢，又爲一事。上與
字非衍。漢書高紀、韓信傳並有上與字。史記高紀白土上無『與其將』三字，非
僅無與字也。通鑑亦無『與其將』三字，從高紀也。

至晉陽，與漢兵戰，漢大破之。追至于離石，後復破之。

王念孫云：此言漢兵破匈奴於晉陽，復追破之於離石。復上不當有後字，後卽復
之誤也。今作『後復破之』者，一本作復，一本作後，而後人誤合之耳。漢書韓
王信傳無後字。

考證：各本復上有後字。

施之勉云：景祐本復上無後字。

案後字卽復之誤而衍者。非必一本作復，一本作後也。

聞冒頓居代上谷。

正義：今嬀州。

考證：『王念孫曰：「上字衍，漢書作『居代谷，』是也。主父偃傳云：『高皇
帝聞匈奴聚於代谷之外，而欲擊之。御史成進諫，不聽，遂北至於代谷，果有平
城之圍。』是代谷與平城相近。若上谷，則去平城遠矣。又案漢之沮陽，爲上谷
郡治，卽唐之嬀州也。今本云『冒頓居代上谷，』而正義於上谷下注云：『今嬀
州。』則張氏所見本已誤衍上字。」』（王說『又案』以下，考證未引，今補。）
案通鑑亦作『居代谷。』注云：『史記正義曰：「代谷，今嬀州。」余據唐嬀州
在幽州西北。此代谷在句注之北。後魏都平城，建爲代都，蓋因代谷而名也。唐
屬雲州界。』所引正義代谷二字，乃據彼正文增。張氏所見史記正文已誤作『代
上谷。』（如王說。）如作代谷，則不得注云『今嬀州』矣。

漢使柴將軍擊之。

索隱：『應劭云：「柴武。」鄧展云：「柴奇。」晉灼云：「奇，武之子。」應
劭說爲得。此時奇未爲將。』

案漢傳師古注已云：『應劭說是。』後漢書隗囂傳，來歙賜囂書曰：『昔柴將軍與
韓信書。』注亦云：『柴將軍，柴武也。』

諸侯雖有畔亡，而復歸，輒復故位號。

考證：漢書上復字作後。

案後漢書隗囂傳『畔亡』作『亡叛，』上復字亦作後。

及寇攻馬邑，

考證：楓、三本及作反。

案及字是。反、及形近，又涉下『今反』字而誤也。

夫種、蠡無一罪，身死、亡。

案漢傳王氏補注：『言二人無罪，然一死一亡，皆不能保其位。』淮陰侯列傳：
『大夫種、范蠡存亡越，霸句踐，立功成名，而身死、亡。』與此文同旨。

僕之思歸，如痿人不忘起，盲者不忘視也。

案漢傳王氏補注引沈欽韓云：『說苑叢談：「痿人日夜願一起，盲人不忘視。」
蓋本此。』叢談當作談叢。吳越春秋句踐歸國外傳：『越王召五大夫而告之曰：
今寡人念吳，猶躄者不忘走，盲者不忘視。』

柴將軍屠參合，斬韓王信。

考證：『梁玉繩云：「斬信者，樊噲傳云，所將卒；匈奴傳，是噲。與此異。漢
書高紀、信傳，是柴；而噲與匈奴傳，同史。未知孰是。』

施之勉云：『功臣表，東茅〔敬〕侯劉釗，捕韓王信（據景祐本）為將軍。』

案樊噲傳：『復從擊韓信胡騎晉陽下，所將卒斬胡白題將一人。』不言所將卒斬
信；匈奴傳：『陳豨反，又與韓信合謀擊代，漢使樊噲往擊之。』漢書匈奴傳
同，未言噲斬信。惟漢書噲傳云：『因擊韓信軍參合，所將卒斬韓信。』梁說未
明。潛夫論志氏姓篇作『漢遣柴將軍擊之，斬信於參合。』通鑑漢紀四作『將軍
柴武斬韓王信於參合。』與史、漢信傳及漢書高紀合。施氏引功臣表云云，又見
漢書功臣表，惟劉釗誤劉到（補注有說）。

及至積當城，生子，因名曰積當。

案景祐本、黃善夫本、殿本積皆作頹，侯表及潛夫論並同。漢書功臣表作隤。

（漢書佞幸傳作蹟。）蹟、顏正、俗字，蹟、隤古通，詩周南卷耳：『我馬虺隤。』

　　釋文：『隤，說文作頹。』說文本作穨。卽穨、隤通用之證。

命曰瞷。

　　案潛夫論瞷作赤。

至孝文十四年，蹟當及瞷率其眾降漢。

　　考證：『梁玉繩曰：「十四年」當作「十六年。」』

　　案史、漢表皆在孝文十六年。潛夫論誤爲景帝時。

瞷孫以不敬失侯。

　　考證：『梁玉繩曰：案史、漢表，瞷子澤之，元朔四年，坐詐病不從不敬，國
　　除。則此言孫誤也。』

　　案孫蓋本作子，涉上兩孫字而誤。漢傳亦同誤。又漢表，瞷子釋之。補注：『史
　　表釋作澤，字通。』

蹟當孼孫韓嫣貴幸，名富顯於諸侯。

　　考證：見佞幸傳。漢書無富字。

　　案『富顯』猶『盛顯，』論語顏淵篇：『富哉言乎！』孔注：『富，盛也。』潛
　　夫論：『韓嫣，武帝時，爲侍中，貴幸無比。』

謣孫曾，拜爲龍頟侯。

　　索隱：『徐廣曰：「長君之子。」案博物志，字季君也。頟，五格反，又作雒，
　　音洛。龍雒，縣名。』

　　案索隱單本曾作增，漢書信傳及佞幸傳並同，古字通用。潛夫論作魯，汪繼培箋
　　本改爲曾。漢書佞幸傳頟作雒，師古注：『字或作頟。』雒蓋頟之形誤，漢書地
　　理志亦作頟。又黃善夫本、殿本索隱，並略『徐廣曰：長君之子。』七字，龍雒
　　並作龍頟。

盧綰者，豐人也。

　　案景祐本、黃善夫本、殿本皆提行。

盧綰親與高祖太上皇相愛。

　　考證：楓、三本太上有親字。

　　案漢書綰傳晉灼注：『親，父也。綰之父與高祖父太上皇相愛。』似所據本太上

　　亦有親字。下文『里中嘉兩家親相愛，』蓋承此句兩親字言之。

及高祖、盧綰壯，俱學書。

　　考證：書，文字也。高祖學書，故得試爲泗上亭長。可以補本紀。

　　案亭長，以武吏爲之，與學書事無涉。詳高祖本紀。

爲羣臣觖望。

　　考證：『姚鼐曰：「觖，卽缺字之異體，缺少之意。」中井積德曰：「不滿之

　　意。」』

　　案觖借爲缺，淮南子繆稱篇：『自視猶觖如也。』許愼注：『觖，不滿也。』觖

　　亦缺之借字。望借爲譻，說文：『譻，責望也。』卽怨望本字。『觖望，』謂不

　　滿而怨望也。燕王世家：『獨此尙觖望。』與此『觖望』同義，彼文有說。

漢五年八月，迺立盧綰爲燕王。

　　梁玉繩云：『漢五年』三年字衍，上文已書之矣。『八月』乃『後九月』之誤，

　　說在諸侯王表。

　　案景祐本提行。漢紀三、通鑑漢紀三『八月』並作『九月，』亦誤。

漢十一年秋，陳豨反代地。

　　梁玉繩云：豨反在十年九月，此誤。說見高紀。

　　案豨反，漢紀四、通鑑漢紀四並在十年九月，將相表亦在十年。高紀斠證有說。

高祖如邯鄲擊豨兵。

　　考證：楓、三本祖下有怒字，豨下無兵字。

　　案高祖下有怒字較長，豨爲高祖之信幸臣，豨反，高祖必怒而自將以擊之。淮陰

　　侯之言可證也。（參看淮陰侯傳及漢書韓信傳。）

今公爲燕欲急滅豨等，豨等已盡，次亦至燕。

　　考證：楓、三本、毛本『已盡』上重『豨等』二字，與漢書合，今從之。陳仁錫

　　引洞本，亦重二字，各本脫。

　　施之勉：景祐本『已盡』上重『豨等』二字。

　　案通鑑亦重『豨等』二字。

卽有漢急，

　　案卽猶若也。

而陰使范齊之陳豨所，欲令久亡連兵勿決。

　　集解：『晉灼曰：使陳豨久亡畔。』

　　考證：漢書無亡字，此疑衍。

　　施之勉云：通鑑亦有亡字。

　　案晉注云云，是漢書久下本有亡字。（參看王氏補注。）今本通鑑雖有亡字，惟
　　據注：『欲使之連兵相持，勝負久而不決也。』胡氏所見本蓋無亡字。

漢使樊噲擊斬豨。

　　案漢書作『漢旣斬豨。』不言樊噲。通鑑亦無『使樊噲』三字，而於彼上文，稱
　　周勃斬陳豨，考異云：『盧綰傳云：「漢使樊噲擊斬豨。」按斬豨者周勃，非樊
　　噲也。』高祖本紀梁氏亦有說。漢紀四：『周勃定代斬陳豨。』亦稱周勃。（參
　　看高紀斠證。）

往年春，漢族淮陰。夏，誅彭越。

　　梁玉繩云：誅越，在三月。說在高紀。此夏字可衍也。

　　考證：漢書刪春、夏二字。

　　施之勉云：誅彭越在夏，不在三月，說在黥布傳。

　　案漢紀亦略春、夏二字。而於十一年三月，書『梁王彭越反，誅三族。』（本漢
　　書高紀。）通鑑於此存春、夏二字，而於十一年三月，亦書『夷越三族。』前
　　後不符。高紀、黥布傳，誅越並在夏，與此傳合。此傳記盧綰言，夏字恐不誤。
　　（參看高紀斠證。）

又得匈奴降者，降者言張勝亡在匈奴，

　　考證：『張文虎曰：「降者」二字疑複衍。

　　案漢書、通鑑並不疊『降者』二字。

使樊噲擊燕。

　　梁玉繩云：此失書周勃。

　　案史、漢高紀，皆樊噲、周勃並稱。史勃世家、漢勃傳，則僅稱勃定燕。史公記

事，往往詳略互見。

舍燕邸。

　　考證：『顏師古曰：舍，止也。諸侯王及諸郡朝宿之館在京師者，謂之邸。』

　　案文選謝玄暉始出尙書省詩注引史記：『諸侯朝天子於天子之所立宅舍曰邸。』

　　蓋史記佚注與？

孝景中六年，盧綰孫他之，以東胡王降。

　　考證：『梁玉繩曰：「『中六年』當作『中五年。』」愚按漢書他之作他人，

　　譌。』

　　施之勉云：惠景侯表他之作他父。

　　案漢傳他之作它人，補注引齊召南云：『它人，史記及本書表作它之，則人字誤

　　也。又此及史記並云綰孫，而本書及史表並云綰子，必有一誤。』史、漢表並在

　　中五年。孝景本紀：『中五年夏，……封五侯。』（『五侯』今本誤『十侯。』

　　彼文有說。）正義引表，它父作他之，與此傳及漢表合。則父蓋亦誤字矣。

封爲亞谷侯。

　　集解：『徐廣曰：亞，一作惡。』

　　案漢傳亞作惡。史表亞谷，索隱：『一作惡父。』（索隱本。）父蓋谷之壞字。

　　亞、惡古通，漢傳及表，補注引周壽昌、錢大昭並有說。

陳豨者，宛朐人也。不知始所以得從。及高祖七年冬，韓王信反，入匈奴，上至平城

還，迺封豨爲列侯。

　　梁玉繩云：功臣表，豨以特將于前元年從起宛朐，何云不知始所從？其封侯在六

　　年，何待七年還平城之時？當是漢五年秋，破燕王臧荼還乃封耳。漢傳仍史誤。

　　考證：『錢大昕曰：「功臣表：『高祖六年正月，豨之元年』也。又云：『已破

　　臧荼爲陽夏侯。』則豨之侯，在平城前矣。」』

　　案黃善夫本、殿本並提行。漢傳宛朐作宛句，朐諧句聲，與句古通。史、漢表並

　　稱豨于前元年從起宛朐，乃言其從起之時，未言其所以得從之故，故此云『不知

　　始所以得從』也。梁氏未達。史、漢表豨封侯並在六年正月。

以趙相國將，監代邊兵。

　　梁玉繩云：『史詮曰，邊字衍。』

　　考證：『愚按淮陰侯傳：「豨爲代相國監邊。」高祖十年紀：「九月代相陳豨反。

　　上曰：『代地吾所急。』故封豨爲列侯，以相國守代。」此豨爲代相國也。趙當

　　作代。』

　　案考證所稱淮陰侯傳（相下國字衍），乃漢書韓信傳；所稱高祖十年紀，乃漢書

　　高紀。承襲漢書補注之說也。

豨所以待賓客，如布衣交，皆出客下。

　　正義：言屈已禮之，不用富貴自尊大。

　　考證：『史公論贊云：豨，梁人，其少時數稱慕魏公子。』

　　案漢傳亦云：『豨少時，常稱慕魏公子。』接在上文『邊兵皆屬焉』下。（通鑑

　　亦云：豨嘗慕魏無忌之養士。）正義云云，本師古注。

陰令客通使王黃、曼丘臣所。

　　正義：二人，韓王信將。

　　案正義云云，本師古注。

及高祖十年七月，太上皇崩。使人召豨，豨稱病甚。九月，遂與王黃等反。

　　梁氏所據湖本『十年』作『七年，』云『七年』乃『十年』之誤。

　　殿本作『十年，』張照云：『按高紀：「十年七月，太上皇崩。八月，陳豨反。」

　　韓信傳亦云：「漢十年，信令王黃等說誤陳豨。」至淮陰傳則作「十一年。」是

　　時高祖固在邯鄲，誅豨等未畢也。馬遷誤邪？亦別有意邪？田叔傳亦云：「陳豨

　　反代，漢十年，高祖往誅之。』

　　考證：『陳仁錫曰：「『及高祖』三字衍。」愚按各本「十年」譌「七年，」今

　　從楓、三本。』

　　施之勉云：景祐本、黃善夫本、凌本、殿本，俱作『十年，』不誤。

　　案作『十年』是。七，古作亠，與十往往相亂。淮陰侯傳作『十一年，』一年

　　衍。田叔傳本作『七年，』張氏改引作『十年。』高紀『八月，』當作『九月。』

　　詳高紀、淮陰侯傳梁氏志疑及斠證。景祐本、黃善夫本、凌本(即湖本)『十年』

皆誤『七年，』施氏失檢。

自立爲代王，

　　梁氏所據湖本代王作『大王，』云：『漢傳作代王，是。陳氏測議曰：代王譌大
　　者，北音相誤也。』

　　考證：楓、三本、宋本、中統、舊刻、毛本、吳校金板，作代王。它本譌大王。

　　施之勉云：景祐本作代王，黃善夫本作『大王。』

　　案長短經霸圖篇、通鑑亦並作代王。殿本誤『大王。』考證所稱諸本，宋本以下
　　疑據張文虎說。

迺赦趙、代吏人，爲豨所詿誤劫略者，皆赦之。

　　考證：漢書刪『皆赦之』三字。

　　施之勉云：漢書高紀有『皆赦之』三字。

　　案句首已言赦，則句末『皆赦之』三字誠可略。長短經霸圖篇注作『高祖赦趙、
　　代吏人爲豨所詿誤者。』句末無『皆赦之』三字，從漢傳也。漢書高紀作『吏民
　　非有罪也，能去豨、黃來歸者皆赦之。』句例與此不同，蓋句末雖有『皆赦之』
　　三字，而上文未言赦。漢紀作『令吏民爲豨所劫略皆赦其罪。』末句雖言『皆赦
　　其罪，』而上文亦未言赦，則與漢書高紀云云相類也。

豨不南據漳水，北守邯鄲，知其無能爲也。

　　考證：楓、三本知上有吾字。高紀作『豨不南據邯鄲而阻漳水，』爲是。說在高
　　紀。

　　施之勉云：高祖紀知上有吾字。

　　案舊本漢書高紀作『豨不南據邯鄲，北阻漳水。』王氏補注本北作而，並引宋祁
　　云：『而，舊本作北，刊誤據史記（高紀）改爲而。漳水不在北也。』通鑑亦作
　　『豨不據邯鄲而阻漳水。』漢書高紀、長短經霸圖篇注、七雄略注、通鑑，知上
　　皆有吾字。

趙相奏斬常山守尉。

　　考證：漢高紀『趙相下』補周昌二字。

　　案通鑑奏上亦有周昌二字，從漢書高紀也。

上問周昌曰。

　　案御覽三二四引上作因。

對曰：有四人。

　　案景祐本有下有見字，御覽引同。見字似當在有字上，長短經霸圖篇注正作『見
　　有四人。』見卽今現字。漢書高紀云：『白見四人。』（通鑑同。）師古注：『白
　　於天子而召見也。』

上謾罵曰。

　　案景祐本、黃善夫本、殿本謾皆慢慢，御覽引同。長短經注亦作慢。漢書、通鑑
　　並作嫚。謾、慢、嫚，古並通用。

四人慙伏。

　　案漢書作『四人慙，皆伏地上。』通鑑從之，卽『四人慙伏』之義。

功未徧行，

　　案漢書、長短經注、通鑑功皆作賞。

非若所知。

　　案御覽引若作汝，漢書、通鑑並同。漢紀、長短經注並作爾。

今唯獨邯鄲中兵耳。

　　考證：漢高紀今下有計字，非是。

　　施之勉云：通鑑今下亦有計字。

　　案今下有計字，義自可通。通鑑從漢書，亦未爲非。

吾胡愛四千，戶不封此四人，以慰趙子弟？

　　考證：戶下不字，封下此字。據楓、三本補。漢書、漢紀以上有不字，與楓、三
　　本異。

　　施之勉云：御覽三百二十四引，封下有此字。

　　案長短經注『封四人，』亦作『不封此四人。』弟下有心字。漢書云『吾何愛四
　　千戶，不目慰趙子弟？』通鑑從之，不下略『封此四人』四字耳。漢紀作『吾何
　　愛四千戶，不以慰趙子弟心乎？』亦本漢書。弟下有心字，與長短經注合。

吾知之矣。

案漢書高紀知下有與字，疑此脫之。史記高紀作『吾知所以與之。』漢紀作『吾知易與之矣。』通鑑作『吾知所以與之矣。』皆有與字。與讀爲舉，取也。高紀斠證有說。

漢兵擊斬陳豨將侯敞、王黃於曲逆下。

考證：『梁玉繩曰：史詮謂王黃二字衍，是也。下云生得王黃，樊噲傳云虜王黃。則非斬矣。』

案王黃二字涉上文而衍。長短經注云：『其黃、臣等麾下受購賞，皆生得。』通鑑下文云：『帝購王黃、曼丘臣以千金，其麾下皆生致之。』並可證王黃非斬也。

卒罵者斬之，不罵者黥之。

考證：『王念孫曰：黥當從高祖紀作原，「原之」者，謂宥之也。若「不罵者黥之，」則人皆不免於罪矣。』

案漢書無下句，正由『不罵者原之。』故可略。若作『不罵者黥之，』則不當略矣。即此亦可證黥當作原。

王黃、曼丘臣，其麾下受購賞之，皆生得。

考證：『楓、三本臣下有等字。中井積德曰：之字難讀，恐有誤。』

案長短經注臣下亦有等字，賞下無之字。之字疑當在『生得』下，通鑑作『皆生致之，』可證。

迺立子恆爲代王，

集解：『徐廣曰：十一年正月。』

梁玉繩云：『史詮曰：恆字當諱。』

案漢書、漢紀、通鑑皆在十一年正月。長短經七雄略注作『乃立二子爲代王。』二子，謂中子，避恆字諱也。參看高紀斠證。

高祖十二年冬，樊噲軍卒追斬豨於靈丘。

梁玉繩云：高祖二字衍。斬豨是周勃，靈丘又作當城，並說在紀。

考證：楓、三本豨上有陳字。高紀靈丘作當城。

施之勉云：『絳侯世家：「因復擊豨靈丘，破之，斬豨。」傅寬傳：「爲齊相國，

擊陳豨，屬太尉勃，以相國代噲擊豨。」是噲未終事卽還，而寬代之也。然則斬豨者周勃，非樊噲也。高祖功臣表，郎中公孫耳擊代，斬陳豨，封禾城侯。未知公孫耳屬太尉勃歟？抑或爲樊噲軍卒歟？不能決也。』

案斬豨，蓋樊噲首其事，周勃終其事，故或稱樊噲，或稱周勃耳。史、漢高紀豨上並有陳字，靈丘並作當城，（通鑑同。）靈丘、當城，並代郡縣名。（參看高紀及盧綰傳斠證。）施氏所稱傅寬傳及功臣表，亦見漢書。惟漢表公孫耳作公孫昔。

其少時數稱慕魏公子。

案師古注：『謂信陵君無忌。』

及將軍守邊，

考證：楓、三本及下有爲字。

案通鑑作『及爲相守邊，』亦有爲字。

夫計之生孰成敗，於人也深矣。

考證：楓、三本孰作熟。

施之勉云：『史記法語孰作熟。符定一曰：「莊子天道篇釋文：『生熟，謂好惡也。』熟正字作孰。『好惡』讀平聲。」』

案此文句讀，當作『夫計之生孰，成敗於人也深矣！』生卽不孰，孰、熟正、俗字。謂計之不孰，則影響於人之失敗者深；計之孰，則影響於人之成功者深也。

莊子釋文『好惡』之惡，讀入聲，非平聲。

出自第四十八本第一分（一九七七年三月）

史記斠證卷九十四

田儋列傳第三十四

王　叔　岷

儋從弟田榮、榮弟田橫，皆豪，宗彊。

考證：豪下楓、三本有族字，漢傳有桀字。

案楓、三本豪下有族字，既言『宗彊，』則不必更言『豪族。』漢傳豪下有桀字，義長。此謂儋、榮、橫皆豪傑，宗族彊大也。（通鑑秦紀二豪下有健字，『豪健』與『豪桀』義近。）秦楚之際月表云：『諸田宗彊，』游俠列傳：『至如朋黨宗彊，比周設財役貧。』亦並用『宗彊』一詞。

田儋詳爲縛其奴，從少年之廷，欲謁殺奴。

正義：『詳僞，』羊爲二音。

案通鑑注：『詳讀曰佯，詐也。』漢傳詳作陽，古字通用。佯，俗字。其例習見。漢書師古注：『陽縛其奴爲殺奴之狀，廷，縣廷之中也。音定。今流俗書本爲字作僞，非也。陽即僞耳，不當重言之。』王氏補注引王念孫云：『爲字古通作僞，「陽僞」即「陽爲，」史記作爲，本字也。漢書作僞，借字也。師古不識古字，而讀爲詐僞之僞，故改僞作爲，而反以古本爲俗本。』此文正義本爲作僞，與古本漢書合。

齊，古之建國。

案景祐本、黃善夫本齊並作亝，下文『略定齊地，』亦並作亝。亝，古齊字。之猶所也。

儋，田氏，當王，遂自立爲齊王。

集解：『徐廣曰：二世元年九月也。』

案徐注本秦楚之際月表。（通鑑亦書在二世元年九月。）秦始皇本紀合書在二世元年七月，漢紀一同。

秦將章邯圍魏王咎於臨濟，急。

　　施之勉云：『胡三省曰：「後漢志，陳留郡平丘縣有臨濟亭。水經注曰：『田儋死處。』史記正義曰：『今齊州臨濟縣。』又曰：『故城在淄州高苑縣北二里。』余按正義所云臨濟，乃田儋所起狄縣地也，非魏王咎所居臨濟也。後漢志及水經注是。」』

　　案下文『齊王田儋將兵救魏，』秦楚之際月表二世二年六月，書『儋救臨濟。』則此臨濟自是魏地矣。胡三省（通鑑秦紀三注）所引正義，前說見秦始皇本紀『滅魏咎臨濟』下，後說見魏豹傳『進兵擊魏王於臨濟』下。此文正義無說。

齊王田儋將兵救魏。

　　集解：『徐廣曰：二年六月。』

　　案徐注本秦楚之際月表。（通鑑秦紀三亦書在二世二年六月。）

章邯夜銜枚，擊大破齊、魏軍。

　　考證：楓、三、宋、中統、毛本，『齊、魏』作『齊、楚。』

　　施之勉云：景祐本作『齊、楚，』黃善夫本作『齊、魏。』

　　案殿本脫齊字。魏豹傳、漢書魏豹傳及田儋傳『齊、魏』皆作『齊、楚，』通鑑同。惟據上文『魏王請救於齊，齊王田儋將兵救魏。』僅言齊，不及楚，（漢書田儋傳同。）則此作『齊、魏』是。如此作『齊、楚，』則上文亦當並言齊、楚。史、漢魏豹傳、漢紀一上文皆齊、楚並言，（漢紀續言『二國師不至，』未言『章邯擊大破齊、楚軍。』）通鑑同。

東走東阿。

　　考證：楓、三、中統、游、毛本，走上有東字。

　　施之勉云：景祐本走上有東字。

　　案漢書田儋傳走上亦有東字，通鑑同。考證所謂『走上有東字，』有疑無之誤，黃善夫本、殿本並無東字，秦楚之際月表、漢書項籍傳、漢紀皆同。

田閒為將，

案漢紀閉作簡，下同，古字通用。釋名釋書契：『簡，閉也。』

角弟侯閉前求救趙，

案漢傳無求字，補注引王先愼云：『史記救上有求字，當依此訂。』通鑑亦無求
字，蓋涉救字偏旁而衍。

田榮乃立田儋子市爲齊王，榮相之，田橫爲將，平齊地。

集解：『徐廣曰：二年八月。』

案景祐本、黃善夫本、殿本集解，皆在『爲齊王』下，當從之。徐注本秦楚之際
月表。（通鑑亦書在二世二年八月。）

使楚殺田假，

案項羽本紀、漢書項籍傳、田儋傳、漢紀皆無使字，通鑑同。疑涉上文『使使』
字而衍。

楚懷王曰：田假與國之王，窮而歸我，殺之不義。

梁玉繩云：項羽紀作項梁語，是也。此誤。

施之勉云：『楊樹達曰：按此時梁臣於懷王，云項梁者紀其實，云懷王者據其
名。此史家互見之例，非自相違異也。』

案漢書項籍傳、漢紀並從項羽紀作項梁語，漢書田儋傳從此傳作懷王語。蓋懷
王、項梁當時並有此語，不必以名、實別之。此亦互見之例也。項羽紀、漢書項
籍傳、漢紀『窮而歸我，』而並作來，來猶而也，羽紀斠證有說。

齊曰：蝮螫手則斬手，螫足則斬足。

正義：『說文云：「虺，博三寸，首大如擘。」擘，手大指也。音步歷反。』

考證：『中井積德曰：斬者斷也。……』

案說文：『虫，一名蝮，博三寸，首大如擘指。』又云：『虺，目注鳴者。詩
曰：胡爲虺蜥！』（據段注本。）虺下無『博三寸，首大如擘。』之訓。正義
誤。漢傳師古注：『爾雅及說文，皆以爲蝮卽虺也，博三寸，首大如擘。……擘
者，人手大指也。音步歷反。』卽正義所本。爾雅釋魚：『蝮虺，博三寸，首大
如擘。』師古所稱『博三寸，首大如擘。』乃據爾雅兼說文『虫，一名蝮，博三
寸，首大如擘指。』言之，正義未達，遂誤以爲說文虺下亦云『博三寸，首大如

擘。』矣。又漢紀兩斬字並作斷，蓋中井說所本。

今田假、田角、田閒於楚、趙，非直手足戚也。何故不殺？

正義：蝮蛇之喻，言蝮蛇螫人，則雖手足斬之，爲去其害也。今田氏等於楚、趙，其害甚於斬手足，何不殺之乎？

王念孫云：『非直手足戚也，何故不殺？』漢書作『非手足戚，何故不殺？』漢紀作『豈有手足之戚，何故不殺？』案此，則『非直手足戚也，』直字當爲有字之譌。

案莊子列禦寇篇：『今宋國之深，非直九重之淵也。』與此句法同，亦用『非直』一詞。直非誤字，漢傳蓋略直字，漢紀有乃直之誤，（戰國策魏策四：『豈直五百里哉？』亦用『豈直』一詞。）正義所謂『其害甚於斬手足。』正『非直手足戚也』之意。王先謙漢書補注引此文，云：『直猶特也，但也。』是也。

且秦復得志於天下，則齮齕用事者墳墓矣。

集解：『如淳曰：齮齕，猶酢齧。』

正義：『按秦重得志，非但辱身，墳墓亦發掘矣。……一云：墳墓，言死也。』案說文齮、齕並訓齧，（高祖紀索隱引許愼訓齮爲『側齧。』）此『齮齕』猶言『發掘，』正義前說是。田單列傳：『吾懼燕人掘吾城外冢墓。』『齮齕用事者墳墓，』猶言『發掘用事者冢墓』也。漢傳如淳注：『齮，側齧也。齕，齘也。』與此集解所引異。

齊將田都從共救趙，

考證：楓、三本從下有兵字。

案項羽本紀、漢書項籍傳、田儋傳皆作『從共救趙。』（通鑑漢紀一作『從楚救趙。』）從下皆無兵字，楓、三本此文有兵字，卽共字之誤而衍者。（漢書籍傳『從共救趙，』王氏補注引宋祁曰：『共，一作兵。』兵卽共之誤也。）

不肯出兵助楚、趙攻秦，

考證：楓、三本趙上有救字。漢傳楚譌作漢。

案漢書田儋傳『助楚』作『助漢。』王氏補注云：『官本作「助楚，」』並引王先愼云：『漢當作楚。』漢書項籍傳亦作『助楚。』

田榮留齊王市，無令之膠東。

　考證：漢傳無令字。

　案漢書田儋傳蓋脫令字，項籍傳作『不肯遣市之膠東。』（史記項羽本紀作『不
　肯遣齊王之膠東。』）令猶遣也。漢紀二亦有令字，通鑑同。

還攻殺濟北王安。

　施之勉云：『荀紀：彭越在鉅野，田榮與越將軍印，擊殺濟北王安。』

　案漢書項籍傳：『榮予彭越將軍印，令反梁地，越乃擊殺濟北王安。』補注引何
　焞曰：『田儋傳：「榮還攻殺安。」與異姓諸侯王表同。此云越殺，誤也。越傳
　亦止云：「下濟陰以擊楚。」』考秦楚之際月表：『田榮擊殺安。』與此傳及漢
　書田儋傳、異姓諸侯王表並合。彭越傳止云：『使下濟陰以擊楚，』與漢書越傳
　合。漢書高帝紀云：『榮與越將軍印，因令反梁地，越擊殺濟北王安。』（『反
　梁地』以上，又見史記羽紀及高紀。）與項籍傳合，蓋漢紀云云所本。（施氏所
　引荀氏漢紀，與原文有出入。）竊以為使彭越擊殺濟北王安為一事；使擊楚又為
　一事，無所謂誤。通鑑云：『榮與越將軍印，使擊濟北，越擊殺濟北王安，榮遂
　並王三齊王之地。又使越擊楚。』記使越擊殺安在擊楚之前，最為有識。越之擊
　殺安，由榮使之，故亦可謂榮攻殺安矣。

平原人殺榮。

　集解：『徐廣曰：三年正月。』

　考證：『楓、三本人作民，與漢傳合。梁玉繩曰：榮見殺之後，項羽立田假為齊
　王，田橫反城陽擊假，假走楚，楚殺之。此缺，誤。』

　案項羽紀、高祖紀、秦楚之際月表、漢書高帝紀、異姓諸侯王表人皆作民，通鑑
　同。唐人諱民作人，月表齊表索隱：『羽擊榮，平原人殺之。』亦同例。徐注
　『三年』當作『二年，』月表、漢書高紀、漢紀皆在二年春正月，通鑑同。羽紀
　在漢之二年冬，梁玉繩云：『冬當作春。』是也。漢表則在漢元年十二月。又月
　表於正月書平原民殺榮後，於二月書『項籍立故齊王田假為齊王。』（漢表書在
　一月。）三月書『田榮弟橫反城陽擊假，走楚，楚殺假。』（漢表書在二月。）
　卽梁氏『榮見殺之後』云云所本。史公記事，時有詳略，蓋已詳於月表，故略於

此傳耳。似不必以爲誤也。

迺醳齊而歸。

　　索隱：此豈以醳酒之義？並古釋字。

　　王念孫云：『「釋齊，」索隱本作醳，注曰：「古釋字。」今本改醳爲釋，而删
　　去其注，後人之妄也。』（附見刺客列傳『卒釋去之』條。）

　　考證：『張文虎曰：索隱本醳，各本作釋。』

　　案漢傳醳亦作釋。史記故本例以醳爲釋，管蔡世家斠證有說。黃善夫本、殿本並
　　删去索隱，與王氏所據震澤王氏本同。

以故田横復得收齊城邑。

　　集解：『徐廣曰：四月。』

　　案項羽紀在漢之二年四月，通鑑同。

齊王廣東走高密，相横走博陽。

　　集解：『徐廣曰：高，一作假。』

　　梁玉繩曰：『漢書作博，是也。灌嬰傳：「破田横至嬴、博。」傅寬傳：「屬相
　　國参殘博。」漢志，博屬泰山郡。若博陽，則爲汝南之縣，豈齊封內哉！下亦
　　誤。』

　　考證（原誤集解）：『王先謙曰，博陽即博縣，非汝南博陽也。』

　　案徐注引一本高密作假密，高、假古通，灌嬰傳：『攻龍且、雷公旋於高密。』
　　（旋字衍）。索隱：『漢書（灌嬰傳）作假密。』史記曹相國世家、漢書曹参傳
　　亦並作假密，王先謙云：『假音革，高、假雙聲字。』是也。博陽與博異地，不
　　得云博陽即博縣。此當從漢傳作博，下同。灌嬰傳、傅寬傳並作博，亦可證。陽
　　字蓋涉下文『走城陽』而衍。梁說是，王說非。通鑑據史記作博陽，已衍陽字。

楚使龍且救齊。

　　梁玉繩云：龍且非主將，說在羽紀。

　　案龍且雖非主將，而濰水之戰，蓋以龍且爲主。淮陰侯列傳斠證有說。

漢將韓信與曹参破殺龍且。

集解：『徐廣曰：四年十一月。』

案徐注本月表。漢書高紀、漢紀三亦並在四年十一月、通鑑同。

嬰敗橫之軍於嬴下。

集解：『晉灼曰：嬴，泰山嬴縣也。』

考證：漢書嬴作嬴。

案漢書灌嬰傳作嬴，與史合。漢書田儋傳作嬴，晉灼注同。集解引晉灼注作嬴，
依此正文作嬴改之也。嬴、嬴古通，莊子胠篋篇：『嬴糧而趣之。』文選賈誼過
秦論注引嬴作嬴，卽其比。

韓信遂平齊，乞自立爲齊假王。

集解：『徐廣曰：二月也。』

案月表、漢書高紀、漢紀，皆在四年二月。通鑑同。淮陰侯列傳集解引徐注亦
云：『四年二月。』高祖本紀集解引徐注云：『三月。』三乃二之誤，彼文斠證
有說。

居島中。

集解：『韋昭曰：海中山曰島（原作嶋，非其舊）。』

案黃善夫本、殿本島並作嶋，集解同。嶋乃島之俗省。御覽五一四引此亦作島，
後漢書隗囂傳注、通鑑漢紀三並同。御覽二百八十引島作陽，並有注云：『陽音
島同。』音蓋與之誤。漢傳亦作陽，韋注同。集解引韋注作嶋，依此正文改之
也。

臣亨陛下之使酈生。

案通鑑亨作烹，亨、烹古、今字。亨酈生事，詳淮陰侯列傳及酈生列傳。

高皇帝廼詔衞尉酈商曰。

考證：楓、三本商下無曰字，漢書有。

案漢紀、通鑑亦並有曰字。

大者王，小者廼侯耳。

案廼猶亦也。陳杞世家：『其五人之後皆至帝王，餘乃爲顯諸侯。』賈子親疏危
亂篇：『多者百餘城，少者乃三四十縣。』乃亦並與亦同義。御覽二百八十引此

文，並有注云：『大者謂橫耳（當作身），小者謂徒屬。』乃漢傳師古注。然則御覽所引乃漢傳之文，而標史記之名也。驗以上文『居巢中。』御覽引巢作鄛，下文『且舉兵加誅焉。』御覽引舉作發，『不過欲一見吾面貌耳。今陛下在洛陽。』御覽引吾作我，無今字，皆與漢傳同，尤可信矣。類書引二書同見之文，往往引自較晚之書，而標較早之書名。此大可注意者，否則誤以爲引自較早之書矣。

止留。

案御覽四三八引止上有因字，通鑑同。

橫如與漢王俱南面稱孤。

正義：『老子云：「貴以賤爲本，侯王自謂孤寡不穀。」謙稱也。』

案正義云云，本漢傳師古注。

而北面事之。

案御覽四三八、五一四引此並無而字，漢傳、通鑑、容齋續筆四皆同。

與其弟竝肩而事其主。

案景祐本南宋補版、黃善夫本、殿本竝皆作併。御覽五一四引竝亦作併，主上無其字，漢傳、通鑑並同，說文竝、併互訓。御覽四三八引竝作比，（義亦同。）主上亦無其字，蓋涉上其字而衍。漢紀主上亦無其字。

縱彼畏天子之詔不敢動我，我獨不愧於心乎？

考證：『中井積德曰：上我字疑衍。』

施之勉云：御覽四百三十八、五百十四引，無上我字。通鑑亦無。

案有上我字乃此文之舊。項羽本紀：『縱江東父老憐而王我，我何面目見之？』張耳陳餘列傳：『縱上不殺我，我不愧於心乎？』並有兩我字，與此句法同。漢傳『動我』作『動搖，』搖疑本作我，因動字聯想而誤。獨猶豈也。（項羽本紀斠證有說。）

今陛下在洛陽，

考證：漢書無今字，此疑衍。

施之勉云：御覽二百八十引，無今字。

案御覽二百八十所引，乃漢傳文，而標史記之名，上文有說。施氏未達。御覽四

三八引此有今字，存此文之舊。今字非衍，下文『今斬吾頭馳三十里閒，』御覽

四三八引無今字，是也。不必從漢傳。

逐自剄。

案御覽四七五引剄作刎，下同。漢紀亦作刎。

高帝曰：『嗟乎，有以也夫！起自布衣，兄弟三人更王，豈不賢乎哉？』爲之流涕。

案容齋續筆云：『橫不顧王侯之爵，視死如歸，故漢祖流涕稱其賢，班固以爲雄

才。韓退之道出其墓下，爲文以弔曰：「自古死者非一，夫子至今有耿光。」其

英烈凜然，至今猶有生氣也。』

亦皆自殺。

案御覽四三八引亦作又，義同。莊子讓王篇：『兩臂重於天下也；身亦重於兩

臂。』呂氏春秋審爲篇亦作又，亦同例。

甚矣，蒯通之謀！亂齊，驕淮陰，其卒亡此兩人。

梁玉繩云：兩人，謂韓信、田橫。然信之亡，不關蒯生也。

案淮陰侯傳贊：『假令韓信學道謙讓，不伐己功，不矜其能，』正謂韓信之驕

也。而蒯通之激信擊齊，又一再勸信反，皆所以驕信，以增劉邦之畏忌。然則信

之亡，不能謂與蒯生無關也。

通善齊人安期生。

施之勉云：通又善齊處士東郭先生、梁石君二人，見荀紀。

案漢書蒯通傳期作其，古字通用。易繫辭：『死期將至。』釋文本期作其（云：

亦作期），即其比。通又善齊處士東郭先生、梁石君二人，見漢書蒯通傳，即荀

紀（卷五）所本。

無不善畫者。莫能圖，何哉？

索隱：言天下非無善畫之人，而不知圖畫田橫及其黨慕義死節之事，何故哉？歎

畫人不知畫此也。

王念孫云：『「無不」當爲「不無，」「莫能圖，」當爲「莫圖。」』此言田橫之

高節，與其客之慕義從死，天下非無善畫者，何故不爲之作圖。故曰：「不無善

畫者，莫圖何哉？」今本「不無」作「無不，」「莫圖」作「莫能圖。」則非其指矣。索隱本出「不無善畫者，莫圖何哉？」九字，（今本「不無」作「無不，」乃後人依誤本改之。）注曰：「言天下非無善畫之人，而不知圖畫田橫及其黨慕義死節之事，何故哉？」是其證。』

考證：『顧炎武曰：「謂以橫兄弟之賢，而不能存齊。」愚按索隱憒憒。』

施之勉云：『姚範曰：「按班書云：『橫之志節，賓客慕義，猶不能自立，豈非天乎？』即太史公末二句之意。索隱解非。」』

案此文蓋本作『不無善畫者。莫能圖，何哉？』今本『無不』乃『不無』之誤倒。索隱本莫下脫能字。『能圖』猶『善畫，』互文也。莫猶不也。此謂『田橫之賓客不無善計畫者。而不善計畫，何故哉？』不善計畫，乃從橫死耳。韓愈祭田橫墓文云：『何五百人之擾擾，而不能脫夫子於劍鋩？』蓋本史公此文之意。王氏從索隱之說，以畫、圖爲圖畫字，亦可備一解。蓋史公作田儋傳，序列田橫及其賓客慕義死節之事，亦冀有人能圖畫其事以表彰之也。

出自第四十八本第一分（一九七七年三月）

史記斠證卷九十五

樊酈滕灌列傳第三十五

王 叔 岷

以屠狗爲事。

正義：時人食狗，亦與羊豕同。故噲專屠以賣之。

案御覽八二八引以上有少字。正義說，本漢書樊噲傳師古注。

與高祖俱隱。

考證：『漢書云：隱於芒、碭山下。』

施之勉云：『漢書（樊噲傳）云：隱於芒、碭山澤間。』

案高祖本紀稱秦始皇帝東游厭天子氣時，『高祖隱於芒、碭山澤巖石之閒。』藝
文類聚十二、御覽八七二引，並無『巖石之』三字，漢書高紀亦云：『高祖隱於
芒、碭山澤閒。』（參看高祖本紀斠證。）

擊泗水監豐下，破之。復東定沛，破泗水守薛西。

考證：泗水監，名平。泗水守，名壯。

案平、壯二名，見史、漢高紀。

與司馬𡰪戰碭東，

梁氏志疑所據湖本𡰪作尼，云：尼當作𡰪，說在高紀。

考證：『張文虎曰：「司馬𡰪，朱本𡰪，舊刻、毛本譌𡰪，餘本譌尼。」愚按
楓、三本作𡰪。𡰪讀與夷同。』

案景祐本南宋補版𡰪作𡰪，黃善夫本、殿本並作尼，𡰪、尼並𡰪之誤。（參看高
紀斠證。）考證『𡰪讀與夷同。』本漢傳師古注。

從攻城陽。

集解：『徐廣曰：年表，二年七月破秦軍濮陽東，屠城陽也。』

案漢書高紀亦在二世二年七月，通鑑秦紀三同。

從攻圍東郡守尉於成武。

梁玉繩云：『「從攻圍」漢書作「從攻圉都尉。」劉攽曰：「衍都字。」則此誤圉爲圍，又脫尉字也。圉乃陳留縣名。』

案漢傳作『從攻圉都尉東郡守尉於成武。』師古注：『圉，即陳留圉縣。』王氏補注：『史記作「從攻圉東郡守尉於成武。」無「圉都尉」三字。高紀：「秦三年，攻破東郡尉於成武。」曹參傳：「從攻東郡尉軍，破之成武南。」灌嬰傳：「擊破東郡尉於成武。」即此一役，而皆不言攻圉都尉，明此文與史記同。傳寫者誤圉爲圍，又妄加「都尉」二字耳。又高紀、曹、灌傳但言「東郡尉，」疑此守字亦衍文。』通鑑作『沛公攻破東郡尉於成武。』亦與王說合。

捕虜十一人，

梁玉繩云：漢書作『十六人。』

案漢傳一作六，疑涉上文『十六級』而誤。

出亳南。

索隱：按亳，湯所都。今河南偃師有湯亳，是也。

施之勉云：『張森楷曰：漢傳顏注引此爲鄭氏說，作「有湯亭。」似湯亭是。此亳形近而誤。』

案索隱湯亳當作湯亭，亭、亳形近，又涉上文及正文亳字而誤也。後漢書郡國志河南尹偃師下（漢書地理志上偃作偃，古字通用），注引皇覽曰：『有湯亭。』亦其證。

河閒守軍於杠里，破之。

梁玉繩云：『秦無河閒郡，安得有河閒守？經史問答辨之曰：秦郡無河閒，即令有之，河閒時已屬趙，項、章鉅鹿之軍，隔于其閒，不得至中原也。杠里在梁、周之閒，非河閒之所部，其爲誤不待言。以地按之，或是三川守之軍。』

案此傳先破城陽，後杠里，與曹相國世家及漢書曹參傳合。漢書高紀破城陽（原誤陽城）、杠里在二世二年後九月，破成武在三年十月。詳曹相國世家斠證。又

秦郡有河閒，王國維秦郡考有說，始皇本紀斠證『分天下以爲三十六郡』條已引之。

捕虜二十七人，

　　梁玉繩云：漢書作『二十六。』

　　案漢傳七作六，疑涉上文『六十八級』而誤。

攻宛陵，

　　索隱：地理志，屬河南。

　　正義：宛陵故城，在鄭州新鄭縣東北三十八里。

　　施之勉云：『景祐本宛作苑，黃善夫本正義宛作苑。張森楷曰：苑陵，漢河南
　　縣，在今河南新鄭縣北。若宛陵，則漢丹陽郡縣，今爲安徽宣城縣治，去噲戰地
　　遠矣。』

　　案景祐本南宋補版宛作苑，苑、宛古通，漢書地理志亦作苑陵，後漢書郡國志作
　　菀陵，王氏集解引錢大昕曰：前志作苑陵，左傳杜注作宛陵，苑、菀、宛，古通
　　用。』

斬首二十四級，捕虜四十人。

　　梁玉繩云：『二十四級，』漢書作『十四。』

　　施之勉云：『沈家本曰：「漢書：斬首十四級，捕虜四十四人。」』

　　案漢書『斬首十四級，』十上疑脫二字，『捕虜四十四人，』十下四字疑涉上文
　　而衍，玉氏補注稱官本作『四十人。』與史記合。

至霸上，

　　梁玉繩云：『余有丁曰：此不載諫止宮語，似闕略。』

　　案諫止宮語，已詳留侯世家及集解引徐廣所稱別本。此總敍噲之戰功，不必雜入
　　諫止宮語。

中酒。

　　師古漢傳注：飲酒之中也。不醉不醒，故謂之中。中音竹仲反。

　　王氏漢傳補注：『顧炎武云：「中酒，謂酒半也。呂氏春秋謂之中飲。凡事之半
　　曰中，中酒，猶今人言半席。相如傳：『酒中樂酣，』師古曰：『酒中，飲酒之

牟也。』一人注書，前後不同。」周壽昌云：「中字讀如本音，不得音竹仲反。
相如傳顏注，音竹仲反，亦同此誤。」』

案師古注『飲酒之中，』與『飲酒之牛』同旨，『不醉不醒，』正是飲酒之牛之
狀。一人注書，前後固不異。特中當讀本音，不當音竹仲反耳。陶淵明遊斜川
詩：『中觴縱遙情。』『中觴』猶『中酒，』亦即『牛酒』也。

項伯常肩蔽之。

王念孫云：『肩當爲屏，字之誤也。漢書作「屏蔽，」謂以身屏蔽之，非謂以肩
蔽之也。項羽紀曰：「常以身翼蔽沛公。」彼言「翼蔽，」猶此言「屏蔽」矣。』
案王說是。『屏蔽、』『翼蔽，』並複語，屏、翼亦蔽也。漢書高紀亦云：『常
以身翼蔽沛公。』通鑑漢紀一同。

乃持鐵盾入到營。

案御覽三五七引『鐵盾』作『劔盾。』漢紀二作『劔楯，』盾、楯正、假字。項
羽紀作『帶劔擁盾，』通鑑同。

噲直撞入，

案御覽引撞作橦，有注云：『音撞。』

立帳下。

集解：『徐廣曰：一本作「立幃下，瞋目而視，眥皆血出。」』
案項羽紀作『披幃西嚮立，瞋目視項王，頭髮上指，目眥盡裂。』（通鑑從之，
惟略『西嚮』二字。）與徐廣所稱一本較合。

拔劔切肉食盡之。

案御覽引作『拔劔切而啗之。』羽紀同，（通鑑亦同。）疑與羽紀之文相亂。

以待大王。

正義：時羽未爲王，史追書。

考證：『張照曰：按此等稱謂，非追書也。直是當時尊奉之辭。觀亞父謂項莊，
「君王爲人不忍，」可見時羽雖未爲王，然已擅命立雍王矣。稱以大王，若固有
之耳。』

案顧炎武云：『樊噲稱大王，其時羽未王也。張良曰：「誰爲大王畫此計者？」

其時沛公亦未爲王也。此皆臣下尊奉之詞，史家因而書之。』（羽紀考證已引顧
說。）蓋張說所本。御覽三五二引楚漢春秋，時張良、韓信亦稱羽爲大王，羽紀
斠證有說。

大王今日至，聽細人之言，

案至猶乃也，當屬下讀。羽紀作『而聽細說，』（通鑑作『而聽細人之說。』）
而亦猶乃也。留侯世家：『何至自苦如此乎？』至亦與乃同義，彼文斠證有說。

獨騎一馬，與樊噲等四人步從。

考證：漢書樊上無與字，此疑衍。四人，樊噲、靳彊、夏侯嬰、紀成。

施之勉云：項羽紀四人，樊噲、靳彊、夏侯嬰、紀信。

案與字非衍，羽紀、漢書高紀並有與字。通鑑從漢傳略與字，四人則從羽紀。考
證所稱四人，從漢書高紀。惟羽紀索隱引漢書紀成作紀通，云：『通，紀成之
子。』

是日微樊噲犇入營譙讓項羽，沛公事幾殆。

索隱：譙音誚，責也。或才笑反，或亦作誚。

案師古漢傳注：『微，無也。譙，責也。譙音才笑反。』又高紀注：『譙讓，以
辭相責也。譙音才笑反。』補注引錢大昭云：『方言：譙，讓也。齊、楚、宋、
衛、荊、陳之閒曰譙，自關而西秦、晉之閒凡言相責讓曰譙讓。』此傳正文景祐
本譙作誚，黃善夫本、殿本亦並作誚，索隱作『誚，責也。亦或作譙。』皆非其
舊。誚，古文譙。

明日，項羽入屠咸陽，

梁玉繩云：羽紀作『居數日，』與漢書羽、噲傳合。此非。

案漢書高紀作『數日。』通鑑亦作『居數日。』

從擊秦軍騎壤東。

梁氏志疑所據湖本軍作車，云：曹相國世家作『三秦車騎，』此及漢傳俱缺。

考證：『王先謙曰：秦，三秦省文。』

案秦乃三秦省文，王說是。此及漢傳並無缺文。軍字當從湖本作車，漢傳亦作
車。（王先謙云：史記車誤軍。）若作軍，則軍下不當有騎字，曹相國世家作『擊

三秦軍壞東。』梁氏引軍作『車騎，』非其舊也。

灌廢丘，最。

集解：『張晏曰：最，功第一也。』

案最當爲冣，古聚字。說文：『冣，積也。』引申有多、上義。段玉裁云：『凡云殿、冣者，皆當作从冖字，孫檢云：「上功曰冣，下功曰殿。漢書樊噲傳：八灌廢丘，冣。」張晏曰：「冣，功第一也。」』今史、漢正文、注文冣並誤最。（詳絳侯世家斠證。）

從攻項籍，屠煑棗。

索隱：『檢地理志，無煑棗，晉說是。功臣表有煑棗侯，云：「清河有煑棗城。」小顔以爲攻項籍屠煑棗，合在河南，非清河之城明矣。今按續漢書郡國志，在濟陰宛朐也。』

考證：『索隱依單本，當有譌脫。漢書注云：「晉灼曰：煑棗，地理志無也。清河有煑棗城。功臣表有煑棗侯。」楓、三本引索隱，「明矣」下有「但未詳其處耳」六字，亦與單本異。』

案高祖功臣侯者年表，煑棗，索隱引徐廣云：『在宛句。』即宛朐。漢傳補注引宋祁云：『後漢地理志，濟陰郡宛朐，有煑棗城。』又索隱『檢地理志，』至『清河有煑棗城。』黃善夫本、殿本並作『晉灼云：檢地理志，無煑棗。功臣表則有煑棗侯，清河有煑棗城。』楓、三本索隱，『明矣』下，有『但未詳其處耳』六字，疑據漢傳師古注補之。索隱單本云云，如存索隱之舊，則此文當先有集解引晉灼說。或今本脫之與？

自霍人以往，

案絳侯世家正義，引此霍作靃，霍乃靃之俗省，彼文斠證有說。

因擊韓信軍於參合，軍所將卒斬韓信。

梁玉繩云：斬信之人，所書各不同，說在韓信傳。

考證：『洪頤煊曰：「漢書高帝紀：『十一年，將軍柴武斬韓王信於參合。』韓王信傳：『十一年春，信復與胡騎入居參合，漢使柴將軍擊之。柴將軍居參合，斬信。』是時柴將軍屬樊噲，所將卒，即武也。」』

案斬信之人，韓信傳斠證亦有說。洪氏謂柴武屬樊噲，或然；謂所將卒卽武，恐
非。蓋武爲將軍，非卒也。或是武之卒與？

將軍太卜太僕解福等十人。

施之勉云：景祐本作『將軍大僕解福等十人。』無『太卜』二字。

案漢傳作『將軍大將一人、太僕解福等十人。』王氏補注：『史記作「將軍太卜、
太僕解福等十人。」是太卜乃將軍名。（史記汲古本奪『太卜』二字。）此作
「將軍大將一人，」文不成義，且與上文「大將」復出，明傳寫妄改。』竊疑史
文蓋本作『將軍、太僕解福等十人。』『太卜』卽『太僕』之誤而衍者，非人名
也。漢傳『大將』二字，乃涉上文『大將王黃』而衍，『一人』二字，乃後人妄
加。

破其丞相抵薊南。

索隱：抵，音丁禮反，抵訓至。一云：抵者，丞相之名。

案漢傳師古注：『抵，至也。一說：抵者，其丞相之名也。音丁禮反。』卽索隱
所本。　王先謙云：『據周勃傳「得綰大將抵、丞相偃。」則抵蓋以假丞相爲大
將，如當時漢制。一說是也。』

定食舞陽五千四百戶。

梁玉繩云：史、漢表皆云『五千戶，』此誤。

案漢傳作『五千四百戶，』與此合。

虜二百八十八人，別破軍七，……將軍十二人，二千石巳下至三百石十一人。

梁玉繩云：漢書作『八十八人，』無『二百』兩字。又『十二人』作『十三，』
『十一人』作『十二。』

考證：楓、三本『破軍七』作『破軍十。』漢書『八十八人』作『八十七人。』
案『虜二百八十八人，』漢傳作『虜二百八十七人。』僅七字異，梁氏失檢。
『破軍七，』楓、三本七作十，蓋涉上下文而誤。

噲乃排闥直入。

正義：闥，宮中小門。

案正義說，本漢傳師古注。

顧獨與一宦者絶乎？

　　考證：『顏師古曰：顧猶反也。』

　　案顧猶乃也。

且陛下獨不見趙高之事乎？

　　案獨猶何也。師古注：『謂始皇崩，趙高矯爲詔命，殺扶蘇而立胡亥。』

卽上一日宮車晏駕，

　　案卽猶若也。文選李少卿答蘇武書注引此，卽下有曰字。疑不明卽字之義而妄
　　增。

孝景中六年，他廣奪侯爲庶人，國除。

　　索隱：案漢書平帝元始二年，封噲玄孫之子章爲舞陽侯。邑千戸。

　　考證：『本傳贊云：「余與他廣通，爲余言高祖功臣之興若此云。」是他廣能存
　　故家遺乘，亦佳公子也。……楓、三本引索隱，「二年」下有「繼絶世」三字。』

　　案漢傳：『平帝元始二年，繼絶世，封噲玄孫之子章爲舞陽侯，邑千戸。』卽索
　　隱所本。楓、三本索隱『二年』下有『繼絶世』三字，疑據漢傳增之也。考證據
　　傳贊，稱他廣爲佳公子。乃本周壽昌說，王氏漢傳補正已引之。

曲周侯酈商者，高陽人。

　　索隱：酈音歷。高陽，聚名，屬陳留。

　　正義：……酈商，雍州西南聚邑人也。

　　梁玉繩云：酈氏居于陳留郡雍丘縣高陽鄉，故商與食其皆高陽人，非涿郡高陽縣
　　也。

　　施之勉云：『酈食其傳正義引陳留風俗傳云：「高陽，在雍丘西南。」此作雍州，
　　當是雍丘之譌也。

　　案景祐本、黃善夫本、殿本皆提行，漢傳同。正義雍州乃雍丘之誤，施說是。高
　　紀：『西過高陽。』集解：『文穎曰：「聚邑名也，屬陳留圉縣。」瓚曰：「陳
　　留傳曰：：在雍丘西南。」』蓋此文索隱及酈食其傳正義所本。

商聚少年，更西略人得數千。

　　考證：楓、三本千下有人字，與漢書合。

　　案楓、三本千下有人字，蓋涉上文而衍，或據漢傳妄加。上文已言『東西略人，』
　　千下不必有人字。漢傳之所以作『得數千人，』因上文無『東西略人』四字也。
沛公略地至陳留，六月餘，商以將卒四千人，屬沛公於岐。

　　施之勉云：『高祖紀：「懷王以沛公爲碭郡長，封武安侯，令沛公西略地入關。
　　與諸將約：先入定關中者王之。」月表：「沛公將碭郡兵西，約：先至咸陽王
　　之。」在秦二世二年後九月。「襲陳留，用酈食其策，軍得積粟。」在三年二
　　月。二年後九月，至三年二月，爲六月也。據食其傳，食其言其弟商從沛公，又
　　在下陳留後，則商將數千人屬沛公，其時沛公西略地已六月餘矣。』

　　案施氏據高紀及月表以釋『六月餘，』是也。漢書高紀：『秦〔二世〕二年後九
　　月，懷王目沛公爲碭郡長，封武安侯，將碭郡兵。秦三年二月，食其說沛公襲陳
　　留，沛公目其弟商爲將，將陳留兵。』所記之時與高紀、月表合。（通鑑秦紀三
　　所記亦合。）
破雍將軍焉氏，

　　索隱：『上音於然反，下音支，縣名，屬安定。漢書云：破章邯別將。』

　　考證：焉氏，各本及漢書作烏氏，今從索隱單本、楓、三本。

　　裴學海云：『烏、焉一聲之轉，古通用。「破雍將軍烏氏，」索隱本烏作焉，呂
　　氏春秋季春篇：「天子焉始乘舟，」淮南子時則篇焉作烏，並其證。』（古書盧
　　字集釋三。）

　　案景祐本焉作烏。黃善夫本、殿本焉亦並作烏，索隱首二句並作『烏音於然反，
　　氏音支。』非其舊也。索隱單本烏作焉，引漢書『破章邯別將。』而不言漢書焉
　　作烏，疑所見漢書亦作焉也。
蘇騏軍於泥陽。

　　集解：『徐廣曰：騏，一作騠。』

　　索隱：騏者，龍馬也。

　　考證：『漢書無於字。中井積德曰：據文例，於字衍。』

　　案殿本考證騏作駔，索隱同。並引楊愼丹鉛總錄曰：『駔從馬、從且，音竃，無
　　龍馬之訓。』據徐注『一作騠，』（說文：騠，駃騠也。）則駔或是騠之壞字。

但索隱單本及各本無作騏者，楊說非也。說文：『駔，壯馬也』（段注本。）楚
亂九歎憂苦：『同駑贏與棄駔兮。』王注：『棄駔，駿馬也。』索隱訓駔爲龍
馬，龍馬自是壯馬、駿馬矣。漢傳云：『破章邯別將於烏氏、栒邑、泥陽。』於
字在烏氏上，貫下文言之，非無於字也。特史文不當有於字耳。

與鍾離眛戰，

案景祐本、黃善夫本、殿本眛皆作昧，漢傳同。眛、昧並眜之誤，羽紀、高紀並
有說。

食邑涿五千戶。

考證：楓、三本『五千戶』上有郡字，與漢書合。

案楓、三本五上有郡字，蓋據漢傳妄加。漢傳補注引李慈銘曰：『史記涿下無郡
字，是也。漢封諸功臣列侯，及分涿縣立涿郡，雖俱在高帝六年，然列侯之封，
無有以郡者。蓋封商在前，置郡在後。當封商時，涿猶爲縣。及既爲郡，故更封
商曲周耳。』

得代丞相程縱，

梁玉繩曰：絳侯世家以爲周勃得之。

案得程縱，蓋商亦豫其事耳。絳侯世家有說。

還以將軍爲太上皇衞，一歲七月。以右丞相擊陳豨，殘東垣。

考證：『王先謙曰：「公卿表，商爲衞尉，即此事。」梁玉繩曰：「漢書『七月』
作『十月，』是。蓋豨以十年九月反，不得言『七月』矣。」』

施之勉云：『公卿表，商爲衞尉，在高帝六年。此載於陳豨反前一年，則在九
年。十年七月，太上皇崩。則商自九年正月至十年七月爲太上皇衞一歲七月。十
年九月，陳豨反。商又以右丞相擊豨，殘東垣也。王說非。「七月」當屬上讀，
「以將軍爲太上皇衞，一歲七月，」與上文「以梁相國將，從擊項羽，二歲三
月。」句法同。功臣表：「棘蒲侯陳武，以將軍前元年率將二千五百人起薛，別
救東阿，至霸上，二歲十月。」「辟陽侯審食其，以舍人初起，侍呂后、孝惠
沛，三歲十月。』安丘侯張說，屬魏豹，二歲五月（景祐本「二歲」作「一歲」）。」
絳侯世家：「自初起沛，還至碭，一歲二月。」史記中句法類此者多也。梁以

「七月」二字屬下讀，誤。』

案施說是。漢傳『七月』作『十月，』十蓋本作十，古七字。（史、漢中七、十相亂之例甚多，下文亦有例。）王氏補注以『十月』屬下讀，並以史記作『七月』爲誤，蓋蔽於梁說。

攻其前拒，

索隱：『裴駰云：「拒，方陣。」鄒氏引左傳有左拒、右拒。徐云：「一作和。」和，軍門也。漢書作「前垣，」小顏以爲攻其壁壘之前垣也；李奇以爲前鋒堅蔽若垣墙，非也。』

案拒當爲桓，漢傳作垣，補注引王念孫云：『史記作拒，漢書作垣，皆桓字之誤也。桓讀爲和，和與桓聲相近，故史記一本作和。和謂軍門也。周官大司馬：「以旌爲左右和之門。」鄭注：「軍門曰和，今謂之壘門，立兩旌以爲之。」孫子軍爭篇：「合軍聚衆，交和而舍。」魏武帝注：「軍門爲和門。兩軍相對爲交和。」韓子外儲說左篇：「李悝與秦人戰，謂左和曰：『速上，右和已上矣。』又馳而至右和曰：『左和已上矣。』」燕策：「齊、韓、魏共攻燕，楚王使景陽將而救之，三國乃罷兵。魏軍其西，齊軍其東，楚師欲遝，不可得也。景陽乃開西和門通使於魏。」唐開元禮：「仲冬講武，除地爲場，四出爲和門。」言四出，則左右前後皆有和門，故此言「攻其前和」也。和與桓聲相近，作拒、作垣，皆桓字之譌也。李、顏以垣爲墙垣，裴以拒爲方陳，皆失之。』鄒引左傳（桓五年及宣十二年）左拒、右拒以爲說，亦失之。

更食曲周五千一百戶，

殿本考證：『功臣表云：「四千八百戶。」漢表同。』

案漢傳作『五千一百戶，』與此合。

商病不治。

集解：『文穎曰：不能治官事。』

考證：漢書治下有事字。

案集解引漢傳文注爲說，疑所據此文治下亦有事字。

天下稱酈況賣交也。

集解：『班固曰：夫賣交者，謂見利而忘義也。……』

案漢傳交作友，贊同。集解引班固贊作交，蓋依此正文改之。漢紀六、通鑑漢紀五引班固贊並作友。

圍趙城，十月不能下。

梁玉繩云：『十月』乃『三月』之誤，說在楚元王世家。

考證：七國以正月反，三月滅，趙雖後下，不能相距十月之久也。漢書作『七月，』亦誤。說在楚元王世家。

施之勉云：本書楚元王世家、漢書高五王傳作『七月，』是也。十當爲七之譌。吳、楚反，先於三年十二月起兵膠西（見吳王濞傳）。此當從十二月起，至六月而下趙城，爲七月也。惠景侯表，竇嬰以大將軍屯滎陽，扞吳、楚。七國反己破，三年六月，封魏其侯。魏其侯傳：「七國兵已盡破，封嬰爲魏其侯。」是吳、楚七國反，至六月而盡破矣。十二月至六月爲七月，圍趙邯鄲，不能七月而不下也。

案考證說，卽本楚元王世家梁氏志疑。『十月』蓋本作『十月，』卽『七月』也。（通鑑漢紀八亦作『七月。』）施氏據吳王濞傳、惠景侯表、魏其侯傳，謂吳、楚反，先於三年十二月起兵膠西，至六月而下趙城爲七月。然吳王濞傳又明言『吳王首反，並將楚兵連齊、趙，正月起兵，三月皆破。』則梁說亦可信。七國以正月反，三月滅，漢紀九所載亦同。（參看楚元王世家斠證。）

孝景中二年，寄欲取平原君爲夫人。

梁玉繩云：『當作「中三年。」』

殿本考證：孝武帝卽位，始尊皇太后母臧兒爲平原君，此乃追書之。

案下文續云：『景帝怒，下寄吏，有罪奪侯。景帝乃以商他子堅封爲繆侯。』據功臣表：『中三年，封商他子，靖侯堅元年。』漢表亦云：『孝景中三年，靖侯堅紹封。』然則寄欲取平原君爲夫人，乃中三年事，故梁氏云『當作「中三年」』也。

子康侯遂成立。

考證：『張照曰：功臣表無遂字，漢表有之。』

案張說本作『無成字，』考證誤。

子侯終根立，爲太常。

案漢傳云：『武帝時爲太常。』王氏補注：『公卿表，征和四年。』

坐法國除。

殿本考證：『功臣表云：「坐祝詛誅，國除。」漢表云：「嗣二十九年，後二年，祝詛上要斬。」』

案功臣表作『坐咒詛誅，』考證誤咒爲祝。漢表『後二年，』補注云：『二上奪元字。』史表作『後元二年。』漢傳云：『坐巫蠱誅，國除。』

汝陰侯夏侯嬰，沛人也。

正義：汝陰卽今陽城。

案景祐本、黃善夫本、殿本皆提行，漢傳同。通鑑漢紀四注：『班志，汝陰縣屬汝南郡，春秋胡子之國。史記正義曰：「汝陰卽今陽城。」余據唐陽城縣屬河南郡，與漢汝南之汝陰相去頗遠。又據史記滕公傳，平城圍解，增食細陽千戶。細陽縣屬汝南郡，蓋與汝陰鄰境。索隱曰：「汝陰屬汝南。」亦據班志也。』所引索隱，汝陰乃細陽之誤。

嬰證之。後獄覆。

殿本考證：『陳沂曰：證之，已證其不傷矣。後又有翻覆，故嬰坐繫且受掠也。』

案廣雅釋言：『覆，反也。』此謂嬰證其不傷。經審驗則相反也。

上降沛一日。

正義：謂父老開城門迎高祖。

案漢傳師古注：『謂父老開城門迎高祖時也。』時字指正文『一日』而言。正義說本師古注，不當略時字。

從攻胡陵，嬰與蕭何降泗水監平。

集解：『張晏曰：胡陵，平所止縣。何嘗給之，故與降也。』

殿本考證：『楊愼曰：降，降之也。嬰與何或用兵、或招降之也。張說非是。』

案張注所謂降，卽降之之意。楊氏未達。王先謙云：『降者，說降之。』

常蹴兩兒欲弃之。

索隱：蹶，……漢書作蹳，音撥。

案文選司馬長卿上林賦：『歷石闕。』郭璞注：『歷，蹋也。』歷與蹶同。漢傳作蹳，服虔注：『蹳音撥。』即索隱所本。晉灼注：『蹳音足跋物之跋。』文選揚子雲羽獵賦：『跋犀犛。』韋昭注：『跋，蹋也。』

嬰常收，竟載之，徐行。面雍樹乃馳。

集解：『服虔曰：「高祖欲斬之，故嬰圍樹走也。面向樹也。」應劭曰：「古者皆立乘，嬰恐小兒墜，各置一面雍持之。樹，立也。」蘇林曰：「南陽人謂抱小兒為雍樹。面者，大人以面首向臨之，小兒抱大人頸似懸樹也。」』

索隱：蘇林與晉灼皆言南方及京師謂抱小兒為擁樹。今則無其言，或當時有此說。其應、服之說皆疏也。

考證：『……漢書「常收，竟載之徐行，面雍樹乃馳。」作「常收載行，面雍樹馳。」顏師古曰：「面，偝也。雍，抱持之。言取兩兒，今面背己，而抱持之以馳。雍讀曰擁。」

施之勉云：『面雍樹』三字，蘇、晉、顏說是也。文選陸士衡漢高祖功臣頌，『雍樹』作『擁樹，』注引漢書同。索隱亦作『擁樹。』

案蘇、晉、顏釋『雍樹』之義同，蘇謂面為『面向，』顏謂面為『面背，』則異。（索隱引蘇、晉說，未涉及面字之義。）惟均可通。漢書補注引劉奉世曰：『抱兩兒者，未有能背面而能抱持者。況復馳乎？蘇說是也。』今兩兒面背己，抱持之以馳，實較令面向己，抱持之以馳為易。何不能之有！文選陸士衡漢高祖功臣頌：『馬煩轡殆，不釋擁樹。』注：『漢書曰：「嬰常收載行，面擁樹馳。」晉灼曰：「今京師謂抱小兒為擁樹。」』注引漢傳及晉注並作『擁樹，』乃依彼正文改之也。師古注『雍讀曰擁。』則漢傳自作『雍樹，』與史文同矣。又索隱『蘇林與晉灼皆言南方及京師謂抱小兒為擁樹。』（擁蓋本作雍。）黃善夫本、殿本並略作『蘇林與晉灼皆同。』

漢王怒，行欲斬嬰者十餘。

吳昌瑩云：行，且也。

案行猶因也，項羽本紀有說。

嬰以太僕與東牟侯入淸宮，

　　案呂后紀、漢書周勃傳『淸宮』並作『除宮，』義同。通鑑漢紀五亦作『除宮。』

八歲卒，謚爲文侯。

　　案西京雜記四：『滕公駕至東都門，馬鳴蹄不肯前，以足跑地，（跑當作跪，下
　　同，金嘉錫學弟斠正有說。）久之，滕公使士卒掘馬所跑地，入三尺所，得石
　　槨。滕公以燭照之，有銘焉。乃以水洗寫其文，文字皆古異，左右莫能知。以問
　　叔孫通，通曰：「科斗書也。」以今文寫之曰：「佳城鬱鬱，三千年見白日。吁
　　嗟滕公居此室。」滕公曰：「嗟乎，天也！吾死其卽安此乎！」死遂葬焉。』

潁陰侯灌嬰者，

　　案景祐本、黃善夫本、殿本皆提行，漢傳同。

從入漢中，十月拜爲中謁者。

　　案漢傳『十月』同。王先謙云：『據高紀，漢王元年四月入漢中，五月卽出襲
　　雍，圍廢丘，八月降塞王。稽合本傳，此『十月』當作『四月。』

擊項羽將龍且、魏相項他軍定陶南，

　　考證：項它，蓋魏人。楓、三本定陶上有走字。

　　施之勉云：『王先謙曰：「曹參傳：『東擊龍且、項他定陶，破之。』無『魏
　　相。』則『魏相』非人姓名。蓋項他爲魏相國。」王說非也。此文明云：「項羽
　　將龍且、魏相、項他，」則不得謂他爲魏相國。又下文云：「虜柱國項他。」則
　　他爲楚柱國也。項羽紀：「諸項氏枝屬，漢王皆不誅，乃拜平皋侯。」徐廣曰：
　　「名他。」高祖功臣表：「平皋侯項他，漢六年，以碭郡長初從，賜姓爲劉氏。」
　　是他爲項氏枝屬。魏相則是楚將也。王說項他爲魏相國，何其謬邪？考證不悟王
　　說之非而襲之，因謂項他魏人，眞是誤中之誤矣！』

　　案曹相國世家：『東擊龍且、項他定陶，破之。』無『魏相，』蓋漢書曹參傳云
　　云所本。『魏相』若爲人姓名，別無可徵。竊以爲考證以項他爲魏人，固非。王
　　氏謂項他爲魏相國，或亦可備一解。漢書項籍傳：『羽使從兄子項它爲大將，龍
　　且爲裨將。』蓋羽之從兄子他本爲魏相國，此役以之爲大將耳。至於下文云『虜
　　柱國項他。』則是他以後又爲楚柱國也。楓、三本定陶上有走字，蓋定字之誤而

衍者。

項羽擊大破漢王。

　　梁玉繩云：大字衍，漢書無。

　　案曹相國世家：『擊項籍軍，漢軍大敗走。』漢書曹參傳同。則此大字非衍，漢
　　書嬰傳略大字耳。

王武、魏公、申徒反，從擊破之，攻下黃。

　　梁玉繩云：漢書作『下外黃。』此缺外字。

　　考證：楓、三本黃上有外字，與漢書合。

　　案曹相國世家：「王武反於黃。」黃上亦缺外字，漢書曹參傳作外黃，史、漢樊
　　噲傳亦並作外黃。彼文梁氏志疑、殿本考證並有說。

漢王乃擇軍中可為車騎將者。

　　梁玉繩云：車字衍。

　　考證：漢書無車字。

　　案通鑑漢紀一亦無車字，蓋因騎字聯想而衍。

皆推故秦騎士重泉人李必、駱甲習騎兵：今為校尉，可為騎將。

　　考證：『張照曰：李必後封戚侯，見功臣表，作季必。』

　　案考證所引張說，乃張氏漢書官本考證說，王先謙已引之。漢書功臣表：『戚圉
　　侯季必。』師古注：『灌嬰傳云李必，今此作季，表、傳不同，當有誤。』補
　　注：『史表亦作季必，案當作李。』通鑑亦作李必。今上省曰字，楊樹達古書疑
　　義舉例再續補有說。

擊破柘公、王武軍於燕西。

　　索隱：案武，柘縣令也。

　　考證：『王先謙曰：曹參、樊噲、靳歙傳，及本傳上文，不言王武是柘公，自別
　　一人，非卽王武也。』

　　案漢傳師古注：『柘，縣名。公者，柘之令也。王武，其人姓名也。』索隱說，
　　卽本之而誤。王說乃以證顏說之誤也。

嬰遷為御史大夫。

案漢傳補注：『此假官也，表不載。與諸傳相國、丞相同。』

攻龍且，酈公旋於高密。

索隱：酈縣令稱公，旋其名也。高密，縣名，在北海。漢書作假密。假密，地
名，不知所在，未知孰是。

梁氏志疑所據湖本無旋字，云：『索隱本於作族，以爲酈公名。班馬異同作旋，
疑皆於之譌文也。高密，漢書作假密，索隱謂假密不知所在。考曹相國世家作上
假密，田儋傳作高密，徐廣云：「高，一作假。」漢書皆與史不異，惟此有高、
假之分，疑是一地二名。』

考證：『張文虎曰：「中統、游本、吳校金板有旋字。宋本、王、柯、凌、毛本
無。（凌本卽湖本。）索隱本作族，無於字。」愚按楓、三本亦有旋字。』

案於上有旋字或族字，蓋並於字之誤而衍者。索隱單本作『族高密，』（注文旋
亦作族。）族亦於之誤也。景祐本、黃善夫本、殿本皆作『於高密，』上無旋字
或族字，蓋存此文之舊。漢傳作『攻龍且、酈公於假密。』索隱引漢傳，但言作
假密，不言族作於，似所見漢傳於亦誤族。據師古注：『酈，縣名。公，酈令
也。攻龍且及酈令於假密。』是顏所見漢傳本作『於假密。』今本尚存其舊也。

王先謙云：『假密卽高密，假音革，高、假雙聲字。』是也。又索隱『不知所
在，』單本在作出。

攻博陽。

案漢傳博陽同，補注引沈欽韓曰：『博陽當作傅陽，紀要：偪陽城，在兗州府嶧
縣南五十里，春秋時小國。漢置傅陽縣，屬楚國。傅、偪同音。』

前至下相以東南僮、取慮、徐。

索隱：取音秋，慮音閭，取又音趣。僮、徐是二縣，取慮是一縣名。

案索隱『音趣，』單本作『音趙。』趙，俗趨字。趨、趣古通，其例習見。漢傳
師古注：『僮及取慮及徐，三縣名也。取音趨，又音秋。慮音廬。』（廬與閭古
通。）蓋索隱說所本。

盡降其城邑，至廣陵。

正義：謂從下相以東南，盡降城邑，乃至廣陵，皆平定也。

案正義說，本漢傳師古注。

嬰度淮，北擊破項聲、郯公下邳，斬薛公，下下邳。

　　梁玉繩云：『下下邳，』漢書作『下下邳、壽春。』此佚。

　　案漢傳補注：『據高紀，嬰與彭越同在此役。』史記高紀同。

遂降彭城。

　　考證：『梁玉繩曰：案彭城，項王所都。若降彭城，則破其都矣。何必鴻溝之約乎？降字誤。蓋圍彭城而破其軍也。』

　　案今本漢傳降字同，疑本作圍，涉下『降酈』字而誤也。

攻苦、譙。

　　案師古注：『二縣也。』

卒斬敵及特將五人。

　　集解：『文穎曰：特一之特也。』

　　案御覽二九八引文注，『之特』作『之將，』是。

嬰身生得左司馬一人。所將卒斬其小將十人。

　　梁玉繩云：『史詮曰：嬰字衍。』

　　案嬰與下文『所將卒』對言，嬰字非衍。

太后崩，呂祿等以趙王自置爲將軍，軍長安爲亂。

　　考證：『中井積德曰：祿爲上將軍，在高后之時，非自置。漢書刪此文爲是。』

　　施之勉云：『漢書文帝紀：「元年十月，詔曰：『前呂產自置爲相國，呂祿爲上將軍，擅遣將軍灌嬰將兵擊齊，欲代劉氏。』」與此合。是呂祿自置爲上將軍也。』

　　案呂后紀：『八年七月，高后病甚，令趙王呂祿爲上將軍。』（通鑑漢紀五從之。）漢書外戚傳亦稱呂后『八年病困，以趙王祿爲上將軍。』高后紀則云：『七年春正月，目趙王祿爲上將軍。』（漢紀六從之。）所記歲月雖有二說，而呂后以呂祿爲上將軍則同。漢書文帝紀詔及此文並言呂祿自置爲上將軍，蓋以加重呂祿爲亂之罪耳。實非自置也。

且入誅不當爲王者。

考證：楓、三本入下有關字。

案呂后紀、齊悼惠王世家、漢書高五王傳皆無關字。

乃遣嬰爲大將將軍，往擊之。

考證：楓、三本不重將字，與漢書合，可從。

案齊悼惠王世家、漢書高五王傳、灌嬰傳皆不疊將字。漢紀六亦作『大將軍。』

風齊王以誅呂氏事。

案師古注：『風讀曰諷。』

賜黃金千金，

梁玉繩云：史、漢文紀是『二千金，』此與漢傳並缺二字。

案漢紀七作『三千金。』三蓋本作二，涉上『三千戶』而誤。

十三年，彊有罪，絕二歲。元光三年，天子封灌嬰孫賢爲臨汝侯。

梁氏志疑所據湖本『十三年，』作『十二年。』云：『史、漢表彊在位十三年，
絕一歲。賢以元光二年封，此並誤。』

案景祐本南宋補版作『十三年，』與史、漢表合。黃善夫本、殿本亦並誤『十二
年。』

八歲，坐行賕有罪，

梁玉繩云：史、漢表賢在位九年，此言八歲，誤。而其罪與漢傳異，說在功臣
表。

案梁說『漢傳』乃『漢表』之誤。

余與他廣通，爲言高祖功臣之興時若此云。

考證：楓、三本爲下有余字。

案淮陰侯傳贊：『吾如淮陰，淮陰人爲余言。……』與楓、三本此文作『爲余
言』同例。

史記斠證卷一百一

袁盎鼂錯列傳第四十一

王　叔　岷

袁盎者，楚人也。字絲。

　　梁玉繩云：漢書敘傳稱子絲。

　　案通鑑漢紀五注：『史記作爰盎，漢書作袁盎，則袁、爰通也。』所稱史記、漢
　　書當互易。容齋三筆二亦作爰盎。漢書敘傳：『子絲慷慨，激辭納說。』師古
　　注：『爰盎字絲，此加子者，子是嘉稱，以偶句耳。』

盎兄噲任盎爲中郎。

　　正義：『百官公卿表云：中郎，秩比六百石。郎中，比三百石。』

　　考證：『漢書「中郎」作「郎中」。』梁玉繩曰：「盎爲兄所保始得爲官，未必卽
　　能至六百石之秩。當是爲郎中也。」』

　　案通鑑從漢傳作『郎中。』

常自送之。

　　集解：『徐廣曰：自，一作目。』

　　考證：『陳仁錫曰：漢書自作目，是也。』

　　施之勉云：景祐本自作目。

　　案通鑑、容齋三筆自亦並作目。施氏所稱景祐本，乃南宋重刊北宋監本(後同)，
　　自作自，亦是自字，非作目也。

大臣相與共畔諸呂。

　　案漢傳、長短經臣行篇注、通鑑、容齋三筆，畔皆作誅。

上益莊，

索隱：莊，嚴也。

　　案索隱說，本師古注。

已而絳侯望袁盎，

　　案師古注：『望，責怨之也。』望借爲誙，說文：『誙，責望也。』

徵繫清室。

　　集解：漢書作『請室。』

　　梁玉繩云：漢書作『請室，』是。蓋形近而譌。

　　案清、請古通，清非誤字，漢書賈誼傳：『造請室而請皋焉。』補注引盧文弨
　　云：『建本新書此文作「清室。」』卽其證。

可適削地。

　　案師古注：『適讀曰讁。』

陛下竟爲以天下之大弗能容，

　　案殿本『爲以』二字誤倒。

淮南王至雍病死，聞。

　　正義：聞，聞於天子。

　　案正義說，本師古注。

今陛下親以王者脩之，

　　案漢紀七脩作行，義同。

西向讓天子位者再，南面讓天子位者三。

　　考證：『李笠曰：據漢傳及文紀，再、三二字兩易處。』

　　案漢紀、通鑑漢紀五，再、三兩字亦互易。

有司衛不謹，

　　考證：漢書衛上有宿字。

　　案漢紀衛上亦有宿字。

宦者趙同以數幸，

　　集解：『徐廣曰：漢書同作談字。』

　　考證：同，蓋談之字，史公自避諱耳。

案容齋隨筆十從漢傳作趙談。談與史公之父同諱，故以同代談。趙世家張孟談之作張孟同，平原君傳李談之作李同，並同此例。考證以同爲趙談之字，於季布傳亦有此妄說。

君與闘，廷辱之，使其毀不用。

考證：『岡白駒曰：漢書作「君衆辱之，後雖惡君，上不復信。」無「與闘」二字。』

案漢紀作『宜庭辱之，使其毀不用。』亦無『與闘』二字。廷、庭古通。

臣聞天子所與共六尺輿者，皆天下豪英。

案書鈔一三九引輿上有乘字，『豪英』作『豪俠。』俠蓋俊之誤。漢紀輿上亦有乘字，『豪英』作『豪俊。』

今漢雖乏人，陛下獨奈何與刀鋸餘人載！

案書鈔引餘作之，漢傳作『與刀鋸之餘共載。』漢紀作『與刑餘之人共載。』史公報任安書：『如今朝雖乏人，奈何令刀鋸之餘薦天下豪雋哉！』

趙同泣下車。

案書鈔、御覽七七二引泣下並有而字。

竝車寧轡。

案御覽五三引寧作攬，水經渭水下注同。漢傳作擥，說文：『寧，撮持也。』攬、擥並寧之別體。漢紀作攢，義亦相近。

百金之子，不騎衡。

索隱：『張晏云：「衡，木行馬也。」如淳云：「騎，音於岐反。衡，樓殿邊欄楯也。」韋昭云：「衡，車衡也。騎音倚，謂跨之。」按如淳之說爲長。案纂要云：……』

考證：『梁玉繩曰：水經注十九作「立不倚衡。」依上「坐不垂堂」句，似失一字。』

案御覽引『不騎衡，』亦作『立不倚衡。』黃善夫本、殿本索隱，並作『衡，木行馬也。』如淳云：「騎，音於岐反。」韋昭云：「騎音奇。」案諸家說，如淳爲長。如云「欄楯」者，案纂要云：……』

聖主不乘危而徼幸。

案漢傳而作不，通鑑從之。

今陛下騁六騑，馳下峻山。

集解：『如淳曰：六馬之疾若飛。』

案漢傳騑作飛，通鑑從之。集解既引如注，竊疑史記故本騑亦作飛。『六飛』猶六騑，』騑、飛正、假字。楚世家：『三年不蜚不鳴。』御覽四五一引蜚作飛，（參看彼文斠證。）飛之通蜚，猶飛之通騑矣。如氏以飛爲飛馳字，恐非。漢傳補注引沈欽韓云：『宋書禮志：「逸禮王度記曰：天子駕六飛。」謂飛黃也。』考宋書引逸禮，本作『天子駕六。』下文云：『袁盎諫漢王馳六飛。』沈說作『天子駕六飛。』蓋連下文『六飛』引之。不知下文云云，乃本漢傳也。沈氏釋飛爲『飛黃，』亦無據。又御覽引『馳下峻山。』作『馳不測之淵。』淵當作山，漢傳作『馳不測山。』漢紀作『馳不測之山。』

如有馬驚車敗，

案漢紀『如有』作『比有，』比猶如也，（傳靳蒯成列傳贊有說。）有猶或也。漢傳作『有如，』通鑑從之。

上亦怒，起入禁中。

考證：漢書無『入禁中』三字。

案漢紀亦無『入禁中』三字。長短經詭俗篇注無『起入禁中』四字。

妾主豈可與同坐哉？

王念孫云：『與猶以也，故漢書作以。貨殖傳曰：「智不足與權變，勇不足以決斷，仁不能以取予。」與亦以也，互文耳。以、與一聲之轉，故古或謂以爲與，說見釋詞。』

案王說是也。所稱貨殖傳『智不足與權變，』御覽八二九引與作以，明其義相同。

陛下獨不見人彘乎？

案獨猶何也。（經詞衍釋六有說。）漢傳、漢紀、長短經注彘皆作豕。

調爲隴西都尉。

集解：『如淳曰：調，選。』

殿本考證：『顧炎武曰：此今日調官字所本。調有更易之意，猶琴瑟之更張乃調也。如淳訓爲選，未盡。』

案如訓調爲選，說文：『選，遣也。』遣與更調之意亦符。漢書昭帝紀：『調故吏將屯田張掖郡。』師古注：『調，謂發選也。』『發選』猶『發遣，』與此調字同義。

今苟欲劾治。

考證：漢書劾作刻。

案漢書刻當作劾，劾卽劾之俗變。

南方卑溼，君能日飲，毋苟。

正義：苟音何，言苟細勾當也。

考證：正義本、宋本、毛本作苟。王本作奇，蓋亦苟之譌。楓山、三條本、凌本作何，與漢書合。

案能猶若也。（此義前人未發，伍子胥傳、蘇秦傳並有說。）正義本苟疑本作何，注本作『何音苟，言苟細勾當也。』如本作苟，釋爲『苟細勾當。』卽可。又何必『音何』邪？苟、何並借爲痾，說文：『痾，病也。』此謂南方卑溼，君若每日飲酒，則無病也。蓋由酒能禦溼故耳。呂氏春秋審時篇：『殃氣不入，身無苟殃。』高注：『苟，病。』苟亦痾之借字（朱駿聲說文通訓定聲有說），與此同例。容齋隨筆十云：『漢書爰盎傳：「南方卑溼，君能日飲，亡何。」顏師古云：「無何，言更無餘事。」而史記盎傳作「日飲毋苟。」蓋言南方不宜多飲耳。』師古固未得『亡何』之義；洪氏謂『不宜多飲。』不知此文之意正謂當多飲也。

卽私邪？

案漢傳卽作則，卽、則並猶若也。

袁盎卽跪說曰。

張照云：『余有丁曰：「按漢書作『起說，』是。今史本多作跪，其義難通。」照按古人席地坐，故起卽跪，余說非是。』

梁玉繩云：漢書作『起說，』是。與上『跪曰』對。余有丁言之矣。

案『即跪說，』與上文『跪曰，』意正相承。蓋既已跪，即跪而說，不必更起也何難通之有！漢傳或改跪爲起耳。起與跪義迥別，漢人席地而坐，謂跽即跪則可，（跽爲長跪。）若謂起即跪，則鴻門之會，『項莊拔劒起舞，項伯亦拔劒起舞。』『起舞』豈即『跪舞』邪？蓋不然矣。

君即自謂不如。

案即猶能也，劉子觀量篇：『智伯庖人亡炙一箧而即知之。韓、魏將反而不能知；邯鄲子陽園亡一桃而即覺之，其自亡也而不能知。』即、能互文，明其義相同。此義前人未發。

言可受，採之。

考證：漢書『可受』作『可采。』

案漢傳略受、之二字，作『言可采。』非『可受』作『可采』也。

嘉鄙野人，乃不知將軍幸教。

案不猶無也，知字當屬上絕句。此謂嘉鄙野人，乃無知。將軍幸而教之也。

鼂錯所居坐，益去。益坐，錯亦去。

考證：楓山、三條本『益去。益坐，』作『益輒去。益所居坐。』

施之勉云：漢書『益去。益坐，』作『益輒避。益所居坐。』

案通鑑漢紀八『益去。益坐，』亦作『益輒避。益所居坐。』從漢傳也。

事未發，治之有絕。

集解：『如淳曰：事未發時治之，乃有所絕。』

索隱：案有絕臾反心也。

正義：按未發治之，乃有所絕。

案舊注皆未得有字之義。有猶可也，此謂事未發之時治之，可絕臾反心也。張釋之傳：『使其中有可欲者，雖錮南山猶有郄。』漢紀八『有郄』作『可郄，』即有、可同義之證。魯世家：『夫政不簡不易，民不有近。』孟子荀卿傳：『淳于髡久與處，時有得善言。』兩有字亦並與可同義，彼文斟證有說。此義前人未發。

上乃召袁盎入見。

　　考證：楓山、三條本入上重袁盎二字，漢書亦重盎字。

　　案漢傳作『迺召盎，盎入見。』通鑑從之（惟迺作乃）。

使袁盎爲太常。

　　案通鑑注：『〔景帝〕中六年，始改奉常爲太常，時盎猶爲奉常也。』漢傳『太常』作『泰常，』補注云：『當爲奉常之誤。』

嘗有從史，嘗盜愛盎侍兒。

　　集解：『文穎曰：婢也。』

　　考證：『張文虎曰：兩嘗字，疑當衍其一。』

　　施之勉云：御覽四百七十九引，無上嘗字。景祐本、黃善夫本重『從史』二字。

　　案藝文類聚三三引此，亦無上嘗字。又史作吏，下同。御覽四七九引史亦作吏。漢紀九史亦作吏，『侍兒』作『侍婢。』殿本『從史』二字亦重。施氏所稱景祐本，當作重刊北宋監本。

遇之如故。

　　案藝文類聚、御覽引故並作初。

臣故爲從史盜君侍君者。

　　考證：楓山、三條本爲下有君字。

　　施之勉云：說苑復恩篇爲下有君字，漢書亦有。

　　案說苑、漢傳君字並在爲字下，卽爲下有君字，盜下並無君字也。

君弟去。

　　案重刊北宋監本、殿本弟並作第，古字通用。師古注：『弟，但也。』

及以刀決張，道從醉卒直隧出。

　　集解：『如淳曰：「決開當所從亡者之道。」張音帳。』（考證本集解，割裂爲二。）

　　王念孫云：『集解：「如淳曰：『決開當所從亡者之道。』張音帳。」漢書顏師古注義同。案道與「決張，」義不相屬。如、顏皆以爲道路之道，上屬爲句。非也。道讀爲導，下屬爲句。隧字當在直字上，「醉卒隧」三字連讀，「直出」二字連讀。（今本直字誤在隧字上，則文不成義。漢書作「道從醉卒直出。」）

「醉卒隧」者，當醉卒之道也。謂決開軍帳，導之從醉卒道直出也。說苑復恩篇
作「乃以刀決帳，從醉卒道出。」（朱本說苑「從醉」誤作「醉從。」今本又誤
爲「牽徒。」）「醉卒道，」卽「醉卒隧」也。隧訓爲道，則上道字非關道路明
矣。』

考證：楓山、三條本卒下有所字。愚按卒下當補所字。直，當也。隧字疑衍。

案王氏讀道爲導，是也。漢魏叢書本說苑復恩篇作『牽徒卒道出。』（卽王氏所
稱今本。）當作『牽從醉卒道出。』牽與導同義，正可證成王氏之說。惟王氏據
說苑『醉卒道，』謂此文隧字當在直字上，則可不必。蓋『道從醉卒直隧出，』
卽『導之從醉卒所直之道出。』（楓、三本直上有所字，文意較明。但恐非此文
之舊。）說苑『醉卒』下略直字耳。漢傳作『道從醉卒直出。』直下又略隧字或
脫隧字也。考證因漢傳無隧字，疑隧字衍。不知說苑隧作道，正以道說隧，隧字
非衍明矣。

袁盎解節毛懷之。

案漢傳毛作旄，補注：『旄，旄牛尾也。』毛、旄並氂之借字。說文：『氂，氂
牛尾也。』

杖步行七八里。

案漢傳作『展步行七十里。』補注：『沈欽韓曰：「史記作『杖步行七八里。』
蓋謂盎解節旄以其杖搘而步行也。吳壁梁郊，本裁七八里，易得脫。若七十里之
遠，吳豈不能以一騎追捕乎？」釋名：「展，搘也。爲兩足搘以踐泥也。」』展
借爲榰，爾雅釋言：『榰，柱也。』（榰、柱字，俗作搘、拄。王氏引釋名『展，
搘也。』搘亦當作榰。）杖亦柱也。漢書婁敬傳：『杖馬箠去居岐。』師古注：
『杖，謂柱之也。』『七十里，』疑本作『卝里，』卝卽古七字，後人注七字於
卝字旁，傳寫逐誤爲『七十里』耳。

袁盎病免，居家。

案白帖七，御覽四七三引『居家』並作『家居。』漢傳同。

盎善待之。

案白帖引善作厚。

且緩急人所有。

　　案游俠列傳序：『且緩急，人之所時有也。』

夫一旦有急叩門，

　　案白帖引『叩門』作『造其門。』

不以存亡爲辭。

　　案游俠傳序：『不愛其軀，赴士之阸困。』卽此意也。

今公常從數騎，

　　集解：『徐廣曰：常，一作群。』

　　考證：漢書常作陽。陽，佯也。作常義長。

　　案漢傳作陽，與此作詳之本合。詳、陽古通。佯，俗字。本書習見。漢傳鄧展
　　注：『陽，外也。』晉灼注：『陽猶常也。』晉氏卽據此作常之本爲訓耳。

乃之棓生所問占。

　　集解：『徐廣曰：「棓，一作服。」騆案文穎曰：棓音陪。……』

　　索隱：『文穎云：「棓音陪。」韋昭云：「棓，姓也。」』

　　考證：『宋本、毛本棓。各本作掊。』愚按漢書作棓。

　　施之勉云：景祐本作棓，黃善夫本作掊。

　　案從木、從才之字，俗書往往相亂，故棓亦作掊。棓當音倍，倍、服雙聲，故徐
　　廣云：『一作服。』黃善夫本、殿本集解、索隱，棓皆作掊；又索隱並略『文穎
　　曰：棓音陪。』六字。施氏所稱景祐本，當作重刊北宋監本。

梁刺客後曹輩，果遮刺殺盎安陵郭門外。

　　王念孫云：『後曹』下本無輩字，曹卽輩也。且『後曹』二字，卽承上『後刺君
　　者十餘曹』而言，則曹下愈不當有輩字。蓋因上集解內有『如淳曰：曹，輩。』
　　而誤衍也。漢書無輩字。

　　案『曹輩』連文，曹卽輩也，古人自多複語。複語可略其一，故漢傳無輩字。此
　　文未必原無輩字也。

鼂錯者，潁川人也。

　　案重刊北宋監本（上行滿格）、黃善夫本、殿本皆提行，漢傳同。初學記十二、

御覽一八七、四三二引朝皆作晁，史公自序、漢書司馬遷傳並作朝。鼂、晁正、俗字，鼂、朝古、今字，孝景紀有說。

以書稱說。

案書鈔六六引說下有『帝悅』二字。

孝文不聽。

案漢傳作『孝文雖不盡聽。』通鑑漢紀七從之（惟孝文作上）。

鑿廟壖垣。

正義：上人緣反。壖者，廟內垣外游地也。

案漢傳壖作堧，師古注：『堧者，內垣之外游地也。音人緣反。』即正義所本。

說文：『陾，城下田也。』繫傳：『史記申屠嘉〔傳〕：侵廟陾垣。』今本申屠嘉傳（附見張丞相傳）陾作堧，堧與陾同。壖，俗字。

丞相逐發病死。

案史、漢申屠嘉傳並作『因歐血而死。』通鑑從之。漢紀九作『逐歐血而死。』逐、因同義。

請諸侯之罪過。削其地，收其枝郡。

考證：楓、三本之下有有字。

案之猶有也，之下不必有有字。初學記十二引削上有則字。漢傳枝作支，古字通用。

上令公卿列侯宗室集議，莫敢難。

正義：『集本作襍。高誘云：襍，集也。』

梁玉繩云：『集議，』班馬字類作『襍議。』漢書亦作雜。則今本譌集也。

案通鑑漢紀八亦作『雜議。』雜乃襍之隸變。方言三：『襍，集也。』初學記引難下有錯字。

由此與錯有郄。

案重刊北宋監本郄作郤。初學記引郤作隙，漢傳同。隙、郤正、假字。郄，俗郤字。

公為政用事，

案漢傳如淳注：『錯爲御史大夫，位三公也。』補注：『漢初常語，相稱以公。韓信、婁敬、淮南厲王諸傳，及下文景帝謂鄧公，君稱臣爲公也。此及史記陸賈傳父謂子爲公也。非以錯位上公而尊之。』

及寶嬰、袁盎進說，上令鼂錯衣朝衣，斬東市。

梁玉繩云：『漢書有丞相陶青等劾奏錯一節，似不可少。史記考異曰：錯父死才十餘日，而錯衣朝衣如故，則初未行一日之喪也。刑名之學，弊乃至此！』

案上令錯衣朝衣，則錯父死十餘日，非衣朝衣如故矣，不得責以『未行一日之喪也。』容齋續筆九云：『漢景帝爲人甚有可議，鼂錯爲內史，門東出不便，更穿一門南出，南出者，太上皇廟壖垣也。丞相申屠嘉聞錯穿宗廟垣，爲奏請誅錯。錯恐，夜入宮上謁自歸。上至朝，嘉請誅錯，上曰：「錯所穿非眞廟垣，乃外壖垣；且又我使爲之，錯無罪。」臨江王榮以皇太子廢爲王，坐侵太宗廟壖地爲宮，詣中尉府對簿責訊，王遂自殺。兩者均爲侵宗廟，榮以廢黜失寵，至於殺之。錯方貴幸，故略不問罪。其不公不慈如此！及用袁盎一言，錯卽夷族。其寡恩忍殺復如此！』洪氏之議景帝，當於錢氏之議鼂錯矣。

發怒削地，

案御覽三六七引怒下有於字。

噤口不敢復言也。

案說文：『噤，口閉也。』日者列傳：『悵然噤口不能言。』亦同例。

於是景帝默然，良久，

考證：『默然良久，』景帝悔恨之狀如覩。漢書改爲『喟然大息。』失之。

案『默然良久，』漢傳作『喟然長息。』（考證誤長爲大。）漢紀九、通鑑漢紀八並從之。

袁盎雖不好學，亦善傅會。仁心爲質，引義忼慨。

案容齋隨筆十云：『爰盎眞小人，每事皆借公言而報私怨，初非盡忠一意爲君上也。嘗爲呂祿舍人故怨周勃，文帝禮下勃，何豫盎事，乃有「非社稷臣」之語。謂勃不能爭呂氏之事，適會成功耳。致文帝有輕勃心。既免使就國，遂有廷尉之難。嘗謁丞相申屠嘉，嘉弗爲禮，則之丞相舍折困之。爲趙談所害，故沮止其參

乘。素不好鼂錯，故因吳反事請誅之。蓋盎本安陵羣盜，宜其忮心忍戾如此。死於刺客，非不幸也。』洪氏責袁盎『忮心忍戾，』與史公謂盎『仁心爲質，引義忼慨。』似大有逕庭。然盎之仁心、引義，乃出於傅會，亦正洪氏所謂『初非盡忠一意爲君上者』之意也。

出自第四十八本第二分（一九七七年六月）

史記斟證卷一百二

張釋之馮唐列傳第四十二

王　叔　岷

以訾爲騎郎。

考證：漢書訾作貲，『以貲爲郎』，又見司馬相如傳。

案說文繫傳十二引此，訾亦作貲。貲、訾正、假字。司馬相如傳：『以訾爲郎。』漢傳貲作訾，亦同此例。

卑之，毋甚高論，令今可施行也。

案容齋四筆九云：『顏師古云：「令其議論依附時事。」予謂不欲使爲甚高難行之論，故令少卑之爾。』蓋論卑則易行（見管仲傳），迂遠則闊於事情（見孟子傳）而難行也。

於是釋之言秦、漢之閒事，秦所以失，而漢所以興者，久之。文帝稱善。

案陸賈爲高帝著秦所以失天下，高帝所以得之之故，及古〔今〕成敗之國，凡十二篇，高帝稱善。（詳陸賈傳。）與釋之事相類。惟賈乃著之於書，釋之但陳之於言論耳。

乃拜釋之爲謁者僕射。

案通鑑漢紀六注：『班表：謁者掌賓讚受事，秩比六百石。有僕射，秩比千石。』

乃詔釋之，拜嗇夫爲上林令。

施之勉云：『郎瑛七修類稿卷二十：「漢穀城長蕩陰令張君表頌碑載：『文帝遊上林，問禽獸所有，令不對。更問嗇夫，嗇夫事對。於是進嗇夫爲令，令退爲嗇夫。』與史文迥異。」』

案施氏引七修類稿云云，梁氏志疑已引之。

豈斅此嗇夫諜諜利口捷給哉？

　　索隱：音牒。漢書作喋。喋，口多言。

　　案漢傳、長短經是非篇、通鑑斅皆作效，『諜諜』皆作『喋喋。』效、斅正、假
　　字。卷子本玉篇言部引此斅亦作效，一切經音義三九引斅作効，效、効正、俗
　　字。疑並與漢傳文相亂。漢紀八『諜諜』亦作『喋喋。』諜與喋同，匈奴傳：『喋
　　喋而佔佔。』正義：『喋喋，多言也。』本字作譫或呭，說文譫、呭並訓『多言
　　也。』（參看漢傳補注。）一切經音義引『捷給』作『辯給。』黃善夫本、殿本索
　　隱，並作『漢書作「喋喋。」「喋喋，」多言也。』

且秦以任刀筆之吏，吏爭以亟疾苛察相高。

　　案漢傳、漢紀、長短經、通鑑、容齋續筆五，吏字皆不疊。師古注：『亟，急
　　也。』

陵遲而至於二世，

　　考證：『錢大昕曰：「陵遲」漢書作「陵夷。」……』

　　案容齋續筆亦作『陵夷。』文選司馬長卿難蜀父老注引此作『凌遲。』並云：
　　『凌夷，卽凌遲也。』陵、凌古亦通用。

臣恐天下隨風靡靡，爭爲口辯而無其實。

　　考證：楓山本不重靡字，無爲字，與漢書合。

　　案長短經『靡靡』作『而靡，』（通鑑同。）爭下亦無爲字。漢紀作『天下隨風
　　而爭，口辯無實。』論衡定賢篇：『夫辯於口，虎圈嗇夫之徒也，難以觀賢。』

且下之化上，疾於景響。

　　案管子明法解篇：『下之從上也，如響之應聲；臣之法主也，如景之隨行。』荀
　　子彊國篇：『下之和上，譬之猶響之應聲，影之像形也。』淮南列傳：『下之應
　　上，猶影響也。』

上拜釋之爲公車令。

　　案通鑑注：『班表，公車令屬衛尉。漢官儀：公車司馬令，掌殿司馬門。』所引
　　漢官儀云云，本班表師古注。

居北臨廁。

考證：『錢大昕曰：「厠卽側字，側旁從人，隸爲厂，與廁圂字从广者不同。」愚按從錢說，字當作厠。』

案重刊北宋監本、黃善夫本、殿本廁皆作厠。厠、廁正、假字，張耳陳餘傳有說。

意慘悽悲懷，

案御覽五五二引『慘悽』作『悽愴，』漢書張釋之傳及劉向傳、水經渭水下注皆同。（書鈔一百六十引此仍作『慘悽。』）

用紵絮斮陳，蕠漆其閒。

集解：『駰案漢書音義曰：斮絮以漆著其閒也。』

殿本考證：蕠，集韻音袽，黏著也。漢書、水經注皆去此字。

考證：『張文虎曰：「御覽五百五十二引無蕠字。漢書本傳及楚元王傳劉向說此事，亦無。漢紀並無此二字。舊刻蕠作絮，與索隱本同。」李笠曰：「蕠字說文不載。玉篇：『蕠，蘆草也。』義異。集韻九魚，音袽，黏著也。則絮義同。故集解云『漆著其閒也。』御覽無蕠字，依漢書刪。」』

施之勉云：書鈔一百六十引，無蕠字。

案通鑑亦無蕠字。重刊北宋監本蕠作絮。絮疑本作絜，此文蓋本有絜字，與上絮字相亂而作絮，俗又加艸作蕠耳。廣雅釋詁三：『絜，塞也。』（今本絜誤絮，王氏疏證有說。）玉篇糸部：『絜，塞也。絺絜，相著皃。』塞與著義近。『絜漆其閒，』猶言『著漆其閒』耳。集解引漢書音義『以漆著其閒。』疑漢書漆上原亦有絜字。

釋之前進曰。

考證：楓山、三條本無進字，與漢書合。

施之勉云：書鈔引，無進字。

案御覽引此亦無進字，漢書張釋之傳同。漢書劉向傳、漢紀並無前字。此作『前進』者，蓋一本作前，一本作進，傳寫誤合之耳。

使其中有可欲者，雖錮南山猶有郤；使其中無可欲者，雖無石椁，又何戚焉！

案書鈔引此，兩『可欲』下並無者字，郤作隙。漢書張釋之傳及劉向傳、水經注皆同。漢紀上『可欲』下無者字，郤亦作隙。郤，俗郤字。隙、郤正、假字。

（鼂錯傳有說。）通鑑郄亦作隙。

上行出中渭橋。

　　索隱：……其中渭橋，在古城之北也。

　　案論衡難歲篇作『文帝出過霸陵橋。』通鑑注引索隱，『古城』作『長安故城。』

於是使騎捕，屬之廷尉。

　　案藝文類聚九引作『使騎捕之，屬廷尉。』漢傳、漢紀、通鑑、容齋五筆一之字
　　亦皆在屬字上。

縣人來。

　　案漢傳補注：漢紀作『遠縣人。』

聞蹕，

　　案御覽六百八十引蹕下有聲字。

卽出，

　　案漢傳作『旣出。』補注以史記作卽爲是。不知旣猶卽也，刺客荊軻列傳：『於
　　是左右旣前殺軻。』旣亦與卽同義。

一人犯蹕，

　　王念孫云：『一人』二字，於義無取，當從宋本作『此人。』此涉上文『有一人
　　從橋下走出』而誤也。藝文類聚水部引史記作『一人，』亦後人依誤本史記改
　　之。初學記地部、太平御覽儀式部引史記竝作『此人，』漢書同。

　　考證：『楓山、三條本、毛本、吳校元板，一作此，與漢書合。王念孫曰：「一
　　人犯蹕，罰金四兩，漢律文也。二人以上，罪當加等，漢書義短。」張文虎曰：
　　「本作此者，蓋涉下文帝言『此人親驚吾馬』而誤。」』

　　案重刊北宋監本、黃善夫本並作『一人，』與王氏所稱宋本作『此人』異。通鑑、
　　容齋五筆竝作『此人。』史文蓋本作『一人。』漢傳易爲『此人』耳。『此人』
　　亦指犯蹕之『一人，』義得兩通。史文之作『此人』者，蓋依漢傳改之也。考證
　　所引王念孫說，與王氏史記雜志之說相反；王氏漢書雜志亦無此說。疑是錢大昕
　　史記拾遺之說，錢氏云：『一人犯蹕，有罰金。此漢律文也。二人以上，則罪當
　　加等。漢書作「此人，」於義爲短。』考證略易其文，（考證引舊說，往往有改

　易。）而誤爲王念孫說耳。

令他馬，

　　楊樹達云：令，若也。（詞詮二。）

　　案漢紀作『卽令他馬，』卽、令複語，亦猶若也。

上使立誅之則已。

　　考證：漢書、通鑑無立字。

　　施之勉云：漢書、通鑑立作使。

　　案容齋五筆『使立』亦作『使使，』並云：『「上使使誅之則已，」無乃啓人主
　　徑殺人之端乎？』魏志王肅傳載肅上疏迮此事，無立字。漢傳補注引錢大昭曰：
　　『魏志王肅傳載肅言云：「廷尉者，天子之吏也。猶不可以失平，而天子之身反
　　可以惑謬乎？周公曰：『天子無戲言，言則史書之，工誦之，士稱之。』言猶不
　　可，而況行之乎？」肅謂釋之此語爲失當則可；至詆爲「不忠之甚。」則謬矣。』
　　岷謂釋之此語，陷人主於輕率殺人，詆爲『不忠之甚。』何謬之有！錢氏引肅傳
　　『言猶不可，』可乃戲之誤。

下廷尉治。

　　梁氏志疑所據湖本重『廷尉』二字，云：『廷尉』二字，倪思本不重。

　　殿本考證：『凌稚隆曰：一本無重「廷尉」字。』

　　考證：『張文虎曰：各本重「廷尉」二字，凌引一本及班馬異同本不重，漢書亦
　　無。』

　　案御覽四九九引此作『下廷尉治之。』不重『廷尉』二字。通鑑亦不重『廷尉』
　　二字。（漢紀作『下廷尉。』無治字。）

盜宗廟服御物者爲奏。奏當棄市。

　　施之勉云：御覽四百九十九引，不重奏字。

　　案御覽引此作『盜宗廟服御物者，奏當弃市耳，』者下無『爲奏』二字。耳猶
　　『而已』也。

今盜宗廟器而族之；有如萬分之一，

　　案今、如互文，今猶如也。有猶又也。

假令愚民取長陵一抔土，

　　索隱：『抔，音步侯反。案禮運云：「汙尊而抔飲。」鄭氏云：「手掬之。」字從手。
　　字本或作盃，言一勺一杯，兩音竝通。又音普迴反，坏者塸之未燒之名也……』
　　殿本考證先載索隱，並云：『師古漢書注云：「其字從手。今學者讀抔爲杯勺之
　　杯，非也。抔，非應盛土之物也。」其意蓋譏鄭氏。又音普迴反，則字當從土，
　　坏與抔不通。』
　　案通鑑注：『長陵，高祖陵也。』漢紀抔作杯，一本作坏。索隱『抔，音步侯
　　反。』本漢傳師古注。索隱引禮運鄭注，僅『手掬之』三字，其下『字從手。字
　　本或作盃，言一勺一抔。』（盃與杯同，並俗栝字。）乃小司馬之說。殿本考證
　　蓋誤爲鄭注，故謂師古注『今學者讀抔爲杯勺之杯，』爲『譏鄭氏』也。殿本索
　　隱『一杯』之杯，『坏者』之坏，並誤作抔。

乃許廷尉當。是時，

　　梁玉繩云：『史詮曰：「『廷尉當』句，與上文「廷尉當是也。』相應。當，謂
　　處其罪。」湖本當字連下「是時」讀，誤矣。」』
　　案是字屬上絕句，時字屬下讀，亦可。『乃許廷尉當是，』與上文『上曰：廷
　　尉當是也。』相應。漢紀上文作『上曰：善！廷尉當如是也。』此文作『上乃許
　　之，曰：廷尉當如是也。』當下雖妄加如字，（疑是後人所加。）可證此文是字
　　亦宜屬上絕句。

與梁相山都侯王恬開，

　　集解：『徐廣曰：開一作關。漢書作啓，啓者景帝諱也。故或爲開。』
　　案關乃開之誤，關俗書作開，與開往往相亂。（孔子世家有說。）重刊北宋監本、
　　黃善夫本、殿本集解，關皆作閞，蓋開之誤。

景帝不過也。

　　案過，責也。張儀傳王氏雜志有說。

嘗召居廷中。三公九卿盡會立。

　　案禮記樂記鄭注：『居猶安坐也。』漢傳補注引王文彬曰：『後漢書蔡邕傳注：「居
　　猶坐也。」時漢廷尊尙黃、老，故大會時，王生被召坐廷中，而公卿盡立也。』

吾韤解。顧謂張廷尉：『爲我結韤。』

　　考證：楓山、三條本尉下有曰字。韤，足衣也。

　　楊樹達云：『顧謂張廷尉』下省曰字。（古書疑義舉例再續補。）

　　案漢紀、高士傳中、長短經傲禮篇韤皆作韈，長短經一本作襪。說文：『韤，足
　　衣也。』韈、襪並俗字。『顧謂張廷尉，』漢紀作『顧謂釋之曰。』有曰字與此楓、
　　三本合。師古注：『結讀曰係。』下文諸結字，高士傳並作繫，係、繫正、假字。

人或謂王生曰。

　　案漢傳、高士傳謂並作讓，漢紀作責，責、讓同義。

諸公聞之，賢王公而重張廷尉。

　　案長短經云：『左傳曰：「無傲禮。」曲禮曰：「無不敬。」然古人以傲爲禮，
　　其故何也？欲彰於人德者耳。』因舉侯嬴傲魏公子，王生傲張廷尉事，並云：
　　『以傲爲禮，可以重人矣。』

其子曰張摯，字長公。官至大夫，免。以不能取容當世，故終身不仕。

　　案陶淵明飲酒詩二十首之十二：『長公曾一仕，壯節忽失時，杜門不復出，終身
　　與世辭。』（陶公讀史述九章中，有張長公章，可參。）

馮唐者，其大父趙人。

　　案重刊北宋監本、黃善夫本（前行滿格）、殿本皆提行，漢傳同。

唐以孝著，爲中郎署長。

　　集解：『……或曰：以至孝聞。』

　　索隱：案謂爲郎署之長也。

　　梁玉繩云：漢書作『郎中。』

　　案集解所稱『或曰，』漢傳注作『鄭氏曰。』索隱說，本師古注。

父老何自爲郎？

　　案劉淇云：『崔浩云：「自，從也。」愚案，此言從何出身爲郎也。』（助字辨
　　略四。）

吾尙食監高祛，

　　案重刊北宋監本、黃善夫本祛並作袪，漢傳同。漢傳補注：『官本袪作祛，案漢

紀、治要並作祛，通鑑作袪，汲古本史記作袪，官本作袪，未知孰是。』漢傳一
本亦作袪，袪乃祛之俗誤。

倘不如廉頗、李牧之爲將也。

　　案漢傳、漢紀倘上並有齊字。

唐曰：『臣大父在趙時，爲官卒將，善李牧。臣父故爲代相，善趙將李齊。知其爲人
也。』上既聞廉頗、李牧爲人，良說。

　　集解：『〔官卒將，〕徐廣曰：「一云：官士將。」駰案晉灼曰：「百人爲徹行，
　　亦皆帥將也。」如淳曰：「良，善也。」』

　　索隱：『注「百人爲徹行將帥。」案國語：「百人爲徹行，行頭皆官師。」……』

　　梁玉繩云：『「官卒」乃「官帥」之誤，漢書是帥字。吳語：「士卒百人爲徹
　　行，行頭皆官師。」徐廣卒作士，非。』

　　考證：『漢書卒作帥，王先謙曰：「漢書馮奉世傳云：『在趙者爲官帥將，官帥
　　將子爲代相。』所稱卽馮唐祖父也。」愚按卒讀爲率，率、帥通。』

　　施之勉云：『吳汝綸曰：「『良說，』讀如良久之良。如淳訓善，非是，按李齊，
　　高袪數爲文帝言之矣，何煩唐再言？史文誤也。荀紀：『臣大父趙時爲將卒，善
　　廉頗。臣父爲代郡將時，善李牧。故知其爲人也。』唐對如此，文帝乃得聞頗、
　　牧之爲人而甚悅。如史文，不言頗，則文帝何從而聞頗之爲人乎？此紀是也，當
　　據改。」』

案『官卒將，』漢傳卒作帥，卒乃率之誤，率、帥古通。率，隸書作率，與卒形
近，往往相亂。商君傳：『有軍功者，各以率受上爵。』景祐本、湖本率並誤
卒，卽其比。考證謂『卒讀爲率。』非也。率誤爲卒，卒、士同義，（戰國策秦
策二：『三鼓之而卒不上。』高注：『卒，士也。』）故『官卒將』又有誤作『官
士將』者矣。（漢紀作『將卒，』亦當作『官率將。』）『善李牧，』當從漢紀
作『善廉頗。』『善趙將李齊，』李齊當從漢紀作李牧。吳說是，漢傳亦誤。師
古注釋『良說』爲『大說。』王氏補注引劉攽曰：『良說者，甚喜也。』『甚喜』
猶『大說』也。黃善夫本、殿本集解，『帥將』並誤『師將。』索隱，並略『注：
百人爲徹行將帥。』八字，國語下並有『閭閻卒』三字。國語吳語，閭閻本作吳

王，吳王乃夫差，非闔閭也。（又索隱引國語『官師，』梁氏引作『官帥，』蓋
宋公序國語補音作『官帥』也。）

吾獨不得廉頗、李牧時爲吾將，

梁玉繩云：時字衍，漢書無。

考證：『王念孫云：時讀爲而，言吾獨不得廉頗、李牧而爲將也。而、時聲相
近，故字相通。』

案通鑑亦無時字。惟治要引漢傳牧下已有時字，與史合。王氏雜志有說。王氏讀
時爲而，固是一解；竊謂時猶以也，詩大雅蕩篇：『不明爾德，時無背無側。』
漢書五行志中之下引時作以，即其證。『時爲吾將，』猶言『以爲吾將』耳。漢紀
時作之，之亦猶以也。（之、以同義，五帝本紀、秦本紀、五宗世家皆有說。）

陛下雖得廉頗、李牧弗能用也。

案雖猶即也。漢傳得作有，義同。

殺北地都尉印。

索隱：案都尉姓孫，名印。

王氏雜志所據震澤王氏本印作卬，索隱作『案都尉姓孫。』云：『卬，本作印，
淺學人改之也。索隱本作印，注云：「都尉姓孫名印。」今既改正文爲卬，又刪
去注內『名印』二字矣。孝文紀、匈奴傳，及惠景閒侯者表，並作印。漢書、漢
紀同。』

案重刊北宋監本、黃善夫本、殿本印皆作卬。黃本、殿本索隱，並刪『名印』二
字。御覽二七八引此作印，並有注云：『音卬。』通鑑亦作卬。

臣大父言李牧爲趙將，

案御覽引牧下有之字，漢傳同。

不從中擾也。

考證：楓山、三條本擾作覆，與漢書合。

施之勉云：景祐本擾作覆。

案重刊北宋監本擾作覆，非景祐本也。漢紀、通鑑擾亦並作覆，御覽引此擾作御。

遣選車千三百乘，

考證：漢書無遺字，義長。

施之勉云：御覽二百七十八引，無遺字。

案李牧傳、通鑑亦並無遺字。

百金之士十萬。

索隱：『……劉氏云：其功可賞百金者，事見管子。……』

案值百金之士有十萬，恐太多。李牧傳作『五萬，』蓋是。十蓋本作乂，卽古五字。管子輕重乙篇：『誰能陷陳破衆者，賜之百金。』卽劉說所據。（參看李牧傳斠證。）

南支韓、魏。

王氏雜志所據震澤王氏本支作友，云：『友，當從宋本、游本作支，字之誤也。太平御覽兵部九引此正作支，漢書同。』

案重刊北宋監本作支，通鑑同。漢紀作距，支、距同義。黃善夫本、殿本並誤友。

其後會趙王遷立，其母倡也。

索隱：『按列女傳云：邯鄲之倡。』

正義：趙幽王母，樂家之女也。

案趙世家贊：『太史公曰：「吾聞馮王孫曰：趙王遷，其母倡也。」』集解引徐廣曰：『列女傳曰：邯鄲之倡。』今本列女傳孽嬖篇趙悼倡后傳無此四字，但云：『倡后者，趙悼襄王之后也。』梁端校注本據史記集解、索隱所引，於者下補『邯鄲之倡』四字。（趙世家斠證有說。）漢傳師古注：『倡，樂家之女。』卽正義所本。

王遷立，乃用郭開讒，卒誅李牧。

索隱：『戰國策云：秦多與開金，使爲反閒。』

考證：漢書無『王遷立，乃』四字。

案漢紀、通鑑亦並無『王遷立，乃』四字。索隱引戰國策云云，見趙策四。

令顏聚代之。

索隱：聚，音似喩反，漢書作冣，……

考證：今本漢書作聚。

　　案索隱㝡字，單本作最。黄善夫本，殿本亦並作最，且疊最字。漢傳補注引宋祁

　　亦云：『聚，一作最。』王氏雜志謂『最者，㝡之譌。』考證本作㝡，依王說改

　　之也。㝡、聚古、今字。

爲秦所禽滅。

　　案御覽引此無禽字，漢傳、漢紀並同。

其軍市租盡以饗士卒，私養錢，五日一椎牛，

　　梁玉繩云：私上缺出字，漢書有。

　　考證：楓山、三條本卒下有出字。

　　施之勉云：御覽引卒下有出字。

　　案御覽引饗作給，椎作殺，漢傳、漢紀並同。漢紀私上亦有出字。

是以匈奴遠避，不近雲中之塞。

　　考證：楓山、三條本不下有敢字。

　　施之勉云：荀紀不下有敢字。

　　案不下有敢字較長，李牧傳：『其後十餘年，匈奴不敢近趙邊城。』與此言『不

　　敢近』相同。

虜曾一入，

　　案御覽引曾作嘗，義同。漢傳、漢紀亦並作嘗。

夫士卒盡家人子。

　　索隱：按謂庶人之家子也。

　　案索隱說，本師古注。

上功莫府。

　　索隱：『崔浩云：……莫當爲幕，古字少耳。』

　　案漢紀、通鑑、容齋隨筆十五莫皆作幕。

一言不相應，

　　案通鑑注：『索隱曰：「應，一陵翻，謂數不同也。」余謂「相應」之應，當從

　　去聲。』胡說是。

罰作之。

案通鑑注引蘇林曰：『一歲刑爲罰作。』

陛下雖得廉頗、李牧弗能用也。

考證：廉頗、李牧，承前語。漢書刪廉頗二字，非是。

案治要引漢傳，李牧作『頗、牧，』（漢紀從漢傳作『頗、牧。』）是今本漢傳李牧乃『頗、牧』之誤，（王氏補注有說。）非刪廉頗二字也。

而拜唐爲車騎都尉，主中尉及郡國車士。

梁玉繩云：『騎字當在士上，謂主車士騎士也。胡三省曰：詳考班表，無車騎都尉。』

殿本考證：『主中尉及郡國車士，』車疑騎字之誤。

案漢紀作『拜唐爲車騎都尉，主中尉及郡車騎士。』與梁說較合，惟上下句並有騎字耳。

七年，景帝立。

考證：『梁玉繩曰：匈奴入朝那，在文帝十四年。至景帝立，是十一年，非七年。漢書作「十年，」亦非。』

施之勉云：『王先謙曰：文帝十四年，至後七年，正十年。史記誤。』

案『七年』蓋本作『十年，』七，古作十，與十往往相亂，此則十誤爲七耳。漢傳不誤。『十年，景帝立。』謂歷十年，景帝乃立也。當自文帝十四年，計至後七年。王說是。不必計入景帝元年。

武帝立。

考證：武帝當作『今上。』

案考證說，本史詮，梁氏志疑已引之。

語曰：不知其人視其友。

考證：『孔子家語云：「不知其子觀其父，不知其人觀其友。」蓋古有此語也。』案考證所引家語，見六本篇，兩觀字本作視。說苑雜言篇：『孔子曰：不知其子，視其所友。』子疑人之誤，或子下脫『視其所父。不知其人，』八字。

可著廊廟。

案記纂淵海六五引『廊廟』作『廟堂。』

出自第四十八本第二分（一九七七年六月）

史記斠證卷一百三

萬石張叔列傳第四十三

王 叔 岷

萬石君名奮。

　案藝文類聚四四、御覽二五九及五七七引此皆無名字。

若何有？

　案御覽五一七引作『君有何人？』君蓋若之誤，下文亦作若。

有姊能鼓琴。

　案御覽引能作善，義同。虞卿傳、淮陰侯傳並有說。

於是高祖召其姊為美人。

　案藝文類聚、御覽五一七及五七五引『於是高祖』皆作『高祖乃。』

徙其家長安中戚里。

　案御覽五一七引戚里下云：『戚里在長安。與親戚別居，故曰戚里。』或是集解
　佚文與？

恭謹無與比。

　案書鈔六五、御覽二四四引此，並無與字。

奮為太子太傅。

　案重刊北宋監本無奮字，漢傳同。書鈔、御覽引奮並作遷。

皆以馴行孝謹，官皆至二千石。

　集解：『徐廣曰：馴，一作訓。』

　案馴、訓古通，孝文本紀有說。師古注：『馴，順也。』馴亦與慎通，舜本紀：
　五品不馴。』淮南子人閒篇馴作慎，卽其證。『馴行』猶『慎行』耳。漢傳官下

無皆字，疑涉上皆字而衍。漢紀十四官作位，下亦無皆字。

不譙讓，

　　索隱：譙讓，責讓。

　　案漢傳譙作誚，說文：『誚，古文譙。』通鑑漢紀九譙作責。

子孫勝冠者在側，雖燕居必冠，申申如也；僮僕，訢訢如也。唯謹。

　　案『唯謹』二字，兼承子孫之申申如也，及僮僕之訢訢如也而言。申申、訢訢，

　　並與『唯謹』之義相應。師古注：『申申，整勅之貌。訢，讀與誾誾同，謹敬之

　　貌。』是也。廣雅釋訓亦云：『誾誾，敬也。』漢紀『訢訢』作『侃侃，』侃借

　　爲衎，方言十三：『衎，定也。』郭注：『衎然，安定貌也。』安定與謹，義亦

　　相近。

皇太后以爲儒者文多質少，

　　案『皇太后，』漢傳張晏注：『寶太后。』通鑑作寶太后。

每五日洗沐，歸謁親。

　　集解：『文穎曰：郎五日一下。』

　　案漢傳文注，郎下有官字。王氏補注引劉奉世曰：『建爲郎中令，慶爲內史，非

　　郎官也。按霍光秉政亦休沐。然則漢公卿下皆有休沐也。』

入子舍，竊問侍者，

　　索隱：案劉氏謂小房內，非正堂也。小顏以爲諸子之舍，若今諸房也。

　　案『子舍，』卽子在親處舍息之所。謁親後，入子舍，所以便於『竊問侍者』耳。

取親中裙廁腧，

　　集解：『……賈逵解周官：「楲，虎子也。窬，行清也。」孟康曰：「廁，行清。

　　窬，行中受糞者也。東南人謂鑿木空中如曹，謂之窬。」……』

　　索隱：『……蘇林曰：「腧音投，又音豆。」孟康曰：「廁，行清。腧，行清中

　　受糞函也。……」又晉灼云：「今世謂反閉小袖衫爲侯腧，……」……』

　　案腧借爲窬，說文：『楲窬，褻器也。』繫傳：『史記注：「楲窬，卽廁中行清

　　器也。窬音寶。」』又按釋名：「清卽糞槽。謂之清者，言其穢汙當常清除之也。」

　　所引史記注及釋名（釋宮室）之文，並引大意。段玉裁注引此文賈逵、孟康說，

並云：『賈、孟說是也。虎子，所以小便也。行清，所以大便。鄭司農謂之路廁者也。清、圊古、今字。穴部甗下曰：「一曰：空中也。」「空中」與孟說合，今馬子其遺象也。』集解所引孟注，『甗，行中受糞者也。』行下疑脫清字。段氏引作『甗，行清空中受糞者也。』空字疑意增；又於說文腧字下注，引作『腧，行清中受糞函者也。』與索隱所引孟注合。漢傳孟注作『腧，中受糞函者也。』又索隱所引蘇林、孟康、晉灼注，黃善夫本、殿本索隱並略之。

建爲郎中令，事有可言，

考證：楓山、三條本令下有奏字，事下有卽字。

案漢傳作『建奏事於上前，卽有可言，』楓、三本此文多奏、卽二字，疑據漢傳所增。卽猶若也。

至廷見，如不能言者。

案論語鄉黨篇：『孔子於鄉黨，恂恂如也，似不能言者。』

慶及諸子弟，

案御覽一八二引此無弟字，漢傳同。

萬石君以元朔五年中卒。

案漢傳補注：『齊召南曰：「按前文云：『高祖東擊項籍，過河內，時奮年十五，爲小吏。』則漢之二年也。至元朔五年，凡八十五載。萬石君蓋一百歲。」洪亮吉曰：「奮卒時，年九十六。」洪說是。』漢二年奮年十五，下計至武帝元朔五年中卒，享年九十六。則洪說固是，齊說非矣。

馬者與尾當五。今乃四，不足一。上譴死矣！

考證：『張文虎曰：游、王、柯、凌本，者作字。』

施之勉云：黃善夫本者作字。

案殿本者亦作字。漢紀云：『馬字少一點。』所謂『不足一』也。文心雕龍鍊字篇云：『馬字缺畫，而石建懼死。』明其愼也。

慶於諸子中最爲簡易矣。

考證：楓山、三條本子下無中字。

案漢傳、漢紀『諸子』並作『兄弟，』下無中字。記纂淵海四五引此文亦同，疑

與漢傳相亂。楓、三本無中字，疑據漢傳刪。

舉齊國皆慕其家行，

　　案舉猶全也，莊子田子方篇：『舉魯國而儒服。』與此舉字同旨。

丞相有罪罷。

　　集解：趙周坐酎金免。

　　索隱：案漢書而知也。

　　案將相表作『周坐酎金自殺。』漢書公卿表作『周下獄死。』集解本漢傳。

兒寬等推文學至九卿，

　　正義：倪寬，千乘人也。……

　　案正義云云，本漢書兒寬傳。今本漢書倪作兒，御覽二四九引漢書亦作倪，惟誤
　　爲史記文。兒、倪古通，漢紀亦作倪。

丞相醇謹而已。

　　師古注：醇，專厚也。

　　案漢紀醇作厚。

嘗欲請治上近臣所忠、九卿咸宣罪。

　　集解：『服虔曰：咸，音減損之減。』

　　考證：『……張文虎曰：「咸宣，各本作減宣。錢泰吉云：當作咸。按漢書作
　　咸，師古音減省之減。此集解引服虔音正同。則本亦作咸明矣。」』

　　案平準書咸宣作減宣。此文本作咸宣，集解引服注可證。重刊北宋監本、黃善夫
　　本、殿本此文，皆作減宣，集解皆刪咸字，失其舊矣。漢傳服虔注：『咸，音減
　　損之減。』與此集解所引同。錢氏所云『師古音減省之減。』師古乃服虔之誤，
　　省乃損之誤。

君欲安歸難乎？

　　案師古注：以此危難之事，欲歸之何人？

建陵侯衞綰者，

　　案重刊北宋監本、黃善夫本、殿本皆提行，漢傳同。

歲餘不譙呵綰。

索隱：誰何二音。誰何，猶借訪也。一作『譙呵。』譙，責讓也。言不嗔責綰也。

顧炎武云：漢書作『不孰何綰。』難曉。疑譙譌爲誰，誰又轉爲孰也。（日知錄
三十二。）

梁玉繩云：『「不譙呵綰，」索隱音誰何，非也。野客叢書云：「史記『不誰何
綰，』傳寫誤以爲『譙呵。』」此說是。與漢書「孰何」同。』

案漢傳李奇注：『孰，誰也。何，呵也。』師古注：「何卽問也，不誰何者，猶
言不借問耳。』王氏補注引官本考證云：『史記作「不譙呵綰，」疑「譙呵」是
「誰何」之譌。』索隱釋『誰何』爲『借訪，』蓋本師古注『借問』之義。重刊
北宋監本、黃善夫本、殿本『嚵呵』皆作『譙呵，』與索隱所稱一本合。譙、嚵
正、假字。呵，俗詞字。朝鮮傳索隱引說文云：『譙，讓也。』（方言七、廣雅
釋詁二並同。今傳說文作『嬈譊也。』）廣雅釋言：『譙，呵也。』王氏疏證：
『衆經音義卷二十引倉頡篇云：「譙，訶也。」影宋本譙作誰，誰亦呵也。說文
誰字在詆字下，云：「何也。」何與呵通，史記秦紀：「信臣精卒，陳利兵而誰
何？」索隱引崔浩云：「何，或爲呵。」萬石君傳：「歲餘不譙呵綰。」索隱
云：「譙呵，音誰何。」誰與譙義同而聲亦相近。』王說是。『譙呵』爲複語。
『不譙呵綰，』猶言『未責讓綰。』如『譙呵』音『誰何，』則是『譙呵』借爲
『誰何。』『誰何，』亦複語。（秦本紀有說。）誰猶孰也，漢傳作『孰何，』
蓋以『孰何』說『譙呵』或『嚵呵』耳。史、漢各從本文，義亦相通，並無誤。
黃善夫本索隱，作『譙呵，音誰何，猶借訪也。一曰：譙呵，責讓也。「不譙
呵，」言不嗔責綰也。』殿本索隱與黃本合，惟『責讓』上有者字，綰上有衛
字。

先帝賜臣劒，凡六劒。

案兩劒字複，漢傳六下無劒字。

劒，人之所施易，獨至今乎？

集解：『如淳曰：施讀爲移。言劒者人之所好，故多數移易貿換之也。』

案『施易，』複語。如讀施爲移，是也。移亦易也。施與移古同聲而通用。荀子
儒效篇：『充虛之相施易也。』施亦讀爲移。倒言之則曰『易施，』莊子人閒世

篇：『哀樂不易移乎前。』是也。韓世家及晏子春秋外篇重而異者第七，王氏雜志並有說。白帖十四引獨作猶，義同。外戚世家、淮陰侯傳並有說。

劒尙盛，

　　案白帖引尙作常，漢傳同。常亦借爲尙。

將河閒兵擊吳、楚，

　　考證：『全祖望曰：擊趙也。河閒，是趙之分國。時趙方同反，安得踰趙而東征？誤已！』

　　案考證引全（經史問答）說，本梁氏志疑。

有功，拜爲中尉。三歲，以軍功，孝景前六年中，封縉爲建陵侯。其明年，上廢太子，

　　考證：『王先謙曰：按表，縉以六年四月封，距擊吳、楚三歲。而廢太子在四年，則明年者，擊吳、楚之明年也。』

　　施之勉云：『公卿表：「景帝三年，縉爲中尉。」功臣表：「建陵侯衛縉，以將軍擊吳、楚，用中尉侯。六年四月丁卯封。」景紀：「七年，廢太子。」此傳明云爲中尉三歲後封侯，縉侯之明年而太子廢。則此明年，爲景帝七年也。王說非。』

　　案景帝廢太子，將相表、漢紀九、通鑑漢紀八，皆書在七年。

久之，遷爲御史大夫。五歲，代桃侯舍爲丞相。

　　施之勉云：『公卿表：「中三年九月，縉爲御史大夫。後元年七月，縉爲丞相。」中三年九月至後元年七月，實四歲。中三年至後元年，以相距之歲計之，則五歲也。』

　　案將相表、漢書公卿表、漢紀、通鑑，縉爲丞相，皆書在後元年八月，施氏引公卿表，誤作『七月。』

塞侯直不疑者，

　　案重刊北宋監本、黃善夫本（前行滿格）、殿本皆提行，漢傳同。

已而金主覺妄，意不疑。

　　索隱：謂妄疑其盜取將也。

　　考證：楓山本妄作亡，與漢書合，可從。索隱本、各本皆作妄，屬下讀，疑誤。

施之勉云：景祐本妄作亡。

案重刊北宋監本妄作亡，非景祐本。作妄、作亡，並當屬下讀，妄、亡正、假字。『亡意不疑，』猶言『妄疑不疑。』索隱釋意爲疑，是也。孟嘗君傳王氏雜志亦有說。

不疑謝：有之。

案師古注：『告云：實取。』釋謝爲告，有爲取，是也。張耳陳餘傳：『有厮養卒謝其舍中，』集解引晉灼曰：『以辭相告曰謝也。』廣雅釋詁一：『有，取也。』

文帝稱舉，稍遷至太中大夫。

集解：『徐廣曰：「漢書云：『稱爲長者，稍遷至太中大夫。』無『文帝稱舉』四字。」』

考證：『梁玉繩曰：漢書無「文帝稱舉」四字，是也。考百官表，直不疑以孝景中五年爲主爵都尉。六年，由中大夫令更爲衞尉。後元年，乃由衞尉遷御史大夫。此脫不具。且未嘗爲太中大夫也。漢傳言「中大夫，」亦脫令字。中大夫令，即衞尉。』

案不疑未嘗爲太中大夫，史、漢表可證。漢傳『中大夫』上無太字，徐注所引有太字，疑依此文增之也。錢大昕漢傳考異云：『公卿表：「景帝中六年，中大夫令直不疑，更爲衞尉。」此傳脫令字，中大夫令本衞尉也。』其說與梁說合。王氏補注駁之云：『史記「稍遷」上有「文帝稱舉」四字，是文帝時遷官，不得據景帝中六年之中大夫令以實之。郎比三百石、四百石、至六百石，中大夫比二千石，皆無員。由郎稍遷，合是中大夫，不應遽躐九卿也。』然王氏於公卿表『衞尉秦官，景帝初更名中太夫令。』下，補注云：『中大夫令，見直不疑傳。』是又從錢氏『中大夫』下脫令字之說矣。錢、梁二氏之說未可廢也。後周仁傳『孝文時，至太中大夫。』此文之作『文帝稱舉，稍遷至太中大夫。』或與彼文相亂與？

朝廷見人或毀曰：『不疑狀貌甚美，然獨無奈其善盜嫂何也！』

考證：『劉敞曰：「朝廷見人，謂達官也。」李笠曰：「見讀去聲，見人，謂顯

著之人。」』

施之勉云：『楊樹達曰：劉說非也。見與今現字同，「朝廷見人，」謂現在朝廷
之人。』

案漢傳王氏補注引劉敞說，並云：『見，顯也。「見人」猶言「顯者。」劉說是
也。』卽李笠說所本。陳丞相世家：『絳侯、灌嬰等咸讒陳平曰：平雖美丈夫，
如冠玉耳，其中未必有也。臣聞平居家時，盜其嫂。』絳、灌等之讒陳平，與朝
廷見人之毀不疑，其事相類。絳、灌等正達官顯者，以彼例此，則劉氏釋『朝廷
見人，』爲達官，亦未爲非矣。漢紀九『盜嫂』作『淫嫂，』義同。

不疑聞，曰：『我乃無兄！』然終不自明也。

　　案三國志魏志：『昔直不疑無兄，世人謂之盜嫂。此以白爲黑，欺天罔君者也。』
　　劉子傷讒篇：『昔直不疑未嘗有兄，而讒者謂之盜嫂。此聽虛而責響，視空而索
　　影，悖情倒理，誣罔之甚也！』

不疑學老子言，其所臨，爲官如故。

　　考證：『……王先謙曰：「如前任者所爲，非有大利害，不輕改變也。」愚按王
　　說是。』

　　案學老子言，則好清靜無爲，故爲官不輕改易也。

孫望坐酎金失侯。

　　梁玉繩云：望乃堅之譌，說在惠景侯表。

　　案惠景侯表：『元鼎五年，堅坐酎金國除。』漢書功臣表亦書『侯堅，元鼎五年
　　坐酎金免。』

郎中令周文者，名仁。

　　案重刊北宋監本、黃善夫本、殿本皆提行，漢傳同。

常衣敝補衣溺袴，期爲不絜清。

　　案廣雅釋詁二：『溺、瀸，漬也。』王氏疏證：『曲禮：「四足曰漬。」鄭注
　　云：『漬謂相瀸汙而死也。』是漬有汙義。『溺袴』猶『漬袴，』亦卽『汙袴』
　　矣。『敝補衣溺袴，』卽不潔清之衣袴也。御覽六九五引期作甚，恐非其舊；又
　　引絜作潔，漢傳作潔。絜、潔古、今字，潔乃潔之俗省。

然亦無所毀。以此景帝再自幸其家。

　　案漢傳『以此』作『如此，』王氏補注本屬上絕句。云：『史記「如此」作「以

　　此，」屬下讀，與上文「以是」複。班改「如此」爲優。』

　　案上言『以是得幸景帝，入臥內。』此言『以此景帝再自幸其家。』『以是、』

　　『以此，』文正相應，非複也。』漢傳『以此』作『如此，』亦當屬下讀，如猶

　　以也，王氏未達。（如、以同義，孔子世家有說。）

御史大夫張叔者，名歐。

　　索隱：歐，音烏候反。漢書作歐，孟康音驅也。

　　案重刊北宋監本、黃善夫本、殿本皆提行，漢傳同。漢書公卿表孝景五年作歐，

　　與史同。

安丘侯說之庶子也。

　　集解：『徐廣曰：張說起於方與縣，從高祖以入漢也。』

　　案徐說本功臣表。

以治刑名言，事太子。

　　索隱：『案劉向別錄云：「申子學號曰刑名家者，循名以責實。其尊君卑臣，崇

　　上抑下，合於六家也。」說者云：「刑名家，卽太史公所說六家之一也。」』

　　正義：刑，刑家也。名，名家也。在太史公自序傳，言治刑法及名實也。

　　考證：……漢稱法家曰刑名，正義以刑名爲二，非是。……

　　施之勉云：『四庫全書考證曰：索隱「崇上抑下，合於六經也。」刊本經訛家，

　　據漢書注改。又「刑名家，卽太史公所說六家之二也。此說非。」刊本脫「此說

　　非」三字，據漢書注增。』

　　案漢傳師古注：『劉向別錄云：「申子學號曰刑名。刑名者，循名目責實。其尊

　　君卑臣，崇上抑下，合於六經。」說者云：「刑，刑家。名，名家也。卽太史公

　　所論六家之一也。」此說非。』卽此索隱、正義說所本。漢書元帝紀：『目刑名

　　繩下。』晉灼注：『刑，刑家。名，名家也。』師古此傳注所稱『說者云，』卽

　　晉灼說。師古於元帝紀注亦引劉向別錄云：『申子學號刑名。刑名者，以名責

　　實，尊君卑臣，崇上抑下。』然則索隱所引別錄『申子學號曰刑名家者。』『刑

－ 277 －

名』二字當疊，家乃衍文。黃善夫本、殿本索隱並無家字，是也。『合於六家，』黃本索隱家作經，與師古注所引合。『太史公所說六家之一，』四庫全書考證所據索隱一作二，黃本、殿本索隱亦並作二，當從之。蓋說者（卽晉灼）以刑、名為二，卽史公自序所稱其父談論六家要指中之法家、名家也。師古注引別錄，二亦誤為一。（疑後人所改。）至於師古注『六家之一也』下，有『此說非』三字，乃師古以說者之言為非。索隱無此三字，蓋小司馬不以說者之言為非耳。（張守節亦未以為非，正義可證。）四庫全書考證補『此說者』三字入索隱，未審。正義『刑，刑家也。名，名家也。』本師古所據晉灼說。當云『刑名，刑家及名家。』不當刑、名分釋。刑家，如商鞅之徒信賞必罰之刑名。名家，如申不害之徒循名責實之刑名。『刑名』有此二義，申不害傳有說。黃本正義『名，名家也。』脫首尾名、也二字。殿本正義脫『在太史公自序傳』七字。

景帝時尊重，常為九卿。

案漢傳補注引錢大昕曰：『表於景帝五年，書「安邱侯張歐為奉常。」據傳，歐為安邱侯說少子，未嘗嗣侯。此表之誤也。』奉常，九卿之一。歐未嘗為安邱侯。

至武帝元朔四年，韓安國免，詔拜歐為御史大夫。

考證：『梁玉繩曰：案將相及百官表，韓以元光三年免，張歐以元光四年拜。此與漢傳同誤為元朔四年也。……』

施之勉云：『韓長孺傳：「建元六年，韓安國為御史大夫。安國為御史大夫四歲餘，丞相田蚡死，安國行丞相事。」公卿表：「元光四年，三月乙卯，丞相蚡薨。九月，中尉張歐為御史大夫。」是韓安國免，當在元光四年三月以後，九月以前也。梁說非。』

案張歐（一作毆）為御史大夫，將相及百官表並書在元光四年，梁氏蓋以此推測安國之免在元光三年耳。實則將相及百官表於元光三年，並未書韓安國免也。漢紀十一：『元光四年五月，御史大夫韓安國免。秋九月，中尉張歐為御史大夫。』通鑑漢紀十：『元光四年四月，御史大夫安國行丞相事。引，墮車，蹇。五月，安國病免。九月，以中尉張歐為御史大夫。』是安國之免，在元光四年五月。此傳之『元朔四年，』漢傳作『元朔中。』朔並光之誤。

面對而封之。

考證：楓山、三條本無對字，與漢書合。

案重刊北宋監本亦無對字。

塞侯微巧；而周文處讇，君子譏之，爲其近於佞也。然斯可謂篤行君子矣。

索隱：功微，案直不疑以吳、楚反時爲二千石將，景帝封之，功微也。

正義：不疑學老子，所臨官，恐人知其爲跡，不好立名稱，稱爲長者。是微巧也。

梁玉繩云：『微巧，指償同舍金、不辨盜嫂事。索隱本作「功微，」謂爲將之功微而得封侯，非是。正義以爲吏不好立名解之，亦非。但史公此論，頗未協。明邵建章呎聞錄曰：「太史公傳萬石諸人，俱以孝謹長者稱。周仁是一卑汚小人，附于萬石君後，何其不類也？周仁近佞，然可謂篤行君子。佞人可稱君子乎？」（班氏刪改甚允。）』

案『微巧』之義，正義說爲長。索隱本作『功微，』功借爲工，說文：『工，巧飾也。』廣雅釋詁三：『工，巧也。』『功微』猶『巧微，』亦猶『微巧，』小司馬未得其義耳。梁氏謂『微巧，指償同舍金、不辨盜嫂事。』夫償同舍金，乃不疑之長厚，非微巧也。不疑曰：『我乃無兄。』則是辨盜嫂事矣。梁氏未深思耳。又史公謂君子譏周文近於佞。近於佞非卽佞人，邵氏謂『佞人可稱君子乎？』失史公之意矣！樗里子甘茂傳贊稱甘羅『雖非篤行之君子，然亦戰國之策士也。』策士好謀詐，去篤行君子甚遠。周仁陰重不泄，垢汚自守，以是得幸，雖近於佞，然亦不失爲篤行君子也。

史記斠證卷一百四

田叔列傳第四十四

王 叔 岷

趙陘城人也。

> 梁玉繩云：『趙無陘城縣，後有「陘城在中山」語，蓋卽苦陘。或云：「是陸成也。」』

> 案漢傳蘇林注：『陘音刑。』補注引錢大昕曰：『攷地理志，中山有苦陘，有陸成。無陘城也。』陘城或陸城之誤，陘、陸形近，成、城古通。

學黃、老術於樂巨公所。

> 正義：樂姓，巨公名。

> 考證：『「巨公，」漢書作「鉅公，」史樂毅傳作「臣公，」當依此文以訂。莊子天下篇說墨家云：「以巨子爲聖人，皆願爲之尸。」釋文：「向云：墨家號其道理成者爲鉅子。」呂氏春秋上德篇：「孟勝爲墨者鉅子。」去私篇：「腹䵍爲墨者鉅子。」道家有巨公，猶墨家有鉅子，正義以爲名，誤。』

> 施之勉云：正義是也。考證附會道家有巨公，猶墨家有鉅子，卽以樂巨公爲道家之巨公，大謬！說在樂毅傳。

> 案漢傳師古注：『姓樂，名鉅。公者老人之稱。』是也。巨、鉅古雖通用，而巨公與「巨子」或「鉅子」不同，考證之說固非；正義以巨公爲名，亦未爲是。公者老人之稱，不得連巨字以爲名也。高士傳中巨公亦誤作臣公，樂毅傳有說。

喜游諸公。

> 案游，謂交游也。莊子齊物論篇：『麋與鹿交，鰌與魚游。』交、游互文，交亦游也。

會陳豨反代，漢七年，高祖往誅之。

　　集解：『徐廣曰：七年，韓王信反，高帝征之。十年，代相陳豨反。』

　　殿本考證：『余有丁曰：此是七年高帝征韓王信。曰「豨反，」史誤。』

　　考證：陳豨當作韓信。

　　案韓王信反，在漢七年，詳高祖紀及韓信傳。此文陳豨當作韓信。若作陳豨，則『漢七年』當作『漢十年，』（豨反在十年，高紀、淮陰侯傳、陳豨傳皆有說。）重刊北宋監本正作『漢十年。』惟與下文高祖過趙在七年又不合。

過趙，趙王張敖自持案進食，禮恭甚。高祖箕踞罵之。

　　考證：高祖八年。

　　施之勉云：『高祖紀：「七年十二月，上還過趙，不禮趙王。」張耳傳：「漢七年，高祖從平城過趙，趙王朝夕袒韝蔽，自上食，禮甚卑，有子壻禮。高祖箕踞詈，甚慢易之。」是此事在七年也。考證誤。』

　　案漢書高紀、張耳傳載此事，亦並在高祖七年。（通鑑漢紀三同。）惟史、漢張耳傳、漢書高紀、漢紀四，於八年又並載高祖東擊韓王信餘寇於東垣，還過趙事，考證因誤以此『過趙』爲高祖八年與？書鈔一三三、藝文類聚六九、御覽七百十引『恭甚』皆作『甚恭。』

是時趙相趙午等數十人，皆怒。

　　案史、漢張耳傳『數十人』並作『年六十餘。』集解引徐廣曰：『田叔傳云：「趙相趙午等數十人皆怒。」然則或宜言「六十餘人。」』惟彼傳下文云：『貫高、趙午等十餘人。』則作『數十人』或『六十餘人，』並非矣。竊疑此文『數十人』當作『十數人，』猶言『十餘人。』以人言。張耳傳作『年六十餘，』以年言也。

謂張王曰。

　　案高紀作『說王曰。』（通鑑同。）漢紀作『謂王曰。』並無張字，較長。

王長者，不倍德。

　　考證：楓山、三條本……者下有義字。

　　案張耳傳：『吾王長者，不倍德。』考證引楓、三本者下亦有義字。

卒私相與謀弒上，會事發覺。

集解：『徐廣曰：九年十二月，捕貫高等也。』

案高紀、張耳傳並在九年。漢書張耳傳亦在九年，高紀在九年十二月。漢紀、通鑑漢紀四亦並在九年十二月。

故雲中守孟舒，長者也。

梁玉繩云：『容齋隨筆云：孟舒、魏尚，皆以文帝時爲雲中守，皆坐匈奴入寇獲罪，皆得士死力，皆用他人言復故官。事切相類，疑其只一事云。』

施之勉云：『王駿觀曰：高帝時，拜孟舒爲雲中守，在官十餘年。文帝初立，卽罷斥之。若魏尚守雲中，乃文帝末年事。前後年代懸絕，恐非一事也。』

案孟舒、魏尚爲雲中守，恐非一事，王說蓋是。惟孟舒守雲中，文帝初雖罷斥之，而聞田叔言，卽復召以爲雲中守。文帝聞馮唐言，復以魏尚爲雲中守，在前十四年。（見漢紀八、通鑑漢紀七。）距文帝末年（後七年）尚有九年。則魏尚初爲雲中守，必遠在十四年以前。是二人在文帝時爲雲中守之年代非懸絕矣。

趙有敢隨張王，罪三族。

案漢傳、容齋隨筆二王下並有者字，與上文一律。

士卒罷敝，

案治要引罷作疲，下同。師古注：『罷讀爲疲。』

復召孟舒以爲雲中守。

案治要引此無『召孟舒』三字。漢傳無孟舒二字。容齋隨筆云：『田叔、孟舒同隨張王。今叔指言舒事，幾於自薦矣，叔不自以爲嫌。但欲直孟舒之事，文帝不以爲過。一言開悟，爲之復用舒，君臣之誠意相與如此！』

上冊以梁事爲也。

案漢傳爲下有問字，通鑑漢紀八從之。

如其伏法，

考證：劉氏宋本無『如其』二字。

案通鑑亦無『如其』二字。

發中府錢，使相償之。

正義：王之財物所藏也。

案師古注：『中府，王之財物藏也。』即正義所本。

王數使人請相休。

案治要引相下有曰字。

魯王以故不大出遊。

案藝文類聚六六引『以故』作『聞之。』漢紀九大作復。

不以百金傷先人名。

案記纂淵海四十引作『無以百金傷父名。』

令司直田仁主閉守城門，坐縱太子，下吏誅死。仁發兵，長陵令車千秋上變仁，仁族死。

張照云：『仁發兵，長陵令車千秋上變仁，仁族死。』此三句中必有訛脫。既已坐縱太子誅，豈又以車千秋訟太子冤而更族誅乎？況文亦不類。

考證：楓山、三條本陵下無令字，變下不重仁字。

施之勉云：『褚先生補傳：「丞相自將兵，使司直主城門。司直以為太子骨肉之親，父子之閒，不甚欲近，去之諸陵過。」正義：「上云『仁發兵長陵，』是也。」依正義，長陵二字當屬上讀。據漢書車千秋傳，衞太子事時，千秋為高寢郎，非長陵令，令為衍文。楓、三本陵下無令字，是也。續漢禮儀志補注引皇覽曰：「漢家之葬，方中百步，穿築為方城，其中開四門，四通，足放六馬。發近郡卒徒，置將軍衞侯。」是陵園有兵，故云「仁發兵長陵」也。又屈氂傳：「司直田仁，縱太子，要斬。諸太子賓客，嘗出入宮門，皆坐誅。其隨太子發兵，以反法族。」是仁縱太子，要斬，是坐誅。及千秋告仁發兵，則以反法滅其族矣。』

案長陵下令字，蓋涉上『令司直』而衍。『上變』下不當重仁字，楓、三本並是。漢書車千秋傳：『車千秋本姓田氏，其先齊諸田，徙長陵。』千秋為長陵人，故此文稱『長陵車千秋。』則長陵二字屬下讀亦可。『仁族死，』謂仁之族死，非謂仁死，與上文言仁『下吏誅死，』非重複。此文僅衍令、仁二字，餘無訛脫，但甚拙劣耳。施氏引劉屈氂傳云云，又見漢紀十五、通鑑漢紀十四。

因占著名家，

案占借爲黏，說文：『黏，相箸也。』箸，隸變爲著，『黏著』猶『附著，』後

漢書明帝紀：『妻子自隨便占著邊縣。』（注：占著，謂附名籍。）與此『占著』

同義。甘羅傳：『甘羅名家之子孫。』

谷口，蜀劙道。

　　正義：……按行谷有棧道也。

　　施之勉云：『張森楷曰：「毛本劙作棧。」錢大昕曰：「劙卽棧也，古字通用。」』

案毛本劙作棧，與正義合。惟殿本正義棧作劙。

代人爲求盜亭父。

　　集解：『郭璞曰：亭卒也。』

　　正義：『……應劭云：舊時亭有兩卒，其一爲亭父，掌關閉掃除；一爲求盜，掌

逐捕盜賊也。』

　　陳槃庵兄云：『高祖紀索隱引應劭作：「舊亭卒名弩父，陳、楚謂之亭父，或云

亭部。淮、泗謂之求盜也。」義稍異。然謂亭父亦名亭卒則同也。舊說謂亭父卽

亭卒，而方言三云：「楚東海之間，亭父謂之亭公。卒，謂之弩父，或謂之褚。」

（說文衣部亦曰：褚，卒也。）是謂亭有亭父，有亭卒。亭父亦稱亭公，而弩父

則或稱卒，或稱褚，一若亭父不可以稱亭卒也者。此與上引應劭、郭璞之以亭父

卽亭卒之說，似違異不合。然依方言，亭卒亦或稱弩父，知父之稱並不視卒爲

尊，則應劭等亭父卽亭卒之說，得其實矣。』

案亭卒之稱亭父、亭公，或人有意尊稱之以諱其卑與？

任小卿分別平。

　　案藝文類聚二二、御覽四六七引別並作則。

何乃家監也！

　　案御覽八九四引『何乃』作『乃況，』蓋『況乃』之誤倒，何猶況也。

衞將軍從此兩人過平陽主。

　　考證：楓山、三條本主下有家字。

　　施之勉云：初學記十九引主下有家字。合璧事類五十四、萬花谷後集十六引亦有

家字。

　　案藝文類聚三五、六九引主下亦並有家字。

此二子拔刀列斷席別坐。

　　考證：楓山、三條本、藝文類聚（六九）列作裂。

　　施之勉云：『北堂書鈔（一二三）列作裂。張森楷曰：列，分解也。見說文。此
當用其誼。』

　　案初學記十九引刀上有佩字。列、裂古通，爾雅釋言：『割，裂也。』『列斷』
猶『割斷』也。

莫敢呵。

　　考證：類聚呵作問，下有也字。

　　施之勉云：御覽七百九引呵亦作問，下亦有也字。

　　案呵、何古通，衞縮傳：『歲餘不嗊呵縮。』漢傳呵作何，李奇注：『何，呵
也。』師古注：『何卽問也。』此文『莫敢呵，』猶言『莫敢何。』亦卽『莫敢
問』也。故藝文類聚、御覽引呵並作問。

傳曰：不知其君，視其所使。不知其子。視其所友。

　　考證：『荀子性惡篇：不知其子，視其友。不知其君，視其左右。』

　　案說苑雜言篇：『孔子曰：不知其子，視其所友。不知其君，視其所使。』家語
六本篇：『孔子曰：不知其子，視其父。不知其人，視其友。不知其君，視其所
使。』

家貧無用具也。

　　案用猶由也。廣雅釋詁四：『由，用也。』

鞅鞅，

　　案鞅借爲怏，說文：『怏，不服懟也。』

是時河南、河內太守，皆御史大夫杜父兄子弟也。

　　殿本考證：『容齋隨筆曰：「班史言霍去病旣貴，衞青故人門下多去事之，唯任
安不肯去。又言衞將軍進言任爲郎中。與褚先生所言不同。杜周傳云：『兩子夾
河爲郡守，治皆酷暴。』亦不書其所終也。」』

　　考證：『酷吏傳云：杜周遷爲御史大夫，家兩子夾河爲守。』

案容齋隨筆（十五）所稱『班史言霍去病』云云，亦見史記驃騎列傳；『杜周傳』云云，亦見史記酷吏杜周傳，如考證所引是也。褚先生所書雖不同，然亦當有所據，存參可也。

不甚欲近。

考證：張文虎曰：「不甚欲近，」疑當作「不欲甚迫。」』

案『不甚欲近，』即『不欲甚迫』之意，無煩更改。說文：『迫，近也。』

欲坐觀成敗，見勝者欲合從之，

案通鑑漢紀十四合上無欲字，（注：言與之合而從之也。）疑涉上欲字而衍。

下安吏，誅死。

考證：『梁玉繩曰：褚生所續之傳，多不足據。如御史大夫暴勝之，與田仁同坐太子事誅，而云帝在甘泉宮使暴君下責丞相。何邪？〔仁之進身由衛將軍薦之，而云仁居門下將軍不知，因趙禹言始上籍以聞。語各岐別。〕又杜周兩子夾河爲守，而云河南、河內太守皆周父兄子弟。亦非。』（原引梁說未備，據志疑補。）

余嘉錫云：『褚先生著書於元、成時，去武帝已遠，多得之時人口餘，自不免傳聞異辭，不足爲病。且太史公言衛將軍進言，褚先生言將軍上籍以聞，本無不合。其先不相知而爲趙禹所識拔，本傳不言，或太史公略之耳。少孫敍田仁事較史、漢爲詳。任安則兩史皆無傳，此足以補其闕，不必吹毛求疵也。』（太史公書亡篇考十篇外褚先生所續第十四。）

案余說通達，可取。

夫月滿則虧，物盛則衰，天地之常也。

案重刊北宋監本、黃善夫本、殿本皆提行。易豐：『彖傳：月盈則食。』（又見說苑敬愼篇。）管子白心篇：『月滿則虧。』淮南子道應篇：『孔子曰：夫物盛而衰，月盈而虧。』蔡澤傳：『語曰：月滿則虧，物盛則衰，天地之常數也。』李斯傳：『物極則衰。』日者傳：『月滿必虧。』必猶則也。

出自第四十八本第二分（一九七七年六月）

史記斠證卷一百五

扁鵲倉公列傳第四十五

王　叔　岷

扁鵲者，勃海郡鄭人也。

　　索隱：『案勃海無鄭縣，當作鄭縣，音莫。今屬河閒。』

　　梁玉繩云：『正義曰：「黃帝八十一難序云：秦越人與軒轅時扁鵲相類，仍號扁
鵲。又家于盧，因命曰盧醫。」御覽百六十引史云：「扁鵲生盧，故曰盧醫。」
蓋刪引史注，誤作本文耳。……』

　　考證：『多紀元簡曰：太平御覽、醫說，並引無郡字。』

　　案文選枚叔七發注、御覽七二一引此勃並作渤，並無郡字。說文：『郣，郣海
地。』勃，借字。渤，俗字。重刊北宋監本亦無郡字。御覽百六十引史云云，乃
節引正義文。類書引書，往往以注文爲正文，此當留意者。黃善夫本、殿本索隱
並作『案勃海無鄭縣，徐說是也。』非索隱之舊。

姓秦氏，名越人。

　　梁玉繩云：『周禮天官疾醫釋文，引此傳云：「姓秦，名少齊、越人。」則今本
脫少齊二字，蓋有二名。或越人是字。』

　　案戰國策秦策二高注：『扁鵲，盧人也。字越人。』可證成梁氏後說。

舍客長桑君過，扁鵲獨奇之。

　　案藝文類聚八一引君作公。御覽引此重扁鵲二字，『舍客長桑君過扁鵲』句。
『扁鵲獨奇之』句。

當知物矣。

　　索隱：當見鬼物也。

　　案索隱釋知爲見，是也。知有見義，呂氏春秋自知篇：『知於顏色。』高注：『知

　　猶見也。』黥布列傳：『勝敗之數未可知也。』漢紀四知作見。並其證。物，不

　　必指鬼物。下文『視見垣一方人。』『盡見五藏癥結。』皆所見之物也。

視見垣一方人。

　　案御覽引垣下有外字。

以此視病，

　　案記纂淵海八七引以作從。御覽七二一引病作疾。下文『扁鵲入視病出。』藝文

　　類聚七五、御覽引病亦並作疾。說文：『疾，病也。』

在趙者名扁鵲。

　　考證：『海保元備曰：者，有所指之辭，或指其時。「在趙者，」謂在趙之時也。』

　　案者，非有所指之辭。者猶則也。封禪書：『〔欒〕大曰：臣師非有求人，人者求

　　之。』者亦猶則也。李斯傳：『臣聞地廣者粟多，國大者人衆，兵彊則士勇。』

　　者、則互文，者亦則也。

五日不知人。

　　索隱：『案韓子云：「十日不知人。」所記異也。』

　　案『五日』韓子作『十日，』十蓋五之誤，非所記異。五，古文作乂，與十形

　　近，往往相亂。趙世家、論衡奇怪篇及紀妖篇、風俗通皇霸篇、弘明集九曹思文

　　難神滅論，皆作『五日。』

血脈治也。

　　案白帖九引治上有均字。

告公孫支與子輿，

　　考證：『公孫支，僖九年左傳作公孫枝。張文虎曰：子輿卽子車，見秦本紀。』

　　案國語晉語二、呂氏春秋不苟篇及尊師篇、漢書人表支皆作枝，古字通用，秦本

　　紀、趙世家並有說。子輿卽子車，趙世家梁氏志疑已有說。

吾所以久者，適有所學也。

　　案趙世家、論衡紀妖篇、風俗通學上皆無所字，疑涉上所字而衍。趙世家有說。

五世不安。

　　案『五世，』謂獻公、奚齊、卓子、惠公、懷公五世也。趙世家引張以仁弟有說。

秦策於是出。夫獻公之亂，

　　考證：趙世家夫作矣，連上讀，爲長。

　　案作夫亦當屬上讀，（風俗通亦作夫。）夫猶矣也。趙世家有說。

不出三日必閒。

　　案趙世家必上有疾字。論衡、風俗通必上並有病字。

簡子寤。

　　案藝文類聚七五引簡上有而字。

國中治穰過於衆事。

　　考證：『梁玉繩曰：「御覽七百二十八、元龜八百五十八引，竝穰作禳。韓詩作
　　傳、說苑竝作『壞土事。』則是治塋墓，非祈禳也。」愚按穰讀爲禳。外間未知
　　太子死也。太子死未半日，何遽治塋域？外傳、說苑誤讀穰字。』

　　案考證引梁說『御覽七百二十八，』八乃一之誤。惟景宋本御覽七二一引此仍作
　　穰。穰、禳、壞，古並通用。爾雅釋言：『穰穰，福也。』釋文本穰作禳，莊子
　　庚桑楚篇：『畏壘大壤。』釋文引一本壞作穰。卽其證。此文當從外傳（十）、
　　說苑（辨物篇）作壞，穰、禳並借字。『治壞，』謂治塋墓。（壞下有土字。亦
　　同意。）梁說是。蓋虢太子死已近半日，皆以爲不可復生，故急遽治塋墓也。考
　　證謂『外間未知太子死。』死已近半日，外間尚得不知邪？

曰：收乎？

　　案黃善夫本、殿本曰並誤日，御覽引此亦誤。

未嘗得望精光，

　　案御覽引精作清，古字通用。禮記緇衣：『精知，略而行之。』鄭注：『精，或
　　爲清。』卽其比。

先生得無誕之乎？何以言太子可生也？

　　案初學記二十引誕下無之字，御覽引之字在下句『太子』下。

醫有兪跗。

　　考證：『多紀元簡曰：御覽作兪附，……』

案初學記引此亦作愈附。

治病不以湯液醴灑。

考證『：多紀元簡曰：「陸佃鶡冠子注，『醴灑』作『體洒，』『體洒』疑『醴酒』譌。」愚按灑當作酒，後人譌爲洒，又譌作灑。』

案文選孫子荊爲石仲容與孫皓書注、揚子雲解嘲注引治並作醫，初學記、白帖九引治並作療，蓋皆避唐高宗諱改。（記纂淵海八七引治亦作療，亦承唐人避高宗諱改。）灑借爲釃，說文：『釃，一曰醇也。』段注：『不澆酒也。』鶡冠子注引灑作洒，古字通用，灑、洒並非誤字。

鑱石撟引，案扤毒熨。

索隱：……扤音玩，亦謂按摩而玩弄身體使調也。……

梁氏志疑所據湖本扤作杌，云：『別雅云：「荀子王霸篇：『游扤之脩。』注：『扤與玩同。』倉公傳：『案扤，』注謂『案摩玩弄。』今本多譌。」』

考證：『張文虎曰：宋本、中統、游、毛撟作橋，下「撟然」同。索隱、宋本、中統、游、凌、毛並扤作杌，王、柯譌杭，……』

案重刊北宋監本此文作撟，下『撟然』作橋。御覽引下文亦作橋。黃善夫本此文及下文並作撟，（殿本同。）橋蓋撟之誤，從扌、從木之字，俗書往往相亂。重刊北宋監本扤作扤，乃扤之壞字。黃本、殿本扤並作杌，索隱『扤音玩。』扤亦並作杌，乃扤之形誤。御覽引扤亦誤杭。作杬者，亦誤字。別雅所稱『倉公傳，』當作『扁鵲傳。』

搦髓腦，揲荒爪幕，

考證：『……御覽七百二十一作「搦髓折肓爪膜，」說苑辨物作「束肓莫。」……多紀元胤曰：「說文：搦，按也。揲，閱持也。」』

案揲、爪互文，義並同持。說文：『揲，閱持也。爪，丮也。丮，持也。』御覽引此揲作折，折蓋持之誤。說苑『揲荒爪幕，』作『束肓莫。』盧文弨拾補校肓作肓，云：『肓訛。史記作「揲荒爪幕。」此「肓莫」卽「荒幕，」莫，膜也。』

湔浣腸胃，

案初學記、記纂淵海引浣並作洗。

不能若是而欲生之，曾不可以告欬嬰之兒。

　　考證：『……說文：「欬，小兒笑也。」御覽作孩。』

　　案御覽引『不能若是，』作『若不如是，』欬作孩，欬與孩同，說文：『孩，古
　　文欬从子。』

終日，扁鵲仰天歎曰。

　　王念孫云：『此「終日，」非謂終一日也。「終日，」猶良久也。言中庶子與扁
　　鵲語良久，扁鵲乃仰天而歎也。呂氏春秋貴卒篇曰：「所爲貴鏃矢者，（今本鏃
　　譌作鏃。）爲其應聲而至。終日而至，則與無至同。」言良久乃至，則與不至同
　　也。（高注：「終一日乃至。」失之。）素問脈要精微論曰：「言而微，終日乃
　　復言者，此奪氣也。」亦謂良久乃復言也。良久謂之終日，猶常久謂之終古矣。
　　（鄭注考工記曰：齊人之言終古，猶言常也。）』

　　考證：『終日，』御覽無此二字。

　　案王釋『終日』爲良久，是也。御覽無此二字，蓋不得其義而刪之。莊子天地
　　篇，載子貢過漢陰，聞爲圃丈人之言，『卑陬失色，頊頊然不自得，行三十里而
　　後愈。其弟子曰：向之人何爲者邪？夫子何故見之變容失色，終日不自反邪？』
　　『終日，』亦猶良久也。（成疏：『竟日崇朝，神氣不復。』失之。）

若以管窺天，以郄視文。

　　案莊子秋水篇：『是直用管闚天。』窺、闚正、假字，說文：『窺，小視也。』
　　後漢書章帝紀注、御覽引郄並作隙。郄，俗郤字。隙、郤正、假字。

循其兩股，

　　案御覽三七五引循作揗，揗、循正、假字。說文：『揗，摩也。』

目眩然而不瞚，舌撟然而不下。

　　考證：『瞚，又作瞬。……莊子秋水篇：口呿而不合，舌舉而不下。』

　　案御覽七二一引兩不字上並有能字，莊子天運篇：『予口張而不能嗋，舌舉而不
　　能詘。』（下句據陳碧虛闕誤引江南古藏本補。）荀子正論篇楊注引莊子秋水篇
　　作『口呿而不能合，舌舉而不能下。』皆與此句法同。瞚、瞬正、俗字。

幸而舉之，偏國寡臣幸甚。

　　案書洪範：『惟天陰騭下民。』釋文引馬云：『騭，升也。升猶舉也。舉猶生

　　也。』此文『幸而舉之，』猶言『幸而生之。』故下文云『有先生則活。』書鈔

　　百六十引『寡臣』作『寡人，』外傳、說苑亦並作『寡人。』

言未卒，因噓唏服臆，魂精泄橫，流涕長潸，忽忽承䀹，悲不能自止。

　　集解：『徐廣曰：「一云：『言未卒，因涕泣交流，噓唏不能自止』也。」』

　　案御覽七二一引此作『言未及畢，因歔欷服臆，涕泣橫流，不能自止。』與徐注

　　所稱一本較近。『噓唏』與『歔欷』同。

若太子病，

　　案御覽三七五、七二一引病下並有者字。

是以陽脈下遂，

　　集解：『徐廣曰：遂，一作隊。』

　　考證：『多紀元簡曰：「御覽注：『遂，音隊。』竝與墜通。」』

　　案御覽三七五引此，遂下注云：『音隊。』七二一引此，遂下注云：『音墜。』

　　說文：『隊，從高隊也。』遂，借字，墜，俗字。

凡此數事，

　　案御覽七二一引事下有者字。

良工取之，拙者疑殆。

　　王念孫云：『此殆字非危殆之殆，殆亦疑也。古人自有複語耳。言唯良工爲能取

　　之。若拙工，則疑而不能治也。襄四年公羊傳注曰：「殆，疑也。」……。』

　　案王氏釋殆爲疑，『疑殆』爲複語，是也。惟所稱『襄四年公羊傳，』『四年』

　　乃『五年』之誤。

扁鵲乃使弟子子陽厲鍼砥石，以取外三陽五會。

　　案御覽七二一引厲作礪，厲、礪古、今字。書鈔百六十、後漢書文苑趙壹傳注引

　　此取下並無外字。外傳、說苑厲亦並作礪，取下亦並無外字。

以更熨兩脇下。

　　考證：『張文虎曰：王、柯脇誤臍。』

　　案黃善夫本脇亦誤臍，御覽引同。

扁鵲過齊，齊桓侯客之。

索隱：『案傅玄曰：「是時齊無桓侯。」裴駰云：「謂是齊侯田和之子桓公午也。」蓋與趙簡子頗亦相當。』

考證：『梁玉繩曰：趙簡子卒時至齊桓公午立，凡九十三年。何鵲之壽邪？文選養生論李善注，言史記自爲舛錯。新序二仍史，韓子喻老譌作蔡。』

案齊桓侯，或有作魏桓侯者。周禮天官冢宰釋文引漢書音義云：『扁鵲，魏桓侯時醫人。』文選嵇叔夜養生論李善注引韋昭曰：『魏無桓侯。』又引新序曰：『扁鵲見晉桓侯，』與今本作齊桓侯異。文選枚叔七發注引韓子亦作晉桓侯，與今本作蔡桓公異。作晉桓侯蓋是，史記晉世家：『烈公卒，子孝公頎立。』索隱：『系本云「孝公傾。」紀年以孝公爲桓公，故韓子有晉桓侯。』是唐人所見之韓子、新序並作晉桓侯矣。趙簡子卒於晉定公三十六年，（趙世家梁氏志疑有說。）至晉桓侯（孝公）立，凡八十五年。則鵲固高壽者矣。

欲以不疾者爲功。

案御覽七二一引疾作病，七三八引春秋後語同。韓子亦作病。

後五日，

梁玉繩云：此及下兩『後五日，』韓子、新序是『後十日。』

案韓子、新序此及下文並作『居十日。』春秋後語作『後五日，』與史記合。五，古文作〤，與十往往相亂。

君有疾，在血脈。

梁玉繩云：『韓子、新序云：在肌膚。』

案作『在血脈，』較長。春秋後語亦作『在血脈。』上文已云：『君有疾，在腠理。』正義：『腠理，謂皮膚。』若此復作『在肌膚，』則文義複矣。

在腸胃閒。

案御覽引此無閒字，韓子、新序、春秋後語皆同。

望見桓侯而退走。

案文選孫子荆爲石仲容與孫皓書注、御覽三七五及七二一引此皆無見字，疑涉上文而衍。韓子、新序亦並無見字。

疾之居腠理也，湯熨之所及也。

　　案之猶若也。御覽七二一引居作在，韓子、新序並同。御覽三七五引所下有能
　　字，下兩『所及，』亦並作『所能及。』

在血脈，

　　案御覽七二一引在上有其字，其猶若也。下文『其在腸胃，』『其在骨髓，』
　　（文選枚叔七發注引韓子作『若在骨髓。』今本韓子無若字。）亦同例。

酒醪之所及也。

　　梁玉繩云：『酒醪恐非，韓子作『火齊，』新序作『大劑。』

　　案作『酒醪』非。王先慎韓子集解云：『火齊湯，治腸胃病。倉公傳：「齊郎中
　　令循，不得前後溲三日，飲以火齊湯而疾愈。」又「齊王太后病，難於大小溲
　　溺，飲火齊湯而病已。」新序作「大劑」者，齊、劑古通，大乃火字之誤。』御
　　覽七二一引所下有能字，與三七五引合。

雖司命無柰之何！

　　案御覽三七五引何下有也字，韓子、新序並同。

扁鵲已逃去。桓侯遂死。

　　案御覽七二一引『逃去』作『逃遁焉。』死作卒。

人之所病，病疾多。而醫之所病，病道少。

　　正義：病厭患多也。言人厭患疾病多甚也。

　　殿本考證：『董份曰：「醫之所病，」蓋借前一病字而言，言醫之所短也。「病
　　道少，」言治病之道少也。』

　　考證：『所病』之病，猶患也。言人患多疾病。醫患治療之道少。

　　案瀧川考證釋前句，本正義。釋後句，本董說。論語衛靈公篇：『君子病無能
　　焉。』皇疏：『病猶患也。』與此『所病』之病同義。『病道少，』道猶方也，
　　言治病之方少耳。

扁鵲名聞天下。過邯鄲，聞貴婦人，

　　案御覽引作『扁鵲名滿天下，旁遊六國，至邯鄲，聞趙貴女病。』『女病』當作
　　『婦人。』

來入咸陽，

　　考證：『多紀元簡曰：御覽無來字。……』

　　案記纂淵海八七引此亦無來字。

隨俗爲變，

　　案御覽引此作『隨俗改變，無所滯礙。』

使人刺殺之。

　　案御覽引使上有『逐密』二字。

太倉公者，齊太倉長，臨菑人也。

　　案重刊北宋監本、黃善夫本、殿本（前行滿格）皆提行。周禮冢宰釋文、史通點
　　煩篇、御覽七二一引菑皆作淄，古字通用。

姓淳于氏，名意。

　　施之勉云：『論衡謝短篇作淳于德。郎瑛七修類稿有淳于德印，云：「淳于德
　　印，龜紐。春秋有淳于公，戰國有淳于髡，漢有淳于意，皆齊人也。淳于德必其
　　族姓。此印得之臨淄，亦齊地也。篆法紐制，渾淪淳厚，眞漢物也。」郎氏不知
　　淳于德卽是淳于意。淳于意，一名德，豈有二名邪？又經傳多假德爲悳，悳與意
　　形相似易誤，倉公豈本名德邪？』

　　案郎氏所得淳于德印，是否漢物，不能無疑。惟論衡作淳于德，德字古作悳，已
　　足證史記『名意』當作『名悳。』下文所稱太倉公之名皆當作悳。蓋悳字罕見，
　　意字習見，悳字易誤爲意，如本作意，不易誤爲悳也。

更悉以禁方予之。

　　案御覽兩引，一引予作受。

文帝四年中，

　　梁玉繩云：當作『十三年。』

　　考證：史孝文紀、漢書刑法志，以釋倉公除肉刑爲文帝十三年事，與此不合。據
　　下文，文帝四年，卽倉公治病有效之年，史公誤以彼混此也。『四年中，』疑當
　　作『十三年。』

　　案漢紀八、通鑑漢紀七，釋倉公除肉刑事，亦並在文帝十三年。

意有五女，

考證：文紀、漢志，有上有『無男』二字。

案列女傳辯通篇齊太倉女傳，有上亦有『無男』二字。漢紀作『有女五人，無男。』記纂淵海三九引文紀，『無男』作『無子。』（彼文斟證有說。）此文有上蓋本有『無子』二字，誤錯在上文『慶年七十餘』下耳。（參看上文梁氏志疑。）

緩急無可使者。

考證：紀、志『無可使者，』作『非有益也。』

案列女傳作『緩急非有益。』漢紀作『緩急無有益。』非、無同義。

妾切痛死者不可復生，而刑者不可復續。

集解：『徐廣曰：〔續〕一作贖。』

考證：『紀、志續作屬。李笠曰：切，疑當作竊。』

案切蓋本作竊。竊俗作窃，切又窃之俗省。列女傳、通鑑續亦並作屬。漢紀作贖，與徐注所稱一本合。白帖十三引文紀亦作贖。屬、續同義，續、贖正、假字。文紀斟證有說。

此歲中亦除肉刑法。

集解：『徐廣曰：案年表，孝文十二年除肉刑。

案徐注『十二年，』二乃三之誤。

至高后八年，

案史通引高下有皇字。

知人生死，

案史通、御覽引『生死』二字倒，與上文合。

及藥論書甚精。

案御覽引作『及藥論之書甚精妙。』

謁受其脈書上下經，五色診，奇咳術。

正義：『……「顧野王云：「胲，當宍也。」……藝文志有五音奇胲用兵二十六卷。許慎云：「胲，軍中約也。」』

考證：『張文虎曰：……正義胲，柯、凌作咳，宍，柯、凌作寅。宍，俗肉字，

其義不可解。」……』

案漢志有五音奇胲用兵二十三卷。（與正義引作『二十六卷』異。）師古注：『許
愼云：胲，軍中約也。』王念孫雜志云：『說文：「奇侅，非常也。」淮南兵略
篇：「明於刑德奇賌之數。」又曰：「明於奇賌陰陽刑德五行望氣候星龜策禨
祥。」高注云：「奇賌，陰陽奇祕之要，非常之術。」史記倉公傳：「受其脈書
上下經，五色診，奇咳術。」然則奇侅者，非常也。侅，正字也。胲、咳、賌，
皆借字耳。脈法之有「五色診，奇侅術，」猶兵法之有「五音奇侅，」皆言其術
之非常也。師古徒以「奇胲用兵」四字連文，遂以胲爲「軍中約，」不知「軍中
約」之字自作該，（說文：「該，軍中約也。」字從言。）非「奇胲」之義。且
「奇胲」二字同訓爲非常，若以胲爲「軍中約，」則與奇字義不相屬矣。』此文
『奇咳術，』猶『奇侅術，』卽非常之術。王說是。惟所引淮南子高注，當作許
注，兵略篇乃許愼注也。又正義『胲，當宊也。』殿本亦作『咳，當寅也。』寅
乃宊之誤，（淮南子原道篇：『欲寅之心亡於中。』宋本寅作宊，寅亦宊之誤，
與此同例。）宊，俗肉字，張說是。惟『當宊，』義亦難通。漢書東方朔傳：
『樹頰胲。』師古注：『頰肉曰胲。』然則『當宊』或『頰宊』之誤與？正義引
許愼云：『胲，軍中約也。』本師古注，說文胲本作該，王氏已有說。

卽嘗已爲人治診病，

案史通作『常以爲人診病。』『嘗已』猶『常以。』人下無治字，蓋避高宗諱而
略之。

齊侍御史成，

案重刊北宋監本、黃善夫本（前行滿格）並提行。

嘔膿死。

案一切經音義三七引作『當歐盦死。』歐、嘔正、俗字，盦、膿亦正、俗字。

齊王中子諸嬰兒小子病，

案重刊北宋監本、黃善夫本、殿本皆提行。

脈來數疾，

考證：『張文虎曰：疾字從舊刻，毛本、考證據宋本竝同。它本誤作病。……』

施之勉云：景祐本作疾，通志亦作疾。黃善夫本作病，元龜八百五十八引亦作病。案數借爲速，『數疾』猶『速疾。』下文『右口脈大而數。數者中下熱而湧。』（者猶則也。）兩數字亦並借爲速。重刊北宋監本作疾，非景祐本。殿本疾亦誤病。

齊郎中令循病，衆醫皆以爲蹷入中而刺之。

　　王氏雜志所據震澤王氏本入作人，云：『「蹷人中，」人當爲入，字之誤也。蹷，亦作厥。釋名曰：「厥，逆氣從下厥起，上行入心脇也。」故曰「蹷入中。」太平御覽方術部引此正作「蹷入中。」下文「齊北宮司空命婦出於病，衆醫皆以爲風入中，病主在肺，刺其足少陽脈。臣意診其脈曰：病氣疝客於旁光，難於前後溲。」事與此相類也。』

　　考證：凌本、毛本入譌人。

　　案重刊北宋監本、黃善夫本、殿本皆提行。黃本、殿本入並誤人，重刊北宋監本不誤。

臣意飲以火齊湯。

　　案卷子本玉篇水部引以作之，後『齊王太后病』章，『臣意飲以火齊湯。』引以亦作之，義同。

一飲得前溲，再飲大溲，三飲而疾愈。

　　考證：『王念孫曰：「前下當有後字，言一飲而前後溲始通，再飲則大溲也。『大溲』二字，兼前後言之，則上句原有後字明矣。太平御覽引此正作『一飲則前後溲。』下文『齊王太后病，臣意飲以火齊湯，一飲卽前後溲。』事與此相類也。」張文虎曰：「宋本、毛本、吳校元本疾作病。」愚按劉百衲宋本亦作病。』

　　施之勉云：『冊府元龜、史記法語亦作「一飲得前溲。」前下無後字也。郎中令循若如齊太后，一飲卽前後溲，則亦再飲病已，不必三飲而疾愈矣。兩人雖同飲火齊湯，然齊太后一飲卽前後溲。郎中令循則一飲得前溲，再飲而後大溲。索隱云：「前溲，謂小便。後溲，大便也。」大溲，非兼前後溲言之。二人之病輕重不同，未可一概而論也。御覽誤衍後字，不足據，王說非。』

　　案御覽引前下有後字，乃涉上文『前後溲』而衍，施說是。御覽引『再飲』下亦有得字。王氏雜志疾作病，云：『今本病誤作疾，據宋本及太平御覽引改。』重

　　刊北宋監本、黃善夫本並作疾，（殿本同。）不作病。宋本御覽亦作疾。

齊中御府長信病，

　　案重刊北宋監本、黃善夫本、殿本皆提行。

信則挈車轅，未欲渡也。

　　正義：挈音牽。

　　案挈當作挈，說文：『挈，固也。』繫傳引此文作『信卽挈車轅，未忍渡。』段
　　注：『挈之言堅也，緊也。謂手持之固也。或叚借爲牽字。』此文正義『挈音
　　牽。』挈明是挈之誤字矣。

身無病者。

　　案者猶矣也。

齊王太后病，

　　案黃善夫本、殿本並提行。

病得之流汗出溜。溜者，去衣而汗晞也。

　　考證：『張文虎曰：「溜，宋本、中統、游、王、柯作㳠，凌作滲，索隱、舊
　　刻、毛本作㳠。……」王引之曰：「溜當作㳠。……」』

　　案重刊北宋監本溜作㳠。黃善夫本、殿本並作溜。溜乃㳠之俗省，㳠又溜之隸
　　變。滲與㳠同。王氏雜志所據震澤王氏本誤作溜。

沈之而大堅，

　　正義：沈，一作深。

　　案沈、深同義，莊子外物篇：『慰睯沈屯。』釋文引司馬彪注：『沈，深也。』

齊章武里曹山跗病，

　　案黃善夫本、殿本並提行。

適其共養，此不當醫治。

　　索隱：……案謂山跗家適近，所持財物共養我，我不敢當。以言其人不堪療也。

　　殿本考證：『董份曰：「適其共養」者，言當適病者之供養，以俟其死耳。此不
　　當復醫也。索隱大繆！』

　　考證：『滕惟寅曰：舊本以治字屬下文，非。』

案淮南子主術篇：『適其飢飽。』與此『適其共養』句法同。共乃供之借字，董說是。黃善夫本、殿本治字並屬下文，非。滕說是。

齊中尉潘滿如病少腹痛，

考證：『張文虎曰：「宋本、中統、毛，少作小。」愚按劉百衲宋本亦作小，作小爲是。』

案重刊北宋監本、黃善夫本並提行，少並作小。殿本亦提行。少、小同義，釋名釋形體：『少腹。少，小也。比於臍以上爲小也。』

遺積瘕也。

案淮南子精神篇：『病疵瘕者，捧心抑腹。』玉篇：『瘕，腹中病也。』

其卒然合

集解：『徐廣曰：「一云：來然合。」』

考證：劉氏百衲宋本、毛本，集解『來然合，』作『來然合然合。』

案重刊北宋監本、黃善夫本集解，並作『來然合然合。』

陽虛侯相趙章病，

考證：漢書齊悼惠王傳，陽虛作楊虛。

案重刊北宋監本、黃善夫本、殿本（前行格滿）皆提行。史記齊悼惠王世家、漢書諸侯王表陽虛亦並作楊虛，陽、楊古通。莊子山木篇：『陽子之宋，』韓非子說林上篇、列子黃帝篇陽並作楊，卽其比。

五日死。而後十日乃死。

案書鈔一四四、御覽八五九並引此，而字在『五日』下。

濟北王病，

案重刊北宋監本、黃善夫本、殿本皆提行。

齊北宮司空命婦出於病，

案黃善夫本、殿本並提行。

故濟北王阿母，

案重刊北宋監本（前行格滿）、黃善夫本、殿本皆提行。

濟北王召臣意診脈。

施之勉云：景祐本有臣字，元龜八百五十八引亦有。黃善夫本無。

案重刊北宋監本有臣字，非景祐本。

齊中大夫病齲齒，

案重刊北宋監本、黃善夫本、殿本皆提行。

菑川王美人懷子而不乳，

案重刊北宋監本、黃善夫本、殿本皆提行。御覽七二一引菑作潘，古字通用。

血如豆，比五六枚。

案比，猶今語『接連』也。戰國策燕策二：『人有賣駿馬者，比三旦立市，人莫

之知。』（又見御覽八九六引春秋後語。）比，亦猶『接連』也。

齊丞相舍人奴從朝入宮，

案黃善夫本、殿本並提行。

不能食飲。法，至夏泄血死。

案御覽引『食飲』二字倒，血下有而字。

卽示平曰：病如是者死。

案御覽引卽作乃，者下有必字。乃猶卽也。

傷部而交，

案御覽引交下有外字。

望之殺然黃。

考證：『稻葉元熙曰：『集韻：『殺，桑葛切，散貌。史記：望之殺然黃。』』』

案方言三：『殺，殺也。』殺、殺一聲之轉。本字作㧘，說文：『㧘，穇㧘散之

也。』

菑川王病，

案重刊北宋監本、黃善夫本、殿本皆提行。

齊王黃姬兄黃長卿家，有酒召客，召臣意諸客坐，

王念孫云：『『諸客』上脫與字，太平御覽引此作『與諸客坐。』

案重刊北宋監本、黃善夫本、殿本皆提行。

不可俛仰。

　　　案御覽引可下有以字。

病方今客腎濡。

　　　正義：濡，溺也。病方客在腎，欲溺腎也。

　　　案御覽引客上有在字。在字似當在客字下，正義『病方客在腎，』可證。

見建家京下方石，卽弄之。

　　　考證：『王念孫曰：御覽引此，卽作取，於義爲長。』

　　　案卽猶就也，猶今語『接近』也。

不得溺。

　　　案御覽引得作能，義同。

濟北王侍者韓女病，

　　　案黃善夫本、殿本並提行。

臨菑氾里女子薄吾病甚，

　　　案黃善夫本、殿本並提行。

循之戚戚然。

　　　案循借爲揗，說文：『揗，摩也。』孟子梁惠王篇：『夫子言之，於我心有戚戚
　　　焉。』趙注：『戚戚然，心有動也。』此謂撫摩其腹，覺蟯蟲之動也。

病已，

　　　案御覽引已作愈，後『齊淳于司馬病』章，『七八日病已。』引已亦作愈。

臣意所以知薄吾病者，

　　　王氏雜志所據震澤王氏本薄吾上有寒字，云：『寒字因上文而衍。凡篇內稱所以
　　　知某之病者，皆不言其致病之由，（亦見上下文。）亦以致病之由已見上文也。
　　　或謂寒字當在薄吾下，非也。宋本無寒字。』

　　　考證：『張文虎曰：「各本薄吾上衍寒字，褫志引宋本、中統、毛本，竝無。」
　　　愚按劉百衲宋本亦無。』

　　　施之勉云：『黃善夫本薄吾上有寒字。吳汝倫曰：案寒爲薄吾之姓，與韓同。局
　　　本誤刪之。』

　　　案殿本薄吾上亦有寒字。重刊北宋監本無寒字。寒字涉上文而衍，王說是。吳氏

謂『寒爲薄吾之姓，』眞曲說也！

齊淳于司馬病，臣意切其脈，

　　案重刊北宋監本、黃善夫本、殿本皆提行。御覽引切作診。

卽泄數十出。

　　案御覽引十下有餘字。

所以知之者，診其脈時，切之，盡如法，其病順，故不死。

　　施之勉云：『故不死。』御覽七百二十一引，故下有知字。

　　案御覽引『所以知之者，』作『或問其故，意曰』六字。疑『所以知之者』上，

　　本有此六字。御覽引此，略『所以知之者』五字，因於『故不死』句故下增知

　　字，似非故下本有知字也。

齊中郎破石病，

　　案重刊北宋監本、黃善夫本、殿本皆提行。

病養喜陰處者順死，養喜陽處者逆死。

　　考證：『張文虎曰：「養喜陽處，」宋本、毛本，與上句一例。他本「養喜」

　　倒。下文「其人喜自靜不躁，」卽「養喜陰處」者。』

　　案重刊北宋監本、黃善夫本『養喜陽處，』並作『喜養陽處。』與上句非一例，

　　殿本同。

齊王侍醫遂病，

　　案黃善夫本、殿本並提行。

則邪氣辟矣。

　　索隱：辟，音必亦反，猶聚也。

　　正義：『辟，言辟惡風也。劉伯莊云：「辟猶聚也。」恐非其理也。』

　　考證：正義所引劉說，與索隱同。蓋讀辟爲襞積之襞，可從。下文『邪氣流行。』

　　案考證說是。莊子田子方篇：『口辟焉而不能言。』釋文引司馬彪注：『辟，卷

　　不開也。』亦讀辟爲襞也。

此謂論之大體也。

　　案御覽引此下有所字。

齊王故爲陽虛侯時，病甚。

　　集解：『徐廣曰：齊悼惠王子也，名將廬。……』

　　案重刊北宋監本、黃善夫本、殿本（前行格滿）皆提行。徐注將廬，齊悼惠王世
　　家、史漢諸侯王表、漢書齊悼惠王傳皆作將閭，廬、閭古通，莊子讓王篇：『顏
　　闔守陋閭，』御覽八九九引閭作廬，卽其比。

臣意嘗診安陽武都里成開方，

　　考證：各本嘗作常。今從楓山、三條、宋本。

　　案重刊北宋監本作嘗。黃善夫本作常，殿本同。

其脈法奇咳，言曰。

　　考證：『倉公受奇咳術於陽慶，說見於前。李笠曰：言上疑脫師字，此引師言爲
　　據，猶後引書也。上文「師言曰：安穀者過期。」可證。』

　　施之勉云：此當讀『奇咳言曰』爲句。……意受奇咳言於陽慶，奇咳言，卽師言
　　也。言上未脫師字，李說非。

　　案施說是，舊讀本以『奇咳言曰』爲句。

安陵阪里公乘項處病，

　　案重刊北宋監本、黃善夫本、殿本皆提行。

處後蹴踘。

　　案踘，正作鞠。御覽七五四引風俗通（佚文）云：『毛丸謂之鞠。』（『毛丸』
　　原誤倒。）廣韻入聲屋第一云：『鞠，今通謂之毬子。』鞠、毬古、今字，段氏
　　說文注有說。（參看蘇秦傳『蹋鞠者』斠證。）

問臣意：所診治病，

　　案重刊北宋監本、黃善夫本（前行格滿）、殿本皆提行。

有數者能異之，無數者同之。

　　王氏雜志所據震澤王氏本能作皆，云：『皆，當從宋本作能，字之誤也。此言病
　　同名而異實，唯有數者能異之，無數者則不能也。索隱本作「能異之。」注曰：
　　「謂有術數之人，乃可異其狀也。」是其證。』

　　梁氏志疑所據湖本（卽凌本）能亦作皆，云：『索隱本皆作能，是。』

案廣雅釋言：『數，術也。』索隱說是。重刊北宋監本作『能異之。』黃善夫
本、殿本能並誤皆。

問臣意曰：所期病決死生，

案重刊北宋監本、殿本並提行。

問臣意：意方能知病死生，

案重刊北宋監本、黃善夫本（前行格滿）、殿本皆提行。

故移名數左右，不脩家生，出行游國中。

正義：以名籍屬左右之人。

施之勉云：『楊樹達曰：「正義云：『以名籍屬左右。』是以『左右』屬上讀。
今按，『左右』當屬下讀，張讀非也。本傳上文云：『爲人治病，決死生多驗。
然左右行游諸侯，不以家爲家。』張儀傳云：『無信，左右賣國以取容。』『左
右』皆屬下讀。是其證。」』

案楊說是。『左右不脩家生，』謂其居無常處，不治家產也。說文：『產，生也。』
楊氏引張儀傳云云，又見敦煌本春秋後語秦語，作『左右賣國以取容於秦。』

問臣意，知文王所以得病不起之狀。

案重刊北宋監本、黃善夫本、殿本皆提行。

是謂易賀。

集解：『徐廣曰：一作賀，又作質。』

梁玉繩云：賀卽貿字，與易義複。徐廣謂『又作質，』當是。

案賀、質二字，蓋並貿之形誤。梁氏謂賀、易義複，不知古書自多複語也。

問臣意：師慶安受之？

案殿本提行。

愼毋令我子·孫知若學我方也。

案御覽引作『汝愼勿令我子孫知汝學吾此法。』意同而文非其舊。

問於意：師慶何見於意而愛意？

案重刊北宋監本、黃善夫本、殿本皆提行。

臣意聞菑川唐里公孫光善爲古傳方。

索隱：謂好能傳得古方也。

正義：謂全傳寫得古人之方書。

考證：『王念孫曰：「古傳方，」當作「傳古方。」索隱、正義可證。』

施之勉云：御覽七百二十一引，『善爲古傳方，』作『善爲古方。』

案御覽引舊作潘。引後臨舊亦作潘。『古傳方，』本作『傳古方。』王說是。『善爲傳古方，』猶言『善於傳古方。』今存各本作『古傳方，』蓋不知爲與於同義，而妄倒其文。御覽引作『善爲古方，』蓋亦不知爲與於同義，而妄刪傳字。魏公子列傳：『勝所以自附爲婚姻者，』通鑑周紀五爲作於，卽爲、於同義之證。

臣意欲盡受他精方，

案御覽引受作求。

公必爲國工。

案御覽引公下有後字。

問臣意曰：吏民嘗有事學意方，

案重刊北宋監本、黃善夫本、殿本皆提行。

問臣意：診病決死生，

案重刊北宋監本、黃善夫本、殿本皆提行。

臣意不能全也。

正義：胃大一尺五寸，……則囷爲癰也。

案正義長文，黃善夫本附於史公贊文及索隱述贊之後。殿本附於史公贊文、索隱述贊之間。

士無賢不肖，入朝見疑。

考證：此鄒陽上書中語，本傳疑作娸。

案褚少孫補外戚世家、新序雜事三、文選鄒陽獄中上書自明一首、藝文類聚五八引鄒陽上書梁王，疑皆作娸。

史 記 斠 證 卷 一 百 六

吳 王 濞 列 傳 第 四 十 六

王 叔 岷

吳王濞者，

　　案御覽二八三引『吳王濞，』有注云：『濞，疋備反。』

七年，立劉仲爲代王。

　　考證：『梁玉繩曰：「七年，」乃「六年」之誤。說在高紀。』

　　施之勉云：『功臣表：六年正月，立仲爲代王。』

　　案諸侯王表（景祐本及殿本）、漢書高紀及諸侯王表、漢紀三、楚元王世家徐注、通鑑漢紀三，皆在六年。

乃立濞於沛爲吳王，

　　集解：『徐廣曰：十二年十月辛丑。』

　　案功臣表、史漢諸侯王表皆在十二年十月辛丑，通鑑漢紀四同。史漢高紀、漢紀四亦皆在十二年十月。漢書王子侯表僅稱十二年。

吳有豫章郡銅山。

　　索隱：案鄣郡後改曰故鄣。或稱豫章爲衍字也。

　　考證：『梁玉繩曰：「案索隱謂豫爲衍字。韋昭漢書注云：『有豫字誤，但言鄣郡。』蓋是巳。章爲鄣字之省。下文『削吳之豫章郡，』『削吳會稽、豫章書至。』並鄣郡之譌。灌嬰傳：『定吳豫章、會稽郡。』亦當爲鄣也。地理志曰：『吳東有章山之銅。』又曰：『丹陽故鄣郡有銅官。』若豫章爲淮南厲王封域，且無銅山也。」』

　　案貨殖傳稱『吳王濞東有章山之銅。』亦可證諸言豫章者，豫爲衍文。梁氏所引

漢傳韋注之鄣郡，本作章郡。

皇太子引博局提吳太子，

　　考證：『顏師古曰：提，擲也。』

　　施之勉云：荀紀提作擲。

　　案敦煌本帝王略論第二提作抵，長短經懼誡篇注提作投，義並同。絳侯世家：
　　『太后以冒絮提文帝。』索隱：『蕭該音底。提者擲也。』提、抵並借爲擿，說
　　文：『擿，一曰投也。』擿、擲古、今字。

何必來葬爲！

　　案爲猶乎也。

及後使人爲秋請，

　　集解：『如淳曰：澧不得行，⋯⋯』

　　案漢傳如注『不得』作『不自，』通鑑漢紀八引同，當從之。

且夫察見淵中魚不祥。

　　王先謙云：『沈欽韓曰：「列子說符篇：『趙文子曰：「周諺有言：察見淵魚者
　　不祥，智料隱匿者有殃。」』韓非說林上：『隰子曰：「古者有諺曰：知淵中之
　　魚者不祥。」』」』

　　案『察見，』複語。察亦見也。淮南子俶眞篇：『今盆水在庭，淸之終日，未能
　　見眉睫。濁之不過一撓，而不能察方員。』（高注：察，見。）見、察互文，明
　　其義相同。韓非子作『知淵中之魚，』知亦見也。呂氏春秋自知篇：『知於顏
　　色。』高注：『知猶見也。』又列子『察見淵魚，』御覽三七四引淵下有中字，
　　與史文及韓非子並合。

吳得釋其罪，謀亦益解。

　　考證：楓、三本無罪字，與漢書合。

　　案文選班叔皮北征賦注引此亦無罪字。則當讀『吳得釋』句，『其謀亦益解』
　　句。

卒踐更，輒與平賈。

　　集解：『漢書音義曰：⋯⋯爲卒雇者其庸，⋯⋯』

考證：漢書與作予，給與之與。

施之勉云：『四庫全書考證曰：集解「爲卒者雇其庸。」刊本「者雇」二字互倒，據漢書注改。』

案通鑑從漢傳與作予，古字通用，其例習見。通鑑注引漢傳服注，亦作『爲卒者雇其庸。』

訟共禁弗予。

集解：『駰按如淳曰：訟，公也。』

正義訟音容，言其相容禁止不與也。

案通鑑訟作公，從如注也。漢傳師古注：『頌讀曰容。』即正義所本。

故王孽子悼惠王，王齊七十餘城。

案漢傳作『七十二城。』補注引錢大昕曰：『高紀，封齊王「七十三縣。」此云「七十二，」或彼文誤也。』通鑑漢紀三從漢書高紀作『七十三縣。』（參看荆燕世家斠證。）

庶弟元王，王楚四十餘城。

梁玉繩云：元王王楚三十六城，荆燕世家及漢書紀傳可據。此言『四十餘城，』漢書荆燕吳傳作『四十城，』竝誤。

施之勉云：『褚補三王世家：「楚王宣言曰：我先元王，高帝少子也。」封三十二城。』

案楚元王傳，稱『高祖同母少弟。』同當作異，乃與此文合。彼文斠證有說。通鑑漢紀三『四十餘城』作『三十六縣。』四字似誤。

即山鑄錢，煑海水爲鹽。

索隱：案即山，山名。又即者，就也：

考證：後說是。漢書海下無水字。

案師古注：『即，就也。』即索隱後說所本。通鑑漢紀八從師古注，是也。下文上語袁盎，稱『吳王即山鑄錢，煑海水爲鹽。』漢書鼂錯傳、漢紀九、通鑑漢紀八，亦皆無水字。

不削之亦反。削之，其反亟，禍小。

　　　案漢傳、漢紀、通鑑『不削』下皆無之字。漢紀瘂作疾，爾雅釋詁：『瘂，疾

　　　也。』

三年冬，楚王朝，……罰削東海郡。

　　　案景帝三年，爲楚王戊二十一年。楚元王世家，削東海郡則在戊二十年冬，（漢

　　　書楚元王傳無冬字。）當作『二十一年冬。』彼文斠證有說。

削其河閒郡。

　　　考證：『梁玉繩曰：元王世家及漢書濞傳，皆作常山郡。河閒時爲景帝子德所

　　　封。』

　　　案通鑑亦作『常山郡。』

於是乃使中大夫應高誂膠西王。

　　　案卷子本玉篇言部誂下，引說文云：『相呼誘也。』長短經懼誡篇誂下有注云：

　　　『田鳥反。』

今者主上興於姦，

　　　案長短經姦下有雄字。

里語有之：『舐穅及米。』

　　　索隱：案言舐穅盡則至米。……

　　　案漢傳、長短經、通鑑『里語有之，』皆作『語有之曰。』師古注：『言初舐穅

　　　遂至食米也。』卽索隱所本。

恐不得安肆矣。

　　　正義：肆，放縱也。

　　　案師古注：『肆，縱也。』卽正義所本。

吳王身有內病，

　　　考證：漢書病作疾。

　　　案通鑑病亦作疾，並引師古注：『謂疾在身中，不顯於外也。』

嘗患見疑，

　　　考證：楓、三本、漢書，嘗作常。

　　　施之勉云：景祐本嘗作常。

案長短經、通鑑亦並作常。

今脅肩累足，

　　正義：脅，歛也。竦體也。累，重足也。

　　案孟子滕文公篇：『脅肩諂笑。』趙注：『脅肩，竦體也。』漢傳師古注：『脅，

　　翕也。謂歛之也。累足，重足也。』正義云云，蓋兼本趙、顏注，累下當據顏注

　　補足字。

竊聞大王以爵事有適。

　　考證：適，漢書作過。

　　案通鑑適亦作過。長短經適下有注云：『直革反。』漢傳補注：『過，責也。』

　　適借爲讁，廣雅釋詁一：『讁，責也。』讁，隸變爲謫，方言十：『謫，過也。』

此恐不得削地而已。

　　考證：得，特也。漢書作止。

　　案通鑑得亦作止。

同惡相助。同好相留。同情相成。同欲相趨。同利相死。

　　案呂氏春秋察微篇：『同惡固相助。』漢傳『相成』作『相求。』補注引王念孫

　　云：『史記「同情相求，」作「同情相成。」案惡、助爲韻，好、留爲韻，情、

　　成爲韻。則作成者是也。淮南兵略篇亦曰：「同利相死。同情相成。」成字隸或

　　作㲄，與草書求字相似，因譌而爲求矣。』求爲成之譌，良是。惟成，草書作

　　求，與草書求字尤相似，蓋因此而譌爲求也。

億亦可乎？

　　王念孫云：『億讀爲「抑與之與」之抑。（文王世子注：「億可以爲之也。」正

　　義曰：「億是發語之聲。」）「億亦，」卽「抑亦」也。漢書作「意亦，」繫辭傳

　　作「噫亦，」並字異而義同。』

　　案長短經『億亦』正作『抑亦，』可證成王說。

王瞿然駭曰。

　　案長短經瞿作矍，瞿、矍並借爲𥆤，說文：『𥆤，舉目驚𥆤然也。』

安得不戴？

考證：漢書戴作事。

案長短經不作勿。通鑑戴亦作事。漢傳補注引周壽昌云：『言安得不以君事之，而遽云反乎？史記事作戴，亦此意。』戴借爲載，小爾雅廣詁：『載，事也。』

熒惑天子。

案漢傳熒作營，（通鑑同。）補注引錢大昕云：『營與熒通。』熒、營並螢之借字，說文：『螢，惑也。』（段注本疊螢字。）

諸侯皆有倍畔之意。人事極矣。彗星出，蝗蟲數起。

案漢傳、長短經、通鑑『倍畔』皆作『背叛，』習見通用字。長短經星下有夕字。

故吳王欲內以鼂錯爲討，外隨大王後車，彷徉天下。

正義：『彷徉，』猶依倚也。漢書作『方洋。』

案漢傳、通鑑討並作誅，說文：『誅，討也。』通鑑『彷徉』亦作『方洋，』長短經作『徬徉，』皆同。

則吳王率楚王，

案長短經率作帥，疑史記故本作帥。

吳王猶恐其不與，乃身自爲使，使於膠西面結之。

考證：漢書與作果，結作約。

案通鑑與漢書同。

第令事成，

考證：漢書『第令』作『假令。』……

案通鑑亦作『假令。』

約齊、菑川、膠東、濟南、濟北，

考證：漢書無濟北二字。……

案漢傳補注：『史記濟南下有濟北二字，則下文濟北有根，本書奪文。』通鑑從漢傳無濟北二字，非。

振恐。

案漢傳振作震，古字通用。

齊王後悔，飲藥自殺，畔約。

考證：此時齊但城守，聞欒布破三國兵，後欲移兵伐之，乃懼而自殺。漢書改作『齊王後悔，背約城守。』是。

案通鑑從漢傳作『齊王後悔，背約城守。』齊悼惠王世家，齊王飲藥自殺，在亂平之後，漢書高五王傳、通鑑並從之。此傳敍齊王自殺，在吳舉兵未敗之先，與枚乘諫書合。梁氏齊悼惠王世家志疑以此爲是，彼文斠證亦有說。又考證云云，本漢書補注。

膠西爲渠率，膠東、菑川、濟南共攻圍臨菑。

考證：『率、帥同，下添與字看。漢書作「膠西王、膠東王爲渠率。」……中井積德曰：下文云「三王圍齊。」而獨不數濟南，豈濟南不會圍乎？』

施之勉云：漢書率下有與字。

案通鑑作『膠西王、膠東王爲渠率，與菑川、濟南共攻齊，圍臨菑。』從漢傳也。中井據下文，疑濟南不會圍。正文明言『濟南共攻圍臨菑，』漢傳、漢紀亦並稱及濟南，安得云不會圍？下文『三王』當作『四王，』詳後。

皆發。發二十餘萬人。

案漢傳發字不疊，文意不完。（參看補注引周壽昌說。）通鑑下發字作凡，於文爲長。

孝景三年正月甲子，初起兵於廣陵。

考證：『張文虎曰：「顓頊術，癸未朔。殷術，甲申朔，無甲子。景紀書『二月壬子晦，日有蝕之。』年前無閏，不知何以致誤。然二月壬子晦，則正月有戊午、甲子，而無乙巳、丙午矣。」楓、三本「三年」上有前字。』

施之勉云：五行志書『二月壬午晦，日有蝕之。』是也。二月壬午晦，則正月有乙巳、丙午，而無戊午、甲子矣。漢書「三年」上亦有前字。』

案通鑑亦作『前三年。』又書『二月壬午晦，日有食之。』蓋本五行志。漢紀書『二月辛巳朔，日有食之。』施氏引五行志云云，本陳垣朔閏表。

故長沙王子。

集解：『徐廣曰：吳芮之玄孫靖王著，以文帝七年卒，無嗣國除。』

案徐注所稱『文帝七年，』乃後七年，見史、漢諸侯王表。

以漢有賊臣，

　　考證：漢書『賊臣』下有錯字。

　　案漢紀『賊臣』下有鼂錯二字。

以僇辱之爲故，

　　正義：按專以僇辱諸侯爲事。

　　案『僇辱，』複語。僇借爲戮，廣雅釋詁三：『戮，辱也。』師古注：『言專以侵辱諸侯爲事業。』蓋正義所本。

註亂天下。

　　案漢傳註作誆，義同。說文：『誆，欺也。』廣雅釋詁二：『註，欺也。』

陛下多病志失，

　　案漢傳、漢紀失並作逸，義同。說文：『逸，失也。』

皆不辭分其卒以隨寡人，又可得三十餘萬。

　　案漢紀卒下有半字，『三十』下無餘字。漢傳亦無餘字。

搏胡衆入蕭關。

　　索隱：搏音專。專，謂專統領胡兵。

　　案漢傳搏作轉，補注引王念孫云：『轉讀爲專。專，謂統領之也。史記作搏，專、搏、轉，聲相近。』

凡爲此。

　　考證：漢書凡下有皆字。

　　案漢書作『凡皆爲此。』『凡皆，』複語。廣雅釋詁三：『凡，皆也。』

吳有銅鹽利則有之。

　　考證：楓、三本吳字下有王字，下同。漢書鼂錯傳吳下刪有字，鹽下有之字。

　　案漢紀作『吳王銅鹽之利則有之。』下文『誠令吳得豪傑，』吳下亦有王字。通鑑作『吳銅鹽之利則有之。』從漢傳也。

錯趨避東廂，

　　考證：箱、廂通。

案漢傳廂作箱，箱、廂正、俗字。

擅適過諸侯，削奪之地。

案漢書吳王濞傳師古注：『適讀曰謫。』鼂錯傳亦有此注，惟謫作讁，讁乃謫之隸變，前已有說。

故以反爲名，西共誅鼂錯，復故地而罷。

案此文蓋本作『以故反，名爲西共誅鼂錯，復故地而罷。』漢書吳王濞傳、鼂錯傳並作『目故反，名爲西共誅錯，復故地而罷。』補注：『以此爲名。』是也。謂以『西共誅錯，復故地而罷。』爲名也。今本此文『以故』二字、『名爲』二字並誤倒，因妄讀『故以反爲名』爲句。景祐本『爲名』作『名爲，』屬下讀，尚存其舊。通鑑作『以故反，欲西共誅錯，復故地而罷。』易『名爲』二字爲欲字耳。

獨斬鼂錯，

案漢書鼂錯傳、漢紀、通鑑，獨下皆有有字。

復其故削地，

考證：漢書吳王濞、鼂錯傳，故下無削字，此衍。

案漢紀、通鑑亦並無削字。

顧誠何如。

案顧猶但也。師古注：『顧，念也。』非。

臣愚計無出此，願上孰計之。

考證：漢書刪無字。楓、三本願作唯，與漢書同。

案通鑑從漢傳刪無字，顧亦作唯。唯猶顧也，本書例證甚多。

吳王弟子德侯爲宗正。

集解：『徐廣曰：「名通，其父名廣。」』駰案漢書曰：「吳王弟子德侯廣爲宗正」也。』

案集解引漢書（吳王濞傳），今本德侯下無廣字。彼文補注引公卿表：『孝景三年，通爲宗正，三年薨。』

後十餘日，

考證：漢書鼂錯傳，『十餘日』下，補丞相青翟等劾奏鼂錯一事。

案通鑑『十餘日』下，亦補丞相青等劾奏鼂錯一事，文較略。漢傳『丞相青』下衍翟字。（補注引沈欽韓、錢大昕並有說。）

紿載行東市。

考證：漢書鼂錯傳，行下無東字。

案通鑑亦無東字。

尚何誰拜？

案漢書與王濞傳、通鑑並無何字，『何誰，』複語，故可略其一。陳涉世家：『陳利兵而誰何？』『誰何，』亦複語，彼文斠證有說。

條侯將乘六乘傳，

案通鑑注：『張晏曰：「傳車六乘也。」余據漢有乘傳、馳傳。文帝之自代入立也，張武等乘六乘傳；今亞夫乘六乘傳。六乘傳之見於史者二。蓋又與乘傳不同也。』所稱『張武等乘六乘傳，』見史、漢孝文紀。惟今本史文脫『乘六』二字，斠證有說。

不自意全。

案通鑑注引師古注：『言不自意得安全至洛陽也。』（今本師古注作『意不自言得安全至雒陽也。』有誤。）項羽本紀：『沛公曰：不自意能先入關破秦。』與此言『不自意』同旨。

策安出？

案長短經霸圖篇注，策下有將字。黥布列傳：『是計將安出。』

不能久。

案長短經注能下有持字。

以梁委吳。

案長短經注委作餧，古字通用。張耳陳餘列傳：『如以肉餧餓虎。』漢傳委作餧，即其比。此當以作委爲正，廣雅釋詁一：『委，棄也。』李牧傳：『以數千人委之。』與此委字同義，周勃世家有說。

塞吳饟道。彼吳、梁相敝，

案師古注：『饟，古餉字。』漢紀饟作餉，彼作使。漢傳、長短經注，彼亦並作使。彼猶使也，淮陰侯列傳有說。（此義前人未發。）

條侯曰：『善。』從其策。

考證：『趙翼云：「據本傳，以梁委吳之計，亞夫至雒陽後遇鄧都尉始定也。而周勃世家則謂亞夫初受命，卽請於上曰：『楚兵剽輕，難與爭鋒。願以梁委之，絕其糧道，乃可制也。上許之。』是此策亞夫未出長安，早定於胸中，不待至雒問鄧都尉矣。按吳、楚盡銳攻梁，梁求救亞夫，亞夫不往。梁上書言天子，天子詔亞夫往救，亞夫仍守便宜，自非先奏帝，其敢抗詔旨乎？則以梁委吳之計，當是亞夫早定。而本傳所云問計於鄧都尉者，不免岐互也。」』

案周勃世家並未言亞夫初受命。僅云『東擊吳、楚，因自請上。』蓋亞夫聞鄧都尉之策而自請也。長短經注載此事，鄧都尉爲亞夫畫策後，繼之以亞夫自請，最爲有識。卽亞夫自請在鄧畫策之前，亞夫至雒陽得鄧，鄧所言與亞夫之見相同，亦無所謂岐異也。（參看周勃世家斠證。）

輕兵絕吳饟道。

案周勃世家云：『使輕騎兵弓高侯等，絕吳、楚兵後食道。』索隱：『韓頹當也。』通鑑注：『韓王信之子頹當，自匈奴中來歸，封爲弓高侯。』長短經注亦云：『使弓高侯等屯吳、楚兵後，絕其餉道。』

臣願得五萬人，

案長短經三國權篇得下有『奇兵』二字。

此兵難以藉人。藉人亦且反王。

案師古注：『藉，假也。』通鑑藉作借。

且擅兵而別，多佗利害，

王先謙云：別謂分兵。猶言別將也。

案『擅兵而別，』本上文『臣願得五萬人，別循江、淮而上。』言之。別，謂『別循江、淮而上』也。

步兵利險。

案長短經險下有阻字。

食敖倉粟，阻山河之險，

　　　案長短經粟上有之字，與下句一律。

卽大王徐行，

　　　案卽猶若也。

此少年推鋒之計可耳。

　　　考證：『楓、三本計下無可字。漢書推作椎，無「之計」二字。姚範曰：「秦紀：

　　　推鋒爭先。」』

　　　施之勉云：『景祐本、黃善夫本推作椎。凌本、殿本作推。釋名：「椎，推也。」

　　　二字義同。

　　　案漢傳作『此年少椎鋒可耳。』（通鑑同。）補注：『宣本椎作推。』長短經作

　　　『此年少推鋒之計耳。』（計下無可字，與此楓、三本合。）一本推作摧，義亦

　　　同。廣雅釋詁三：『摧，推也。』姚氏所引秦紀『推鋒爭先，』先乃死之誤。

願得王一漢節，

　　　案漢傳、通鑑得並作請。

召令，令入戶。

　　　案漢傳、通鑑令字並不疊。『召令入戶』句。

臾反兵且至，至，屠下邳，

　　案漢傳、通鑑至字並不疊。

比至城陽，

　　　考證：『比至，』二字一意。

　　　案比猶及也。商君列傳：『吾說君以帝王之道比三代。』比亦猶及也，彼文斠證

　　　有說。

疽發背死。

　　　案漢傳疽作𤴯，說文：『疽，久癰也。』

蓋聞爲善者，天報之以福；爲非者，天報之以殃。

　　　案易坤：『文言：積善之家，必有餘慶；積不善之家，必有餘殃。』

天殺無罪，

考證：漢書夭作伐。

案『夭殺，』複語，夭亦殺也。後漢書蔡邕傳：『夭夭是加。』注：『夭，殺也。』漢傳夭作伐，伐亦殺也。廣雅釋詁一：『伐，殺也。』

無有所置。

正義：置，放釋也。

案正義說，本師古注。

與楚王逐西敗棘壁，

考證：『王先謙曰：敗當作破，元王世家正作「攻梁，破棘壁。」……』

案楚元王世家敗作破，敗、破同義，非誤字。廣雅釋詁一：『敗、破，壞也。』

通鑑注引索隱云：『按左氏傳：「宣公二年，宋華元戰於大棘，」杜預曰：「在襄邑東南。」蓋卽棘壁是也。』今左傳杜注作『在陳留襄邑縣南。』

又使使惡條侯於上。

案御覽三百三十引此有注云：『惡，烏路切。』

吳糧絕卒飢，

案吳下當有楚字，周勃世家有說。

乃畔散。

案御覽引作『遂以叛散。』乃猶遂也。（參看古書虛字新義〔十七、乃〕條。）

度江，走丹徒，

案漢書江作淮，補注引王念孫云：『淮當爲江，丹徒卽在江南，故曰「度江，走丹徒。」若度淮，則去丹徒尙遠，此涉上文「吳王之度淮」而誤。史記正作「度江，走丹徒。」漢紀亦云：「吳王亡走江南，保丹徒。」』通鑑誤從漢傳作『度淮。』

卽使人縱殺吳王。

索隱：縱，……亦音從容之從，謂撞殺之也。

殿本考證：『越絕曰：東甌越王弟夷烏將軍殺濞。』

案漢傳蘇林注：『縱，音從容之從。』師古注：『縱，謂目矛戟撞之。』卽索隱云云所本。殿本考證引越絕書說，見越絕外傳記吳地傳第三。

吳王子子華、子駒，

　　案東越列傳、漢書閩粵王傳及吳王濞傳，皆不言子華，通鑑同。

往往稍降太尉、梁軍。

　　案漢傳作『往往稍降太尉條侯及梁軍。』通鑑從之，文意較明。

三王之圍齊臨菑也，三月不能下。漢兵至，膠西、膠東、菑川王，各引兵歸。

　　考證：『梁玉繩曰：案齊圍之解，漢擊破之，非自引兵歸也。圍齊是四國，此缺

　　濟南。〔說在悼惠王世家。〕』

　　案『三王』蓋本作『三王，』三，籀文四字。菑川下當補濟南二字，上文及齊悼

　　惠王世家並稱『膠西、膠東、菑川、濟南。』參看悼惠王世家斠證。

膠西王乃祖跣席棄飲水謝太后。

　　考證：漢書『祖跣』作『徒跣。』

　　案通鑑從漢傳作『徒跣。』

漢兵遠。臣觀之，已罷，可襲。

　　考證：楓、三本遠下有來字。當依補。漢書作還，誤。

　　案漢傳遠作還，補注引王念孫云：『還，當依史記作遠，字之誤也。行遠則兵

　　罷，故曰「已罷，可襲。」』通鑑誤從漢傳作還。淮陰侯列傳：『成安君曰：今

　　韓信兵……能千里而襲我，亦已罷極。』亦所謂『遠來，已罷』也。師古注：

　　『罷讀曰疲。』

王何處？須以從事。

　　案師古注：『言王欲以何理自安處？吾待以行事也。』

叩頭漢軍壁，

　　案通鑑漢上有詣字。『叩頭』句。『詣漢軍壁』句。

卬等謹以罷兵歸。

　　考證：罷上以字，漢書作已。

　　案通鑑從漢傳作已。

王苟以錯不善，何不以聞？及未有詔虎符，擅發兵擊義國。

　　王念孫云：『及當爲乃，言王何不以聞而乃擅發兵也。漢書亦誤爲及。又朝鮮

傳：「將率不能前，及使衞山諭降石渠。」及亦當爲乃，言前以將帥不相能，乃

使衞山往諭石渠也。漢書正作乃。』

吳昌瑩云：及猶乃也。『及未有詔，』言乃未有詔也。（經詞衍釋五。）

考證：漢書錯下有爲字。『義國，』言守義不從反也。謂齊國。

施之勉云：『楊樹達曰：此言既不以錯之不善聞而遽興兵；又無虎符而擅發兵擊

齊。兩事相連，故用及字。若作乃字，則文不可通。王校殊誤。』

案苟猶果也。通鑑錯下亦有爲字。王氏謂『及當作乃。』吳氏謂『及猶乃也，』

則無煩改字。楊氏釋及爲又，以爲『兩事相連。若作乃，則不可通。』實則作

及、作乃，皆與又同義。惟及無煩改爲乃耳。考證『義國』云云，本王先謙說。

意非欲誅錯也。

案漢傳非下有徒字，通鑑從之。

膠東、菑川、濟南王皆死。

考證：漢書作『伏誅。』

案漢紀、通鑑死亦並作『伏誅。』

酈將軍圍趙，十月而下之。

梁玉繩云：『十月』乃『三月』之誤，說在元王世家。

考證：『張文虎曰：「樊酈滕灌傳、漢書荆吳燕傳，並作『十月。』楚元王世

家云：『相距七月。』案七國以景三年正月反，至十月，則入四年歲首矣。恐

誤。」』

施之勉云：楚元王世家、漢書高五王傳，作『七月，』是也。此作『十月，』係

『七月』之譌。吳、楚反，先於三年十二月起兵。此當從十二月起，至六月而降

邯鄲，爲七月也。

案『十月』蓋本作『十月，』十，即古七字。通鑑亦作『七月。』惟據史漢景

紀、絳侯、梁孝王世家，周勃、文三王傳及漢紀，七國以景帝三年正月反，三月

滅。則當作『三月。』楚元王世家志疑及斠證並有說。酈商傳亦有說。

濟北王以劫故得不誅，徙王菑川。

案齊悼惠王世家：『吳、楚反時，志堅守不與諸侯合謀。吳、楚已平，徙王菑

川。』與此異。參看彼文斠證。

爭技發難，

索隱：謂與太子爭博，爲爭技也。

考證：……愚按楓、三本技作博，蓋誤以旁注訂本文。

案『爭技，』卽指爭博言之，索隱說是。楓、三本技作博，涉索隱博字而誤。

豈益、錯邪？

考證：毛本作袁益，漢書作鼂錯。

案漢傳作『豈謂錯哉？』彼贊上文僅言及錯，故此文不涉及益。史公此贊上文兼言鼂錯、袁益，則此文不得不益、錯並言矣。毛本非也。

出自第四十八本第三分（一九七七年九月）

史記斠證卷一百七

魏其武安侯列傳第四十七

王　叔　岷

魏其侯竇嬰者，

　　考證：『漢書云：字王孫。』

　　案書鈔六五引竇嬰下有『字王孫』三字，蓋與漢傳文相亂也。

千秋之後傳梁王。

　　案梁孝王世家、漢書梁孝王傳（浙本）及竇嬰傳、漢紀九、通鑑漢紀八，梁皆作

　　於，當從之。梁字蓋涉上下文而誤。

所賜金，陳之廊廡下。軍吏過，輒令財取爲用。金無入家者。

　　集解：『蘇林曰：自令裁度取爲用也。』

　　施之勉云：『白帖十五引史，財作裁。注：裁，酌也。』

　　案白帖十五引『陳之』作『陳於，』之猶於也。蘇氏說財爲裁，師古注亦云：

　　『財與裁同。』廉頗藺相如傳，趙奢爲將，『王及宗室所賞賜者，盡以予軍吏士

　　大夫。』與竇嬰頗相似。而趙奢之子括爲將，『王所賜金帛，歸藏於家。』則大

　　異矣！

相提而論，

　　索隱：『相提，』猶相抵也。

　　考證：『中井積德曰：「相提，」謂相提攜也。與客取手而談耳。……』

　　案『相提而論』，猶言『據此而論』耳。

有如兩宮螫將軍，

　　集解：『張晏曰：「……螫，怒也。毒蟲怒必螫人。」又火各反。』

索隱：螫音釋，謂怒也。毒蟲怒必螫人。又音火各反。漢書作奭，奭卽螫也。

案說文：『螫，蟲行毒也。』漢傳螫作奭，螫、奭正、假字。集解引張注『螫，怒也。』乃漢傳張注。螫蓋本作奭，依此正文作螫改之也。索隱『螫音釋，謂怒也。』云云，卽本張注。螫、奭並訓怒，則是赫之借字，音火各反，卽讀爲赫，赫，古音如郝。方言十二：『赫，怒也。』

太后豈以爲臣有愛不相魏其？魏其者，沾沾自喜耳。多易，難以爲相持重。

集解：『張晏曰：……多易，多輕易之行也。』

索隱：愛猶惜也。

案師古注：『愛猶惜也。』卽索隱所本。漢傳補注引錢大昭曰：『沾卽姑字，說文：「姑，小弱也。一曰，女輕薄善走也。一曰，多技藝也。」言魏其自以爲多技藝，而輕薄自喜，不勝丞相之任。』姑、沾正、假字。『沾沾自喜，』卽『輕薄自喜，』不必就多技藝言。輕薄自喜，故多輕易。多輕易，則不能持重矣。漢傳張注『輕易』作『輕薄。』補注：『官本薄作易。』

武安侯田蚡者，

案景祐本、黃善夫本、殿本皆提行。

學槃盂諸書。

集解：『應劭曰：黃帝史孔甲所作銘也。……』

案說文繫傳九引槃作盤，槃上更有孔甲二字，並云：『謂盤盂之刻銘也。』孔甲二字蓋據應注增。槃、盤古通，漢傳亦作盤。

所鎮撫多有田蚡賓客計筴。

考證：愚按楓、三本有作用。

案廣雅釋詁一：『有，取也。』取、用義近。

勝爲周陽侯。

正義：絳州聞喜縣東二十里周陽故城也。

案通鑑漢紀八注引正義，『二十』下有九字，當補。外戚世家：『勝爲周陽侯。』

正義：『括地志云：周陽故城，在絳州聞喜縣東二十九里也。』亦可證此文正義『二十』下脫九字。

武安侯新欲用事爲相。

考證：『漢書無欲字，「爲相」字。中井積德曰：「欲字宜在爲字上。」李笠曰：「武安時已用事，所欲者爲相耳。」』

案『新欲用事爲相，』猶言『新欲爲相』耳。『用、事、爲，』三字疊義。用、事，並與爲同義。老子八十章。『使民復結繩而用之，』吳索就寫本用作爲。禮記樂記：『事蚤濟也。』鄭注：『事猶爲也。』並其證。史記三字疊義之例甚多，項羽本紀：『孤、特、獨立，而欲長存。』宋世家：『我其發、出、往。』晉世家：『故、逐、因命之曰虞。』楚世家：『寡人與楚接境、壞、界。』燕王世家：『今呂氏雅、故、本推轂高帝就天下。』五宗世家：『使人致擊、笞、掠。』皆其證。

卽上以將軍爲丞相，

案卽猶若也。

今以毀去矣。

王先謙云：今猶卽也。

案今猶將也。

舉適諸竇宗室毋節行者，

案漢傳適作讁，補注：『官本讁作謫，史記作適。讁、謫、適，通用。謂譴責也。』讁乃謫之隸變，讁、適正、假字。吳王濞傳有說。

竇太后大怒，乃罷逐趙綰、王臧等。

考證：『漢書「大怒」下補「曰：此欲復爲新垣平邪？」九字。王先謙曰：「太后陰求綰、臧姦利事以讓上，上下綰、臧吏也。」梁玉繩曰：「漢書武紀及百官表云『有罪，下獄自殺。』〔此但言『罷逐，』非也。〕」』

案封禪書：『竇太后使人微伺得趙綰等姦利事，召案綰、臧，綰、臧自殺。』（又見僞武紀及漢書郊祀志上。）漢紀十：『御史大夫趙綰、郎中令王臧下獄死。』又通鑑漢紀九：『竇太后大怒，曰：「此欲復爲新垣平邪？」陰求得趙綰、王臧姦利事以讓上，上因……下綰、臧吏，皆自殺。』蓋彙采史、漢。王氏云云，則徑本通鑑也。

以大司農韓安國爲御史大夫。

梁玉繩云：此及韓長孺傳同。但百官表，景帝後元年改治粟內史爲大農令。至太初元年始更名大司農也。

案漢紀亦稱『大司農韓安國。』通鑑改稱『大農令韓安國，』注云：『大農令，本秦之治粟內史也，漢初因之。景帝中六年更名大農令。〔武〕帝太初元年更名大司農。』『中六年』乃『後元年』之誤。

蚡以肺腑爲京師相。

索隱：『腑音附。肺附，言如肝肺之相附。又云：柿，木札。……』

正義：『顏師古曰：「舊解云：「肺腑，如肝腑之相附著也。」一說：「柿，斫木札也。……」』

案漢傳腑作附，索隱云云，卽本師古注。黃善夫本、殿本並略索隱；又正義柿，斫木札也。』並作『肺，碎木札也。』碎乃斫之誤，訓『斫木札，』則肺乃柿之借字。

非痛折節以禮詘之，天下不肅。

索隱：案痛，甚也。欲令士折節屈下於己。……

案師古注：『痛猶甚也。言目尊貴臨之，皆令其屈節而下己也。』卽索隱所本。

吾亦欲除吏。

案記纂淵海四三引吾作朕。

不可以兄故私橈。

案師古注：『橈，曲也。』

立曲旃。

索隱：『……說文：曲旃者，所以招士也。』

案師古注：『許慎云：旃，旗曲柄也。所以旃表士眾也。』與今本說文合。御覽三百四十引說文云：『旃，曲柄也。所以招士眾也。』（曲上蓋脫旗字。）與索隱所引較合。

諸侯奉金玉狗馬玩好，不可勝數。

考證：漢書無侯字，奉作奏。

案侯字疑因諸字聯想而衍，當據漢傳刪。奉亦當從漢傳作奏，師古注：『奏，進

也。』是也。廉頗藺相如列傳：『請奏盆缻秦王。』今本奏誤奉，與此同例。彼

文斠證有辨。

諸客稍稍自引而怠傲。

案漢傳傲作驁，師古注：『驁與傲同。』（一本正文、注文驁並誤鷔。）容齋隨

筆二亦作驁，從漢傳也。

灌將軍獨不失故。

考證：漢書改『不失』爲否。

案漢傳作『唯灌夫獨否。』故字屬下讀。補注：『宋祁曰：「南本否作「不顧。」

余謂不若作否。」此蓋否作不，後人不知不卽否字，又妄加顧字耳。』竊疑漢傳

本作『唯灌夫獨不失故。』失字因故字音誤爲顧，後人改不爲否，又以故字屬下

讀耳。漢紀十一作『唯灌夫獨不去。』與『唯灌夫獨不失故』同旨。

灌將軍夫者，潁陰人也。

案景祐本、黃善夫本、殿本皆提行，漢傳同。

潁陰侯灌何爲將軍，

索隱：案何，是嬰子。漢書作嬰，誤也。

案漢傳何作嬰，師古注：『時潁陰侯是灌嬰之子，名何，轉寫誤爲嬰耳。』卽索

隱所本。

潁陰侯言之上。

考證：楓本之作於。

案之猶於也。

夫與長樂衞尉竇甫飲，輕重不得，夫醉搏甫。

集解：『晉灼曰：飲酒輕重不得其平也。』

考證：『顏師古曰：「禮數之輕重也。」中井積德曰：「輕重，猶言得失也。彼

以爲是、此以爲非之類。」』

案『輕重不得，』猶言『少多不平。』謂竇甫飲少，灌夫飲多也。晉說近之。夫

飲多，故醉而搏甫。

不好面諛。

案殿本諛作腴，張照云：『面腴，』蓋『面諛』也。或古字通；或傳寫之訛。……
案腴乃諛之誤，景祐本、黃善夫本並作諛，御覽四七三、八四六引並同。漢傳亦
作諛。

貴戚諸有勢在己之右，不欲加禮，必陵之。

案御覽四七三引有作權。又引『不欲加禮，必陵之。』作『欲必陵之。』（欲猶
則也。）疑所引乃漢傳文，而標史記之名也。八四六引此文，則與史記同。

尤益敬。

考證：楓、三本，漢書，益下有禮字。

案御覽四七三引此作『尤益禮待。』

夫不喜文學，好任俠，已然諾。

案御覽引喜、好二字互易，已作重。漢傳喜、好二字亦互易。

及魏其侯失勢，亦欲倚灌夫，引繩批根生平慕之後弃之者。

索隱：……批者排也。漢書作排。

案御覽八四六引此批亦作排，疑與漢傳相亂。論衡譴告篇：『竇嬰、灌夫疾時爲
邪，相與日引繩以糾繩之。』（繩，俗本誤繮。）本此而言也。

兩人相爲引重。

案莊子外物篇：『相引以名。』

將軍乃肯幸臨況魏其侯！

考證：『沈欽韓曰：「田蚡見爲丞相，而稱之將軍，史駁文。」顏師古曰：「況，
辭也。」』

施之勉云：傳中前後稱蚡爲將軍者八。錢竹汀氏謂公孫賀、李蔡皆官至丞相，而
以將軍目之，蓋漢人以將軍爲重也。

案爾雅釋詁：『貺，賜也。』釋文：『貺，本或作況。』況、貺古、今字。淮陰
侯列傳，韓信嘗過樊噲，噲曰：『大王乃肯臨臣！』與此句法同。

請語魏其侯帳具。

考證：漢書無帳字。

案漢傳具上疑本有帳字。下文『早帳具，』（早，疑本作蚤。）漢傳作『張具。
史文以『帳具』承『帳具』言之，漢傳則以『張具』承『張具』言之。『帳具』
猶『張具，』說文：『帳，張也。』（釋名釋牀帳同。）下文『魏其夫婦治具。』
『治具』亦猶『張具』也。

早帳具至旦。平明，

考證：愚按早，早曉也。『至旦，』屬上。漢書刪早字、『至旦』字，下文『自
旦至今』四字，無所承。

案漢書刪早字，有『至旦』字，考證失檢。此當讀『早帳具』爲句。『至旦平明』
爲句。旦與『平明』爲複語。莊子列傳：『大抵率寓言也。』『大抵』與率爲複
語，與此相似。漢傳補注已以『至旦』二字屬上爲句，云：『若作「至旦平明。」
則文不成義。』蓋不明此類複語之例也。

武安鄂謝曰。

集解：『徐廣曰：鄂，一作悟。』

案漢傳鄂作悟。御覽引此鄂作愕，鄂、愕古、今字。本字作遻，說文：『遻，相
遇驚也。』

且灌夫何與也？

案師古注：『與讀曰預。預，干也。』漢紀一本與作預。

元光四年春，

集解：『徐廣曰：疑此當是三年也。其說在後。』

考證：『梁玉繩曰：當作二年，說在後。』

施之勉云：『王先謙曰：集解引徐廣以爲當是三年，是也。』

案通鑑在三年，考異有說，詳後。

丞相取燕王女爲夫人。

索隱：案蚡娶燕王劉澤子康王嘉之女也。

案御覽引取作娶，與索隱合，娶、取正、假字。師古注：『燕王澤之子康王嘉
女。』卽索隱所本。

有太后詔，

考證：漢書無有字。

案漢紀亦無有字。

事巳解，

案漢紀解作和，義同。

巳魏其侯爲壽，

案巳猶『巳而』也。

夫怒，因嘻笑曰：將軍貴人也。屬之。

索隱：案漢書〔屬〕作畢。畢，盡也。

考證：……『屬之，』敍事之文。

案漢傳屬作畢，師古注：『言「將軍雖貴人也，請盡此觴。」嘻，強笑也。』則『畢之』是灌夫之辭。左昭二十八年傳：『屬厭而巳。』杜注：『屬，足也。』『屬之』猶『足之，』則是敍事之文。蓋武安云『不能滿觴。』灌夫則足之使滿也。漢紀『屬之』作『釋之，』亦是敍事之文。（廣雅釋詁一：『屬，解也。』解與釋義近。）惟作『釋之，』與下文『時武安不肯，』不相應。

乃效女兒咕囁耳語。

索隱：『女兒』猶云『兒女』也。漢書作『女曹兒，』曹，輩也。猶言兒女輩。
……

案說文繫傳五引『女兒』作『兒女子，』與索隱意合。師古注：『「女曹兒，」猶言兒女輩也。』即索隱後說所本。

今日斬頭陷胷，

索隱：漢書作『穴匈。』

施之勉云：荀紀『陷胷』作『穿胸。』

案陷、穴、穿，並同義。匈、胷正、俗字。

乃匿其家，

施之勉云：『師古云：匿，避也。不令家人知之，恐其又止諫也。』

案漢紀匿作還，還疑避之誤。師古往往據漢紀以釋漢書，此釋匿爲避，或亦本於漢紀也。

東朝廷辯之。

　　集解：『如淳曰：東朝，太后朝。』

　　案通鑑注：『東朝，謂太后居長樂宮，在未央宮之東也。令於長樂宮見太后，廷

　　辨其是非也。』

不如魏其、灌夫，

　　考證：楓、三本『不如』作『今如。』『今如魏其、灌夫，』六字爲一句，義

　　長。

　　施之勉云：景祐本『不如』作『今如。』

　　案作『今如』是。下文『臣乃不如魏其等所爲。』（如，本亦作知，非。詳下。）

　　『不如』與此『今如』相應。此『今如』之作『不如，』蓋後人據漢傳改之也。

辟倪兩宮閒。

　　索隱：『……埤倉云：睥睨，邪視也。』

　　案記纂淵海五十引『辟倪』作『睥睨，』漢傳作『辟睨。』並字異而義同。（參

　　看魏公子列傳斠證。）

臣乃不知魏其等所爲。

　　考證：毛本知作如，與漢書合。作知義長。

　　施之勉云：景祐本作如。黃善夫本、凌本、殿本作知。

　　案作『不如』是，上文有說。

不折必披。

　　正義：披，分析也。

　　案必猶則也。披借爲柀，說文：『柀，一曰析也。』（段注披下有說。）

後不敢堅對。餘皆莫敢對。

　　案景祐本堅下無對字，漢傳、通鑑並同，蓋涉下對字而衍。

此特帝在，卽錄錄。設百歲後，是屬寧有可信者乎？

　　索隱：案設者，脫也。

　　案此，謂此事也。特借爲值，猶當也。平原君傳：『公等錄錄，所謂因人成事者

　　也。』與此『錄錄』同旨。錄借爲娽，說文：『娽，隨從也。』『錄錄，』隨從

而無主見之貌。韓安國於魏其、武安兩以爲是；汲黯、鄭當時並是魏其，後不敢堅；餘莫敢對。是皆隨從而無主見者也。師古注：『設猶脫也。』即索隱所本。

此一獄吏所決耳。

案所猶可也。

何爲首鼠兩端？

案宋龔頤正芥隱筆記：『史記灌夫傳：「何爲首鼠兩端？」後漢書鄧訓傳：「首施兩端。」（注：猶首鼠也。）西羌傳亦云：「首施兩端。」駢雅釋訓：『首施、首鼠，遲疑也。』

君何不自喜？

考證：『張照曰：「『不自喜，』猶言『不自愛。』……」愚按「自喜，」猶言「自好，」謂自愛重也。外戚世家：「壹何不自喜而倍本乎？」』

案『不自喜，』謂不自愛重。考證本張說，是也。酈生列傳：『足下何不自喜也？』亦同例。

上必多君有讓，

案有猶能也。平原君列傳：『是先生無所有也。』御覽七百四引春秋後語有作能。』即有、能同義之證。孟子萬章篇：『懦夫有立志。』有亦猶能也。

杜門齰舌自殺。

索隱：『案說文云：「齰，齧也。」……』

案景祐本、黃善夫本、殿本齰皆作齚。索隱本作齰，一切經音義八二引同。漢傳亦作齰。說文：『齰，齧也。齚，齰或从乍。』

君亦毀人。

考證：『張文虎曰：宋本、中統、游、毛，「毀人」作「毀之。」漢書同。』

施之勉云：景祐本作『毀之，』黃善夫本作『毀人。』

案殿本亦作『毀之。』

頗不儻，

案漢傳晉灼注：『儻，當也。』

而案尙書，大行無遺詔。

集解：『如淳曰：大行，主諸侯官也。』

索隱：案尙書無此景帝崩時大行遺詔，乃魏其家臣印封之。如淳說非也。

案師古注駁如淳注云：『此說非也。大行，景帝大行也。尙書之中無此大行遺詔
也。』蓋索隱所本。

乃劾魏其矯先帝詔，

梁玉繩云：『錢大昭曰：詔下當有害字，漢傳可證。』

案漢紀作『丞相乃奏劾嬰矯先帝令，』無害字，與史合。

五年十月，

集解：『徐廣曰：疑非五年，亦非十月。』

索隱：徐氏云『疑非』者，案武紀，四年三月蚡薨，竇嬰死在前，今云五年，故
疑非也。

正義：『漢書云：「元光四年冬，魏其侯嬰有罪弃市。春三月乙卯，丞相蚡薨。」
按五年者誤也。』

考證：『梁玉繩曰：「竇嬰、灌夫、田蚡之死在元光三年，夫以十月族，嬰以十
二月弃市，蚡以三月卒。」愚按梁說詳于史記志疑三十三卷，今不具載。』

案『五年』乃『四年』之誤。漢紀：『四年冬十有二月，魏其侯竇嬰弃市。春三
月，丞相田蚡薨。』通鑑亦云：『四年冬十二月晦，論殺魏其於渭城。春三月乙
卯，武安侯蚡亦薨。』考異云：『武安侯傳云：「元光四年春，丞相按灌夫事。
其夏，取夫人。五年十月，論灌夫及家屬。十二月晦，魏其弃市。」徐廣引武帝
本紀、侯表，以爲蚡薨在嬰死後分明。「四年」當是「三年，」「五年」當是
「四年。」今從之。』今本漢傳此文『四年』亦誤『五年。』王氏補注引此正義，
並云：『據此，是正義所見漢書本「五年」竝作「四年。」此「五年」乃後人所
改。前「三年」之爲「四年，」亦後人沿史記改之。』其說是也。下文『其春武
安侯病。』正義：『其春，卽四年春也。元光四年十月，灌夫弃市。十二月末，
魏其弃市。至三月乙卯，田蚡薨。則三人死同在一年明矣。漢以十月爲歲首故
也。』梁氏謂『竇嬰、灌夫、田蚡之死在元光三年。』未審。

病痱。

索隱：痱，音肥。……風病也。

案師古注：『痱，風病也。音肥。』（一本病作疾。）卽索隱所本。

專呼服謝罪。

案論衡死僞篇作『號曰諾諾。』漢紀作『呼曰：服罪服罪。』

使巫視鬼者視之，見魏其、灌夫共守欲殺之。

考證：漢書使上有上字，守下有笞字，義異。

案漢紀使上亦有上字。『共守欲殺之，』作『共守笞之。』（俗本守誤手。）笞下蓋略『欲殺』二字。

卽宮車晏駕，非大王立，當誰哉？

案卽猶若也。漢紀作如，義同。漢傳當作尙，尙亦借爲當。

上自魏其時，不直武安，特爲太后故耳。

索隱：案武帝以魏其、灌夫事爲枉，於武安侯爲不直，特爲太后故耳。

考證：漢書魏其下有事字。

案索隱云云，疑所據正文魏其下本有『灌夫事』三字。漢傳作『上自嬰、夫事時。』文意正同。考證謂『漢書魏其下有事字。』失檢。漢紀作『至灌夫事。』當作『自魏其、灌夫事。』

使武安侯在者族矣！

案者猶則也。

杯酒責望，

案『責望』字正作誶，說文：『誶，責望也。』韓長孺傳：『今太后以小節苛禮責望梁王。』與此同例。

遷怒及人，

案論語雍也篇：『不遷怒。』

史記斠證卷一百八

韓長孺列傳第四十八

王 叔 岷

御史大夫韓安國者，梁成安人也。

索隱：『按徐廣云：「在汝、潁之閒。」漢書地理志：「縣名，屬陳留。」』

梁氏志疑所據湖本成作城，云：『潁川、陳留皆有成安縣，（成、城古通。）而此云「梁城安」者，必陳留之成安也。陳留本由梁分置，史從其初書之。』

考證：成安，各本作城安。今從正義本、楓、三本及漢書。

案漢傳云：『韓安國，字長孺。』白帖十三引史亦云：『韓安國，字長孺。』蓋與漢傳文相亂。景祐本、黃善夫本、殿本成亦皆作城。黃本、殿本索隱，並略『按徐廣云：在汝、潁之閒。』九字，志下並有云字。

夫前日吳、楚、齊、趙七國反時，自關以東，皆合從西鄉。惟梁最親，為艱難。

案『為艱難。』為猶與也。漢傳艱作限，『艱難、』『限難，』並複語。爾雅釋詁：『艱，難也。』戰國策秦策一：『濟清河濁，足以為限。』高注：『限，難也。』漢傳補注引周壽昌曰：『言七國自東向西，梁限止其閒，與之為難。』分釋限、難二字，非也。

梁王念太后、帝在中，

正義：『中，謂關中也。又云：京師在天下之中。』

案師古注：『中，關中也。一說，謂京師為中。猶言中國也。』即正義所本。

故出稱蹕，

案梁孝王世家、漢書梁孝王傳及韓安國傳，蹕皆作趩，蹕與趩同。

即欲以侘鄙縣，

集解：『徐廣曰：「佗，一作絎也。」駰案，佗，音丑亞反，誇也。』

索隱：佗，音丑亞反，字如姹。佗者誇也。漢書作嫭，音火亞反。絎，音寒孟反。

案集解釋佗爲誇，索隱佗作佗，亦釋爲誇，佗與佗同，誇與夸通。佗，一作絎。廣雅釋詁二：『絎，緣也。』禮記玉藻：『緣廣寸半。』鄭注：『飾邊也。』是絎、緣並有飾義。飾與夸義近。濟傳作嫭，嫭亦夸也。文選謝惠連雪賦：『玉顏掩嫭。』注：『嫭與姱同。』嫭、姱古字作夸，淮南子脩務篇：『形夸骨佳。』劉文典集解云：『藝文類聚十八引夸作姱。』作夸是故書。漢傳『鄙縣』作『鄙小縣，』師古注：『言在外鄙之小縣也。』『鄙小，』複語，鄙亦小也。廣雅釋詁一：『鄙，小也。』不必分別釋之。黃善夫本、殿本索隱，並略『佗，音丑亞反，字如姹。佗者誇也。』十二字。

爲言之帝。言之，

梁玉繩云：『史詮曰：「朱本作『爲帝言之。帝言之。』劉辰翁云：『正要重此一句。』」』

案景祐本、黃善夫本並作『爲言之帝。言之。』與史詮所稱朱本異。彼所稱朱本，『爲帝言之』下衍帝字。漢書作『爲帝言之。言之。』可證也。

然卽溺之。

案白帖一、記纂淵海五七引卽並作則，風俗通窮通篇同。則猶卽也。師古注：『溺讀曰尿。』

漢使使者拜安國爲梁內史。

案風俗通『漢使使者，』作『孝景皇帝遣使者。』

我滅而宗。

案師古注：『而，汝也。』風俗通而作乃，義同。

公等足與治乎？

索隱：案謂不足與繩持之。治音持也。

案師古注：『治，謂當敵也。今人猶云「對治。」一曰：「不足繩治也。治讀如本字。」』補注：『一說是也，索隱取之。』實則師古前說較勝，釋名釋言語：

『治，值也。』值有當敵、對敵義。『足與治乎？』猶言『足與對敵乎？』（說文
通訓定聲治字下有說。）治訓細治，則足下不當有與字。

主辱臣死。

　　索隱：此語見國語。

　　考證：越語。

　　案國語越語載范蠡語，作『君辱臣死。』越世家載范蠡書，則作『主辱臣死。』
　　范雎列傳載雎語，亦云『主辱臣死。』（參看范雎傳斠證。）

大王自度於皇帝，孰與太上皇之與高皇帝、

　　案於猶與也。師古注：『孰與，』猶言『何如』也。

親父子之閒。

　　案漢傳、長短經難必篇並無之字。

故太上皇終不得制事，

　　案漢傳、長短經並無皇字。

治天下終不以私亂公。

　　案長短經亂作害。

悅一邪臣浮說，

　　索隱：『悅，漢書作怵。說文：怵，誘也。』

　　施之勉云：『四庫全書考證曰：「索隱：『悅，漢書作訹。說文：訹，誘也。』」
　　刊本訹譌怵，據漢書及說文改。』

　　案通鑑漢紀八悅亦作訹，從漢傳也。漢傳補注：『宋祁曰：江浙本訹作怵，音椿
　　戌反。』蓋據此索隱所引作怵改之。

橈明法。

　　正義：橈，曲也。

　　案正義說，本師古注。

不忍致法於王。

　　考證：漢書王上有大字。

　　案通鑑王上亦有大字。

而大王終不覺寤，

　　案長短經寤作悟，悟、寤正、假字。

遷爲大司農。

　　考證：『梁玉繩曰：「當爲大農令。」王先謙曰：「公卿表，建元二年。」』

　　案梁氏謂『當爲大農令。』武安侯傳有說。王說『二年』本作『三年。』見漢傳

　　補注，考證誤。

閩越、東越相攻，安國及大行王恢將兵。

　　梁氏志疑所據湖本無兵字，云：『閩越傳及漢書，皆言閩越圍東甌，東甌告急，

　　天子遣中大夫莊助持節發會稽兵救之。未至，閩越走，東甌來降。建元三年事

　　也。其後，閩越攻南越，天子遣大行王恢、大農韓安國將兵擊之。未至，越殺其

　　王郢降。兩將兵罷。建元六年事也。此序於六年之前，而以救南越之兵爲救東越

　　之兵，以莊助爲王恢、安國，豈不舛乎？』

　　王先謙云：建元六年後。武紀、兩粵傳，乃閩越攻南越。漢擊閩越，閩越殺王郢

　　降。東越當作南越。

　　案此建元六年事，東越當作南越，王說是。漢紀十、通鑑漢紀九東越亦並作南

　　越，且並書在建元六年。

天子下議。

　　考證：吳校本及漢書，議上有其字。

　　案通鑑議上亦有其字。秦始皇本紀：『始皇下其議於羣臣。』亦云『下其議。』

今匈奴負戎馬之足，

　　案師古注：『負，恃也。』

自上古不屬爲人。

　　案通鑑注：『不以人類待之。』

且彊弩之極矢，不能穿魯縞。

　　集解：『許慎曰：魯之縞尤薄。』

　　案淮南子說山篇：『矢之於十步貫兕甲，於三百步不能入魯縞。』說林篇亦云：

　　『矢之於十步貫兕甲。及其極，不能入魯縞。』集解所引許注，蓋許氏淮南子說

山篇注，陶方琦淮南許注異同詁有說。

其明年則元光元年，雁門馬邑豪聶翁壹，因大行王恢言上，

索隱：聶，姓也。翁壹，名也。漢書云聶壹。

梁玉繩云：『漢書此下有天子詔問公卿及安國與王恢辨難，似不可略。御覽三百廿七引史有之，蓋誤以漢書爲史記爾。又通鑑攷異曰：史記韓長孺傳，元光元年聶壹畫馬邑事，而漢書武紀在二年。蓋元年壹始言之，二年議乃決也。』

張照云：此下有天子詔問公卿、安國與王恢辨難之語，見新序，漢書用之。

案漢紀十一、通鑑漢紀十，聶翁壹亦並作聶壹。新序善謀篇、漢傳載安國與王恢辯難事甚詳。漢紀、通鑑亦略載之，並在元光二年。

吾能斬馬邑令丞吏，

考證：漢書無吏字。

案通鑑亦無吏字。漢紀無『丞吏』二字。

縣其頭馬邑城，

考證：漢書城下有下字。

案通鑑城下亦有下字。

將十餘萬騎入武州塞。

案漢傳補注：『在今朔平府左雲縣南。』

今單于聞，不至而還。臣以三萬人衆不敵，秖取辱耳。

集解：『徐廣曰：秖，一作祇也。』

考證：漢書無聞字，秖作祇。秖、祇通。

案通鑑亦無聞字，秖亦作祇。景祐本、黃善夫本，秖並从示作祇，集解同，當從之。从衣者誤。項羽本紀：『祇益禍耳。』與此作秖同旨。

廷尉當恢逗橈，當斬。

集解：『漢書音義曰：逗，曲行避敵也。橈，顧望。軍法語也。』

索隱：『應劭云：「逗，曲行而避敵。」音豆，又音住。住，謂留止也。橈，屈弱也。女孝反。一云：橈，顧望也。』

案集解所引漢書音義，乃應劭音義。又漢傳服虔注：『逗音企。』蘇林注：『逗

音豆。』如淳注：『軍法行而逗留畏懦者要斬。』師古注：『服、應二說皆非也。逗謂酋止也。橈，屈弱也。逗又音住。』補注引王念孫曰：『逗當爲迟，說文：「迟，曲行也。從辵，只聲。」玉篇音邱戟切。說文又云：「乚（讀若隱），匿也。象迟曲隱蔽形。」廣雅：「橈、迟，曲也。」是橈與迟同義。（應氏橈字之訓未確。）恢不擊單于輜重而輒罷兵，故曰「迟橈當斬。」淮南氾論篇云：「令曰：屈橈者要斬。」是也。迟與逗字相似，世人多見逗，少見迟，故迟譌爲逗。（史記韓長孺傳同。）逗，止也。橈，曲也。二字各爲一義，不得以「逗橈」連文。服、應所見本正作迟，故服云「迟音企。」以企、迟聲相近也。若逗字則聲與企遠而不可通矣。應云「迟，曲行避敵也。」「曲行」二字正用說文迟字之訓。若逗字則不得訓爲「曲行」矣。蘇、如所見本始譌作逗，故誤訓爲逗酋。師古不知逗爲迟之譌，反是蘇、如而非服、應，失之矣。』逗當作迟，王說精塙不刊！黃善夫本、殿本索隱，並略『應劭云：逗，曲行而避敵。』九字。『音豆』上，並有『案如淳云：「軍法行而逗留畏橈者要斬。」逗』十二字。『屈弱也』下，並略『女孝反。一云：橈，顧望也。』八字。『逗音豆。』乃本蘇注。『又音住。住，謂酋止也。橈，屈弱也。』乃本師古注。

智足以當世取舍，而出於忠厚焉。

　　索隱：案出者去也。言安國爲人無忠厚之行。

　　殿本考證：『徐孚遠曰：「出於忠厚，」言意本忠厚也。索隱解出爲去，言「無忠厚之行。」非也。觀贊語自得之。』

　　考證：『顏師古曰：「取舍，言可取則取，可止則止。」……愚按當猶合也，出猶發也。』

　　施之勉云：『景祐本「取舍」作「取合」。李慈銘曰：取合猶迎合。言安國之智，足以取合於世也。』

　　案師古釋『取合』之義甚是。太史公自序：『智足以應近世之變，寬足用得人。作韓長孺列傳。』『應近世之變，』猶此言『當世取舍。』寬，猶此言『忠厚。』『取舍』並言，可取可舍，所謂變也。景祐本作『取合，』合乃舍之壞字，不足據。『寬足用得人，』則非『無忠厚之行』矣。亦可證索隱之非。

貪嗜於財，所推舉皆廉士，

　　考證：楓、三本、漢書，財下有『利然』二字。

　　施之勉云：景祐本財下有然字。

　　案殿本財下亦有然字。

於梁舉壺遂、臧固、郅他，皆天下名士。

　　索隱：上音質，下徒河反。謂三人姓名也。壺遂也，臧固也，郅他也。若漢書則
　　云『至他，』言至於他處，亦舉名士也。

　　案漢傳郅他作『至它。』師古注：『至於他餘所舉，亦皆名士也。』補注引王念
　　孫曰：『至與郅通。它，古他字。壺遂、臧固、至它，皆人姓名。謂長孺舉此三
　　人，皆天下名士也。若云「至於他餘所舉，亦皆天下名士。」則名士不應若是之
　　多。且「至它」二字，文不成義。必加「所舉」二字於下而其義始明。小司馬以
　　「至它」爲「至於他處。」尤非！』索隱前說是。後說之誤，蓋由師古注所引出
　　者也。又索隱『徒河反，』單本河作何。

士亦以此稱慕之。唯天子以爲國器。

　　師古注：言臣下皆敬重之。天子一人亦以爲國器。

　　王念孫云：『據顏注，亦字當在「唯天子」下，今誤倒。汲黯傳：「弘、湯深心
　　疾黯，唯天子亦不說也。」語意正與此同。』（漢書雜志。）

　　王先謙云：唯讀爲雖。

　　案此本作『士以此稱慕之。唯天子亦以爲國器。』今本亦字錯在士字下，王念孫
　　說是也。范雎傳：『主人翁習知之。唯雎亦得謁。』亦與此句例同。魏公子傳：
　　『士以此方數千里爭往歸之。』與此上句例同。淮陰侯傳：『惟信亦以爲大王不
　　如也。』（據景祐本。惟與唯同。）與此下句例同。唯猶卽也。王先謙讀唯爲
　　雖，雖亦猶卽也。

破胡龍城。

　　考證：漢書作龍城。

　　案通鑑亦作龍城。

衛尉安國爲材官將軍，屯於漁陽。

考證：『梁玉繩曰：案安國時為將屯將軍，非材官也。又事在元光六年，此序在元朔元年，亦誤。〔說在名臣表。〕』

王先謙云：據武紀、匈奴傳，青等破龍城，在元光六年冬。安國屯漁陽，卽在是年秋。

案安國屯漁陽，漢紀十二、通鑑，亦並在元光六年秋。

匈奴大入上谷、漁陽。

考證：『王先謙曰：據漢書武紀、匈奴傳，元朔元年，匈奴入遼西、漁陽、雁門。未入上谷。』

案漢紀、通鑑於元朔元年，亦並稱匈奴入遼西、漁陽、雁門，未言入上谷。

斯鞠躬君子也。

案論語鄉黨篇：『執圭，鞠躬如也。』包注：『鞠躬者，敬慎之至也。』漢書馮奉世傳贊：『鞠躬履方，擇地而行。』師古注：『鞠躬，謹敬貌。』（參看廣雅釋訓王氏疏證。）

史記斠證卷一百九

李將軍列傳第四十九

王　叔　岷

其先曰李信，秦時爲將，逐得燕太子丹者也。

案刺客列傳：『秦將李信追丹，丹匿衍水中。燕王乃使使斬太子丹欲獻之秦。』（欲猶而也。）

而廣以良家子從軍擊胡，用善騎射，

索隱：『案如淳云：良家子，非醫巫商賈百工也。』

殿本考證：『徐孚遠曰：良家子從軍，蓋自以才力從大將軍取功名，非卒伍也。如說不分明。』

王先謙云：『周壽昌曰：漢制，凡從軍不在七科謫內者，謂之良家子。』

案漢書地理志下：『漢興，六郡良家子選給羽林期門，目材力爲官，名將多出焉。』如淳注：『醫商賈百工不得豫也。』與索隱所引如注小異。用猶因也。下文『用此，其將兵數困辱。』用亦因也。

而文帝曰：惜乎！子不遇時。如令子當高帝時，萬戶侯豈足道哉？

案魏其侯傳：『梁人高遂說魏其曰：能富貴將軍者，上也。』然則能貴李廣者，文帝也。』如文帝能貴李廣，則可得云『不遇時』乎？惟廣命奇，文帝雖欲貴之，恐亦不可得也。佞幸傳：『上使善相者相通，曰：「當貧餓死。」文帝曰：「能富通者在我也。何謂貧乎？」』後通竟餓死！豈非命邪？

匈奴日以合戰。

考證：三本以作與。

案以猶與也。漢傳作『數與匈奴戰。』

典屬國公孫昆邪爲上泣，

　　考證：公孫賀傳，昆邪作渾邪，北地義渠人，賀其孫也。

　　施之勉云：惠景侯表，昆邪，賀父。

　　案漢書公孫賀傳：『公孫賀，北地義渠人也。賀祖父昆邪。』非作渾邪，考證失檢。漢書功臣表及藝文志則並作渾邪，渾、昆古通。功臣表未明言渾邪爲賀父或祖父。

李廣才氣，天下無雙。

　　案魏公子列傳：『平原君謂其夫人曰：始吾聞夫人弟公子，天下無雙。』

天子使中貴人從廣，

　　考證：宦官從軍，蓋以是爲始。

　　施之勉云：『匈奴傳云：「匈奴俗見漢使非中貴人，其儒先以爲欲說，折其辯。其少年以爲欲刺，折其氣。」又云：「匈奴曰：『非得漢貴人使，吾不與誠語。』匈奴使其貴人，至漢病，漢予藥欲愈之，不幸而死。而漢使路充國佩二千石印綬，往使，因送其喪厚葬，直數千金。曰：『此漢貴人也！』」是中貴人，卽漢貴人，如路充國等是也。……呂氏春秋貴卒篇：「於是令貴人往實廣盧之地。荊王死，貴人皆來。貴人相與射臾起。」高誘曰：「貴人，貴臣也。」……此中貴人，卽是漢貴臣，漢大臣耳。考證非。』

　　案施氏所引呂氏春秋貴卒篇之『貴人，』史記臾起列傳作『貴戚，』（劉子貴速篇作『貴族，』同。）亦作『宗室大臣。』此『中貴人，』亦謂在朝之宗室大臣也。匈奴傳所謂『匈奴使其貴人至漢。』則又是匈奴之大臣矣。

中貴人將騎數十縱。

　　考證：『漢書作「將數十騎從。」顏師古曰：「直言將數十騎，自隨在大軍前行，而忽遇敵也。」與史義異。』

　　施之勉云：類聚七十四引作『將騎從。』荀紀作『將騎數十出。』

　　案漢傳縱作從，補注引王念孫曰：『顏以從爲隨從，非也。既在大軍前，則不得言隨從；若謂以騎自隨，則當云「從數十騎。」不當云「將數十騎從」也。從讀爲縱兵之縱，史記作「中貴人將騎數十縱。」徐廣曰：「放縱馳騁。」蓋得其意

矣。』藝文類聚七四、御覽七四四引此文，縱並作從，從亦讀爲縱。漢紀十三作

出，出與縱義近。

殺其騎且盡。

　　案藝文類聚引且作將，義同。

廣乃遂從百騎往馳三人。

　　案『乃遂，』複語，乃亦遂也。

今我留，匈奴必以我爲大軍誘之，必不敢擊我。

　　王念孫云：『「大軍，」本或作「大將軍，」非。史詮巳辯之。「大軍誘之，」

　　當作「大軍之誘。」言匈奴必以我爲大軍之誘敵者，不敢擊我也。上文曰：「匈

　　奴數千騎見廣，以爲誘騎。」是也。若云「大軍誘之，」則非其指矣。漢書李廣

　　傳正作「大軍之誘。」』

　　考證：『張文虎曰：各本大下衍將字，宋、中統、毛本無，與漢書合。』

　　施之勉云：景祐本無將字。黃善夫本有。

　　案殿本大下亦無將字，通典一五三、白帖十五並同。通鑑漢紀八亦無將字，『誘

　　之』亦作『之誘』。

廣令諸騎曰：『前。』前未到匈奴陳二里所止。

　　考證：前，句。令騎前行也。下前字，屬下讀。漢書不重前字，非是。

　　案通典、通鑑並從漢傳，不重前字。考證『令騎前行也。』本王先謙說。

卽有急，奈何？

　　案卽猶若也，經詞衍釋八有說。

左右以爲廣名將也。

　　案以字疑淺人所加，爲猶謂也。漢傳作『左右言廣名將也。』可證。

而廣行無部伍行陣，就善水草屯舍止，

　　考證：漢書『部伍』作『部曲，』……屯作頓，無止字。……

　　案漢紀十一、白帖『部伍』亦並作『部曲。』漢傳、通典一四八、通鑑九陣皆作

　　陳，與上下文一律，當從之。陣，俗字。漢紀、白帖『屯舍止』亦並作『頓舍。』

　　（屯、頓古通。王翦傳亦云：三日三夜不頓舍。）記纂淵海八十引此作『屯舍。』

通典作『屯止，』通鑑作『舍止。』『屯、舍、止，』三字疊義，皆止也。略其一字，則是兩字疊義。王翦傳有說。

人人自便，不擊刁斗以自衞。

集解：『孟康曰：以銅作鐎器，受一斗。晝炊飯食，夜擊持行，名曰刁斗。』

案記纂淵海引『人人』上有使字。漢傳『刁斗』作『刀斗，』（補注：刀，宜本作刁。）孟注同，當從之。刁，俗字。說文：『鐎，鐎斗也。』（段注：卽刀斗也。）繫傳：『史記注刁斗云：以銅作鐎器，受二升。……』今本史、漢孟注，『二升』皆作『一斗。』

莫府省約文書籍事。

正義：『……顏師古云：莫府者，以軍幕爲義，古字通用耳。……』

考證：漢書刪『籍事』二字。

施之勉云：御覽二百七十八引，『省約』作『省約束，』『文書籍事』作『文籍事。』又，荀紀約作少。

案記纂淵海引莫作幕，漢傳、白帖、通典皆同。作莫是故書。『省約文書籍事，』通典作『省約束文籍事。』與御覽引此文同。漢記『省約』二字作少，施氏失檢。漢紀、通鑑『文書』下亦並無『籍事』二字。

擊刁斗，

案漢傳、白帖斗下並有『自衞』二字。

其後四歲，廣以衞尉爲將軍，出鴈門擊匈奴。

案漢傳補注：『元光六年。』

廣詳死。

案黃善夫本、殿本詳並作佯，御覽二八二引同。通鑑漢紀十亦作佯。漢傳作陽，詳、陽古通，（漢記十二作僞，義同。）佯，俗字。

廣暫騰而上胡兒馬，因推墮兒。

集解：『徐廣曰：一云「抱兒鞭馬南馳」也。』

考證：『王先謙曰：「廣雅釋詁：暫，猝也。」』

案徐注所稱『抱兒鞭馬南馳。』謂漢傳也。御覽引此亦云：『抱兒南馳。』蓋與漢

傳相亂。漢紀作『抱胡兒而鞭馬南馳。』本漢傳。漢傳補注引洪頤煊云：『世表
集解：「抱，音普茅反。讀如拋。」枚乘傳：「抱薪救火。」抱義亦作拋。』是也。

廣行取胡兒弓，射殺追騎。

案師古注：『且行且射也。』未得行字之義。行猶因也。留侯世家：『乃使良
還，行燒絕棧道。』長短經霸圖篇注行作因，卽行、因同義之證。（此義前人未
發，參看古書虛字新義〔十、行〕條。）彼文師古注：『且行且燒，所過之處，
皆燒之也。』亦未得行字之義。

頃之家居數歲，廣家與故潁陰侯孫屏野，居藍田南山中，射獵。

索隱：案灌嬰之孫名強。

考證：史文疑有譌誤。漢書改作『數歲，與故潁陰侯屏居。』

案此當讀『頃之家居』句。『數歲』句。『廣家與故潁陰侯孫屏野居藍田南山中
射獵』十八字句。史文無誤。漢傳有刪略耳。據師古注：『潁陰侯灌嬰之孫名
彊。』似所見漢傳『潁陰侯』下本有孫字，與史文合。風俗通窮通篇：『李廣去
雲中太守，屏居藍田南山中射獵。』屏下無野字，與漢傳合。容齋續筆十六，
五筆六，並作『屏居藍田。』從漢傳也。又黃善夫本、殿本並略索隱。

廣卽請霸陵尉與俱，至軍而斬之。

考證：漢書載廣斬尉自劾，武帝不責，反加獎譽一詔。

案風俗通亦載廣斬尉上書謝罪，武帝反加獎譽一詔。容齋五筆六亦載之。（又略
見續筆十六。）並云：『觀此詔，豈不開妄殺之路乎？』俞正燮癸巳存稿十四
云：『霸陵尉職應止夜行者。守法，則廣斬之，豈非器小心螫者乎？』韓安國坐
法抵罪，蒙獄吏田甲辱之。後安國爲梁內史，田甲因肉袒謝，安國卒善遇之。
（詳韓長孺傳。）安國之器量宏於李廣遠矣！然霸陵尉至李廣軍，不知肉袒謝
罪，是亦不及田甲也。

不敢入右北平。

案御覽二七九引平下有界字。漢傳作『不入界。』

廣出獵，見草中石，以爲虎而射之，中石沒鏃。

集解：『徐廣曰：一作「沒羽。」』

梁玉繩云：『射石一事，呂氏春秋精通篇謂養由基，韓詩外傳六、新序雜事四謂楚熊渠子，與李廣爲三。論衡儒增篇以爲「主名不審，無實也。」黃氏日鈔亦云：「此事每載不同，要皆相承之妄言爾。」余考荀子解蔽篇云：「冥冥而行者，見寢石以爲伏虎。」淮南子氾論訓云：「怯者夜見寢石，以爲虎。」文選鮑照擬古詩注引闕子曰：「宋景公使工人爲弓，九年乃成。援弓而射之，其餘力猶飲羽于石梁。」或世傳其語，遂取善射之人以實之歟？周書載李遠獵于莎柵，見石于叢薄中，以爲伏兎，射之鏃入寸餘。恐不可信。亦如李廣之沒矢飲羽矣。又西京雜記五，述廣此事云：「獵于冥山之陽。」據戰國策及史蘇秦傳。冥山在韓國。而右北平治平剛，在今塞外。即使廣眞有其事，亦非守右北平時也。』

考證：漢書〔鏃〕作矢。

案吳曾能改齋漫錄五云：『史記、漢書記李廣射箭事，或云「飲羽，」或云「飲鏃。」顏氏以爲無飲羽之理。』與今傳史記作『沒鏃，』漢傳作『沒矢，』並不合。且漢傳顏氏亦無注。漢紀十三作『沒羽，』或即徐注所稱一作『沒羽』所本。西京雜記五、水經鮑丘水注、白帖十五述李廣事，皆作『飲羽。』梁氏所稱外傳、新序楚熊渠子射石事，又見搜神記十一，且與李廣射石事並論；又所稱文選鮑照擬古詩注引闕子云云，又詳見文選左太沖吳都賦劉淵林注、水經雎水注、書鈔一二五、藝文類聚六十、白帖十六、御覽三四七，惟闕子皆作闕子，闕乃闕之誤。（能改齋漫錄五作門子，門乃壞字。）漢書藝文志從橫家有闕子一篇。

終不能復入石矣。

考證：類聚引史記入下無石字，與漢書合，此衍。

施之勉云：御覽七百四十四引史記，入下亦無石字。

案藝文類聚七四引此作『終不復入。』御覽七四四承之，亦引作『終不復入。』蓋刪略四字，（白帖作『不復入，』刪略尤多。）石字恐非衍文也。漢傳略作『終不能入矣。』漢紀本之，作『終不能入。』更略矣字。

廣爲人長，猨臂。其善射亦天性也。

案漢傳補注引沈欽韓曰：『淮南修務訓：「羿左臂修而善射。」此亦如猨之通臂也。』御覽八二引帝王世紀亦云：『羿學射於吉甫，其臂左長，故亦以善射聞。』

（夏本紀正義亦引之，無左字、亦字。）

莫能及廣。

　　案藝文類聚、御覽引此，並無廣字，漢傳同。

廣之將兵，乏絕之處，見水，士卒不盡飲，廣不近水。士卒不盡食，廣不嘗食。

　　案通鑑漢紀十一注引孔穎達曰：『暫無曰乏，不續曰絕。』漢傳補注引沈欽韓
　　曰：『三略：軍井未鑿，將不言渴。軍竈未炊，將不言飢。』淮南列傳稱大將軍
　　衞青，『穿井未通，須士卒盡得水，乃敢飲。』與李廣相似。又淮南子兵略篇：
　　『古之善將者，軍食熟然後敢食，軍井通然後敢飲。所以同飢渴也。』

寬緩不苛，士以此愛樂爲用。

　　案陳涉世家：『吳廣素愛人，士卒多爲用者。』淮南列傳：『大將軍（衞青）於
　　士卒有恩，衆皆樂爲之用。』並與李廣相似。

見敵急，非在數十步之內，度不中不發。

　　考證：漢書無急字，此疑衍。

　　施之勉云：御覽七百四十四引史記，無急字。

　　案白帖二十五亦無急字。有急字義長。王先謙云：『非見敵急不射。』是也。白
　　帖、御覽從漢傳略急字耳。

後三歲，廣以郎中令將四千騎出右北平。

　　考證：『梁玉繩曰：案此云，是元狩三年也。漢傳同。然考名臣表、匈奴傳及漢
　　書武紀、匈奴傳，皆是元狩二年。則當作「後二歲。」下文敍元狩四年廣爲前將
　　軍，云「後二歲。」則此言「三歲」之誤，尤明。』

　　案驃騎列傳、漢紀、通鑑，皆是元狩二年。梁說是。

敢獨與數十騎馳。

　　考證：楓、三本、漢書，與作從。

　　案漢紀與亦作從。

胡虜易與耳！

　　案『易與』一詞，史記習見。與讀爲舉，取也。『易與』猶『易取。』項羽本紀有說。

而廣身自以大黃射其裨將，殺數人。

集解：『……孟康曰：「太公六韜曰：陷堅敗强敵，用大黄連弩。」』

案漢紀『數人』作『數十人，』恐非。漢傳孟注，連上有參字。王應麟漢藝文志

考證八引孟注同。並云：『按周官五射，參連，其一也。』

胡虜益解。

考證：『王先謙曰：「凡言益者，皆以漸加之詞。……李廣傳：『胡虜益解，』

言『胡虜漸解。』」』

施之勉云：王說是也。荀紀『胡虜益解，』作『胡虜稍稍解去。』

案『胡虜益解，』與上『胡急擊之』對言。此解字，與下『匈奴軍乃解去』之解

異義。解讀爲懈，『益解』猶『漸懈。』田單列傳：『燕軍由此益懈。』彼文之

『益懈，』猶此文之『益解』也。漢紀此文作『胡虜稍稍解去。』去字疑淺人所

加。『稍稍解』猶言『漸懈』耳。

益治軍。

案師古注：『巡部曲，整行陳也。』

廣軍功自如，無賞。

王念孫云：『「自如」者，「自當」也。謂廣爲匈奴所敗，又能敗匈奴。其軍功

與過自相當，故無賞也。漢書「自如」作「自當，」是其證。又匈奴傳：「匈奴

自度戰不能如漢兵，」亦謂「不能當漢兵」也。漢書作「不能與漢兵。」如、與

聲相近，與亦當也。古者如與當同義，衞策曰：「夫宋之不足如梁也，寡人知之

矣。」高注曰：「如，當也。」』

案王說是也。漢紀云：『廣旣歸，以其所殺獲自當，無罪無賞。』『自如』亦作

『自當。』

中率，封爲樂安侯。

案漢傳補注引錢大昭曰：『中率，中首虜率也。上文云：諸將多中首虜率，爲侯。』

諸廣之軍吏及士卒，

案諸猶凡也。裴學海古書虛字集釋九有說。

才能不及中人。

案漢傳、論衡禍虛篇並無人字。師古注『中，謂中庸之人也。』

且固命也？

　　案『且固』猶『抑乃。』

豈嘗有所恨乎？

　　案師古注：『恨，悔也。』

吾誘而降，降者八百餘人。

　　案降字疑誤疊，漢傳作『吾誘降者八百餘人。』論衡作『吾誘而降之八百餘人。』

　　（之猶者也。）漢紀作『廣誘降者八百餘人。』皆不疊降字。

禍莫大於殺已降。此乃將軍所以不得侯者也！

　　案白起列傳：『武安君曰：「我固當死。長平之戰，趙卒降者數十萬人，我詐而

　　盡阬之。是足以死！」遂自殺。』廣詐殺羌降卒八百餘人，禍非僅不封侯，其後

　　亦『引刀自剄』也！

其勢不屯行。

　　案廣雅釋詁三：『屯，聚也。』

或失道。

　　考證：漢書或作惑，通。

　　案通鑑或亦作惑。漢傳惑本作或，與史同，王氏雜志有說。

大將軍使長史急責廣之幕府對簿。

　　案『幕府，』當從漢傳作『莫府。』與上下文一律。

遂引刀自剄。

　　案御覽四三八引剄作刎，漢紀同。容齋隨筆九云：『漢文帝見李廣曰：「惜廣不

　　逢時，令當高祖世，萬戶侯豈足道哉！」吳、楚反時，李廣以都尉戰昌邑下顯

　　名，以梁王授廣將軍印，故賞不行。武帝時，五爲將軍擊匈奴，無尺寸功。至不

　　得其死。三朝不遇，命也夫！』

皆爲垂涕！

　　案後漢書馮衍傳注引作『莫不流涕！』漢紀作『莫不垂泣！』（漢傳『垂涕』亦

　　作『垂泣。』）

敢從上雍，

　　索隱：『雍，劉氏音邕。大顏云：雍，地形高，故云上。』

　　考證：楓、三本上下有幸字，義長。

　　案漢傳補注引周壽昌曰：『「從上雍，」言從上於雍也。故被去病射死，而上爲諱。若謂地形高爲上，則所云「敢從」者，爲從誰哉？時武帝連歲幸雍，故敢從之。本紀亦祇云「幸雍。」不稱「上雍」也。』單本索隱出『上雍』二字，云：『劉氏音邕。』謂上音邕也。雍豈得音邕哉！黃善夫本、殿本索隱，『劉氏』上並無雍字。

上諱云鹿觸殺之。

　　考證：楓、三本、漢書，上下有爲字。

　　案漢紀、通鑑漢紀十二，上下亦並有爲字。

擊匈奴右賢王於祁連天山。

　　殿本考證：『凌稚隆曰：一本王下無於字。』

　　考證：『王下於字，依楓、三本、中統、游、毛本。他本脫。中井積德曰：胡人謂天爲「祁連，」故祁連山或稱天山。此文「祁連」與天重複，宜削其一。漢書單云天山，得之。』

　　施之勉云：『景祐本王下有於字。殿本亦有。吳汝綸曰：於，衍字。

　　案凌本無於字，云：『一本王下有於字。』殿本考證失檢。漢傳有於字。『祁連天山，』疑本作『祁連山。』後人據漢傳注天字於『祁連』旁，傳寫因誤入正文耳。漢傳之作天山，正以說史記之『祁連山』也。

得歸漢者四百餘人。

　　案通鑑漢紀十三，此下從漢傳云：『陵敗處，去塞百餘里。』（又見漢紀十四。）並引史記正義曰：『遮虜障北百八十里，直居延西北。長老相傳云：是李陵戰處。』

皆用爲恥焉。

　　案用猶以也。漢傳云：『且李氏爲愧。』

悛悛如鄙人，口不能道辭。

　　索隱：漢書作『恂恂。』

　　案悛、恂古通，廣雅釋詁一：『悛，。敬也』釋訓：『恂恂，敬也。』王氏疏證云：『論語鄉黨篇：「恂恂如也，似不能言者。」王肅注云：「恂恂，溫恭之貌。」史記李將軍傳云：「悛悛如鄙人，口不能道辭。」竝聲近而義同。』

出自第四十八本第三分（一九七七年九月）

史記斠證卷一百十一

衞將軍驃騎列傳第五十一

王 叔 岷

大將軍衞青者，平陽人也。

正義：『漢書云：其父鄭季，河東平陽人。……』

案漢紀十二亦云：『河東平陽人。』

與侯妾衞媼通，生青。

梁玉繩云：『媼非侯妾，漢書及論衡骨相竝作僮。師古曰：「僮者婢妾之總稱。」史言妾，非。』

考證：楓、三本妾上有家字。妾，婢妾也。漢書改作僮。

案漢紀十二妾亦作僮。妾爲侯家婢妾，非卽侯妾，則史作妾，亦未爲非。論衡、漢傳、漢紀僮上皆有家字，與此楓、三本妾上有家字合。

自平陽公主家，得幸天子。

索隱：『案如淳云：「本陽信長公主，爲平陽侯所尙，故稱平陽公主。」按徐廣云：「夷侯曹參曾孫，名襄。」又按系家及功臣表，時或作疇，漢書作壽。竝文字殘缺，故不同也。』

王先謙云：『平陽侯當是名疇，時與疇形近致譌，壽又奪疇之半耳。史表注：「一名時。」則時與疇各存其半。如以爲文字殘缺，致有不同，是也。』

案平陽侯當是名疇，時、時竝誤字，疇、壽古通。疇，俗書作疇，因誤爲時，再譌爲時耳。（功臣表梁氏志疑，以作時爲是。）荀子大略篇：『堯學於君疇。』楊注：『君疇，漢書古今人表作尹壽。』卽疇、壽通用之證。『文字殘缺，故不同。』乃小司馬說，王氏誤爲如淳說。黃善夫本、殿本索隱，並略『按徐廣云：

「夷侯曹參曾孫，名襄。」又按』十四字。又系家並作世家，非。小司馬當諱世字。

媼長女衞孺，

　　索隱：漢書云君孺。

　　案漢紀亦作君孺。

其父使牧羊，先母之子，皆奴畜之。

　　集解：『服虔曰：先母，適妻也。靑之適母。』

　　索隱：『漢書作「民母。」服虔云：「母，適妻也。靑之適母。」顧氏云：「鄭季本妻編於民戶之閒，故曰民母。」今本亦或作「民母」也。』

　　施之勉云：『御覽八百三十三引，「先母」作「民母。」王先謙曰：「史記作『先母，』疑唐因諱改之。」』

　　案御覽五一四、八三三引此並無其字，漢傳同。王氏謂『作「先母，」疑唐因諱改之。』然集解引服注已作『先母，』則先字蓋非唐人避諱所改矣。黃善夫本、殿本索隱，並略『服虔云：母，適妻也。靑之適母。』十一字。

不以爲兄弟數。

　　案莊子達生篇：『無中道夭於聾盲跛蹇，而比於人數。』史公報任安書：『刑餘之人，無所比數。』並與此數字用法同。

有一鉗徒，相靑曰：貴人也。官至封侯。

　　案劉子命相篇：『衞靑方額，黥徒明其富貴。』以『鉗徒』爲『黥徒，』恐誤。

靑笑曰：人奴之生，得無笞罵卽足矣。安得封侯事乎？

　　張照云：『費袞曰：「『人奴之』爲一句。『生得無笞罵卽足矣』爲一句。生讀如『生乃與噲等爲伍』之生。」其說亦可通。』

　　王先謙云：『沈欽韓曰：論衡骨相篇作「人奴之道。」按「人奴，」謂衞媼本主家僮也。費袞梁溪漫志（卷五）以「人奴之」爲讀，非也。』

　　案藝文類聚三五、御覽六四四引『笑曰』並作『歎曰。』嘆，俗書作嘆。笑，俗書作咲。嘆、咲形近，往往相亂。咲誤爲嘆，復易爲歎耳。（魯仲連傳有說。）『人奴之生，』之猶所也。御覽五一四引『足矣』作『幸矣。』藝文類聚引『安

得』作『安望。』白帖六作『敢望。』論衡作『安敢望。』

乃召青爲建章監侍中。

　　案通鑑漢紀九注：『青時爲建章〔宮〕監，而兼侍中。』

孺爲太僕公孫賀妻。

　　考證：楓、三本、漢書，孺上有君字。

　　案漢紀亦作君孺。

元光五年，青爲車騎將軍，

　　考證：『梁玉繩曰：「五年」當作「六年，」將相表、匈奴傳、及漢書可證。』

　　案漢紀、通鑑漢紀十，『五年』亦並作『六年。』匈奴傳有說。

青至蘢城，

　　梁氏志疑所據湖本蘢作籠，云：『當作蘢，說在匈奴傳。』

　　考證：『張文虎曰：宋本、凌、毛，蘢作籠。解在匈奴傳。』

　　施之勉云：『景祐本作蘢，黃善夫本作籠。張森楷曰：漢傳蘢作籠。』

　　案匈奴傳：『五月大會蘢城。』黃善夫本蘢亦作籠，彼文斠證有說。

賀亦無功。

　　梁玉繩云：『漢書評林，凌約言曰：此出唯青有功，例得封侯。故班史補入「唯

　　青賜爵關內侯」句。』

　　案漢紀云：『其時諸將皆無功，唯青頗斬首虜，賜爵關內侯。』

以西至高闕。

　　索隱：『按山名也。小顏云：一曰塞名，在朔方之北。』

　　案索隱『山名也。』亦本師古注。

捕首虜數千，畜數十萬。

　　考證：『中井積德曰：捕，疑當作斬或獲。不然，捕上脫斬字也。漢書亦作「捕

　　首虜。」』

　　案漢紀捕作獲，通鑑作得。捕與獲、得義近，無煩改字。『畜數十萬，』漢傳作

　　『畜百餘萬。』通鑑作『牛羊百餘萬。』

以千一百戶封建爲平陵侯。

考證：漢表作『一千戶。』

案考證說，本殿本考證。

薄伐玁狁，至于太原。

索隱：此小雅六月詩，美宣王北伐也。薄伐者，言逐出之也。

施之勉云：『詩周南芣苢：「薄言采之。」傳曰：「薄，辭也。」後漢書李固傳：「薄言振之。」注引韓詩〔薛君傳〕亦曰：「薄，辭也。」』

案薄猶乃也。（裴氏古書虛字集釋十有此義。）索隱云云，本師古注。施說（原有脫誤，茲已補正）本經傳釋詞十。

出車彭彭，

索隱：小雅出車之詩也。

考證：『顏師古曰：彭彭，衆車聲也。』

施之勉云：『索隱本無「小雅出車之詩也」七字。小雅出車之詩傳曰：「彭彭，四馬貌。」』

案說文：『彭，鼓聲也。』段注：『毛詩「出車彭彭，」彭彭，謂馬。卽鄭風〔清人〕「駟介旁旁」之異文。彭、旁皆假借，其正字則馬部之騯也。言馬而假鼓聲之字者，其壯盛相似也。』說文：『騯，馬盛也。詩曰：四牡騯騯。』小雅北山、大雅烝民並有『四牡彭彭』句，（段注有說。）許氏引『彭彭』作『騯騯』者，易假借字爲本字耳。許氏引書，例易假借字爲本字，後人不解，以爲所引乃古本，此大可注意者也！

絕梓領，

考證：楓、三本領作嶺。

案領、嶺古、今字。

討蒲泥，破符離，

索隱：『晉灼云：「二王號。」崔浩云：「漠北塞名。」』

考證：『王先謙曰：「漢武紀：『出高闕，逐西至符離。』是符離爲塞名矣。」愚按蒲泥亦地名。』

案漢紀云：『遣將軍衞青、李息出雲中，西至符離。』亦可證符離爲地名。黃善

夫本、殿本索隱，並略『晉灼云：二王號。』六字，北上並無漢字。

捕伏聽者三千七十一級。

　　集解：『張晏曰：伏於隱處，聽軍虛實。』

　　梁玉繩云：『漢書作「三千一十七級。」』

　　案說文：『伏，司也。』司，今字作伺。『伏聽』猶『伺聽』耳。梁引漢書云
　　云，殿本考證說同。

執訊獲醜。

　　正義：訊，問也。醜，衆。言執其生口，問之知虜處，獲得衆類也。

　　案詩小雅出車：『執訊獲醜。』鄭箋：『執其可言問所獲之衆。』大雅皇矣：『執
　　訊連連。』箋：『執所生得者而言問之。』師古此文注：『執訊者，謂生執其人
　　而訊問之也。獲醜者，得其衆也。』似兼本詩出車、皇矣鄭說。正義云云，蓋又
　　本於師古注。師古注又云：『一曰：醜，惡也。』屈翼鵬兄詩經釋義云：『訊，
　　猶今言間諜。醜，惡也。馬瑞辰、陳奐並謂訊爲生得之俘虜，可以訊問口供者。
　　獲義同馘，殺之而取其左耳也。亦通。』（詩皇矣傳：馘，獲也。不服者殺而獻
　　其左耳曰馘。）

益封青三千戶。

　　考證：漢書作『三千八百戶。』

　　案考證說，本殿本考證。

飲醉。

　　考證：楓、三本飲下有酒字。

　　施之勉云：通鑑飲下有酒字。

　　案匈奴傳、漢紀飲下亦並有酒字。

右賢王驚，夜逃，獨與其愛妾一人、壯騎數百，馳潰圍北去。

　　考證：『張文虎曰：中統、游本，逃作遁。案以上下文審之，「夜逃」二字疑衍。』

　　施之勉云：通鑑有『夜逃』二字，通志亦有。

　　案漢傳亦有『夜逃』二字，蓋非衍文。漢紀不言『夜逃，』而下文『潰圍北去，』
　　去作遁。

得右賢裨王十餘人，衆男女萬五千餘人，畜數千百萬。

　　索隱：『「裨王十人。」……小顏云：「裨王，小王也。若裨將然。」』

　　考證：漢書『數千』作『數十。』

　　施之勉云：荀紀作『數千萬。』

　　案漢紀『裨王』作『裨將，』與師古說合。索隱本『十餘人』無餘字。通鑑漢紀
　　十一從漢書『數千』作『數十。』注引師古曰：『數十萬以至百萬。』

益封青六千戶。

　　考證：漢書作『八千七百戶。』

　　案漢紀、通鑑並從漢傳作『八千七百戶。』六疑八之誤。

青子登爲發干侯。

　　案漢傳補注引錢大昭云：『西京雜記（卷四）：衞將軍青生子，或有獻騧馬者，
　　乃命其子曰騧，字叔馬。其後改爲登，字叔升。』

上幸列地封爲三侯。

　　案通鑑注：『列，漢書作裂。』

　　案說文：『列，分解也。』漢傳作裂，乃借字。莊子逍遙遊篇：『裂地而封之。』
　　亦同例。

傳校獲王。

　　正義：校者，營壘之稱。故謂軍之一部爲一校也。

　　案正義說，本師古注。師古又云：『或曰：「幡旗之名。」非也。每軍一校，則
　　別爲幡耳。不名校也。』補注引錢大昕云：『盧文弨云：「釋名：『旛，幡也。
　　其貌幡幡然也。校，號也。將帥號令之所在也。』則校亦旛之類。張景陽七命：
　　『叩鉦散校，舉麾旌獲。』李善注引漢書『大校獵，』如淳曰：『合軍聚衆，有
　　幡校也。』唯校是幡類，故可散爲陳列而行，若營壘安得言散。然則幡校之說，
　　未爲非也。」』

以千五百戶封敖爲合騎侯。

　　索隱：案非邑地，而以戰功爲號，謂以軍合驃騎，故云合騎。若冠軍從驃然也。

　　考證：合騎，謂合車騎，取戰功，立侯國號耳。

案通鑑注：『晉灼曰：「合騎侯，猶冠軍、從票之名也。」余據功臣表，合騎侯，食邑於勃海高成。』索隱『若冠軍、從驃然，』本晉注。（票、驃古通。）考證說，本漢傳補注。

從大將軍出窴渾，

索隱：『音庚。服虔云：「塞名。」徐廣云：「在朔方。」漢書作窴渾。窴音田也。』

梁玉繩云：『野客叢書曰：史記窴渾，漢書則曰窴渾，往往因其文字而魚魯之耳。』

案漢傳補注引齊召南曰：『窴渾，史記作窴渾。徐廣曰：「窴渾，在朔方，音庚。」以地理志覈之，朔方有窴渾縣，爲西部都尉治，有道西北出雞鹿塞。此窴渾當即窴渾也。』黃善夫本、殿本索隱，並略『音庚』二字，及『徐廣曰在：朔方』六字。

爲麾下搏戰獲王。

索隱：搏，……今史、漢本多作傳。傳猶轉也。

案景祐本搏作傳。黃善夫本、殿本索隱，『史、漢』並作『史記、漢書。』

以千三百戶封賀爲南奅侯。

集解：『徐廣曰：奅宜作奇，音匹孝反。』

索隱：『徐音「匹教反。」韋昭云：「縣名。」或作窌，音子校反。……』

案侯表奅作奇，即徐注所本。黃善夫本、殿本索隱，並略『徐音「匹教反」』五字，及『音子校反』四字。

以千六百戶封蔡爲樂安侯。

案漢書功臣表作『二千戶。』通鑑注：『樂安，功臣表作安樂，食邑於琅邪之昌縣。』史表仍作樂安。

以千三百戶封朔爲涉軹侯。

案通鑑注：『涉軹，班史衛青傳作陟軹，功臣表作軹，食邑於齊郡之西安。』史表仍作涉軹。

以千三百戶封不虞爲隨成侯，以千三百戶封戎奴爲從平侯。

殿本考證：漢表，從平一千一百戶。

　　案漢表隨成作隨城，（齊召南有說。）成、城古通，史、漢習見。通鑑注：『隨
　　成侯，功臣表，食邑於千乘縣。從平侯，食邑於東郡樂昌。』

及校尉豆如意有功。

　　案漢傳豆如意，補注：『官本豆作寶。通鑑胡注：班史豆作寶。』

斬首數千級而還。

　　案漢紀作『三千級。』

前將軍故胡人，降爲翕侯。

　　案通鑑注：『信，元光四年十月壬午，受封。』見漢表。史表『十月』作『七
　　月。』十蓋本作十，卽古七字。

長史安、議郎周霸等。

　　正義：律，都軍官，長史一人也。（考證本官誤有，一誤十，今正。）

　　索隱：『〔周霸〕徐廣云：「儒生也。」案郊祀志，議封禪有周霸，故知也。

　　案黃善夫本、殿本正義，並脫長字。漢傳如淳注：『律，都軍官，長史一人。』
　　卽正義所本。黃本、殿本索隱，並略『徐廣云：儒生也』六字。『故知』下並有
　　『儒生』二字。

士盡，不敢有二心，自歸。自歸而斬之，是示後無反意也。不當斬。

　　案漢傳盡作皆，屬下讀。補注：『史記「士盡」斷句。上文言「建盡亡其軍，自
　　歸青。」故云「士盡，不敢有二心，自歸。」此專屬建言，無旁及所部意。通鑑
　　從史記。班氏易盡爲皆，文義逐別。』漢紀亦從史作『士盡，』下更有死字，『自
　　歸』二字不疊。漢傳、通鑑『自歸』二字亦並不疊。

青幸得以肺腑待罪行閒，

　　案漢傳『肺腑』作『肺附，』猶『柿枰，』謂木皮也。喻己爲帝室微末之親，如
　　木皮之託於木也。漢書劉向傳王氏雜志有說，武安侯傳已引之。

而具歸天子。

　　考證：漢書『而具歸天子，』作『其歸天子。』疑非。

　　施之勉云：荀紀亦作『其歸天子。』

案通鑑從史作『而具歸天子。』漢傳補注有說。並引李慈銘曰：『其字疑具字之誤。』

於是以見爲人臣不敢專權。

案漢傳見作風，漢紀作諷。師古注：『風讀曰諷。』

逐囚建詣行在所，

集解：『蔡邕曰：天子自謂所居曰行在所。……』

案通鑑注引蔡邕獨斷曰：『天子以四海爲家，故謂所居爲行在所。』後漢書光武紀注引同。集解所引較略，與今本獨斷（卷上）文較合。

再從大將軍，受詔與壯士，爲剽姚校尉。

正義：『票姚，』勁疾之貌。荀悅漢紀作『票鷂』字。去病後爲票騎將軍，尙取『票姚』之一字。今讀『飄遙』音，則不當其義也。

考證：『楓、三本、漢書，疊「大將軍。」……梁玉繩曰：「剽姚、」「嫖姚、」「票姚，」當作「驃鷂。」蓋合二物爲官名，取勁疾武猛之義。趙破奴爲鷹擊司馬，與鷂義同。去病後稱驃騎將軍，尙仍斯號。』

施之勉云：景祐本疊『大將軍。』今本荀悅漢紀作『嫖姚，』不作『票鷂』也。案殿本亦疊『大將軍』三字。正義本『剽姚』蓋作『票姚，』與漢傳合。通鑑亦同。梁氏謂當作『驃鷂。』剽、票、驃，蓋皆嫖或僄之借字，說文嫖、僄並訓輕。荀子議兵篇：『輕利僄遬。』（禮書僄作剽。）楊注：『僄亦輕也。或當爲「嫖姚」之嫖。嫖，驍勇也。』不知『嫖姚』字亦與作僄同也。漢書禮樂志：『雅音遠姚。』師古注：『姚，僄姚。言飛揚也。』王氏雜志云：『姚讀爲遙。』『飛揚、』『驍勇、』『勁疾，』義皆相關。又正義說，本漢傳師古注。所謂『讀「飄遙」音，』亦符『飛揚』義。非『不當其義』也。

及相國、當戶。斬單于大父行籍若侯產。

考證：……漢書籍作藉。

案『相國，』本作『相邦，』避高祖諱改。下諸『相國』皆同。匈奴傳作『相封，』亦避高帝諱改。匈奴單于自置之相，及匈奴諸王之相，皆稱『相邦。』（詳王國維觀堂集林十五，匈奴相邦印跋。）通鑑籍亦作藉。漢傳補注：『藉，官本作籍。』

以千六百戶封去病爲冠軍侯。

考證：漢書『千六百戶』作『二千五百戶。』

案千上疑脫二字。通鑑注：『帝以去病功冠諸軍，以南陽穰縣盧陽鄉、宛縣臨聚爲冠軍侯國。』本漢書地理志上及應劭注。

上谷太守郝賢四從大將軍，捕斬首虜二千餘人，以千一百戶封賢爲衆利侯。

梁玉繩云：漢傳言『捕千三百級，』故兩表云『首虜千級以上』也。則此誤作『二千餘人，』乃『一千餘人』耳。

考證：漢書衆利作終利。

案漢傳補注：『終、衆古通用。』五帝紀：『怙終賊刑。』集解引徐廣曰：『終，一作衆。』（參看彼文斠證。）卽終、衆通用之證。通鑑注：『功臣表，衆利侯食邑於琅邪郡姑幕縣。』

甯乘說大將軍曰。

考證：滑稽傳褚先生補，以爲待詔東郭先生說衛靑。

案師古注：『史記云：甯乘，齊人。』褚補滑稽傳『齊人東郭先生，』集解引徐廣注：以爲卽甯乘。

元狩二年春，以冠軍侯去病爲驃騎將軍。

正義：『漢書云：霍去病征匈奴，有絕幕之勳，始置驃騎將軍，位在三司，品秩同大將軍。』

考證：漢書『二年』譌作『三年。』

施之勉云：『張森楷曰：案今漢書百官表及帝紀、志、傳，並無此二十七字。不知〔正義〕所據何漢書也。恐有誤，難據信。』

案漢紀『二年』作『三年。』補注：『宋祁曰：「三，越本作二。」王念孫曰：『越本是也。景祐本及史記並作「元狩二年。」本書武紀亦云：「元狩二年春，遣驃騎將軍霍去病出隴西。」漢紀同。』通鑑亦作『二年。』藝文類聚四八引漢書云：『武帝以霍去病爲嫖姚校尉，征匈奴，累有功，寵冠羣臣，始置驃騎將軍，秩與大將軍同。』（又見御二三八。）與正義所引漢書略同。

儳閽者弗取。

索隱：『案說文云：慴儱，失氣也。』

案漢傳『儱慴』作『攝讋。』補注引李慈銘曰：『讋與慴同義，攝則儱之叚借。』單本索隱作『按說文云：讋，失氣也。』讋上疑脫儱字，所見本慴蓋作讋，與漢傳合。說文：『儱，失气也。』又云：『讋，失气言（玄應一切經音義十九引言作也）。傅毅讀若慴。』

冀獲單于子，轉戰六日。

集解：『徐廣曰：子，一作與。』

施之勉云：『荀紀云：生獲匈奴單于子。』

案漢傳補注：『作與，則是「冀獲單于與轉戰六日。」與字連下為文，則文義全別矣。』作子是，『冀獲單于，』子與下文『執渾邪王子』相應。作與，蓋由子誤為予，復易為與耳。

過焉支山千有餘里，合短兵，

梁玉繩云：漢傳『合短兵』下，有『鏖皋蘭下』一句。

案漢紀十三焉支作鄢耆，古字通用。『短兵』下亦有『鏖皋蘭下』一句。

誅全甲。

集解：『徐廣曰：全，一作金。』

正義：全甲，謂具足不失落也。金甲，即鐵甲也。能誅斬也。

梁玉繩云：『漢傳云：「銳悍者誅（句），全甲獲醜。」此缺。野客叢書曰：徐廣注「全，一作金。」此較漢書所言，甚失文理，疑後人因其誤而為之注。』

考證：『顏師古曰：「全甲，謂軍中之甲不喪失也。」中井積德曰：「誅字衍，『全甲』上下有脫字。」愚按，曰殺、曰斬、曰誅，異文耳。「全甲」似亦國名。漢書誅字上有「銳悍者」三字，甲下有「獲醜」二字，文意益晦。』

案『誅全甲，』似謂誅所有帶甲之士卒。全作金，蓋形誤。漢傳作『銳悍者誅全甲獲醜。』謂驃騎將軍精銳勇悍之軍，誅匈奴全甲之士並俘獲醜衆也。漢傳補注引齊召南說，以『銳悍者誅』為一句，『全甲獲醜』為一句，與梁氏同，恐非。

又黃善夫本、殿本正義，並無『金甲，即鐵甲也。能誅斬也』十字。

首虜八千餘級。

案漢傳作『捷首虜八千九百六十級。』通鑑作『獲首虜八千九百餘級。』捷猶獲

也。說文：『捷，獵也。軍獲得也。春秋傳曰：齊人來獻戎捷。』莊三十一年春

秋經杜注：『捷，獲也。』漢傳補注謂『捷猶斬也。』非。

收休屠祭天金人。益封去病二千戶。

　　索隱：『案張晏云：「佛徒祠金人也。」如淳云：「祭天以金人爲主也。」屠音

儲。』

　　考證：漢書作『二千二百戶。』

　　施之勉云：荀紀作『一千二百戶。』

案匈奴傳、漢紀、通鑑休屠下皆有王字。漢紀『一千二百戶，』一蓋二之誤。黃

善夫本、殿本索隱，並略『如淳云：祭天以金人爲主也』十一字。又索隱『屠音

儲。』本師古注。

博望侯將萬騎在後至。

　　考證：『楓、三本後下無至字。中井積德曰：至字疑衍，漢書「在後至」三字，

作後一字。』

　　案通鑑亦無至字。

匈奴左賢王將數萬騎圍郎中令。

　　案李將軍傳『數萬』作『四萬，』通鑑同。

得酋涂王

　　索隱：『酋，音才由反。涂音徒。漢書云：「揚武乎鱳得，得單于單桓、酋涂

王。」此文省也。』

　　梁玉繩云：漢書酋涂上有單桓，此亦缺。

　　案通鑑酋涂上有單桓二字，從漢傳也。索隱『酋，音才由反。』本師古注。

以衆降者二千五百人，

　　考證：漢書以上有『及相國、都尉』五字。

　　案通鑑從漢傳，以上亦有『及相國、都尉』五字。

師大率減什三。

　　索隱：『案漢書云「減什七。」不同也。小顏云：「破匈奴之師，十減其七。一

云『漢兵亡失之數。』下皆類此。」案後說爲是也。』

殿本考證：『茅瓚曰：若如一說，則是方敍驃騎之功，而又計其損失之數也。當依小顏所云。』

考證：『中井積德曰：漢書「減什七，」是前役，非此役。此役亦云「減什三。」』

案漢傳補注：『大率者，總計之辭也。祁連山之役，捷首虜三萬餘，匈奴約十萬人，故云什減其三。一說以爲「漢兵失亡之數。」非。』（附見前役補注。）黃善夫本、殿本索隱，『漢書云，』云作作，無『不同也』三字。『後說』並作『一說。』

捕稽且王千騎將，得王、王母各一人。

索隱：『按漢書云：「右千騎將王。」然則此千騎將，漢之將，屬趙破奴，得匈奴五王及王母也。或云：右千騎將，匈奴王之名。』

梁玉繩云：『案索隱曰：「漢書作『右千騎將王。』然則此云千騎將，是漢之將，屬趙破奴，得匈奴王及王母。或云：右千騎將，卽匈奴王號。」余謂或說是也。史記傳寫之譌，以「得千騎將王，」爲「千騎將得王」耳。漢表云：「得兩王、千騎，侯。」史表云：「得兩王、子（此是千之誤）騎將，功侯。」故知此譌。』

考證：索隱前說是。『千騎』上當據漢書補右字，『右千騎』與下『前行，』相對爲文。皆破奴部校也。

案『千騎將』三字，當屬上讀，史記此文未誤。千騎將，乃匈奴之將，史、漢表可證。非索隱或說所稱『卽匈奴王之名』也。梁氏從或說，未盡是。據史、漢表，『千騎』上右字可略，不必據漢傳補右字。漢傳將下無得字，亦可略。考證從索隱前說，乃本漢傳補注，非也。又黃善夫本、殿本索隱，與梁氏所據湖本同。與考證所據單本索隱小異。

校尉句王高不識，

集解：『句音鉤。匈奴以爲號。』

索隱：案句王、高不識二人，竝匈奴人也。

考證：『中井積德曰：句王高不識，非兩人。下只言封不識，而不言句王，其爲一人明矣。漢書無句王二字，或是衍文。』

施之勉云：『張森楷曰：句王是不識在匈奴之封號，降漢後，人猶以爲稱，故牽連書之。班氏嫌其混淆，因省句王二字耳。』

案句王，徐注謂『匈奴以爲號。』卽謂不識在匈奴之封號也。通鑑從漢傳省句王二字。黃善夫本、殿本索隱，並略『句王、高不識』五字。

以千一百戶封不識爲宜冠侯。

案通鑑注：『功臣表，宜冠侯食邑於琅邪之昌縣。』

校尉僕多有功，封爲煇渠侯。

索隱：案漢百官表，僕多作僕朋，疑多是誤。煇音暉。

張照云：僕朋，祇一見於漢表耳。史、漢驃騎傳、及建元以來侯者年表皆作僕多，三人占從二人之言，則是僕朋爲誤，非僕多誤也。

案索隱『百官表，』乃『功臣表』之誤。師古注：『功臣侯表作僕朋，今此作多，轉寫者誤也。煇音暉。』卽索隱說所本。通鑑注：『僕多，本匈奴種，來降漢。煇渠侯食邑於南陽之魯陽縣。』說文：『夛，古文多。』與朋形近，往往相亂。五帝本紀：『鬼神山川封禪，與爲多焉。』集解：『徐廣曰：多，一作朋。』亦其比。（戰國策秦策二王念孫雜志有說。）

常與壯騎先其大將軍，軍亦有天幸，未嘗困絕也。

王念孫云：『董份曰：「『常與壯騎先其大將軍』爲句。『軍亦有天幸，』承上文來，皆言驃騎也。王右丞詩：『衞青不敗由天幸。』則是以『大將軍』別起爲句矣。不知太史公此傳，專右大將軍而貶驃騎，謂驃騎受上寵，又有天幸，所以不困絕而成功也。」念孫案「先其大將軍，」本作「先其大將。」謂驃騎敢於深入，常棄其大軍，而先進也。上文曰：「與輕勇騎八百，直棄大軍數百里赴利。」是其證也。（「棄大軍，」漢書亦誤作「棄大將軍，」蓋篇內稱「大將軍」者甚多，因而致誤矣。）棄大軍而先進，則寡不敵衆，易致困絕。故下文曰「軍亦有天幸，未嘗困絕也。」若云「先其大將軍，」則其字之義不可通矣。王右丞詩「衞青不敗由天幸。」此是誤記霍事爲衞事，非以「大將軍」別起爲句也。如以「大將軍」別起爲句，則上文「常與壯士先其」六字，不能成句矣。恐右丞不如是之鹵莽也。董氏知正右丞之失，而不知將字之爲衍文，亦誤也。漢書衞青霍去

病傳無將字。』

案將字涉上下文而衍，王校是也。通鑑亦無將字。方苞補正引汪武曹亦云：『將
字衍。』詳梁氏志疑。

然而諸宿將常坐留落不遇，

索隱：案謂遲留零落不偶合也。

考證：『漢書「不遇」作「不耦。」王觀國曰：「『留落』與『流落』不同，蓋
『留落』者，留滯遺落也。『流落』者，飄流零落也。」王念孫曰：「『留落』
即『不耦』之意。耦之言遇也，言無所遇合也。故史記作『留落不遇。』『留落』
者，『牢落』也。陸機文賦：『心牢落而無偶。』是『牢落』即『無偶』之意。
〔今人言『流落，』義亦相近也。〕『留落』雙聲字，不得分爲兩義。『留落』與
『不耦，』亦不得爲兩義。」』

案坐猶因也。索隱云云，所據本遇蓋作偶，通鑑亦作偶。黃善夫本、殿本索隱，
偶並作遇，依正文作遇改之也。偶、耦並與遇通，爾雅釋言：『遇，偶也。』一
作『偶，遇也。』釋名釋親屬：『耦，遇也。』（參看郝氏爾雅義疏。）又師古
注：『留謂遲留，落謂墜落，故不諧耦而無功也。』蓋索隱說所本。

使人先要邊。

王氏雜志所據震澤王氏本作『使人先遣使向邊境要遮漢人，令報天子要邊。』云：
『自「使人」至「要邊」十八字，蕪累不成文理。蓋正文但有「使人先要邊」五
字，其「遣使向邊境要遮漢人令報天子」十三字，乃集解之誤入正文者也。（當
在「使人先要邊」之下，今誤入「使人先」之下，「要邊」之上。）索隱本出
「先要邊」三字，注曰：「謂先於邊境要候漢人，言其欲降。」漢書作「使人先
要道邊。」此皆其明證矣。』

考證：各本先下有『遣使向邊境要遮漢人令報天子』十三字，楓、三本、舊刻
無，與漢書合。

案此文本作『使人先要邊。』王校是。漢傳作『使人先要道邊。』（補注：道讀
曰導，言遣人先與漢要約，請於邊境上導之入內地耳。）多一道字。通鑑作『先
遣使向邊境要遮漢人，令報天子。』蓋所據此文，已誤作『使人先遣使向邊要遮

漢人，令報天子要邊。』十八字。因其不成文理，乃刪略爲十四字耳。

降者數萬，

　　案漢紀、通鑑『數萬』並作『四萬餘人。』

鷹庇爲煇渠侯。

　　集解：『徐廣曰：一云篇訾。』

　　索隱：漢書鷹作雁，庇音必二反，又音疋履反。案漢書功臣表云，元狩二年，以煇渠封僕朋。至三年，又封鷹庇。……

　　正義：煇渠表作順梁。

　　考證：『王先謙曰：史表，煇渠侯扁訾，不作順梁，正義誤也。』

　　施之勉云：景祐本史表，作『順梁侯扁訾。』

　　案徐注之篇訾，史表作扁訾。漢傳鷹庇作雁疵，（文穎注：雁音鷹，疵音庇蔭之庇。）通鑑注同。索隱但云『漢書鷹作雁，』不云『庇作疵。』所見漢傳疵蓋作庇。索隱又引漢書功臣表作鷹庇。今功臣表作應疵。史表索隱引功臣表則作應庇。索隱『庇，又音疋履反。』本師古注。又黃善夫本、殿本索隱，『功臣表』下並無云字，是。

禽黎爲河綦侯。

　　索隱：案表作烏黎。

　　考證：今本史表作烏㾕，漢傳作禽黎，漢表作烏黎。

　　案師古注引漢表亦作烏黎。史表索隱引漢傳作禽㾕，與今本異。通鑑注作禽黎，則與今本漢傳同。

大當戶銅離爲常樂侯。

　　索隱：『徐廣曰：「一作稠離。」與漢書功臣表同。此文云銅離，文異也。』

　　考證：漢傳作調雖，史、漢表作稠雕。

　　案銅離，漢傳作調雖，通鑑注同。史表索隱引漢傳作雕離。此文索隱引漢表作稠離，今漢表作稠雕，與史表同。調、稠古通，（莊子天下篇：『可謂調適而上遂矣。』釋文本、元纂圖互注本、世德堂本，調皆作稠，卽其比。）銅蓋形誤。雖當作離，離，俗書作雖，（顏氏家訓書證篇云：『離則配禹。』）因誤爲雖耳。

其作雕離或稠雕者，又因稠字或調字右旁而展轉致誤者矣。黃善夫本、殿本索隱，『徐廣曰：一作稠離』七字，並略作『徐注』二字。

及厥衆萌咸相犨率。

案漢傳犨下有於字，補注：『「犨於率，」謂犨於我所率之師也。史記作「咸相犨率，」則是相率來犨也。』竊謂率有順從義，周書大匡解：『三州之侯咸率。』孔注：『率，謂奉順也。』與此率字同義。『犨率，』謂犨來順從也。漢傳作『犨於率，』於猶而也，（裴氏古書虛字集釋一，有於、而同義之說。）謂犨來而順從也。與史文義同。

誅獟駻。

索隱：上音丘昭反。說文作趬，行遽貌。遽，一作疾。駻，音胡旦反。

考證：『廣雅：「獟，狂也。」漢書駻作悍。……』

案說文：『趬，行輕貌。』輕與疾義合。黃善夫本、殿本索隱，並略作『說文獟作趬，行疾貌。悍，音胡旦反。』駻之作悍，與漢傳合。駻、悍義通，說文：『駻，馬突也。』段注：『駻之言悍也。』『獟駻』亦作『憢悍，』淮南子兵略篇：『憢悍遂過。』許注：『憢，勇急也。』悍亦勇也。說文：『悍，勇也。』考證引廣雅云云，本漢傳補注。

獲首虜八千餘級，降異國之王三十二人。

案漢傳獲作捷，義同，前已有說。漢傳補注：『史記王作主，誤。』黃善夫本、殿本王並誤主。景祐本不誤。

十萬之衆，咸懷集服仍與之勞。

殿本考證：『凌稚隆曰：「按『仍與』漢書作『仍興，』〔師古〕注：重興軍旅之勞也。」』

案詩唐風苞栩：『集于苞栩，』傳：『集，止也。』漢傳與作興，與讀爲舉，舉亦興也。廣雅釋詁一：『興，舉也。』此謂十萬之衆皆懷念終止服重興軍旅之勞也。（師古釋仍爲重。）

因其故俗爲屬國。

正義：各依本國之俗，而屬於漢，故言屬國也。

案正義說，本師古注。

常以爲漢兵不能度幕輕畱。

　　索隱：……『輕畱』者，謂匈奴以漢軍不能至，故輕易畱而不去也。

　　案通鑑注：『師古曰：「言輕易漢軍，畱而不去也。一曰：謂漢軍不能輕入而久

　　畱也。」余謂後說是。』『輕畱，』當指漢軍。前說指匈奴，蓋索隱所本，非

　　也。（參看漢傳補注。）

郎中令爲前將軍，太僕爲左將軍，

　　考證：漢書『郎中令』下補李廣，『太僕』下補公孫賀。

　　案通鑑從漢傳。

主爵趙食其爲右將軍，平陽侯襄爲後將軍。

　　案漢傳補注：『錢大昭曰：「『主爵』下當有『都尉』二字。」先謙曰：省文

　　也。本書食其傳稱「主爵都尉，」史記作「主爵，」可證。』通鑑『主爵』下補

　　『都尉』二字，又於襄上補曹字。（依師古注『曹襄，』補。）

於是大將軍令武剛車自環爲營。

　　集解：『孫吳兵法曰：有巾有蓋，謂之武剛車也。』

　　案後漢書輿服志上：『吳孫兵法云：「有巾有蓋，謂之武剛車。」武剛車者爲先

　　驅。又爲屬車輕車爲後殿焉。』

單于遂乘六羸，

　　案景祐本羸作騾。御覽九百一引作䮫，通鑑同。說文：『羸，驢父馬母。騾，或

　　从羸。』䮫，俗字。

漢、匈奴相紛挐，

　　正義：『三蒼解詁云：紛挐，相牽也。』

　　案通鑑注引師古注：『紛挐，亂相持搏也。』淮南子本經篇：『芒繁紛挐。』陶

　　方琦淮南許注異同詁云：『文選吳都賦注引許注：「挐，亂也。」按說文：「挐，

　　牽引也。」牽引卽有亂義。』

遲明，行二百餘里，

　　索隱：『「遲明，」上音值，待也。待天欲明，謂平明也。諸本多作「黎明。」……』

案遲、黎古通，高祖紀：『黎明，圍宛城三市。』索隱：『黎猶比也。謂比至天
明也。漢書作遲，音值。值，待也。謂待天明。』王氏漢書雜志云：『「黎明、」
「遲明，」皆謂「比明」也。史記衞將軍傳：「遲明，行二百餘里。」一作「黎
明。」漢書作「會明，」會亦比及之意。魏志張郃傳：「諸葛亮急攻陳倉，帝問
郃曰：『遲將軍到，亮得無已得陳倉乎？』郃對曰：『比臣未到，亮已走矣！』」
是遲與比同義。』（王氏所稱衞將軍傳，當作驃騎傳。）裴氏古書虛字集釋六本王
說，云：『遲猶及也、至也。』及、至並與比同義。又黃善夫本、殿本索隱，並
作『遲音值。遲者，待也。待天欲明也。漢書作「會明。」諸本多作「黎明。」……』

軍酉一日而還，悉燒其城餘粟以歸。

　　案『而還』與『以歸』義複，通鑑略『而還』二字。

或失道，

　　考證：楓本或作惑，迷也。

　　施之勉云：通鑑、通志，或並作惑。

　　案作或是故書。師古注：『或，迷也。』補注：『廣傳作「惑失道。」』作惑者
　　後人不識古字而改之也。王氏雜志有說。

右王乃去單于之號。

　　考證：楓、三本右下有『谷蠡』二字，匈奴傳亦有。漢傳無。

　　案漢書匈奴傳右下亦有『谷蠡』二字，去病傳無。

出代、右北平千餘里，

　　案漢傳千上有二字，匈奴傳同，當補。通鑑亦作『二千餘里。』

以誅比車耆。

　　梁玉繩云：漢傳比作北。

　　案景祐本比亦作北。

歷涉離侯，

　　索隱：漢書作度離侯。

　　梁玉繩云：漢傳作難侯。

　　案單本及黃善夫本索隱，離並作難，與漢傳合。

濟**弓閭**。

> 梁玉繩云：弓閭，漢傳作盧。

> 案閭、盧古通，荀子性惡篇：『鉅闕、辟閭。』楊注：『或曰：辟閭卽湛盧也。閭、盧聲相近。』卽其證。

獲**屯頭王**、**韓王**等三人，

> 索隱：『按漢書云：「屯頭、韓王等三人。」……』

> 案黃善夫本、殿本索隱，並略『按漢書』云云十一字。

執鹵獲醜，七萬又四百四十三級，師率減什三。

> 考證：漢書鹵作訊，三作二。

> 案前衞將軍傳，亦有『執訊獲醜』一語。此文訊蓋本作鹵，漢傳改與詩小雅出車之文合耳。『什三』漢傳作『什二』，梁氏志疑已有說。三字疑涉上文而誤。

違行殊遠，

> 索隱：違，音與卓同。卓，遠也。

> 張照云：『違，漢書作卓。隸辨曰：「祝睦後碑：懿德違優。」按卓古通違。楚辭哀時命：「處卓卓而日遠兮。」卓，一作違。』

> 案師古注：『卓亦遠意。』蓋索隱『卓，遠也。』所本。惟卓無遠義，卓乃違之借字。漢傳補注引說文云：『違，遠也。』是也。

會**與城**，

> 正義：與音余。

> 梁玉繩云：與音余，漢書譌與。猶史上文之譌「仍與」也。

> 施之勉云：景祐本作與。

> 案上文『仍與之勞，』漢傳與作舉，與讀爲舉，與、舉同義，與非誤字。與此與、與形近而誤不同。景祐本初刻似作與城，後改刻與爲與。

斬首捕虜二千七百級，以千六百戶封**博德**爲**符離侯**。

> 梁玉繩云：漢傳作『二千八百。』符離侯當作邳離，說在表。

> 考證：漢傳、表，符離作邳離。

> 案漢傳八字，疑七字聯想之誤。史表亦作『二千七百。』通鑑注符離亦作邳離。

北地都尉邢山，

　　梁玉繩云：邢山，此乃衞山之誤。

　　考證：史、漢表，漢傳，邢山作衞山。

　　案通鑑注亦作衞山。

以千三百戶封復陸支爲壯侯。

　　梁玉繩云：壯當作杜，說在表。

　　考證：漢書表、傳，壯侯作杜侯。

　　案漢書宣帝紀亦作杜侯，通鑑注同。壯，俗書作壯，與杜形近，故致誤耳。

爵大庶長。

　　案漢傳『大庶長』作『左庶長。』補注：『百官表：爵十，左庶長。十八，大庶
　　長。』

　　案大，疑本作左，即俗左字。傳寫誤爲大耳。

而復入塞者，不滿三萬匹。

　　案漢傳補注：『武紀云：兩軍士戰死者數萬人。』（王氏雜志云：景祐本無戰字。）

舉大將軍故人門下，多去事驃騎，輒得官爵，唯任安不肯。

　　考證：『漢書刪舉字。顏師古曰：「任安，滎陽人，爲益州刺史。即遺司馬遷書
　　者。」楓、三本、漢書，肯下有去字。』

　　案舉猶凡也。通鑑從漢傳刪舉字。文選司馬子長報任少卿書注引史記云：『任
　　安，滎陽人，爲衞將軍〔舍人〕，後爲益州刺史。』本褚少孫補任安傳，師古注
　　同。『唯任安不肯，』承上文『多去事驃騎』而言。『不肯，』即不肯去也。

　　楓、三本肯下有去字。疑據漢傳補之。漢紀從漢傳，亦有去字。

有氣敢任。

　　索隱：謂果敢任氣也。漢書作往，亦作任也。

　　案此謂有勇氣敢縱任也。上文言去病『與輕勇八百，直弃大軍數百里赴利。』又
　　言其『敢深入，常與壯騎先其大軍。』並可證。漢傳『敢任』作『敢往。』於義
　　亦符。索隱謂『漢書作往，亦作任。』今傳漢傳各本無作任者。通鑑從漢傳作
　　『敢往。』酷吏王溫舒傳：『擇郡中豪敢任吏十餘人以爲爪牙。』（考證本以『豪

敢』連讀，誤甚！）漢傳『敢任』亦作『敢往，』通鑑亦從漢傳，與此同例。又黃善夫本、殿本索隱，並略『漢書作往，亦作任也』八字。

顧方略何如耳。不至學古兵法。

　　案顧猶特也。漢傳師古注：『顧，念也。』補注：『顧，視也。』並非。至猶在也，儒林傳：『爲治者不在多言，顧力行何如耳。』張文虎札記云：『中統、王、柯、凌本，在作至。』（考證已引。）漢傳亦作至，補注：『官本至作在。』卽至、在同義之證。鹽鐵論憂邊篇：『夫治亂之端，在於本末而已，不至勞其心而道可得也。』在、至互文，至亦在也。又水旱篇：『議者貴其辭約而指明，可於衆人之聽，不至繁文稱辭。』春秋繁露王道篇：『春秋紀纖芥之失，反之王道，追古貴信結言而已，不至用牲盟而後成約。』兩至字亦並與在同義。此義前人未發。（上舉諸例，楊樹達詞詮五，釋『不至』爲『不必，』非勝義。）

匈奴未滅，

　　考證：漢書改未爲不，原文較勝。

　　案漢紀未亦作不，不猶未也。老子十九章：『此三者爲文不足。』敦煌景龍鈔本不作未，亦不、未同義之證。

天子爲遣太官，

　　案通鑑注：『班表，太官有令、有丞。主膳食。』

而蹹騎尙穿域蹋鞠。

　　索隱：『「穿域蹋鞠，」徐氏云：「穿地爲營域。」蹋鞠書有域說篇。又以杖打，亦有限域也。今之鞠戲，以皮爲之，中實以毛，蹴蹋爲戲。劉向別錄云：「　鞠，兵勢，所以陳武事，知有材力也。」漢書作「蹹鞠。」三蒼云：「鞠毛可蹹，以爲戲。」鞠音巨六反。』

　　正義：……黃帝所作，起戰國時，程武士，知其材力也。若講武。

　　案索隱本蹋作蹴，義同。廣雅釋詁二：『蹴，蹋也。』漢傳蹋作蹹，補注：『蹹，俗字。說文有蹋無蹹。』蘇秦傳集解引劉向別錄云：『蹋鞠者，傳言黃帝所作。或曰：起戰國之時。蹋鞠，兵勢也。所以練武士，知有材也。皆因嬉戲而講練之。』（參看蘇秦傳斠證。）正義『黃帝所作』云云，卽本別錄。索隱所引別錄，

『陳武事』乃『練武士』之誤。（御覽七五四、王應麟漢藝文志考證引別錄，皆
作『練武士。』）又索隱『今之鞠戲，以皮爲之，中實以毛，蹴蹋爲戲。』及
『鞠音巨六反。』並本師古注。黃善夫本、殿本索隱，並作『鞠戲，以皮爲之，
中實以毛，𧾷蹋爲戲也。劉向別錄云：「蹋鞠，兵勢。所以陳武事，知有材也。」
三蒼云：「鞠毛可蹋，以毛爲戲，故云鞠戲。」鞠音巨六反。』（『以毛爲戲。』
毛字衍。）

大將軍爲人，仁善退讓。

　　考證：漢書『仁善』作『仁喜士。』疑傳寫析爲二字。

　　施之勉云：『楊樹達曰：「贊云：『靑言：人臣奉法遵職而已，何與招士！』此
不當又言其喜士。蓋喜、善二字形近，古書多相亂。善誤爲喜，後人又妄增士字
耳。」』

　　案楊說是。仁與善義相近而連文，猶退與讓義相近而連文也。外戚世家：『大臣
議立後，皆稱薄氏仁善。』亦以『仁善』連文。通鑑此文從漢傳作『仁喜士，』
非。

謚之，幷武與廣地曰景桓侯。

　　索隱：『案「景桓，」兩謚也。謚法：「布義行剛曰景。」是武謚也。又曰：
「辟地服遠曰桓。」是廣地之謚也。……景桓侯。』

　　案黃善夫本、殿本索隱，並略『謚法』『曰景』『又曰』『曰桓』八字。又末句
景桓侯，侯並作也。

元封元年，嬗卒。

　　考證：『封禪書云：奉車子侯暴病，一日死。』

　　案漢書云：『爲奉車都尉，從封泰山而薨。』考證說，本殿本考證。

大將軍靑卒。

　　梁玉繩云：『此傳書去病起冢象祁連，何以不書靑起冢象盧山乎？盧山，匈奴中
山。漢書匈奴傳：「揚雄上書曰：運府庫之財，塡盧山之壑而不悔。」』

　　考證：『漢書云：「靑尚平陽主，與主合葬，起冢象盧山云。」何焯曰：「盧當
作盧，匈奴中山也。」』

案考證引漢書云云，亦見漢紀十四。通鑑漢紀十三亦云：『衞青薨，起冢象盧山。』注：『盧山蓋卽盧山，楊雄所謂「塡盧山之壍」者也。師古曰：「盧山，匈奴中山名。衞青冢，在茂陵東，次霍去病冢之西相併者是也。」』所引師古注，乃合匈奴傳及去病傳之師古注引之。梁、何二氏所謂『盧山，匈奴中山。』本匈奴傳師古注。

大將軍以其得尚平陽公主，故長平侯伉代侯。

正義：『漢書云：「平陽侯曹壽有惡疾，就國，乃詔青尚平陽公主。」如淳云：「本陽信長公主，爲平陽侯所尚，故稱平陽公主云。」』

案正義引漢書云云，漢書平陽下本無公字，如注同。此依正文增公字也。曹壽，曹相國世家壽作時，云：『時病癘歸國。』時當作疇，疇、壽古通，前衞將軍傳有說。說文：『癘，惡疾也。』俗所謂癩也。

左方兩大將軍及諸裨將名，

梁氏所據湖本方作右，云：『「左右」乃「左方」之譌，非大將軍有左右也。此指衞、霍兩人。

考證：『張文虎曰：此行，宋本、中統、舊刻、湖、毛皆不提。王本、凌本方譌右。』

施之勉云：『張森楷曰：各本作「左右。」此從蜀、衲、中統、游、毛本作。猶今之云「下方」也。蓋傳衞、霍事竟，而其裨將事尚有可書者，最書之於後。此二字，句絕。蓋爲後事標提。梁玉繩以「左右」指衞、霍兩人，非。丁晏以「左方」爲誤，尤非。』

案景祐本不提行。黃善夫本（前行滿格）、殿本並提行。景祐本、黃本並作『左方。』殿本誤『左右。』梁氏所謂『此指衞、霍兩人，』乃就『兩大將軍』而言。梁氏既云『「左右」乃「左方」之譌。』何致以『左右』指衞、霍兩人乎！

最大將軍青凡七出擊匈奴，

案最當爲冣，說文：『冣，積也。』引申有總凡義。段注引此文，徑改最爲冣。（絳侯世家斠證已引之。）下文『最驃騎將軍去病凡六出擊匈奴。』最亦當爲冣。

斬捕首虜五萬餘級。

梁玉繩云：史、漢本傳及匈奴傳所載，皆不得衞青斬捕首虜實數。而以武帝紀約

之，幾有八萬矣。

案五疑本作七，五，古文作×，與七往往相亂。絳侯世家：『其後匈奴王徐盧等

五人降。』五乃七之誤，（梁氏志疑有說。）與此同例。

再益封，凡萬一千八百戶。封三子爲侯，侯千三百戶，幷之萬五千七百戶。

梁玉繩云：青本封三千八百戶。益封三千戶，再益封六千戶，凡萬二千八百戶。

則此作『萬一千八百』者誤也。幷三子侯，各千三百戶，（倪本作『三千三百

戶，』王本作『二千三百戶。』竝非。）是萬六千七百戶，則此作『萬五千七百』

者誤也。若漢傳前云，以三千八百戶封侯，益封三千八百，再益封八千七百，共

萬六千三百戶。幷三子各千三百，爲二萬二百戶。與史不同。

案『萬一千八百戶。』景祐本作『萬二千八百戶。』則史文本不誤。『萬五千七

百戶，』疑本作『萬六千七百戶。』六之作五，因聯想而誤耳。

將軍公孫賀，

案黃善夫本、殿本並提行。

賀七爲將軍，

梁玉繩云：賀爲將軍五，安有七乎？

施之勉云：賀爲將軍七。元光二年，爲輕車將軍，軍馬邑，一也。六年，爲輕車

將軍，出雲中，二也。元朔五年，爲騎將軍（將相表作『車騎將軍』），屬大將

軍，擊匈奴，三也。六年，大將軍青再出定襄，賀爲左將軍，四也、五也。元狩

四年，大將軍出定襄，賀爲左將軍，六也。元鼎六年，爲浮沮將軍，出五原，七

也。見本傳、韓長孺、匈奴二傳，及將相表。

案梁氏謂『賀爲將軍五，』蓋就本傳上文證之，又見漢書公孫賀傳。施氏合本

傳、韓長孺、匈奴二傳計之，則是『賀爲將軍七。』將相表，元朔六年書『大將

軍青再出定襄擊胡。』所謂『再出，』施氏『以爲兩次，』據漢書武紀：『元朔

六年春二月，大將軍衞青將六將軍，兵十餘萬騎，出定襄。……夏四月，衞將軍

復將六將軍絕幕。』（又見漢紀十二、通鑑漢紀十一。）正可證是年賀兩爲將

軍。合其他五次計之，則是七爲將軍矣。

將軍李息，

　　案景祐本、黃善夫本（前行滿格）、殿本皆提行，漢傳同。

將軍公孫敖，義渠人，以郎事武帝。

　　考證：漢書武帝作景帝，此誤。

　　案景祐本、黃善夫本（前行滿格）、殿本皆提行，漢傳同。考證說，本梁氏志疑。

爲驃騎將軍，出代。

　　梁玉繩云：此『騎將軍』之誤也。驃騎之號，武帝以寵霍去病，公孫敖安得先爲

　　之！余有丁糾之矣。

　　考證：漢書無驃字，此衍。

　　施之勉云：『張森楷曰：蜀本無驃字。』

　　案將相表，元光六年書『公孫敖爲騎將軍出代。』（漢紀、通鑑皆稱『騎將軍。』）

　　此驃字因聯想而衍。

後十四歲，以因杅將軍築受降城。

　　梁玉繩云：當作『十五歲。』蓋自元狩四年後至太初元年也。

　　考證：『匈奴傳云，元封六年，因匈奴左大都尉欲降，故策受降城。漢武紀在太

　　初元年。』

　　案如從史、漢匈奴傳，自元狩四年後至元封六年計之，則是十四歲。漢紀十四、

　　通鑑漢紀十三，築受降城並在太初元年，從漢書武紀也。考證說，本漢傳補注。

將軍李沮，

　　案景祐本（前行滿格）、黃善夫本、殿本皆提行，漢傳同。

將軍李蔡，

　　案景祐本、黃善夫本、殿本（前行滿格）皆提行。

將軍張次公，

　　案景祐本（前行滿格）、黃善夫本、殿本（前行滿格）皆提行，漢傳同。

封爲岸頭侯。其後太后崩，

　　考證：『王先謙曰：據武紀及功臣表，元朔二年五月封侯，六月皇太后崩。

　　施之勉云：漢書武紀，皇太后崩，在元朔三年，六月庚午。

案史表，次公封侯在元朔二年六月。漢紀十二、通鑑漢紀十，則並在二年春正
月。皇太后崩，漢紀在元朔三年六月庚申，申疑午之誤。通鑑從漢書武紀，在元
朔三年六月庚午。注：『武帝母王太后也。』王說『六月』上蓋脫『三年』二字。

後一歲，爲將軍從大將軍。

梁玉繩云：當作『二歲。』元朔三年太后崩，次公于五年又爲將軍也。

案次公于元朔五年又爲將軍，從大將軍擊匈奴，詳前衛將軍傳。亦見漢紀、通
鑑。

將軍蘇建，

案景祐本、黃善夫本、殿本皆提行。

後四歲，爲游擊將軍，

考證：『梁玉繩曰：蘇建封侯在元朔二年。此元朔五年事，當云「後三歲。」』
案建封侯在元朔二年，爲游擊將軍在元朔五年，詳前衛將軍傳及表。亦見漢紀、
通鑑。

冢在大猶鄉。

梁氏所據湖本冢作家，云：張騫傳亦有『家在漢中』句。史詮謂『二家字本作冢，
字譌也。書兩將軍冢，政爲上敍驃騎冢相射。』而史不言大將軍冢，疏矣！漢書
補之。

考證：『張文虎曰：宋本、凌本，冢譌家。』

案景祐本、黃善夫本、殿本，此文及下張騫傳冢字，皆誤家。

將軍張騫，

案景祐本、黃善夫本、殿本皆提行。

後三歲，

考證：凌本脫後字。

案黃善夫本、殿本亦並脫後字。

將軍趙食其，祋祤人也。

索隱：縣名，在馮翊。祋……又音丁外反。祤音詡。

案景祐本（前有滿格）、黃善夫本、殿本皆提行，漢傳同。景祐本初刻，祤作

栩，似又改刻爲䋙。漢傳作栩，師古注：『馮翊之縣也。祋……又音丁外反。栩音許羽反。』漢書地理志作䋙，師古注：『祋……又音丁外反。䋙音詡。』補注引錢坫云：『䋙字說文所無。』䋙蓋栩之誤，涉祋字偏旁而誤也。索隱說，本師古注。

以主爵爲右將軍，

　　考證：主爵，主爵都尉。

　　案漢傳作『主爵都尉。』『主爵，』乃省稱，前引王先謙有說。

將軍曹襄，

　　案景祐本（前行滿格）、黄善夫本、殿本皆提行。

將軍韓說，

　　案景祐本、殿本並提行。

將軍郭昌，

　　案景祐本、黄善夫本、殿本皆提行，漢傳同。

將軍荀彘，

　　案景祐本、黄善夫本、殿本皆提行，漢傳同。

最驃騎將軍去病，

　　案景祐本、殿本並提行，漢傳同。

四益封，凡萬五千一百戶。

　　考證：『梁玉繩曰：去病本封千六百戶，四益封萬四千五百，并之得萬六千一百戶。此誤數也。若依漢傳，本封二千五百戶，四益封萬五千一百，并之得萬七千六百戶。而漢傳此句作「萬七千七百戶，」亦誤。』

　　案此疑本作『萬六千一百戶。』六之作五，因聯想而誤。漢傳疑本作『萬七千六百戶。』六之作七，或聯想或涉上七字而誤。

將軍路博德，平州人。

　　正義：『漢書云：「西河平州。」……』

　　梁玉繩云：『漢書云：「西河，平州人。」則非太山梁父縣之平州矣。而漢志作平周，蓋古字通用，如左傳華周，人表作華州，可證。』

案景祐本、黃善夫本、殿本皆提行，漢傳同。漢書人表華州，師古注：『卽華周。』州、周古通，梁說是。所引左傳，見左襄二十三年傳。

其後坐法失侯，爲彊弩都尉，屯居延，卒。

考證：『王先謙曰：據表、紀，失侯，在太初元年。屯居延，在三年。』

案史表：『太初元年，侯路博德有罪，國除。』漢紀十四：『太初三年，彊弩將軍路博德築居延城。』亦見通鑑漢紀十三。

將軍趙破奴，故九原人。

梁玉繩云：『漢傳云：太原人。』

案景祐本、黃善夫本、殿本皆提行，漢傳同。補注：『九原，五原之縣也。九、太形近易誤。』

攻胡至匈河水，無功。後二歲，擊虜樓蘭王，復封爲浞野侯。

集解：『徐廣曰：元封二年。』

梁玉繩云：漢書作『後一歲，』是也。趙破奴爲匈河將軍攻胡，在元鼎六年。而大宛傳謂虜樓蘭爲擊胡之明年，乃元封元年，與漢傳合。蓋破奴深入匈奴，不見一人，遂還師擊西域也。大事記載于元封元年，極確！通鑑據年表，破奴封侯之歲載于元封三年，殊未爲允。立功數年後行封者多矣。

考證：史表及漢功臣表，趙破奴虜樓蘭，在元封三年，卽本文『二歲』當作『三歲。』集解『元封二年，』游本作『元封三年。』當依正。

案考證說，本漢傳補注，惟增『游本作：元封三年。』以爲驗耳。大宛傳：『破奴虜樓蘭王，封爲浞野侯。』集解：『徐廣曰：元封三年。』然則此文徐注『二年，』當從游本作『三年。』正文『後二歲』當作『後三歲，』如王說矣。如據匈奴傳、漢書武紀、漢紀十四，破奴深入匈奴，不見一人，在元鼎六年，（通鑑漢紀十二同。）驗以大宛傳，破奴虜樓蘭王爲擊匈奴之明年，卽元封元年，則此文『後二歲，』又當從漢傳作『後一歲，』如梁說矣。二說並存參可也。

後六歲，爲浚稽將軍，

集解：『徐廣曰：太初二年。』

梁玉繩云：爲將軍在太初二年，破奴封侯後五歲，此誤六。

案上文『後二歲，』當作『後三歲，』徐注本作『元封三年，』則此『後六歲，』
自是太初二年。梁氏所謂『破奴封侯後五歲，』五蓋本作七，因六字聯想而誤爲
五耳。梁氏所據湖本，上文『後二歲，』徐注作『元封二年。』則此『後六歲』
自當作『後七歲，』乃是太初二年矣。然上文『後二歲，』梁氏既從漢傳作『後
一歲，』是元封元年，則此『後六歲』又當作『後八歲，』乃是太初二年也。

居匈奴中十歲，

集解：『徐廣曰：以太初二年入匈奴，天漢元年亡歸，涉四年。』

案十蓋本作四，俗音相亂而爲十也。徐注云云，卽釋正文『四歲。』

自衞氏興，

案景祐本、黃善夫本、殿本皆提行，官本漢傳同（漢傳補注有說）。

而天下之賢士大夫毋稱焉。

索隱：謂不爲賢士大夫所稱譽。

考證：賢下各本無士字，依索隱單本及漢書補。

案索隱單本僅出『無稱焉』三字，（毋作無，與漢傳同。）未涉及正文『賢士』
二字，惟據所云『謂不爲賢士大夫所稱譽。』所見正文，賢下蓋本有士字。史通
敘事篇：『史記衞青傳後，太史公曰，蘇建嘗責大將軍不薦賢待士。』所見本正
文蓋亦有士字。索隱說，本師古注。

願將軍觀古名將所招選擇賢者，

考證：漢書削『擇賢』二字。

案說文：『選，一曰擇也。』『選擇，』複語，可略其一。

招賢紬不肖者，人主之柄也。人臣奉法守職而已，何與招士！

索隱：與音預。

案漢傳紬作黜，古字通用，史記例以紬爲黜，老子傳有說。師古注：『與讀曰
豫。』卽索隱所本。豫，俗作預。與亦猶爲也，『何與』猶『何爲。』吳氏經詞
衍釋一有說。

出自第四十九本第二分（一九七八年六月）

史 記 斠 證 卷 一 百 十 二

平津侯主父列傳第五十二

王　叔　岷

齊菑川國薛縣人也。

　　考證：毛本及漢書無齊字。

　　案御覽八三三引此亦無齊字，菑作淄，古字通用，漢紀十一亦作淄。

有詔徵文學。

　　考證：『梁玉繩曰：『文學』上脫『賢良』二字，漢書有之。……』

　　案漢紀十一從漢傳，作『徵賢良文學。』

弘至太常。

　　考證：漢傳補入策問及弘對策。

　　案漢紀亦載策問及弘對策，文較略。通鑑漢紀十亦略載對策。

拜爲博士。

　　考證：漢書『拜爲博士』下，補『待詔金馬門，弘復上疏』一節。

　　案漢紀亦補『待詔金馬門，弘又上疏』一節，疏文較略。通鑑此下亦云：『待詔

　　金馬門。』

弘爲布被，食不重肉。

　　案鹽鐵論救匱篇：『公孫弘布被，食若傭夫。』

不肯面折庭爭。

　　案漢紀十二、通鑑庭並作廷，古字通用。下文『不庭辯之。』『汲黯庭詰弘。』

　　通鑑庭亦並作廷。

於是天子察其行敦厚，辯論有餘，習文法吏事，

考證：『沈欽韓曰：「西京雜記：公孫弘著公孫子，言刑名事，謂字直百金。』

施之勉云：『張煊曰：「太平御覽文部十七引漢書曰：『公孫弘著公孫子，言刑名，謂字直百金也。』今漢書弘傳無此。藝文志但云『公孫弘十篇。』入儒家者流。」』

案漢傳、漢紀、通鑑『敦厚』並作『愼厚，』敦、愼義近。御覽引漢書云云，疑是西京雜記之文，而冠以漢書之名耳。類書引書，往往如此。此猶西京雜記二載弘之言曰：『寧逢惡賓，不逢故人。』倭名類聚鈔卷一人倫部第二引爲史記文也。

考證引沈說，本漢傳補注。

二歲中，至左內史。

集解：『徐廣曰：一云「一歲。」』

考證：『漢書亦作「一歲。」……』

案通鑑亦作『一歲。』

願罷西南夷、滄海，

案漢傳滄作蒼，通鑑從之，古字通用。

弘位在三公，奉祿甚多。

考證：藝文類聚引奉作俸。

施之勉云：御覽七百七引，奉亦作俸。

案書鈔一三四、御覽七百七引在並作至。奉、俸古、今字。藝文類聚七十、御覽引多並作厚。

然今日庭詰弘，誠中弘之病。

案御覽引兩弘字並作臣。

且臣聞管仲相齊有三歸，侈擬於君。

案管夷吾傳：『管仲富擬於公室，有三歸反坫。』『三歸』解，參看彼文斠證。

晏嬰相景公，食不重肉，妾不衣絲，齊國亦治。此下比於民。

索隱：比音鼻。比者近也。小顏音比方之比。

案晏嬰傳：『相齊，食不重肉，妾不衣帛。』漢紀此文絲亦作帛。索隱『比者近也。』亦本小顏說。

且無汲黯忠，

　　案御覽引忠作『申之。』

愈益厚之。

　　案藝文類聚引作『愈厚善之。』

卒以弘爲丞相，封平津侯。

　　集解：『徐廣曰：「大臣表曰：『元朔五年十一月乙丑，公孫弘爲丞相。』功臣表

　　曰：『元朔三年十一月乙丑，封平津侯。』」……』

　　考證：『通鑑考異云：史記將相名臣表、漢書百官公卿表，弘爲相，皆在元朔五

　　年。建元以來侯者表、恩澤侯表皆云，元朔三年封侯。按三年弘始爲御史大夫，

　　蓋誤書五爲三，因置於三年耳。』

　　案徐氏所謂大臣表，卽名臣表。名亦大也，與『名山大川』之名同義。漢紀十二

　　亦云：『元朔五年，冬十有一月乙丑，公孫弘爲丞相，封平津侯。』通鑑漢紀十

　　一同。徐氏所稱〔漢書〕功臣表，乃恩澤侯表之誤。考證引通鑑考異云云，本漢傳

　　補注。

弘爲人意忌，外寬內深。

　　索隱：謂弘外寬內深，意多所忌害也。

　　王念孫云：『小司馬以意爲意志之意，非也。「意忌」二字平列，意者疑也。內

　　多疑忌，故曰「外寬內深」也。陳丞相世家曰：「項王爲人意忌信讒。」酷吏傳

　　曰：「張湯文深意忌。」義並與此同。古者謂疑爲意，說見孟嘗君傳。』

　　案王說是也。梁孝王世家：『於是天子意梁王。』漢紀九意作疑。卽古謂疑爲意

　　之證。師古注：『意忌，多所忌害也。』卽索隱『意多所忌害』所本。

諸嘗與弘有郤者，雖詳與善，陰報其禍。

　　考證：詳佯通，漢書作陽。

　　案諸猶凡也。漢傳嘗作常（補注引宋祁曰：南本常作嘗），郤作隙，詳作陽，記

　　纂淵海四四引此文同，所據蓋漢傳，而冠以史記之名也。通鑑從漢傳，郤作隙，

　　詳作陽，並古字通用。佯乃俗字，非與詳通也。『其禍』猶『以禍。』漢傳作『其

　　過，』通鑑從之，禍、過正、假字。

食一肉，脫粟之飯。

　　索隱：脫粟，纔脫穀而已，言不精鑿也。

　　案書鈔一四五引食下有唯字。晏子春秋內篇雜下第六：『晏子相齊，衣十升之布，
　　食脫粟之食。』（今本脫上缺食字。）索隱釋『脫粟，』本師古注。

故人所善賓客仰衣食，弘奉祿皆以給之，家無所餘。士亦以此賢之。

　　考證：『與西京雜記所言異。梁玉繩曰：案弘開東閣以延賢人，此盛德事，不知
　　史何以不載？』

　　案漢傳言弘『起客館，開東閣目延賢人。』漢紀、通鑑並本之。西京雜記四：『平
　　津侯自以布衣爲宰相，乃開東閣（俗本作閣），營客館以招天下之士。其一曰欽
　　賢館，以待大賢；次曰翹材館，以待大才；次曰接士館，以待國士。其有德任毗
　　贊、佐理陰陽者，處欽賢之館；其有才堪九列將軍二千石者，居翹材之館；其有
　　一介之善、一方之藝，居接士之館。而躬自菲薄，所得俸祿以奉待之。』所謂
　　『躬自菲薄，所得俸祿以奉待之。』與此所言合。惟西京雜記一，載『弘爲丞
　　相，故人高賀從之，弘食以脫粟飯，覆以布被。賀嘗語人曰：公孫弘內服貂蟬，
　　外衣麻枲，內廚五鼎，外膳一肴。』考證前文已引之，謂『與西京雜記所言異』
　　者，蓋指此耳。或高賀非賢人，故弘未禮遇之與？

塡撫國家。

　　案師古注：『塡，音竹刄反。』謂音鎮也。

力行近乎仁。好問近乎智。

　　案漢傳『好問』句在『力行』句上，與中庸合。惟中庸『好問』作『好學。』

厲賢予祿，

　　集解：『徐廣曰：厲，一作廣也。』

　　案厲借爲勱，說文：『勱，勉力也。讀與厲同。』勱，俗作勵。小爾雅廣詁：『勵，
　　勸也。』『厲賢，』謂勸勉賢也。厲，一作廣。廣乃厲之形誤。儒林傳：『以廣
　　賢材焉。』漢傳廣作厲，廣亦厲之誤。與此同例。厲、廣形近，往往相亂，禮書
　　王氏雜志有說。

陛下過意，

案意借爲懿，爾雅釋詁：『懿，美也。』『過意，』謂過美也。漢書高帝紀：『其

有意稱明德者，』文選王融曲水詩序注引意作懿，（補注引吳仕傑有說。）卽意、

懿通用之證。

素有負薪之病，

考證：楓、三本、宋本、中統、毛本，病作疾，與漢書合。

施之勉云：景祐本作疾，黃善夫本作病。

案殿本亦作疾。

遭遇右武。

索隱：『小顏云：右亦上也。言遭遇亂時則上武也。』

案漢傳此句同。師古注：『右亦上也。禍亂時則上武耳。』補注：『遇，官本作

禍。據顏注，亦當是禍字。史記作「遭遇，」索隱引顏云：「言遭遇亂時而上武

也。」又與此注異。疑遇字篆文與禍相涉，因譌禍爲遇耳。」』遇爲禍之譌，王

說是。師古所據本本作禍，官本存其舊。索隱引師古注，因正文禍譌遇，乃改師

古注之『禍亂』爲『遇亂』耳。

君不幸罹霜露之病，何恙不已。

索隱：『恙，憂也。言罹霜露寒涼之疾輕，何憂於病不止。禮曰：疾止復初也。』

案師古注：『恙，憂也。已，止也。已止也。言何憂於疾不止也。禮記曰：疾止

復初也。』卽索隱說所本。

因賜告，牛酒雜帛。

案漢傳補注引郭嵩燾曰：『後漢陳忠傳注：「古者召吏休假曰告。」汲黯傳：「黯

多病，上常賜告者數。」此連「牛酒雜帛」爲文，謂因賜告，兼賜牛酒雜帛也。』

郭氏所引後漢書注，召乃名之誤。

主父偃者，

案景祐本、黃善夫本、殿本皆提行。漢書主父偃與公孫弘不合傳。

晚乃學易、春秋、百家言。

考證：『中井積德曰：晚字似失當。』

案田完世家贊、孔子世家並云：『孔子晚而喜易。』與此晚字用法同。『晚乃』

　　與『晚而』同義。

假貸無所得。

　　考證：漢書貸作貣，顏師古曰：『音土得反。』貣，從人求物也。

　　案貣、貸正、假字。說文：『貣，從人求物也。』廣雅釋詁二：『貸，借也。』
　　訓借，卽貣之借字。

忠臣不敢避重誅以直諫。

　　案御覽四五一引諫作言。

司馬法曰：國雖大，好戰必亡；天下雖平，忘戰必危。

　　考證：今本司馬法仁本篇。

　　案御覽二百七十引古司馬兵法、二九七引太白陰經，有此文並同。劉子閱武篇引
　　司馬法，國下有家字，平作安。說苑指武篇引司馬法、今本司馬法仁本篇，平亦
　　並作安，義同。

春蒐、秋獮。諸侯春振旅，秋治兵，所以不忘戰也。

　　索隱：『按宋均云：宗本仁義，助少陰少陽之氣，因而敎以簡閱車徒。』

　　案爾雅釋天：『春獵爲蒐，秋獵爲獮。出爲治兵，尙威武也。（郭注：幼賤在前，
　　貴勇力。）入爲振旅，反尊卑也。（注：尊老在前，復常儀也。）』振旅、治兵，
　　皆謂習戰耳。黃善夫本、殿本並略索隱。

且夫怒者逆德也。兵者凶器也。爭者末節也。

　　考證：『國語越語：「范蠡曰：勇者逆德也。兵者凶器也。爭者事之末也。」沈
　　欽韓曰：「尉繚子兵議篇：兵者凶器也。爭者逆德也。」說苑指武篇屈宜咎語
　　同。」』

　　案越語范蠡云云，越王句踐世家載范蠡語，作『兵者凶器也。戰者逆德也。爭者
　　事之末也。』淮南子道應篇，屈宜咎（今本咎誤若，王念孫雜志有說）曰：『怒
　　者逆德也。兵者凶器也。爭者人之所去也（今本去誤本，俞樾平議有說）。說苑
　　指武篇載屈宜臼（臼、咎古通）語，作『兵者凶器也。爭者逆德也。』與淮南子
　　所載，僅一句相同。考證引沈說，本漢傳補注。沈氏所稱兵議篇，兵乃武之誤。

踵糧以行，

考證：踵，接也。漢書作運。

案漢紀十一從漢傳作運，通鑑漢紀十從史作踵。

遇其民，不可役而守也。

考證：漢書遇作得，役作調。

案漢紀遇亦作得，義同。孟子離婁篇：『子父責善而不相遇也。』趙注：『遇，得也。』卽其證。通鑑遇作得，役作調，並從漢傳。

勝必殺之，非民父母也。

案漢傳殺作棄，補注：『李慈銘曰：「謂勝其國而棄其民，非爲民父母之道。」史記棄作殺，似誤。』漢傳、通鑑並從史記作殺，殺字不誤。蓋匈奴之民不可役而守，勝則勢必殺之，此非爲民父母之道也。

快心匈奴，非長策也。

考證：『楓、三本、漢書，快作甘。呂祖謙曰：「李斯方助始皇爲虐，必無此諫。」徐孚遠曰：「李斯諫伐胡，本傳不載，非實事也。意者欲沮蒙恬之功，故爲正言邪？」愚按漢書，「長策」作「完計。」』

案漢紀從漢傳快作甘，『長策』作『完計。』考證引呂、徐說，本梁氏志疑。李斯諫伐匈奴，史公必有所本。本傳不載，正可補本傳之未備。未可因斯助始皇爲虐而抹殺之也。

地固澤鹹鹵，不生五穀。

集解：『徐廣曰：「澤，一作斥。」瓚曰：「其地多水澤，又有鹵。」』

王念孫云：『鹹字後人所加，集解引瓚曰：「其地多水澤，又有鹵。」則鹵上本無鹹字。又引徐廣曰：「澤，一作斥。」漢書作「澤鹵，」漢紀作「斥鹵。」是「澤鹵」卽「斥鹵。」「斥鹵」之閒加一鹹字，則文不成義矣。又案夏本紀：「海濱廣潟。」徐廣亦曰：「潟，一作澤，又作斥。」（禹貢作斥。）河渠書：「漑澤鹵之地。」索隱曰：「澤，一作舄，本或作斥。」「舄鹵、」「澤鹵，」竝與「斥鹵」同。薛瓚以澤爲水澤，鹵爲鹹鹵，分「澤鹵」爲二義，亦失之。』

案鹹字後人所加，王說是。漢紀作『斥鹵，』一本亦作『澤鹵。』河渠書：『漑澤鹵之地，』御覽七五引澤作斥，與彼文索隱所稱或本同。師古澤『澤鹵』云：

『地多沮澤而鹹鹵。』乃用薛瓚注而誤。（漢傳王氏雜志有說。）鑑通此文作

『地固沮澤鹹鹵。』不知鹹字為後人所加，又妄據師古注於澤上加沮字也。

又使天下蜚芻輓粟，

　　案漢傳、漢紀、通鑑蜚皆作飛，蜚、飛古、今字。通鑑注引師古注：『運載芻橐，

　　令其疾至，故曰「飛芻。」輓，謂引車船也。』

起於黃、腄、琅邪負海之郡，

　　索隱：黃、腄，縣名，在東萊。音逐瑞反。注音綞。

　　考證：『黃、腄，各本作東腄，依索隱及漢書。顏師古云：「二縣名。」齊地濱

　　海，故曰「負海。」』

　　案通鑑亦作東腄，注：『東腄，漢書作「黃、腄，」師古曰：「黃、腄二縣，並

　　在東萊。」』索隱『黃、腄，縣名，在東萊。』即本師古注。黃善夫本、殿本索

　　隱，並作『腄音逐瑞反。注音綞，其音同也。』非其舊也。考證『齊地濱海，故

　　曰「負海。」』本漢傳補注。

男子疾耕，不足於糧饟。女子紡績，不足於帷幕。

　　案淮南列傳：『男子疾耕，不足於糟糠。女子紡績，不足於蓋形。』平準書贊：

　　『海內之士力耕，不足糧饟。女子紡績，不足衣服。』『疾耕』猶『力耕』也。

從之如搏影。

　　案漢傳補注引沈欽韓云：『管子兵法篇：善者之為兵，使敵若據虛、若搏景。』

　　漢書郊祀志下：『如係風捕景。』捕、搏正、假字。

行盜侵毆，

　　案漢傳毆作敺，師古注：『來侵邊竟，而敺略人畜也。敺與毆同。』（通鑑注引

　　師古注，改『敺略』為『毆掠。』）敺，古文毆字。穀梁隱五年傳：『苞人民、

　　毆牛馬曰侵。』然則『侵毆』之義，即是『敺略人畜。』不必釋侵為『來侵邊

　　竟』矣。

不屬為人。

　　案為猶於也。

而下脩近世之失。

王念孫云：『脩與失義不相屬。脩，當依漢書作循，謂因循近世之失而不改也。又下文「秦不行是風，而脩其故俗。」脩，亦當依漢書作循。上文云：「變風易俗。」與此正相反也。……隸書循、脩相似，傳寫易譌。』

考證：楓、三本脩作循。

案通鑑脩亦作循。

故周書曰：安危在出令，存亡在所用。

案楚元王世家贊：『安危在出令，存亡在所任。』卽本周書，任亦用也。

是時趙人徐樂、

考證：『梁玉繩曰：漢書謂「徐樂，燕郡無終人ロ」則史言「趙人，」誤也。』

案漢紀稱『燕人徐樂。』

臣聞天下之患，在於土崩‧不在於瓦解。

案漢傳、漢紀、長短經懼誡篇注、通鑑，『不在『下皆無於字。漢傳補注引朱一新云：『文選東方朔非有先生論：「是以輔弼之臣瓦解。」注引春秋考異郵曰：「瓦解土崩。」淮南泰旅訓：「紂士億有餘萬，武王麾之，則瓦解而走，土崩而下。」』』

非有孔、墨、曾子之賢，

案墨、曾二字當倒置，於時代乃順。漢傳、長短經注、通鑑，皆作『孔、曾、墨子。』

奮棘矜，

索隱：『棘矜，』下音勤。矜，今戟柄。棘，戟也。

案陳涉世家贊：『且穛棘矜。』索隱亦云：『棘，戟也。矜，戟柄也。音勤。』漢傳此文師古注：『棘，戟也。矜者，戟之把也。』蓋索隱所本。（矜音勤，本集解。）王念孫云：『方言：「矜謂之杖。」「棘矜，」謂伐棘以爲杖也。淮南兵略篇：「陳涉伐檟棗而爲矜。」義與此同。師古以棘爲戟，非也。』（參看陳涉世家贊斠證。）索隱承師古注而誤耳。黃善夫本、殿本並略索隱。

下怨而上不知也。

考證：『梁玉繩曰：也字衍，漢書無。』

案長短經注，通鑑亦並無也字。

威足以嚴其境內，

案嚴借爲儼，離騷：『湯、禹儼而祗敬兮。』王注：『儼，畏也。』

賢主所留意而深察也。

案長短經注、通鑑，『所留意』並作『之所宜留意。』漢傳所上亦有之字。

則民且有不安其處者矣。

考證：漢書且作宜。

案通鑑且亦作宜，且、宜並與當同義。

而天下無宿憂。

案漢傳師古注：『宿，久也。』補注：『宿，留也。』竊謂『宿憂』猶『預憂，』
越世家：『有如病不宿誡。』正義：『宿猶預也。』

南面負扆攝袂而揖王公。

考證：『扆，畫斧屏風。明堂位：天子斧扆南鄉而立。』

案禮記明堂位：『天子負斧依南鄉而立。』鄭注：『斧依，爲斧文屏風於戶牖之
閒。』釋文：『依，本又作扆，同。』淮南子氾論篇：『負扆而朝諸侯。』高注：
『負，背也。扆，戶牖之閒。言南面也。』

臣聞圖王不成，其敝足以霸。

案漢傳補注引沈欽韓云：『御覽七十七，桓譚新論曰：「儒者或曰：圖王不成，
其敝可以霸。」後漢書王元說隗囂，亦作霸。』意林引新論作『圖王不成，亦可
以霸。』

臣聞周有天下，

考證：莊安書『臣聞』下，尚有二百七十餘字，漢書載之，皆切中時弊，深識治
體之要。史公何以刪之？

案考證說，本梁氏志疑。『「臣聞」下，』下乃上之誤。志疑本作『此句上。』

成、康其隆也，刑錯四十餘年而不用。

案周本紀：『成、康之際，天下安寧，刑錯四十餘年不用。』治要引錯作措，
措、錯正、假字。

於是彊國務攻，弱國備守。

考證：『中井積德曰：漢書備作修，於耦對爲切。』

案漢傳說備爲修耳。備、修同義，國語周語中：『修其簠簋。』韋注：『修，備也。』卽其證。中井未達。

主海內之政，

考證：楓、三本主作壹，漢書作一。

施之勉云：景祐本、黃善夫本主作一。

案殿本主亦作一。

銷其兵，鑄以爲鍾虡，

索隱：『鍾虡，』下音巨。鄒氏本作鐻，音同。

案秦始皇本紀：『收天下兵，聚之咸陽，銷以爲鍾鐻。』與此鄒氏才合。虡乃虞之省，鐻，或虞字。說文：『虞，鍾鼓之柎也。飾爲猛獸。』（段注：『木部曰：柎，号足也。』參看始皇本紀斠證。）

嚮使秦緩其刑罰，

案漢傳無其字，與下文一律。

而脩其故俗。

考證：漢書脩作循。

案脩乃循之誤。上文王氏雜志已有說。

意廣心軼，

案漢傳、通鑑軼並作逸，軼、逸並借爲佚樂之佚。

又有尉佗屠睢將樓船之士，南攻百越。

考證：『梁玉繩曰：南越傳，無尉佗攻越事，乃尉屠睢也。尉，秦官。屠睢，人姓名。葢尉斯離之比。漢書嚴助、嚴安傳，皆無佗字。此因下文尉佗戍越而誤。索隱謬分爲二人。尉屠睢事，見淮南子人閒訓。』

案通鑑亦無佗字。淮南子人閒篇：『秦皇發卒五十萬，使蒙公（許注：蒙恬）、楊翁子將，以與越人戰。越人皆入叢薄中，與禽獸處，莫肯爲秦虜，相置桀駿以爲將，而夜攻秦人，大破之，殺尉屠睢，伏尸流血數十萬。』（節引。）

秦禍北構於胡，南挂於越。

　　王念孫云：『挂讀爲絓。絓，結也。言禍結於越也。廣韻：「絓，絲結也。」楚
　　辭九章曰：「心絓結而不解兮。」上句「秦禍北構於胡，」構亦結也。史記律書：
　　「秦二世結怨匈奴，絓禍於越。」尤其明證矣。』（漢傳補注引。）

　　施之勉云：『張森楷曰：挂，當依集韻訓礙，與罣同，通作絓，音胡畫切。』

　　案構、挂互文，義並同結，王說是。禍字貫兩句言之，『秦禍北構於胡，南挂於
　　越。』猶言『秦北結禍於胡，南結禍於越』耳。明此義，則挂不當依集韻訓礙
　　矣。

自經於道樹，

　　案通鑑注：『自經，縊也。』論語憲問：『自經於溝瀆。』

今中國無狗吠之驚，

　　考證：漢書驚作警。

　　案警、驚正、假字。

非所以子民也。

　　案『子民』猶『愛民，』禮記中庸：『子庶民也。』鄭注：『子猶愛也。』

橋箭累弦，

　　考證：『楓本、漢書橋作矯，通。中井積德曰：累弦，造弦也。』

　　案矯、橋正、假字，荀子儒效篇：『橋飾其情性。』楊注：『橋與矯同。』橋亦
　　矯之借字。漢傳累作控，累乃纍之俗省，左成三年傳：『兩釋纍囚。』杜注：
　　『纍，繫也。』說文：『控，引也。』段注：『控者，引之使近之意。』『引之
　　使近』與繫，義亦相近。

以遭萬世之變，則不可稱諱也。

　　考證：稱字，楓、三本、漢書作縢。

　　案以猶若也。（劉德漢學弟史記虛字集釋有說。）縢、稱正、假字。周禮冬官考
　　工記弓人：『角不勝幹。』鄭注：『故書勝或作稱。』即勝、稱通用之證。

於是乃拜主父偃、徐樂、嚴安爲郎中。

　　考證：三人上書，通鑑係之元朔元年。或云，元光六年事，未詳。

施之勉云：『通鑑係之元朔元年 ， 是也 。 嚴安書中有云：「深入匈奴，燔其龍
城。」漢書武紀，元光六年，青伐匈奴，至龍城也。則三人上書。不得在元光六
年前矣。』

案考證所稱『或云，元光六年事。』乃王先謙說，漢紀列三人上書於元光二年，
亦未當。（詳漢書主父偃傳『元光元年，廼西入關。』補注。）施氏從通鑑，係
之元朔元年。惟據所舉嚴安書中語，驗以漢書武紀元光六年所記，則三人上書，
雖不得在元光六年前。亦可能卽在元光六年也。

偃數見上疏言事，詔拜偃爲謁者，遷樂爲中大夫。一歲中四遷偃。

考證：『數上偃字，依楓、三本補。漢書亦有。梁玉繩曰：「遷中大夫者，主父
偃也。漢書曰：『偃遷謁者 、 中郎 、 中大夫。』所謂一歲四遷以此。與徐樂何
涉？樂字當衍。」』

案梁氏志疑巳云：『數字上當依漢書增偃字。』『遷樂爲中大夫，』樂字涉上文
徐樂而衍。漢紀云：『偃一歲四遷，至太中大夫。』通鑑云：『主父偃尤親幸，
一歲中凡四遷，爲中大夫。』亦並可證。

急則阻其彊而合從，

案阻，恃也。左隱四年傳：『阻兵而安忍。』杜注釋『阻兵』爲『恃兵。』

今以法割削之。

案今猶若也。

無尺寸地封。

考證：漢書『寸地』作『地之。』

案漢紀十二作『無尺土。』長短經七雄略注作『毋尺地封。』亦並無寸字。

主父曰：臣結髮游學四十餘年，

考證：楓本父下有偃字。

施之勉云：文選左太沖詠史詩注引史，父下有偃字。

案龔頤正芥隱筆記父下亦有偃字。（漢傳、通鑑並作『偃曰。』）古人相語，多
自稱臣。

吾日暮途遠，故倒行暴施之。

考證：愚按漢書，『暴施』作『逆施。』伍子胥傳作『倒行而逆施之。』

案漢傳作『吾日暮，故倒行逆施之。』吳曾能改齋漫錄三，逆上有而字，與伍子胥傳合。暴與逆同義，孟子公孫丑篇：『持其志無暴其氣。』趙注：『暴，亂也。』廣雅釋詁三：『逆，亂也。』

偃盛言朔方地肥饒，外阻河，蒙恬城之，以逐匈奴。內省轉輸戍漕，廣中國。

梁玉繩云：『義門讀書記曰：偃前諫伐匈奴。此何以復議置朔方郡？前言「地澤鹵不生五穀，轉輸率三十鍾致一石。」此何以復云「地肥饒，省轉漕？」豈非進由衞氏，衞將軍始取其地，故偃變前說以建此計乎？』

案偃本『學長短縱橫之術』者，其言說圖一時之利，前後抵牾，何足怪乎？

王以爲終不得脫罪，恐效燕王論死，乃自殺。

考證：齊屬王次景也。事互見齊悼惠王世家。

案史漢表、漢書高五王傳、漢紀、通鑑，皆作次昌。考證從齊悼惠王世家作次景，非。（參看齊悼惠王世家斠證。）

趙王恐其爲國患，

案通鑑趙王下補彭祖二字，注：『彭祖，景帝子。前二年封廣川，五年徙趙。』

乃遂族主父偃。

案漢傳補注：『通鑑載偃誅於元朔二年，史記偃傳言偃誅時，公孫弘爲御史大夫。考弘傳及百表官，弘爲御史大夫在元朔三年，則偃誅以三年矣。通鑑係於二年，誤。』史記將相表、漢紀、通鑑弘爲御史大夫，亦皆在元朔三年。漢紀係偃誅於二年，通鑑從之耳。

太皇太后詔大司徒大司空。

索隱：『按徐廣云：「此是平帝元始中詔，以續卷後。」則又非褚先生所錄也。』案景祐本、黃善夫本並不提行，非。索隱『按徐廣云：此是平帝元始中詔，以續卷後。』十六字，黃本、殿本並略作『案廣所云』四字。

夏禹卑宮室，惡衣服，後聖不循。

殿本考證：『董份曰：「後聖」聖字，恐當是世字。言禹聖德，後世不能循也。』案論語泰伯篇：『子曰：禹，吾無閒然矣！惡衣服而致美乎黻冕，卑宮室而盡力

平溝洫。』董氏疑『後聖』聖字是世字，蓋是。若原是聖字，則先聖後聖，其揆

一也。何致不循禹之儉德邪？

舉善而敎不能則勸。

　　考證：論語爲政篇。

　　案善與『不能』對言，能猶善也。萬石列傳：『有姊能鼓琴。』御覽五一七引能

作善，卽能、善同義之證。『舉善而敎不能，』猶言『舉善以敎不善』耳。論語

注疏諸家，皆未得能字之義。

公孫弘、卜式、兒寬，皆以鴻漸之翼，困於燕雀。

　　索隱：……是燕雀安知鴻鵠之志也！

　　案黃善夫本、殿本索隱，並略『是燕雀安知鴻鵠之志也』句。陳涉世家：『燕雀

安知鴻鵠之志哉！』卽索隱此句所本。

海內乂安，

　　索隱：乂，理也。

　　案漢書公孫弘卜式兒寬傳贊，乂作艾，師古注：『艾讀曰乂。』爾雅釋詁：『乂，

治也。』索隱『乂，理也。』避高宗諱，以理代治耳。

而四夷未賓，

　　案爾雅釋詁：『賓，服也。』

始以蒲輪迎枚生。

　　索隱：案謂枚乘也。漢始迎申公，亦以蒲輪。謂以蒲裏車輪，恐傷草木也。……

　　殿本考證：『徐孚遠曰：封泰山，用蒲輪，恐傷草木也。迎賢人，用蒲輪，欲令

車安也。索隱非是。』

　　案徐說是。漢書武紀：『遣使者安車蒲輪，束帛加璧，徵魯申公。』（又見漢紀

十。）師古注：『以蒲裏輪，取其安也。』漢書儒林傳，『蒲輪』作『目蒲裏輪。』

卜式試於芻枚，

　　案漢傳贊、文選試並作拔。

斯亦曩時版築飯牛之朋矣。

　　考證：漢書矣作已。

施之勉云：『文選「朋矣」作「明巳。」張銑曰：「明巳，」辭也。』

案景祐本、黃善夫本『朋矣』並作『明矣。』漢傳贊作『明巳，』與文選同。巳猶矣也。漢傳贊補注：『明，官本作朋，是。史贊同。』文選考異：『何云：「明，漢書作朋。」陳云：「明，朋誤。」是也。各本皆誤。』惟史、漢故本、文選皆作明，則作朋，蓋後人不得其義而改之耳。明猶證也，此謂卜式、桑弘羊、衛青、金日磾皆起於微賤，亦昔時傳說起於版築、甯戚起於飯牛之證也。潘岳關中詩：『當乃明實，否則證空。』明、證互文，明亦證也。

質直則汲黯、卜式。

案論語顏淵篇：『質直而好義。』淮南子原道篇：『質直皓曰。』張丞相列傳：『其人堅忍質直。』

落下閎。

案漢傳贊落作洛，古字通用。

邴吉、

案漢傳贊邴作丙，古字通用。

邵信臣、

案漢傳贊、文選邵並作召。師古注：『召讀曰邵。』

皆有功迹，見述於後。累其名臣，亦其次也。

考證：漢傳贊『後累』作『世參，』以世字為句。

案文選後下有世字，累亦作參。累乃參之誤，累蓋本作叅（此增叅正字，俗作累），參誤為叅，復易為累耳。書西伯勘黎：『乃罪多參在上。』釋文：『馬云：參字累在上。』朱駿聲云：『按馬謂參字當作叅，積叅在上也。』（說文通訓定聲叅字下。）竊疑馬謂參字當作累，積累在上也。此亦參、累相亂之例。漢傳補注引郭嵩燾曰：『〔參其名臣，〕疑當作「參諸名臣。」』經文「其諸」二字多連用，蓋一聲之疾徐。』其與諸同義，其不必作諸，秦始皇本紀：『宦者輒從輼輬車中可其奏事。』李斯列傳其作諸，趙世家：『簡子徧召諸子相之。』御覽七二九引諸作其，並其證。

出自第四十九本第二分（一九七八年六月）

史記斠證卷一百十三

南越列傳第五十三

王　叔　岷

南越王尉佗者，

　　索隱：尉他。尉，官也。他，名也。姓趙。他，音徒河反。

　　案漢傳越作粵，古字通用。索隱本佗作他，文選班叔皮北征賦注引同。（西京雜

　　記三、長短經霸圖篇正文及注亦並作他。）他乃佗之隸變。黃善夫本、殿本索隱，

　　他並作佗，依正文作佗改之也。

略定揚越，

　　案楚世家揚越作楊粵。此文景祐本、黃善夫本揚亦作楊，漢傳越亦作粵。

頗有中國人相輔。

　　案頗猶多也。

盜兵且至，急絕道聚兵自守。

　　考證：『凌稚隆曰：「絕道自守，」與上「絕新道自備」相應。

　　案長短經霸圖篇注且作卽，義同；又道上有新字，與上文尤合。

以其黨爲假守。

　　施之勉云：『項羽紀：「會稽守通。」漢書守作「假守。」張晏曰：「假守，兼

　　守也。」張守節曰：「言假者，兼攝之也。」』

　　案『假守，』謂兼攝郡守。項羽紀集解引楚漢春秋云：『會稽假守殷通。』此又

　　早於史、漢稱『假守』者矣。

此必長沙王計也。

　　考證：漢書計下無也字。

　　案漢紀六、通鑑漢紀五亦並無也字。

於是佗乃自尊號爲南越武帝。

　　考證：漢書作南武帝（帝，原誤王），非是。

　　案漢書武紀及南粵傳、並作南武帝。南下脫粵字，武紀補注引全祖望有說。

迺乘黃屋左纛，

　　正義：『薛□云：纛，以旄牛尾置馬頭上也。』

　　案正義薛下疑闕瓚字，卽漢書注中所稱『臣瓚』者也。水經注中往往引漢書薛瓚
　　注。

曾無一介之使報者。

　　考證：漢書文帝贈尉佗書，作『一乘。』

　　案漢紀七、通鑑漢紀五，『一介』亦並作『一乘。』

爲書謝，稱曰。

　　案書鈔四十引稱上有自字。

皇帝，賢天子也。自今以後。

　　考證：漢書『皇帝』上有漢字，後作來。

　　案通鑑從漢書。

至建元四年卒。佗孫胡爲南越王。

　　梁玉繩云：漢傳無卒字，以建元四年爲佗孫嗣立之歲，似佗非卒于建元四年。而
　　史、漢皆不書佗子，可知其子前死。趙胡以孫繼祖也。但考兩粵傳，佗當文帝元
　　年已稱老夫，處粵四十九年，於今抱孫，則自始皇二十年佗已居粵，因爲龍川令，
　　二世元年行南海尉事，高帝四年稱王，至武帝建元四年，凡九十一年。徐廣引皇
　　甫謐謂『佗蓋百歲。』何若是之壽邪？

　　案漢紀十建元四年，亦未書佗卒。通鑑漢紀九，於建元四年書『是歲，南越王佗
　　死。』從史記也。

此時，閩越王郢興兵擊南越邊邑。

　　考證：漢書『此時』作『立三年。』

　　案立三年，當建元六年。漢紀、通鑑閩越擊南越，並在建元六年。

天子使莊助往諭意。南越王胡頓首，

　　案『南越王』三字當屬上絕句。漢紀、通鑑並疊南越二字，如從之，則讀『天子
　　使莊助往諭意南越』句。『南越王胡頓首』句。

漢興兵誅郢，亦行，以驚動南越。

　　考證：『岡白駒曰：漢之興兵誅郢，南越已驚動矣；今又行漢，亦以驚動南越。』
　　施之勉云：『劉淇曰：「行，且也。史記南越傳：漢興兵誅郢，亦行以驚動南
　　越。」』
　　案劉氏（助字辨略二）以行字屬下讀，是也。惟行不必訓且，行猶因也，左昭五
　　年傳：『余姑使人犒師，請行以觀王怒之疾徐而爲之備。』彼文及此文之『行以，』
　　並猶『因以』也。（參看古書虛字新義〔十、行〕條。）

不可以說好語入見。

　　索隱：『「悅好語入見。」悅，漢書作怵。……』
　　施之勉云：索隱本說作悅。
　　案通鑑注：『言不可喜漢使好語而入朝也。說讀曰悅。』說、悅古、今字。漢紀
　　十四從漢傳作怵。

嬰齊其入宿衞，

　　案其猶之也。通鑑漢紀十二注：『嬰齊入宿衞，建元元年。』『元年』乃『六年』
　　之誤。

要用漢法，比內諸侯。

　　案通鑑注：『要讀曰邀，恐漢邀之以用朝廷之法，如內諸侯王。』

嘗與霸陵人安國少季通。

　　索隱：安國，姓也。少季，名也。
　　案師古注：『姓安國，字少季。』

勇士魏臣等輔其缺。

　　集解：『徐廣曰：一作決。』
　　考證：『徐引一本作決，與漢書合。顏注：「助令決策也。」亦通。』
　　案通鑑從漢傳作決。決、缺正、假字。下文『使者怯無決。』與此相應，用本字。

使者皆臿慎撫之。

　　　案師古注：『塡，音竹刄反。』讀爲鎭也。漢紀作鎭。

重齎，

　　　案漢傳齎作資。通鑑注：『齎讀曰資。』

宗族官仕爲長吏者七十餘人。

　　　考證：楓、三本官作宦。

　　　案通鑑『官仕』作『仕宦。』

女盡嫁王子兄弟宗室，及蒼梧秦王有連。

　　　索隱：案蒼梧越中王，自名爲秦王，卽下趙光是也。故云『有連。』連者連姻也。

　　趙與秦同姓，故稱秦王。

　　　案漢傳子下無兄字，通鑑從之。索隱『蒼梧越中王，自名爲秦王。』本漢傳孟康

　　注。（集解巳引。）『卽下趙光』以下，本晉灼注。黃善夫本、殿本索隱，並略

　　作『案蒼梧秦王，卽下趙光是也。「有連」者，連姻也。趙與秦同姓，故稱秦王。』

介漢使者權，謀誅嘉等。

　　　集解：『韋昭曰：特使者爲介胄也。』

　　　索隱：『韋昭曰：「特使者爲介胄。」志林云：「介者，因也。欲因使者權誅呂

　　嘉。」然二家之說皆通，韋昭以介爲特，介者，閒也。以言閒特漢使者之權，意

　　卽得。云「特爲介胄，」則非也。……案介者賓主所由也。』

　　　案漢紀介作因，葢志林釋介爲因所本。韋氏釋介爲特，云：『特使者爲介胄。』

　　其說迂曲。介，卽謂介胄也。此當讀『介漢使者』句。『權謀誅嘉等』句。『介

　　漢使者，』謂『介胄漢使者。』猶今語言『武裝漢使者。』左昭二十五年傳：『季、

　　郈之雞鬬，季氏介其雞。』孔疏引鄭衆云：『介，甲也。爲雞著甲。』呂氏春秋

　　察微篇亦載此事、高誘注亦云：『介，甲也。』此文之『介漢使者。』彼文之

　　『介其雞，』兩介字用法同。又黃善夫本、殿本索隱，並略『韋昭曰：特使者爲

　　介胄。』及『然二家之說皆通。』十六字，『意卽得』下，並有『矣然』二字，

　　通鑑注引索隱同。又引索隱末句『所由』作『所因，』是。

使者皆東鄉，太后南鄉，王北鄉，相嘉、大臣皆西鄉，侍坐飮。

考證：漢書修『使者』以下二十二字，爲『請使者大臣皆侍坐飲』九字。

案通鑑從漢書。

使者狐疑相杖，

考證：杖，去聲，持也。與仗同。

案杖、仗正、俗字。漢紀『相杖』作『相倚伏。』

欲縱嘉以矛。

索隱：『韋昭云：「縱，撞也。」案字林：「七凶反。」……』

案黃善夫本、殿本索隱，並略『韋昭云：縱，撞也』六字，七上並增『縱音』二字。

分其弟兵就舍。

索隱：『分弟兵就舍，』謂分取其兵也。漢書作介。介，被也，恃也。

考證：漢書作介，不成義，當從史文。

施之勉云：『楊樹達曰：「按『分弟兵就舍，』亦不詞，介字是。上文云：『王太后亦恐嘉等先事發，欲介使者權謀誅嘉等。』師古訓介爲恃，此介字亦當訓恃。史記分是誤字，不當據彼正此。史記索隱云：『分，漢書作介。介，被也，恃也。』案訓被非，訓恃是也。」』

案『分其弟兵，』索隱謂『分取其兵。』文義甚明。何以不詞？通鑑從漢傳作介，介，俗書作分，與分形近，往往相亂。索隱本分下無其字，漢傳亦無其字。索隱『介，被也，恃也。』訓被，本漢傳李奇注；訓恃，本上文集解引韋昭注。考證云云，漢傳王氏雜志已有說。楊氏亦從漢傳作介，訓介爲恃，可備一解。

乃陰與大臣作亂。

案漢傳作上有謀字，漢紀、通鑑並同，是也。若無謀字，則與下文『數月不發，』不符矣。

願得勇士二百人，

考證：毛本『二百人』作『三百人，』與漢書合。

施之勉云：景祐本『二百人』作『三百人。』

案通鑑亦作『三百人。』施氏所稱景祐本（實爲南宋補版），仍作『二百人。』

施氏失檢。

立明王長男越妻子術陽侯建德爲王。

　　集解：『徐廣曰：元鼎四年，以南越王兄越封高昌侯。』

　　案孫志祖云：『楊升菴云：「越妻乃越女，非漢女也。而徐注若以越爲人名，何
　　也？」志祖案徐注曰：「越封高昌侯。」蓋術陽侯建德在越，本封高昌侯。而漢
　　封爲術陽侯也。建元以來侯年表云：「以南越王兄越高昌侯。」徐注本此，非以
　　越爲人名而注本文之「越妻子」也。若「越妻子」爲越女之子，本可不煩注釋。』
　　（讀書脞錄續編三。）

封其子廣德爲龍亢侯。

　　索隱：『龍亢屬譙國。漢書作繁侯，服虔音邛。晉灼云：古龍字。』

　　案通鑑注：『班志，龍亢縣屬沛國。』考異云：『漢書功臣表作龍侯。南越傳作
　　繁侯。晉灼曰：「繁，古龍字。」史記建元以來侯者表及南越傳，皆作龍亢侯，
　　今從之。』漢傳補注引沈欽韓曰：『史記作龍亢侯。〔漢〕表作龍侯，蓋脫一字。
　　繁又龍亢之併。晉以爲古字，謬也。集韻因此文增入，又訛爲繁。』黃善夫本、
　　殿本索隱，『漢書作繁侯，』繁作繁，『晉灼云』下增繁字。與集韻作繁同誤。

乃下赦曰：天子微，諸侯力政。

　　考證：漢書赦下有『天下』二字，微下有弱字。

　　案漢傳『乃下赦』作『乃赦天下。』赦下有『天下』二字，則赦上不必有下字。
　　天官書亦云：『天子微，諸侯力政。』漢書五行志中之下：『京房易傳曰：天子
　　弱，諸侯力政。』師古注：『政亦征也。言專以武力相征討也。』補注引王念孫
　　曰：『「力政，」又見藝文志、游俠、南粵、吾邱壽王、東方朔傳。政讀爲征，
　　謂以力相征伐也。』

下匯水，

　　集解：『徐廣曰：「一作湟。」駰案地理志曰：「桂陽有匯水，通四會。」或作
　　淮字。』

　　索隱：『劉氏云：「匯當作湟，漢書云：下湟水。」或本作洭。』

　　梁玉繩云：『徐廣作湟，與山海經合，即上文湟谿，說文、水經謂之洭水。酈道

元言「亦曰灘水別名桂水」者是。漢書紀、傳皆作湟，獨地理志桂陽郡下作匯水，與此同誤。師古妄音「胡賄反，」猶索隱引誤本作涅，音「年結反」也。裴駰云：「或作淮。」亦非。蓋因水有四名，各以音形相近而譌爾。』

案通鑑從漢書紀、傳作湟水，注：『山海經以洭水爲湟水。徐廣曰：湟水一名洭水。』水經洭水注亦引徐廣曰：『湟水一名洭水。』說文洭下段注：『洭水亦曰湟水。史記「下匯水。」匯者洭之誤，漢書作「下湟水，」是也。』裴氏謂『或作淮字。』淮又匯之壞字也。黃善夫本、殿本索隱，並略『或本作洭』四字。

下橫浦，

梁玉繩云：漢書武紀作『下湞水。』

案通鑑從漢書紀、傳作『下湞水。』漢傳補注：『橫浦卽湞水也。』

故歸義越侯二人爲戈船、下屬將軍，出零陵，或下離水；或抵蒼梧。

集解：『徐廣曰：厲，一作瀨。』

考證：『漢書武紀云：「歸義越侯嚴爲戈船將軍，出零陵，下離水；甲爲下瀨將軍，下蒼梧。」嚴、甲二人名。』

案通鑑此文，同漢書武紀。漢紀厲亦作瀨，古字通用。武紀補注引錢大昭曰：『不知其名，謂之甲也。甲，漢紀作祖廣明。』考證以甲爲人名，非。（日知錄二十三有『假名甲、乙』之說甚詳，可參。）

乃有千餘人。

案乃猶僅也。

犂旦，城中皆降伏波。

索隱：『鄒氏云：「犂，一作比。比，音必至反。」然犂卽比義。又解犂，黑也。天未明尚黑時也。漢書亦作「遲明，」遲音稚。遲，待也。亦犂之義也。』

案漢傳犂作遲，犂、遲聲相近，『犂旦、』『遲旦，』皆謂『比旦』也。犂訓黑，遲訓待，並非。（參看漢書高紀王氏雜志『遲明』條。史記高紀考證引之。）黃善夫本、殿本索隱，『犂卽比義』下，並有『不煩更釋』四字，『尚黑時也，』並作『而尚黑也。』『漢書亦作「遲明，」漢書下並有史記二字，索隱單本同，當據補。如漢書高紀、史記衛將軍傳皆作『遲明，』並與『犂旦』同義也。

呂嘉、建德，已夜與其屬數百人亡入海。

　　施之勉云：『張森楷曰：「巳讀爲戊巳之巳，在戊夜後，即所謂五更天，猶犁明
　　也。變文以辟複耳。漢傳作以，于誼爲短，于事爲不可通。世安有平旦破敵，而
　　敵之主將，乃能留至夜始去者乎！」按漢傳巳作以，鄭注禮記檀弓曰：「以與巳
　　字本同。」此足證史傳巳字不作已也。巳，張讀如戊巳之巳，其說雖巧，恐非
　　是。』

　　案上文言『犁旦，城中皆降伏波。』此言夜者，犁旦之前也。謂呂嘉、建德天未
　　明巳與其屬亡入海也。張氏誤以爲平旦之後留至夜始去，乃讀巳爲戊巳之巳。迂
　　之甚矣，何巧之有！

越郎都稽得嘉，

　　集解：『徐廣曰：表曰孫都。』

　　案通鑑考異云：『史記、漢書表皆作孫都，南越傳皆云都稽。』

蒼梧王趙光者，

　　案景祐本、黃善夫本、殿本皆提行。（漢傳不提行。）

南越巳平矣。遂爲九郡。

　　集解：『徐廣曰：儋耳、珠崖、南海、蒼梧、九眞、鬱林、日南、合浦、交阯。』

　　索隱：徐廣皆據漢書爲說。

　　案文選陳孔璋檄吳將校部曲文注引巳作以，疑故本如此。九郡之名，亦見漢紀。

　　通鑑同。

樓船將軍兵以陷堅爲將梁侯。

　　考證：『「兵以」當作「以兵。」漢書作「以推鋒。」』

　　案兵字疑涉上文而衍。漢傳無兵字，『以陷堅』作『以推鋒陷堅。』

遭漢初定，列爲諸侯。

　　案侯音號，與上文囂，下文驕、搖、朝爲韻。丹鉛雜錄四有說。

甌駱相攻，南越動搖。

　　梁玉繩云：『古今註曰：「此誤也。當云：東閩興兵，南越動搖。」案傳其相攻
　　者，閩越與南越，非甌駱也。甌駱未嘗與諸國相攻也。又閩越未攻南越時，嘗圍

東甌，則是甌、閩相攻，亦不得爲甌駱也。』

案閩越圍東甌、未使南越動搖。傳言閩越擊南越，漢興師討閩越，驚動南越。然則此文當作『閩越相攻，南越動搖』矣。

其後亡國，徵自樛女。呂嘉小忠，令佗無後。

考證：『中井積德曰：「女，疑當作后。」愚按后、後韻叶。索隱述贊亦云：樛后內朝。』

施之勉云：『女、語韻。後音厚，有韻。四十四有，厚同用。顧炎武曰：「四十五厚，古與八語，通爲一韻。史記南越傳：其後亡國，徵自樛女。呂嘉小忠，令佗無後。」』

案女、後古韻相通，顧說是。女，不當作后。傳言『嬰齊在長安時，取邯鄲樛氏女。』此文『樛女，』卽承彼言之也。

因禍爲福。成敗之轉，譬若糾墨。

考證：墨讀爲纆。

案管仲傳：『其爲政也，善因禍而爲福，轉敗而爲功。』賈誼傳：『夫禍之與福兮，何異纆糾！』

史記斠證卷一百十四

東越列傳第五十四

王 叔 岷

及越東海王搖者，

案漢紀五搖作繇，下同。

姓騶氏。

索隱：『徐廣云：「騶，一作駱。」是。上云甌駱，不姓騶。』

案文選張景陽雜詩十首之五云：『甌駱從祝髮。』（一本甌誤歐。）注引此文
『姓騶氏。』並引徐注『騶，一作駱。』以證張詩之稱甌駱，亦可證作騶之非
矣。黃善夫本、殿本索隱，並作『徐廣說是。上云甌駱，此別云閩，不姓騶也。』

秦已并天下，皆廢爲君長，以其地爲閩中郡。

索隱：『徐廣云：「本建安侯官是。」案爲閩州。案下文「都東冶。」韋昭以爲
在侯官。』

張照云：『越爲楚滅，子孫分散，臣服於楚。越世家雖有或爲王、或爲君之言，
其實自相稱署，而不得比於宋、衞、中山之數者也。秦兼天下，罷侯置守，六國
之後尙不得尺土寸地，矧區區江南海上之越，別奉以君長之號乎？疑無諸與搖，
皆已廢爲庶人，陳、項兵起，乃始糾合義旅，閩越之民，尙思舊德，相率景從
耳。』

考證：『王鳴盛曰：地理志載秦三十六郡，無閩中郡，蓋置在始皇晚年。且雖屬
秦，而無諸與搖，君其地如故。屬秦未久，旋率兵從諸侯滅秦，故不入三十六郡
之數。』

案爲猶其也，『皆廢爲君長，』猶言『皆廢其君長。』卽廢無諸與搖爲庶人也。

張、王二氏並未達。秦始皇本紀，始皇二十六年，從李斯議，分天下爲三十六郡。此傳言秦已幷天下，廢無諸及搖，以其地爲閩中郡。而始皇本紀繫降越君於二十五年。則置閩中郡，亦當在二十五年，非置在始皇晚年矣。（王國維觀堂集林十二，秦郡考有說。詳始皇本紀斠證。）地理志秦三十六郡，無閩中郡，或失載耳。黃善夫本、殿本索隱並作『小顏以爲卽今之泉州建安也。』與單本索隱大異。

無諸、搖率越歸鄱陽令吳芮，所謂鄱君者也。

　　考證：漢書鄱作番。

　　案項羽本紀：『鄱君吳芮，』高祖本紀、漢書高帝紀及項籍傳，鄱亦皆作番，作番是故書，彼文斠證有說。

世俗號爲東甌王。

　　梁玉繩云：『史記攷異曰：「封禪書：『越人勇之言：東甌王敬鬼，壽至百六十歲。』卽東海王搖也。」』

　　案封禪書云云（壽下本無至字），又見漢書郊祀志下。

東甌受漢購，殺吳王丹徒。

　　案吳王濞傳正義，引漢下有之字。越絕外傳記吳地傳：『吳王奔丹陽，從東甌，越王弟夷烏將軍殺濞。』吳王濞傳有說。

吳王子子駒亡走閩越。

　　案吳王濞傳作『吳王子子華、子駒，』漢書吳王濞傳、閩粵王傳僅言子駒，與此同。通鑑漢紀九亦同。吳王濞傳有說。

夫子問太尉田蚡。

　　案漢書嚴助傳補注：『通鑑考異云：「是時蚡不爲太尉。云太尉，誤也。下云『太尉不足與計，』蓋亦追呼其官，或亦誤耳。」郭嵩燾云：『百官表，太尉官，建元二年省。是田蚡免，並罷太尉，故可仍其舊稱，非誤也。』

特患力弗能救，

　　案漢紀十特作但，義同。

何乃越也？

　　考證：漢書嚴助傳乃作但。

案通鑑乃亦作但，義同。

天子弗振，彼當安所告愬？

王念孫云：振，救也。（見月令、哀公問注，昭十四年左傳注，及周語、魯語、吳語注。）故漢紀作『天子不能救。』（漢書嚴助傳王氏雜志。）

施之勉云：『弗振』通鑑作『不救。』

案漢書嚴助傳當作愬，通鑑從之。當、尙古通，魏公子傳有說。

太尉未足與計。

案漢傳未作不，通鑑從之，義同。

東甌請舉國徙中國，乃悉舉衆來處江、淮之閒。

考證：漢書東甌作東粵，誤。

案漢書閩粵王傳東甌誤東粵，王氏雜志有說。漢傳『悉舉』作『恐與，』與亦讀爲舉。

大農韓安國出會稽，

考證：楓、三本、漢書，『大農』作『大司農，』下同。愚按，武帝太初元年，始改『大農』爲『大司農，』此無司字，是。

施之勉云：『通鑑「大農」作「大農令，」是也。胡三省曰：「大農令，本秦之治粟內史也，漢初因之。景帝中六年，更名大農令。武帝太初元年，更名大司農。」』

案楓、三本『大農』作『大司農，』疑據漢傳補司子。漢紀十亦從漢傳作『大司農，』『大農令』省稱作『大農，』不誤。孝景本紀：『中六年更名治粟內史爲大農。』卽其證。漢書百官表：『治粟內史，秦官，景帝後元年更名大農令。武帝太初元年，更名大司農。』通鑑注稱『中六年，』本孝景紀也。

故天子兵來誅。今漢兵衆彊，今卽幸勝之，後來益多。

考證：漢書誅下無今字。

案上今字疑涉下今字而衍。漢傳無兩今字，通鑑從之。惟據師古注：『言漢地廣大，兵衆盛強，今雖勝之，後必更來也。』疑漢傳卽上本有今字。師古釋卽爲雖也。

不戰而耘，利莫大焉。

　　集解：『徐廣曰：漢書作殞，耘義當取耘除。……』

　　索隱：耘音云，耘，除也。漢書作隕，音于粉反。

　　梁玉繩云：『惠氏左傳補注曰：「成二年左傳：『隕子辱矣。』說文引云『抎
　　子。』國策（齊四）：『齊宣王曰：唯恐夫抎之。』墨子天志云：『抎失社稷。』
　　呂覽（音初）云：『昭王抎于漢中。』高誘音顚隕之隕。史記『不戰而耘。』此
　　抎字之誤。漢書作殞，知殞與隕通，古今字也。徐廣云：『耘義當取耘除。』失
　　之。」』

　　施之勉云：『說文：「抎，有所失也。」段玉裁曰：「史記東越列傳：『不戰而
　　耘，利莫大焉。』謂閩越不戰而失其王頭。此叚耘爲抎也。」』

　　案惠氏謂耘爲抎之誤，段氏謂叚耘爲抎，段說是。漢傳作殞，通鑑從之。索隱引
　　漢傳作隕，殞與隕同，隕亦借爲抎。集解引徐注：『漢書作殞。』景祐本、黃善
　　夫本殞並作運，漢傳故本是否作運，未敢遽斷。惟運亦借爲抎，運古讀若云，故
　　與抎通。又黃本、殿本並略索隱。

乃使郎中將立丑爲越繇王，

　　考證：『劉敞曰：「郎中將」當作「中郎將。」』

　　案通鑑作『中郎將。』梁氏志疑亦云：『當作「中郎將。」』

威行於國，國民多屬，竊自立爲王。繇王不能矯其衆持正。

　　考證：楓、三本民上有中字。漢書繇王一句，改作『繇王不能制。』

　　案漢傳『威行於國，國民多屬。』作『威行國中，民多屬。』通鑑繇王一句，從
　　漢傳作『繇王不能制。』

兵至揭揚。

　　考證：漢書揭揚作揭陽。

　　案景祐本，黃善夫本揚並作楊。殿本作陽，與漢傳合。通鑑亦作陽。

持兩端，

　　案鄭世家、魏公子列傳並有『持兩端』之語。

是時樓船將軍楊僕，

考證：漢書無『是時』二字。

案通鑑從漢傳無『是時』二字。

令諸校屯豫章梅嶺待命。

考證：『張文虎曰：中統本嶺作領。』

案漢傳嶺亦作領，下同。領、嶺古、今字。

天子遣橫海將軍韓說出句章，浮海從東方往。樓船將軍楊僕出武林．中尉王溫舒出梅嶺，

考證：將相表及漢書武紀，韓說、王溫舒出會稽，楊僕出豫章，兩粵傳與此同。

案韓說，師古注：『說讀曰悅。』文選陳孔璋檄吳將校部曲文注引作韓悅。考證說，本梁氏志疑。通鑑亦與此同。

樓船將軍率錢唐轅終古，

考證：『中井積德曰：率當作卒，漢書可徵。……』

施之勉云：建元以來侯者年表率作卒。

案通鑑率亦作卒。卒，俗書作卆。率。隸書作卛。形近易亂。

爲東成侯。

案漢傳補注：『史記作東城侯，功臣表同。』史記此文索隱單本作東城侯，他本城皆作成，表同。

爲北石侯。

考證：漢書兩粵傳北作卯。

案通鑑從漢傳作卯，注：『功臣表作外石。』

爲案道侯。

案通鑑注：『功臣表作安道。』

案史表亦作安道，安、案古通。

舊從軍，

考證：『楓、三本、毛本，舊作奮。張文虎曰：作奮，似勝。』

案奮，俗書作奞，（顏氏家訓書證篇云：奮、奪從雚。）與舊形近，故相亂耳。

何其久也？歷數代常爲君王。

　　案詩邶風旄丘：『何其久也？』景祐本常作當，當疑嘗之誤，嘗爲甞之或體。長

短經運命篇注引此，常作甞。作甞是故書。

盍禹之餘烈也。

　　案越王句踐世家贊：『盍有禹之遺烈焉。』

出自第四十九本第二分（一九七八年六月）

史記斠證卷一百十六

西南夷列傳第五十六

王　叔　岷

西南夷君長以什數，

考證：『中井積德曰：西字疑衍，漢書無。』

案汲古本漢傳，『西南夷』作『西夷。』補注：『錢大昭曰：「西當作南，南監本、閩本不誤。」官本作南。』

其西靡莫之國，

案漢紀十一莫作漠，古字通用。廣雅釋言：『莫，漠也。』

此皆魋結、

索隱：魋，漢書作椎，音直追反。

案師古注：『椎音直追反，結讀曰髻，爲髻如椎之形也。陸賈傳及貨殖傳皆作魋字，音義同耳。朝鮮傳亦同。』漢紀『魋結』作『椎髻。』後漢書西南夷傳魋亦作椎。

自同師以東，

索隱：『韋昭云：「邑名。」漢書作桐師。』

案漢紀、華陽國志四南中志亦並作桐師。黃善夫本、殿本索隱，並略『韋昭云：邑名』五字，師並誤鄉。索隱單本亦誤鄉。

北至楪楡，

索隱：『韋昭曰：「益州縣。」楪音葉。』

案漢書、漢紀、華陽國志、後漢書楪皆作葉。黃善夫本、殿本並略索隱。

徙、筰都最大。

索隱：『……徐廣云：筰音昨。』

案黄善夫本、殿本索隱，並略『徐廣云：筰音昨』六字。

始楚威王時，使將軍莊蹻將兵循江上略巴、蜀、黔中以西。莊蹻者，故楚莊王苗裔也。

梁玉繩云：『……史、漢俱以蹻爲莊王苗裔，在楚威王之世。……通典辨之曰：「楚自威王後，懷王立三十年，至頃襄之二十二年，秦取巫、黔中。」後漢史則云：『頃襄王時，莊豪王滇。』豪卽蹻也。若蹻自威王時將兵略地，屬秦陷巫、黔中，道塞不還，凡經五十二年，豈得如此淹久？或恐史記謬誤，班生因習便書。范所記，詳考爲正。……』

案漢傳補注引沈欽韓云：『華陽國志作頃襄王，與秦取楚黔中郡事較合。』今本華陽國志四南中志，作楚威王，顧觀光校勘記云：『史記正義、藝文七十一、書鈔百三十八、御覽百六十六又七百七十一，竝引作頃襄王，必華陽國志古本如此。後人依史、漢改耳。』漢書地理志師古注引華陽國志亦作頃襄王。沈氏據古本華陽國志也。

蹻至滇池，地方三百里。

索隱：『後漢書云：其池水源深廣，而更淺狹，有似倒流，故曰滇池。』

考證：『王念孫曰：池下不當有地字，索隱本及漢書，皆無地字。』

施之勉云：『荀紀池下有地字，荀子議兵篇注引，池下無地字。張森楷云：〔索隱〕「而更淺狹，」各本而下誤脫末字，句遂費解。金陵本依後漢書添末字，是。今從之。』

案漢紀滇池誤靡漠，漠下有地字，非池下有地字也。索隱『而更淺狹，』說文繫傳二一引作『末更狹。』狹上蓋略淺字。華陽國志四作『下流淺狹。』下猶末也。

秦時常頞略通五尺道。

集解：頞音案。

考證：『常頞，楓、三本作嘗頗，漢書作嘗破。徐孚遠曰：常頞，疑人姓名。』

施之勉云：荀紀『五尺道』作『伍人之道。』

案頞，集解旣音案，則此文故本必作頞。楓、三本作頗，或形誤，或因漢傳作破而改之。頞、破並諧皮聲，可通用也。漢紀此文作『秦時嘗通伍人之道。』人疑

尺之誤。漢傳、華陽國志並作『五尺道。』

諸此國頗置吏焉。十餘歲秦滅。

　　梁玉繩云：『通典曰：驕王滇後十五年，頃襄王卒。孝烈王二十五年，幽王十
年，王負芻五年，而楚滅。後十五年秦亡。凡七十年。何故云驕王滇後十餘歲而
秦亡也？』

　　考證：『中井積德曰：「諸此國，」疑當作「此諸國。」而下文「此國」間脫諸字。』

　　施之勉云：荀紀『諸此國，』作『於此諸國。』

　　案漢紀『諸此國，』作『於此諸國，』或即中井說所本。然下文『皆弃此國，』
即承此『此國』而言，不得強謂下文『此國』間脫諸字。『諸此國，』猶言『凡
此國，』不必倒作『此諸國，』史記中諸與凡同義之例甚多。『十餘歲秦滅，』
疑本作『卅十餘歲秦滅。』即『七十餘歲秦滅。』卅，古七字。後人不識，以爲
重一十字而刪之耳。

巴、蜀民或竊出商賈，取其筰馬僰僮髦牛。

　　考證：愚按，髦，疑當作駹。

　　施之勉云：『漢書髦作旄。本書貨殖傳：「巴、蜀南御滇、僰，僰僮。西近邛、
笮，笮馬旄牛。」此作「髦牛，」漢書及貨殖傳作「旄牛，」髦、旄通。髦，不
當作駹，考證非。』

　　案『髦牛』即『犛牛，』說文：『犛，西南夷長髦牛也。』（書禹貢孔疏引髦作
旄。）繫傳：『其牛曰犛，其尾曰氂，以飾物曰旄。』故亦曰『旄牛。』亦即莊
子逍遙遊篇所謂『犛牛』也。

建元六年，

　　案景祐本提行。

南越食蒙蜀枸醬。

　　集解：『徐廣曰：枸，一作蒟，音窶。』

　　索隱：『……又云：「蒟，緣樹而生，非木也。今蜀土家出蒟，實似桑椹，味辛
似薑，不酢。」又云：「取葉，此注又云『葉似桑葉。』非也。」……』

　　案說文：『枸，木也。可爲醬，出蜀。蒟，果也。』段注：『史記、漢書有「枸

醬，」左思蜀都賦、常璩華陽國志作蒟，史記亦或作蒟。據劉逵、顧微、宋祁諸
家說，即扶留藤也。 葉可用食檳榔，實如桑葚而長，名蒟。可爲醬。 巴志曰：
「樹有荔支，蔓有辛蒟。」然則此物縢生緣木，故作蒟，從艸。亦作枸，從木。
要必一物也。』索隱『又云：蒟，緣樹而生。』至『不酢。』黃善夫本、殿本並
作『小顏云：枸者，緣木而生，非樹也。今蜀土家出枸，實不長二三寸，味辛似
薑，不酢。劉說非也。』與漢傳師古注較合。又黃本、殿本索隱，並略『又云：
「取葉，此注又云『葉似桑葉。』非也。」』十四字。

道西北牂牁，牂牁江廣數里，

正義：『崔浩云：「牂柯，繫船杙也。」常氏華陽國志云：「……乃改其名爲牂
牁。」』

考證：『楓、三本牂牁下有江字。王念孫曰：牂牁下當有江字。道，從也。言從
西北牂牁江來也。 索隱本出「道牂牁江」四字，漢書、漢紀竝作「道西北牂柯
江，江廣數里。」是其證。』

案王氏釋道爲從，（索隱已有說。）漢紀道正作從。（王氏引漢紀作道，併漢傳
引之也。）景祐本牂牁作牂柯，與漢傳合。（漢紀作牂牁，非作牂柯。）王氏所
據震澤王氏本亦作牂柯，（岷疑本作牂柯，王氏改作牂柯。）其說亦皆作牂柯。
考證引王說，則皆作牂牁，依正文作牂牁改之也。 索隱單本、黃善夫本並作牂
柯，（王氏稱索隱本作牂柯，非其舊也。）黃本正義引崔注及華陽國志並作牂柯。
今傳華陽國志亦作牂柯，漢書地理志師古注引作牂柯，當以作牂柯爲正，牂、
牁、牁，並俗字。索隱本出『道牂牁江。』云：『崔浩云：[牂牁，繫船杙也。」
以爲地名。道猶從也。地理志，夜郎又有豚水，東至南海，四會入海，此牂牁
江。』黃本、殿本並略索隱。考證本脫索隱。

乃拜蒙爲郎中將，

考證：『劉攽曰：「『郎中將』當作『中郎將，』後『使相如以郎中將往諭，』
同。」周壽昌云：「華陽國志作：中郎將。」』

案考證引劉、周說，本漢傳補注。梁氏志疑亦有說。

稍令犍爲自葆就。

正義：令䖮爲自葆守而漸修成其郡縣也。

考證：『漢書葆作保。王念孫曰：「保就，」猶「保聚」也。』

案保、葆正、假字。王氏釋『保就』爲『保聚，』就、聚一聲之轉，是也。正義

說，本師古注，釋就爲成，與葆字義不相屬，非也。（參看漢傳王氏雜志。）

從東南身毒國，

索隱：『身音捐，毒音篤，一本作乾毒。漢書音義：一名天竺也。』

案黃善夫本、殿本索隱，『一本』以下，改作『小顏亦曰：捐，篤也。』

滇王嘗羌乃酋，

集解：『徐廣曰：嘗，一作賞。』

梁玉繩云：徐廣嘗作賞；漢書又作當，未詳孰是。

案嘗、賞、當，皆諧尙聲，古蓋通用，荀子君子篇：『先祖當賢，後子孫必顯。』

楊注：『當或爲嘗。』墨子尙同篇下：『胡不賞使家君試用家君發憲布令其家？』

賞借爲嘗。（嘗，試也。『試用家君』四字，蓋後人注釋『賞使家君』之文，誤入

正文者。王念孫雜志以賞爲嘗之誤，『使家君』三字爲衍文，未審。）即其證。

漢孰與我大？

案師古注：與猶如。

足事親附。

考證：『顏師古曰：言可專事招來之，令其親附。』

案師古說迂曲，未得事字之義。事猶使也，國語魯語下：『大夫有貳車，備承事

也。』韋注：『事，使也。』

漢乃發巴、蜀罪人嘗擊南越者八校尉，

考證：楓、三本、漢書嘗作當，爲是。

案嘗、當古通，漢傳說嘗爲當耳。（補注稱官本作嘗，改從史記也。）楓、三本

盡改從漢傳作當。

行誅頭蘭。

案行猶因也。（行、因同義，項羽本紀、酇侯世家並有說。）

幷殺筰侯、邛君，皆振恐。

案御覽一六六引駹下有等字，『振恐』作『震懼。』漢傳振亦作震，古字通用。

筰都爲沈犂郡，冄駹爲汶山郡，

案漢傳犂作黎，汶作文，並古字通用。

其旁東北有勞浸、

梁玉繩云：漢書作勞深，國名。

案通鑑漢紀十三從漢傳作勞深，下同。浸、深古通，呂氏春秋本味篇：『浸淵之草。』高注：『浸淵，深淵也。』卽其證。

滇王始首善，

考證：『顏師古曰：言初始以來常有善意。』

案『始首，』複語，首亦始也。爾雅釋詁：『首，始也。』師古釋『始首』爲『初始，』『初始，』亦複語也。

滇王離難西南夷，擧國降。

梁玉繩云：『「滇王離難西南夷」句。史詮曰：漢書無難字，葢離、難二字相近而衍也。』

考證：『中井積德曰：「『離難西南夷』五字，不通。漢書作『離西夷』三字，顏師古云：『謂東嚮事漢。』」愚按「西南夷」三字，涉下文而衍。離難，滇王名。』

案此似當讀『滇王離難』爲句。『西南夷擧國降』爲句。『離難，』謂遭兵難也。(公羊隱四年傳：『請作難。』何注：『難，兵難也。』)此承上文『天子發巴、蜀兵，擊滅勞浸、靡莫，以兵臨滇。』而言，『以兵臨滇，』故滇王遭兵難也。難字非衍文；『離難』亦非人名。漢傳葢脫難、南二字耳。通鑑略『離難西南夷』五字。

獨夜郎、滇受王印。滇小邑，最寵焉。

考證：楓、三本受上有王字，印下有而字。

案景祐本印下亦有而字。

西夷後揃，剽分二方，

索隱：揃音剪。……言西夷後被揃迫逐，遂剽居西南二方……。

案黃善夫本、殿本索隱，並略『揃音剪』三字，『揃迫逐』並作『揃割。』

出自第四十九本第三分(一九七八年九月)

史記斠證卷一百十七

司馬相如列傳第五十七

王 叔 岷

故其親名之曰犬子。

案御覽三四二引親作母。

慕藺相如之爲人，更名相如。以貲爲郎。

正義：藺相如，六國時人，義而有勇也。『以貲爲郎，』以貲財多，得拜爲郎。

案白帖七引『更名』作『遂改名。』漢傳貲作訾，師古注：『訾，讀與貲同。』

貲、訾正、假字，張釋之傳有說。正義說，本師古注。

長卿久宦遊不遂，而來過我。

案御覽四百五引作『長卿久客，旅遊不遂，可來過我。』

臨邛令繆爲恭敬，日往朝相如。

案趙翼陔餘叢考二二『朝』條，云：『古時凡詣人皆曰朝。呂覽「堯朝許由於沛

澤之中。」是也。』所稱呂覽，見求人篇。堯以天子而朝隱者許由，以尊朝卑，

用一朝字，乃示恭敬之意，非僅如常人之造詣而已。臨邛令之繆爲恭敬朝相如，

雖曰繆詐，仍示恭敬之意也。

而卓王孫家僮八百人。

施之勉云：『荀紀：卓氏家僮千有餘人。』

案華陽國志三蜀志云：『卓王孫家僮千數。』

一坐盡傾。

案師古注：『皆傾慕其風采也。』

故相如繆與令相重，而以琴心挑之。

索隱：『張揖云：「挑，嬈也。以琴中嬈之。」挑音徒了反，嬈音奴了反。其詩曰：「鳳兮鳳兮歸故鄉，遊遨四海求其皇。有一豔女在此堂，室邇人遐毒我腸，何由交接爲鴛鴦？」也。又曰：「鳳兮鳳兮從皇棲，得託子尾永爲妃。交情通體必和諧，中夜相從別有誰？」』』

施之勉云：『楊樹達云：挑假爲誂，相呼誘也。此謂以琴心誘之。』

案御覽五七七、記纂淵海七八引繆並作謬，謬、繆正、假字，爾雅序釋文引方言云：『謬，詐也。』上文『臨邛令繆爲恭敬。』繆亦謬之借字。說文：『挑，撓也。』段注：『挑者，謂撥動之。』『以琴心挑之，』謂以琴中所寄之心意挑動之也。楊氏謂『挑假爲誂。』誂、挑古亦通用，列子楊朱篇：『媒而挑之。』釋文：『挑，說文作誂，相誘也。』（說文本作『相呼誘也。』）藝文類聚四三載相如挑動文君之琴歌云：『鳳兮鳳兮歸故鄉，遊遨四海求其皇。有豔淑女在此房，何緣交接爲鴛鴦？鳳兮鳳兮從我栖，得託子尾永爲妃。交情通體心和諧，中夜相從知者誰？』與索隱所引小異。索隱『必和諧，』必葢心之誤。又索隱張注，『琴中』下葢脫音字。『挑音徒了反。』本師古注。

相如之臨邛，

案御覽、記纂淵海引相如下並有始字，下文『及飲卓氏弄琴，』始字與及字相應。

文君夜亡奔相如。相如乃與馳歸成都，家居徒四壁立。

王氏雜志所據震澤王氏本無成都二字，云：『「馳歸」下脫成都二字，當從宋本補。文選左思詠史詩注引此亦有成都二字，漢書同。「家居徒四壁立，」本作「居徒四壁立。」居卽家也。（家、居二字，古聲義竝相近，故說文曰：「家，居也。」……）索隱引孔文祥云：「家空無資儲，但有四壁而已。」家字正釋居字，故漢書作「家徒四壁立。」宋本及各本皆作「家居徒四壁立。」則文不成義。此後人依漢書旁記家字，而寫者因誤入正文也。汲古閣單行索隱本本作「居徒四壁立，」後補入家字，而字形長短不一，補刻之迹顯然。文選詠史詩注引作「居徒四壁立。」六帖二十二曰：「司馬相如居徒四壁。」則無家字，明矣。』

考證：『張文虎曰：舊刻及王、柯、凌本，竝脫成都二字。〔家居徒四壁立，〕

御覽百八十七引作「家徒四壁立，」與漢書合。疑本有異文，後人誤併。』

施之勉云：景祐本有成都二字，黃善夫本無。

案漢紀言文君『夜奔相如，遂與俱歸成都。』世說新語品藻篇注引嵇康高士傳云：『文君奔之，俱歸成都。』亦並有成都二字。『家居徒四壁立，』王氏謂家字乃後人依漢書旁記字誤入正文者，是也。御覽引此作『家徒四壁立，』蓋與漢傳相亂也。漢傳補注引錢大昭曰：『西京雜記：文君姣好，眉色如望遠山，臉際常如芙蓉，肌膚柔滑如脂。十七而寡，爲人放誕風流，故悅長卿之才而越禮焉。』

第俱如臨邛，

索隱：『「弟如臨邛。」文穎曰：「弟，且也。」郭璞云：「弟，語辭。」如，往也。』

考證：索隱本無俱字，正義本有。

案索隱本、景祐本第並作弟，漢傳同，古字通用。弟猶可也，齊世家有說。『如，往也。』本漢傳張揖注。黃善夫本、殿本索隱，並作『文穎云：「第，且也。」郭璞云：「第，發語之急耳。」如，往也。』兩弟字作第，乃依正文作第改之。『語辭』二字作『發語之急耳』五字，蓋妄依師古注作『弟，發聲之急耳。』而改之。

令文君當鑪。

正義：『顏云：賣酒之處，累土爲鑪，以居酒瓮。四邊微起，其一面高，形如鍜鑪，故名曰鑪耳。而俗之學者，皆謂「當鑪」爲對溫酒火鑪，失其義也。』

考證：『漢書鑪作盧。李慈銘曰：「鑪，晉書作壚。……」愚按漢書顏注，「微起」作「隆起。」』

案嵇康高士傳鑪亦作壚。正義引師古注諸鑪字，本作盧，依此正文作鑪改之也。又引師古注『微起，』後漢書孔融傳注亦作『隆起。』

相如身自著犢鼻褌，與保庸雜作，

案嵇康高士傳褌作幝，褌，或幝字。說文：『幝，憴也。褌，幝或从衣。』朱駿聲通訓定聲云：『幝借爲幒，司馬相如傳「犢鼻褌，」今之圍身作裙也。』刺客荊軻傳：『高漸離變名姓，爲人庸保。』索隱：『謂庸作於酒家，言可保信，故

─ 49 ─

云「庸保。」』欒布傳：『賃傭於齊，爲酒人保。』庸、傭古、今字。

上許令尚書給筆札。

　　正義：『說文：丨札，牒也。」按木簡之簿小者也。此時未用紙也。』

　　案正義『按木簡』以下，本師古注。

子虛過詫烏有先生，而無是公在焉。

　　集解：『郭璞曰：詫，誇也。音託夏反。』

　　索隱：……誇詫，是也。

　　考證：文選在作存。

　　案漢傳詫作姹，補注：『錢大昭曰：「李善文選本作姹，史記及五臣本竝作詫。」陶紹曾曰：「姹當爲吒。」』李善文選本張揖注：「姹，誇也。」姹與姹同。訓誇，則當作吒，詫與吒同。藝文類聚六六引子虛賦亦作詫，又在作存，漢魏六朝百三家集司馬文園集並同。漢傳在亦作存，存、在同義。藝文類聚烏有作焉有，下同。宋董逌除正字謝啓：『烏、焉混淆。』此其例矣。（烏、焉本同義，此作焉，則形誤也。）黃善夫本、殿本索隱，並略『誇詫，是也。』四字。

射麋腳麟，

　　索隱：『……司馬彪曰：「腳，掎也。」說文云：「掎，偏引一腳也。」』

　　梁玉繩云：『文選同。漢書作「格麟。」師古曰：「格字或作腳。」然當作「格麟」也。師古于傳首云：「近代讀相如賦者，皆改易文字，競爲音說，致失本眞。今依班書舊文爲正。」則史記所載，安知不爲後人改易乎？自宜依漢書。蓋師古較定也。茲特擧其誤者，餘從略焉。』

　　施之勉云：『王先謙曰：「麟，說文：『大牝鹿也。』左襄十四年傳：『譬如捕鹿，晉人角之，諸戎掎之。』謂或持其角，或持其腳也。鹿唯用掎，猛獸則須格擊。明此格字，爲腳之變文而誤。」』

　　案梁氏從漢傳作『格麟，』王氏從史記作『腳麟。』（藝文類聚、司馬文園集亦並作『腳麟。』）竊謂作腳、作格，各依本文，無煩改字。師古注：『格字或作腳，謂引持其腳也。』後漢書鍾離意傳：『乃解衣就格。』注：『格，拘執也。』『拘執』與『引持』義近。『格麟，』謂拘執麟也。格非格擊字。又說文：『持，

偏引也。』段注：『一本作「偏引一足也。」見李賢、司馬貞所引。此依左傳注

增二字耳。左傳曰：「譬如捕鹿，晉人角之，諸戎掎之。」杜注云：「掎之，掎

其足也。」』所稱李賢引說文，見後漢書馬融傳注。

射中獲多，矜而自功。

　　考證『沈家本曰：按此句，與上文「獲多乎？曰：少。」不免矛盾。』

　　案齊王自矜獲多，子虛以爲少耳。此與上文不矛盾。

何與寡人？

　　考證：漢書、文選何作孰。文選人下有乎字。

　　案司馬文園集亦作『孰與寡人乎？』

唯唯。

　　正義：唯唯，恭應也。

　　案正義說，本師古注。

名曰雲夢。

　　索隱：『……裴駰云：孫叔敖激沮水作此澤。』

　　張照云：『周禮職方：「荆州，其澤藪曰雲夢。」在孫叔敖前有此澤，非激沮水

　　明矣。』

　　案周禮本作雲瞢，瞢與夢同。周禮乃戰國時人所撰，近人論證甚詳，雖稱雲瞢，

　　不足以證孫叔敖前已有此澤也。

隆崇嵂崒，岑巖參差，

　　考證：漢書、文選巖作嵒。

　　案漢傳嵂作律，文選、司馬文園集並作嵂，集韻入聲術第六：『嵂，崒嵂，山高

　　皃。』說文無嵂、崒二字，崒葢嵂之省。當從漢傳作律，詩小雅蓼莪：『南山律

　　律。』又云：『南山烈烈。』毛傳：『律律猶烈烈也。』胡承珙毛詩後箋云：

　　『烈烈爲山之高峻險阻之狀。』『律律』與『律崒』義同。藝文類聚、司馬文園

　　集巖亦並作嵒。

琳瑉琨珸，瑊玏玄厲，瑌石武夫。

　　索隱：『琨珸，』……字或作『昆吾。』

考證：漢書、文選，『琨珸』作『昆吾。』文選『武夫』作『碔砆。』

施之勉云：文選『武夫』作『碔砆。』

案司馬文園集『琨珸』亦作『昆吾，』『武夫』亦作『碔砆。』

其東，則有蕙圃衡蘭，芷若射干，

梁玉繩云：漢傳、文選無『射干』二字，則是流俗所增矣。而學林謂史記是，漢書闕。與師古反。言『此段皆四字一句，于文則順，于韻則叶，漢書云之，遂不成句法。射干，草也。後射干，獸也。實兩物，奚嫌焉？』此說非，下文有『槀本射干』矣。

施之勉云：五臣本有『射干』二字，類聚六十六引亦有。

案漢傳補注：『衡同蘅，楚辭及文選洛神賦並作蘅，然說文無蘅字。……芷即茝，南本、浙本作茝。』藝文類聚亦作『蘅蘭，茝若。』司馬文園集同，且亦有『射干』二字。

窮窮昌蒲，江離麋蕪，諸蔗猼且，

索隱『「芎藭，」司馬彪云：「芎藭，似槀本。」……淮南子云：「夫亂人者，若芎藭之與槀本。」……』

梁玉繩云：『諸蔗猼且，』漢傳作『諸柘巴且。』文選同。後人妄改之。（猼、薄竝音粕，蘘荷也。然下有蘘荷。巴且，巴蕉也。）

考證：文選窮、窮、昌、江、離、麋六字皆从草。

施之勉云：類聚六十六引，窮、窮、昌、江、離、麋六字，亦皆从草。

案索隱本『窮窮』作『芎藭。』文選作『芎藭，』注亦引司馬彪云：『芎藭，似槀本。』胡氏考異云：『袁本、茶陵本藭作藭。案注中字作藭。考說文艸部：「藭，香艸也。重文芎。司馬相如說，芎或从弓。」謂凡將如此。史記、漢書作窮者，假借也。字書別未載芎字。』（漢傳補注亦引胡說，無首句。）藝文類聚、司馬文園集『窮窮』亦並作『芎藭。』施氏謂類聚窮从草，失檢。司馬文園集昌、離、麋三字，亦皆从艸。漢傳麋亦作蘪。文選『猼且』作『巴苴，』司馬文園集同。梁氏謂文選作『巴且，』失檢。索隱引淮南子云云，見氾論篇。惟今本『槀本』作『槀本。』與司馬彪注同。

登降陁靡，

　　案漢傳陁作阤，師古注：『陁靡，旁哀也。』（文選注引司馬彪曰：陁靡，邪靡
　　也。）補注：『陁，官本作阤。』阤，或陁字。說文：『阤，小崩也。』段注：
　　『大曰崩，小曰阤。子虛賦曰：「登降陁靡，」上林賦曰：「巖阤甗錡。」皆謂
　　欹傾也。』

則生葳薪苞荔，

　　索隱：『「葳析，」音「鍼斯」二音。孟康曰：「葳，馬藍也。」郭璞曰：「葳，
　　酸漿，江東名烏葳。」析，漢書作斯，孟康云：「斯禾，似燕麥。」埤蒼又云：
　　「生水中，華可食。」廣志云：「涼州地生析草，皆如中國燕麥。」是也。』
　　王念孫云：『索隱本「葳薪」作「葳析。」注曰：「鍼斯二音。析，漢書作斯。
　　……」今本漢書作析。張揖曰：「析似燕麥。」蘇林曰：「析音斯。」文選作薪。
　　案說文無薪、薪二字，則作析作斯者是也。析、斯聲相近，故古字通用。其作薪
　　作薪者，皆因上下文而誤加艸耳。又案此賦言析草生於高燥，則非埤蒼所云「生
　　水中，華可食」者。張揖、孟康以爲似燕麥，是也。』
　　案藝文類聚、司馬文園集薪亦並作薪。黃善夫本、殿本索隱，『「葳析，」音
　　「鍼斯」二音。』並作『薪音斯』三字。（析之作薪，依正文作薪改之也。）又
　　並略『孟康曰：葳，馬藍也。』及『埤蒼又云：生水中，華可食。』凡十七字。
　　末句中國下並有苗字。

薜莎青薠。

　　集解：『……駰案漢書音義曰：薜，賴蒿也。……』
　　梁玉繩云：漢傳薜作薛，二物判然不同。
　　案藝文類聚、司馬文園傳薜亦並作薛。漢傳張揖注：『薜，賴蒿也。』文選注引
　　張注薛作薜，與集解引漢書音義同。漢傳補注：『薜，史記、文選竝作薜，玉
　　篇：「薜，莎也。」案下既言莎，若作薜，則爲複出。作薜是也。釋草：「莘，
　　賴蕭。」郭云：「今藾蒿也。初生亦可食。」桂馥謂莘、薜一聲之轉。』

其卑溼，則生藏莨蒹葭，東薔雕胡，

　　索隱：『庳音婢，庳，下也。藏莨，郭璞云：「狼尾，似茅。」……郭璞云：

「藄，蕨也。似蒮而細小，高數尺。……」江東人呼爲烏葟。……東薔，案續漢書云：「東薔似蓬草，實如葵子，十一月熟。」廣志云：「子色青黑。」河西語云：「貸我東薔，償我白粱」也。彫胡，案謂菰米。』

考證：漢書、文選卑作埤，薔作蘠。文選雕作彫。

施之勉云：『索隱本卑作痺。索隱「似蒮而細小，」四庫全書考證曰：索隱「似蒮而細小。」刊本蒮訛藋，據漢書注及爾雅釋文引字林改。』

案索隱本卑作庳，單本誤痺。司馬文園集作埤，與漢傳、文選合。卑、庳義通。埤，借字。司馬文園集薔亦作蘠，雕亦作彫。薔、蘠正、假字。（蘠乃薔靡字，卽薔薇也。）索隱本雕作彫，藝文類聚、御覽八四二並同，雕、彫古通，其例習見。黃善夫本、殿本索隱，『庳音婢，庳，下也。』庳並作卑，依正文作卑改之也。『狼尾』並作『莨尾，』與集解引漢書音義合。（爾雅釋草作『狼尾。』郭注：『似茅。』）『烏葟』並作『烏燕。』『廣志云』下並增『東薔』二字。『河西語，』語並作記，恐非。（御覽八四二引作『河西語。』）『彫胡』並作『雕胡，』葢依正文雕字改之。又並略『高數尺，』及『東薔，案續漢書云：東薔似蓬草，實如葵子，十一月熟。』凡二十三字。至於『似蒮而細小』句，漢傳郭注及爾雅釋文引字林，蒮作藋。藋乃蓷之或體，說文：『藋，蓷也。』隸省作蒮。

蓮藕菰蘆，

梁玉繩云：『「菰蘆，」漢傳、文選作「觚盧。」是也。張晏云：「扈魯。」葢上句「藄葭」卽蘆，「雕胡」卽菰，不應重言之。』

案漢傳補注：『「觚盧」卽「瓠蠩，」』（廣韻：瓠蠩，瓟也。）「觚盧、」「瓠蠩、」「扈魯，」並一聲之轉。爾雅：『瓟，棲瓣。』釋文：『舍人本瓟又作觚。』此觚、瓟通假之證。』

菴䕪軒芋。

集解：『漢書音義曰：菴閭，蒿也。軒芋，蕕草也。』

索隱：『郭璞云：菴閭，蒿。子可療病也。軒芋，生水中，今揚州有也。』

考證：漢書、文選芋作于。

案漢傳作『菴閭軒于。』三家注引書，往往依本書正文改字。集解引漢書音義，

『奄閭』二字，不依本書正文改爲『菴藺，』蓋所據正文本作『奄閭』也。景祐本正作『奄閭，』存集解本之舊，且與漢傳合。（漢傳補注：『閭，官本作藺。』蓋依史記作藺之本改之。）索隱引郭注『菴閭，蒿。』所據正文蓋作『菴閭。』漢傳補注稱汲古閣本史記作『菴閭，』存索隱本之舊。文選亦作『菴閭。』索隱單本引郭注，『軒芋』作『軒于。』所見正文蓋作『軒于。』與漢傳合。

其西則有湧泉清池。

案漢傳、藝文類聚湧並作涌，涌、湧古、今字。

外發芙蓉淩華，

案漢傳作『夫蓉蔆華。』補注：『「夫容」史記、文選並作「芙蓉。」蔆，史記作淩，誤。爾雅、說文竝作蔆，文選作菱。』『夫容』字從艸，後人所加也。（藝文類聚、司馬文園集亦並作『芙蓉。』）爾雅釋草：『淩，蕨攈。』郭注：『淩，今水中芰。』說文：『淩，芰也。』爾雅、說文並無蔆字，（廣雅釋草有蔆字。）王氏失檢。蔆乃淩之或體，菱又淩之省也。藝文類聚、司馬文園集，淩亦並作菱。

其北則有陰林巨樹。

考證：文選巨作其，疑非。

案文選巨作其，『其樹』屬下讀。李善注：『本或林下有巨字，樹下有則字，非也。』胡氏考異云：『注「本或林下有巨字。」案有當作作，謂林下其字作巨也。不云「其作巨」者，因正文有兩其字，以此分別之。史記、漢書及五臣，同或本作巨。』藝文類聚、司馬文園集亦並作巨。巨之作其，疑涉上『其北』字而譌。

楩枏豫章，

正義：『案溫活人云：豫，今之枕木也。……』（枕原譌枕。）

考證：『杭世駿曰：按活人，書名，卽本草也。溫字疑衍。』

案考證引杭說，本殿本考證。

其上則有赤猨蠷蝚，

梁玉繩云：漢傳、文選皆無此四字。且下文有『玄猿素雌，』及『蛭蜩蠷蝚』之句也。

施之勉云：『五臣本有「赤猨蠷蝚」四字。張森楷曰：毛本蠷作玃。』

案藝文類聚亦無『赤猨蠷蝚』四字。司馬文園集蠷亦作玃。玃，或體作蠷，蠷又蠷之省也。

兕象野犀，窮奇獌狿。

梁玉繩云：八字漢書、文選皆無。且上句『蟃蜒』即『獌狿，』而下又有『窮奇象犀』之語也。

案司馬文園集亦無此八字。

於是乃使專諸之倫，手格此獸。

考證：文選、漢書是下有乎字，專作剸。

案司馬文園集是下亦有乎字。專、剸古通，吳世家：『而吳有專諸之事。』索隱：『專字，亦作剸。』刺客傳：『乃求勇士專諸見之光。』索隱：『專，或作剸。』並同例。格借爲挌，說文：『挌，擊也。』

楚王乃駕馴駮之駟，

考證：漢書、文選駮作駁。

施之勉云：五臣本作駁。

案漢傳補注：『駮、駁通叚。』俗多以駁爲駮，玉篇：『駮，今作駁。』

左烏嘷之雕弓，右夏服之勁箭。

索隱：『……案淮南子云：「烏號桑柘，其材堅勁，烏棲其上，將飛，枝勁復起，號呼其上。伐取其材爲弓，因曰烏號。」……』

考證：漢書、文選嘷作號。

施之勉云：『書鈔一百二十四引嘷作號。枚乘七發：「右夏服之勁箭，左烏號之雕弓。」張雲璈曰：「按子虛賦有此二句，而顚倒其辭。王氏學林云：枚叔在相如前，當是相如竊其句。」』

案索隱本嘷作號。司馬文園集亦作號，古字通用。莊子庚桑楚篇：『兒子終日嘷而嗌不嗄。』釋文：『嘷，本又作號。』即其比。枚乘七發，相如時當已傳誦士林，相如偶采用此二句耳，不得謂之竊也。索隱引淮南子云云，乃淮南子原道篇高誘注。

纖阿爲御，

索隱：『服虔云：「纖阿，爲月御。」或曰：「美女姣好貌。」又樂彥曰：「……月歷岩度，躍入月中，因名月御也。」』

案漢傳、文選、藝文類聚纖阿，皆作孅阿。文選注引郭璞注：『孅阿，古之善御者，見楚辭。孅音纖。』（漢傳郭注無『見楚辭』三字。）李善云：『楚辭曰：孅阿不御焉。』所引楚辭，見九歎思古，今本作纖阿。黃善夫本、殿本索隱，並略『服虔云：纖阿，爲月御。』八字。『或曰』下增纖阿二字。『岩度』並作『數度。』（岩字涉上文巖字而誤。）『月御也』下更有『郭璞云：纖阿，古之善御者。』十字。纖蓋本作孅，依此正文作纖改之也。

案節未舒，

索隱：『司馬彪云：「……馬足未展，故曰未舒之也。」亦曰未得也。』

施之勉云：索隱『亦曰未得也。』黃善夫本作『亦爲得也。』

案黃善夫本、殿本索隱，『未舒』下並無『之也』二字，當據刪。殿本『亦曰未得也，』亦作『亦爲得也。』當從之。曰字涉上文而誤，未字涉上文而衍。

轔邛邛，蹵距虛，

集解：『郭璞曰：「邛邛，似馬而色青。距虛卽邛邛，變文互言之。」穆天子傳曰：「邛邛距虛，日走五百里」也。』

梁玉繩云：漢傳、文選，轔、蹵二字互易。

考證：『漢書、文選「邛邛」作「蛩蛩。」中井積德曰：「邛邛」與「距虛」是二物。』

案藝文類聚作『蹴蛩蛩，轔駏驉。』（驉，原誤驢。）司馬文園集作『蹵蛩蛩，轔距虛，』與漢傳、文選合。漢傳張揖注：『蛩蛩，青獸，狀如馬。距虛，似羸而小。』補注：『後漢廉范傳注：「轔，轢也。」說文：「轢，車所踐也。」「距虛」一作「駏驉，」一切經音義十三：「駏驉，似羸而小，牛父馬子者也。」』劉氏新論審名篇：「蛩蛩巨虛，其實一獸。因其詞煩，分而爲二。」』楊明照劉子斠注云：『爾雅釋地：「西方（韓詩外傳五、說文虫部同。山海經海外北經作「北海。」呂氏春秋不廣篇、淮南道應篇、說苑復恩篇，則又作「北方。」）有

— 57 —

比肩獸焉，鼠前而兎後，爲邛邛岠虛齧甘草；卽有難，邛邛岠虛負而走。其名謂
之蹷。」注雅諸家，俱以「邛邛岠虛爲一獸，故孔昭云爾。（穆天子傳一：「邛
邛距虛走百里。」郭注：「亦馬屬。尸子曰：『距虛不擇地而走。』山海經云：
「邛邛距虛。」並言之耳。」）然周書王會解：「獨鹿邛邛，孤竹距虛。」漢書
司馬相如傳：「蛩邛邛，轔距虛。」皆分爲二獸。說苑復恩篇同。爾雅翼：「邛
邛、距虛，蓋二獸。」則以爲一獸者誤也。』楊君之說，大都本於郝懿行爾雅義
疏。潛夫論實邊篇：『蛩蛩、距虛，更相恃仰，乃俱安存。』亦以爲二獸。『邛
邛』與『蛩蛩』同，當以作蛩爲正。（郝懿行云：邛當作蛩。說文云：蛩蛩，獸
也。）『距虛』與『駏驢、』『巨虛、』『岠虛，』皆同。當以作『巨虛』爲
正。集解引穆天子傳『日走五百里，』不當有五字。（涉穆天子傳彼文上文『走
五百里』而衍。）

軼野馬而轊騊駼，

索隱：『轊騊駼，』上音衛。轊，車軸頭也。謂車軸衝殺之。騊駼，野馬。

考證：『王念孫曰：「軼讀若迭，隱九年左傳：『懼其侵軼我也。』注：『軼，
突也。」』漢書、文選無而字。

案藝文類聚、司馬文園集亦並無而字。考證所引王說，乃王氏漢傳雜志說。王氏
又云：『轊讀爲衛，衛，踶也。莊子馬蹄篇釋文引廣雅曰：「踶，蹋也。」說文：
「踶，衛也。衛，踶衛也。」（舊本譌作「衛也。」）是衛爲蹋也。衛、轊二字
並音衛，故字亦相通。』（漢傳補注已引王說。）索隱本轊作壹，黃善夫本索隱
轊作轊。漢傳補注：「轊，說文作壹，云：「車軸耑也。或作轊。」俗作轊，因
譌作轊耳。』轊亦俗體，非譌字。慧、惠古通，故轊又作轊也。索隱『轊，車軸
頭也。』本郭璞注。『轊音衛，謂車軸衝殺之。』本師古注。『騊駼，野馬。』
黃善夫本、殿本索隱，並作『騊音陶，駼音塗。』

乘遺風而射游騏。

索隱：『呂氏春秋云：「遺風之乘。」……韋昭云：「騏如馬一角。爾雅云：
『䮗無角曰騏。』非麒麟之騏。」䮗音攜。』

考證：漢書、文選無而字。

案藝文類類、司馬文園集亦並無而字。索隱引呂氏春秋云云，見本味篇。黃善夫

本、殿本索隱，『一角』並作『無角，』又並略『爾雅云；䕁 無角曰騏』八字。

又索隱『䕁 音攜。』本師古注。

儵眄淒浰，

考證：儵，文選作倏，音式六反。

案文選、司馬文園集儵並作倏，漢傳官本作俟，（補注有說。）俟乃倏之俗誤。

莊子應帝王篇：『南海之帝爲儵。』藝文類聚八引儵作倏，與此同例。說文：

『倏，犬走疾也。』倏、儵正、假字。景祐本『眄淒』作『眄淒，』文選、司馬

文園集並作『眄倩，』漢傳作『胂倩，』眄、胂並眄之誤。漢傳補注：『眄者，

驚疾之貌。蜀都賦：「鷹犬倏眄。」李善注：「眄，驚也。」……倩無疾義，葢

淒之借文。「淒浰，」皆疾義。說文：「淒，雲雨起也。」雲雨之起，其流迅

疾。楚辭悲回風：「涕泣交而淒淒兮。」注：「淒淒，流貌。」狀涕泣之下交而

疾流也。玉篇：「浰，疾流也。」……二字皆從水而訓爲「疾流，」故賦舉以狀

車騎之迅疾矣。』王氏引蜀都賦語，本作『鷹犬倏眄。』劉逵注：『倏眄，疾速

也。』王氏改引正文倏爲倏，是也。惟彼文李善注未云『眄，驚也。』未知王氏

何據。

飂動熛至，

考證：熛，漢書作猋。

案漢傳補注：『猋，史記作熛，文選作猋，案文選是也。猋本作飆，說文：「飆，

扶搖風也。」初學記引作「疾風也。」一切經音義十六：「飆，暴風也。」字從

猋，非犬、非火也。飆，俗省作猋。……。焱無疾義，說文：「焱，火華也。」

熛亦無疾義，說文：「熛，火飛也。」史記作熛，葢因通叚而誤。』既曰通叚，

則不得言誤。司馬文園集熛亦作猋。熛、猋並飆之借字，猋非飆之省。

洞胷達腋，

案漢傳、文選、司馬文園集，腋皆作掖，作掖是故書（本字作亦）。腋，俗字。

於是楚王乃弭節裴回，

索隱：『……或云：「節，今之所言杖節信也。」……』

案離騷：『吾令羲和弭節兮。』王注：『弭，按也。按節徐步也。』黃善夫本、
殿本索隱，並略『或云』至『信也』十一字。

微調受詘，

索隱：『「微調受詘，」司馬彪云：「微，遮也。調，倦也。謂遮其倦者。」調
音劇，詘音屈。說文云：「調，勞也。燕人謂勞爲調。」……』

案索隱本、漢傳、文選、司馬文園集，調皆作調。黃善夫本、殿本索隱調皆作
調。調乃調之俗變，調爲調之省。（說文：調，相踦調也。）調借爲慉，說文：
『慉，勞也。』索隱引說文慉作調，葢依所見此文作調改之，又多『燕人謂勞爲
調』六字，或所見說文本有此句，惟調本當作慉耳。司馬文園集詘作謳。謳，或
詘字。（參看漢傳補注。）

於是鄭女曼姬，

正義：『文穎云：「鄭國出好女，曼者，其色理曼澤也。」……』

考證：『顏師古曰：「文說是。」王先謙曰：「曼，美也。鄭女多美，故鄭女爲
當時美女恒稱，不必果出自鄭。『鄭女曼姬，』猶言『美女美姬』耳。」』

案『鄭女曼姬，』謂鄭女中之靡曼者也。文說是，王說非。列子周穆王篇：『簡
鄭、衛之處子娥媌靡曼者。』是其驗矣。

被阿錫，

集解：『漢書音義曰：阿，細繒也。錫，布也。』

正義：按東阿出繒也。

考證：文選錫從糸，假借字。

案藝文類聚、司馬文園集錫亦並作緆。淮南子脩務篇：『衣阿緆。』高注：『阿，
細縠。緆，細布。』列子周穆王篇亦云：『衣阿緆。』張湛注與高注同。文選
李善注引列子錫作緆，云：『緆與錫古字通。』漢書禮樂志：『曳阿錫。』如淳
注：『阿，細繒。錫，細布。』漢傳張揖注、文選注引張揖注並同。集解引漢書
音義，『布也』上葢脫細字。李斯傳：『阿縞之衣。』集解：『徐廣曰：齊之東
阿縣，繒帛所出。』卽此正義說所本。惟彼文及此文之阿，皆當釋爲『細繒。』
（參看李斯傳斠證。）

襞積褰縐，紆徐委曲，鬱橈谿谷，

集解：……莆鬱迤曲，……

索隱：『小顏云：「襞積，今之裙襵，古謂之素積。」……縐音側救反，齤音叉革反。……「鬱橈谿谷，」孟康曰：「其縐中文理，莆鬱迤曲，有似于谿谷也。」迤，字林音丘亦反。』

梁玉繩云：『紆徐委曲。』漢傳無此四字，且下有『紆餘委蛇』句。

案文選注引張揖注云：『襞積，簡齤也。褰，縮也。縐，裁也。其縐中文理莆鬱，有似於谿谷也。』（漢傳張注同。集解所引漢書音義，『莆鬱』下多『迤曲』二字。）考異云：『「襞積褰縐，」袁本、茶陵本積作襀，音積。……「紆徐委曲，」何校云：「漢書無此四字，無者爲勝。」案以李注引張揖詳之，本無此四字。今史記有，而集解引漢書音義，索隱引小顏、孟康，似二家史記亦與漢書同，並不當有。唯五臣向注云：「紆徐委曲，裙下垂貌。」蓋五臣較多四字而亂之也。各本皆非。』司馬文園集積亦作襀，襀乃後起字。鍾嶸詩品序：『襞積細微。』『襞積』二字本此。景祐本、黃善夫本、殿本集解，『尺曲』皆誤『迴曲。』索隱『縐，音側救反。』本師古注。黃本、殿本索隱引小顏注，並作『此說非也。襞積，今之帬襵，古謂之皮弁素積是也。』蓋據漢傳師古注改之，惟襵乃襵之誤。又黃本、殿本索隱，『叉革』並作『助革，』並略『鬱橈谿谷，孟康曰：其縐中文理，莆鬱迤曲，有似于谿谷也。』二十二字，末句迤字並誤曲。

袀袨裶裶，揚袘卹削，

集解：『……駰案漢書音義曰：卹削，裁制貌也。』

索隱：『張晏曰：揚，舉也。袘，衣袖也。卹削，裁制貌也。』

考證：漢書袘作袘，漢書、文選卹作戌。

案漢傳補注引錢大昭曰：『說文：袀，長衣貌。裶，長衣貌。』司馬文園集『袀袨裶裶，』作『紛紛霏霏，』卹亦作戌。紛、霏乃袀、裶之借字。袘與袘同，廣雅釋器：『袘，袖也。』文選卹作戌，李善注：『戌音卹。』並引張揖注：『戌削，裁制貌也。』集解引漢書音義戌作卹，依此正文作卹改之也。黃善夫本、殿本索隱並略『袘，衣袖也。』四字。

蜚纖垂髾，

考證：『漢書纖作襳。文選……李善曰：襳與燕尾，皆婦人袿衣之飾也。蜚，古
飛字也。髾 所交切。』

案藝文類聚、司馬文園集『蜚纖』並作『飛襳。』文選纖亦作襳，襳乃後起字。
文選李善注云云，本師古注。

扶與猗靡，

集解：『郭璞曰：淮南所謂「曾折摩地，扶與猗委」也。』

正義：與音餘。猗，於綺反。謂鄭女曼姬侍從王者，扶其車輿而猗靡。

考證：『扶與，』正義本作『扶輿。』與漢書、文選合。

施之勉云：景祐本、凌本作『扶輿。』

案殿本亦作『扶輿，』集解郭注同。楚辭九懷昭世洪補注引正文及郭注亦並作
『扶輿。』並云：『今淮南子云：曾撓摩地，扶於猗那。』藝文類聚、司馬文園
集『扶與』亦並作『扶輿。』景祐本正文雖作『扶輿，』而郭注則作『扶輿。』
與、輿古通，匈奴傳有說。洪氏引淮南子，見脩務篇，高誘注：『扶於，周旋
也。』（俗本『扶於，』正文誤『扶旋，』注文誤『扶轉。』王念孫淮南雜志有
說。）是也。郭注引淮南子作『扶輿，』一作『扶輿，』並與『扶於』同。漢傳
張揖注：『扶持楚王車輿相隨也。』正義釋『扶輿』爲『扶其車輿，』卽本張注，
乃望文生訓。惟張氏釋『猗靡』爲『相隨，』則是。（『猗委、』『猗那，』並
與『猗靡』同。）『扶輿猗靡，』卽『周旋相隨』之貌。漢傳補注引劉奉世云：
『「扶輿猗靡，」此言衣裳稱美之貌耳。』未得其義。

噏呷萃蔡，

集解：『漢書音義曰：……萃蔡，衣聲也。』

考證：『漢書、文選噏作翕。王先謙曰：「翕呷萃蔡。」衣之聲。』

案司馬文園集噏亦作翕，翕借爲吸。噏或歙字。歙與吸義略同。莊子齊物論篇：
『吸者。』釋文引司馬彪云：『若噓吸聲也。』文選木玄虛海賦：『猶尙呀呷，
餘波獨湧。』李善注：『呀呷，波相吞吐之貌。』波相吞吐則有聲。此文『
呷，』所以狀衣之聲，王說是。王氏又云：『文選琴賦：「新衣翠粲。」注引此

「萃蔡」作「翠粲，」蔡、粲一聲之轉。』琴賦注引張揖注（卽集解所引漢書音義）亦作『翠粲，』疑並依彼正文作『翠粲』而改之。

下靡蘭蕙，

　　正義：『顏云：「下靡蘭蕙，」謂垂鬢也。』

　　考證：文選靡作麾，李善作靡，古麾、靡通。

　　案黃善夫本正義所引顏注，靡作麾，今本漢傳師古注作靡。文選注：『或靡蘭蕙。』胡氏考異云：『善正文作麾，此靡字誤。五臣作靡，袁、茶陵二本有明文。今史記、漢書作靡，而張守節正義及顏注中仍作麾，麾者古靡字之通用，恐亦麾是靡非也。』竊疑文選正文作麾，注作靡，李善葢以靡說麾耳。

錯翡翠之威蕤，

　　考證：漢書威作葳。

　　案藝文類聚、司馬文園集威亦並作葳。威、葳古、今字。

縹乎忽忽，若神仙之仿佛。

　　正義：『戰國策云：鄭之美女，粉白黛黑而立於衢，不知者謂之神仙。』

　　考證：漢書、文選，『縹乎』作『眇眇，』『仿佛』作『髣髴。』漢書無仙字。（仙，原誤神。）

　　案藝文類聚、司馬文園集，亦並作『眇眇忽忽，若神仙之髣髴。』『縹乎』與『眇眇』同義，並遠視貌。文選海賦：『羣仙縹眇。』注：『縹眇，遠視之貌。』『髣髴』乃『仿佛』之異文。漢傳郭璞注：『戰國策曰：鄭之美女，粉白黛黑而立於衢，不知者以爲神也。』可證郭所見正文神下無仙字。正義引戰國策云云，卽本郭注，惟末句『神也』作『神仙，』乃依此正文作『神仙』改之也。戰國策楚策三，末句作『非知而見之者以爲神。』（非猶不也。）是神下本無仙字。文選此文雖作『若神仙之髣髴，』而李善注：『若神，已見上文。』是李所見本本無仙字也。胡氏考異云：『袁本、茶陵本云：「善無仙字。」案詳注意，善不當有甚明。漢書無。今史記亦誤衍，幷正義所引戰國策末亦贅以仙字，誤之甚矣！』其說可參。

於是乃相與獠於蕙圃，

案漢傳乃下有翬字。

鼕 珊勃窣，上金堤。

索隱：『盤姍勃窣，韋昭曰：「盤姍，匍匐上下也。」窣，音素忽反。』

考證：漢書、文選珊作姍，文選上下有乎字。

案司馬文園集作『鼕姍勃窣，而上乎金隄。』索隱本鼕作盤，鼕之與盤，珊之與姍，並古字通用。索隱本珊、窣二字作姍、猝，疑涉上文獠字从犬而誤。文選勃作敦，注引韋昭曰：『鼕姍敦窣，匍匐上也。』索隱所引韋注，鼕字既誤，也上又衍下字。敦乃勃之俗變。

纖繳施。

案漢傳、文選纖並作孅。說文：『孅，銳細也。』段注：『孅與纖音義皆同，古通用。』

連駕鵝，

集解：……駕音加。

索隱：『……郭璞曰：野鵝也。』

考證：駕，諸本作鴐。今從索隱單本、中統、游、毛本，漢書、文選亦作駕。

施之勉云：黃善夫本作鴐。

案景祐本駕作鴐（集解作鴐），司馬文園集亦作鴐。黃善夫本作駕，施氏失檢。殿本亦作駕。左定元年傳，魯大夫有榮駕鵝，阮元校勘記云：『石經、淳熙本、岳本，駕作鴐，與葉抄釋文合。案說文無鴐字。錢大昕云：依正文當用鴻，假借同音，則鴐亦通也。』廣雅釋鳥：『鴻鵝，鳫也。』王氏疏證云：『鳫與鴈同，或作雁。鴻或作駕，鴻鵝以象其聲。』駕爲後起字，則史、漢、文選此文，故本皆當作鴐。今本文選作駕。考異云：『茶陵本云：「駕，善作鴐。」案注云：「而因連鴐鵝也。」字正作鴐。史記、漢書亦皆作鴐。鴐者鴻之假借。』是也。

黃善夫本、殿本索隱，並略『郭璞曰：野鵝也。』六字。

怠而後發，游於清池。

梁玉繩云：漢傳無發字，作一句讀，甚是。

案漢傳補注引宋祁曰：『浙本、南本後字下並有發字。』

揚桂枻，

　　梁玉繩云：漢傳、文選桂作旌。

　　施之勉云：書鈔一百三十七引，桂亦作旌。

　　案藝文類聚、司馬文園集桂亦並作旌。

釣紫貝，

　　案文選、藝文類聚、司馬文園集釣皆作鉤，鉤亦釣也。古謂鉤爲釣，廣雅釋器：

　　『釣，鉤也。』

奔揚會。

　　施之勉云：『五臣本作「奔物會。」類聚六十六引同。呂延濟注曰：奔物，謂急

　　波也。』

　　案漢傳補注：『官本考證：「文選作：奔物會。」謂五臣本也。』

硍硍磕磕，若雷霆之聲，聞乎數百里之外。

　　考證：漢書『硍硍』作『琅琅，』里下無之字。

　　案漢傳補注：『錢大昭曰：「楚詞九思云：『雷霆兮硍磕。』說文：『硍，石聲。

　　磕，石聲。』」朱祁曰：「江南本里字下有之字。」』硍、琅正、假字。磕、磕

　　正、俗字。楚詞九思怨上，磕本作磕，錢氏改俗從正耳。

起烽燧。

　　案漢傳烽作熢，後上林賦：『聞烽舉燧燔，』亦作熢。烽乃熢之俗省。

班乎裔裔，

　　考證：漢書、文選現作般。

　　案司馬文園集班亦作般，古字通用，易屯：『乘馬班如。』釋文：『班，鄭本作

　　般。』即其比。

於是楚王乃登陽雲之臺，

　　集解：『徐廣曰：「宋玉云：楚王游於陽雲之臺。」』

　　梁玉繩云：『漢傳亦作陽雲。據孟康注，當從文選作「雲陽。」此本對以雲夢之

　　事也。孟康曰：雲夢中有高唐之臺，宋玉所賦者，言其高出雲之陽也。』

　　施之勉云：『五臣本作陽雲。許巽行云：「史記、漢書並作陽雲。江淹擬休上人

詩云：『悵望陽雲臺。』玉臺新詠同。宋玉大言、小言二賦，並云『陽雲之臺。』

寰宇記曰：『巫山縣西有陽臺古城，亦曰陽雲臺，高一百二十丈，南枕長江。張

九齡有登古陽雲臺詩。』然則作『雲陽』者非矣。」』

　　案藝文類聚亦作陽雲。司馬文園集作『雲陽，』與李善本文選合。據孟康注，則所

　　見漢傳本作『雲陽』無疑。惟徐廣既引宋玉賦以證此文，則所見史記葢又作陽雲

　　矣。孟注較早，子虛賦當原作『雲陽』較可信。至於江淹、張九齡詩之作陽雲，

　　寰宇記之釋陽臺，皆直本於宋玉賦，未足以證子虛賦之原不作『雲陽』也。

泊乎無爲，澹乎自持。

　　案漢傳補注：『泊、澹，文選作怕、憺。李善注：「老子曰：『我獨怕然而未

　　兆。』說文：『怕，無爲也。』廣雅：『憺、怕，靜也。』憺與澹同，怕與泊

　　同。」』泊（泊之隸變）、澹乃怕、憺之借字。李善所引老子怕字，一本亦作泊。

不若大王終日馳騁而不下輿，脟割輪淬，自以爲娛。

　　集解：『郭璞曰：「脟，脯。淬，染也。」脟音臠也。』

　　考證：漢書、文選而作曾，淬作焠。

　　案司馬文園集與漢書、文選同。藝文類聚而亦作曾。淬、焠古通，漢書王襃傳；

　　『清水焠其鋒。』文選王襃聖主得賢臣頌焠作淬，即其比。孫詒讓云：『集解引

　　郭璞云：「脟音臠。」漢書司馬相如傳顏注云：「脟字與臠同。」呂氏春秋察今

　　篇：「嘗一脟肉。」意林引作臠。』（札迻六。）集解『脟音臠，』當是裴駰注，

　　非郭注。文選注引郭注：『焠，染也。』李善曰：『脟音臠。』（本集解。）若

　　『脟音臠』是郭注，善當連引於郭注之下矣。

於是王默然無以應僕也。

　　考證：文選王上有齊字，漢書、文選無『默然』二字。

　　案司馬文園集亦作『於是齊王無以應僕也。』

足下不遠千里來況齊國，

　　集解：『郭璞曰：言有惠況也。』

　　案漢傳補注：『〔況〕文選作貺，引郭璞曰：言有惠貺也。』司馬文園集亦作貺，

　　況、貺古、今字。文選注引郭注作『言有惠賜也。』非作『惠貺。』又文選李善

注引戰國策曰：『秦王謂蘇秦曰：今先生不遠千里而庭敎。』見秦策一。孟子梁

惠王篇，梁惠王謂孟子曰：『叟，不遠千里而來。』

而備車騎之眾，以出田。

案漢傳、文選、司馬文園集皆無而字，以字皆作『與使者』三字。以下疑本有

『使者』二字，今本脫之，以猶與也。

先生之餘論也。

正義：先生，言子虛也。

案正義說，本師古注。

而盛推雲夢以爲高，奢言淫樂而顯侈靡。

案漢傳高作驕，補注引朱一新云：『文選驕作高，李善注引郭璞曰：「以爲高談

也。」奢屬下讀，引郭璞曰：「奢，闊也。」文義甚明，此誤。』謂奢字屬下

讀，是也。惟驕非誤字，說文：『馬高六尺爲驕。』是驕自有高義。仲尼弟子列

傳：『顏高，字子驕。』（孔子世家、漢書古今人表並作顏刻，朱駿聲云：「刻

叚借爲高，刻、高雙聲。」參看仲尼弟子列傳斠證。）高與驕義正相因也。

有而言之，是章君之惡；無而言之，是害足下之信。

梁玉繩云：『有而言之，是章君之惡。』文選無此二句。漢傳亦有之，然李善以

有者爲非。

考證：漢書惡下、信下有也字。

施之勉云：五臣本有『有而言之，是章君之惡。』九字。

案司馬文園集亦有『有而言之，是章君之惡。』九字，惟章作彰，下同。（文選

下文亦作彰。）作章是故書。文選信下亦有也字。

且齊東陼巨海，

索隱：陼，蘇林音渚。……

梁氏志疑所據湖本陼作有，云：『漢傳、文選及索隱本皆作「東陼，」則有字

譌。』

案黃善夫本、殿本陼亦並誤有。文選李善注引聲類云：『陼，或作渚。』藝文類

聚、司馬文園集陼並作渚。朱駿聲云：『子虛賦：「齊東陼鉅海。」越語：「黿

眂之與同陼。」注：「水邊亦曰陼。」』（說文通訓定聲。）漢傳、文選、司馬文園集巨皆作鉅，鉅、巨正、假字，其例習見。

邪與肅慎爲鄰，

正義：邪，謂東北接之。

施之勉云：『張雲璈曰：「師古曰：『邪讀爲左。』按古左與邪通，禮記王制：『執左道以亂政殺。』盧植云：『左道，謂邪道。』」』

案張氏謂『古左與邪通。』是也。商君列傳：『今君又左建外易。』左、外亦並與邪同義。師古注『邪讀爲左。』補注：『左，官本作斜。是。引宋祁曰：注文斜，或作袤。』左之作斜或袤，乃後人不明邪有左義而改之耳。又師古注左下云：『謂東北接也。』卽正義說所本。

烁田乎靑丘，

索隱：『郭璞云：山名，出九尾狐也。』

正義：『服虔云：「靑丘國，在海東三百里。」郭璞云：「靑丘，山名，上有田，亦有國，出九尾狐，在海外。」』

殿本考證：今本山海經注，無『上有田』三字。『亦有國』者，海外東經又有靑口國也。

施之勉云：『張森楷曰：案烁字，毛本作秋，同。烁之爲言摷也。摷，聚也。「摷田，」猶「聚田」也。非四時之烁也。見禮記鄉飲酒義及爾雅釋詁。

案漢傳、文選、藝文類聚、司馬文園集烁皆作秋。靑丘出九尾狐，然則『烁田』者，似謂秋日田獵也。黃善夫本、殿本並略索隱。

曾不蔕芥。

案不猶無也。記纂淵海五一引『蔕芥』二字倒。

若乃俶儻瑰偉，

正義：俶儻，猶非常也。

案正義說，本師古注。文選注引郭璞注：『俶儻，猶非常也。』又師古注所本矣。黃善夫本、殿本並略正義。

萬端麟萃，

考證：漢書、文選萃作峷。

施之勉云：五臣本作萃字。

案文選注引張揖注：『峷與萃同，集也。』萃、峷正、假字，小爾雅廣言：『萃，
集也。』

充仞其中者，

案文選、司馬文園集仞並作牣，李善注引廣雅（釋詁一）曰：『充、牣，滿也。』
牣、仞正、假字，

禹不能名，契不能計。

正義：禹爲堯司空，辨九州土地山川草木禽獸。契爲司徒，敷五教，主四方會
計。言二人猶不能名計其數。

案漢傳、文選、司馬文園集契並作卨。卨，古契字。正義說，蓋本張揖、師古
注。

是以王辭而不復，何爲無用應哉？

王氏雜志所據震澤王氏本不下有能字，云：『能字後人所加。此言王不敢言遊戲
之樂，苑囿之大；又以客禮待先生，是以辭而不復。非無以應也。若云「不能
復，」則卽是無以應，與下句義相反矣。漢書、文選、及藝文類聚產業部，引此
並作「王辭不復。」索隱本作「王辭而不復。」皆無能字。』

考證：各本不下有能字。篇首至此，相如賦前半，武帝所驚嘆，文選題曰子虛
賦。以下召見之日所記奏，文選題曰上林賦。

案司馬文園集亦作『王辭而不復。』又下句用作以，漢傳、文選、藝文類聚亦皆
作以，用猶以也。藝文類聚、司馬文園集，以下亦題曰上林賦。

無是公听然而笑，

索隱：『說文云：听，笑貌。』

案索隱說，本李善注。黃善夫本、殿本索隱，並作『听音斷，又音牛隱反。』本
師古注。

齊亦未爲得也。

案漢傳、文選、藝文類聚、司馬文園集，齊上皆有而字。

非爲財幣，

　　案司馬文園集幣作帛，恐非其舊。

故未可也。

　　考證：舊刻、毛本故作固，與漢書、文選合。故、固，通假。

　　施之勉云：景祐本故作固。

　　案司馬文園集故亦作固。

而正諸侯之禮，徒事爭游獵之樂，

　　案漢傳、文選並無而字，爭下並有於字。司馬文園集亦無而字。

而適足以貶君自損也。

　　案漢傳、文選貶並作㝵，文選注引晉灼注：『㝵，古貶字也。』

又焉足道邪？

　　案漢傳、文選、司馬文園集，焉皆作烏，義同。

獨不聞天子之上林乎？

　　案獨猶何也。

左西極，

　　正義：『…、…爾雅云：「西至於豳國爲極。」……』

　　施之勉云：凌本正義爲下有西字，文選注爲下亦有。此脫西字。

　　案漢傳文穎注爲下亦有西字。

丹水更其南，紫淵徑其北，

　　案師古注：『更，歷也。』徑與經通。釋名釋道：『俓，經也。』俓，俗徑字。

　　下文『徑乎桂林之中。』考證：『文選徑作經。』司馬文園集亦作經。亦徑、經

　　通用之證。

終始霸、滻，

　　考證：文選霸作灞，漢書滻作產。

　　案藝文類聚、司馬文園集霸亦作灞。作霸、產是故書。

酆、鄗潦潏，紆餘委蛇。

　　索隱：『張揖云：「酆水，出酆縣南山酆谷北入渭。鎬，在昆明池北。」郭璞

云：「鎬水，豐水下流也。」……』

案索隱本『酆、鄗』作『豐、鎬，』與所引張、郭注合。藝文類聚作『灃、鑐，』灃乃後起字。豐與酆，鎬與鄗，並古字通用。漢傳、文選、司馬文園集，＿亦皆作鎬。下句藝文類聚作『紆徐逶迆，』司馬文園集蛇作迆。迆，或迤字。餘與徐，蛇與迆，亦並古字通用。

蕩蕩兮八川，

考證：漢書、文選兮作乎。

案藝文類聚、司馬文園集兮亦並作乎。兮猶乎也，並狀事之詞。

分流相背而異態，

案淮南子說山篇：『分流舛馳。』

出乎椒丘之闕，

索隱：『服虔云：「丘名。楚詞曰：『馳椒丘且焉止息』也。案兩山俱起，象雙闕。」如淳曰：「丘多椒也。」』

案淸胡紹瑛文選箋證十：『上林賦：「出乎椒邱之闕。」善曰：「楚辭曰：『馳椒邱且焉止息』也。」史記如淳曰：「邱多椒也。」按本書月賦：「菊散芳於山椒。」善注引楚辭王逸注曰：「土高四墮曰椒邱。」卽此引離騷注文也。又引漢書武帝傷李夫人賦曰：「釋子馬於山椒。」山椒，山頂也。廣韻：「山巓曰嶕。」然則椒卽嶕同音之假，非因多椒而名也。』據此，則『椒丘』非丘名。（李善注引楚辭云云，本服虔注。）朱駿聲亦有類此之說，惟謂楚辭（離騷）、上林賦、月賦諸椒字，皆借爲鑯，鑯卽今尖字，尖、椒一聲之轉。（說文通訓定聲。）又黃善夫本、殿本索隱，並作『服虔云：「丘名也。案兩山俱起，象雙闕，故云『椒丘之闕。』楚詞曰：『馳椒丘且焉止息。』是也。」如淳云：「丘多椒也。」』

過乎泱莽之野，

考證：文選莽作漭。

案司馬文園集莽亦作漭。漭，後起字。漢傳、文選野並作壄，說文：『壄，古文野。』下文『足野羊，』『跨野馬，』漢傳、文選亦並作壄。

汩乎渾流，

考證：漢書、文選渾作混。

案汩當作泊，本字作㵽，說文：『㵽，水流也。从川日聲。』段注：『上林賦曰：「泊乎混流，」又曰：「泊㵸潭疾。」方言：「泊，疾行也。」注云：「泊泊，急皃。于筆切。」此用泊爲㵽也。』（段氏所引方言，今本正文、注文泊亦並誤汩。）下文『潯涾㵸汩。』索隱引司馬彪云：『㵸汩，去疾也。』汩亦當作泊。司馬文園集渾亦作混。漢傳補注：『混、渾古通用。』

赴隘陝之口，

考證：漢書、文選陝作陜。

案『隘陝，』複語。說文：『陝，隘也。』俗作陜，亦作狹。

洶涌滂濆，

索隱：『「洶湧澎湃，」司馬彪云：「洶湧，跳起貌。澎湃，相戾也。」湧，或作容。澎，或作滂。』

考證：漢書、文選『滂濆』作『澎湃。』

案索隱本作『洶湧澎湃。』涌、湧正、俗字。漢傳、文選『滂濆』並作『彭湃，』（非作『澎湃。』）司馬文園集濆亦作湃。濆，或沸字。漢傳補注：『彭、旁古通，故澎亦爲滂。玉篇澎下云：「澎涖，滂沛也。」湃卽沛字音轉異文，說文無湃字。』說文亦無澎字，作彭是故書。文選注引司馬彪注：『洶涌，跳起也。彭湃，波相戾也。』索隱所引彪注，涌作湧，彭作澎，依彼所據正文『湧澎』二字改之也。黃善夫本、殿本索隱，『相戾也，』並作『波相捩也。』有波字與文選注所引彪注合。捩，俗戾字。

潯涾㵸汩，

索隱：『司馬彪云：潯沸，盛貌。㵸汩，去疾也。』

考證：漢書、文選『涾㵸』作『弗宓。』

施之勉云：『五臣本作『沸㵸。』

案文選注引司馬彪注：『畢弗，盛貌也。』與索隱引作『潯沸』異。索隱既引彪注作『潯沸，』疑所據正文涾亦作沸，司馬文園集亦作沸。說文無潯、涾二字，當作『畢沸』爲正。弗乃沸之借字。說文：『沸，畢沸，濫泉也。』段注：『畢，

一本从水作潷，上林賦「潷弗，」蘇林曰：「潷音畢。」則古非無潷字。泉下小徐有也，按也當作兒。詩小雅（采菽）、大雅（瞻仰）皆有「濭沸檻泉」之語。傳云：「濭沸，泉出貌。檻泉，正出。」釋水曰：「濫泉正出。」正出，涌出也。司馬彪注上林賦曰：「潷弗，盛兒也。」按「畢沸，」疊韵字。毛詩濭、檻，皆假借字。』詩濭字本作䨓，乃濭之俗誤。漢傳、文選『滵汩』並作『宓汩。』說文無滵字，當作密。汩當作汨，上文有說。文選注引蘇林注：『宓音密。』又引司馬彪注：『宓汩，去疾也。』索隱引彪注宓作滵，依此正文作滵改之也。宓、密古通，說文：『宓，安也。』段注：『此字經典作密，大雅：「止旅乃密。」傳曰：「密，安也。」按上林賦「宓汩，」去疾也。義似異而實同。』引汩作汨，是也。

滭測泌瀄，

索隱：『司馬彪云：「滭測，相迫也。泌瀄，相楔也。」郭璞云：「逼側筆櫛四音。」』

考證：漢書、文選『滭測』作『偪側。』

案司馬文園集『滭測』亦作『偪側，』並古字通用。禮記內則：『不共滭浴。』釋文：『滭，本又作偪。』即滭、偪通用之證。廣雅釋詁一：『側，度也。』王念孫疏證改側爲測，不知側、測古通也。（朱駿聲謂側借爲測。）『偪側，』複語，釋名釋姿容：『側，偪也。』文選注引司馬彪注：『偪側，相迫也。』索隱引彪注作『滭測，』依此正文作『滭測』改之也。殿本索隱『相楔』作『相挈，』文選注引彪注楔亦作挈。作挈是，俗書从扌、从木之字多相亂。文選枚叔七發：『汩汩澩潈。』（汩原誤汨。）李善注：『瀄，泌瀄，波相挈也。』蓋本此文彪注。漢傳補注：『挈同擊，史記貨殖傳：挈鳴琴。』楚辭招魂：『挈梓瑟些。』王注：『挈，鼓也。』鼓亦擊也。又黃善夫本、殿本索隱，並略『郭璞云：逼側筆櫛四音。』九字。

澎濞沆瀣，

索隱：『「滂濞沆溉，」溉亦作瀣。司馬彪云：「滂濞，水流聲也。沆溉，徐流。」』

正義……漑，胡代反。

王念孫云：索隱、正義〔溘〕並作漑，蓋舊本相承如是。說文無溘字，則作漑者是也。今本既改漑爲溘，又改索隱之『漑亦作溘，』爲『溘亦作漑。』斯爲謬矣！漢書、文選竝作漑。

梁玉繩云：溘乃漑之譌。

考證：漢書、文選作『滂濞沆漑。』

案司馬文園集亦作『滂濞沆漑。』據索隱引司馬彪注云云，則史記故本固如是。王氏所稱今本，蓋震澤王氏本。黃善夫本、殿本索隱，『漑亦作溘，』亦並改爲『溘亦作漑。』

穹隆雲撓，

索隱：『「穹崇雲橈，」服虔云：「水旋還作泉也。」……』

考證：索隱本撓作橈，與漢書、文選合。

案索隱本隆作崇，避玄宗諱改之也。司馬文園集撓亦作橈。師古注：『橈，曲也。』橈、撓正、假字。

蜿灗膠戾，

索隱：『司馬彪云：「蜿灗，展轉也。膠戾，邪曲也。」音婉善交戾四音也。』

案漢傳、文選並作『宛潬膠盭，』司馬文園集『蜿灗』亦作『宛潬。』灗蓋潬、蟺二字之合體，從亶、從單之字古通用。（如禪亦通嬗。）文選嵇康琴賦：『蜑蟺相糾。』蜑與蜿同。李善注：『蜑蟺，展轉也。』即本此文司馬彪注。本字當作『夗蟺，』說文：『蟺，夗蟺也。夗，轉臥也。』文選注引司馬彪注：『宛潬，展轉也。膠盭，邪屈也。』索隱引彪注『宛潬』作『蜿灗，』『膠盭』作『膠戾，』依此正文作『蜿灗膠戾』改之也。惟索隱本戾字及所引彪注戾字，蓋本作盭，否則無庸音戾矣。師古注：『盭，古戾字。』黃善夫本、殿本索隱，『音婉』並作『音宛。』恐非其舊。

茫茫下瀨，

索隱：『司馬彪云：茫茫，水聲也。』

考證：漢書、文選茫作泣。

案文選注引司馬彪注：『淲淲，水聲也。』索隱引淲作茷，依此正文作茷改之也。茷與淲同。（本字作㳫。）

批壏衝雍，

正義：『壏，巖。司馬彪云……雍，曲隈也。』

考證：漢書、文選壏作巖。

施之勉云：『景祐本、黃善夫本、凌本，壏作巖。胡紹瑛曰：「按周官秋官序官雍氏注：『雍，謂隄防止水也。』雍與雍同。」』

案殿本壏亦作巖，司馬文園集同。壏，或巖字。漢傳、文選、司馬文園集雍並作擁。本字作邕，說文：『邕，四方有水自邕成池者。』擁（攤之隸變）、雍（雝之隸變）並借字。雍，俗字。文選注引司馬彪注：『擁，曲隈也。』（師古注同。）正義引彪注擁作雍，依此正文作雍改之也。

湛湛隱隱，砰磅訇礚，

正義：……訇，呼宏反。礚，苦蓋反。皆水流鼓怒之聲也。

考證：漢書、文選湛作沈。

案司馬文園集湛亦作沈。湛、沈古、今字。陳涉世家：『涉之爲王，沈沈者。』集解引應劭曰：『沈沈，宮室深邃貌。』凡深邃皆可狀以『沈沈。』漢傳補注：『文選注：「沈沈，深貌也。隱隱，盛貌也。」「隱隱，」言水聲殷然也。與下四字義貫。文選閒居賦：「隱隱乎！」注：「隱隱」一作「殷殷，」音義同。』

正義：『訇，呼宏反』以下，本師古注。

汩漶漂疾，

案汩當作汩，上文有說。文選、司馬文園集漶並誤漻，胡氏文選考異云：『袁本漻作漶，云：「善作漶。」茶陵本云：「五臣作漻。」』

安翔徐佪，

案景祐本佪作佪，漢傳同。文選、司馬文園集並作囘。當以作囘爲正。

東注大湖，

正義：太湖，在蘇州西南。

考證：正義大作太，與文選合。

案司馬文園集大亦作太，作大是。漢傳補注引齊召南曰：『此大湖，指關中巨澤言之。凡巨澤瀦水，俱可稱大湖。』

於是乎蛟龍赤螭，

索隱：『文穎曰：「龍子曰螭。」張揖云：「雌龍也。」』

案黃善夫本、殿本並略索隱。

䱀鰽螹離，

考證：漢書、文選螹作漸。

案藝文類聚、司馬文園集螹亦並作漸，螹、漸正、假字。漢傳補注：『文選注引司馬彪云：漸離，魚名也。』

鰅鰫鰬魠，

集解：『駰案郭璞曰：鰫似鰱而黑。』

案說文：『鰫，鰫魚也。』段注：『史記上林賦：「鰅鰫鰬魠，」漢書、文選鰫皆作鰅，非是。據許書，鰅、鰫劃然二物；且郭注上林云：「鰫，常容反。」與鱅字音正同。假令從容聲，則不得反以「常容」矣。郭云：「鰫似鰱而黑。」陸璣云：「鱮，徐州人謂之鰱，或謂之鱅。」』司馬文園集鰫亦作鰅。漢傳郭璞注：『鰅，音常容反。鰅似鰱而黑。』(文選注引郭注同。)與集解及段注引郭注鰅並作鰫異。段注引郭注作鰫，蓋因『音常容反』則當作鰫而改之。竊以為如段說，郭所據本當定作鰫。他本亦自有作鰅者，朱駿聲謂鰅借為鱅，(說文通訓定聲。)可備一解。

禺禺鱋魶，

集解：……鱋，一作魼。魶音納，一作鰨，音榻。

考證：漢書、文選『鱋魶』作『魼鰨。』

案藝文類聚、司馬文園集『鱋魶』亦並作『魼鰨，』古字通用。漢傳郭璞注：『魼，比目魚也。鰨，鯢魚也。似鮎，有四足，聲如嬰兒。』(文選注引郭注同)。廣雅釋蟲：『魶，鯢也。』王氏疏證謂郭注本廣雅為訓。鯢魚即人魚也。

揵鰭擢尾，振鱗奮翼，

考證：漢書、文選擢作掉，

　　案藝文類聚、司馬文園集擢亦並作掉，掉、擢正、假字。漢傳師古注：『掉，搖
　　也。』（本說文。）朾注：『文選注引高唐賦曰：振鱗奮翼。』

潛處于深巖，

　　案漢傳、文選、藝文類聚、司馬文園集，于皆作乎，于猶乎也。

明月珠子，玓瓅江靡，

　　索隱：『「玓瓅江靡，」應劭曰：「靡，邊也。明月珠子，生於江中，其光耀乃
　　照於江邊。」張揖曰：「靡，涯也。」郭璞曰：「玓瓅，照也。」』

　　考證：索隱本『玓瓅』作『玓瓅，』與漢書、文選合。

　　案漢傳補注：『沈欽韓曰：「吳都賦：『溜明月于連漪。』注云：『溜光珠於麗
　　水』。又郭璞江賦：『玉珧海月。』注：『臨海水土物志曰：海月，大如鏡，白
　　色正圓。』則明月乃海月也。珠子，謂蚌也。江賦：『瓊蚌晞曜以瑩珠。』」明
　　月、珠子二物，沈說是。』據鄒陽傳言『明月之珠，』則『明月珠子，』似亦可
　　爲一物。索隱本、漢傳、文選『玓瓅』皆作『玓瓅。』考證本作『玓瓅，』改的
　　爲玓耳。（說文無的字。）藝文類聚、司馬文園集亦並作『玓瓅。』文選李善注：
　　『說文曰：「玓瓅，明珠光也。」「玓瓅」與「玓瓅」音義同。』的、瓅並俗字。
　　（善引說文『明珠光，』各本說文光作色，段注本改作光。）又黃善夫本、殿本
　　索隱，並略『靡，邊也。』及『張揖曰：「靡，涯也。」郭璞曰：「的瓅，照
　　也。」』共十六字。

水玉磊砢，

　　集解：『郭璞曰：水玉，水精也。』

　　施之勉云：御覽八百八，引『水玉』作『水精。』

　　案御覽引『水玉』作『水精，』乃依郭注改之也。類書引書，往往依注文改正
　　文。水精，卽水晶也。漢傳補注：『文選注引山海經曰：「堂庭之山，其上多水
　　玉。」郭璞曰：「磊砢，魁壘貌也。」』所引山海經，見南山經。

磷磷爛爛，采色澔旰，叢積乎其中。

　　正義：皆玉石符采映耀於水中也。

　　考證：漢書、文選旰作汗。

案司馬文園集旰亦作汗，古字通用。『澔旰，』盛貌。亦作『皓旰，』文選何平叔景福殿賦：『皓皓旰旰，丹彩煌煌。』李善注：『旰旰、煌煌，皆盛貌。』漢傳郭璞注：『皆玉石符采映曜也。』（文選注引郭注同。）即正義說所本。

鴻鷫鸕鴰，鴢䴏鸀鳿

正義：……若時有雨，鳴。……

考證：漢書、文選，『鷫鸕』倒，『鸀鳿』作『屬玉。』

案漢傳鴻作鴻，師古注：『鴻，古鴻字。』藝文類聚、司馬文園集『鷫鸕』二字亦倒。『鴢䴏，』已詳前。司馬文園集『鸀鳿』亦作『屬玉，』說文無『鸀鳿』二字。黃善夫本、殿本正義，鳴並誤鴨。（漢傳補注引正義亦誤鴨。）

鵁鶄鷞目，

索隱：『鷞目，郭璞云：「未詳。」小顏云：「……目旁毛長而旋。此其旋目乎？」鷞音旋。』

正義：『郭云：鵁鶄，似鳧而腳高，……』

考證：漢書、文選作『交精旋目。』

案司馬文園集亦作『交精旋目。』黃善夫本、殿本正義『鵁鶄』作『交青，』青疑精之壞字。文選注引郭注作『交精，』可證也。然則正義本亦作『交精』矣。說文：『鵁，鵁鶄也。』段注：『釋鳥：「鳽，鵁鶄。」史記上林賦：「鵁鶄，」漢書作「交精。」爾雅音義曰：「本亦作『交精』。」』朱駿聲云：『按此鳥以交目得名，睛交而孕，上林賦「交精旋目。」字作「交精，」是也。』說文無鷞字。（作鸘同。）漢傳郭璞注：『旋目，未聞也。』索隱引郭注作『鸘目，』（黃善夫本、殿本索隱，並作『郭璞云：鷞目，未詳。』）依彼所據正文作『鸘目』改之也。又黃本、殿本索隱，毛下並有皆字，（漢傳師古注同。）『旋目』二字作是字，（非師古注之舊。）『音旋』下更有『漢書亦作「旋目」。』六字。

煩鷟鸀鸔，

集解：『……駰案漢書音義曰：煩鷟，鳧也。鸀鸔，似鷟，灰色而雞足。』

索隱：『「煩鷟鸀渠，」郭璞云：「煩鷟，鴨屬。鸀渠，一名章渠也。」』

考證：漢書、文選作『庸渠。』

案司馬文園集亦作『庸渠，』乃『鸁鸓』之省。漢傳郭璞注及文選注引郭注，亦並作『庸渠。』集解引漢書音義作『鸁鸓，』依此正文作『鸁鸓』改之也。索隱本作『鸁渠，』引郭注亦作『鸁渠，』依彼所據正文作『鸁渠』改之也。說文：『鸁，鳥也。』（段注本作『鸁，鸁鳥也。』）繫傳：『字書，鸁渠似鳧，一名水雞。』與索隱本作『鸁渠』合。惟黃善夫本、殿本索隱所引郭注作『鸁鸓，』乃依此正文『鸁鸓』改之，非索隱本之舊也。

鰅鱃鰬魶，

集解：『駰案漢書音義曰：「鰅鱃，蒼黑色。」郭璞曰：「……魶，魶鰜也。」』

索隱：『「葴鱃，」張揖云：「葴鱃，似魚虎而蒼黑。」鄒誕本作「鴟鱃」也。』

考證：漢書、文選作『箴疵鰬盧。』

案司馬文園集亦作『箴疵鰬盧。』索隱本『鰅鱃』作『葴鱃。』漢傳張揖注：『箴疵，似魚虎而蒼黑色。』（文選注引張注蒼作倉，古字通用。）集解引漢書音義作『鰅鱃，』索隱引張注作『葴鱃，』各依所據本正文改之也。鰅、葴二字乃鰅、箴二字之俗變。（俗書从从之字往往改从艹。）說文：『鰅，鰅鱃也。』段注：『上林賦：「箴疵，」史記作「鰅鱃，」按「鍼眥」二音。鱃之言眥也。眥，口也。鰅鱃，葢其味似鍼之銳。』作『箴疵』者，借字。說文：『鱸，鱸鰜也。』作盧者，借字。漢傳郭璞注：『盧，盧鰜也。』集解引郭注作『魶，魶鰜也。』依此正文作鰬改之也。（文選注引郭注作『盧，鸕鰜也。』鸕字亦非郭注之舊。）

汎淫泛濫，隨風澹淡，

案藝文類聚汎作沈，淡作澹。司馬文園集汎亦作沈，沈乃汎之誤，說文：『汎，浮皃。』段注：『上林賦「汎淫，」爲疊韻。』澹、淡正、假字，說文：『澹，水搖也。』

掩薄草渚，

索隱：『張揖云：掩，覆也。』

梁玉繩云：漢傳、文選是『水渚。』

考證：漢書、文選作『奄薄水渚。』

施之勉云：五臣本亦作掩。

案漢傳作『奄薄水陼，』文選作『奄薄水渚。』奄、掩正、假字，說文：『奄，
覆也。』漢傳張揖注及文選注引張注，亦並云：『奄，覆也。』索隱引張注奄作
掩，依此正文作掩改之也。藝文類聚、司馬文園集『草渚』亦並作『水渚。』漢
傳渚作陼，補注：『陼、渚古通用字。』聲類云：『陼，或作渚。』前文已引。

唼喋菁藻，咀嚼菱藕。

索隱：『郭璞云：「菁，水草。藻，蘱也。呂氏春秋曰：太湖之菁。……」』

考證：漢書、文選菱作菱。

案司馬文園集菱亦作菱，菱乃菱之省，前已有說。黃善夫本、殿本索隱，並略郭
璞云云十八字。

於是乎崇山龍嵷，崔巍嵳峩，

梁玉繩云：漢傳、文選作『崇山蘲蘲，龍嵷崔巍。』

案司馬文園集亦作『崇山蘲蘲，龍嵷崔嵬。』嵬、巍古通。說文：『嵬，山石崔
嵬，高而不平也。』（段注本。）世說新語言語篇：『其山崔巍以嵯峨。』（御覽
三百九十引『嵳巍』作『崔嵬，』崔、崔古亦通用。）似本此文『崔巍嵳峩。』

嶄巖參嵳，

正義：『……顏云：……參嵳，不齊也。』

考證：漢書『參嵳』作『參差。』

施之勉云：藝文類聚六十六引，嶄作巉，『參嵳』作『參差。』

案嶄、巉並嶃之或體，巖乃礹之借字，說文：『嶃礹石也。』段注：『嶃、礹
二篆之解，似當依玉篇更正，嶃下云：「嶃礹，山石皃也。」下云：「嶃礹也。」
「嶃礹」古多用為連綿字，上林賦：「嶄巖參嵳，」郭云：「皆峯嶺之皃。」
高堂賦：「登巉巖而下望。」西都賦：「歷嶄巖，」皆即此二篆也。』說文無參
字，文選揚子雲甘泉賦：『增宮嵾差。』李善注：『嵾與參同。』漢傳師古注：
『參差，不齊也。』正義引師古注作『參嵳，』依此正文作『參嵳』改之也。

巖陁甗錡，摧崣崛崎，

索隱：『「摧崣崛崎，」郭璞云：「皆崇屈窊折貌。摧音作罪反，崣音委，崛音

　　　　　　　　　　　　　　　　　　　— 80 —

掘，崎音倚。」』

案漢傳陒作阤，㩮作𣝯。陒，或阤字，前已有說。俗書从才、从木之字，往往相亂，故㩮亦作𣝯。漢傳郭注云：『隆屈窊折貌。』索隱引隆作崇，避玄宗諱改之也。又引窊作窳，當以作窊爲正，說文：『窊，窊衺，下也。』黃善夫本、殿本索隱，並作『陒音豸。皆隆屈衆折貌。崎音倚，崛音掘。』隆字當諱作崇，後人改復郭注之舊也。衆乃窊之誤。

谽呀豁閜，

集解：『郭璞曰：……谽，音呼含反。……閜，音呼下反。』

索隱：『司馬彪曰：……豁閜，空虛也。』

考證：漢書谽作谺，文選閜作閕。

案谺蓋谽之省。漢傳郭注谽亦作閜，與集解所引異。司馬文園集閜亦作閕，文選注引郭注同，與集解所引亦異。竊疑谽、閜二字乃此文之舊。漢傳補注：『閕、閜雙聲，古字通用。文選注引司馬彪曰：「谽呀，大貌。豁閕，空虛也。」與索隱引彪注作『豁閜』異。

阜陵別島，

案景祐本作『𠂤陵別㠀。』黃善夫本、殿本阜亦作𠂤，阜乃𠂤之隸變，島爲㠀之俗省。漢傳、文選、司馬文園集島皆作隝，漢傳補注：『隝卽㠀字。』

崴磈𡸣瘣，

案司馬文園集作『崴嵬𡸣廆。』磈，或嵬字。漢傳、文選瘣亦並作廆，說文無廆字，漢傳郭璞注：『廆音瘣。』文選注引郭注作『廆，胡罪切。』

丘虛崫礨，隱轔鬱𡾊，

正義：『虛音墟。崫，口忽反，又口罪反。礨，力罪反。皆堆巃不平貌。𡾊音律。郭云：皆其形勢也。』

施之勉云：『四庫全書考證曰：「『丘虛崫礨，』正義：『皆堆巃不平貌。』『隱轔鬱𡾊，』正義：『皆其形勢也。』案漢書注引郭璞說，上句作『皆其形勢也。』下句作『皆堆巃不平貌。』與此正義異。」』

案景祐本、黃善夫本、殿本虛皆作墟，虛、墟古、今字。正義『虛音墟。』則舊

本必作壚矣。漢傳、文選、司馬文園集『崫𡉻』皆作『堀礨，』堀、崫 正、假字。
說文：『堀，突也。』段注：『穴中可居曰突，亦曰堀，俗字作窟。』𡉻與礨
同，莊子秋水篇：『不似礨空之在大澤乎？』釋文引李頤注：『礨，小封也。』
丘壚形勢，或如窟穴，或如小封，正『不平貌』也。漢傳、文選、司馬文園集下
句嶇皆作𡷛，文選注引郭璞注：『𡷛音礨。』（漢傳郭注：『隱嶙鬱礨，堆壟不平
貌。』補注：『官本注礨作𡷛。』作𡷛蓋郭本之舊。）𡷛蓋嶇、礨二字之合體。
嶇與壘同，莊子庚桑楚篇：『北居畏壘之山，』御覽五三二引壘作嶇 即其證。

文選注引郭璞此二句注，與漢傳郭注同，與正義異。張氏盍有意顛倒郭注與？

登降施靡，

　　考證：『王先謙曰：施同陁。』

　　案司馬文園集施正作陁（或陊字）。

沈溶淫鬻，

　　案漢傳沈作允，沈諧允聲，古字通用。

被以江離，

　　案文選、藝文類聚、司馬文園集離皆作蘺，蘺、離正、假字，作蘺是故書，離
　　騷：『扈江離與辟芷兮。』（王注：扈，被也。）洪校云：『文選離作蘺。』亦
　　同此例。

雜以流夷，

　　集解：『漢書音義曰：流夷，新夷也。』

　　正義：䰛夷，香草也。

　　考證：漢書、文選流作䰛。

　　施之勉云：五臣本『流夷』作『䰛夷。』

　　案正義本流亦作䰛，藝文類聚同，古字通用，（莊子天地篇：『䰛動而生物。』
　　釋文：『䰛，或作流。』即其比。）司馬文園集流作䰛。離騷：『畦䰛夷與揭車
　　兮。』洪校云：『文選作「䰛夷。」』又補注引相如賦作『䰛夷。』作『䰛夷』是
　　故書。漢傳張揖注：『䰛夷，新夷也。』文選注、離騷洪補注引並同。集解引漢
　　書音義作『流夷，』蓋依此正文作『流夷』改之也。

尃結縷，

　　　集解：『徐廣曰：尃，古布字。一作布。』

　　　案漢傳、文選、藝文類聚、司馬文園集，尃皆作布。說文：『尃，布也。』

欑戾莎，

　　　案景祐本、殿本欑並作攢，漢傳、文選、藝文類聚皆同。師古注：『攢，聚也。』

　　　欑、攢正、俗字。說文欑下段注引蒼頡篇云：『攢，聚也。』（一切經音義三十

　　　引蒼頡篇欑作攢，亦俗字。）

揭車衡蘭，

　　　案藝文類聚、司馬文園集衡並作蘅，作衡是故書。離騷：『雜杜衡與芳芷。』洪

　　　校云：『衡，一作蘅。』與此同例。

葴橙若蓀，

　　　索隱：『張揖云：「葴持，闕。」郭璞云：「橙，柚也。」姚氏以爲此前後皆

　　　草，非橙也。小顏云：「葴，寒漿也。持當作苻。苻，鬼目也。」案今讀者亦呼

　　　爲登，謂金登草也。張揖云：「蓀，香草。」……』

　　　梁玉繩云：漢傳、文選橙作持。

　　　殿本考證：『焦氏筆乘曰：「『葴橙，』李善本作『葴持，』葴音針，乃馬藍，

　　　又作『寒將，』卽『蒹蔣，』善本葢誤以將作持也。張揖曰：『葴持，缺。』故

　　　詳具之。」』

　　　施之勉云：五臣本作橙，類聚六十六引同。

　　　案焦說可備一解，未必卽是。焦氏以善本持爲將之誤，不知漢傳已作『葴持』

　　　矣。將、持古亦通用，莊子秋水篇：『將甲者進。』釋文引一本將作持，卽其

　　　證。黃善夫本、殿本索隱，並略『張揖云：「葴持，闕。」郭璞云：「橙，柚

　　　也。」』及『張揖云：蓀，香草。』共十九字。又『非橙也』下，並有『漢書作

　　　「葴持」』五字。『當爲苻』下，並有『字之誤爾』四字，（漢傳師古注作『字

　　　之誤耳。』）『登草』上並脫金字。

鮮枝黃礫，

　　　考證：索隱本枝作支，與漢書、文選合。

　案藝文類聚、司馬文園集枝亦並作支，古字通用。

蔣芧青薠，

　　索隱『蔣，菰也。郭璞芧音佇，又云：「三稜芧。」薠音煩。』

　　考證：芧，文選作苧。

　　施之勉云：『五臣本作芋。胡克家曰：苧當作芧。五臣作芋，云句切，大誤。』
　　案文選芧作苧，非作苧。藝文類聚、司馬文園集並作芋，芋乃芧之形誤。漢傳補
　　注：『玉篇：「芧與苧同。」說文芧下云：「艸也。可以爲繩。」』說文段注：
　　『上林賦：「蔣芧青薠，」張揖曰：「芧，三稜也。」郭璞音杼。按三稜者，蘇
　　頌圖經所謂「葉似莎艸，極長，莖三稜如削，高五六尺，莖端開花。」是也。江
　　蘇蘆灘中極多，呼爲馬芧，音同苧。莖可繫物，亦可辮之爲索。南都賦：「蔗，苧
　　蘋莞。」李注引說文：「苧，可以爲索。」葢賦文本作芧。文選上林賦亦作苧，
　　苧者芧之別字。』芧字段氏所云『郭璞音杼。』乃本漢傳郭注。文選注引郭注作
　　『苧音杼。』則因彼正文作苧而改之。索隱引郭注作『芧音佇。』未知何據。黃
　　善夫本、殿本索隱，並略『蔣，菰也。郭璞芧音佇，又云：三稜芧。』十三字。

布濩閎澤，延曼太原，麗靡廣衍，

　　考證：漢書、文選麗作離。

　　施之勉云：五臣本作麗。

　　案藝文類聚濩作護，古字通用。下文『氾尃濩之。』漢傳、文選並作『布護，』
　　（考證有說。）劉子辯樂篇：『湯曰大濩。』敦煌本作大護（呂氏春秋古樂篇亦
　　作大護），並其比。麗、離古亦通用，易序卦傳：『離者，麗也。』刺客傳高
　　漸離，論衡書虛篇離作麗，並其比。

郁郁斐斐，

　　考證：漢書、文選斐作菲。

　　案司馬文園集斐亦作菲，斐、菲並與䬃通，廣雅釋訓：『䬃䬃，香也』（據王氏
　　疏證本。）

晻薆咇茀，

　　考證：漢書、文選薆作蓊，『咇茀』作『咇茀。』

案司馬文園集曖亦作薆。『晻曖，』並當从日作『晻曖。』漢傳晻作晻，景祐本

(晻誤駇) 曖作曖，是也。曖、薆古通，後大人賦：『時若薆薆將混濁兮。』漢

傳薆作曖，楚辭哀時命 ：『時曖曖其將罷兮。』（離騷亦有此句。）洪校云：

『曖，一作薆。』並其比。司馬文園集『苾勃』亦作『咇茀。』亦古字通用。文

選注引郭璞注：『香氣盛苾舒也。』李善云：『苾舒、咇茀，音義同。說文曰：

「馝馞，香氣奄藹也。」馝與晻、馞與薆，音義同。』（漢傳補注亦引文選郭、

李注。）今本說文無馝馞二字。集韻十九代馞下，亦引說文云：『馝馞，香氣

也。』

瞵盼軋汩，

集解：『……郭璞曰：皆不可分貌。』

考證：『漢書、文選瞵作繽，盼作紛，汩作芴。孟康曰：繽紛，衆盛也。軋芴，

緻密也。』

案司馬文園集亦作『繽紛軋芴。』瞵借爲稹，繽與稹同，說文：『稹，穜穊也。』

段注：『引伸爲凡密緻之偁。』爾雅釋言：『苞，稹也。』郭注：『今人呼物叢

緻者爲稹。』紛、盼正、假字。『繽紛，』緻密貌，孟氏釋爲『衆盛，』義亦相

近。後大人賦：『西望崑崙之軋沕洸忽兮。』亦用『軋沕』一詞，漢傳張揖注：

『軋沕，不分明之貌。』『軋沕』與『軋芴』同，孟氏釋爲『緻密，』與『不分

明』義亦相因。然則『瞵盼』與『軋沕』乃複語，並緻密貌也。郭注：『皆不可

分貌。』緻密所以不可分也。

察之無崖。

考證：漢書、文選崖作涯。

案司馬文園集崖亦作涯，古字通用，莊子養生主篇 ：『吾生也有涯 ，而知也無

涯。』釋文：『涯，本亦作崖。』秋水篇：『兩涘渚崖之間，不辯牛馬。』釋文：

『崖，字又作涯。』並其比。

入於西陂。

案漢傳於作虖，古乎字。文選、司馬文園集並作乎。

踊水躍波，

— 85 —

　　考證：漢書、文選踊作涌。

　　案司馬文園集踊亦作涌，涌、踊正、假字。

獸則攏㹌獌辂，

　　索隱：『郭璞曰：「攏，攏牛，領有肉堆。音容。……」張揖曰：「㹌，㹌牛，狀如牛。……庳腳銳頭，……。辂牛，黑色，出西南徼外，毛可爲拂。」是也。』

　　考證：楓、三本獸上有其字，與漢書、文選合。下獸上同。

　　案司馬文園集獸上亦有其字，下獸上同。漢傳攏作庸，郭注同。文選作㹌，引郭注同。司馬文園集亦作攏。說文：『㹌，猛獸也。』段注：『猛當作㹌，三字爲句。㹌，見上林賦。郭璞曰：「㹌似牛，領有肉堆，即犎牛也。」按即爾雅之犦牛也。字亦作㹌，亦作㹌。漢書作庸。』㹌、庸正、假字。攏、攏並俗字。段氏引郭注作㹌，改俗從正也。漢傳、文選、司馬文園集獌皆作獏，獏、獏正、俗字，說文：『獏，似熊而黃黑色，出蜀中。』或體作貘，劉子殊好篇：『走貘美鐵。』後漢書西南夷傳注引南中八郡志：『貘，大如驢，狀頗似熊，多力，食鐵。』黃善夫本、殿本索隱，並略『音容』及『辂牛，黑色，出西南徼外。』共十一字。『狀如』上並有其字，（與漢傳、文選張注合。）『銳頭』並誤『銳背。』末句拂並作翿。

獸則麒麟角䚡，

　　索隱：『張揖云：「音端。角䚡似牛。」郭璞云：「似豬，角在鼻上。」毛詩疏云：「可以爲弓。」李陵曾以此弓遺蘇武。』

　　考證：漢書、文選䚡作端。

　　案司馬文園集䚡亦作端。䚡、端正、假字。黃善夫本、殿本索隱，並作『張揖云：角端似牛，角可以爲弓。』乃據漢傳張注改之，又略去郭璞云云二十六字。

獸騠驢騾。

　　案漢傳騠作馬羸，文選作羸。漢傳補注：『說文：「‧羸，驢父馬母。」』驘、騠並俗字。』

夷嶻築堂，㯤臺增成，巖突洞房。

　　索隱：『服虔云：「平此山以爲堂。」如淳云：「嶻，山名也。」……禮曰：

「爲壇三成」也。郭璞曰：「言在巖突底爲室，潛通臺上。」……楚辭云：「冬
有突廈夏屋寒。」……』

案索隱單本、景祐本薎並作薆，漢傳、文選、司馬文園集皆作嶐，嶐與薆同。
乃俗誤。索隱單本纍作累。文選同，累乃纍之省。漢傳作絫，師古注：『絫，古
累字。』說文：『絫，增也。纍，綴得理也。一曰，大索也。』絫、纍義異，俗
多混用。此當從漢傳作絫。黃善夫本、殿本索隱，『此山』並作薆山，並略『如
淳云：薆，山名也。』及『禮曰：「爲壇三成」也。郭璞曰：「言在巖突 底爲
室，潛通臺上。」』共二十八字，『屋寒』並作『室寒，』上脫夏字。今本楚辭
招魂作『室寒。』洪校云：『室，一作屋。』作屋乃故本也。

儵杳眇而無見，仰攀橑而捫天。

考證：『漢書、文選儵作颎，攀作𢱢。顏師古曰：𢱢，古攀字也。橑，椽也。
捫，摸也。……』

案司馬文園集儵作俰。說文颎，重文作儵。文選注引聲類曰：『颎，古文俰字。』
又引晉灼注：『𢱢，古攀字也。捫，摸也。』即師古注所本。藝文類聚無作亡，
橑作緣。亡亦讀爲無。緣蓋椽之誤，師古注可證。

青虯蚴蟉於東箱，象輿婉蟬於西清。

正義：『顏云：蚴蟉、婉蟬，皆行動之貌也。』

考證：漢書、文選虯作龍。

案司馬文園集虯亦作龍，下文『六玉虯。』集解引郭璞注：『虯，龍屬也。』漢
傳張揖注：『龍子有角曰虯。』虯、龍古多混用，易乾文言：『潛龍勿用。』謝
靈運登池上樓詩：『潛虯媚幽姿。』易龍爲虯，即其比。漢傳、文選蟬並作僤，
蟬、僤並諧單聲，古字通用。師古注：『蚴蟉、婉僤，皆行動之貌。』正義引師
古注僤作蟬，依此正文作蟬改之也。

靈圉燕於閒觀，

索隱：『張揖云：「眾仙號。淮南子云：『騎飛龍，從淳圉。』許慎曰：『淳圉，
仙人也。』」』

考證：『漢書、文選觀作館。淮南子俶真訓：「眞人騎蜚廉而從敦圉。」與索隱

所引異。文選圍作圊。』

案司馬文園集圍作圄，蓋圊之誤。觀亦作館。圊、圍古通，淮南子人閒篇：『乃使馬圍往說之。』論衡逢遇篇圍作圊，卽其比。觀、館古亦通，孝武本紀：『舍之上林中虒氏觀。』漢書郊祀志觀作館。卽其比。張揖引淮南子云云，（考證以爲索隱所引，恐非。）『飛龍』蓋『飛廉』之誤。飛，古作蜚。淮南子俶眞篇高誘注：『蜚廉，獸名，長毛，有翼。敦圄，似虎而小。一曰，仙人名也。』一曰云云，卽許愼注也。（陶方琦淮南許注異同詁有說。）

槃石裖崖，

索隱：『「盤石裖厓，」如淳曰：「裖音振，盛多也。」李奇曰：「裖，整也。整頓池外之厓。」音之忍反也。』

考證：槃，文選作盤，與索隱本合，漢書作磐。裖，文選作振。

案司馬文園集作『盤石振崖，』與文選同。漢傳補注：『磐，史記作槃，文選作盤，通用字。易漸卦虞注：「聚石稱磐。」』裖乃袗之重文，說文：『袗，一曰盛服。裖，袗或从辰。』段注：『今，本訓「稠髮，」凡今聲字多爲濃重。上林賦：「磐石裖崖。」孟康曰：「裖，砅致也。以石致川之廉也。」是裖與今、稹字義同。』漢傳孟注，砅本作砅，乃砅之俗變，（漢傳補注有說。）段氏改俗從正耳。漢傳補注引沈欽韓云：『集韻十六軫：「砅，以石致川之廉也。」與孟康語合。』袗義爲『盛服。』引申爲凡盛多之稱，故如淳注此文云：『裖，盛多也。』『盛多』與『密緻』義近，孟氏所謂『砅致，』卽『密緻』之緻，致、緻古、今字。李奇訓裖爲整，蓋以袗爲振，與文選、司馬文園集作振之義合，與孟注義異。漢傳補注：『文選李善注引李奇曰：『振，整也。以石整頓池水之涯也。』（索隱引作『整頓池外之厓。』厓卽水涯，不云『池外。』索隱誤。）與孟說『以石致川之廉』同意。廉，隅也。卽水涯也。崖乃厓之異文，亦卽涯異字。』『整頓』與『密緻（致）』非同意，王氏未深思。厓、崖正、假字。涯，或厓字。王說亦未明。又索隱『音之忍反。』本師古注。

瑉玉旁唐，璜遍文鱗，

集解：『徐廣曰：璜音彬。璜音班。』

考證：漢書、文選『瑸斒』作『玢豳。』漢書鱗作磷。

案漢傳瑉作玟。瑉，或珉字。『旁唐』亦作『磅礚，』文選注引宋玉笛賦：『其
處磅礚千仞。』是也。司馬文園集『瑸斒』亦作『玢豳。』徐注『瑸音彬。』文
選李善注，豳亦音彬。瑸、豳並借爲彬，廣雅釋詁三：『彬，文也。』斒、玢並
或辬字，說文：『辬，駁文也。』（廣雅釋詁三：『辬，文也。』）段注：『謂
駁襍之文曰辬也。引伸爲凡不純之偁。辬之字多或體，易卦之賁字，上林賦之斒
字，史記「瑸斒，」漢書、文選「玢豳。」俗用之斑字，皆是。斑者辬之俗。又
或假班爲之。』故徐注『斒音班』也。漢傳補注：『廣雅釋詁：磷，文也。』疑
字不當爲磷。史記、文選並作鱗，言其文斑然鱗次也。』磷、璘通用，非誤字。

上文『磷磷爛爛，采色澔旰。』郭璞注：『皆玉石符采映曜也。『磷亦與璘通。
鱗非鱗次之鱗，亦與璘通。『瑸、斒、文、鱗，』四字疊義，皆玉石之文采也。

赤瑕駁犖，雜臿其閒。

索隱：『「赤瑕駁犖，」……司馬彪曰：「駁犖，采點也。」』
案索隱本、文選駁並作駮，駁、駮異義，俗多以駮爲駁，（玉篇馬部：駮，今作
駁。）司馬文園集臿作插，古字通用，釋名釋用器：『臿，插也。』

垂綏琬琰，

集解：『徐廣曰：「垂綏，」一作「朝采。」……』
考證：『垂綏，』漢書作『鼂采，』文選作『晁采。』晁、鼂與朝同。
施之勉云：五臣本作『朝采。』
案司馬文園集『垂綏』亦作『鼂采。』鼂、朝古、今字。晁，俗字。文選注引司
馬彪注：『晁采，玉名。』

盧橘夏孰，

案索隱本孰作熟，文選、藝文類聚、司馬文園集皆同。孰、熟正、俗字。

枇杷橪柿，

索隱：『……淮南子云：「伐橪棗以爲矜。」音勤也。』
案索隱引淮南子云云，見兵略篇，今本橪誤棘，王氏雜志及拙著斠證並有說。

樗柰厚朴，

索隱：『張揖云：樗柰，山棃也。』

王氏雜志所據震澤王氏本柰作楍，云：『索隱本楍作柰，爲近古。』

考證：漢書、文選樗作亭。

案樗、亭正、假字。景祐本、黃善夫本、殿本柰皆作楍。漢傳補注：『廣雅釋木：「樗，梨也。」蜀都賦：「橙柿㮹樗」是亭、柰二物。楍，俗字。』漢傳張揖注『亭，山梨也。』（文選注引張注同。）索隱引張注，依此正文改亭爲樗，樗下又衍柰字。

櫻桃

索隱：『……呂氏春秋：爲鸎鳥所含，故曰含桃。』

案索隱引呂氏春秋云云，乃呂氏春秋仲夏紀『羞以含桃』句高注。

隱夫鬱棣，榙樑荔枝，

集解：『徐廣曰：「鬱，一作薁。榙音荅。」……榙樑，似李。……』

索隱：『「荅遝離支，」郭璞云：「荅遝，似李，出蜀。」晉灼曰：「離支，大如鷄子，……」……離，字或作荔，音力致反。』

王念孫云：『索隱本「荔枝」作「離支，」注曰：「晉灼云：『離支，大如鷄子，皮蠡。剝去皮，肌如雞子，中黃，其味甘多酢少。』離，字或作荔，音力智反。」案說文：「荔，艸也。佀蒲而小。」不以此爲「荔枝」字。索隱本及漢書、文選竝作「離支，」是古皆通用「離支」也。今本正文及注皆改爲「荔枝，」又改注內之「離，字或作荔。」爲「荔字或作離。」斯爲謬矣。』

考證：漢書、文選作『薁棣荅遝離支。』

案司馬文園集亦作『隱夫薁棣，荅遝離支。』景祐本、黃善夫本集解郭注，『榙樑』字亦並作荅。『荔枝』古通用『離支』。王說是。朱駿聲云：『荔借爲離，實爲劦。按三輔黃圖：「漢武破南越，于上林苑中起扶荔宮，植所得龍眼荔枝。」上林賦：「荅遝離支，」史記司馬相如傳作「荔枝。」蓋結實時，枝弱而蒂牢，不可換取。必以刀斧剝取其枝，故名。』（說文通訓定聲。）然則支乃枝之借字矣。黃本殿本索隱，並無郭璞注，蓋因郭注『荅遝』與正文作『榙樑』不合而略之。又『離支』並作『荔枝。』『離，字或作荔。』並作『荔，字或作離。』乃

因正文作『荔枝』而妄改之。

貤丘陵，

索隱：『「貤丘陵，」郭璞曰：貤，延也。』

案索隱本貤作貤，漢傳同。貤、貤正、俗字。黃善夫本、殿本並略索隱。

杌紫莖，

案漢傳、文選杌並作扤，李善注引張揖注：『扤，搖也。』杌乃扤之俗變。藝文類聚、司馬文園集並作抗，抗乃扤之形誤。

秀朱榮，煌煌扈扈，照曜鉅野。

考證：漢書、文選秀作垂。

案司馬文園集秀亦作垂。淮南子俶眞篇：『蓶扈炫煌。』（今本『蓶扈』誤『萑蒦。』王念孫雜志有說。）高注：『采色貌也。』此文『煌煌扈扈，』亦采色貌也。漢傳補注：『後漢馮衍傳注：扈扈，光彩盛也。』藝文類聚『照曜鉅野，』作『燭燿巨野。』燿、曜正、俗字。鉅、巨正、假字。

沙棠櫟櫧，

集解：『漢書音義曰：「……呂氏春秋曰：『果之美者，沙棠之實。』……」』

案集解所引漢書音義，乃張揖說。呂氏春秋云云，見本味篇。

華氾檘櫨，

集解：『徐廣曰：氾，一作楓。』

索隱：『「華楓檘櫨，」張揖曰：「華，皮可以爲索。」古今字林云：「櫨，合樺之木。楓木，厚葉弱支，善搖。」郭璞云：「似白楊，葉圓而岐，有脂而香。」犍爲舍人曰：「楓爲樹，厚葉弱莖，大風則鳴，故曰楓。」爾雅云，一名欇。檘，枰。卽平仲木也。櫨，今黃櫨木也。一云玉精，食其子得仙也。』

梁玉繩云：徐廣氾作楓，是。檘亦當作枰，卽平仲木。

考證：漢書、文選『氾檘』作『楓枰。』

案華借爲樗，說文：『樗，樗木也。以其皮裹松脂。从木，雩聲。讀若華。』段注：『司馬上林賦，字作華。師古曰：「華，卽今之樺，皮貼弓者。」莊子「華冠，」亦謂樺皮爲冠也。樺者俗字也。』所引莊子，見讓王篇，（釋文：華冠，

以華木皮爲冠。）作華，與此同例。索隱本氾亦作楓，司馬文園集『氾枰』亦作
『楓枰。』楓、氾正、假字，說文：『楓，楓木也。厚葉弱枝，善搖。一名欇。
从木，風聲。』段注：『方戎切。古音在七部，招蒭，楓、心、南爲韻，上林賦
楓一作氾，是也。』漢傳師古注：『枰，卽平仲木也。』補注：『索隱：「欇，
平仲木也。亦云火欒木。一云玉精，食其子得爲神仙也。」案以枰爲「平仲，」
說本郭璞，（見文選注引。）但史記作欇，自是皮可染之黃木，（見上「檗離朱
楊」注。）而索隱訓爲「平仲木，」疑索隱所見本亦作枰，後人竄改耳。』據索
隱：『欇，枰。卽平仲木也。』是小司馬釋欇爲枰，非所見本作枰也。又黃善夫
本索隱作『古今字林云：「欏，合樺也。」郭璞云「楓似白楊，素圓而岐，有脂
而香。」犍爲舍人曰：「楓爲樹，厚葉弱莖，大風則鳴，故曰攝欇。攝欇，平仲
木也。亦云火欒木。一云玉精，食其子得仙也。』旣多刪略，又多譌誤。殿本索
隱，末句作『食其子得爲神仙也。』（卽漢傳補注所據引者。）餘與黃本同。

酋落胥餘，仁頻幷閭，

　　集解：『徐廣曰：「頻，一作賓。」駰案郭璞曰：「落，欈也。胥餘似幷閭。」……』

　　索隱：『「酋落胥邪，」晉灼云：「酋落，未詳。」郭璞曰：「落，欈也。中作
　　器索，胥邪，似幷閭。」……張揖云：「幷閭，皮可爲索。」……』

　　考證：『漢書、文選餘作邪。沈家本曰：「攷異云：餘、邪聲相近。」……』

案錢氏攷異云：『釋木：「劉，劉杙。」注：「劉子，生山中，實如梨。」卽此酋
也。』索隱本、司馬文園集餘亦並作邪，古字通用，歷書：『歸邪於終。』左文
元年傳邪作餘，卽其比。徐注引一本頻作賓，亦古字通用，莊子德充符篇：『彼
何賓賓以學子爲？』『賓賓』猶『頻頻』也。俞樾莊子平議有說。文選李善注：
『仁頻卽檳榔也。』集解引郭注『胥餘，』漢傳郭注、文選注及此索隱引郭注，
皆作『胥邪。』各依正文引之。黃善夫本、殿本索隱，晉注『酋落，』並作『酋
闕。』又並略『郭璞曰：落，欈也。中作器索。胥邪，似幷閭。』及『張揖云：
幷閭，皮可爲索。』共二十四字。

欃檀木蘭，豫章女貞，

　　集解：『漢書音義曰：欃檀，檀別名也。……』

索隱：『㯆音讒。檀別名也。皇覽云：「孔子墓後有㯆檀樹也。」荆州記云：「宜都有㯆木……葉冬不落。」』

案集解引漢書音義，乃孟康注。索隱『㯆音讒。』本郭璞注。御覽九五八引聖賢冢墓記亦云：『孔子墓有檀樹。』黃善夫本、殿本索隱，並略『檀別名也。』及『葉冬不落。』共八字。

實葉葰茂，

考證：漢書、文選茂作楙。

案司馬文園集茂亦作楙，師古注：『楙，古茂字也。』

連卷累佹，

考證：累，漢書、文選作㰍。

案司馬文園集累亦作㰍，玫異云：『㰍、累聲相近。』『累佹』與『㰍佹』同。亦作『累硊，』或『磥硊，』劉子韜光篇：『分條布葉，輪菌硊磥。』敦煌本作『累硊。』又作『離詭，』鄒陽傳：『蟠木根柢，輪囷離詭。』集解引張晏曰：『輪囷離詭，委曲槃戾也。』

崔錯癹骫，阬衡閜砢，

索隱：『「崔錯癹骫，」郭璞云：「蟠戾相摎。楚詞云：『林木。』癹音跋，骫音委。」……』

考證：『漢書、文選阬作坑。……沈欽韓曰：「淮南招隱士：『樹輪相糾兮，林木筏骫。』說文：『癹，以足踘夷草也。』字當作筏，說文：『筏，草葉多也。』」』

案司馬文園集阬亦作坑，阬、坑正、俗字。索隱郭璞引楚詞，『林木』下蓋脫『癹骫』二字。今傳楚詞招隱士作『林木筏骫，』（如沈引。）洪校云：『筏，一作茷，一作栰，一作筏。』（文選筏作茷。）又補注云：『茷、栰、筏，並音跋。筏，木枝葉盤紆貌。通作茷。骫音委，骫骳，屈曲也。』彼正文已作筏，則注不得復云『一作筏。』『一作茷，』疑『一作癹』之誤，即此文郭注引作『林木癹骫』之本也。黃善夫本、殿本索隱，並略『楚詞云：「林木。」癹音跋，骫音委。』十一字。

垂條扶於，

　　集解：『郭璞曰：扶於，猶扶疏也。……』

　　考證：漢書、文選『扶於』作『扶疏。』

　　案司馬文園集『扶於』亦作『扶疏。』疏，俗疏字。據郭注，則上林賦本作『扶於』矣。

紛容蕭蔘，旖旎從風，

　　集解：『張揖曰：旖旎，阿那也。』

　　考證：漢書、文選『容蕭』作『溶蕭。』漢書『旖旎』作『猗柅，』文選作『猗柅。』……

　　案司馬文園集作『紛溶蕭蔘，猗柅從風。』與漢傳合，惟漢傳蕭作蕭，从艸，俗變也。說文：『旖，旗之旖施也。』段注：『「旖施」卽「旖旎，」與「阿那」為一聲之轉。檜風：「阿儺其枝。」傳云：「阿儺，柔順也。」楚詞九辯、九歎則皆作「旖旎。」上林賦：「猗柅從風。」張揖曰：「猗柅，猶阿那也。」然考工記工人注：「迆讀為『倚移從風』之移。」所據者上林古本也。』考楚詞九辯：『紛旖旎乎都房。』洪校云：『文選作「猗柅。」』與漢傳此文作『猗柅』同，惟李善注本文選九辯仍作『旖旎。』楚詞九歎〔惜賢〕：『結桂樹之旖旎兮。』洪校云：『一作「猗旎。」』與文選此文作『猗旎』同。段氏所引上林賦正文及張揖注並作『猗旎，』卽本文選也。此正文作『旖旎，』故集解引張注亦作『旖旎。』

瀏莅芔吸，

　　索隱：『「瀏莅芔歙，」郭璞云：「皆林木鼓動之聲。」瀏音酉。莅如字，又音栗也。』

　　考證：漢書、文選吸作歙。

　　案漢傳、文選並作『藰莅芔歙。』索隱本、司馬文園集吸亦並作歙。瀏之作藰，疑因莅字从艸而改。『瀏莅』葢猶『寥戾，』文選王子淵四子講德論：『虎嘯而風寥戾。』張銑注：『寥戾，風聲。』師古注：『芔，古卉字也。』芔借為奔，說文：『奔，疾也。』段注：『上林賦：「藰莅卉歙。」又「卉然興道而遷義。」』

郭璞曰：「卉猶勃也。」西京賦：「奮隼歸鳧，沸卉軿訇。」薛綜曰：「奮迅聲也。」卉皆𠦄之叚借。』此文𡴇字，與西京賦卉字同義。歙與吸義略同，前子虛賦有說。莊子齊物論篇：『吸者。』釋文引司馬彪注：『若噓吸聲也。』黃善夫本、殿本索隱，『莅如字』下，無『又音栗也』四字，而有「𡴇，古卉字。吸音翕」七字。疑據師古注改之。

柴池茈虒，

索隱：『張揖曰：柴池，參差也。茈傂，不齊也。』

案文選、司馬文園集柴並作偨，索隱本虒作傂。偨、傂並俗字。漢書揚雄傳：『柴虒參差。』五臣本文選揚雄甘泉賦作『偨傂參差。』與此同例。

旋環後宮，雜遝累輯。

考證：漢書、文選環作還，下有乎字。遝作襲。

案漢傳、文選並作『旋還乎後宮，雜襲絫輯。』司馬文園集作『旋還乎後宮，雜襲彙集。』『旋環』字古用還。『雜遝』猶『雜襲，』淮陰侯列傳：『魚鱗雜遝，』漢書蒯通傳作『雜襲，』與此同例。師古注：『絫，古累字。輯與集同。』累乃絫之隸變，絫、彙異義，俗多混用。前已有說。

於是玄猨素雌，蜼玃飛鸓，

索隱：『張揖曰：「蜼，似獼猴，卬鼻而長尾。玃，似獼猴而大。飛蠝，飛鼠也。其狀如兎而鼠首，以其額飛。」郭璞曰：「蠝，飛鼠也。毛紫赤色，……蜼音遺，蠝音誄。」玄猨，猨之雄者色也。素雌，猨之雌者色也。玃音钁。蜼似猴，……窒鼻兩孔。……』

考證：漢書、文選是下有乎字。

施之勉云：五臣本是下無乎字，與史合。

案司馬文園集是下亦無乎字，鸓作𧒂。文選亦作𧒂，注引張揖注同。胡氏攷異云：『茶陵本𧒂作蠝。漢書作蠝，史記作鸓，單行本索隱仍作蠝。考集韻五旨，鸓下重文有六，而不載𧒂，可證其非。』𧒂乃蠝之俗誤。蠝，或鸓字。說文：『鸓，鼠形，飛走且乳之鳥也。』段注：『張揖曰：「狀如兎而鼠首，以其額飛。」此本北山經：「有獸狀如兎而鼠首，以其背飛，名曰飛鼠。」惟張所據背

作顥耳。』北山經『背飛』乃『𩢷飛』之誤。𩢷，俗顥字。非張所據本異也。黄
善夫本、殿本索隱，並略『張揖曰』至『以其顥飛。』三十四字。郭注『飛鼠』
並作『䶃鼠，』『音遺』（文選注引郭注同。）並作『音贈遺之遺。』皆與漢書
郭注同。惟『毛紫』並作『紫毛，』則與漢傳郭注（及文選注引郭注）異。又索
隱『玄猨，猨之雄者色也。素雌，猨之雌者色也。』本李善注。惟李注『雄者』
下有玄字，『雌者』下有素字。黄本、殿本索隱，『雄者』下並有黑字，（黑與
玄色近。）『雌者』下有素字，與李注尤合。又黄本、殿本索隱，『玃音钁。蜼
似猴，』並作『玃，音古約反。蜼，今狖。』『窒鼻』並作『插鼻。』

蛭蜩蠼猱，

集解：『……漢書音義曰：「山海經曰：不咸之山有飛蛭，四翼。」郭璞曰：
「蠼猱，似獼猴而黄。蜩，未聞。」』

索隱：『「蛭蜩蠼猱，」司馬彪云：「山海經云：『不咸之山有飛蛭，四翼。』
蜩，蟬也。蠼猱，獼猴也。」郭璞云：「蛭蜩，未聞。」如淳曰：「蛭音質。」
顧氏云：「玃，音塗卓反。山海經曰：『皋塗山下有獸，……名爲玃。』玃猱，
即此也。字作玃。」……又神異經云：「西方深山有獸，……其名曰蜩。」字林：
「蠼音狄，蛭音質，蛭、蜩，二獸名。」』

考證：漢書、文選蠼作玃。文選猱作猱。

施之勉云：五臣本作猱。

案文選、司馬文園集『蠼猱』並作『蠼猱。』索隱本蠼亦作蠼。集解引漢書音義，
蓋即司馬彪注。蜩非蟬，漢傳補注：『蜩當作蛧，神異經：「蛧蜩，西方獸名，大
如驢，狀如猴，善緣木。……」字不作蜩，索隱蓋誤。』索隱引神異經蛧作蜩，
蓋依此正文作蜩改之也。說文：『蠼，禺屬。』爾雅釋獸作『寓屬。』禺當作寓，
段注：『寓屬者，寄在於野，不爲人養者。上林賦：「蛭蜩 蠼猱」郭璞云：「蠼
猱，似獼猴而黄。」蠼、猱二物，郭併言之，非也。惟史記作蠼，漢書譌作玃。
司馬貞曰：「西山經：『皋塗之山有獸名蠼。』即此字。」玫其所說之狀，非玃
猴類。其字今譌作玃，依郭注則當作玃，未可取爲證也。』蠼，或作玃。玃，或
作蠼。蠼誤爲蠼，玃誤爲玃耳。朱駿聲謂漢書以玃爲蠼，（說文通訓定聲。）其

說不長。猱當作猱，猱，俗蝯字。說文：『㺅，貪獸也。一曰母猴。』段注：『「母猴」與「沐猴、」「獼猴，」一語之轉，母非父母字。詩小雅作猱，毛曰：「猱，蝯屬。」』景祐本、黃善夫本、殿本集解，『蠷猱』皆作『蠷蝯，』與正文合。黃本、殿本索隱，並略『司馬彪云：「山海經云：不咸之山有飛蛭，四翼。」』『郭璞云：「蛭蝐未聞。」如淳曰：「蛭音質。」』及『音狄』下『蛭音質。』共三十三字。又『蝐，蟬也。」上並有『張揖云：蛭，蠖也。』六字，（蓋據漢傳張注增。）『玃音』並作『獾音，』皐塗並誤鼻塗，（索隱單本亦誤鼻塗。）『爲玃。玃猱』並作『爲蠷。玃猱。』『作獿』上並有或字，『曰蝐』並作『爲蝐，』曰猶爲也。

㺄胡縠蛫，

索隱：『「㺄胡縠蛫，」張揖曰：「㺄胡，似獼猴，頭上有髦，……」郭璞曰：「縠，似貙而大，腰以後黃，一名黃腰，食獼猴。縠，白狐子也。蛫，未聞。」』姚氏案山海經：「卽山有獸，……」又說文云：「㺄胡，黑身，白腰若帶，手有長白毛，似握柘也。」』

考證：漢書、文選㺄作貀。

案索隱本、司馬文園集㺄亦並作貀。說文：『貀貖鼠，黑身，白臀若帶，手有長白毛，似握版之狀，類蠷蝚之屬。』段注：『見上林、西京賦。……其字或作「㺄胡，」或作「貀胡，」或作「㺄猢，」或作「貖貀。」』索隱稱姚氏引說文作『㺄胡，』依彼所據正文作『㺄胡』改之也。張衡西京賦作『貀猢，』廣雅釋獸作『貖貀。』縠爲貔子，爾雅釋獸：『貔，白狐，其子縠。』文選張衡南都賦李善注引說文：『縠，類犬，臀以上黃，以下黑。』說文縠本作縠，云：『縠，犬屬，臀已上黃，臀已下黑，食母猴。』段注：『上林賦郭璞注同此。而「腰以前黃，腰以後黑。」奪去四字，當校補。南都賦注李善引說文。按史、漢、文選之上林賦，說此物皆作縠，從豕。尋許書縠爲「小豚，」非一物一字也。將由寫者亂之。』（節引。）縠、縠形近易亂，段說是。朱駿聲謂子虛賦（當作上林賦）以縠爲縠，（說文通訓定聲。）其說不長。索隱張注『㺄胡，』單本索隱作『㺄胡，』與彼所據正文作『㺄胡』合，與漢傳、文選注引郭注亦合。黃善夫本、殿本

4576

索隱並作『蛗胡，』依此正文作『蛗 胡』改之也。又黃本、殿本索隱張注，『有髦』並誤『有髮。』郭注『似貙』並作『似貙，』貙字是。又並略『毅，白狐子也。』五字。姚氏引『山海經，』並脫海字。『卽山之獸，』卽下當據中山經補公字。（漢傳補注有說。）又引說文末句『握柘』並作『掘柿，』掘乃握之誤，柿乃板之誤。板，俗版字。

於是乎踰絕梁，

　　梁玉繩云：『於是乎』三字衍，漢傳、文選無之。

　　案司馬文園集亦無『於是乎』三字。

踔稀閒，

　　集解：『郭璞曰：踔，縣蹢也。託釣反。』

　　索隱：踔，縣蹢也。

　　考證：漢書、文選『踔稀』作『掉希。』

　　施之勉云：五臣本作『踔希。』

　　案司馬文園集亦作『踔希。』踔、掉並趠之借字。說文：『趠，遠也。』段注：『辵部曰：「逴，遠也。」音義同。上林賦：「逴希閒。」玄應引如是。史記作踔，郭璞曰：「踔，縣摘也。」吳都賦：「狖鼯猓然，騰趠飛超。」按許云遠者，騰擲所到遠也。』此文郭注本作『踔，縣蹢也。』文選李善注引作『掉，縣摘也。』縣、懸正、俗字，摘、蹢正、假字。摘，今字作擿。黃善夫本、殿本並略索隱。

爛曼遠遷，

　　考證：漢書、文選曼作漫。

　　案司馬文園集曼亦作漫。曼、漫古、今字。

若此輩者，數千百處，嬉游往來，

　　梁玉繩云：輩字衍，漢傳、文選無之。

　　考證：漢書、文選作『若此者數百千處，娛游往來。』

　　施之勉云：五臣本此下亦有輩字。

　　案司馬文園集亦作『若此輩者。』下作『數百千處，娛遊往來。』與漢傳、文選

合。文選李善注：『說文曰：「娛，戲也。」許其切。』胡氏考異云：『娛當作

娛，各本皆譌。注引說文娛，許其切，非娛甚明。史記作嬉，娛、嬉同字也。今

本漢書及注，誤與此同。』說文：『娛，樂也。娛，戲也。』訓戲，自當作娛，

娛乃娛之形誤。娛、嬉古、今字。今本漢傳及注娛亦並誤娛，王氏雜志有說甚

詳。（補注已引之。）司馬文園集承今本漢傳、文選，亦誤作娛。

宮宿館舍，

考證：『張文虎曰：「館舍」各本誤「館客，」舊刻與漢書、文選合。』

施之勉云：景祐本作『館舍。』

案司馬文園集亦作『館舍。』漢傳補注：『舍，止也。一宿爲舍，見左莊三年

傳。』

乘鏤象，六玉虯，

集解：『郭璞曰：「……韓子曰：『黃帝駕象車，六交龍。』是也。」』

案文選注引郭注，『交龍』作『蛟龍。』與今本韓子十過篇合。蛟、交正、假

字，高祖本紀：『則見蛟龍於其上。』漢書蛟作交，與此同例。

孫叔奉轡，衛公驂乘，

索隱：『孫叔，鄭氏云：太僕公孫賀。衛公，大將軍衛靑也。太僕御，大將軍驂

乘也。』

考證：漢書、文選驂作參。

案司馬文園集驂亦作參。漢書鄭注同。索隱引鄭注作驂，（集解亦引作驂。）依

此正文作驂改之也。驂、參古通，其例習見。黃善夫本、殿本並略索隱。

扈從橫行，出乎四校之中。

索隱：『……張揖曰：「跋扈縱橫，不案鹵簿也。」……』

考證：『……王先謙曰：「廣雅釋詁：『扈，使也。』『扈從，』從駕而供使令

也。」愚按「扈從，」承孫叔、衛公而言。』

案『扈從，』複語，廣雅釋詁一：『從、扈，使也。』使與臣同義，（王氏疏證

有說。）『扈從，』謂隨駕之衆臣也。禮記孔子閒居：『以橫於天下。』鄭注：

『橫，充也。』『橫行，』謂充斥而行，言其多也。黃善夫本、殿本索隱，並略

張揖注。

鼓嚴簿，縱獠者。

　　索隱：『張揖曰：「鼓，嚴鼓也。簿，鹵簿也。」謂擊嚴鼓於鹵簿中也。』

　　考證：漢書、文選獠作獵。

　　施之勉云：五臣本簿作鏄。

　　案司馬文園集簿亦作鏄，（國語周語下：『細鈞有鍾無鏄。』韋注：『鏄，小鍾
　　也。』鏄與鎛通。廣雅釋器：『鎛，鈴也。』）恐非其舊。獠、獵同義，說文：
　　『獠，獵也。』索隱『謂擊嚴鼓於鹵簿中也。』本文選李善注。黃善夫本、殿
　　本，並略索隱。

江、河爲阹，泰山爲櫓，

　　索隱：『郭璞曰：因山谷遮禽獸爲阹。櫓，望樓也。』

　　案黃善夫本、殿本，並略索隱。

隱天動地，

　　正義：隱猶震也。

　　考證：漢書、文選隱作殷（原誤陰）。

　　案藝文類聚、司馬文園集隱亦並作殷，殷、隱正、假字。漢傳、文選注並引郭璞
　　注：『殷猶震也。』即正義說所本，惟依此正文改殷爲隱耳。

先後陸離，離散別追，

　　正義：陸離，分散也。言各有所追也。

　　案正義說，本師古注。

生貔豹，

　　案文選李善注引韋昭曰：『生，謂生取之也。』師古注同。

搏豺狼，

　　正義：搏，擊也。

　　案正義說，本師古注。

手熊羆，

　　正義：『張云：……羆大於熊，……』

　　　案漢傳、文選注引張揖注並作『熊如熊。』

絝白虎，

　　　索隱：『……郭璞曰：絝，謂絆絡也。』

　　　案黃善夫本、殿本索隱，並略郭注。

被斑文，

　　　索隱：『「被斑文，」文穎曰：「著斑文之衣。」輿服志云：「虎賁騎，被虎文

　　　單衣。」「單衣，」卽此「斑文」也。』

　　　考證：斑，漢書作斑，文選作班，通用。

　　　案索隱本、司馬文園集，斑亦並作斑。（考證本索隱誤作『被斑文。』）文選注

　　　引司馬彪〔續〕漢書云：『虎賁騎，皆虎文單衣。』與索隱所引輿地志合。黃善

　　　夫本、殿本索隱，並略文穎注。又『被虎文單衣。』並作『鶡冠武文單衣。』漢

　　　傳補注引同，云：『唐諱虎爲武，文選注引作虎。』

跨野馬，

　　　索隱：『跨野馬，』案埜音野。

　　　案索隱本野作埜，漢傳、文選同，（上文『足野羊，』漢傳、文選亦並作埜。）

　　　埜：古文野。前已有說。

陵三嵏之危，

　　　案文選、司馬文園集陵並作凌，（下文『陵驚風。』亦並作凌。）古字通用。文

　　　選李善注引漢書音義曰：『陵，上也。』疑所據正文凌本作陵。景祐本嵏作嵏，

　　　漢傳、文選、司馬文園集皆作嵕，嵕與嵏同。嵏乃俗誤，前已有說。

徑陵赴險，

　　　考證：漢書、文選陵作峻。

　　　案黃善夫本、殿本徑並作俓，俓乃徑之俗省。司馬文園集陵亦作峻，說文：『陵，

　　　陟高也。峻（陵之或體），高也。』義略別，可通用。

椎蜚廉，

　　　索隱：『「椎蜚廉，」郭璞曰：「飛廉，龍雀也。鳥身鹿頭，象在平樂觀。」

　　　椎，音直追反。』

考證：『漢書椎作推，顏師古曰：「推，亦謂弄之也。其字從手。今流俗讀爲椎
擊之椎，失其義矣。」……』

施之勉云：『胡紹煐曰：「按釋名：『椎，推也。』二字義同。」下『弄解豸，』
椎與弄對，是椎猶弄，不必定爲推。』

案景祐本、黃善夫本、殿本椎皆作推。司馬文園集椎亦作推，又蜚作飛。郭注稱
『飛廉，』是郭本原亦作飛。蜚，古飛字。前已有說。黃本、殿本並略索隱。

弄解豸，

索隱：『張揖曰：「解豸，似鹿而一角，人君刑罰中，則生於朝，主觸不直者。
言今可得而弄也。」解音蟹。豸，音丈妳反，又音丈介反。』

考證：文選解作獬。漢書豸作廌。

案司馬文園集解亦作獬，解、獬正、俗字，說文：『解，一曰：解廌，獸也。』
（繫傳廌作豸。）又『廌，解廌，獸也。似山牛，一角。古者決訟，令觸不直。』
廌、豸正、假字。索隱『解音蟹，』及『又音丈介反。』本師古注。黃善夫本、
殿本索隱，並略張揖注，又並略『又音丈介反。』五字。

格瑕蛤，鋋猛氏，

索隱：『「格蝦蛤，鋋猛氏。」孟康曰：「蝦蛤、猛氏，皆獸名。」……』

考證：漢書、文選瑕作蝦。

案格借爲挌，說文：『挌，擊也。』索隱本、司馬文園集瑕亦並作蝦，古字通
用。文選張衡南都賦：『駭瑕委蛇。』李善注：『瑕與蝦古字通。』黃善夫本、
殿本索隱，並略孟康注。

胥騕褭，射封豕。

考證：漢書、文選胥作羈。

案司馬文園集胥亦作羈，文選李善注引聲類曰：『羈，係取也。』胥乃羈之省。
羈，或纚字。說文：『纚，网也。』漢傳景祐本騕作𫝀，官本作要，要乃𡚂之隸
變。『騕𫝀』字，古祇作要，（說文無騕字。）淮南子原道篇：『騊要褭。』
（俗本騊作馳。）高注：『要褭，馬名。日行萬里。』李善注：『左氏傳：「申
包胥曰：吳爲封豕長蛇。』見左定四年傳。

箭不苟害，

　　案苟猶但也。

於是乎乘輿彌節裴回，

　　考證：漢書、文選無乎字，彌作弭，『裴回』作『徘徊。』

　　施之勉云：五臣本有乎字。

　　案司馬文園集『彌節裴回，』亦作『弭節徘徊。』彌與弭同，『徘徊』乃俗字。

　　前子虛賦云：『楚王乃弭節裴回。』『弭節』猶『按節，』前已有說。

覽將率之變態。

　　案漢傳、文選、司馬文園集率皆作帥，古字通用，其例習見。

然後浸潭促節，儵夐遠去，

　　索隱：『浸潭，』猶『漸苒』也。漢書作『浸淫，』或作『乘輿案節』也。潭音
　　尋。

　　考證：文選『浸潭』作『浸淫。』『儵夐，』倏忽也。

　　案漢傳、文選、司馬文園集『浸潭』皆作『侵淫，』索隱引漢傳作『浸淫。』
　　（文選不作『浸淫。』）李善注：『侵淫，漸進之貌。』當以作『浸淫』爲正。
　　說文：『淫，浸淫隨理也。』段注：『浸淫者，以漸而入也。』索隱謂『浸潭促
　　節，』或作『乘輿案節。』與上文『乘輿彌節』複，葢卽涉上文而誤。司馬文園
　　集儵作倏，倏乃倏之誤，後大人賦單本索隱稱韋昭注引此文，儵正作倏。倏、儵
　　正、假字。（說文：倏，犬走疾也。）師古注：『儵然夐然，疾遠貌。』是也。

　　儵爲疾，夐爲遠，考證釋『儵夐』爲『倏忽，』僅得儵字之義，倏又倏之誤也。

　　黃善夫本、殿本索隱，『漸苒』並作『漸冉。』苒、冉並俗丼字。

流離輕禽，蹴履狡獸，

　　考證：『顏師古曰：「流離，困苦之也。」張揖曰：「輕禽，飛鳥也。」』

　　案二句謂驅散輕疾之禽，蹋踐狡捷之獸也。『流離』非『困苦』義。文選注引張
　　揖曰：『流離，放散也。』於義近之。

轊白鹿，捷狡兔，

　　集解：『徐廣曰：轊音銳，一作惠也。』

考證：轙，漢書作轙，文選作轙。

施之勉云：『五臣本作轙。許巽行曰：轙，譌字也。當作轙，叀字重文，訓「車軸耑也。」』

案司馬文園集轙亦作轙，轙與轙同。說文：『叀，車軸耑也。轙，叀或从彗。』徐注『一作惠。』惠乃借字。漢傳兔作菟，郭璞曰：『狡菟健跳，故捷取之也。』

補注：『朱祁曰：「南本『郭璞曰』下云：轙，軸也。言軸轙白鹿，追捷狡兔也。」』兔、菟正、俗字。

轙繁弱，

正義：『……文穎云：「轙，牽也。繁弱，夏后氏良弓名。」左傳云：「分魯公以夏后之璜，封父之繁弱。」』

考證：漢書、文選繁作蕃。

案司馬文園集繁亦作蕃。荀子性惡篇：『繁弱、鉅黍，古之良弓也。』楊注：『繁弱，封父之弓。左傳曰：封父之繁弱。』（左定四年傳杜注：封父，古諸侯也。）然則繁弱非夏后氏之弓矣。漢書、文選注引文穎注『繁弱』並作『蕃弱，』正義引文注作『繁弱，』依此正文繁字改之也。正義引左傳云云，本文選李善注，李注並云：『『蕃與繁古字通。』

射游梟，櫟蜚遽，

集解：『郭璞曰：梟，梟羊也。似人長脣，反踵被髮，食人。蜚遽，鹿頭龍身，神獸。櫟，梢也。』

考證：漢書、文選遽作遽。櫟，擊也。

案文選李善注：『高誘淮南子注：梟羊，山精也。似遽類。』淮南子氾論篇：『山出梟陽。』高注：『梟陽，山精也。人形長大，面黑色，身有毛，足反踵，見人而笑。』（道藏本、茅坤批評本、漢魏叢書本梟皆作嘄，注同。）清莊逵吉注：『「梟陽，」見爾雅。程敦云：說文解字作「梟羊，」陽與羊古字通也。』文選注引淮南子高注，疑是許慎注，蓋許本淮南子作『梟羊，』與說文合也。文選潘安仁射雉賦：『櫟雌妬異。』徐爰注：『櫟，擊搏也。』此文郭注釋櫟為梢，梢亦擊也。漢書揚雄傳：『梢夔魖。』師古注：『梢，擊也。』司馬文園集遽亦作

遽。漢傳補注：『說文虡下云：「鐘鼓之柎也。飾爲猛獸，从虍，異象其下足。」
鐻下云：「虡，或从金，豦聲。」㠯下云：「篆文虡省。」後漢董卓傳「鍾虡，」
章懷注：「漢書音義曰：虡，鹿頭龍身神獸也。」據此，虡、虡、鐻，義同。遽
乃鐻之借字，不誤。鐻與虡同，並虡之重文。後漢書注引前書
音義作虡，葢漢傳遽字亦有作虡之本，或章懷因彼正文作虡而改漢傳音義之遽爲
虡，亦未可知。遽字非傳寫之誤，則可斷言也。』

擇肉後發，先中命處，

考證：『漢書、文選肉下、中下有而字。……王先謙曰：擇其肥者而後射。先命
其射處，廼從而中之。言矢不苟發，發必奇中。命，名也。』

案司馬文園集亦作『擇肉而後發，先中而命處。』下而字與其同義，王氏未達。
此謂擇肉而後發，先中其致命之處也。呂氏春秋博志篇：『則養由基有先中中之
者矣。』（又見淮南子說山篇。）葢此『先中』一詞所本。

然後揚節而上浮，

考證：矢飛揚空中也。

施之勉云：『呂向注云：揚，擧也。節，旌節也。言擧旌節，上遊於空。』
案上文『弦矢分，藝殪仆。』矢既已中的，則不得復飛揚空中矣。考證非。呂釋
節爲『旌節，』義長。此謂擧旌節飄浮空中也。

陵驚風，歷駭飆，

正義：『飆，音必遙反。爾雅云：扶搖，暴風，從下升上，故曰飆。』
案曹植箜篌引：『驚風飄白日。』『驚風』一詞葢本此。黃善夫本、殿本飆並誤
飈。殿本正義兩飆字亦誤飈。文選、司馬文園集飆並作猋，漢傳作猋，補注：
『猋當作猋。』飆、猋正、假字。說文『飆，扶搖風也。』黃本正義，音上飆字
作上，爾雅誤小雅，曰下飆字作猋，猋亦猋之誤。爾雅釋天本云：『扶搖謂之
猋。』詩小雅谷風孔疏引爾雅此文，並引李巡曰：『扶搖，暴風，從下升上，故
曰猋。』（猋，俗本亦誤猋。）然則正義引爾雅云云，乃爾雅李巡注，猋之作飆，
乃依此正文作飆改之也。

轔玄鶴，

考證：轔，漢書作藺，文選作躙，……

施之勉云：五臣本作藺。

案司馬文園集轔亦作藺。漢傳補注：『藺，躙省文。文選作躙，李善注引郭璞曰：躙，踐也。』藺乃躪之借字，說文：『躪，轢也。轢，車所踐也。』轔、躙並或躪字。考證引文選，誤躙爲躙。

捷鴛鷀，揳焦明，

考證：鴛、鷀同。

案漢傳、文選、司馬文園集鴛並作鷀，鷀，或鴛字。前子虛賦亦作『鷀鷀。』（莊子秋水篇亦作『鷀鷀。』）藝文類聚『焦明』作『鷦鵬，』司馬文園集作『焦鵬。』焦乃鷦之省，明蓋朋之誤，朱駿聲說文通訓定聲云：『朋卽鳳字，作明者誤。』朋、鵬並古文鳳字。後相如難蜀父老文：『猶鷦明已翔乎寥廓，』漢傳作『焦鵬，』（鵬，一作明。）文選作『鷦鴨，』藝文類聚二五作『鷦鵬。』明亦朋之誤，鴨乃鵬之誤。

招搖乎襄羊，降集乎北紘。

集解：『郭璞曰：紘，維也。北方之紘曰委羽。』

索隱：『消搖乎襄羊。』……

考證：『漢書、文選招作消。司馬彪曰：消搖，逍遙也。』

施之勉云：五臣本作招。

案索隱本招亦作消，『招搖』與『消搖』義近，孔子世家：『招搖市過之。』集解引徐廣曰：『招搖，翱翔也。』詩齊風載驅：『齊子翱翔。』毛傳：『翱翔，猶彷徉也。』說文無『逍遙』二字，古作『消搖』。淮南子地形篇：『八殥之外而有八紘，北方曰委羽。』高注：『紘，維也。』（舊鈔本文選吳都賦注引許注同。）卽此文郭注所本。（漢傳、文選注引張揖注，亦引淮南子文。）

闟乎反鄉。

考證：『闟，漢書作揊，文選作晻。郭璞曰：晻，忽然疾歸貌。』

案司馬文園集闟亦作晻。闟、揊、晻，皆與奄通，方言二：『奄，遽也。』謂急遽也。

歷石闕，

　　考證：……石闕，漢書作石關。文選及漢書揚雄傳、三輔黃圖作石闕。……

　　案藝文類聚、司馬文園集亦並作石關。胡氏文選考異云：『「歷石闕，」袁本、

　　茶陵本闕作關，而不著校語 。案依此，善與五臣同作關也。』考證『文選』云

　　云，本漢傳補注引周壽昌說。

下棠梨，

　　集解：『漢書音義曰：宮名也。……』

　　案漢傳棠作堂，張揖注：『堂棃，宮名。』補注：『官本注文堂作棠。』文選注

　　引張注亦作棠，棠、堂古通 ，蘇秦列傳：『棠谿、墨陽。』御覽一五九引棠作

　　堂（廣雅釋器亦作『堂谿。』）卽其比。

濯鷁牛首，

　　案濯借爲櫂，俗作櫂 。段玉裁云：『鄧通傳：「以濯船爲黃頭郎。」司馬相如

　　傳：「濯鷁牛首。」皆櫂舟之義也。』是也。釋名釋船：『在旁撥水曰櫂。櫂，

　　濯也。濯於水中也。且言使舟櫂進也。』（畢沅疏證云：櫂乃說文新附字，古通

　　用濯。）櫂葢本作擢，與『擢進』相應，俗人改爲櫂耳。

掩細柳，

　　正義：『郭云：觀名，在昆明南柳市。』

　　施之勉云：『四庫全書考證曰：正義「在昆明池南柳市。」刊本脫池字，據文選

　　注增。』

　　案漢傳、文選注引郭注，並作『觀名也。在昆明池南。』

觀士大夫之勤略，鈞獠者之所得獲。

　　正義：『勤略，』言觀士大夫之勳功智略也。

　　考證：文選鈞作均，漢書、文選獠作獵。

　　施之勉云：五臣本作鈞。

　　案正義釋略爲『智略，』本師古注。均、鈞正、假字。司馬文園集獠亦作獵，義

　　同。前已有說。

觀徒車之所轔轢，

正義：轔，踐也。轢，轢也。

考證：『張文虎曰：徒上觀字衍，漢書、文選無。轔，漢書作閵，文選作轠。』

施之勉云：五臣本徒上有觀字，轔作閵。

案司馬文園集轔亦作轠。閵、閵並躙之借字，轔、轠並或躙字。躙，踐也。師古注：『閵，踐也。轢，轢也。』卽正義說所本。但依此文易閵爲轔耳。

乘騎之所蹂若，

考證：乘，漢書無，文選作步。

施之勉云：若，五臣本作跖，音若。

案司馬文園集乘亦作步，若亦作跖，跖乃俗字。漢傳補注：『李善注：「廣倉曰：若，蹈足貌。」』

人民之所蹈躝。

考證：漢書無民字。文選『人民』作『人臣。』躝，漢書作藉，文選作籍。

施之勉云：五臣本躝作藉。

案文選民作臣，唐人避太宗諱改之也。司馬文園集躝亦作藉。藉、籍古通，躝乃俗字。『蹈藉，』複語。魏其武安侯傳：『人皆藉吾弟。』集解引晉灼云：『藉，蹈也。』

與其窮極倦卻，驚憚慴伏，

考證：『郭璞曰：「窮極倦卻，」疲憊者也。「驚憚慴伏，」怖不動貌也。』案文選、司馬文園集卻並作卻。考證引郭注作卻，據文選注所引郭注也。卻乃卻之俗變，卻爲卻之省，卻借爲惙，勞也。前子虛賦有說。漢傳、文選、司馬文園集慴皆作讋，考證引郭注作讋（原誤䁋），據漢傳、文選注所引郭注也。讋與慴古字通，項羽本紀有說。

佗佗籍籍，塡阬滿谷，

案漢傳上句作『它它藉藉，』司馬文園集作『佗他藉藉。』文選『佗佗』作『他他。』它、佗古通，他乃佗之隸變。籍、藉古通，前已有說。莊子天運篇：『在谷滿谷，在阬滿阬。』

置酒乎昊天之臺，

索隱：張揖云『：臺高上干晧天也。』

考證：漢書、文選昊作顥。

施之勉云：書鈔八十二引昊作皓，一百五引昊作浩。

案藝文類聚、司馬文園集昊亦並作顥。昊乃昦之俗，說文：『春爲昦天，元气昦昦。』（爾雅釋天：夏爲昊天。）此『昊天，』乃天之泛稱。索隱引張注作『晧天，』晧、顥、浩，皆昦之借字。黃善夫本索隱作『皓天，』皓乃晧之俗。索隱本蓋本作『皓天，』（與書鈔八二所引合。）考證本改俗字爲正字耳。漢傳張注亦作『皓天，』（與索隱所引合。）是張所據漢傳亦作『皓天』也。殿本索隱作『昊天，』乃依正文作『昊天』改之。

張樂乎膠輵之宇。

集解：『徐廣曰：輵音葛。』

索隱：『郭璞云：言曠遠深貌也。』

案漢傳、文選、藝文類聚、司馬文園集，『膠輵』皆作『膠葛，』字皆作宇。書鈔八二、一百五引上林賦『膠輵』亦並作『膠葛。』說文無膠、輵二字，故本當作『膠葛。』漢傳補注：『膠葛、膠輵，猶今言寥闊也。』『寥闊』與郭注『曠遠深貌，』義合。莊子天運篇：『帝張咸池之樂於洞庭之野。』成玄英疏：『洞庭之野，天地之間。非太湖之洞庭也。』彼文之『洞庭，』與此文之『膠輵，』義亦相近。漢傳補注引錢大昭曰：『宇，籀文字。』莊子徐无鬼篇：『昌宇驂乘。』藝文類聚六、二七引宇並作字，與此同例。

立萬石之鉅，

考證：漢書、文選鉅作虡。

案藝文類聚、司馬文園集鉅亦並作虡，古字通用。荀子正論篇：『是豈鉅知見侮之爲不辱哉？』楊注：『鉅與遽同。』而遽又與虡通，上文已有說。然則鉅自可通虡矣。書鈔一一一引上林賦作簴。簴，或虡字。

奏陶唐氏之舞，聽葛天氏之歌。千人唱，萬人和，

索隱：『張揖曰：「葛天氏，三皇時君號也。」呂氏春秋云：「其樂三人持牛尾，投足以歌八闋；一曰載人。二曰玄鳥。三曰遂草木。」……六曰建帝功。……』

梁玉繩云：『師古注曰：「『陶唐』當爲『陰康，』傳寫字誤耳。人表有『陰康氏。』呂氏春秋『陰康作舞。』高誘亦誤解云『陶唐。』妄改呂氏本文。」後書馬融傳注引呂，政作「陰康。」文心雕龍事類篇曰：「陳思報孔璋書云：『葛天氏之樂，千人唱，萬人和。聽者因以蔑韶夏矣。』按葛天之歌，唱和三人而已。相如上林，濫侈葛天，推三成萬，信賦妄書，致斯謬也！」余謂千唱萬和，此賦乃總承上文，非專言葛天。謬在陳思，不在相如。』

案『陰康』罕見，『陶唐』習見，字形又近，康、唐又同聲，故『陰康』逐誤爲『陶唐』耳。千唱萬和，乃總承上文，梁說是。陳思雖專言葛天，然所謂千唱萬和，蓋謂後世奏葛天之樂，唱和者甚多也。似非不知其初唱和者僅三人而已。黃善夫本、殿本索隱，『戴人』並作『戴民，』漢傳張揖注同，惟未引呂氏春秋。呂氏春秋古樂篇作『載民，』文選注引張注同，戴、載古通。索隱蓋本作『載人，』避唐太宗諱，以人代民耳。（文選注之『載民，』民字亦當諱。）索隱『玄鳥，』黃本、殿本鳥並誤身。『逐草木，』張注逐作育，義同。『建帝功，』張注建作徹，呂氏春秋作達，徹、達同義，小爾雅廣詁：『徹，達也。』

川谷爲之蕩波。

案『蕩波，』謂搖動也。文選張平子西京賦：『河、渭爲之波盪。』薛綜注：『波盪，搖動也。』『蕩波』猶『波盪，』蕩、盪古通，釋名釋言語：『蕩，盪也。』

巴俞宋、蔡，淮南于遮，

集解：『……漢書音義曰：于遮，歌曲名。』

索隱：『郭璞曰：「巴西閬中有俞水，獠人居其上，好舞。初高祖募取以平三秦，後使樂人習之，因名巴俞舞也。」張揖曰：「禮樂記曰：『宋音宴女溺志，蔡人謳員三人。』楚詞云：『吳謠蔡謳。』『淮南鼓員四人。』于遮曲，是其意也。」』

梁玉繩云：俞字，湖本譌榆。史記考異據說文引此賦，以爲當作『嗃嗃，』不作巴渝舞解。

考證：文選俞作渝，漢書、文選于作干。……

案說文：『嘄，謞聲嘄喻也。司馬相如說「淮南、宋、蔡舞嘄喻」也。』繫傳：『此相如上林賦之文也。』段注：『上林賦：「巴渝宋、蔡，淮南于遮。」此所僞非賦文，葢凡將之一句也。』段說是，徐氏繫傳非。錢氏考異葢承徐說而誤。文選兪作渝，注引郭注亦作渝，葢因兪爲水名而加水旁。（此與在遼西之渝水無涉。）藝文類聚于亦作干，干乃于之誤。集解引漢書音義，索隱引張揖注並作于，是漢傳干本作于也。（參看胡氏文選考異。）索隱『蔡人，』人字衍，漢書禮樂志無。又『楚詞云：吳謠蔡謳。』漢傳補注：『文選注無楚詞七字，招魂作「吳歈，」不作謠。』謠字誤。

族舉遞奏，

　　考證：漢書、文選舉作居。

　　施之勉云：書鈔一百五引，舉亦作居。

　　案藝文類聚、司馬文園集舉亦並作居。

鏗鎗鐺鼞，洞心駭耳。

　　考證：漢書、文選『鐺鼞』作『闛鞈。』

　　施之勉云：書鈔一百五引，『▢鼞』亦作『闛鞈。』

　　案『鏗鎗鐺鼞，』書鈔引上林賦作『鏗鏘 闛鞈。』鎗、鏘正、假字，施氏誤闛爲闛。漢傳、文選『鐺鼞』亦並作『闛鞈，』考證誤闛爲闛。司馬文園集亦作『闛鞈。』鐺、闛並借爲鏜，說文：『鏜，鐘鼓之聲也。』鞈乃鼞之古文，說文：『鼞，鼓聲也。鞈，古文鼞从革。』書鈔兩引『洞心』並作『動心。』

韶、濩、武、象之樂，陰淫案衍之音，

　　案司馬文園集濩作護，古字通用，前已有說。『案衍』一詞，已見子虛賦，藝文類聚作『移衍，』恐非其舊。

俳優侏儒、狄鞮之倡，

　　集解：『徐廣曰：「韋昭云：狄鞮，地名，在河內。出善倡者。」』

　　案漢傳、文選注引郭璞注：『狄鞮，西戎樂名也。』司馬文園集倡作唱，古字通用。韋注『出善倡者。』葢以倡爲唱。

麗靡爛漫於前，靡曼美色於後。

　　索隱：『張揖曰：「靡，細。曼，澤也。」韓子「曼服皓齒」也。』

　　考證：『文選無「於後」二字。李笠曰：「索隱本亦無『於後』二字，但『靡曼美色』四字，在『麗靡』句上，讀之較爲諧協。二靡字義同，古人文不避複。」參存。』

　　施之勉云：五臣本有『於後』二字。

　　案上靡字猶美也，下靡字猶細也，二義不同。漢傳補注：『文選注：言作樂於前者，皆是「靡曼美色」也。或云「於後，」非也。』李善既言『或云「於後，」』是所見舊本亦有『於後』二字者。『於前、』『於後，』相對爲長，於猶在也。索隱所據本無『於後』二字，因倒『靡曼美色』四字於『麗靡』句之上，以諧協文義耳。韓非子揚搉篇：『曼理皓齒。』索隱所引，服乃理之誤。黃本、殿本索隱，韓子下並有曰字，晧並作皓，考證本改爲晧耳。

若夫青琴、宓妃之徒，絕殊離俗，

　　索隱：『郭璞云：俗無雙。』

　　案漢傳宓作虙，古同音通用，仲尼弟子列傳有說。『絕、殊、離，』三字疊義，殊、離，亦絕也。廣雅釋詁四：『殊，絕也。』戰國策秦策四：『則是我離秦而攻楚也。』高注：『離，絕也。』並其證。文選注引郭注作『離俗無雙也。』（黃善夫本、殿本索隱，雙下亦有也字。）俗上不當有離字，『絕殊離俗，』卽是『俗無雙』也。

姣冶嫺都，

　　索隱：『「姣冶閑都，」郭璞云：「姣，好也。都，雅也。詩云：『姣人嫽兮。』方言云：『自關而東，河、濟之閒，凡好或謂之姣。』音絞。」說文曰：「嫺，雅也。」或作閑。小雅曰：「都，盛也。」』

　　考證：蔡、凌、毛本，漢書、文選，姣作妖。漢書嫺作閑。

　　施之勉云：景祐本、黃善夫本姣作妖。五臣本文選嫺亦作閑。

　　案藝文類聚、司馬文園集亦並作『妖冶閑都。』妖乃妖之俗省，說文：『妖，巧也。一曰，女子笑貌。姣，好也。』姣、妖義略同。索隱本嫺亦作閑，惟『姣冶

閑都』句，在『絕殊離俗』句之上。據索隱云：『或作閑。』則所據正文葢本作
嫻。嫻、閑正、假字。郭注引詩『姣人嫽兮。』陳風月出作『佼人僚兮。』釋文：
『佼，字又作姣。僚，本亦作嫽。』一本與郭所據本合。姣、佼正、假字。嫽、
僚同義，方言二：『嫽，好也。』說文：『僚，好皃。』又索隱：『說文曰：
「嫻，雅也。」或作閑。小雅曰：「都，盛也。」』本文選李善注。所引小雅，
見小爾雅廣言。小爾雅本名小雅，李善注例稱小爾雅爲小雅。黃善夫本、殿本索
隱，『小雅曰：都，盛也。』並作『漢書本作閑。』非其舊也。

靚莊刻飭，便嬛綽約，

集解：『郭璞曰：靚莊，粉白黛黑也。』

考證：文選莊作糚。漢書、文選飭作飾，與中統、游、毛本合。

案藝文類聚莊亦作糚，飭亦作飾。莊乃妝之借字。糚，俗字。文選注引郭注亦作
糚。飭乃飾之借字。司馬文園集飭作餝。餝，俗字。景祐本、黃善夫本綽並作
婥，古字通用，莊子逍遙遊篇：『綽約若處子。』陳碧盧音義本綽作婥，卽其
比。漢傳綽作緯，郭注：『緯約，婉約也。』綽乃緯之或省。

柔橈嬽嬽，

索隱：『郭璞曰：「柔橈嬽嬽，皆骨體耎弱長豔貌也。」廣雅：「嬽嬽，容也。」
張揖曰：「嬽嬽，猶婉婉也。」』

考證：文選『嬽嬽』作『嫚嫚。』

案淮南子時則篇：『無或枉橈。』高注：『橈，弱也。』（俗本正文、注文橈並
作撓。）『柔橈』猶『柔弱』也。漢傳『嬽嬽』作『嬽嬽』說文：『嬽，好也』
段注：『上林賦：「柔嬈嬽嬽。」今文選譌作「嫚嫚。」漢書不誤。史記作「嬽
嬽，」則是別本。按今人所用娟字，當卽此。』（段氏所引『柔嬈』乃『柔橈』
之誤。）司馬文園集亦誤作『嫚嫚，』文選注引郭注同。史記作『嬽嬽，』葢亦
誤字，恐非別本。世人少見嬽，習見嫚，傳寫遂誤嬽爲嫚耳。索隱所引廣雅及張
揖注之『嬽嬽，』亦因正文作『嬽嬽』正誤。廣雅釋訓：『嬽嬽，容也。』王氏
疏證：『嬽，今娟字也。卷一云：「嬽，好也。」重言之則曰「嬽嬽。」司馬相
如傳：「柔橈嬽嬽。」索隱引張注云：「嬽嬽，猶婉婉也。」』引史記文，徑改

正文及張注『嬽嬽』爲『嬛嬛，』是也。（嫚、嬽爲誤字，胡氏文選考異亦有說。）

斌媚姌嫋，

索隱：『「嫵媚嬹弱，」……郭璞云：「嬹弱，弱貌。」埤蒼曰：「嬹弱，謂容體纖細柔弱也。」』

王念孫云：『索隱本斌作嫵，注曰：「埤蒼云：『嫵媚，悅也。』通俗文云：『煩輔謂之嫵媚。』」案漢書、文選並作嫵，說文：「嫵，媚也。」則作嫵者是。』

考證：漢書、文選姌作媚。

案索隱本作『嫵媚嬹弱，』漢傳、文選、藝文類聚皆同。說文繫傳引上林賦作『嫵媚冄弱。』司馬文園集作『嫵媚纖弱。』嫵、斌正、俗字。『嫵媚，』複語。『姌嫋，』亦複語。說文：『嫋，姌也。姌，弱長皃。』『冄弱，』義亦相符，說文：『冄，毛冄冄也。』段注：『冄冄者，柔弱下垂之皃。』『嬹弱』則與『纖弱』同，說文：『嬹，銳細也。纖，細也。』黃善夫本、殿本索隱，郭璞云，並作『郭璞云：「姌弱，細弱也。」小顏曰：「細弱，總謂骨體也。」』非其舊也。

抴獨繭之褕袘，

索隱：『「褕袘，」張揖云：「褕，襜褕也。袘，袖也。」……埤蒼云：「袘，衣長貌也。」』（衣上袘字原作袘，非其舊。）

考證：漢書、文選抴作曳。袘，漢書作袘，文選作絏。

案索隱本、司馬文園集亦並作『曳獨繭之褕袘。』抴與曳音義同。袘與袘同，廣雅野器：『袘，袖也。』（荀子虛賦有說。）袘疑袘之誤，文選袘作絏，注引張注亦作絏，五臣本作袘，蓋由袘誤爲袘，復轉寫爲袘及絏耳。集韻去聲上霽韻第十三，收『袘、袘、絏』三字。注云：『衣長兒。一曰，袖也。或從曳；亦作絏。』至韻第六亦收袘字，注云：『袖也。』袘、袘、絏三字，蓋收上林賦之誤字，兼及注文耳。黃善夫本、殿本索隱，袘皆作袘，依正文作袘改之，是也。

眇閻易以戌削，

集解：『徐廣曰：……戌削，言如刻畫作之。』

索隱：『「眇閻易以恤削。」郭璞曰：「閻易，衣長貌。恤削，言如刻畫作也。」』

考證：戌，漢書作恤，文選作卹。『戌削，』解見上。

施之勉云：五臣本作戌。

案景祐本、黃善夫本戌並誤戍，司馬文園集同。黃本、殿本集解戌亦誤戍，（景祐本集解脫『戌削』二字。）索隱本戌作恤，與漢傳合。漢傳郭注亦作恤。文選作卹，注引郭注亦作卹。（又引郭注『衣長』下有大字。）『戌削，』裁制貌，戌、卹古通，已見前子虛賦。卹、恤古亦通用，莊子德充符篇：『寡人卹焉。』文選司馬子長報任少卿書注引卹作恤，卽其比。黃本、殿本並略索隱。

媥姺徶㰎，與世殊服。

集解：『郭璞曰：「媥姺徶㰎，」衣服婆娑貌。』

考證：『漢書、文選「媥姺徶㰎，」作「便姍嫳屑，」世作俗。王先謙曰：「媥姺」卽「蹁躚。」』

施之勉云：五臣本作世。

案『媥姺、』『徶㰎，』複語也。司馬文園集亦作『便姍嫳屑，』音義同。朱駿聲云：『子虛賦：「便姍嫳屑，」注：「衣曳地貌。」按猶「般旋」也。』（說文通訓定聲。子虛賦當作上林賦。）『便姍』猶『般旋，』郭注：『衣服婆娑貌。』『婆娑』亦猶『般旋』也。朱氏引注作『衣曳地貌。』舊無此注，蓋引郭注之大意。漢傳世字同，考證失檢。文選世作俗，避唐太宗諱改之也。五臣本作世，乃後人復其舊耳。

分香溫鬱，

案漢傳、文選、司馬文園集香皆作芳。

晧齒粲爛，宜笑的皪，

索隱：『……楚詞曰：「美人晧齒以娃。」又曰：「娥眉笑以的皪。」皪音礫也。』

案景祐本、黃善夫本、殿本，晧皆作皓，的皆作的，漢傳、文選、藝文類聚、司馬文園集咸同，黃本、殿本索隱亦同。考證本改俗字爲正字耳。文選注引楚辭曰：『美人皓齒嫮以娃。』蓋索隱引楚詞前句所本（惟以上脫嫮字）。洪氏楚辭

補注本大招作『朱脣皓齒，嫭以姱只。』校云：『「朱脣」一作「美人。」』正與文選注及索隱所引楚辭合。惟索隱所引下句『娥眉笑以的皪。』則不見於今本楚辭。或某句異文，或爲佚句，或小司馬誤記與？漢傳補注：『文選注：「楚辭曰：嫭目宜笑蛾眉曼。」』亦見大招，惟蛾作娥。又索隱『皪音礫也。』本師古注或李善注。

天子芒然而思，似若有亡。

考證：『顏師古云：似若有亡，如有失也。』

案莊子說劍篇：『文王芒然自失。』

此泰奢侈，朕以覽聽餘閒，無事弃日。

正義：言聽政餘暇，不能棄日也。

考證：『漢書、文選泰作大。蘇輿曰：言閒居無事，是虛棄此日，故順天殺伐。注未晰。』

施之勉云：『章貽燕曰：「棄日」猶言「暇日，」謂以聽政之餘閒，無事之暇日，偶校獵于苑囿中也。』

案藝文類聚、司馬文園集泰並作太。太與泰同，泰、大古通，其例習見。『朕以』二句之義，章說是。正義說，本師古注。考證引蘇說，本漢傳補注。

恐後世靡麗，遂往而不反。非所以爲繼嗣創業垂統也。

考證：文選世作葉。漢書、文選反作返。

施之勉云：五臣本作世。

案文選世作葉，乃避唐太宗諱改。五臣本作世，亦後人復其舊也。司馬文園集反亦作返，作反是故書。文選注：『孟子曰：君子創業垂統，爲可繼也。』見梁惠王篇。後難蜀父老文亦云：『創業垂統。』

於是乃解酒罷獵，而命有司曰：地可以墾辟，悉爲農郊，以贍萌隸。

考證：漢書、文選是下有乎字。文選辟作闢。漢書萌作氓。

施之勉云：五臣本萌作氓。

案司馬文園集是下亦有乎字，辟亦作闢，萌亦作氓。闢、辟正、假字。氓、萌正、假字。

隤牆塡壍，

　　案漢傳、司馬文園集壍並作壍，壍，或壍字。

虛宮觀而勿仞。

　　正義：仞音刃，亦滿也。言離宮別館，勿令人居止，竝廢罷也。

　　施之勉云：五臣本仞作牣。

　　案正義言『離宮別館，』是所據本觀作館，漢傳、文選、司馬文園集亦皆作館。觀、館古通，前已有說。漢傳補注：『仞讀曰牣，孟子音義上引丁音云：牣，本作仞。』牣、仞正、假字，廣雅釋詁一：『牣，滿也。』前子虛賦有說，師古注：『仞亦滿也，勿仞，言廢罷之也。』正義本其說而詳之耳。

更正朔，與天下爲始。

　　考證：漢書、文選更作革。

　　案司馬文園集更亦作革，義同。漢傳補注：『文選爲下有更字，』疑文選『革正朔，』革，一作更，因誤竄更字於爲字下耳。

於是歷吉日以齊戒，襲朝衣，乘法駕，

　　正義：……法駕，六馬也。

　　考證：文選齊作齋。漢書、文選衣作服。

　　案藝文類聚、司馬文園集齊亦並作齋，齋、齊正、假字，作齊是故書。司馬文園集衣亦作服。文選注引司馬彪注：『法駕，六馬也。』卽正義說所本。

游乎六藝之囿，騖乎仁義之塗，

　　考證：漢書、文選騖上有馳字。

　　案漢傳、文選『游乎』並作『游于。』藝文類聚作『游於，』騖上亦有馳字。司馬文園集亦有馳字。

射貍首，兼騶虞，

　　正義：……按貍首，逸詩。騶虞，邵南之卒章。

　　案景祐本、黃善夫本、殿本貍皆作狸，俗字也。正義說，本郭璞注。

弋玄鶴，建干戚，

　　考證：『……中井積德曰：「玄鶴，疑古樂名。漢書、文選建作舞。」』……梁玉

繩曰：「案上有『玄鶴加，』『轔玄鶴。』二句，幷此三見矣。……重出複用，豈非文之疵病歟？……」』

案以上文貍首、騶虞並爲樂章名例之，此『玄鶴』亦當是樂章名。則不得病其與上文兩言『玄鶴』爲重用複出矣。司馬文園集建亦作舞。

樂樂胥，

　　索隱云：『毛詩云：「君子樂胥，受天之祜。」言王者樂得賢材之人，使之在位。故天與之福祿也。胥，音先呂反。』

　　案師古注：『謂取小雅桑扈之篇云：「君子樂胥，萬邦之屛」耳。胥，有材智之人也。王者樂得有材知之人，使在位也。胥，音先呂反。』卽正義說所本。其『天與之福祿』句，則本之桑扈鄭箋。師古注『胥，有材智之人也。』亦本之鄭箋。胥借爲諝，說文：『諝，知也。』段注：『詩假胥爲之，小雅箋云：胥，有才知之名也。』

修容乎禮園，

　　正義：禮所以自修飾，整威儀也。

　　案文選注引郭璞曰：『禮所以整威儀，自脩飾也。』卽正義說所本。

述易道，

　　正義：易所以絜静微妙，……

　　案漢傳注及文選注引郭璞曰：『脩絜静精微之術。』卽正義說所本。禮記經解：『絜静精微，易敎也。』又郭說所本也。

恣羣臣奏得失，四海之內，靡不受獲。

　　正義：言天下之人，無不受恩惠。

　　考證：文選恣作次。

　　施之勉云：五臣本作恣。

　　案恣、次正、假字。正義說，本師古注。

鄕風而聽，隨流而化，喟然興道而遷義，

　　索隱：喟，漢書作㪍，音許貴反。

　　考證：『郭璞曰：㪍猶勃也。』

案漢傳、文選嚮並作鄉，司馬文園集作向。鄉、向古、今字。嚮乃鄉、向二字之
合體。文選、司馬文園集喟亦作茻。喟、茻並借爲夆，說文：『夆，疾也。』郭
釋茻爲勃，與疾義符。（茻借爲夆，前引段玉裁有說。）

德隆乎三皇，功羨於五帝。

　　正義：羨，饒也。

　　案文選作『德隆於三王。』（漢傳、司馬文園集乎亦並作於。）胡氏考異云：
　　『茶陵本云：「五臣作皇。」袁本云：「善作王。」案各本所見皆非也。史記、
　　漢書皆作皇，善自與之同。傳寫誤耳。』正義說，本師古注。

若夫終日暴露馳騁，勞神苦形，罷車馬之用，抗士卒之精，

　　索隱：抗，音五官反。

　　正義：抗、挫也。

　　考證：漢書、文選無『暴露』二字。

　　案司馬文園集亦無『暴露』二字。索隱及正義說，並本師古注。

而無德厚之恩，

　　案漢傳補注引文選注：『管子曰：國雖盛滿，無德厚以安之，國非其國也。』見
　　管子形勢解篇。

務在獨樂，不顧衆庶。

　　案孟子梁惠王篇：『民欲與之偕亡，雖有臺池鳥獸，豈能獨樂哉！』

而貪雉兔之獲，則仁者不由也。

　　案漢傳、文選並無而字，由並作繇。司馬文園集亦無而字。師古注：『繇讀曰
　　由。由，用也。』

而樂萬乘之所侈，僕恐百姓之被其尤也。

　　考證：漢書、文選姓下無之字。

　　案漢傳補注引何焯曰：『萬乘之所侈，謂天子猶自謂此太奢侈者也。文選無所
　　字，非也。』文選考異云：『「而樂萬乘之侈，」袁本之下有所字，云：「善
　　無。」茶陵本云：「五臣有所，漢書有。」今案史記亦有。』司馬文園集亦有所
　　字。又姓下亦無之字。

超若自失。

　　案『超若』猶『超然。』莊子徐无鬼篇：『武侯超然不對。』釋文引司馬彪云：
　　『超然，猶悵然也。』超乃惆之借字，說文：『惆，失意也。』惆，字亦作怊。
　　莊子天地篇：『怊乎若嬰兒之失其母也。』釋文：『怊音超，字林云：恨也。』
　　司馬文園集脫『超若自失』四字。

逡巡避席，

　　案漢傳補注：『何焯曰：「席，文選作蓆，爲是。此賦多古字。」張雲璈云：「陸
　　德明經典釋文、郭忠恕佩觿，皆以蓆爲席之俗書，非古字也。』蓆乃席之俗變，
　　顏氏家訓書證篇所謂『席中加帶』是也。莊子寓言篇：『其反也，舍者與之爭席
　　矣。』日本高山寺舊鈔卷子本席作蓆，亦同此例。文選李善注：『蓆與席古字
　　通。』誤矣！

謹聞命矣。

　　考證：漢書、文選聞作受。

　　案司馬文園集聞亦作受。文心雕龍詮賦篇：『相如上林，繁類以成豔。』

無是公言天子上林廣大，山谷水泉萬物。及子虛言楚雲夢所有甚衆，侈靡過其實。

　　案漢傳無『天子』二字。西京雜記卷二云：『司馬相如爲上林、子虛賦，意思蕭
　　散，不復與外事相關。控引天地，錯綜古今，忽然如睡，煥然而興，幾百日而後
　　成。』

相如爲郎數歲，

　　案景祐本、黃善夫本並提行。

用興法誅其渠帥。

　　集解：『漢書曰：「用軍興法」也。』
　　案通鑑漢紀十從漢傳，與上有軍字。

乃使相如賣唐蒙，

　　考證：『張文虎曰：「蔡、中統、游、毛本，唐蒙下有等字，與漢書合。」愚按
　　楓、三本亦有。』

施之勉云：景祐本唐蒙下有等字。

案御覽七七七引此唐蒙下亦有等字，通鑑同。

詘膝請和。

案漢傳、文選、司馬文園集，詘皆作屈，古字通用。

康居西域，重譯請朝，稽首來享。

考證：『漢書、文選「請朝」作「納貢。」文選首作顙。……王先謙曰：「西域
傳：『漢興至于孝武，事征四夷，廣威德，而張騫始開西域之迹。』據史張騫
傳，騫使西域，以元朔三年歸。喻巴蜀時，西域康居，疑尙未通中國，乃相如夸
飾之辭。或其時偶有通貢之事，史無明文邪？」』

施之勉云：『五臣本作首。漢書董仲舒傳，元光元年，仲舒對策，已云「夜郎、
康居，殊方萬里，說德歸義。」而相如此檄，尤在其後。則武帝初年，康居寔來
中國，並非相如夸飾之辭，特史文不載耳。』

案司馬文園集『請朝』亦作『納貢。』喻巴蜀時，西域康居，與漢早有通貢之
事。驗以董仲舒對策，王氏後說是。文選李善注：『毛詩曰：「自彼氐羌，莫不
來享。」爾雅曰：「享，獻也」』引詩，見商頌殷武，莫下本有敢字。

右弔番禺，

案漢傳補注：『左襄十四年傳注：弔，恤也。』

不敢怠隳。

考證：『怠隳，』漢書作『惰怠，』文選作『憜怠。』

案司馬文園集作『怠惰。』惰乃憜之省。說文：『憜，不敬也。惰，憜或省𠂤。』
隳，借字。憜，俗字。

延頸舉踵，喁喁然皆爭歸義，欲爲臣妾。

正義：喁，五恭反，口向上也。

考證：『桃源抄云：「淮南子云：羣生莫不喁然仰其治。」漢書、文選「爭歸
義，」作「鄉風慕義。」』

案荀子榮辱篇：『小人莫不延頸舉踵而願。』司馬文園集『爭歸義』亦作『鄉風
慕義。』文選作『嚮風慕義。』注：『呂氏春秋曰：「聖人南面而立，天下皆延

頸舉踵矣。」論語素王受命讖：「莫不喁喁延頸歸德。」史記：「張良曰：百姓莫不嚮風慕義，願爲臣妾。」』所引史記，見留侯世家，嚮本作鄉。淮南子傲眞篇：『羣生莫不顒顒然仰其德。』御覽七七引『顒顒』作『喁喁』（劉文典淮南鴻烈集解有說。）喁、顒正、假字。桃源引淮南子云云，有脫誤。又正義釋喁爲『口向上。』本師古注。

故遣中郎將往賓之。

　　考證：『徐孚遠曰：賓，謂以賓見諸侯之禮接之。』

　　案文選注：『中郎將，唐蒙也。』考證引徐說，本殿本考證。

發巴蜀士民各五百人，以奉幣帛，

　　考證：漢書、文選『士民』作『之士，』漢書無帛字。

　　案司馬文園集『士民』亦作『之士，』亦無帛字。

聞烽舉燧燔，

　　索隱：『燧、燧，韋昭曰：「燧，束草置之長木之端，如挈桌，見敵則燒舉之。燧者積薪，有難則焚之。燧主晝，燧主夜。」字林云：「䉬，漉米籔也。音一六反。」又纂要云：「䉬，淅箕也。」此注是孟康說。』

　　施之勉云：『王國維敦煌漢簡跋十二曰：「史記司馬相如傳：『聞烽舉燧燔。』集解引漢書音義曰：『烽，如覆米䉬，縣著桔橰頭，有寇則舉之。燧，積薪，有寇則燔然之。』漢書賈誼傳：『斥候望烽燧不得臥。』注引文穎曰：『邊方備胡寇作高士櫓，櫓上作桔橰，桔橰頭懸兜零，以薪草置其中，常低之，有寇則火然舉之，相告曰烽。又積薪，寇至卽然之，以望其煙曰燧。』二說略同。則烽用火，燧用煙。夜宜用火，晝宜用煙。簡云『晝不見煙，夜不見火。』是也。乃張揖（文選嗞巴蜀檄李善注引）、張晏（漢書賈誼傳注）、司馬貞（史記周本紀索隱）、張守節（史記司馬相如傳正義），皆以爲烽主晝，燧主夜。顏師古獨於賈誼傳注破張晏之說曰：『晝則燔燧，夜則舉烽。』其識卓矣！」』

　　案索隱本烽作燧，漢傳同。烽乃燧之俗省，前子虛賦有說。說文㷭下段注：『張揖曰：「晝舉㷭，夜燔燧。」李善取其說。廣韵：「夜曰㷭，晝曰燧。」蓋有誤。』不知廣韵之說，正與漢簡之說合，非誤也。王氏所稱『司馬貞（史記周本紀

索隱）、張守節（史記司馬相如傳正義）。』乃『張守節（史記周本紀正義）、
司馬貞（史記司馬相如傳索隱）』之誤。又黃善夫本、殿本索隱，並作『字林
云：「籔，漉米籔也。音一六反。」纂要云：「籔，淅箕也。」烽見敵則舉，燧
有難則焚。烽主晝，燧主夜。』非其舊也。

義不反顧，

　　考證：漢書、文選義作議。

　　施之勉云：類聚五十八義亦作議。

　　案司馬文園集義亦作議，古字通用。莊子齊物論篇：『有倫有義。』釋文引崔譔
　　本義作議，卽其比。

析珪而爵，

　　案漢傳、司馬文園集珪並作圭。珪，古文圭。

居列東第，

　　索隱：列甲第，在帝城東，故云東第也。

　　案索隱說，本師古注。

功烈著而不滅。

　　案漢傳烈作業，義同。爾雅釋詁：『烈，業也。』

肝腦塗中原，膏液潤野草而不辭也。

　　案藝文類聚五八液作澤。漢傳『野草』作『墊屮。』師古注：『墊與墊同，古野
　　字也。屮，古草字。』文選注引春秋考異郵曰：『枯骸收胲，血膏潤草。』漢書
　　酈通傳：『今劉、項相爭，使人肝腦塗地，流離中野。』

讓三老孝弟以不教誨之過。

　　案文選弟作悌，弟、悌古、今字。漢傳補注引文選注：『漢書景帝詔曰：置三老
　　孝悌以道民焉。』此文帝詔，非景帝詔也。見漢書文帝紀。

重煩百姓。

　　索隱：重猶難也。

　　案索隱說，本師古注，亦見文選注。

檄到亟下縣道，

　　　索隱：……亟，急也。

　　　案索隱說，本師古注，亦見文選注。

使咸知陛下之意，唯毋忽也。

　　　考證：漢書無之字、也字。

　　　案漢傳作『咸喻陛下意，毋忽。』文選作『使咸喻陛下之意，無忽。』漢傳咸上

　　　蓋脫使字，無與毋同。

費以巨萬計。

　　　案漢傳巨作億。

道亦易通。

　　　案書鈔四十引此無亦字，漢傳同。

秦時嘗通爲郡縣。

　　　案漢傳秦作異，師古注：『異時，猶言往時也。』

愈於南夷。

　　　正義：愈，勝也。

　　　案正義說，本師古注。

以賂西夷。

　　　考證：漢書西下有南字。

　　　施之勉云：書鈔四十、白帖十六引，西下有南字。

　　　案書鈔四十兩引此文，一引西下無南字。

皆因門下獻牛酒以交驩。

　　　案御覽七七七引獻上有而字。

卓王孫喟然而歎，自以得使女尚司馬長卿晚。

　　　案淮陰侯列傳：『於是漢王大喜，自以爲得信晚。』與此句法同。

與男等同。

　　　考證：『李笠曰：……漢書無等字。』

　　　案漢傳有等字，無同字。

皆請爲內臣。

案漢傳『內臣』作『臣妾。』通鑑從史作『內臣。』

除邊關，關益斥，西至沫、若水。

考證：『漢書不重關字，蓋脫文也。王先謙曰：〔通鑑十八關下亦有關字。〕言
除去舊設之關，更於新關之地置關也。「益斥，」文意連下。』

案說文繫傳十八引史記云：『漢武時，西夷邊關益序，至沫、若水也。』不重關
字，（與漢傳合。）斥作序，文意連下。漢傳斥作斥，斥、斥並序之隸變。

南至牂柯爲徼，

案黃善夫本、殿本牂柯並作牂柯，乃俗誤。（下文『徼牂柯。』黃本、殿本亦並
誤牂柯。）

橋孫水，以通邛都。

索隱：『「橋孫水，通笮。」韋昭曰：「爲孫水作橋也。」案華陽國志云：「相
如卒開僰道，通南夷，⋯⋯置牂柯郡也。」』

王念孫云：『邛都，本作邛、笮，此淺學人改之也。上文言「邛、笮、冄駹，皆
請爲內臣。」下文言「朝冄從駹，定笮存邛。」則此不得但言「通邛都」也。索
隱本出「通笮」二字，（案此脫邛字。）注曰：「案華陽國志云：『相如卒開僰
道，通南中，開越巂郡。韓說開益州。唐蒙開牂柯，斬笮王首，置牂柯郡。』」
則正文內有笮字明矣。漢書正作「通邛、笮。」』

案『通邛都，』索隱本作『通笮。』通下脫邛字，王說是。王氏引笮作筰，笮、
筰古、今字。王氏所引『通南中，』黃善夫本、殿本索隱並同，與華陽國志四南
中志合。索隱本中誤夷。又黃本、殿本索隱，並略韋注。

唯大臣亦以爲然。

王引之云：唯借爲雖。（經傳釋詞八。）

案唯猶即也。范雎列傳：『主人翁習知之，唯雎亦得謁。』（王氏亦謂借唯爲
雖。）唯亦與即同義。彼文斠證有說。

業已建之，

索隱：案業者，本也。謂本由相如立此事也。

案『業已，』複語，業亦已也。（項羽本紀有說。）索隱說，本師古注。

籍以蜀父老爲辭，而己詰難之，以風天子。

考證：『漢書籍作藉，顏師古曰：藉，假也。風讀曰諷。』

案籍、藉古通，漢紀十一籍作假，風作諷，與師古說合。漢傳藉下無以字，疑涉以下字而衍。漢紀亦無以字。

令百姓知天子之意。

案漢傳知上有皆字。

漢興七十有八載，

案景祐本提行。

羣生澍濡，

考證：漢書、文選澍作霈。

案藝文類聚二九澍作沾，說文：『澍，時雨也。霈，雨霢也。』霈、沾正、假字。

隨流而攘。

索隱：攘，却也。

案索隱說，本師古注。

擧苞滿。

梁玉繩云：『漢書、文選作苞蒲，索隱亦云：「一作蒲。」則滿字譌。』

案司馬文園集滿亦作蒲。

結軼遶轊，

索隱：『「結軼，」下音轍。漢書作軌。張揖曰：「結，屈也。」』

王氏雜志所據震澤王氏本軼作軌，云：『索隱本軌作軼，注曰：「音轍，漢書作軌。」據此，則史記本作「結軼。」（孝文紀：「結軼於道。」田完世家：「伏式結軼西馳。」凡史記、莊子、戰國策，軼字多作軼。）與漢書不同。今本依漢書改爲「結軌，」又刪去注內「音轍，漢書作軌」六字，而加入「軌，車迹也」四字，斯爲謬矣！』

考證：軼，諸本作軌，今從索隱本。

案景祐本南宋補版、黃善夫本、殿本，軼皆作軌。藝文類聚、司馬文園集並同。黃本、殿本索隱並作『張揖云：「結，屈也。」軌，車迹也。』非其舊也。

耆老大夫薦紳先生之徒，

> 案漢傳、文選、藝文類聚薦皆作搢，司馬文園集作縉，薦、縉並搢之借字，後封
> 禪文：『而後因雜薦紳先生之略術，』漢傳薦作縉，文選作搢，亦同例。漢書郊
> 祀志：『縉紳者弗道。』李奇注：『縉，插也。插笏於紳，紳，大帶也。』師古
> 注：『縉，字本作搢。插笏於大帶與革帶之間耳，非插於大帶也。或作「薦紳」
> 者，亦謂薦笏於紳帶之間，其義同。』五帝本紀：『薦紳先生難言之。』作『薦
> 紳，』與此同。

因進曰。

> 案漢傳、文選、藝文類聚、司馬文園集，皆無因字。

蓋聞天子之於夷狄也，其義羈縻勿絕而已。

> 索隱：『案羈，馬絡頭也。縻，牛韁也。漢官儀：「馬云羈，牛云縻。」言制四
> 夷如牛馬之受羈縻也。』
> 考證：文選於作牧。
> 案藝文類聚於亦作牧。黃善夫本、殿本索隱，『牛韁』並作『牛靷，』儀下並有
> 云字。師古注：『羈，馬絡頭也。縻，牛靷也。』文選注：『應劭漢官儀曰：「馬
> 曰羈，牛曰縻。」言四夷如牛馬之受羈縻也。』索隱說，兼本師古注及李善注。

今又接以西夷，

> 考證：漢書、文選接下有之字。
> 案漢紀十一、藝文類聚、司馬文園集，接下亦皆有之字。

仁者不以德來，彊者不以力并，意者其殆不可乎？

> 正義：言自古帝王，雖仁治不能招來，雖強力不能并兼，以其路遠，殆不可通。
> 案『意者』猶『或者。』漢傳、漢紀殆上並無其字。正義說，本師古注。

余尙惡聞若說。

> 考證：漢書、文選余作僕，文選尙作常。
> 案司馬文園集余亦作僕。尙、常古本通用，惟文選尙作常，疑涉下文諸常字而
> 誤。

請爲大夫矗陳其略。

考證：漢書、文選蠡作粗。

案司馬文園集亦作粗。師古注：『粗猶蠡也。』

蓋世必有非常之人，然後有非常之事。有非常之事，然後有非常之功。非常者，固常人之所異也。

索隱：案常人見之以爲異。

考證：文選功下有夫字，『固常』下人字，楓、三本、毛本有，與漢書、文選合，今依補。

案漢紀、藝文類聚、司馬文園集，『固常』下亦皆有人字。漢紀十四載元封五年武帝詔曰：『蓋有非常之人，必有非常之功。非常之功，必待非常之人。』（漢書武帝紀僅有『蓋有非常之功，必待非常之人。』兩句。）索隱說，本師古注。

天下晏如也。

案漢紀如作然，義同。

昔者鴻水浡出，氾濫衍溢，民人登降移徙，陭𨻶而不安。

考證：漢書、文選鴻作洪，浡作沸，登作升，『陭𨻶』作『崎嶇。』

案司馬文園集與漢傳、文選同。洪、鴻正、假字。說文無浡字，當以作沸爲正，上文『潭浡滾汨，』索隱本浡作沸，與此同例。登、升正、假字。『陭𨻶』俗作『崎嶇。』

夏后氏戚之，乃堙鴻水，決江疏河，

梁玉繩云：漢書作『堙洪原，』文選作『堙洪塞源。』夫塞洪水者鯀也。豈禹乎？溝洫志亦有『禹堙洪水』句，而誤自山海大荒北經『禹湮洪水』來。

案司馬文園集戚作感，『堙鴻水，』亦作『堙洪塞源。』文選戚亦作感，感、戚正、假字。莊子天下篇亦云：『昔者禹之湮洪水，決江河。』御覽六八及八二引湮並作堙，堙當作垔。垔，俗字。湮，借字。說文：『垔，塞也。塞，隔也。隔，障也。』然則『垔洪水』者，隔障洪水，使不氾濫耳。

漉沈贍菑，

索隱：『「漉沈贍菑，」漉音鹿，菑音災。漢書作「漸沈澹災。」解者云：「漸作灑。灑，分也。音所綺反。澹，安。……」』

考證：『漉沈贍菑，』漢書、文選作『灑沈澹災。』

施之勉云：五臣本作『漸沈澹災。』

案司馬文園集亦作『灑沈澹菑。』文選注：『張揖曰：「灑，分也。」灑，或作漸。顏師古曰：「沈，深也。澹，安也。言分散其深水以安定其災也。」』說文：『漉，一曰：水下皃也。』引申有分疏之義。索隱引漢傳漉作漸，今漢傳作灑，義皆同。漸借爲斯，說文：『斯，析也。』廣雅釋詁一：『斯，分也。』河渠書：『於是禹……乃斯二渠以引其河。』集解：『漢書音義曰：「斯，分也。」』索隱：『斯，漢書作釃。史記舊本亦作灑，字從水。』斯當爲斯，斯乃俗字。灑乃釃之借字，說文：『釃，下酒也。』段注：『引申爲分疏之義。溝洫志云：「釃二渠以引河。」是也。司馬相如傳借灑。』贍借爲憺，說文：『憺，安也。』師古訓澹爲安，澹亦借爲憺。索隱引漢書菑作災，今漢傳作災，菑、灾並借爲巛，災與灾同，說文：『巛，害也。』又黃善夫本、殿本索隱，並作『漉音鹿，菑音災。漢書作「灑沈澹災，」解者云：「灑，分也。音所宜反。澹，安也。……」』非其舊也。

當斯之勤，

案說文：『勤，勞也。』

躬胝無胈，膚不生毛。

集解：『徐廣曰：……胈，踵也。一作膝，音湊。……』

索隱：『「躬奏呧無胈，」張揖曰：「奏作戚。躬，體也。戚，膝理也。」韋昭曰：「胈，其中小毛也。」胝，音丁私反。莊子云：「禹腓無胈，脛不生毛。」……』

考證：『躬下漢書有「胝骿」二字，文選有膝字，索隱本有奏字。愚按無者爲正。荀子子道篇：「手足胼胝。」胝，皮厚也。』

案司馬文園集躬下亦有『胝骿』二字。胝，或戚字。戚借爲族，廣雅釋言：『族，湊也。』釋詁三：『湊、族，聚也。』索隱本躬下有奏字，奏借爲湊。文選躬下有膝字，膝亦借爲湊。今本史記躬下無奏字或膝字，蓋淺人不得其義而妄刪之。徐注所謂『胈，一作膝。』膝字本應在躬字下也。漢傳胝上有骿字，（骿，或體

－129－

作胈。）疑涉孟康注而衍。孟注：『言禹勤胼胝無有氄毛也。』乃釋胝為『胼胝』字耳。文選注引莊子曰：『兩祖女浣於白水之上者。禹過之而趨，曰：「治天下奈何？」女曰：「股無胈，脛不生毛，顏色烈凍，手足胼胝，何以至是也？」』乃莊子佚文。韓非子五蠹篇：『禹之王天下也，股無胈，脛不生毛。』李斯傳亦稱禹『股無胈，脛無毛，手足胼胝。』索隱引莊子云云，見天下篇，『脛不生毛，』本作『脛無毛。』考證引荀子云云，本漢傳補注。又集解『胈，踵也。』景祐本踵作䏨，黃善夫本、殿本並作種。踵、種並膧之誤，說文：『胝，膧也。膧，瘢胝也。』（朱駿聲通訓定聲云：瘢胝，俗謂之老繭。）又黃本、殿本索隱，並作『張揖曰：「膝，一作戚。躬，體也。戚，湊理也。」韋昭曰：「胈，戚中小毛也。」胝，音真尸反。莊子云：「禹胝無胈，脛不生毛。」……』『膝理』作『湊理，』蓋據漢傳張注改之。『其中』作『戚中，』義並難通。文選注引韋注亦作『其中。』漢傳補注謂『文選注作「身中。」』是。』未知所據何本。『胼無胈，』胼作胝，則據正文作胝妄改之。

聲稱浹乎于茲。

　　正義：浹，徹也。

　　考證：于茲，今茲也。

　　案正義及考證說，並本師古注。

豈特委瑣握䠱，拘文牽俗，循誦習傳，當世取說云爾哉？

　　索隱：『孔文祥云：委瑣，細碎。握䠱，局促也。』

　　考證：『文選握作喔，循作脩。顏師古云：說讀曰悅。……』

　　施之勉云：五臣本作齷。

　　案漢紀特作將，義同。索隱本瑣作璅，璅、瑣雙聲，古通用。司馬文園集從文選，『握䠱』作『喔䠱。』漢紀作『偓促。』（即酈生傳之『握齪。』）疊韻連語，字無定形。楚辭九歎憂苦：『偓促談於廊廟兮。』王注：『偓促，拘愚之貌。』文選循作脩，脩乃循之誤。（循、脩隸書形近，相亂之例甚多。）漢紀說作悅。黃善夫本、殿本索隱璅並作瑣，依正文作瑣改之也。又䠱並作齷，（殿本正文亦作齷。）同。

必將崇論閎議，

　　案漢傳閎作舷，師古注：『舷，深也。音宏。』漢紀、藝文類聚並作宏。文選作呔，注引鄧展子曰：『字詁云：呔，今宏字。』說文：『峹，谷中響也。』段注：『引申爲凡大之偁。史記司馬相如傳：必將崇論舷議』所引史記，乃漢書之誤。爾雅釋詁：『宏，大也。』舷與宏義合。閎乃借字。

而勤思乎參天貳地。

　　索隱：案天子比德於地，是貳地也。與己幷天爲三，是參天也。……

　　案索隱說，本師古注。

普天之下，莫非王土。牽土之濱，莫非王臣。

　　案師古注：『小雅北山之詩也。』

是以六合之內，八方之外，

　　正義：六合，天地四方。八方，四方及四維也。

　　案正義說，本師古注。

浸潯衍溢，

　　索隱：『浸淫。』案『浸淫，』猶漸浸。

　　考證：楓、三本及漢書、文選，潯作淫。

　　案索隱本『浸潯』亦作『浸淫。』前上林賦：『浸潭促節，』索隱引漢傳亦作『浸淫。』潯、潭並讀與淫同。黃善夫本、殿本索隱，『浸淫』並作『浸潯，』依正文作潯改之也。

遼絕異黨之地，

　　案漢傳、文選、藝文類聚、司馬文園集，地皆作域。

舟輿不通，

　　考證：漢書、文選輿作車。

　　案漢紀、藝文類聚、司馬文園集，亦皆作車。莊子秋水篇：『舟車之所通。』

政教未加，流風猶微。

　　案文選注引孟子曰：『故家遺俗，流風善政，猶有存者。』見公孫丑篇。

放弒其上。

　　　考證：漢書、文選弒作殺。

　　　案漢紀、司馬文園集亦並作殺。師古注：『殺讀曰弒。』

幼孤爲奴，係纍號泣。

　　　考證：漢書、文選奴下有虜字。

　　　案漢紀、司馬文園集奴下亦並有虜字，纍並作縲，文選亦作縲。漢傳作桑。纍、
　　　桑正、假字。縲，俗字。孟子梁惠王篇：『係累其子弟。』累乃纍之省。漢紀號
　　　作嘷，號、嘷並借爲号，說文：『号，痛聲也。』

德洋而恩普，

　　　考證：漢書、文選洋下無而字。……愚按『恩普』下，諸本有『洋，溢貌。』集
　　　解。慶長本無。……

　　　施之勉云：景祐本、黃善夫本，『恩普』下無『洋，溢貌。』

　　　案漢紀、司馬文園集亦並無而字。殿本『恩普』下，亦無『洋，溢貌。』集解。

若枯旱之望雨。軋夫爲之垂涕。況乎上聖，又惡能已！

　　　索隱：……字或作戾。軋，古戾字。

　　　考證：惡，漢書作烏，文選作焉。

　　　案文選注引孟子曰：『湯始征葛伯，民望之，若大旱之望雨。』見梁惠王篇，『望
　　　雨』本作『望雲霓。』文選軋作戾。漢紀惡亦作焉，司馬文園集從漢傳作烏，
　　　惡、焉、烏，皆同義。索隱『軋，古戾字。』本師古注。

鏤霛山，

　　　考證：『慶長本標記云：「正義本霊作靈。」愚按漢書、文選亦作靈。』

　　　案漢紀、藝文類聚、司馬文園集，亦皆作靈。

使疏逖不閉，

　　　索隱：逖，遠。言其疏遠者不被閉絕也。

　　　案索隱說，本師古注。

阻深闇昧，得耀乎光明。

　　　索隱：『「曶爽闇昧，」三蒼云：「曶爽，早朝也。」曶音昧。……』

　　　王念孫云：『索隱本「阻深」作「曶爽，」注曰：「三蒼云：『曶爽，早朝也。』

曶音昧。字林又音忽。」案作「曶爽」者是也。漢書、漢紀、文選並作「曶爽。」
說文作㫚，「尙冥也。」封禪書「昧爽，」郊祀志作「㫚爽。」顏師古曰：「㫚
爽，未明之時也。㫚音忽。」「曶爽」與「闇昧」義相近，若作「阻深，」則與
下句「得耀乎光明，」義不相屬。蓋後人見上文有「山川阻深」之語而妄改之
也。乃或於注內加「『阻深』漢書作『曶爽』」七字，以牽合巳改之正文，則其
謬益甚矣！』

案司馬文園集『阻深』亦作『曶爽。』黃善夫本、殿本索隱，並作『「阻深」漢
書作「曶爽。」三蒼云：「曶爽，早朝也。」曶音妹。……』非其舊也。

而息誅伐於彼。

考證：漢書、文選誅作討。

案藝文類聚、司馬文園集誅亦並作討，義同。漢紀誅作攻。

中外提福，

索隱：『「禔福，」說文云：「禔，安也。」市支反。』

考證：漢書、文選提作禔。

案索隱本亦作禔，漢紀、藝文類聚、司馬文園集皆同。禔、提正、假字。

反衰世之陵遲，繼周氏之絕業，斯乃天子之急務也。

考證：漢書、文選『陵遲』作『陵夷，』無『斯乃』二字。

案司馬文園集與漢傳、文選同。文選注：『陵夷猶陵遲也。』漢紀亦無『斯乃』
二字。

且夫王事固未有不始於憂勤，而終於佚樂者也。

梁玉繩云：事字，當依漢書、文選作者。

案司馬文園集事亦作者。文選注：『毛詩序曰：始於憂勤，終於逸樂。』

合在於此矣。

考證：文選、漢書無矣字。

案司馬文園集亦無矣字。

上咸五，下登三。

集解：『徐廣曰：咸，一作函。』

索隱：『「上減五，下登三。」李奇曰：「五帝之德，漢比爲減。三王之德，漢出其上。故云『減五登三』也。」……是韋昭之說也。』

梁玉繩云：『史、漢「咸五，」文選及索隱本作「減五。」減字較勝。而咸亦爲古文減。羣經音辨曰：「咸，洽斬切。」集韻云：「古斬切，與減同。」左傳昭廿六年疏：「諸本咸作減。」呂子仲冬紀：「水泉咸竭。」一本作「減竭。」酷吏傳減宣，漢書作咸，師古曰：「咸音減省之減。」』

案藝文類聚咸亦作減。據漢傳李奇注『五帝之德，比漢爲減。』（文選注引李注同。）則李所據漢傳亦作減，意謂五帝之德尚不及漢也。索隱引李注，『比漢』倒作『漢比，』則『五帝之德，漢比爲減。』意謂漢之德尚不及五帝矣。此不僅非相如之意，亦非李注之意也。（參看漢傳補注。）徐注謂『咸，一作函。』咸、函古亦通用，周禮秋官伊耆氏：『共其杖咸。』鄭注：『咸讀爲函。』卽其證。黄善夫本、殿本索隱，『「減五登三」也。』也上有『此說非』三字，乃據師古注妄增。又末句『是韋昭之說也。』並作『是與韋昭之說符也。』亦非其舊。

猶鷦明已翔乎廖廓，

正義：廖廓，天上寬廣之處。

考證：『鷦明，』漢書作『焦明，』文選作『鷦鵬。』文選廓下有『之字』二字。

施之勉云‥五臣本無『之字』二字。

案焦乃鷦之省，明乃朋之誤，漢紀、藝文類聚、司馬文園集皆作『鷦鵬。』（漢紀一本鵬作明。）朋、鵬並古文鳳字。前上林賦有說。文選作『鷦鵬，』非作『鷦鵬。』惟鵬當作鵬耳。李善注引樂緯云：『鷦鵬狀如鳳皇。』鵬亦當作鵬。卷子本玉篇山部引此文作『焦明已翔於寥廓。』（漢紀乎亦作於。）又引楚辭：『上寥廓而无天。』云：『寥廓，空虛也。』今本楚辭遠遊寥亦作寥，洪校云：『寥，一作嵺。』寥、寥、嵺，並廖之或體，說文：『廖，空虛也。』藝文類聚廓下亦有『之字』二字。正義說，本師古注。

於是諸大夫芒然喪其所懷來，而失厥所以進。

考證：漢書、文選芒作茫。

案司馬文園集芒亦作茫，古字通用。喪、失互文，喪亦失也。莊子說劍篇：『文王芒然自失。』漢傳、文選失上並無而字。

此鄙人之所願聞也。

案藝文類聚引此下有固字。

百姓雖怠，

考證：漢書、文選怠作勞。

案司馬文園集怠亦作勞。

敞罔靡徙，因遷延而辭避。

考證：漢書、文選無因字。……

案師古注：『敞罔，失志貌。靡徙，自抑退也。』補注：『崔鴻禨曰：「敞罔」即「悵惘」之借字。』司馬文園集亦無因字。文心雕龍檄移篇：『相如之難蜀老，文曉而喻博，有移檄之骨焉。』

常有消渴疾。

案漢傳補注引錢大昭曰：『西京雜記：長卿常有消渴疾，乃還成都，悅文君之色，遂以發痼疾。乃作美人賦，欲以自刺，而終不能改，卒以此疾致死。文君為誄，傳于世。』見西京雜記卷二，『乃還』乃『及還』之誤。

其進仕宦，

案漢傳作『故其事宦。』事、仕古本通用，惟漢傳仕作事，疑涉下『之事』字而誤。

天子方好自擊熊彘，

考證：漢書彘作豕。

案漢紀十、通鑑漢記九，彘亦並作豕。

故力稱烏獲，

索隱：『張揖曰：秦武王力士，舉龍文鼎者也。』

施之勉云：『梁章鉅曰：「按文子自然篇云：『老子曰：用眾人之力者，烏獲不足恃。』是古有烏獲，後人慕之以為號也。」』

案趙世家：『秦武王與孟說舉龍文赤鼎。』然則舉龍文鼎者乃孟說，非烏獲也。
（秦本紀、論衡書虛篇及效力篇，亦皆言秦武王與孟說舉鼎。）淮南子主術篇高
誘注：『烏獲，秦武王之力士也。武王試其力，使舉大鼎。』孟子告子篇僞孫奭
疏引帝王世紀云：『秦王於洛陽舉周鼎，烏獲兩目血出。』雖言烏獲舉鼎，未言
其舉龍文鼎也。又淮南子主術篇：『任一人之力者，則烏獲不足恃。』卽文子自
然篇所本，今傳文子，乃魏、晉時僞書，剽竊淮南子之文至多，往往假託爲老子
之言。梁氏所引，卽其一例。若徑以爲老子語，則大誤矣！

臣之愚，

　　考證：文選愚下有暗字。

　　案藝文類聚二四愚下亦有暗字。

今陛下好陵阻險，射猛獸，卒然遇軼材之獸，

　　索隱：『「猝然，」廣雅云：「猝，暴也。」……』

　　案文選、藝文類聚陵並作淩，古字通用。師古注：『卒讀曰猝。』索隱本卒正作
　　猝。漢傳、漢紀、通鑑，軼皆作逸，古字通用。

雖有烏獲、逢蒙之伎，力不得用。

　　索隱：『孟子云：逢蒙學射於羿，盡羿之道也。』

　　考證：文選雖作惟。漢書無力字。

　　施之勉云：文選作雖不作惟。五臣本用上有施字。

　　案漢傳、漢紀、通鑑伎皆作技，技、伎正、假字。漢傳、通鑑並無力字。（漢紀
　　作『而不及用。』）藝文類聚用上亦有施字。索隱引孟子（離婁篇），本師古注。

盡爲害矣。

　　考證：漢書、文選害作難。

　　案藝文類聚、通鑑害亦並作難。漢紀害作患，下更有難字。

雖萬全無患，

　　考證：漢書全下有而字。

　　案漢紀、通鑑全下亦並有而字。

中路而後馳，猶時有銜橜之變。

正義：轊，謂車鉤心也。言馬銜或斷，鉤心或出，則致傾敗以傷人也。

考證：漢書、文選馳上無後字。（上，原誤下。）……

案景祐本後作后，漢傳補注引宋祁曰：『浙本馳字上有后字。』正義論字例所謂『史、漢文字，後字作后。』此尙存其舊也。文選注引莊子：『前有飾轊，而後鞭策之威。』見馬蹄篇，本作『前有轊飾之患，而後有鞭筴之威。』（筴乃策之隸變。漢傳王氏雜志已引之。）一切經音義八四引『轊飾』作『銜轊，』與此文合。正義說，本師古注。

而况涉乎蓬蒿，馳乎丘墳，

考證：漢書、文選作『况乎涉豐草，騁丘虛。』

案通鑑與漢傳、文選同。漢紀作『况涉乎豐草，馳乎丘壚。』虛、壚正、俗字。

其爲禍也，不亦難矣。

梁玉繩云：『劉辰翁曰：「須減亦字乃佳。」而不知漢書元無亦字也。日知錄仍之云：「衍亦字。」』

考證：漢書、文選禍作害。

施文勉云：景祐本漢書有亦字。

案漢記、通鑑禍亦並作害，不下亦並無亦字。漢傳補注：『宋祁曰：「越本作『不亦難矣。』」劉敞曰：「亦字不當刊。」』亦爲句中語助。

而樂出於萬有一危之塗以爲娛，臣竊爲陛下不取也。

考證：漢書無而字，漢書、文選無於字。

案通鑑與漢傳同。藝文類聚亦無於字。漢傳、通鑑並無也字。

蓋明者遠見於未萌。而智者避危於無形。

考證：文選蓋下有聞字。

案文選注引太公金匱曰：『明者見兆於未萌，智者避危於阢形。』文選阮元瑜爲曹公作書與孫權注、鍾士季檄蜀文注，亦並引金匱此文。商君書更法篇：『知者見於未萌。』又見商君傳、趙世家。

禍固多藏於隱微，而發於人之所忽者也。

案漢傳、通鑑禍並作旤，禍、旤正、假字。師古注往往以旤爲古禍字。文選、藝

　　文類聚並無之字。

此言雖小，可以喻大。臣願陛下之畱意幸察。

　　案漢傳、通鑑喩並作諭，諭、喩古、今字。李將軍傳贊亦云：『此言雖小，可以諭大也。』漢傳、文選並無之字。

登陂陁之長阪兮，

　　索隱：『登陂陁，』陂，音普何反。陁，音徒何反。

　　案景祐本提行，漢傳同。索隱本陁作陀，漢傳、司馬文園集並同。陁，或陀字。前子虛賦、上林賦並有說。周禮冬官考工記：『輪已庳，則於馬終古登陁也。』鄭注：『陁，阪也。』索隱說，本師古注。黃善夫本、殿本索隱，陁並作陀，依正文作陁改之也。

臨曲江之隑州兮，

　　索隱：『案隑音祈。隑卽碕，謂曲岸頭也。張揖曰：「隑，長也。苑中有曲江之象，中有長州。」又有宮閣路，謂之曲江。在杜陵西北五里。又三輔舊事云：「樂游原在北。」是也。』

　　案索隱『隑卽碕，謂曲岸頭也。』本師古注。『長州』當作『長洲。』黃善夫本、殿本索隱，並略『張揖曰』至『長州。又』十八字，『謂之』上並有『今猶』二字，蓋據師古注加。末句北上並有西字，疑涉上文『西北』字而衍。

通谷豃兮谽䶎。

　　索隱：谽、䶎，呼含、呼加二反。

　　案漢傳、司馬文園集『谽䶎』並作『谾䜗。』谾乃谽之省，䜗乃䶎之省。前上林賦：『谽呀豁閜。』漢傳谽亦作谾。文選注引司馬彪曰：『谽呀，大貌。』『谽䶎』與『谽呀』同。索隱說，本師古注。

汩㴴嘯習以永逝兮，

　　索隱：『汩㴴嘯，』上音于筆反，㴴音域，疾貌也。嘯音許及反，漢書作㰤。㰤，輕舉意也。

　　考證：漢書無習字。

　　案汩訓疾，字當作淈，方言六：『淈，疾行也。』郭注：『㫱曶，急貌也。于筆

反。』今本正文、注文汩亦並誤汨，前上林賦已有說。漢傳補注：『文選南都賦：「潎洌滅汩。」李善注云：「說文：『滅，疾流也。』王逸楚辭注：『汩，去貌。』」「滅汩」與「汩滅」義同。』所引南都賦、楚辭注兩汩字，亦當作汩。漢傳嗌作鞅，朱駿聲云：『鞅借爲吸，漢書司馬相如傳：「汩滅鞅以永逝兮。」注：「鞅然輕舉意也。」』嗌（或歃字）亦借爲吸，說文：『吸，急行也。』引申有『輕舉』義。漢傳補注：『文選吳都賦：「翕習容裔。」「翕習」與「嗌習」意同。』翕亦吸之借字。易坎：『習坎。』釋文引劉表云：『水流行不休故曰習。』是習亦有急義。『汩、滅、嗌、習，』四字疊義，皆急貌也。漢傳無習字，（疑脫。）則『汩、滅、鞅，』三字疊義。索隱『「汩滅嗌，」上音于筆反，滅音域，疾貌也。』及『鞅，輕舉意也。』並本師古注。黃善夫本、殿本索隱，『輕舉』上並有然字，蓋據師古注增。

觀衆樹之塕薆兮，覽竹林之榛榛。

　正義：榛榛，盛貌也。

　考證：漢書塕作翁。

　案師古注：『翁薆，蔭蔽貌。』塕、翁、薆三字，說文所無。本字當作『篛篓，』俗變从艸。說文：『篛，竹貌。篓，蔽不見也。』廣韻上聲東第一、去聲董第一並收篛字，云：『竹盛兒。』竹盛，則蔭蔽矣。正義說，本師古注。

彌節容與兮，

　考證：漢書彌作弭。

　施之勉云：御覽五百九十六引彌作弭。

　案司馬文園集彌亦作弭，彌與弭同。前上林賦有說。

嗚呼哀哉！操行之不得兮，墳墓蕪穢而不脩兮，魂無歸而不食。

　考證：漢書無『哀哉、墳』三字。

　案司馬文園集亦無墳字，無作亡，漢傳亦作亡。亡與無同。漢傳補注引宋祁曰：『姚本作「墳墓蕪穢而不修，魂魄亡歸而不食。」』

相如以爲列僊之傳，居山澤閒。

　正義：儒，柔也。凡有道術皆爲儒。

　　考證：『正義本傳作儒，與漢書合。王念孫曰：「郊祀志：『此三神山者，其傳在勃海中。』與此傳字同。漢書作儒，轉寫之訛。」』

　　案『之傳』二字當屬下讀，『之傳居山澤閒，』與郊祀志『其傳在勃海中。』（封禪書傳誤傳。）句法同。之猶其也。正義說，本師古注。

其辭曰。

　　考證：此篇多用楚辭遠遊篇語。

　　案考證云云，本評林引明康海說，梁氏志疑已引之。

世有大人兮，在乎中州。

　　案景祐本南宋補版提行，漢傳同。漢傳補注：『官本不提行。』淮南子道應篇：『若士者蟇然而笑曰：嘻！子中州之民。』

垂絳幡之素蜺兮，

　　梁玉繩云：垂乃乘之譌。

　　考證：正義本作乘，與漢書合。

　　案司馬文園集垂亦作乘。

垂旬始以爲幓兮，抴彗星而爲髾。

　　考證：漢書抴作曳。

　　案幓，正作縿。說文：『縿，旌旗之游也。』（段注本游下補『所屬』二字。）朱駿聲通訓定聲云：『漢書司馬相如傳：「垂旬始以爲幓兮。」〔張揖〕注：「旒也。」失之。』楚辭九歎遠遊：『曳彗星之晧旰兮。』（王注：曳，引也。）與漢傳此文作曳合。儀禮士相見禮：『武舉前曳踵。』鄭注：『古文曳作抴。』

掉指橋以偃蹇兮，又旖旎以招搖。

　　索隱：『掉，音徒弔反。指，音居桀反。橋音矯。張揖曰：「指矯，隨風指麾。偃蹇，高貌。」應劭云：「旌旗屈撓之貌。」』

　　考證：索隱本指作揭，故云『居桀反。』漢書『旖旎』作『猗狔。』……

　　案索隱本掉誤棹。指作揭，疑亦形誤。漢傳『猗狔，』狔葢柅之俗變。前上林賦：『旖旎從風。』漢傳『旖旎』作『猗柅，』可證也。黃善夫本、殿本索隱，並略作『掉，音徒弔反。橋，音居夭反。偃蹇，高貌。』

攬攙槍以爲旌兮，

　　正義：『天官書云：天攙，長四丈，末銳。天槍，長數丈，兩頭銳。……』

　　案漢傳『攬攙槍』作『擥攙搶，』擥卽摯字，說文：『摯，撮取也。从手監聲。』攬，俗字。景祐本、黃善夫本、殿本，『攙槍』亦皆作『攙搶，』黃本、殿本正義同。當以作『攙槍』爲正。

紅杳渺以眩湣兮，猋風涌而雲浮。

　　集解：『漢書音義曰：旬始屈虹氣，色紅。杳渺眩湣，闇冥無光也。』

　　索隱：『「紅杳眇以泫湣，」蘇林曰：「泫音炫，湣音莎。」晉灼曰：「紅，赤色貌。杳眇，深遠。泫湣，混合也。」紅，或作虹也。』

　　王念孫云：『集解及索隱本、宋本，渺竝作眇。集解曰：「漢書音義曰：杳眇眩湣，闇冥無光也。」索隱曰：「晉灼云：杳眇，深遠也。」案漢書正作眇。上文上林賦：「俛杳眇而無見。」字亦作眇。此獨作渺者，後人妄改之耳。說文無渺字，古書中「杳眇」字亦無作渺者。』

　　考證：漢書眩作玄。

　　案集解引漢書音義曰：『旬始屈虹氣，色紅。』故索隱云：『紅，或作虹。』景祐本渺作眇，集解同。黃善夫本、殿本並作渺，（司馬文園集亦作渺。）集解仍作眇。索隱本眩作泫，泫、玄並眩之借字。黃善夫本、殿本猋並誤猋，司馬文園集同。又黃本、殿本索隱，泫並作眩，眇並作渺，依正文渺、眩二字改之也。

魂應龍象輿之蠖略逶麗兮，驂赤螭青虬之蚴蟉蜿蜒。

　　正義：『……顏云：「蠖略委麗，」「蚴蟉宛蜒，」皆其行步進止之貌也。』

　　考證：漢書逶作委，虬作虯，蚴作蚴，蜿作宛。

　　案正義引師古注，而不舉異文　，蓋所據此文逶亦作委，蚴亦作蚴，蜿亦作宛。逶、委古通。虬、虯正、俗字。蚴，或蚴字。司馬文園集亦作蚴。前上林賦：『青虬蚴蟉於東箱。』字亦作蚴。蜿，俗字，當從漢傳作宛。

據以驕驁兮。

　　索隱：『張揖曰：據，直項也。驕驁，縱恣也。』

　　正義：據，直項也。驕驁，縱恣也。

考證：漢書據作裾。

案朱駿聲云：『據借爲倨，史記司馬相如傳：「據以驕驁。」索隱：「直項也。」』漢傳據作裾，裾亦借爲倨，酷吏傳：『禹爲人廉倨，』漢傳倨作裾，卽其比。（參看漢傳補注。）漢傳張注，據本作裾，索隱引作裾，依此正文作据改之也。正義說，本張注。亦依此正文改裾爲据也。

詘折隆窮，蠼以連卷。

索隱：『「躩以連卷，」韋昭曰：「龍之形貌也。」躩，音起碧反。……』

正義：詘折，委曲也。崇窮，擧警也。躩，跳也。連卷，句蹄也。

考證：索隱本、正義本蠼作躩。正義本隆作崇。

施之勉云：景祐本、黃善夫本蠼作躩。

案正義本隆作崇，避玄宗諱改之也。索隱本似亦當諱隆字。正義說，全本張揖注，惟以崇代隆耳。躩、蠼（或玃字）正、假字。黃善夫本索隱作『韋昭曰：「蠼，龍之行貌也。」音起碧反。』與正文作躩異，殿本則正文、索隱並改爲蠼矣。

沛艾赳螑，仡以佁儗兮。

集解：『漢書音義曰：……佁儗，不前也。』

索隱：『孟康曰：「赳螑，申頸低頭。」……張揖曰：「仡，擧頭也。佁儗，不前也。……』

正義：沛艾，駊騀也。

案螑，俗字，正作䠗，說文：『䠗，行也。』段注：『廣韵一送曰：「𧼮䠗，疲行皃。」大人賦說螭虯「沛艾赳螑，仡以佁儗兮。」張揖曰：「赳螑，申頸低卬也。」按「赳螑」卽「𧼮䠗。」』又說文：『佁，癡皃。』段注：『大人賦：「沛艾赳螑，仡以佁儗兮。」張揖曰：「佁儗，不前也。」此癡意也。』景祐本、黃善夫本、殿本集解，儗上並脫佁字。黃本、殿本索隱，並略孟康注，又略仡上『張揖曰』三字。『擧頭也』下略『佁儗，不前也。』五字，而增『仡音魚乙反』五字。正義說，本張揖注。

踁踱輵螛，容以委麗兮。綢繆偃蹇，怵㚟以梁倚。

集解：『徐廣曰：「……綢，一作雕。……」駰案漢書音義曰：「怵㚒，走也。……」』

索隱：『「踤踱輵磍，」張揖曰：「踤踱，疾行貌。輵磍，前卻也。」……輵，音烏葛反。磍音曷。「蜩蟉偃蹇，」蜩，音徒弔反。蟉，音勒弔反。張揖曰：「偃蹇，卻距也。」廣雅曰：「偃蹇，夭矯之貌。」張揖曰：「怵㚒，奔走。梁倚，相著。」韋昭曰：「……相如傳云：『倏㚒遠去。』㚒，視也。」』

王念孫云：『「綢繆」本作「蜩蟉，」淺學人改之也。漢書作「蜩蟉，」張揖曰：「蜩蟉，掉頭也。」顏師古曰：「蜩，徒釣反。蟉，盧釣反。」音義與「綢繆」迥別。索隱本正作「蜩蟉，」注曰：「蜩，音徒弔反。蟉，音來弔反。」「徒弔」之音，與雕相近，故集解引徐廣曰：「蜩，一作雕。」今并集解、索隱內之蜩字皆改爲綢，而不知其與「徒弔」之音不合也。』

案索隱本『輵轄』作『輵磍，』卷子本玉篇石部磍下云：『司馬相如賦：「踤踱輵磍。」』（輵，原誤輵。）漢書音義曰：「踤踱，乍前乍却也。輵磍，搖目吐舌也。」揚雄長楊賦：「建輵磍之虡。」漢書音義曰：「刻猛獸爲虡，故其形輵磍而盛怒也。」所據相如及揚雄賦，亦並作『輵磍。』今傳揚賦作『碣磍，』漢書揚雄傳、文選長楊賦並同。）漢傳此文作『輵蟥。』『輵蟥、』『碣磍、』『輵磍、』『輵轄，』皆同。漢傳補注：『集韻：「輵轄，轉搖也。」士相見禮注：「容，謂趨翔。」』漢傳委作䢜，師古注：『䢜，古委字。』王氏謂『綢繆』本作『蜩蟉，』是也。黃善夫本索隱，蜩字尙未改爲綢。漢傳蹇作㥍，㥍，或蹇字。集解引漢書音義：『怵㚒，走也。』漢傳張揖注走上有奔字，當補。怵借爲趉，說文：『趉，狂走也。』（朱駿聲通訓定聲有說。）殿本㚒作㚒（索隱同），漢傳、司馬文園集並同。㚒乃㚒之誤。索隱引韋昭曰：『相如傳云：「倏㚒遠去。」㚒，視也。』上林賦本作『儵夐遠去。』倏、儵正、假字。（前已有說。）㚒無視義，㚒乃夐之誤。夐與瞁同，廣雅釋詁一：『瞁，視也。』或韋氏所見此文㚒作夐與？漢傳補注：『「梁倚，」如屋梁之相倚。文選魯靈光殿賦：「奔虎攫挐以梁倚。」』『梁倚』之義是否如王說，存參。黃善夫本索隱作『張揖曰：「踤踱，疾行，互前却也。輵轄，搖目吐舌也。」……輵音遏，轄音曷。蜩，音徒弔

反。張揖曰：「偃蹇，却器也。」廣雅曰：「偃蹇，夭矯也。」韋昭曰：「……相如傳云：『修㚗遠去。』㚗，袂也。」』（殿本索隱與黄本合，惟蜩作綢，㚗作㚗，並非。）改易、省略、譌誤，兼有之。當以考證本所據單本索隱爲正。

蹋以艐路兮。

索隱：……踏，音徒荅反。

案索隱本蹋作踏，漢傳同。蹋、踏正、俗字。漢傳艐作䑸，艐、䑸亦正、俗字。說文：『艐，船箸沙不行也。』段注：『大人賦張揖注曰：「艐，箸也。」尸部：「屆，行不便也。」郭注方言云：「艐，古屆字。」按釋詁、方言皆曰：「䑸，至也。」不行之義之引伸也。』張注本作『艐，著也。』段氏引作『艐，箸也。』改俗從正耳。朱駿聲云：『艐借爲奏，爾雅釋詁：「艐，至也。」孫注：「古屆字。」方言一：「艐，至也。宋語也。」郭注：「古屆字。」按㞢、㚇聲隔，屆義非屆音也。孫、郭失之。漢書司馬相如傳：「蹋以艐路兮。」注：「著也。」亦失之。』（說文通訓定聲。）

蔑蒙踊躍，騰而狂趭。

集解：『漢書音義曰：蔑蒙，飛揚也。趭，走。』

索隱：『「䁾蒙，」張揖曰：「䁾蒙，飛揚也。趭，走貌。」』

考證：趭，……漢書作趭。

案索隱本蔑作䁾。漢傳蔑作䁾，趭作趭。張揖注：『䁾蒙，飛揚也。趭，奔走也。』䁾、䁾並蔑之俗變。淮南子脩務篇亦云：『蔑蒙踊躍。』高注：『蔑蒙踊躍，明其疾也。』趭亦趭之俗變，說文：『趭，動也。』段注：『說文有趭無趭，廣雅釋宮：「騰趭，犇也。」曹音「子肖。」今疑趭恐誤字，「子肖」恐誤音耳。然大人賦曰：「騰而狂趭，」師古音醮。吳都賦：「狂趭獷猤，」李「子召反。」則古非無趭字矣。』岷以爲趭變爲趭，乃別爲音耳。張守節史記正義論正例云：『極下爲點。』極可變爲㭲，則趭加點變爲趭，亦無足怪矣。集解引漢書音義，即張揖注，依此正文改䁾、趭二字爲蔑、趭，是也。

莅颯卉翕，熛至電過兮。

正義：莅颯，飛相及也。卉翕，走相追也。

考證：漢書翁、熛作歙、焱。

案漢書卉作艸，艸，古卉字。翁、歙古通。焱當爲猋，熛、猋並飆之借字。前子
虛賦、上林賦有說。正義說，本漢傳張揖注。惟依此正文改『艸歙』爲『卉翁』
耳。

邪絕少陽而登太陰兮，與眞人乎相求。

案漢傳張揖注：『眞人，謂若士也，游於太陰之中。』師古注：『眞人，至眞之
人也，非指謂若士也。』補注：『若士，見淮南子。盧敖經乎太陰，所見若士者
也。』見淮南子道應篇。御覽三六九引莊子佚文亦云：『盧敖見若士。』

互折窈窕以右轉兮，橫厲飛泉以正東。

正義：『厲，渡也。張揖曰：飛泉，谷也。……』

施之勉云：漢書注引張說，谷上有飛字。

案漢傳補注：『說文：「窈，深遠也。窕，深肆極也。」楚辭：『吸飛泉之微液
兮。』所引楚辭，見遠遊篇，洪補注引張注，谷上亦有飛字。正義『厲，渡也。』
本師古注。

部乘衆神於瑤光。

集解：『漢書音義曰：搖光，北斗杓頭第一星。』

考證：『漢書乘作署，瑤作搖。遠遊篇：選署衆神以竝轂。』

案釋名釋姿容：『乘，陞也。』遠遊洪補注引大人賦，乘亦作署，瑤亦作搖。集
解引漢書音義釋『搖光，』而不舉異文，所據此文，瑤蓋本作搖。搖、瑤古通，
淮南子本經篇：『取焉而不損，酌焉而不竭，莫知其所由出，是謂瑤光。』文子
下德篇瑤作搖，即其比。

左玄冥而右含靁兮，

集解：『漢書音義曰：含靁，黔羸也。……』

梁玉繩云：漢書作黔雷。

案司馬文園集含亦作黔，遠遊洪補注引大人賦同。漢傳張揖注本作黔雷，集解引
作含靁，依此正文作含靁改之也。

前陸離而後潏湟。

集解：『漢書音義曰：皆神名。』

正義：陸離，漢書作長離。

考證：漢書滃湟作崣皇。

案陸離，疑本作長離，長之作陸，因離字聯想而誤耳。崣皇乃滃湟之省。集解引漢書音義，而不舉異文，疑所據此文與漢傳同也。

廝征伯僑而役羨門兮，

索隱：『……張揖曰：「王子喬也。」漢書郊祀志作正伯僑，此當別人，恐非王子喬也。』

梁氏志疑所據湖本伯作北，云：『索隱本是伯僑，北、伯聲相近。』

考證：索隱本、楓、三本、蔡本、中統、舊刻、游本，作伯僑，與漢書合。他本誤北僑。

施之勉云：景祐本作伯僑。

案司馬文園集亦作伯僑。黃善夫本、殿本並作北僑。漢傳張揖注：『伯僑，仙人王子僑也。』索隱引僑作喬，古字通用。師古注：『征伯僑者，仙人，姓征，名伯僑，非王子僑也。郊祀志征字作正，其音同耳。或說云：「征，謂役使之。」非也。』索隱『漢書郊祀志』云云，即本師古注。

屬岐伯使尚方。

集解：『……漢書音義曰：尚，主也。岐伯，黃帝太醫，屬使主方藥。』

考證：漢書屬作詔。

案集解引漢書音義，即張揖注，『屬使主方藥』句同。漢傳補注：『是漢書本作屬，不作詔。疑傳寫誤也。』作詔，蓋後人所改耳。

祝融驚而蹕御兮，清雰氣而後行。

正義：……火正祝融警蹕，清氛氣也。

考證：『漢書驚作警。警，戒也。遠遊篇：「祝融戒而蹕御兮。」……漢書「雰氣」作「氛氣。」』（『氛氣』原誤『氣雰。』）

蓋正義云云，是所據本驚作警，雰作氛，與漢傳合。遠遊洪補注引大人賦驚亦作警，警、驚正、假字。殿本雰亦作氛，雰、或氛字。漢傳『氣氛』乃『氛氣』之

誤倒，補注有說。

屯余車其萬乘兮，綷雲葢而樹華旗。

　　索隱：『……如淳曰：綷，合也。合五采雲爲葢也。』

　　考證：『漢書其作而。遠遊篇：屯余車之萬乘兮，紛溶與而並馳。』

　　案漢傳其作而，遠遊作之，義並同。綷，或𦀉字。說文：『𦀉，會五采繒色。』

使句芒其將行兮，吾欲往乎南嬉。

　　正義：『……顏云：將行，領從者也。』

　　考證：『漢書嬉作娭。娭、嬉皆訓爲戲。遠遊篇：「指炎帝而直馳〔兮〕，吾將往乎南疑。」注：「疑，一作娭。」』

　　案正義引顏云云，師古注本作『將行，將領從行也。』司馬文園集嬉亦作娭，遠遊作疑，洪校云：『疑，一作娭。』娭、嬉古、今字，（下文『氾濫水嬉兮。』漢傳嬉作娭，亦同例。）娭、疑音近通用。

雜遝膠葛以方馳。

　　索隱：『「膠輵，」廣雅：膠輵，驅馳也。』

　　考證：『索隱本葛作輵，與漢書合。遠遊篇：「騎膠葛以雜亂兮，斑漫衍而方馳。」注：「膠葛，雜亂貌。」』

　　案索隱本葛作輵，漢傳同。非作輵。遠遊之『膠葛，』洪校云：『一作「樛輵。」』補注：『樛音膠，輵音葛。車馬喧雜貌。』非作『雜亂貌。』樛、輵、輵三字，說文所無。當以作『膠葛』爲正。黃善夫本、殿本索隱，輵並作葛，依正文作葛改之也。

騷擾衝蓯，其相紛挐兮。滂濞泱軋，灑以林離。

　　索隱：『衝蓯，』上昌勇反……

　　考證：漢書衝作衝，灑作麗。

　　案索隱本衝亦作衝，衝、衝古、今字。漢書補注：『蓯當爲摐之借字，廣雅釋言：「蓯，撞也。」「泱軋」一作「坱圠，」亦作「軮軋，」謂無涯際也。「林離」當爲「淋灕，」灕，亦省作離，羽獵賦「淋離廓落，」是也。今俗作「淋漓。」』『泱軋』亦作『坱圠、』『軮軋。』（參看賈生傳斠證。）灑諧麗聲，

與麗古葢通用。『林離，』當從羽獵賦作『淋離。』爲正，楚辭哀時命：『翎淋離而從橫。』亦作『淋離。』灕、漓二字，說文所無。

鑽羅列聚，叢以蘢茸兮。衍曼流爛，壇以陸離。

　　考證：『漢書鑽作攢，壇作疼。……王先謙曰：壇、疼 皆嘽借字。……』

案鑽乃攢之借字，漢傳補注亦有說。司馬文園集壇亦作疼。

洞出鬼谷之嶔巖崛礨。

　　集解：『……楚辭曰：「贅鬼谷于北辰」也。』

　　正義：『張云：嶔巖崛礨，不平也。』

　　考證：『漢書嶔作堀，「崛礨」作「崴魁。」……』

案說文：『嶇，山短高貌。』嶔、堀正、假字，前上林賦有說。說文：『崛，高不平也。』（段注本作『山石崔崛高而不平也。』）崴，或崛字。礨與磈同，（磈之作礨，猶傀亦作儽也。）磈、魁古通，爾雅釋木：『枹，遒木，魁瘣。』釋文：『魁瘣，讀若磈磊。』卽其證。漢傳張注本作『堀巖崴魁，不平也。』正義引作『嶔巖崛礨，』依此正文改之也。集解引楚辭云云，見九歎遠遊，今本贅作綴，綴、贅正、假字。

杭絕浮渚而涉流沙，

　　案漢傳無而字。

奄息總極，

　　考證：漢書總作蔥。

　　案漢傳補注：『總，蔥之借字。』

使靈媧鼓瑟而舞馮夷。

　　集解：『徐廣曰：「媧，一作貽。」駰案漢書音義曰：「……淮南子曰：馮夷得道，以潛大川。」』

　　梁玉繩云：漢書瑟作琴。……

　　案漢傳補注：『帝王世紀云：「女媧，一號女希，是爲女皇。」希、貽聲近，故又爲女貽也。……楚詞遠遊：使湘靈鼓瑟兮，令海若舞馮夷。』漢傳瑟作琴，葢聯想之誤。古書中琴、瑟二字往往相亂，莊子讓王篇：『孔子削然反琴而弦歌。』

呂氏春秋慎人篇琴作瑟（冊府元龜八二引瑟作琴），彼文瑟又琴之誤也。〔服虔〕
漢書音義引淮南子云云，見齊俗篇。莊子大宗師篇：『馮夷得之，以遊大川。』
（文選張平子西京賦注引之作道，遊作潛。）又淮南子所本也。

時若薆薆將混濁兮，召屏翳誅風伯而刑雨師。

　　正義：『應云：「屏翳，天神使也。」韋云：「雷師也。」』

　　考證：漢書『薆薆』作『曖曖。』

　　俞正燮云：『楚辭天問云：「蓱號起雨。」王逸注云：「〔蓱，〕屏翳，雨師名。」
史記司馬相如傳大人賦云：「召屏翳，誅風伯，刑雨師。」下文有列缺、豐隆，
則司馬相如以屏翳爲雲師。文選曹子建洛神賦云：「屏翳收風，川后靜波。」注
引植詰咎文云：「河伯典澤，屏翳司風。」謂曹指爲風師。選注又引虞喜志林
云：「屏翳，韋昭說爲雷師，喜則以爲雨師。說屏翳者雖多，並無明據。」今案
屏翳似雲，而號則爲風。楚詞注蓋誤字。韋昭知掌故，以爲雷師，因號生義。
而不知蓱號自應爲風師。天問亦言風號乃起雨也。』（癸巳存稿十三『屏翳』
條。）

　　案漢傳補注：『離騷：「時曖曖其將罷兮。」注：「曖曖，昏昧貌。」釋言：「薆，
隱也。」義本相近，故「晻曖」亦作「晻薆，」（見前。）混濁，不明也。』

　　案楚辭哀時命亦云：『時曖曖其將罷兮。』洪校云：『曖，一作薆。』薆、曖古
通，前上林賦有說。

西望崑崙之軋沕洸忽兮，

　　正義：『……「軋沕洸忽，」不分明貌。』

　　考證：漢書洸作荒。

　　案景祐本洸作恍，洸蓋恍之誤。前上林賦：『瞋盼軋沕，芒芒恍忽。』與此作恍
同。恍，或怳字。怳、荒古通，淮南子原道篇：『鶩忽怳。』文選枚叔七發注引
怳作荒，卽其比。正義說，本漢傳張揖注。

舒閬風而搖集兮，

　　考證：漢書舒作登，搖作遙。

　　案搖、遙古、今字。

吾乃今目睹西王母皻然白首，

　　考證：楓、三本目作日，與漢書合。

　　施之勉云：景祐本目作日。

　　案日之作目，日、目形近，又涉睹字偏旁而誤也。晏子春秋內篇雜上：『吾逎今
　　日睹而贖之。』叔孫通傳：『吾乃今日知爲皇帝之貴也。』並與此作『吾乃今
　　日』同。漢傳皻作翯，皻乃皠之俗變，說文：『皠，鳥之白也。』引申爲凡白之
　　稱。翯乃翯之俗變，說文：『翯，鳥白肥澤貌。』引申亦爲凡白之稱。廣雅釋器：
　　『皠、翯，白也。』

戴勝而穴處兮，

　　考證：漢書戴作戴，

　　案殿本戴亦作戴，司馬文園集同，古字通用，釋名釋姿容：『戴，戴也。』（據
　　畢沅疏證本。）

呼吸沆瀣飡朝霞兮，噍咀芝英兮嘰瓊華。

　　考證：『漢書「噍咀」作「咀噍。」李笠曰：「漢書兮字在飡字上，以下句例之，
　　班書是也。」……』

　　案遠遊洪補注引大人賦，兮字亦在飡字上。噍卽嚼字，說文：『嚼，噍或从爵。』

嬐侵潯而高縱兮，紛鴻涌而上屬。

　　集解：『徐廣曰：嬐音蟻。』

　　索隱：漢書嬐作傪。傪，仰也。音襝。……

　　考證：漢書『嬐侵潯』作『傪褃尋，』涌作溶。……

　　施之勉云：『錢大昕曰：漢書嬐作傪，傪、嬐聲相近。嬐讀如檢，徐音蟻，非
　　也。說文尋字旁从彡，隸變與水相亂。』

　　案說文：『嬐，敏疾也。』傪，或禁字。傪亦借爲嬐。漢傳張揖注：『傪，印
　　也。』此別義。索隱『傪，仰也。』本張注，印、仰古、今字。索隱單本侵作
　　浸，古字通用，莊子大宗師篇：『浸假而化予之左臂以爲雞，』御覽三六九引浸
　　作侵，卽其比。漢傳侵作褃，亦古字通用，釋名釋天：『褃，侵也。』潯乃尋之
　　隸變，錢說是。尋又尋之隸省也。遠遊洪補注引大人賦，涌亦作溶。溶、涌古同

音通用。黃善夫本、殿本索隱，並作『漢書㛅作襟。襟，仰也。音禁。』非其舊
也。

涉豐隆之滂沛。

　　正義：『張云：「豐崇，雲師也。淮南子云：季春三月，豐崇乃出以將雨。」案
　　豐崇將雲雨，故曰滂沛。』

　　考證：漢書沛作濞。……

　　案漢傳『滂沛』作『滂濞，』並雙聲連語，義同。師古注：『滂濞，雨水多也。』
　　正義所引張揖注，漢傳作應劭注。『豐崇』本作『豐隆，』避玄宗諱改之也。淮
　　南子云云，見天文篇。又黃善夫本、殿本正義，案並作按，接乃按之誤。

馳游道而脩降兮，驚遺霧而遠逝。

　　正義：游，游車也。道，道車也。脩，長也。降，下也。『驚遺霧，』言馳車從
　　長路而下馳，遺棄其霧而遠逝也。

　　考證：『楓、三本馳作騁，與漢書合。……張文虎曰：蔡、中統、舊刻、游、
　　柯、毛本，脩作循。

　　施之勉云：景祐本馳作騁。又景祐本、黃善夫本脩作循。

　　案正義既云『脩，長也。』則作脩字是，脩、循隸書形近，相亂之例至多。黃善
　　夫本正文雖誤循，正義尚不誤。（殿本正文、正義並不誤。）文選王子淵聖主得
　　賢臣頌：『追奔電，逐遺風。』李善注：『遺風，風之疾者也。』奔、遺互文、
　　『遺風』猶『奔風。』此文『遺霧』猶『奔霧，』非『遺棄其霧也。正義云云，
　　本師古注。黃善夫本、殿本正義，並無『驚遺霧』以下二十字。

遺屯騎於玄闕兮，軼先驅於寒門。

　　考證：『王先謙曰：「淮南子：『盧敖游乎北海，經乎太陰，入乎玄闕。』又
　　云：『北方北極之山曰寒門。』……」』

　　案王氏引淮南子云云，見道應篇及地形篇。（遠游洪補注已引地形篇。）道應篇
　　許慎注：『玄闕，北方之山也。』地形篇高誘注：『積寒所在，故曰寒門。』

下崢嶸而無地兮，上寥廓而無天。視眩眠而無見兮，聽惝恍而無聞。乘虛無而上假
兮，超無友而獨存。

考證:『漢書眠作泯,「惝怳」作「敞怳,」假作遐。……陳子龍曰:「數語言至道,係乎廣成之對軒轅也。」愚按遠遊篇云:「下崢嶸而無地兮,上寥廓而無天。視儵忽而無見兮,聽惝怳而無聞。超無為以至清,與泰初而為鄰。」長卿蓋襲其語也。……』

案漢傳寥作嵺,遠遊:『上寥廓而無天。』洪校云:『寥,一作嵺。』與此同例。寥、嵺並㵳之或體,說文:『㵳,空虛也。』前難蜀父老文有說。漢傳眠作泯,眠,俗瞑字。泯,借字。說文:『瞑,翕目也。』段注:『引伸為「瞑眩。」』孟子滕文公篇:『書曰:若藥不瞑眩,厥疾不瘳。』一本瞑亦作眠。『惝怳』並俗字,當從漢傳作『敞怳』為正。『上假』猶『登假,』亦猶『升假。』莊子德充符篇:『彼且擇日而登假,人則從是也。』淮南子齊俗篇:『其不能乘雲升假者亦明矣。』並其例。此文漢傳假作遐,古字通用。文選郭景純江賦注引莊子云:『其死登遐,三年而形遯。』莊子大宗師篇釋文引崔譔本有此文,遐作假,卽其比。又莊子在宥篇,廣成子謂黃帝曰:『余將去女,入无窮之門,以遊无極之野。……當我,緡乎!遠我,昏乎!人其盡死,而我獨存乎!』遠遊洪補注引淮南云:『若士曰:我遊乎罔㝗之野,北息乎沈墨之鄉,西窮冥冥之黨,東開鴻濛之光。此其下無地而上無天,聽焉無聞,視焉無眴。』(亦見淮南子道應篇。我下脫南字,『冥冥』乃『窅冥』之誤。又『東開』當作『東關,』『無眴』當作『則眴。』王念孫淮南雜志有說。)長卿此數語,兼本遠遊與莊子在宥。淮南云云,亦本遠遊也。

相如旣奏大人之頌,天子大說。飄飄有淩雲之氣,似游天地之閒意。

案漢傳頌作賦,淩作陵。揚雄傳:『往時武帝好神仙,相如上大人賦,欲目風帝,帝反縹縹有陵雲之志。』(風下帝字,據長短經是非篇補。長短經陵作凌。)飄、縹並借為票,票乃㶾之隸變,說文:『㶾,火飛也。』引申有輕舉義。論衡譴告篇:『孝武皇帝好仙,司馬長卿獻大人賦,上乃僊僊有凌雲之氣。』『僊僊』下舊注云:『宜讀為「飄飄」字。』黃暉論衡校釋引沈濤銅熨斗齋隨筆卷四云:『據論衡此文,謂史、漢古本作「僊僊,」不作「飄飄。」詩賓之初筵傳曰:「僊僊,舞貌。」卽飄然輕舉之意。今本乃淺人妄改。』竊以為漢書揚雄傳作『縹

標，』則史、漢作『飄飄，』恐非淺人妄改。論衡作『僄僄，』疑是『儦儦』之誤，故舊注云：『宜讀爲「飄飄」字。』若本作僄，則無飄音矣。儦、僄形近，又因聯想及神僊而誤耳。（僊、仙古、今字。）儦亦借爲票。（方言十：『儦，輕也。楚凡相輕薄謂之儦。』『輕薄』非『輕擧』也。）淩、陵、凌，古並通用，廣雅釋詁四：『陵，乘也。』西京雜記三：『相如作大人賦，言神仙之事以獻之，賜錦四匹。』文心雕龍風骨篇：『相如賦仙，氣號淩雲，蔚爲辭宗，迺其風力遒也。』

使所忠往，

　　索隱：『張揖曰：使者姓名，見食貨志。』

　　案黃善夫本、殿本，並略索隱。

時時著書。

　　案漢紀十：『相如口吃，而善著書。』（御覽四六四誤引爲史記文。韓非傳，稱非亦『口吃而善著書。』）世說新語品藻篇注引嵇康高士傳，亦稱相如『爲人口吃，善屬文。』

『有使者來求書，奏之。』無他書。其遺札書，言封禪事，奏所忠。忠奏其書。

　　案漢傳作『「有使來求書，奏之。」其遺札書，言封禪事。所忠奏焉。』文選司馬長卿封禪文注引史記亦作『「有使來求書，奏之。」其遺札書，言封禪事，所忠奏言。』（末句『奏言』葢本作『奏焉，』涉上言字而誤。）與漢傳最合。所引葢漢傳文，而標史記之名也。

其書曰。

　　案漢傳書作辭。

伊上古之初肇，自昊穹兮生民。歷撰列辟，以迄于秦。

　　考證：漢書昊作顥，無兮字。索隱本撰作選，與漢書、文選合。

　　案景祐本提行，漢傳同（補注：官本不提行。）昊（俗昦字）、顥古通，前上林賦：『置酒乎昊天之臺。』漢傳、文選、藝文類聚、司馬文園集昊皆作顥，與此同例。師古注：『顥、穹，皆謂天也。』藝文類聚十兮作之，之猶兮也。胡氏文選考異云：『茶陵本無兮字，云：「五臣有之字。」』袁本兮作之，云：「善無之

字。』案二本所見是也。漢書正無，善與之同。』謂李善本文選原無兮字也。
藝文類聚撰亦作選。文選注引文穎曰：『選，數也。辟，君也。』撰，俗僎字。
僎、選古通，論語憲問篇『大夫僎。』釋文：『僎，本又作撰。』漢書古今人表
作選。作撰，亦俗字。

率邇者踵武，

　　索隱：案率，循也。邇，近也。言循覽近代之事，則繼跡可知也。

　　考證：『踵武』猶言『足迹。』與『風聲』對言。

　　案『踵武，』當從索隱釋爲『繼跡。』離騷：『及前王之踵武。』王注：『踵，
繼也。武，跡也。』或卽索隱所本。（離騷洪補注：『踵亦跡也。』或卽考證釋
『踵武』爲『足迹』所本。迹、跡古今字。）黃善夫本、殿本索隱，並略『案
率，循也。邇，近也。』七字。

泝聽者風聲。

　　索隱：『風聲，』風雅之聲。以言聽遠古之事，則著在風雅之聲也。

　　殿本考證：『凌稚隆曰：言「風聲，」見其遠也。索隱言「風雅之聲，」謬。』

　　考證：『漢書「泝聽」作「聽泝。」徐廣云「聽察遠古之風聲。」徐本似亦作
「聽泝。」……』

　　案索隱『聽遠古之事，』似所據正文亦作『聽泝。』『聽泝』與『率邇』對言。
漢傳文穎注：『聽遠者之風聲。風，謂著於雅頌者也。』似卽索隱『著在風雅之
聲』所本，是相沿而誤釋者矣。

紛綸葳蕤，堙滅而不稱者，不可勝數也。

　　索隱：『「紛綸葳蕤，」胡廣曰：「紛，亂也。綸，沒也。葳蕤，委頓也。」張
揖云：「亂貌。」』

　　王念孫云：『「紛綸葳蕤，」索隱本葳作葳，注曰：「胡廣云：『葳蕤，委頓
也。』張揖云：『亂見。』」案漢書、文選竝作葳，說文無葳字，則作葳者是也。
凡「葳蕤」之葳或作葳者，皆因蕤字而誤。上文子虛賦：「錯翡翠之葳蕤，」張
衡東京賦：「羽蓋葳蕤。」字竝作葳。又案「葳蕤」與「紛綸」連文，張揖以爲
「亂　，」是也。陸機文賦：「紛葳蕤以馺遝。」義與此同。胡廣以爲「委頓，」

失之。』

考證：漢書綸作輪，文選堙作湮，無也字。

施之勉云：五臣本有也字。

案漢傳綸作輪，張揖注：『紛輪、威蕤，亂貌。』綸、輪正、假字。文選注引張揖曰：『紛綸，亂貌。』依彼正文作綸，改引輪為綸也。胡廣云：『紛，亂也。綸，沒也。』分釋『紛綸』二字，失之。文選、藝文類聚堙並作湮，湮、堙正、俗字，伯夷傳：『名堙滅而不稱。』與此作堙同。又伯夷傳：『而遇禍災者，不可勝數也。』與此數下有也字同。

續昭、夏，崇號、諡，略可道者七十有二君。

索隱：『七十有二君。』韓詩外傳及封禪書皆然。

考證：漢書、文選續作繽，文選昭作韶。……

案藝文類聚續亦作繽。黃善夫本昭亦作韶。胡氏文選考異云：『茶陵本云：「五臣作昭。」袁本云：「善作韶。」』漢傳補注引李慈銘曰：『史記作「續韶、夏。」韶、昭字古通。』封禪書：『管仲曰：古者封泰山、禪梁父者七十二家。』正義引韓詩外傳云：『孔子升泰山，觀異姓而王，可得而數者七十餘人。』即此索隱所稱外傳之文，乃外傳佚文也。文選注引管子曰：『封太山、禪梁父者，七十有二家。』見管子地數篇。後漢書祭祀志注引莊子佚文亦云：『易姓而王，封於泰山、禪於梁父者，七十有二代。』（又見路史前紀二、天中記八。古籍中類此記載者甚多，參看孝武本紀斠證及莊子校釋附錄。）

其詳不可得聞也。

考證：也，與下文犯。漢書、文選作已。

案司馬文園集也亦作已。（師古注：也，語終之辭。）封禪書：『其詳不可得而記聞云。』

五三六經載籍之傳，維見可觀也。

考證：文選見作風。

施之勉云：『胡紹煐曰：五臣、史、漢並作見。言見於載籍之傳，故可觀也。此不知者，妄改為風。』

案司馬文園集亦作見。見，俗作現。『維見可觀，』猶言『至今可觀』耳。文選作風，或亦有所本。『維風可觀，』維猶其也。

因斯以談，

梁玉繩云：談字何以不諱？說在晉世家。

案史公父名談，史記中凡人名談字，皆諱。其不諱如晉世家之惠伯談，李斯傳之韓談，蓋後人改爲談，以復其舊耳。史公必諱之也。至於行文所用談字，史公似不諱，如孟子荀卿列傳『談天衍。』鄒陽傳『有人先談，』滑稽傳『談言微中。』及此文之『因斯以談。』皆是也。

后稷創業於唐，

考證：『文選唐下有堯字。注引漢書音義曰：唐堯之世，播殖百穀。』

施之勉云：類聚十唐下亦有堯字。

案文選考異云：『堯字衍，茶陵本無，袁本亦無。』考證說，本漢傳補注。

文王改制，爰周郅隆，

集解：『徐廣曰：「郅，蓋字誤。皇甫謐曰：『王季徙郅，故周書曰：「維王季宅郅。」孟子稱「文王生於畢郅。」』或者郅字宜爲郢乎？或爲胵，北地有郁郅縣。胵，大也。音質。」……』

索隱：『爰，於及也。郅，大也。隆，盛也。應劭曰：「郅，至也。」樊光云：「郅，可見之大也。」……』

案郅非誤字，郅借爲至，俗作胵。徐注『或作胵。』胵蓋胵之誤。（景祐本集解『胵，大也。』胵字不誤。）爾雅釋詁：『胵，大也。』釋文：『胵，本又作至，又作胵。』胵，蓋亦胵之誤。郝氏義疏云：『胵者，古本作郅。史記司馬相如傳云：「爰及郅隆。」索隱引樊光曰：「郅，可見之大也。」是樊本作郅。通作胵。』竊疑樊本爾雅，本亦作胵，索隱依史記正文作郅，改引樊說爲郅耳。景祐本、黃善夫本、殿本集解，四郅字皆作郢。（黃本、殿本徙並誤宅。）周書大匡篇：『維周王宅郢三年。』孫詒讓斠補云：『史記司馬相如傳集解引皇甫謐云：「王季徙郢，故周書曰：『維周王季宅郢。』」是也。故孟子稱『文王生於畢郢。』』（今孟子作畢郅，郢、郅聲類同。孟子離婁篇云：「文王生於岐周，卒

— 156 —

於畢郢。」此作「生於畢程，」似誤記。）皇甫謐所引王下有季字者，傳寫誤
衍，實不當有。王，自謂文王，不謂王季也。』孫氏所引集解，孟子上多『是
也。故』三字，未知何據。（施之勉札記亦引孫說，較略，且有改易。）又索隱
『隆，盛也。』單本索隱隆作崇，避玄宗諱改之，作隆非其舊。黃本、殿本並脫
崇字。

大行越成。

索隱：案行，道也。越，於也。以言道德大行，於是而成之也。

案藝文類聚越作厥，恐非其舊。漢傳文穎注：『行，道也。』文選注引如淳曰：
『越，於也。』並索隱所本。黃善夫本、殿本索隱並作『應劭云：大行，謂以言
道德大行也。』非其舊也。

而後陵夷衰微，千載無聲，豈不善始善終哉！

考證：文選夷作遲。

案夷、遲古通，鍾嶸詩品序：『爾後陵遲衰微。』蓋本此文，字亦作遲。漢傳補
注：『文選注引漢書音義曰：「美周家終始相副若一也。」莊子曰：「善始善
終，人猶效之。」』見莊子大宗師篇。

湛恩濛涌，

考證：漢書、文選濛作厖。漢書涌作洪，文選作鴻。……

案藝文類聚『濛涌』亦作『厖鴻。』厖、濛正、假字。洪、鴻亦正、假字，涌與
洪義近。爾雅釋詁：『厖、洪，大也。』

是以業隆於繦褓，

集解：『漢書音義曰：繦褓，謂成王也。……』

案藝文類聚繦作襁。漢傳褓作保，文選、司馬文園集並作緥。襁、繦正、假字。
緥、保亦正、假字。褓，俗字。說文：『襁，負兒衣。緥，小兒衣也。』（魯世
家斠證有說。）漢傳孟康注：『繦保，』謂『成王也。』集解引保作褓，依此正
文作褓改之也。

然猶躡梁父，

案漢傳父作甫，古字通用。下文『意者泰山、梁父，』『而梁父靡幾也。』文選

亦並作甫。

大漢之德，逢涌原泉，沕潏漫衍，

　　集解：『韋昭曰：漢德逢涌如泉原也。』

　　索隱：『逢源泉，』……又作峰，讀曰烽。……

　　考證：各本逢从火，今依索隱本、漢書、文選改。……

　　案景祐本、黃善夫本、殿本逢皆作逢，集解同。藝文類聚、司馬文園集亦並作
　　逢。（藝文類聚有注云：音蜂。）索隱本逢下葢脫涌字。文選注引徐廣曰：『沕，
　　沒也。亡必切。』集解缺引。漢傳、文選、藝文類聚『漫衍』皆作『曼羨，』古
　　字通用。又黃本、殿本索隱，讀下並脫『曰烽』二字。

旁魄四塞，雲尃霧散，

　　考證：漢書、文選尃作布。

　　案師古注：『旁魄，廣被也。魄，音步各反。』讀如薄也。文選注：『魄音薄。』
　　荀子性惡篇：『雜能旁魄而無用。』楊注亦云：『魄音薄。』藝文類聚尃亦作
　　布，說文：『尃，布也。』

上暢九垓，下泝八埏。

　　案漢傳如淳注：『淮南云：「若士謂盧敖：吾與汗漫期乎九垓之上。」』師古
　　注：』埏，本音延。合韻音「弋戰反。」淮南子作「八夤」也。』淮南子道應篇
　　許注：『九垓，九天之外。』地形篇：『九州之外，乃有八殥。』（高注：殥猶
　　遠也。）初學記五引殥作埏，與此作埏合。

霑濡浸潤，協氣橫流，武節飄逝，

　　案漢傳、文選霑並作沾，飄並作猋。霑、沾正、假字。猋、飄亦正、假字，楚辭
　　九歌雲中君：『猋遠舉兮雲中。』王注：『猋，去疾貌。』漢傳補注：『猋，官
　　本作焱。』焱乃猋之誤。

邇陝游原，迴闊泳沫，

　　王念孫云：沫本作末，『泳末』與『游原』相對。今作沫者，因泳字而誤加水旁
　　耳。文選亦誤作沫，唯漢書不誤。

　　考證：『漢書陝作陿。文選迴作迵。……王先謙曰：陿作陝，末作沫，皆借字。』

案漢傳遹作爾，補注：『官本爾作遹。』遹、爾正、假字。文選、司馬文園集陝亦並作陜，陝、陜正、俗字，陝非借字。迵、退同義，爾雅釋詁：『迵，退也。』沬、末雖可通用，但此作沬（司馬文園集亦相承作沬），當是因泳字而誤加水旁，如王說。

首惡湮沒，闇昧昭晢，

集解：『漢書音義曰：始為惡者皆湮滅。……』

考證：漢書、文選湮作鬱，文選闇作晻。

施之勉云：五臣本作闇。

案鬱、湮義通，集解引漢書音義云云，文選注引為孟康注。（漢傳補注有說。）

師古注亦云：『始為惡者皆卽湮滅。』卽承孟注釋『鬱沒』為『湮滅。』本史文釋之也。晻、闇正、假字。說文：『晻，不明也。』漢傳晢作晰，晢之或體。

說文：『昭晢，明也。』

昆蟲凱澤，回首面內。

集解：『韋昭曰：面，向也。』

正義：『澤音懌。文穎曰：凱、懌，皆樂也。』

考證：漢書、文選凱作闓。

案『昆蟲，』眾蟲也。昆借為蜫，說文：『蜫，蟲之總名也。』凱，俗愷字。澤，漢傳作懌，爾雅釋詁：『懌、愷，樂也。』闓、澤並借字。面借為偭，說文：『偭，鄉也。』鄉、向古、今字。又漢傳文穎注，凱本作闓，正義引作凱，依此正文作凱改之也。

然後囿騶虞之珍羣，徼麋鹿之怪獸，

集解：『漢書音義曰：徼，遮也。麋鹿得其奇怪者，……』

正義：騶虞，義獸也。白虎黑文，不食生物，有至信之德則應之。……

案漢傳後作后，下文『而後因雜薦紳先生之略術，』漢傳亦作后，史記故本亦當作后，正義論字例所謂『史、漢文字，後字作后。』是也。藝文類聚麋作麛，恐非其舊。文選注引漢書音義，麋上有遮字，集解缺。正義說，本詩召南騶虞毛傳。（文選注亦引毛傳，較略。）

藥一莖六穗於庖，

　　集解：『徐廣曰：「藥，瑞禾也。」駰案漢書音義曰：謂嘉禾之米於庖廚，以供祭祀。』

　　索隱：『「藥一莖六蕙。」鄭玄曰：「藥，擇也。」說文云：「嘉禾一名藥。」字林云：「禾一莖六蕙謂之藥也。」』

　　梁玉繩云：『此傳道下從禾，漢書、文選俱從寸，蓋古字通用。藥爲瑞禾，導訓作擇。張湯傳有導官，漢公卿表屬少府，主擇米。而唐百官志作藥官令，謂擇此嘉禾之米也。志又云：「掌藥擇米麥。」則藥雖禾名，而亦訓爲擇可知。顏氏家訓書證篇，辨藥非相如所用，以說文藥字引封禪書爲誤。困學紀聞八董迪彥遠謝除正字啓「定文于六穗之禾，訓同于導。」亦是一說。顏說殊未然。學林、嬾眞子、說文繫傳、吹景集竝有說。』

　　施之勉云：黃善夫本、凌本、殿本索隱，鄭玄並作鄭德，是也。此誤。

　　案顏氏家訓書證篇、藝文類聚、初學記十三藥皆作導，導、藥正、假字。說文：『藥，禾也。司馬相如曰：藥一莖六穗也。』段注本改『禾也』爲『藥米也。』云：『三字句。各本刪藥字，改米爲禾，自呂氏字林、顏氏家訓時已然。今正。藥，擇也。擇米曰「藥米，」漢人語如此，漢書百官表、後書殤帝和帝紀，皆有藥官。注皆云「藥官主擇米。」鄧后詔曰：「減大官藥官，自非共陵廟，稻粱米不得藥擇。」光武詔曰：「郡國異味有豫養藥擇之勞。」凡作導者譌字也。「藥米」是常語，故以「藥米」釋藥篆。呂忱、徐廣、顏之推、司馬貞皆執誤本說文，謂藥是禾名。史、漢司馬相如傳封禪文曰：「藥一莖六穗於庖。」鄭德云：「藥，擇也。一莖六穗，謂嘉禾之米。」鄭語冣明憭。言「於庖」者，擇米作飯必於庖也。呂忱乃云「禾一莖六穗謂之藥。」蓋不讀封禪文，而誤斷許書之句度矣。』段氏改『禾也』爲『藥米也。』其說甚精，但說文是否原卽如此，未敢遽斷。（段氏治說文，往往精於許慎，昔年孟眞師有此說。）且所引漢書、後漢書諸藥字，本皆作導，段氏悉改爲藥，以就己說，以爲『作導者譌字。』恐未必然。固不如梁氏之謂『古字通用』矣。此文藥字，漢傳作導，卽以導說藥耳。文選、藝文類聚則並從漢傳作導也。又集解引漢書音義，『嘉禾』上初學記引有擇字，

當補。漢傳鄭氏注及文選注引鄭玄注，亦並脫擇字。惟鄭玄當作鄭德，胡氏文選
考異引此文索隱，亦作鄭德。

犠雙觡共抵之獸，

集解：『……駰案漢書音義曰：……底，本也。……』

考證：文選抵作柢。

案柢、抵正、假字。爾雅釋言：『柢，本也。』（藝文類聚抵作觝，蓋涉觡字偏
旁而誤。）集解底字，殿本作抵，是也。漢傳服虔注亦作抵。文選注引服注作
柢，與彼正文作柢合。

獲周餘珍收龜于岐，

集解：『徐廣曰：「一作『放龜。』」駰案漢書音義曰：「餘珍，得周鼎也。」
岐，水名也。』

索隱：餘珍，案謂得周鼎也。

梁玉繩云：徐廣收作放，是。漢書、文選作放。（水經注十八引作收。）集解以
「餘珍」爲「得周鼎，」與「放龜」分二事解。（文選有珍字。）而漢書無珍字，
作一句讀，謂漢得周放畜餘龜于岐山。以上下文句觀之，當從漢書。獲龜事，他
處不見。

施之勉云：『五臣本亦無珍字。吳汝綸曰：「收，毛本作牧。」張森楷曰：「岐是
山名，謂之水名，豈以收龜於岐，龜是水產，因謂岐爲水乎？然龜固兩棲動物，
固不必杜撰故實，以山爲水也。」』

案漢傳文穎注：『周放畜餘龜於池沼之中，至漢得之於岐山之旁。』是文所見漢
傳無珍字。（文選注引文注以釋正文，是文選亦本無珍字。五臣本是。）惟集解
引漢書音義曰：『餘珍，得周鼎也。』是漢傳一本亦有珍字。（參看漢傳補注。）
以上下文句觀之，無珍字是，如梁說。珍字蓋涉上文『珍羣』而衍。（考證謂
『珍字涉上下衍。』下文無珍字。）司馬文園集收亦作放，收乃放之形誤。毛本
收作牧，牧又收之誤也。收俗書作𢽾，與牧形近易亂，五帝本紀：『黃收純衣。』
金樓子與王篇收誤牧，與此同例。集解『岐，水名也。』水蓋本作山，因聯想而
誤。管子輕重甲篇：『煮沸火爲鹽。』戴望校正云：『火字誤，當依朱（東光）

本作水。』亦水、火二字相亂之例。又黃善夫本、殿本並略索隱。

招翠黃乘龍於沼，

　　索隱：『服虔云：「龍翠色。」又云：「卽乘黃也。乘四龍也。」……

　　案黃善夫本、殿本索隱，並作『服虔云：「乘龍，四龍也。」翠黃，孟說是也。

　　……』

儵儻窮變。

　　案漢傳儻作黨，補注：『官本黨作儻。』儻、黨古通，莊子天地篇：『儻然不

　　受。』釋文：『儻，本亦作黨。』卽其比。

猶以爲薄，

　　案漢傳補注：『文選薄上有德字。』藝文類聚亦有德字。

蓋周躍魚隕杭，休之以燎。

　　索隱：『杭，舟也。胡廣云：武王渡河，白魚入于王舟，俯取以燎。……』

　　考證：文選杭作航。

　　案藝文類聚、司馬文園集杭亦並作航。杭借爲斻，說文：『斻，方舟也。』或體

　　作航。漢傳應劭注：『杭，舟也。』卽索隱所本。文選注引應注，杭作航，依彼

　　正文作航改之也。又引尙書旋機鈐曰：『武〔王〕得兵鈐，謀東觀，白魚入舟，俯

　　取魚以燎也。』（又見王子淵四子講德論注，『旋機』作『旋璣。』）周本紀：

　　『武王渡河，中流白魚躍入王舟中，武王俯取以祭。』（御覽九三五引『以祭』

　　作『以燎之。』）卽胡說所本。

微夫斯之爲符也，

　　案文選、藝文類聚斯並作此，義同。

進讓之道，其何爽與！

　　索隱：『何其爽與！』爽猶差也。言周未可封而封，漢可封而不封，爲進讓之道

　　皆差之也。

　　考證：『漢書讓作攘，顏師古曰：「攘，古讓字。」索隱本「其何」作「何其，」

　　與漢書、文選合。』

　　案藝文類聚『其何』亦作『何其。』黃善夫本、殿本索隱，並略作『爽猶差也。

言漢、周進讓之道皆差也。』

義征不憓。

案漢傳、文選、藝文類聚憓皆作譓。漢傳補注：『釋言：惠，「順也。」說文無譓、憓字。』譓、憓並惠之或體。

休烈浹洽，

案漢傳浹作液，補注引宋祁曰：『液，疑作浹。』液蓋浹之形誤。

意者泰山、梁父，設壇場望幸，

索隱：『設壇場望幸華，』案諸本或作『望華蓋。』……今言望華蓋太帝耳。且言『設壇場望幸』者，望聖帝之臨幸也。……皆云『「望幸」下有華字。』……則唯云『望幸，當是也。』於義亦通。……逐安華字，……。

案文選意下無者字，疑脫。『望幸，』謂『望聖帝之臨幸。』此說是。索隱本幸下衍華字；諸本或又誤幸爲華，因誤連下文蓋字絕句矣。黃善夫本、殿本索隱，『今言』下並略『望華蓋太帝耳。且言「設壇場望幸」者』十四字，皆下無『云望』二字。『望幸，當是，』望並誤幸。『逐安』並誤『逐定。』

蓋號以況榮。

索隱：『案文穎曰：「蓋，合也。……」大顏云：「蓋，語辭也。言蓋欲紀功立號，受天之況賜榮名也。」於義爲愜。然其文云蓋，詞義典質，又上與幸字連文，致令有「華蓋」之謬也。』

梁玉繩云：『史記考異曰：蓋讀如盍，文穎訓爲合，「合號」猶言「合符。」小顏以爲語辭，似迂。』

案藝文類聚蓋字誤與上幸字連讀。師古（小顏）注：『蓋，發語辭也。』本大顏（遊秦）說。黃善夫本、殿本索隱，『蓋，語辭也。言蓋欲紀功立號，』並作『蓋，欲也。言欲化功立號，』妄改之也。

上帝垂恩儲祉，將以薦成。

索隱：薦，漢書作慶，義亦通也。

考證：文選無此十字。

施之勉云：五臣本有此十字，薦作慶。

　　案藝文類聚薦亦作慶，作薦是。『薦成』者，徐廣注『薦之上天告成功。』是
也。漢傳作慶，慶蓋本作薦，薦乃薦之隸變，與慶形近，因誤爲慶耳。五臣本文
選、藝文類聚諸書，亦相沿而誤爲慶矣。文選考異稱袁本、茶陵本亦有此十字，
薦亦作慶。司馬文園集從史記作薦，最爲可貴！黃善夫本、殿本索隱，並無薦
字，慶下並有成字。

陛下謙讓而弗發也。

　　案漢傳謙作嗛，師古注：『嗛，古謙字。』謙、嗛正、假字。

挈三神之驩，缺王道之儀，

　　案挈、缺互文，藝文類聚挈作契，古字通用。廣雅釋言：『挈，缺也。』王氏疏
證：『史記司馬相如傳：「挈三神之驩。」集解引韋昭注：「挈，缺也。」漢書
毋將隆傳：「挈國威器。」李奇注：「挈，缺也。」挈、契竝與挈通。』漢傳、
文選、藝文類聚驩皆作歡，歡、驩正、假字，其例習見。

或謂且天爲質闇，珍符固不可辭。

　　索隱：『孟康曰：言天道質昧，以符瑞見意，不可辭讓也。』
　　梁玉繩云：漢傳、文選闇下有示字，連下『闇示珍符』作一句。
　　案司馬文園集闇下亦有示字，『闇示珍符』連讀，與梁說合。據孟康注，則闇字
屬上絕句。黃善夫本、殿本，並略索隱。

而梁父靡幾也。

　　案漢傳、文選靡並作罔，義同。『靡幾』猶『無察。』禮記玉藻：『御瞽幾聲之
上下。』鄭注：『幾猶察也。』

咸濟世而屈。

　　考證：漢書、文選濟下有厥字。
　　案司馬文園集濟下亦有厥字。

而云七十二君乎？

　　案漢傳、文選乎並作哉。

不爲進越。

　　考證：漢書、文選越下有也字。

　　　案藝文類聚越下亦有也字。

而修禮地祇，

　　　案漢傳地作目，補注：『史記、文選「目祇」作「地祇，」官本不誤。』地之作目，涉彼上下文諸目字而誤。（藝文類聚、司馬文園集亦並作「地祇。」）

勒功中嶽，以彰至尊。舒盛德，發號榮，受厚福，以浸黎民也。

　　　案漢傳、文選、藝文類聚彰皆作章，彰、章正、假字，其例習見。殿本『號榮』二字倒，司馬文園集亦作『榮號。』文選民作元，避唐太宗諱改之也。

王者之丕業，

　　　考證：丕，漢書、文選作卒。

　　　案師古注：『卒，終也。字或作本，或作丕。丕，大也。』文選注亦云：『卒或爲本。』卒、本並丕之誤。說文：『丕，大也。』（爾雅釋詁同，）段注：『丕，隸書中直引長，故云「丕之字不十」漢石經作𠀐。』三國志魏志闞澤傳，澤對孫權曰：『以字言之，不十爲丕。』秦本紀、年表之丕鄭，左僖九年傳丕作𠀐。即其例。卒，隸書作𠁁。本，隸書作夲。與丕之作𠀐、𠀎，並易相亂。漢書匡衡傳：『殆論議者未丕先帝之盛功。』師古注：『丕，大也。丕字或作本。』本亦丕之誤。

以展采錯事。

　　　集解：『……駰案漢書音義曰：采，官也。……』

　　　案集解引漢書音義，文穎注也。漢傳補注：『書堯典馬注：「采，官也。」文選正文及引文說並作寀，蓋後人妄改。』爾雅釋詁：『寀，官也。』郭注：『地官爲寀。』郝氏義疏云：『漢書刑法志注引寀作采。』采、寀古、今字。

校飭厥文，作春秋一藝。

　　　集解：『徐廣曰：校，一作祓，祓猶拂也。……』

　　　考證：『漢書、文選「校飭」作「祓飾。」文選注云：「祓，音弗。」蓋讀爲黻也。黻、飾二字一意。藝讀爲經。』

　　　施之勉云：『文選無此注。胡紹煐曰：按「祓飾，」猶「拂拭，」謂拂拭其文也。史記作「校飭，」形近之誤。』

案司馬文園集校亦作祓，校乃祓之誤，（交，隸書作夊，與友相似。）祓，聲訓爲拂，徐說是，胡氏從之。（殿本集解，兩祓字並誤从衣作被。）文選祓字下右旁注弗字，故考證云『文選注云：祓，音弗。』施氏失檢。惟祓，不必如考證說『讀爲黻』耳。飾非誤字，飾、飭正、假字，（前上林賦有說。）飾、拭古、今字。『一藝』猶『一經，』然藝不得讀爲經。

攄之無窮，

　　集解：『徐廣曰：攄，一作臚。臚，敍也。』

　　索隱：『廣雅云：攄，張舒也。』

　　正義：攄，布也。

　　案廣雅釋詁一：『攄，張也。』釋詁四：『攄，舒也。』（索隱合引之。）王氏疏證：『舒亦張也。攄、舒聲相近，淮南子脩務訓注云：「攄，舒也。」楚辭九章云：「據青冥而攄虹兮，」史記司馬相如傳：「攄之無窮，」徐廣音義云：「攄，一作臚。」爾雅云：「舒，敍也。臚，敍也。」義並相通。』正義攄訓布，布與張、舒同義。

蜚英聲，

　　案藝文類聚蜚作飛。師古注：『蜚，古飛字。』

宜命掌故，悉奏其義而覽焉。

　　集解：『漢書音義曰：掌故，太史官屬，主故事也。』

　　考證：漢書、文選義作儀。

　　案藝文類聚義亦作儀，古字通用。禮記樂記：『制之禮義，』漢書禮樂志義作儀，莊子馬蹄篇：『雖有義臺路寢，无所用之。』藝文類聚九三引義作儀。並其證。集解引漢書音義云云，師古注『太史』作『太常，』文選考異：『陳（少章）云：「史，常誤。」是也。漢書注作常。』

於是六子沛然改容曰：愉乎，朕其試哉！

　　考證：漢書、文選愉作俞。顏師古曰：「沛然，感動之意也。俞者，然也。然其所請也。」文選沛作俙，注：「俙，感動之意也。或作沛。」』

　　施之勉云：『⋯⋯⋯曰：「按說文云：『俙，誣面相是。』段氏以爲『內爭外順，

－166－

如皋陶謨所謂面從』者，是也。然則張揖注『俙，感動之意。』疑非矣。」』

案文選注：『張揖曰：「俙，感動之意也。」俙，或爲沛。』師古注：『沛然，感動之意也。』卽本張注，而俙作沛，竊疑俙乃沛之誤。（疑沛之俗書作㳂，與俙相亂。）藝文類聚愉亦作俞，古字通用。爾雅釋言：『俞，然也。』

詩大澤之博，廣符瑞之富。

集解：『漢書音義曰：詩，歌詠功德也。下四章之頌也。……』

案漢傳補注引王念孫曰：『詩者，志也。志者，記也。謂作此頌以記大澤之溥博，廣符瑞之富饒也。詩訓志意之志；又訓志記之志。詩譜正義引春秋說題辭曰：「詩之爲言志也。」是詩訓爲志意之志也。賈子道德說篇：「詩者志德之理而明其指，令人緣之以自成也。故曰：詩者，此之志者也。」是詩又訓爲志記之志也。』管子山權數篇：『詩者，所以記物也。』下四章之頌，則所以記功德也。藝文類聚廣作演，義同。集解引漢書音義，乃孟康注，孟注歌上有『所以』二字。補注：『集解引作「詩，歌詠功德也。下四章之頌也。」文選注引同。是以詩字作「歌詠功德」解，得古人實字虛用之義例。』

乃作頌曰。

考證：漢書、文選乃作逎。

案藝文類聚乃亦作逎，乃猶逎也。秦本紀斠證有說。

自我天覆，

案景祐本提行，文選同。

厥壤可游。

考證：漢書、文選游作遊。

案藝文類聚、司馬文園集游亦並作遊，游、遊古、今字。漢傳作游，與史記同，考證失檢。

滋液滲漉，

索隱：『案說文云：滲漉，水下流之貌也。』

案漢傳補注引文選注：『說文：「滲，下漉也。」又曰：「漉，水下貌。」』索隱云云，合而引之也。

非唯雨之，又潤澤之。非唯濡之，氾尃薆之。

　　集解：『徐廣曰：古布字作尃。』

　　索隱：『胡廣曰：氾，普也。言雨澤非偏於我，普徧布散，無所不薆之也。』

　　考證：『濡之，』漢書作『偏我。』文選作『徧之我。』漢書、文選尃作布，作護，護讀爲薆。……

　　施之勉云：『胡紹煐曰：「按徧與偏皆誤。史記作濡，是也。此四句俱用韻，濡與上雨、澤，下薆爲韻，古音同在魚部。胡廣注「非偏於我，」乃釋其義如是，非正文作偏也。漢書遂改濡爲偏，五臣又誤爲徧，以韻求之，胥失矣。」』

　　案漢傳兩非字並作匪，藝文類聚同，非、匪正、假字。文選兩唯字並作惟，習見通用字。又『濡之』作『徧之我』，胡氏考異：『徧當作偏，之字不當有，讀以四字爲一句，漢書正如此。史記索隱引胡廣曰：「言雨澤非偏於我。」最爲明晰。是史記亦作「偏我，」與漢書同。今有誤，當據索隱訂也。』考異說是。此四句，雨與『潤澤』相應，偏與『尃薆』相應。胡廣注『非偏於我，』明就正文『偏我』而言，豈僅釋其義而已邪？偏作濡，蓋後人以意改之，與上文雨、澤及下文薆協韻耳。不知濡與『尃薆』義不相應也。且此句亦不必協韻，胡紹煐未審文義，但以韻求之，其說泥矣！藝文類聚作『徧之我，』與文選合。偏、徧古本通用，（莊子繕性篇：『禮樂徧行，』覆宋本徧作偏，庚桑楚篇：『徧得老聃之道，』日本舊鈔卷子本徧作偏，並其比。）此作徧，當是偏之誤。之字涉上下文而衍。藝文類聚『尃薆』亦作『布護，』索隱單本尃亦作布。前上林賦『尃結縷，』集解引徐注亦云：『尃，古布字。』薆、護古通，上林賦有說。

萬物熙熙。

　　案文選注引周書：『王子晉曰：萬物熙熙，非舜而誰？』見王子晉解，誰下尙有能字。孔晁注：『熙熙，和盛。』

般般之獸，樂我君囿。白質黑章，其儀可嘉。

　　梁玉繩云：嘉乃喜之譌。

　　考證：漢書、文選囿作圃，漢書嘉作喜。

　　案景祐本提行。師古注：『般字與斑同。』斑借爲辬，說文：『辬，駁文也。』

俗作斑。漢傳補注引朱一新曰：『文選五臣本圃作囿，（李善本作圃。）史記同。圃、喜古音叶也。作圃誤。』文選考異亦有說，並云：『善自作圃，傳寫誤作圃耳。』

旼旼 睦睦，君子之能。

集解：『徐廣曰：「……能，一作態。」騆案漢書音義曰：「旼，和。穆，敬。……」』

梁玉繩云：徐廣能作態，是也。

考證：漢書、文選睦作穆，能作態。

施之勉云：『張森楷曰：王、秦本能作態，注亦是「能，一作態。」謬不可通。』案藝文類聚睦亦作穆，集解引漢書音義（孟康注）『穆，敬。』而不稱異文，是所據正文亦作穆。說文：『睦，一曰：敬和也。』段注：『古書睦、穆通用，如史記「旼旼睦睦，」漢書作「旼旼穆穆。」是也。穆多訓敬，故於睦曰「敬和。」』藝文類聚能亦作態，態、能正、假字，屈原傳：『誹俊疑桀兮，固庸態也。』論衡累害篇態作能，能亦態之借字也。

蓋聞其聲，今觀其來。

考證：『觀，漢書作視，文選作親。聲，名也。瞿鴻禨曰：來與之、哉、喜、態皆叶。』

施之勉云：『楊樹達曰：按之古韻在哈部，與哉、喜、態固為同韻。然上文「匪唯雨之」以下六句，乃以古韻模、鐸部之雨、澤、護、慕為韻，之字不入韻也。「名山顯位」以下十二句，以來、哉、圃、喜、態、來為韻。瞿不舉圃字，亦非也。瞿氏不瞭古音，故出入兩失之如此。』

案藝文類聚觀亦作親。漢傳作視，師古注：『言往昔但聞其聲，今親見其來也。』補注：『文選視作親，李善注云：「親見其來。」據顏注：疑漢書亦作親。』竊以為師古蓋以見釋視，見上增親字以足文義，非正文本作親也。文選注『親見其來，』卽本師古注，而正文誤為親，藝文類聚亦同誤耳。考證引瞿說，本漢傳補注。

厥塗靡蹤，天瑞之徵。

集解：『徐廣曰：其所來路非有迹，蓋自天降瑞，不行而至也。』

考證：『漢書、文選蹤作從。中井積德曰：作從爲長，無知其所從來也。乃所以爲天瑞。』

案藝文類聚蹤亦作從。徐注『其所來路非有迹，』是史記舊本作蹤。莊子知北遊篇：『其來無迹。』與此文義相近。漢傳文穎注：『其來之道何從乎？此乃天瑞之應也。』是漢傳作從，文選、藝文類聚本之。從、蹤古、今字，酷吏張湯傳：『蹤跡安起？』漢傳蹤作從，師古注：『從讀曰蹤。』與此同例。文氏未達從字之義，中井說，蓋本文注。

茲亦於舜，虞氏以興。

考證：『漢書亦作爾，王念孫曰：爾字於義無取，當〔從史記、文選〕作亦。……』

施之勉云：五臣本亦亦作爾。

案藝文類聚亦亦誤爾。

濯濯之麟，

索隱：『詩人云：「麀鹿濯濯。」注云：「濯濯，嬉遊貌。」』

案漢傳文穎注：『濯濯，肥也。』詩大雅靈臺：『麀鹿濯濯。』師古注已引之。

毛傳：『濯濯，娛遊也。』索隱引娛作嬉。

帝以享祉。

案漢傳、文選以並作用，義同。

宛宛黃龍，

案文選注引楚辭曰：『駕八龍之宛宛。』離騷『宛宛』本作『婉婉。』宛、婉正、假字，說文：『宛，屈艸自覆也。』『宛宛，』屈貌。

采色炫燿，熿炳輝煌。

梁氏志疑所據湖本煌作湟，云：湟乃煌之譌。

考證：漢書炫作玄，漢書、文選熿作煥。

案漢傳炫作玄，師古注：『玄讀曰炫。』熿，或煌字，與煌字複，當從漢傳、文選作煥爲長。煥、炳、輝、煌，四字疊義。景祐本輝誤煌。

覺寤黎烝。

案文選、藝文類聚寤並作悟，悟、寤正、假字。

不必諄諄。

案文選注引孟子：『萬章曰：「天與之者，諄諄然命之乎？」曰：「否。」』見萬章篇。

依類託寓，

考證：『張文虎曰：「託，從舊刻，與漢書、文選合。據集解，則本是託字，它本作記，非。」愚按楓、三本亦作託。』

施之勉云：景祐本作託。

案殿本亦作託，藝文類聚、司馬文園集並同。黃善夫本誤記。

天人之際已交，上下相發允荅。

施之勉云：『吳汝綸曰：案文選劉琨勸進表注引此文作「上下之情允洽。」此作「相發允荅」者，誤也。勸進表：「天地之際已交，華裔之情允洽。」正擬此文。』

案文選載此文同。而劉琨勸進表注引下句作『上下之情允洽。』『之情』二字，蓋涉彼正文『華裔之情允洽』而誤記，非此文『相發』本作『之情』也。文選載陶淵明歸去來辭：『或命巾車。』（呂延濟注：『巾，飾也。』李善注引孔叢子記問篇『巾車命駕，』卽陶公所本。）而江文通雜體詩擬陶徵君田居一首『日暮巾柴車，』李善注引歸去來辭作『或巾柴車。』亦涉彼正文而誤記，與此同例。段玉裁說文巾字注，據雜體詩注，以爲歸去來辭本作『或巾柴車。』其失與此文吳說同類也。古人注疏引書，往往因正文而誤記；或依正文而有所增改，此當注意者也。（參看拙著陶淵明歸去來兮辭幷序箋證。）

兢兢業業也。

考證：漢書、文選無也字。

案藝文類聚亦無也字。文選注：『尙書（皋陶謨）曰：「兢兢業業。」毛詩（大雅烝民）曰：「小心翼翼。」爾雅曰：「翼翼，敬也。」』爾雅釋訓：『兢兢，戒也。　生：戒愼。）翼翼，恭也。（郭注：恭敬。）』釋詁：『翼，敬也。』李善注引爾雅，釋訓、釋詁相亂。

興必慮衰，安必患危。

　　考證：漢書、文選興上有於字。

　　施之勉云：『文選興上於字，音烏。劉良注曰：歎美之辭也。』

　　案藝文類聚興上亦有於字。漢傳補注引沈欽韓曰：『周書程典解：於安思危，於
　始思終。』據周書云云，於非歎美之辭，不當音烏。於字冠下兩句言之，於猶在
　也，居也。左襄十一年傳：『書曰：居安思危。』亦可證。

是以湯、武至尊嚴，不失肅祗。舜在假典，顧省厥遺。此之謂也。

　　正義：在，察也。

　　案漢傳補注：『文選厥作闕。李善注：「湯、武雖居至尊嚴之位，而猶不失肅祗
　之道。舜所以在於大典。謂能顧省其遺失。言漢亦當不失恭敬而自省也。祭天，
　是不忘敬也。不封禪，是遺失也。毛詩〔商頌長發〕曰：湯降不遲，上帝是祗。」』
　藝文類聚厥亦作闕。文選考異：『闕當作厥，史記、漢書皆作厥。善注云：「謂
　能顧省其遺失。」以其解厥，是作厥字無疑。袁、茶陵二本所載五臣濟注云：
　「恐政治有所闕遺。」蓋其本乃作闕。』闕、厥古亦通用，論語憲問篇『闕黨童
　子，』漢書古今人表闕作厥，即其證。師古注：『在，察也。』即正義說所本。
　又案文心雕龍封禪篇：『觀相如封禪，蔚爲唱首。爾其表權輿，序皇王，炳玄
　符，鏡鴻業，驅前古於當今之下，騰休明於列聖之上，歌之以禎瑞，讚之以介
　邱，絕筆茲文，固維新之作也。』

八年而遂先禮中嶽，

　　案漢傳無先字。

相如他所著，若遺平陵侯書、與五公子相難草木書篇，不采。采其尤著公卿者云。

　　梁玉繩云：『漢藝文志有相如作凡將一篇，賦二十九篇。又漢書佞幸傳云：「上
　方興天地諸祠，欲造樂，令司馬相如等作詩頌。」此何以不及？』

　　考證：『漢書藝文志詩賦略云：「司馬相如賦二十九篇。」其存者史、漢本傳子
　虛賦、上林賦、哀秦二世賦、大人賦四篇，文選長門賦一篇，古文苑美人賦一
　篇，凡六篇。又有梨賦、魚菹賦，竝殘。梓桐山賦，亡。其雜文，本傳諫獵上
　書、喻巴蜀檄、難蜀父老、封禪文四篇。報卓文君書、荅盛擥問作賦，竝殘。遺

幸陵侯、與五公子二書，佚。藝文志小學略又云：「武帝時司馬相如作凡將篇。」

佞幸傳云：「上方與天地諸祠，欲造樂，令司馬相如等作詩頌。」本傳亦不及。』

施之勉云：『姚振宗曰：「蜀志秦宓傳：『仲舒之徒，不達封禪，相如制其禮。』

按，據宓所言，則長卿所奏封禪書，並附有禮儀。疑編入漢志禮家封禪議對十九

篇中。又文心雕龍頌贊篇云：『相如屬筆，始讚荆軻。』按漢志雜家，荆軻論五

篇，軻爲燕刺秦王不成而死，司馬相如等論之。」』

案相如諸著，今尙流傳之全篇，或尙可考之殘篇殘句，嚴可均輯全上古三代秦漢

三國六朝文，皆已收入全漢文卷二十一。惟嚴氏不輯詩，玉臺新詠卷九載司馬相

如琴歌二首，明張溥輯漢魏六朝百三家集收入司馬文園集。至於蜀志秦宓傳，稱

相如制封禪之禮，是否可信，殊難遽斷。易培基蜀志補注云：『相如雖爲封禪

書，臨沒乃成。未與諸儒共制禮。蜀士多誇，往往過寔。』說亦有見。

春秋推見至隱。

　　索隱：『……韋昭曰：推見事至于隱諱，謂若晉文召天子，經言「狩河陽」之

　　屬。』

　　案黃善夫本、殿本索隱，並略韋注。

易本隱之以顯。

　　考證：『漢書「之以」作「以之。」中井積德曰：「『之以』當作『以之。』」

　　愚按，以字當衍。』

　　案『之以』乃『以之』之誤倒，以字非衍。殿本作『以之，』長短經是非篇引

　　同，與漢傳合。

所以言雖外殊。

　　考證：漢書無以字。楓、三本無外字，與漢書合。

　　案長短經引此，亦作『所言雖殊。』

然其要歸引之節儉，此與詩之風諫何異！

　　案漢傳『引之』下有於字，（漢紀十云：「卒歸之於節儉。」亦有於字。）記纂

　　淵海七五引司馬相如贊同。又引何下有以字。

揚雄以爲靡麗之賦，勸百風一。猶馳騁鄭、衛之聲，曲終而奏雅，不已虧乎！

考證：『巳，猶太甚也。岡白駒曰：「不亦戯損本旨乎！漢書戯作戲。王先謙曰
謂揚雄之論，過輕相如也。」梁玉繩曰：「揚雄以下二十八字，當削。困學紀聞
〔引江慎〕曰：雄後於遷甚久，遷得引雄辭，何哉？蓋後人以漢書贊附益之。」』
案漢傳百下有而字，記纂淵海五五、七五引司馬相如贊並同。『不巳戯乎！』猶
言『不亦少乎！』勸百風一，故曰少也。漢傳補注引宋祁曰：『巳當作亦。』
巳、亦一聲之轉，巳猶亦也，無煩改字。廣雅釋詁三：『戯，少也。』漢傳戯作
戲，記纂淵海五五同。戲乃戯之誤，戯俗書作戯，戲俗書作戲，戯、戲形近易
亂。（禮記月令鄭注『宓戲氏，』釋文：『戲，又作戯。』亦二字相亂之例。）
張揖注：『不亦輕戲乎哉！』所見漢傳巳誤。王先謙更承之爲說，非也。困學紀
聞（卷十一）引江說，何焯注云：『索隱言之矣。』索隱未言之，何氏失檢。
余采其語可論者著于篇。

案梁書文學傳上：『昔司馬遷、班固書，竝爲司馬相如傳。相如不預漢廷大事，
蓋取其文章尤著也。』

出自第五十本第一分（一九七九年三月）

史記斠證卷一百二十三

大宛列傳第六十三

王　叔　岷

索隱：大宛列傳宜在朝鮮之下，不合在酷吏、游俠之間。斯蓋〔並〕司馬公之殘缺，褚先生補之失也。幸不深尤焉。

元劉壎云：大宛傳敍事縱橫可觀。或曰『此蓋並司馬一公之殘缺。褚先生補之。』然，以予觀其筆力奇妙處，非褚所及。校之龜策傳遠矣。（隱居通議二五。）

考證：『……董份曰：此傳決非褚先生所能撰次。』

余嘉錫云：『劉壎因索隱之言，遂謂大宛傳爲褚先生所補。其實非司馬貞之意也。單行本索隱卷三十有補史記序一篇，以爲太史公書盡美而未盡善，因歷陳其所疑。如本紀闕三皇，世家闕邾、許、張、吳，列傳闕延陵、子產、叔向、史魚，外戚不當爲世家，柱史只宜共漆園同傳，而韓非當與商君並列之類。自言「家傳是學，思欲續成先志，潤色舊史，輒黜陟階降改定篇目。其有不備，竝採諸典籍，以補闕遺。」蓋其索隱初稿，於太史公書大有所竄亂，不但循文注釋而已。故於序後又附有十六條，具敍其所以改補分合移易之意。……又謂司馬相如、汲鄭傳不宜在西南夷之下。大宛列傳宜在朝鮮之下，不合在酷吏、游俠之間。凡此紛紛，意爲更張。蓋欲點竄史記，自爲一家之言。然恐後人議其妄改古書，遂歸其罪於褚少孫。故於大宛列傳條下總論之曰：「斯蓋竝司馬公之殘缺，褚先生補之失也。幸不深尤焉。」意謂自此以上至大宛列傳十有六條，所以宜改補分合移易者，非太史公見不及此也，以其書本殘缺不完，而褚先生力不能補，又紊亂其篇次耳。不知史記篇目次第，有太史公自序在。自班固所見已同於今本，惡有如貞所云云者哉！此蓋貞詞窮而遁，不惜厚誣古人以自解免耳。自宋人合刻三家

注，取此十六條分附各篇，於是其總論之語，獨見於大宛傳。劉壎讀之，遂誤會貞意，以大宛傳爲褚先生所補矣。』（太史公書亡篇考，十篇外褚先生所續第十四。）

案余說是。董份謂『此傳決非褚先生所能撰次。』亦誤會小司馬之意，以大宛傳爲褚先生所補也。（淮南子道應篇莊逵吉注，亦誤以大宛傳爲褚少孫所補。）索隱云云，單本作『按此傳合在西南夷下，不宜在酷吏、游俠之間。今誤列于此也。』蓋經刪改。據小司馬補史記序『大宛列傳宜在朝鮮之下。』則不當云『此傳合在西南夷下』矣。黃善夫本、殿本索隱，並作『案此傳合在西南夷下，不宜在酷吏、游俠之間。斯蓋並司馬公之殘缺，褚先生補之失也。幸不深尤焉。』雖無省略，而『合在西南夷下。』亦非其舊也。

張騫，漢中人。

索隱：『陳壽益部耆舊傳云：騫，漢中成固人』

案華陽國志十：『張騫，成固人也。』索隱說，本漢書張騫傳師古注。

以其頭爲飲器。

集解：『韋昭曰：「飲器，椑榼也。單于以月氏王頭爲飲器。晉灼曰：「飲器，虎子之屬也。或曰：飲酒器也。」』

索隱：椑，音白迷反。榼，音苦盍反。案謂今之偏榼也。

案書鈔一三五引以作破，淮南子道應篇，稱趙襄子『大敗知伯，破其首以爲飲器。』字亦作破。（說文繫傳十一引大宛傳以作取。）漢傳師古注：『匈奴傳云：「曰所破月氏王頭共飲血盟。」然則飲酒之器是也。韋云「椑榼，」晉云「獸子，」皆非也。椑榼，卽今之偏榼，所以盛酒耳。非用飲者也。獸子，褻器，所以溲便者也。』補注：『沈欽韓曰：「趙策：以知伯頭爲飲器。」呂覽〔義賞篇〕云：「斷其頭以爲觴。」則云「虎子」者，非也。』韓非子喻老篇云：『漆其頭以爲溲器』蓋晉氏釋『飲器』爲『虎子之屬』所本，（師古引『虎子』作『獸子，』避唐高祖之祖諱改之也。）說文繫傳引此『飲器』下云：『亦溲器也。』蓋亦本韓非子釋之。王先慎韓非子集解，則釋『溲器』爲『釀酒之器。』非溲便之器也。（參看刺客列傳斠證。）索隱『謂今之偏榼也。』本師古注。黃善夫

本、殿本並略索隱。

與堂邑氏故胡奴甘父俱出隴西，經匈奴。

集解：『漢書音義曰：堂邑氏，姓胡奴，甘父字。』

索隱：案謂堂邑縣人家胡奴，名甘父也。下云『堂邑父』者，蓋後史家從省唯稱『堂邑父，』而略甘字。甘，或其姓號。經，謂道經匈奴也。

考證：『張文虎曰：索隱本無故字，此疑衍。經作徑。漢書無「故胡」二字。』案下文『堂邑父故胡人。』與此故字相應。則此故字非衍文。索隱本無故字，疑依漢傳刪之，或誤脫。漢傳下文亦無故字。堂邑氏甘父爲胡人，又據漢紀十二：『騫行百餘人，十三年乃歸。唯騫與堂邑氏奴二人得還。』則『胡奴』決非姓。奴爲胡人，故曰『胡奴。』索隱說是，漢書音義非。（師古注：『堂邑氏之奴，本胡人，名甘父。下云「堂邑父」者，蓋取主之姓以爲氏，而單稱其名曰父。』索隱蓋本其說而小異。）通鑑漢紀十經亦作徑，古字通用。廣雅釋言：『經，徑也。』單本索隱、黃善夫本及殿本索隱，謂上皆無經字，是。若有經字，亦當作徑，索隱本正文作徑也。

爲發導驛抵康居。

索隱：『爲發導驛抵康居。』『發道，』謂發驛令人導引而至康居也。導音道。抵，至也。……』

正義：抵，至也。……有奄祭，酒國也。

殿本考證：『淩稚隆曰：按「導驛」二字，觀後書「烏孫發導譯送騫還。」則此驛亦當作譯。』

梁玉繩云：下有『導譯。』此譌驛字。漢書作譯也。

考證：『蔡、中統、王本「導驛」作道繹。』漢書作「譯道。」愚按驛、繹當作譯，下文云：「烏孫發導譯送騫還。」……』

施之勉云：『黃善夫本正義，奄祭作奄蔡。元龜六百五十二「導驛」作「道譯。」

通鑑胡注：「導者，引路之人。譯者，傳言之人也。」』

案索隱本導作道，注『導音道，』蓋本作『道音導。』後人見正文作導，因妄倒其文作『導音道』耳。導何必音道邪！通鑑驛亦作譯。殿本正義奄祭亦作奄蔡，

蔡諧祭聲，與祭本古通用。然此作祭，蓋蔡之壞字。下文（及下文正義引漢書解
詁）、前後漢書西域傳、漢紀、通鑑皆作奄蔡。又索隱『道音導。抵，至也。』
正義：『抵，至也。』並本師古注。

立其太子爲王。

集解：『徐廣曰：一云「夫人爲王。」夷狄亦或女主。』

索隱：案漢書張騫傳云『立其夫人爲王』也。

梁玉繩云：『徐廣曰：「一云『夫人。』」漢書張騫傳是「夫人，」未知孰是。宋祁
謂「古本『夫人』下有『太子』二字。」則非也。』

案通鑑從史作『太子。』漢傳補注引齊召南曰：『以下文推之，似史是。』

既臣大夏而居。

索隱：『既臣大夏而君之。』謂月氏以大夏爲臣，而爲之作君也。

考證：『張文虎曰：「中統、游、毛本居下有之字，與索隱本合。」愚按漢書張騫
傳作「君之。」』

施之勉云：景祐本居下有之字。元龜六百五十二亦有之字。

案索隱本作『君之，』與漢傳合。師古注：『以大夏爲臣，爲之作君也。』即索
隱說所本。單本索隱作『臣之。』與所注不合。蓋後人依正文作臣改之也。漢傳
補注引郭嵩燾曰：「史記君作居，是也。西域傳明言「月氏爲匈奴所敗，益遠
去，過宛，西擊大夏而臣之。都嬀水北爲王城。」而大夏傳云：「都嬀水南。」
嬀水爲今阿母河，其地屬布哈爾，近多爲俄羅斯侵腸。當時皆大夏地，月氏襲居
之，盡嬀水以北爲界。以兵力臣屬大夏，而大夏仍自爲國也。』通鑑亦作『居
之。』居之作君，居、君形近，又因上文臣字聯想而誤也。黃善夫本、殿本索
隱，謂上並有『居作君』三字，蓋後人因正文本作居而妄增之，不知索隱本正文
本作君也。郭氏所引西域傳『王城，』本作『王庭。』

竝南山，

正義：竝，白浪反。……從京南連接，至蔥嶺萬餘里，故云『竝南山』也。

案正義蓋讀竝爲傍。通鑑注引正義，『京南』下有『而西』二字。

留歲餘，單于死。

集解：『徐廣曰：元朔三年。』

案史、漢匈奴傳，『元朔二年也』下並云：『其後多，軍臣單于死。』則單于之

死，似在元朔二年。通鑑於元朔三年多，書『匈奴軍臣單于死。』與徐說合。

堂邑父爲奉使君。

索隱：堂邑，父之官號。

正義：堂邑父者，史省文也。

施之勉云：索隱誤也。其說見上。

案索隱之意，謂奉使君爲堂邑父之官號耳。考證本妄從堂邑斷句，施氏未明，遂

以索隱爲誤矣。豈其然乎！正義說，與上文索隱說合。

騫爲人彊力寬大，

案師古注：『彊力，言堅忍於事。』莊子讓王篇：『彊力忍垢。』（又見呂氏春秋

離俗篇。）

有蒲陶酒，

案記纂淵海九十引陶作萄，漢紀同。陶、萄古、今字。下文『宛左右以蒲陶爲

酒。』藝文類聚八七、御覽九七二引陶亦並作萄。

西則大月氏，西南則大夏，東北則烏孫，東則扜罙、于寘。

集解：『徐廣曰：「漢紀曰：拘彌國去于寘三百里。」

索隱：扜罙，國名也。音汙彌二音。漢紀，謂荀悅所撰。……。則拘彌與扜罙

是一也。寘音殿。

考證：『扜罙卽扜彌，西域傳云：「扜彌國王治扜彌城。……」于寘卽于闐，西域

傳云：「于闐國王治西城。……」金耀辰曰：「下文亦言『大月氏在大宛西可二三

千里，大夏在大宛西南二千里。』漢書西域傳謂『大宛西南至大月氏六百九十

里，南與月氏接。』何也？」』

案景祐本、黃善夫本、殿本扜皆作扜，黃本、殿本索隱同。此正文索隱皆作扜，蓋

依漢書西域傳改之，是也。西域傳：『扜彌國。』補注：『徐松曰：「史記作扜罙，

索隱曰：『扜罙，國名也』案扜卽扜字之訛。彌、罙音同。」後書有傳，改號拘

彌。』又傳稱扜彌國『西通于闐三百九十里。』補注：『徐松曰：「集解引徐廣

曰：『漢紀：拘彌去于寘三百里。』後書及河水注與此同。』徐氏所引漢紀，今本無此文。（漢紀有扜彌國，扜亦扜之誤。）後漢書西域傳：『拘彌國……西接于寘三百九十里。』王氏集解引惠棟曰：『東觀記云：去于寘三百里。』東觀記乃東觀漢記之省稱。然則徐氏所引漢紀，蓋漢記之誤，非荀悅所撰者也。景祐本徐注，正作漢記。索隱單本、通鑑漢紀十一于寘並作于窴，漢紀作于闐，寘蓋窴之省。黃善夫本、殿本索隱，『音扜彌二音，』並作『音汙彌。寘音田，又音殿。』（汙乃汙之誤。）『是一也，』並作『同是一名也。』下無『寘音殿』三字。非索隱之舊也。考證引金說，本梁氏志疑。

其東，水東流注鹽澤。

　　正義：『漢書云：鹽澤，去玉門、陽關三百餘里，廣袤三四百里。……』
　　案漢傳補注引王念孫云：『戴震水地記云：「玉門關在故壽昌縣西百一十八里。陽關在縣西六里。壽昌本漢龍勒縣地，今安西府西百五十里有壽昌城。鹽澤去玉門千三百餘里。前後書皆脫去千字。」案郭璞西山經注及爾雅音義引漢書（見釋水釋文），皆無千字。蓋後人據漢書刪之也。漢紀孝武紀作「去陽關三千餘里。」即「千三百餘里」之誤。河水注作「東去玉門、陽關一千三百里。」以二書考之，則漢書原有千字明矣。』又正義引漢書『廣袤三四百里。』今本漢書脫四字，補注引王氏亦有說。

其南則河源出焉。

　　索隱：『案漢書西域傳云：「河，有兩源：一出蔥嶺；一出于寘。」……。』
　　案索隱『西域傳，』黃善夫本、殿本並誤作『西南夷傳。』通鑑引索隱同。西域傳于寘本作于闐，（漢紀同。）索隱依此正文作寘改之也。

鬲漢道焉。

　　案通鑑注：『鬲與隔同。』鬲乃隔之借字。

烏孫，在大宛東北可二千里。行國隨畜。

　　正義：烏孫，本塞種，塞本釋字，謂併姓釋氏也。胡語訛轉。
　　案景祐本、黃善本、殿本皆提行。漢書西域傳：『烏孫國，……本塞種也。』張騫傳師古注：『塞，西域國名。即佛經所謂釋種者。塞、釋聲相近，本一姓耳。』

　　　卽正義說所本。

故服匈奴。

　　　考證：『董份曰：故，舊也。嘗臣服于匈奴。』

　　　案漢書西域傳師古注：『故，謂舊時也。服屬於匈奴也。』卽董說所本。

康居，在大宛西北可二千里。

　　　案景祐本、黃善夫本、殿本皆提行，漢書西域傳同。

奄蔡，在康居西北可二千里。

　　　案景祐本、黃善夫本、殿本皆提行。後漢書西域傳同。

臨大澤無崖。

　　　案漢紀『無崖』作『無津涯。』通鑑注崖作涯，崖借爲厓，厓、涯古、今字。

大月氏，在大宛西可二三千里。

　　　案景祐本、黃善夫本、殿本皆提行，前後漢書西域傳並同。

月氏居敦煌、祁連間。

　　　案漢書張騫傳敦作焞，古字通用。漢紀作燉，俗字。

過宛，

　　　考證：楓本過下有大字。

　　　施之勉云：漢書〔西域傳〕過下有大字。

　　　案漢紀過下亦有大字。

其餘小衆不能去者，保南山羌，號小月氏。

　　　案漢書西域傳補注：『趙光國傳：「匈奴使人至小月氏，傳告諸羌。」後書西羌

　　　傳：「湟中月氏胡，其先大月氏之別也。舊在張掖、酒泉地，月氏王爲匈奴所殺，

　　　餘種分散，西踰蔥嶺，其羸弱者南入山阻。依諸羌居止，遂與共婚姻。……」』

安息，在大月氏西可數千里。

　　　案景祐本、黃善夫本、殿本皆提行，前後漢書西城傳並同。

錢如其王面。王死，輒更錢效王面焉。

　　　索隱：『漢書云：「文獨爲王面，幕爲夫人面。」荀悅云：「幕音漫，無文面也。」

　　　張晏云：「錢之文面作人乘馬，錢之幕作人面形。」……』

案御覽八一二引效作放，義同。漢紀云：『文爲王面，幕爲夫人面。』本漢傳。
幕、幕古通，荀悅云『幕音漫。』幕、漫正、俗字。漢傳：『罽賓國，吕金銀爲
錢。文爲騎馬，幕爲人面。』張晏注：『錢文面作騎馬形。漫面作人面目也。』
卽索隱引張注所本，而略易其文。惟此所述，乃安息國之錢形，與罽賓國之錢形
不同，索隱不應引張注於此。

其西則條枝，北有奄蔡、黎軒。

　　索隱：漢書作犂靬。續漢書一名大秦。……

　　正義：『……後漢書云：「大秦一名犂鞬。……」』

案前後漢書西域傳、漢書張騫傳、漢紀條枝皆作條支，枝諧支聲，與支古通。索
隱本黎軒作犂軒，漢書西域傳作犂靬，張騫傳作犛軒，李奇注：『軒音軒。』（官
本如此。）師古注：『犛軒，卽大秦國也。張掖驪軒縣，蓋取此國爲名。驪、犛
聲相近。軒讀與軒同。李奇音是也。』黎、犂、犛，古亦通用。黃善夫本、殿本
索隱，並誤在下文條枝下。

條枝，在安息西數千里。

　　案殿本提行，後漢書西域傳同。

有大鳥，卵如甕。

　　正義：『漢書云：「條支出獅子、犀牛、孔雀、大雀，其卵如甕。和帝永元十三
　　年，安息王滿屈獻獅子、大鳥，世謂之安息雀。」……』

案正義所引乃後漢書，見西域傳。兩『獅子』字，前本作『獅子。』師、獅正、
俗字。『犀牛』本作『封牛。』（集解：封牛，卽爾雅之犩牛。）前漢書乃作『犀
牛。』大雀』下疊『大雀』二字，（集解：大雀卽鴕鳥。）當補。『世謂』本作
『時謂。』正義當避世字諱。

安息長老傳聞條枝有弱水、西王母，而未嘗見。

　　正義：『……或云：「其國西有弱水、流沙，近西王母處。幾於日所入也。」然先
　　儒多引大荒西經云：「弱水云有二源，俱出女國北阿耨達山，南流會於女國。東
　　去國一里，深丈餘，潤六十步，非毛舟不可濟。南流入海。」阿耨達山，卽崑崙
　　山也。與大荒西經合矣。……崑崙山弱水流在女國北，出崑崙山南。女國，在于

宾國南……』

考證：『張文虎曰：「正義……『女國北出崑崙山南』下，又衍『女國北山崑崙山南』八字，今皆刪。」又曰：「正義引大荒西經，大荒西經無此文。」』

施之勉云：『黃善夫本正義，「女國北出崑崙山南」下，無「女國北山崑崙山南」八字。四庫全書考證曰：「檢大荒西經無此文，觀下云『與大荒西經合。』則此非大荒西經明矣。四字誤。』

案殿本正義『女國北出崑崙山南』下，亦未衍『女國北山崑崙山南』八字。正義所引大荒西經云云，疑是大荒西經佚文。下云『與大荒西經合』者，似對上文『或云：其國西有弱水、流沙』云云言之也。

其都曰藍市城。有市販買諸物。

梁玉繩云：漢書作『監氏城。』後書作『藍氏城。』各不同。

考證：『張文虎曰：毛本監市作藍氏，與後漢書合。……』

施之勉云：景祐本作藍氏。

案此當從景祐本作『藍氏城。』前漢書藍作監，藍諧監聲，與監通用。氏之作市，蓋涉下『有市』字而誤。御覽七九三引此已誤作藍市。

其東南有身毒國。

集解：『徐廣曰：身，或作乾，……』

案景祐本、黃善夫本、殿本集解，乾皆誤乹。西南夷傳『有身毒國。』集解引徐廣曰：『史記一本身毒作乾毒。』故此云『身，或作乾』也。

臣在大夏時，

案御覽七百十引臣下有前字。

問曰：安得此？

案御覽八百二十引此無曰字，漢書張騫傳同。

吾買人往市之身毒，身毒在大夏東南可數千里。

案藝文類聚六九引兩身毒下並有國字，漢傳同。御覽七九二引下身毒下亦有國字。御覽七百十引大夏下有之字。

大與大夏同。

　　　　案漢傳與上無大字，通鑑從之。

其人民乘象以戰。

　　　　案左定四年傳孔疏引此，民上無人字，民下有皆字。漢傳亦無人字。

從蜀宜徑。

　　　　集解：『如淳曰：「徑，疾也。或曰：「徑，直。」』

　　　　案景祐本正文、集解，徑皆作俓。徑、俓正、俗字。

重九譯，

　　　　案通鑑注：『更歷九譯。』

發閒使四道並出。

　　　　案西南夷傳云：『於是天子乃令王然于、柏始昌、呂越人等，使閒出西夷。』通

　　　鑑此文『閒使』下有王然于等』四字，據西南夷傳增之也。

出駹。

　　　　案漢傳駹作莋，蓋涉彼下文『氐、莋』字而誤。（史記下文作『氐、筰，』莋乃

　　　筰之隸變。）

而蜀賈姦出物者，

　　　　考證：『漢書張騫傳姦作閒，顏師古曰：「閒出物，」謂私往市者。』

　　　　案說文：『姦，私也。』師古釋閒爲私，義同。

乃復事西南夷。

　　　　案通鑑注：『元朔四年罷西夷，至是復通。』是，元狩元年也。（漢傳補注引此

　　　注，徑改『至是』爲『元狩元年。』）

其明年，騫爲衛尉。

　　　　考證：『梁玉繩曰：「其明年，」當依漢書騫傳作「後二年。」』

　　　　案漢傳補注：『「後二年，」爲元狩二年，與武紀合。史記作「其明年，」誤。』

　　　漢紀十三、通鑑，亦並在元狩二年。

破匈奴西城數萬人。

　　　　王念孫云：『凌稚隆曰：「『西城』漢書作『西邊，』是。」案邊與城形聲俱不相

　　　近，若史記本是邊字，無緣誤爲城也。城當爲域，字之誤也。（呂氏春秋勿躬

篇：「平原廣域，」漢書敍傳：「方今雄桀帶州域者，」今本域字並誤作城。又漢

書天文志：「爲其環域千里內占，」史記天官書域誤作城。）域者，界也。史記

作「西域，」漢書作「西邊，」其義一也。下文曰「單于復以其父之民予昆莫，

令長守於西城。」城亦域之誤。（上文曰：昆莫之父，匈奴西邊小國也。）又漢

書作「破匈奴西邊，殺數萬人。」史記脫殺字。』

案梁氏志疑亦引凌說；王氏更進而校城爲域之諉。匈奴傳稱匈奴『無城郭，』故

諸氏皆以城字爲誤耳。然如匈奴祭天之所爲龍庭，亦可稱龍城。（匈奴傳：『五

月，大會龍城。』漢紀十一城作庭。）則匈奴亦自有其所稱之城。此文『西城，』

城字盍不誤。漢傳易『西城』爲『西邊』耳。下文『令長守於西城。』與此『西

城』正相應。王氏謂此文及下文城字爲域字之諉，僅舉旁證，惜無直接證據也。

其明年，渾邪王率其民降漢。

　　考證：『梁玉繩曰：渾邪之降，即在元狩二年，當依漢書騫傳作「其秋。」』

　　案渾邪之降，漢書武紀、漢紀十三、通鑑皆書在元狩二年。上文『其明年，騫爲

　　衞尉。』爲元狩元年。則此『其明年，』亦是元狩二年也。

其後二年，漢擊走單于於幕北。

　　考證：『王先謙曰：據武紀、霍去病、匈奴傳，事在元狩四年。』

　　案漢紀『幕北』作『漠北，』漠、幕正、假字，事在元狩四年。通鑑亦在元狩四

　　年。

匈奴攻殺其父。

　　索隱：按漢書，父名難兜靡，爲大月氏所殺。

　　梁玉繩云：漢書騫傳，匈奴當作大月氏。

　　案匈奴疑本作大月氏，因上匈奴字聯想而誤耳。

而昆莫生，

　　案御覽九百九、記纂淵海九八引生上並有初字，漢傳生上有新字，與初同義。

烏嗛肉蜚其上，

　　集解：『徐廣曰：讀嗛與銜同。酷吏傳，義縱不治道，上忿銜之。史記亦作嗛

　　字。』

案漢傳作『烏銜肉翔其旁。』

而故渾邪地空無人。蠻夷俗貪漢財物。

考證：漢書張騫傳作『昆莫地空，蠻夷戀故地，又貪漢物。』義殊。

施之勉云：『桑原隲藏曰：「烏孫原居渾邪之地，史記大宛傳：『故渾邪地空無人。厚幣賂烏孫，招以益東居故渾邪之地。』漢張騫傳及西域傳：『昆莫地空，厚賂烏孫，招以東居故地。』以史記、漢書之文兩相對照，則烏孫故地，以渾邪當之。殆不容疑。地理志：『張掖郡，故匈奴渾邪王地。』漢之張掖郡，即今甘肅省甘州府也。」』

案通鑑漢紀十二作『而故渾邪地空無人。蠻夷俗戀故地，又貪漢財物。』兼用史、漢文也。

道可使使遺之他旁國。

案遺，謂遺賜金幣帛等也。漢傳作『道可便遺之旁國。』（補注引宋祁曰：古本及浙本遺字下並有一遣字。）通鑑作『道可便遺之他旁國。』（從漢傳又依史文增一他字。）注云：『沿道有便，可通使他國者，即遺之。』與史文異義矣。

騫諭使指曰。

正義：諭曉以天子指意也。

案正義說，本師古注。

則漢遣翁主為昆莫夫人。

案漢書西域傳、通鑑『翁主』並作『公主，』後同。

太子有子曰岑娶。

梁玉繩云：岑娶，史皆作娶，而漢西域傳作陬，音子侯反。

案通鑑漢紀十三注：『史記作岑娶，漢書作岑陬，師古曰：「岑，士林翻。陬，子侯翻。」余據漢書，岑陬者，其官名也。本名軍須靡。』此以官名代人名耳。娶、陬並諧取聲，故可通用。

使大宛、康居、大月氏、大夏、安息、身毒、于寘、扜罙及諸旁國。

考證：漢書張騫傳，刪『安息、身毒、于寘、扜罙及諸旁國』十二字。

案通鑑漢紀十二寘作闐，僅刪扜罙二字。

騫還到，拜爲大行，列於九卿。歲餘卒。

考證：『王先謙曰：「公卿表：『元鼎二年，騫爲大行，三年卒。』與此異。」』

施之勉云：『本傳云「歲餘，」公卿表作「三年，」文雖有異，其實一也。漢書李陵傳：「陵在匈奴，歲餘，上遣公孫敖將兵入匈奴，迎陵。」據武紀，陵降匈奴，在天漢二年。敖將兵入匈奴，在天漢四年。則所稱「歲餘，」爲跨有三年也。考李陵將兵五千人，出居延北，在天漢二年秋九月。公孫敖將萬騎步兵三萬人出雁門，在天漢四年春正月。計二年九月至四年正月，凡十有七月，不足二年，故陵傳云「歲餘」也。此云「騫爲大行，歲餘卒。」亦猶陵傳中所云「歲餘，」連元鼎二年至四年而數之，則爲三年。是騫卒於元鼎四年也。』

案此云『歲餘，』公卿表云『三年，』其實無殊，施說是。通鑑於元鼎二年，亦書『是歲，騫還到，拜爲大行。』惟不言『歲餘卒。』華陽國志二，謂騫『遂登九列。』本此『列於九卿』也。

抵大宛、大月氏相屬。

考證：抵，至也。

案考證說，本漢書西域傳師古注。

天子發書易云。

集解：『漢書音義曰：發易書以卜。』

案漢書張騫傳鄧展注：『發易書以卜。』補注：『宋祁曰：「古本作『發易書。』」史記亦作「發書易。」然詳鄧說，則古本是也。』

人所齎操，大放博望侯時。

案師古注：『操，持也。所齎持，謂節及幣也。放，依也。』

漢旣滅越，而蜀西南夷皆震。

考證：漢書張騫傳作『漢旣滅越、蜀，所通西南夷〔皆震〕。』

案此當讀『漢旣滅越而蜀』爲句，而猶與也。漢傳略而字耳。莊子知北遊篇：『而物有際者，所謂物際者也。』戰國策趙策三：『不如發重使而爲媾。』兩而字亦並與與同義。

於是置益州、越嶲、牂柯、沈黎、汶山郡，

考證：『漢書張騫傳汶山作文山。錢大昭曰：地志無沈黎、文山二郡，沈黎省於天漢四年，文山省於地節三年，皆併蜀。』

案漢書宣帝紀、西南夷傳汶山亦並作文山。汶諧文聲，與文古通。華陽國志三：『孝武帝天漢四年罷沈黎。孝宣帝地節三年罷汶山郡。』後漢書西南夷傳：『沈黎郡，天漢四年並蜀。汶山郡，地節三年省並蜀郡。』漢書宣帝紀：『地節三年，省文山郡並蜀。』漢紀十七亦云：『地節三年，省汶山郡並蜀郡。』

遣兩將軍郭昌、衞廣等，往擊昆明之遮漢使者。

集解：『徐廣曰：元封二年。』

案景祐本脫漢字。漢書武紀、西南夷傳、漢紀十四、通盤漢紀十三，皆在元封二年。

其後從吏卒皆爭上書，

考證：漢書張騫傳，『後從吏卒皆』五字爲『吏士。』

案通鑑十二從漢傳。

來還不能毋侵盜幣物，及使失指。天子爲其習之，輒覆案致重罪以激怒，令贖復求使。

考證：『顏師古曰：爲其習之，言其串習不以爲難，必當更求充使也。激怒令贖，言立功以贖罪。』

施之勉云：『楊樹達曰：「以激怒令贖復求使」八字當作一句讀。武帝意以諸人既習外國事，故因其有過失，傅致以重罪，濟怒之使復求使以自贖。蓋欲往使者之衆，不在罪其侵盜失指，卽上文所謂「廣其道」之意也。顏注非。』

案『習之，』承上文而言，似謂應募人衆習於侵盜幣物及使失指也。下當讀『輒覆案致重罪以激怒令贖』句。『復求使』句。（師古斷句蓋如此。）『復求使，』承上文『求使』言之。武帝爲應募人衆習於侵盜幣物及充使失天子意指，卽覆案羅致重罪以激怒之令立功贖罪也。因贖罪，故復求充使耳。

私縣官齎物，欲賤市以私其利外國。

正義：縣官，天子也。言天子所齎物，竊用之，如己私有。

考證：漢書……，無『外國』二字，……疑複衍。

案通鑑亦無『外國』二字。師古注：『言所竊官物，竊自用之，同於私有。』正
義說本之。

而樓蘭、姑師小國耳，當空道。攻擊漢使王恢等尤甚。

集解：『徐廣曰：姑師卽車師。恢，一作怪。』

案通鑑姑師作車師，注：『漢出西域有兩道，南道從樓蘭，北道從車師，故二國
當漢使空道。師古曰：空卽孔也。』恢，一作怪，怪乃恢之誤。怪，俗書作恠，
與恢形近相亂耳。

使者爭徧言外國災害，

考證：漢書『災害』作『利害，』義異。

案『災害』疑本作『利害，』漢傳存史文之舊。利之作災，因害字聯想而誤耳。
上文『言外國奇怪利害求使。』亦作『利害。』考證說，本漢傳補注。

於是天子以故遣從驃侯破奴，

梁玉繩云：破奴時已坐酎金失侯，不得云『從驃侯』也。

考證：『……周壽昌曰：時從票旣失侯，因此役更封浞野侯也。此應稱「故從票
侯。」』

施之勉云：匈奴傳作『遣故從驃侯趙破奴。』

案漢書張騫傳作『於是天子遣從票侯破奴。』此文蓋本作『於是天子以故從驃侯
破奴，』今本故下有遣字，蓋由後人據漢傳或匈奴傳注遣字於『以故』旁，傳寫
因誤入正文耳。以猶遣也。（下文『漢遣宗室女江都翁主往妻烏孫，』通鑑漢紀
十三遣作以，卽其例。）漢傳遣下無故字，當補，如周壽昌說。（考證引周說，
本漢傳補注。）

其明年，擊姑師，破奴與輕騎七百餘先至，虜樓蘭王，遂破姑師。因舉兵威以困烏
孫、大宛之屬。還。封破奴爲浞野侯。

集解：『徐廣曰：元封三年。』

案徐注蓋本史表及漢書功臣表。惟『其明年，』如爲元封三年，則前一年爲元封
二年（破奴擊胡之年）。而匈奴傳、漢書武紀、漢紀十四、通鑑漢紀十二，擊胡
皆在元鼎六年。則明年爲元封元年，與漢書衞青霍去病傳所載合。史記衞將軍驃

騎傳集解引徐廣則云：『元封二年，』考證稱『游本作「元封三年。」』與此文徐注合，二蓋三之誤。通鑑漢紀十三虜樓蘭，封浞野侯亦在元封三年。（參看驃將軍驃騎傳梁氏志疑及斠證。）

封恢爲浩侯。

集解：『徐廣曰：捕得車師王。元封四年封浩侯。』

案史表、漢書功臣表，恢封浩侯並在元封四年。通鑑漢紀十三在元封三年。

漢遣宗室女江都翁主往妻烏孫。

集解：『漢書曰：江都王建女。』

案漢書西域傳云：『漢元封中，遣江都王建女細君爲公主以妻焉。』通鑑漢紀十三云：『漢以江都王建女細君爲公主往妻烏孫。』兼采史、漢文也。

以大鳥卵及黎軒善眩人獻於漢。

梁玉繩云：『宋祁曰：西域傳「大鳥及卵。」只曰「大鳥卵，」則或一事矣。』王念孫云：『眩上本無善字，後人以上文云「條枝國善眩。」因加善字也。不知此言「眩人，」即是善爲眩術之人，無庸更加善字。漢書張騫傳正作「眩人。」顏師古曰：「眩，讀與幻同。」後漢書陳禪傳：「西南夷撣國人獻幻人。」「幻人」即「眩人」也。索隱本作「犛軒眩人」四字，注曰：「韋昭云：眩人，變化惑人也。」則無善字明矣。』

案漢書西域傳、張騫傳並作『曰大鳥卵及犛軒眩人獻於漢。』『大鳥』下無及字，與此同。西域傳眩上亦無善字，可補證王說。（通鑑本史記，已衍善字。）『眩人』即『幻人，』亦即『化人。』列子周穆王篇：『周穆王時，西極之國有化人來。』（張湛注：化幻人也。）書鈔一二九、御覽一七三及六二六引『西極』皆作西域。（拙著列子補正卷二有說。）『化人』即此所謂『眩人。』以爲周穆王時事，則僞託也。

蘇薤之屬，

案漢書西域傳薤作䪥，通鑑從之，䪥、薤正、俗字。

大都多人則過之，散財帛以賞賜，

案漢書張騫傳則字在散字上，通鑑從史記。

於是大觳抵，

　　考證：『李笠曰：漢書張騫傳觳作角，同。見李斯傳集解。』

　　案通鑑從漢傳觳作角，廣雅釋言：『角，觸也。』觳、角並觸之借字。李斯傳有

　　　說。

令外國客徧觀各倉庫府藏之積，

　　考證：『「各倉庫，」諸本作「名倉庫。」張文虎曰：「名字當從漢書作各。」』

　　施之勉云：『張森楷曰：李、余、監、殿、局、石本，名作各，句自易解。此從

　　　蜀、衲、元、王、秦、湖、評林、凌、毛、舊鈔本作，則不但觀之而已，並爲之

　　　名以夸之，則誼似較長。』

　　案景祐本、黃善夫本各並作名，通鑑同。此文盍本作名，禮記禮器：『因名山升

　　　中于天。』鄭注：『名猶大也。』『名倉庫，』猶言『大倉庫』耳。漢傳名作

　　　各，盍淺人所改，或名之形誤。史記諸本之作各者，從誤本漢傳改之也。張氏從

　　　作名之本，是矣。惟未得名字之義。又凌稚隆評林本，亦稱湖本，原是一本。張

　　　氏分『湖、評林、凌』爲三本，未知何故。

而觳抵奇戲歲增變，甚盛益興，自此始。

　　案『甚盛益興，』當屬上爲句。『甚盛益，』三字疊義。漢傳作『其益興，』略

　　　盛字，其盍甚之壞字，或淺人所改也。史記多三字疊義之例，燕王世家有說。

宛左右以蒲陶爲酒。富人藏酒至萬餘石，久者數十歲不敗。

　　考證：『御覽引後涼錄曰：呂光入龜玆城，胡人奢侈，密於生養，家有蒲萄酒，

　　　或至千斛，經十年不敗。』

　　案白帖三十引宛上有大字。『十歲』作『十年。』漢書西域傳宛上亦有大字，漢

　　　紀十二歲亦作年。考證云云，本西域傳補注引徐松說。所稱御覽，見卷九七二。

而丈夫乃決正。

　　考證：『徐松曰：以爲正而斷決從之。』

　　案『決正』猶『決定。』周禮天官宰夫：『歲終則令正歲會。』鄭注：『正猶定

　　　也。』考證引徐說，本漢傳補註。其說迂曲。

其少從率多進熟於天子。

集解：『漢書音義曰：……進熟，美語，如或熟者也。』

殿本考證：『余有丁曰：「進熟，」或是進見而熟於天子，故得以進言。若老成者憚行役，不肯言矣。注「熟美」之說，未必然也。』

案漢書張騫傳熟作孰，孟康注：『進孰，美語，如成孰也。』集解引漢書音義，即孟注，孰作熟，依此正文作熟改之也。孰、熟正、俗字。余氏云云，漢傳補注引王闓運亦有類似之說。（瀧川考證亦引之。）

而鹽水中數敗。

集解：『服虔曰：水名。道從外水中。』

案漢傳服注：『外水中』作『水中行，』通鑑注引同，當從之。外字蓋水字之誤而衍者，中下脫行字。

令其東邊郁成遮攻殺漢使，

考證：漢書張騫傳郁成下有王字。

案通鑑從漢傳有王字。

諸嘗使宛姚定漢等，

案『諸嘗』猶『凡嘗，』秦始皇本紀有說。

天子已嘗使浞野侯攻樓蘭，

案『已嘗使』猶言『已而試使。』

士不過什一二。

案漢紀十四作『士卒十遺二三。』

其夏，漢亡浞野之兵二萬餘於匈奴。

考證：『王先謙曰：據漢書武紀，「其夏，」當作「其秋。」』

案漢紀、通鑑，皆在太初二年秋。

則大夏之屬輕漢，而宛善馬絕不來。烏孫、侖頭，易苦漢使矣。

考證：侖頭，漢書李廣利傳作輪臺。

案漢傳輕上有漸字，通鑑從之，侖頭亦從漢傳作輪臺。注云：『師古曰：「輪臺，亦國名。」余按輪臺，在車師西千餘里。又西即大宛。』

赦囚徒材官。

考證：『中井積德曰：「『材官』上似脫一字。」愚按漢書李廣利傳「材官」作「扞
寇盜。」義異。

案『材官』無與於赦，疑『扞寇』之誤，漢傳增一盜字耳。扞借爲悍，荀子大略
篇：「悍戇好鬬，似勇而非。」楊注：『悍，兇戾也。』『扞寇，』卽兇戾之寇也。

馬三萬餘匹，驢騾橐駝以萬數。多齎糧，.

案漢傳無餘、騾、多三字，通鑑從之。(漢紀『三萬』誤『二萬，』下亦無餘字。
『萬數』上衍十字。) 景祐本駝作他，黃善夫本作它。字當作佗，通作它，隸變
作他，駝乃俗字。(參看匈奴列傳王氏雜志。)

傳相奉，

案漢傳、漢紀、通鑑傳皆作轉，義同。游俠傳：『解轉入太原，』漢傳轉作傳。
亦其比。

於是乃遣水工徙其城下水空，以空其城。

集解：『徐廣曰：空，一作穴。蓋以水蕩敗其城也。言空者，令城中渴乏。』

張照曰：兩空字或作穴，今考其文義，蓋上空字是穴字耳。『水穴』猶『水源，』
觀後文甚明。『蕩敗』之說非是，蓋欲奪其水，非灌以水也。灌以水，則又何渴
乏之有！

考證：『漢書李廣利傳下空字作穴。顏師古曰：「空，孔也。……」愚按上空字鑿
空之空，顏訓爲孔，是也。「水空」卽「水道，」下文所謂「決其水源」者。下
空字讀如字，使城中涸渴也。不必從漢書改字。……』

案徐注『空，一作穴。』乃指下空字而言，漢傳可證。通鑑從漢傳下空字亦作
穴。上『水空』卽『水孔，(如師古注。) 亦卽『水穴。』故上空字不必如張說
『是穴字。』考證謂『下空字讀如字，使城中涸渴也。』乃從徐注後說。竊以爲下
空字借爲窮，詩小雅節南山：『不宜空我師。』傳：『空，窮也。』箋：『不宜使
此人居尊官困窮我之民衆也。』『以空其城，』猶言『以困其城。』下文『決其
水源移之，則宛固已憂困。』與此『徙其城下水空，以空其城。』義正相應。

而發天下七科適，

正義：適音讁。……武帝天漢四年，發天下七科讁出朔方也。

　　　案師古注：『適讀曰謫。』即正義『音謫』所本。殿本正義兩謫字並作讁，讁乃

　　謫、適二字之合書。通鑑注：『適讀曰讁。』本師古注易讁爲謫也。

而拜習馬者二人爲執、驅校尉，

　　　案漢傳驅下有馬字，通鑑從之。

宛走入葆乘其城。

　　　考證：李廣利傳葆作保，無乘字。

　　　案通鑑從漢傳。保、葆正、假字。『葆乘』猶『保守，』高祖紀：『興關內卒乘

　　塞。』集解引李奇曰：『乘，守也。』

貳師兵欲行攻郁成，

　　　考證：楓本郁成下有城字。

　　　案漢傳郁成下亦有城字，通鑑從之。

決其水源移之。

　　　案漢傳源作原，（補注引宋祁曰：古本作源。）通鑑從之。原、源正、俗字。

攻之四十餘日。

　　　案漢紀『四十』作三十。』疑涉彼下文『三千餘匹』而誤。

以王毋寡匿善馬，而殺漢使。今殺王毋寡，而出善馬，漢兵宜解。即不解，乃力戰而

死，未晚也。

　　　正義：毋音無，宛王名。

　　　案師古注：『毋寡，宛王名。』在『殺漢使』下。通鑑注引師古注同。正義說，

　　本師古注，亦當在『殺漢使』下。『即不解，』即猶若也。下文『即不聽。』即

　　亦猶若也。

而康居之救且至。至，我居內，康居居外，與漢軍戰。漢軍孰計之，何從？

　　　案漢傳且上有又字，孰作執，通鑑從之，注云：『執與孰同，古字通用。』執、

　　孰正、俗字，非通用字也。

康居候視漢兵，漢兵尚盛，

　　　案漢傳『漢兵』二字不疊，通鑑從之。

聞宛城中新得秦人，知穿井，

考證：李廣利傳『秦人』作『漢人。』……

案通鑑從漢傳作『漢人。』王國維西域井渠考云：『今新疆南北路，通鑿井取水。吐魯番有所謂卡兒水者，乃穿井若干，於地下相通以行水。伯希和教授以爲與波斯之地下水道相似，疑此法自波斯傳來。余謂此中國舊法也。史記河渠書：「武帝初發卒萬餘人穿渠，自徵引洛水，至商顏下。岸善崩，乃鑿井，深者四十餘丈。往往爲井，井下相通行水，水頹以絕商顏，東至山嶺，十餘里間。井渠之生自此始。」此事史家不紀其年。然記於塞瓠子（元封二年）之前，時西域尚未通也。又大宛列傳云：「宛城中無水，汲城外流水。」又云：「宛城新得秦人，知穿井。」是穿井爲秦人所敎，西域本無此法。……』（觀堂集林十三。）

所爲來誅首惡者毋寡，

漢傳『所爲』作『計旦爲。』通鑑從之。旦猶所也，上增計字耳。

而康居候漢罷而來救宛，破漢軍必矣。

案漢傳『候漢』下有兵字，通鑑從之，又易下『漢軍』爲『漢兵，』以求一律。竊以爲『候漢』下當補軍字，則與下『漢軍』一律矣。

宛乃出其善馬，令漢自擇之。

案既『出其善馬，』則漢不必擇之矣。漢傳無善字，通鑑從之，是也。下文『漢軍取其善馬數十匹，』乃所擇得之善馬也。（漢紀作『悉出善馬，』善當作其。）

而多出食，食給漢軍。

案漢傳無給字，通鑑從之。竊疑此文食字乃誤疊；或後人據漢傳於給旁注食字，傳寫誤入正文耳。上文亦云『出食給軍。』漢紀此文亦作『出食給軍。』並不疊食字。

而立宛貴人之故待遇漢使善者名昧蔡，以爲宛王。

索隱：昧蔡，……上音末，下音先葛反。

案漢傳待作時，通鑑從之。索隱說，本師古注。黃善夫本、殿本索隱並作『昧音末。蔡，先葛反。』非其舊也。

偵而輕之。

王念孫云：『漢書偵作負，師古曰：「負，恃也。恃大軍之威而輕敵也。」如漢書

注，則史記偵字乃倄字之誤。淮南詮言篇：「自倄而辭助。」高注曰：「自倄，自恃也。」史記太史公自序曰：「買姬倄貴。」又曰：「倄愛矜功。」倄，並與負同。後人多見偵，少見倄，故倄誤爲偵矣。』

案偵乃倄之誤，王說極是。惟淮南詮言篇乃許愼注，非高誘注。倄與負同，王氏所舉太史公自序『買姬倄貴。』正義本倄作負（考證有說），亦其證。漢傳補注：『史記負作偵，疑本書誤脫偵字之半，後人見貞字無義，遂改爲負。』以作偵爲是，其見淺矣！

責郁成。

案漢傳作『攻郁成急。』補注云：『情事不同。』或別有所據也。

今生將去，

案漢傳補注引李慈銘曰：『生將，謂生致之也。將讀將送之將。』竊以將猶持也，（將、持同義，外戚世家有說。）『生將，』謂生劫持也。

貳師之伐宛也，而軍正趙始成力戰，功最多。

考證：『中井積德曰：而字疑衍。』

案而字非衍，而猶唯也。左僖二十四年傳：『天實置之，而二三子以爲己力。』說苑復恩篇而作唯。（經詞衍釋七有說。）卽其證。

貳師後行，

案通鑑注：『旣還燉煌，而再出師，故曰「後行。」』

軍非乏食，戰死不能多。

考證：『漢書李廣利傳『能多』作『甚多。』

施之勉云：『荀紀云：行乏食，戰死甚多。』

案通鑑能亦作甚。漢紀此節文句多改易，不足據。

而將吏貪，多不愛士卒，侵牟之。以此物故衆。

考證：李廣利傳貪下無多字，愛下無士字，故下有者字。

案通鑑從漢傳，多字疑涉上文『不能多』而衍。漢紀亦無多字，又『物故』作『死亡，』下亦有者字。

天子爲萬里而伐宛，不錄過。

案爲猶『以爲』也。漢紀爲上有以字，錄下有其字。漢傳、通鑑錄下，並有其字。

封廣利爲西海侯，又封身斬郁成王者騎士趙弟爲新時侯。

梁玉繩云：『漢志無海西，正義謂「宛近西海，故號海西侯。」非也。考郡國志，廣陵郡海西縣，故屬東海。宋書志：「臨淮郡海西縣，前漢屬東海，後漢晉屬廣陵。」則知卽漢志東海之海曲縣，曲乃西之誤。海曲屬瑯邪。新時，無考，漢表云在齊。』

案通鑑注：『班志，海西縣，屬東海郡。功臣表，新時侯，食邑於齊地。』所據班志，海西未誤海曲。

諸侯相郡守二千石者百餘人，

案漢紀『百餘人』作『數百人，』恐非。

奮行者官過其望，以適過行者，皆紬其勞。

集解：『徐廣曰：奮行者及以適行者，雖俱有功勞，今行賞，計其前有罪而減其賜，故曰「紬其勞」也。……』

正義：適音讁。過，光臥反。

考證：李廣利傳紬作黜。

案徐注『以適行者，』是所見正文適下本無過字。師古注：『適讀曰讁。言以罪讁而行者，免其所犯，不敍功勞。』所據漢傳蓋本亦無過字。適、過形近，又涉上文『過其望』而衍耳。正義所據本已衍過字。通鑑適作讁，亦衍過字。又紬亦作黜，紬、黜古通，本書習見。

士卒賜直四萬金。

考證：李廣利傳『四萬金』作『四萬錢。』

案通鑑從漢傳作『四萬錢。』漢傳補注引郭嵩燾云：『食貨志：黃金一斤直錢萬。』史記平準書注：「秦以一鎰爲一金，漢以一斤爲一金。」上文「還入玉門者萬餘人，」而爲軍官吏千餘人，是士卒受賜約萬人。史記云「四萬金。」直錢四萬萬，蓋通言之。此云「四萬錢，」則一士卒所得之賜也。漢法，凡賞賜有帛、有金、有錢，各分數品。云「直四萬錢，」通金幣數者合計之，無以他財物

充賞者。』

伐宛再反。

案師古注：『「再反，」猶今言「兩迴。」』

宛貴人以爲昧蔡善誘，

案通鑑注：『以其遇漢善，而得王也。』漢書西域傳誘作謟，補注引徐松曰：
『說文：『謟，誘也。或從召。』

立毋寡昆弟曰蟬封爲宛王，而遣其子入質於漢。

考證：楓本『曰蟬封』作『日礴封。』漢書西域傳入下有侍字。

案楓本『日礴封』葢『曰蟬封』之誤。漢傳『入質於漢，』作『入侍質於漢。』
質字疑後人據史記旁注字而誤入正文者。通鑑作『入侍於漢。』從漢傳也。

漢因使使賂賜以鎮撫之。而漢發使十餘輩，至宛西諸外國，

考證：西域傳『而漢』作又。

案而下漢字，疑涉上漢字而衍，當據漢傳刪。而猶又也。漢傳十作『數十。』

禹本紀言：河出崑崙，崑崙其高二千五百餘里，日月所相避隱爲光明也。其上有醴泉
瑤池。

王念孫曰：『「瑤池」本作「華池，」後人多聞「瑤池，」寡聞「華池，」故以意
改之耳。論衡談天篇曰：「太史公曰：『禹本紀言：河出崑崙，其高二千五百餘
里，其上有玉泉華池。』」藝文類聚山部、太平御覽地部、白帖崑崙山類，引史
記竝作「華池。」又文選遊天台山賦：「嗽以華池之泉。」李善注引史記曰：「崐
崘，其上有華池。」又洪興祖楚辭補注離騷篇曰：「禹本紀言：崑崙山高二千五
百餘里，其上有醴泉華池。」此注卽本於史記。是洪氏所見本尚作「華池，」而
今本作「瑤池，」則元以後淺人改之也。又案海內西經：「崑崙之虛方八百里、
高萬仞。」郭璞曰：「自此以上二千五百餘里，上有醴泉華池。見禹本紀。」是
禹本紀自作「華池，」與他書言「瑤池」者異也。』

施之勉云：荀紀作『高萬二千五百餘里。』論衡談天篇、藝文類聚、白氏六帖、
天中記，『二千』作『三千。』

案漢傳崑崙作昆侖，下同。下文『惡覩本紀所謂崑崙者乎？』索隱本作昆侖，說

文繫傳二一引同，蓋故本如此。漢紀高下有萬字，疑高字之誤而衍者。論衡談天篇『二千』作『三千，』（如施氏引。）王氏引作『二千，』蓋依史、漢文改之也。洪興祖離騷補注引『二千』亦作『三千。』天中記八引此『瑤池』亦作『華池。』陳氏天中記徵引各書，往往避宋諱，所據蓋宋本。此引史文作『華池，』當轉錄自宋本類書，非至明代史文尚有作『華池』之本也。

惡睹本紀所謂崑崙者乎？

王念孫云：『索隱本出「惡覩夫謂昆侖者乎」八字，注曰：「惡，於何也。言張騫窮河源，至大夏于寘，於何而見昆侖爲河所出？」據此，則正文本作「惡覩夫謂昆侖者乎？」夫字卽指禹本紀而言。今本作「惡覩本紀所謂昆侖者乎？」疑是後人增改。漢書作「惡睹所謂昆侖〔者〕乎？」亦無本紀二字。又昆侖作崑崙，亦是俗改。』

案說文繫傳引此亦無本紀二字，漢紀同。然論衡談天篇引此已作『惡睹本紀所謂崑崙者乎？』則漢時舊本亦有有本紀二字者矣。或論衡增本紀二字，後人據之以補入史文與？

至禹本紀、山海經所有怪物，余不敢言之也。

索隱：『「余敢言也？」案漢書作「所有放哉！」如淳云：「放蕩迂濶，言不可信也。」「余敢言也？」亦謂山海經難可信耳。而荀悅作效，蓋失之矣。』

王念孫云：『案索隱本出「余敢言也」四字，注曰：「『余敢言也？』謂山海經難可信耳。」據此，則正文本作「余敢言也？」也與邪同。「余敢言也？」卽是不敢言。後人不達，而增字以申明之，殊爲多事。乃或改注內之「余敢言也」爲「余不敢言者。」以牽合已增之正文，則其謬益甚矣！』

案漢傳此文作『至禹本紀、山海經所有放哉！』非末句作『所有放哉！』漢紀作『禹本紀、山海經有所考焉。』似所據史文末句作『余敢言也。』而誤以也爲決定詞耳。王氏謂也與邪同，是也。今本余下不字，王氏以爲後人所增。然論衡引此已作『余不敢言也。』並云：『夫弗敢言者，謂之虛也。』則漢時舊本余下亦有有不字者矣。或論衡易『余敢言也？』爲『余不敢言也。』後人據之以不字補

入<u>史</u>文與？<u>王</u>氏又謂『或改<u>注</u>內之「余敢言也」爲「余不敢言者。』（『亦謂』句上。）<u>黃善夫</u>本、<u>殿</u>本<u>索隱</u>，並改爲『余不敢言者。』又<u>索隱</u>『而<u>荀悅</u>作效，蓋失之矣。』本<u>師古注</u>。

史記斠證卷一百二十五

佞幸列傳第六十五

王　叔　岷

考證：『史公自序云：夫事人君，能說主耳目，和主顏色，而獲親近。非獨色
愛，能亦各有所長。作佞幸列傳第六十五。』

施之勉云：『論衡幸偶篇：「孔子曰：君子有不幸而無有幸，小人有幸而無不
幸。」佞幸之徒，閎、籍孺之輩，無德薄才，以色稱媚，不宜愛而受寵，不當親
而得附，非道理之宜，故太史公爲之作傳。邪人反道而受恩寵，與此同科，故合
其名，謂之佞幸。』

案傳文稱籍孺、閎孺兩人，『徒以婉佞貴幸。』參以自序所云，『說主耳目，和
主顏色。』蓋卽『婉佞。』『獲親近，』蓋卽『貴幸。』據論衡云云，似以小人
爲幸之徒，邪人爲佞之徒。』然邪人亦小人也。後漢書桓帝紀贊『政移五倖。』
注：『倖，佞也。五倖，卽上五邪也。』幸、倖古、今字、（記纂淵海七十引此
文幸亦作倖。）是佞與幸亦通稱，佞、幸皆可謂之邪矣。又論衡論史公作佞幸傳
之意，祇說到史公自序『色愛』一層，而忽略『能亦各有所長』一層。（能猶乃
也，王氏雜志有說。）雖爲佞幸，史公亦不沒其所長，洵良史也！

善仕不如遇合。

集解：『徐廣曰：遇，一作偶。』

梁玉繩云：『劉長翁曰：「偶合」是。』

案遇、偶古通，劉氏未達。爾雅釋言：『遇，偶也。』釋詁：『偶，合也。』『遇合』猶『偶合，』複語也。

而士宦亦有之。

考證：『張文虎曰：南宋、舊刻、毛本，士作仕。』

施之勉云：景祐本、黃善夫本並作士。

案殿本士亦作仕，古字通用。

高祖至暴抗也，然籍孺以佞幸，

索隱：伉，音苦浪反。言暴猛伉直。

王念孫云：『抗本作伉，淺學人多見抗，少見伉，故改伉爲抗耳。索隱本出「暴伉」二字，注曰：「伉，音苦浪反。言暴猛伉直。」酷吏傳贊云：「郅都伉直。」是也。今並注文亦改爲抗，不知正文作伉，故須作音。若作抗，則不須作音矣。何弗思之甚也！』

案王說是也。其所據震澤王氏本索隱，兩伉字皆作抗，黃善夫本、殿本索隱並同。乃因正文作抗而妄改之也。書鈔一二九引籍作藉，與論衡幸偶篇合。論衡逢遇篇仍作籍，古字通用。

徒以婉佞貴幸，與上臥起，公卿皆因關說。

索隱：按關猶通也。謂公卿因之而通其詞說。

考證：『梁孝王世家：「大臣及袁盎等，有所關說於景帝。」義同。』

案漢傳『婉佞』作『婉媚，』師古注『媚，悅也。』梁孝王世家：『有所關說於景帝。』索隱：『關者隔也。引事而關隔其說，不得行也。』彼文關訓隔，此文關訓通，文義相反。朱駿聲說文通訓定聲云：『事不覿面，相隔而由中人以通達謂之關。』善於貫通索隱之說者也。（參看梁孝王世家斠證。）

故孝惠時，郎侍中皆冠鵔鸃、貝帶、

索隱：『鵔鸃，應劭云：「鳥名。毛可以飾冠。」許慎云：「鵔鸃，鷩鳥也。」淮南子云：「趙武靈王服貝帶、鵔鸃。」………』

案御覽六八四引孝惠作惠帝，『貝帶』作『具帶。』說文：『鵔鸃，鷩也。秦、漢之初，侍中冠鵔鸃。』貝、具形近易亂，匈奴傳：『黃金飾具帶一。』戰國策

趙策二姚宏續注引『具帶』作『貝帶。』亦其比。王國維胡服考以作『具帶』爲
是，云：『此帶本出胡制，胡地乏水，得貝綦難。且以黃金飾，不容更以貝飾。
當以作具爲是。「具帶」者，「黃金具帶」之略。』岷以爲作貝蓋是。此帶旣出
胡制。正由胡地得貝難，故旣以黃金飾，又以貝飾也。如得貝易，則不足以爲飾
矣。（匈奴傳亦有說。）黃善夫本、殿本索隱並略『鵁鶄，應劭云：鳥名，毛可
以飾冠。』十二字。單本索隱『鷖鳥』作『鷖鳥，』與說文合，鷖字誤。引淮南
子云云，見主術篇。本作『趙武靈王貝帶鵁鶄而朝。』

而趙同以星氣幸，常爲文帝參乘。

　　案史公報任少卿書：『同子參乘，袁絲變色。』

鄧通。蜀郡南安人也。

　　集解：『徐廣曰：後屬犍爲。』

　　梁玉繩云：南安，漢志屬犍爲。而犍爲郡，武帝置。其初南安屬蜀也。故徐廣曰
　　『後屬犍爲。『（湖本脫徐注。）

　　案黃善夫本（前行滿格）、殿本並提行，漢傳同。

以濯船爲黃頭郎。

　　集解：『⋯⋯⋯一說：能持櫂行船也。⋯⋯⋯』

　　考證：『顏師古曰：濯讀曰櫂。』

　　案濯借爲櫂，俗作櫂。司馬相如傳有說。集解櫂字，黃善夫本、殿本並作櫂。

　　師古注：『濯讀曰櫂。』非作櫂。

顧見其衣裻帶後穿。

　　集解：『徐廣曰：一無裻字。』

　　案漢紀七無『裻帶』二字。說文：『裻，一曰背縫。』繫傳：『史記佞幸傳。亦
　　云作督，假借也。』字亦作裻，說文：『裻，衣躬縫。讀若督。』

以夢中陰自求推者郎。

　　梁玉繩云：『漢書自作目，淩稚隆曰：「目求」更勝。』

　　考證：毛本自作目，與漢書合。

　　施之勉云：景祐本自作目。

　　案漢傳補注：『官本目作自。』作目乃史、漢文之舊。

姓鄧氏，名通。文帝說焉。

　　索隱：『漢書云：「上曰：鄧猶登也。」悅之。』

　　張照曰：漢書無『上曰』二字，『鄧猶登也。』乃班固疏解之辭，索隱臆增之也。

　　案漢傳『名通』下有『鄧猶登也』四字，無『上曰』二字。『鄧猶登也。』釋爲

　　文帝語較佳。此蓋索隱於鄧上增『上曰』二字之故與？

尊幸之日異。通亦愿謹，

　　案漢傳疊日字，語意較強。師古注：『專謹曰愿。』

文帝時時如鄧通家遊戲。

　　案師古注：『如，往也。』

上使善相者相通，曰：『當貧餓死。』

　　案御覽四八六引『相者』作『相人，』漢傳同。金樓子雜記下篇：『昔鄧通從理

　　入口，相者曰：必餓死。』

文帝曰：能富通者在我也，何謂貧乎？

　　案記纂淵海八七引文帝作上，漢傳同。藝文類聚六六、御覽四八六、八三五引

　　此，皆無也、乎二字，漢傳亦同。御覽七二九引此無也字（未引下句），劉子命

　　相篇同。

於是賜鄧通蜀嚴道銅山，

　　案藝文類聚、御覽七二九、八一三、八三五引此，皆無鄧字，漢傳同。帝王略論

　　作『乃賞通以蜀銅山。』亦無鄧字。

鄧氏錢布天下。其富如此。

　　考證：『沈欽韓曰：「西京雜記：文字肉好。皆與天子錢同。」』

　　案藝文類聚引鄧上有號字。西京雜記三：『文帝昔，鄧通得賜蜀銅山，聽得鑄

　　錢。文字肉好，皆與天子錢同，故富侔人主。昔吳王亦有銅山鑄錢，故有吳錢。

　　微重，文字肉好，與漢錢不異。』通鑑漢紀六亦並記鄧通、吳王濞鑄錢事。考證

　　引沈說，本漢傳補注。

鄧通常爲帝唶吮之。

　　考證：漢書喢作嗽。

　　案嗽，正作欶，『欶吮，』複語。說文：『欶，吮也。』下文『文帝使喢癰。』

　　漢傳喢作齰，齰、喢正、假字。說文：『齰，齧也。』

文帝不樂，從容問通曰：『天下誰最愛我者乎？』通曰：『宜莫若太子。』

　　考證：『徐孚遠曰：「文帝自以爲病困，故不樂也。」又曰：「是時諸子無奪適

　　者，通偶然言之耳。非以排太子也。」』

　　施之勉云：『潛夫論賢難篇：「文帝病，不樂，從容曰：『天下誰最愛朕者

　　乎？』鄧通欲稱太子之孝，則因對曰：『莫若太子之最愛陛下也。』」』

　　案上文謂通『自謹其身以娟上。』則通之言『宜莫如太子。』當是有意欲稱太子

　　之孝。不僅『非以排太子，』且亦非『偶然言之』也。潛夫論所記是矣。又潛夫

　　論云云，漢傳補注載蘇輿說已引之。

文帝使喢癰，喢癰而色難之。

　　案記纂淵海五八引此，『喢癰』二字不疊。潛夫論作『帝令吮癰，有難之色。』

　　漢紀作『上令太子吮癰，而色難。』並不疊『吮癰』二字。太子喢癰而色難，固

　　非；文帝必使太子喢癰，亦非也。

及文帝崩，景帝立，

　　殿本考證：『史通曰：向若但云「景帝立，」不言「文帝崩，」斯亦可知矣。何

　　用兼書其事乎？』

　　案論衡骨相篇、漢傳並從史記作『文帝崩，景帝立。』兼書其事，蓋以加強文意

　　耳。史通云云，見雜說上篇。

人有告鄧通盜出徼外鑄錢，

　　案御覽七二九、八一三引此，並無鄧字，漢傳、漢紀並同。師古注：『徼猶塞

　　也。徼者，取徼遮之義也。』

盡沒入鄧通家，

　　案御覽七二九引鄧通作其。（漢傳作『盡沒入之通家。』之字涉下文『沒入之』

　　而衍。）記纂淵海七十引家下有財字。

長公主賜鄧通，

索隱：卽館陶公主也。

正義：館陶公主，文帝之女。

案索隱、正義說，並本師古注。

吏輒隨沒入之，一簪不得著身。

案索隱本上句作『吏輒沒入。』或略隨、之二字。漢傳補注引蘇輿曰：『潛夫論遏利篇：鄧通死無簪，天子不能違天富無功。』

寄死人家。

案御覽七二九引寄上有遂字。

仁寵最過，庸乃不甚篤。

索隱：案庸，常也。言仁最被恩寵過於常人，乃不甚篤如韓嫣也。

殿本『乃不』作『不乃，』考證云：『楊愼曰：「仁寵最過」爲句。「庸不乃甚篤』爲句。不，否同。索隱句讀已非；解又可笑。』

梁氏志疑所據湖本『乃不』作『不乃。』云：『方氏補正曰：「庸，用也。帝雖寵愛之，而任用則不甚篤也。」史記考異曰：「『不乃』者，『不能』也。乃能聲相近，言仁寵過于常人，猶不能甚篤。以見景帝之無寵臣也。」』

考證：『張文虎曰：南宋本、毛本作「乃不，」各本倒。』

案此當從庸字絕句爲長。漢傳最作取，師古釋取爲纔，云：『纔過於常人耳。』卽索隱庸字絕句所本。索隱云『最被恩寵過於常人。』既最被恩寵，則不僅過於常人矣。最當爲冣，冣諧取聲，與取通用，亦當訓纔，（參看裴學海古書虛字集釋八。）謂恩寵纔過於常人耳。故續云『乃不甚篤。』景祐本、黃善夫本『乃不』並作『不乃，』當從索隱作『乃不。』漢傳『乃不甚篤，』略作『不篤。』師古注：『不能大厚也。』錢氏考異釋『不乃』爲『不能，』或卽本師古注。不知史文原作『乃不』也。

士人則韓王孫嫣。

索隱：音偃。又音於建反。

案索隱『音偃，』本師古注。

嫣者，弓高侯孽孫也。

集解：『徐廣曰：弓高侯，韓王信之子頹當也。』

案景祐本、黃善夫本、殿本皆提行。漢傳亦提行，侯下有頹當二字，頹、頹正、俗字。

嫣善騎射，善佞。

案漢傳補注引沈欽韓曰：『西京雜記：「韓嫣好彈，常以金爲丸，所失者日十有餘。長安爲之語曰：『苦飢塞，逐金丸。』京師兒童，每聞嫣出彈，輒隨之，望丸所落，拾焉。」』見西京雜記卷四。卷六又云：『韓嫣以玳瑁爲牀。』倂其『以金爲丸』觀之，愈以見其佞幸矣。

江都王入朝，

案漢傳補注：『江都王非，武帝弟。』

蹕道未行。

考證：楓山、三條本………道作通。

案漢傳蹕作趩，趩、蹕古、今字。說文：『趩，止行也。』漢傳補注：『官本道作通。』

請得歸國，入宿衞。

索隱：謂還封於天子，而請入宿衞。

案索隱說，前句本師古注。

太后由此嗛嫣。

集解：『徐廣曰：嗛，讀與銜同。漢書作銜字。』

正義：慊，銜恨也。

案正義本嗛作慊（慊之本義爲疑），御覽八三一引此作嫌。嗛、銜、慊，並嫌之借字。說文：『嫌，不平於心也。』所謂銜恨矣。

而案道侯韓說，其弟也。

索隱：說音悅，嫣弟。

案索隱『說音悅。』本師古注。黃善夫本、殿本索隱並略『嫣弟』二字，當從之。正文已言『其弟，』何須更注明『嫣弟』邪？

李延年，中山人也。

案景祐本、黃善夫本、殿本皆提行，漢傳同。

為變新聲。

案漢紀十四作『為新聲變曲。』

而上方興天地祠，欲造樂詩歌弦之。延年善承意，弦次初詩。

考證：『李笠曰：「弦次」當作「弦歌。」』

施之勉云：『樂書：「至今上即位，作十九章，令侍中李延年，次序其聲。」此云「弦次，」即「次序其聲。」「弦次」不當作「弦歌。」李說非。』

案施說是。儒林傳：「孔子閔王路廢而邪道興，於是論次詩、書。」淮南子脩務篇：『唯聖人能論之。』高注：『論，敍也。』『論次』猶『敍次，』亦此次字之義。漢書禮樂志：『武帝定郊祀之禮，祠太一於甘泉，祭后土於汾陰，乃立樂府，采詩夜誦，有趙、代、秦、楚之謳，目李延年為協律都尉，多舉司馬相如等數十人，造為詩賦，略論律呂，目合八音之調。作十九章之歌。』（考證於樂書亦引之。）所謂『略論律呂，目合八音之調。』即樂書『次序其聲』之意，亦即此文『弦次』之意。

其女弟亦幸，有子男。

案漢傳云：『李夫人產昌邑王。』

號協聲律。與上臥起。

梁玉繩云：漢傳作『協律都尉。』是。

案樂書、漢書禮樂志、漢紀『協聲律，』亦皆作『協律都尉。』惟據外戚世家云：『號協律。』則此文但衍一聲字，不必有『都尉』二字。漢傳補注引沈欽韓曰：『御覽五百七十引漢書曰：「李延年善歌，〔武〕帝幸之，時人語曰：一雌復一雄，雙飛入紫宮。」案書中無是語，當亦漢雜事之類。』晉書一一四苻堅載記，記慕容沖與其姊並幸於苻堅，『姊弟專寵，宮人莫進，長安歌之曰：一雌復一雄，雙飛入紫宮。』與御覽引漢書所載有關李延年兄妹之時人語相同。可怪也！

久之，寢與中人亂。

集解：『徐廣曰：「一云：坐弟季與中人亂。」』

梁玉繩云：徐廣一作『坐弟季與中人亂。』是也。說在外戚世家。

考證：漢書作『久之，延年弟季與中人亂。』徐一本可據。不然，下文『誅昆弟』三字不可解。

施之勉云：『俞正燮曰：「外戚世家云：『李夫人兄延年兄弟皆坐姦，族。後封其長兄廣利爲海西侯。』所謂姦者，巫蠱事，不關與中人亂。漢書佞幸傳云：『久之，延年弟季與中人亂。』此疑世家『兄弟皆坐姦』之文妄改之。不悟季不腐，無因與中人亂也。延年旣腐，能與中人亂者，後書欒巴傳云：『巴好道，以宦者給事掖庭。後陽氣通暢，白上乞退。有子賀，官至雲中太守。』劉瑜傳云：『常侍黃門，亦廣取妻。』周擧傳云：『豎宦之人，虛以形勢威侮良家，取女閉之。』宦者單超傳云：『左悺等四侯，多取良家美女以爲姬妾。皆珍飾華侈，擬則府人。』規此，知漢書改史記之非矣。」』

案寑（隸省作浸）、景祐本、黃善夫本並作寝（今字作寑），皆侵之借字。說文：『侵，漸進也。』（侵，隸省作侵。）延年旣腐，自不能與中人亂，寑上疑脫『弟季』二字，一本及漢傳並可證。此明言『與中人亂，』漢傳本之，自不關巫蠱事。延年爲樂人，非好道者；且『與中人亂，』與宦者虛娶良家女以自炫者亦不同。俞氏據後漢書諸乖僻異常之事以爲說，不足取也。

大底外戚之家。

案漢傳底作氐，莊子傳：『大抵率寓言也。』底、氐、抵，古並通用。

彌子瑕之行，足以規後人佞幸矣。

索隱：衞靈公之臣。事見說苑也。

考證：又見韓非傳。

案事見韓非子說難篇，韓非傳引之。又見說苑雜言篇。

史記斠證卷一百二十六

滑稽列傳第六十六

王　叔　岷

索隱：按滑，亂也。稽，同也。言辨捷之人，言非若是，說是若非，言能亂異同也。

考證：『史公自序云：不流世俗，不爭勢利，上下無所凝滯，人莫之害，以道之用。作滑稽列傳第六十六。』

案樗里子列傳：『樗里子滑稽多智。秦人號曰智囊。』滑稽，多智貌。說文：『滑，利也。』離騷：『余猶惡其佻巧。』王注：『巧，利也。』稽讀爲計，滑稽，謂巧於計也。（樗里子列傳斠證有說。）巧於計，故『上下無所凝滯，人莫之害。』史公所傳滑稽諸人，尤重其能『以道之用。』之猶爲也，謂諸人能以正道、大道爲用也。文心雕龍諧讔篇：『子長編史，列傳滑稽，以其辭雖傾回，意歸義正也。』甚符史公之旨。索隱云云，本鄒誕生說，樗里子列傳索隱已引之。

六蓺，於治一也。

案莊子天地篇：『萬物雖多，其治一也。』卽此句法所本。

禮以節人，樂以發和，書以道事，詩以達意，易以神化，春秋以道義。

案數語又見史公自序，惟『神化』作『道行。』莊子天下篇：『詩以道志，書以道事，禮以道行，樂以道和，易以道陰陽，春秋以道名分。』

天道恢恢，豈不大哉！

　　案老子七十三章：『天網恢恢，疏而不失（一作漏）。』

談言微中，亦可以解紛。

　　梁玉繩云：談字何以不諱？說在晉世家。

　　案史公於談字，行文不諱，人名則諱。（偶或人名不諱者，後人改復其舊耳。）司馬相如傳有說。『微中』猶『妙中。』文選宋玉登徒子好色賦：『口多微辭。』李善注：『微，妙也。』老子四章、五十六章並云：『解其紛（一作忿）。』重六藝亦不忽談言，此史公之特識！

淳于髡者，齊之贅壻也。

　　索隱：……贅壻，女之夫也。比於子，如人疣贅，是餘剩之物也。

　　俞正燮云：『滑稽列傳云：「淳于髡，齊之贅壻也。」蓋自無戶籍，依婦家籍者。說苑尊賢云：「太公望，故老婦之出夫也。」出夫者，以贅女家，故爲所出。若娶婦，則無出夫之事。知贅壻風已古。』（癸巳存稿七。）

　　案景祐本、黃善夫本、殿本皆提行。書鈔一三九引壻作聟，孔廣陶校注云：『聟即壻也。』秦始皇本紀『贅壻。』集解：「瓚曰：贅，謂窮有子，使就其婦家，爲贅壻。」說文繫傳十二引史記注：『謂男無娉財，以自身質于妻家，爲贅壻。』所引，與集解、索隱皆不類，或爲正義佚文與？

滑稽多辯，數使諸侯，未嘗屈辱。

　　案書鈔引辯作辨，使下有于字。御覽七七七引辯亦作辨，屈作詘。辯與辨，屈與詘，並古字通用。孟子告子篇僞孫疏引辯亦作辨。

沈湎不治，委政卿大夫。

　　說文：『湎，沈於酒也。』孟子疏引政下有於字。

國中有大鳥，止王之庭。三年不蜚，又不鳴。

　　殿本考證：『黃氏日抄曰：「三年不飛不鳴」之語，楚世家以爲伍舉語莊王；今滑稽傳又以爲淳于髡說齊威。果孰是孰非邪？』

　　梁玉繩云：大鳥之語，髡蓋祖楚伍氏諫莊王故智耳。

　　案梁說蓋是。白帖二九引蜚作飛（與黃氏日抄所引合），與下文一律。蜚、飛

古、今字，楚世家有說。

此鳥不飛則已，一飛沖天。不鳴則已，一鳴驚人。

　　案白帖引『一飛』作『飛則，』『一鳴』作『鳴則。』

語在田完世家中。

　　梁玉繩云：世家無隱諫一節，疑是後人刪之。或謂此傳虛述，乃史公不精之咎。
　　恐不然也。

　　案『語在田完世家中。』蓋就『於是乃朝諸縣令長七十二人』而言。非關上文隱
　　諫一節。隱諫一節，乃補世家之未備。

威王八年，楚大發兵加齊。

　　梁玉繩云：『威王在位三十六年，未嘗與楚相聞。若威王八年，並無他國來伐，
　　安得有楚兵加齊、趙王救齊之事。說苑復恩、尊賢二篇說此事，一云：「楚、魏
　　會晉陽，將伐齊，齊王患之。」一云：「諸侯舉兵伐齊，齊王恐。」亦無可
　　考。』

　　案景祐本提行。加猶陵也，論語公治長篇：『我不欲人之加諸我也，吾亦欲無加
　　諸人。』馬融注：『加，陵也。』

齎金百金。

　　案御覽七三六引齎作遺，七七七引作齎，下同。記纂淵海六十齎作齎，下同。
　　齎、遺同義，說文：『齎，持遺也。」齎、齎並俗齎字。

笑豈有說乎？

　　案御覽七七七引笑上有『先生』二字。

見道傍有禳田者，

　　索隱：案謂為田求福禳。

　　梁氏志疑所據湖本禳作禳，云：『史詮云：今本禳誤禳。』

　　考證：『張文虎曰：索隱本、舊刻、毛本禳，各本譌禳。』

　　施之勉云：後漢書張奐傳注、御覽七百三十六、合璧事類五十二引，並作禳。

　　案景祐本、黃善夫本、殿本禳皆作禳，書鈔一三九、御覽七七七引並同。（御覽
　　七三六引作禳。）禳、穰正、假字，穰非誤字。爾雅釋訓：禳禳，福也。』釋

－165－

文：『禳，本今作穰。』卽二字通用之例。黃本、殿本索隱禳並作穰，依正文作穰改之也。

而祝曰：甌窶滿篝，汙邪滿車。五穀蕃熟，穰穰滿家。（祝上原脫而字。）

　　集解：『徐廣曰：篝，籠也。』

　　索隱：『案司馬彪云：「汙邪，下地田。」卽下田之中，有薪可滿車。』

　　梁玉繩云：『說苑一云：「下田洿邪，得穀百車。蟹堁者宜禾。」一云：「蟹堁者宜禾，（荀子儒效注引作「蟹螺。」高地也。）洿邪者百車。傳之後世，洋洋有餘。」御覽三百九十一引說苑蟹作雞。而藝文類聚九十六、北堂書鈔四十、御覽二百四十三、三百七十八、七百三十六等卷，引說苑又云：「高得萬束，下得千斛。」』

　　施之勉云：『「甌窶滿篝，」說苑復恩篇云：「蟹堁者宜禾，」尊賢篇同。劉師培曰：「『蟹堁』史記作『甌窶，』正義以爲『高地狹小之區。』蓋『蟹堁』與『甌窶』一聲之轉。『甌窶』卽『岣嶁，』山巔爲『岣嶁，』曲脊爲『痀僂。』凡物之中高而旁下者，其音皆近『甌窶。』」「汙邪滿車，」張森楷曰：「元龜引注（索隱），田上有地字，薪下有菜字，車下有也字。案地字當補，『薪菜』字皆不合。田以種穀，何以收得薪菜？疑當爲「粟禾」若『穀米』之誤，說苑載此事，正是穀字。」』

　　案御覽三九一引說苑『蟹堁』作『雞堁，』有注云：『雞堁，雞肝黑土。』『雞堁』與『甌窶』亦一聲之轉，亦卽『岣嶁。』注釋爲『雞肝黑土。』乃望文生訓也。書鈔一三九、御覽七七七引窶並作婁，婁、窶正、俗字。記纂淵海六十引窶作寠，疑因下篝字聯想而改。荀子大略篇楊注引篝作溝，並引裴駰云：『甌窶，傾側之地。』今本集解無此注。篝、溝正、假字。記纂淵海五一引篝作籠，依徐注改之也。梁氏謂類聚、書鈔、御覽引說苑『高得萬束，下得千斛』云云，乃淳于髡使楚後，設爲野民祝辭以對楚王之語，（盧文弨羣書拾補輯入說苑逸篇。）與此淳于髡未使楚前，設爲禳田者祝辭以對齊王之語，非一事。黃善夫本、殿本索隱，並略『案司馬彪云：汙邪，下地田。』十字。御覽七七七引索隱『卽下田』云云，作『卽下地田之中，有薪菜可滿車也。』（卽，原聯想作則。）與冊

府元龜所引同。正文言『五穀蕃熟，』則注文言『薪茱』自不合矣。

臣見其所持者狹，而所欲者奢。

案記纂淵海引此，而下有注云：『一本無而字。』有而字較長，說苑復恩篇作『
臣笑其所以祠者少，而所求者多。』尊賢篇作『臣笑其賜鬼薄，而請之厚也。』
亦並有而字。御覽七七七引奢上有大字，恐非其舊。

於是齊威王乃益齎黃金千溢，

案書鈔、御覽引溢並作鎰，溢、鎰古、今字。

楚聞之，夜引兵而去。

考證：說苑尊賢篇亦載此事，文有異同。

案書鈔引去下有矣字。說苑復恩篇載此事，與尊賢篇較合。

問曰：『先生能飲幾何而醉？』對曰。

案御覽四九七引『幾何』作『幾許。』『對曰』作『髡曰。』

髡曰：賜酒大王之前，執法在傍，御史在後。

俞正燮云：『宋竇苹酒譜，第十二為「酒令。」云：「詩既立之監，或佐之史。
然則飲之立監、史，所以已亂而避酒禍。」案其事有證，史記滑稽列傳云：「淳
于髡曰：御史在前，執法在後。」是其制也。若詩則言「彼醉不臧，不醉反
恥。」箋云：「立之監，使視之；又助之史，使督酒，欲令皆醉。取未醉者恥罰
之。」衞武公刺時人如此。殆卽酒令，非備酒禍也。云：「魏文侯飲酒，使公乘
不仁為觴政。其酒令之漸歟？」案說苑善說篇云：「魏文侯與大夫飲酒，使公乘
不仁為觴政。不仁曰：君已設令。令不行，可乎？」已明著令字。韓詩外傳云：
「齊桓公置酒，令諸侯大夫曰：『後者飲一經程。』管仲後，當飲一經程。」亦
前此酒令。」』（癸巳存稿十一『酒令』條。）

案俞氏所引詩，見小雅賓之初筵。韓詩外傳云云（諸下侯字疑衍），見卷十。說
苑敬愼篇亦載其事，文略異。焦竑筆乘續集四亦云：『魏文侯與諸大夫飲，使公
乘不仁為觴政。殆卽今之酒令耳。』

髡袣韝鞠膝，

索隱：袣音卷，紀免反，謂收袖也。韝音溝，臂扞也。鞠，曲躬也。膝音其紀

— 167 —

反，與跽同，謂小跪也。

考證：「洪頤煊曰：「膌卽卺字，說文：『卺，謹身有所承也。從已丞。』傳寫者譌作卺。鞠膌，謂曲身奉杯。」』

案索隱單本、景祐本、黃善夫本、殿本膌皆作膌。字當作膌，膌卽俗卺字，膌誤爲膌，復誤爲臚耳。黃本、殿本索隱，並略『講音溝』至『謂小跪也』二十二字。

久不相見，卒然相覿，歡然道故，私情相語，飲可五六斗徑醉矣。若乃州閭之會，

案漢簡作「久不相見萃然相黨以讎道故以誧語當此之時臣竊樂之酓至四五什若耐□□□□□』（羅振玉流沙墜簡三簡牘遺文。）今本萃作卒，萃、卒並猝之借字。今本黨作覿，義亦相符。黨借爲矘，字亦作矘，文選馬季長長笛賦：『留際矘眙。』李善注引字林曰：『矘，直視貌。』廣雅釋詁一：『覿，視也。』『以誧語，』疑本作『私誧相語。』寫者涉上文以字誤私爲以，又脫相字耳。今本誧作情、情、誧正、假字，荀子成相篇：『聽之經，明其誧。』楊注：『誧當爲情。』誧亦情之假借也。今本語下無『當此之時，臣竊樂之』八字，而下文『後有遺簪』下有『髡竊樂此』四字，與此『臣竊樂之』四字義複。竊疑今本此文語下僅脫『當此之時』四字，下文『髡竊樂此』本作『臣竊樂之，』寫者誤錄於時字下耳。今本酓作飲，說文作歙，云：『歙，歠也。从欠酓聲。㱃，古文歙，從今食。』酓卽歙之隸省，飲又合歙、㱃二體之隸省也。今本『至四五什』作『可五六斗，』什乃斗之隸變，說文序所謂『人持十爲斗』是也。（漢簡斗多作什，淮南王傳有說。）今本斗下有『徑醉矣』三字，以上文例之，文意較長，或寫者誤脫也。今本耐作乃，耐，古能字。（見禮記禮運及樂記鄭注。）能、乃聲相近，故耐可通乃。說文耐下段注：『耐，漢人叚爲能字。』尙不知漢人假耐爲乃也。

男女雜坐，行酒稽留，六博投壺，相引爲曹。

案楚辭招魂：『士女雜坐，亂而不分些。……菎蔽象棊，有六簙些。分曹並進，遒相迫些。』王注：『投六箸，行六棊，故爲六簙也。曹，偶。』簙，一作博，與此同。簙、博正、假字。

日暮酒闌。

案高祖紀『酒闌。』集解引文穎曰：『闌，言希也。謂飲酒者半罷半在，謂之

闌。』

履舄交錯，杯盤狼籍，

　　案白居易和寄問劉白詩：「履舄起交雜，杯盤散紛挈。』本此。

主人留髡而送客。羅襦襟解，微聞薌澤。

　　正義：襟，巨禁反。……衿或作紒，帶結也。

　　案御覽四九七引而下有出字，襟作衿，薌作香。正義襟字疑本作衿，與下作衿一

　　律，所據正文襟作衿也。襟、衿並裣之俗變，說文：『裣，衣衽也。』（段注：裣

　　之字，一變為衿，再變為襟。）書鈔一二九引襟亦作衿，薌亦作香。薌與香同。

　　又正義『衿或作紒，帶結也。』紒無『帶結』義。紒蓋紟之誤，說文，『紟，衣

　　系也。』段注：『聯合衣襟之帶也。今人用銅鈕，非古也。凡結帶皆曰紟。』抱

　　朴子酒誡篇：『或冠脫帶解。』『紟解』即『帶解』也。

髡心最歡。

　　案御覽引歡作欣，義同。爾雅釋詁：『欣，樂也。』廣雅釋詁：『歡，樂也。』

故曰：酒極則亂，樂極則悲。

　　案莊子人間世篇：『以禮飲酒者，始乎治，常卒乎亂。』淮南子道應篇：『樂極

　　則悲。』

其後百餘年，楚有優孟。

　　殿本考證：『史通曰：優孟在春秋楚莊王時，淳于髡在戰國齊威王時，史謂「後

　　百餘年，」誤矣。』

　　梁玉繩云：孟在楚莊王時，髡在齊威王時。楚莊元年至齊威末年，凡二百七十一

　　年，何云孟後髡百餘年哉？史通辨其誤矣。

　　案史公於孟子荀卿傳載淳于髡見梁惠王事；於此又載髡在齊威王時事，是明知髡

　　為戰國時人，何致謂髡後百餘年，乃有春秋楚莊王時之優孟邪？史公決不致荒謬

　　至此！竊疑『其後百餘年，』乃後人傳寫之誤，蓋本作『其前二百餘年』何以先

　　記淳于髡事，後記在前之優孟事？蓋由優孟後即記優旃事，孟與旃同為優人，當

　　連類記之耳。

優孟者，故楚之樂人也。（原脫者字。）

考證：羣書治要『之樂』作優。

　　　案景祐本（前行滿格）、黃善夫本、殿本皆提行。說文：『優，倡也。』

有所愛馬，衣以文繡，

　　　考證：治要無所字。

　　　施之勉云：類聚九十三、御覽八百九十四、元龜二百四十二、事類賦二十一引，
　　　亦無所字。

　　　案御覽八一五引此亦無所字。有所字盍此文之舊，左昭二十九年傳疏、御覽九六
　　　五引此並有所字。渚宮舊事一周代上亦作『有所愛馬。』莊子列禦寇篇於犧牛，
　　　亦云：『衣以文繡。』

席以露牀，啗以棗脯。

　　　案左傳疏、初學記二七引席下、啗下並有之字。左傳疏引露作路，古字通用。釋
　　　名釋道：『路；露也。』說文：『脯，乾肉也。』

馬病肥死。使羣臣喪之，欲以棺椁大夫禮葬之。

　　　案白帖二九引死上有而字，欲作將，欲猶將也。

仰天大哭。

　　　案左傳疏、記纂淵海六十引哭並作笑（記纂淵海六三引作哭），疑聯想上文『淳
　　　于髡仰天大笑』而誤。

請以人君禮葬之。

　　　案御覽八九四、記纂淵海九八引君下並有之字。

韓、魏翼衞其後，

　　　案渚宮舊事其作於，義同。

廟食太牢，

　　　案景祐本太作大，左傳疏引同，大、太古、今字。下文『於是王乃使以馬屬太
　　　官。』左傳疏、治要引太並作大，亦同此例。

一至此乎！

　　　案一猶乃也。（商君傳有說。）左傳疏引『此乎』作『於此。』渚宮舊事此上有
　　　於字。

請爲大王六畜葬之。

　　案藝文類聚九三、御覽引此並作『請爲王言六畜之葬。』

以壠竈爲椁，

　　索隱：按皇覽亦說此事，以『壠竈』爲『羃突』也。

　　案皇覽『壠竈』作『羃突，』壠、羃正、假字。突，竈突也。淮南子人間篇：『
　　百尋之屋，以突隙之熛焚。』（今本熛誤煙，王引之有說。）許愼注：『突，竈
　　突也。』

銅歷爲棺，

　　索隱：按歷，卽釜鬲也。

　　考證‥『錢大昕曰：歷卽鬲字，說文：鬲，或作㽁。』

　　施之勉云：『御覽八百九十四引歷作鬲，注：「音曆。」事類賦二十一引亦作
　　鬲。王逢原十七史蒙求引作鬲。

　　案藝文類聚、記纂淵海九八引歷亦並作鬲，歷者鬲之借字。鬲，俗字。

齎以薑棗，

　　索隱：『……禮內則云：「……以洒諸其上而食之。」是也。』

　　考證：齎當作齊，調也。藝文類聚引史作齊。

　　施之勉云：御覽八百九十四引史作齊，事類賦二十一引亦作齊。王逢原十七史蒙
　　求引史作齏。

　　案左傳疏、記纂淵海引齎亦並作齊，齋。齊並齎之借字，釋名釋飲食：『齎，濟
　　也。與諸味相濟成也。』齎乃韲之或體，說文：『齎，韲或从齊。』韲，俗省作
　　齏，莊子知北遊篇：『若儒墨者師，故以是非相齏也。』郭象注：『齏，和
　　也。』諸宮舊事齎作齏，施氏稱十七史蒙求引史作齏，齏、齏並俗齎字。黃善夫
　　本、殿本索隱，末句諸下無其字，食作鹽，與今傳內則合。

祭以糧稻，

　　考證：『「糧稻」楓山、三條本作「粳糧。」』張文虎曰：中統、毛本作「粳
　　糧。」』

　　施之勉云：景祐本、黃善夫本作『粳稻。』左傳昭二十九年疏、十七史蒙求引，

－171－

亦作『粳稻。』

案殿本亦作『粳稻，』渚宮舊事作『稉稻。』稉乃稉之誤，稉爲秔之或體，說
文：『秔，稻屬，从禾亢聲。稉，秔或从更聲。』粳又稉之俗變也。

葬之於人腹腸。

案左傳疏引作『藏之人腸。』藝文類聚、御覽並引作『葬人腹中。』記纂淵海引
腸亦作中。作腸較勝，腸與上文光爲韻。

於是王乃使以馬屬太官，無令天下久聞也。

考證：類聚無使字，久作知。

施之勉云：御覽八百九十四、事類賦二十一、十七史蒙求引，亦無使字。

案有使字蓋此文之舊，藝文類聚略引使字，諸書遂雷同鈔襲耳。左傳疏、治要引
此並有使字。又左傳疏引『久聞『作『聞之。』

楚相孫叔敖知其賢人也。

案孫叔敖名饒，見隸釋漢延熹三年叔敖碑。梁谿漫志云：『歐陽公集古錄，謂微
斯碑，後世遂不復知叔敖名饒。』

病且死，屬其子曰。

案藝文類聚二四引且作將，義同。三五引屬作謂，初學記十八、御覽四八四引屬
亦並作謂。

言我孫叔敖之子也。

案後漢書王暢傳注、御覽四五一引子上並無之字，與下文一律。

卽爲孫叔敖衣冠，抵掌談語。

案白帖十四引卽作乃，『談語』作『譚笑。』御覽三九六引卽亦作乃，乃猶卽
也。白帖七引談亦作譚。譚與談同。

楚王左右不能別也。

考證：『張文虎曰：「南宋、中統、游、毛、吳校金板，王下有及字。」愚按御
覽及宋費袞梁谿漫志引史，亦有及字。』

施之勉云：景祐本王下有及字。史通暗惑篇、元龜八百四十二、九百四十七引史
亦有。

案白帖七、御覽四五一引王下亦並有及字，渚宮舊事同。御覽三九六引王下有與字。

婦言謂何？

　　案藝文類聚引『謂何』作『何如？』

婦言愼無爲楚相，不足爲也。

　　案白帖十四引婦上有臣字，無作勿。初學記十八引無亦作勿，義同。小爾雅廣詁：『勿，無也。』渚宮舊事疊『楚相』二字，較長。

如孫叔敖之爲楚相，

　　案白帖引如作昔，與下今字相應，較長。

又恐受賕枉法，

　　正義：『說文云：賕，以財枉法相謝也。』

　　案說文：『賕，以財物枉法相謝也。』（正義略引物字。）段注：『法當有罪，而以財求免，是曰賕。』

負薪而食，不足爲也！

　　案初學記引『不足』作『何足。』

乃召孫叔敖，封之寢丘四百戶，

　　正義：『呂氏春秋云：「楚孫叔敖有功於國，疾將死，戒其子曰：『王數欲封我，我辭不受。我死必封汝，汝無受利地。荊、楚間有寢丘者，其爲地不利，而前有妬谷，後有戾丘，其名惡，可長有也。』其子從之。楚功臣封，二世而收，唯寢丘不奪也。」』

　　殿本考證：『呂氏春秋異寶篇所言，與正義所引大同小異。曰：「孫叔敖疾，將死，戒其子曰：『王數封我矣，吾不受也。爲我死，王則封汝，必無受利地。楚、越之間有寢之丘者，此其地不利，而名甚惡，荊人畏鬼，而越人信禨，可長有者，其唯此也。』孫叔敖死，王果以美地封其子，而子辭，請寢之丘。故至今不失。」』

　　案列子說符篇載此事，與呂氏春秋異寶篇合，卽鈔襲異寶篇也。淮南子人間篇載此事，亦本呂氏春秋異寶篇，而文有改易。末云：『楚國之法，功臣二世而奪

祿，惟孫叔敖獨存。』（今本法誤俗，奪誤爵，王引之、俞樾有說。）下文又云：『夫孫叔敖之請有寢之丘，沙石之地，所以累世不奪也。』韓非子喻老篇亦載此事，文至略，末云：『楚邦之法，祿臣再世而收地，唯孫叔敖獨在。』卽淮南子『楚國之法』云云所本。正義引呂氏春秋，末云：『楚功臣封，二世而收，唯寢丘不奪也。』葢兼采韓非子及淮南子之文。古人引書，數書同見之文，往往兼采數書，而僅標一書之名。此類是也。至於正義所稱呂氏春秋『前有妬谷，後有戾丘』云云，則不知兼采何書矣。

此知可以言時矣。

　　案論語憲問篇：『夫子時然後言。』伯夷傳：『時然後出言。』

其後二百餘年，秦有優旃。

　　考證：『崔適曰：旃仕秦歷漢，則在孟後三百七八十年。此云「二百餘年。」亦非也。』

　　案二疑三之誤。

優旃者，秦倡朱儒也。善爲笑言。

　　案景祐本、黃善夫本、殿本皆提行。治要、書鈔一一二、初學記十九、御覽四五一及五六九引朱皆作侏，殿本同，當以作朱爲正（說文無侏字）。管子小匡篇：『倡優侏儒在前。』戰國策齊策五：『和樂倡優侏儒之笑不乏。』字並作侏。

優旃見而哀之，

　　案初學記十九、御覽三七八引哀並作矜，義同。方言一：『矜，哀也。』

我卽呼汝，

　　案卽猶若也。後褚先生補『西門豹爲鄴令』章，『卽不爲河伯娶婦，』卽亦與若同義。

優旃臨檻大呼曰。

　　案初學記、御覽三七八引大上並有乃字。

汝雖長，何益？幸雨立。我雖短也，幸休居。

　　王念孫云：『幸雨立，』本作『雨中立。』今本雨上幸字涉下『幸休居』而衍，又脫去中字，遂致文不成義。太平御覽天部引此作『幸雨立，』亦後人依史記改

之。初學記人部、御覽人事部、樂部，引此竝作『雨中立。』

案影宋本御覽三七八（人事部）引『幸雨立，』作『尙雨立，』不作『雨中立。』又引『幸休居，』作『故幸休。』初學記亦引作『故幸休。』

漆城蕩蕩，寇來不能上。

案御覽一九二、四五一引城下竝有光字，能竝作得。七六六引城下有滑字，滑與光義近，廣雅釋言：『滑，澤也。』謂光澤也。藝文類聚六三引能亦作得，二四引能作可。得、可並與能同義，莊子傳：「故自王公大人不能器之。」高士傳能作得，呂氏春秋行論篇：『比獸之角，能以爲城。』論衡率性篇能作可，卽其證。

顧難爲蔭室。

案藝文類聚六三、御覽四五一引顧並作固，固猶顧也。御覽四五一引蔭作廕，七六六引作陰，蔭、廕正、俗字，蔭、陰正、假字。藝文類聚、御覽一九二引室並作屋，非。室與上文漆爲韻。

以其故止。居無何，二世殺死。

案其猶此也。趙高壻咸陽令閻樂逼二世自殺，詳秦始皇本紀。

淳于髡仰天大笑。齊威王橫行；優孟搖頭而歌，負薪者以封；優旃臨檻疾呼，陛楯得以半更。

考證。行、封、更，韻。

案『疾呼』傳文作『大呼，』義同。此篇傳文多韻語，贊文亦用韻。孟眞師云：『此類文章，自詩體來，而是一種散文韵文之混合體。』（中國古代文學史講義，五、詩部類說。）是也。本傳文章，亦略受楚辭（招魂）影響。已詳前。

褚先生曰：臣幸得以經術爲郎，而好讀外家傳語。

索隱：按東方朔傳亦多博觀外家之語。則外家非正經，卽史傳襍說之書也。

考證：『張文虎曰：索隱此註，各本錯在東方朔傳中，單本亦然，今移正。』

案余嘉錫云：『外者對內言之，古人重其所學，則謂之內。褚先生 通魯詩，又以治春秋高第爲郎，故以經術爲內，以諸子傳記爲外也。此外家傳語，卽謂太史公列傳耳』（太史公書亡篇考，十篇外褚先生所續第十四。）索隱此注，單本在

此文『好讀外家傳語』下，張氏失檢。

復作故事滑稽之語六章，編之於左。

　　考證：『楓山、三條本左下有方字，與凌所引一本合。王鳴盛曰：「褚先生附傳，若王夫人請其子於齊事，重出可厭；鄴令西門豹事，又不當附滑稽。」梁玉繩曰：「少孫續傳六章，惟郭舍人、東方生、東郭先生四章爲類。但方朔雖雜詼諧，頗能直言切諫，安可與齊賽、優伶比！說齰靑者，靑傳是寧乘，此云東郭先生，豈東郭卽乘耶？至王生從太守就徵，乃宣帝徵勃海守龔遂，漢循史傳甚明。而以爲武帝徵北海太守，王先生請俱，妄矣！且東郭之白衞將軍，王生之語太守，皆便計美言，何謂滑稽？其餘三章，淳于髡已見本傳，復勦入獻鵠一節。殊失之贅。況說苑奉使，稱魏文侯使舍人無擇獻鵠于齊，韓詩外傳十，稱齊使獻鴻于楚。初學記二十、御覽九百十六竝引魯連子云：『展無所爲魯君遺齊襄君鴻。』所載各異，皆不說髡。毋乃謬歟？若夫西門豹，古之循吏也，而列于滑稽，尤爲不倫！然敍次特妙，非他所續之蕪弱。董份疑爲舊文，褚生取而編之耳。」』

施之勉云：『編之於左。』史記法語左下有方字。

案殿本『編之於左，』作『編之左方。』余嘉錫云：『凡梁氏之所以詆褚先生者，大抵以好惡爲是非，吹毛求疵之說也。昔揚子法言之論東方生也，曰：「非夷、齊而是柳下惠，戒其子以尙容。首陽爲拙，柱下爲工，飽食安坐，以仕易農。依隱玩世，詭時不逢。其滑稽之雄乎！」（見淵騫篇。）班固取之以爲傳贊。使漢書而有滑稿傳，必首東方生矣。梁氏乃謂不當入滑稽，以譏褚先生，然則揚雄、班固皆非歟？獻鵠之事，姓名不同，傳聞異詞，古書蓋多有之。且韓詩外傳所稱齊使，未必非卽淳于髡，安見說苑、魯連子之必是，而褚先生之必非也？東郭之白衞將軍，王先生之語太守，誠爲便計美言。然太史公所書，如淳于髡之諫齊威王，優孟之諫楚莊王，獨非便計美言耶？太史公曰：「談言微中，亦可以解紛。」滑稽之所以得名，爲其談言微中耳。若如梁氏之說，凡其辭爲便計美言，其人爲直臣循吏，皆不得謂之滑稽。然則必如市井之打諢說笑，乃得入滑稽傳耶？西門豹之事，固當出於古書。然史臣載筆敍事，孰能無所本者？司馬遷

據左氏、國語，采世本、戰國策，迹楚漢春秋，非采錄舊文歟？而獨以譏褚先生，知其所言皆以好惡為是非，而非平心以出之者也。王氏之識見，與梁氏等，吾無譏焉。』（同上。）余先生駁梁氏之說，於理甚是。惟其行文，則略近於辯士。

武帝時，有所幸倡郭舍人者。

案西京雜記五：『武帝嘗，郭舍人善投壺，……每為武帝投壺，輒賜金帛。』則郭固是武帝所幸者也。

東武侯母常養帝。

索隱：案東武，縣名。侯，乳母姓。

考證：藝文類聚常作嘗。

施之勉云：『世說規箴注、及御覽四百五十一、五百二十一引常作嘗。王駿觀曰：東武侯郭他之母常乳武帝。是侯母，乃東武侯之母，非姓侯也。索隱疏甚！』

案景宋本藝文類聚二四引常作嘗，作嘗是。世說新語規箴篇注、御覽五二一引常並作嘗，嘗乃嘗之或體。索隱『侯，乳母姓。』姓疑本作生，傳寫為姓耳。以侯為姓，小司馬決不致荒謬至此！

當道掣頓人車馬，奪人衣服。

案頓與扽通，廣雅釋詁一：『扽，引也。』王氏疏證：『玉篇：「扽，引也，撼也。」古通作頓，荀子勸學篇云：「若挈裘領，詘五指而頓之，順者不可勝數也。」楊倞注云：「頓，挈也。」案頓者，振引也。言挈裘領者，詘五指而振引之，則全裘之毛皆順也。釋名云：「掣，制也。制頓之使順已也。」義與此同。鹽鐵論散不足篇云：「吏捕索掣頓，不以道理。」褚少孫續滑稽傳云：「當道掣頓人車馬。」頓與掣同義，故皆訓為引。』（施氏札記亦引王說，本王氏荀子勸學篇雜志，文略異。）『掣頓』為複語，世說新語注引『衣服』作『衣物。』

不忍致之法。

案御覽四五一引不上有上字。

乳母先見郭舍人，

殿本考證：西京雜記（卷二）作東方朔。

案世說新語亦作東方朔。

卽入見，辭去，疾步，數還顧。

案藝文類聚，御覽四五一並引此文與今本同。下文『疾步，數還顧。』蓋承此言之。惟白帖六引此『疾步，數還顧。』作『勿疾行而數迴顧。』御覽五二一引疾上亦有勿字。下文並無『疾步，數還顧』五字。據下文郭舍人罵乳母『何不疾行！』則此文『疾行』上當有勿字。宋本世說新語注引此文作『卽入辭，勿去，數還顧。』下文亦無『疾步，數還顧』五字。所引『卽入辭，勿去，』或非原文，（世說新語注引書，往往多所改易。）然有勿字，蓋存此文之舊。下文『疾行，數還顧』五字，當是衍文，卽涉此文而衍者也。

郭舍人疾言罵之曰。

案白帖引罵作叱。

寧尚須汝乳而活邪？尚何還顧？

案世說新語注引『汝乳』作『乳母，』顧下有邪字。御覽四五一引『汝乳』亦作『乳每。』

於是人主憐焉。悲之。

案御覽五二一引『人主』作武帝。『憐焉悲之。』當連讀。焉猶而也，賈生傳：『覽惪煇焉下之。』漢書、文選焉並作而，卽焉、而同義之證。

武帝時，齊人有東方生名朔。

案景祐本、黃善夫本、殿本皆提行。漢書東方朔傳：『東方朔，字曼倩。』論衡道虛篇：『世或言東方朔，亦道人也。姓金氏，字曼倩。變姓易名，游宦漢朝。』僞漢郭憲別國洞冥記一：『東方朔，字曼倩。父張夷，字少平。』世說新語規箴篇注引朔別傳：『朔，南陽步廣里人。』又引列仙傳：『朔是楚人。』凡此所記，『朔字曼倩』外，皆不足信。錄之以廣異聞耳。

僅然能勝之。

案然猶乃也。裴學海古書虛字集釋七有說。

人主從上方讀之。止，輒乙其處。讀之二月乃盡。

考證：『通俗編云：「『輒乙其處，』謂止絕處乙而記之，如今人讀書，以朱識其所止作乙形，非甲乙之乙也。」……陳子龍曰：「此時未有紙，當是木札。朔書雖多，不過如今數十卷。武帝以二月讀書，可見人主愛重其書，非以多而難盡也。」』

施之勉云：『輒乙其處，』御覽六百六引作『輒記其處。』

案御覽六百六引『人主』下有使字，則非武帝自讀朔書矣。未知何據。乙當作乙，說文：『乙，鉤識也。讀若捕鳥罬。』段注：『褚先生補滑稽傳：「止，輒乙其處。」非甲乙字，乃正乙字也。今人讀書有所鉤勒，即此。』『鉤識』猶言『鉤記，』故御覽引乙作記。又楊愼丹鉛雜錄五：『史記東方朔傳：「止，輒乙其處。」乙音黜。有所絕止，黜而記之曰乙。如今士人讀書，以朱志其止處也。』蓋翟灝通俗編云云所本。

時詔賜之食於前。

考證：楓山本食作飯，與凌一本同。

案殿本食亦作飯。

盡索之於女子。

施之勉云：『張森楷曰：「索，散也。禮記檀弓：『吾離羣而索居。』謂散居也。」』

案檀弓鄭注：『索猶散也。』即張說所本。

而都卿相之位。

案文選東方曼倩荅客難，而下有身字。藝文類聚二五同。

不可勝數，著於竹帛。

考證：漢書本傳『竹帛』下，有『脣腐齒落，服膺而不釋，好學樂道之效，明白甚矣。』十九字。

案文選數作記，『竹帛』下與漢傳同，惟『而不』下衍可字。李善注：『禮記曰：回之爲人也，得一善，則拳拳服膺而不失矣。』見中庸。

自以爲海內無雙。即可謂博聞辯智矣。

考證：漢書『以爲』作『以智能，』即作則。

案文選，藝文類聚『以爲』下並有『智能』二字，卽亦作則。漢書補注引沈欽韓
曰：『鹽鐵論毀學篇：東方朔自稱辯略，消堅釋石，當世無雙。』所稱毀學篇，
乃褒賢篇之誤。

官不過侍郎，位不過執節。

案文選注：『史記：「韓信曰：臣事項王，官不過侍郎，位不過執節。」』所引
『侍郎』乃『郎中』之誤，見淮陰侯傳。

意者尙有遺行邪？

考證：漢書無尙字，邪下有『同胞之徒，無所容居。』八字。

施之勉云：漢書有尙字，文選亦有。

案藝文類聚亦有尙字。漢傳補注引王念孫云：『遺者失也。謂尙有過失之行。』
文選邪上亦有『同胞之徒，無所容居。』八字。

東方生曰。

考證：漢書作『東方先生喟然長息，仰而應之曰。』

案文選與漢傳同。藝文類聚作『東方先生仰而應曰。』

夫張儀、蘇秦之時，周室大壞，諸侯不朝，力政爭權，相禽以兵，並爲十二國，

考證：漢書『張儀、蘇秦』作『蘇秦、張儀。』

案文選、藝文類聚亦並作『蘇秦、張儀。』『力政』猶『力征，』漢書五行志中
之下：『天子弱，諸侯力政。』師古注：『政亦征也。言專尙武力相征討。』
征、政正、假字。文選注引張晏曰：『周千八百國，在者十二，謂魯、衞、齊、
宋、楚、鄭、燕、趙、韓、魏、秦、中山。』漢傳補注引沈欽韓曰：『鄭爲韓所
滅，在周烈王元年，去儀、秦時已遠，似不當有鄭也。』

得士者彊，失士者亡。

案文選注：『孔叢子：「子思謂曾子曰：今天下諸侯，方欲力爭，競招英雄，以
自輔翼。此乃得士則昌，失士則亡之秋也。」』見孔叢子居衞篇。此文兩者字，
孔叢子作則，義同。商君傳：『詩曰：得人者興，失人者崩。』吳越春秋句踐陰
謀外傳：『傳曰：失士者亡，得士者昌。』

故說聽行通，身處尊位，澤及後世，子孫長榮。

考證：漢書『說聽行通，』作『談說行焉。』位下有『珍寶充內，外有廩倉。』八字。榮作享。

施之勉云：文選『說聽行通』作『說得行焉。』

案藝文類聚『說聽行通，』作『談說得行焉。』文選『尊位』下亦作『珍寶充內，外有廩倉，澤及後世，子孫長享。』（『廩倉』今本倒作『倉廩，』胡克家考異有說。）與漢傳同。

今非然也。聖帝在上，德流天下，

考證：漢書『非然也，』作『則不然。』『在上德流天下，』作『德流，天下震慴。』

案藝文類聚作『今則不然，聖帝流德，天下震慴。』與漢傳同。文選亦同，惟『流德』作『德流。』

威振四夷，連四海之外以爲席，安於覆盂，天下平均，合爲一家，動發舉事，猶如運之掌中。賢與不肖，何以異哉！

考證：漢書『威振四海』以下四十一字，作『連四海之外以爲帶，安於覆盂，動猶運之掌。賢不肖何以異哉！』二十四字。其下有『遵天之道，順地之理，物無不得其所。故綏之則安，動之則苦，尊之則爲將，卑之則爲虜，抗之則在青雲之上，抑之則在深泉之下，用之則爲虎，不用則爲鼠。雖欲盡節效情，安知前後。』六十九字。

案漢傳、文選並無『威振四夷』四字。文選席亦作帶（與漢傳同），『猶如運之掌中，』作『猶運之掌。』帶乃帬之壞字。帬，俗席字。顏氏家訓書證篇所謂『席中加帶』是也。史記作席，正可證漢書、文選作帶之誤。又文選『何以異哉』下，尚有『遵天之道』云云六十九字，與漢傳同。惟『深泉』作『深淵，』淵之作泉，乃唐人避高祖諱所改。藝文類聚『動發舉事』以下，作『動猶運掌，賢不肖何以異哉！』與漢傳較合。又『何以異哉』下尚有『尊天之道，順地之理，物無不得其所。故綏之則安，動之則苦，尊之則爲將，卑之則爲虜，抗之則在青雲之上，抑之則在黃泉之下。雖欲盡節效情，安知前後。』五十九字，蓋本漢傳，而略去十字。首句尊乃遵之誤。

方今以天下之大，士民之眾，竭精馳說，並進輻湊者，不可勝數。悉力慕義，

考證：漢書『方今』作夫，馳作談，『慕義』作『募之。』

案漢傳、文選『方今以天下之大，』並作『夫天地之大。』文選『慕義』作『慕之。』漢傳作『募之。』補注：『宜本募作慕，引宋祁曰：「慕當作募。」案史記作「慕義，」』趙策：「寡人願募公叔之義，以成胡服之功。」則疑作「募義」是也。』慕、募古通，無煩改字。趙策（二）『募公叔之義，』趙世家、通鑑周紀三募並作慕，卽其證。

使張儀、蘇秦與僕並於今之世，曾不能得掌故，安敢望常侍侍郎乎？

考證：漢書無能字，不重侍字。

案記纂淵海五一引『張儀、蘇秦』作『蘇秦、張儀，』漢傳、文選、藝文類聚皆同。文選、藝文類聚亦並無能字，又並無『常侍』二字。漢傳既不重侍字，則常字亦當刪，補注引宋祁有說。文選引應劭漢書注：『掌故，百石吏，主故事者。』

傳曰：『天下無害菑，雖有聖人，無所施其才。上下和同，雖有賢者，無所立其功。』故曰：『時異則事異。』

考證：『立下其字，各本無，今從楓山、三條本。……淮南子本經訓：「世無災害，雖神無所施其德。上下和輯，雖賢無所立其功。」……漢書無『傳曰』以下二十九字。文選有。』

案考證所引淮南子云云，亦見文子精誠篇，『雖神無所施其德。』神作聖，與此文作『聖人』較合。文選此文作『傳曰：「天下無害，雖有聖人，無所施才。上下和同，雖有賢者，無所立功。」故曰：「時異事異。」』『傳曰』云云，僅二十六字。考異稱袁本、茶陵本害下有菑字，則是二十七字。漢傳補注引沈欽韓曰：『韓非五蠹篇：世異則事異。』文選注已引韓子，惟世作時，蓋避唐太宗諱，改與此文作時合耳。

安可以不務修身乎？

案漢傳、文選乎下並有哉字，『乎哉，』複語，可略其一。

鶴鳴九皋，

案漢傳鳴下有于字，與今傳小雅鶴鳴合。

太公躬行仁義，七十二年，逢文王，得行其說，

　　考證：楓山、三條本年下有乃字。漢書躬作體，『二年』作『有二，』『逢文王
　　得行其說，』作『延〔設〕用於文、武得信厥說。』

　　案文選與漢傳同，惟延作乃，延蓋𨓏之誤。𨓏，俗迺字。迺，古乃字。漢傳師古
　　注：『信讀曰伸。』補注：『周壽昌曰：「文選李注云：『說苑：太公七十而相
　　周。』案此出尊賢篇。而荀子君道篇：『太公行年七十又二，文王舉而用之。』
　　韓詩外傳四：『太公年七十二，而用之者文王。』皆作『七十二，』與此同。」
　　官本延作迺，是。』韓詩外傳七云：『呂望行年九十，乃爲天子師。』水經河水
　　注引司馬遷云：『呂望行年九十，身爲帝師。』淮南子說林篇高注：『呂望年九
　　十，爲文王作師。』皆作『九十，』與此異。列女傳辯通篇齊管妾婧傳又稱『太
　　公望八十爲天子師。』蓋傳聞異辭。

此士之所以日夜孜孜，修學行道不敢止也。

　　考證：『漢書士下無之字，「修學行道不敢止也，」作「敏行而不敢怠也。」其
　　下有「辟若鴛鴦飛且鳴矣。……故曰：『水至清則無魚，人至察則無徒。』……
　　蓋聖人教化如此，欲自得之。自得之，則敏且廣矣。」百七十八字。』

　　案文選士下亦無之字，『孜孜』作『孳孳。』『修學行道不敢止也，』作『脩學
　　敏行而不敢怠也。』漢傳『孜孜』亦作『孳孳。』文選注：『孟子曰：鷄鳴而
　　起，孳孳爲善，舜之徒也。』見孟子盡心篇。孜、孳正、假字。說文：『孳孳，
　　汲汲生也。』段注：『攴部孜下曰：「孜孜，汲汲也。」孜、孳二字，古多通
　　用。蕃生之義當用孳，故從茲。無怠之義當用孜，故從攴。』文選『不敢怠也』
　　下，亦有百七十八字，與漢傳合。惟『鴛鴦』作『鶂鶂。』（鴛與鵷同。）『水
　　至清』上無『故曰』二字，『聖人』下有之字，『欲自得之，』欲下有其字。

時雖不用，崛然獨立，塊然獨處。上觀許由，下察接輿，策同范蠡，

　　考證：漢書無『時雖不用』四字，『崛然獨立，塊然獨處，』作『魁然無徒，廓
　　然獨居。』策作計。

　　案文選有『時雖不用』四字，『崛然』二句作『塊然無徒，廓然獨居。』漢傳塊

作魁，師古注：『魁讀曰塊。』文選策亦作計，義同。一切經音義四六引此文『獨處』作『獨坐。』荀子君道篇亦云：『塊然獨坐。』又性惡篇：『傀然獨立天地之間。』楊注：『或曰：傀與塊同，獨居之貌也。』淮南子原道篇：『卓然獨立，塊然獨處。』

固其常也。子何疑於余哉？於是諸先生默然無以應也。

考證：『張文虎曰：「王，柯、凌本其作有。」愚按楓山本作其。漢書常作宜，余作我，哉下有「若夫燕之用樂毅，……是遇其時也。……以莛撞鐘，……而終或於大道也。」百三十七字。無『於是』以下十一字。』

施之勉云：『固其常也。』景祐本、黃善夫本作其。

案『固其常也。』殿本其字同。其作有，有亦猶其也。文選常亦作宜，余作予。哉下亦有『若夫燕之用樂毅』云云，凡百三十八字。『遇其時也，』也上多者字。『以莛撞鐘，』莛作筳，並引文穎曰：『筳音庭。』是漢傳本亦作筳，作筳是，六朝俗書從竹、從艸之字不分，故筳轉寫爲莛耳。離騷：『索藑茅以筳篿兮。』王注：『筳，小折竹也。』淮南子齊俗篇：『筳不可以持屋，』許注：『筳，小簪也。』（今本正文、注文筳並作筐，王念孫雜志有說。）『以筳撞鐘，』喻其聲小。又『終或於大道也。』文選或作惑，惑、或正、假字。文選亦無『於是』以下十一字。

建章宮後閤重櫟中，有物出焉。

案說文：『㯕，椽也。』繫傳：『史記褚少孫東方朔傳曰：「後閤重櫢中有物出。」謂大屋庲下椽，自上峻下，則自其中棟假裝其一旁爲椽，使若合掌然，故曰「重㯕。」有老、褒二音。』所據此文櫟作㯕，與今本異。或改引從說文。

願賜美酒粱飯大殽，

案記纂淵海四一引作『美酒麋肉飲殽。』

詔曰：『可。』已殽。

案考證本脫殽字。

陛下以賜臣，

案記纂淵海引『陛下』作願。

乃復賜東方生錢財甚多。

　　案論衡道虛篇稱朔『善達占卜射覆，爲怪奇之戲。』書鈔百六十引東方朔別傳：

　　『漢武帝喜極天下物，見一坑，遣使者視之，知深幾丈。使者還對：「坑深不知

　　幾丈。」武帝曰：「朔多智，使往視之深淺。」方朔對曰：「坑深一百十七丈。」

　　武帝曰：「先生何以知之耶？」朔對曰：「臣到，以大石投坑中，傾耳而聽之，

　　久久乃到，僾僾有聲，九九八十一，六六三十六。臣以此知。」』御覽三九一引

　　東方朔別傳：『朔於上前射覆，中之。郭舍人亟屈被榜，上軏大笑。』九百七十

　　亦引東方朔別傳：『朔與三門生俱行，見一鳩。占皆不同。一生曰：「今日當得

　　酒。」一生曰：「其酒必酸。」一生曰：「雖得酒，不得飲也。」三生皆到主

　　人，須臾主人出酒樽中，卽安於地，贏而覆之，訖不得酒。出門問。見鳩飲水，

　　故知得酒。鳩飛集梅樹上，故知酒酸。鳩飛去，所集枝折墮地。折者傷覆之象，

　　故知不得飲也。』姑並錄之，以廣趣聞。

營營青蠅，

　　案說文引詩『營營』作『營營，』云：『營，小聲也。』蓋易假借字爲本字耳。

今顧東方朔多善言，

　　案顧猶乃也。

武帝時，大將軍衞靑者，

　　案景祐本、黃善夫本、殿本皆提行。

齊人東郭先生，以方士待詔公車。當道遮衞將軍車，拜謁曰：願白事。

　　集解：『徐廣曰：「衞靑傳云：寧乘說靑而拜爲東海都尉。」』

　　案徐氏蓋以東郭先生卽寧乘。漢書霍去病傳：『靑賜千金。是時，王夫人方幸於

　　上，寧乘說靑曰。』師古注：『史記，寧乘，齊人。』亦是以寧乘爲東郭先生

　　也。

誠以其半賜王夫人之親，

　　案漢傳師古注：『親，母也。』

拜以爲郡都尉。

　　案御覽六八二引『拜以爲』作『出拜爲。』

行雪中，

案書鈔一三六引行上有常字。一五二引中作內，下同。

其履下處，乃似人足者乎？

案書鈔一五二引作『其下有足迹者乎？』

故所以同官待詔者，等比祖道於都門外。

考證：楓山、三條本以作與，祖上有皆字。

案以、與同義。此當讀『故所以同官待詔者等比』爲句。廣雅釋詁一：『比，輩也。』

此所謂衣褐懷寶者也。

考證：『老子七十章：知我者希，則我者貴，是以聖人被褐懷玉。』……

案家語三怨篇：『子路問於孔子曰：有人於此，披褐而懷玉，何如？』（披、被古通。）王注：『褐，毛布衣。』

人莫省視。

案『省視，』複語，說文：『省，視也。』記纂淵海四三引省作肯。疑形誤。

諺曰：相馬失之瘦，相士失之貧。

案文子上仁篇：『相馬失之瘦，選士失之貧。』意林引周生烈子：『伯樂相馬，取之於瘦。聖人相士，取之於疏。』諸之字並與在同義。劉子辯施篇：『相馬者失在於瘦，求千里之步驪也。相人者失在於貧，恩惠之迹缺也。』之正作在。秦本紀：『王游至北河。』集解引徐廣曰：『戎地在河上。』文選袁陽源效古詩注、鄒陽上書吳王注引徐注，在並作之，亦之、在同義之證。此義前人未發。

昔者齊王使淳于髠獻鵠於楚。

索隱：『案韓詩外傳：「齊使人獻鵠於楚。」不言髠。又說苑云：「魏文侯使舍人無擇獻鴻於齊。」皆略同而事異，殆相涉亂也。』

殿本考證：『凌稚隆曰：按此淳于髠事，誤入於此。』

梁玉繩云：藝文類聚九十引〔鵠〕作鶴，古通。

案鵠、鶴古多混用，莊子駢拇篇：『鶴脛雖長，斷之則悲。』書鈔九九引鶴作鵠，天運篇：『夫鵠不日浴而白。』唐寫本鵠作鶴，庚桑楚篇‥『越雞不能伏鵠

卵。』釋文引一本鵠作鶴，皆其證。索隱引韓詩外傳云云，今本外傳十作『齊使

使獻鴻於楚。』（御覽九一六引外傳鵠亦作鴻）引說苑云云，今本說苑奉使篇『

獻鴻於齊，』作『獻鵠於齊侯。』藝文類聚九十注引說苑作『獻鶴於齊。』（御

覽九一六注引說苑作『獻鴻於齊，』與索隱合。）

往見楚王曰。

　　案藝文類聚九十、御覽九一六、記纂淵海九七引往皆作以。

吾欲刺腹絞頸而死，恐人之議吾王，以鳥獸之故，令士自傷殘也。

　　案白帖二九引『吾欲』作『臣欲，』下同。外傳十亦作『臣欲。』又『吾王』作

　　『吾君。』藝文類聚、御覽、記纂淵海引此死皆作絕，『吾王』亦皆作『吾

　　君，』鳥下皆無獸字。

欲赴佗國奔亡，痛吾兩主使不通。故來服過，

　　案白帖引欲上有臣字，服作伏，古字通用。

武帝時，徵北海太守。

　　案景祐本、黃善夫本、殿本皆提行。

有文學卒史王先生者，自請與太守俱：『吾有益於君。』君許之。

　　考證：『館本考證云：漢書循吏傳龔遂章，作『議曹王生。』

　　案漢書循吏龔遂傳：『上遣使者徵遂，議曹王生願從。』補注引沈欽韓曰：『此

　　與褚少孫滑稽傳「文學卒史王先生，」實一事也。但彼以為武帝時北海太守，卽

　　時、地全乖。』

天子卽問君，

　　案卽猶若也。

君子相送以言，小人相送以財。

　　考證：『晏子春秋內篇雜上：「君子贈人以言，庶人贈人以財。」荀子大略篇：

　　「晏子曰：嬰聞之，君子贈人以言，庶人贈人以財。」史孔子世家：「老子曰：

　　吾聞富貴者送人以財，仁人者送人以言。」意同詞異。』

　　案晏子春秋雜上篇：『君子贈人以軒，不若以言。』考證失檢。說苑雜言篇作『

　　君子贈人以財，不若以言。』家語六本篇作『君子遺人以財，不若善言。』

魏文侯時，西門豹爲鄴令。

　　案黃善夫本、殿本並提行。書鈔三九引鄴下有縣字，恐非其舊。

會長老，問之民所疾苦。

　　案之猶其也。書鈔三九引『之民』作『民間。』恐非其舊。藝文類聚五十、容齋
　　三筆十、焦氏易林十一注引此皆無之字，蓋不得其義而刪之。御覽二六七、七三
　　四引『之民』並作『民之，』敦煌春秋後語殘卷同，蓋亦不得之字之義，而妄乙
　　在民字下耳。

苦爲河伯娶婦，

　　正義：河伯，華陰潼鄉人。姓馮氏，名夷。浴於河中而溺死，遂爲河伯也。

　　案藝文類聚引娶作取，春秋後語同。娶、取正、假字。莊子大宗師篇：『馮夷得
　　之，以遊大川。』釋文引司馬彪云：『清冷傳曰：馮夷，華陰潼鄉堤首人也。服
　　八石，得水仙，是爲河伯。一云：以八月庚子浴於河而溺死。一云：渡河溺
　　死。』黃善夫本、殿本正義，末句河伯下並有『娶婦』二字，蓋涉正文而衍。

用其二三十萬，

　　案舊本治要引此無其字，春秋後語同。

巫行視人家女好者，

　　考證：『張文虎曰：南宋、舊刻、毛本，人作小。

　　施之勉云：『景祐本人作小。春秋後國語魏語第七、御覽二百六十七、七百三十
　　四、元龜七百六、合璧事類七、五十五引，亦作小。張森楷云：羣書治要作「行
　　視人家有好女者。」』

　　案容齋三筆，人亦作小。水經漳水注作『巫覡行里中有好女者。』

卽娉取。

　　施之勉云：『說文：「娉，問也。」段玉裁注云：「凡娉女及娉問之禮，古皆用
　　此字。」』

　　案容齋三筆引作『卽聘娶。』春秋後語、水經注娉亦作聘，娉、聘正、假字。

爲治新繒綺縠衣，閒居齋戒，爲治齋宮河上，張緹絳帷，

案御覽七三四引縠下有之字，齋並作齊，維上有帳字。景祐本齋亦並作齊，古多
以齊爲齋。春秋後語帷下有帳字。

爲具牛酒飯食，行十餘日。

王念孫云：此謂居齋中十餘日也。『十餘日』上不當有行字，蓋涉下文『浮行數
十里』而誤衍耳。太平御覽方術部引此無行字。

施之勉云：春秋後國語魏語第七『飯食』作『飲食，』『飲食』下有行字，與史
合。

案行非衍文，行猶經也。褚少孫補龜策傳：『南方老人用龜支牀足，行二十餘
歲。』藝文類聚九六引行作經（考證有說），卽其證。御覽（七三四）引此文無
行字，蓋不得其義而刪之耳。莊子外物篇：『其不可與經於世亦遠矣。』王念孫
云：『經亦行也。』（詳淮南人閒篇雜志。）王氏於彼文知『經亦行也。』於此
文不知『行猶經也。』蓋過信類書之失耳。

乃沒。

案容齋三筆引乃作而，義同。

恐大巫祝爲河伯取之。

考證：『張文虎曰：「伯字，南宋、舊刻、毛本有，他本脫。」愚按楓本亦有。』

施之勉云：景祐本、黃善夫本有伯字，御覽二百六十七、七百三十四、元龜七百
六引亦有。

案殿本亦有伯字。

吾亦往送女。

案御覽七三四引亦作欲，疑亦下本有欲字，春秋後語作『吾亦當往送女。』當猶
欲也。衞世家：『所當殺乃我也。』列女傳孽嬖篇衞宣公姜傳當作欲，卽其證。
此義前人未發。

以人民往觀之者三二千人。

考證本改以爲與，云：『與，各本作以。何焯曰：「以同與。」今從楓山本、御
覽所引。』

案水經注以亦作與。以、與同義，則無煩改字。

從弟子女十人所。皆衣繒單衣，立大巫後。

　　　梁玉繩云：『史詮曰：湖本十誤作千。』

　　　案所猶許也。御覽引後作旁。

是女子不好，

　　　案書鈔三九引作『是女不堪娶。』蓋引大意。治要、御覽二六七、七三四引此皆

　　　無子字。春秋後語作『女醜如是。』

得更求好女，

　　　考證：『張文虎曰：御覽三百六十七引得作待。』

　　　施之勉云：春秋後國語魏語第七，更上有別字。又御覽二百六十七引，更上有得

　　　字，與史合。又萬花谷續集四十，得作待。

　　　案得、待雙聲，古通用。（孔子世家斠證有說。）惟御覽三百六十七未引此文，

　　　張氏失檢。春秋後語得作別，施說未明。

巫嫗，何久也？

　　　案春秋後語嫗下有『不出』二字。

弟子趣之。

　　　案御覽引趣作趍，下同。春秋後語亦作趍。趣、趍並讀為促。

巫嫗弟子，是女子也。不能白事。

　　　案書鈔引嫗作及，（及上當有嫗字。）不上有皆字。

皆驚恐。

　　　案御覽引皆下有為字。

皆叩頭。叩頭且破額。

　　　案『叩頭』二字疑誤疊，御覽引作『皆叩頭且破額。』是也。書鈔、治要並引作

　　　『皆叩頭破額。』蓋略且字。

且留待之須臾。須臾豹曰。

　　　案御覽引此『須臾』二字不疊。春秋後語亦作『且留待之。須臾豹曰。』

從是以後，不敢復言為河伯娶婦。

　　　案治要以作已，春秋後語同。容齋三筆云：『此事蓋出於一時雜傳記，疑未必有

實。而六國表：「秦靈公八年，初以君主妻河。」言初者，自此年而始，不知止
於何時，注家無說。司馬貞史記索隱乃云：「初以君主妻河，謂初以此年取他女
爲君主。君主猶公主也。妻河，謂嫁之河伯。故魏俗猶爲河伯娶婦，蓋其遺
風。」然則此事秦、魏皆有之矣。』所引索隱『娶婦，』本作『取婦。』

西門豹即發民鑿十二渠，

案書鈔十八、藝文類聚五十、御覽二六七引『十二渠』皆作『渠十二。』

民可以樂成，不可與慮始。

考證：『語先於商鞅。何焯曰：以同與。」楓山、三條本作與。』

案治要引以作與。管子法法篇：『民未嘗可與慮始，而可與樂成。』商君書更法
篇：『民不可與慮始，而可與樂成功。』（又見商君傳，無功字。）鹽鐵論結和
篇：『民可與觀成，不可與圖始。』史通邑里篇：『語曰：難與慮始，可與樂
成。』（參看商君傳斠證。）以皆作與。

至今皆得水利。

案藝文類聚引至作到。

子產治鄭，民不能欺。

王念孫云：『治鄭』本作『相鄭，』今作治者，因下文『治單父、』『治鄴』而
誤。索隱本於下文兩治字，皆避諱作理，而此獨作相，是正文本作相，非作治
也。

案王說僅可證索隱本作「相鄭，」他本未必不作『治鄭』也。循吏傳稱子產『治
鄭二十六年而死。』文選任彥昇王文憲集序注引劉緯聖賢本紀曰：『子產治鄭二
十年卒。』

辨治者當能別之。

集解：……有恥且格等趣者也。……而眾星共之。……優劣之縣，在於權衡，非
徒低卬之差，……

案治要引集解，『等趣』作『等同歸。』『共之』作『拱之，』（拱、共正、假
字。）『低卬』作『低昂。』（卬、昂古、今字。）記纂淵海三引集解『之縣』
作『之垂，』『低卬』亦作『低昂。』

史記斠證卷一百二十七

日者列傳第六十七

王　叔　岷

集解：『墨子曰：「………我謂先生不可以北。」然則古人占候卜筮，通謂之日者。墨子亦云，非但史記也。』

索隱：案名卜筮曰日者，以墨所以卜筮占候時日，通名日者故也。（筮，原誤巫。）

孟眞師云：日者列傳，此書之補，『褚先生曰』以下者，應在先。司馬季主一長段，又就褚少孫所標之目，采合占家之游談，以足之者也。此篇中並引老子、莊子於一處，而所謂莊子者，不見今莊子書。意者此段之加，在晉初，彼時老、莊已成一切清談所託，而向、郭定本莊子猶未及行邪？（傅孟眞先生集中編戊，史記研究十篇有錄無書說絞。）

余嘉錫云：太史公日者傳，記齊、楚、秦、趙之日者，所牽涉人物必多。而今本唯記司馬季主一人，其非原書至爲明白。（太史公書亡篇考，日者列傳第十一。）

施之勉云：『張森楷曰：「案〔索隱〕『以墨』二字費解，據述贊云：『吉凶占候，著於墨子。』則此『以墨』當卽『以墨子』也。然其上下，必有脫誤。」』案宋永亨搜采異聞錄三、容齋續筆四並引徐廣曰：『古人占候卜筮，通謂之日者。』此乃集解之文，未知何據以爲徐說。索隱『以墨』卽『以墨子，』張說

是；惟索隱『以墨所以卜筮占候時日，通名日者故也。』乃本於集解，其上下並無脫誤。

司馬季主者，楚人也。

索隱：………季主見列仙傳。

考證：『李笠曰：今列仙傳，無季主事。』

施之勉云：『御覽六百六百四引列仙傳曰：「司馬季主，漢文帝時人。受西靈子都劍解之道，在委羽山大有宮，服明丹之華，抱扶晨之暉，皃如女子，鬚長三尺。一男名法育，一女名濟華·同得道。眞訣云：『季主服靈散漚升，猶首足異處。』此語似作劍兵解法，兵解則不得在太極。而其女尙讀洞經，便是別修高法也。」』

案景祐本、黃善夫本、殿本皆提行。御覽五百十引嵇康高士傳司馬季主傳已用此傳司馬季主一段之文，然則此段之加，或不致晚至晉初。師說存參。

誦易先王聖人之道術，

考證：『張文虎曰：御覽引「誦易」作「講習，」疑今本誤。』

施之勉云：『御覽七百二十五引「誦易」作「誦習。」吳圍生云：案後文有「通易經術」之語，「通易」卽「誦易」也。「講習」字，疑後人肛改。』

案張氏所稱御覽『講習，』蓋『誦習』之誤。今本『誦易』當作『誦習。』褚先生補後文『通易經，術黃帝、老子。』吳氏摘取『通易經術』爲句，非也；且此文易字，如謂易經，則『誦易先王聖人之道術』亦不成句。

吾聞古之聖人，

案御覽七二五引聖作賢。

二大夫再拜謁，司馬季主視其狀貌，如類有知者。

考證：此云『二大夫，』下云『二君，』非史家語，宜改曰『二人。』

施之勉云：『漢書宣紀：「黃龍元年；詔曰：吏六百石，位大夫。」博士，秩六百石，位大夫也。賈誼爲博士，宋忠爲中大夫，故云「二大夫」也。」』

案嵇康高士傳謂『宋忠、賈誼爲太中大夫。』御覽引此文，疊季主二字，是也。

『二大夫再拜謁司馬季主』句。『季主視其狀貌如類有知者』句。御覽又引視作

觀，知作道。據下文『觀大夫，類有道術者。』則知作道較勝。

瞿然而悟，獵纓正襟危坐。

索隱：獵猶攬也。攬其冠纓，而正其衣襟，謂變而自飾也。『免坐，』謂俯俛爲敬。

正義：『危坐，』謂小坐。

考證：索隱單本危作免。

施之勉云：『張森楷曰：「索隱本獵作玀，危作免。金陵本作『正襟坐，』無危、免字。竊疑獵當作撅，說文：『撅，理持也。』用此正合。危，說文：『在高而懼也。』引申之爲正、爲側，見廣雅釋詁。荀子榮辱篇：『人無所履者危。』國策西周策：『竊爲君危之。』並反側不安意。故古人以側坐爲危坐也。下文『公且安坐。』正與此危字對，則當是危字無疑。」按後漢書崔駰傳：「躐纓正襟。」注：「字宜從手。廣雅云：『撅，持也。』言持纓整襟，修其容止。」王引之云：「撅、獵、躐並通。」錢大昕曰：「獵、攬聲相近。」朱駿聲云：「獵字亦作玀。」漢書陳勝項籍傳贊，引賈生之過秦曰：「俛起阡陌之中。」師古曰：「俛字，或作俛，讀與俯同。」則知免、俛同字。又「頫首係頸。」師古曰：「古俯字。」說文：「頫，低頭也。」是「免坐」卽低頭而坐。小司馬謂「俯俛爲敬。」是矣。廣雅釋詁：「危，正也。」「危坐，」正坐也。正義解作「小坐，」非。』

案瞿借爲睢，說文：『睢，舉目驚睢然也。』索隱本獵作玀，獵、玀正、俗字。後漢書崔駰傳之『躐纓，』躐亦獵之變體。獵借爲撅，朱駿聲說文通訓定聲已有說。『正襟危坐，』正、危互文，危亦正也。廣雅釋詁一：『危，正也。』王氏疏證：『論語憲問篇云：「邦有道，危言危行。」是危爲正也。』晏嬰列傳：『君語及之，卽危言；語不及之，卽危行。』兩危字亦與正同義。（彼文斠證有說。）索隱本此文危作免，免乃危之形誤，不必強爲之解。

何行之汙？

案御覽七二五引汙下有也字。

觀大夫，

　　　案御覽引作『觀大夫之貌。』

今夫子所賢者何也？所高者誰也？今何以卑汙長者？

　　　案御覽引何、誰二字互易，今作公，『長者』下有乎字。

虛高人祿命，

　　　案記纂淵海八七引作『虛高言祿位。』

問之日月瑕疵吉凶，則不能理。

　　　案御覽引問上有然字，理下有也字。

得不爲喜，

　　　案莊子秋水篇：『得而不喜。』

雖累辱而不愧也。

　　　考證：累讀爲縲。

　　　案累乃纍之俗省，說文：『纍，一曰：大索也。』縲亦俗字。

卑疵而前，孅趨而言，

　　　索隱：孅音纖。

　　　案『卑疵』蓋猶『卑陬，』莊子天地篇：『子貢卑陬失色。』釋文：『卑陬，一
　　　云：顏色不自得也。』記纂淵海四七引孅作纖，據索隱音引之也。

相引以勢，相導以利，

　　　案莊子外物篇：『相引以名，相結以隱。』即此句法所本。引、導互文，說文：
　　　『導，引也。』記纂淵海四九引導作道，古多以道爲導。

比周賓正，

　　　考證：『慶長本標記引陸氏云：「賓正，謂擯棄正人也。」錢大昕曰：「賓讀曰
　　　擯，………」』

　　　案擯棄字正作拚，說文：『拚，除也。』賓、擯並借字。

此夫爲盜不操矛弧者也。

　　　吳昌瑩云：『夫猶凡也。日者傳：「此夫爲盜不操矛弧者也。」又曰：「此夫老
　　　子所謂『上德不德，是以有德。』」竝言「此皆」也。』

　　　案『此夫，』複語，夫亦此也。下文『此夫，』亦同例。（御覽引下文此下略夫

字，複語故可略其一。）

是竊位也。

　　案論語衞靈公篇：『臧文仲其竊位者與？』

旋式正棊，然後言天地之利害，

　　索隱：按式，卽栻也。

　　考證：『………廣雅：「栻，搝也。」………式字，漢書從手，廣雅從木，唐六
　　典作式。張文虎曰：旋，索隱、中統、毛本同。他本誤按。』

　　施之勉云：景祐本作旋。藝文類聚、史記法語亦作旋。

　　案黃善夫本旋作按，蓋涉索隱『按式』字而誤。殿本亦作旋，王應麟漢藝文志考
　　證九、王念孫廣雅釋器疏證引此亦並作旋。廣雅釋器：『栻，梮也。』考證云『
　　廣雅從木，而所引廣雅栻、梮二字並從手，誤也。漢書王莽傳官本栻作梮，補注
　　引周壽昌曰：『栻卽今之星盤也。以木爲之。』說文無栻、梮二字，作式是故
　　書。藝文類聚七五引然作而（義同），御覽引言作別。

昔先王之定國家，

　　案御覽引昔下有者字。

越王句踐倣文王八卦，

　　索隱：放，音方往反。

　　案索隱本倣作放，藝文類聚引同。倣效字正作仿。倣，俗字。放，借字。黃善夫
　　本、殿本索隱放並作倣，依正文作倣改之也。

由是言之，

　　案御覽引言作觀，恐非其舊。

掃除設坐，

　　案景祐本掃作埽，埽、掃正、俗字。御覽引此作『掃設坐位。』

老子之云，

　　案之猶所也。御覽引云作言。

莊子曰：君子內無飢寒之患，外無劫奪之憂。

　　案此莊子佚文，孟眞師已云：『不見今莊子書。』（詳前。）嵇康高士傳患作

累。

居下不爲害，

　　案御覽引不上有而字。嵇康高士傳作『居下而無害。』亦有而字。

天不足西北，星辰西北移。地不足東南，以海爲池。

　　案淮南子天文篇：『天傾西北，故日月星辰移焉。地不滿東南，故水潦塵埃歸
　　焉。』又見列子湯問篇。論衡談天篇亦云：『天不足西北，故日月移焉。地不足
　　東南，故百川注焉。』

日中必移，月滿必衡。

　　案易豐彖傳：『日中則昃，月盈則食。』管子白心篇：『日極則仄，月滿則
　　虧。』淮南子道應篇：『孔子曰：日中而移，月盈而虧。』蔡澤傳：『語曰：日
　　中則移，月滿則虧。』必、則、而，並同義。

多言誇嚴，

　　集解：『徐廣曰：嚴，一作險。』

　　案嚴、險古通，殷本紀：『得說於傅險中。』索隱：『舊本作險；亦作嚴也。』
　　嚴諧嚴聲，嚴可通險，嚴亦可通險矣。

公之等喁喁者也。

　　考證：御覽七百二十五公下無之字。

　　案記纂淵海五七引公下亦無之字，嵇康高士傳同。

忽而自失，芒乎無色，

　　考證：忽、惚通。『忽而』猶『惚然』也。芒、茫通，『芒然，』自失貌。

　　案忽、惚正、俗字，非通用字。『芒乎』猶『芒然，』莊子說劍篇：『文王芒然
　　自失。』

夫卜而有不審，不見奪精。

　　案而猶如也。精借爲賾，說文：『賾，齎財卜問爲賾。讀若所。』繫傳（十二）：
　　『史記曰：「司馬季主曰：卜而不中，不見奪精。」借精字也。』說文繫傳一引
　　此文，『卜而有不審，』亦作『卜而不中。』審、中義近。

物之熙熙，

　　案『熙熙，』盛貌。周書太子晉解：『萬物熙熙。』孔注：『熙熙，和盛。』

我與若何足預彼哉！

　　考證：楓山本預作與。

　　裴學海云：『與猶比也，字或作預。史記日者傳：我與若奚足預彼哉？』

　　案預，俗豫字。豫、與古通，禮記曲禮：『定猶與也。』釋文：『與，本亦作
　　豫。』卽其比。裴氏引日者傳，奚乃何之誤。

毒恨而死。

　　案『毒恨，』複語，毒亦恨也。後漢書馮衍傳：『毒縱橫之敗俗。』注：『毒，
　　恨也。』

古者卜人所以不載者，

　　案『古者』猶『古之。』

誓正其衣冠，

　　考證：楓山本誓作整，爲是。

　　案爾雅釋言：『誓，謹也。』卽此誓字之義。楓本作整，或形誤；或不得其義而
　　改之。

賢者辟世。

　　案論語憲問篇：『賢者辟世。』文選張景陽七命注引辟作避。避、辟正、假字，
　　其例習見。

有居止舞澤者。

　　考證：舞讀爲蕪。

　　施之勉云：『周禮鄉大夫：「五曰與舞。」鄭司農云：「故書舞爲無。」說文：
　　「無，豐也。」豐，大也。是「舞澤，」大澤也。』

　　案舞借爲橆，說文：『橆，豐也。』隸變作無。施氏逕引作無，則與說文『無，
　　亡也。』之無相混矣。考證讀舞爲蕪，爾雅釋詁：『蕪，豐也。』蕪亦橆之借字
　　　（說文：蕪，薉也）。

通易經，術黃帝、老子，（通，原誤道。）

　　考證：術讀爲述。

案術、述古通，漢書賈山傳：『術追厥功。』師古注：『術，亦作述。』即其

證。考證讀術爲述，是也。舊讀『通易經術』爲句，誤。

固非淺聞小數之能，

案廣雅釋言：『數，術也。』

各各學一伎能立其身。

考證：『李笠曰：各字衍其一。』

施之勉云：『劉淇曰：「後漢書劉盆子傳：『各各屯聚。』吳志甘寧傳注：『時

諸英豪，各各起兵。』『各各，』重言之。」』

案梁鍾嶸詩品序：『於是庸音雜體，各各爲容。』（『各各』本亦作『人各，』

非其舊也。）『各各』重言，自漢至齊、梁，皆習用之矣。

當視其所以好。好含苟生活之道，

考證：『好含，』未詳。南宋本、凌本含作舍。

施之勉云：『張森楷曰：「好含，」舊鈔本作「好舍，」不重好字。』

案『好含苟生活之道，』蓋此文之舊，景祐本已如此。左宣十五年傳：『國君含

垢。』杜注：『忍垢恥也。』含有忍義，『含苟生活，』猶言『含生苟活，』亦

即『忍生苟活』耳。

故曰：制宅命子，足以觀士。

案說苑說叢篇：『制宅名子，足以觀士。』劉子鄙名篇：『是以古人制邑名子，

必依善名。』命猶名也。廣雅釋詁三：『命，名也。』

某日可取婦乎？

案記纂淵海八七引取作娶。娶、取正、假字，其例習見。

建除家曰不吉。

案容齋續筆七：『建除十二辰，史漢歷書皆不載，日者列傳但有「建除家以爲不

吉」一句。惟淮南鴻烈解天文訓篇云：「寅爲建，卯爲除，辰爲滿，巳爲平，主

生。午爲定，未爲執，主陷。申爲破，主衡。酉爲危，主杓。戌爲成，主少德。

亥爲收，主大德。子爲開，主太歲。丑爲閉，主太陰。」今會元官歷，每月逢

建、平、破、收日皆不用。以建爲月陽，破爲月對，平、收隨陰陽月，遞互爲魁

罷也。酉陽雜俎夢篇云：「周禮以日月星辰各占六夢，謂：日有甲、乙，月有
建、破。」今注無此語。正義曰：「按堪輿黃帝問天老事云：四月陽建於巳，破
於亥。陰建於未，破於癸。是爲陽破陰，陰破陽。」今不知何書所載。但又以十
干爲破，未之前聞也。』洪氏引淮南子天文篇云云，錢塘補注曰：『此建除法
也。史記日者傳有建除家。太公六韜云：「開牙門，當背建向破。」越絕書云：
「黃帝之元，執辰破巳。霸王之氣，見于地戶。」漢書王莽傳云：「十一月壬子
直建，戊辰直定。」論衡偶會篇云：「正月建寅，斗魁破申。」是也。案建除有
二法，越絕書從歲數，淮南書及漢書從月數。後人惟用月也。』錢氏所引太公六
韜、越絕書、漢書王莽傳云云，顧炎武日知錄三十已有說。

太一家曰大吉。

案殿本一作乙。

斠證史記十七年（代序）

王　叔　岷

壹、引　言

　　莊子、史記、陶淵明集，是我年輕時就最喜歡讀的三部書。我寫得不够成熟的莊子校釋和相當繁瑣的陶淵明詩箋證稿，已經先後流傳於學術界。史記這部大書，我還在繼續下功夫，希望我所研究的成果，對學術界的同好稍有用處。

　　民國十五年（一九二六），那時我剛十二歲，隨著先父寓居成都，先父白天在他和朋友創辦的女子中學教書，晚間教我的詩文。文章中選讀史記項羽本紀、留侯世家、伯夷列傳、信陵君列傳、淮陰侯列傳及游俠列傳諸篇，並練習圈點，用的是蜀刻大字本。這是我第一次接觸到史記這部書。我喜歡司馬遷行文的雄奇變化，寓意的深遠曲折。我十四歲進中學時，教師也教史記，用的是史記菁華本，沒甚麼意思。民國二十四年（一九三五），我就讀四川大學中文系，有位李炳英先生，談到日本瀧川資言史記會注考證這部書，這部書資料豐富，最可貴的是補充張守節正義一千多條。李先生命高班同學把這些佚文過錄出來，印成一本專書，名為史記正義佚文，當時我還買了一本，但關於史記會注考證卻沒有見到。民國三十年（一九四一）我進北京大學文科研究所，因為校釋莊子，收輯有關資料，參考史記會注考證，發現一些可以補充、修訂的問題。三十八年（一九四九）初，我追隨傅故校長斯年先生到臺灣大學中文系教書，傅先生特別邀聘在學術上有成就而又熱心的教師教大一國文，他選定教孟子和史記。他為甚麼選定教這兩部書？我想，傅先生高昂磅礴的氣魄，跟孟子的浩然之氣很相近。傅先生學問的淵博，見解的特出，文筆的雄奇，跟司馬遷很相近。因此，不期然而然的選這兩部書作大一教材。那時我教史記，參考好些直接間接的資

料，經常有些新發現，有些新的意見。臺大圖書館珍藏影印的敦煌秘籍留眞新編兩厚冊，其中有敦煌殘本史記三篇，卽燕召公世家、管蔡世家及伯夷列傳，爲史記會注考證所未收。字句與現今各傳本頗有出入，往往一字千金，如伯夷列傳：

> 伯夷、叔齊孤竹君之二子也，父欲立叔齊，及父卒，叔齊讓伯夷，伯夷曰：『父命也。』遂逃去。叔齊亦不肯立而逃之。

關於『叔齊亦不肯立而逃之』句，從沒有人懷疑過。我們想，伯夷逃去，叔齊也逃去，各逃各的，怎麼兩弟兄隨後又在一起，同隱於首陽山呢？我們看，敦煌本『叔齊亦不肯立而逃之』這句，逃字作追，這就對了，伯夷逃去，叔齊追他，隨後自然就一起隱居了。太平御覽卷五百十四引這句話，逃字也作追，可以證明，到北宋時還有作追的本子。追字作逃，是涉上句『逃去』而誤的。這三篇敦煌殘本，一字一句與今本出入處，我都詳細校過。民國四十八年，我休假到美國哈佛大學訪問，經常在哈佛燕京學社的漢和圖書館看書，發現日本影印的古寫本史記文帝本紀、河渠書、酈食其陸賈列傳及張丞相列傳四篇，前三篇史記會注考證列在鈔本參考書目內，並且已經採用，但並未詳校。第四篇張丞相列傳根本未校過，卻列在參考書目內。因此，我把這四篇細心校錄，校錄的原稿，現在還保存。前面我述說的，不過是我注意史記這部書和收輯部分資料的一段經過，那時我已經存心要斠證史記，如何斠證，我漸漸已有一個構想。

貳、斠證史記的經過

我正式撰寫史記斠證，始於民國五十四年（一九六五）一月，至三月二十四日，寫成史記斠證導論一篇，導論的內容包括：

壹、史記名稱探源

　　一、史記名稱見於載籍之始。二、史官記事之書通稱史記。三、司馬遷史記之本名。四、太史公書稱史記之始。

貳、近人整理史記成果。

　　一、張森楷史記新校注五稿十冊，六稿兩冊。二、日本瀧川資言史記會注考證十冊。三、日本水澤利忠史記會注考證校補九冊。四、陳槃讀史記世家緫

錄一百三十九條。五、張以仁讀史記會注考證札記八十八條。六、施之勉讀
史記會注考證札記考校甚多，頗見工苦。

叁、史記斠證

一、字句整理。二、史實探索。三、陳言佐證。四、佚文輯錄。五、舊注斠
補。

那時我在新加坡大學中文系教書，在最惡劣的環境中分出部分時間，完成這篇作爲斠
證史記基礎的導論。發表在民國五十七年（一九六八）的史語所集刊第三十八本。以
後我展轉在臺灣大學、馬來亞大學、南洋大學、和最後一年（一九八〇——八一）在
國立新加坡大學中文系執教，教書、指導、或處理系務及應付一切瑣事之暇，大部分
心力都在繼續撰寫史記斠證。每年大約平均寫二十萬字，當然，其間也偶爾寫別的文
章。一面寫，一面發表。寫得快，發表得慢。大都發表在史語所集刊、或中央研究院
院刊、臺灣大學文史哲學報。只有朝鮮列傳斠證這篇，民國六十一年（一九七二）發
表在大韓民國檀國大學東洋學研究所的東洋學第二輯，這是我應邀出席東洋學學會提
出的一篇論文。關於史記斠證導論這篇，因爲我寫斠證的經驗不斷增加，民國六十年
（一九七一）七月四日，我又重加補訂，發表在南洋大學的南洋學報第五期。（上面
所舉的導論內容，是參照補訂稿寫的。）斠證史記，從民國五十四年一月寫導論開
始，預期在今年年底全部脫稿，整整寫十七年。我作事總比預期快，八月十八日最後
一篇漢興以來將相名臣年表已經斠證完畢。寫完最後一句，了卻一大心願。

參、斠證史記的次序

我斠證史記的次序，是先本紀，次世家，再次列傳，及最後一篇太史公自序。因
爲這三部分研究參考的學人比較多，先寫好發表，與人方便，自己也方便。所謂與人
方便，是把自己研究的成果貢獻給別人。所謂自己也方便，如果自己的意見發表後有
不妥不盡之處，別人提出來，自己也好補正。我們史語所的習慣很好，每組同仁要發
表的文章，都得經過本組主持人審定，再經過講論會上的研討，然後才發表，當然就
放心得多。記得我發表斠證的本紀及世家時，成功大學的施之勉先生也在發表他寫的
讀史記會注考證札記。他經常在大陸雜誌發表，大陸雜誌是月刊，施先生每篇札記內

容不多，他寫得快，發表也快。我寫的斠證，在史語所集刊或臺大文史哲學報發表，集刊和學報每年不易出刊一次，我寫的斠證每篇很長，但也寫得快，而發表卻非常慢！施先生似乎又有意搶先，本來我有些篇數發表在他的札記之前，漸漸就落後了。不過，同樣研究一部書，先發表意見，有好處，也有壞處，好處是，有些參考資料都收輯到了，你先發表，別人就不便再用。壞處是，別人的功力如果比你深，你發表的意見，往往給別人發現漏洞的機會。我已經發表的本紀、世家、列傳各篇斠證，向我索取抽印本的人很多，（施之勉先生也在索取。）有的我自己只保存一分了。太史公自序斠證是六十七年（一九七八）六月十日脫稿的。然後繼續斠證八書，八書所以記述制度沿革的大概情形，（本日知錄二十六引朱鶴齡語。）內容繁富，牽涉問題太多，譬如天官書，我根本缺乏天文的常識，不得不借助於朱文鑫的史記天官書恆星圖考（商務印書館發行），及高平子的史記天官書今註（中華叢書編審委員會印行）。還有，我在馬來亞大學漢學系教學時的好友何丙郁教授，他精通天文，十多年前，他約我共同整理天官書，那時我正在斠證列傳，推到以後再說，但以後勞燕分飛，沒機會向他求得新知了！我雖然不懂天文，但對於天官書資料方面的印證，字句方面的校理，還是費了一番心血。六十八年（一九七九）八月十四日，把八書中的最後一篇平準書斠證完畢，開始斠證十表，這是斠證史記的最後部分，十表貫穿日月，記述治亂興亡的大概情形，（亦本朱鶴齡語。）牽涉到全書，留在最後斠證，根據已詳細寫過的問題來寫，比較輕鬆；順便把過去寫的清理一遍，有不安不備之處，也好加以修訂。目前已經寫好的斠證，還有五、六十萬字未發表。

肆、斠證史記的態度

　　司馬遷寫史記，對於他所愛憐的人，如魏公子無忌、項羽、韓信及游俠列傳中的郭解等，卽使他們有被世俗之見認爲不是處，司馬遷在字裏行間，往往爲他們回護。但回護得不失公正。我對司馬遷博大精深的才學，非常崇拜；對他殘酷的遭遇，非常惋惜。我斠證史記的態度，遇到後人對史記有疑難處加以指責，我往往爲司馬遷辯護。史記百卅篇，包羅萬象，不能無所疏失。然而因爲流傳既久，很多錯誤，都是由於後人的傳鈔、刊刻甚至於妄改而來，譬如史記中常見的七、十兩個字，往往互誤，

我發現有六十幾處之多。後人或說七誤為十，或說十誤為七，但不知其所以然。他們未進一步想，隸書是漢代的通行書，七字的隸書作十，橫筆長縱筆短，漢簡中的七字，很多都這樣寫。史記中的七字，原來也應該作十。（漢書中的七字，原來也是一樣。）後人傳鈔刊刻，便錯成橫縱並長的十字，因此，七、十兩字就往往互誤了。不過，像這類的問題，後人還不致於輕易歸咎於司馬遷，有時遇到一些大問題，如孔子世家：

> 孔子生鯉，字伯魚。……伯魚生伋，字子思。……子思生白，字子上。……子上生求，字子家。……子家生箕，字子京。……子京生穿，字子高。……子高生子慎。……子慎生鮒，……鮒弟子襄。……子襄生忠，……忠生武，武生延年及安國。

自『孔子生鯉，』計至『武生延年及安國，』可知孔安國是孔子的十一世孫。尚書序孔穎達疏引世家這段話，並且說：『孔子世家云，安國是孔子十一世孫。』論語序邢昺疏也說：『史記世家，安國，孔子十一世孫。』可見孔、邢二氏所見孔子世家關於孔子後代的記載，都跟現今的傳本相合，即孔安國是孔子的十一世孫。然而安國卻不是孔子的十一世孫，而是十世孫。問題出在世家這段話最後『忠生武，武生延年及安國』兩句。關於這兩句，梁玉繩的史記志疑說：

> 孔光傳：『忠生武及國，武生延年。』後序：『季中生武及子國（安國字）。』
> 唐表：『忠二子武、安國，武生延年。』則史以安國為武子，誤也。

根據漢書孔光傳、孔子家語後序及新唐書宰相世系表一脈相承的記載，孔安國是孔子的十世孫，梁氏斷定惟有史記記載安國是孔子的十一世孫是錯誤的。還有敦煌本尚書目錄（伯目二五四九），卷末有孔安國小傳：『孔國，字子國。又曰孔安國，漢武帝時為臨淮太守，孔子十世孫。』更可以加強梁說的證據。五十九年（一九七〇）的秋天，我在馬來亞大學教書，同事陳鐵凡先生，根據孔安國小傳，加上梁玉繩的意見，寫篇文章，推波助瀾，暢論司馬遷敍述孔安國是孔子十一世孫的錯誤，把文章給我看。我說：『史記這部書太大，內容太寬，司馬遷記事，當然難免錯誤。不過，關於這個問題，我們應該多想想，漢書儒林傳說：「司馬遷從安國問故。」司馬遷是孔安國的學生，把老師的弟兄（孔武）弄成老師的父親去了，司馬遷有這樣荒唐嗎？關於

世家記載孔子的後代，最後「忠生武，武生延年及安國。」兩句。我認爲「及安國」三個字，本來在「忠生武」下，原文本作「忠生武及安國，武生延年。」安國是孔子的十世孫。後人傳鈔把「及安國」三字誤倒在「武生延年」下(孔穎達所見本已誤。)安國就降成孔子的十一世孫了。漢書記事與史記相關的資料，大都根據史記，孔光傳所謂「忠生武及安國，武生延年。」正保存世家這兩句的本來面目。我們應該斷定今傳世家作「忠生武，武生延年及安國。」是後人傳鈔之誤，不應該歸咎於司馬遷。』陳先生聽了我這番話，覺得有道理，馬上加進他的文章裏就發表了。像這類的問題，我總是有心爲司馬遷辯護，爲問題得到比較適當的解答，並非阿其所好。

伍、斠證史記的新經驗

研究學問所下的功夫愈細，所得的經驗就愈多。有時多下一天功夫，所得的經驗都不同。多下功夫的人判斷問題，有時會如陶淵明所說的，『覺今是而昨非。』不過，多下功夫判斷即使是「非」，也是得來不易的。譬如清朝乾、嘉時代高郵王念孫、引之父子，他們考校古書，不說他們判斷的「是」，不容易趕上；即使要趕上他們判斷的「非」，也要下很多年功夫！經驗是日積月累，不容易得到的。這裏，只談我運用古注、類書斠證史記，所得到的幾點新經驗。這幾點新經驗，是前賢弄不清楚的。我從前寫斠讎學時，也還未肯定的。

一、古注引書，於他書相關之字，往往改從本書。

如司馬相如傳：𪈀𪈀鵁鶄鸕。

裴駰集解：『郭璞曰：鸕，鸕鷀也。』

案漢書司馬相如傳鸕作盧，郭璞注：『盧，盧鷀也。』集解引郭注兩盧字並作鸕，是依史文作鸕而改的。如果以爲郭璞所見的漢傳也作鸕，那就錯了。

二、古注、類書引書，於兩書同見之文，往往引自較晚之書，而標時代較早之書名。

如太史公自序：爲人臣子而不通於春秋之義者，必陷篡弑之誅，死罪之名。

梁玉繩志疑云：『必陷篡弑之誅，死罪之名。』後漢書儒林傳論注引史作『必陷篡弑誅死之罪。』豈誤以漢書爲史記邪？

案後漢書李賢注所引史記『必陷篡弑誅死之罪』句，是本於漢書司馬遷傳。據漢書而
標史記之名，卽據較晚之書而標較早之書名，這是古注引書的慣例，不是誤引。

> 又如御覽卷二百八十引史記曰：『田橫據有齊地，漢將韓信、灌嬰平齊地，橫
> 走歸彭城。漢滅項籍後，橫與其徒屬五百餘人入海居嶋中。帝使使赦橫罪而召
> 之曰：「橫來，大者王，小者乃侯。（原注：大者謂橫身，小者謂徒屬。）不
> 來，發兵加誅。」……』

所引這段記載很長，並見於史記、漢書田儋傳。標的書名是史記，其實引的是漢書。
所附引的注，是顏師古注，更可證明。這也是類書引書，據較晚的書，而標較早的書
名的慣例。類書引自漢書而標史記之名的例證很多，正好用來校理漢書，可惜王先謙
寫漢書補注把這類資料都忽略了！

三、類書引書，於兩書同見之文，往往引自較早之書，而標較晚而習見之書名。

> 如御覽卷三百二八引史記曰：『齊使魯連爲書，以箭射之，遺燕將曰：「吾
> 聞之，知者不背時而弃利，勇者不怯死而滅名，忠臣不先身而後君。忠廢名
> 滅，後代無稱，非智也。且吾聞，效小節者不能行大威，惡小恥者不能立榮
> 名。……」』

戰國策齊策六、史記魯仲連傳都有這段記載，而御覽所引，與史記的字句較遠，與戰
國策的字句最合。（藝文類聚卷二十五引這段記載，標題作齊魯仲連與燕將書，也本
於戰國策。但旣不稱戰國策，也不稱史記。）實是本於戰國策。因參考戰國策的人較
少，史記是習見之書，所以標史記之名。

四、類書引書，如兩書同載一事，往往兼引兩書之文。

> 如景宋本白帖卷六引史記曰：『衛宣公與伋子白旄，告盜曰：「見白旄，殺
> 之。」壽子聞之，載其旄而往，盜殺之。伋子至，曰：「我之求也，彼何罪
> 焉！」盜又殺之。』

案史記衛世家載此事，作『〔宣公〕使太子伋於齊，而令盜遮界上殺之 。與太子白
旄，而告界盜：「見持白旄者殺之。」壽，太子異母弟也，乃盜其白旄 ，而先馳至
界，界盜見其驗，卽殺之。太子伋至，謂盜曰：「所當殺乃我也！」盜幷殺太子伋。』
（節引。）左傳桓公十六年也載此事，作『〔宣〕公使〔急子〕諸齊，使盜待諸莘，

將殺之。壽子載其旌以先，盜殺之。急子至，曰：「我之求也，此何罪。請殺我乎！」
又殺之。』（亦節引。）很明顯，白帖所引，前半跟史記較合，後半跟左傳較合，而
統稱爲史記。一個故事，兼引兩書，而只標一個書名，這不是錯，這也是類書引書的
慣例。

　　上面四條，是古注、類書引書的慣例。經過很多年的考慮，我才決定下來。如果
不了解，難免錯下判斷。把所引的資料辨別清楚，那些字句是屬於本書的，那些字句
是屬於別的書的，不僅校理本書有用，校理別的書也頗有用處。

陸、斠證史記的甘苦

　　史記百卅篇，約五十二萬六千五百字。（太史公自序。）取材廣博，約可分爲六
類，一、經傳子史。二、騷賦風謠。三、雜書（奇聞異說、醫卜星相等）。四、檔
案。五、傳聞。六、親見（遊歷及交游。）又以極雄厚的學養，極高超的眼光，極博
大的才力，綜合貫穿而成書。可以說博極古今，包羅萬象。可稱爲一切學問的學問，
如史學、經學、諸子學、文學、醫學、政治、經濟、社會、民族、考古、天文、地
理、及語言、訓詁、校勘等學，應有盡有。傅斯年先生曾說：『如果想以一人之力成
史記之考證，是辦不到的。』（傅孟眞先生集中編戊、史記研究參考品類。）史記自
三家注以後，校注方面成就最大的，當推淸乾、嘉時代梁玉繩的史記志疑三十六卷，
幾乎經歷二十年，五次易稿才寫定。（梁氏自序及錢大昕序。）其次是民國初張森楷
的史記新校注稿二百六十六卷，歷時五十年，六次易稿才完成。（存稿有殘缺，詳楊
家駱記史纂閣所藏張氏史記新校注稿二百六十六卷。）時賢施之勉的讀史記會注考證
札記，成書時更名史記會注考證訂補，根據他先後發表的年月，大約也經歷十年的工
苦。我自幼好讀史記，起初只計劃寫史記集證一部，五十二年（一九六三）五月十八
日，我在將出版的諸子斠證自序中有幾句話：『近正整理司馬遷史記，旁搜博采，創
獲甚豐，擬於三數年內完成史記集證一部。』（諸子斠證於五十三年四月由臺北世界
書局出版。）當時我只是收集資料，以後資料越收越多，到五十四年，我正式用史記
斠證的名稱開始撰寫，問題越寫越多，下筆不能自休，竟至將寫滿十七年！每天教
書、指導、應付瑣事之暇，便伏案撰寫，集中心力，不知厭倦，但一放下筆，就感到

疲困不支了！經過一晚休息，第二天一有空，又繼續撰寫。有時學生有問題來見我，
問我有沒有時間，我說：『你來我就有時間，你不來我就沒有時間。』於是先把學生
的問題解決，再繼續寫。到了長假期間，朋友們都休息或旅遊去了，我卻以爲我的時
間到了，這是全屬於我的時間，更加倍利用，加倍寫斠證。就這樣日復一日，月復一
月，一年復一年地寫下去。我沒有時間把寫好的斠證稿多修改一次，寫完一篇，就留
待發表，不像梁玉繩、張森楷他們的著作，經過五、六次易稿才寫定。我總覺得時間
不夠，要趕快寫，加緊寫。不過，雖然我發表的各篇斠證都是初稿，我下筆時還是相
當謹慎。因爲我的才、學、識都有限，自然有些意見，難免不妥不安。如果說稍有成
就，僅僅是在斠勘方面，以及牽涉經、史、子、集及其他雜書，解決若干考證問題。
還有很多問題，不能不借重其他專家所研究的成果，或留待其他專家去探討。十七年
來，我斠證史記的感受，也可說是斠證史記所領略到的甘苦，大約有三種：一、平淡
無奇。經常解決一些普通問題，只是一條一條地寫下去，雖然不感到沈悶，也不感到
新鮮。二、興高采烈。有時解決前人不能解決或根本未注意到而又很重要的問題，比
庖丁解牛後那種躊躇滿志還要得意。三、忍氣吞聲。有時一個問題，想了很久，都不
能解決，要放棄，又捨不得。要清理，又沒頭緒。眞是有『剪不斷，理還亂』之苦！
沒奈何，只有再慢慢想了！這三種感受，我想，凡是下苦工研究學問的人都經歷過
的，不僅我斠證史記而已。

柒、結　語

我研究學問，是以愚自守，從不敢逞聰明。三、四十年來，從事整理古書最笨重
的工作，斠證史記，就費我十七年大部分的心力。不過是解決一些支離破碎的問題，
這只是一種糟粕之學，對學術說不上有多大的貢獻。我在南洋大學教書時，每天斠證
史記困倦了，晚上散散步，南大有個南大湖，湖畔疏疏落落點綴幾朵睡蓮，我散步後
坐在石磴上，欣賞睡蓮慢慢開放。記得六十三年（一九七四）八月八日晚上七時許，
我在南大湖邊口占一首絕句，題目是『喜看』：

　　　斠證遷書年復年，服知勤志毫毛顚。及時領略生生意，喜看秋湖出水蓮。
『服知勤志，』出於莊子，寓言篇：『莊子謂惠子曰：「孔子行年六十而六十化，始

時所是，卒而非之。未知今之所謂是之非五十九非也。」惠子曰：「孔子勤志服知也？」莊子曰：「孔子謝之矣。」』一般普通人不知如何『勤志服知，』我們知識分子經常在『勤志服知。』像孔子這樣大智慧的人，莊子認爲已經超絕『勤志服知』了。我斠證史記十七年，不過是『勤志服知』而已。所謂『毫毛，』也本於莊子，列禦寇篇：『小夫之知，不離苞苴竿牘，敝精神乎蹇淺，……汝爲知在毫毛，而不知大寧。』我斠證史記，每天浸潤在書本中，勞形耗神，所得到的知識，不過如『毫毛』而已，甚至於如毫毛之顚而已。這是『小夫之知，』說不上什麼。昔王念孫稱錢大昕的史記考異，『足爲司馬氏功臣。』（史記雜志序。）梁玉繩的史記志疑，也可當之無愧。我只是盡一己之心力，不敢自以爲是。希望後起之秀研究史記的，有更多更好的成就。

　　　　一九八一年八月卅一日脫稿於南港舊莊歷史語言研究所。

出自第五十三本第一分（一九八二年三月）

國語舊注輯校序言

張 以 仁

東漢以來，爲國語注者七家：漢大司農鄭衆作國語章句，侍中賈逵作國語解詁，魏王肅作國語章句，吳虞翻、唐固、韋昭，晉孔晁並有國語注解各二十一卷。韋解以晚出且兼衆家之長（韋氏國語解敍云：「因賈君之精實、探虞、唐之信善。」），雖孔注猶在其後，亦不足與抗衡。是以諸家散佚而韋解獨傳於世。然鄭、賈⋯⋯諸賢，固當世名儒碩學。韋解雖稱探其精善，所揚棄者未必盡皆糟粕。即韋氏目爲糟粕矣，未必盡人皆以爲糟粕也。且孔晁之注，韋所未及。豈無信善以資采擷？是以後世學者，每援佚注以抗韋解。王引之經義述聞、董增齡國語正義皆其例也。然舊注散佚既久，蒐輯爲難。清以來輯佚風盛，馬國翰玉函山房輯有鄭衆國語章句五條，賈逵國語解詁二卷；黃奭漢魏遺書鈔輯有國語注一卷，其中賈注近二百條。唐注三十餘條；黃奭黃氏逸書考輯有唐注一百另五條。虞注三十一條，孔注五十三條。王注八條。然諸家但披揀韋解，搜羅文選。於古注類書中大量資料，甚少涉及。錢唐汪氏遠孫，復有國語三君注輯存四卷傳世。則蒐求漸廣，豐美過於前書。然猶難稱完善。蓋散翠零璣，所在多有。即如慧琳音義，引賈注都數百條而汪書未及也。且諸書於材料之甄別歸屬，標準不一，復多舛亂。粗略計之，可得八事。茲分別引例說明於下：

一、有非賈注而以爲賈注者。例如馬國翰以文選張孟陽七哀詩注引「季、末也」一訓繫周語下「王無亦鑒於黎苗之王下及夏、商之季」條。不知文選注所引實是韋昭之注也。

二、有以他書之文爲國語注者。例如馬國翰以左傳襄公二十四年疏引賈逵「食邑於范爲范氏也」繫晉語八「是以受隨、范」條。不知賈注在前而此文實是孔疏申述之詞也。

三、有本無其注而杜撰者。例如馬書晉語四「與麗土之狄」條，錄有賈逵「麗土

在晉東」一注。謂其出於宋庠國語補音。今查補音，「麗土」下但云「音歷、唐、賈與韋同。孔晁爲酈。」蓋謂唐、賈本正文「麗」字與韋本相同，而孔本則作「酈」，非謂賈、唐、孔之注文如此也。馬氏誤解補音，復剪裁韋解（韋解作「二邑戎狄間，在晉東。」），造此新注。貽誤讀者非淺矣。

四、有錯認資料而誤屬者。例如晉語八有「夫樂以開山川之風」一語，馬國翰以文選魏都賦注引賈逵「開，通也」一訓繫之。不知魏都賦注所引「開」實是「關」字（正文作「關石」），汪遠孫以繫周語下「關石和鈞」條則是也；又如周易屯卦「而難」條釋文云：「賈逵注周語曰：畏憚也。」「畏憚」明是「難」字之訓，而黃奭則誤倒爲「憚畏也」，又從「憚」下一逗，以「畏」爲「憚」之訓而繫於周語下「憚其犧也」條。不知周易通書無「憚」字也；又如玉篇土部「塡」下引「賈逵曰：塞也，又滿也。」馬國翰誤爲「塞，塡也，又滿也。」因以繫周語上「川原必塞」條。不知玉篇「塞」下實未引賈注也。

五、有數訓繫於一語者。例如周語上「阜其財求」一語，馬國翰以文選魏都賦注引賈逵「阜，長也。」文選陸佐公石闕銘注引賈逵「阜，厚也。」元應音義卷十三引賈逵「阜，厚也。阜、亦盛也，大也。」諸訓統繫於此；又如周語下「三襲焉」一語，馬國翰以文選潘安仁哀永逝文注引賈逵「襲，還也。」（馬誤「還」爲「遠」），顏延年赭白馬賦注引賈逵「襲、受也。」二訓統繫於此。不知諸訓固有差異，即爲注者亦不當若是之繁碎也。

六、有選擇資料標準不一者。例如汪遠孫於文選注引賈逵國語注凡無「國語」字樣者皆不錄。如別賦注及琴賦注引「賈逵曰：唯，獨也。」，射雉賦注引「賈逵曰：蹠、走也。」，思玄賦引「賈逵曰：抑、止也。」「賈逵曰：聊、賴也。」「賈逵曰：逼，迫也。」……皆無「國語」字樣而皆不錄。蓋賈逵一代宏儒，所爲詁訓繁夥，難以必其爲國語之注也。汪氏立意謹愼，雖除稗傷禾，亦未可厚非也。然於鄭語「若以同裨同」條則繫以賈逵「裨、益也。」一注。該注見於史記衞將軍傳「得右賢裨王十餘人」下索隱，亦無「國語」字樣。又如吳語「塡之以土」條，汪氏則繫以賈逵「塡，塞也，滿也。」一注。該注見於孟子梁惠王上「塡然而鼓之」疏及玉篇土部「塡」字下注，亦無「國語」字樣。二例皆難以必其爲國語之注者也，而竟錄之。是同書之

中，選擇之尺度不齊，標準不一也。又左傳、國語文多類同，賈逵皆爲之解詁。是以馬國翰或錄賈逵左氏之注。如周語上「樂及徧舞」，左、國皆有其文，馬氏以史記周本紀集解引賈逵「徧舞、皆舞六代之樂也。」一訓繫之，而汪氏不錄。史記下文「王使游孫、伯服請滑」，集解引賈逵曰：「二子，周大夫。」然周語作「王使游孫伯請滑」，爲一人。故韋氏注云：「游孫伯，周大夫。伯、爵也。」知集解所引，實賈氏左傳解詁。汪氏不錄是也。又如周語上「鄭厲公見虢叔」，馬氏據周紀正義（馬氏誤爲集解）引賈逵「鄭厲公突、虢公林父也。」一訓繫之。而汪氏亦不錄。是則異書之間，選擇標準不一也。

七、材料歸屬，諸書亦多歧異。例如文選歎逝賦注引賈逵「戢、藏也。」一訓，汪氏以繫周語上「夫兵戢而時動」條，馬國翰及黃謨則以繫「載戢干戈」條；慧琳音義卷二、文選別賦注及琴賦注皆引賈逵「唯、獨也。」一訓，馬氏以繫楚語下「吾聞君子唯獨居思念前世之崇替」條。黃謨則繫於周語上「王事唯農是務」條。若斯之例，觸目皆是，不煩枚舉。

八、有傳無注者。例如汪書周語有「野無奧草」。齊語有「南至於𨻶陰」。晉語有「與麗土之狄」，「今陽子之情譖矣」，「今忨日而㴉歲」，「吾伏弢略血」。鄭語有「惡角犀豐盈」，「而與專同」。楚語有「椒舉娶於申公子牟」。越語有「而黿鼉之與同渚」諸條，皆未繫注文。馬書亦多有之，大乖體旨。

凡此諸端，諸書多有。而概無隻字辨說。至若譌文誤字，則隨在皆是。其影響所及，又非特使讀其書者困惑迷亂而已耳。民初劉師培氏，又有國語賈注補輯之作。惜其書未見，不知有否刊刻。就余所知，此國語舊注輯佚之大要也。

余治國語有年。嘗思欲爲集證，則整理舊注，實爲必經之階段。因彙采諸家之成書，廣蒐古籍之散佚。比同別異，勾殘補闕，正譌訂誤。以成國語舊注輯校一編。有關材料之甄別歸隸，則粗立標準，見於凡例。於其來歷原委，則不辭煩瑣，多加說明。庶幾稍解讀者之惑。若有深思好學之士，進而稽韋注之淵源，追國語之原貌，察訓詁之演變，固所企盼者矣。

　　　　　　　　　　　　　　　　以仁序於南港舊莊五九年八月

跋敦煌本白澤精恠圖兩殘卷(P.2682, S.6261)

饒　宗　頤

一

　　敦煌石窟所出白澤精恠圖一卷，現藏巴黎國家圖書館，刊伯希和目2682號。著錄家或作「精涗圖」及「精話圖」，皆誤。審其原卷，乃是精恠圖，卽精怪也。

　　卷中有云：『精恠有壹佰□拾玖……』。又云：『人家無故恐者，皆是諸鬼精變恠使然』。其爲一圖繪精恠之事甚顯。考漢書藝文志雜占家著錄，有下列各書

　　　　禎祥變恠二十一卷

　　　　人鬼精物六畜變恠二十一卷

　　　　變恠誥咎十三卷

所云精物變恠者，易繫辭云：精氣爲物，遊魂爲變，漢時雜占家侈談變怪，其書悉已亡佚。此 P 卷之末有淡墨行書兩行，文云

　　『已前三紙無像。道昕記，道僧幷攝，俗姓范』。

　　　　白澤精恠圖一卷，卌一紙成。

似原圖爲散葉，共四十一張。其前三紙無圖，今本自出于後人重新裝池，而置前三紙之無像者，厠于卷末，則此卷固非完帙矣。

　　倫敦大英博物院敦煌卷子，列史坦因目6261殘紙，與此應爲同一圖之斷片，原物白棉紙，極破塤，已重加裝裱。

　　圖有烏絲欄，書法甚佳，繪事亦精。P 卷前段有圖有說，分上下兩排，後段有說無圖，共存圖記一十九事、S 卷只存圖記六事，以文中精恠有壹佰□拾玖………語推之，則所缺尙多。

二

　　張彥遠歷代名畫記卷三古之秘畫珍圖目錄內有白澤圖一卷三百二十事。南史梁簡

文帝紀有新增白澤圖五卷，隋唐志並有白澤圖一卷，宋史藝文志著錄有唐李淳風白澤圖一卷，卷數並有出入。而此圖題名『白澤精怪圖』，又復不同。雲笈七籤一百軒轅本紀稱：「（黃）帝巡狩，東至海，登桓山，於海濱得白澤神獸，能言，達於萬物之情，因問天下鬼神之事。自古精氣爲物，遊魂爲變者，凡萬一千五百二十種。白澤言之，帝令以圖寫之，以示天下。」所言精怪逾萬種，自是踵事增華。其謂黃帝登桓山，即史記五帝本紀之丸山。抱朴子極言篇稱：「皇（黃）帝審攻戰則納五音之策，窮神奸則記白澤之辭。」又登涉篇答辟百鬼之法，除使用符契，「其次則論百鬼錄，知天下鬼之名字，及白澤圖、九鼎記，則衆鬼自却。」是白澤圖之出現，在葛洪之前，其用途乃在於燭神姦，劾鬼物也。

三

說文大部臬字下云：「大白，澤也。从大白，古文以爲澤字。」臬經典作皋，與澤同訓。詩『鶴鳴於九皋』；毛傳：皋，澤也。白澤，獸名。宋書符瑞志云：『澤獸能言，連知萬物之精。』但稱澤獸，無「白」字。莊子達生篇：『野有彷徨，澤有委蛇。』風俗通怪神篇云『此所謂澤神委蛇者也。』由澤獸、澤神名稱例之，白澤亦可省稱曰澤。白澤又或作白罩，蘇聯出版之維摩碎金有云

> 第十：牛生白罩者，氣呃呃而喘。………牛王能墾大荒田，苗稼豐饒萬類安。
> 白罩本來天界住，託生牛腹向人間。……妙德降於堪忍界，靈禽瑞獸悉皆歡。
> （此卷末有『靈州龍興寺講經沙門匡胤記』題識。）

清天台張亨梧（菊人）著感物吟五卷，內有詠白澤詩云：

> 桓山白澤智殊倫，黃帝東巡問鬼神。精氣遊魂千五百，不須前席賈生頻。（嘉慶壬申刊本）

此亦有關之記載，附著之以爲考證之助。

四

元刊應劭風俗通義卷九爲怪神篇，謂：『傳曰神者申也，怪者疑也，孔子稱士之怪爲墳羊。』論語：『子不語，怪力亂神。』故采其晃著者曰怪神也。篇中如『世間

多有狗作變怪朴殺之，以血塗門戶，然衆得咎殃，』『世間多有精物妖恠百端，』『世間多有伐木血出以爲恠者，』『世間多有虵作恠者』等項，皆可與此精恠圖比證。太平御覽二十三引風俗通云

> 夏至著五綵辟兵，題曰游光厲鬼，知其名者無溫疾。永建中，京師大疫，云厲鬼字野童游光。亦但流言，無指見之者。其後歲歲有病，人情愁怖，復增題之，冀以脫禍。

荆楚歲時記佚文云

> （五月）五日以艾縛一人形，懸于門戶上，以辟邪氣。以五綵絲繫於臂上，辟兵厭鬼，且能令人不染瘟疫，口內常稱游光厲氣四字，知其名則鬼遠避。

今據此精恠圖：

> 夜行見火光，下有數十小兒，頭戴火車。此一物而名口爲遊光，下爲野童。見是者天下多疫，死兄弟八人。

依圖所繪，游光之狀爲小兒頭戴火車。可資博識。

抱朴子稱白澤圖與九鼎記可卻鬼，其佚文云：「按九鼎記及青靈經言：人物之死，俱有鬼，馬（？）鬼嘗以晦夜出行，狀如炎火。（御覽883卷引）他書所引有夏鼎志者：

> 法苑珠林卷十一六道部（第四之五）引夏鼎志云：『掘地而得狗，名曰賈；掘地而得豚，名曰邪；掘地而得人，名曰聚。』

> 宋書五行志：夏鼎志：『掘地得狗名曰賈。』尸子曰『地中有犬名曰地狼，』同實而異名也。

按 S6261 精恠圖殘紙云：『掘地得人曰取，』「取」卽「聚」也。又云『掘地得猳曰耶，』「耶」卽「邪」，夏鼎志以得豕曰邪，與此圖異。抱朴子以九鼎記與白澤圖並舉，此圖則直以夏鼎志語錄入白澤精恠圖中。

五

白澤一系圖籍，又有白澤地鏡經者。金樓子卷五志怪篇云：「地鏡經凡三家，有師曠地鏡，有白澤地鏡，有六甲地鏡。三家之經，但說珍寶光氣。」考地鏡見隋志五

行類，原亦有圖，初學記御覽屢徵引之。馬國翰據開元占經輯錄地鏡一卷，以校此精
恠圖，若下列各事：

　　　　革帶夜有光

　　　　鷄夜鳴

　　　　蛇無故入人家

　　　　鼠上樹

　　　　鼠羣行則有大水

　　　　魚從水上流下

　　　　釜鳴

等怪，俱見於地鏡，則此圖之取資于白澤地鏡，可斷言也。金樓子志怪篇云『山中有
寅日稱虞吏者，虎也。稱當路者狼也。辰日稱雨師者，龍也。知其物則不能爲害
矣。』此數語俱見 P 卷。抱朴子登涉篇：

　　　抱朴子曰：山中有大樹有能語者，非樹能語也，其精名曰雲陽，呼之則吉，以
　　　下一節，舉四徼及升卿諸精。下則山鬼喚人，迷惑人，以及寅日自稱虞吏者虎
　　　也，以迄丑日稱書生者牛也。

此一段文字，皆視于 P 卷，惟略有小異。如抱朴子見秦者，百歲木之精，P 卷作秦
人，多一「人」字，以上文，見「胡」人者，比勘之，則作「秦人者」是也。抱朴子
「四徼」，P 卷作「四激」。『以葦爲茅以刺之』句，P 卷作爲「舒」刺之，是。兩
『投之』句，P 卷一作『捉之』，一作『打之』。十二支異名，抱朴子始寅日而終丑
日，P 卷則自子終亥。巳日抱朴子多『稱時君者竈也』一句。P 卷奪去，又缺『午日
稱三公者馬也』句，應據補。戌日，P 卷作『稱成陽翁仲者狐也。稱人字者金玉也。』
抱朴子作「成陽公」。又云『亥日稱婦人者，金玉也。』此與 P 卷異。太平御覽卷八
八六「精」類引白澤圖共廿二條，蓋爲「精」名。又引抱朴子登涉篇，即上引等語，
而不作白澤圖。然均見於敦煌本白澤精恠圖。樊庵先生曩謂此爲白澤圖逸文，證知抱
朴子得見白澤圖，驗以此卷，其說良信。

　　御覽九百一十八雞部引白澤圖：『老雞能呼人姓名，殺之則止。』是圖第一事文
云：『夜呼老婦名者，老雞也。馬尿塗人戶，防之不防之，死煞則已。』文大略相同。

白澤圖佚文，不見於此圖者，若搜神記言兩山間之精曰俟襄。政和證類本草所出經史方書，其目有「白澤圖」，其卷十九鬼鳥餘九首一事下引白澤圖云：『蒼鸕，昔孔子與子夏所見，故歌之，其圖九首。』以校北戶錄，此則加詳焉。

六

白澤圖舊列於五行雜占類。其書久佚，向有馬國翰（玉函山房佚書）及洪頤煊（經典集林）兩輯本。陳槃庵古讖緯書錄解題（二）著錄白澤圖，考證甚詳，附記亦略及P卷。（史語所集刊第 12 本）

敦煌卷中此圖與瑞應圖，皆有著色，堪稱雙璧。是卷書法與圖繪甚相配合，筆畫較圓潤而具波磔，古拙有力。與瑞應圖行筆作風不同，較爲精美，似非出一手。

以畫法論，行筆纖細而有力，六朝至唐，寫器物之畫卷，若顧愷之女史箴圖，筆意髣髴，輕靈韶秀，有時如毛髮，如游絲；寫動物翎毛，時用乾筆，焦燥而表現清勁。雞之足部，有留白處，翼用雙鉤，淡染、線條挺秀。寫火只用紅色作狀，上深下淺。寫人物如遊光八人，用筆生動，其中兩人足部用重筆，餘則娟細而含蓄，八人面孔表情，無一相同。『鼠上樹』一段，樹葉作莎，甚有意致。圖皆施色，如 S 卷狗敷淡黃赭色，免用青色。掘地所見亦以不同顏色表現之，具見匠心。此殘圖須細心觀察，方知其行筆微妙處。

P 2682 卷，松本榮一已印入國華 770 期（1956），並將原文錄出，間有訛失，如道昕誤作道所，即其一例。

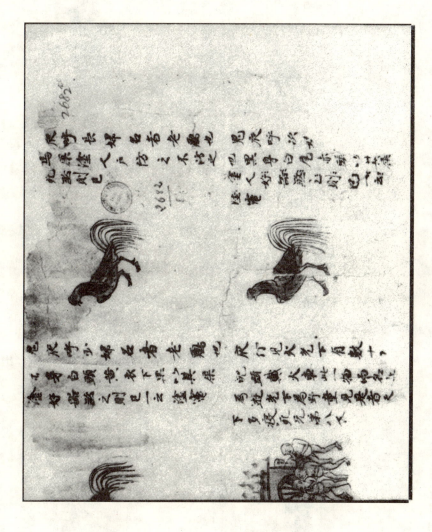

圖版 一

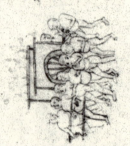

圖版 二

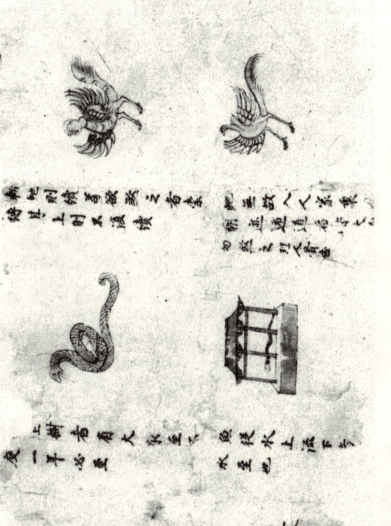

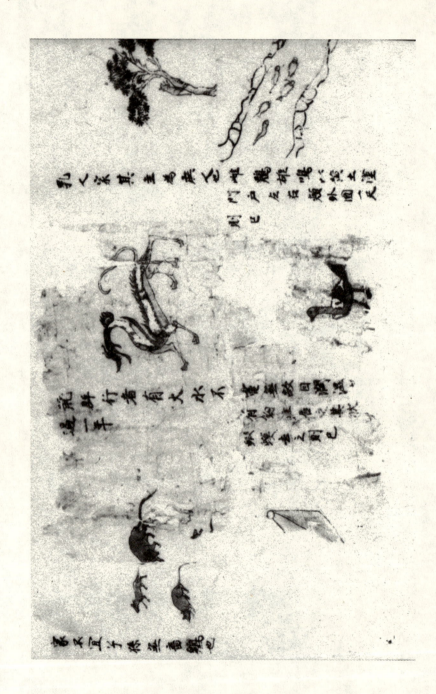

圖版　七

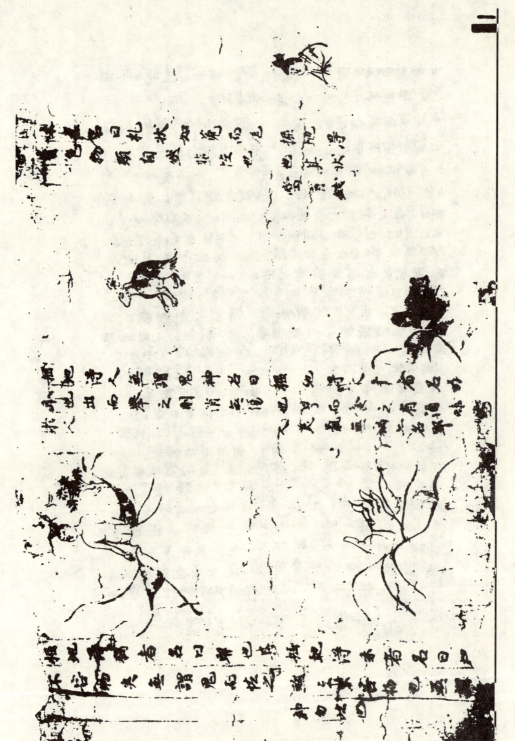

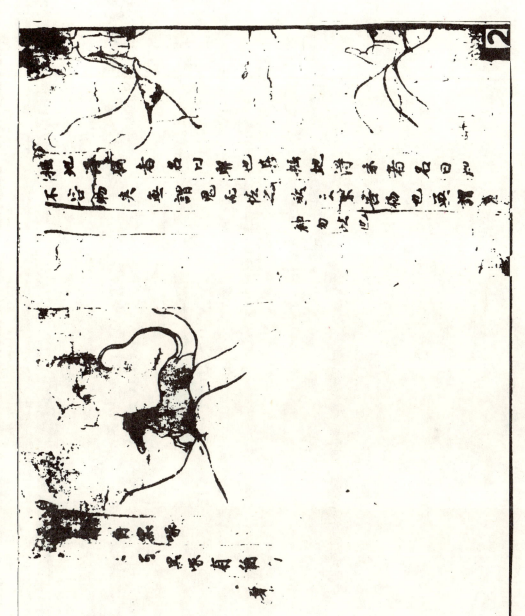

影印石窟一徵序

（增訂本）

陳　槃

石窟一徵者，鎮平（民國三年，易名蕉嶺）黃釗之所譔著也。其目曰方域、曰征撫、曰敎養、曰禮俗、曰天時、曰日用、曰地志、曰方言、曰人物、曰藝文，殿之以雜記，都爲九卷。語其體例，實地方志也，而不以志稱者，以方志、官書，而一徵則私家著述，謙不敢以當之也。石窟，鎮平一都，縣治卽設于此。書不系以縣而以都，亦此意也。未完稿。黃氏沒後，其門生古樸臣、範初父子、始爲之編綴叢殘，鍾仙雛、楊德吾、賴秋士爲之校定，復釀金刋之。甫告成，未幾亂作，板燬于火。此光緒六年事也。光緒二十五年，範初仍集資付刻。邑子林大樁先生挾是書以渡海，自由中國僅有此本，學生書局爰據以影印，而屬槃爲之序，序曰：

黃氏此編，不特可作蕉嶺縣志讀，抑亦我客家民族一重要文獻也。我客家本中原舊族，羅元一（香林）先生（所著有客家源流考）論之詳矣。而黃氏此編，其濫觴也（林大樁先生言：嘉慶十三年，和平徐旭曾掌敎惠州豐湖書院，有感于東莞、博羅土客之械鬥，爰口授客家源流及方言，由其門弟子博羅韓生筆記成書。惟曾否刋行，未詳）。一徵卷一征撫篇曰：

邑無北宋以前土著，或疑當日草萊未闢。……然宋元祐三年有藍奎登進士科，今藍坊有保慶寺，卽奎當日讀書授徒處。藍坊由九曲磴入，崇山疊嶂間、尚有文人取科第者，則百里之內，自非山虛水深、古無人蹤之境矣。然藍氏後人無傳。今邑中舊族，南宋來者，亦復寥寥。且自藍奎後，亦並無人物。當是北宋前甫啓猛蓁，而南宋後疊遭兵燹，土著逃亡，僅存一二；而遺黎彫敝，轉徙他鄉。歷元而明，中原衣冠世族，始稍稍遷至。

又曰：

南宋以來，皆虞賊侵擾，則此地（梅州，含今梅縣、興寧、五華、平遠、蕉嶺）之受害獨酷，遺民之存者，固亦僅矣。太平寰宇記載：梅州，戶主一千二百一；客三百六十七；而元豐九域志載：梅州，戶主五千八百二十四，客六千五百四十八。

可見元祐以前客戶增盛。至元史地理志載：梅州戶，僅二千四百七十八；口，一萬四千八百六十五。所耗可勝計哉。

又卷二教養篇曰：

成化中，刑部郎中洪鍾言：廣東程鄉（今梅縣），流移錯雜，習鬥易亂。宜及平時，令有司立鄉社學，教之詩書禮讓。按吾鄉巨姓大族，皆元明時始遷者多。

案黃氏論客族開闢梅州年代、經歷及戶口之盛衰，有學有識。寰宇記、九域志所謂『梅州戶主』，即北宋以前土著；所謂『客』，即我客族。據是則我客族之開闢梅州，至晚亦肇基于北宋之世矣。迨明成化中，則『流移錯雜』，亟待『立鄉社學，教之詩書禮讓』矣。

是書于地理、禮俗、教養、語言、日用飲食之等，採掇甚勤、工力細密。間或援古證今，淹貫博洽，引人入勝。例如教養篇，其所引書有鎮平縣志、史記封禪書、魏書、汪師韓說、宋史、闕里志、孔毓圻論祀儀、元史、朱錫鬯孔子弟子攷、禮記鄉飲酒義疏、月令、毛詩國風序毛氏傳、漢書邠鄲傳、唐書韓琬傳、漢書韓延壽傳、莊子、漢書文翁傳、晉書陸雲傳、沈德符野獲編、駱驒錄、興甯志、廣東通志、周禮、大埔志、陳白沙學記、玉海、南雄志、胡璿續事記、封川志、屈大均廣東新語、海國聞見錄、外番志、職方外紀、樵書二編、潮州志、粵大明記、明典彙、朱子社倉法、石齋義倉志序、山東志、明封川方尚祖條約、司馬溫公救荒疏、大清會典、陶宗儀輟耕錄（以上卷三）；禮俗篇引書有廣東新語、漢書、史通、錢牧（案原誤作『收』）齋詩、宋翰苑遺事、管子、唐韻、集韻、說文、玉篇、廣韻、國語越語、周處風土記、新甯志、廣州志、儀禮、文選、左思賦、梁溪漫志、大學、左傳、天香樓偶得、事物原始、老學庵筆記、筆叢、中華古今注、靈芬館詩話、留青日札、類林、名義攷、風俗通、福恩堂詩話、春秋胡氏傳、禮記、周禮、顏氏家訓、周去非嶺外代答、書顧命、康王之誥、韓門綴學、鄭所南說、鹽鐵論、唐書、朱子語類、紀文達景城紀氏家譜、吳仲山碑、說嵩、十駕齋養新錄、大清通禮、史記、五行大義、遁甲經、洪範五行傳、媿（案原誤作『媲』）郯錄、潮州府志、獨斷、月令廣義、玫圖、演繁露、湖壖雜記、趙明誠金石錄、荊楚歲時記、庶物異名疏、桂海虞衡志、天祿識餘、蘇沈良方、段（案原誤作『叚』）公路北戶錄、曲洧舊聞、青箱雜記、淮南子、齊民要術、搜神記、何（

案原誤作『向』）光遠鑒誠錄、劉夢得送張盟詩、靑巖叢錄、鎭平縣志、墨莊漫錄、樂府詩集、明詩綜、吳震方嶺南雜記、龍窗括異志、東坡贈黃照道人詩、唐詩說、獲野編、詞林（以上卷四）。其餘諸篇，繁徵廣引，大率類是。讀此足徵我客族之敎養、禮俗、方言、風物，在在皆淵原有自。擧蕉嶺，則其它客族地區亦可知矣。

黃氏所考者衆，于今觀之，固亦不免有未安者，例如卷二敎養篇注云：

按州郡之學，始于梁武帝天監四年置五經博士、立州郡學，并立孔子廟。

今案漢初郡國本無學校。景帝末，文翁爲蜀郡守，創起學官，郡中大化。武帝善其制，乃令天下郡國皆立學校。漢書循吏文翁傳詳之。旣而郡國亦皆仿置，故他郡學校亦頗見載籍，事見漢書韓延壽傳、何武傳、元帝紀元始二年、王莽傳。東漢仍之，見後漢書明帝紀、崔瑗傳、等（說詳嚴耕望先生中國地方行政制度史葉二五二——二五六）。據此，則州郡之有學校，不自梁武帝始矣。

又卷四禮俗篇云：

俗稱祭田爲蒸嘗，亦有謂祖宗血食者。按血食二字甚古：漢書，爲勝置守冢（案原誤作『家』）于碭，至今血食。史通云，陳涉世家稱，其子孫至今血食。顏（案原誤作『歆』）注郊祀志至今血食，云祭有牲牢，故言血食。則血食二字，似俗而實古。

今案莊六年左傳：『抑社稷實不血食』。血食二字，已見于此。復案以犧牲祭享而曰血食者，謂以生肉獻祭，此初民社會茹毛飲血之遺風。小雅信南山篇：『從于騂牡，享于祖考。執其鸞刀，以啓其毛，取其血膋』。鄭箋：『血以告殺』。漢舊儀：皇帝暮視牲……手執鸞刀以切牛，毛血薦之』（太平御覽五二六引）。荀子禮論篇：『大饗尙玄尊，俎生魚』。楊注：『大饗，祫祭先王也』。此類卽所謂『血食』，亦古俗之可以于祭禮中求之者也。入民國後，吾鄉凡遇大祭祀，猶行此禮，其由來尙矣。漢書郊祀志顏注：『祭有牲牢，故言血食』。止言『牲牢』，而不解何云『血食』，其義未備。

同上篇又云：

粵人食狗肉，人多笑之。按禮：士無故不殺犬豕。是士以上皆食狗也；以犬嘗麻，先薦寢廟。是天子食狗，且用以薦也。左傳：叔孫婼館于箕，有吠狗，殺

　　而與館人共食之。是請客用狗也。內則所記毋論。鄉飲酒禮：烹狗于東方。儀

　　禮亦記：其牲狗也。鄉射禮羹定，鄭注：肉謂之羹，定猶熟也，謂狗熟可食。

　　是古人行禮，無不用狗也。今以粵俗食狗爲可笑，何也？食狗不惟三代以前，

　　卽三代以後亦皆食之。……

今案一徵所引典實，無過儀禮、禮記及左傳。左傳所記，春秋晚季時事；儀禮、禮記
傳自漢儒，出于孔子門人弟子之手，其淵源或者更在上世。　然若更遠推至于夏商之
代，則無徵不信矣。

　　同上篇又云：

　　按史，秦本紀，秦人以狗禦蠱。俗謂夏至狗肉，當取其禦蠱之義。今南方既無

　　蠱毒，而狗肉竟可以愈瘧，其功用亦大矣哉！

案一徵以秦人食狗以禦蠱，故連想及于客人之食狗愈瘧。檢史記秦本紀：德公『二
年，初伏，以狗禦蠱』。正義：『六月，三伏之節，起秦德公爲之，故云初』。　集
解：『徐廣曰，年表云，初作伏，祠社，磔狗邑四門也』。正義：『蠱者，熱毒惡
氣，爲傷害人，故磔狗以禦之。……按磔，禳也。狗，陽畜也。以狗張磔於郭四門，
禳卻熱毒氣也』。是磔狗禦蠱者，殺狗而張之于城郭四門，『以禳於四方之神』以止
災害，非食狗肉之謂。禮記月令：『季春之月……命有司大難、旁磔、出土牛，以送
寒氣』。注：『此月之中，日歷虛危，虛危有墳墓四司之氣爲厲鬼，將隨強陰出害人
也』。正義：『大難、旁磔者，旁謂四方之門，皆披磔其牲，以禳除陰氣。……此時
強陰既盛，年歲既終，陰若不去，凶邪、恐來歲更爲人害』。此磔牲以禳除陰氣與磔
狗以禳除熱毒，其義同，亦非食其牲肉之謂也。然則秦人伏日自磔狗禳蠱，吾粵人夏
至自喜食狗肉，二者之間，殆義不相涉；猶月令自勸人季春披磔牲物，以送寒氣，而
民間季春本自食牲肉，亦義不相涉也。又一徵稱美狗肉之『功用』，當亦兼禦蠱一事
言之。實則禦蠱之爲，不離迷信，何『功用』之有矣！

　　同上篇又云：

　　俗語：狗肉不上臺盤。謂神弗享也。今書塾中上學議關（元注：議題束修，謂之爲議

　　關）及過中秋節，多用狗。然少以之祀。按（續）漢書禮儀：明帝永平二年，上

　　率羣臣養老，更于辟雍行大射禮；郡縣道行鄉飲酒禮；于學校皆祀聖師周公、孔

子，牲以犬。是祀先師用大（犬）、宜也。塾中用此，當亦沿此。後乃惑（惑）

于不上臺盤之說，而遂少用于祀者矣。………

今案一徵此說是。惟據甲骨卜辭，每卜帝（禘）用犬，如云：『己亥卜貞，方帝一豕

四犬二羊』（殷虛文字甲編三四三二）；『貞方帝一羊二犬，卯一牛』（殷虛文字乙編二六三九）

；或卜尞犬，如云：『甲午卜，今日尞于黃，羍，二犬二豕』（金璋所藏甲骨卜辭六三九）

；『癸未卜賓貞，尞犬，卯三豕三羊』（殷虛書契續編一、五三、一）。『帝』祭名，『尞』

同燎，古祭儀有之。是祭神用犬之俗舊矣。然卜辭後出，黃氏所不及見，此則未可以

爲黃氏病耳。

　　同上篇又云：

　　甚至有生前自擬私諡，于家廟修序牌時、用金漆書塡者。生而有諡，葢亦沿趙

　　陀自稱爲南越武王之陋習也。

今案生時有諡號，春秋中葉以前禮俗則然（詳金文叢攷第四諡法）。趙陀之稱武王，亦古

禮俗之遺，未可以爲『陋』。

　　同上篇又云：

　　俗多祀漢帝公王，露天爲壇（原刻誤作『檀』），每祭必椎牛饗之。不知何神。按

　　史稱：漢武帝好鬼神，尤信越巫，嘗令越巫立越祝祠，安臺、無壇；亦祠天神

　　上帝、百鬼，而以雞卜。疑『公王』亦漢武帝時命祀，故稱爲漢帝公王。

今案吾鄉（五華）社中，舊亦信奉此祀，曰『公王爺』，無『漢帝』二字。考顧炎武天

下郡國利病書原編第十五册湖廣下衡州葉五九：『風俗，合二三十家共祀一大王神，

其神或以其山，或以其陂澤，或以其地所產之物而得名，輒加以聖、賢、帝、王、

公、相之號。如愚家溪田所祀，云「平王相公大王祠下，城外敝居所祀」；云「南平

水東三聖公王祠下」。其他如「高山椒甫大王祠」，詢之，云其山多產椒；土硃大王

祠，其地產紅土。其他不能枚舉。愚憶繼天撫世曰王，主宰天下曰帝，大而化之曰

聖，復而執焉曰賢，首五爵以無私爲德曰公，長六卿輔其君曰相。今乃妄亂稱呼，甚

至加之土地所生之物，其爲訛妄不經，莫此爲最』（四部叢刊續編景印本）。竊疑我客家風

俗之所謂『漢帝公王』、所謂『公王爺』，與衡州民間之所謂『相公大王』、所謂『

三聖公王』、所謂『高山大王』之類，同一謬妄附會。一徵疑爲『漢武帝時命祀』，

殆其不然。惟昭二十九年左傳云：『故有五行之官，是謂五官，實列受氏姓，封爲上公，祀爲貴神，社稷五祀，是尊是奉』。竹添氏會箋：『稱社稷、稱五祀而尊奉之也。社稷、五祀本自有神，而五官之長配食，亦得稱社稷、五祀也』。古代五行之官，爵爲上公；得以配食社稷、五祀，則其有『公』稱（漢以來，民間有『社公』之稱，見後漢書方術傳下費長房傳。禮記郊特牲正義引五經異義），亦不爲妄。但展轉漫衍而爲『帝』『王』『相』『爺』之等，則由衆庶無識之故，謬亦甚矣。

同上篇又云：

俗建醮之日，迎鬼王至各村，用僧衆鐃鈸鼓吹，執事前導。村人各以門首設香案、供果饌，謂之接山大人。……岳珂魁（原刻誤作『媿』）郯錄古今祠厲，引禮記祭法鄭氏注：漢時民家，皆秋祠厲；又云：民祠厲而託之曰「山」，蓋惡言「厲」。巫祝取厲山氏之名，云「厲」爲「山」。然則山大人，謂厲大人也。

今考禮記祭法鄭注：『司命與厲，其時不著。今時民家，或春秋祠司命。行神、山神、門、戶、竈在旁。是必春祠司命、秋祠厲也。或者合而祠之，山卽厲也。民惡言厲，巫祝以厲山爲之，繆乎？春秋傳曰：鬼有所歸，乃不爲厲』。正義：『（鄭注）云司命與厲其時不著者，以其餘五祀，月令所祀，皆著其時。唯司命與厲，祀時不顯著。云今時民家或春秋祠司命，行神、山神、門、戶、竈在旁者，鄭以無文，故引今漢時民家或有春秋二時祠司命、行神、山神也。民或然，故云或也。其祀此司命、行神、山神之時，門、戶、竈三神在諸神之旁，列位而祭也。云是必春祠司命、秋祠厲也者，漢時既春秋俱祠司命與山神，則是周時必應春祠司命。司命主長養，故祠在春。厲主殺害，故祠在秋。云或者合而祠之者，鄭又疑之，以見漢時司命與山神、春秋合祭，故云或者合而祠之。云山卽厲也者，以漢祭司命、行神、山神、門、戶、竈等，此經（祭法）亦有司命、門、行、戶、竈等。漢時有山而無厲，此（祭法）有厲而無山，故云山卽厲也。云民惡言厲，巫祝以厲山爲之者，鄭解厲稱山之意，漢時人民嫌惡厲，漢時巫祝之人意以厲神是厲山氏之鬼爲之，故云厲山。云謬乎者，謂巫祝以厲爲厲山之鬼，於理謬乎？所以爲謬者，鬼之無後，於是爲厲。厲山氏有子曰柱，世祀厲山之神，何得其鬼爲厲？故云謬也』。案祭法：『夫聖王之制祭祀也，法施於民則祀

之，以死勤事則祀之，以勞定國則祀之……及夫日月星辰，民所瞻仰也；山林川谷丘陵，民所取材用也。非此族也，不在祀典』（國語魯語上展禽說略同）。此王者所制天下『大神』之祀典也，其中則有『山林川谷丘陵』。其在諸侯，則『山川之神，水旱癘疫之災，於是乎禜之』（昭元年左傳）。祭法篇亦曰：『山林川谷丘陵能出雲、爲風雨、見怪物，皆曰神。有天下者祭百神。諸侯，在其地則祭之，亡其地則不祭』。蓋民間亦私有所祭，漢時民間春秋亦祠祀司命、山神之等是也。漢時巫祝之徒不讀經記，則安得知有厲山氏？蓋鄭氏誤也。今民間風俗亦祭山神，或稱山大人，而顧炎武所引衡州民俗稱高山大王，蓋亦其比。然則岳氏及黃氏此論，殆非其實矣。

我客家民族，素以刻苦耐勞、長于開闢創造、著稱于世。鎮平地瘠民貧，故不能不求向外發展。卷三教育篇云：

> 按鎮邑廣袤僅一百里，而山居其七，民之寄臺灣爲立錐之地者，良以本處無田可種故也。

> 邑中地狹民稠，故赴臺灣耕佃者，十之二三；赴呂宋、咖喇吧者，十之一。……臺灣……地土饒沃，畜產蕃孳。置莊者謂之莊家，佃種者謂之場工。邑中貧民往臺灣爲人作場工，往往至三四十年始歸。歸至家，尚以青布裹頭，望而知爲臺灣客也。往臺灣者，例由本籍縣官給照至泉州、厦門，海防同知驗放，方准渡海。然盤費過多，貧不能措者，往往在潮州樟林徑渡臺灣。

> 按邑志名宦志，鎮人以地窄人稠，多就食于臺灣，而海防例嚴，苦無以渡。邑令魏公（燕超）請於上官，并移咨閩省，准鎮人給照赴臺灣耕作，每歲資入無算。……嗚呼、使吾鎮之人數百年不艱於粒食者，公之惠也，其祠祀也宜哉。

此即數百年前我鎮平同鄉移民臺灣，胼手胝足以啓山林、汗血辛酸之一段歷史，亦即我客族同胞移民臺灣歷史之縮影也。黃氏志此，大有深意。詒我後昆，可欽念也。

釗字毅生，別字香鐵。嘉慶二十四年舉人，官內閣中書。生于清乾隆五十二年，卒于咸豐三年，壽六十又七，有讀白華草堂詩鈔，已刊。符葆森國朝正雅集卷六六引盛大士粵東七子詩序曰：『香鐵才力雄駿，生氣滿紙。跌宕淋漓，動與古會。性極亮直，辯論是非，侃侃不阿。至於朋友骨肉、死生契闊之際，心貫金石，歷久不渝。蓋古史獨行傳中人物也』；又引端木國瑚曰：『香鐵詩，精美在外，質者在內。尤有志

於古烈隱迹，發揮其事，使生氣在目，乃詩家龍門』；又引潘德輿曰：『香鐵詩一氣
旁魄，五光陸離。由鍊入工，以豪得健。大抵風華得之牧之、義山，爽直取之子瞻、
魯直』。案香鐵詩，清蒼凝鍊，託體甚高，嘉慶間負盛名，固嶺海之雄也。聞所著尚
有賦鈔、經餕、鐵盫叢筆，未知有刻本否。因並記。

　　　　　　　　　　　　　　　一九七〇年十月二十九日初完稿。

　　　　　　　　　　　　　　　一九七一年二月增訂稿。

國語集證卷一上

周語上卷第一

張 以 仁

周語上第一

集證：董增齡國語正義（以下簡稱「董增齡」）云：「國語首以周，殿以越。周何以稱國？穆王時，周道始衰。書言『荒度作刑』，史記言『王道衰缺』，蓋已兆黍離國風之漸。迨平王，周、鄭交質，直言『結二國之信』。雖號令止行于畿內，而爲天下共主。故首列焉。」國語編成，當不早於戰國。其時周室衰微，諸侯強勁。比之列國，固形勢使然。而列之書首，則儒家尊王之義存焉。董氏之說是也。

周祖后稷名棄，帝堯時舉爲農官，封於有邰（或作「駘」「斄」，蓋隨音借字，其實皆同），當今陝西省武功縣南八里漆村也（見武功縣志）。及夏之衰，后稷之後不窋失其官守，竄於戎狄之間。再傳至公劉，立國於豳（「豳」一作「邠」。唐開元十三年，以豳、幽字相涉，詔改豳爲邠。見唐書地理志、通典元和郡縣志及乾隆甲辰年邠州志。史記周本紀索隱亦云：「豳即邠也，古今字異耳。」則司馬貞爲索隱之時，豳已改邠矣。張守節史記正義序稱「開元二十四年八月，殺青斯竟。」索隱前後序則不見年月。錢大昕十駕齋養新錄謂司馬貞年輩當在張守節之前。今比照上述資料，則索隱之作在開元十三年以後也。）詩大雅公劉云：「豳居允荒」「于豳斯館」。毛傳云：「公劉居於邰而遭夏人亂，迫逐公劉，公劉乃辟中國之難，遂平西戎，而遷其民，邑於豳焉。」又云：「張其弓矢，秉其干戈戚揚，以方開道路，去之豳。蓋諸侯之從者十有八國焉。」漢書地理志右扶風有栒邑，顏師古注云：「有豳鄉。詩豳國，公劉所都。」婁敬傳亦云：「周之先，自后稷堯封之邰，積德累善十餘世，公劉避桀居豳。」皆謂公劉時已遷豳，

則周本紀謂公劉子慶節國於豳之說非也。瀧川資言史記會注考證謂豳在今陝西邠州三水縣。三水縣志謂「古豳城，在縣西南三十里，爲公劉始都之處。」公劉之後，九傳至太王(古公亶父)，爲狄所逼，去豳西遷於岐，今陝西岐山縣也。再傳至文王，滅崇而都豐邑，在今陝西鄠縣。武王克殷而王有天下，乃徙都於鎬，今長安縣西南也。與豐邑隔豐水相對，趙岐三輔決錄謂「兩京相去二十五里」也。及幽王，爲犬戎所弑，平王東遷洛邑，都王城。洛邑即王城，在澗水東，瀍水西，洛水之北，郟山之南，今洛陽縣西五里。平王四十九年，即魯隱公之元年也。是爲春秋之始。及敬王，都成周，在王城之東四十里。敬王三十九年，魯哀十四年，獲麟之歲也。再傳至貞定王，貞定王元年，春秋之傳終矣。貞定王十六年，晉韓、趙、魏三家滅智氏而分其地，國語敍事，以此最晚也（見晉語九）。貞定王以下十世而周亡。

穆王將征犬戎。

解：穆王，周康王之孫，昭王之子，穆王滿也。征，正也。上討下之稱。犬戎，西戎之別名也。在荒服之中。〔嘉靖重刊宋公序本（以下簡稱「公序本」）無「之中」二字。汪遠孫國語明道本考異（以下簡稱「考異」）有說。〕

集證：史記周本紀謂「昭王南巡狩不返，卒於江上。…立昭王子滿，是爲穆王。穆王即位，春秋已五十矣。」漢書匈奴傳顏師古注謂穆王爲「成王孫，康王子」，不知何所據？或失檢耳。孟子盡心下云：「征者，上伐下也。」又云：「征之爲言正也。」蓋韋解所本。然孟子實謂「征」之得名源之於「正」，非謂「征」訓爲「正」也。此即後世所謂「聲訓」。韋氏不察，而以爲義訓，不可從也。此「征」自當訓征伐。書胤征傳：「奉辭伐罪曰征」。詩泮水「恒恒于征」鄭箋：「伐也」。周禮太卜「以邦事作龜之八命。一曰征」鄭司農注：「征謂征伐人也。」皆其例。犬戎，卜辭已見，但稱爲「犬」。如：「貞，勿退犬。」（燕大二三四。轉引自陳槃庵師春秋大事表列國爵姓及存滅表譔異冊六「犬戎」條。下同。）「戊戌貞，令犬征田，若。」（卜辭通纂別二；內藤二）。其君則稱「犬侯」，如「貞，令多子族啓犬侯齡周，古王事」（通纂五三八）。楊樹達謂即犬戎也（積微居甲文說下，頁四二）。初居東方，夏桀時西遷入居豳、岐之間（見王國維輯本竹書紀年頁

二上、三下）。與商關係親密，入周則世爲患矣。其名有畎戎、犬夷、畎夷、混夷、昆夷之異，丁山父以夷、戎爲二族（見殷商氏族方國志犬戎條。頁一一五），欒庵師云：「犬夷初居東方，後遷于西曰犬戎，同時亦有夷稱。時地不同，故稱亦稍變，非族類之異也。『東夷、西戎、南蠻、北狄』之說，以所居方位而固定其蠻、夷、戎、狄之號，古無是也。」師說是也。史齊世家「文王伐崇，密須，犬夷」，匈奴傳作「周西伯昌伐畎夷氏」，周本紀作「伐犬戎」，知犬夷、犬戎其實一也。匈奴傳索隱云：「韋昭云：春秋以爲犬戎。按畎音犬。大顏云：卽昆夷也。山海經云：黃帝生苗龍，苗龍生融吾、融吾生弄明、弄明生白犬。白犬有二牡，是爲犬戎。說文云：赤狄本犬種，字從犬。又山海經云：有人面獸身，名曰犬夷。賈逵云：犬夷，戎之別種也。」王國維則以爲犬戎與鬼方、獯鬻、獫狁、混夷、胡、狄、匈奴皆爲一事（見鬼方昆夷獫狁考），陳夢家云：「這種混同，是不對的。獫狁是允姓之戎，和鬼姓是不同的種族。孟子梁惠王下『文王事混夷』，『大王事獯鬻』，明二者非一。」（見卜辭綜述頁二七五）。欒庵師亦云：「逸周書王會篇，成周之會，山戎貢戎菽，犬戎貢文馬，匈奴貢狡犬（原注：頁一九四——一九五）；商書伊尹朝獻篇，伊尹爲四方令：正西有昆侖、狗國、鬼親；正北有胡、代、翟、匈奴之等（原注：一九八——一九九）。由成周之會觀之，則犬戎與山戎有別；由朝獻篇觀之，狗國卽犬戎……鬼親卽鬼方（原注：王氏補注引王肅曰）。是犬戎、鬼方、胡、翟、匈奴並有別矣。」（見春秋大事表譔異冊六犬戎條）。穆王時，其國或以爲在曼頭山北之樹敦城，（張澍姓氏辨誤卷二二，汪遠孫國語發正卷一，丁謙穆天子傳考證卷一，張柟史讀考異。）顧棟高春秋大事表謂樹敦城在陝西西寧府西北。（卽今青海西寧市。位於鎬京西千三百五十餘里）。欒庵師則認爲道遠可疑，周不可能遠涉千里以事征討。乃據穆天子傳以爲犬戎在今河北曲陽、行唐兩縣之北之太行山區。然該地距鎬京亦在千里以外，與西寧相差固無幾也。蒙文通則以爲在岍之北，河之南，爲漢安定界（今甘肅涇川？）云：「自夏以至西周之末，犬戎世爲邠岐之患，其必屬於周之近地可知。」而不贊成樹敦城之說。謂：「夫『犬戎樹惇』，豈謂城耶？北周唐世所謂樹敦城，夫何預犬戎之事？」（見周秦少數民族研究第二西戎東侵、犬封古國節頁一八——一九）。愚案，周語此節以

犬戎在荒服之中。五服觀念，雖晚出於春秋時代（參考翼鵬師論禹貢著成的時代
一文），然其處地僻遠則無可疑。蒙氏安得謂在周之近地乎？若近王畿數百里
地，則穆王征伐也固宜，誌史者何多乎祭公之諫哉！竊以爲城號樹敦，其名怪
異，雖晚見於北周，其來宜有自也。今上溯國語，犬戎王有樹敦之名，後因以人
名爲地名，固亦事理之常。則二者之間，宜有某種關係存在可知已。特以戎騎飄
忽，其活動範圍未必局限於樹敦城附近，穆王征之，或不必遠出千里之外也。岑
仲勉以犬戎之根據地遠在于闐，逐漸東來，其說之得失，未敢遽斷，姑誌之以待
考也。

祭公謀父諫曰：不可。

解：祭，畿內之國，周公之後也。爲王卿士。謀父，字也。傳曰：凡、蔣、邢、
茅、胙、祭，周公之胤矣（公序本「矣」作「也」）。

集證：祭，舊音「莊界反」，左傳昭十二年釋文音「側界反」（祭公謀父作祈招
之詩條），同。今國語當音ㄓㄞˋ。父，舊音、釋文皆音甫。王引之經義述聞云：
「祭爲畿內之邑，字本作邶。說文：『邶，周邑也。』故穀梁傳以祭伯爲寰內諸
侯。若凡、蔣、邢、茅、胙、祭之祭，隱元年左傳正義以爲畿外之國，桓十一年
杜注云：『陳留長垣縣東北有祭國』，其是與？韋注周語以祭公謀父爲周公之後，
非也。」（卷二一「惠慈二蔡」條注文）。漢書古今人表有祭公，與虢中、虢叔、
閎夭、南宮适、辛甲同時。昭王亦時有祭公，與王同隕於漢水（見呂覽音初篇），
王引之乃以謀父即此一支之後（詳經義述聞卷二一，並參本書晉語四「惠慈二
蔡」條）。惟歷代學者咸以祭公謀父爲周公之後。逸周書有祭公之篇，穆王稱之
爲「祖祭公」。朱右曾逸周書集訓校釋云：「祭公名謀父。周公之孫，于穆王爲
從祖。」王氏未舉一證，遽倡新說，難以邀信於人。是以槃庵師春秋大事表譔異
以爲「存疑可矣」。又謀父，韋解以爲祭公字，孔晁則以爲祭公之名（逸周書祭
公解孔晁注云：「謀父，祭公名。」），竹添光鴻云：「謀父，祭公名。竹書紀年
穆王十一年：王命卿士祭公謀父。逸周書載祭公對王稱謀父，則爲名無疑。」（昭
十二年左傳會箋），似據孔說而發揮之，蓋是矣。祭之地望，後人考者有四：
一爲長恒之祭城，在今河北長恒縣；一爲管城之祭城，在今河南鄭縣；一爲中牟

之祭亭，在今河南中牟縣；一爲滎陽之祭城，在今河南滎澤縣（見江永地理考實卷二五二。臧庸拜經日記祭城條）。諸地皆鄰東都洛邑王城。穆王時都於鎬，而諸祭城皆不在畿內，則韋解有待商榷矣。史周本紀正義引括地志則云「祭在鄭州管城縣東北十五里，鄭大夫祭仲之邑。」引釋例則云「祭在河南敖倉附近」（即今滎澤縣）。是亦但羅列異說，不加判斷。然周有東、西之別，祭仲之邑，非必謀父之邑也。此則讀其書者不可不慎爲辨識者。董增齡引史記正義之說而云地在開封府東北十五里（吳曾祺國語韋解補正即襲用其說），則與以上諸說皆不相侔。清高士奇地名考略謂「後漢志，中牟有蔡亭，蔡與祭通。今在開封府鄭州東北一十五里。」（卷一），顧棟高春秋大事表即用此說。疑董氏之說即本之高、顧，而脫「鄭州」兩字。開封府鄭州東北十五里，即中牟之蔡亭，董以之詮釋括地志、釋例二說，皆不契合。亦疏於考證矣。汪遠孫發正云：「祭地不詳所在。春秋隱元年祭伯來，穀梁傳以爲寰內諸侯，蓋是謀父之後，本封已絕，食采東都，仍其舊爵耳。」（卷一），竹添光鴻會箋（隱元）亦有此意。此說調協諸歧，最便解釋，因從之。

先王耀德不觀兵。

解：耀，明也。觀，示也。明德，尙道化也。不示兵者，有大罪惡然後致誅，不以小小示威武也。

集證：周以農立國，文化或高於殷。耕者安土重遷，故輕易不動武力，是以不窋竄於戎狄之間猶能不忘舊業，此蓋周民族之傳統，即武王不得已弔民伐罪而動干戈，功成即藏兵務德，偃武修文。今犬戎地處邊遠，於周無害，而臣服有年，新王來朝，亦未失舊典。如此而勞師遠征，輕示兵力，一以悖先王之傳統，再則師出無名而予人口實，皆爲不妥。此即祭公諫王之大意也。又按公序本「不以小小示威武也」作「不以小小而示威武」，然「小小」同樣難以解釋。日本秦鼎國語定本作「小事」，則意義明朗。秦鼎所據者亦公序本，有此不同而無隻字解說，歷來研讀是書者亦了無意見，殊難理解。姑誌於此以待後證。文選長門賦注、慧琳音義卷三十、四十五引賈逵國語注「耀，明也」，慧琳卷十四又引有「示也」二字，疑韋實因用賈逵舊注（見拙著國語舊注輯校）。爾雅釋言：「觀，

示也。」說文：「觀，諦視也。」以此視彼曰觀，故使彼視此亦曰觀，故觀有示義。吳語：「寡人未敢觀兵身見」韋解：「觀，示也。」左襄十一年傳：「圍鄭，觀兵于南門」杜注：「觀，示也。」史記楚世家：「觀兵於周郊」，集解引服虔曰：「觀兵，陳兵示周也。」皆其例也。周本紀「先王耀德不觀兵」下正義云：「言先王以德光耀四方，不用兵革征伐也。」足以闡發二詞之大意。

夫兵戢而時動，動則威。

　解：戢，聚也。威，畏也。時動，謂三時務農，一時講武。守則有財，征則有威。

　集證：聚謂聚斂也。下文引詩周頌時邁「載戢干戈」，韋正訓聚斂（詩毛傳、爾雅釋詁皆訓爲「聚」，蓋即韋解所本）。聚斂則與「藏」義近，故賈逵訓「藏」（文選歎逝賦注引賈逵國語注。見拙著國語舊注輯校），而說文師之（說文：「戢，藏兵也。」）是以左宣十二年傳「載戢干戈」、襄二十四年傳「兵不戢，必取其族」下杜注皆云：「戢，藏也。」段玉裁說文注云：「聚與藏義相成，聚而藏之也。」又謂國語此文云：「戢與觀正相對」。夫「觀」謂顯示，「戢」則斂藏矣。頗能會引申之精意。吳曾祺補正謂「戢，斂也，訓聚非」，則所見猶淺也。又「威」謂威勢、威力，猶宣王不籍千畝章「故征則有威」之威也。若訓爲畏，則文不可通矣。且與下文不合。下文云：「懷德而畏威」，謂懷王之德澤而畏王之威權，正與此文義相照應。非謂懷德而畏畏也。魯語上：「夫君人者，其威大矣」，「失威而至於殺，其過多矣」，齊語：「天威不違顏咫尺」，晉語一：「我以武與威是以臨諸侯」、「有子而弗勝，不可謂威」，晉語二：「其誰不儆懼於君之威而欣喜於君之德」……皆其例也。左襄三十一年傳：「有威可畏謂之威」，威儀、威重與威權、威勢固一義引申，而威與畏亦有引申關係在，（釋名釋言語：「威，畏也。可畏懼也。」）故威又可訓畏，如魯語上：「以威民也」、晉語一：「宗邑無主則民不威」、「乃可以威民而懼戎」、晉語四：「乃能威民」……皆其例，而多爲動詞，與爲名詞訓威權威勢威力者有別。又竹添光鴻左傳莊廿八年會箋以爲威乃畏之假字（「則民不威」句下），以上引左襄三十一年傳文及釋名二例觀之，竊以竹添之說非是也。

觀則玩，玩則無震。

解：玩，黷也。震，懼也。

集證：黷音ㄌㄨˊ，謂輕慢也。周語中陽人不服章：「君之武震無乃玩而頓乎？」韋解云：「玩，黷也。言舉非義兵，誅罰失當，故君之武威將見慢黷頓弊也。」晉語四：「男女不相及，畏黷敬也」，韋解：「畏褻黷其類」。是黷有輕慢義也。陳瑑國語翼解訓爲貪弄，其義未愜。石光瑛國語韋解補正訓「玩」爲「狎玩」，狎玩亦輕慢也。又震訓懼，爾雅釋詁文也。王引之經義述聞（以下簡稱「述聞」）曰：「家大人曰：震亦威也。上言威，下言無震，互文耳。下文倉葛曰：『君之武震，無乃玩而頓乎』；晉語曰：『車有震武也』，韋注並曰：『震，威也』。文六年左傳：『其子何震之有』，賈逵注亦曰：『震，威也』。（見史記晉世家集解）。成二年傳：『畏君之震，師徒橈敗』，義亦同也（杜注：「震，動也。」失之。商頌長發箋曰：「震猶威也。春秋傳曰：畏君之震，師徒橈敗。」）」其說是也。汪遠孫發正亦有此說。並云：「說苑指武篇：『兵不可玩，玩則無威』，正用國語此文。」吳曾祺補正亦曰：「案震，威也。與上動則威對文。不訓懼。」史記周本紀亦有此文，瀧川資言史記會注考證引中井積德亦曰：「震亦威也」。汪氏、吳氏與中井之說，並同王氏，可謂不謀而合矣。

是故周文公之頌曰。

解：文公，周公旦之謚也。頌，時邁之詩也。武王既伐紂，周公爲作此詩，巡守告祭之樂歌也。

集證：此頌又見左宣十二年傳引，云：「武王克商，作頌曰，」。一云周公所作，一云武王所作，初看似有差異，其實不然。武王克商是一事，作頌又是一事。作頌者周公，所頌者武王克商之功也。則國語、左傳二說並無不同。詩時邁疏云：「謂武王既定天下，而巡行其守土諸侯，至于方岳之下。乃作告至之祭，爲柴望之禮。柴祭昊天，望祭山川。巡守而安禮百神，乃是王者盛事。周公既致太平，追念武王之業，故述其事而爲此歌焉。宣十二年左傳云：『昔（此字今左傳所無）武王克商，作頌曰：載戢干戈』，明此篇武王事也。國語稱『周公（阮元校勘記謂「公」上脫「文」字）之頌曰：載戢干戈』，明此詩周公作也。」竹添光鴻左氏會箋亦云：「此傳言武王克商作頌者，武王克商，後世追爲作頌。頌其克商之

— 95 —

功，非克商即作也。國語引此爲周文公之頌。楚子所引武樂三章中，有於皇武王，桓桓武王之語。則斷非武王所自作矣。故鄭、孔皆以爲武王崩後，周公作此，以象武王之功。然則載戢干戈之頌，亦未必卽武王所作。傳但本武王之克商而言之耳。」皆申此意，可從之。

載戢干戈，載櫜弓矢。

解：載，則也。干，楯也。戈，戟。櫜，韜也。言天下已定，聚斂其干戈，韜藏其弓矢，示不復用也。

集證：黃丕烈校刊明道本韋氏解國語札記（以下簡稱「札記」）及汪氏考異皆謂楯「補音作盾」。汪氏云：「盾、楯古、今字」。愚案：古書盾、楯二字錯出，如左傳定公八年：「虞人以鈹、盾夾之」，作盾。成二年：「狄卒皆抽戈，楯冒之以入于衛師」、襄二十五年：「賦車兵徒卒甲楯之數」、昭二十五年：「臧氏使五人以戈楯伏諸桐汝之閭」，則皆作楯。禮明堂位「朱干玉戚」鄭注：「朱干，赤大盾也。」孔疏：「干，楯也。」古者盾或以革製，或以木編（釋名釋兵：「盾，瞂也。……以縫編版謂之木絡。以犀皮作之曰犀盾。以木作之曰木盾。」吳語「奉文犀之渠」韋注：「文犀之渠謂盾也」。左定六年傳：「樂祁獻楊楯六十於簡子」，謂楊木之楯也。）其字篆作「盾」，孔廣居說文疑疑云：「厂象盾之側見形。十象盾之握。」或因木盾多見，久乃著木旁爲「楯」，猶「其」之爲「箕」也。然「楯」，說文云：「闌檻也」。段注：「闌檻者，今之欄干也。縱曰檻，橫曰楯。」盾爲扞身之物，欄干亦所以護人者，豈因是而孳乳其義歟？許以「闌檻」爲「楯」之本義，似尚未窮其源也。

又宣十二年左傳杜預注云：「戢，藏也。櫜，韜也。詩美武王能誅滅暴亂而息兵也。」韋訓戢爲聚斂，猶杜訓藏也。見前文「夫兵戢而時動」條。詩時邁疏云：「櫜者弓衣，一名韜。故內弓於衣謂之韜弓。」唐固亦訓櫜爲韜，見史周紀集解。韋解蓋襲其舊義。

又載，楊樹達詞詮（以下簡稱詞詮）以爲語首助詞，無義。王引之經傳釋詞（以下簡稱釋詞）則訓爲「則」。載古音爲 *tsəg，則爲 *tsək，高本漢詩經注釋云：「兩個字語源上有關係」，且有鄘風載馳「載馳載驅」、小雅四牡「載飛載下」「載飛

載止」、采薇「載飢載渴」、菁菁者莪「載沉載浮」、沔水「載飛載止」、小宛「載飛載鳴」、四月「載清載濁」、賓之初筵「載號載呶」等「一大串例證」（見小宛「載寢載興」條）。高氏所舉例證，看似少異，實則與此全同，載下皆接動詞，而且有其偶句。如小雅斯干「載寢之牀、載衣之裳、載弄之璋」「載寢之地、載衣之裼、載弄之瓦」，亦其例也。

我求懿德，肆于時夏。

解：懿，美也。肆，陳也。于，於也。時，是也。夏，大也。言武王常求美德，故陳其功德於是夏而歌之。樂章大者曰夏。（功德之德，公序本所無。發正以爲衍文。是也。蓋涉上美德而衍。日本秦鼎定本以爲公序脫德字，而據明道本以改公序，非是。史周本紀集解引韋注卽無此德字。參發正及考異。）

集證：時邁毛傳云：「夏，大也，」鄭箋云：「懿，美。肆，陳也。我武王求有美德之士而任用之，故陳其功於是夏而歌之。樂歌大者稱夏。」蓋韋解所本。然左宣十二年傳杜預注云：「肆，遂也。夏，大也。言武王既息兵，又能求美德，故遂大而信王保天下也。」則訓肆爲遂，爲語助詞。訓夏爲大，非謂樂章。與韋說異。按雅樂曰夏則可，此頌也，而謂夏，則似不可。朱熹詩集傳則訓肆爲「陳」，與韋同。而訓夏爲「中國」，云：「夏，中國也。……而益求懿美之德，以布陳于中國，則信乎王之能保天命也。」則又與韋、杜皆異，瀧川周本紀考證亦云：「夏指天下而言。武王求美德而布其德於此中夏，信王天下而保有之也。韋注以夏爲夏聲，非。」則直斥韋注之非。而與朱傳同。高本漢詩經注釋云：「朱熹以爲『夏』就是中國，『肆』是『散布』（普通的講法）。中國各族稱『夏』以別於蠻夷的確是很古的，如尚書堯典（舜典）：蠻夷猾夏，……很普通，例證很多。如此，『肆于時夏』是：（我尋求美德），散布到諸夏之邦。」皇矣八四一「不大聲以色，不長夏以革」條）。愚案：朱熹、瀧川、高本漢之說可以合而爲一。崔述豐鎬考信別錄卷一亦訓肆爲陳布，訓夏爲天下，唯訓「懿德」爲「懿德之人」，是爲少異。然大旨無殊，就詩言詩，似皆可通。然專就國語文義析之，則似與詩義頗有出入。下文云：「故能保世以滋大」，顯係承此詩而言。「保世」即承詩「允王保之」，「滋大」即承詩「肆于時夏」也。則「肆」宜訓故，承接連詞。爾

— 97 —

雅云：「肆，故也。」詩大雅緜：「肆不殄厥慍，亦不隕厥問。」謂故不殄厥慍也，
即其例。（參經傳釋詞及詞詮。）于時猶於是，經籍常見。謂我求美德，故國力
於是滋大也。杜預之說近是，猶未也。左傳宣公十二年所謂「保大定功」，保大
亦即國語之「保世以滋大」也。竹添光鴻會箋云：「時夏、保之，保大也。」似
亦有與愚意相合處，然於前此二句則云：「下文楚子云保大，亦謂保有大國。則
夏指天下而言。……言武王以干戈弓矢禁暴，於是乃偃武收兵，求美德而布陳其
德於此中夏，信王天下而保有之也。」又與此意不捋矣。姑誌陋見於此，以待高
明之敎。又此意陳奐亦曾部份言及（見發正引），可謂先得我心。又于訓於，陳
瑑翼解云：「錢詹事云：于、於兩字義同而音稍異。尚書毛詩例用于字，論語例
用於字。唯引詩書作于。今字母家以於屬影母，于屬喻母。古音無影喻之別
也。」愚案：于、於古音有*r、*ʔ之別，陳氏不知也。二字義亦不同。高本漢於
左傳眞僞考一文中謂左傳人名之前多用「於」字，地名之前多用「于」字。如衆
所知：甲、金文及早期文獻介詞多用「于」而少用「於」。皆足以見二字意義原
有差異。後世或因方言之別而起混亂。高氏謂魯語（以論語孟子爲代表）幾全用
「於」字（偶有「于」字，多半引自古籍），或因此而造成于、於不分之現像，
亦未可知。韋昭之時，二字雖有影喻之異，惟韋解本於鄭箋。鄭氏何以出此，則
有待進一步之研究矣。

允王保之。

解：允，信也。信武王能保此時夏之美。（公序本「信」下有「哉」字。考異謂「
　　有哉字是也。史記集解及詩箋皆有哉字。」韋氏此解本於鄭箋。）

集證：此「王」或訓霸王，讀去聲。如左傳杜預注云：「言武王能息兵，又能求
　　美德。故遂大。而信王保天下也。」竹添會箋云：「信王天下而保有之。」周本
　　紀會注考證同。此所以國語舊音云「左氏于況反」也；或訓「武王」，讀平聲。
鄭玄詩箋云：「信哉武王之德能長保此時夏之美。」韋解、朱熹集傳皆同。此所
以宋庠國語補音（以下簡稱補音）云「若據韋注，則當如字爲允」也。愚案：若
前文「肆于時夏」訓爲「故國力於是滋大」，則此訓霸王於義爲長。言武王以干
戈禁暴，功成而戢兵，偃武求德，故國力於是滋大，信能王天下而保有之也。又

韋解上文「時夏」云：「時，是也。」而此云：「信哉武王能保此時夏之美」，
時夏上似不當疊「此」字。鄭箋所以然者，未別出「時，是」一義也。

先王之於民也，懋正其德而厚其性。

解：懋，勉也。性，情性也。（懋，公序本正、解皆作「茂」，舊音出「茂正」，
補音云「通作懋」，史周本紀作「茂」，考證云：「茂通作懋」。懋自是懋勉本字，
茂則草盛字，參說文。明道用本字，公序用假字也。凡明道本懋字公序皆作茂。）

集證：陳瑑翼解云：「說文：『懋，勉也。』案懋勉猶亹勉也，聲並相近。」愚
案：亹本黽亹字，以作黽勉，音近而假也。凡黽勉、僶勉、文莫、密勿、蠠沒
（詩谷風「黽勉同心」，釋文作「僶勉」。文選引韓詩作「密勿」、爾雅釋詁作
「蠠沒」），義皆相同，字則假借。其本字段玉裁以爲是「忞慔」，說文注云：
「是則說文之忞爲正字，而作勔作亹作蠠作蜜作密作黽作僶皆其別字也。」說文：
「懋，勉也。」「忞，彊也。」「慔，勉也。」「忞，勉也。」諸字音義皆近，
蓋一詞之孳乳也。懋勉，猶今謂勉力、勤力也。懋正其德，謂勤力於正民之德使
無偏也。厚其性，謂厚其生也。厚謂豐厚也。竹添會箋云：「厚生者，厚民
之生，飲食衣服之類家給也。」（左文七年）。述聞云：「家大人曰：性之言
生也。……文七年左傳曰：『正德、利用、厚生，謂之三事。』杜解厚生曰：
『厚生民之命』。此云『懋正其德』，即正德也。云『厚其性』，即厚生也。云
『阜其財求而利其器用』，即利用也。成十六年傳曰：『民生厚而德正，用利而
事節。』襄二十八年傳曰：『夫民生厚而用利，於是乎正德以幅之。』文六年傳
曰：『時以作事，事以厚生，皆其證也。」汪中知新記（見發正引。發正不引王
氏之說而用汪說，未曉其故）、瀧川史記會注考證亦皆有此說。不知是否源於王
氏？而王氏最爲早出且論證詳博，故但引王氏之說而不錄汪、瀧川二家。秦鼎
云：「或云性當作生。生，業也。此書謂三事，正德、利用、厚生也。若有據
然。然非韋意。」生訓爲業，自可商榷。然正德利用厚生之說，與此若合符節，證
論的然，不得以「非韋意」而輕率駁斥之也。注解者安能盡合傳意哉！此所以後
之人續有補正增修也。否則，鄭衆、賈逵、王肅、虞翻、唐固之注前於韋解久矣。

阜其財求。

　解：阜，大也。大其財求，不障壅也。（公序障作鄣，考異以爲非是。）

　　集證：慧琳音義卷五十四，元應音義卷十三引賈逵注曰「阜，大也」，蓋卽此文之注，韋氏所本。見拙著國語舊注輯校（以下簡稱輯校）。汪遠孫發正云：「求，古賕字。賕亦財也。馬融本呂刑『惟求』云『有求，請賕也』（今尚書呂刑作「惟來」，釋文云：「馬（融）本作求，云：有求，請賕也。」）。此古求、賕相通之證。（以仁案：石光瑛國語韋解補正云：「史記韓世家索隱引世本韓萬生賕伯。左氏宣十二年疏引作求伯。」是亦求、賕相通之證。）漢書薛宣傳『賕客楊明』，蕭該音義引韋昭注云：『貨財以有求於人曰賕』（「貨」上引脫「行」字），是賕有用財之義。財賕與下器用作對文。韋不解求字，器爲兵甲，用爲耒耜之屬，俱失之。」張行孚則謂賕本干求之本字，云：「愚案干求之本字當作賕。尚書呂刑『惟貨、惟來』釋文云：『來，馬融本作求，云：有求，請賕也。』又今本說文購字注云：『以財有所求也』，後漢書魯恭傳注引作『以財相賕曰購』，據此則干求之本字當作賕明矣。賕字明明爲干求之本字而後人不敢以賕爲本字者，以說文賕字注云：『以財物枉法相謝也』。不知古字請與謝義通。廣雅禳禱與賕同訓謝，禳禱二字，義爲求請，則知以謝訓賕，義亦爲相請矣。故衆經音義二十一引蒼頡篇亦云『載請曰賕』。……」（釋求。說文詁林引）。求本衣裘字，後裘行而求借爲干求字，求非干求之本字固矣，張說是也。然干求迄未另造本字，以財貨相求有別於一般請求，因別造從貝之賕字，說文之說是也。張氏所舉證據皆足以說明此義。故引申之財貨亦曰賕矣。漢書刑法志云：「吏坐受賕枉法」，尹賞傳云「受賕報仇」，皆謂財賄，爲名詞，非復賂求動詞矣。廣韻尤韻賕亦云「財賄」，皆其例也。是則周語之求爲賕之假字，訓爲財貨，汪氏之說是矣。又蕭該音義云「賕音巨又反。該案：今人亦爲求音」。廣韻賕只平聲尤韻一讀。疑此字動詞原作巨又反，名詞則作求音，後則讀半邊而混爲一。廣韻已無巨又一讀，則二者之混合也久矣。

而利其器用。

　解：器，兵甲也。用，耒耜之屬。

　　集證：器用二字，不宜分言。汪遠孫發正云：「賕有用財之義。財賕與下器用作對文。韋不解求字，器爲兵甲，用爲耒耜之屬，俱失之。」是汪氏以爲財求雖爲

二字，然只是一事。器用既與之爲對文，則器用亦當爲一事，不宜分言也。吳曾
祺補正亦云：「案器用與財求對文，求屬財，用屬器，以兵甲耒耜分屬，非是。」
其意是矣。然謂器用爲兵甲耒耜，猶有可議，此謂先王戢兵務德，偃武修文，從
事農業，使人民生活安定，財富充足，則器用似專指耒耜之屬，與兵甲無關。

明利害之鄉。

　解：示之以好惡也。鄉，方也。

　　集證：鄉者向之假字。荀子儒效篇「鄉有天下」，楊倞注：「鄉讀爲向」。仲尼
　　篇：「鄉方略，審勞佚」楊倞注：「鄉讀爲向」，皆其例。補音作「許亮反」，
　　是也。向謂方向也。猶今語「所在」。向本向牖字（說文：向，北出牖也），引
　　申有向背義，有朝向義，又引申有方向、趨向義（參說文通訓定聲）。而經傳多
　　以鄉爲之。如越語下：「皇天后土四鄉地主正之」，韋解云：「鄉，方也。」管
　　子形勢篇：「風雨無向而怨怒不及也」，尹知章注：「鄉，方也。」淮南原道：
　　「觀其所積，以知福禍之鄉。」高誘注：「鄉，方也。」皆其例也。竹添光鴻則
　　以鄉爲正字，向爲俗字（左隱六年「不可嚮邇」條會箋），非是。竹添又云：
　　「今人所用之向字，漢人作鄉，無作向者。」（左僖卅三年「嚮師而哭」條會
　　箋）。按國語吳語「夫人向屛」「丈夫向檑」，僖公四年穀梁傳：「大國以兵向
　　楚何也」，皆作「向」，是知竹添之說，有未盡然者。

以文修之。（修，金李本作「脩」，借字。脩乃脩脯字。邵瑛說文解字羣經正字云：
「今經典脩脯多不誤，而修飾多混作脩，其譌亦始漢隸……故後人承用之。」）

　解：文，禮法也。

　　集證：謂以禮法修治之也。「之」指民。說文：「修，飾也。」段注云：「此云
　　修飾也者，合本義引伸義而兼舉之。不去其塵垢，不可謂之修。不加以縟采，不
　　可謂之修。修之從彡者，洒㩧之也，藻繪之也。修者，治也。引申爲凡治之偁。
　　匡衡曰：治性之道，必審己之所有餘而強其所不足。」說義深雋，有溢於析文剖
　　字之外者。

使務利而避害。

　　集證：務猶今語「從事於」「致力於」（下接受詞時），下文「是先王非務武也」、

「三時務農而一時講武」，魯語上「君子務治而小人務力」，晉語二「夫齊候好示務施與力而不務德」………其例甚多，不煩枚舉。

懷德而畏威。

　　集證：懷謂念思也。（說文）。周語中「陽樊懷我王德」韋解：「懷，思也。」是其證。

故能保世以滋大。

　　解：保，守也。滋，益也。

　　集證：世謂世代，此喻國家，承上文詩「允王保之」也。左昭元年子羽謂叔孫、左師、樂王鮒、子皮、子家「皆保世之主也」。昭二年宣子謂子旗「非保家之主也」。可以比證。

昔我先王世后稷。

　　解：后，君也。稷官也。父子相繼曰世。謂棄與不窋也。

　　集證：世后稷者，謂世世司稷之事也。窋、舊音中律反，經典釋文音「知律反」（左文二年「文、武不先不窋」下），漢書古今人表顏師古注音「竹出反」，皆同。今當音ㄓㄨ丶。周本記集解引唐固曰：「父子相繼曰世」。蓋韋氏所本。史記會注考證引中井積德云：「世猶世世也。棄之後，不窋之前，又有數世也。」其說蓋本譙周。史記索隱引譙周曰：「言世稷官，是失其代數也。」甚是。蓋后稷官名，棄始為之。而子孫世司其職，至不窋乃廢耳。考證又云：「弃，不窋，宜稱先公。然是王者之祖，子孫相語，尊為先王，亦宜然之事。楚人曰：『我先王熊繹，』蓋亦此之類。」其說是矣，未盡善也。槃庵師曰：「周語下：自后稷之始基靖民，十五王而文始平之，十八王而康克安之，是謂自后稷以下已有『王』稱，而載籍或曰：太王、王季乃周公所追王（禮記中庸、大傳），或曰：文王追『王』太王、亶父、王季歷（大傳正義引尚書中侯）。或曰：文之稱王，亦武王克殷後所追封（大傳、孔叢子居衛、論衡自然篇），或則曰：詩人道西伯，蓋受命之年稱王（周本記、春秋元命包），此其說皆非也。王國維曰：『古者天澤之分未嚴，諸侯在其國，自有稱王之俗』，真通達之見也。」（春秋大事表譔異冊七「駘」頁六五三）。公序本「先」下無「王」字、尚書武成疏、商頌長發疏引

有「王」字而無「世」字。皆非。詳拙著國語斠證。古后、司本同字，葉玉森鐵雲藏龜拾遺考釋云：「后乃司之反書，卽司字……堯典汝后稷之后，經生聚訟紛紜，鄭玄、王充、劉向並引棄事作『汝居稷官』。近儒兪樾、王先謙遂據以訂正，謂后爲居譌。予思卜辭后字與司形同，知堯典古文必爲『汝司稷』………」（頁二九。又見殷虛書契前編集釋六卷二五頁上。）李孝定先生據殷虛書契前編六、二三、一「豕后」一詞，殷虛文字乙編五九八五作「豕司」而云：「似后與司爲一字，葉說當可信。」則韋解后爲君，非確論也。史記周本紀索隱引帝王世紀云：「后稷納姞氏生不窋」，與韋解同。文公二年左傳「文武不先不窋」，杜預注曰：「不窋，后稷子。」蓋本韋解也。然譙周云：「若不窋親棄之子，至文王千餘歲，唯十四代，亦不合事情。」（周本紀索隱引）。竹添光鴻左氏會箋亦云：「世后稷謂自棄至不窋之父皆爲后稷。周本紀述彼文云：『后稷之興，在陶唐虞夏之際，皆有令德。』史遷以皆字易世字，亦不以不窋爲棄子。自不窋至文王十五王，則自棄至不窋亦十餘世。夏之衰蓋指孔甲之時，但其間世次不明，故祭公以世字總之，而史遷亦唯書其官。蓋其愼也。韋昭以不窋爲棄子，夏衰爲大康之時，謬甚。杜亦襲其誤耳。」周本紀正義亦云：「毛詩疏云：虞及夏殷，共有千二百歲。每世在位皆八十年，乃可充其數耳。命之短長，古今一也。而使十五世君在位皆八十許載，子必將老始生，不近人情之甚。以理而推，實難據信也。」汪遠孫發正亦云：「不窋非棄之子。譙周（史記索隱）孔穎達（詩疏）已規其謬。今更列四證以明之。史記劉敬傳：周之先，自后稷堯封之邰，積德累善十有餘世，公劉避桀居豳。漢書及新序善謀下篇同。世本周紀后稷至公劉僅四世。劉敬漢初人，其言十餘世必有所據。此一證也；史記匈奴傳：夏道衰而公劉失其稷官。變于西戎，邑于豳。其後三百有餘歲，戎狄攻大王亶父，亶父亡走岐下。其後百有餘歲，周西伯昌伐畎夷氏。漢書同。亦以公劉當夏后之末。夏后氏繼世十七王，四百三十二歲（據漢書律曆志）斷不止后稷，不窋、鞠三世，此二證也；列女傳棄母姜嫄傳：其後世世居稷，至周文、武而興，爲天子。其曰世世，斷非傳子而止，此三證也；海內經：稷之孫曰叔均，始作牛耕。路史發揮引夏氏之書云：帝俊（卽帝嚳）生稷，稷生台璽，台璽生叔均。與山海經合。周家

雖譜牒散亡，臺璽、叔均其軼猶見於他說。此四證也。」此外崔述亦有類似之說

（見豐鎬考信錄卷一），足證不窋非棄之子。

以服事虞夏。

　　解：謂棄爲舜后稷，不窋繼之於夏啓也。

　　集證：不窋既非棄子，則繼任稷官亦不在夏啓時也。發正斷爲孔甲時（見下條）。

此服事虞夏之「先王」，蓋泛指，謂虞夏時棄以次諸祖也。不窋不與焉。

及夏之衰也，棄稷不務。

　　解：棄，廢也。衰謂啓子太康廢稷之官，不復務農也。書序曰：太康失邦，昆弟五

人須於洛汭。

　　集證：發正云：「棄與不窋，遠孫既斷其非父子矣，夏之衰亦不當是大康。蓋謂

孔甲時也。史記夏本紀：帝孔甲立，夏后氏德衰，諸侯畔之。國語亦言孔甲亂

夏，四世而隕。劉敬言公劉避桀（見史劉敬傳）。公劉是不窋之孫。桀是孔甲曾

孫。時代正合。」史記正義以爲在太康時，崔述則以爲在孔甲以後（見會注考證

引）發正與同。史記周本紀此文凡兩見，於前見者棄稷作「去稷」，索隱以爲太

史公避后稷之名而變文爲「去」，不知於後見者則作「弃」（說文：「弃，古文

棄。」）蓋史記前屬泛論，故變其文。後則專錄，故存原貌。索隱之說非是也。

劉台拱補校用索隱之說亦非，詳拙著國語斠證。

我先王不窋用失其官。

　　解：失稷官也。不窋，棄之子也。周之禘祫，文武不先不窋。故通謂之王。商頌亦

以契爲玄王也。

　　集證：不窋非棄子也，已見前條，董氏正義、吳氏補正於此皆有說，不贅。張文

虎亦云：「蓋后稷官名，弃始爲之，而子孫世其職，至不窋而廢，豈謂棄爲后稷

一傳而失之哉！不窋非弃子明甚。」（會注考證引）。用，是以也。承遞連詞，多

用於表因果關係之後果小句上。此謂先王不窋是以失其官也。詳拙著國語虛詞集

釋。祫，今音ㄒㄧㄚˊ。禘、祫皆祭名。合羣廟之主祭於大祖廟也。說詳下文。

而自竄于戎狄之閒。

　　解：竄，匿也。堯封棄於邰，至不窋失官去夏而遷於邠，邠西接戎北近狄也。

集證：慧琳音義卷十一、十八、六四，九十引賈逵國語注云：「竄，隱也。」韋義與同。史周本紀此文兩見，首見作犇，蓋史公以訓解字易傳文也。犇竄、隱匿，雖一義引申，然實有分別。陳奐謂不窋去其稷官而歸於封地。（見下文）。則作隱、匿義爲歷，作犇竄義過重。如依史記之說，不窋之處戎狄固由失官而遷國，則奔竄義爲得其神。槃庵師云：「案后稷封邰（愚案：邰即邰），以生民篇之言『即有邰家室』；又昭九年傳：『王使詹桓伯辭於晉曰：我自夏以后稷、魏、駘、芮、岐、畢，吾西土也』；則后稷曾受封于駘，當無疑問。然駘已爲后稷母家，何渠堯帝乃更以封后稷？孔穎達正義以爲『或時君滅絕，或遷之他所』，是未定辭也。路史則以爲姜姓之駘本在魯東。高士奇、陳啓源二氏並論之。高氏曰：『按裴駰注史記，引列女傳云：太姜爲有臺氏之女。路史遂謂有二駘，一在武功、一在琅邪也。國語云：姜氏出自天黿，皇妣太姜之姪伯陵之後逢公之所憑神也。則太姜之見，實在東國。或別有封于駘者，然不可考矣。』（地名考略卷三，葉二十五上。）陳氏曰：『邰君未必有罪，不應奪其土地，則徙封之說長也。宋羅泌國名紀，以爲大王復取有駘氏曰大姜，是駘猶在，不以封稷。稷封之駘在武功；姜姓之駘在琅邪。案大姜之爲有邰氏女，見列女傳。而史記正義（槃案：當作集解）亦引之，以證大姜之賢。然孔疏不用其說者，豈非以其與毛相左耶？不僅是也。國語：伶州鳩言武王伐殷，歲在天黿（元注：即元枵，齊分野），我皇妣大姜之姪伯陵之後逢公之所憑神。是大姜乃有逢氏女，非有邰氏女也。左傳昭二十年，晏子言，有逢伯陵居爽鳩氏之墟，以及大公居之。是大姜之國雖在琅邪，而非有邰也。意有逢即邰之徙封，或舉其舊號而曰有邰，如宋之稱商，晉之稱唐，楚之稱荊與？然無可考已。孔氏之不用列女傳，良以此。』（毛詩稽古編有邰家室條，經解本七八、四。）今案魯東之駘，當即姜姓之駘，亦即姜嫄母家之駘之徙封者。姜族興于西方，『炎帝以姜水成』，相傳其水即岐水。水經注十八渭水注：『岐水又東，逕姜氏城南爲姜水』。本注：『世本：炎帝，姜姓；帝王世紀曰：炎帝神農氏……長於姜水，是其地也』。其出于四岳之姜，則在今山西境內，其後逐漸向河南南部發展；最後達于山東，故齊亦祖四岳。（世家）。然則姜姓之駘之東遷，豈非其間亦有族姓之關係耶？無論如

何，西方一駘，東方一駘，而又同出于姜姓，則謂有駘自西而東，與其他姜姓國之自西而東者同其意義，實于理爲順。而陳氏『有逢卽邰之徙封，或擧其舊號則曰有邰』云云，亦不失爲合理之推測也。」（見春秋大事表譔異，册七「駘」及六五四下至六五五上）。邰地當今陝西省武功縣南八里漆村。前文卷首已有說明，可參。

又發正引陳奐說，以爲韋解謂不窋去夏遷邠之說爲誤，云：「傳言失官，非遷國。官，王官也。夏政衰，不務稷，故不窋失王官而歸處於邠。邠在今陝西乾州武功縣南，古戎狄地。故云：『竄於戎狄之閒』。詩公劉傳：『公劉居於邰，遭夏人亂。追逐公劉，公劉乃避中國之難，遂平西戎而遷其民，邑于豳。』白虎通義京師篇：『后稷封於邰。公劉去邰之邠』。是自邰遷邠者乃公劉，非不窋也。詩公劉六章，章章可考矣。案詩豳譜正義云：「不窋之時，已竄豳地。尙往來邰國。至公劉而盡以邰民遷之』，亦不得其解而從爲之辭也。」發正又云：「史記正義引括地志云：『不窋故城在慶州弘化縣南三里』，元和郡縣志不窋墓在慶州順化縣（卽弘化縣。至德元年改）東二里。慶州，漢北地郡，今甘肅慶陽府地。陳氏奐曰：括地郡縣皆不得其實。左傳詹桓伯曰：『我自夏以后稷。魏、駘、芮、岐、畢吾西土也』。詹言在夏爲后稷之官，地不及駘、岐之北。至夏末商初，公劉始啓豳土，尙在涇水之南。豈不窋已有城墓於涇北數百里外乎？此皆好事者爲之也。」以仁案：周時戎狄盤據甚廣，初不止陝西武功一地而已。大雅公劉之詩，詠公劉遷豳之歷程，難據以證公劉原居於邰也。公劉居邰之說，白虎通義固有毛傳可爲依據，毛傳則不知何所本矣。且不窋或隻身遠竄，或擧族西遷，史闕有間，亦不得而知。史公訓國語之「竄」爲犇，乃謂公劉居戎狄之閒而不云居邰，似亦難以必其非。是以括地志、元和郡縣志謂不窋有城、墓在涇水之北，亦非無此可能也。姑誌以待證焉。

不敢怠業。時序其德。

　　集證：怠，荒廢。業，農事。時序猶承順也，謂接受依隨。「時序其德」與下文「纂修其緒」屬辭相類，「時序」與「纂修」相對成文。參王引之述聞三「百揆時序」條。德謂文德，指文化之善美者。此謂周之農業文化。

纂修其緒。

解：纂，繼也。緒，事也。

集證：爾雅釋詁曰：「纂，繼也」。慧琳音義卷九十一引賈逵國語注曰：「纂，繼也」。蓋韋解所本。纂訓繼續，乃纘之假字。說文段注、朱駿聲定聲皆有說可參。（說文：「纂似組而赤」「纘，繼也」。）禮記祭統：「纂乃祖服」，左襄十二年傳：「纂乃祖考」，漢書班固敍傳：「纂堯之緒」，皆纂假爲纘之例。修謂修明。有「加強」「改進」「發揚」之義。「緒」謂餘業也。緒本義爲絲端（見說文）（說文段注云：「抽絲者得緒而可引，引申之凡事皆有緒可纘。」）引申之凡事前有所承皆可謂緒，爾雅釋詁：「緒，事也。」廣雅釋詁曰：「緒，業也」。漢書梅福傳「治暴秦之緒」注：餘業也。皆一義之引申也，下文宣王不籍千畝章：「今天子不修先王之緒而棄大功」，緒亦謂餘業，與此同。史記周本紀「纂修」作「遵脩」，史公每以訓詁字改易原文，此亦一例也。遵謂遵循。與繼續之義近。會注考證據古鈔、楓、三、南本史記「脩」作「循」而謂「作循爲長」。不知「循」實「脩」之譌也。循、脩隸書形近，「遵循」復爲習見語，因而致誤。國語各本作「修」或「脩」，無作「循」者。舊音亦出「纂修」二字，皆可爲證。晉語九云：「亦能纂修其身以受先業」，謂亦能繼續修明其身，以承受其祖先之餘業也。與此文例同。若「修」作「循」則不可解矣。考證徒據孤詞而望文生訓，不知國語「纂修」一詞並非孤例也。漢書公孫弘傳贊：「孝宣承統，纂修洪業」，謂繼續修明（發揚光大）偉業也。師國語句式，可爲佐證。

修其訓典。

解：訓，教也。典，法也。

集證：韋訓教法，謂教訓之法也。即左文六年孔疏所謂「教訓之典」也。左文六年傳云：「予之法制，教之訓典」，杜預注云：「訓典，先王之書。」楚語上：「教之訓典，使知族類，行比義焉。」韋解：「訓典，五帝之書。族類，謂若惇序九族。比義，義之與比也。」楚語下：「又有左史倚相，能道訓典以敍百物，以朝夕獻善敗于寡君，使寡君無忘先王之業。」訓典既遠肇於先王，能據以惇序九族，又能次序百物，則其功用甚大。晉語八云：「世及武子，佐文襄爲諸侯，

— 107 —

諸侯無二心。及爲卿以輔成景，軍無敗政。及爲成師，居太傅，端刑法，緝訓典，國無姦民，後之人可則，是以受隨范。」太傅孤卿，在卿之上。講求訓典，蓋太傅之本職也。是以左宣十六年傳云：「武子歸而講求典禮，以脩晉國之法。」成十八年傳：「使士渥濁爲大傅，使脩范武子之法。」而晉語八謂：「秦后子來仕，其車千乘，楚公子干來仕，其車五乘。叔向爲太傅，實賦祿。韓宣子問二公子之祿焉。對曰：大國之卿，一旅之田。上大夫，一卒之田。夫二公子者，上大夫也，皆一卒可也。」太傅復司品定爵祿。綜合上述資料以觀之，則訓典者，疑即今所謂「典章制度」也。

朝夕恪勤。

　　集證：恪，音ㄎㄜ，恭敬也。北堂書鈔卷三十六引賈逵國語注云：「恪，敬也。勤，勞也。」

守以敦篤。

　　集證：謂以敦篤守業。

奉以忠信。

　　集證：謂以忠信行事待人。

奕世載德，不忝前人。

　　解：奕，奕前人也。載，成也。忝，辱也。

　　集證：汪遠孫以正文及韋解諸「奕」字皆當作「亦」，詳考異。愚案：國語公序、明道二系本及史周本紀、書鈔三六、御覽三三、玉海四九引正文皆作「奕」。周本紀正義云：「言不窋亦世載德，不忝后稷。」則作「亦」。朱駿聲說文通訓定聲以「亦」爲「奕」之假字。說文：「奕，大也。从大亦聲。詩曰奕奕梁山。」徐灝說文解字注箋則以「奕」爲「亦」之假字云：「奕世，猶言累世。論語學而篇皇疏云：『亦，重也。』蓋語詞之『亦』多承上文而言，故有重累義。」蓋說解不同有以致之耳。諸家訓釋，亦不外此二義：一爲「光大」，本於說文、爾雅（釋詁），董增齡正義云：「傳言周家恢大前人之業而成其功也。」一爲「累世」，謂不窋之後皆能成德而不忝前人也。吳曾祺補正即持此說，與徐灝箋同。而古籍亦不乏「奕世」訓爲「累世」之例。詩大雅文王：「凡周之士，不顯

亦世。」鄭箋訓爲「世世」，後漢書袁術傳、後魏禮志引皆作「奕世」。馬瑞辰毛詩傳箋通釋以爲永世累世。後漢書楊秉傳：「臣奕世受恩」，章懷太子注：「奕，猶重也。」重世卽累世，謂累世受恩也。又有作「奕葉」者，（宋毛晃增韻：「奕葉，累世也。」）曹植王仲宣誄：「伊君顯考，奕葉佐時。」潘岳楊仲武誄：「伊子之先，奕葉熙隆。」奕葉皆謂累世。諸例與此，顯然有關。然細味文義，若謂不窋之後，累世載德，則宜有類似「不窋之後」字樣以爲轉承，今旣無此，則訓「光大」爲宜也。謂不窋能光大前世之餘業，成其功績，不忝前人也。

（周紀正義云：「前人謂后稷也。言不窋奕世載德，不忝后稷及文王武王，無不務農事。」案前人泛指不窋之先王，不專指后稷，正義蓋蔽於韋注棄與不窋爲父子之說也。

至于武王，昭前之光明，而加之以慈和。事神保民，莫弗欣喜。

　　解：保，養也。

　　集證：逑聞以爲「至于」下當有「文王」二字，云：「周人敍述祖德，未有稱武王而不及文王者。此文自『莫弗欣喜』以上，皆兼文武言之。自『商王帝辛』以下，乃專言武王耳。史記周本紀載此文正作『至于文王武王』。文選齊敬皇后哀策文注引此云：『至于文武，事神保民，莫不欣喜』，所引從略，而亦兼文武，則原有文王二字可知。」昭謂顯示也。彰明也。此爲常訓。光明，指前代光輝之業績。

商王帝辛，大惡於民。

　　解：商，殷之本號也。帝辛，紂名。大惡，大爲民所惡。

　　集證：契始封商（商頌玄鳥：「天命玄鳥，降而生商」，長發：「有娀方將，帝立子生商」。）其後裔盤庚遷于殷，乃有殷號，故韋氏云「商，殷之本號也。」崔述商考信錄據盤庚「殷降大虐」謂盤庚未遷之前已稱殷，據商頌殷武「商邑翼翼」謂盤庚旣遷殷後仍稱商，而謂盤庚改商爲殷之說不可從。今按盤庚始遷于殷，後人遂據以謂商改號爲殷之始，否則尙未遷殷，何來稱號？至於盤庚篇中未遷之前已稱爲殷者，此蓋因盤庚本殷末人乃至宋人述古之作（詳屈翼鵬師尙書釋義），後人以其習慣之稱謂，加於古昔，亦事理之常，崔述不知也。商頌殷武之

篇，亦宋人所作（詳屈翼鵬師詩經釋義），追述先王德業，殷商互出，並無可怪，而美今宋之武力則曰殷（撻彼殷武），追述成湯則曰商（曰商是常），用字亦有其分寸，崔述安得據以謂盤庚改商為殷之說為不可從哉！殷本紀集解引謚法曰：「殘義損善曰紂」。董增齡正義亦因之謂「紂為謚」，然梁玉繩云：「紂有二名，曰辛者，殷以生日名子也（以仁案：若祖辛、小辛、廪辛之類）。曰受者，別立嘉名也。猶天乙又名履，上甲又名微也。史不書名受，偶失也。而紂、受音近，故天下共稱之。蓋即以為號，先儒謂紂為謚，非。」（考證引）。紂，說文訓為「馬絆」，呂覽功名高誘注：「賤仁多累曰紂」。獨斷下：「殘義損善曰紂」（與謚法同），蓋後起之義，因人而設也。呂覽功名高注又云：「殘義損善曰桀」，與獨斷、謚法訓「紂」者同。續博物志復謂桀為「殘民多壘曰桀」。可知原出隨意編造，蓋桀、紂眾惡所歸，怨彙一身，兼及其名也。受、紂古音相近（'ziŏg: d'iŏg），因而假借（參徐灝箋）。呂覽當務篇又謂紂名「受德」，則由誤解尚書立政「其在受德瞽」一語而來（偽孔傳亦曰：「受德，紂字」，則似受呂覽之影響而然）。實則「受德」與上文「桀德」同，德皆謂行為也，謂紂之行為皆昏闇也。楊筠如尚書覈詁有說。又「大惡於民」謂「大虐於民」也，此說本俞樾群經平議。故下文云：「庶民不忍」，庶民不忍者，謂庶民不堪忍受也（左昭二十六年傳「萬民弗忍，居王于彘。」其例與同。竹添會箋曰：「不忍者，不能堪王之虐也。」）若如韋注，當云帝辛不忍矣。俞樾亦云：「下句庶民弗忍，始以民言。若此句已言大為民所惡，則不必更言庶民弗忍矣。」

庶民不忍，欣戴武王，以致戎于商牧。

　解：戴，奉也。戎，兵也。牧，商郊牧野。

　集證：賈逵注亦云：「戴，奉也。」（參拙著國語舊注輯校。下文凡引國語舊注，皆據輯校，不另注明。）蓋韋解所本。學者於「商牧」有二說：一謂商都之郊外。牧非地名。左隱五年傳：「鄭人侵衞牧」、竹添會箋云：「此牧非邑名。爾雅釋地：『邑外謂之郊。郊外謂之牧，牧外謂之野。』此即郊外之牧也。周語『庶民弗忍，欣戴武王，以致戎於商牧』，彼云商牧，此云衞牧，其義正同。」一則謂牧乃地名，此說由來已尚：詩大雅大明：「矢于牧野」、「牧野洋洋」。鄭

玄箋曰：「殷盛合其兵衆，陳於商郊之牧野。」；書牧誓序：「武王與受戰于牧野，乃誓」，鄭玄注：「牧野，紂南郊地名。」（詩大明正義、史殷本紀集解皆引）。牧、字又作坶，段玉裁說文注謂坶是古字。說文：「坶，朝歌南七十里地。周書曰：武王與紂戰于坶野。」竹書紀年：「周武王率西夷諸侯伐殷，敗之于坶野，詩所謂『坶野洋洋，檀車煌煌』者也。」魯世家「伐紂至牧野」正義：「衞州即牧野之地，東北去朝歌七十三里。」括地志：「紂都朝歌，在衞州東北七十三里，朝歌故城是也。」（周本紀正義引）。括地志又云：「衞州城故志云：周武王伐紂至於商郊牧野，乃築此城。」（周本紀正義引）。水經注清水云：「自朝歌以南，南暨清水，土地平衍，據臯跨澤，悉坶野矣。」續漢書郡國志云：「朝歌南有牧野，去縣十七里。」發正疑十七爲七十之誤。九域志：「汲城本牧野之地，漢爲縣。」通典：「衞州汲縣，牧野之地。」凡此，言之鑿鑿，源遠流長，則「牧」又實有其地，非郊外之泛稱也。疑此說是也。商牧，謂商都朝歌附近之牧地也（牧野，謂牧地之郊外也）。

是先王非務武也，勤恤民隱而除其害也。

解：恤，憂也。隱，痛也。

集證：賈逵注云：「恤，憂也。隱，病也。」病、痛義近。文選東京賦「勤恤民隱而除其眚」，即承用國語此文，而薛綜注亦云：「隱，痛也。」王引之曰：「云隱者，猶今人言苦衷也。」（述聞四）。案：此實承上文致戎于商牧而有。謂周之先王，不輕用兵，非不得已始一動之，致戎商牧，由憂恤百姓之痛苦而爲除禍害也。如此似仍以訓「痛苦」爲合文義。

夫先王之制，邦內甸服。

解：邦內，謂天子畿內千里之地。商頌曰：「邦畿千里，維民所止。」王制曰：「千里之內曰甸」。京邑在其中央。故夏書曰：「五百里甸服。」則古今同矣。甸，王田也。服，服其職業也。自商以前，并畿內爲五服。武王克殷，周公致太平。因禹所弼，除甸（以仁案：考異以爲「甸」當依公序本作「畿」）內，更制天下爲九服。千里之內謂之王畿。王畿之外曰侯服，侯服之外曰甸服。今謀父諫穆王稱先王之制，猶以王畿爲甸服者，甸古名，世俗所習也。故周襄王謂晉文公曰：「昔我先

王之有天下也，規方千里以爲甸服」是也。周禮亦以蠻服爲要服，足以相況也。

集證：五服之說，見於禹貢，與此僅一字之差（賓服，禹貢作綏服），而與禮記職方九服不同。韋解兼取禹貢及職方九服爲說，乃時有柄鑿之病。孫詒讓曰：「今案國語以甸服爲畿內，同於禹貢。與此經（以仁案：謂禮記職方，下同）甸在侯服外迥異。考書康誥云：『侯、甸、男、邦、采、衞。』又酒誥云：『越在外服，侯、甸、男、衞、邦伯。』二書作於周公致政以前，而畿服之名已與此經同。白虎通義爵篇引酒誥以爲殷制。則此經九服或卽沿殷名亦未可知。國語所云必祭公追紀古名，故取禹貢五服而不取職方九服。周語襄王謂晉文公曰：『昔我先王之有天下也，規方千里以爲甸服，』義亦然也。韋氏以此經曲爲傅合，說殊未安。」（周禮正義卷五十五。孫籀廎先生集第十三本、頁五四八。總頁五五五三）。王樹民亦云：「後人以其在周語中，卽以爲周之制度，必以周官九服說之，遂鑿枘而不可解。如韋昭國語解云：『侯衞賓服，言自侯圻至衞圻，其間凡五圻（侯、甸、男、采、衞），二千五百里。』然上文已有侯服，韋氏則又無說。蓋其說本無遠近里數關係，唯在表明王國至異族間依禮之等差而已。」（畿服說成變考。下同，不另加注）。然則所謂「邦內甸服」者，何也？顧頡剛曰：「甸服者，王畿也。」（浪口村隨筆。責善半月刊第一卷第二期。下同，不另加注。）王樹民曰：「『邦內』猶『封內』也（原注：古「封」「邦」通用，荀子作「封」，卽其一例。以仁案：荀子正論篇作「封內甸服」「封外侯服」。盧文弨曰：「周語封俱作邦，古封邦通用。」）。古之封建，以封略爲界，劃定其疆土，左傳所稱『封略之內，何非君土』是也（原注：昭七年）。界內始謂之國，至戰國時猶然。孟子曰：『徧國中無與立談者』（原注：離婁下），是其例。則其時所謂國者，猶今之城寨而已。以此觀之，甸服乃謂封內之地。……甸，僞孔傳釋爲『治田』，是也。國以農事爲本，故造說者乃取以名其服。服，卽酒誥『外服』『內服』之義。（以仁案：酒誥外服：僞孔訓「國」。內服訓「治事」。綜觀王氏全文，似採「國」義。）」然則甸服之範圍幾何也？王樹民曰：「計其里數，多亦不過十數里（原注：孟子云：「三里之城，七里之郭。」東周策：「宜陽城方八里」；齊策六：「卽墨，三里之城，五里之郭」，均可相參證。），絕無

千里之廣也。邦內所居，爲王近族，故云『日祭』，如依舊說，令千里之內，每日入祭，又豈事之所能乎？」然周語中明云：「昔我先王之有天下也，規方千里以爲甸服」，則何由辨解？王樹民以爲五服之說，初無里數。然「邦畿千里」（商頌玄鳥）等誇耀之詞，則由來已久。由此觀念與五服觀念配合，乃產生「規方千里以爲甸服」之說，實則從實例觀之，犬戎荒服，而地並未遠出千里之外，鄭非甸服，而在甸畿二三百里之中，是則周語中之說，只是時人理想，而非實有其事也。是以王樹民曰：「此說之成，疑當春秋末年。時周天子已久替，諸侯之國，富大而奢僭。而中原復無霸主，南方異族——楚吳越——迭興，入會諸夏，執其牛耳。匪則天王中心之念，全已消失。夷夏之限，亦且見破。於是心存舊制者，遂采觀故事，酌合禮情，託諸往古，造爲此說，其意蓋爲王國諸侯異族間，定一簡單合理之等第，以伸其一己之理想而已……其說既託爲先王之制，傳既久遠，遂相以爲眞。」余則以爲玄鳥、周語之說卽非誇耀之詞，亦但喩王朝勢力遠達千里，而非必有以千里爲甸服之制度也。屈師翼鵬亦云：「實際上，國語裡的五服說，恐怕十分八九不是眞的出於祭公謀父之口。我們試看國語鄭語史伯對鄭桓公所說的一段話：『王室將卑，戎狄必昌；不可偪也。當成周者，南有荊蠻、申、呂、應、鄧、陳、蔡、隨、唐，北有衛、燕、狄、鮮虞、潞、洛、泉、徐、蒲，西有虞、虢、晉、隗、霍、楊、魏、芮，東有齊、魯、曹、宋、滕、薛、鄒、莒，是非王之支子母弟甥舅也，則皆蠻荊戎狄之人也。』拿這段話語，和春秋左傳裡所記述的有關地理的史料對看，可知西周末年（周幽王時代）的地理情勢，確是這樣；從而可知國語這段史料之可信。但，史伯所說的這些國家，西方沒提到秦，東面沒提到吳、越，西南沒提到巴蜀。大概這些國家，此時還沒通於上國。也就是說，史伯所述的王朝領域，南面可到江漢一帶，北面可到今山西省的中北部，東面將到今山東半島，西面只到今陝西省的東部。比殷代的疆域大不了很多。我們試拿五服之說來核對一下，以今山西省的南部爲國都所在地，約略估計，則往北數二千五百里，約可到今察哈爾省的多倫；往西數二千五百里，約可到今甘肅省的武山縣。周穆王時代的疆域，雖然可到岐山之下，但距今武山還很遠。因此，在西周時代，恐怕不容易產生五服的思想。到春秋時代，各國的交

通漸繁，人們的地理知識漸廣，如果在此時產生五服說，就不足奇異了。」（論禹
貢著成的時代。史語所集刊第三十五本），雖立言之重點不同，而結論則近，故
並錄存，以爲深究此說者之參考。至若崔述唐虞考信錄（卷四）之說，則過信禹
貢。不知禹貢晚出之書，（成書於春秋時代），其地理知識，固非西周時人所能
有。故不采其說。

邦外侯服。

解：邦外，邦畿之外也。方五百里之地謂之侯服。侯服，侯圻也。言諸侯之近者，
歲一來見也。

集證：顧頡剛曰：「侯服者，封建親戚以爲屏藩者也。」王樹民曰：「邦外侯服
者，謂都外之鄙邑也。親族之疏者居之，故云『月祀』。祭禮於古，最爲大事，
故王之境內，以『日祭』『月祀』相次也。侯本射侯之義，射必於郊外曠地行
之。邦外之地，因得『侯服』之稱。」

侯衞賓服。

解：此總言之也。侯、侯圻也。衞，衞圻也。言自侯圻至衞圻，其間凡五圻。圻五
百里，五五二千五百里，中國之界也。謂之賓服。常以服貢賓見於王也。五圻者：
侯圻之外曰甸圻，甸圻之外曰男圻，男圻之外曰采圻，采圻之外曰衞圻。周書康誥
曰：「侯、甸、男、采、衞」是也。凡此服數，諸家之說皆紛錯不同，唯賈君近
之。

集證：發正云：「賓服，禹貢作『綏服』。孔疏云：『綏者，據諸侯安王爲名。
賓者，據王敬諸侯爲名。』又引韋昭云：『以文武教衞爲安，王賓之，因以名
服。』與今本國語注不同。」顧頡剛曰：「賓服者，前代之國，存而不廢，以賓
待之，若杞宋也。」顧說取義窄隘，非塙論也。王樹民則以「侯衞」爲「侯、
甸、男、采、衞」之兼稱，「賓服」則由享以賓禮而得名，「侯衞賓服」謂諸夏
之國也。茲錄其說於下，王氏云：「侯衞賓服者，謂諸夏之國也。康誥曰：『四
方民大和會，侯、甸、男、邦、采、衞、百工、播民，和見士于周。』酒誥云：
『越在外服：侯、甸、男、衞、邦伯。』召誥云：『周公乃朝用書命庶殷侯、甸、
男、邦伯。』顧命云：『王若曰，庶邦：侯、甸、男、衞。』侯、甸、男、采、衞

等字，舊說釋爲服制之名，其謬妄近人已多斥之，茲不贅述。金文中亦有之。如彝云：『衆諸侯，侯、田、男。』田卽甸字。近人率據此文謂『侯、甸、男』爲諸侯之異稱，而『采、衞』以不見於此文，故爲邦爲職，則尚聚訟未定。案：其以『侯、甸、男』爲諸侯異稱之結論，實深爲塙當；惟其專以地下材料爲據，而紙面舊材料，亦有足爲資證者，則頗或見遺。吾人如於此考之，則知『采、衞』當亦爲邦也。左傳昭十三年云：『鄭，伯男也。』又定四年云：『曹爲伯甸』。伯，長也。曹、鄭蓋俱爲甸、男之長，故其君春秋俱稱『伯』。周語中云：『鄭，伯男也。』漢書律歷志：『南，任也。』大戴記本命：『男者，任也。』南、男二字，同聲同訓，故亦通用。內傳昭十三年疏引王肅本國語正作『鄭，伯男也。』當與此同義。鄭語史伯云：『妘姓鄔（字當作「鄢」）、鄶、路、偪陽；曹姓鄒、莒，皆爲采衞。或在王室，或在夷狄，莫之數也。」鄒、莒、鄔、鄶、並見上文，偪陽見襄十年春秋經傳，均爲邦也。路雖不可考（以仁案：路或作潞、子爵、有隗姓、妘姓、姜姓、姬姓之說，其初國於茶陵軍，卽今湖南之茶陵縣，後分國於山西路城縣。又齊之西境，亦有潞。河北通縣亦有路縣。雖不能詳考，而國名則無疑。參陳槃庵師春秋大事表譔異冊六佰柒拾路氏條。），以五者例之，當亦爲邦。可知『采、衞』實亦邦之異稱。惟其次列最後，恐爲小邦或與周疏遠者之位。要之，『侯、甸、男、采、衞』五者，均爲與周有名義關係之國，所謂諸夏也。此云『侯衞』者，卽『侯、甸、男、采、衞』之兼稱也。謂之『賓服』，諸侯於周，非同姓，卽婚姻；王於諸侯，稱曰『伯父，舅氏』，朝見則享以賓禮，故總爲一服，名之以『賓』也。」

夷蠻要服。（考異：「公序本作『蠻夷』。案『蠻夷』是也。注中先蠻後夷。依周禮九畿之次第爲說。荀子正論篇正作『蠻夷』。史記及書禹貢疏作『夷蠻』者，已從誤本改之。」王樹民則以作「夷蠻」者是，曰：「考漢書嚴助傳亦作『蠻夷』。而史記周本紀、尚書禹貢疏並作『夷蠻』。案史記、書疏均引用國語之文，荀子漢書則未必然。又案禹貢之諸『侯』，奮武『衞』、『夷』、『蠻』（以仁案：禹貢云：「三百里諸侯……三百里奮武衞……三百里夷……三百里蠻。」）乃取此『侯、衞、夷、蠻』之文，分列四服之下者。其次序與明道本同。而職方九服，則又以『蠻夷』爲序，

── 115 ──

疑此說戰國時已有兩本，而國語荀子各存其一也。公序校定本不免偏據誤本或臆改之處，未可盡依。故不從汪說。」以仁案：王說見於所著「畿服說成變考」一文，其說是也。韋氏作解，亦有不依正文之先後次序者，如晉語一「齒牙爲猾」，韋解云：「猾，弄也。齒牙，謂兆端左右舋坼，有似齒牙。」又：「必甘受逞而不知，胡可壅也。」韋解：「胡，何也。逞，快也。」又：「龜往離散以應我。」韋解：「應，答也。往，令人告龜辭往伐隕也。」皆是也。復證之以書疏，參之以史記，則作「夷蠻」未必非是也。）

解：蠻，蠻坼。夷，夷坼也。周禮衞坼之外曰蠻坼。去王城三千五百里。九州之界也。夷坼去王城四千里。周禮行人職：衞坼之外謂之要服。此言夷蠻要服，則夷坼朝貢，或與蠻坼同也。要者，要結好（補音：「呼報反」今音ㄏㄠˋ）信而服從也。

集證：要服，尚書僞孔傳曰：「要束以文教也。」董增齡正義曰：「要，言以文德要來之耳。」顧頡剛曰：「示其可以羈縻」。（崔述唐虞考信錄卷四同。）王樹民曰：「有盟會要質」，措辭不一而大旨無殊，皆謂能受王室約束之異邦也。歷來學者多以要服去王城三千五百里、四面相距爲七千里，在九州之內（參發正）。王樹民則以方位分焉，謂「夷蠻要服」爲指東南異族，云：「楚、越國居，久通上國，且有盟會要質，故次於戎狄之上，謂之『要服』。云『歲貢』者，楚貢苞茅之類。蓋其所本也。」自禮記王制有東夷、南蠻、西戎、北狄之說而學者祖述之，二千年無異義。然近來此說漸起爭論。夷、戎民族之似二實一，自王國維先生「鬼方昆夷玁狁考」一文刊佈後固久騰學人之口，而據近人考證白狄之活動亦多在西方今陝西甘肅一帶（見趙鐵寒「春秋時期戎狄的地理分佈及其源流」一文，大陸雜誌十一卷二、三期）。且詩閟宮復有「南夷」之說。故於王氏此說，姑錄之以備考。竊以爲顧頡剛氏之說爲可信者，顧氏云：「蓋夷蠻者，久居中原，文化程度已高，特與王室關係較疏，故屏之使不得齊於華夏之列。有若邾婁，與魯擊柝相聞，其文化水準當與魯不相上下。故至戰國而『鄒（即邾）魯』平稱，而大儒孟子出於其地。然按左傳所載，魯人始終稱邾爲蠻夷。（下例從略）其實祝融之族，昆吾大彭爲夏商侯伯，邾之進于中國遠較魯公室爲早（見鄭語），蠻夷云者，種族之成見耳。其他如徐如楚，並爲中原舊國，秦漢統一之基且爲楚國

數百年間積漸所奠，而由春秋時人觀之，是亦蠻夷也。戎狄者，性情強悍，時時入寇中原，文化程度甚低，雖欲齊之於華夏而不可得，如山戎、赤狄、群蠻、百濮是也。故所謂要服者，示其可以羈縻；荒服者，荒忽無常，惟有聽其自然已耳。」

戎狄荒服。

解：戎狄去王城四千五百里至五千里也。四千五百里為鎮圻，五千里為蕃圻。在九州之外。荒裔之地，與戎狄同俗，故謂之荒。荒忽無常之言也。

集證：王樹民云：「戎狄荒服者，謂西北異族也。戎狄漫散於西北，一部且內侵及中原之區，然地雖與諸夏接近，而關係最疏。左傳稱諸戎：『飲食衣服，不與華同。贄幣不通，言語不達。』（襄十四年），且無定居，故列之最末，謂之『荒服』。『荒服』者，言其來往荒忽無常也。」以仁案：「荒」或謂「荒忽無常」（韋解、顧頡剛、王樹民等）或謂「政教荒忽」（史周紀集解引馬融、書正義引王肅），或謂荒遠（崔述唐虞考信錄卷四），莫衷一是。愚疑「荒」蓋取荒漠蕪穢之義，說文：「荒，蕪也。」韓詩外傳：「四穀不升謂之荒」，爾雅釋言：「荒，奄也。」詩樛木「葛藟荒之」毛傳：「荒，奄」。周頌天作「大王荒之」毛傳：「荒，大也」。晉語一：「狄之廣莫，於晉為都」。廣漠而荒蕪，故謂之荒服也。

旬服者祭。

解：供日祭也。此采地之君，其見無數。

侯服者祀。

解：供月祀也。堯舜及周，侯服皆歲見也。

集證：前文「邦外侯服」下韋解云「言諸侯近者歲一來見」，此說與同。蓋本於周禮大行人。大行人曰：「邦畿方千里，其外方五百里謂之侯服，歲壹見。」然大行人之六服，為侯、甸、男、采、衞、要。甸服二歲一見，男服三歲一見……與國語此文顯有不同，自不得比附。以下諸條皆然，不另辨。韋解「邦內甸服」及「旬服者祭」不用大行人「二歲一見」之說，而於侯服則取之，失其繩墨矣。顧頡剛、王樹民皆以為侯服為王者親族之鄙邑（見「邦外侯服」條），故能供月

祀也。

賓服者享。

　解：供時享也。享，獻也。周禮：甸圻二歲而見，男圻三歲而見，采圻四歲而見，衞圻五歲而見。其見也，必以所貢助祭於廟。孝經所謂：四海之內，各以其職來祭者也。（公序本無「者也」二字）。

　集證：張維思云：「卽奉獻方物，以供祭祀。如楚之包茅也。」又云：「按『賓服者享』，『時享，歲貢。』之享字，皆讀爲奉字，奉，獻也。周禮大司徒『祀五帝奉牛牲』注，大司寇『大祭奉犬牲』注，小司寇『小祭祀奉大牲』注皆云：『奉猶進也。』進之言獻也，供也。享之義本如此。楚越爲賓要之服，時享歲貢，不若甸侯之與於祭祀。故春秋召陵之役，管仲責楚曰：『爾貢包茅不入，王祭不共，無以縮酒。』楚使亦對曰：『貢之不入，寡君之罪也，敢不供給。』蓋以獻茅供祭，楚之職司，責之失職，罪無可逃也。……享何以讀奉？古者享亦作亯，與亨通用。周易元亨利貞，張公神碑作元亯利貞。亨又與烹通，故易鼎『亨，飪也。』詩匪風：『誰能亨魚』，周禮內饔『掌王及后世子膳羞之割亨煎和之事。』皆謂烹也。奉字从丰聲，古呼重脣，音與烹同（古無四聲），故常通用。典論論文：『家有敝帚，享之千金。』猶言奉自己敝帚爲千金之寶耳……享奉音同，故得通假。」（見冰廬讀書隨錄荀子札記，責善半月刊第二卷第四期。）其說雖頗新穎，然展轉求通，實有強讀之病。說文：「亯，獻也。从高省，曰象進孰物形。……」是亯自有獻義，不煩他求也。甲文亯作𠫑𠦪𠫑等形，吳大澂以爲象宗廟之形，說文象孰物形之說雖不妥，然宗廟爲祭亯之所，故亯獻字用之，實其本義也。（參李孝定先生甲骨文字集釋卷五）。

要服者貢。

　解：供歲貢也。要服六歲一見也。

荒服者王。

　解：王，王事天子也。周禮：九州之外，謂之蕃國。世一見。各以其所貴寶爲贄。故詩云：「自彼氐羌，莫敢不來王。」

　集證：周本紀正義曰：「終一王而繼立者，乃來朝享。」

日祭。

解：日祭，祭於祖考，謂上食也。近漢亦然。

集證：發正云：「五經異義：『古春秋左氏說：古者先王，日祭於祖考，月薦於曾高，時享及二祧，歲禱於壇墠，終禘及郊宗石室。謹案：叔孫通有日祭之禮。自古而然也。祭法疏：此經祖禰月祭。楚語：日祭祖禰。非鄭義。故異義駁鄭所不用。』遠孫案：鄭駁今無可考。韋云：謂上食。並舉漢法以況之。漢書韋玄成傳：日祭於寢，月祭於廟，時祭於便殿。寢，日四上食；廟，歲二十五祠；便殿，歲四祠。上食雖是寢園閒祀，然漢去古未遠，叔孫造禮，多本周制，是周自有日祭之禮，未可据祭法以難外傳也。」楚語下觀射父曰：「是以古者先王日祭月享時類歲祀」，與此說相類。

月祀。

解：月祀於曾高。

集證：荀子正論楊倞注引韋注作「月祀於曾祖」。韋氏此解，本於漢書韋玄成傳。韋玄成傳曰：「故春秋外傳曰：『日祭、月祀、時享、歲貢、終王。』祖禰則日祭，曾高則月祀，二祧則時享，壇墠則歲貢，大禘則終王。」則楊注引作曾祖者誤。

時享。

解：時享於二祧。

集證：時謂四時也。禮祭法「遠廟爲祧，有二祧。」疏云：「有二祧者，有文武二廟不遷，故云有二祧焉。」蔡邕獨斷：「周祧文武爲祧，四時祭之而已。」

歲貢。

解：歲貢於壇墠也。

集證：董增齡正義云：「漢書張晏注：去祧爲壇墠，掃地而祭也。顏師古注：築土爲壇，除地爲墠。」

終王。

解：終謂終世也。朝嗣王及卽位來見。

集證：發正云：「漢書韋玄成傳劉歆引外傳而釋之云：『祖禰則日祭，曾高則月

祀，二祧則時享，壇墠則歲貢，大禘則終王。』通典禮九：博士徐禪議春秋左氏

傳云：『歲祫及壇墠，終禘及郊宗石室。』許慎稱舊說云：『終者，謂孝子三年

喪終則禘於大廟以致新死者也。』韋解皆本劉歆，獨不及大禘者，以下文云：

『今自大畢伯士之終也，犬戎氏以其職來王。』故兼戎狄即位來見言之。此五句

皆說祭祀，不言大禘，稍失之疏。」漢書韋玄成傳「大禘則終王」服虔注云：

「蠻夷終王，迺入助祭，各以其珍貢以供大禘之祭也。」顏師古注：「每一王終，

新王即位，乃來助祭。」董增齡正義因謂：「下文言大畢伯士之終，則蠻夷新

即位，亦有朝王之典。」蠻王新立而朝，蓋求上國之認可也。

先王之訓也。

　　集證：史周本紀作「先王之順祀也」，以聲訓改之，誤。詳拙著國語斠證。疑此

　　句總結上文，與「先王之制也」相呼應。（史記亦以此句總結上文。）制與訓即

　　前文之「訓典」也。

有不祭則修意。

　　解：意，志意也。謂邦國之內有違闕不供日祭者，先修志意（公序本無「志」字，

　　考異以爲有「志」字是）以自責也。圻（公序本「圻」作「畿」，是也。上文皆作

　　「畿」，周本紀集解引韋注亦作「畿」）內近，知王意。

　　集證：此承上文「甸服者祭」。日祭不供，或已意存曖昧而乃親戚疏遠乎？則當

　　存誠去偽也。此及下文實皆表儒家反躬內省之精義。

有不祀則修言。

　　解：言，號令也。

　　集證：承上文「侯服者祀。」豈號令有不明處邪？

有不享則修文。

　　解：文，典法也。

　　集證：承上文「賓服者享」。豈典法有不當處邪？

有不貢則修名。

　　解：名謂尊卑職貢之名號也。晉語曰：信於名則上下不干也。

　　集證：承上文「要服者貢」。豈名號有不公邪？干謂犯也。見晉語四。

有不王則修德。

　解：遠人不服，則修文德以來之。

　　集證：承上文「荒服者王」。豈德不足以服人邪？

序成而有不至則修刑。

　解：序成，謂上五者次序已成，而有不至，則有刑誅。（周本紀集解引韋注「誅」作「罰」。誅、罰義近。）

　　集證：豈刑弛罰弊不足以威人邪？

於是乎有刑不祭，伐不祀，征不享，讓不貢。

　解：讓，譴責也。

告不王。

　解：謂以文辭告曉之也。地遠則罪輕。

　　集證：刑、伐、征、讓、告承甸、侯、賓、要、荒而來，親疏遠近關係不同，而處理方式亦不同。

於是乎有刑罰之辟。

　解：刑不祭也。

　　集證：說文：「辟，法也。」

有攻伐之兵。

　解：伐不祀也。

　　集證：兵謂武器，說文：「兵，械也。」謂干戈弓矢也。顧炎武曰：「古之言兵，非今日之兵，謂五兵也。………秦漢以下，始謂執兵之人爲兵。」閻若璩亦云：「前輩論曰：古之言兵者皆指器，無有指人者。余證以四書……果皆器也，可謂確切。」（皆引自桂馥說文義證「兵」字條。）

有征討之備。

　解：征不享也。

有威讓之令。

　解：讓不貢也。

有文告之辭。

解：告不王也。

集證：五句承刑不祭五句，層層如剝筍然。

布令陳辭而又不至。

集證：史周本紀「又」作「有」、「有」猶「又」也。詳釋詞及拙著國語斠證。王叔岷師則訓「又」爲「猶」（見史記斠證，史語所集刊第三十八本）。「猶」義尤愜。此句歸入主題。布令陳辭卽上文威讓之令、文告之辭，專指要、荒二服，不包甸、侯、賓三者。

則增修於德，而無勤民於遠。

解：勤，勞也。

集證：勞民於遠謂遠征蠻夷，承前文「不觀兵」。增修於德則承「耀德」也。收結主題，前後照應，可謂點水不漏，誠巨筆也。

是以近無不聽，遠無不服。今自大畢伯士（公序作「仕」。士、仕通用，詳考異）之終也。

解：大畢、伯士，犬戎氏之二君也。終，卒也。

集證：賈逵注曰：「大畢、伯士，犬戎氏之二君也」（周本紀正義引）。韋解本於賈逵也。然大畢伯士當是犬戎故君之名，只是一人，非二君也。荒服終王之禮，行於朝嗣君及夷王新立之時，若大畢伯士爲二君，則朝王不當在二君俱終之後，否則犬戎旣廢終王之禮於前，謀父不得謂其「帥舊德而守終純固」以諫穆王之廢前訓也。岑仲勉曰：「余按于闐古王子有名 Biśadzaya (viśā) 者，大畢伯士，切韻 d'âipiˑt pˑk dźi，卽此名之複拼，並非兩人。漢以後通行兩字名，故注家誤爲二君。竹書紀年：『幽王命伯士帥師伐六濟之戎，軍敗，伯士死焉。』（後漢西羌傳）。此伯士疑亦犬戎之族」。（兩周文史論叢：漢族一部分西來之初步考證）。其說殆有可能。

犬戎氏以其職來王。

解：以其職，謂其嗣子以其貴寶來見王。

集證：職謂職貢，魯語下云：「昔武王克商，通道于九夷百蠻，使各以其方賄來貢，使無忘職業。」蓋卽此之謂。

天子曰，

　　集證：周本紀正義曰：「祭公申穆王之意，故云天子曰。」

予必以不享征之，且觀之兵。

　　解：享，賓服之禮，以責犬戎而示之兵法也。（公序本「法」作「非」，考異云：
　　「御覽亦作非，義俱通。」愚案：「且觀之兵」即上文耀德不觀兵。謂示之以武力
　　以兵革征伐也。於「法」無涉，疑公序是。）

其無乃廢先王之訓而王幾頓乎？

　　解：幾，危也。頓，敗也。

　　集證：「無乃」猶今語「只怕」。「幾」猶「則」也（參拙著國語虛詞集釋）。
　　「王」謂終王之禮。「頓」猶「廢」也。釋詞云：「言荒服者王，先王之訓也。
　　今犬戎氏以其職來王，而天子以不享征之，是廢先王之訓，而荒服來王之禮將從
　　此廢矣。故下文遂云『自是荒服者不至』也。韋注訓『幾』為『危』，『頓』為
　　『敗』，則是以王為穆王矣。下文穆王得狼鹿以歸，未嘗危敗也。韋說失之。」
　　其說精闢可從。俞樾訓「頓」為疲勞（羣經平議卷二十八）、董增齡正義、吳曾
　　祺補正則訓為壞，皆誤解終王為穆王之故也。

吾聞夫犬戎樹惇。

　　解：樹，立也。言犬戎立性惇樸。（周本紀正義引韋注「惇樸」作「敦篤」）。

　　集證：國語舊音云：「注云：『樹，立也。犬戎立性惇樸。』據下文云『守終純
　　固』，『固，一也。言戎天性專一。』義與『惇樸』不殊，非本旨也。按鄯州界
　　外羌中見有樹惇，蓋是犬戎主名明矣。」國語補音則曰：「今按舊音輒建此說，
　　雖似有理，然傳疑失實，未足以誚先儒。且蠻夷姓名，隨世變易，殊音詭韻，未
　　始有極。矧千歲之外尚襲舊名者邪？或戎人始名偶與舊文相會，安可執而為據？
　　又譏『樹惇』與『純固』同義，便云：『非本旨也』。且經史之辭，首末重複者
　　不可勝計。今略舉數節：詩云『昭明有融，高朗令終。』解者曰：『略，明也。
　　朗亦明也。』二句之內，三字一訓。書曰：『無黨無偏，王道便便。無偏無黨，
　　王道蕩蕩。無反無側，王道正直。』今按偏、黨、反、側皆一義也。安可謂辭之
　　重歟？經誥大訓，但取全義而已，寧如末世綴屬之士專為避忌之文哉！而舊作音

者欲以殘近臆說詆前賢篤論，過矣。」王引之述聞同意舊音之說而略有修正云：
「上文『大畢伯士』，注以爲犬戎君。蓋犬戎之先君也。其曰『今自大畢伯士之
終也』，辭意顯然。此句蓋指犬戎今君而言。則舊音之說是矣。而未盡也。『樹』
者其主名，『惇』字當屬下讀。『犬戎樹』者，先國而後名，猶曰『邾婁顏』
耳。『惇帥舊德』者，惇，史記周本紀作『敦』。爾雅曰：『敦，勉也。』言勉
循舊德也。晉語曰：『知籍偃之惇帥舊德而共給也』，是其證。下文單襄公曰：
『懋帥其德』，韋注言『勉帥其德』，文義亦與此同。」以仁案：以上三說，舊
音最佳。資治通鑑卷一六六梁記二十二「樹敦、賀眞二城，吐谷渾之巢穴也」下
胡三省注云：「樹敦城，在曼頭山北，吐谷渾之舊部也。周穆王時，犬戎樹惇居
之，因以名城。祭公謀父所謂『犬戎樹惇，能帥舊德』者也。」劉台拱補校云：
「此文或謂『樹』字句絕，『惇』字屬下，其說非也。案水經注河水篇云：『河
水又南，樹頰水注之。』趙君一清曰：『史記周本紀曰：吾聞犬戎樹敦。方輿紀
要云：周穆王時犬戎樹惇居此，有城在寧夏衞。西周涼州刺史史寧曰：樹敦、賀
眞二城，吐谷渾之巢穴也。魏書地形志朔州神武郡領殊頰縣。今注云樹頰，蓋語
出戎方，音之異耳。』據此則『樹惇』當是犬戎之君名，其後以人名爲地名也。
」二說並可與舊音參證。韋昭訓「樹」爲「立」，雖無不當，然「立惇」無解。
而「立」實無由訓爲「立性」。韋氏加字解經，淆亂詞性，其不可從明甚。（周
本紀考證引中井積德訓「樹」爲「建國」，其弊一猶韋解，不另贅辨。又陳槃庵
師謂國語習以「樹」爲動詞，韋解自可通。文見春秋大事表譔異册六「犬戎」
條。然韋解之不當，固不在訓名爲動。而在加「性」字以成其說也。又師復謂樹
惇城去周京過遠，周不可能遠涉千里以事征討。乃據穆天子傳以爲犬戎在今河北
曲陽、行唐兩縣以北之太行山區。然該地距鎬京亦在千里以外，與西寧（樹敦城）
相差固無幾也。蒙文通則以爲犬戎在岍之北，河之南，今甘肅涇川一帶，云：
「自夏以至西周之末，犬戎世爲邠岐之患，其必屬於周之近地可知。」而不贊成
樹敦城之說。謂北周唐世之樹敦城，與犬戎無關（見周秦少數民族研究）。愚
案，周語此節以犬戎在荒服之中。五服觀念，雖晚出於春秋時代，然其處地僻遠
則無可疑。蒙氏安得謂在周之近地乎？若近王畿數百里地，則穆王征伐也固宜，

誌史者何多乎祭公之諫哉！竊以爲城號樹敦，其名怪異，雖晚見於北周，其來宜有
自也。今上溯國語，犬戎王有樹敦之名，後因以人名爲地名，固亦事理之常。則
二者之間，宜有某種關係存在可知已。特以戎騎飄忽，其活動範圍未必局限於樹
敦城附近。穆王征之，或不必遠出千里之外也。汪遠孫發正云：「韋氏訓樹爲
立，『立惇』二字，文不成義。復增『性』字以解之。……」張楠史讀考異云：「『立
惇』二字，文不成義。復增『性』字以解之，意亦迂曲。」（文瀾學報二卷一期）
二說與愚見不謀而合。又舊音本「惇」下有「能」字。王引之謂「能爲衍文。
岑仲勉曰：「王氏強衍能字，不見得極確。」（漢族一部分西來之初步考證。）
王氏以「惇」下屬爲句，故不得不強衍「能」字。然韋解出「惇」字下，且「樹
惇」復爲習見之名。則「惇」字不屬下讀甚明。王氏病在求之過深耳。

帥舊德而守終純固。（公序本「帥」上有「能」字。周本紀正義云：「犬戎能守終極
純一堅固之德，必有禦王師也。」似正義所見史記有「能」字。）

　解：帥，循也。純，專也。固，一也。言犬戎循先王之舊德，奉其常職，天性專
一，終身不移。不聽穆王責其不享也。（公序本「其」下無「不」字。亦通。「責
其不享」之責謂責怪、「責其享」之責謂責成。）

　集證：舊德，謂犬戎先君之舊規。純固，謂專一。周語上下文云：「財用蕃殖於
是乎始，敦厖純固於是乎成。」周語下云：「守終純固，道正事信，明令德矣。」
又：「聽言昭德，則能思慮純固。以言德於民，民歆而德之，則歸心焉。」皆
其例。史周本紀用國語此文而瀧川資言會注考證以「固」字屬下讀，蓋不知此爲
周語習用之詞而致誤也。又賈逵曰：「純，專也」。（文選七發注，慧琳音義卷
十二引）。盡韋解所本。

其有以禦我矣。

　解：禦猶距也。

　集證：翼解云：「以距訓禦，爲扞拒之義。距與拒通。釋名：距，拒也。」以仁
案：黃丕烈札記謂韋解「別本『猶』下有『應也』二字。」考異亦云：「『距也』
上公序本有『應也』二字。」補音謂「應」乃「應對之應」。韋解既以應、距
同訓「禦」字，則「距」似非「扞拒」之義。下文穆王勝犬戎以狼鹿歸，亦可證

犬戎無扞拒之力。翼解之說非是。此「禦」字當如論語「禦人以口給」之禦。謂師出無名，犬戎有辭以禦我矣。故下文以「自是荒服者不至」承之，脈胳可尋也。

王不聽。遂征之，得四白狼四白鹿以歸。

　　解：白狼白鹿，犬戎所貢。

　　集證：董增齡正義：「白狼白鹿，古以爲瑞，故貢之。傳言是役所得止此，以示戒後世。」竹書紀年謂西征犬戎，「取其五王以東」（穆傳郭璞注引。後漢書西羌傳亦有）。則西征所得，不止四白狼四白鹿也。所以不言其他者，欲見其所獲者小所失者大以垂戒後世也。

自是荒服者不至。

　　解：穆王則犬戎以非禮，暴兵露師，傷威毀信，故荒服者不至。

恭王遊於涇上，密康公從。

　　解：恭王，穆王之子恭王伊扈也。涇，水名。康公，密國之君，姬姓也。

　　集證：周本紀：「穆王立五十五年崩，子共王繄扈立。」索隱曰：「系本作伊扈」。梁玉繩曰：「世表及世本、人表作伊扈。此作繄字，古通也。」汪遠孫發正云：「密有二：姬姓者在河南。漢書地理志河南郡密：『故國』臣瓚注：『密，姬姓之國。見世本。』今在河南開封府密縣東七十里。姞姓者在安定。地理志安定郡陰密：『詩密人國』。亦稱密須。內傳昭十五年『密須之鼓』，杜注：『密須，姞姓國，在安定陰密縣。』通志氏族略密須氏，世本，商時姞姓之國。涇州靈臺有密康公墓，今在甘肅平涼府靈臺縣西五十里。據此則安定之密，姞姓，非姬姓也。周語中云：『密須由伯姞』，伯姞蓋三女中一人，亦以嬪姞姓致亡。應劭注地理志以河南之密爲姞姓，誤與韋同。史記齊世家索隱云：『密須，姞姓，在河南密縣，故密城是也。與安定姬姓密國別。』亦踵宏嗣之誤。」陳槃庵師則以爲姞姓之密，久爲文王所滅，而卽以其地封姬姓。故姬姓之密，亦在靈台，而康公其後也（見春秋大事表譔異冊七。貳佰參「密須」條，冊四，捌陸「密」條。）然密人不恭，文王加伐，皇矣詩篇，並未有勦滅之語。謂文王滅密，最早見於說苑指武，云：「文王曰……密須氏疑於我，我先往伐……遂伐密須氏滅之也。」指武之文，蓋增飾皇矣詩篇鋪張後世傳說而訛變者也。呂覽用民篇云：「密須之民，

自縛其主而與文王」猶未言滅，然可蹤飾衍之跡矣。文王滅密之事既無直接證據，則康公姬姓之說，自爲無根。故不敢冒昧從之。汪氏發正有周語中「密須由伯姞」之文與本文三女奔之而康公見滅之事爲呼應，線索宛然，似較韋解及陳師之說爲有據也。

又程發軔春秋左傳地名圖考謂康公之密，故城在今河南密縣東南三十里（頁一四九）。又謂涇水在今甘肅平涼西南（頁一九一及三〇九）（平涼西南，即靈臺附近。譚澐國語釋地：「涇水，今出甘肅平涼府平縣西南三十里笄頭山東南至陝西西安府高陵縣西南三十里入渭）。然周語此文明言「恭王游於涇上」，河南密縣去甘肅平涼近千里也，康公何事從恭王遠游如此而史筆曾不稍加說明？豈康公之母亦從王遠游千里之外邪？否則何得及時誠勸也？凡此諸端皆難以彌縫無疵者。蓋程氏羅列資料而缺選擇權衡，初未慮及資料之有機性，乃不覺其枘鑿如此也。

有三女奔之。

解：奔，不由媒氏也。三女同姓也。

集證：發正云：「姓之言生也。同姓猶言同產矣。」董家遵以爲此即私奔婚之例證，云：「私奔婚可以說用非正式的婚姻手續而達到正式的婚姻關係。結合稍久，然後再逐漸也得社會的承認。……私奔一詞在受過禮教陶冶的文明人看來，覺得這是不道德的行爲。未開化的人民性觀念極爲淡薄，用這種手續達到結婚是常有的。周禮云：『中春之月，令會男女……於是時也，奔者不禁。』……禮記內則云：『奔則爲妾』，可見這也是承認私奔婚的存在，不過認定是複婚制的手續罷了。」（中國古代婚姻制度研究。現代史學二卷一期，頁二二六至二二七。）周禮、禮記，其言有自。奔者不禁，古俗宜也。則密國見滅，蓋在康公之得美不獻耳。

其母曰：必致之於王。（周本紀無「於」字，疑是。）

解：康公之母欲使進於王。

集證：周本紀集解引列女傳曰：「康公母姓隗氏」。今本列女傳仁智篇密康公母傳「隗氏」作「魏氏」。王叔岷師云：「隗、魏古通。」

夫獸三爲羣。

解：自三以上爲羣。

　集證：何秋濤釋三云：「三，數之盛也。因而凡物之盛皆取其義。」（說文詁林
　　「三」字下）

人三爲衆。女三爲粲。

解：粲，美貌也。

　集證：說文：「三女爲姦，姦，美也。」發正以爲「姦，正字。粲，假借字。」
　　以仁案：賈逵曰：「粲，美也。」（文選注及御覽引，參拙著國語舊注輯校），
　　許愼蓋用師說，而韋昭亦本之也。然周本紀正義引曹大家云：「羣、衆、粲，皆
　　多之名也」。訓粲爲多，與賈不同。而頗合文理。夫三句一例，其訓宜亦相當，
　　若「粲」訓美，美在貌而不在多，則何有乎「三」？此皆誤讀下文「夫粲，美之
　　物也」而然也。下文「夫粲」，即謂此三女，謂此三女者，實美貌之物也。若粲
　　訓美，則無煩重美字而云「美之物也」已（高本漢詩經注釋亦云：「國語注誠然
　　說『粲，美貌』，可是從上下文看『粲』是指『美女之羣』………這個字有時侯
　　也有個特別的用法，指『美好的一套』，如三個同類的美的事物，特別是三個美
　　女。」和陋見有不謀而合之處，然仍不能盡棄「美好」一概念，則仍受下文影
　　響）。是則粲非姦之假字。穀梁昭四年傳：「軍人粲然皆笑」注：「盛笑貌」，
　　詩羔裘「三英粲兮」鄭箋：「粲，衆意。」，是粲訓衆、盛，古不乏例也。

王田不取羣，

解：不盡羣也。易曰：王用三驅，失前禽也。

　集證：周本紀正義引曹大家云：「田獵得三獸，王不盡收，以其害深也。」語義
　　欠明確。會注考證引中井積德曰：「三獸在一處者，不掩盡取之也。」甚是。董
　　氏正義云：「釋文引馬融曰：三驅者，一曰乾豆，二曰賓客，三曰君庖。春秋疏
　　引鄭康成曰：王者習兵於蒐狩，驅禽而射之，三則已。法軍禮也。失前禽者，謂
　　禽在前者不逆而射之，旁去又不射，唯背走者順而失之，不中則已。是其所以失
　　之。虞翻謂坎五稱王三驅，謂驅下三陰，不及於初，故失前禽。初已變成震，震
　　爲鹿，爲驚走。鹿之斯奔，則失前禽也。………」此易比卦九五之辭也。韋解引
　　此，蓋取其取之有道也。禮王制：「天子不合圍，諸侯不掩羣。」亦此意也。曰

儒秦鼎未會此意，乃云：「引易，頗爲不倫。」失之疏矣。）

公行下衆，（史記周本紀「公行」下有「不」字，衍。）

解：公，諸侯也。下衆，不敢誣衆也。禮：國君下卿位，遇衆則式，禮也。（禮下公序本有「之」字，考異云：「此脫」。）

集證：吳曾祺補正云：「案史記『公行』下有『不』字。『不下衆』謂不敢後於人也。玉篇：『下，後也。』」。以仁案：吳據史記爲說，不知史記實衍「不」字。考證云：「各本公行下有不字，古鈔、楓、三、南本無，與國語、列女傳合。梁玉繩、張文虎皆云：『當衍』，今削。」列女傳及韋解亦皆無「不」字，不得強解也。（公行下衆者，周本紀正義引曹大家曰：「公，諸侯也。公之所行，與衆人共議也。」甚是也。韋引禮文，見於曲禮。秦鼎云：「不誣衆者，慮其賢貴也。」

王御不參一族。

解：御，婦官也。參，三也。一族，父子也。故取異姓以備三，不參一族也。（公序本「父子」上有「一」字。「異姓」作「姪娣」。「一族」下有「之女」二字。以仁案：「父子」上有「一」字是也。秦鼎據陳臥子本「子」上更加「之」字，則不必。「一父子」卽一父之子也。古女子亦稱子。周本紀集解引亦作「一父子」，「一族」下亦有「之女」二字。「異姓」則作「姪娣」，同公序本。發正有說，詳下文。）

集證：發正云：「公羊莊十九年傳：『諸侯取一國則二國往媵之，以姪娣從。姪者何？兄之子也。娣者何？女弟也。』（以仁案：董增齡正義云：「先言姪而後言娣，重其不同父也。」）白虎通義嫁娶篇：『不娶兩娣何？博異氣也。娶三國女何？廣異類也。蓋姓者生也。非一人所生，故曰『異姓』，此正對上注『同姓』而言。舊音出『姪娣』二字，蓋由不曉『異姓』之義而改之。史記集解與今本韋注同，亦後人依公序本國語所改。」

夫粲，美之物也。

集證：夫粲謂彼三女也。

衆以美物歸女，而何德以堪之。

解：堪，任也。

集證：女，舊音「音汝」，補音云：「經典汝字多借女爲之，非徒音也。下注況女同。」而亦猶汝也。謂汝何德以堪之也。小爾雅廣詁：「而，汝也。」禮記中庸「抑而強歟」，鄭注：「而之言女也。」左昭二十年傳：「余知而無罪」杜注：「女也」。周法高云：「第二身代詞『而』見於列國時代的金文，用於領位。書經惟見於洪範。詩經『而』字無此用法（原注一：高等國文法對稱代名詞「而」下引詩大雅：「嗟爾朋友，予豈不知而作？」箋云：「而猶女也。」案此處「而」乃聯詞，鄭說非是。楊氏採之，非也。）我疑心「而」是「汝之」的合音，和「台」爲「余之」的合音一樣，列國時「而」又用於主位。」（中國古代語法稱代篇）。國語魯語上。「而日將易而次爲寬利」，韋解：「下而，女也。」魯語下：「吾冀而朝夕修我」，韋解：「而，女也。」皆其例。又周語中引時儆曰：「收而場功，待而畚梮。」二「而」字亦猶「汝」也（韋解：具爾畚梮，將以築作也。）「時儆」疑若今日曆上附載有關時令之警語（韋解：「時儆，時以儆告其民也。」但言其作用。）則是周定王時「而」已用作第二身代詞矣。

王猶不堪，況爾小醜乎。

解：醜，類也。王者至尊，猶且不堪，況爾小人之類乎？

小醜備物，終必亡。

解：言德小而物備，終取之，必以亡。

康公不獻。一年，王滅密。

解：密，今安定陰密縣，近涇。

集證：即今甘肅省靈台縣西五十里。

厲王虐，國人謗王。

解：厲王，恭王之曾孫。夷王之子。厲王胡也。謗，誹也。

集證：發正云：「詩民勞疏引世本云：『恭王生懿王及孝王，孝王生夷王，夷王生厲王。』禮記郊特牲疏引，以夷王爲懿王子，史記周本紀與禮記疏同。」然周本紀孝王乃恭王之弟，非恭王之子（周紀曰：「共王弟辟方立，是爲孝王。」）。禮郊特牲疏則謂「懿王崩，弟孝王立。」孝王爲恭王之子，懿王之弟，與民勞疏

同。又周本紀載芮良夫諫用榮夷公一事在此監謗一事之前，而謂榮夷公事在康王三十年，監謗事在三十四年，梁玉繩史記志疑謂芮良夫諫用榮夷公、與召公諫監謗二事，國語不記其年，他書亦無所徵，此云即位三十年，下云三十四年，未知何據。又賈逵注曰：「謗，誹也。」（慧琳音義卷十六、三十一、八十引。）蓋韋解所本。呂覽達鬱篇引此，高誘訓謗爲怨，非是。

邵公告曰，民不堪命矣。

　　解：邵公，邵康公之孫穆公虎也。爲王卿士。言民不堪暴虐之政令。（公序本邵作召，考異謂「邵召古今字」。以仁案：宜謂「召、邵古、今字。」）

　　集證：詩江漢疏引世本邵穆公是康公之十六世孫，民勞疏引服虔注內傳亦然。董增齡正義云：「案召康公當康王時尚在。康王至厲王止七世，而召公乃傳十六世。又燕世家自召公以下九世至惠侯。燕惠侯當厲王奔彘共和之時。其封燕之一支止九世，而留王朝之一支乃傳十六世乎？世本之言，莫可詳也。」呂覽達鬱篇高誘注謂是「召公奭」，畢沅以爲「召公奭未必至厲王時尚在。」

王怒，得衛巫，使監謗者，

　　解：衛巫，衛國之巫也。監，察也。巫人有神靈，有謗必知之。

　　集證：譚澐國語釋地云：「召，畿內國名。今陝西鳳翔府岐山縣西南十里（以仁案：明一統志作「八里」）有召亭。京相璠曰：亭在周城南五十里。」

以告，則殺之。

　　解：巫言謗王，王則殺之。

　　集證：謂巫告某謗王，王即殺某也。

國人莫敢言，道路以目。

　　解：不敢發言，以目相眰而已。（眰，或作眒、眰、盼。以仁案：作「眰」字是，參拙著國語斠證。）

　　集證：道路以目，謂國人於道中相值但以目衺視，用相告誡也。說文：「眰，目偏合也。一曰衺視也。」

王喜，告邵公曰：吾能弭謗矣，乃不敢言。

　　解：弭，止也。

集證：弭，舊音「名氏反」。今音ㄇㄧˇ。弭止之字，經典釋文亦音「亡氏反」（見左襄二十五年傳「自今以往，兵其少弭矣」條。），與舊音同。惟廣韻作「綿婢切」，雖同屬紙韻，然婢、氏異類，反切不能系聯。是舊音與廣韻相異處。慧琳音義卷九四引此作「彌比反」，然「比」屬旨韻，疑是「此」字之誤。

邵公曰：是障之也。

解：障，防也。

集證：呂覽達鬱篇高誘注亦云：「障，防。」

防民之口，甚於防川。

解：流者曰川。言川不可防，而口又甚也。

川壅而潰，傷人必多。

解：川之潰決，害於人也。

民亦如之。

解：民之敗亂，害於上也。

集證：謂民之敗亂，其害猶川之潰決也。

是故爲川者決之使導，

解：爲，治也。導，通也。

集證：下文：「將導利而布之上下者也」韋解：「導，開也。」周語下：「川，氣之導也」韋解：「導，達也。易曰：山澤通氣。」所謂「開也」「達也」，與此「通也」實爲一義異詞，故周語下「疏爲川谷以導其氣」、「疏川導滯」，實即「通其氣」也、「通滯」也。此皆從導引一義而來（說文：導，引也。）

爲民者宣之使言，

解：宣猶放也。觀民所言以知得失。

集證：周語下云：「觔以宣之」，韋解：「宣，發揚也」。又「三間仲呂，宣中氣也。」韋解：「宣散」，其例皆同，而或訓爲「發揚」，或訓爲「宣散」，所謂一義之異詞也。對象不同，視其所適。故左昭元年「節宣其氣」，杜注：「宣，散也」，而竹添改訓爲「通」以求與下文壅閉配合，其實通、散實一義之引申，對壅閉而言，「通」之一詞稍優於「散」也。是以國語韋解於樂則謂之「發

揚」「宣散」，於德則謂之「宣布」（周下：「所以宣布哲人之令德示民軌儀也」，韋訓爲「徧」，徧亦布也。）亦各適其適而已。此訓爲「放」，放亦猶散也。然就本文言之，通篇皆以防川喻弭謗，川「壅」則「決」之，口壅（下文「若壅其口」）則「宣」之，宣、決相當，似訓「宣洩」之義爲愜。下文「口之宣言也」「而宣之於口」，皆謂口之宣洩其言，宣洩其意於口也。

故天子聽政，使公卿至於列士獻詩。

解：獻詩以風也。列士，上士也。

集證：發正云：「說苑臣術篇：『三公者，所以參王事也。九卿者，所以參三公也。大夫者，所以參九卿也。列士者，所以參大夫。』列士統上士、中士、下士言之。位在三等。故曰列。韋專屬上士，非也。又見魯語。內傳襄十四年疏引韋昭云：『公以下至上士各獻諷諫之詩。』與今本文異。以仁案：說苑臣術之篇，並無列士統上士中士下士之說。「位在三等，故曰列」，亦汪氏臆解，皆無佐證，難據之以非韋注。竊疑「列」謂朝列。周語中：「夫狄無列於王室」，韋解：「列，位次也。」晉語六：「王者政德既成，又聽於民。於是乎使工誦諫於朝，在列者獻詩使勿兜。」與此文大意相當，而韋解云：「列，位也。謂公卿至於列士獻詩以諷也。」即用周語此文以爲釋也，而訓列爲位。二事皆涉及王朝，則列指王朝位次可知矣。王朝論列，士惟元士與之，禮記王制：「天子三公、九卿、二十七大夫、八十一元士」。周禮典命鄭注云：「王之上士三命，中士再命，下士一命。」是元士亦分上、中、下三等。周禮云：「三命受位。」（鄭玄注云：「謂此列國之卿始得列位於王，爲王之臣也。」）元士之中，惟上士三命，是以惟上士乃得與於朝位。然則韋解訓列士爲上士是矣，汪氏安得非之哉！魯語下：「王后親織玄紞……列士之妻加之以朝服。」亦就王朝言之。而韋解云：「列士，元士也。」元士猶云天子之士也，就其大略言之。細分之則當云天子之上士。又內傳襄十四年疏引韋昭曰與今本文異者，疏蓋約韋解而用之也。此疏常有事，無足怪異。又左襄十四年傳云：「史爲書、瞽爲詩、工誦箴諫，大夫規誨，士傳言，庶人謗，商旅於市、百工獻藝。」疑即化用周語此文，可備參考。

瞽獻曲。（公序本｜曲」作「典」，非也。說見下文。）

解：無目曰瞽。瞽，樂　　曲，樂曲也。

集證：韋解「瞽」爲「樂師」，而謂下文「瞽史敎誨」之瞽爲「樂太師」。發正則引樂太師以訓此樂師，云：「瞽，樂師，謂大師也。周語下注：『瞽，樂大師。』周禮『大史』鄭注云：『瞽卽大師』。大師，瞽官之長。」然韋訓「史獻書」云：「史，外史也。」訓「瞽史敎誨」之史云：「史，太史也。」，知韋氏蓄意以別前後二瞽史，而汪氏合而疏之，太悖韋意矣。且一瞽史而前後沓出，於文亦不宜贅疣如此。是以姚姬傳曰：「此文再言瞽史。韋注以前瞽爲樂師，後爲太師，前史爲外史，後史爲太史。吾謂此皆兼言太師太史以下官也。而自矇誦以上，言常時也。自百工諫以下，言臨事王有過而諫誨之。」（惜抱軒全集、筆記卷四。）**以仁案**：姚氏之說，雖頗彌縫韋訓，然猶未得。此文自「使公卿至於列士獻詩」至「而後王斟酌焉」一氣暢然下貫，其間決無可分事言之之跡象，姚氏於不可分處強作解人也。竊謂下文「瞽史」，本是一職，非瞽與史也。韋氏強分，汪氏妄合，姚氏過解，皆由誤爲二職之故。此文除「使公族至於列士獻詩」爲籠統之詞外，其餘列士、瞽、史、師、瞍、矇、百工、庶人、近臣、親戚、耆艾、皆同職一事。而百工、庶人、近臣、親戚、耆艾皆結合名詞，不可分拆，是知「瞽史」一詞亦宜然也。此其爲證者一；此瞽史如分爲二職，則與上文瞽、史重出，匪特職司混亂，文亦贅疣矣，此其爲證者二；周語下云：「吾非瞽史，焉知天道。」晉語四云：「瞽史之紀曰：唐叔之世，將如商數。」又：「瞽史記曰：嗣續其祖，如穀之滋，必有晉國。」楚語上云：「臨事有瞽史之導。」是「瞽史」連文，合爲一詞，其例多有，此其爲證者三。瞽史所職，知天道，曉未來，其身份甚高，而意見有權威性，故司誨導而主休咎，與瞽之爲樂官，史之爲書吏者廻不相同也。此其爲證者四。楚語一例謂「在輿有旅賁之規，位宁有官司之典，倚几有誦訓之諫，居寢有褻御之箴，臨事有瞽史之導，宴居有師工之誦，史不失書，矇不失誦。」與周語文雖參差，而意則大同。而亦「瞽史」與「師工」（韋解：「師，樂師也。工、瞽、矇也。」）、「史」並出，非巧合也。此其爲證者五。周禮樂官有大師、小師、瞽、矇之屬（春官序官。）此文下有「師箴」一語，師卽概大師小師言之，其意至明。韋爲調協「瞽史」一訓，而強分爲

二，遂逐處費解而疑難叢生矣。此其爲證者六。舉此六證，知「瞽師」非合樂官之「瞽」與書吏之「史」言之也明矣。是則此「瞽獻曲」之瞽爲「樂師」，韋解不誤。「師箴」之師爲「大師」「小師」。「瞽史敎誨」之「瞽史」則別是一地位頗高，近乎師保之職。歷來注家，皆有所蔽，故詳爲論證之。

又此「瞽」既是官稱。則不必皆無目也。竹添光鴻云：「春官瞽矇，有上瞽中瞽下瞽。周頌謂之矇瞍。周語曰：『瞽告有協風至，』鄭語史伯言虞幕能聽協風，以成物樂生者也。然則瞽之掌樂，固世官而宿其業，若虞夏之后夔矣，不必其父子祖孫皆有廢疾也。」其說是也。下瞍矇亦然。

又姚鼐以「瞽獻曲」爲「瞽獻典」，云：「此字仍當從宋公本作『典』。」其說純出臆測，且引證亦有錯誤（詳拙著國語斠證），不可從也。「瞽獻曲」者，謂瞽爲歌曲也。周禮春官序官鄭注：「凡樂之歌，必使瞽、矇爲焉。」左襄十四年傳作「瞽爲詩」，竹添會箋訓爲「瞽爲歌詩」，是知津者也。

史獻書，

解：史，外史也。周禮外史掌三皇五帝之書。

集證：周本紀正義曰：「史，太史也、上書諫。」左襄十四年傳作「史爲書」，杜注史亦爲「大史」。韋訓爲「外史」者，蓋以大史訓「瞽史」而強分也。參前條。實則此「史」爲泛稱。竹添會箋云：「周禮有五史：大史、小史、內史、外史、御史是也。此不必大史。」

師箴，

解：師，少師也。箴，箴刺王闕以正得失也。（少師，宜從公序本作小師，參考異。）

集證：周本紀正義曰：「師，樂太師也。上箴戒之文。」與韋異。以仁案：師亦泛指，謂大師、小師也。參前文「瞽獻曲」條。

瞍賦，

解：無眸子曰瞍。賦公卿列士所獻詩也。

集證：賈逵注曰：「目無眸子」（慧琳音義卷八六引），周禮鄭司農注：「有目無眸子謂之瞍」（春官序官），蓋韋解所本。董增齡正義云：「文選注引韓詩說：

『無珠子曰矇，珠子具而無見曰瞍。』與韋解互異。案矇有蒙義。黑白不分，洪範曰蒙。史記正義引鄭注：霿者，氣不釋鬱冥冥也。瞍有叟義。內經言五藏六府之精，上注于目而爲睛。年老精衰則神竭。瞍者，似老人，故珠子尙在也。漢書藝文志：不歌而誦謂之賦。登高能賦，可以爲大夫。鄭志答趙商云：凡賦詩者，或造篇，或誦古。此云賦公卿列士所獻詩，則誦古爲多也。」然春官序官釋文引字林云：「瞍，目有眹無珠子也。」眹，說文新附訓「目精」，廣韻十六軫訓「目童子」。說文訓「眹」爲「目童子」。則眹卽眹，今目珠中瞳仁也。是目珠與眹子有別。則韓詩說與韋解並無抵觸處。此瞍亦官稱，蓋與瞽矇並爲樂師也。故或獻曲或賦或誦焉。

矇誦，

　　解：有眹子而無見曰矇。周禮矇主弦歌諷誦。謂箴諫之語也。

　　集證：周禮春官序官鄭司農注：「有目眹而無見謂之矇」。韋解與同。而與韓詩說「無珠子曰矇」有異。蓋有珠子可以無眹子。無珠子則不能有眹子。董增齡正義以蒙冥爲說，則韓詩說似是也。參上文「瞍賦」條。

百工諫，

　　解：百工，執技以事上者也。諫者，執藝事以諫。謂若匠師慶諫魯莊公丹楹刻桷也。

　　集證：左襄十四年竹添會箋云：「宮室器用五禮凡百之物，工有常度。若有志淫好辟，則百工得據度以納諫也。孟子以朝不信道，工不信度爲國之亡徵，可以參觀。」

庶人傳語。

　　解：庶人卑賤，見時得失，不得達，傳以語士也。（公序本「士」作「王」，周本紀集解引亦作「王」。考異未及此字。左襄十四年傳云「士傳言」，杜注：「士卑，不得徑達，聞君過失，傳告大夫。」士之意見不得上達，由大夫傳言。庶人意見不得上達，由士傳言。則韋解作「士」，與杜注正復相當。疑韋解此文原卽作「士」，後人不知此義而妄改。史記集解亦後人據誤本國語改。惟明道本猶存其原貌耳。）

集證：周本紀正義云：「傳，逐緣反。庶人微賤，見時得失，不得上言，乃在街共相傳語。」呂覽達鬱篇高誘注：「庶人，無官者，不得見王，故傳語，因人以通。」以仁案：說皆可通。

親臣盡規，

解：近臣，謂驂僕之屬也。盡規，盡其規計以告王也。

集證：俞樾謂「盡」者「進」也。云：「爾雅釋詁：『盡，進也。』盡、盡義通。漢書高帝紀『主進』，師古注曰：『字本作慶又作齍，音皆同耳。』古字叚借，故轉而為進。然則『進規』之為『盡規』，猶『主慶』之為『主進』也。韋氏以本字讀之，失其義也。」其說是也。周本紀正義云：「規度時之得失也。」

親戚補察，

解：補，補過。察，察政也。傳曰：自王以下各有父兄子弟以補察其過也。（此見左襄十四年傳。「過」作「政」，韋氏引誤。）

集證：董增齡正義云：「史記宋世家：『箕子者，紂親戚也。』『王子比干者，亦紂之親戚也。』索隱：『馬融、王肅以箕子為紂之諸父。服虔、杜預以為紂之庶兄。』漢書吳王濞傳：『吳王弟子德侯為宗正，輔親戚，使至吳。』張守節曰：『言親戚補王過失及察是非也。』則親戚為王同宗諸臣，故得補袞職而察庶政也。」左襄十四年會箋云：「所謂貴戚之親。」與董氏之說同。「親戚」本指父母。安井衡曰：「親稱父，戚稱母，」故左昭二十年傳曰：「親戚為戮，不可以莫之報也。」大戴禮曾子疾病篇：「親戚既沒，雖欲孝誰為孝，」墨子兼愛：「奉承親戚，提携妻子而寄託之，」諸親戚皆謂父母也，後子弟妻嫂亦謂之親戚，左僖二十四年傳：「封建親戚以藩屏周」謂子弟也，戰國策蘇秦曰：「富貴則親戚畏懼，」謂妻嫂也。後則汎稱父母之黨為親戚。禮記曲禮曰：「兄弟親戚」，孔疏言親是族內，戚是族外。亦是就父母之黨析言之也。國語晉語四：「愛親戚、明賢良。」楚語下：「比爾兄弟親戚」，皆汎指父母之黨。

瞽史教誨，

解：瞽，樂太師。史，太史也。掌陰陽、天時、禮法之書，以相教誨者，單襄公曰：吾非瞽史，焉知天道。

　　集證：瞽史疑近於師保之職，知天道，曉未來。身份甚高，意見有權威性，故司
　　誨導。韋氏之解非是。予別有說見前文「瞽獻曲」條。單襄公語見周語下。
耆艾修之，

　　解：耆艾，師傅也。師傅修理瞽史之教以聞於王也。

　　集證：周本紀考證引中井積德曰：「修之二字，都承前文，不止瞽史。」則是就
　　韋解擴而大之。然王念孫曰：「師傅職當匡君，非徒脩瞽史之教以聞之而已也。
　　脩之謂脩飭之也。之字指王而言，非指瞽史之教而言。魯語：『公父文伯之母謂
　　文伯曰：吾冀而朝夕脩我，曰：必無廢先人。』韋彼注云：『脩，儆也。』楚語
　　白公子張引武丁之言曰：『必交脩余，無余棄也。』並與此脩字同義。」（述聞
　　卷二十）其說是也。爾雅釋詁：「耆艾，長也。」禮記曲禮：「五十曰艾，六十曰
　　耆。」中侯準讖哲曰：「七十曰艾」，是耆艾者長老之通釋。荀子致士篇：「耆
　　艾而信可以為師」，故韋訓耆艾為師傅也。

而後王斟酌焉。

　　解：斟，取也。酌，行也。

　　集證：俞樾群經平議云：「韋以斟酌為取而行之，此非古義也。白虎通禮樂篇：
　　『周公曰酌』（以仁案：原作「周公之樂曰酌，俞氏約而引之），言周公輔成王
　　能斟酌文武之道而成之也。說文：『妁，酌也。斟酌二姓者也。』然則斟酌乃古
　　時常語。蓋斟酌本雙聲字。廣雅釋詁曰：『斟，酌也。』是二字同義。凡酌酒不
　　可太過，亦不可不及。貴適其中。孔明出師表曰：『斟酌損益』，以斟酌與損益
　　並言，最得古人語意。此傳所謂『斟酌』者，蓋合公卿以下諸人之言而可否之，
　　去取之也。今俗語凡度量事物皆曰斟酌，乃古語之存者，」俞說是也。石光瑛韋
　　解補正云：「荀子富國篇：『明王必謹養其和，節其流，開其源，而時斟酌
　　焉。』楊倞注：『時斟酌，謂賦斂振邮，豐荒有制也。』……淮南子本經訓：
　　『包裹風俗，斟酌萬殊。』後漢書章帝紀贊：『斟酌律禮』。張奮傳：『猶周公
　　斟酌文武之道』。仲長統傳：『非能斟酌賢愚之分』。鄭興傳：『自杜林、桓
　　譚、衛宏之屬，莫不斟酌焉』。注：『斟酌，謂取其意指也。』以上諸文，皆消
　　息裁奪之義，似勝韋注。」呂覽達鬱篇高誘注曰：「斟酌取其善而行」，董增齡

正義取以疏韋解，不知高注斟酌仍是度量之意，「取其善而行」則串解此句大意
也。賈逵注云：「斟，猶取也。酌，行也。」（慧琳音義卷十四、五九引）韋解
蓋本之也。

是以事行而不悖。

　解：悖，逆也。

　集證：呂覽達鬱篇作「是以下無遺善，上無過舉。」蓋據國語此文而發揮之。

民之有口，猶土之有山川也。財用於是乎出，

　解：猶，若也。山川所以宣地氣而出財用，口亦宣人心而言善敗也。

　集證：下文：「口之宣言也，善敗於是乎興。」

猶其原隰之有衍沃也，衣食於是乎生。（公序本作「猶其有原隰衍沃也」，史周本紀
與同。殆是，詳拙著國語斟證。）

　解：廣平曰原，下濕曰隰。下平曰衍，有溉曰沃。

口之宣言也，善敗於是乎興。行善而備敗，

　解：民所善者行之，民所敗者備之。（公序下「民」字作「其」，「敗」字作「惡」。
考異以爲非是。）

　集證：僖公二十年左傳竹添會箋云：「善敗猶云成敗。言口能作事之成敗也。其
　　下云：『夫民慮之於心，而宣之口，成而行之。』直以成字代善字，可以見焉。
　　又晉語趙簡子曰：『擇才而薦之，朝夕誦善敗而納之。』楚語『左史倚相，能通
　　訓典以敍百物。以朝夕獻善敗於寡君。』其義皆同。韋昭云：『行善備敗』（以
　　仁案：此國語文，非韋昭注），誤矣。」以仁案：下文「行善而備敗」，若善訓
　　爲成則不可通。且晉、楚諸例訓善敗亦自可解。是竹添之說不可從也。

其所以阜財用衣食者矣。

　解：阜，厚也。

　集證：賈逵注亦云：「阜，厚也。」蓋韋解所本。詳拙著國語舊注輯校。周本紀
　　改「阜」作「產」，產字弱。

夫民慮之於心而宣之於口，成而行之，胡可壅也。

　集證：成謂民意既成熟也。

若壅其口，其與能幾何？

解：與，辭也。能幾何，言不久也。

集證：若，孫經世經傳釋詞再補訓爲轉語詞，楊樹達詞詮訓爲轉接連詞，皆未妥，此「若」當釋爲假設連詞，與今「如果」之意相同。與，句中助詞，無義。幾何，相當於今語「多少」，在此表時間之短暫，謂壅防不久也。詳拙著國語虛詞集釋。

王不聽。於是國莫敢出言。三年，乃流王於彘。（公序本「國」下有「人」字。）

解：流，放也。彘，晉地。漢爲縣，屬河東。今曰永安。

集證：賈逵注曰：「流，放也，」（文選魏文帝典論論文注引）。蓋韋解所本。彘，（今音ㄓˋ　舊音音「滯」同。）呂覽達鬱高誘注亦云：「流，放也。彘，河東永安是也。」左昭二十六年竹添會箋云：「彘本禹貢岳陽也。漢爲彘縣，屬河東郡。東漢爲永安縣。今爲霍州，屬山西平陽府。南有彘水。有彘城。東南有厲王墓。」一統志云：「今山西霍縣東北有彘城。」

又崔述云：「按厲王之在彘，左傳稱『居』，國語稱『流』。王，天子也，豈可言流！云居，是也。國語不及左傳，此其一端。」（豐鎬考信錄卷七）以仁案：孟子猶曰：「聞誅一夫紂矣」，崔氏安得以後世之迂腐觀念以污古人哉！且國語此文，通篇取喻於水，文勢所成，「流」字實有點睛之妙，崔氏不知也。

厲王說榮夷公，

解：說，好也。榮，國名。夷，諡也。

集證：舊音：「說，古悅字」。好音ㄏㄠˋ（舊音：「音耗。」補音：「呼報反」）榮、周同姓之國。成王時有榮伯（周本紀：「成王既伐東夷，息慎來賀。王賜榮伯，作賄息慎之命。」集解引馬融曰：「榮伯，周同姓。畿內諸侯。爲卿大夫也。」），其先也。莊王時有榮叔，蓋其後也。榮地未詳，當在王畿之內。或以爲即榮錡氏（左昭二十二年傳：「（景王）崩于榮錡氏」。），杜預注：「河南鞏縣有榮錡澗也」。榮錡澗在今河南鞏縣西南。見春秋地名今釋。榮公名終，見於墨子所染篇及呂覽當染篇（董增齡正義誤爲情欲篇）。（參拙著國語斠證）。後爲厲公卿士（見下文）。

又周本紀載此事在厲王三十年，不知何據。

芮良夫曰，

解：芮良夫，周大夫芮伯也。

集證：良夫，芮伯字。厲王時爲王卿士，畿內諸侯，姬姓。（詩大雅桑柔序「桑柔，芮伯刺厲王也。」鄭箋云：「芮伯，畿內諸侯，王卿士也。字良夫。」孔疏云：「書序云：『巢伯來朝，芮伯作旅巢命。』武王時也。顧命同召六卿，芮伯在焉。成王時也。桓九年，王使虢仲、芮伯伐曲沃。桓王時也。此又厲王之時，世在王朝，常爲卿士。……書敍注云：『芮伯，周同姓國。在畿內。』則芮伯姬姓也。」桓三年左傳疏引世本云：「芮，姬姓。」槃庵師春秋大事表譔異冊三「芮」條謂「呂王壺有內姬，當是芮女。芮爲姬姓，故曰芮姬。」）伯，竹添會箋以爲行次（見左文四年「王使召伯來會葬」條），陳槃庵師以爲爵稱（見春秋大事表譔異），師說是也。芮本舊國（毛詩大雅綿：「虞、芮質厥成」，在西伯之世。），而武、成時已有周同姓者爲芮伯。蓋武王時滅之以封同姓也。芮地在今陝西大荔縣治。（雷學淇竹書義證以爲周之芮在同，即大荔。殷之芮在解，謂「武王克商，收虞、芮之師，更封芮于河外。」河外之芮，指今山西芮城縣，續漢志馮翊臨晉條劉氏注補則以爲殷之芮亦在同州。槃庵師以雷說爲是，見春秋大事表譔異。）又周書諡法解：「克殺秉政曰夷，安人好靜曰夷。」

王室其將卑乎？

解：卑，微也。

集證：其，猶殆也，副詞。猶今語「只怕」「大概」之義。本書其例多有。參拙著國語虛詞集釋。大雅桑柔云：「大風有隧，貪人敗類。聽言則對，誦言如醉。匪用其良，覆俾我悖」，詩序及文公元年左傳引此詩皆以爲芮良夫所作。朱子詩傳疑貪人即指榮公。崔述云：「大凡國家用人，才不能皆全，德不能悉備。所貴取其所長，恕其所短；惟貪人則斷不可用。何者？人一動於貪心，則不復顧名義，論是非，較曲直，止知利吾身耳。……人惟不貪，貪即無所不至也。……歷觀前古，未有不以廉吏致治，以貪吏僨事者。無怪乎良夫預知周室之將卑也。」（豐鎬考信別錄卷一）是則厲王之世，皆由委任榮公，以致用人行政皆失其宜，

周之所以由盛而衰，此語與詩所載，可互相發明也。

夫榮夷公好專利而不知大難，

　　解：專，擅也。

　　集證：董增齡正義：「周易屯卦音義引賈逵注：難，畏憚也。」以仁案：賈氏之
　　注，宜繫於周語下「人犧實難」條。此爲名詞，不當訓以動詞也。參拙著國語舊
　　注輯校。

夫利，百物之所生也。

　　解：利生於物也。專利，是專百物也。

天地之所載也，

　　解：載，成也。地受天氣以成百物。

　　集證：疑「載」謂「造始」也。詩文王「載」作「哉」，而毛傳訓哉爲載，鄭箋則
　　訓爲「造始」。高本漢詩經注釋以爲毛傳即訓始。左宣十五年傳引「陳錫載周」，
　　竹添會箋亦訓爲造始，謂載周即造周。此云利乃百物所生，天地所造始也。蓋天
　　地生百物，故言造始。韋解非是。

而或專之，其害多矣，

　　解：害，謂惡害榮公者多也。孔子曰：放於利而行，多怨。

　　集證：經傳釋詞云：「或，猶有也。」周本紀作「有」，黃丕烈札記：「古或、
　　有音義同。」古音或爲 ɤwək，有爲 rjwəg ，同部同聲。吳曾祺補正：「謂害
　　於國家。」秦鼎以爲此二句錯置，當在「胡可專也」下。然於此亦自可通，而義
　　不變。

天地百物，皆將取焉，胡可專也？

　　解：天地成百物，民皆將取用之，何可專其利也。

　　集證：天地始造百物，而百物生利，故利乃百物所生，天地所造也。天地百物，
　　民生所賴，安可專爲己物！

所怒甚多，而不備大難，以是教王，王能久乎？夫王人者，將導利而布之上下者也。

　　解：導，開也。布，賦也。上謂天神，下謂人物也。

　　集證：俞樾曰：「導與道同。法言問道篇曰：『道也者，通也。』故導亦爲通。

上文『是故爲川者決之使導』注曰：『導，通也。』下文『川，氣之導也。』注
曰：『導，達也。』達亦通也。然則『導利而布之』者，通利而布之也。韋訓爲
開，於義稍迂。」(羣經平議卷二十八)。周本紀正義則訓爲導引。引、通一義之
引申也。二說皆通。布謂徧布也。經傳中凡言以物班布與人曰賦，如大雅烝民：
「明命使賦」，毛傳：「賦，布也。」左僖二十七年傳「賦納以言」，謂普納以
言也（杜注取，非）朱駿聲以爲是「敷」之假字。

使神人百物無不得其極，

解：極，中也。

集證：下文引詩「莫匪爾極」與此文相因應，毛傳：「極，終也。」故韋援之以
訓。然周本紀正義訓「極」爲「至」，云：「極，至也。夫王人者，將導引其利
而偏（疑徧之誤）布之，命上下共同也。故神人百物，皆得至其利。」此蓋由史
記引奪「其」字而誤訓也。下文引詩思文「莫匪爾極」，極無由訓至也。屈翼鵬
師詩經釋義云：「極，中正也。按：用爲名詞，義猶德惠也。此言莫非爾后稷之
德惠也。」以此義訓本文「極」，甚佳。

猶日怵惕，懼怨之來也。(「曰」，補音同，而云：「或本作日」。重刻本作「日」，
依或本改也。當作「日」，見斠證。)

解：怵惕，恐懼也。

集證：猶日怵惕，謂猶日日恐懼也。怵，舊音謂「音黜，」黜、怵廣韻同音（今
亦同音ㄔㄨˋ），丑律切。補音作「敕律反」，亦同。惟周本紀正義作「人質反」，
與「日」同音，聲韻兩乖。按「日」字史記及國語皆有作「曰」者，補音時已如
此，可見其譌混已久。豈正義時亦如此而張守節特爲「日」字作音以辨正乎？後
世傳刻者不知是「日」字之音而有所改竄乃誤繫於「怵」字也。又疑「人」是「彳」
之誤。彳，徹母字也。然「彳」用爲反切上字，甚爲罕見。終不能明也。

故頌曰：思文后稷，克配彼天。立我烝民，莫匪爾極。

解：頌，周頌思文也。謂郊祀后稷以配天之樂歌也。經緯天地曰文。克，能也。
烝，衆也。莫，無也。匪，不也。爾，女也。極，中也。言周公思有文德者后稷，
其功乃能配於天。謂堯時洪水，稷播百穀，立我衆民之道，無不於女時得其中者，

功至大也。

集證：思，爲狀詞前附語，「思文」猶「文然」也。韋本鄭箋訓爲思念，誤也。立，猶定也。經義述聞卷三，馬瑞辰並有說。鄭箋以爲「立」字當作「粒」，而用尙書皋陶謨「粒食」義，實則鄭注皋陶謨「烝民乃粒」爲「米」，亦誤。皋陶謨「粒」卽「立」之假字，述聞有說可參。韋解亦不用鄭說。極，猶德惠。見前文「使神人百物無不得其極」條。匪，非也。見拙著國語虛字集釋。謂莫非汝后稷之德惠也。

又思文孔疏引國語云：「周文公之爲頌曰：思文后稷，克配彼天。」而謂：「是此篇周文公所自歌，與時邁同也。」然今國語無「周文公之爲」五字。孔疏復云：「孝經云：昔者周公郊祀后稷以配天。是后稷配天，周公爲之。此詩周公所作。」豈孔所見國語有此五字，抑孔涉孝經而誤乎？

大雅曰：陳錫載周，

解：大雅，文王之二章也。陳，布也。錫，賜也。言文王布賜施利以載成周道也。

集證：唐固注國語云：「言文王布錫施利，以載成周道也」（周本紀集解引）蓋韋解所本。陳錫、鄭箋訓爲「敷恩惠之施」。杜預注左傳訓爲「言文王布陳大利，以賜天下」（宣十五年）。與韋相同。載，鄭箋訓爲「造始」云：「以受命造始周國。」杜預訓爲「行」云：「故能載行周道，福流子孫也。」則與韋注不同，高本漢詩經注釋則從朱熹傳以「載」爲「哉」之假字，毛詩作「哉」而用爲語詞，釋云：「周室眞是受賜廣大」。就詩而言，高說蓋是。然就國語言之，訓爲語詞或訓爲行，於上文「天地之所載也」，下文「故能載周」皆不能通，而此三者於國語實互有關連。其義相承，不當異訓。故不採用，此「載」當依毛傳鄭箋及竹添會箋訓爲造始，韋訓爲「成」，亦非。見前文「天地之所載也」條。

是不布利而懼難乎？

解：言后稷文王旣布利又懼難也。

故能載周以至于今。

集證：載周，謂造始周國也，見前文。

今王學專利，其可乎？

解：言不可也。

匹夫專利，猶謂之盜。王而行之，其歸鮮矣。

解：鮮，寡也。歸附周者鮮矣。（公序本次「鮮」字作「寡」、考異以爲是。）

集證：而猶乃也。（見經傳釋詞），猶口語「却」之義。鮮，音ㄒㄧㄢˇ。補音：「息淺反」。王引之述聞云：「歸，終也。……歸與終，本同義。物之所歸卽物之所終也。故雜卦傳曰：『歸妹，女之終也。』……言屬王必不能終也。上文『王能久乎』是其證。韋注謂『歸附周者鮮』，失之。」（卷三十一「歸」字條）。王說是也。又賈逵曰：「鮮，寡也。」（慧琳音義卷二十一、二十九。華嚴音義上引），蓋韋解所本。

榮公若用，周必敗。既，榮公爲卿士。

解：既，已也。卿士，卿之有事者。

集證：此既訓既而，時間介詞，周本紀作「卒以榮公爲卿士用事」。左隱三年傳：「鄭武公、莊公爲平王卿士」，杜注：「卿士，王卿之執政者」，卿之有事者卽謂執政也。周本紀「榮公爲卿士」下有「用事」二字，史公以意補之，卽謂榮公執政也。竹添會箋云：「經典言卿士者甚多。大率六卿之中執政者是也。詩十月之交，首言皇父卿士。則此卿士當是六卿之長。洪範卿士維月，下王一等。常武：王命卿士。在大師皇父之前。可知卿士爲最尊之位。大約卿士一職，卽以六卿爲之。如鄭桓、莊以司徒。王子虎以大宰之類。周初官制，冢宰總內外之政。後來改制，蓋冢宰總百官，而卿士則專督諸侯。猶周初二伯之職，其在左右，亦分陝而治之遺意也。及桓、文興，王朝不聞復有此官矣。」

諸侯不享，王流于彘。

解：享，獻也。

彘之亂，宣王在邵公之宮。（「彘之亂」，公序本別行，是也。）

解：宣王，厲王之子宣王靖也。在邵公之宮者，避難奔邵公也。（靖，周本紀作「靜」。而竹書紀年、漢書人表、帝王略論皆作「靖」。靜、靖古字通也。）

國人圍之。邵公曰：昔吾驟諫王，

集證：驟，數也。晉語一：「多而驟立」，越語下：「今申胥驟諫其王」，韋皆

訓「數」。然此首出，當發注於此。國語此例甚多，如齊語：「以驟聘眺於諸

侯」。晉語一：「多而驟立」「雖驟立不過五矣」。晉語五：「趙宣子驟諫」。

楚語上：「乃驟見左史」「白公子張驟諫」。吳語：「必驟近其小善」「而驟救

傾以時」，皆是也。

王不從。是以及此難。（公序本無「是」字，周本紀與同，而「難」下有「也」字。）

　解：及，至也。

今殺王子，王其以我爲懟而怒乎？（明道本「爲懟」下有「音墜」二小字。考異以爲

據舊音增入。下文他處亦間有之。）

　　解：殺王子，命國人得殺之也。（公序本「命」作「令」，義同。）

　　集證：懟，今音ㄉㄨㄟˋ。舊音音「墜」，而補音作「直類反」。按廣韻「墜」

　　「懟」皆音「直類切」，然「墜」今音ㄓㄨㄟˋ，與「懟」不同音。疑後世誤讀

　　「對」音（所謂「讀半邊字」也），而生歧異。查集韻「懟」字已有「徒對」一

　　讀，則其誤也久矣。周語中：「王其以我爲懟乎」，陳瑑翼解云：「爾雅釋言：

　　懟，怨也。說文：懟，恚也。」

夫事君者，險而不懟。

　　解：君，諸侯也。在險之中，不當懟。懟謂若晉慶鄭怨惠公復諫違卜，棄而不載。

　　集證：述聞云：「險謂中心憂危之也。此與下句『怨而不怒』皆以心言，非以境

　　言。下文單襄公曰：『君子將險哀之不暇，而何易樂之有焉。』荀子榮辱篇曰：

　　『安利者常樂易，危害者常憂險。』是其證。」俞樾平議云：「如韋義，則與下

　　句『怨而不怒』不一律矣。『險而不懟』疑當作『慊而不懟』。淮南子齊俗篇

　　『衣若縣衰而意不慊』，高注曰：『慊，恨也。』『慊而不懟』，言雖恨而不懟。

　　正與下句『怨而不怒』同義。古字險與隒通……險與隒通，故亦與慊通矣。」

　　以仁案：險既可通，則無煩輾轉假借。險、慊二字，古雖同部，聲實有曉、溪之

　　異。又無其他相假例證，俞說不可從也。述聞單襄公、荀子二例，以證「險」有

　　訓憂危者則可，以證此文之「險」當訓憂危則不足。此其一也。「險而不懟」

　　「怨而不怒」，一以境言，一以心言，自無不可，實不必求其一律。此其二也。

　　險訓危險，其例本書及古籍俯拾皆是，自較憂危之義爲常見，此其三也。此文

「險」字，實承前文「國人圍之」「是以及此難」二語而來，若以境言而訓「危險」，自與前文文義緊扣，章法顯然。此其四也。有此四端，以足韋解，則無煩別立新訓矣。

怨而不怒。況事王乎？

解：怨，心望也。怒，作氣也。

乃以其子代宣王。

集證：史公於下加「太子竟得脫」句以足之。左昭二十六年傳孔疏引劉炫曰：「言代王，則國人謂是宣王。國語雖不言殺，必殺之矣。」崔述不以爲然，曰：「余按：周民之居厲王於彘，苦其暴虐，不得已而出之。使不得肆虐於己耳。非必殄滅之無遺育而後甘心也。使民果欲甘心於王，王何以能安然而居於彘？果欲甘心於王，王出之後何不更立他人，而虛王位者十四年，王崩之後又何以共戴宣王而無異言乎？蓋古者人情淳樸，上下之間不甚猜疑：故衞出成公以說於晉，及晉許其復國，盟於宛濮，而國人無貳者。況文武之德未忘於民心，但以身在水火之中，遂冒然不暇顧慮而爲此舉。王出則已，不讎王也，況大子乎！是以宣王之立，民不畜怨，亦不自危。而宣王亦不復追理前事。是其君臣相待，猶然先代忠厚之遺，安得有如後世所謂斬草除根之頹俗乎！且召公，賢臣也。於王子固當全之，豈必避懟王之嫌而後如是。諫王，爲社稷也，免王子，亦爲社稷也。藉令召公未有諫王不從之事，將遂執太子以與國人而聽其殺之乎？然則謂宣王避亂而奔召公之宮或有之，若謂國人圍而欲殺之，召公避嫌而後以子代之，則必無之事也。」（豐鎬考信錄卷之七）。

宣王長而立之。

解：彘之亂，公卿相與和而修政事，號曰共和。凡十四年而宣王立。（公序本及舊音「和」上皆有「共」字。考異以爲是，而謂明道本脫。以仁案：「相與和」即所以釋「共和」也。疑韋解原無「共」字，後人不識此意而誤增也。周本紀正義引韋注即無「共」字，可爲明證。）

集證：周本紀云：「召公、周公二相行政，號曰共和。」韋解大旨不殊，特未明言召、周二公也。然汲冢竹書紀年則謂「共伯和干王位」（周本紀索隱引），而

蘇氏古史采之，云：「厲王居彘，諸侯無所適從。共伯和者，時之賢諸侯也。諸侯皆往宗焉，因以名其年，謂之共和。」魯連子亦有此說云：「衞州共城縣，本周共伯之國也，共伯名和，好行仁義，諸侯賢之。周厲王無道，國人作難，王犇于彘，諸侯奉和以行天子事，號曰共和元年。十四年，厲王死於彘，共伯使諸侯奉王子靖爲宣王，而共伯復歸國于衞也。」（周本紀正義引），而崔述、瀧川皆以爲非是，崔述云：「余按人君在外，大臣代之出政，常也。襄公之執，子魚攝宋。昭公之奔，季孫攝魯，厲王既出，周、召共攝周政，事固當然，不足異也。若以諸侯而行天子之事，則天下之大變也。傳曰：『干王之位，禍孰大焉』，又曰：『周德雖衰，天命未改』。共伯果賢諸侯，詎應如是！春秋至閔、僖以後，天下之不知有王久矣。然齊桓、晉文猶藉天子之命以服諸侯，不敢公然攝天子事也。況西周之世，烏得有此事！且夫召穆公，周之賢相也，能諫厲王之虐，能佐宣王以興，夫豈不能代理天下事，而諸侯必別宗一共伯和乎？齊桓、晉文之霸，傳記之紀述稱論者指不勝屈，況攝天子之事尤爲震動天下，而經傳反泯然無一語稱之，亦無是理也。竹書紀年，唐人多有稱述之者，其文往往與史記異。以經傳考之，自周東遷以後，史記不如紀年得實。自周東遷以前，紀年不如史記近正。蓋此書乃戰國時所撰，東遷以後本之晉、魏舊史，而東遷以前則簡策多逸，或旁采異端之說以補之，是以不能無謬。猶之史記紀漢事多得實，紀三代事多失眞也。共和之名年，意本因二相和衷共攝而稱之。傳之既久而失其詳，遂誤以爲共伯和攝之，撰紀年者因從而載之耳。………古史又據春秋傳『諸侯釋位以間王政，』及莊子『共伯得之於共首』（以仁案：見莊子讓王篇）。然莊子所稱述本不皆實有其人，而亦未見此文共伯之即爲干王位人也。……『釋位』者，解官也。『間王政』者，待王政之間也。諸侯爲王卿大夫者，因厲王在位，故解官而歸其國，以待王室之定……彼自一事，此自一事也。」（豐鎬考信錄卷之七）。瀧川會注考證亦云：「呂氏春秋開春論云：『共伯和修其行，好賢仁，而海內皆以來爲稽矣。周厲之難，天子曠絕，而天下皆來謂矣。』後人引爲共伯攝政之證。高誘注云：『共國，伯爵，夏時諸侯。』假令與周厲同時，亦徐偃王之屬耳。決非攝行王政者。崔說未及於此。」左傳昭二十六年紀此事云「諸侯釋位，以間王政。」，

蘇氏古史謂即共伯去諸侯之位，秉報王政之證，已見崔述之駁，然杜注則云：
「間，猶與也，去其位而治王之政事也。」竹添會箋云：「杜以間爲參預之義，
是也。間，間廁也。如『滕，小國也，間乎齊楚之間。』諸侯者，非一人之辭。
則當時間王政者，非一人可知矣。下文又云：『則是兄弟之能用力於王室』，則
此諸侯指周室同姓。蓋厲王既死（以仁案：時厲王在彘，未死），宣王尙幼。而
王室多難，同姓諸侯，分番交代，以間王政。避嫌之道。不得不然。正義據周本
紀云：『周、召二公行政，號曰共和。』韋昭亦同（以仁案：韋解未及周、召二
公），然共和字不見于經，且周、召皆王室之相，厲王雖出，二公之在相位自若
也，不得謂之『釋位』，當厲王在國時，政固已共理之，亦非待流於彘而後得與
王政也。蘇氏古史則據漢書古今人表，紀年、莊子、呂氏春秋以此爲共伯和事。
若以共伯和當之，謂釋位爲去諸侯之位，間王政爲干天子之權，則而後效官，將
何解焉，且子朝之爲此言，因晉之納敬王，故述諸侯之忠於王室，以責晉之不輔
己耳。故曰『並建母弟以蕃屏周』，曰『諸侯莫不並走其望以祈王身』，曰『攜
王奸命，諸侯替之，而建王政』。周、召皆王卿士，不得謂之『諸侯』以比晉。
而共伯和干天子之權，亦非忠於王室者比。皆與前後文義不類。」然羅泌、俞
樾、楊樹達諸人又持相反之說，而以共伯和爲實有其人，實有其事，羅氏路史發
揮共和辯云：「夫厲王之時，周公、召公，非昔日之周、召也。（原注：周、召二
公，時皆痿弱，不足有爲，至宣王時始有召穆公虎，而周公則無聞焉。……）予
聞厲王之後有共伯和者，脩行而好賢，以德和民，諸侯賢之，入爲王官，十有四
年，天旱盧火，歸還於宗。逍遙共山之首，宣王乃立。故汲冢紀年及世紀云：共
伯和即於王位。而史記亦謂共和十四年，大旱，火焚其屋。伯和篡立，故有大
旱。考之諸書，其事章著。………按人表，厲王後有共伯和，孟康謂其入爲三
公。……是以王子朝告於諸侯，猶曰：厲氣戾虐，萬民弗忍，流王於彘。諸侯釋
位，以間王政。宣王有志，而後效官。是宣王之前，諸侯有釋位間於天子之事者
矣。然則所謂共和者，吾以爲政自共伯爾。……向秀、郭象援古之說，以爲共和
者，周王之孫也，懷道抱德，食封於共。厲王之難，諸侯立之。宣王立，乃廢。
立之不喜，廢之不怒，斯則得其情矣。」俞樾羣經賸義曰：「小明一篇，申培魯詩

說，以小明爲厲王流彘後，大夫從行者所作。按此僞書也，不足信。……惟詩中屢言『共人』，竊疑此篇乃厲王流彘之後，其大夫有奉使西征者，聞變之後，不敢歸國，故作此詩。『共人』者，共國之人也。……夫共伯既攝天子，則其時朝廷之上，必多共國之人。詩云：『念彼共人』，卽謂共國之人入而執王朝之政者也。其曰『豈不懷歸？畏此罪罟』；『豈不懷歸？畏此譴怒』；『豈不懷歸？畏此反覆』，蓋厲王既得罪於衆，其大夫亦人人自危，欲歸而不得矣。而共國之人，方且居中用事，故念之而至於出涕也。又曰：『嗟爾君子，無恒安息』，爾君子，亦指共人。蓋諷其伯以早歸政也。以此意讀之，詩中辭意，頗似有合。其後太子靖卽位，共伯歸國……其卽此詩所謂『神之聽之，介爾景福』者乎？」（「念彼共人」條）。師獸毀銘文云：「佳王元年正月初吉丁亥，白龢父若曰：師獸！乃且考有爵于我家，女有佳小子，余令女𠙸我家」。而楊樹達說之曰：「郭□□說伯龢父卽共伯和，其說甚新而確。惟取證於師㽙，師兌二毀之師龢父及師農鼎諸器之司馬收，不免迂曲。余謂伯龢父卽共伯和，求之本器，卽可瞭然。知者，彝銘屢見『王若曰』之文，非王而稱若曰者，僅此器之白龢父。若非白龢父有與王相等之身份，安能有此？且銘文首記命辭，次記錫物，末記揚休制器，與其他王命臣工之器無一不同，證一也。尚書屢見『王若曰』之文，非王而稱若曰者只微子與周公。除微子稱若曰義不可知，當別論外，『周公若曰』只見於君奭、立政二篇，二篇皆周公攝政時書也。證二也。以彝銘證彝銘，又以尚書證彝銘，則伯龢父非共伯和莫屬也。禮記曲禮篇曰：『天子未除喪曰予小子』，知古天子有自稱小子之事。君奭篇曰：『在今予小子旦非克有正』。又曰：『在今予小子旦若游大川』。說者以周公攝政，故自稱予小子。今此銘記伯龢父自稱小子，與君奭篇周公自稱相類，則伯龢父又非以共伯和釋之不可，此又一證也。」三說如此，是以陳師槃庵先生曰：「案共和爲共伯和，非周、召和同行政之稱。 羅氏出入諸家，足爲定論。楊氏根據金文辭法，證以經典，理致條達。兪說亦不爲無據。」（春秋大事表譔異冊二「共」條。羅、兪、楊三說亦轉引自此書。）以仁謹案：綜理上說，可約爲三：一，厲王出奔，周、召二公秉政。此史記之說也，而崔述、瀧川諸人主之。韋解所謂「公卿相與和而修政事」，可納入此類。二，共伯和主

政。此說見於竹書紀年、莊子、魯連子、呂覽、漢書古今人表，並有詩及銅器銘
文爲證。蘇氏古史、俞樾、楊樹達、陳槃師等主之。三，周同姓諸侯，更番主
政。此左昭二十六年傳說，而竹添光鴻主之（左傳「諸侯釋位，以間王位……」之
文，竹添氏之訓最善。崔述所謂諸侯爲卿大夫者，因厲王在位，解官歸國之說，
純出臆測。而王室多故，諸侯紛紛辭官歸國於此國祚不明之時，亦悖情理。竹添
氏之說顯較言之成理而持之有故。）以上三說，皆可解釋以「共和」名年之故。
然歷來學者，非據甲以非乙，則執丙以攻丁，各就一己之據點立論。此猶執己之
度以量人之度。謂人度非己度可也，謂人度非己度而即非度則不可矣。周、召主
政，諸侯秉權，固史有明文。而共伯干位，亦非鑿空而來者。傳說容有增飾，然
木本水源，因緣有自，不可一語盡摸煞之耳。此事分而觀之，則此縫彼隙，掩左
暴右，難以彌補。竊疑當合而觀之。厲王出奔，中樞無主，此何等大事，國朝上
下，當必有一番論爭紛擾，可以想知。當時周德未衰，外多屏藩而內有耆老。同
姓諸侯，事關宗脈，決無袖手旁觀聽任存滅而不稍過問者。遠宗近祧，或有異
謀，而朝中重臣，當亦不能默爾無言任其發展者。而厲王逐後之潛力，與各諸侯
間君臣情誼之深淺，亦有未可臆知者。其間各派勢力，此激彼盪，如何安頓調
協，不免要費一番心血。周、召二相，蓋在朝公卿之首領，共伯，則周同姓外藩
諸侯之代表也。篡位奪權之圖，或在各派勢力均衡之下消弭，最後協議，則諸侯
公卿，更番主政，或各司要職，共謀國是，以觀厲王之轉變更待宣王之成長也。
此即所以號稱「共和」者乎！由此觀之，本紀所書，竹書所紀，左傳王子朝所
述，雖僅各得事之一面而非全象，固皆事實也已！

國語集證卷一下

周語上卷第一

張 以 仁

宣王卽位，不籍千畝。（籍，公序本作「藉」。二字古通。然若訓「借」，則皆「耤」之假字。若訓蹈籍，則籍正字，藉假字矣。參拙著斠證。）

解：籍，借也。借民力以爲之。天子田籍千畝，諸侯百畝。自厲王之流，籍田禮廢，宣王卽位，不復古也。

集證：周本紀正義：「應劭云：『古者天子耕籍田千畝，爲天下先。』瓚曰：『籍，蹈籍也。』按宣王不脩親耕之禮也。」則與韋解「借」義不同。北堂書鈔卷九十一引賈逵注曰：「天子躬耕籍田，民助力也。籍田千畝也。」似與韋解相近。

又柳子厚非國語曰：「古之必籍千畝者，禮之飾也。未若時使而不奪其力，節用而不殫其財。通其有無，和其鄉閭，則食固人之大急，不勸而勸矣。」王觀國曰：「觀國案：禮：天子親耕以借粢盛，王后親蠶以共祭服。粢盛衣服皆備，然後可以享宗廟。蓋王者身致其誠以盡孝道。舉此以率天下，皆知勸于耕，勸于蠶。其意若曰：思天下匹夫匹婦有惰于耕而受其飢者，有惰於蠶而受其寒者，今我以天子之尊，且不能忘耕事也。我親率之，冀天下皆知勸于耕，而民無受其飢者矣。以王后之尊，且不敢忘蠶事也。我親率之，冀天下皆知勸于蠶，而民無受其寒者矣。亦猶聖人躬儉以率天下也。聖人豈能必天下之不爲侈靡哉！吾示之以儉，則天下觀而化，庶幾侈靡之習可革也。然則王者親耕籍，實爲政之大者。至于時使而不奪其力，節用而不殫其財，通其有無，和其鄉閭。此亦爲政之不可缺者，豈爲耕籍而廢之哉。若夫不能時使而奪民之力，不能節用而殫民之財，以至有無之不通，鄉閭之不和，是人君失政治之道，非籍千畝之過也。若曰籍千畝

者，徒舉也，非實惠也。則向所謂躬儉者亦徒舉耶？」（學林卷七，柳子厚非國
語。）

虢文公諫曰，

　　解：賈侍中云：「文公，文王母弟虢仲之後，爲王卿士。」昭謂虢叔之後，西虢
　　也。及宣王都鎬，在畿內也。

　　集證：發正云：「內傳僖五年：『虢仲，虢叔，王季之穆也。』孔疏引賈逵云：
　　『虢仲封東虢，制是也。虢叔封西虢，虢公是也。』漢書地理志東虢在滎陽，西
　　虢在雍。東虢今開封府氾水縣，西虢在今鳳翔府寶雞縣東六十里。案韋以畿內諸
　　侯入爲天子卿士，故虢文公爲西虢，不從賈說。其實東虢亦在東都畿內。宣王時
　　仲山甫、樊侯亦以東都畿內諸侯入爲天子卿士者也。

不可。夫民之大事在農。

　　解：穀，民之命，故農爲大事也。

上帝之粢盛於是乎出，

　　解：出於農也。器實曰粢，在器曰盛。

　　集證：北堂書鈔卷九十一引賈逵注與韋解全同。左桓六年杜注云：「黍稷曰粢，
　　在器曰盛。」竹添會箋云：「粢是諸穀之總號，亦爲黍稷之別名。故說文云：齋
　　稷也。又云：齋，或從次作粢。齍、齋、粢三字古通用，爲祭祀之黍稷。盜、粢
　　二字同用，爲周禮之紛盜。凡經傳言粢盛，皆粢盛之誤。盛謂盛於器也。」

民之蕃庶於是乎生，

　　解：蕃，息也。庶，衆也。

　　集證：北堂書鈔引賈逵注：「庶，衆也。」

事之供給於是乎在，

　　解：供，具也。給，足也。

　　集證：慧琳音義卷四十一、希麟音義卷一引賈逵注：「給，足也。」

和協輯睦於是乎興，

　　解：協，合也。輯，聚也。睦，親也。

財用蕃殖於是乎始，

解：殖，長也

敦厖純固於是乎成，

解：敦，厚也。厖，大也。

集證：厖，舊音「莫江反」，成十六年左傳：「民生敦厖」杜注：「敦，厚。厖，大也。」與韋解同。竹添會箋曰：「敦厖，言民心不佻也。」今音ㄇㄤ。純固謂專一也。

是故稷爲大官，

解：民之大事在農，故稷爲大官也。

集證：發正云：「大官當爲天官。涉注文大事而誤。賈公彥周禮疏序：天官，稷也。又引堯典鄭注：稷，棄也。初堯天官爲稷。太平御覽百穀部四引鄭氏婚禮謁文讚曰：稷爲天官。書舜典疏引國語作：稷爲天官。北堂書鈔禮儀部十二引惟一處作天官。餘亦皆誤作大官。」

古者，太史順時覛音脈土，陽癉丁佐反憤盈，土氣震發。（公序本「覛」下有「覛，視也。」三字注文。此本移於「土氣震發」句下，而於「覛」下據舊音增入「音脈」二字。「癉」下增「丁佐反」三字。考異以爲「非也」。）

解：覛，視也。癉，厚也。憤，積也。盈，滿也。震，動也。發，起也。

集證：春陽初暖，凍解寒消，地下水份含蓄飽滿。地氣蒸騰，土質鬆頓，正耕作之時也。禮記月令云：「是月也，天氣下降，地氣上騰，天地和同，草木萌動。」鄭注云：「此陽氣蒸達，可耕之侯也。」所謂「陽癉憤盈」者，謂天時轉暖，陽光蓄熱盛滿也。所謂「土氣震發」者，謂水氣蒸騰土質鬆動也。覛訓視，見於廣雅。爾雅釋詁曰：「覛，相也。」郭璞注：「覛謂相視也。」古籍中其例多有：文選西京賦：「覛往者之遺館」，薛綜注：「覛，視也。」後漢書杜篤傳：「覛平樂」，注：「覛，視也。」皆其例也。說文解「覛」爲「衺視」，然古籍中無用作「衺視」義者，王筠句讀曰：「許君獨加衺者，以其從辰也。」。癉，廣韻凡四音，一：「都寒切」，寒韻，義爲「火癉，小兒病」。二：「徒干切」，亦寒韻，義爲「風在手足病」。三：「丁可切」，哿韻。義爲「勞」「怒」。四：「丁佐切」，箇韻，義爲「勞」。此字或作「癉」（說文所無。），而廣韻「癉」有

「多旱」一切，上聲旱韻，義爲「病」，則共五音而四義。然無一訓「厚」者，
說文通訓定聲謂訓厚者假爲亶。亶，多旱切，義爲「信」「厚」「大」「多」。
則此字當音「多旱切」，今音ㄉㄢ。作「丁佐反」者誤。

又舊音云：「方言，楚謂怒爲癉。孔晁云：『癉，起。憤，盛也。盈，滿。震，
動也。』言陽氣起而盛滿，則震動發也。」舊音從孔注訓癉爲起，而認爲「起」
是「怒」義之引申，而楚方言謂怒爲「癉」。案經籍無「癉」訓「起」者，亦無
「怒」訓爲「起」者，此爲周語，而用楚方言，頗與衛聚賢謂國語爲楚人所作者
相合。（見古史研究第一集：國語的研究）。然國語中亦有用齊方言者，如以
「置」爲「廢」（周語中「是以小怒置大德也」韋注：「置，廢也。」何休注公羊：
「廢、置。置者不去也，齊人語。」）謂生子爲「娩」（越語上：「將免者以告」。
文選思玄賦注引纂要「齊人謂生子曰娩」）。亦有用吳越方言者。如謂「死」曰
「札」（周語下「無夭昏札瘥之憂」韋注：「疫死曰札」。周禮司關鄭司農注：
「札，謂疾疫死亡也。越人謂死曰札。」）謂「烏頭」曰「堇」（晉語二「寘堇
于肉」韋注：「堇，烏頭也。」。釋草「芨，堇草」郭璞注：「即烏頭也。江東
人呼爲堇。」）（以上各證見發正），未可遽斷必楚人作也。即依楚音，亦宜讀
「丁可切」（今音ㄉㄨㄛˇ）而不當音「丁佐反」（今音ㄉㄨㄛˋ）也。

農祥晨正，

　解：農祥，房星也。晨正，謂立春之日，晨中於午也。農事之侯，故曰農祥也。

　集證：唐固曰：「農祥，房星也，晨正，謂晨見南方。謂立春之日」（初學記卷
　三、御覽卷二十等引）。發正：「韋本唐固說。周語下注：『祥猶象也。房星晨
　正而農事起，故謂之農祥。』義同（以仁案：慧琳音義卷二十一，華嚴音義上皆
　引賈逵注云：「祥，猶象也。」蓋即周語下韋解所本。）漢書郊祀志：『高祖
　詔天下立靈星祠。』張晏注云：『龍星在角曰天田，則農祥也。晨見而祭之。』
　張以天田爲農祥。龍星夏見，與此農祥異也。」董增齡正義云：「東都賦薛綜
　注：農祥天駟，即房星也。晨時正中也。謂正月初也。張銑注：房星正月中晨見
　南方。農祥之侯。」

日月底于天廟。（補音作「氐」。考異謂訓「至」者「氐」是正字。朱駿聲則以爲

「底」是正字。今從朱說。見斠證。）

解：底，至也。天廟，營室也。孟春之月，日月皆在營室也。

集證：禮記月令亦云：「孟月之月，日在營室」。營室有天廟之名。晉書天文志曰：「北方南斗六星，天廟也。」營室正屬北方玄武七宿第六星。營室又有廟星之稱。史記天官書：「營室爲清廟」。宋史天文志三：「營室二星，天子之宮。一曰玄宮，一曰清廟。……一星爲天子宮，一星爲太廟（案謂主太廟之事，非名爲「太廟」。）」。開元占經七九客星犯營室六引聖洽符曰：「黑星起廟南入廟北。……」引郗萌曰：「黑星起廟北而南入……」「赤星入廟，人臣謀主。」引荊州占曰：「黑星出入廟上，有死者。」皆其例。且營室主土功、宮室、宗廟、稼穡、畜牧諸事。國語此文正言農事，是韋氏之訓，非無由也。又「輿鬼」亦有天廟之號。廣雅釋天：「輿鬼謂之天廟。」開元占經南方七宿占引南官侯亦云：「輿鬼者，天廟。主神祭祀之事。」然輿鬼所主之事多爲死喪災疫祭祀，與國語之文不合。是國語之所謂「天廟」，非謂輿鬼之星也。

土乃脉發。

解：脉，理也，農書曰：春，土長冒橛，陳根可拔，耕者急發。

集證：慧琳音義卷九一引賈逵注亦云：「脈，理也。」（「脉」乃俗體，正作「衇」，或作「脈」。參輯校。）禮記月令鄭注引農書同。（惟無「春」字。）孔疏云：「按漢書藝文志，農書有九家，百一十四篇。神農二十篇，野老十七篇，宰氏十七篇，董安國十六，尹都尉十四。趙氏五篇，氾勝之十八篇，王氏六篇，蔡葵一篇。鄭所引農書先師以爲氾勝之書也。漢書注氾，成帝時爲議郎，使教田三輔也。土長冒橛者，謂置橛以候土，土長冒橛，陳根朽爛，可拔而去之，耕者急速開發其地也。」以仁案：氾勝之書記測地氣之法爲：「春侯地氣，始通，稼橛木，長赤二寸。埋，赤見其二寸。立春後，土塊散，上沒橛。陳根可拔。此時二十日以後，和氣去，即土剛。以時耕，一而當四。和氣去，耕，四不當一。」所謂地氣，蓋謂地下水。春陽漸暖而凍解，地下水出。上有陽光（天氣）蒸晒，土自鬆頓，上推以沒木橛也。

先時九日，

解：先，先立春日。

集證：北堂書鈔引賈注同，蓋韋所本。

太史告稷曰：自今至于初吉。

解：初吉，二月朔日也。詩云：二月初吉。

集證：王引之曰：「今謂先立春之九日，初吉則謂立春之日也。韋昭以初吉爲二月朔日，非是。下文『稷以告王，曰：距今九日，土其俱動。正謂九日後，立春土乃脈發耳，何待二月乎！立春日爲吉日者，月令曰：『先立春三日，大史謁之天子曰，某日立春，盛德在木。天子乃齋。立春之日，天子親帥三公九卿諸侯大夫以迎春于東郊。還，乃賞公卿諸侯大夫於朝。』故爲吉日也。立春多在正月上旬，故謂之『初吉』。小雅小明篇：『二月初吉』，亦謂二月上旬之吉日也。……上旬凡十日，其善者皆可謂之『初吉』，非必朔日也。而詩毛傳及周語韋注皆以『初吉』爲二月朔日，不知『朔月辛卯』，經有明文，謂之朔月，不謂之吉日也。」（述聞卷三十一）

陽氣俱烝，土膏其動。

解：烝，升也。膏，潤也。其動，潤澤欲行也。

集證：此分別承上文「陽癉憤盈」「土氣震發」句而來。其猶將也。釋詞訓爲「乃」，非是。

弗震弗渝，脉其滿眚。穀乃不殖。

解：震，動也。渝，變也。眚，災也。言陽氣俱升，土膏欲動，當即發動，變寫其氣，不然則脉滿氣結，更爲災疫，穀乃不殖也。

集證：王引之云：「渝讀爲輸。輸，寫也。謂輸寫其氣，使達於外也。左氏春秋隱六年：『鄭人來渝平』，公羊、穀梁並作『輸平』。是渝、輸古字通。此言當土脈盛發之時，不即震動之、輸寫之，則其氣鬱而不出，必滿塞而爲災也。韋注訓渝爲變，於上下文義稍遠矣。」（述聞卷二十）。又經傳釋詞訓「其」爲「乃」，非是。此「其」猶將也，是言未來，非表已然。

稷以告王，（各本皆從「告」下絕句，非是。見集證。）

解：以太史之言告王。

集證：考異改從「王」下絕句云：「今讀以韋解在『告』下，『告』絕句，非。」

以仁案：考異是也。若「王」字屬下「曰」字爲句，則下文「王其祗祓」句語氣

不當矣。

曰：史帥陽官，以命我司事，

解：史，太史。陽官，春官。司事，主農事也。（公序本「事」下有「官」字。有

官字是。）

集證：此稷告王語也。

曰：距今九日，土其俱動。

解：距，去也。

集證：此稷轉告太史語也。距今九日，謂立春之日也。

王其祗祓，監農不易。

解：祗，敬也。祓，齊戒祓除也。不易，不易物土之宜也。

集證：齊，齋也，二字古通。北堂書鈔九一引賈逵注作「齋」。賈注云：「祗，

敬也。祓，齋戒祓除也。不易者，物土之宜，循其土穀，不易其俗也。」蓋韋昭

所本。王引之述聞曰：「賈、韋二家並曰：不易，不易物土之宜。引之謹案：二

家讀易爲變易之易，而增『物土之宜』以足之，非本義也。易當讀慢易之易。易

者，輕也。樂記：『外貌斯須，不莊不敬，而易慢之心入之矣。』鄭注曰：『易，

輕也。』不易，猶言勿易。秦策曰：『願王之勿易也』（原注：不，亦勿也。

說見釋詞。）史記禮書曰：『能慮勿易，謂之能固。』高誘及張守節正義並訓易

爲輕，是也。監農不易者，民之大事在農，監之不敢輕慢也。」

王乃使司徒咸戒公卿百吏庶民，

解：百吏，百官。庶民，甸師氏所掌之民也，主耕耨王之籍田者。

集證：周禮「甸師、掌帥其屬而耕耨王藉，以時入之以供齍盛。」鄭注云：「…

……庶人終於千畝。庶人，謂徒三百人。」天官序官：「甸師，下士二人，府一

人，史二人，胥三十人，徒三百人。」孔疏：「徒三百人特多者，天子籍田千

畝。藉借此三百人耕耨，故多也。」

司空除壇于籍，

解：司空掌地也。

　集證：除，治也。禮記曲禮：「馳道不除」，注：「治也」。周語中「雨畢而除
　道」「九月除道」，魯語下「具舟除隧」，齊語「擊菒除田」，韋均無注，皆當
　訓「治」也，周語下「門尹除門」，韋訓爲掃除。掃除亦除治也。周語下「身聳
　除潔」，韋則訓爲治，而其例稍異。

命農大夫咸戒農用，

　解：農大夫，田畯也。農用，田器也。

　集證：農大夫，即下文農正也，爲教農之官。發正云：「詩七月：『田畯至喜』。
　毛傳云：『田畯，田大夫也。』爾雅：『畯，農夫也。』詩疏引孫炎云：『農
　夫，田官也。』畯是官名，大夫是爵號。周人尤重農事，故特爵爲大夫也。」周
　禮無「田畯」之官，郭璞以爲即「嗇夫」（爾雅釋言注），蓋本之詩甫田鄭箋
　（甫田：「田畯至喜」，傳云：「田大夫也」，箋云：「司嗇，今之嗇夫。」）。
　周禮籥章；「擊土鼓以樂田畯」，注引鄭司農云：「田畯，古之先教田者。」亦
　謂之「田」；禮記月令：「命田舍東郊」，鄭注：「田謂田畯，主農之官也。」
　亦謂之「農」；郊特牲「大蜡饗農」，鄭注：「農，田畯也。」段氏說文注曰：
　「田畯教田之時，則親而尊之。詩之言田畯至喜是也。死而爲神則祭之，周禮之
　『樂田畯』，『大蜡饗農』是也。」

先時五日，

　解：先耕時也。

　集證：謂先立春時也。此承上文「先時九日」來，韋彼訓作「先立春日也。」

瞽告有協風至。

　解：瞽，樂太師，知風聲者也。協，和也。風氣和，時候至也。立春日融風也。
　（「日」字誤，公序本作「曰」）

　集證：和風所以成穀也。鄭語：「虞幕能聽協風以成樂物生者也。」韋亦訓和，
　與此同。董增齡正義云：「禮說曰：康成謂十辰皆有風吹律以知和否，其道亡矣。
　古人制管候氣，所以候風。風出乎土，故候風必于土。古有候風地動儀，蓋保章
　之術也。」融風，東北風也，亦即協風也。呂覽有始覽，淮南地形訓皆云：「東

北曰炎風」，而高誘注皆云：「炎風，艮氣所生，一曰融風。」淮南天文訓則曰：

「距日多至四十五日，條風至。」高注：「艮卦之風，一名融，爲笙也。」又

云：「條風至，則出輕繫，去稽留」，高注：「立春，故出輕繫，」則條風卽融

風，以立春時至也。翼解云：「錢敎授曰：周語所謂協風卽條風也。呂氏春秋作

炎風。融炎聲相轉。易緯通卦驗亦曰立春條風至。條之言調也。調卽融，融卽

和，和卽協。服虔曰：條風當生門。」以仁案：錢敎授融通諸說，固是矣，然

有未盡耳。說文云：「劦，同力也，从三力。山海經曰：「惟號之山，其風若

劦。」吳玉搢說文引經考云：「今山海經亦作協。集韻劦通協。」段注曰：「同

力者，龢也，龢調也」，則山海經之「劦風」蓋卽國語之「協風」也，郭注以

颲風說之，而謂之急風、飄風，疑非。

王卽齋宮，（公序本「齋」作「齊」，齋、齊正、假字。）

　　解：所齋之宮也。

百官御事，各卽其齋三日，

　　解：御，治也。

　　　集證：發正：「陳氏奐曰：御事爲治事之官。尚書牧誓：『我友邦冢君，御事、

　　　司徒、司馬、司空、』孔傳云：『治事三卿，』。大誥、酒誥、梓材、召誥、雒

　　　誥等篇言御事皆爲治事之官。」

王乃淳之純濯饗醴，

　　解：淳，沃也。濯，漑也。饗，飲也。謂王沐浴飲醴酒也。

　　　集證：淳，今音ㄔㄨㄣ，濯，音ㄓㄨㄛ，翼解云：「案淳本章倫反，此云之純反

　　　者，古音多重脣也。」以仁案：「章倫」猶「之純」也，二切完全相同，且與脣

　　　音無涉，陳氏不曉音韻或從其方音辨別也。廣韻此字爲「常倫切」，則是禪母

　　　字，與舊音讀章母者不同。周禮鍾氏：「淳而漬之」，儀禮士虞禮：「淳尸盥」，

　　　禮記內則：「淳熬」「淳母」，鄭注皆云：「淳，沃也。」，賈逵則直接訓「淳

　　　濯」爲「沐浴」（北堂書鈔九一引）。

及期，

　　解：期，耕日也。

集證：亦卽立春之日也。

鬱人薦鬯，

解：鬱，鬱金香草，宜以和鬯酒也。周禮：鬱人掌祼器，凡祭祀，賓客，和鬱鬯以實彝而陳之，共王之齋鬯也。

集證：韋解見周禮鬱人。鄭玄注云：「築鬱金煮之以和鬯酒」，蓋韋解所本。鬯人鄭玄注云：「秬鬯，不和鬱者。」發正：「陳氏奐曰：薦鬯，鬯爲和鬱之酒。故江漢毛傳及鬯人先鄭注皆以鬯爲香草。康成泥周人鬯、鬱分官，和香草者爲鬱鬯，不和者爲秬鬯，非是。」鬯，今音彳尤

犧人薦醴，

解：犧人司樽，掌共酒醴。（公序本「樽」作「尊」。考異謂「尊、樽古、今字。」）

集證：周禮無犧人之官。韋以爲卽司尊，按司尊，周禮謂司尊彝。掌六彝六尊之位。發正據司尊彝鄭司農注謂犧人之名源於犧尊，鄭讀「犧尊」爲「素何反」，發正乃謂補音作「許宜反」者非。今按「犧尊」字鄭讀「素何反」而王肅音「許宜反」，見魯頌閟宮「犧尊將將」，禮記禮器「犧尊」釋文。而廣韻則「犧牲」爲「許羈切」，獻（犧）尊爲「素何切」，與鄭同。徐灝說文箋云：「羲從義聲，古音在歌部，讀若娑。」則發正是矣。

王祼鬯饗醴。乃行。

解：祼，灌也。灌鬯飲醴，皆所以自香潔也。

百吏庶民畢從。及籍，后稷監之。

解：監，察也。

集證：從，補音「才用反」，今讀卩ㄨㄥ。

膳夫農正陳籍禮。

解：膳夫，上士也。掌王之飲食膳羞之饋食。農正，田大夫也。主敷陳籍禮而祭其神，爲農祈也。

集證：膳夫，食官之長。見周禮。食以穀爲主，凡王之饋食，用六穀。愛農，所以重穀。故與農正同主籍禮也。

太史贊王，

解：贊，導也。

集證：贊謂助也，佐也。見玉篇。儀禮士冠禮、昏禮皆有「贊者」，注皆曰：「贊，佐也。」周禮太宰「大朝覲會同，贊玉幣王獻玉几王爵」，鄭注訓贊為助。凡行禮必有贊。此其通義也。周語下「瓦以贊之」韋解：「助也」。「所以金奏贊陽出滯也」，韋解：「佐也」，皆其例。「導」義則助佐義之引申，其義偏專，不能廣泛適用，如下文「膳夫贊之」，則不宜訓導矣。且句設一義，支分派別，將使讀者徬徨迷離而無所適從。善訓詁者，提其綱而挈其領而已。

王敬從之。王耕一墢鉌伐，班三之，（墢，或作「撥」、「發」。汪遠孫以為「發」是本字，朱駿聲以為「坺」是本字，雷浚則以本字為「茇」，詳<u>斠證</u>。）

解：班，次也。王耕一墢，一耦之發也。耜廣五寸，二耜為耦，一耦之發廣尺深尺。三之，下各三其上也。三一墢，公三，卿九，大夫二十七也。（公序本「三之」作「三於」，誤。）

集證：北堂書鈔九一及舊音引賈注曰：「一發、一耦之發也。耜廣五寸，二耜為耦，一發廣尺也。」禮月令疏及書鈔九一又皆引賈注云：「班，次也。三之，謂公、卿、大夫也。王之下各三其上也。王一發，公三發，卿九發，大夫二十七發，成。」即韋解所本也。黃丕烈札記云：「此『一墢』者，對下『三之』而言也。非言耜數。月令『天子三推』。高誘注呂覽云『謂一發也』，引此『王耕一發』。是以王耕為廣尺深尺耳。補音（以仁案：即謂舊音）載賈注亦然，正韋所本。」發正云：「公序本『一墢』下有『一墢，一耜之墢也。王無耦，以一耜耕』十四字，無『王耕』至『深尺』二十五字。案公序本是也。補音注『一耜，詳里反』，文選籍田賦注，太平御覽資產部二引皆作『一耜』，詩載芟疏及御覽又引『王無耦，以一耜（以仁案：當作耜）耕』句。是唐時本如此。舊音及北堂書鈔引賈逵云：『一發，一耜之發也。耜廣五寸，二耜為耦，一發深尺。』賈意一耜所發之土謂之發，廣五寸深尺。『二耜為耦』四字連文引之，非謂『一發』為一耦之發也。與考工記匠人微有不同。說文『耦』下云：『耒廣五寸為伐，二伐為耦。』『坺』下云：『一臿土謂之坺』臿即耜也。坺正字，發、伐假借字，墢俗字。字異而義同。許君多本師說。足證賈注之義。韋意與賈同。但無『耜廣

五寸』數語。此本後人取賈注羼入韋注，復據考工記改注文。又以文義牴牾，改『一耜』爲『一耦』，刪去『王無耦，以一耜耕』七字耳。」以仁案，舊音引賈注但云：「賈逵曰：耜廣五寸，二耜爲耦，一發深尺。」無「一發，一耜之發也」七字。發正失檢。汪氏三君注輯存「王耕一發」條引賈注誤將出處「北堂書鈔禮儀部十二」注於賈注「一耜之發也」下，出處「舊音」則注於賈注之末。不知書鈔實引賈注全文而舊音僅引其部份。是則汪氏爲此文時，參考三君注輯存，因援其誤也。舊鈔本書鈔引賈注則作「一發，一隅之發也」，隅卽耦同音之誤。孔廣陶本作「耜」，蓋據公序本改也。又舊鈔本書鈔「一發深尺」作「一發廣尺」（孔本同），耜廣五寸，二耜爲耦，故一發廣尺耳。則作「一耦之發」明矣。發正蓋曲爲之說耳。此當從札記之說，以明道本爲是。

庶民終于千畝。（公序本「民」作「人」，蓋沿襲唐諱而然。注疏本周禮甸師鄭注亦作「人」）

　解：終，盡耕之也。

　集解：周禮甸師鄭注云：「庶人終於千畝，庶人，謂徒三百人。」徒三百人卽甸師所屬專事籍田耕作者也。見前文「王乃使司徒咸戒公卿百吏庶民」條。終猶今語最後。韋訓爲「終盡」，董氏正義訓爲「終王之功」，大旨無殊，而義則少變。下文：「庶人終食」，終亦謂最後也。

其后，稷省_{息井反}功，

　集證：當從「后」字一逗，「后」卽今之「後」字，謂庶民終耕之後也。若「后稷」連讀則文不可解矣。唐類函北堂書鈔卷八十四引北堂書鈔以「后稷」連讀，誤甚。又省，察也。謂視察省斂也，微波榭本舊音作「小井反」，音雖無殊而用字不同，蓋版本之故乎？

太史監之。司徒省民，太師監之，畢。

　集證：賈逵注：「太師，三公官也。」（北堂書鈔九一引）韋解在下文「太師七之」句。

宰夫陳饔，膳宰監之，

　解：宰夫，下大夫。膳宰，膳夫也。

膳夫贊王，王歆大牢，

解：歆，饗也。

集證：楚語下：「天子舉以大牢」韋解云：「大牢，牛羊豕也。」大牢或單稱牢，周語下文：「饋九牢」，又晉語三：「乃改館晉君，饋七牢焉。」韋解並云：「牛羊豕爲一牢」。（晉語三之文，又見於僖公十五年左傳，杜注亦云：「牛羊豕各一爲一牢」。）皆其例也。竹添會箋云：「詩公劉『執豕于牢』，周禮充人掌繫祭祀之牲牷。祀五帝則繫于牢，芻之三月。是牢者養牲之處，因以爲名。」（桓公六年左傳。）

班嘗之，

解：公、卿、大夫也。

集證：班謂次序。謂公、卿、大夫依序嘗之也。

是日也，瞽帥音官以風土。（「帥」，補音作「帥」。師即帥之俗體，見黃丕烈札記。又公序本「風」上有「省」字，王引之以爲非，見述聞。）

解：音官，樂官。風土，以音律省土風。風氣和則土氣養也。

集證：王引之述聞曰：「晉語（以仁案：晉語八）：『夫樂以開山川之風，以耀德於廣遠也。風德以廣之，風山川以遠之，風物以聽之。』文義與『風土』相似。」

廩于籍東南，鍾而藏之。而時布之于農。

解：廩，御廩也。一名神倉。東南，生長之處。鍾，聚也。謂爲廩以藏王所籍田以奉粢盛也。布，賦也。

集證：俞樾以此文爲錯簡，當在下文「耨穫亦如之」下，而「于農」二字爲衍文。俞氏云：「樾謹案，上文曰『是日也，瞽帥音官以省風土』，是日即耕籍之日也。此承上文而言，則亦與同日可知。是時甫耕，未及收也，何遽及此？且王所籍田以奉粢盛，何以布之於農乎？竊疑『廩於籍東南鍾而藏之而時布之』此十三字爲錯簡，當在下文『耨穫亦如之』之下。『於農』二字爲衍文。涉下句『民用莫不震動，恪恭於農』而衍也。當云：『耨穫亦如之。廩於籍東南，鍾而藏之，而時布之。民用莫不震動，恪恭於農。』如此則文義自順矣。簡策錯亂，誤

入上文，幸衍『於農』二字，轉可因以訂正耳。」（羣經平議卷二十八。又見古書疑義舉例「簡策錯亂例」）。其說是也。然北堂書鈔九一引國語此文亦「廩于」句接「風土」，而引賈逵注云：「晉官以樂省風土。和其音律。廩以藏王所籍田，以奉粢盛。鍾，聚也。舉五穀之要藏于神倉也。」則簡策之錯亂也久矣。

稷則徧誡百姓，紀農協功。（誡，公序本作「戒」、舊音同，考異謂誡、戒古、今字。）

解：紀謂綜理也。協，同也。

集證：許同莘以此「百姓」爲「百官」「百族」云：「按此詰誡百官，令以身率農，同功協力也。內史過曰：『百姓攜貳，民有遠志。』百姓與民分爲兩截言。富辰曰：『百姓兆民，奉利而歸諸王。』（以仁案：當作「夫人奉利而歸諸上」。）韋解：『百姓，百官也。官有世功，受世族也。』周襄王曰：『昔我先王，規方千里，以備百姓兆民之用。』韋解：『百姓，百官有世功者。』周語言百姓，皆謂百族。蓋其時周室雖衰，名分猶在。齊語『管子曰：遂滋民與無財，而敬百姓，則國安矣。』於民曰遂滋，於百姓則曰敬。所謂『維桑與梓，必恭敬止』也。然世祿之家。夷於叱庶，春秋列國，往往有之。管子輕重篇：『功臣之家，人民百姓，皆獻其穀菽粟帛，』百姓獻粟帛於功臣之家，則失其先業可知。自是之後，百姓之名，漸視爲無重輕。爲百姓者，不能預於典禮，而與兆民無別。」（釋百姓）以仁案：許氏溯「百姓」一詞之源流，有其精闢不易之處。訓「百姓」爲「百官」，似始自詩毛傳。天保傳云：「百姓，百官族姓也。」爾後堯典鄭注（史記集解引）、僞孔傳（堯典、般庚、呂刑），郭某兩周金文辭大系臣辰卣銘附註，章嶔中華通史（上冊，頁二〇四。商務大學叢書版），皆有此說（參楊希枚先生「姓字古義析證」一文，史語所集刊第二十三本。）然此文「百姓」疑非「百官」或「百族」之謂，乃「百工」之謂也。「百工」之地位與臣妾相上下。三代吉金文存令彝云：「眔里君眔百工」，史頌殷云：「友里君百生」。則百工卽百生亦卽百姓。伊殷云：「宮嗣康宮王臣妾百工」，宣和博古圖師𡥉殷云：「𢇍嗣我西隔東隔僕御百工牧臣妾」，則其地位與臣妾相上下也。籍田爲天子事，是此百姓卽指王朝之百工，非泛指大小百官（稷官其位不高，在農師農正之上而

已,是所誥誡者決非在朝之大小百官也。)亦非指一特殊之沒落貴族階級也。

曰:陰陽分布,震雷出滯,

解:陰陽分布,日夜同也。滯,蟄蟲也。明堂月令曰:日夜分,雷乃發聲。始震雷,蟄蟲咸動,啓戶而出也。

集證:「明堂月令」,不見於禮記,陳琢翼解云:「漢志有明堂陰陽二十三篇,在記百三十一篇之外。禮記四十九篇,小戴傳之,劉向錄之,鄭君注之。其別出於明堂陰陽者,則謂之今月令。此所謂明堂月令者,蓋即鄭所謂今月令也。說文解字亦屢稱明堂月令……」陰陽謂日夜者,禮祭義云:「陰陽長短」,孔疏:「陰謂夜也,陽謂晝也。夏則陽長而陰短,冬則陽短而陰長。」自立春以至春分,晝夜漸同,故曰日夜同也。董氏正義云:「馬融王肅注尚書『日永』,則晝漏六十刻,夜漏四十刻。『日短』,則晝漏四十刻,夜漏六十刻。『日中』『宵中』則晝夜各五十刻。尚書鄭注『日中』『宵中』者,日見之漏與不見者齊也。詩疏謂冬至則晝五十五半,夜四十五半。案諸家皆以晝夜為百刻。今法分晝夜為九十六刻。當春秋二分,晝得四十八,夜得四十八也。」立春後至春分,此一時期,最利耕作,氾勝之書曰:「此時二十日以後,和氣去,即土剛。」氾勝之書又曰:「夏至後九十日晝夜分,天氣和,以此時耕田。」夏至後九十日則秋分時候,而晝夜相同,亦即此文所謂陰陽分布也。其時天氣和,亦利於耕作。

土不備墾,辟在司寇,

解:墾,發也。辟,罪也。在司寇,司寇行其罪也。

集證:備墾,謂盡墾也。

乃命其旅,曰:徇

解:旅,衆也。徇,行也。

集證:徇,謂行示也。(說文無「徇」字,「狥」即「徇」字云:「行示也」。)即今巡視之義。下文引申又有「宣示」之義。晉語五:「郤獻子請以徇」,吳語:「斬有罪者以徇」,皆其例也。

農師一之,

解:一之,先往也。農師,上士也。

集證：發正云：「夏小正『農率均田』，鄭注月令引之，釋文『率，所類反。謂田正。』孔疏：『農率，田畯也。』据此，師疑『帥』字之譌。帥、率古通用。」韋解以「田畯」訓下文「農正」，是國語如誤，亦在韋氏之前也。

農正再之，

　　解：農正，后稷之佐田畯也。故次農師。

后稷三之，

　　解：農官之君也。故次農正。

司空四之，

　　解：司空，主道路溝洫，故次后稷也。

司徒五之，

　　解：司徒省民，故次司空也。

太保六之，太師七之，

　　解：太保、太師，天子三公，佐王論道，汎監衆官，不特掌事。故次司徒也。（特，公序作「得」，誤。）

太史八之，

　　解：太史掌達官府之治，故次太師也。

宗伯九之，

　　解：宗伯，卿官。掌相王之大禮。若王不與祭，則攝位。故次太史也。

王則大徇。

　　解：大徇，帥公卿大夫親行農也。

　　集證：謂帥公卿大夫親巡視農耕也。

耨穫亦如之，

　　解：如之，如耕時也。

　　集證：舊音曰：「賈逵曰：『耨，鎡錤也。』呂氏春秋曰：『耨六寸，所以閒稼』（以仁案：呂覽任地篇）。篆文曰：『耨如鏟，柄長三尺，刃廣二寸，以刺地除草。』……」閒稼即閒苗，即除去冗生之苗及野草之工作，保持個別作物間之距離。高誘注曰：「耨，所以耘苗也。刃廣六寸，所以入苗間也。」辯士篇曰：「苗，

其弱也欲孤，其長也欲相與居，其熟也欲相扶。是故三以爲族，乃多粟。凡禾
之患，不俱生而俱死。是以先生者美米，後生者爲粃。是故其耨也，長其兄而去
其弟，樹肥無使扶疏，樹墝不欲專生而獨居……不知稼者，其耨也，去其兄而養
其弟，不收其粟而收其粃。」可見耨之重要。故耨時之禮亦如耕時，穫時亦然。

民用莫不震動，恪恭于農。

解：用謂田器也。

集證：用，猶是以也。韋訓田器者非。詳拙著國語虛詞集釋。恪，今音ㄎㄜˋ，說
文：「恪，敬也。」

修其疆畔，日服其鎛，不解于時。

解：疆，境也。畔，界也。鎛，鋤屬。

集證：補正：「案解即懈字。」

財用不乏，民用和同。

集證：二用字皆訓是以。謂財是以不乏，民是以和同也。

是時也，王事唯農是務，

集證：賈逵注：「唯，獨也。」（慧琳音義卷二及文選別賦琴賦注引）

無有求利於其官以干農功，

解：求利，謂變易使役，干亂農功。

三時務農而一時講武，

解：三時，春夏秋。一時，冬也。講，習也。

故征則有威，守則有財。若是乃能媚於神而和於民矣。

解：媚，說也。

集證：說文：「媚，說也。」說爲愛悅之意。

則享祀時至布施優裕也。

解：優，饒也。裕，緩也。

今天子欲修先王之緒，而棄其大功，匱神乏祀，而困民之財，

解：匱神乏祀，不耕籍也。困民之財，取於民也。

將何以求福用民？王不聽。三十九年，戰于千畝，王師敗績于姜氏之戎。

解：姜氏之戎，西戎之別種，四岳之後也。傳曰：「我諸戎，四岳之裔冑。」言宣王不納諫務農，無以事神使民，以致弱敗之咎也。

集證：史所言千畝之戰有二，一晉穆侯千畝之戰（載桓二年左傳）在宣王二十六年，一即此文千畝之戰，在宣王三十九年，歷來解傳者多誤二事爲一，實則時隔十三年，而晉戰告捷（故穆侯生子曰成師，以誌功也。）此戰則敗績，非一事明矣。史趙世家記宣王此事正義引括地志以爲「千畝原，在晉州岳陽縣北（今山西安澤）九十里」，而桓公二年左傳杜預注及周本紀索隱則以爲在「西河介休縣」。二地皆在今山西省境內，而介休更在安澤之北。晉穆侯時，晉境不至介休。則穆侯之「千畝」，當即括地志所謂晉州岳陽縣北九十里之千畝原也（清光緒十八年所修山西通志山川考二謂千畝故地，在今霍山東峯紫金山和南峯休糧山之間。見屈翼鵬師岳義稽古一文。霍山，朱右曾逸周書集訓校釋云：「一名太岳，在山西平陽府霍州東。」）趙世家正義引以釋宣王千畝，是誤合二事爲一也。故譚澐國語釋地曰：「岳陽縣今屬山西平陽府，晉穆侯之戰在此地。張守節以證宣王伐戎之戰則誤矣。姜戎在周之西，豈宣王西伐姜戎而東戰於晉之千畝原乎？蓋周別有千畝在姜戎之地耳。」譚駁是矣。姜氏之戎，初居瓜州。左襄十四年傳曰：「將執戎子駒支，范宣子親數諸朝，曰：來，姜戎氏！昔秦人迫逐乃祖吾離于瓜州，乃祖吾離被苦蓋，蒙荆棘以來歸我先君。我先君惠公有不腆之田，與女剖分而食之。……對曰：昔秦人負恃其衆，貪于土地，逐我諸戎，惠公蠲其大德，謂我諸戎是四嶽之裔冑也……賜我南鄙之田……」可知姜戎初居瓜州，爲秦所逐，晉惠公時始徙之晉之南鄙。瓜州，杜預注左傳以爲在敦煌（昭九年），顧頡剛氏則以爲「瓜州當在今鳳翔之東，實居秦晉之間，」而謂杜預之說爲不可信。（詳九州之戎與戎禹。禹貢七卷六七合期）陳師槃庵則謂「姜戎，四岳之後，四岳所在地，約當今豫西渭南之羣山中。」（見春秋大事表冊六「陸渾之戎」及「姜戎」二條）。則姜戎在豐鎬之東矣。與晉地近而距秦爲遠。姜戎爲秦所迫，而後受晉之誘，其活動範圍在秦晉之間，實無疑義。然既初迫於秦，則疑其地近秦，而顧頡剛鳳翔之東之說似是矣。特戎族活動飄忽，宣王之時，已在豫西渭南之地也。介休之千畝，則更在安澤（岳陽）之北，遠出鎬京東北數百乃近千里之遙，若如

上述，姜戎在鳳翔之東，或在豫西渭南羣山之中，宣王何乃勞師遠出東北之介休乎？是以孔晁注曰：「宣王不耕籍田，神怒民困，爲戎所伐，戰於近郊。」（詩小雅祁父疏引），孔說不知何據，而以千畝在王畿近郊，則頗具卓識。閻若璩潛邱箚記云：「此千畝乃周之籍田，離鎬京應不甚遠。……天子既不躬耕，百姓又不敢耕，竟久成爲鹵不毛之地，惟堪作戰場。故王及戎戰於此。……括地志以晉州岳陽縣北千畝原當之，不應去鎬京如是其遠，殆非也。」王不躬耕，是否即廢籍田爲墟，雖不可知，然謂此千畝實源於籍田千畝之義則似得其實也。

魯武公以括與戲見王，

　解：武公，伯禽之玄孫，獻公之子，武公敖也。括，武公長子伯御也。戲，括弟懿公也。

　集證：魯世家記此事在武公九年。當宣王十一年。世家以伯御爲括之子，後與魯人攻殺懿公戲而自立，與韋解不同。宋庠補音以史記爲是，云：「班固人物表：伯御，魯懿公兄弟，與史記合。」發正則謂：「漢書律歷志引『世家懿公即位，九年，兄子柏御立。柏御世家即位十一年，叔父孝公稱立。』列女傳：『括之子伯御與魯人作亂，攻殺懿公而自立。』皆以伯御爲括子。」而以宋庠之說爲是。竊謂班表，漢志、列女傳皆晚出之書，漢志之說，或別有來源，其他蓋皆以史記爲藍本。不足以爲史記之證。韋注之說，如非別有所據，則純就國語文義得來。此章之命意在王命不可輕易犯順，魯君繼承之習，在於立長，今棄長立幼，是犯魯習之順，故卒歸結於立括，以全不可犯順之微意，是以韋氏謂伯御爲括也。

王立戲。

　解：以爲太子。

樊仲山父諫曰：不可立也。

　解：仲山父，王卿士。食采於樊。

　集證：仲山父，姬姓，爲周太王子虞仲支孫。侯爵，封於樊，因曰樊仲山甫。（見陳槃庵師春秋大事表譔異册三「樊」條）。其地在今河南濟源縣東南三十里。（見通志略氏族略三、及顧棟高春秋大事表）發正云：「續漢書郡國志河內郡脩武陽樊，劉昭引服虔曰：『樊仲山之所居，故名陽樊。案國語云：『陽有樊仲之

官守焉』，內傳作『陽樊』，今河南濟源縣地，在周東都畿內。仲山父所封之地在此。此封邑，非采地。韋云：『食采於樊』，恐未是。或謂王卿士無有侯爵，不以東都之侯爲王卿士，食采當在西都畿內。說者遂以漢杜縣之樊鄉爲仲山父所封，此一誤也〔見方輿紀要〕。漢書杜欽傳：『仲山甫異姓之臣，就封於齊。』鄧展、晉灼並以爲韓詩。韓詩以詩之『徂齊』爲封齊，說者遂以漢樊城在兗州瑕邱縣西南者爲仲山甫所封之樊國，此又一誤也〔見史記周紀正義引括地志〕。陽樊，內傳一曰南陽。說者遂誤爲漢之南陽郡。故以樊城在今湖北襄陽縣境者爲仲山甫封，因氏國焉。此又一誤也〔見水經丙水注及比水注引司馬彪說〕。諸說皆不足據。當以服子愼爲定論。」

不順必犯。

　　解：不順，立少也。犯，魯必犯王命而不從也。

　　集證：魯之君位繼承，皆由長及弟，魯世家云：「魯公伯禽卒，子考公酋立。考公四年卒，立弟熙，是謂煬公。……六年卒，子幽公宰立。……幽公弟濞，殺幽公而自立，是爲魏公。魏公五十年卒，子厲公擢立。厲公三十七年卒，魯人立其弟具，是爲獻公。獻公三十二年卒，子眞公濞立。……三十年，眞公卒，弟敖立，是爲武公。」是以莊公問嗣於叔牙，叔牙曰：「一繼一及魯之常也。」爾後慶父之亂，其因仍種於繼承制度之破壞。今武公以長子括與少子戲朝王，王不立括而立戲，頗悖魯君位繼承之傳統，故曰不順也。

犯王命，必誅。

　　集證：誅謂誅責也。

故出令不可不順也。令之不行，政之不立。

　　解：令不行卽政不立也。

　　集證：上「之」猶「若」也，下「之」猶「則」也（魯世家集解引韋注作「則」），謂令若不行政則不立也。見拙著國語虛詞集釋。

行而不順，民將棄上。

　　解：使長事少，故民必棄上也。

夫下事上，少事長，所以爲順也。

　　集證：魯君位繼承之習慣，亦合此一觀念。行之既久，遂爲道德標準。

今天子立諸侯而建其少，

　　　　集證：建猶立也。建、立互文。魯世家作「建諸侯立其少」可證。

是教逆也。

　　　　集證：唐固曰：言不教之順而教之逆（魯世家集解引）。

若魯從之，而諸侯效之，王命將有所壅。

　　　解：言先王立長之命將壅塞不行也。

　　　　集證：魯世家考證引屠隆曰：「將有所壅，卽上之犯王命而不從也。誅王命，乃
　　　　自出令而自誅之也。俱在今王上說。註非。」

若不從而誅之，是自誅王命也。

　　　解：誅王命者，先王之命立長。今魯亦立長，若誅之，是自誅王命也。

　　　　集證：韋解謂「今魯亦立長」者，謂魯若不從王立戲之命而立括也。魯世家考證
　　　　引中井積德云：「先王之教，卽今王之所以命諸侯。王命宜以今王解。」

是事也，誅亦失，不誅亦失。

　　　解：誅之，誅王命。不誅則廢命也。（公序本次「誅」上有「則」字。魯世家集解
　　　　引無。公序本「則廢命也」，集解引同。）

天子其圖之。王卒立之，魯侯歸而卒。

　　　　集證：魯世家作「夏，武公歸而卒。」

及魯人殺懿公，

　　　解：懿公戲也。

　　　　集證：及猶既也，謂既而也。時間介詞。魯世家事在懿公九年。

而立伯御。

　　　解：伯御，括也。

　　　　集證：魯世家謂伯御爲括之子，已見前文「魯武公以括與戲見王」條。

三十二年春，宣王伐魯，立孝公。

　　　解：孝公，懿公之弟稱也。

　　　　集證：宣王伐魯，伐伯御也。魯世家謂「伯御卽位，十一年，周宣王伐魯，殺其
　　　　君伯御。」伯御十一年卽周宣王三十二年。孝公稱爲懿公之弟，魯世家同，然十
　　　　二諸侯年表則伯御十一年云：「周宣王誅伯御，立其弟稱，是爲孝公。」誤以稱

為伯御之弟（伯御元年表則以伯御為武公之孫，同魯世家。）

諸侯從是而不睦。

　解：從是而不相親睦於王也。

　　集證：公序本此屬上「武公以括與戲見王」章之末，明道本則以屬此「宣王命魯孝公」章之始。考異以為公序本是。驗之國語他章多以徵驗之語誌於章末，則公序本蓋是。夫君位繼承，國之大事，而今宣王以一己之愛憎變法易常，宜其諸侯騷然不安而有怨懟也。

宣王欲得國子之能導訓諸侯者。

　解：賈侍中云：「國子，諸侯之嗣子。或云，國子，諸侯之子，欲使訓導諸侯之子」。唐尚書云：「國子，謂諸侯能治國子養百姓者。」昭謂：國子，同姓諸姬也。凡王子弟謂之國子。導訓諸侯者，謂為州伯者也。

　　集證：發正：「訓當讀為順。史記作道順。」疑此仍承前事而來。廢長立幼，行不順之令。誅逆實基於教逆也。宜其諸侯騷然而不睦矣。斯時欲重拾天下人心，非謀安定魯國之道不可。所置新君，最為關鍵。是則「導順諸侯」蓋謂導使諸侯順服也。

樊穆仲曰：魯侯孝。

　解：穆仲，仲山夫之謚。猶魯叔孫穆子謂之穆叔。

王曰：何以知之，對曰：肅恭明神而敬事耇老。

　解：耇，凍黎也。

　　集證：肅恭猶敬事。肅，亦敬也（左文十八年傳「忠肅恭懿」，杜注：「肅，敬也。」）恭與事皆為動詞。楚語下：「而敬恭明神者以為之祝」，敬恭明神即此肅恭明神也。上文虢文公諫宣王不籍千畝章之「恪恭于農」，其例亦同。爾雅釋詁：「耇，壽也。」耇老連文，狀其老也。猶耆老之比。韋訓「凍黎」，特就「耇」字細釋之。補正云：「謂老人面似凍黎」。釋詁疏引孫炎注云：「面如凍梨，色如浮垢，老人壽徵也。」蓋即補正所本。疑非韋解原意。韋解但出「凍梨」二字，難以見「面色似凍梨」之義也。疏引孫炎之注，亦有可議。尚書泰誓中疏引孫炎曰：「耇，面凍梨色似浮垢也。」詩南山有臺疏引孫炎亦云：「耇，面凍

梨色如浮垢。」「面」下皆無「如」字。與說文合。說文云：「耇，老人面凍黎若垢。」段玉裁注云：「凍黎，謂凍而黑色。」黎，或作梨。玉篇引說文即作「梨」。段玉裁云：「或假梨爲之。」沈濤說文古本考云：「梨即黎字之假借。」是也。韋解實取義於黎黑，（發正謂本於士冠禮鄭注「耇凍黎也」。）補正誤矣。

賦事行刑，必問於遺訓，

解：遺訓，先王之教也。

集證：賦，布也，詩烝民：「明命使賦」毛傳：「布也。」周語上文「將導利而布之上下者也」，「而時布之於農」，韋皆訓「布」爲「賦」。是賦亦可訓布也。賦事行刑，相對成文。布有布施，施行之義。下文「無以賦令」，謂無以布施政令也。魯語下：「社而賦事」與此同。

而咨於故實。

解：咨，謀也。故實，故事之是者。

集證：咨謂訪問也。左襄四年傳：「訪問於善爲咨」，魯語下「必咨於周」韋解同。上文「賦事行刑必問於遺訓」，下文「不干所問，不犯所咨。」咨、問相對成文。韋訓謀，謀亦求問也。故實，發正以爲實爲寔之假借，而寔有是義。有過泥之病。故實即故事，亦即往事。重經驗也。

不干所問，不犯所咨。

集證：干亦犯也。

王曰：然則能訓治其民矣，乃命魯孝公於夷宮。

解：命爲侯伯也。夷宮者，宣王祖父夷王之廟。古者爵命必於祖廟。

集證：然則，猶「如此則」也。國語凡十三見，皆用於對話。參拙著國語虛詞集釋。命謂爵命，謂立稱爲侯，非謂「侯伯」也。魯世家：「乃立稱於夷宮，是爲孝公。」是也。韋氏承前注「州伯」而有，非是也。伯御則未受命爲君，故在位十一年而無號。

宣王既喪南國之師。

解：喪，亡也。敗于姜戎氏時所亡也。南國，江漢之間也。故詩云：「滔滔江漢，

南國之紀。」

集證：發正云：「南國之師，決非姜氏之戎。括地志以千畝爲近太原，誤本於此。而韋解亦以此致誤。」以仁案：韋解謂南國之師，伐姜戎時所表亡也，非謂南國之師即姜氏之戎也。發正誤。董增齡正義曰：「古者，六師之移，諸侯各以兵從。下迨桓王伐鄭，尙有陳、蔡、衞三國。鄭語：『當成周者，南有荊、蠻、申、呂、應、鄧、陳、蔡、隨、唐，蓋宣王伐姜戎時，起南國之師以佐兵威。及敗，而南國之人峴焉喪亡也者，昭十九年傳：鄭子產曰：今又喪我大夫偃。」蓋是矣。唐固注則謂「南國，南陽也。」（周本紀集解引）。程發軔春秋左傳地名圖考引馬融云：「晉地。………朝歌以南至軹爲南陽。」即自河南淇縣至濟源之地。正榮庵師所謂姜戎活動區域。千畝之戰，今唐氏注佚，似別有解，不可知矣。

乃料民於太原。

解：料，數也。太原，地名也。

集證：說文：「料，量也。」引申之凡量度物之多少皆謂之料，此謂計民數也（周本紀考證：「謂計民數以爲兵也」）。故下文云：「古者不料民而知其少多。」若今之統查人口焉。下文諸「料民」義皆同此。楚語上：「楚師可料也」，韋亦訓「數」，疑當訓料度，與此料數不同。發正云：「詩六月薄伐玁狁，至于大原，傳箋不言所在。采薇序：文王之時，西有昆夷之患，北有玁狁之難。玁狁北狄，追奔逐北，自應向北而去。大原當在周之北境。宣王料民，亦以其地近邊而爲之備。此與詩之大原自是一地。後漢書西羌傳：穆王西征犬戎，獲其五王，遂遷戎於大原。夷王命虢公伐大原之戎，至於兪泉。章懷注見竹書紀年。然則大原蓋在雍州之北而近西者。漢書賈捐之傳：秦地南不過閩越，北不過大原。秦亦都關中，故以大原爲北。朱子以爲今大原府陽曲縣，誤矣。顧炎武日知錄謂即今之平涼，後魏立爲原州，亦是取古大原之名。然以原州即大原，因詩取名，亦未敢信其必然也。休寧戴氏震毛鄭詩考正曰：大原，漢安定郡高平，今平涼府固原州。閻百詩潛邱劄記：侵鎬及方至於晉陽，鎬等三地名，皆在雍州。大原亦即雍州，必非周幷之大原也。若是晉陽，已封叔虞爲侯國，天子豈得料其民乎？仲山父諫不謂其少而大料之，是示以寡少，諸侯避之，其非屬甸侯之地可知。」太原

非山西之晉陽，似無疑義。惟程發軔氏春秋左傳地名圖考則考得在今山西聞喜一帶，案聞喜近豫西。而豫西正姜戎活動範圍。宣王料民，所以防邊備戎也。疑程說是。

司民協孤終。

解：司民，掌登萬民之數。自生齒已上，皆書於版。協，合也。無父曰孤。終，死也。合其名籍以登於王也。

集證：韋解「版」以上本於周禮司民。司民鄭注云：「登，上也。男八月女七月而生齒，版，今戶籍也。」

司商協民姓，（公序本「民」作「名」。）

解：司商，掌賜族受姓之官。商，金聲清，謂人姓吹律合定其姓名也。

集證：秦鼎云：「按周禮無司商職，蓋司宮商者。協民姓，合萬民之姓名也。渡氏云：名姓，名家之姓，猶言舊族也。文獻通考卷十引此『名』作『民』。人始生吹律者。賈誼所謂太子生而泣，太師吹銅曰聲中某佳。是也。非定姓名之謂也。定姓名者，蓋起漢儒五行家之謬說也。白虎通曰：姓所以有百者何？古者聖人吹律定姓以記其姓。人含五常而生，聲有五音。又京房本姓李，吹律改京。王莽時卜者王況謂李焉曰：君姓李，李屬徵，徵火，宜爲漢輔。此皆俗說。自孔六帖論之，是也。」董增齡正義，汪遠孫發正皆引吹律定姓之說，荒謬難稽，不足以解國語信實之文。因但存秦鼎之說。又秦鼎謂周禮無司商一職。董增齡正義引禮說謂即大司樂。俞樾則以「商」爲「章」之假字，司商即司章，亦即司樂，云：「聲有五，不當獨擧商之一聲以名官也。商當讀爲章，古音相近。尙書柴誓『我商賚女。』釋文曰：『商，徐邈音章。』又水經㵎水注：『商，漳聲相近。』並其證也。漢書律歷志曰：『商之言章也。』是二字聲近義通。呂氏春秋勿躬篇：『臣不如弦章。』韓子外儲說篇作『弦商』。僖二十五年左傳杜注曰：『商密，今南陽丹水縣。』續漢書郡國志南陽郡丹水有『章密鄉』，並古字通用之證。說文音部：『章，樂竟爲一章，從音十，十，數之終也。』然則司樂者謂之司章。正取樂竟爲一章之義。因叚商爲之。學者遂不得其解矣。」（群經平議卷二十八）

司徒協旅。

解：司徒，掌合師旅之衆。

司寇協姦，

解：司寇，刑官，掌合姦民，以知死刑之數也。

集證：董增齡正義曰：「周官小司寇，歲終則合群士計獄弊訟。是知死刑之數。」

牧協職。

解：周禮牧人掌養犧牲合其物色之數也。

集證：發正云：「周禮地官牛人：『凡祭祀，共其享牛。求牛以授職人而芻之。』鄭注『職讀爲樴，樴謂之杙。可以繫牛。樴人者，謂牧人充人與？』春官肆師，『大祭祀，展犧牲，繫于牢，頒于職人。』注：『職讀爲樴，可以繫牲者。此樴人謂充人及監門人。』案國語職字，當讀與周禮同。協職者，合其樴杙之數也。」

工協革，

解：工，百工之宮。革，更也。更制度者合其數。

集證：董增齡正義：「易雜卦傳：『革，去故也。』故革以更易爲義。西都賦『工用高曾之規矩』，謂因時損益而不戾先王之法度也。」

場協入，

解：場人，掌場圃委積珍物，斂而藏之。

集證：周禮場人：「掌國之場圃，而樹之果蓏珍異之物，以時斂而藏之。」韋解所本也。鄭注：「珍異，蒲桃枇杷之屬。」呂覽仲秋紀「乃命有司，趣民收斂。」高誘注：「有司，於周禮爲場人。場協入也。」即用國語文義。

廩協出，

解：廩人，掌九穀出用之數也。

是則少多死生出入往來者皆可知也。於是乎又審之以事。

解：事，謂因藉田與蒐狩以簡知其數也。

集證：審謂審察也。事，指下文藉田，耨穫、蒐、獮、狩諸事也。藉行諸事時審察之也。

王治農於籍，

解：籍，籍於千畝地也。

蒐于農隙，

解：春田曰蒐。蒐，擇也。禽獸懷姙未著，搜而取之也。農隙，仲春，既耕之後。
隙，閑也。（公序「閑」作「閒」，公序是。閑爲闌閑，防閑字。）

集證：左隱五年傳：「故春蒐、夏苗、秋獮、冬狩。」杜預注：「蒐，索。擇取
不孕者。」竹添會箋云：「春獵曰蒐。謂搜獸于藪澤之閒也。」

耨穫亦於籍，

解：言王亦至於籍考課之，

集證：發正云：「孟子：『春省耕而補不足。秋省斂而助不給。』考課即省斂
也。」以仁案：此句疑當接「王治農於籍」句下，所以謂「亦於籍」也。今錯簡
於此。又疑此固依四時以行文。治農則春時事也，蒐則於春隙。耨穫則夏秋事
也。獮則於仲秋既升之後。狩則於冬日農閒之時。整齊之中，亦有變化，而文更
錯綜有致也。又疑此「耨穫亦於籍」與「夏苗」相當，左隱五年杜注：「苗，爲
苗除害也。」耨亦爲苗除害也。（說苑修文篇「苗者，毛取之。」恐是後世不知
「苗」爲除苗之害而妄加之義，獵取毛物，於人無益也。）國語不言「夏苗」，
蓋以此代之乎？是以次「蒐于農隙」之後也。後世僅言三田，而無夏苗，疑夏苗
原非狩獵之事，故不與也，凡此皆妄言之而不能斷。

獮於既烝，

解：秋田曰獮。獮，殺也。順時始殺也。烝，升也。月令：孟秋乃升穀。天子嘗
新。既升，謂仲秋也。

集證：獮，今音ㄒㄧㄢ。左隱五年傳杜注：「獮，殺也。以殺爲名，順秋氣
也。」

狩於畢時。

解：冬田曰狩。狩，圍守而取之。畢時，時務畢也。

集證：左隱五年傳杜注云：「狩，圍守也。多物畢成，獲則取之，無所擇也。」

發正云：「周禮大司馬：『春蒐田、夏苗田、秋獮田、冬狩田。』內傳隱五年及

爾雅並同。此（以仁案：謂國語）不言夏者，禮記王制：『天子諸侯無事則歲三田。』鄭注：『三田者，夏不田。蓋夏時也。』孔疏云：『夏不田，春秋運斗樞文。』（以仁案：孔疏原文不全如此，蓋約而引之。）公羊桓四年傳：『春曰苗，秋曰蒐，多曰狩。』何休注云：『不以夏田者，春秋制也。以爲飛鳥未去於巢，走獸未離於穴，恐傷害於幼穉，故於苑圃中取之。』說苑脩文篇：『苗者，毛取之。蒐者，搜索之。狩者，留守之（以仁案：四部叢刊本說苑作守留之）。夏不田，何也？田地陰陽盛長之時，猛獸不攫，鷙鳥不搏，蝮蠆不螫，鳥獸蟲蛇且知應天，而況人乎哉！』其三時之名，與禮不合。蓋傳聞之異。夏不田，西周當有此制。故仲山父亦止言三時也。」以仁案：疑「夏苗」本非狩獵之事，故後世僅言三田耳。見前文「耤穫亦如之」條。竹添光鴻左氏會箋云：「曰既，曰畢，亦是隙也。自秦以來，三時皆廢，止於秋時講武，而古意亡矣。」

是皆習民數者也，又何料焉，

　　解：習，簡習也。

不謂其少而大料之，是示少而惡事也。

　　解：言王不謂其衆少而大料數之，是示以寡少，又厭惡政事不能修之意也。

　　集證：政指上文司民協孤終至廩協出，皆國之常務。事指上文籍田、耤穫、蒐、獮、狩諸務，凡此皆可據以知民之少多。

臨政示少，諸侯避之。

　　解：示天下以寡弱，諸侯將避遠王室，不親附也。

治民惡事，無以賦令。

　　解：言厭惡政事，無以賦令也。

　　集證：賦令謂布行政令也。

且無故而料民，天所惡也。

　　解：故，事也。天道清淨也。

害於政而妨於後嗣。

　　解：害政，敗爲政之道也，妨後嗣，爲將有禍亂也。

王卒料之。及幽王，乃廢滅。（考異據御覽疑「廢」衍。）

解：幽王，宣王之子幽王宮涅也。滅，謂滅西周也。（史記「涅」作「湼」，正義
云：「本又作湼，乃結反。」補音云：「又或作「宮湟」，疑「湟」即「湼」之
誤。集解引徐廣曰：「一作生」。正義曰「湼音生」。是一本誤以標音字變正文，
然亦可知原作「湼」也。此字古籍多譌亂，如魯世家惠公名「弗湟」，年表作「弗
湼」而集解引徐廣及索隱皆謂年表作「弗生」。索隱引系本及左傳正義引世家作「弗
皇」。梁玉繩以爲當作「湼」）。

集證：崔述曰：「余考宣王之事，據詩則英主也。據國語則失德實多，判若兩人
者。心竊疑之。久之，乃覺其故有三：詩人之體主於頌揚。然大雅之述文武者多
實錄，而魯頌閟宮篇則專尚虛詞：『荊舒是懲，莫我敢承。』僖公豈足以當之！
此亦世變之爲之也。宣王之時雖尚未至是，然亦不免小事而張皇之：城方，封
申，亦僅僅耳，而其詞皆若威震萬里者。是詩言原多溢美，未可盡信。其故一
也；國語主於敷言，非紀事之書，故以『語』名其書，而政事多不載焉。然其言
亦非當日之言，乃後人取當日諫君料事之詞而衍之者。諫由於君之失道，故衍諫
詞者必本其失道之事言之。非宣王之爲君盡若是，亦非此外別無他善政可書也。
其故二也；古之人君，勤於始者多，勉於終者少。梁武帝創業之主，勤於庶政，
而及其晚年，百度廢弛，卒致侯景之禍。唐明皇帝躬勘大難，致開元之治，而晚
年淫侈，亦致祿山之患。其始終皆判若兩人。宣王在位四十六年，始勤終怠，固
宜有之。故國語所稱伐魯在三十二年，千畝之戰在三十九年，皆宣王晚年事，而
詩稱封申伐淮夷皆召穆公經理之，穆公，厲王大臣，又歷共和之十四年，其相宣
王必不甚久，則此皆宣王初年事無疑也。且使宣王果能憂勤振作四十餘年，何至
幽王之世無道十一年而遽亡其國！由是言之，詩固多溢美，國語固專紀其失，要
亦宣王之始終本異也。其故三也。蓋召穆公，周之賢相，宣王初政實穆公主之，
故能致中興之盛。猶昔悼公任韓厥荀罃而復霸，及荀偃爲政而釋衞不討，伐秦遽
還，霸業遂衰也。」（豐鎬考信錄卷之七）。

幽王二年，西周三川皆震。（公序本「二年」作「三年」。誤。詳斠證。）

解：西周，謂鎬京也。幽王在焉。邠岐之所近也。三川，涇、渭、洛，出於岐山
也。震，動也。地震，故三川亦動也。川竭也。（「邠歧」，公序本作「蓋歧」。

「洛」，公序作「汭」，考異以爲非也。考異謂「地震」下當依史記集解引韋注校增「動」字，「動也」之「也」爲衍文，「川竭」疑「而竭」之譌。）

集證：周本紀正義云：「按涇渭二水，在雍州北。洛水，一名漆沮，在雍州東北，南流入渭。此時以王城爲東周，鎬京爲西周。」發正以爲並非出岐山，云：「漢書五行志：周三川皆震，劉向以爲金木水火沴土者也。知三川爲涇渭洛者，竹書：幽王二年，涇渭洛竭。杜預注內傳襄二十（以仁案：當作昭二十三年），徐廣注史記（以仁案：周本紀）皆同韋說。地理志安定郡涇陽幵頭山在西，涇水所出。東南至陽陵入渭。隴西郡首陽鳥鼠同穴山在西南，渭水所出，東至船司空入河。北地郡歸德，洛水出北蠻夷中入河，左馮翊褱德，洛水東南入渭。周禮職方氏鄭注亦云：洛出懷德西山，經白於之山，洛水出其陽而東流，注于渭。淮南墜形訓：洛出獵山，高注：獵山在北地西北夷中，洛東南流入渭。獵山或即白於山之異名。並與地理志合。歸德言入河者由渭以達河也。岐山，地理志在右扶風美陽西北，今在鳳翔府岐山縣東北十里。渭水尙遶岐山縣界，涇洛幷不過其地。韋云出於岐山，殆考之不審也。高誘注淮南本經訓誤與韋同。」

伯陽父曰：周將亡矣。（父、周本紀作「甫」，甫、父正、假字。）

解：伯陽父，周大夫也。

集證：周本紀集解及正義引唐固謂伯陽甫乃周柱下史老子。張守節辨曰：「按幽王元年至孔子卒，三百餘年。老子當孔子時，唐固說非也。」

又柳子厚曰：「山川者，特天地之物也。陰陽遊乎其間者也。自動、自休、自峙、自流，是惡乎與我謀？自鬬、自竭、自崩、自缺，是惡乎爲我設？」王觀國曰：「竊謂天地之有山川，猶人之有支體血氣也。天地陰陽之氣不和，則有山崩水竭之災。一人之身陰陽之氣不和，則變而爲疾。聖人與天地同體，懼陰陽之氣不和則爲災爲疾。夫爲災爲疾者，變也。故春秋書沙鹿崩，梁山崩者，記變也。左氏傳曰：『國主山川，故山崩川竭，君爲之不舉。降服、乘縵、徹樂、出次、祝幣、史辭以禮焉。』三川震，伯陽父曰：『周將亡矣』，意謂王者不能修德以召和而變見焉，則國有亡之道也。」以仁案：山崩川竭，奇災異變，無不影響民生者，雖自然之徵，實亦人事之兆也。爲人君者，宜深致戒懼焉。乃幽王外寵於卿

士石父，內惑於豔妻褒姒，日食蓍流，諸多災異，而饑饉喪亂，民卒流亡，諸侯離心，戎狄蠶食，著於詩篇者固斑斑可參也。國欲不亡，不可得已。柳子厚遊筆於莊老之間，文士之見耳。烏足辨哉！

夫天地之氣，不失其序，

解：序，次也。

集證：天地之氣，即下文所謂陰陽之氣也。

若過其序，民亂之也，（公序本「亂之」作「之亂」，札記、考異皆以爲誤。）

解：過，失也。言民者，不敢斥王也。

集證：「民亂之」者，周本紀考證引龜井昱曰：「民猶人也。對天地言之。」言天地之氣不失其序，若失其序，則是人所擾亂也。

陽伏而不能出，陰迫而不能烝，（金李本「迫」作「遁」，見黈證。）

解：烝，升也。陽氣在下，陰氣迫之，使不能升也。

集證：左文九年經疏引孔晁曰：「陽氣伏於陰下，見迫於陰，故不能升，以至於地動。」與韋解同，疑皆非也。陽伏、陰迫，本言二事，韋氏不得合爲一談。古人以爲天地生陰陽二氣。（素問云：「天爲陽，地爲陰。」春秋繁露云：「陰，地氣也。陽，天氣也。」）陰陽二氣，隨時令之轉移而互爲消長（淮南天文篇，「景脩則陰氣盛，景短則陽氣盛。」）地震蓋起於陰陽二氣之失當。或陽爲陰所壓，所謂「陽伏而不能出也」，或陰爲陽所鎮，所謂「陰迫而不能烝也」（管子形勢解：「春者，陽氣始上，故萬物生。夏者，陽氣畢上，故萬物長。秋者，陰氣始下，故萬物收。冬者，陰氣畢下，故萬物長。」）皆致地震。今三川之震，則由於陰爲陽所壓。說苑辨物篇云：「今大旱者，陽氣大盛，以壓於陰。……惟塡壓之太甚，使陰陽不能起也。」其說是矣。陰迫而不能烝者，謂陰氣見迫於陽而不能升也。（迫作遁則此義尤顯，謂陰氣遁隱也，非謂陰遁陽也。）若二句說爲一事，則語贅疣難通矣。韋注及諸疏解者皆說此不了。

於是有地震，

解：陰陽相迫，氣動於下，故地震也。

今三川實震，是陽失其所而鎮陰也。（史周本紀「鎮」作「塡」，二字古通，鎮陰即

塡陰也，詳斠證。）

解：鎭，爲陰所鎭笮也。笮，莊百反。（考異以爲「笮，莊百反」乃據舊音增入。重刻公序本且誤百爲陌，皆非。以仁案：百，陌同在陌韻，無妨於音値。今音ㄗㄜ。）

集證：黃丕烈札記，汪遠孫發正，董增齡正義皆據史記及漢書五行志讀鎭爲塡。鎭、塡二義皆可通，姑從韋解讀鎭。然韋訓「陽失其所而鎭陰」爲「爲陰所鎭」，主詞與受詞顛倒，究非國語文法之常式。周本紀考證引龜井昱曰：「陽厭陰而使不能蒸也。」甚是。笮，本義爲屋上竹薄（說文徐灝箋），在上橡之下，下橡之上。迫居其間，故說文曰：「迫也。」引申因有壓迫義（增韻：「笮，壓也。」）

陽失而在陰，

解：在陰，在陰下也。

集證：在陰無由訓爲在陰下。韋蓋求與前訓相合而爲此加字之訓也。一不愼則全盤之累，此韋解之所以處處枘鑿而煞費周章也。陽失而在陰卽上文所謂陽失其所而鎭陰，陽壓陰則陽在陰上也。陽在陰上，陰不能出，此劉向說苑所謂陽氣大盛而至大旱者也。漢書五行志劉向以爲火氣來煎枯水，故川竭，亦此意也。俞樾不知此義而謂「在」爲「載」之假字，謂陽失而在陰爲「陽失而載陰」，云：「在陰下而但曰在陰，文義未了。在當讀爲載，載從戈聲，在從才聲，亦或從戈聲。州輔碑『戈貴不濡』，在作「戈」，是其證也。故在、載古得通用。陽失而載陰，謂陽在陰下，以陽載陰也。」（群經平議卷二十八）。不知「陽伏不能出」「陰迫不能烝」實爲二事，凡陰陽失位，或陽在陰位，或陰在陽位，皆足以致地震，乃曲爲此義以就韋說，遂逐處費解矣。

川源必塞，

解：地動則泉源塞。

源塞國必亡，

解：國依山川，今源塞，故國將亡也。

夫水土演而民用也。

解：水土氣通爲演。演猶潤也，演則生物，民得用之。

集證：劉台拱國語補校：「一說『夫水』句，『土演而民用也』句。……案：水
經注濟水一滎口石門碑云：『川無滯越，水土通演。』水土二字連文。一說非
是。」又賈逵曰：「演，引也。」（文選長笛賦注及慧琳音義卷七十二引）。訓
引亦可通。

水土無所演，民乏財用，不亡何待。

解：水氣不潤，土枯不養，故乏財用。

集證：述聞云：「家大人曰：水土無所演，衍『水』字。演，潤也。土得水則
潤，潤則生物而民得用之。若水竭則土無所演，不能生物，而民失其用矣。故曰
『土無所演，民乏財用，不亡何待。』韋注云：『水氣不潤，土枯不養，』正釋
『土無所演』四字。而正文內本無『水』字也。今本作『水土無所演』，則文義
不明。蓋涉上句『水土演』三字而誤。左傳昭二十三年正義引此正作『土無所
演』，無『水』字。史記周本紀，漢書五行志，說苑辨物篇並同。」

昔伊洛竭而夏亡，（考異云：「此洛當作雒。注同，說苑作伊雒。」段玉裁云：「雍
州洛水，豫州雒水，其字分別，自古不紊。周禮職方，豫州，其川滎、雒。雍州，其
浸渭、洛（正義本不誤。）逸周書職方解，地理志引職方正同。雒不見於詩『瞻彼洛
矣，』傳曰：『洛，宗周漑（段氏引脫此字）浸水也。』此職方氏文也。洛不見於左
傳，傳凡雒字皆作雒。如僖七年『伊雒之戎，』宣三年『楚子伐陸渾之戎，遂至於
雒』是也。淮南墜形訓曰：『洛出獵山』，據高注謂：雍州水也。『雒出熊耳』，據
高注謂豫州水也。漢地理志宏農上雒下云：『禹貢雒水出冢領山，東北至鞏入河，豫
州川。』（段氏引文有省略下同。）盧氏下云：『伊水出熊耳山東北入雒。』黽池下
云：『穀水出穀陽谷東北至穀城入雒。』新安下云：『禹貢澗水在東南入雒。』河南
穀成下云：『禹貢釐水出䜠亭北東南入雒。』此謂豫州水也。左馮翊襄德下云：『洛
水東南入渭。』北地歸德下云：『洛水出北蠻夷中，入河。』直路下云：『沮水出
東，西入洛。』此謂雍州水也。已上皆經數千年尚未誤者。而許書水部下不舉豫州水尤
爲二字分別之證。後人書豫水作洛，其誤起於魏。裴松之引魏略曰：『黃初元年詔以
漢火行也，火忌水，故洛去水而加隹。魏於行次爲土，土，水之牡也。水得土而乃

－185－

流，土得水而柔，故除隹加水，變雒爲洛。』此丕改雒爲洛，而又妄言漢變洛爲雒以
搑己紛更之咎。且自詭於復古。自魏至今，皆受其欺。周禮、春秋在漢以前，誰改之
乎？尚書有豫水無雍水，而蔡邕石經殘碑多士作雒。鄭注周禮引召誥作雒，是今文、
古文尚書皆不作洛。鄭、蔡斷不擅改經文也。自魏人書雒爲洛，而人輒改魏以前書
籍，故或致數行之內雒、洛錯出，即如地理志引禹貢既改爲洛矣，且上雒下曰：『禹
貢雒水』不且前無所承乎？若郊祀志汧洛從水，後文宣帝以四時祀江海雒水，成王郊
於雒邑，字皆從隹，又當時二字確然分別之證也。」（說文解字「洛」字下，又尚書
譔異，禹貢「逾于雒，至于南河」條下亦曾論及。）

解：竭，盡也。伊出熊耳，洛出冢嶺。禹都陽城，伊洛所近。

集證：發正云：「伊出熊耳，洛出冢嶺，漢書地理志文。禹都陽城，世本文見地理志臣瓚注。竹書紀年：帝癸元年，帝即位。居斟鄩。十三年，遷于河南。漢書地理志臣瓚注：吳起對魏武侯曰：昔夏桀之居，左河濟，右太華。伊闕在其南，羊腸在其北本史記吳起傳。河南城爲值之。又周書度邑篇曰：武王問太公曰：吾將田有夏之居，南望過于三塗，北瞻望于有河今逸周書文小異。有夏之居，即河南是也臣瓚注見北海郡平壽下。然則桀所都蓋在今河南府洛陽縣。書序、僞孔傳謂桀都安邑，非也此余同年生金氏鶚說未引瓚注爲證，見禮說求古錄。水經：伊水過伊闕中，東北至洛陽縣。南北入於洛。洛水過洛陽縣南，伊水從西來注之。東北過鞏縣東，又北入於河。蓋桀時正都其地。故云伊洛竭而夏亡。伊洛竭是桀時事金氏鶚云：竹書伊洛竭紀於十年，在遷于河南之前，後人編輯之誤。何以遠溯禹都乎。」

河竭而商亡，

解：商人都霤，河水所經。

集證：譚澐曰：「紂都朝歌，河水遶其南及東，又北流至肥鄉，與漳水合。」
（國語釋地卷上）。霤即殷都朝歌也。在今河南淇縣。商自盤庚遷殷，至紂之
滅，二百七十五年，更不徙都。殷本紀正義云：「紂時稍大其邑，南距朝歌，北
據邯鄲及沙丘，皆爲離宮別館。」

今周德若二代之季矣。

解：二代之季，謂桀紂也。

其川源又塞，塞必竭。夫國，必依山川。

解：依其精氣利澤也。

山崩川竭，亡之徵也。川竭山必崩。

解：水泉不潤，枯朽而崩。

若國亡，不過十年。數之紀也。

解：數起一，終於十。十則更，故曰紀也。

集證：朱駿聲以爲「紀」是「改」之假字。

夫天之所棄，不過其紀。是歲也，三川竭，岐山崩。

集證：周本紀考證云：「是歲一句，言周亡之歲。三川竭，岐山崩也。伯陽父之言至此。」以仁案：是歲一語，言川震之歲，乃國語作者敍述之語。若爲伯陽父之預言，當云其歲。考證之說非是。譚澐謂岐山：「在今鳳翔府岐山縣東北四十里。山南有周城，即太王所都。」（國語釋地）

十一年，幽王乃滅。周乃東遷。

解：東遷，謂平王遷於洛汭也。（公序本「汭」作「邑」，考異謂「是也」。）

集證：鄭語亦云：「幽王……十一年而斃。」史周本紀幽王爲尤戎所殺，未書年。年表有。周紀集解引竹書紀年曰：「自武王滅殷，以至幽王，凡二百五十七年也。」崔述曰：「世皆謂申侯啓戎，戎遂克周，殺幽王驪山下。夫周之王畿號爲千里，有百二山河之險，關東諸侯皆堪徵調。戎雖強大，豈能一旦而遂破之？蓋其來有漸矣。觀雨無正之二章，則諸侯固已多不至者矣。觀召旻之卒章，則戎之蠶食亦非一日矣。周已衰微不振，是以戎得一舉而滅之。」（豐鎬考信錄卷七）。譚澐曰：「東遷洛邑王城也。在今河南府洛陽縣。周室之初，文王居豐，武王居鎬。至成王時，周公始營洛邑，爲時會諸侯之所。自是謂豐鎬爲西都，而洛邑爲東都。及幽王爲犬戎所滅，諸侯共立王太子宜臼，是爲平王。徙居東都王城。豐，故崇國，在西安府鄠縣。鎬京在長安縣。王城者，洛誥所謂瀍水東瀍水西也。今洛陽城內西偏，即王城故址。」（國語釋地）。

惠王三年，（考異改「三」爲「二」，云：「各本誤三年，據史記十二諸侯年表改正。」汪氏之說，蓋本之王引之述聞，詳下文。）

解：惠王，周莊王之孫，釐王之子，惠王涼也。三年，魯莊公十九年也。（公序本

「涼」上有「毋」字。舊音、賈注則無「毋」字，世本及古今人表並作毋涼，史周本紀則作閬，閬、涼聲近，而無毋字。考異云：「未知孰是」。）

集證：王引之述聞曰：「下文始云三年，則此非三年矣。三當作二。史記周本紀惠王二年，邊伯等五人作亂，立釐王弟穨爲王。十二諸侯年表：惠王二年，燕衞伐王，立子穨，是也。注內「三」字亦當作「二」。年表周惠王二年，正當魯莊公十九年，故注曰：『二年，魯莊公十九年也。』若作『三年』，則爲莊公之二十年，不得云十九年矣。」

邊伯、石速、蔿國，出王而立子穨。

解：三子，周大夫。子穨，莊王之少子，王姚之子。王姚嬖於莊王，生子穨。子穨有寵，蔿國爲之師。及惠王即位，取蔿國之圃及邊伯之宮，又收石速之秩。故三子出王而立子穨。

集證：此事又見左莊十九年傳，作亂者爲六人，另三人爲子禽、祝跪、詹父。與此文不同，史周本紀則謂「大夫邊伯等五人作亂。」左傳亦云：「五大夫奉子穨以伐王」，不數石速，蓋石速膳夫也。按周禮，膳夫爲上士，非大夫。故杜注云：「石速，士也，故不在五大夫數也。」然竹添會箋則以石速爲大夫，祝跪則不在五大夫之列，云：「惟祝跪以官書（以仁案：祝，官也）又敍在下，他五人即五大夫也。石速若非大夫，則當敍於五大夫下。何得躋詹父上？詹父爲大夫，前傳有明文，周語亦以邊伯、石速、蔿國爲三大夫。石速非士明矣。杜據周禮膳夫爲上士，以石速爲士。然位職以時變遷，大雅咏膳夫左右，小雅咏仲允膳夫，則後世不必如周官之制也。」竹添之說蓋是。杜預注云：「王姚，莊王之妾也。姚，姓也。」蔿國爲子穨之師，蓋師氏之職。周禮地官之屬師氏，掌以媺詔王。以三德教國子。鄭注：「師氏教國子，而氏子亦齒焉。」左傳謂「取蔿國之圃以爲囿」。囿大圃小，蓋奪以廣其囿庭也。左傳又謂「邊伯之宮近王宮，王取之。」

王處于鄭。

集證：案左傳，五大夫奉子穨以伐王，初不勝而奔溫。後因蘇氏（蘇本國名，以國爲氏。桓王曾奪其十二邑以與鄭），聯合衞、燕之師而敗周。鄭伯遂以王歸，

王處於櫟。櫟，鄭地也。桓公十五年左傳杜注云：「鄭別都也。今河南陽翟縣。」鄭厲公嘗居之（見桓十五年左傳及史鄭世家）。春秋時櫟地有三。桓十五年、莊二十年、僖二十四年、昭元年、十一年所載皆鄭地之櫟。襄十一年「秦晉戰于櫟」，則爲晉地。在陝西臨潼縣北三十里，渭水之北。昭四年「吳伐楚入棘櫟麻」，則楚地，在河南夏邑縣。

三年，王子頹飲三大夫酒。子國爲客。

解：子國，蕉國也。客，上客也。

集證：三年，謂惠王三年也。首「三年」爲「二年」之誤，已見述聞之辨。

樂及徧儛。（儛即舞之別體。左、史皆作舞。）

解：徧儛，六代之樂，謂黃帝曰雲門，堯曰咸池，舜曰簫韶，禹曰大夏，殷曰大護，周曰大武也。一曰諸侯大夫徧儛。

集證：竹添會箋引崔述曰：「世傳上古樂名，樂記有大章、咸池。周官有雲門、大卷、大咸，而皆不言何人所作。樂緯以咸池爲黃帝樂，大章爲堯樂。如是則當先言咸池。何以樂記乃先大章而後及咸池也？鄭注謂咸池即大咸，乃黃帝樂，堯增修而用之。然特出於猜度，非有確據。而一代之樂，功德所存，堯亦不應無故改黃帝之樂，使後人不得見其眞也。孔、賈二疏又曲爲鄭注解，謂大章即大卷，與咸池皆黃帝之樂。堯增修者存其本名曰咸池。不增修者別爲立名曰大章。至周又改名爲雲門。其說尤爲紆曲。何者？堯亦聖人，何爲不自作樂，而但增修前代之樂，改前代之樂名以爲己樂？且宜修者宜改名，而反仍其舊名，不增修者不當改名，而反別立新名。倒行逆施，莫此爲甚。而堯既改之矣，周又改之，義何取焉？按堯以前之樂，無見於經傳者，春秋傳季札之觀樂，亦上至韶而止。蓋上古天下未平，民害尙多未去，聖人爲之制衣服、飲食、宮室、書契之屬，日不暇給，以故未遑作樂。不則有之，而世遠年湮，不傳於後世也。樂緯又稱：顓頊作五莖。帝嚳作六英。而周官、樂記皆無之。劉歆以爲周遷其樂，賈氏以爲遵黃帝之道，無所改作。夫古聖人之樂，果存於周，周人當愛護之不暇，何故而反遷之。豈必改黃帝之道，然後其樂可存乎？然則自堯以前，本無樂傳於後，而樂緯妄名之也明矣。」是則徧舞非謂六代之樂也。徧謂周徧。董增齡正義曰：「內則

十三舞勺、二十舞大夏、大司樂，以樂舞敎國子、鄉大夫賓興，興能曰和容，是
皆士大夫親舞。襄十六年傳：『晉侯與諸大夫宴于溫，使諸大夫舞曰：歌詩必
類。』杜注謂使諸大夫起舞以助宴飲。王子頹享三子則徧舞，自指三子起舞。」
則韋解一曰「諸侯大夫徧儛」者是也。

鄭厲公見虢叔，

解：厲公，鄭莊公之子厲公突也。虢叔，王卿士虢公林父也。

集證：周本紀正義引賈逵云：「鄭厲公突，虢公林父也。」（此或賈逵左傳之
注，故汪遠孫三君注輯存不錄。）蓋韋解所本也。然竹添會箋則以虢叔爲虢公
醜，而非林父，云：「林父是虢仲。桓十年虢仲譖其大夫詹父，是也。僖五年虢
公醜奔京師，此虢叔當是醜。」

曰：吾聞之，司寇行戮，君爲之不舉。

解：不舉樂也。

集證：杜預注曰：「司寇，刑官。」又謂「不舉」云：「去盛饌也」。與韋不
同。王引之述聞曰：「杜說是，韋說非也。成五年傳：『山崩川竭，君爲之不
舉，降服、乘縵、徹樂、出次、祝幣、史辭，以禮焉。』襄二十六年傳：『古之
治民者，將刑，爲之不舉，不舉則徹樂。』既云不舉，又云徹樂，則不舉非徹樂
矣。天官膳夫：『王日一舉，鼎十有二。物皆有俎，以樂侑食。大喪則不舉，大
荒則不舉，大札則不舉，天地有災則不舉，邦有大故則不舉。』鄭注曰：『殺牲
盛饌曰舉。』鄭司農引春秋傳曰：『司寇行戮，君爲之不主』，此不舉爲去盛饌
之明證，且『王日一舉』之下，始言『以樂侑食』，則所謂舉者，以盛饌言之，
非謂作樂明甚。王制：『然後天子食日舉。以樂。』食日舉，即所謂王日一舉也。
以樂，即所謂以樂侑食也。故鄭注云：『天子乃日舉，以樂侑食^{俗以日舉二字屬
下讀，非是。}。
而昭十七年傳：『三辰有災，君不舉。』漢書五行志引左氏說曰：『不舉，去樂
也。』則西漢時已誤解矣。又案禮記，凡去樂者，謂之『不舉樂』，雜記：『父
有服，宮中子不與於樂。母有服，聲聞焉，不舉樂。妻有服，不舉樂於其側。』
又：『君於卿大夫，比葬不食肉，比卒哭，不舉樂。爲士，比殯，不舉樂。』是
也。去盛饌者，則但謂之『不舉』，檀弓，玉藻之『君不舉』，文王世子之『公素

服不舉』是也。二者絕不相同。」

而況敢樂禍乎？今吾聞子頹歌舞不息，樂禍也。（公序本「不息」作「不思憂」，無「樂禍也」三字。考異謂公序本是，秦鼎則以明道本是。辨見集證。）

> 集證：考異云：「案公序本是也。下文『臨禍忘憂，是謂樂禍。』，即冢『歌舞不思憂』句而申說樂禍之義。不應於此先言樂禍明矣。明道本誤依內傳莊二十年『歌舞不倦，樂禍也』之文而改國語，不顧文義重複不貫也。汪氏校譌亦云。」
>
> 以仁案：汪中校文亦據下文「是謂樂禍」而云當以宋公序本爲正。考異蓋師其說而發揮之。秦鼎云：「『不息，樂禍也』，舊作『不思憂』，誤也。今從明本。」（日本國語定本）其說與考異適相反。按從明道本，義亦無重複不貫之處。

夫出王而代其位，禍孰大焉。臨禍忘憂，是謂樂禍。禍必及之。蓋納王乎？虢叔許諾。

> 集證：蓋，何不也。

鄭伯將王自圉門入，虢叔自北門入。

> 解：圉門，南門也。二門，王城門也。（公序本脫「圉門南門也」五字）。
>
> 集證：將謂導也。竹添會箋謂「扶進」（莊二十一年），疑非是。說文：「將，帥也。」桂馥義證云：「帥當爲㳿。本書：㳿，先導也。」徐灝說文箋：「將者，率循之義。因之有將帥之偁。將者，將也。引申之凡有所執持引導皆謂之將。」

殺子頹及三大夫，王乃入也。

> 集證：呂祖謙曰：「周室東遷，虢、鄭秉周政，與周最親。凡有患難，二國首先任爲己責，齊桓雖圖霸，終退然讓之。知當時尚不以甲兵強弱爲事。諸侯尚稟王命。據此則王室之亂，初不告命諸侯，而獨與二國謀，觀魯史不書其事可知。」
>
> 龔元玠曰：子頹之亂，虢、鄭勤王，而齊桓所以不與者，蓋子頹爲惠王叔父，莊王愛子，僖王愛弟。惠王原無必殺之志。且其叛黨非勁敵，畿內諸侯自能定難，原無事於畿外諸侯故也。何以知其黨非勁敵，更何以知惠王不欲殺子頹也？曰：據二十年傳（以仁案：莊公二十年）可見矣。『春，鄭伯和王室』者，欲全子頹

也。『不克』者，子頹不聽也。執燕仲父，則子頹之黨孤矣。然鄭伯以王歸，越夏及秋，處櫟入鄔，而不致力以伐子頹者，仍欲子頹之悔過也。逮子頹憪然得意，樂禍忘憂，而後不得已約虢公，於次年春『胥命子弭』（以仁案：弭，鄭地），爲納王之舉。其夏同伐王城，殺子頹及五大夫，如犬彘然。曾何費兵力哉！蓋鄭厲虐而才，又得虢公之助，故卒能成勤王之功。此惠王所能信，亦天下諸侯所能共信者，齊桓所以不必引爲已事也。」（以上二條，轉引自竹添莊二十年左氏會箋。）史秦本紀云：「周王子穨好牛，臣以養牛干之。及穨欲用臣，蹇叔止臣，臣去。得不誅。」聲色犬馬，固子頹之所好，又豈徧舞一事乎！宜其敗亡也。

十五年，有神降於莘。

解：惠王十五年，魯莊公三十二年也。降謂下也。言自上而下，有聲象以接人也。莘，虢地也。

集證：左莊三十二年傳疏云：「易稱神也者，妙萬物而爲言者也。雖復鬼神之神，亦無形象可見。今言神降，則人皆聞知，故知有神。謂有神聲以接人也。吳孫權時，有神自稱王表，言語與人無異，而形不可見。今此神降于莘，蓋亦王表之類。神者，氣也，當在人上。今下接人，故稱降也。」程發軔云：「方輿紀要：『莘在今河南陝縣西十五里。』一統志：『在陝縣東南五十里，有莘原。』從一統志。」

王問於內史過，

解：內史，周大夫。過，其名也。掌爵祿廢置及策命諸侯孤卿大夫也。

集證：周語上下文：「襄王使邵公過及內史過賜晉惠公命」，又：「襄王使太宰文公及內史興賜晉文公命。」（又見僖公廿八年左傳），是內史掌策命之證也。又內史亦掌占侯吉凶之事。僖公十六年左傳記宋有郧石及六鷁退飛之異，時內史叔興聘于宋。襄公問「吉凶焉在，」與此「有神降于莘」一事相捋（此事亦見莊公三十二年左傳），並可爲證。

曰：是何故？固有之乎？（考異云：「說苑辨物篇無固字，疑今本衍。古故、固通用。」以仁案：若無固字，文晦澀不暢，當據韋解有固字是。詳斠證。）

解：故，事也。固，猶嘗也。

　　集證：石光瑛韋解補正云：「何故猶何爲也。問辭。韋訓爲事，非。」

對曰：有之。國之將興，其君齊明衷正。

解：齊，一也。衷，中也。

　　集證：疑齊，肅也，（文二年左傳「子雖齊聖」杜注：「肅也」）謂態度肅敬
　　也。（左文十八「齊聖廣淵」、會箋：「齊，肅敬也」）。明者，精明也，謂意
　　念精明，照見幽微也。衷正，猶中正也。謂內外如一不偏不倚也。四者爲体，謂
　　君之德。齊明以事神，中正以臨民。楚語下曰：「古者民神不雜，民之精爽不攜
　　貳者，而又能齊肅衷正。其智能上下比義，其聖能光遠宣朗，其明能光照之，其
　　聰能德徹之，如是則明神降之。」齊肅衷正，猶此齊明衷正也。精爽不攜貳者，
　　謂專一也，與此比觀，則「齊」不訓「一」明矣。（齊有無偏無頗之義，見荀子修
　　身篇「齊明而不竭」注。無偏無頗，近齊一之義，蓋韋說取此義。然揆以本文，
　　比之他卷，似不當與衷正義重複也。）

精潔惠和，其德足以昭其馨香，

解：惠，愛也。馨香，芳馨之升聞者也。

　　集證：精猶潔也，精之本義爲稟米使純潔也（說文通訓定聲）。引申之凡潔亦謂
　　之精。周語上下文「祓除其心，精也」，韋注：「精，潔也。」楚語下：「玉帛
　　爲二精」，韋注：「明潔爲精」，皆其證也。四者爲用，謂君之惠。精潔以事
　　神，惠和以臨民也。僖五年左傳引周書曰：「黍稷非馨，明德惟馨。」

其惠足以同其民人，

解：同猶一也。

　　集證：同謂和同也。僖五年左傳曰：「如是則非德民不和，神不享矣。」會箋
　　曰：「和與享字對，應和之和也。昭二十八年：『德正應和曰莫，』言其德正而
　　民應和之也。」卽此之謂也。

神饗而民聽，民神無怨，故明神降之。

　　集證：之猶焉也，語已詞，見國語虛詞集釋。

觀其政德，而均布福焉。國之將亡，其君貪冒辟邪。

解：冒，抲冒也。（「抲」，抵之俗字，補音作「抵」）

集證：冒亦貪也。晉語一：「有冒上而無患下」韋解：「冒，抵冒，言貪也。」
（此承上文「其上貪以忍」，故韋訓「貪」。）與此同訓「抵冒」而申之曰
「貪」，是則「冒」亦「貪」也。國語「冒」字皆訓爲「貪」。周語中云：「夫戎
狄冒沒輕儳」，韋訓冒爲「抵觸」，非也。冒沒謂貪入也。（韋訓沒爲入），輕
儳則言其進退上下無序少禮也。故下文云「貪而不讓」。又謂叔孫僑如云：「其
狀方上而銳下，宜觸冒人。」觸則謂態度之放肆，冒則謂其性格之貪欲，故下文
王孫說云：「王其勿賜，若貪陵之人來而盈其願，是不賞善也。」貪承冒，陵承
觸也。鄭語：「是皆有驕侈怠慢之心，而加之以貪冒，」驕侈怠慢則不恭，貪冒
則嗜得也。左傳冒亦多訓爲貪。文十八年：「貪于飲食，冒于貨賄，侵欲崇侈，
不可盈厭。」襄四年：「冒于原獸。」杜注皆曰：「冒亦貪也。」哀十一年：
「若不度於禮，而貪冒無厭。」會箋：「今云貪冒無厭，是皆求非其有之詞。」皆
其例也。辟，僻也，辟、僻古、今字。舊音音璧、補音譏爲巨失，宜音匹亦反。
今音又一。「貪冒辟邪」，正「齊明衷正」之反。

淫佚荒怠，（舊音「佚」作「泆」。二字古通。）

集證：賈逵注：「佚亦淫也。」（慧琳音義卷七十八引）

黷穢暴虐，其政腥臊，馨香不登，

解：腥臊，犳惡也。登，上也。芳馨不上聞於神，神不饗也。傳曰：「黍稷非馨，
明德惟馨。」（犳乃「臭」之俗體。補音作「臭」，詳考異。）

集證：「黷穢暴虐」正上文「精潔惠和」之反。韋解引左傳，文見僖五年。登，
升也。見釋詁。上亦升也。周語中：「又登叔隗以階狄。」謂升叔隗爲后也。周
語下：「從善如登」，謂如升登，以喩難也。魯語上：「登川禽」，謂升黿鼉之
屬於川也。晉語四：「子餘使公子降拜，秦伯降辭。子餘曰……敢不降拜？成
拜。卒登。」謂終則升也。皆其例。

其刑矯誣，（元應音義十二引「矯」作「撟」。）

解：以詐用法曰矯，加謀無罪曰誣。（公序「謀」作「誅」，是也。）

集證：賈逵注曰：「行非先王之正法曰撟，加誅無罪曰誣。」（參拙著國語舊注
輯校。除華嚴音義引作「矯」外，他如元應音義，慧琳音義皆引作「撟」，慧苑

云「字宜從才」。）賈注乃謂施刑而不合先王之正法曰撟也。法則先王之法，而
行之以詭譎欺枉之道，則不得曰「正法」，亦猶韋注「以詐用法」之義也。韋蓋
襲賈義而變其文焉。

百姓攜貳，

解：攜，離。貳，二心也。

集證：賈逵注云：「攜，離也。」（文選謝靈運登石門最高頂詩注引），蓋韋解
所本。段玉裁、朱駿聲等皆以「攜」爲「㩦」之假字。（說文：「㩦，有二心
也。」）

明神不蠲，

解：蠲，潔也。

集證：蠲，今音ㄐㄩㄢ。赦也。尚書呂刑：「上帝不蠲」，吳汝綸尚書故訓「蠲」
爲「赦」。

而民有遠志，

解：欲叛也。

民神怨痛，無所依懷。

解：懷，歸也。

故神亦往焉。觀其苛慝，而降之禍。

解：苛，煩也。慝，惡也。

集證：賈逵注曰：「苛猶煩也。」（慧琳音義卷二十四引），蓋韋解所本。苛，
舊音音何，補音「胡歌反」，與廣韻同。今則音ㄎㄜ，當是讀牛邊字之故。慝，
今音ㄊㄜ。苛慝，謂煩亂邪惡也（說文：「苛，細草也。」引申有煩雜義。）楚
語下：「於是乎弭其百苛（韋訓爲虐，非），殄其讒慝，合其嘉好，結其親暱。」
苛慝乃嘉好親暱之反也。晉語八：「內無苛慝」，晉語九：「苛慝不產」。楚語
下：「無有苛慝於神者謂之一純。」皆與此同例。

是以或見神以興，亦或以亡。

集證：王念孫曰：「見當爲尋，古得字。形與見相近，因譌爲見。……下文曰：
『道而得神，是謂逢福。淫而得神，是謂貪禍。』即其證也。莊三十二年左傳作

『故有得神以興，亦有以亡。』此尤其明證矣」。（述聞卷二十八）以仁案：或猶
有也（見釋詞），以猶而也。謂有得神而興，有得神而亡也。（參國語虛詞集釋）。
昔夏之興也，融降于崇山。

解：融，祝融也。崇，崇高山也。夏居陽城，崇高所近。

集證：疑「祝融」是官名，謂祝之司火者，鄭語云：「夫黎爲高辛氏火正，以淳
耀敦大天明地德光照四海，故命之曰祝融，其功大矣。」左昭十八年傳：「鄭
災，禳火於玄冥、回祿。」孔疏曰：「楚之先吳回爲祝融。」史楚世家曰：「重
黎爲帝嚳高辛居火正。甚有功，能光融天下。帝嚳命曰祝融。……而以其弟吳回
爲重黎後，復居火正，爲祝融。」左昭二十九年傳數五行之官云：「火正曰祝
融」，則祝融爲司火之官明矣。而非黎之專稱也。楚習尚巫，而祝爲巫（楚辭招
魂：「工祝招君」注：「男巫曰祝」。），祝之地位崇高而頗富神祕性，司火之
事，蓋即祝職之一，其功巨者死後被舉爲神，淮南時則篇：「赤帝祝融之所司
者」，高誘注：「祝融，顓頊之孫，一名黎，爲高辛氏火正。號爲祝融，死爲火
神也。」後五行之說昌，南方屬火，遂爲南方之神或南海之神（管子五行：「黃
帝得祝融，而辨於南方。」漢書揚雄傳：「服玄冥及祝融」、師古注：「祝融，
南方神。」太公金匱：「南海之神曰祝融」）而司馬相如大人賦張揖注曰：「祝
融，南方炎帝之佐。獸身人面，乘兩龍。」是形狀亦漸神化而怪異矣。崇山，譚
澐國語釋地云：「韋君以爲即崇高山，則今之中岳也。在河南府登封縣北十里。」
其亡也，回祿信於聆隧，

解：回祿，火神。再宿爲信。聆隧，地名也。

集證：墨子非攻下篇云：「天命融隆（與降通。王念孫墨子雜志卷一「隆」字條
有說）火于夏之城閒西北之隅。湯奉桀衆以克有（蘇時學云脫「夏」字），屬諸
侯於薄。」蓋即此事（發正有說）。孫詒讓墨子閒詁云：「左昭十八年傳『鄭
災，禳火於玄冥、回祿。』孔疏云：『楚之先吳回爲祝融。』或云回祿即吳回
也。是融即回祿。」吳回是黎之弟，繼黎而爲祝融之官，見上條引史記。（大戴禮
帝繫云：「老童於竭水氏，產重黎及吳回。」山海經大荒西經郭注亦云：「吳
回，祝融弟，亦爲火正也。」）死後亦爲火神（御覽八八一引賈逵注曰：「祝

融，回祿，火正之神也。」），所司或有不同，故見祝融而興，見回祿而亡也。

左莊三年傳：「凡師出，一宿爲舍，再宿爲信，過信爲次。」韋解用此傳。譚澐國語釋地云：「聆隧，鈃山之隧，一名鈃磴。水經汾水注云：天井水出東陘山西南，北有長嶺，嶺上東西有通道，卽鈃磴也。穆天子傳曰：乙酉，天子西絕鈃磴，西南至於鹽，是也。案，鈃磴在今翼城沁水二縣界，卽烏嶺（平陽府翼城縣東三十五里，澤州府沁水縣西四十里），後漢書楊賜傳注作黔遂（竹書帝癸三十年多聆隧災，作聆。說苑引國語作亭遂。）

商之興也，檮杌次於丕山。

解：檮杌，鯀也。過曰次。丕，大邳山，在河東。

集證：檮杌今音ㄊㄠ ㄨ，丕音ㄆ，鯀（鯀）音ㄍㄨㄣ。惟舊音「丕，匹皮反」。廣韻作「敷悲切」，滂母脂韻。舊音則是滂母支韻，與廣韻不合。諸韻書及經典釋文俱無以「丕」入支韻者，疑舊音作者據口音爲切，而脂、支不分也。說文大徐音「牧悲切」，小徐音「𥸤眉反」，大徐爲明母，最可怪異。鈕樹玉校錄謂宋本如此，疑有誤。又補音云：「尙書備悲反」。按尙書釋文凡四訓丕字（大禹謨、禹貢、太甲、金縢），皆音「普悲反」，徐邈則音「甫眉反」，無作「備悲反」者。「備」乃並母字，今補音以之爲上字，與舊音及諸韻書、釋文等皆不合，不知何依據。又左文十八年傳：「顓頊氏有不才子，不可教訓，不知話言。告之則頑，舍之則嚚，傲很明德，以亂天常。天下之民謂之檮杌。」（史五帝紀同）。杜注云：「謂鯀」（史集解引賈逵，及正義皆謂檮杌爲鯀）。然鯀凶惡之輩，何以爲商興之兆？疑檮杌神獸之名（神異經云：「檮杌，狀似虎，毫長二尺。人面虎足豬牙。尾長大八尺。能鬥不退。」），與夷羊同爲獸瑞，而非人神之異跡也。丕山，譚澐云：「禹貢東過洛汭，至于大伾。大伾卽此伾山。在衞輝府濬縣東南二里，一名黎陽山。」

其亡也，夷羊在牧，

解：夷羊，神獸。牧，商郊牧野。

集證：史周本紀集解曰：「此事出周書（以仁案：今逸周書度邑解）及隨巢子……牧，郊也。夷羊，怪物也。」（「麋鹿在牧，飛鴻滿野」句下）。淮南子本經

篇云：「夷羊在牧，飛蛩滿野。」高誘注：「夷羊，土神。殷之將亡，見於商郊
牧野之地。」

周之興也，鸑鷟鳴於岐山，

　解：三君云：鸑鷟，鳳之別名也。詩云：「鳳凰鳴矣，于彼高岡。」其在岐山之脊
乎！

　集證：秦鼎以「三君」爲「鄭衆、賈逵、唐固」。非也。三君謂賈逵、虞翻、唐
固。韋解序云：「因賈君之精實，采唐虞之信善。」汪遠孫有國語三君注輯存，
亦謂賈、唐、虞。而無鄭衆。慧琳音義卷八十一引賈注作「神鳥也，鳳之別名
也。」韋蓋約三君之義說之，故文有微歧也。

其衰也，杜伯射王於鄗。（補音云：「鄗，宜從鎬，」左襄二十四年疏引此作鎬。）

　解：鄗，鄗京也。杜國，伯爵，陶唐氏之後也。周春秋曰：宣王殺杜伯而不辜。後
三年，宣王會諸侯田于圃，日中，杜伯起於道左，衣朱衣，冠朱冠，操朱弓朱矢。
射宣王中心折脊而死也。

　集證：鄗即鎬京，宣王時杜國在今陝西長安東北。距鎬甚近。然胡承珙謂鄗是敖
鄗（毛詩後箋車攻篇）。考敖鄗爲敖、鄗二山，在今河南廣武縣境，敖山在縣西
北十五里，鄗山在其南（見春秋左氏傳地名圖考），去杜境遠矣，宣王何事遠離
鎬京而來洛陽之東？杜伯孤靈亦何憑倚而遠離己國以候於異鄉之道左？疑胡說非
是。姚鼐云：「按此事見墨子（以仁案：見墨子明鬼下。）墨子曰：『王合諸侯
而田于圃。』不言鄗。蓋宣王時已不都鄗，或以鎬故地爲田獵之所，亦無不可。
然其事太不經，恐只是草野附會之說耳。杜伯若非賢則不當有神，賢者雖死以非
罪，烏忍殺君哉。墨子云云，事著在周之春秋。韋昭註國語遂引周春秋云。非昭
時眞有春秋也。第因墨子所云而漫言之耳。不思墨子之詞未必實耳。」（惜抱軒
集，國語補注。）崔述亦云：「余按，君臣之義，猶父子也。子不可以讎父，臣
豈可以讎君乎！使杜伯果賢臣，必無射王之事。杜伯可以死而射王，則亦可以生
而弑王矣。此事不見於經傳，惟國語有之。然語之不詳。不知杜伯究何人，射王
究何故，而亦未言王之死於射也。果如墨子之言，則是人臣見殺而非其罪者可爲
厲鬼以弑其君，而豈不悖也哉！春秋傳云：『齊侯游于姑棼，遂田于貝丘，見大

豕。從者曰：公子彭生也。公怒曰：彭生敢見。射之，豕人立而啼。公懼，隊于車，傷足，喪屨。』竊疑宣王之事，當時言者或亦類是。蓋人之將死，則鬼神乘其衰氣而見形焉。久之，而好事者遞相附會，遂以宣王之死於杜伯之射也。」（豐鎬考信錄卷七）。以仁案：春秋初年，杜國尚存，旋爲秦寧公所滅（秦本紀寧公三年滅蕩社。徐廣云：「蕩，音湯。社，一作杜。」孫詒讓謂即唐杜，見籀頌述林一「唐杜氏考」。杜，亦纍稱唐杜。）上距宣王四十三年（竹書紀年：「宣王四十三年，王殺大夫杜伯，其子隰叔奔晉。」）凡七十三年。是宣王殺杜伯之後，或知其無辜，而有悔意，乃存其祀而別立支庶爲君也。而年老體衰，積疢生鬼，當有其事也。

是皆明神之志者也。

解：志，記也。見記錄在史籍者也。

王曰，今是何神也？

集證：是猶此也，指示代詞也。也，猶邪也，語末助詞，助句，表疑問。今是何神也，猶言今此何神邪？劉淇助字辨略、楊樹達詞詮、裴學海古書虛字集釋皆謂「今」爲指示代名詞，非是。詳拙著國語虛詞集釋。

對曰：昔昭王娶於房曰房后，

解：昭王，周成王之孫，康王之子，昭王瑕也。房，國名。

集證：房，堯子丹朱之封國。（見姓纂十陽、廣韻陽韻、路史後紀十、唐書宰相世系表。）。竹書：「成王三十三年，命王世子釗如房逆女。房伯祈歸于宗周。」釗爲康王之名。是康、昭父子皆娶于房也。房國地望，異說紛然，錢穆謂在今山西安邑縣，云：「舜卒鳴條，丹朱葬地與舜相毗，亦在鳴條附近，而丹朱封房，舜陟方乃死。今安邑縣東北實有方山，地望正合。茅山又名防山。故知防也，方也，房也，皆一山之異名，其爲近於安邑鳴條之山，顯然也。」（周初地理考十五），路史則以爲在今河北高邑縣，云：「穆王之里圃田之路而東至于防，即高邑之地。」（國名紀）。穆王，房后所生，故陳槃庵師云：「穆王之里圃田之路而東至于房，豈以母后外家在此之故乎？」槃庵師乃協調二說，云：「豈丹朱之封，厥初在今山西；至穆王時，則已由西而東北，國于今河北之高邑歟？」（春

秋大事表譔異冊五「房」條），譚沄國語釋地謂房在今河南遂平縣。然此是春秋
時之吳房、楚封于吳王夫槩者，非丹朱之房也。

實有爽德，協於丹朱。

　解：爽，貳也。協，合也。丹朱，堯子也。（公序本「貳」作「亡」，蓋「貳」或
書作「二」，因誤爲「亡」也。周語下「言爽日反其信」，韋注「貳也」，公序本
同，可證。）

　集證：爽猶喪也，二字通假。周語下云：「晉侯爽二」，韋昭注：「爽當爲喪，
字之誤也。」今按實爲假借，而非字誤。上文「言爽日反其信」，亦謂言失日反
其信。韋訓爲貳，蓋自差失之義引申來，爽無差失義，實假喪爲之也。下文「經
緯不爽，文之象也」，韋注曰：「爽，差也。」，差即差失。左暄三餘偶筆曰：
「竊謂房爲丹朱後，故內史過云爾。謂房后有爽敗之德，協於其祖丹朱也。不
然，語亦不倫矣。」其說是也，爽敗亦猶敗失也。

丹朱憑身以儀之，生穆王焉，（公序本憑作馮。馮、憑古、今字。）

　解：憑，依也。儀，匹也。詩曰：「實維我儀」。言房后之行，有似丹朱。丹朱憑
依其身而匹偶焉，生穆王也。（爾雅疏引「焉」作「之」，「也」作「焉」。）

　集證：吳曾祺補正謂「案，協訓合，（以仁案：上文有「協於丹朱」句），乃苟
合之合。訓作行，似非。」說甚荒謬。雷學淇竹書義證云：「周語之義，本謂昭
王之母（以仁案：宜作「穆王之母」或「昭王之后」）乃丹朱裔孫，故似丹朱；
丹朱之神亦馮依后身，來于周土，以協其儀容而生穆王，實臨照周之子孫而禍福
之。馮，與『伯陵之後逄公之所馮神』同義。蓋言外家者身之所出，故其神亦因
而臨照之也。韋注訓『儀』爲匹，謂丹朱馮依后身，匹偶以生穆王，殊繆。」以
仁案：丹朱憑身之說，惑讀者于數百年，即通儒亦不免誤解【趙佑即云：「世隔
千餘年，尙馮身房后，以生惠后。」見會箋引。崔述亦云：「此與史記所載劉媼
夢與龍交事正相類，皆里巷不經之談耳。丹朱，鬼矣，安能馮生人而生子？穆王
果丹朱所生，則非昭王子矣，又安得繼周之統而爲天子乎？」（豐鎬考信錄卷
六）】，雷說勾稽原始，辨析義理，其功又不僅在於國語一書也。

是實臨照周之子孫而禍福之。夫神壹不遠徙遷，

解：言神壹心依憑於人，不遠遷也。

　　集證：左莊三十二年傳曰：「神聰明正直而壹者也。依人而行。」即此文「神壹不遠徙遷」之謂也。會箋曰：「壹者，言其一心不二意也。依，從也。」

若由是觀之，其丹朱之神乎？王曰：其誰受之？

　　集證：「其誰」猶今語「那一個」。「其」為助詞，有加強語氣承遞上文之功用。甚難強訓以他語。集釋訓「而」，衍釋訓「有」，反嫌拘執。參國語虛詞集釋周語下第五條。

對曰：在虢土。

　　解：言神在虢，虢其受之也。

王曰：然則何為？

　　解：何為在虢。

對曰：臣聞之：道而得神，是謂逢福。

　　解：逢，迎也。

淫而得神，是謂貪禍。

　　解：以貪取禍也。

　　集證：俞樾群經平議云：「如韋義，則與上文『道而得神，是謂逢福』不一律矣。貪當讀為探。釋名釋言語曰：『貪，探也。』是貪與探聲近而義通。後漢書郭躬傳『捨狀以貪情』，章懷注曰：『貪與探同』，是其證也。爾雅釋詁曰：『探，取也。』探禍猶言取禍也。韋不知貪為探之叚字，其義即為取。乃曰以貪取禍。失之矣！」以仁案：發正亦訓貪為探，與俞樾同。

今虢少荒，其亡乎？王曰：吾其若之何？對曰：使太宰以祝史帥狸姓奉犧牲粢盛玉帛往獻焉。

　　解：太宰，王卿也。掌祭祀之式，玉幣之事。祝，太祝也。掌祈福祥。史，太史也。掌次主位。狸姓，丹朱之後也。神不歆非類，故帥以往也。純色曰犧。

　　集證：以猶與也。介詞，多表「領率」之義。謂「使太宰與祝史………往獻焉」也。國語其例多有，參國語虛詞集釋，秦鼎謂「帥」「以」字有錯置，當作「帥祝史以狸姓」。下文有「王使太宰忌父帥傅氏及祝史」云云，故秦鼎有此說也。

今案此亦可通。「以」即有「領率」之義。似無需改動。丹朱之姓，或曰祁〔竹書：「成王三十三年，命王世子釗如房逆女，房伯祁歸于宗周，」唐書宰相世系表：「房氏出自祁姓，舜封堯子丹朱於房。」通志氏族略：「房氏祁姓，舜封堯子丹朱於房。」皆謂房爲祁姓也。是以雷學淇竹書義證云：「房伯祁者，房侯之女，康王之后。伯，字。祁，姓也。……祈、祁古字通。左傳，晉大夫祁奚，呂覽開春篇、風俗通十反篇並作祈奚。房爲帝堯之後，故祁姓也。（以仁案：史五帝本紀正義引帝王紀云：「帝堯陶唐氏，祁姓也。」）。」〕，國語此文則作狸，汪遠孫發正云：「汪云：『狸姓，丹朱之後』，古籍無徵，不知起自何時耳。」（竹添會箋引趙佑亦云：「堯之胄何以乃爲狸姓」）槃庵師曰：「案祈，狸音近字通，或曰祈，或曰狸，一也。」以仁案：祈、古音 *g'jəd、狸、作 *ljəg，聲韻兩皆不同，不可謂音近也。古或有 kl 複聲母之存在，然「斤」「里」則無其例焉。

無所祈也。

　解：祈，求也。勿有求，請禮之而已。

王曰：虢其幾何？

　集證：幾何，本詢問數量之詞，相當於今語「多少」。國語常見。或詢時之久暫，或問物之長短，端看所詢對象爲定。此謂虢尚能有國多久也。

對曰：昔堯臨民以五，

　解：五，五年一巡守也。

　集證：賈逵曰：「臨，治也。」（慧琳音義卷二十二等引）。丹朱，堯後，故引堯況。王肅序家語曰：「春秋外傳曰：昔堯臨民以五，說者曰堯五載一巡狩（可知韋亦有所本，而非創見）。五載一巡狩，不得稱臨民以五也。經曰『五載一巡狩』，此乃說舜之文，非說堯。孔子說論五帝，各道其異事，於舜云巡狩天下，五載一始。則堯之巡狩，年數未明。周十二歲一巡，寧可言周臨民十二乎？孔子曰：堯以火德王天下，而尚黃，黃，土德。五土之數，故曰臨民以五。此其義也。」（發正亦引此說），是則國語一書，成於五行說盛行之後也。

今其胄見，

解：胄，後也。謂丹朱之神也。

集證：賈逵注曰：「胄，胤也。」（慧琳音義卷十九引）韋解與同。

神之見也不過其物，

解：物，數也。

集證：疑物謂文物制度也。此謂堯以土德王，其制用五也。周語中：「大物其未可改也」，左僖五年傳：「民不易物」，定元年：「三代各異物」，物皆謂文物制度也。

若由是觀之，不過五年。王使太宰忌父。

解：周公忌父。

帥傅氏及祝史，

解：傅氏，狸姓也，在周爲傅氏。

集證：發正云：「潛夫論志氏姓：帝堯之後，有狸氏、傅氏。意林引楊泉物理論曰：『傅氏之先，出自陶唐傅說之後。』」。

奉犧牲玉鬯往獻焉。

解：玉鬯，鬯酒之圭，長尺二寸，有瓚，所以灌地降神之器也。

集證：述聞云：「玉鬯，謂圭瓚也。說文作瑒，云：『圭尺二寸，有瓚。以祠宗廟者也。』是圭瓚得謂之鬯也。上有淺斗，瓚槃大五升（見春官典瑞注），皆器之仰受者也。……」（卷一「匕鬯」條。）周禮春官大宗伯「涖玉鬯」與此同。鄭注以玉、鬯爲二事，王引之駁之，（見述聞九「涖玉鬯」條）。鬯爲黑黍酒，盛鬯之圭以玉爲之，故曰玉鬯。

內史過從至虢，

解：從，從太宰而往也。太史不掌祭祀，王以其賢，使以聽之也。

集證：虢公亦使史囂享，（左莊三十二年傳）。則似當時史亦與於祭祀。尚書金縢「史乃册祝曰」，楊筠如尚書覈詁云：「史，謂內史，主作册之事。」謂作册文以祝告於神。則內史過往，非特以其賢耳。

虢公亦使祝、史請土焉。

解：祝、史，虢之祝、史。祝應，史囂。

　　集證：左莊卅二年傳曰：「虢公使祝應、宗區、史嚚享焉。神賜之土田。」韋解

　　所本也。請土，謂請神賜之土田也。故左傳下文曰：「虢多涼德，其何土之能

　　得。」

內史過歸以告王曰：虢必亡矣。不禋於神而求福焉，神必禍之，

　　解：潔祀曰禋。

　　集證：說文：「禋，潔祀也。一曰：精意以享爲禋。」段玉裁注云：「凡義有兩

　　歧者，出一曰之例。」說文一曰卽本之此下文「精意以享，禋也」。韋解國語而

　　不用國語本文之說，蓋以「潔祀」二字已包含精意以享之訓也。（段玉裁注有此

　　說）。禋之訓潔，國語不乏其例：楚語下：「禋絜之服，」（韋解：「絜祀曰

　　禋、」）又：「禋其酒醴。」（韋解：「禋，絜也。」）然此特重於潔意，謂祭

　　祀之誠敬也（左桓六年傳：「以致其禋祀」，杜注：「禋祀，絜敬也。」）大雅

　　生民疏引袁準曰：「禋者，煙氣煙熅也。天之休遠，不可得就，聖人思盡其心而

　　不知所由，故因煙氣之上以致其誠。故外傳曰：『精意以享禋』，此之謂也。…

　　…先儒云：凡絜祀曰禋。若絜祀爲禋，不宜別六宗與山川也。凡祭祀無不絜，而

　　不可謂皆精。然則精意以享，宜施燔燎，精誠以假煙氣之升，以達其誠敬也。」

　　袁氏之說蓋是。韋泛言之，其義有未足也。此與下文「精意以享，禋也」實承前

　　文「精潔惠和，其德足以昭其馨香」句來。此謂虢君之德不足以昭其馨香，非謂

　　祀供之不潔也。然德之不足，實不潔之尤者。國語文章，前後脈絡貫連，合而繹

　　之，其義自見。

不親於民而求用焉，人必違之，

　　解：用，用其財力也。

　　集證：此與下文「慈保庶民，親也」實皆承前文「精潔惠和……其惠足以同其民

　　人」句來。

精意以享，禋也。

　　解：享，獻也。

　　集證：精，潔也。下文：「祓除其心，精也。」心有不潔而拂除之爲精，故韋解

　　曰：「精，潔也。」國語「精潔」多連用，如周語上文：「精潔惠和」，晉語

一：「小心精潔」，「精潔易辱」。皆是。潔意以享者，謂誠敬其意以享獻也。
（參上文「不蠲於神而求福」條。）

慈保庶民，親也。

解：慈，愛也。保，養也。

今虢公動匱百姓，以逞其違，

解：逞，快也。違，邪也。

集證：賈逵曰：「逞，快也。」（文選潘安仁關中詩注及慧琳音義卷九十四引），
蓋韋解所本。

離民怒神，而求利焉，不亦難乎！

解：求利謂請土也。

十九年，晉取虢。

解：惠王十九年，魯僖之五年也。

集證：惠王十五年而神降於莘，十九年則魯僖二年也。僖二年經：「虞師晉師滅
下陽」。傳亦云：「夏、晉里克、荀息帥師會虞師伐虢，滅下陽。」則取虢，謂
取虢之下陽，非謂滅虢。韋以僖五年滅虢之事繫此，不知時間有不合也。下陽，
譚澐曰：「故城在今山西解州平陸縣東北四十五里。」

襄王使邵公過及內史過賜晉惠公命，

解：襄王，周僖王之孫，惠王之子，襄王鄭也。邵公過，邵穆公之後邵武公也。惠
公，晉獻公之庶子惠公夷吾也。命，瑞命也。諸侯即位，天子賜之命圭以為瑞節
也。

集證：董增齡正義曰：「此傳解云：『命，瑞命也。諸侯即位，天子賜之命圭以
為瑞節。』下傳『太宰文公及內史過賜晉文公命』解又云：『命，命服也。』兩
傳同文，兩解異訓。推宏嗣之意，因賜惠公命，內史過因執玉卑，故以命圭釋
之。齡謂賜惠公者，亦是命服，非圭也。文元年：『天王使毛伯來錫公命，』杜
注：『諸侯即位，天子賜以命圭。』惠士奇曰：此臆說也。白虎通義謂諸侯薨，
使人歸瑞玉于天子，諒闇三年之後，更爵命嗣子而還之。果如其言，則三年之
後，必待天子先來錫命而後答之以朝。否則未受賜以前，將用何物為摯而見天子

乎？小雅韓侯入覲，以其介圭。唯其受之於父，故携之入覲。下言王錫韓侯元袞
赤舄，卽所謂賜之命服也。無衣一詩，可以證下傳賜命服之說。且無衣兩章均不
言圭，則武公承哀鄂之圭可知。此傳言車服，言旗章，言幣，言節，未嘗指定摯
圭一事也。」以仁案：賜命，謂賜策命也。命服，受瑞則賜命所有事，故賜命不
得謂賜命服或賜瑞命，更不得謂賜命圭。此韋、董二氏皆非而韋解尤爲不當也。
左僖十一年記此事竹添氏會箋曰：「命謂策命。……去年太宰忌父會齊隰朋立晉
侯，命其位也。今又賜策命，此必有命服之賜，以成其三爵也。命自命，猶命曲
沃伯以一軍爲晉侯之命。下文賜命受瑞對言，賜命以車服爲正事。其受玉者，以
將命之飾也。」左傳記此事一則曰「受玉隋」，再則曰「而隋於受瑞」，則受瑞
之事固有之，董氏固守命服之說亦非也。惟所受者非命圭實乃琬圭。此則非特韋
解誤，杜注亦誤也。（左僖十一年傳杜注云：天子賜之命珪爲瑞也」。）何以知
是琬圭也？竹添會箋云：「玉人職：『琬圭九寸而繅，以象德。』注：『王使之
瑞節，諸侯有德，王命賜之，使者執琬圭以致命焉。』疏引天王使毛伯來錫公命
爲證。則此受玉者受琬圭也。」何以知非命圭也？會箋云：「玉人云：『鎮圭尺
有二寸，天子守之。命圭九寸，謂之桓圭，公守之。命圭七寸，謂之信圭，侯守
之。躬圭伯守之。』注：『命圭者，王所命之圭也。朝覲執焉，居則守之。』然
則諸侯自始封以來，受諸天子，世世守之，惟朝覲執以見王。尚書大傳：諸侯執
所受圭朝于天子。無過行者，得復其圭，以歸其國。有過行者，留其圭，能改過
者復之。故諸侯朝覲畢，王還其玉，是常禮也。其尋常聘問，亦別有玉。典瑞職
云：『瑑圭璋璧琮以覜聘』，聘義云：『已聘而還圭璋』。諸侯自相聘問，旣然
還玉，則諸侯於天子之玉，亦還於事畢可知。聘禮：『賓襲執圭，擯者入告。出
辭玉，納賓。賓升西楹西、東面，致命。公當楣再拜。（以仁案：引文有省
略。）』是鄰國之臣致其君之命，再拜方受。於天子之使致命，則降階再拜稽首
可知也。晉語說惠公受瑞事云：『晉侯執玉卑，拜不稽首。』則其惰不共甚矣。
瑞是玉之通稱。典瑞職注：『人執以見曰瑞。禮神曰器。瑞，符信也。』故珍圭
至琬圭，鄭通解爲瑞節，不獨命圭稱瑞也。杜見尚書五瑞之文，遂誤爲命圭。外
傳敍惠公但言受玉。敍文公但云受冕服，其實致玉時卽致冕服，但所指各異。學

一見二，自可意會耳。」竹添之論，甚爲精闢詳贍也。朱駿聲春秋左傳識小錄亦
有類似之說，然太簡略。故錄竹添之說。

呂甥、郤芮相晉侯，不敬。（公序本郤作郤。郤乃郤之俗體。）

解：呂甥，瑕呂飴甥也。郤芮，冀芮。皆晉大夫。相，詔相禮儀也。不敬，慢惰
也。

集證：呂甥，又名瑕甥（左傳二十四年傳），又名瑕呂飴甥，陰飴甥，或子金
（皆見左傳十五年傳）。呂、瑕、陰皆其采邑（會箋：「今山西平陽府霍州西三里
有呂鄉，州西南十里有呂城。皆飴甥采邑。」又云：「瑕亦其邑，故並稱瑕呂，
其稱陰飴甥者，兼食陰邑耳。今霍州東南十五里有陰地村。」）顧炎武杜注補正
謂呂爲氏。蓋以邑爲氏也。飴其名，甥者蓋晉侯之甥，以甥配名連稱之。（會
箋：「如鄧三甥，魯富父終甥，宋公子穀甥。」）子金則其字也。（王引之述聞
曰：「飴讀爲枱。說文：『枱與耜同，耒端也。從木台聲。鈶，或從金。』徐鍇
曰：『即耜叒也。』音弋之反。弋之反正與飴同音，故借飴爲枱。鄭注考工記匠
人曰：『古者耜一金，兩人併發之；今之耜，歧頭兩金，象古之耦也。』又注月
令曰：『耜者，耒之金也。』三倉曰：『耜，耒頭鐵也。』見莊子天下篇釋文。枱爲耒頭
金，故其字從金作鈶。故瑕呂枱甥字子金。」）（春秋名字解詁）。冀本國名，
在今山西絳州河津縣東有冀亭，即故冀國。（見左傳二年傳）。晉滅冀爲郤氏食
邑。冀芮之子孫因以冀爲氏。郤爲晉之公族，姬姓。其父郤叔虎，爲晉獻公大
夫，見晉語一。說文：「郤，晉大夫叔虎邑也。」則食采於郤，後因以爲氏也。
芮則其名，字子公（見周語下文）。王引之曰：「芮讀爲訥。公讀爲容，取容納
之義也。……」（春秋名字解詁。）

晉侯執玉卑，拜不稽首，

解：圭，侯所執，長七寸。卑，下也。禮，執天子器則尙衡。稽首，首至地也。
（公序本「尙」作「上」，二字通用。）

內史過歸以告王曰：晉不亡，其君必無後。

解：後，後嗣也。

且呂、郤將不免。王曰：何故？對曰：夏書有之曰：衆非元后何戴，

解：夏書，逸書也。元，善也。后，君也。戴，奉也。

后非衆無與守邦，

解：邦，國也。

集證：與，以也。參釋詞。御覽封建部五作「無以守邑」。

在湯誓曰：余一人有罪，無以萬夫，

解：湯誓，商書伐桀之誓也。今湯誓無此言，則散亡矣。天子自稱曰余一人。余一人有罪，無罪萬夫。

集證：以猶及也。此文又引見於墨子兼愛，作湯說。云：「……萬方有罪，即當朕身，朕身有罪，無及萬方。」又見呂氏春秋順民篇，云：「余一人有罪，無及萬夫；萬夫有罪，在余一人。」又見於尸子綽子篇，作「湯曰：朕身有罪，無及萬方。萬方有罪，朕身受之。」皆作「及」。論語堯曰篇則作「以」，云：「朕躬在罪，無以萬方。萬方有罪，罪在朕躬。」

萬夫有罪，在余一人。

解：在余一人，乃我教導之過也。

在盤庚曰：國之臧，則惟女衆，（公序本「盤」作「般」，「惟」作「維」，按般、盤；惟、維古字通。）

解：盤庚，殷王祖乙之子，今商書盤庚是也。臧，善也。國俗之善，則惟女衆。歸功於下也。

集證：盤庚，殷帝名。祖丁之子，陽甲之弟，小辛之兄也。韋以爲祖乙之子，誤矣。惟，是也。謂國之善，則乃汝衆人之故也。下文「則惟余一人是有逸罰」同。今尙書兩「國」字作「邦」，孫星衍以爲國語蓋後人避漢諱改（發正）。

國之不臧，則惟余一人是有逸罰。（逸，尙書作「佚」，二字古通。）

解：逸，過也。罰，猶罪也。國俗之不善，則惟余一人，是我有過也。言其罪當在我。

集證：逸罰，謂錯誤之懲罰。國之不善，是我刑法不當也。

如是則長衆使民，不可不愼也。民之所急在大事。

解：大事，戎，祀也。（董氏正義「祀」爲「事」。音近之誤也。）

集證：左成十三年傳：「國之大事，在祀與戎。」

先王知大事之必以濟衆也，（公序本「濟衆」作「衆濟」，是。詳集證。）

集證：考異及汪中國語校文皆謂公序作「衆濟」是。案：濟謂成也。慧琳音義卷一引賈逵注云：「濟，成也。」戎祀之事，必由衆人協力始克有成。故下文接言長衆使民之道。若作「濟衆」，則義與下文不連矣。公序是也。

是故祓除其心以和惠民，

解：祓，猶拂也。

集證：祓猶除也，前文「王其祇祓」韋解：「祓，齋戒祓除也，」說文：「祓，除惡祭也。」祓除之義由此引申來。此當與前文「精潔惠和」比觀之。祓除其心，所謂正心誠意也。

考中度衷以莅之，

解：莅，臨也。考中，省己之中心，以度人之衷心，恕以臨之也。

集證：衷亦中也（前文「齊明衷正」及魯語語下：「作而不衷，」韋解皆謂：「衷，中也，」。），謂中心也（僖二十八年左傳：「今天誘其衷。」杜注：「衷，中心。」會箋：「猶言導其中心，」）。考中度衷，謂考以中正之道，度以一己之心（慧琳音義卷三引賈逵注云：「度，揆也。」）推己以及人，務使不偏不倚，則可以莅民矣。是以下文曰「非忠不立」也。（下文賜晉文公命章「忠所以分也」，韋解云：「心忠則不偏也，」亦謂不偏。）

昭明物則以訓之，

解：物，事也。則，法也。

集證：物則，謂事物之典則，此謂明訂典章也。訓謂訓示。

制義庶孚以行之，

解：義，宜也。庶，衆也。孚，信也。當制立事宜，爲衆所信而行之也。

集證：謂所制制度適宜爲衆所信賴，因而推行之也。

祓除其心，精也。

解：精，潔也。

考中度衷，忠也。

　　解：忠，恕也。

　　　集證：忠非恕之謂也。內外如一則是忠，下文賜晉文公命章：「中能應外，忠
　　　　也。」，中能應外，亦卽內外如一也。周語下云：「言忠必及意」，云「帥意能
　　　　忠」。皆其意也。然推此一己之衷以及於人則是恕。忠、恕關係極其密切，此夫
　　　　子所謂「吾道一以貫之」也。

昭民物則，禮也。制義庶孚，信也。然則長衆使民之道，非精不和，非忠不立，非禮
不順，非信不行。今晉侯卽位而背外內之賂，

　　解：背外，不與秦地。背內，不與里、丕之田。

　　　集證：惠公求入，許秦以河外列城五，許大夫里克以汾陽之田百萬，許丕鄭以負
　　　　蔡之田七十萬，既而皆不與。事詳晉語二、晉語三。及左傳十五年傳。

虐其處者，棄其信也。

　　解：虐其處者，殺里、丕之黨也。

　　　集證：處者謂處於國未從亡者也。里克、丕鄭及七輿大夫等。詳晉語三。

不敬王命，棄其禮也。施其所惡，棄其忠也。

　　解：己所不欲，勿施於人。所惡於下，故不以事上。今晉侯背施之於人，故曰棄其
　　　忠也。

　　　集證：不敬王命，謂執玉卑，拜不稽首也。施其所惡，謂內外不應，許人以田而
　　　　虐殺之，是棄其忠也。

以惡實心，棄其精也。

　　解：實，滿也。

　　　集證：中心卑汚，則去潔遠矣。

四者皆棄，則遠不至而近不和矣。

　　解：四者，精、忠、禮、信也。

將何以守國？古者先王既有天下，又崇立於上帝明神而敬事之。（公序本無「於」
字，考異云：「是也。」）

　　解：崇，尊也。立，立其祀也。上帝，天也。明神，日月也。

　　　集證：疑「明神」泛指，非專指日月也，前文「故明神降之」「明神不蠲」，皆

泛指也。賈逵注云：「崇，敬也。」（慧琳音義卷一引）。耸亦敬也。

於是乎有朝日夕月以教民事君，

解：禮：天子搢大圭，執鎮圭，繅藉五采五就，以春分朝日。秋分夕月。拜日於東門之外。然則夕月在西門之外也。（公序本無「搢大圭執鎮圭繅藉五采五就」等十二字考異課爲，考異謂傳寫脫誤。又「也」字上公序本有「必」字。）十七字。

集證：王引之述聞曰：「朝日夕月，皆所以教敬。四代篇（以仁案：謂大戴禮四代篇，下朝事篇同）曰：『天子盛服朝日于東堂，以教敬示威于天下也。』朝事篇曰：『天子率諸侯而朝日於東郊，所以教耸耸也。』」（卷十一「有別」條）。

發正云：『尙書大傳：『古者帝王以正月朝迎日於東郊，所以爲萬物先而耸事天也。』大戴禮保傳篇：『天子春朝朝日，秋暮夕月。所以明有敬也。』又公冠篇：『以正月朔日迎日于東郊。』春秋『莊十八年春王三月，日有食之。』穀梁傳：『不言日，不言朔，夜食也。何以知其夜食也？曰王者朝日。』由此言之，朝日夕月，不定在春分秋分矣。」又朝音彳ㄠ，陽平調。舊音作陟遙反，音ㄓㄠ誤，說見拙著國語舊音考校。

諸侯春秋受職於王，以臨其民，

解：言不敢專也。

大夫士日恪位著序，以儆其官

解：中庭之左右曰位，門屏之間曰著也。

集證：宁乃宁立之位。凡朝內君臣所立之處謂之位，或謂之宁。宁字亦作著。詩齊風「俟我于著乎而」，集韻引詩作「宁」。述聞曰：「此謂臣之位著也。位者，曲禮下『卿位』是也。著者，昭十一年左傳『朝有著定』，杜注曰：『著定，朝內列位常處。』十二年傳曰：『若不廢君命，則固有著矣。』十六年傳曰：『其祭在廟，已有著位。』並與周語著字同義。韋注周語曰：『中庭之左右曰位』，是也。其曰『門屏之間曰著』，則非也。」以仁案：王說是也。齊風毛傳曰：「門屏之間曰著」，蓋韋解所本也。儆其官，謂戒謹其職守也（說文：「儆，戒也。」）

庶人、工、商各守其業，以共其上。猶恐其有墜失也。故爲車服旗章以旌之，

解：旌，表也。車服旗章，上下有等，所以章別貴賤，爲之表識也。（別，公序本
作「明」。）

　　集證：賈逵注云：「旌，表也。取其幖幟。」（慧琳音義卷五十七及文選景福殿
　　賦注等引），韋蓋師其義而衍之也，

爲贄幣瑞節以鎭之，

解：鎭，重也。贄，六贄也。謂孤執皮帛，卿執羔，大夫執鴈，士執雉，庶人執
鶩，工商執雞。幣，六幣也。圭以馬，璋以皮，璧以帛，琮以錦，琥以繡，璜以黼
也。瑞，六瑞。王執鎭圭，尺二寸。公執桓圭，九寸。侯執信圭，七寸。伯執躬
圭，六寸。子執穀璧，男執蒲璧，皆五寸。節，六節。山國用虎節，土國用人節，
澤國用龍節。皆以金爲之。道路以旌節，門關用符節，都鄙用管節，皆以竹爲
之。（「六寸」，公序本作「亦七寸」。是也。周禮考工記信圭躬圭皆七寸。韋解
所本也。「道路以旌節」，公序本「以」作「用」，是也。）

爲班爵貴賤以列之。

解：班，次也。

　　集證：謂位次也。慧琳音義卷十七引賈逵注曰：「班，位也。」位亦謂位次也。
　　韋與同。

爲令聞嘉譽以聲之。

解：謂有功德者，則以策命述其功美，進爵加錫以聲之也。

猶有散遷懈慢，而著在刑辟，流在裔土。

解：言爲之法制備悉如此，尙有放散、轉移、懈慢於事，不奉職業者也。故加之刑
辟，流之裔土也。

　　集證：詩小雅巷伯：「豈不爾受，旣其女遷。」毛傳：「遷，去也。」慧琳音義
　　引賈逵注曰：「懈，倦也。」謂倦怠也。慢謂輕忽也。散遷懈慢，謂不敬其官不
　　守其業者也。「而」猶則也，承接連詞。吳語：「王若不得志於齊，而以覺悟王
　　心，而吳國猶世。」次而字亦訓則，與此同例。在，猶於也。介詞也。此謂則著
　　於刑辟，流於裔土也。「著」謂明書之也。皆詳拙著國語虛詞集釋。

於是乎有蠻夷之國，

　解：遂爲夷蠻之國民也。（夷蠻，公序本作「蠻夷」，考異謂是。）

　集證：有蠻夷之國以爲流逐之地也。

有斧鉞刀墨之民，

　解：斧鉞，大刑也。墨謂以刀刻其額而墨涅之。

　集證：斧鉞之鉞，說文作「戉」，謂大斧也。而「鉞」之本義爲車鑾聲。然經籍多有以鉞作斧者，書顧命：「一人冕，執鉞」，鄭注：「大斧」。牧誓：「王左杖黃鉞」，傳：「以黃金飾斧」。字林：「鉞，王斧也。」按王者大也。王斧卽大斧。魯語上曰：「大刑用甲兵，其次用斧鉞。中刑用刀鋸，其次用鑽笮。薄刑用鞭扑。」故斧鉞爲大刑也。（甲兵謂伐國陳軍）。晉語五：「今吾司寇之刀鋸日弊而斧鉞不行」，韋解亦云：「斧鉞，大刑。」與此同。

而況可以淫縱其身乎。夫晉侯非嗣也，而得其位。

　解：嗣，嫡嗣。

　集證：獻公太子爲申生，惠公夷吾則小戎子所生（左莊二十八年傳），庶出，故謂非嗣也。

亹亹怵惕，保任戒懼，猶曰未也。

　解：亹亹，勉勉也。保，守也。任，職也。居非其位，雖守職戒懼，猶未足也。

　集證：亹，舊音「音尾」，今音ㄨㄟˇ。王念孫曰：「韋以保任爲守職，非也。任亦保也。保任戒懼，四字平列。說文：『任，保也。』襄二十一年左傳曰：『晉陪臣書能輸力於王室，其子壓不能保任其父之勞。』是其證。」（述聞卷二十）。

　竹添光鴻云：「保任者，保守負任也，言能纘其力而不墜。」（襄二十一年會箋）。四字平列，其義兩兩相近而不全同，竹添之說，尤長於王氏。

若將廣其心，

　解：廣其心，放情欲也。

　集證：疑指烝于賈君事。左僖十五年云：「晉侯之入也，秦穆姬屬賈君焉。且曰：盡納羣公子。晉侯烝于賈君，又不納羣公子。」

而遠其鄰，

　解：背秦賂也。

陵其民，

　　解：虐其處也。（公序本作「虐處者也」，是。卽取上文「虐其處者，棄其信也」

　　文爲釋。）

而卑其上。

　　解：不敬王命也。

將何以固守？

　　解：守，守位也。

夫執玉卑，替其贄也。

　　解：替，廢也。廢執贄之禮也。

　　　集證：替訓爲廢，國語習見。周語中：「有三姦以求替其上」，周語下：「湮替
　　　隸圉」，鄭語：「十世不替」，楚語下：「吾聞君子唯獨居思念前世之崇替者」，
　　　韋皆訓「廢」，皆其例也。而魯語上：「令德替矣」，晉語三：「君之冢嗣其替
　　　乎」，韋訓爲「滅」，晉語九：「薦可而替否」，韋訓爲「去」。其實訓「廢」
　　　皆可通。無煩引申也。

拜不稽首，誣其王也。

　　解：誣，罔也。誣民，民亦將誣之。（「民亦將誣之」五字，公序本在「誣王無
　　民」句下。此七字誤竄於此，當從公序改正。）

　　　集證：俞樾云：「拜不稽首，乃不敬，非誣妄也。誣蓋輕字之誤。古書從巫從巠
　　　之字往往相溷。顏氏家訓書證篇所謂『巫混經旁』是也。大戴記曾子立事篇：
　　　『喜之而觀其不誣也』，周書文王官人篇作『喜之以物以觀其不輕』。戰國策韓策
　　　『輕強秦之禍』，韓子十過篇作『輕誣強秦之禍』，蓋誣卽輕字之誤而衍者。並
　　　其證也。拜不稽首，故爲輕其王。下文云：『誣王無民』，又云：『故晉侯誣
　　　王，人亦將誣之』，諸誣字皆當作輕字。韋據誤本作注，失其義矣。』（羣經平
　　　議卷二十八）以仁案：巫混經旁，古籍固多其例，然「車」誤爲「言」，則於形
　　　爲遠。且誣字亦可通。（石光瑛云：「廣雅釋詁：『誣，欺也。』欺有欺貌欺罔
　　　二義。晉侯拜不稽首，是欺貌具上，非欺罔也。」誣訓欺貌，自可通。）俞氏輕
　　　改，不可從也。

替贄無鎭，

　　解：鎭，重也。無以自重也。

誣王無民，

　　集證：考異謂上文「誣其王也」下注文「誣民，民亦將誣之」七字乃本文之注
　　誤竄入者，今當挪就原位。惟正文謂「誣王」，未言「誣民」，民字疑當作
　　「王」，涉下民字而誤也。「誣王，民亦將誣之」，取下傳文語爲釋也。此韋解習
　　爲之。

夫天事恒象。

　　解：恒，常也。事善象吉，事惡象凶也。

任重享大者必速及。

　　解：速及於禍也。

故晉侯誣王，人亦將誣之。欲替其鎮，人亦將替之。大臣享其祿，弗諫而阿之，亦必
及焉。

　　解：大臣，呂、郤也。享之言食也。阿，隨也。（公序本無「之言」二字。）

襄王三年而立晉侯。

　　解：襄王三年，魯僖之十年也。賜瑞命在十一年也。

　　集證：左僖十年傳：「夏四月，周公忌父、王子黨會齊隰朋立晉侯。」十一年
　　傳：「春，天王使召武公、內史過賜晉侯命。」則立晉侯早於賜命一年，所謂襄
　　王三年也。

八年，而隕於韓，

　　解：八年，魯僖之十五年也。秦怨惠公背施忘德。舉兵伐之，戰於韓原，獲晉侯以
　　歸。隕其師徒，三月而復之也。

　　集證：此事見晉語三及左僖十五年傳。譚澐云：「韓，晉地。本故國。周平王時
　　爲晉文侯所滅。後爲桓叔子萬采邑。故晉有大夫韓氏，據左傳，秦伯伐晉涉河而
　　後戰於韓。則韓自在河東。郡國志河東郡河北縣有韓亭。河北故魏國，故城在解
　　州芮城縣東北七里。其韓亭即秦晉戰地，故韓國也。今人據大雅韓奕詩有梁山，
　　謂同州府韓城縣爲古之韓國。不知今韓城縣在河西，乃古之梁國，至魯僖公十九
　　年始爲秦所滅，非韓也。若韓奕之韓，自在今直隸順天府固安縣，其所稱奕奕之
　　梁山，則在今良鄉縣。其國近燕，故云：『溥彼韓城，燕師所完。』不得以今之

韓城縣爲古韓侯之國，而縣西北九十里之梁山，非詩所稱奕奕之梁山也。」（國語釋地卷上）。

十六年而晉殺懷公。懷公無胄。

解：胄，後也。襄王十六年，魯僖二十四年也。懷公，惠公之子子圉也。惠公卒，子圉嗣立，秦穆公納公子重耳，晉人刺懷公於高梁也。

集證：王引之曰：「正文及注十六年，皆當爲十七年。蓋襄王以魯僖八年正月定位，即爲元年（原注：定位見僖八年左傳。史記十二諸侯年表以魯僖九年爲襄王元年，非也。惠王已於僖七年閏月崩。明年，則僖之八年，而襄王之元年矣。不得遲至僖九年始稱襄王元年。）。至魯僖十年，爲襄王三年。上文『襄王三年，而立晉侯』，注曰：『襄王三年，魯僖之十年』，是也。至魯僖十五年，爲襄王八年。上文『八年，而隕於韓』，注曰：『八年，魯僖之十五年』，是也。則魯僖二十四年，當爲襄王之十七年明甚。今本作『十六年』者，蓋後人依史記十二諸侯年表改之（原注：年表襄王十六年在魯僖二十四年），不知年表誤以魯僖之九年爲襄王之元年（原注：說見前），則自元年以後次序皆謬，不足據也。且上文之三年，已爲魯僖十年。八年，已爲魯僖十五年，則加九年而至魯僖二十四年，正當襄王之十七年矣。何得減其數爲十六年乎。又賜晉文公命章：『襄王十六年立晉文公』，注曰：『襄王十六年，魯僖二十四年（原注：俗本四誤作三，今從宋本）。』案十六年亦當爲十七年。襄王自魯僖八年定位爲元年，至魯僖二十四年爲十七年。是年秦伯納晉文公（原注：見僖二十四年左傳），故曰襄王十七年立晉文公，而注云襄王十七年，魯僖二十四年也。若襄王十六年，則在魯僖二十三年，時晉文公尚未得國，不得云立晉文公矣。下文『二十一年以諸侯朝于衡雍』，注曰：『襄王二十一年，魯僖二十八年』，上推至魯僖二十四年，立晉文公之年，亦當爲襄王十七年，不當爲十六年也。蓋後人誤改上文之十七年爲十六年，遂並此而改之。而不知與前後不合也。」其說是也。然春秋經謂惠王之崩在僖公八年十二月。史記年表蓋依經文而不從左傳也。不知經文實誤。竹添光鴻左傳會箋云：「周語云：『襄王十三年，鄭人入滑。』僖之二十年也。『十七年，王出（案：當作降）狄師以伐鄭。』僖之二十四年也。皆與春秋經合。從諸所見

之年，逆溯襄王之元年，當在僖之八年。嗣君必踰年改元，然則惠王崩實在七年。傳謂襄王惡太叔帶之難，懼不立，不發喪而告難于齊，自是據周史實錄。襄王處此，蓋實出於不得已也。亦所謂變之正也。又據葵丘賜胙，稱天子有事文武，似即練後祔祭。若崩在八年十二月，則九年夏尙在七月葬期之內，安有吉祭之理？後十餘年晉赴惠公喪亦一年有餘。蓋多事之時，從權取濟，不足怪也。」說可補充王氏，因並錄之。

秦人殺子金子公，

解：子金，呂甥。子公，郤芮之字也。二子悔納重耳，欲焚公宮而殺公。寺人披以告公，潛會秦伯于王城。二子焚公宮，求公不獲，遂如河上，秦伯誘而殺之。

集證：子金，呂甥字。子公，郤芮字，詳前文「呂甥郤芮相晉侯」條。陳瑑翼解謂「子金者，指所貽而言，猶得臣字子玉，指所得而言也。公，大也。說文：『芮芮草生貌。』徐鍇繫傳：『芮芮細貌，』潘岳西征賦：『蕞芮於城隅，』李善注引說文云：『芮，小貌。』尸子廣澤篇云：『公，大也。』，釋名：『公，廣也。』，廣亦大也。田廣明，字子公，見漢書酷吏傳。」與王說不同。可並存之。呂、郤二人皆惠公之黨，迎立文公，想亦迫於形勢使然，然以寺人披、豎頭須等小人，尙不得不以機變之詞洗文公之怨，況呂、郤大臣乎？招疑見忌，理所必有。里克、丕鄭見誅於惠公，伏轍在前，亦不能不疑慮而自謀也。焚公之舉，亦死中求活之一法。奈勃鞮洩機於前，秦軍勁援於後，文公得內、外之助，勢力已成，無法動搖耳。事見晉語四及左僖二十四年傳。

襄王使大宰文公及內史興賜晉文公命。

解：太宰文公，王卿士王子虎也。內史興，周內史叔興也。晉文公，獻公之子，惠公異母兄重耳也。命，命服也。諸侯七命，冕服七章。（公序本「叔興也」作「叔興父」，補音出「興父」，下文「遂爲踐土之盟」下注文作「興父」，則公序是矣。）

集證：左莊二十八年傳曰：「大戎狐姬生重耳，小戎子生夷吾。」晉語三云：「公子夷吾亦出奔，曰：蓋從吾兄竄於狄乎？」是重耳爲夷吾異母兄也。或曰夷吾母爲重耳母之妹，（晉世家云：「夷吾母，重耳母女弟也。」）杜注以重耳之母

爲「大戎唐叔子孫別在戎狄者」（以仁案：晉語四云：「狐氏出自唐叔，狐姬，伯行之子也，實生重耳。」）。夷吾母屬「小戎，允姓之戎。」子乃女子之謂。會箋則以世家之說爲然，云：「世家云：『夷吾母，重耳母女弟也。』據是則大小因姊妹稱之。子猶文姜曰齊子之子。注以小戎爲允姓，未見所據。正義引昭九年允姓之姦居于瓜州二語證之，說尤附會。夫戎之見于傳者，有姜、允、姬、嬴諸姓，此小戎何以知其必允姓也？況瓜州在今陝西肅州西五百餘里，獻公何爲遠娶異域之戎女乎？」愚案，狐偃，文公之舅。（晉語四云：「以戈逐子犯曰：若無所濟，吾食舅氏之肉，其知饜乎。」又：「父事狐偃…狐偃，其舅也。」又：「狐氏出自唐叔，狐姬，伯行之子也，實生重耳。」伯行卽狐突，狐偃之父。）虢射，惠公之舅。（晉語三：「公謂慶鄭曰：秦寇深矣，奈何？慶鄭曰：君深其怨，能淺其寇乎？非鄭之所知也。君其訊射也。公曰：舅所病也。」左僖十四年傳曰：「虢射曰：皮之不存，毛將安傅？」杜注：「虢射，惠公舅也。」）是以左僖十五年傳孔穎達疏曰：「二母不得爲姊妹也。皆馬遷之妄耳。」會箋據史記以爲說，不可從也。且顧頡剛氏考瓜州在鳳翔之東，鑒庵師更考之在豫西渭南之地（參前文「王師敗績于姜氏之戎」條），尤近於晉，獻公固不必遠出陝西肅州西五百餘里以娶戎女也。且以二女與狐、虢之關係視之，其時民族混合之情形，亦有難以倉卒之間遽予論斷者。又命謂策命也。命服爲策命所有事。詳前文「賜晉惠公命」條。

上卿逆於境，

　解：逆，迎也。

晉侯郊勞。

　解：郊迎，用辭勞也。

館諸宗廟。

　解：館，舍也。舍於宗廟，尊王命也。

　　集證：諸猶「之於」也。參拙著國語虛詞集釋。發正云：「聘禮：『卿館於大夫，大夫館於士，士館於工商。』鄭注云：『館者必於廟，不館於敵者之廟，爲太尊也。』此侯國相聘之禮，故館諸宗廟。」

饋九牢，

　解：牛羊豕爲一牢。上公饔餼九牢。

　　集證：周禮秋官大行人：「上公之禮……禮九牢。」

設庭燎，

　解：設大燭於庭，謂之庭燎。

　　集證：詩小雅庭燎：「夜如何其，夜未央。庭燎之光。」毛傳：「大燭」。蓋韋
　　氏所本。禮郊特牲孔疏云：「謂於庭中設火以照燎來朝之臣夜入者，因名火爲庭
　　燎也。禮，天子百燎，上公五十，侯、伯、子、男三十。」

及期，命于武宮。

　解：期，將事之日也。武宮，文公之祖武公廟也。命，受王命。

　　集證：武宮，在絳。晉語一「燕于武公（公乃宮誤）」，韋解謂在曲沃，非是。
　　見該條引述聞說。董增齡正義曰：「以武公始并晉，故奉之以爲太祖也。」

設桑主，布几筵。

　解：主，獻公之主也。練主用栗，虞主用桑。禮，既葬而虞，虞而作主。天子於是
　爵命世子即位，受命服也。獻公死已久，於此設之者，文公不欲繼惠、懷也。故立
　獻公之主。自以子繼父之位，行未踰年之禮也。筵，席也。

　　集證：董增齡正義曰：「五經異義公羊說：虞而作主。古春秋左氏說：既葬，反
　　虞。……既虞，然後祔死者於先死者，祔而作主，謂桑主也。期年然後作栗主。
　　公羊傳注：用桑者，取其名與其鱹㮦，所以副孝子之心。……周禮司几筵，諸侯
　　祭祀，席蒲筵，繢純。加莞席，紛純。……鄭康成注：『國賓諸侯來朝，孤卿大
　　夫來聘。朝者彤几，聘者彤几。』是晉布蒲莞二席及彤几也。」

太宰蒞之。晉侯端委以入。

　解：說云：衣玄端，冠委兒。諸侯祭服也。昭謂此士服也。諸侯之子，未受爵命，
　服士服也。

　　集證：韋云「說」者，舊注，佚其姓名也。御覽六八五及事類賦十二並引孔晁注
　　云：「玄端之衣，委貌之冠也。」與韋引舊注頗近。董增齡正義，陳瑑翼解皆依
　　韋訓以端委爲士服，然左傳昭公元年「天王使劉定公勞趙孟於潁」，定公謂趙孟

曰：「吾與子弁冕端委以治民，臨諸侯。」昭公十年：「晏平仲端委立于虎門之外」，哀公七年：「太伯端委以治周禮」。定公、趙孟、晏平仲、吳太伯皆非士也，而服端委，則端委非士服明矣。韋蓋以下有「太宰以王命命冕服」之文，乃謂此爲無命之士服也。不知冕服固是命服，端委則可以非士服也。杜預注左傳或曰禮衣，或曰朝服，是也。然端委又有二說，或謂端委是身服，如昭元年會箋云：「端委是身服。……服虔曰：『禮衣端正無殺，故曰端。文德之衣尚褒長，故曰委。』正義云：『非帷裳，必殺之』，鄭云：『帷裳，言朝祭之服，其制正幅如帷。非帷裳者，言深衣削其幅。縫齊結要。』禮記深衣，制短不見膚，長不被土。然則朝祭之服當曳地也。」或以端爲衣，以委爲冠。如：後漢書輿服志：「委貌冠，皮弁冠同制。長七寸，高四寸，制如覆杯，前高廣，後卑脫。……委貌以皁絹爲之……行大射禮於辟雍，公卿諸侯大夫行禮者冠委貌，衣玄端素裳。」鄭衆周禮傳曰：「衣有襦裳者爲端。」昭十年會箋曰：「委貌，周冠名。」各逞其說，古制悠徵，難以稽考。然就常理推之，端委既是朝服、禮衣，則有衣有冠殆無疑問也。

太宰以王命命冕服。

解：冕，大冠。服，鷩衣。

集證：董增齡正義曰：「淮南主術訓注：『冕，王者冠也。前後垂珠飾。天子玉縣，十二。公侯挂珠，九。卿點珠，六。伯子男各應其名數。』周官司服鄭康成注：『鷩，畫以雉，謂華蟲也。其衣三章，裳四章，凡七也。』案：衣三章：華蟲、火、宗彝。裳四章：藻、粉米、黼、黻。以鷩爲首，故曰鷩衣。鄭康成曰：『鷩，畫以雉。兼取其耿介而有文章。』釋名：『鷩，雉之憋惡者。性急憋，不可生服，必自殺。故畫其形于衣，以象人執耿介之節。』邵晉涵曰：『劉成國此說誤耳。繪象以觀德，不取其憋惡也。』」

內史贊之。

集證：董增齡正義云：「周官內史：『凡命諸侯及公卿大夫則策命之。』案：大宰以八枋詔王（以仁案：周禮太宰「枋」作「柄」，內史則作「枋」。朱駿聲通訓定聲謂假爲柄字。詔謂告也助也），內史又居中貳之。故奉命命晉侯，亦以內

史贊大宰也。」

三命，而後即晃服。

解：三以王命命文公，文公三讓而後就也。

既畢，賓、饗、贈、餞如公命侯伯之禮，而加之以宴好。

解：賓者，主人所以接賓致餐饗之屬也。饗，饗食之禮也。贈，致贈之禮也。餞，謂郊送飲酒之禮也。如公命侯伯之禮者，如公受王命以侯伯待之之禮而又加之以宴好也。太宰，上卿也。而言公者，兼之也。

集證：侯伯謂諸侯之長，所謂盟主也。僖公二十八年記此事云：「王命尹氏及王子虎內史叔興父策命晉侯爲侯伯。」杜預注云：「以策書命晉侯爲伯也。」時文公新敗楚於城濮，献俘於踐土，聲譽隆盛，故得命以伯主之禮。周語下：「祚四嶽國，命以侯伯。」（韋解：「命爲侯伯，使長諸侯也。」）晉語四：「管仲賊桓公而卒以爲侯伯。」鄭語「其後八姓於周未有侯伯。」（韋解：「侯伯，諸侯之伯。」是矣。）皆其例也。又周語下云：「宴好享賜，不踰其上」韋解：「宴好，所以通情結好也。」左襄三十一年傳：「厚其宴好而歸之」，會箋：「好，好貨也。」周語中：「於是乎有折俎加豆，酬幣宴貨，以示容合好。」韋解：「聘有酬賓束帛之禮，其宴束帛爲好，謂之宴貨也。」又：「王叔簡公飲之酒，交酬好貨皆厚。」韋解：「好貨，宴飲以貨爲好。」周語下謂單靖公「燕無私」，注云：「無私好貨及籩豆之加也」。是則筵席之間，常禮之外，復有酬餽之禮以結情好。謂之宴好也。

內史興歸以告王曰：晉不可不善也。其君必霸。逆王命，敬。

解：謂上卿逆於境，晉侯郊勞也。

奉禮義，成。

解：謂三讓，賓、饗之屬，皆如禮也。

集證：述聞曰：「義讀若儀。謂奉行禮儀而有成也。韋注云：『謂三讓、賓、宴、饗之屬皆如禮』，是禮義即禮儀，非仁義之義也。忠、信、仁、義別見下文，與此義字不同。古書多以義爲儀。」

敬王命，順之道也。成禮義，德之則也。則德以導諸侯，諸侯必歸之。（以導，公序

作「以道」。道、導古、今字。）

解：導，訓也。

　集證：此禮義亦猶禮儀，見上條述聞說。

且禮，所以觀忠信仁義也。

解：言能行禮則有此四者也。

忠所以分也。

解：心忠則不偏也。（公序本「忠」作「中」）。

仁所以行也。

解：仁行則有恩也。（公序本「恩」作「報」）。

信所以守也。

解：信守則不貳也。

義所以節也。

解：制義之節也。（公序本「義」作「事」）。

忠分則均，仁行則報，信守則固，義節則度。

解：得其度也。

分均無怨，

　集證：謂民不怨也。

行報無匱，

　集證：謂財不匱也。

守固不偷，

解：偷，苟且也。

　集證：謂令不偷也。慧琳音義卷四十五引賈逵國語注亦曰「苟且也。」疑韋注所

本，參拙著國語舊注輯校。

節度不攜，

解：攜，離也。

　集證：謂動不攜也。有所舉措，民翕然從之若水之就下，而不攜離也。

若民不怨而財不匱，令不偷而動不攜，其何事不濟？中能應外，忠也。施三服義，仁

也。

　解：賈侍中曰：三謂忠、信、仁也。昭謂施三，謂三讓也。服義，義，宜也。服得
　　其宜，謂端委也。

守節不淫，信也。行禮不疚，義也。

　解：疚，病也。

臣入晉境，四者不失，

　解：四者，忠、信、仁、義也。

臣故曰：晉侯其能禮矣。

　　集證：禮爲四者之本。

王其善之。樹於有禮，艾^{音刈}人必豐。

　解：樹，種也。艾，報也。豐，厚也。

　　集證：洪氏頤煊曰：「艾當作刈。離騷：『願俟時乎吾將刈。』王逸注云：
　　『刈，穫也。』言樹於有禮，其穫人必多也。」（發正引）。俞樾平議則云：「艾
　　之訓報，其義未聞。詩鴛鴦篇：『福祿艾之』，南山有臺篇：『保艾爾後』，毛
　　傳並曰：『艾，養也。』此艾字亦當訓養。蓋從上句樹字生義。凡樹藝五穀及蔬
　　果之類，皆所以養人。故曰『樹於有禮，艾人必豐。』又晉語曰：『樹於有禮必
　　有艾』，義亦同此。言必得其養也。韋訓爲報，雖於語意未失，恐非古訓。」以
　　仁案：二說均言之有據。然細察文義及後文晉納王之事實，則俞樾之訓似得其旨
　　矣。又養有自養及養人二義。謂樹於有禮，必得其養。已得其養而人亦得其養
　　也。

王從之。使於晉者道相逮也。

　解：逮，及也。

　　集證：言其頻繁也。

及惠后之難，王出在鄭。

　解：惠后，周惠王之后，襄王繼母陳嬀。陳嬀有寵，生子帶。將立之。未及而卒。
　　子帶奔齊。復之。又通於襄王之后隗氏，王廢隗氏。周大夫頹叔桃子奉子帶以狄師
　　伐周，王出適鄭。處于汜。事在魯僖二十四年。

　　　　集證：左傳二十四年傳杜預注云：「鄭，南汜也。」會箋云：「南汜在今河南許
　　　　州治襄城縣南。鄭之西南之境，南近於楚，西近於周。」

晉侯納之，

　　　　解：納王於周而殺子帶。在魯僖二十四年。

　　　　集證：帶是名。國語或稱「王子帶」（周語下），或稱「昭叔」（晉語四）。左
　　　　傳或稱「王子帶」，或稱「大叔帶」，或稱「甘昭公」，或簡稱「大叔」或
　　　　「帶」僖公二十四年左傳：「得罪于母弟之寵子帶」，「寵子」連讀，謂寵愛之
　　　　子。非「子帶」連讀也。韋解以「子帶」爲名，誤。史周本紀多作「叔帶」，作
　　　　「王子帶」者一見。作「子帶」者一見，云：「子帶立爲王」，疑是「王子帶」
　　　　之省。否則，其誤蓋始自史公也。反左傳晉侯納王而殺王子帶事在僖公二十五年
　　　　夏四月。周語中：「晉文公納之」下韋解云：「文公納之，殺子帶，在魯僖公二
　　　　十五年。」是也。

襄王十六年，立晉文公，

　　　　解：襄王十六年，魯僖二十四年也。

　　　　集證：傳文及韋解襄王十六年皆十七年之誤，詳前文「十六年而晉人殺懷公」
　　　　條。

二十一年，以諸侯朝王于衡雍，且獻楚捷，遂爲踐土之盟。

　　　　解：襄王二十一年，魯僖二十八年也。衡雍、踐土皆鄭地，在今河南溫也（石光
　　　　瑛：「注也字當是地字之譌。上文衡雍踐土皆鄭地句可證。」）。捷，勝也，勝楚
　　　　所獲兵衆也。文公以僖二十八年夏四月敗楚於城濮。城濮，衞也。旋至衡雍。天子
　　　　臨之。晉侯以諸侯朝王，且獻所得楚兵，馴介百乘，徒兵千也。王命尹氏及王子
　　　　虎、內史興父策命晉侯爲伯。賜晉侯大輅，戎輅之服，彤弓一、彤矢百、旅弓十，
　　　　旅矢千、秬鬯一卣、虎賁三百人也。（「興父」上脫「叔」字，公序本有而脫「父」
　　　　字）。

　　　　集證：譚澐國語釋地云：「解云衡雍踐土皆鄭地，是也。又云在今河南溫縣，則
　　　　非也。溫縣是時屬晉不屬鄭。據春秋左傳，晉侯以五月癸丑盟諸侯於踐土，至六
　　　　月壬午始濟河北歸。則衡雍踐土在河之南，不在河內之溫矣。衡雍在今懷慶府原

武縣西北五里。踐土，括地志云：『滎澤縣西北十五里有王宮城，城內東北隅有踐土臺。』滎澤縣今屬河南開封府。」

於是乎始霸也。

集證：賈逵注曰：「霸，猶把也。言把持諸侯之權，行方伯之職也。」（慧琳音義卷五、元應音義卷二、廣韻四十禡皆引。）

出自第四十四本第二分（一九七三年三月）

魏書崔浩傳箋註

王 伊 同

緒 言

北魏世祖太平眞君十一年六月（450），司徒清河崔浩伏誅。浩同宗無遠近，及諸姻家范陽盧氏、太原郭氏、河東柳氏，盡族滅。傳謂浩奉詔撰國記，述國初事，備而不典，銘諸石，方百三十步，顯在通衢。往來行者，咸以爲言，事發而禍作。僕嘗病其非眞，　草釋疑篇。[1] 按浩父宏，初事苻秦。秦亡仕燕，燕亡又仕魏。歷太祖太宗兩朝，官至天部大人，爵白馬公，勢傾朝野。浩以貴公子，與父同列。冠冕踵接，名宦鴻胄，誠富且貴矣。其進銳，其敗忽，其禍烈。雖然，浩立朝五十年，國家興革，實多憑倚。今旣鈎稽典籍，詳闡浩傳，爰揭其尤著者四事：曰朝政，曰師旅，曰文敎，曰釋老雜祀。略縶論斷，以冠吾篇。

一曰朝政也。太祖世，浩位祇通直郎耳，以工書，常侍左右。及事太宗。占筮多驗。後宮獲兔，則占鄰國有獻嬪嬌者，已而姚興果獻女。熒惑星變，則謂姚興死兆。彗星出天津，則占劉裕將篡晉。會京畿饑，或謂宜遷都鄴，浩請留平城俟豐歲，已而果大熟。帝眷益隆，拜給事祕書、著作郎，轉博士祭酒。泰常三年（418），父薨，襲爵白馬公。六年，太宗多疾，浩請建皇儲，以燾爲嗣，代人長孫嵩和之。及燾爲國副主，浩與穆觀、丘堆坐西廂爲右弼，嵩、奚斤、安同爲左輔，輔太子。及奚斤討滑臺，無功，帝親征爲斤聲援，拜浩相州刺史、加光祿大夫，隨駕爲謀主。帝崩，世祖卽位，毀浩者衆，免浩官，以公歸第，時始光元年（424）也。越二年，進爵東郡公，拜太常卿。神䴥二年（429），加特進，撫軍大將軍、光祿大夫。後二年九月，遷司徒。同月，徵天下物望范陽盧玄、博陵崔綽、趙郡李靈、河間邢穎、渤海高允、廣平游雅、太原張偉等。比至，多拜中書博士。太平眞君五年，太子恭宗總百揆，浩與穆壽

---

1. “崔浩國史獄釋疑”，載淸華學報新一卷二期（民國四十六年四月），頁 84—101。

輔副主，後六年而浩伏誅。是浩一生，奉事三帝，兩輔皇儲，著勳宮禁者幾五十年。雖有相州刺史之命，特令赴太宗行在所，爲南伐謀主已耳，恐未嘗履任。是浩議論謀劃，始終周旋皇廷咫尺間。其進言也易，其施行也速，則有關朝政者可知矣。

二曰師旅也。北魏之強，強於世祖太武皇帝（408—451）。帝果於誅戮，好兵革，每臨陣，常與士卒出入矢石間。死傷者相繼，而帝神色自若。然終帝一朝，征討諸大役，浩實左右慫恿之。魏之西寇爲赫連氏。始光二年（425），浩力排衆議，請討赫連昌。比戰，魏師不利，宦者趙倪請退師，浩斥之。帝墜馬，幾陷敵手。比尅統萬，兵結禍連。神䴥元年（428）擒昌，宜可謂大捷矣，然主帥奚斤以輕進被俘，逮三年尅安定，平西涼，而後靖。魏之北寇，則蠕蠕也。神嘉二年（429），議擊蠕蠕，太史令張淵、徐辯以爲天時不祥，保太后亦沮師。浩獨不謂然，贊成帝略。及伐蠕蠕，大勝，分軍討東部高車，又勝。然終有太平眞君四年（443）之敗。史稱劉潔矯詔更期，前鋒八將因不相遇。實則其時盧水胡蓋吳反於杏城、河東薛永宗反於汾曲，首尾相掣，亦致敗主因。至若河西之沮渠氏，太延五年（439）廷議西征，奚斤、古弼、李順咸謂地乏水草，不利大軍。浩忿諍御前，且呵順，謂受人金，陰爲之地，順甚不堪。師行，平其國。姑臧澤草茂盛，一如浩言。

按世祖以始光元年（424）即天子位，時浩已貴，浩誅後一年而帝遇弒（451）。二十餘年間，浩運籌帷幄，贊翊戎機，言聽計從，鮮齟齬者，故世祖御極，廣拓疆土，聲敎遠被，浩之功爲多。然事涉南伐，[2] 君臣間每致牴牾。此不徒世祖一朝始然。太宗泰常元年（416），劉裕伐後秦，緣河西進，假道於魏。浩請許之，帝不從，而有畔城之敗。七年，裕死，帝欲取洛陽、滑臺、浩諫又不從。命奚斤伐滑臺，師老無功。世祖卽位，神䴥三年（430），南鎮諸將，請兵擊宋，浩以爲不可，帝雖從其計，仍詔冀定相三州造船三千戒不虞，又遣杜超鎮鄴以拒宋師。蓋事涉南征，浩靡不委曲沮抑。及浩被誅而魏師大舉南侵，江淮糜碎，乳燕泥塗矣。說者因謂浩宅心華夏，欲令烽火不南及。其西北諸役，心知其危，務置胡主死地而甘心焉。於是百端誘說，致有赫連昌、蠕蠕之役。前者幸勝，後者魏主險爲敵擄，浩計幾售。夫浩心嚮華夏，未肯棄本忘

---

2. 延和二年（433）討北燕馮跋，浩是否興謀，史無明文，不可考。

祖，容有之矣，若謂構陷設穽，以蹶其主，則史乏佐證，似過激之論矣。[3]

　　三曰文教也。世祖神䴥中 (429) 擒赫連昌，命史官注集朝政，以成一代之典，然初非以直筆實錄爲宗，蓋以誇耀武功爲主。太延五年 (439) 平西涼，命浩監祕書事。以中書侍郎高允、散騎侍郎張偉參著作。時涼地美士國破歸魏者，如陰仲達、段承根、宗欽輩、浩更表啓同其事。仿春秋體，編年序錄，勒成國書，即史所稱刊石通衢，肇禍滅宗者也。浩工書，明禮法，嘗作家祭法，次序五宗蒸嘗之禮，復解羣經，成周易、詩、書、禮記、春秋、論語、孝經、及急就章諸解。其中易、詩、書、禮、傳、論語、五經，亦銘諸石，與國書並植天郊之東。[4] 浩於天文、星曆、易式、九宮，無不窺。北魏初，用曹魏景元曆，浩以爲疏。乃糾發漢魏以來十餘家曆術之誤，成五寅元曆上之。浩父宏，仕太祖爲吏部尚書，裁定律令。浩承家學，通漢律，嘗作漢律序。[5] 神䴥四年 (431) 遷司徒，十月奉詔更定律令，於漢魏以來律除梟鉗，五歲四歲刑，增一歲刑。大辟有轘、腰斬、殊死、棄市四等，凡三百九十條。門房誅四條，大辟一百四十條，五刑二百三十一條。始置枷拘罪人。[6] 有疑獄，皆付中書，以經義量決。[7] 是浩於天文、曆數、經史、律法，又一時之圭臬矣。

　　四曰釋老雜祀也。浩非毀佛法，亦不好老子之言。始光初，得寇謙之而師焉。謙之者，字輔眞，早好仙道，有絕俗之志。嘗入嵩岳，得異人李譜文手授錄圖眞經。譜文語之曰：奉持轉佐北方泰平眞君，出天宮靜輪之法，能興造克就，則赴眞仙矣。世祖後果改元太平眞君 (440—450)。[8] 眞君三年 (442)，謙之奏曰：今陛下以眞君御世，建靜輪天宮之法，開古以來，未之有也，宜登受符書，以彰聖德。帝從之。是年

3. 呂思勉兩晉南北朝史（民國三十七年上海開明）上册頁381—382云：「浩稱虜朝名臣，然細觀所言，便見其設謀畫策，無一非爲中國計者。……浩之所以誤虜者深矣。」按呂氏書，民國三十七年出版，稿或成於中、日戰爭期間。敵愾同仇，遂洋溢筆楮間。

4. 水經注（藝文影印胡適之手校本）13.6 a 灅水注，郊天壇在平城西郭外。

5. 史記會注考證（藝文影印原刻本）10.29 孝文本紀：「今法有肉刑三，而姦不止。」索隱：「韋昭曰：斬趾黥劓之屬。崔浩漢律序云：文帝除肉刑而宮不易。張斐注云：以淫亂人族序，故不易之也。」

6. 大唐六典注（民國五十一年臺北文海影印享保甲辰 (1724) 刊本）6.10b 尚書刑部。

7. 魏書（藝文影印武英殿本）4下、5b 世祖紀。

8. 通鑑（藝文本）123.24 b（元嘉十七年，440）六月丁丑，皇孫濬生，大赦改元太平眞君。取寇謙之神書云：輔佐北方太平眞君故也。

正月，遂親至道壇，受符籙，[9] 備法駕，旗幟從道家色，盡青。夫釋老不兩立，崇道則毀佛矣。初，太延四年 (438) ，罷沙門年五十以下者。[10] 太平眞君五年，春、正月，詔曰：愚民無識，信惑妖邪，私養師巫，挾藏讖記陰陽圖緯方伎之書。又沙門之徒，假西戎虛誕，生致妖孽，非所以壹齊政化，布淳德於天下也。自王公以下，至於庶人，有私養沙門師巫及金銀工巧之人，其在家者，皆遣詣官曹，不得容匿。限今年二月十五日，過期不出，巫沙門身死，主人門誅。明相宣告，咸使聞知。[11] 六月，浩請罷諸小神雜神之不合祀典者，唯五十七所得留。帝從之。[12] 後二年三月，帝西征蓋吳，幸長安佛寺，見諸不法事，因詔誅長安沙門，焚破佛像，勅留意下四方，一依長安行事。又詔曰：彼沙門者，假西戎虛誕，妄生妖孽，非所以一齊政化，布淳德於天下者也。自王公以下有私養沙門者皆送官曹，不得隱匿。今年二月十五過期不出，沙門身死，容止者誅一門。時恭宗監國，素敬佛事，請寬其禁。因詔自今以後，敢有事胡神及造形像泥人銅人者門誅。有司宣告征鎮諸軍刺史，諸有佛圖形像及胡經，盡皆擊破焚燒，無少長盡坑之。[13] 蓋謙之佞道，欲以道替佛。崔浩荷帝眷，竭心摧轂，必令胡神胡經銷毀而後已。後世言滅佛者，以太武為始作俑，酷毒暴驟亦莫太武若，實坐崔浩之簸揚耳。[14]

　　或曰：子言崔浩學術政事，左右魏初軍役敎化者，甚鉅且切，既飫聞之矣。雖然，浩以不世之才，超人之智，父子相繼，著忠三朝。北摧蠕蠕，西平姑臧。擒赫連

9. 通鑑 124.1a-b 元嘉十九年 (442) 胡注：此所謂受者，今道士所謂法籙也。隋志曰：道士受道之法，初受五千文籙，次受三洞籙，次受洞玄籙。籙皆素書，紀諸天曹官屬佐吏之名。又有諸符，錯在其間。文章詭怪，世所不識。

10. 魏書4上．20a世祖紀。

11. 魏書 4下．4a- b 世祖紀。

12. 通鑑124.11a 元嘉二十一年 (444)。

13. 以上略見魏書114.10a-11b 釋老志。按紀眞君五年春正月詔，與志七年留中之詔幾盡同。如本紀年月不誤，則帝之蓄心破佛已有年，初不待長安佛寺見不法物而禍作也；說詳傳末。雖然，水經注㶟水注(13.8b)云：神麚四年（疑太早，文或訛。）造靜輪宮，太平眞君十一年又毀之。同年，浩誅。毀宮誅浩，兩事先後無可考，然世祖於道敎漸怠可知也。道見捐則浩恩衰矣。

14. 崔寇破佛事，並見Kenneth Chen, *Buddhism in China, A Historical Survey* (Princeton University Press, 1964), pp. 147-151.

於統萬，誅蓋吳於長安。曾幾何時，以七十高年，舉族受戮。僕惑甚，願受教焉。對曰：唯唯，謹聞命矣。案傳：浩敗於國書。夫國書之不容於衆口，事必有之，理宜可信，然浩之死，未必由此也。游雅與浩同時，嘗謂浩之譴，起於纖微。[15] 魏收之傳浩也，敍國書獄甫竟，即云：『浩生平寫急就章以百數，必稱「馮代彊」，以示不敢犯國，其謹也如此。』味收意，浩於急就章且然，於國初事，焉敢醜詆勒石。收去浩非遠，蓋已疑國史獄之妄。[16] 且世祖嘗命歌工歷頌羣臣曰：智如崔浩。[17] 浩既誅，聞宣城公李孝伯疾篤，傳者以爲卒。帝聞而悼之，謂左右曰：崔司徒可惜，李宣城可哀。[18] 是浩死非其罪，帝之尤悔可見矣。夫浩果以國書見譴，魏法雖酷，斷不容戮及全宗，更不容株連姻婭。至若宋書柳光世所謂浩陰有異圖，謀泄被誅者，[19] 殆光世南奔後自炫之辭。不然，謀逆大不道，律有定科，正宜鞫訊定讞，何假閃爍之辭，致疑千載。是知浩之死，有遠因，有近因，有輔因，有主因，非可一二言矣。

　　何謂遠因？始光四年（427），魏伐赫連氏，臨敵，宦者趙倪請退師，浩呵責之。神䴥二年（429）議擊蠕蠕，太史令徐辯、張淵、黃門郎仇齊推不謂然，浩面折之。三年（430），南鎮諸將請兵擊宋，浩謂是輩涎羨北鎮擄獲，志在南討自肥。太延五年（439）討沮渠氏，浩又面短古弼、奚斤、李順。後三年（442）蠕蠕之役，浩又與主帥劉潔不相能。夫宦者、黃門、太史令，朝夕侍宮闈；奚斤、劉潔、古弼、李順輩，居官要津，又一時物望也。浩先後構隙，其失歡權倖可知矣。

---

15. 魏書48.11a-b 高允傳。

16. 據魏書104.2a 自序：『帝（齊文宣）敕收曰：「好直筆，終不作魏太武誅史官。」』朝野相傳，浩以直筆致譴，固有此一說。是以蒺藜山偉輩，以爲國書應由代人修緝，不宜委之餘人〔魏書 81.3b 山偉傳〕。正恐漢人誹謗，將不利於北人也。

17. 魏書 25.4a 長孫道生傳。

18. 魏書 4下、14b 世祖紀。

19. 宋書（藝文本）77.12a 柳元景傳：〔元景從祖弟光世，先留鄉里，索虜以爲折衝將軍，河北太守，封西陵男。光世姊夫僞司徒崔浩，虜之相也，元嘉二十七年（450）虜主拓跋燾南寇汝潁，浩密有異圖，光世要河北義士爲浩應，浩謀泄被誅，河東大姓坐連謀者甚衆。光世南奔得免〕。案此事不載南史。南史（藝文本）柳元景傳 38.6 a–b) 但云：『（光世）與司徒崔浩親。浩被誅，光世南奔。』通鑑亦不取。

何謂近因？魏以異族奴役中國，禁制甚嚴。[20] 華夷畛域之見，與魏相終始，[21] 浩固知之。然恃寵而驕，漠然不甚措意。凡遠來羈旅之士，或至自邊郡，或出諸塋族，靡不爲之聲價。[22] 太延五年 (439) 平西涼。西涼承平久，號多士，國亡入魏者衆，浩更量才延譽，躋之朝，[23] 蓋吳平，河東聞喜裴駿自通，浩器爲三河領袖。[24] 而太原王慧龍入魏，浩弟恬，妻以女，浩數向諸公稱其美。[25] 代人聞之，以其歆服南人，無異訕鄙國化。[26] 於是長孫嵩穆壽咸嫉之，[27] 而浩隉詭可知矣。

20. 太祖定中山，錄敍慕容實官司，多降品秩（魏書 33.6a 張蒲傳）。燕朝舊臣素輕魏，以異類目之，聞魏師至，多奔竄求免。是以博陵太守申永南奔河外，高陽太守崔宏東走海濱，屬城長吏，率多逃竄。宏，浩父也（魏書33.14b 屈遵傳）。崔逞雖歸魏，終以芥蔕微咎見殺（魏書 32.8a 崔逞傳）；張袞亦幾不免（魏書 84.5b–6a 張袞傳）。南人入國者死，皆葬桑乾，不聽越關葬於舊兆，趙琰積三十餘年，不得葬雙親（魏書 86.1b 趙琰傳，38/13a 王慧龍傳，38.16a 韓延之傳）。

21. 世祖初，衆議南人入國者，不宜委以師旅之任，世祖納之。時王慧龍甫拜洛城鎮將，配兵三千，遂停前授（魏書38.11a 王慧龍傳）。稍後郭祚裴植之死，劉芳之不容於朝士，正坐華夷之隔也（魏書71.6b–7b 裴植傳；40.6b 陸凱傳）。

22. 如陳郡袁式，泰常二年（417）歸魏，浩與一面，便盡國士之交（魏書38.21a 袁式傳）。毛脩之初仕赫連昌，昌敗入魏。浩以其中國舊門，雖學不博洽，而猶獵涉書傳，因與之交。脩之亦與寇謙之往來，得免死，遷平城（魏書43.2a 毛脩之傳；宋書48.9a–b 同傳）。京兆杜銓，以浩薦，得爲宗正（魏書45.10b杜銓傳）。河東薛車輅拔，年始弱冠，浩見而奇之（魏書 42.2a 薛車輅拔傳）。河間邢穎，以浩美譽，見重於世祖（魏書 65.1b 邢穎傳）。漁陽高閭亦蒙浩嘉賞（魏書 54.2a 高閭傳）。姑臧趙逸，仕赫連氏至著作郎。嘗著書，稱美赫連，太祖平統萬，怒其不遜，將推之，賴浩救說得免（魏書 52.1a–b 趙逸傳）。

23. 敦煌張湛仕沮渠氏，累遷至兵部尚書。涼州平，入國，年五十餘矣。浩識而禮之（魏書52.9b 張湛傳）。廣平程駿（魏書60.15a–b 程駿傳）、河內常爽（魏書84.7b–8b 常爽傳）、武威陰仲達、叚承根（魏書 52.19a–b 52.14b 各本傳）、金城宗欽（魏書 55.11a宗欽傳），咸以浩薦，得免沉淪。

24. 魏書 45.12b–13a 裴駿傳。

25. 魏書 38.11a–b 王慧龍傳。

26. 同上。

27. 嵩父仁及嵩，兩世爲南部大人。赫連昌之役，寇謙之崔浩皆主西伐，嵩固諫不可。帝怒，責嵩在官貪濁，令武士頓辱之（魏書 25.2b 長孫嵩傳）。嵩彈浩歆譽王慧龍事，已見上。按嵩以太延三年（437）春正月薨，見魏書4下‧19a世祖紀及同書105.2/9b天象志。

穆壽之病浩，其故絕不同。太延五年（439）世祖伐沮渠氏，壽輔恭宗留守京師，以備蠕蠕。帝臨行，命壽伏兵要害，以待虜至，俟其深入而擊之。壽雅信卜筮。公孫質時爲謀主，卜，以爲寇必不來，壽不設備。已而蠕蠕果犯塞以應沮渠，至善無七介山，京師大駭，賴長孫道生擊走之（魏書 4上‧20b 世祖紀，27.5a–b 穆壽傳，28.2a 奚牧傳）。帝還，幸無大損，未之罪。雖然，壽之敗，坐蠕蠕入寇，而蠕蠕所以入寇者，正爲沮渠氏聲援也。沮渠之役，朝士咸以爲不宜，浩獨排衆議贊助之，是壽所以恨浩耳。

何謂輔因？太平眞君五年 (444) 太子爲皇儲，總百揆。太子佞佛，而浩崇道敎，因有禁養沙門之詔。浩取勝一時，固矣，然無以破世祖、恭宗父子之親，[23] 計必有病之搆之，隨而媒孽其短者矣。

何謂主因？浩爲冀州中正，嘗薦冀定相幽并五州之士數十人，各起家郡守。恭宗謂浩曰：先召之人，亦州郡選也，在職已久，勞勤未答。今可先補前召任郡縣，以新召者代爲郎吏。浩固爭而遣之。[29] 其選中書博士，又以弟子箱子、盧度世、李敷三人應之；言者不平。[31] 及爲司徒，汲汲焉徵天下士。其見諸詔令者四十二人，應命者三十五。外此州郡被命發遣者又數百人，差次敍用。其所引攬，皆州郡士望，奕世名家。殆浩外兄盧玄所謂齊整人倫，分明姓族者也。[31] 浩又與同寮論五等郡縣，兼考秦皇漢武得失。比與寇謙之論道，又著書二十餘篇，大旨以復五等爲本。[32] 察其旨歸，殆欲廢郡縣，復五等，中原望族，咸置要津。或齊或晉，爾公爾侯，如成周比。其爲漢人謀則忠矣，夫豈代人所能平。殺一人之不足，則擧其族而夷之。夷其族之不足，則擧盧、郭、柳、幽、平、雍、右姓一掃而去之，所謂鋤惡務盡者耳。夫國史果首尾褒諛，無隻字之毀貶，又何補於崔盧郭柳族滅之禍也哉。

按浩與華族多相得。其失歡者，止渤海封玄之、趙郡李順、及淸河崔模、崔頤而已。玄之坐與司馬國璠、溫楷等謀亂伏誅，玄之弟子麘奴，被刑爲宦人。浩之誅也，世祖謂麘奴曰：汝本應全，所以致刑者，由浩之故 (魏書32.11a 封麘奴傳)。崔模以神麘中降魏，浩輕侮之 (魏書24.18b–19a 崔模傳)，然模與頤相親，往來如家。頤，逞之子，李孝伯之妻父 (魏書 32.8b 崔逞傳， 53.9a 李孝伯傳)，順則孝伯從兄也。浩、玄之何以致隙，史不明言。浩順婚姻周旋，理宜相得，其所以搆釁者，則坐爭範耳 (魏書36.1b 李順傳)。然浩敗，而玄伯代居顯位。兔起鶻落，幾微有可識而不可詰者矣。方順之盛，求交同郡眭夸，奕拒而不納，獨與浩爲莫逆交 (魏書90.1b 眭夸傳)。知幾其神，知浩順交惡，奕默識之矣。浩誅，奕素服受鄉人弔唁。歎曰：崔公旣死，誰能更容眭夸。遂作朋友篇以見志 (同上)。

代人與浩相契者，史載伊馥一人而已，見魏書44.3b 伊馥傳。

28. 太平眞君九年 (448)，寇謙之卒，浩勢益孤。

29. 魏書 48.3b 高允傳。

30. 魏書 46.5a–b 李訢傳。

31. 魏書 41.1a–b 盧玄傳。

32. 案神麘四年八月 (431)，浩拜司徒。九月，詔徵天下士。詔引詩曰：鶴鳴九皋，聲聞於天。又引易曰：我有好爵，吾與爾縻之。亦五等微旨也。詔，疑出浩手。

凡　　例

一、浩傳，據藝文影印武英殿本魏書卷三十五頁一至二十四。

一、本傳苟非同敍一事，統分段。

三、正文用五號字，注六號字。

四、凡注同一事，或同行，或分行。事異者則槪間行。

五、紀元後加注西曆，以求醒目。

崔　浩　本　傳

崔浩，

　　魏書114.11b 釋老志：「太平眞君十一年（450）浩被誅，時年七十。」上推應爲晉孝武帝太元六年
　　（381）生。

字伯淵，清河人也。

　　後漢書（藝文本）郡國志20.28b-29a 清河國注：高帝置。桓帝建和二年爲甘陵，雒陽北千二百八十里。
　　王先謙集解：惠棟曰：淇水注作元年。馬與龍曰：章帝廢太子慶爲清河王。桓帝建和元年，貶清河王蒜
　　爲尉氏侯。明年，改爲甘陵，封安平孝王子理爲王；見清河孝王傳。先謙曰：建安十一年國除爲郡，見
　　獻帝紀。三國魏爲清河郡，見輿地廣記。吳云：黃初三年封曹貢爲清河王，四年國除爲郡。
　　三國志集解（1957古籍出版社本）12.1a—b崔琰傳集解引惠棟曰：酈元云：定襄有武城，故加東。太平
　　寰宇記卷五十八：史記平原君封東武城，卽此。蓋以定襄有武城，同屬趙，故此加東也。一統志：東武
　　城故城，今山東臨淸州武城縣。
　　魏書106上，6b地形志：武城屬司州淸河郡。注云：二漢晉曰東武城屬，後改。

白馬公玄伯之長子。

　　魏書106上.4b地形志：司州東郡有白馬縣。司州據原注：（106上.2a）太祖天興四年置相州，天平元年
　　遷都改。
　　玄伯，名宏，以犯高祖廟諱改。本傳見魏書24.11a-156。玄伯六世祖林，魏司空，見魏志（三國志集解
　　本）24.4a-9b。祖悅，附見晉書（藝文影印晉書斠注本）44.15a 盧諶傳。

少好文學，博覽經史。玄象陰陽百家之言，無不關綜。研精義理，時人莫及。

　　魏書84.7b 陳奇傳：奇注論語，其義多異鄭玄，往往與司徒崔浩同。

浩習天文，修曆術，彙著五行論，見魏書107上・4a 律曆志。

浩知天文，善占驗，鉤深致遠，出張淵之右，見魏書91.2a 張淵傳。

弱冠爲通直郎。

魏書113.17a 官氏志：從七品上有直事郎。疑與通直郎同品。

天興中，給事秘書，轉著作郎。

魏書113.12a 官氏志：秘書著作郎，第五品上。

太祖以其工書，常置左右。

浩工書，見本傳末章。魏書 24.15a 崔玄伯傳：尤善草隸，行押之書，爲世摹楷。玄伯祖悅，與范陽盧諶並以博藝著名。諶法鍾繇，悅法衞瓘，而俱習索靖之草，皆盡其妙。諶傳子偃，偃傳子邈，悅傳子潛，潛傳玄伯，故魏初重崔盧之書。又玄伯之行押，特盡精巧，而不見迹。同書47.6a 盧淵傳：白馬公崔玄伯亦善書，世傳衞瓘體。魏初工書者崔盧二門。同書 24.17a 崔徽傳：長子衡，學崔浩書，頗亦類焉。同書64.1a 郭祚傳：祚涉歷經史，習崔浩之書。尺牘文章，見稱於世。同書 91.22b 江順和傳：先是，太和中兗州人沈法會能隸書。世宗之在東宮，敕法會侍書。已後隸迹見知於閭里者甚衆，未有如崔浩之妙。

太祖季年，威嚴頗峻，宮省左右，多以微過得罪，莫不逃隱，避目下之變。浩獨恭勤不怠，或終日不歸。太祖知之，輒命賜以御粥。其砥直任時，不爲窮通改節，皆此類也。

魏書2.23b-24a 太祖本紀：天賜六年，夏，帝不豫。初帝服寒食散，自太醫令陰羌死後，藥數動，至此逾甚。……朝臣至前，追其舊惡，皆見殺害。其餘或以顏色變動，或以喘息不調，或以行步乖節，或以言辭失措，帝皆以爲懷惡在心，變見於外，乃手自毆擊，死者皆陳天安殿前。 於是朝野人情， 各懷危懼，有司懈怠，莫相督攝。

同書29.4b 庾業延傳：後遷司空。天賜四年，詔賜岳（業延後賜名岳）舍地於南宮。岳將家僮治之。候官告岳衣服鮮麗，行止風采，擬儀人君。太祖時旣不豫，多所猜惡，遂誅之；時人咸冤惜焉。

太宗初，拜博士祭酒。

魏書113.13a-14a 官氏志：國子博士太學祭酒，皆從第五品上。

賜爵武城子。

武城，已見。

常授太宗經書。

浩本傳（35.21b）： 太宗卽位元年，勅臣解急就章、孝經、論語、詩、尚書、春秋、禮記、周易。

每至郊祠，父子竝乘軒輅，時人榮之。

> 魏書 24.13b–14b 崔玄伯傳：太宗初，玄伯與長孫嵩等坐朝堂決刑獄，後拜天部大人，進爵爲公。

太宗好陰陽術數，聞浩說易

> 浩注易，敍曰：國家平河西，敦煌張湛，金城宗欽，武威段承根三人皆儒者，並有儁才，見稱於西州，每與余論易。余以左氏傳卦解之，遂相勸爲注。故因退朝之餘暇，而爲之解焉。見魏書 52.9b–10a 張湛傳。

及洪範五行善之，因命浩筮吉凶，參觀天文，考定疑惑。

> 魏書107上・4a， 律曆志：故司徒東郡公崔浩博涉淵通，更修曆術，兼著五行論。

浩綜聚天人之際，舉其綱紀，諸所處決，多有應驗。恒與軍國大謀，甚爲寵密。

> 通鑑繫此節於義熙十年（116.31a ），即魏太宗神瑞元年（414）也。

是時有兔在後宮，驗問門官，無從得入。太宗怪之，命浩推其咎徵。浩以爲當有鄰國貢嬪嬙者，善應也。明年，姚興果獻女。

> 魏書 3.5b 太宗紀：永興五年十一月，姚興遣使朝貢，來請進女，帝許之。

> 同書 13.4b 明元詔哀皇后姚氏傳：〔后〕、姚興女也。興封西平長公主，太宗以后禮納之。後爲夫人。后以鑄金人不成，未昇尊位。〔按魏故事：將立皇后，必令手鑄金人，以成者爲吉，不成者不得立，見同卷1b。〕然帝寵幸之，出入居處，禮秩如后焉。是後，猶欲正位，而后謙讓不當。恭帝五年（420）薨。

神瑞二年，秋穀不登。太史令王亮、蘇坦

> 魏書 91.11a 張淵傳：「太祖、太宗時，太史令王亮、蘇坦……竝知天文」。按王、蘇名，又見同書 33.11a 公孫表傳。

因華陰公主等言，讖書，國家當治鄴。

> 鄴，漢縣，晉愍帝時避諱改爲臨漳，今河南臨漳縣。

應大樂五十年，勸太宗遷都。

> 按太祖平燕克鄴，巡登臺榭，遍覽宮城，有定都之意。乃置行臺，以和跋鎮鄴。見魏書2.12a 太祖本紀。王、蘇所請，蓋不爲無據。

浩與特進周澹言於太宗曰：今國家遷都於鄴，可救今年之饑，非長久之策也。東州之人，常謂國家居廣漠之地。

> 通鑑 117.8a 義熙十一年（415），東州作山東，廣漠作廣漢。胡注：「廣漢，北史崔浩傳作廣漢，當從之。漢，大也。」

民畜無算，號稱牛毛之衆。今留守舊都，分家南徙，恐不滿諸州之地。參居郡縣，處

榛林之間，不便水土，疾疫死傷，情見事露，則百姓意沮。四方聞之，有輕侮之意。

屈丐

　　　　按屈丐即勃勃，見下。

蠕蠕，必提挈而來。雲中、

　　　　魏書106上•40a地形志，雲州有雲中郡。

平城，

　　　　魏書106上•38a地形志，平城屬恒州。恒州注云：「天興中置司州，治代都平城。」

則有危殆之慮。阻隔恒代

　　　　恒州已見。代郡屬恒州，見魏書 106.38a 地形志。

千里之險，雖欲救援，赴之甚難。如此則聲實俱損矣。今居北方，假令山東有變，輕
騎南出，耀威桑梓之中，誰知多少。百姓見之，望塵震服，此是國家威制諸夏之長策
也。至春草生，乳酪

　　　　乳酪，通鑑117.8b義熙十一年（415）作湩酪。胡注：湩，乳汁，酪、乳漿。

將出，兼有菜果，足接來秋。若得中熟，事則濟矣。太宗深然之，曰：唯此二人，與
朕意同。

　　　　魏書 110.2a 食貨志云：神瑞二年（415），又不熟，京畿之內，路有行饉。帝以飢，將遷都於鄴，用博
　　　　士崔浩計乃止。於是簡尤貧者就食山東。 又同書91.22b-23a 周澹傳：神瑞二年，京師飢，朝議將遷都
　　　　於鄴。澹與博士祭酒崔浩進計，論不可之意。帝大然之，曰：唯此二人，與朕意同也。按通鑑此事繫諸
　　　　義熙十一年九月（415；見117.9a）。

復使中貴人問浩、澹曰：今既糊口，無以至來秋。來秋或復不熟，將如之何。浩等對
曰：可簡窮下之戶，諸州就穀。若來秋無年，願更圖也，但不可遷都。太宗從之。於
是分民詣山東三州食，出倉穀以禀之。

　　　　魏書 3.7a 太宗紀：神瑞二年，京師民飢，聽山東就食，通鑑義熙十一年（415 ；117.9 a ）：乃簡國
　　　　人尤貧者，詣山東三州就食。遣左部尚書代人周幾帥衆鎮魯口以安集之。胡注：山東三州，定相冀也。
　　　　按魏書106上•8b地形志，定州博陵郡饒陽縣有魯口城，同書 30.17b 周幾傳亦云鎮博陵之魯口也。

來年遂大熟。賜浩澹妾各一人，御衣一襲，絹五十疋，綿五十斤。

　　　　據魏書91.23a 周澹傳，賜浩、澹二人妾衣絹綿數悉同。

初，姚興之死前歲也，

姚興以泰常元年（416）卒，子泓立。

太史奏熒惑在匏瓜星中，一夜忽然亡失，不知所在，或謂下入危亡之國，將爲童謠妖言，而後行其災禍。太宗聞之大驚，乃召碩儒十數人，令與史官求其所詣。

> 通鑑 117.9b 義熙十一年（415）胡注：據晉書天文志，匏瓜星在天津之南，天漢分流夾之。張淵觀象賦曰：匏瓜五星，在麗珠北；天津九星，在匏瓜南。按淵賦及注，見魏書 91.5b 本傳。

浩對曰：案春秋左氏傳說神降于莘，其至之日，各以其物祭也。

> 左傳（藝文十三經注疏本； 10.21b 莊公三十二年：〔國之〕將亡，神又降之，觀其惡也。……其以物享焉。其至之日，亦其物也。注：享，祭也。通鑑 117.10a 義熙十一年（415）胡注：浩蓋據春秋左氏外傳也。外傳曰：周惠王十五年，有神降于莘，王問於內史過。對曰：其丹朱乎？王曰： 其誰受之？對曰：在虢土。王曰：虢其幾何？對曰：昔堯臨民以五，今其冑見。神之見也，不過其物。若是觀之，不過五年。十九年，晉取虢。

請以日辰推之，庚午之夕，辛未之朝，天有陰雲，熒惑之亡，當在此二日之內。庚之與未，皆主於秦，莘爲西夷。

> 通鑑 117.10a 義熙十一年（415）胡注：晉書天文志：自東井十六度至柳八度爲鶉首，於辰在未，秦之分野。自柳八度至張十二度爲鶉火，於辰在午，周之分野，時姚秦兼有關洛之地，故曰皆主於秦。 庚辛、西方也，故爲西夷。

今姚興據咸陽，是熒惑入秦矣。諸人作色曰：天上失星，人安能知其所詣而妄說無徵之言，浩笑而不應。後八十餘日，熒惑果出於東井，留守盤旋。

> 通鑑 117.10a-b 義熙十一年（415） 作留守句已。胡注引新唐書天文志曰：去而復來，是謂句已。晉書天文志曰：熒惑爲亂，爲賊，爲疾，爲喪，爲飢，爲兵。所居國受殃。環繞鉤已，芒角動搖變色，乍前乍後，乍左乍右，其殃愈甚。句讀曰鉤，鉤已謂環繞而行，如鉤，又成已字也。

秦中大旱，赤地，昆明湖水竭，童謠訛言，國內喧擾。明年，姚興死，二子交兵，三年國滅。於是諸人皆服曰：非所及也。

> 按劉裕滅姚泓，在泰常二年（417），興死次年耳。傳云三年國滅，誤。通鑑（117.10b）正作一歲而秦亡。

泰常元年，司馬德宗將劉裕伐姚泓，舟師自淮泗入清，欲泝河西上，假道於國，詔羣臣議之。外朝公卿咸曰：函谷關號曰天險，一人荷戈，萬夫不得進。裕舟舡步兵，何能西入。脫我乘其後，還路甚難。若北上河岸，其行爲易。揚言伐姚，意或難測。假其水道，寇不可縱。宜先發軍，斷河上流，勿令西過。 又議之內朝， 咸同外

計。太宗將從之。浩曰：此非上策。司馬休之之徒擾其荆州，劉裕切齒來久。

> 休之以晉宗室，據荆州上游之重，深爲劉裕所忌。魏書3.9b–11a太宗紀：泰常元年（416），荆州刺史
> 司馬休之息譙王文思、章武王司馬國璠、司馬道賜、輔國將軍溫楷、竟陵內史魯軌、荆州治中韓延之、
> 殷約、平西參軍桓謐、桓璲及桓溫孫道子、渤海刁雍、陳郡袁式等數百人來降。按司馬休之，又見晉書
> 斠注37.38 b–42a 本傳；韓延之，見同書37.42a–b本傳。

今興死子劣，乘其危亡而伐之，臣觀其意，必欲入關。勁躁之人，不顧後患。今若塞
其西路，裕必上岸北侵，如此則姚無事而我受敵。今蠕蠕內侵，民食又乏，不可發
軍。發軍赴南，則北寇進擊；若其救北，則東州復危。未若假之水道，縱裕西入，然
後興兵塞其東歸之路。所謂卞莊刺虎，兩得之勢也。使裕勝也，必德我假道之惠。令
姚氏勝也，亦不失救鄰之名。縱使裕得關中，縣遠難守，彼不能守，終爲我物。今不勞
兵馬，坐觀成敗，鬥兩虎而收長久之利，上策也。夫爲國之計，擇利而爲之，豈顧婚
姻酬一女子之惠哉。

> 太宗以后禮納姚興女，在神瑞二年（415），見魏書 3.2b 太宗紀。

假令國家棄恒山以南，裕必不能發吳越之兵，與官軍爭守河北也，居然可知。

議者猶曰：裕西入函谷，則進退路窮，腹背受敵。北上岸則姚軍必不出關助我。揚言
西行，意在北進，其勢然也。太宗遂從羣議。遣長孫嵩發兵拒之。戰於畔城。

> 魏書 3.9a 太宗紀：泰常二年（417），司馬德宗譙王司馬文思遣使王良詣闕上書，請軍討劉裕。詔司
> 徒長孫嵩率諸軍進擊劉裕，戰於畔城，更有負捷，帝詔止諸軍，不克。又 25.1b 長孫嵩傳：晉將劉裕之
> 伐姚泓，太宗假嵩節，督山東諸軍事，傳詣平原，緣河北岸，列軍次於畔城，軍頗失利，詔假裕道。按
> 畔城，宋書 46.4a 王懿傳作半城。通鑑118.6b 義熙十三年（417）胡注：「平原郡聊城縣有畔城。」按平
> 原郡屬濟州，州治碻磝，見魏書106中•9a 地形志。通鑑 119.18b 永初二年（421）胡注：碻磝城河津
> ，後魏爲濟州治臨所。水經註〔原文〕曰：城卽故茌平縣也。
>
> 畔城事，又見魏書 105.3/9a 天象志。按畔城未敗，宋將王仲德已佔滑臺，見魏書 3.8a 太宗紀，
> 29.7 a 叔孫建傳，29.2b 奚斤傳，及 33.10b 公孫表傳。

爲裕將朱超石所敗，師人多傷。

> 宋書48.5a–6a 朱齡石傳附超石傳：索虜………〔遣〕步騎十萬屯河北，…又遣南平公拓跋嵩三萬騎至。
> …虜退還平城。按拓跋嵩卽長孫嵩，長孫道生，宋書亦作拓跋道生，通鑑 118.6b–7a 義熙十三年(417)
> 四月，魏人不能當，一時奔潰，死者相積。…超石…又破之，殺獲千計。

太宗聞之，恨不用浩計。

二年，司馬德宗齊郡太守王懿來降。上書陳計，稱劉裕在洛，勸國家以軍絕其後路，則裕軍可不戰而克。書奏，太宗善之。

魏書 3.9a 太宗紀：泰常二年五月（417），司馬德宗齊郡太守王懿來降。

會浩在前進講書傳，太宗問浩曰：劉裕西伐，前鋒已至潼關，其事如何？以卿觀之，事得濟不？浩對曰：昔姚興好養虛名，而無實用。子泓又病，衆叛親離。裕乘其危，兵精將勇，以臣觀之，克之必矣。太宗曰：劉裕武能何如慕容垂？

慕容垂事，見晉書斠注 123.1a-18b 後燕慕容垂載記。

浩曰：裕勝。太宗曰：試言其狀。浩曰：慕容垂承父祖世君之資，生便尊貴，同類歸之，若夜蛾之赴火。少加倚仗，便足立功。

按垂始事燕，已而歸前秦。前秦潰於淝水，又棄秦建國曰後燕。

劉裕挺出寒微，不階尺土之資，不因一卒之用，奮臂大呼，而夷滅桓玄，北擒慕容超，

桓玄亂晉，僭號楚。安帝元興三年（404）五月，兵敗死，見晉書斠注 99.1a-26b 本傳。

慕容超，南燕主也。安帝義熙六年（410），裕滅南燕，執超，送建康，斬於市。見晉書斠注 128.14a 南燕慕容超載記。

南摧盧循等。

安帝義熙六年（410），廣州刺史盧循反，寇江、荆、交諸州，七年，戰歿交州。見晉書斠注 100.32a-35b 盧循傳。

僭晉陵遲，遂執國命。裕若平姚而還，必篡其主，其勢然也。秦地戎夷混幷，虎狼之國，裕亦不能守之。風俗不同，人情難變，欲行荆揚之化於三秦之地，譬無翼而欲飛，無足而欲走，不可得也。若留衆守之，必資於寇。孔子曰：善人爲邦百年，可以勝殘去殺。

見論語（藝文十三經注疏本；13.5 a）子路第十三。

今以秦之難制，一二年，豈裕所能哉。且可治戎束甲，息民備境，以待其歸，秦地亦當終爲國有，可坐而守也。太宗曰：裕已入關，不能進退，我遣精騎南襲彭城、壽春。

魏書106中/17a-b 地形志，徐州有彭城郡。又106中/54b 地形志：揚州淮南郡壽春，壽春，州治所也。

裕亦何能自立。浩曰：今西北二寇未殄，

謂赫連氏及蠕蠕，詳見下。

陛下不可親御六師。兵衆雖盛，而將無韓白。

　　韓信、白起，古之善將者。

長孫嵩有治國之用，無進取之能，非劉裕敵也。

　　通鑑　104.8b 太元元年（376）　胡注：拓跋鬱律生二子，長曰沙莫雄、次曰什翼犍。沙莫雄爲南部大
　　人，後改名仁，號爲拔拔氏，生嵩。道武以嵩宗室之長，改爲長孫氏。案嵩年十四代父統軍，已而繼父
　　爲南部大人。太宗世，列八公，坐止車門右，聽理萬機。劉裕入關，嵩統諸軍逆戰，敗於畔城。廷議討
　　赫連蠕蠕先後，嵩主先討蠕蠕，而浩則主赫連。帝從浩，使武士頓辱嵩。按嵩浩各爲胡漢領袖，世祖
　　時，浩爲冀州中正，嵩爲司州中正，各樹黨羽，積不相能。參閱魏書25.1a–2b 嵩傳及 27.8a 穆亮傳。

臣謂待之不晚。太宗笑曰：卿量之已審矣。浩曰：臣嘗私論近世人物，不敢不上聞。
若王猛之治國，苻堅之管仲也。

　　苻堅，見晉書斠注 113.1a–31b，114.1a–26b 苻堅載記；王猛，見同書 114.26b–31b 本傳。

慕容玄恭之輔少主，慕容暐之霍光也。

　　玄恭，恪字，輔慕容儁、慕容暐兩世，封太原王，拜侍中，假節大都督，錄尚書事，暐世，恪爲太宰，
　　總攝朝權。推賢舉能，體忠爲國，事見晉書斠注 111.14b–15b本傳。暐，燕主，事見同書 111.1a–14b載
　　記。

劉裕之平逆亂，司馬德宗之曹操也。

　　司馬德宗，卽晉安帝。太元二十一年（396）卽皇帝位，義熙十四年（418），劉裕遣使縊殺之。見晉書
　　斠注　10.1a–22a本紀。

太宗曰：卿謂先帝如何？浩曰：小人管窺懸象，何能見玄穹之廣大。雖然，太祖用漠
北醇樸之人，南入中地，變風易俗，化洽四海，自與羲，農齊烈，臣豈能仰名。

　　羲、農，謂伏羲、神農也。

太宗曰：屈丐何如？

　　屈丐，卽赫連勃勃，勃勃或作佛佛，亦作屈子，子或又譌子。建國曰夏，都統萬，以宋元嘉二年（425）
　　死。弟定，爲魏所滅。見晉書斠注　130.1a–20a 赫連勃勃載記。

浩曰：屈丐家國夷滅，一身孤寄，爲姚氏封殖，不思樹黨疆鄰，報讎雪恥，乃結忿於
蠕蠕，背德於姚興。

　　屈丐父衞辰，爲魏所敗，部下殺之。屈丐奔姚興、興授以官，已而背之，見晉書斠注 130.2a–3a載
　　記。

撅豎

> 通鑑 118.9a 義熙十三年（417）胡注：撅竪，言源起自竪立也。

小人，無大經略，正可殘暴，終爲人所滅耳。

太宗大悅，語至中夜，賜浩御縹醪酒十觚，

> 通鑑 118.9a 義熙十三年（417）胡注：青白色曰縹，酷酒曰醪。觚，飲器，受三升。此魏主所自御者，故曰御縹醪。

水精戎鹽一兩。

> 魏書 53.4b 李孝伯傳：世祖賜宋太尉江夏王義恭、安北將軍徐州刺史武陵王、駿鹽各九種，且曰：「凡此諸鹽，各有所宜。白鹽食鹽，主人自食，黑鹽治腹脹氣滿。末之六銖，以酒而服。胡鹽治目痛、戎鹽治諸瘡，赤鹽、駁鹽、臭鹽、馬齒鹽四種並非食鹽。」蓋戎鹽藥用，非常鹽也。通鑑 118.9a 義熙十三年（417）胡注云：「鹽透明如水精，故曰水精鹽。」

曰：朕味卿言，若此鹽酒，故與卿同其旨也。

三年，彗星出天津，入太微，經北斗，絡紫微，犯天棓，八十餘日，至漢而滅。太宗

> 魏書 105.3/10a 天象志：泰常三年（418）九月，長彗星孛于北斗，蹀紫微，辛酉入南宮，凡八十餘日。十二月出天津，入太微，逕北斗，干紫宮，犯天棓，八十餘日，及天漢乃滅。通鑑 118.25b 義熙十四年（418）胡注引晉書天文志曰：箕四星，一曰天津，又曰天漢，經尾箕之間，謂之漢津。太微，天子庭也，在北斗南。紫微十五星，在北斗北。

復召諸儒術士問之曰：今天下未一，四方岳峙，災咎之應，將在何國？朕甚畏之。盡情以言，勿有所隱；咸共推浩令對。

浩曰：古人有言，夫災異之生，由人而起。人無釁焉，妖不自作。故人失於下，則變見於上。天事恒象，百代不易。漢書載王莽纂位之前，彗星出入，正與今同。

> 通鑑 118.25b 義熙十四年（418）胡注：漢書天文志曰：哀帝建平二年，彗星出牽牛七十餘日。傳曰：彗者，所以除舊布新。牽牛，日月五星所從起，三正之始。彗而出之，改正之象也。其後卒有王莽纂國之禍。

國家主尊臣卑，上下有序，民無異望。唯僭晉卑削，主弱臣彊，累世陵遲，故桓玄逼奪，劉裕秉權。彗孛者，惡氣之所生，是爲僭晉將滅，劉裕纂之應也。諸人莫能易浩言，太宗深然之。五年，裕果廢其主司馬德文而自立。

> 司馬德文，即晉恭宗。義熙十四年（418）即位，元熙二年（420）遇弒，見晉書劃注10.22b–25b本紀。

南鎮上裕改元赦書。時太宗幸東南潟滷池射鳥，聞之，驛召浩謂之曰：往年卿言彗星

之占驗矣。朕於今日，始信天道。

初浩父疾篤，浩乃剪爪截髮，夜在庭中，仰禱斗極，爲父請命，求以身代。叩頭流血，歲餘不息，家人罕有知者。及父終，居喪盡禮，時人稱之。

襲爵白馬公。

> 通鑑118.21b繫之義熙十四年（418）六月，卽魏泰常三年也。

朝廷禮儀優文策詔，軍國書記，盡關於浩。

> 沮渠蒙遜遣子安周內侍，世祖遣太常李順持節拜蒙遜爲假節，加侍中，都督涼州西域羌戎諸軍事，太傅，行征西大將軍，涼州牧，涼王。其册文卽浩之辭，見魏書99.13a-14b盧水（胡）沮渠蒙遜傳。辭長不錄。

浩能爲雜說，不長屬文，而留心於制度科律及經術之言。作家祭法，次序五宗蒸嘗之禮，豐儉之節，義理可觀。

> 浩與敦煌張湛每歲酬答詩頌。浩誅，湛懼，悉燒之，見魏書52.10a張湛傳。
>
> 魏書111.4a-b刑法志：世祖卽位，以刑禁重，神𪊨中詔司徒崔浩定律令。除五歲、四歲刑，增一年刑，分大辟爲二科，死、斬，死入絞，大逆不道腰斬，誅其同籍，年十四已下腐刑，女子沒縣官。害其親者𤉥之，爲蠱毒者男女皆斬而焚其家。巫蠱者負羖羊抱犬沉諸淵。當刑者贖，貧則加鞭二百，畿內民富者燒炭於山，貧者役於圊溷，女子入舂槁，其固疾不逮於人守苑囿。王官階九品得以官爵除刑。婦人當刑而孕，產後百日乃決，年十四以下降刑之半，八十及九歲非殺人不坐，拷訊不踰四十九，論刑者部主具狀，公軍鞫辭而三都決之，當死者部案奏聞。以死不可復生，懼監國不能平，獄成皆呈帝親臨問，無異辭怨言乃絕之。諸州國之大辟，皆先讞報乃施行。闕左縣登聞鼓，人有窮冤則撾鼓，公軍上奏其表。據同書4上·11a世祖紀，浩以神𪊨四年（431）九月遷司徒。多十月，受詔改定律令。刑法志但云神𪊨中事，可據補。

性不好老莊之書，每讀不過數十行，輒棄之，曰：此矯誣之說，不近人情，必非老子所作。老聃習禮，仲尼所師，豈設敗法之書，以亂先王之教。袁生所謂家人筐篋中物，不可揚於王庭也。

> 史記會注考證121.17a儒林列傳：竇太后好老子書，召轅固生問老子書。固曰：此是家人言耳。

太宗恆有微疾，怪異屢見，乃使中貴人密問於浩曰：春秋星孛北斗，七國之君，皆將有咎，今茲日蝕於胃昴，盡光趙代之分野。朕疾彌年，療治無損，恐一旦奄忽，諸子並少，將如之何？其爲我設圖後之計。

> 魏書3.13a太宗紀：帝素服寒食散，頻年動發，不堪萬機。同書4上1a世祖紀：泰常七年（422）五月，太宗有疾，命帝總攝百揆。同書3.15a太宗紀：八年（423）十一月，帝崩於西宮。兩事相去裁一

年。然據浩傳，帝積病久，始令浩圖身後計也。

浩曰：陛下春秋富盛，聖業方融，

> 據魏書 3.15a 太宗紀，帝以泰常八年（423）十一月崩，年三十二。先一年，令世祖爲國副主，則其時年
> 甫三十一耳，故浩云然。

德以除災，幸就平愈。且天道懸遠，或消或應。昔宋景見災修德，熒惑退舍。

> 史記會注考證 38.39-40 宋微子世家：熒惑守心。心，宋之分野也，景公憂之。司星子韋曰：可移於
> 相。景公曰：相，吾之股肱。曰：可移於民。景公曰：君者待民。曰：可移於歲。景公曰：歲饑民困，
> 民誰爲君。子韋曰：天高聽卑，君有君人之言三，熒惑宜有動。於是候之，果徙三度。按此事左傳不
> 載，出呂氏春秋（四部備要本 6.8a-b）季夏紀制樂篇及淮南子（四部備要本 12.10b-11a）道應訓。

願陛下遣諸憂虞，恬神保和，納御嘉福，無以闇昧之說，致損聖思。必不得已，請陳
瞽言。自聖化龍興，不崇儲貳。是以永興之始，社稷幾危。

> 按此謂清河王紹之逆也。太祖道武宣穆劉皇后生太宗明元皇帝。賀夫人生清河王紹，太宗實居長，然未
> 立爲儲。紹母有譴，太祖幽諸宮，將殺之。賀因密語紹，使夜踰宮弑太祖，紹時年甫十六耳，見魏書
> 16.1b-2b 清河王紹傳。太宗入誅紹，卽皇帝位，改元永興，見同書 3.1b 太宗紀。

今宜早建東宮，選公卿忠賢，陛下素所委仗者，使爲師傅。左右信臣，簡在聖心者，
以充賓友。入總萬機，出統戎政，監國撫軍，六柄在手。若是則陛下可以優游無爲，
頤神養壽，進御醫藥。萬歲之後，國有成主，民有所歸，則奸宄息望，旁無覬覦。此
乃萬世之令典，塞禍之大備也。今長皇子燾，年漸一周。

> 燾生於天賜五年（408），浩奏爲泰常七年（422），則年十四五耳。通鑑 119.13b 永初三年（422）
> 條作「年將周星。」胡注：歲星十二年，一周天。

明叡溫和，衆情所繫。時登儲副，則天下幸甚。立子以長，禮之大經。若須並待成人
而擇，倒錯天倫，則生履霜堅冰之禍。自古以來，載籍所記，興衰存亡，尟不由此。
太宗納之。

> 通鑑 119.13b 永初三年（422），魏主復以問南平公長孫嵩。對曰：立長則順，置賢則人服。燾長且
> 賢，天所命也，帝從之。

於是使浩奉策告宗廟，命世祖爲國副主，居正殿臨朝。

司徒長孫嵩、

> 嵩見魏書25.1a-2b本傳。按太宗寢疾，問後事於嵩，嵩請立長皇子燾爲嗣。於是詔世祖臨朝監國，嵩爲
> 左輔。

山陽公奚斤、

斤，見魏書 29.1a-4b本傳。按世祖爲皇太子，臨朝聽政，以斤爲左輔。

北新公安同

同，見魏書30.3b-5b本傳。按世祖監國，以同爲左輔。據長孫嵩傳，嵩、斤、同、及崔浩父宏等八人，太宗世，曾坐止軍門右聽理萬機。

爲左輔，坐東廂西面。浩與太尉穆觀、

觀，崇子也。世祖監國，觀爲右弼。出則統攝朝廷，入則應對左右。泰常八年（423）暴疾，薨於苑內。世祖嘗謂泰常以來，佐命勳臣，文武兼濟，無及觀者。見魏書 27.4a-b 本傳。

散騎常侍丘堆

魏書 30.11a 丘堆傳：世祖監國臨朝，堆與太尉穆觀等爲右弼。後西征赫連定，喪師棄甲而遁，世祖以軍法斬堆。

爲右弼，坐西廂東面，百寮總已以聽焉。

通鑑 119.14a 永初三年（422 ）胡注：坐東廂者西面，坐西廂者東面，皆朝拱皇太子。

太宗避居西宮，時隱而窺之，聽其決斷，大悅。謂左右侍臣曰：長孫嵩宿德舊臣，歷事四世，功存社稷。

按昭成世，嵩代父統軍，時年十四耳。後率部歸太祖，太祖以爲南部大人。太宗即位，位列八公，至此合世祖爲四世。

奚斤辯捷智謀，名聞遐邇。

斤先統禁旅，後豫征討大役。嘗失利於赫連定，爲定所擒。世祖克平涼，得釋歸。後伐沮渠牧犍，斤有功焉。傳云：斤聽辯疆識，善於談論，每議大政，多見從用，朝廷稱焉。故云。

安同曉解俗情，明練於事。

魏書30.5b 本傳：同在官明察，長於校練，家法修整，爲世所稱。

穆觀達於政要，識吾旨趣。崔浩博聞疆識，精於天人之會。丘堆雖無大用，然在公專謹。

魏書 30.11a 本傳：丘以忠謹親侍。太宗即位，拾遺左右。

以此六人輔相，吾與汝曹遊行四境，伐叛柔服，可得志於天下矣。

通鑑 119.14b 永初三年（422 ）下有「魏主又以典東西部劉絜〔應作潔〕，門下奏事代人古弼，直郎部徒河盧魯元，忠謹恭勤，使之給侍東宮，分典機要，宣納辭令。太子聰明，有大度。」一節。胡注：鮮卑東種爲徒河。內入諸姓：吐伏盧氏爲盧（氏）。

羣臣時奏所疑。太宗曰：此非我所知。當決之汝曹國主也。

會聞劉裕死，

> 魏書3.13a 太宗紀：泰常七年（422）五月，裕卒。宋書3.9b（永初三年五月）癸亥，上崩於西殿，時
> 六十七。

太宗欲取洛陽、虎牢、滑臺。

> 魏失滑臺，在泰常元年九月（416）。魏書29.7a 叔孫建傳云：司馬德宗將劉裕伐姚泓，令其部將王仲
> 德爲前鋒，逼滑臺。兗州刺史尉建率所部棄城渡河，仲德遂入滑臺。按滑臺爲兗州州治。晉書斠注14上
> 43a 兗州條引東晉疆域志云：武帝平河南，治滑臺。

浩曰：陛下不以劉裕欻起，納其使貢，裕亦敬事陛下。不幸今死，乘喪伐之，雖得之
不令。春秋晉士匄帥師侵齊，聞齊侯卒乃還。君子大其不伐喪，以爲恩足以感孝子，
義足以動諸侯。

> 公羊傳（藝文十三經注疏本）20.11b 襄公十有九年何休注：士匄聞齊侯卒，引師而去。恩動孝子之
> 心，服諸侯之君。徐彥疏：服上有「義」字。

今國家亦未能一舉而定江南，宜遣人弔祭，存其孤弱，恤其凶災，布義風於天下，令
德之事也。若此則化被荊揚，南金象齒羽毛之珍，可不求而自至。裕新死，黨與未
離，兵臨其境，必相率拒戰，功不可必，不如緩之，待其惡稔。如其疆臣爭權，變難
必起，然後命將揚威，可不勞士卒，而收淮北之地。太宗銳意南伐，詰浩曰：劉裕因
姚興死而滅其國。裕死，我伐之，何爲不可。

> 泰常元年（416），姚興卒。是年，劉裕北伐姚泓。

浩固執曰：興死，二子交爭，裕乃伐之。

> 興未死，泓弟弼，有奪嫡之謀，幾危社稷。見晉書斠注118.13a-14b 姚興載記。

太宗大怒，不從浩言。遂遣奚斤南伐。

> 魏書29.2a-b 奚斤傳：劉義符立，其大臣不附，國內離阻，乃遣斤收劉裕前侵河南地。假斤節、都督前
> 鋒諸軍事，司空公、晉兵大將軍，行揚州刺史，率吳兵將軍廣州刺史公孫表等同征。全書3.13a 太宗紀
> 奚斤公孫表外，有交阯侯朱兵兵將軍周幾。

議於監國之前，曰：先攻城也，先略地也。斤曰：請先攻城。浩曰：南人長於守城。
苻氏攻襄陽，經年不拔。

> 據晉書斠注9.12b 孝武紀及 81.31b 朱序傳，太元三年（378）二月，苻堅遣其子丕攻襄陽，四年（379）
> 二月下之，執序送長安。

今以大國之力，攻其小城，若不時剋，挫損軍勢，敵得徐嚴而來，我怠彼銳，危道

也。不如分軍略地，至淮爲限，列置守宰，收斂租穀。滑臺、虎牢，反在軍北，絕望南救，必沿河東走。若或不然，即是圍中之物。公孫表請先圖其城。

魏書33.10b公孫表傳：泰常七年（422），劉裕死，議取河南侵地。太宗以爲掠地至淮，滑臺等三城自然面縛。表固執宜先攻城，太宗從之。

斤等濟河，先攻滑臺，經時不拔，表請濟師。太宗怒，乃親南巡。

魏書29.2b奚斤傳：〔斤〕用表計攻滑臺不拔，求濟師。太宗怒其不先略地，切責之，乃親南征。又全書33.10a公孫表傳：表攻滑臺，歷時不拔，太宗乃南巡，爲之聲援。

拜浩相州刺史，加左光祿大夫，隨軍爲謀主。

通鑑112.5a隆安五年（401）：魏人罷鄴行臺，以所統六郡置相州，以庾岳爲刺史。胡注：魏相州統魏郡、陽平、廣平、汲郡、頓丘、清河六郡。杜佑曰：後魏置相州於鄴。按吳廷燮元魏方鎮年表（二十五史補編本；55—58）不載浩刺史相州事。

及車駕之還也，浩從太宗幸西河太原，登憩高陵之上，下臨河流，傍覽川域，慨然有感，遂與同寮論五等郡縣之是非。

按魏太祖天賜元年（404），制爵四等，曰王公侯子，除伯男之號，見魏書2.22a太祖紀。浩所論或涉此。

考秦始皇、漢武帝之違失，好古識治，時伏其言。天師寇謙之每與浩言，聞其論古治亂之迹，常自夜達旦，竦意斂容，無有懈倦。

浩毀佛而事天師道，禮拜甚勤，所見多與謙之同，見魏書114.29b-30b釋老志。

既而歎美之曰：斯言也惠，皆可底行，亦當今之皇繇也。但世人賞遠賤近，不能深察之耳。因謂浩曰：吾行道隱居，不營世務，忽受神中之訣，當兼修儒教，輔助泰平眞君，繼千載之絕統。而學不稽古，臨事闇昧，卿爲吾撰列王者治典，並論其大要。浩乃著書二十餘篇，上推太初，下盡秦漢變弊之迹，大旨先以復五等爲本。

章宗源隋書經籍志考證（二十五史補編本）30.48b子部雜家類：「帝王集要三十卷，崔安撰。（原注：安，當爲宏）…唐書藝文志崔宏帝王集要三十卷。……浩乃著書二十餘篇，上推太初，下盡秦漢變弊之迹，大旨以復五等爲本云云。……或本爲崔浩，而傳誤爲崔宏，又轉寫誤爲崔安歟？」

世祖即位，左右忌浩正直，共排毀之。世祖雖知其能，不免羣議，故出浩，以公歸第。及有疑議，召而問焉。

按浩與中國舊門，往還延譽不輟，詳見「緒言」。

浩纖妍白皙如美婦人，

> 浩尪纖，見本傳後節。

而性敏達，長於謀計，常自比張良，謂己稽古過之。既得歸第，因欲修服食養性之術，而寇謙之有神中錄圖新經，浩因師之。

> 魏書11.28a-29b釋老志：泰常八年（423）十月，有牧土上師李譜文至嵩岳，授謙之錄圖眞經，凡六十餘卷。始光初，奉其書而獻之。世祖乃令謙之止於張曜之所，借其食物。時朝野聞之，若存若亡，未全信也。崔浩獨異其書，因師事之，受其法術，於是上疏讚明其事曰：臣聞聖王受命，則有天應，而河圖洛書，皆寄言於蟲獸之文。未若今日人神接對，手筆粲然，辭旨深妙，自古無比。昔漢高雖復英聖，四皓猶或恥之，不屈節。今清德隱仙，不召自至。斯誠陛下伴蹤軒黃，應天之符也，豈可以世俗常談，而忽上靈之命，臣竊懼之。世祖欣然，乃使謁者奉玉帛牲牢祭嵩岳，迎致其餘弟子在山中者。
> 通鑑119.29a景平元年（423）續云：以崇奉天師，顯揚新法，宣布天下。起天師道場於平城之東南，重壇五層。給道士百二十人衣食，每月，設廚會數千人。按水經注13.8a灅水注云：灅水南逕平城縣故城之東，水左有大道壇，始光二年（425）少室道士寇謙之所議建也。建壇事，又見魏書11.30b釋老志。

始光中，進爵東郡公，拜太常卿。

> 魏書106上、4a地形志：司州東郡。注：秦置，治滑臺城、晉改爲濮陽，後復。天興中置兗州，太和十八年（494）改。按東郡有白馬縣，浩父宏食邑也。宏薨浩襲，至是進東郡。
> 同書113.7b-8a官氏志，太常光祿勳衛尉爲三卿，位第二品下。至太和二十三年（499）職令重次，則降爲第三品，見同卷19a-21a。

時議討赫連昌，羣臣皆以爲難，唯浩曰：往年以來，熒惑再守羽林，皆成鉤巳，其占秦亡。又今年五星併出東方，利以西伐，天應人和，時會竝集，不可失也。

> 魏書25.2b長孫嵩傳：〔世祖將征關中〕，嵩等固諫不可。按嵩等，謂長孫翰奚斤也。同書114.30b釋老志：世祖討赫連昌，長孫嵩難之。世祖乃問幽微於寇謙之，謙之對曰必克。

世祖乃使奚斤等擊蒲坂，

> 魏書106下、17b地形志：秦州河東郡蒲坂縣。
> 同書29.3a奚斤傳：世祖征赫連昌，遣斤率義兵將軍封禮等督四萬五千人襲蒲坂。……斤入蒲坂，收其資器。

而親率輕騎襲其都城，大獲而還。

> 魏書4上・3b世祖紀：始光三年（426）十一月，帝率輕騎二萬襲赫連昌，至其城下，徙萬餘家而還。按

帝本欲以中書博士李順總前驅之兵，詢之崔浩，浩不謂然乃止，帝因親征。見同書 36.1b 李順傳。

按都城，謂統萬也，赫連勃勃築，今陝西橫山縣西。

及世祖復討昌，次其城下。

魏書 25.3b 長孫道生傳：世祖征赫連昌，道生與司徒長孫翰，宗正娥清爲前驅。

收衆僞退，昌鼓譟而前，舒陣爲兩翼。

魏書 95.19a 鐵佛傳：遂收軍僞北，引而疲之，昌以爲退，鼓譟而前，舒陣爲翼。行五六里，世祖衝之，賊陳不動，稍復前行。

會有風雨從東南來，揚沙昏冥。宦者趙倪進曰：今風雨從賊後來，我向彼背，天不助人。又將士飢渴，願陛下攝騎避之，更待後日。

魏書 95.19a 鐵佛傳：方術宦者趙倪，勸世祖更待後日。

浩叱之曰：是何言歟？千里制勝，一日之中，豈得變易。賊前行不止，後已離絕，宜分軍隱出，掩擊不意。風道在人，豈有常也。世祖曰善。分騎奮擊，昌軍大潰。

魏書 95.19a 鐵佛傳：崔浩叱之，世祖乃分騎爲左右以掎之。世祖墜馬，賊已逼接，世祖騰馬刺殺其尚書斛黎，又殺騎賊十餘人，流矢中掌，奮擊不輟，昌軍大潰，……遂克其城。同書 4上・4b 世祖本紀云：獲馬三十餘萬，牛羊數千萬。

按此始光四年（427）事也。明年，昌敗被擒，昌弟定嗣。司徒奚斤自以元帥而擒昌之功不在己，乃輕齎三日糧追定。定邀其後，斤衆大潰，與娥清、劉跋俱爲定俘，士卒死者六七千人。丘堆先守輜重在安定，聞斤敗，棄甲東走蒲坂，定復入長安。分見魏書 4上・5a 世祖紀，29.3b–4a 奚斤傳，30.12b 娥清傳，30.11b 丘堆傳。

初，太祖詔尚書郎鄧淵著國記十餘卷。編年次事，體例未成，逮于太宗，廢而不述。

魏書 24.27a 鄧淵傳：太祖詔淵撰國記，淵造十餘卷，唯次年月起居行事而已，未有體例。同書 48.4b 高允傳：太祖記，前著作郎鄧淵所撰。按國記又稱代記，凡十餘卷，見魏書 104.7a 自序。

神䴥二年，詔集諸文人撰錄國書，浩及弟覽、高讜、鄧穎、晁繼、范耳、黃輔等共參著作，敍成國書三十卷。

魏書 24.27b 鄧穎傳：世祖詔太常崔浩集諸文學，撰述國書。〔淵子〕穎與浩弟覽等俱參著作。同書 57.1a 高祐傳：父讜，與崔浩共參著作。同書 48.4b 高允傳：允對曰：………先帝記（太宗紀）及今記（世祖紀）臣與浩同作。然浩綜務處多，總裁而已。至於注疏，臣多於浩。同書 104.7a 自序：始魏初鄧淵撰代記十餘卷，其後崔浩典史，游雅、高允、程駿、李彪、崔光、李琰之、世修其業。浩爲編年體，彪始分作

紀表志傳，書猶未出。同書 54.1a-b 游雅傳：徵爲秘書監，委以國史之任。不動著述，竟無所成。同書 91.18a-b 江式傳：父紹興，高允奏爲秘書郎，掌國史二十餘年，以謹厚稱。同書 62.1a-b 李彪傳：遷秘書丞，參著作事。自成帝以來，至於太和，崔浩高允著作國書，編年序錄，爲春秋之體。遺落世事，三無一存。彪與秘書令高祐始奏從遷固之體，創爲紀傳表志之目焉。

是年議擊蠕蠕，朝臣內外，盡不欲行。

魏書 28.8b 劉潔傳：時議伐蠕蠕，潔意不欲，言於世祖曰：虜非有邑居，遷徙無常。前來出軍，無所擒獲，不如廣農積穀，以待其來。羣臣皆從其議。

保太后固止世祖。

魏書 13.5a 元密皇后附保母竇氏傳：先是世祖保母竇氏，初以夫家坐事誅，與二女俱入宮。操行純備，進退以禮，太宗命爲世祖保母。……及〔世祖〕卽位，尊爲保太后，時始光二年（425）也（見魏書 4上、2a 世祖紀）。太平眞君元年七月（440），崩於行宮，見同書 4下、1b 世祖紀。

世祖皆不聽，唯浩贊成策略。尙書令劉潔、左僕射安原等乃使黃門侍郎仇齊推、赫連昌太史張淵、徐辯說世祖曰：

魏書 91.2a 張淵傳：淵不知何許人。………自云嘗事苻堅。……又仕姚興父子爲靈臺令。姚泓滅，入赫連昌，昌復以淵及徐辯對爲太史令。太祖平統萬，淵與辯俱見獲。世祖以淵爲太史令，數見訪問。

今年己巳，三陰之歲，歲星襲月，太白在西方，不可舉兵，北伐必敗，雖剋，不利於上。

通鑑121.9b 元嘉六年（429）胡注：干以甲丙戊庚壬爲陽，乙丁己辛癸爲陰。支以子寅辰午申戌爲陽，丑卯巳未酉亥爲陰。己巳皆陰而干支合於己巳，是爲三陰之歲。

又羣臣共贊和淵等云：淵少時嘗諫苻堅不可南征，堅不從而敗。今天時人事，都不和協，何可舉動。世祖意不決，乃召浩，令與淵等辯之。浩難淵曰：陽者德也，陰者刑也，故日蝕修德，月蝕修刑。夫王者之用刑，大則陳諸原野，小則肆之市朝。

通鑑121.9b元嘉六年（429）胡注：此言本出漢書刑法志。

戰伐者，用刑之大者也。以此言之，三陰用兵，蓋得其類，修刑之義也。歲星襲月，年饑民流，應在他國，遠期十二年，太白行，蒼龍宿，於天文爲東，不妨北伐。淵等俗生，志意淺近，牽於小數，不達大體，難與遠圖。

魏書 91.2a 張淵傳：淵專守常占，而不能鉤深致遠，故不及浩。

臣觀天文，比年以來，月行掩昴，至今猶然。其占三年天子大破旄頭之國。蠕蠕高車，旄頭之衆也。

　　　　通鑑 121.10a 元嘉六年 (429) 胡注：昴為旄頭，胡星也。

夫聖明御時，能行非常之事。古人語曰：非常之原，黎民懼焉，及其成功，天下晏
然，願陛下勿疑也。淵等憖而言曰：蠕蠕，荒外無用之物。得其地不可耕而食，得其
民不可臣而使。輕疾無常，難得而制，有何汲汲而苦勞士馬也。浩曰：淵言天時，是
其所職；若論形勢，非彼所知。斯乃漢世舊說常談。

　　　　通鑑 121.10a 元嘉六年 (429) 胡注：自韓安國、主父偃、至於嚴尤，其論皆如此。

施之於今，不合事宜也。何以言之？夫蠕蠕者，舊是國家北邊叛隸。今誅其元惡，收
其善民，令復舊役，非無用也。漠北高涼，不生蚊蚋，水草美善，夏則北遷，田牧其
地，非不可耕而食也。蠕蠕子弟來降，貴者尚公主，賤者將軍大夫，居滿朝列。

　　　　魏書 103.2a-3b 蠕蠕傳：匹候跋子啟拔、吳頡等十五人歸于太祖。……太祖以拔、頡為安遠將軍、平棘
　　　　侯、……天賜中，社崘從弟悅代、大那等謀殺社崘而立大那，發覺，大那等來奔。以大那為冠軍將軍、
　　　　西平侯、悅代為越騎校尉、易陽子。

又高車號為名騎，非不可臣而畜也。夫以南人追之，則患其輕疾，於國兵則不然。何
者？彼能遠走，我亦能遠逐，與之進退，非難制也。且蠕蠕往數入國，民吏震驚。今
夏不乘虛掩進，破滅其國，至秋復來，不得安臥。自太宗之世，迄於今日，無歲不
警，豈不汲汲乎哉。

　　　　先是，世祖甫即位，柔然南寇，烽火及盛樂。通鑑 120.9b-10a 元嘉元年 (424，即魏始光元年) 云：
　　　　柔然紇升蓋可汗聞魏太宗殂，將六萬騎入雲中，殺掠吏民，攻拔盛樂宮。魏世祖自將輕騎討之，三日三夜
　　　　至雲中。紇升蓋引騎圍魏主五十餘重，騎逼馬首，相次如堵，將士大懼。魏主顏色自若，眾情乃安。紇
　　　　升蓋以弟子於陟斤為大將，魏人射殺之，紇升蓋懼，遁去。

世人皆謂淵辯通解術數，明決成敗。臣請試之，問其西國未滅之前，有何亡徵？知而
不言，是其不忠。若實不知，是其無術。時赫連昌在座，淵等自以無先言，慙赧而不
能對。世祖大悅，謂公卿曰：吾意決矣。亡國之臣，不可與謀，信矣哉！

　　　　魏書 91.2a 張淵傳：神䴥二年 (429)，世祖將討蠕蠕，淵與徐辯皆謂不宜行，與崔浩爭於世祖前。同書
　　　　103.5a 蠕蠕傳：〔神䴥〕二年四月，世祖練兵于南郊。將襲大檀。公卿大臣皆不願行，術士張淵、徐辯
　　　　以天文說止世祖，世祖從崔浩計而行。

而保太后猶難之，復令羣臣於保太后前評議。世祖謂浩曰：此等意猶不伏，卿善曉之
令悟。既罷朝，或有尤浩者曰：今吳賊南寇，而舍之北伐，行師千里，其誰不知。若

蠕蠕遠遁，前無所獲，後有南賊之患，危之道也。浩曰：不然。今年不摧蠕蠕，則無以禦南賊。自國家并西國以來，南人恐懼，揚聲動衆，以衞淮北。彼北我南，彼勞我息，其勢然矣。比破蠕蠕，往還之間，故不見其至也。何以言之？劉裕得關中，留其愛子，精兵數萬，良將勁卒，猶不能固守。舉軍盡沒，號哭之聲，至今未已。如何正當國家休明之世，士馬彊盛之時，而欲以駒犢齒虎口也。設令國家與之河南，彼必不能守之。自量不能守，是以必不來。若或有衆，備邊之軍耳。夫見瓶水之凍，知天下之寒；嘗肉一臠，識鑊中之味。物有其類，可推而得之也。且蠕蠕恃其絕遠，謂國家力不能至，自寬來久。故夏則散衆放畜，秋肥乃聚。背寒向溫，南來寇抄。今出其慮表，攻其不備。

按神䴥二年（429）五月，魏軍次于沙漠，舍輜重，輕騎兼馬襲之，故云出其慮表也。

必驚駭星分，望塵奔走。牝馬護羣，牡馬戀駒，驅馳難制，不得水草。未過數日，則聚而困斃，可一舉而滅。暫勞永逸，長久之利，時不可失也。唯患上無此意。今聖慮已決，發曠世之謀，如何止之。陋矣哉，公卿也。諸軍遂行。

天師謂浩曰：是行也，如之何？果可克乎？浩對曰：天時形勢，必克無疑。但恐諸將瑣瑣，前後顧慮，不能乘勝深入，使不全舉耳。及軍入其境，蠕蠕先不設備。

通鑑 121.12a 元嘉六年（429）：作「柔然紇升蓋可汗先不設備。」

民畜布野，驚怖四奔，莫相收攝。於是分軍搜討，東西五千里，南北三千里。

魏書 103.5b–6a 蠕蠕傳：〔神䴥二年（429）五月，〕世祖緣栗水西行，過漢將竇憲故壘。六月，車駕次於兔園水，去平城三千七百里。分軍搜討，東至瀚海，西接張掖水，北渡燕然山。東西五千餘里，南北三千里。

栗水，通鑑 121.12a 元嘉六年（429）胡注：「在漠北，近稽落山，有漢將軍竇憲故壘在焉」。按即今翁金河。

兔園水，今三音諾顏部之拜達里克河。通鑑 121.13a 同上胡注：「在燕然山南，去平城三千七百餘里。」

燕然山，卽竇壘所在地也。

凡所俘虜及獲畜產車廬，彌漫山澤，蓋數百萬，高車殺蠕蠕種類歸降者三十餘萬落。

通鑑 121.13a 元嘉六年（429）下續云：獲戎馬百餘萬匹。

虜遂散亂矣。

魏書 103.23b 高車傳：後世祖征蠕蠕，破之而還。至漠南，聞高車東部在己尼陂，人畜甚衆，去官軍千

餘里，將遣左僕射安原等討之。司徒長孫翰，尚書令劉潔等諫，世祖不聽，乃遣原等發新附高車合萬
騎，至于己尼陂，高車諸部望軍而降者數十萬落，獲馬牛羊亦百餘萬。皆徙置漠南千里之地。乘高車，
逐水草，畜牧蕃息。數年之後，漸知粒食，歲致獻貢，由是國家馬及牛羊，遂至于賤，氈皮委積。同書
103.6a 蠕蠕傳：高車諸部殺大檀種類，前後歸降三十餘萬，俘獲首虜及戎馬百餘萬匹。按己尼陂之役，
魏以新附高車萬騎攻高車，因復大捷。己尼陂、古北海，當在今三音諾顏部，入貝加爾湖諸水之源。通
鑑 121.14a 元嘉六年（429）胡注引北史：烏洛侯國西北二十日行，有于己尼大水，所謂北海也。

世祖沿弱水西行，至涿邪山。

按涿邪山，通鑑 121.13a 元嘉六年（429）無注。

諸大將果疑深入有伏兵，勸世祖停止不追。天師以浩曩日之言、因勸世祖窮討，不聽。

通鑑 118.29a 元熙元年（419）胡注：禹貢，導弱水，至于合黎，餘波入于流沙。地志云：弱水出刪丹
縣，亦謂之張掖河。合黎在酒泉會水縣東北，流沙，張掖居延縣東北之居延澤，是也。曾氏曰：弱水出
窮谷。

後有降人言：蠕蠕大檀先被疾，不知所爲。乃焚燒穹廬，科車自載，將數百人入山南
走，民畜窘聚，方六十里中，無人統領，相去百八十里，追軍不至，乃徐徐四遁，唯
此得免。後聞涼州賈胡言：若復前行二日，則盡滅之矣。世祖深恨之。

通鑑 121.13b 元嘉六年（429）下續云：紇升蓋可汗憤悒而卒。子吳提立，號敕連可汗。

大軍既還，南賊竟不能動。如浩所量。

浩明識天文，好觀星變，常置金銀銅鋋於酢

通鑑 121.14b 元嘉六年（429）胡注：酢與醋同。

器中，令青夜有所見，卽以鋋畫紙作字，以記其異。

世祖每幸浩第，多問以異事，或倉卒不及束帶，奉進疏

疏，通鑑121.14b元嘉六年(429) 作疏。胡注：疏，觴也。

食，不暇精美，世祖爲舉匕箸，或立嘗而旋，其見寵愛如此。

於是引浩出入臥內，加侍中，特進，撫軍大將軍，左光祿大夫，賞謀謨之功。世祖從容
謂浩曰：卿才智淵博，事朕祖考，忠著三世。

謂太祖、太宗及世祖三朝也。

朕故延卿自近，其思盡規諫，匡予弼予，勿有隱懷。朕雖當時遷怒，若或不用，久久

可不深思卿言也。因令歌工歷頌羣臣，事在長孫道生傳。

　　魏書 25.4a 長孫道生傳：帝〔世祖〕命歌工歷頌羣臣曰：智如崔浩，廉如道生。

又召新降高車渠帥數百人，賜酒食於前。世祖指浩以示之曰：汝曹視此人尪纖儒弱，手不能彎弓持矛，其胷中所懷，乃踰於甲兵。朕始時雖有征討之意，而慮不自決。前後克捷，皆此人導吾，令至此也。乃勑諸尙書曰：凡國軍大計，卿等所不能決，皆先諮浩，然後施行。

俄而南藩諸將，表劉義隆大嚴，欲犯河南，請兵三萬，先其未發逆擊之，因誅河北流民在界上者，絕其鄉導，足以挫其銳氣，使不敢深入。詔公卿議之，咸言宜許。浩曰：此不可從也。往年國家大破蠕蠕，馬力有餘，南賊震懼，常恐輕兵奄至，臥不安席，故先聲動衆，以備不虞，非敢先發。又南土下濕，夏月蒸暑，水潦方多，草木深邃，疾疫必起，非行師之時。且彼先嚴有備，必堅城固守，屯軍攻之，則糧食不給，分兵肆討，則無以應敵，未見其利。就使能來，待其勞倦，秋涼馬肥，因敵取食，徐往擊之，萬全之計，勝必可克。在朝羣臣，及西北守將，從陛下征討，西滅赫連，北破蠕蠕，多獲美女珍寶，馬畜成羣。南鎮諸將，聞而生羨，亦欲南抄，以取資財，是以披毛求瑕，妄張賊勢，冀得肆心。旣不獲聽，故數稱賊動，以恐朝廷。背公存私，爲國生事，非忠臣也。世祖從浩議。

南鎮諸將，復表賊至，而自陳兵少，簡幽州以南戍兵佐守，就漳水造舡，嚴以爲備。

　　魏書4上‧7a世祖本紀：（神麚三年三月，430），帝聞劉義隆將寇邊，乃詔冀定相三州造船三千艘，簡幽州以南戎兵，集於河上以備之。

公卿議者僉然，欲遣騎五千，並假署司馬楚之、魯軌、韓延之等，令誘引邊民。

　　司馬楚之，見魏書37‧2b-5a本傳；韓延之，見同書38.15b-16b本傳。魯軌，宗之子，仕晉爲竟陵太守。

浩曰：非上策也。彼聞幽州以南，精兵悉發，大造舟舡，輕騎在後，欲存立司馬，誅除劉族，必舉國駭擾，懼於滅亡，當悉發精銳，來備北境。後審知官軍有聲無實，恃其先聚，必喜而前行，徑來至河，肆其侵暴，則我守將無以禦之。若彼有見機之人，善設權譎，乘間深入，虞我國虛，生變不難，非制敵之良計。今公卿欲以威力攘賊，乃所以招令速至也。夫張虛聲而召實害，此之謂矣。不可不思，後悔無及。我使在

彼，期四月前還。可待使至，審而後發，猶未晚也。且楚之之徒，是彼所忌。將奪其國，彼安得端坐視之。故楚之往則彼來，止則彼息，其勢然也。且楚之等瑣才，能招合輕薄無賴，而不能成就大功。爲國生事，使兵連禍結，必此之羣矣。臣嘗聞魯軌說姚興，求入荆州，至則散敗，乃不免蠻賊掠賣爲奴。使禍及姚泓，已然之效。

> 晉書斠注 118.12b 姚興載記：興將以司馬休之爲荆州刺史，任以東南之事，休之固辭，諸與〔前雍州刺史〕魯宗之等撗動襄陽淮漢。乃以休之爲鎭南將軍，揚州刺史。

浩復陳天時不利於彼曰：今茲害氣在揚州，不宜先舉兵，一也。午歲自刑，

> 通鑑 121.18b 元嘉七年（430）胡注：楊〔原文〕州於辰在丑，而是歲在午。丑爲金庫，午爲火旺，以火害金，故害氣在楊〔原文〕州。歲在庚午，庚、金也，午、火也，以火尅金，故爲自刑。

先發者傷，二也。日蝕滅光，晝昏星見，飛鳥墮落，宿值斗牛，憂在危亡，三也。熒惑伏匿於翼軫，戎亂及喪，四也。太白未出，進兵者敗，五也。

> 通鑑 121.19a 元嘉七年（430）胡注：去年十一月朔，日食於星紀之分，宿值斗牛。熒惑，罰星也，所居之宿國受殃，爲死喪寇亂。翼軫、楚之分野，屬荆州。太白未出，不利進兵。太白，兵象也。

夫興國之君，必修人事，次盡地利，後觀天時。故萬舉而萬全，國安而身盛，今義隆新國，是人事未用也。災變屢見，是天時不協也。舟行水涸，是地利不盡也。三事無一成，自守猶或不安，何得先發而攻人哉。彼必聽我虛聲而嚴，我亦承彼嚴而動。兩推其咎，皆自以爲應敵。兵法當分災迎受害氣，未可舉動也。世祖不能違衆，乃從公卿議。浩復固爭，不從。遂遣陽平王杜超鎭鄴。

> 魏書 4上‧8a世祖本紀：〔神䴥三年七月，430〕，詔大鴻臚卿杜超假節，都督冀定相三州諸軍事、行征南大將軍、太宰、進爵爲王、鎭鄴，爲諸軍節度。據同書83上‧4b超本傳、眞君五年（444）爲帳下所害。

琅邪王司馬楚之等屯潁川。

> 魏書 37.3b 司馬楚之傳：時南藩諸將，表劉義隆欲入爲寇。以楚之爲使持節，安南大將軍，封琅邪王，屯潁川以拒之。

於是賊來遂疾。到彥之自清水入河，泝流西行，分兵列守南岸，西至潼關。

> 魏書4上‧8a世祖紀：〔神䴥三年（430），八月〕，劉義隆將到彥之自清水入河，泝流西行。帝以河南兵少，詔撤四鎭。按，四鎭，同書30.8a 安頡傳作三鎭。四鎭，蓋謂金墉、洛陽、滑臺及碻磝也，見通鑑121.

　　　　20a 元嘉七年（430）胡注。

世祖聞赫連定與劉義隆懸分河北，乃治兵，欲先討赫連。羣臣曰：義隆猶在河中、舍之西行，前寇未可必剋，而義隆乘虛，則失東州矣。世祖疑焉，問計於浩。浩曰：義隆與赫連定同惡相招，連結馮跋，

　　　　永興元年（409），馮跋自立爲燕王，都龍城。龍城今熱河朝陽也。神䴥二年(429)，跋死，弟文通(卽弘)嗣。延和元年（432），世祖親討之，不克，徙其三萬餘戶於幽州。太延二年（436），文通亡入高麗。四年（438），世祖徵之，高麗乃殺之北豐，子孫同時死者十餘人。見魏書97.10b–13b海夷馮跋傳。

牽引蠕蠕，規肆逆心，虛相唱和。義隆望定進，定待義隆前，皆莫敢先入。以臣觀之，有似連鷄，不得俱飛，無能爲害也。臣始謂義隆軍來，當屯住河中，兩道北上。東道向冀州，西道衝鄴。如此，則陛下當自致討，不得徐行。今則不然。東西列兵，徑二千里，一處不過數千，形分勢弱。以此觀之，㥺兒情見。

　　　　通鑑 121.22b 元嘉七年（430）胡注：㥺，困也，弱也。

止望固河自守，兔死爲幸，無北度意也。赫連定殘根易摧，擬之必仆，剋定之後，東出潼關，席卷而前，則威震南極，江淮以北，無立草矣。聖策獨發，非愚近所及，願陛下西行勿疑。

平涼旣平，

　　　　魏書 4上•8b–9a世祖紀：〔神䴥三年(430)，九月〕，行幸統萬，遂征平涼……十有一月，車駕至平涼。……諸將乘勝進軍，遂取安定。……十二月，〔赫連〕定弟〔上谷公〕社于、〔廣陽公〕度洛孤面縛出降。定、張安、臨晉、武功守將皆奔走，關中平。同書105.3/14a 天象志：〔神䴥三年〕九月，帝用崔浩策，行幸統萬，遂擊赫連定於平涼。十二月克之，悉定三秦也。按安定，今甘肅涇川縣北。

其日宴會，世祖執浩手以示蒙遜使曰：

　　　　蒙遜使，謂尚書郞宗舒等也，見通鑑 121.26a 元嘉七年（430）。

所云崔公，此是也。才略之美，當今無比。朕行止必問，成敗決焉，若合符契，初無失矣。後冠軍將軍安頡還獻南俘，因說南賊之言云：義隆勅其諸將，若北國兵動，先其未至，徑前入河。若其不動，住彭城勿進；如浩所量。世祖謂公卿曰：卿輩前謂我用浩計爲謬，驚怖固諫。常勝之家，始皆自謂踰人遠矣。至於歸終，乃不能及。

遷浩司徒。

　　　　魏書 4上.10b 世祖紀：〔〔神䴥四年，431〕九月，特進左光祿大夫崔浩爲司徒。浩旣遷，同月，徵天下

僞士三十餘人，合州郡所遣至者數百人，皆差次敍用。十月，改定律令。可謂汲汲不遑寧息矣。

時方士祁纖奏立四王，以日東西南北爲名，欲以致禎吉，除災異，詔浩與學士議之。

浩對曰：先王建國以作蕃屛，不應假名以爲其福。夫日月運轉，周歷四方，京師所居，在於其內，四王之稱，實奄邦畿，名之則逆，不可承用。

先是，纖奏改代爲萬年，浩曰：昔太祖道武皇帝應天受命，開拓洪業，諸所制置，無不循古。以始封代土，後稱爲魏，故代魏兼用，

> 魏書2.7a–b太祖紀：登國元年（386）戊申，帝卽代王位。……夏四月，改稱魏王。又2.13a–b 同紀：天興元年（398）……六月丙子，詔有司議定國號。羣臣曰：……今國家萬世相承，啓基雲代，臣等以爲若取長遠，應以代爲號。詔曰……宜仍先號，以爲魏焉。布告天下，咸知朕意。

猶彼殷商。國家積德，著在國史，當享萬億，不宜假名以爲益也。纖之所聞，皆非正義。世祖從之。

是時河西王沮渠牧犍內有貳意，世祖將討焉，先問於浩。浩對曰：牧犍惡心已露，不可不誅。官軍往年北伐，雖不剋獲，實無所損。

> 按此似指神䴥二年（429）蠕蠕之役。

于時行者，內外軍馬三十萬匹，計在道死傷，不滿八千。歲常羸死，恒不減萬，乃不少於此。而遠方承虛，便謂大損，不能復振。今出其不意，不圖大軍卒至，必驚駭騷擾，不知所出，擒之必矣。且牧犍劣弱，諸弟驕恣，爭權從橫，民心離解。加比年以來，天災地變，都在秦涼，成滅之國也。世祖曰：善，吾意亦以爲然。命公卿議之。

> 通鑑123.11a 元嘉十六年（439）：於是大集公卿，議於西堂。胡注：魏平城太極殿有東西堂。

弘農王奚斤等三十餘人皆曰：牧犍西垂下國，雖心不純臣，然繼父職貢，朝廷接以蕃禮。

> 魏書 4上.14b 世宗紀：〔延和二年（433）〕，是年沮渠蒙遜死，以其子牧犍爲車騎將軍，改封河西王。同紀（4上・19a）：太延二年（436），河西王沮渠牧犍遣使朝貢。同紀（4上・20a）：太延三年（437）：是歲河西王沮渠牧犍世子封壇來朝。

又王姬釐降，罪未甚彰。

> 魏書99.14b–15a盧水胡沮渠牧犍傳：先是世祖遣李順迎蒙遜女爲夫人。會蒙遜死，牧犍受蒙遜遺意，送妹於京師，拜右昭儀。……牧犍尙世祖妹武威公主，遣其相宋繇表謝，獻馬五百匹，黃金五百斤。

謂且覊縻而已。今士馬勞止，宜可小息。又其地鹵斥，略無水草，大軍旣到，不得久

停。彼聞軍來，必完聚城守。攻則難拔，野無所掠，

於是尚書古弼、李順之徒皆曰：自溫圍河

　　　通鑑123.11b 元嘉十五年（438）胡注：據北史，溫圍水，當作溫圉。

以西，至於姑臧

　　　按姑臧，晉武威郡治，今甘肅武威縣。

城南天梯山上，多有積雪，深一丈餘。至春夏消液，下流成川，引以灌溉。彼聞軍至，決此渠口，水不通流，則致渴乏。去城百里之內，赤地無草，又不任久停軍馬，弼等議是也。世祖乃命浩以其前言與弼共相難抑，諸人不復餘言，唯曰彼無水草。

　　　魏書28.1a 古弼傳：及議征涼州，古弼〔李〕順咸言涼州乏水草，不宜行師，世祖不從。既克姑臧，徵嫌之。同書36.5a 李順傳：順議以涼州乏水草，不宜遠征，與崔浩庭〔原文〕諍。浩固執以爲宜征，世祖從浩議。

浩曰：漢書地理志稱涼州之畜，爲天下饒。若無水草，何以畜牧。

　　　通鑑123.12a 元嘉十五年（438）胡注：漢書地理志曰：涼州土廣民稀，水草宜畜牧，故涼州之畜，爲天下饒。

又漢人爲居，終不於無水草之地，築城郭，立郡縣也。又雪之消液，纔不飲塵，何得通渠引漕，灌溉數百萬頃乎；此言大詆誣於人矣。李順等復曰：耳聞不如目見，吾曹目見，何可共辨。浩曰：汝曹受人金錢，欲爲之辭，謂我目不見，便可欺也？

　　　浩順交惡及順受金事，詳見下。

世祖隱聽聞之，乃出，親見弼等，辭旨嚴厲，形於神色，羣臣乃不敢復言，唯唯而已。

　　　魏書44.3b 伊㢙傳：世祖之將討涼州也，議者咸諫，唯司徒崔浩勸世祖決行。羣臣出後，㢙言於世祖曰：若涼州無水草，何得爲國，議者不可用也，宜從浩言。世祖善之。既剋涼州，世祖大會於姑臧，謂羣臣曰：崔公智謀有餘，吾亦不復奇之；吾止奇㢙弓馬之士，而所見與崔同，此深自可奇。

於是遂討涼州而平之。

　　　魏書4上・20b-21b世祖紀：〔太延五年，（439）〕六月，車駕西討沮渠牧犍。……八月丙申，車駕至姑臧。……九月丙戌，牧犍兄子萬年率麾下來降。是日牧犍與左右文武五千人面縛軍門。……收其城內戶口二十餘萬，倉庫珍寶，不可稱計。……冬十月，徙涼州民三萬餘家于京師。

多饒水草，如浩所言。

　　　魏書4下・15a恭宗紀：及車駕至姑臧。乃詔恭宗曰：姑臧城東西門外，流泉合於城北，其大如河。自餘

溝渠流入澤中，其間乃無燥地。澤草茂盛，可供大軍數年。人之多言，亦可惡也。故有此勑，以釋汝疑。」
方世祖西征，蠕蠕主吳提率來犯塞以應牧犍。烽及七介山，時宜都王穆壽留守京師，初不設備，寇至大
駭，至欲請恭宗退避南山。賴長孫道生等擊走之。見魏書 27.5a-b 穆壽傳。

西涼平，通鑑 123.16b-19b元嘉十六年 (439) 總論涼州文教之盛曰：涼州自張氏以來，號爲多士，沮渠
牧犍尤喜文學，以敦煌闞駰爲姑臧太守，張湛爲兵部尙書，劉昞、索敞、陰興爲國師助教，金城宋欽爲
世子洗馬，趙柔爲金部郎，廣平程駿，駿從弟弘爲世子侍講。魏主克涼州，皆禮而用之，以闞駰、劉昞爲
樂平王丕從事中郎。安定胡叟，少有俊才，往從牧犍，牧犍不甚重之。叟謂程弘曰：貴主居僻陋之國，
而淫名僭禮；以小事大，而不純壹。外慕仁義，而實無道德，其亡可翹足待也。吾將擇木，先集于魏，
與子暫違，非久闊也；遂適魏，歲餘而牧犍敗。魏主以叟爲先識，拜虎威將軍，賜爵始復男。〔胡注：
按地名，無始復。漢書地理志越巂郡有姑復縣，或者始字乃姑字之誤乎？〕河內常爽，世廱涼州，不受
禮命，魏主以爲宣威將軍，河西相。宋繇從魏主至平城而卒。魏主以索敞爲中書博士，時魏朝方尙武功，
貴遊子弟不以講學爲意。敞爲博士十餘年，勤於誘導，肅而有禮，貴遊皆嚴憚之，多所成立，前後顯達
至尙書牧守者數十人。常爽置館於溫水之右〔胡注：水經註〔原文〕：桑乾城西十里有溫湯〕，教授七百餘
人。爽立賞罰之科，弟子事之如嚴君，由是魏之儒風始振。高允每稱爽訓廱有方曰：文翁柔勝，先生剛
克。立教雖殊，成人一也。陳留江強，廱居涼州，獻經史諸子千餘卷及書法，亦拜中書博士。

乃詔浩曰：昔皇祚之興，世隆北土，積德累仁，多歷年載，澤流蒼生，義聞四海。我
太祖道武皇帝協順天人，以征不服，應期撥亂，奄有區夏。太宗承統，光隆前緒。釐
正刑典，大業維新。然荒域之外，猶未賓服。此祖宗之遺志，而貽功於後也。朕以眇
身，獲奉宗廟，戰戰兢兢，如臨淵海，懼不能負荷至重，繼名丕烈。故卽位之初，不
遑寧處，揚威朔裔，掃定赫連。

神䴥元年 (428)，世祖征赫連昌，平統萬，擒昌。

逮於神嘉，始命史職，注集前功，以成一代之典。

魏書 35,10b崔浩本傳：神䴥二年 (429)詔集諸文人撰錄國書，浩及弟覽、高讜、鄧穎、晁繼、范耳、黃
輔等共參著作。敍成國書三十卷。

自爾以來，戎旗仍舉，秦隴克定，

神䴥三年 (430) 取安定。

徐克無塵。

謂到彥之諸役，魏前後取洛陽、虎牢、滑臺。

平逋寇於龍川，

> 延和元年（432），魏伐和龍，不克，徙其三萬餘戶於幽州，燕主馮文通奔高麗。太延四年（438），高麗
> 殺文通。

討蕚豎於涼域。

> 太延五年（439），討平沮渠牧犍。牧犍，蒙遜子也。

豈朕一人獲濟於此？賴宗廟之靈，羣公卿士，宣力之效也。而史闕其職，篇籍不著，
每懼斯事之墜焉。公德冠朝列，小大之任，望君存之。命公留臺，綜理史務，述成此
書，務從實錄。

> 按西涼旣平，多士入魏，浩卽於是年監祕書事，綜理史職。復表啓涼士陰仲達、段承根、宗欽同其事。
> 疑修史之議，卽此輩所倡。

浩於是監祕書事，以中書侍郎高允、散騎侍郎張偉參著作，續成前紀。至於損益褒
貶，折中潤色，浩所總焉。

> 魏書48.2a–5a高允傳：後詔允與司徒崔浩述成國記，以本官領著作郎〔按本官謂中書侍郎〕。……允對
> 〔世祖〕曰：太祖記，前著作郎鄧淵所撰。先帝〔按謂太宗〕記及今〔謂世祖〕記，臣與浩同作，然浩綜
> 務處多，總裁而已。至於注疏，臣多於浩。仝書84.3b–4a張偉傳：〔神䴥四年，431〕，與高允等俱被
> 辟命，拜中書博士，轉侍郎。按偉修史時官階同高允。
> 通鑑123.19b–20a元嘉十六年（439）：浩啓稱陰仲達、段承根、涼士美才，請同修國史，皆除著作郎。
> 仲達、武威人；承根、暉之子也。

及恭宗始總百揆，浩復與宜都王穆壽輔政事。

> 魏書4下.4a世宗紀：〔太平眞君〕五年（444），春正月、壬寅、皇太子始總百揆。侍中、中書監宜都
> 王穆壽，司徒東郡公崔浩，侍中廣平公張黎，侍中建興公古弼輔太子，以決庶政。諸上書者皆稱臣，上疏
> 儀與表同。仝書28.11a古弼傳：恭宗總攝萬幾，徵爲東宮四輔，與宜都王穆壽等並參政事。仝書 28.13a
> 張黎傳：恭宗初總百揆，黎與東郡公崔浩等輔政，忠於奉上，非公事不言。
> 仝書113.5b官氏志：眞君五年（444）正月，侍中中書監宜都王穆壽、司徒東郡公崔浩、侍中廣平公張
> 黎輔政。置通事四人，又選諸曹良吏，給事東宮。
> 宋書95.18b–19a索虜傳云：燾以國授其太子。下書曰：「朕承祖宗重光之緒，思闡洪基，恢隆萬世。自
> 經營天下，平暴除逆，掃淸不順。武功旣昭，而文教未闡，非所以崇太平之治也。今者域內安逸，百姓
> 富昌，軍國異容，宜定制度，爲萬世之法。夫陰陽有往復，四時有代序。授子任賢，安全相附。所以休
> 息疲勞，式固長久，成其祿福，古今不易之典也。諸朕功臣，勤勞日久，皆當致仕歸第，雍容高爵，頤

神養壽，朝請隨時，饗宴朕前，論道陳謀而已，不須復親有司苦劇之職。其令皇太子嗣理萬機，總統百揆，更擧賢良，以被列職，皆取後進明能。廣啓選才之路，擇人授任而黜陟之。故孔子曰：後生可畏，焉知來者之不如今。主者明爲科制，宜勅施行。」然四輔咸簡自世祖，則恭宗實未能拔新替舊。

恭宗晃之薨多異說。宋書索虜傳（95.34b）以爲世祖南征，恭宗謀逆，帝乃詐死，使其近習召晃迎喪，於道執晃，尋殺之。南齊書（蓺文本）魏虜傳（57.1b—2a）更甚其辭，略云：「僞太子晃，與大臣崔氏寇氏不睦，崔寇譖之，晃使玄高道人祈福七日七夜。世祖夢祖父手双向之曰：汝何故信讒欲害太子？世祖驚寤，因下詔自後事無巨細，必經太子，然後上聞。晃後謀弒，伏誅。」此皆敵國相傳，臆度無實之辭。〔魏書無一語佐證。唯 105.3/18a　天象有云：浩誅之明年，卒有景穆之「禍」，「禍」字或有深意。然景穆薨年祇二十有四。年少殂逝，亦禍也。全書 105.3/19b 天象志又云：皇太子以彊死。彊或憂之譌，見下。〕唯魏書爲得實。宗愛傳〔94.1b—2a〕「恭宗之監國也，每事精察。愛天性險暴，行多非法，恭宗每銜之。給事仇尼道盛，侍郎任平城等案其事，遂構告其罪，詔斬道盛等於都街。時世祖震怒，恭宗遂以憂薨。劉尼傳（30.13a）：尼勸愛立高宗〔高宗諱濬，景穆子也。〕愛自以負罪於景穆，懼而驚曰：君大癡人。皇孫若立，豈忘正平事乎？〔景穆見讒，薨於正平元年六月（451），故云。〕然尼所議，亦有所本。世祖在位，卽定意立皇孫爲嗣，見通鑑126.10b 元嘉二十八年（451）本文及胡注。按恭宗柔弱，與世祖大不類。旣見讒，遂以憂薨。儻果以謀逆見殺，以世祖之暴，必併其子濬去之矣，何得令從容法外，終繼皇統也耶？

時又將討蠕蠕，劉潔復致異議，世祖逾欲討之，乃召問浩。浩對曰：往擊蠕蠕，師不多日，潔等各欲同還。後獲其生口，云：軍還之時，去賊三十里；是潔等之計過矣。夫北土多積雪，至多時常避寒南徙，若因其時，潛軍而出，必與之遇，則可擒獲。世祖以爲然。乃分軍爲四道，詔諸將俱會鹿渾海。

鹿渾海，本高車袁紇部所居，其地直平城西北，其東卽弱洛水，見通鑑124.6b 元嘉二十年（443）胡注。

期日有定，而潔恨計不用，沮諛諸將，無功而還；事在潔傳。

魏書4下.3b世祖紀：〔太平眞君四年，443〕秋七月，辛丑，行幸漠南。甲辰，捨輜重，以輕騎襲蠕蠕。……十二月辛卯，車駕至自北伐。

按蠕蠕優邊無寧歲。是年（眞君四年，443）大擧討蠕蠕，輕敵大創，魏書諱敗，第云無功而已。宋書95.19b 索虜傳：〔元嘉二十年，卽眞君四年〕虜伐芮芮，虜大敗而歸，死者十六七，不聽死家發哀，犯者誅之。〔事又見同書88.1a 薛安都傳，唯二十年誤作二十一年。〕魏書4下.4b世祖紀：眞君五年（444）二月辛未，中山王辰等八將，以北伐後期，斬於都南。按同書蠕蠕傳（103.7a）：車駕幸漠南，

分四道。樂安王範、建寧王崇，各統十五將出東道，樂平王督十五將出西道，車駕出中道，中山王辰領十五將爲中軍後繼。車駕至鹿渾谷與賊相遇。紀又云（4下.3b）：捨輜重，以輕騎襲蠕蠕，分軍爲四道。是誠欲以輕剽求効矣。劉潔傳（28.8b）：時議伐蠕蠕，潔意不欲，世祖決行，乃問於崔浩。浩固言可伐，世祖從浩議。既出，與諸將期會鹿渾谷。而潔恨其計不用，欲沮諸將，乃矯詔更期，故諸將不至。停鹿渾谷六日，諸將猶不進，賊已遠遁，追至石水，〔通鑑124.6b 元嘉二十年（443）胡注：石水，在今額根河北。按卽今色楞格河。〕不及而還。師次漢中糧盡，士卒多死。潔陰使人驚軍，勸世祖棄車輕還；世祖不從。潔以軍行無功，奏歸罪於崔浩。世祖曰：諸將後期，及賊不擊，罪在諸將，豈在於浩。浩又言潔矯詔事，遂發輿駕，至五原，收潔幽之。大抵世祖輕敵深入，猝遇敵衆，相持六日而援至。危局得振，然卒無功。無功則罪潔及諸將，而潔又誣浩冀自飾。魏書他處諱敗，唯潔傳及宋書略傳其眞。使斯役而誠小挫，似不至八將駢戮也。

通鑑124.11a 元嘉二十一年（444）六月〔卽眞君五年六月〕云：魏入中國以來，雖頗用古禮，祀天地宗廟，而猶循其舊俗，所祀胡神甚衆。崔浩請存合於祀典者五十七所，其餘複重及小神，悉罷之。魏主從之。此事不見魏書，繫此。

世祖西巡，詔浩與尙書順陽公蘭延，都督行臺中外諸軍事。

此事諸書統不載。蘭延仕至尙書左僕射。宗愛弑逆，立南安王余，矯赫連皇后令，殺延，時正平二年（452）春也。見魏書94.2a–b 宗愛傳。

世祖至東雍，親臨汾曲，觀叛賊薛永宗壘，進軍圍之。

東雍，今陝西華縣，太平眞君六年（445）十一月，永宗聚黨掠官馬數千匹入汾曲，西通盧水胡蓋吳，受其位號。世祖詔殿中尙書扶風公元處眞，尙書平陽公慕容嵩二萬騎討之。見魏書4下.7a世祖紀。按全書14.19b–20a 元處眞傳，不載討永宗事。

宋書88.1a–b 薛安都傳：元嘉二十一年（444），索虜主拓跋燾擊芮芮大敗，安都與宋人薛永宗起義。永宗營汾曲，安都襲得弘農。會北地人蓋吳起兵，遂連衡相應。

按是年八月，世祖幸陰山北宮，萬度歸破焉耆露板至。世祖省訖，賜浩書曰：萬度歸以五千騎，經萬餘里，拔焉耆三城，獲其珍奇異物及諸委積，不可勝數。自古帝王・雖云卽序西戎・有如指注，不能控引也。朕今手把而有之，如何。見魏書102.8a 焉耆傳。度歸時爲散騎常侍，爵成周公，見全書102.3b 鄯善傳。

永宗出兵欲戰。世祖問浩曰：今日可擊否？浩曰：永宗未知陛下自來，人心安閑，北風迅疾，宜急擊之，須臾必碎。若待明日，恐其見官軍盛大，必夜遁走。世祖從之，永宗潰滅。

魏書4下・7b世祖紀：〔太平眞君〕七年（446）春正月戊辰，車駕次東雍州，庚午，圍薛永宗壘，永宗

出戰大敗，六軍乘之，永宗衆潰，永宗男女無少長，赴汾水死。

軍駕濟河，前驅告賊在渭北。

賊謂蓋吳也。吳，盧水胡，以太平眞君六年（445）九月聚衆反於杏城。盧水，今安定界，杏城則今陝西中部縣西北。多十月，長安鎮副將元紇率衆討之，爲吳所殺，吳黨遂盛，民皆渡渭奔南山。詔將軍叔孫拔乘傳攝并秦雍兵屯渭北。十一月，詔殿中尚書乙拔率五將三萬騎討吳，西平公寇提三將一萬騎討吳黨白廣平。據宋書95.20a索虜傳，吳時年二十九，有衆十餘萬。

世祖至洛水橋，

通鑑124.25b元嘉二十三年（446）胡注：此華陰之洛水。史記秦孝公之元年所謂魏築長城自鄭濱洛者也。

賊已夜遁。詔問浩曰：蓋吳在長安北九十里，渭北地空，穀草不備，欲渡渭南西行何如？浩對曰：蓋吳營去此六十里，賊魁所在。擊蛇之法，當須破頭。頭破，則尾豈能復動。宜乘勢先擊吳。今軍往一日便到。平吳之後，回向長安，亦一日而至。一日之內，未便損傷，愚謂宜從北道。若從南道，則蓋吳徐入北山，卒未可平。世祖不從，乃渡渭南。吳聞世祖至，盡散入北山，果如浩言。軍無所克，世祖悔之。

吳與魏軍相持，曾兩表宋帝乞援，見宋書95.20b-21b索虜傳。宋遙拜吳爲使持節，都督關隴諸軍事，安西將軍，雍州刺史、北地郡公。又遣使送雍秦二州所統郡及金紫以下諸將印合一百二十一紐與吳，使隨宜假授，初無軍力相濟。太平眞君七年八月（446），吳爲其下所殺，傳首京師。永昌王仁平其遺燼，高涼王那破吳黨白廣生；見魏書4下.8a世祖紀。

破佛事「緒言」已略及。太平眞君七年（446）三月，詔自今以後，敢有事胡神及造形像泥、銅人者門誅（見魏書114.11a釋老志）。志又云：自王公已下有私養沙門者，皆送官曹，不得隱匿，限今年二月十五日，過期不出，沙門身死，容止者誅一門。緣帝西征蓋吳，見佛寺私藏弓矢，匿諸不法而起。然世祖本紀（魏書4下.4b）兩事分載眞君五年（444）及七年（446）。紀果不誤，則帝之積憤滅佛已久。眞君五年（444）初行之，比至長安，更推及全國耳。

後以浩輔東宮之勤，賜繒絮布帛各千段。

魏書28.13a張黎傳：恭宗初總百揆，黎與東郡公崔浩等輔政，忠於奉上，非公事不言。詔曰：侍中廣平公黎，東郡公浩等，保傅東宮，有老成之勤，朕甚嘉焉，其賜布帛各千匹，以褒舊勳。

著作令史太原閔湛，趙郡郄標，素諂事浩，乃請立石銘，刊載國書，并勒所注五經。浩贊成之，恭宗善焉。遂營於天郊東三里，方百三十步，用功三百萬乃訖。

按此節與前後事不相貫，文氣亦悖。似應移至「眞君十一年，……盡夷其族」數語下。

魏書 48.3b-4a 高允傳：是時著作令史閔湛、郤標性巧佞，爲浩信待。見浩所注詩、論語、尚書、易，遂上疏言馬鄭王賈，雖注述六經，並多疏謬，不如浩之精微。乞收境內諸書，藏之祕府，班浩所注，命天下習業，並求勅浩注禮傳，令後世得觀正義。浩亦表薦湛有著述之才。既而勸浩刊所撰國史于石，用垂不朽，欲以彰浩直筆之迹。允聞之，謂著作郎宗欽曰：閔湛所營方寸之間，恐爲崔門萬世之禍，吾徒無類矣。

世祖蒐於河西，

魏書 4下.10a-b 世祖紀：〔太平眞君〕十年（449）、春正月、朔，帝在漠南。三月，遂蒐於河西。

詔浩詣行在所，議軍事。浩表曰：昔漢武帝患匈奴彊盛，故開涼州五郡，通西域，勸農積穀，爲滅賊之資，東西迭擊，故漢未疲而匈奴已敝，後遂入朝。昔平涼州，臣愚以爲北賊未平，征役不息，可不徙其民。

魏書 4上.21b 世祖紀：〔姑臧平〕，徙涼州民三萬餘家于京師。按同書99.16a 沮渠牧犍傳同。

案前世故事，計之長者。若遷民人，則土地空虛，雖有鎮戍，適可禦邊而已，至於大舉，軍資必乏。陛下以此事濶遠，竟不施用。如臣愚意，猶如前議，募徙豪彊大家，充實涼土。軍舉之日，東西齊勢，此計之得者。

浩又上五寅元曆表曰：

魏書107上.3b 律曆志：太祖太興初，命太史令晁崇修渾儀，以觀星象，仍用景初曆〔按通鑑 126.21b 元嘉二十九年（452）胡注：景初曆，楊偉所造。曹魏明帝景初元年，行之。〕歲年積久，頗以爲疎。世祖平涼土，得趙𢾺所修玄始曆，後罪爲密，以代景初。眞君初司徒崔浩爲五寅元曆，未及施行，浩誅遂寢。按魏書84.22a 李業興傳：以世行趙𢾺〔原文〕歷節氣後辰下算。延昌中，業興乃爲戊子元歷，上之於時。

章宗源隋書經籍志考證 35.541子部曆數家云：曆術一卷，崔浩撰。下引唐書經籍志曆疏一卷，崔浩撰。唐書藝文志崔浩律曆術一卷。

太宗即位元年，敕臣解急就章、孝經、論語、詩、尚書、春秋、禮記、周易，三年成訖。

按魏世特重急就章。浩本傳（35.23a）曰：人多託寫急就章，從少至老，初無憚勞，所書蓋以百數。又同書劉蘭傳（84.11b）：年三十餘，始入小學。書急就章，家人覺其聰敏，遂令從師。

以上諸書，章宗源隋書經籍志考證祇錄急就章及周易注。章氏云：急就章二章，崔浩撰（10.164 經部小學類）。周易則見經部易類（1.24），凡十卷，引兩唐書經籍志藝文志爲證。

復詔臣學天文、星曆、易式、九宮、無不盡看，至今三十九年，晝夜無廢。臣稟性弱
劣，力不及健婦人，更無餘能。是以專心思書，忘寢與食，至乃夢共鬼爭義，遂得周
公孔子之要術。始知古人有虛有實，妄語者多，眞正者少。自秦始皇燒書之後，經典
絕滅。漢高祖以來，世人妄造曆術者有十餘家，皆不得天道之正。大誤四千，小誤甚
多，不可言盡。臣愍其如此，今遭陛下太平之世，除僞從眞，宜改誤曆，以從天道。
是以臣前奏造曆，今始成訖，謹以奏呈。

> 通鑑123.20a 元嘉十六年（ 439）：浩集諸曆家，考校漢元以來， 日月薄食， 五星行度， 並讖前史之
> 失，別爲魏曆，以示高允。

唯恩省察。以臣曆術，宣示中書博士，然後施行。非但時人天地鬼神知臣得正，可以
益國家萬世之名，過於三皇五帝矣。事在律曆志。

眞君十一年六月，誅浩。

> 魏書 105.1/3a 天象志：〔太平眞君十年，449〕六月、庚寅，日有蝕之。占曰：將相誅。十一年（450）
> 六月，己亥，誅司徒崔浩。

清河崔氏無遠近、

> 魏書24.15b崔恬傳：〔崔玄伯次子簡〕簡弟恬、……坐浩伏誅。
>
> 同書24.16b崔徽傳附崔寬傳：時清河崔寬字景仁，祖彤，隨晉南陽王保避地隴右，遂仕於沮渠李暠。…
> ……及浩誅，以遠來疏族，獨得不坐。……以一子繼浩弟覽妻封氏。按封氏，勃海人，散騎常侍愷女。
> 覽一名簡，仕至中書侍郎。封氏，魏書有傳（92.1b）。

范陽盧氏、

> 魏書 47.1a 盧玄傳：玄字子眞，范陽涿人也。……司徒崔浩，玄之外兄。同書 47.1b-2b 盧度世傳：度
> 世，後以崔浩事，棄官逃於高陽鄭羆家，羆匿之。使者囚羆長子，將加捶楚。羆戒之曰：君子殺身以成
> 仁，汝雖死勿言。子奉父命，遂被拷掠，……卒無所言。……初，玄有五子，嫡唯度世，餘皆別生。崔
> 浩之難，其庶兄弟常欲危害之。按盧遐妻，浩女；遐、度世從兄也，見同書 47.1b盧度世傳。遐後妻則
> 王寶興從母，緣坐沒官，寶興亦逃避，見同書38.13b王寶興傳。

太原郭氏、

> 魏書 64.1a 郭祚傳：祖逸，前後以二女妻司徒崔浩，一女妻浩弟上黨太守恬。……父洪之，坐浩事誅，
> 祚亡竄得免。

河東柳氏、

柳氏株連，見註19。

按株連者復有太原王氏。王慧龍妻，浩弟恬女，生寶興。盧遐初娶浩女，後娶寶興從母，已見前。

姻親得免者，則有燕郡公孫氏〔叡妻，浩弟女，見魏書 33.2b 公孫叡傳〕、趙郡李氏（浩弟，娶李順妹；浩弟，又娶順子，見同書 36.1b 李順傳。李順子敷，妻浩弟之女，見同書 55.7b 劉芳傳），彭城劉氏（劉芳祖母，浩之姑，見同書 55.7b 劉芳傳。）

皆浩之姻親，盡夷其族。

初郗標等立石，銘刊國記，浩盡述國事，備而不典，而石銘顯在衢路，往來行者，咸以爲言，事遂聞發，有司按驗浩。

自「往來」至「驗浩」四句，北史（藝文本）21.21a 崔浩傳作「北人咸悉忿毒，相與構浩於帝，帝大怒，使有司案浩。」辭意更顯。

取秘書郎吏及長曆生數百人意狀，浩伏受赇，其秘書郎吏已下盡死。

魏書 48.5a 高允傳：世祖怒甚，勅允爲詔，自浩以下，僮吏以上百二十八人，皆夷五族。允持疑不爲，頻詔催切，……浩竟〔滅等〕族滅，餘皆身死。史通（四部備要史通通釋本）7.6a 內篇直書：韋昭仗正於吳朝，崔浩犯諱於魏國。

魏書 52.14a-15b 段承根傳：段承根、武威姑臧人。……承根好學，有文思，而性行疏薄，有始無終，司徒崔浩見而奇之，以爲才堪注述，言之世祖，請爲著作郎，引與同事。世咸重其文而薄其行。……浩誅，承根與宗欽等俱死。同書52.10a-13b 宗欽傳：宗欽，字景若，金城人也。……世祖平涼州入國。……拜著作郎。……崔浩之誅也，欽亦賜死。按欽在河西撰蒙遜記十卷（史通12.21b 外篇正史作涼書十卷）。

按自浩誅，史官遂廢。至和平元年（460）六月始復置，見魏書 5.8a 高宗紀。史通 12.24b 外篇正史云：浩坐此夷三族，同作〔史〕死者百二十八人，自此遂廢史官。

浩始弱冠、太原郭逸以女妻之。浩晚成，不曜華采，故時人未知。逸妻王氏，劉義隆鎮北將軍王仲德姊也。

宋書46.2a-5a 王懿傳不載此事。仲德、懿字也。魏書 64.1b 郭祚傳：祖逸，父洪之，坐浩事誅，祚亡竄得免，少而孤貧。……又太原王希彥，逸妻之姪，共相賙恤，得以饒振。

每奇浩才能，自以爲得壻。俄而女亡，王深以傷恨，復以少女繼婚。逸及親屬以爲不可，王固執與之。逸不能違，遂重結好。

魏書 64.1a 郭祚傳：祖逸、……以二女妻司徒崔浩，一女妻浩弟上黨太守恬。

浩非毀佛法，而妻郭氏敬好釋典，時時讀誦。

按王仲德之姊，適郭逸，即浩婦之父。宋書46.5a 王懿傳：仲德三臨徐州，威德著於彭城。立佛寺，作白狼童子像於塔中。則浩婦佞佛，亦郭家舊習耳。

浩怒，取而焚之，捐灰於厠中。

魏書114.10a釋老志：時司徒崔浩，博學多聞，帝〔世祖〕多訪以大事。浩奉〔寇〕謙之道，尤不信佛，與帝言，數加非毁。常謂虛誕，爲世費害，帝以其辯博，頗信之。按眞君七年（446）破佛事，已見前。

及浩幽執，置之檻內，送於城南，使衞士數十人溲其上。呼聲嗷嗷，聞於行路。自宰司之彼戮辱，未有如浩者，世皆以爲報應之驗也。

魏書114.11b釋老志：〔眞君七年（446），浩從車駕幸東雍州，至長安，說帝毁佛。〕始〔寇〕謙之與浩同車駕，苦與浩諍，浩不肯。謂浩曰：卿今促年受戮，滅門戶矣。後四年浩誅，備五刑，時年七十。

初、浩構害李順，基萌已成。

魏書36.1a–5a 李順傳：世祖將討赫連昌，謂崔浩曰：朕前北征，李順獻策數事〔按同書4上·1b–2a 世祖紀：始光元年（424）八月，蠕蠕率六萬騎入雲中，殺掠吏民，攻陷盛樂宮……十二月，遣平陽王長孫翰等討蠕蠕，車駕次祚山。蠕蠕北遁，諸軍追之，大獲而還。同書103.4b 蠕蠕傳：及太宗崩，世祖即位，大檀聞而大喜。始光元年（424）秋，乃寇雲中，世祖親討之。三日三夜至雲中，大檀騎圍世祖五十餘重，騎逼馬首，相次如堵焉。世祖顏色自若，衆情乃安。順獻策，當於是時。〕，實合經略大謀。今欲使揔攝前驅之事，卿以爲何如？浩對曰：順智足周務，實如聖旨。但臣與之婚姻，深知其行。然性果於去就，不可專委，世祖乃止。………〔而〕浩頗輕順，順又弗之伏也，由是潛相猜忌，故浩毁之。……〔世祖〕以順爲太常，册拜〔沮渠〕蒙遜爲太傅、涼王……。寵待彌厚，政之巨細，無所不參、崔浩惡之。順凡使涼州十有二返，世祖稱其能，而蒙遜數與順遊宴，頗有悖慢之言。恐順東還，泄之朝廷，尋以金寶納順懷中，故蒙遜罪釁，得不聞徹。浩知之，密言於世祖，世祖未之信。……〔太延〕五年（439），議征涼州，順議以涼州乏水草，不宜遠征，與崔浩庭〔原文〕諍，浩固執以爲宜征，世祖從浩議。

夜夢秉蓺順寢室，火作而順死，浩與室家羣立而觀之。俄而順弟息號哭而出曰：此輩吾賊也，以戈擊之，悉投於河。

據魏書，順二弟修茂、恒；順四子敷、式、奕，奕別生弟冏，見36.5b–15a各本傳。

寤而惡之，以告舘客馮景仁。景仁曰：此眞不善也，非復虛事。夫以火蓺人，暴之極也。階亂兆禍，復已招也。商書曰：惡之易也，如火之燎於原，不可向邇。

見左傳（藝文十三經注疏本）4.2b–3a 節引商書盤庚。於作于，向作鄉。

其猶可撲滅乎？且兆始惡者有終殃，積不善者無餘慶，厲階成矣，公其圖之。浩曰：

吾方思之；而不能悛。

魏書36.5a-b 李順傳：世祖克涼州，……浩入毀之云：順昔受〔沮渠〕牧犍父子重賂，每言涼州無水草，不可行師。及陛下至姑臧，水草豐足。其詐如此，幾誤國事。不忠若是，反言臣讒之於陛下。世祖大怒，遂刑順於城西。

全書105.3/17b—18a 天象志：天若戒輔臣曰：涼邦卒滅，敵國憚矣，而猶挾震主之威，負百勝之計，盡思盈亢之戒乎？是時〔眞君二年，441〕司徒崔浩方持國鈞，且有寵於上。明年，安西〔將軍〕李順備五刑之誅，由浩鍛成之。後八年，〔浩〕竟族滅無後。

全書36.5b 李順傳：順死後數年，其從父弟孝伯爲世祖所重，居中用事。及浩之誅，世祖怒甚，謂孝伯曰：卿從兄往雖誤國，朕意亦未便至此。由浩譖毀，朕忿遂盛。殺卿從兄者，浩也。

至是而族。

魏書24.15b 崔恬傳：及浩誅，中書侍郎高允受勅收浩家。按世祖雖果於殺戮，然於浩之誅，不能無尤悔；說見注18。

浩既工書，人多託寫急就章。從少至老，初無憚勞，所書蓋以百數。必稱「馮代彊」，以示不敢犯國，其謹也如此。

按此數語主旨在一「謹」字，緊繫國記之後。蓋魏收微意，明「備而不典」爲冤獄也。收事胡主與浩同，特未敢明言之耳。

浩書體勢及其先人，而妙巧不如也。世寶其迹，多裁割綴連，以爲模楷。

浩母盧氏，諶孫女也，浩著食經，

章宗源隋書經籍志考證37.611—612子部醫方家：崔氏食經四卷。下列唐書經籍志崔浩食經九卷，又唐書藝文志崔浩食經九卷，通志藝文略崔氏食經四卷，崔浩撰。章氏案曰：唐志載此書九卷，蓋以篇爲卷，此四卷似合幷。唐日本書目亦四卷。注云：崔禹錫撰。似因劉禹錫傳信方而譌。

敍曰：余自少及長，耳目聞見，諸母諸姑，所修婦功，無不蘊習。酒食朝夕，養舅姑，四時祭祀，雖有功力，不任僮使，常手自親焉。昔遭喪亂，饑饉仍臻，饘蔬餬口，不能具其物用。十餘年間，不復備設。先妣慮久廢忘，後生無知見，而少不習業書，乃占授爲九篇。文辭約舉，婉而成章，聰辨彊記，皆此類也。親沒之後，值國龍興之會，平暴除亂，拓定四方。余備位臺鉉，與參大謀，賞獲豐厚，牛羊蓋澤，貲累巨萬。衣則重錦。食則粱〔按應作粱〕肉。遠惟平生，思季路負米之時，不可復得。

孔子家語（四部備要本）2.4a 致思：子路見於孔子曰：……由也事二親之時，常食藜藿之實，爲親負米百里之外。親歿之後，南遊於楚，從車百乘，積粟萬鍾，累茵而坐，列鼎而食。願食藜藿，爲親負米，不

　　　可復得也。

故序遺文，垂示來世。

始浩與冀州刺史頤、

　　　魏書32.8b-9a 崔頤傳：〔頤，逞子，淸河東武城人。〕後世祖聞劉義隆以〔頤兄〕遁爲冀州刺史，乃曰：
　　　義隆用其兄，我豈無冀州也，乃以頤爲平東將軍，冀州刺史。

榮陽太守模等，

　　　魏書24.19a 崔玄伯傳附崔模傳：模，慕容熙末南渡河外，爲劉裕榮陽太守，戍虎牢。神䴥中平滑臺，模
　　　歸降，後賜爵武陵男，加寧朔將軍。

年皆相次，浩爲長，次模，次頤。三人別祖，而模、頤爲親。浩恃其家世，魏晉公
卿，常侮模、頤。

　　　魏書24.19a 崔玄伯傳附崔模傳：模長者，篤厚，不營榮利，頗爲崔浩輕侮。而守志確然，不爲浩屈。

模謂人曰：桃簡正可欺我，何合輕我家周兒也。浩小名桃簡，

　　　浩小名桃簡，又見魏書 90.2a 陸夻傳。

頤小名周兒；世祖頗聞之，故誅浩時，二家獲免。浩既不信佛道，模深所歸向，每雖
糞土之中，禮拜形像。浩大笑之，云：持此頭顱，不淨處跪是胡神也。

史臣曰：崔浩才藝通博，究覽天人，政事籌策，時莫之二，此其所以自比於子房也。

　　　子房，見史記會注考證 55.1—31留侯世家。

屬太宗爲政之秋，值世祖經營之日，言聽計從，寧廓區夏。遇既隆也，勤亦茂哉。謀
經蓋世，威未震主；末途邂逅，遂不自全。豈鳥盡弓藏，

　　　史記會注考證 92.3b 淮陰侯列傳：〔韓〕信曰：果若人言：狡兎死，良狗享；高鳥盡，良弓藏；敵國
　　　破，謀臣亡。

民惡其上。將器盈必槩，

　　　尚書（藝文十三經注疏本）4.14a 大禹謨：滿招損，謙受益。

除害貽禍。何斯人而遭斯酷；

　　　論語6.4b 雍也：斯人也，而有斯疾也；斯人也，而有斯疾也。

悲夫！

附　錄

表一　崔浩世系表

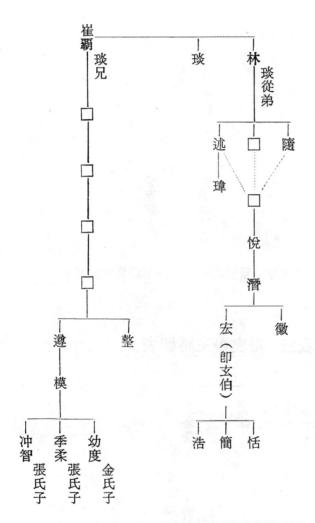

據三國志集解 24.8b崔林傳注引晉諸公贊及魏書 24.11a—16a
崔玄伯傳，崔簡傳，及崔恬傳。悅祖不詳，故虛其線。

表二　崔李婚姻表

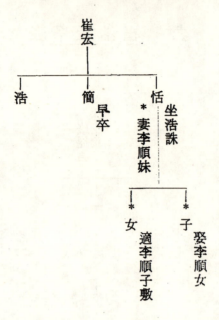

　　*浩弟娶李順妹，未詳恬抑簡。敷娶浩弟女，亦不詳簡女抑恬女。

表三　崔盧崔王婚姻表

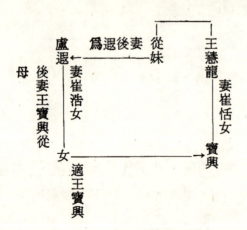

　　據此，崔浩爲盧遐之婦父，亦王寶興婦之外祖。浩弟恬，王慧龍婦父，亦卽寶興之外祖。

後　記

　　昔顧亭林覃思畢生，著日知錄，稿數十易始定。勤慎若是，宜可以無憾矣。然閻潛丘，錢竹汀輩，猶摘其瑕疵。今之學者，治西語務博，求新知務精，始敢語著述。則其難，視顧氏又何如耶？僕以甲申旅美。逾廿年，甲辰秋，始東返臺灣。應張曉峯先生之邀，寓華岡嘉賓館。未幾，遷南港中央研究院蔡元培館。硯餘輒從歷史語言研究所李濟之、屈翼鵬、陳槃庵諸先生游。縱論古今，日不暇給，晏如也。史語所故所長傅孟眞先生，關劃創構，搜貯碑拓甚富。晚清淵藪，如江陰繆氏，膠西柯氏，至德周氏，固始許氏，悉移讓入藏，裒然數千幅。僕既飽覽北魏諸製，將窮華夷婚宦之變，政敎消長之道，藉釋拓跋一代興衰之源。顧端緒繁案，非一朝可就。既返美，庚戌秋，循例休假。念崔浩出名裔，居鼎司，動靜出默，深涉魏初軍國大計。因校刊浩傳，試爲箋註，容作後圖。稿就，會友人赴臺，因囑呈曉峯先生，刪削穢蕪，初未議黎棗也。客歲暮，始函屈陳兩先生，請移稿集刊，求正時彥。印且竣，華岡主事突來函，謂已刊載學報七期矣。僕魯鈍，兩承寵光。豈張、屈、陳諸先生知著述之難，強爲之地耶？抑知僕儒怯，將鞭策督進耶？要足感矣！集刊刊竟，謹書涯略，兼酬世之知我德我者。

癸丑多十二月伊同再識於畢氏堡大學講舍

NOTES ON

THE COMPOSITION, TRANSMISSION, AND EDITIONS

OF THE *JU-SHU CHI*

CH'UN-SHU CHANG*

Lu Yu's 陸游 (1125–1210) *Ju-Shu chi* 入蜀記 is his travel diaries of his long journey from Shan-yin 山陰 (modern Shao-hsing, Chekiang) to K'uei-chou 夔州 (modern Feng-chieh Hsien, Szechwan) through six modern provinces, totaling 5210 *li* (1812.38 miles), from July 3, 1170 to December 6, 1170. It also includes Lu Yu's diary for December 25, 1169, in which he mentioned receiving the notification of his appointment as Prefectural Vice-Administrator of K'uei-chou. Lu Yu's diaries covered all the 157 days of his journey, except for four days (5.27, 5.30, 6.21, 6.24) for which no diaries were written; and in one case he combined three days (5.22–5.24) into one entry. But the details of the composition of the diaries and the arrangement and formation of the diaries into the form of the book *Ju-Shu chi* were not recorded by Lu Yu, nor was the date of the book's completion. However, a few basic facts are revealed in the tone, the style, the quotations, and certain factual statements of the diaries. On the basis of all these, we may draw some conclusions about the writing and dating of the work.

It appears that Lu Yu wrote the bulk of the book in its final form after the trip, basing it on the notes he had compiled each day during the trip. The short entries and the entries without lengthy quotations or

---

* Chun-shu Chang is Professor of History at the University of Michigan, Ann Arbor, Michigan. The present paper is part of a forthcoming book, *South China in the Twelfth Century: A Translation of Lu Yu's Travel Diaries, A. D. July 3—December 6, 1170*, which has been prepared with the assistance of faculty research grants from Rackham School of Graduate Studies and the Center for Chinese Studies of the University of Michigan.

more detailed arguments were written during the trip, probably at the end of each day or during the days when Lu Yu and his party were delayed at a place because of adverse winds, paying official visits, change or repair of boats, illness, and so forth. Those entries which contain quotations from other poets and historical works or statements of a substantial nature were definitely written after his trip. In many cases, Lu Yu himself indicated that his views in the diaries were supported by further research which could be done only after the trip (e. g., Book One: 7.8; Book Four: 8.8); in other cases, such as his mention of the Volume Chü 駒 of the Buddhist *Tripitaka* (*Tsang-ching* 藏經) and his notes on the Ch'an Temple of Gratitude and Filial Piety of the Two Sages 二聖光孝報恩禪寺 in Book Five: 9.14, it is easy to ascertain that those pieces could not have been written during the trip.

Still, the precise date of the completion of *Ju-Shu chi* in its final form remains unknown. But it is highly probable that after his arrival at K'uei-chou Lu Yu began to edit the parts that he had already finished and to complete other parts for which he had already taken notes during the trip. The whole work that has passed down in the present form of *Ju-Shu chi* was probably finished sometime during the first three years of his long stay in Szechwan and Shensi from December 1170 to February 1178. His use of certain official titles for certain persons particularly lends support to this view.

Lu Yu died on January 26, 1210. Before his death, Lu Yu had edited his monumental prose writings and 130 lyrics into a collection entitled *Wei-nan wen-chi* 渭南文集 (Collected Writings of the Count of Wei-nan). Included in it was the *Ju-Shu chi*. But the collection was not printed until about eleven years after Lu's death, and as a complete collection in manuscript form it was available to few. In December 1220 the *Wei-nan wen-chi*, in fifty *chüan*, as arranged by Lu Yu, was first printed, from wood blocks, by Lu Yu's sixth son, Lu Tzu-yü 陸子遹 (1178–1250), in Li-yang 溧陽 (modern Li-yang Hsien, Kiangsu), of which Lu Tzu-yü was the subprefectural administrator. The *Ju-Shu chi* occupies *Chüan* 43-48 of the collection. This is the first time that the *Ju-Shu chi* was available in a published form.[1]

The *Wei-nan wen-chi* was reprinted in Yüan times (1280-1368), but by late Ming times, the sixteenth and seventeenth centuries, copies of the work had already become rare.[2] In 1502, Hua Ch'eng 華珵 (1438-1514), a member of the famous Hua publishing house of Wu-hsi 無錫 (in Kiangsu), got hold of a Sung copy and quickly printed it with copper movable type.[3]

1. For the process of the compilation and printing of the *Wei-nan wen-chi*, see Lu Tzu-yü's postscript to Lu Yu, *Wei-nan wen-chi* (50 *chüan*, in 10 *ts'e*, movable-type printing by the Hua 華 family of Hsi-shan 錫山 (Wu-hsi 無錫), Kiangsu; prefaced by Wu K'uan 吳寬 (1435-1504) dated 1502; postscripts by Chu Yun-ming 祝允明 (1460-1526), and Hua Ch'eng 華珵); Lu Tzu-yü's postscript to Lu Yu, *Wei-nan wen-chi* in *Lu Fang-weng ch'üan-chi* 陸放翁全集 (48 *ts'e*; printed by the Chi-ku ko 汲古閣 of the Mao 毛 family of Yü-shan 虞山 (in modern Ch'ang-shu 常熟, Kiangsu), ca. 1620's); *Sung-shih i-wen chih pu fu-pien* 宋史藝文志, 補, 附編 by T'o T'o 脫脫 (托托, 托克托, 1313-1355) *et al.*, ed. by Shang-wu yin-shu kuan (Shanghai, 1957), p. 214; Huang P'ei-lieh 黃丕烈 (1763-1825), *Shih-li-chü Ts'ang-shu t'i-pa chi hsü* 土禮居藏書題跋記續 (1883, 1896) in *Ts'ung-shu chi-ch'eng ch'u-pien*, pp. 40-42; Ku Kuang-ch'i 顧廣圻 (1776-1835), *Pai-Sung i-ch'an fu* 百宋一廛賦 (ca. 1802) annotated by Huang P'ei-lieh, in *Ts'ung shu chi-ch'eng ch'u-pien*, p. 15; Wang Shih-chung 汪士鐘, *I-yun shu-she Sung-Yüan pen shu-mu* 藝芸書舍宋元本書目 (prefaced 1873), in *Ts'ung-shu chi-ch'eng ch'u-pien*, p. 21. Mo Yu-chih 莫友芝 (1811-1871), *Lü-t'ing chih-chien ch'uan-pen shu-mu* 郘亭知見傳本書目 (2 vols. Taipei: Kuang-wen shu-chü, 1972 reprint of 1909 edition), p. 523. The Sung printing has ten lines on a page (a half Chinese leaf 葉), with each line containing seventeen characters. For a brief biographical sketch of Lu Tzu-yü, see Yü Pei-shan 于北山, *Lu Yu nien-p'u* 陸游年譜 (Shanghai: Chung-hua shu-chü, 1961), pp. 189, 475-476. Lu Tzu-yü was the Subprefectural Administrator of Li-yang from 1218 to 1221.

2. P'eng Yüan-jui 彭元瑞 (1731-1803) *et al.*, *T'ien-lu lin-lang shu-mu hou-pien* 天祿琳瑯書目, 後編 (1797) in Yü Ming-chung 于敏中 (1714-1780) *et al.*, *Ch'in-ting t'ien-lu lin-lang shu-mu hou-p'ien* 欽定天祿琳瑯書目, 後編 (Changsha, 1884 ed.), *chüan* 10, pp. 26a-27a; Mao Chin's 毛晉 (1599-1659) postscript (pp. 2a-2b at the end of the book) to the Chi-ku ko edition of *Wei-nan wen-chi* (in 16 *ts'e*); Huang P'ei-lieh, *Shih-li chü ts'ang-shu t'i-pa chi hsü*, p. 40.

3. Hua Ch'eng's postscript to his movable-type edition of the *Wei-nan wen-chi*; K. T. Wu, "Ming Printing and Printers," *Harvard Journal of Asiatic Studies*, Vol. 7, No. 3 (February, 1943), p. 217; Yeh Te-hui 葉德輝 (1864-1927), *Shu-lin ch'ing-hua* 書林清話 (prefaced 1911) (Peking: Ku-chi ch'u-pan she, 1957 ed.), p. 207; Chang Hsiu-min 張秀民, "Ming-tai ti t'ung huo-tzu" 明代的銅活字, *T'u-shu-kuan* 圖書館, No. 4 of 1961, pp. 55-56, 60. The Hua edition of the *Wei-nan wen-chi* has been popularly known as the "Movable-type edition by the Hua family of Hsi-shan" 錫山華氏活字本. See also Ch'ien Ts'un-hsun 錢存訓, "Lun Ming-tai t'ung huo-tzu pan wen-t'i" 論明代銅活字板問題, in *Ch'ing-chu Chiang Wei-t'ang hsien-sheng ch'i-shih jung-ch'ing lun-wen chi* 慶祝蔣慰堂先生七十榮慶論文集 (Taipei, 1968), pp. 132, 134, 140.

The quality of the printing was bad; there were numerous typographical errors and some omissions. In the late 1620's, Mao Chin 毛晉 (1599–1659), of Ch'ang-shu 常熟, the most famous and enterprising printer in the seventeenth century, obtained a copy of the Hua edition, spent six months making collations, and printed it from wood blocks. This has been known as the edition of the Chi-ku ko 汲古閣 (Chi-ku Hall).[4] This edition of the *Wei-nan wen-chi* was copied into the famous *Ssu-k'u chüan-shu* 四庫全書 (The Complete Library of the Four Treasuries), compiled 1773–1782.[5] In 1919–1920, the original Hua movable-type edition of the *Wei-nan wen-chi* was photomechanically reproduced by the Commercial Press 商務印書館 of Shanghai, as part of the celebrated modern collectanea *Ssu-pu ts'ung-k'an* 四部叢刊 (Collected Reprints of Works in Four Divisions).[6] In 1927, the Chung-hua Book Company 中華書局 of Shanghai

---

4. Mao Chin's postscript (p. 2b) to the Chi-ku ko edition of the *Wei-nan wen-chi* in *Lu Fang-weng ch'üan-chi*. *Ju-Shu chi* is in Vols. 10–12. Mao Chin used the Chi-ku Hall both as a library and as a printing shop. Scholars have generally dated the publication of the Chi-ku ko edition of the *Wei-nan wen-chi* to the 1640's. But on the basis of the dating of Mao Chin's postscripts to the *Chien-nan shih-kao* 劍南詩槀 and *Nan-T'ang shu* 南唐書 and Mao I's 毛扆 (1640-after 1710) postscript to *Fang-weng i-kao hsü-t'ien* 放翁逸稾續添, I place the date of publication of the *Wei-nan wen-chi* in the 1620's. See these postscripts in *Lu Fang-wen ch'üan-chi*.

5. Chi Yun 紀昀 (1724-1805) *et al.*, *Ssu-k'u ch'üan-shu tsung-mu t'i-yao* 四庫全書總目提要 (1782) (4 vols. Taipei, 1971 reprint of Shanghai, 1934 ed.), pp. 3366–3367. Slightly earlier than the *Ssu-k'u ch'üan-shu*, a collectanea entitled *I-p'u sou-ch'i pu-ch'üeh* 藝圃蒐奇補闕 was compiled and contained the *Ju-Shu chi*. The collectanea was attributed to the famous collector and bibliophile Ts'ao Yin 曹寅 (1658-1712) but was in truth the work of someone else of a later date. The *Ju-Shu chi* was also listed in the collectanea *I-p'u sou-ch'i*, attributed to Hsü I-k'uei 徐一夔 (1318-ca. 1400) or Ch'en Shih-lung 陳世隆 (fl. late 14th century) but was in truth compiled in early Ch'ing times, and it was not contained in the collectanea at all. See Shen I-ch'ien 沈一乾, *Ts'ung-shu shu-mu hui-pien* 叢書書目彙編 (3 vols. Shanghai, 1929), pp. 570–571; Yang Chia-lo 楊家駱, *Ts'ung-shu ta tz'u-tien* 叢書大辭典 (Nanking, 1936; reprinted in Taipei, 1967), p. 851; Chi Yun *et al.*, *Ssu-k'u ch'üan-shu tsung-mu t'i-yao*, pp. 2765–2766; Chang Hsin-ch'eng 張心澂, *Wei-shu t'ung-k'ao* 僞書通考 (2 vols. Shanghai, 1954), pp. 858–859. Both the *I-p'u sou-ch'i* and *I-p'u sou-ch'i pu-ch'üeh* are works of the worst quality, full of mistakes and misprints.

6. *Wei-nan wen-chi* 渭南文集, 50 *chüan*, 12 *ts'e*, in *Ssu-pu ts'ung-k'an*. *Ju-Shu chi* is in *ts'e* 11–12.

reprinted with movable type, after making collations, the Chi-ku ko edition of the *Wei-nan wen-chi* in another modern celebrated collectanea *Ssu-pu pei-yao* 四部備要 (Collection of Essential Works in Four Divisions), as part of the *Lu Fang-weng ch'üan-chi* 陸放翁全集.[7] In 1965–1966, the Chung-hua Book Company of Taipei again reprinted in hardback and modern binding the *Su-pu pei-yao* in 610 volumes; the *Lu Fang-weng ch'üan-chi* is in Volumes 550–555.

The Chi-ku ko edition of the *Wei-nan wen-chi* was reprinted from modern metal type, with punctuation of sentence stops and in modern binding, by the Commercial Press in 1931 as part of the *Kuo-hsüeh chi-pen ts'ung-shu* 國學基本叢書 (Basic Sinological Series).[8] In 1936, the Kuo-hsüeh cheng-li she 國學整理社 in Shanghai issued *Lu Fang-weng ch'üan-chi*, which is identical with the *Kuo-hsüeh chi-pen ts'ung-shu* edition.[9] The *Kuo-hsüeh chi-pen ts'ung-shu* edition was reissued by the Commerical Press at Taipei, Taiwan, in 1968;[10] the Kuo-hsüeh cheng-li she edition was reissued by the World Book Company 世界書局 of Taipei in 1961,[11] and by the Kuang-chih Book Company 廣智書局 of Hong Kong in 1963.[12]

7. *Wei-nan wen-chi*, 50 *chüan*, 8 *ts'e*, in *Lu Fang-weng ch'üan-chi* in *Ssu-pu pei-yao*. The *Ju-Shu chi* is in *ts'e* 23–24 of the *Lu Fang-weng ch'üan-chi* (24 *ts'e*).

8. In *Lu Fang-weng chi* 陸放翁集 (24 *ts'e;* Shanghai, 1931), *ts'e* 1–5. The *Ju-Shu chi* is in *ts'e* 5.

9. Bound in modern style in two big volumes; the *Wei-nan wen-chi* is in Vol. I, pp. 1–319. The pagination of this edition is different from the *Lu Fang-weng chi* in the *Kuo-hsüeh chi-pen ts'ung-shu*. *Ju-Shu chi* is on pages 264–298. It is of some significance to note that Lu Yi 陸意 in *Ju-Shu chi*, *Chüan* 1, 6.5, is written Lu Hsin-hsiang 陸歆香 in all the *Kuo-hsüeh chi-pen ts'ung-shu* and Kuo-hsüeh cheng-li she editions and their reprints. In all these editions and reprints Ch'ing-hsi 清溪 in *Chüan* 3, 7.24 is written 青溪. All these and other details of textual variations and corruptions and their implications have been discussed in my translation under their corresponding entries.

10. Bound in modern style in four big volumes, as Vols. 288–291 of *Kuo-hsüeh chi-pen ts'ung-shu ssu-pai chung* 國學基本叢書四百種; *Wei-nan wen-chi* in Vol. I.

11. Still in two volumes in modern binding, entitled *Lu Fang-weng ch'üan chi* (as Vols. 11–12 of *Chung-kuo hsüeh-shu ming-chu wen-hsüeh ming-chu ti-san-chi* 中國學術名著文學名著第三輯). *Wei-nan wen-chi* is in Vol. I (pages 1–319); *Ju-Shu chi* on pages 264–298.

12. In four volumes in modern binding; date of publication is not clearly marked, but it was definitely published in 1963. *Wei-nan wen-chi* is in Vol. I (pages 1–319); *Ju-Shu chi* on pages 264–298.

The *Ju-Shu chi* (JSC) in the *Wei-nan wen-chi* (WNWC) was arranged in six *chüan*, from the 43rd to the 48th, and in the following order:[13]

WNWC	JSC	
(*chüan* order)	(*chüan* order)	Dates Covered
43rd	1st	Ch'ien-tao reign-period, 5th year, 12th month, 6th day (December 25, 1169).
		Ch'ien-tao reign-period, 6th year, intercalary 5th month, 18th day

---

13. Ch'en Chen-sun 陳振孫 (ca. 1190–d. after 1249) listed in his famous *Chih-chai shu-lu chieh-t'i* 直齋書錄解題 the *Wei-nan wen-chi* in 30 *chüan*. Following him, Ma Tuan-lin 馬端臨 (ca. 1250–1325) also listed *Wei-nan wen-chi* in 30 *chüan* in his the *Wen-hsien t'ung-k'ao* 文獻通考 completed in 1319. The Ming scholar Chiao Hung 焦竑 (1541–1620) then followed Ma Tuan-lin again to mark *Wei-nan wen-chi* in 30 *chüan* in his *Kuo-shih ching-chi chih* 國史經籍志 printed in 1602. Mao Chin accepted the fact that there was indeed a 30-*chüan* edition of the *Wei-nan wen-chi*, but by his time the work had already been lost. On the other hand, the *Ssu-k'u ch'üan-shu* compilers believed that there had never been a 30-*chüan* *Wei-nan wen-chi*; they held that the entry appearing in Ch'en Chen-sun's catalogue was a result of miscopying the Chinese character 五 (*wu*, five) as 三 (*san*, three) because the two characters are quite alike. It seems to me that this explanation is more plausible. Until further evidence to the contrary, I am inclined to accept this view. In his annotation of Ch'ien Ch'ien-i's 錢謙益 (1582–1664) *Chiang-yun lou shu-mu* 絳雲樓書目, Ch'en Ching-yun 陳景雲 (1661–1747) also marked the *Wei-nan wen-chi* in 30 *chüan*. This is Ch'en's oversight, because he never saw the *Wei-nan wen-chi* in the Chiang-yun lou collection. See Ch'en Chen-sun, *Chih-chai shul-u chieh-t'i*, in *Ts'ung-shu chi-ch'eng ch'u-pien*, p. 511; Ma Tuan-lin, *Wen-hsien t'ung-k'ao* (*Shih-t'ung* ed.), p. 1903; Chiao Hung, *Kuo-shih ching-chi chih* in *Ming-shih i-wen-chih pu-pien fu-pien* 明史藝文志，補編，附編 ed. by Shang-wu yin-shu kuan (2 vols., Peking, 1959), p. 1145; Mao Chin's postscript to his Chi-ku ko edition of *Wei-nan wen-chi*; Chi Yun *et al.*, *Ssu-k'u ch'üan-shu tsung-mu t'i-yao*, p. 3366; Ch'ien Ch'ien-i, *Chiang-yun lou shu-mu*, annotated by Ch'en Ching-yun, in *Yüeh-ya t'ang ts'ung-shu* 粵雅堂叢書 (Taipei, 1965 reprint), p. 3639; Ch'ien Tseng 錢曾 (1629–1701), *Yü-shan Ch'ien Tsun-wang ts'ang-shu mu-lu hui-pien* 虞山錢遵王藏書目錄彙編 ed. by Ch'ü Feng-ch'i 瞿鳳起 (Shanghai: Ku-tien wen-hsüeh ch'u-pan she, 1958), p. 195. The modern scholar Wu Chih-ying 吳之英 also maintains that there was indeed a 30-*chüan* edition of the *Wei-nan wen-chi*, but he offers no new evidence. It seems that Wu has not examined the issue thoroughly, because he has not even looked into all the sources relevant to this problem. See Wu Chih-ying, "Lu Fang-weng so chu shu pan-pen k'ao" 陸放翁所著書版本考, *Kuo-chuan yüeh-k'an*, Vol. III, No. 1 (February 1936), p. 56.

		(July 3, 1170)— 6th month, 30th day (August 13).
44th	2nd	7th month, 1st day (August 14)—7th month, 16th day (August 29).
45th	3rd	7th month, 17th day (August 30)—8th month, 7th day (September 18).
46th	4th	8th month, 8th day (September 19)—8th month, 26th day (October 7).
47th	5th	8th month, 27th day (October 8)—10th month, 5th day (November 14).
48th	6th	10th month, 6th day (November 15)—10th month, 27th day (December 6, 1170).

In terms of its length, the *Ju-Shu chi* is clearly a separate work and should not be included as a part of the *Wei-nan wen-chi*. As recounted by Lu Tzu-yü in his postscript to the collection, Lu Yu himself recognized this point when he arranged the collection. However, Lu Yu still included the *Ju-Shu chi* as part of the collection because he feared that otherwise it had little chance of being printed in the future and would thus be lost. Perhaps for this reason, someone copied out the *Ju-Shu chi* from the *Wei-nan wen-chi* and made one separate edition of it at a later date. But exactly when this was done and who first did it remains unclear. Some aspects of the development, however, can still be plausibly traced.

In 1513 Wang Ta-chang 汪大章 of Hsin-an 新安 (modern She-hsien 歙縣, Anhui) printed the *Wei-nan wen-chi* in Shao-hsing 紹興 (modern Shao-hsing, Chekiang) in fifty-two *chüan*, but he excluded the *Ju-Shu chi* from the collection and added, instead, nine *chüan* of Lu Yu's poems, along with making other changes.[14] This is the earliest known record of the separation of the *Ju-Shu chi* from the *Wei-nan wen-chi*. But there is no record to indicate that the *Ju-Shu chi* was printed separately. In a catalogue of the library Hung-yü Tower 紅雨樓 of the Hsü 徐 family in Min-hsien 閩縣 (modern Min-hou Hsien 閩侯縣, Fukien) compiled by Hsü Po 徐𤊶 (1570–1642) in 1602, the *Ju-Shu chi* was listed as a separate entry and was said to have four *chüan*, not the usual six.[15] There is no way of knowing the format of the *Ju-Shu chi* listed in this catalogue, but a

14. *Wei-nan wen-chi*, 52 *chüan*, printed by Wang Ta-chang in Shao-hsing in the eighth year of the Cheng-te 正德 period (1506–1521) of Ming Wu-tsung (r. 1506–1521). The first forty-two *chüan* of this edition are generally the same as those of the 50-*chüan* edition, but with minor omissions and occasionally different arrangement. *Chüan* 43–51 contain Lu Yu's verse in different forms (a total of over 600 poems), and the last *chüan* (52) has all Lu Yu's lyrics that were originally contained in *Chüan* 49–50 in the 50-*chüan* edition. Wang's 52-*chüan* version of the *Wei-nan wen-chi* was ill-conceived and badly edited and printed. It is much inferior to the other texts of the 50-*chüan* format. The Lu family 陸氏 of Shan-yin 山陰 re-edited the 52-*chüan* version, with corrections and additions, and reprinted it by movable type in 1612. Ch'en Pang-chan 陳邦瞻 (fl. 1590–1623), then Surveillance Commissioner of Fukien, also wrote a new preface to the new printing. Compare *Wei-nan wen-chi*, 52 *chüan* in 10 *ts'e*, printed in Shao-hsing in 1513; *Wei-nan wen-chi*, 52 *chüan* in 7 *ts'e*, printed in Shan-yin in 1612. Ch'ü Yung 瞿鏞 (fl. 1877–1898), *T'ieh-ch'in t'ung-chien lou ts'ang-shu mu-lu* 鐵琴銅劍樓藏書目錄 (1898) (5 vols. Taipei: Kuang-wen shu-chü, 1967 reprint), pp. 1290–1291; Ting Ping 丁丙 (1832–1899), *Shan-pen shu-shih ts'ang-shu chih* 善本書室藏書志 (completed in 1899, printed in 1901) (6 vols. Taipei: Kuang-wen shu-chü, 1967 reprint), pp. 1442–1443. See also Satō Tamotsu 佐藤保, "I-nan bunshū. Ken-nan shikō hampon kō" 渭南文集．劍南詩稿版本考, in *Chūgoku bungaku kenkyū*, No. 2 (1961), pp. 106–110. Wu Chih-ying holds that there were two separate 52-*chüan* editions of *Wei-nan wen-chi*, one published in Hsin-an and one published in Shao-hsing. He has mistaken Wang Ta-chang's birthplace as a place of publication of a 52-*chüan* *Wei-nan wen-chi*. His view is based on information given in different bibliographical catalogues; he has not examined the real book. See Wu Chih-ying, "Lu Fang-weng so chu-shu pan-pen k'ao," p. 58.

15. Hsü Po, *Hsü-shih Hung-yü lou shu-mu* 徐氏紅雨樓書目, in *Ch'ao-shih Pao-wen t'ang shu-mu* 晁氏寶文堂書目, ed. by Ku-tien wen-hsüeh ch'u-pan she 古典文學出版社 (Shanghai, 1957), p. 292. The *Wei-nan wen-chi* is listed on p. 375 in *Hsü-shih Hung-yü lou shu-mu*. This catalogue had been only in hand-copied manuscript form, in four *chüan*, until it was printed in 1954. Although the book was completed in 1602, there were later additions.

four-*chüan Ju-Shu chi* was indeed printed by the celebrated Ming writer and bibliophile Ch'en Chi-ju 陳繼儒 (1558-1639) in 1615 in the collectanea *Pao-yen t'ang pi-chi* 寶顏堂秘笈 (Rare Books of the Pao-yen Hall). It is a complete *Ju-Shu chi;* only the arrangement of the books differs from the six-*chüan* version:[16]

Chüan 1: Dates covered: Ch'ien-tao Reign-period, 5th year, 12th month, 6th day (December 25, 1169).

Ch'ien-tao, 6th year, intercalary 5th month, 18th day (July 3, 1170)—7th month, 14th day (August 27).

Chüan 2: 7th month, 15th day (August 28)—8th month, 15th day (September 26).

Chüan 3: 8th month, 16th day (September 27)—9th month, 26th day (November 5).

Chüan 4: 9th month, 27th day (November 6)—10th month, 27th day (December 6, 1170).

The four-*chüan Ju-Shu chi* covers the total 158 days as does the six-*chüan* format in the *Wei-nan wen-chi*. As far as days covered in each *chüan* are concerned, neither format shows a particularly noticeable pattern:

6-*chüan* Version (*Chüan*/Days)		4-*chüan* Version (*Chüan*/Days)	
1	43	1	57
2	16	2	30
3	20	3	41
4	19	4	30
5	38		
6	22		
Total	158 days		158 days

16. The *Pao-yen t'ang pi-chi* contains 233 titles in 240 *ts'e*, in six series, printed by Shang-pai Chai 尙白齋 of the Shen 沈 Family of Hsiu-shui 繡水 in Hua-t'ing 華亭 (modern Sung-chiang 松江, Kiangsu) from 1606 to 1620. *Ju-Shu chi* is in Vols. 6-7 in the third series, printed in 1615.

But an analysis of the structure of each *chüan* in the two formats shows that the division into the four-*chüan* format makes more sense. It does not divide Lu Yu's continuous stay and activities in one place into two separate *chüan*. A *chüan* starts with Lu Yu's departure from a place and ends with his arrival at a new place. The six-*chüan* format does not observe this geographical transition. For example, in each of the transitions of *Chüan* 2 to 3, 3 to 4, and 4 to 5, Lu Yu actually was still staying in the same place (T'ai-p'ing Chou 太平州, Mount Lu 廬山, and O-chou 鄂州, respectively) and also continuing the same kind of activities.

In 1813, Chin Ch'ang-ch'un 金長春 printed a four-*chüan* edition of the *Ju-Shu chi* as part of his collectanea *I-ching t'ang ts'ang-shu* 詒經堂藏書 (Books of the I-ching Hall). Chin's text of the *Ju-Shu chi* has a format identical to the *Pao-yen t'ang pi-chi* version, but it is better than the latter in textual collations. Chin did not indicate the original text on which his printing was based; he only mentioned that the original text was in his family library and was not available elsewhere.[17] In 1922, the four-*chüan Ju-Shu chi* of the *Pao-yen t'ang Pi-chi* was printed by a lithographic process and punctuated with sentence stops by the Wen-ming Book Company 文明書局 in Shanghai.[18]

A complete edition of the *Ju-Shu chi* in six *chüan*, separate from the *Wei-nan wen-chi*, appeared at the latest in the mid-seventeenth century. The famous bibliophile and collector Ch'ien Ts'eng 錢曾 (1629-1701) discussed the outstanding features of the *Ju-Shu chi* in his celebrated *Tu-shu min-ch'iu chi* 讀書敏求記 (Bibliographical Notes on Rare Books Read)

---

17. Printed in Tang-t'u 當塗 (modern Tang-t'u, Anhui), in six *ts'e*. The *Ju-Shu chi* is in Vols. 3-4. See Chin's preface to the series on pages 1a-1b in *ts'e* 1. Chin also reprinted the annotation of the *Ju-Shu chi* in the *Ssu-k'u ch'üan-shu tsung-mu t'i-yao* at the beginning of the *Ju-Shu chi* (pp. 1a-5b).

18. *Pao-yen t'ang pi-chi*, 48 *ts'e*, printed by Wen-ming Shu-chü, Shanghai, 1922. The *Ju-Shu chi* is in the 17th *ts'e*. The Yee Wen (I-wen) Publishing Company 藝文印書館 of Taipei reproduced photographically the original *Pao-yen t'ang pi-chi* in 242 *ts'e* in 1965, but the *Ju'Shu chi* (along with fifty-four other titles) is not included.

and marked the *Ju-Shu chi* in his collection as having six *chüan*.[19] He did
not indicate whether the *Ju-Shu chi* in his library was a printed copy or
a hand-written copy. But it must definitely have been a manuscript copy,
because if it had been a printed copy he would have indicated this, accor-
ding to his usual practice.

A printed edition of the *Ju-Shu chi* in six *chüan*, from an old hand-
written copy, appeared in 1776, published by Pao T'ing-po 鮑廷博 (1728-
1814) as part of his collectanea *Chih-pu-tsu chai ts'ung-shu* 知不足齋叢書
(Collectanea of the Chih-Pu-tsu Studio), which included the rarest editions
and manuscripts of books in his possession.[20]

During the period 1773-1782, a hand-written copy of the *Ju-Shu chi*
from the private collection of Lu Hsi-hsiung 陸錫熊 (1734-1792), a native
of Shanghai, was selected to be copied into the *Ssu-k'u ch'üan-shu*.[21]

Up to the nineteenth century it seems that the *Chih-pu-tsu chai ts'ung-
shu* edition of the *Ju-Shu chi* was the only good printed edition of the
full six-*chüan* version in China.[22] In 1882, the *Chih-pu-tsu chai ts'ung-shu*
was reprinted by the Yun-lin hsien-kuan 芸林仙館 of Ling-nan 嶺南
(Canton).[23] In 1914, the Chin-pu Book Company 進步書局 of Shanghai
printed by lithographic process and with punctuation marks the six-*chüan*

---

19. Ch'ien Tseng, *Tu-shu min-ch'iu chi* (completed in about 1684, first printed 1726), in *Ts'ung-
    shu chi-ch'eng ch'u-pien*, p. 62. Ch'ien Tseng might have obtained his copy of the *Ju-shu
    chi* from Ch'ien Ch'ien-i's Chiang-yun lou since he became the recipient of some of the
    rare editions that escaped the catastrophic fire of the Chiang-yun lou in 1650. If this is
    the case, a separate 6-*chüan* hand-written copy of the *Ju-Shu chi* must have been in
    circulation in about 1643. Compare the entries of the *Ju-Shu chi* in the *Chiang-yun lou
    shu-mu* (p. 31) and the *Yü-shan Ch'ien Tsung-wang ts'ang-shu mu-lu hui-pien* (p. 87).
20. *Chih-pu-tsu chai ts'ung-shu*, 201 titles, in 240 *ts'e* in 30 cases, printed by Pao T'ing-po in
    She-hsien 歙縣 in 1776[2]-1814 [-1823]. *Ju-Shu chi* is in Vol. 17.
21. Chi Yun *et al.*, *Ssu-k'u ch'üan-shu tsung-mu t'i-yao*, p. 1292.
22. A reprint of the *Ju-Shu chi* in six *chüan* from the *Chih-pu-tsu chai ts'ung-shu* also appeared
    in Japan as early as in the third year of the Tenmei 天明 era (1781-1788). See Katsura
    Isorō 桂五十郎, *Kanseki kaidai* 漢籍解題 (Tokyo, 1905), p. 625; Hara Shigeo 原茲郎, annot.
    and trans., *Nyū Shokki shōkai* 入蜀記詳解 (Tokyo, 1913), Preface, p. 1.
23. The Yun-lin hsien-kuan reprint of the *Chih-pu-tsu chai ts'ung-shu* has 201 titles in 30 cases.

Ju-Shu chi in its monumental modern collectanea *Pi-chi hsiao-shuo ta-kuan* 筆記小說大觀 (Complete Collection of Desultory Notes and Writings).[24] The edition on which the reprinting was based was not specified, but it seems certain that it followed the *Chih-pu-tsu chai ts'ung-shu* edition. In 1921, the *Chih-pu-tsu chai* edition of the six-*chüan Ju-Shu chi* was also photomechanically reproduced by the Ku-shu liu-t'ung ch'u 古書流通處 of Shanghai.[25] In 1936, the *Chih-pu-tsu chai ts'ung-shu* edition was printed from modern metal type and punctuated with sentence stops by the Commercial Press in Shanghai as part of the largest modern collectanea *Ts'ung-shu chi-ch'eng ch'u-pien* 叢書集成初編 (Complete Collection of Collectanea, First Series).[26] Until recent times, the last three editions of the *Ju-Shu chi* were the only modern complete six-*chüan*, punctuated, and printed editions of the book that were not part of the *Wei-nan wen-chi*.

In 1960–1962, and again in 1973, the Hsin-hsing Book Company 新興書局 of Taipei photoreprinted *Pi-chi hsiao-shuo ta-kuan*, thus making the *Ju-Shu chi* available in another reprint.[27] In 1966, the original *Chih-pu-tsu chai ts'ung-shu* was photoreprinted by the Yee Wen Publishing Company in Taipei, and the *Ju-shu chi* was reproduced as it was in the original

---

24. The *Pi-chi hsiao-sho ta-kuan* contains 232 titles in 280 *ts'e* of stitched binding, in eight series; the *Ju-Shu chi* is published in the fourth series. (In its pocket edition, the *Pi-chi hsiao-shuo ta-kuan* has 500 *ts'e*, in 48 cases. The *Ju-Shu chi* is in the 205th *ts'e*.) The original text on which this reprint is based is not indicated, but on the basis of its textual structure, such as Pa-ts'e 八測 instead of Pa-ch'ih 八尺 in 6.8, *Erh-ch'ih* 二尺 instead of San-ch'ih 三尺 in 7.28, and so forth, it is clear that its original text is the *Chih-pu-tsu chai ts'ung-shu* edition.

25. *Chih-pu-tsu chai ts'ung-shu*, 240 *ts'e* in 30 cases, printed by Ku-shu liu-t'ung ch'u of Shanghai in 1921. The *Ju-shu chi* is in Vol. 17.

26. In Volume 3190 of the *Ts'ung-shu chi-ch'eng ch'u-pien* (4,100 vols.; Shanghai, 1935–1937), total 58 pages.

27. The Hsin-hsing reprint of the *Pi-chi hsiao-shuo ta-kuan* is in two series. The first series (*cheng-pien* 正編), containing 151 titles, was printed in 10 volumes in 1960, and the second series (*hsü-pien* 續編), containing 81 titles, was printed in 25 *ts'e* (paperback) in 1962. The order of titles of the original of 1914 was rearranged in the reprint. Both series were again reprinted in 1973. *Ju-Shn chi* is in Vol. 9 of the second series, pages 2179–2197 in the new pagination of the reprint.

set.²⁸

We have thus far traced the transmission of the text of *Ju-Shu chi* both as part of the *Wei-nan wen-chi* and as a separate book. The following chronology of the development sums up the basic details of our discussion (again JSC for *Ju-Shu chi* and WNWC for *Wei-nan wen-chi*):²⁹

1210 A.D.	Lu Yu died on January 26; compiled WNWC (50 *chüan*) before death.
1220	First printed edition of WNWC (50 *chüan*), JSC in *chüan* 43–48.
Yüan (1280–1368)	Reprint of WNWC, including JSC.
1502	Hua Movable-type edition of WNWC, JSC in *Chüan* 43–48.
1513	Wang Ta-chang edition of WNWC in 52 *chüan*, excluding JSC.
1602	4–*chüan* hand-copied text of JSC first recorded.
1615	First 4–*chüan* printed edition of JSC, in *Pao-yen t'ang pi-chi*.
1620's	Chi-ku ko block-print edition of WNWC, JSC in *chüan* 43–48.
17th century	6–*chüan* hand-copied JSC as a separate book first recorded by Ch'ien Ts'eng in the mid-1600s.
1776	First 6-*chüan* printed edition of JSC, in *Chih-pu-tsu chai ts'ung-shu*.

---

28. *Chih-pu-tsu chai ts'ung-shu*, 280 vols., Taipei: I-wen yin-shu kuan, 1966. *Ju-Shu chi* is in Vol. 21.

29. All excerpts from and incomplete editions of the *Ju-Shu chi* have been excluded from this analysis because they added nothing to our knowledge of the text of the *Ju-Shu chi* and were generally of inferior textual quality. But they are listed in the bibliography of *Ju-Shu chi* at the end of my book, *South China in the Twelfth Century*.

1773–1782	6–*chüan* edition of JSC copied into *Ssu-k'u ch'üan-shu*.
1813	4–*chüan* JSC printed in *I-ching t'ang ts'ang-shu*.
1882	The 6–*chüan* JSC reprinted in the Yun-lin hsien-kuan reprint of *Chih-pu-tsu chai ts'ung-shu*.
1914	Lithographic reprint with punctuation marks of 6–*chüan* JSC from the *Chih-pu-tsu chai ts'ung-shu* edition in *Pi-chi hsiao-shuo ta-kuan*.
1919–1920	Photoreprint of the Hua movable-type edition of WNWC in *Ssu-pu ts'ung-k'an*, JSC in *Chüan* 43–48.
1921	Photoreprint of *Chih-pu-tsu chai ts'ung-shu*, including JSC.
1922	Photoreprint of *Pao-yen-t'ang pi-chi*, including JSC, with sentence stops.
1927	Reprint from modern metal type of the Chi-ku ko edition of WNWC in *Ssu-pu pei-yao*, JSC in *Chüan* 43–48.
1931	Reprint from modern type, with punctuation marks and in modern binding, of the Chi-ku ko edition of WNWC in *Kuo-hsüeh chi-pen ts'ung-shu*, including JSC in Vol. 5.
1936	Reprint from modern type, with punctuation marks, and in modern binding, of the Chi-ku ko edition of WNWC by Kuo-hsüeh cheng-li she. New pagination. JSC in Vol. I, pp. 264–298.
1936	Reprint from modern type, with punctua-

	tion marks and in modern binding, of 6-*chüan* JSC from *Chih-pu-tsu chai ts'ung-shu* in *Ts'ung-shu chi-ch'eng ch'u-pien*.
1961	Kuo-hsüeh cheng-li she edition of WNWC reprinted in Taipei; JSC, pp. 264–298.
1962	*Pi-chi hsiao-shuo ta-kuan* edition of JSC photoreprinted in Taipei, in *Ta-kuan's* Second Series, pp. 2179–2197.
1965–1966	Photoreprint of *Ssu-pu pei-yao* in modern binding in Taipei, including WNWC and JSC.
1966	Photoreprint of *Chih-pu-tsu chai ts'ung-shu* in Taipei, including JSC.
1968	Reprint of *Kuo-hsüeh chi-pen ts'ung-shu* in Taipei, including WNWC and JSC.

In the evaluation of all the editions and reprints discussed above, several notable points have emerged. First, the *Ju-Shu chi* was originally included as part of the *Wei-nan wen-chi*, and all currently available copies of the book in this form came from two mother texts, the Hua Movable-type edition and the Chi-ku ko edition, with the majority following the latter. Second, among the editions of the *Ju-Shu chi* separate from the *Wei-nan wen-chi*, there are two formats, one in four *chüan* and one in six *chüan*. While the origin of the six-*chuan* format is quite clear, that of the four-*chüan* format is unknown. As a separate edition, the four-*chüan* format was recorded earlier than that of the six-*chüan* format, probably as early as 1602. Third, oddly enough, in China the *Ju-Shu chi* has never been printed in the format of a separate single book; it has always been included in the *Wei-nan wen-chi* or in a collectanea.[30] Fourth, all the

---

30. The *Ju-Shu chi* was printed in a single book format in Japan, however. Besides the one already mentioned above in note 22 and another one printed in 1794, two others are also available. They are Ōtsuki Tōyō 大槻東陽, *Nyū Shokki chūshaku* 入蜀記註釋 (Tokyo, 1881; reprinted 1893); and Hara Shigeo, *Nyū Shokki shōkai* (Tokyo, 1913; reprinted later under the title *Nyū Shokki chūkai* 入蜀記註解 without giving the name of annotator-translator

currently available prints of the *Ju-Shu chi* can be divided into two broad categories: unpunctuated text in stitched bindings and punctuated in a stitched or modern binding. In terms of textual quality, the *Ssu-pu pei-yao* edition is the best of all; the *Chih-pu-tsu chai* edition is the second best among the unpunctuated texts, and the *Ts'ung-shu chi-ch'eng ch'u-pien* stands as best among the punctuated editions. The worst text in the unpunctuated category is the Hua movable-type edition (and its photoreprint, the *Ssu-pu ts'ung-kan* edition), and in the punctuated category, the *Pao-yen t'ang pi-chi* edition. Thus, on the whole, the textual quality of the unpunctuated texts in stitched binding is higher than that of the punctuated texts.[31]

POSTSCRIPT

A year after the completion of the present study, in 1976 (actually 1977) the Chung-hua Book Company of Peking printed, with types in simplified characters, a punctuated edition of Lu Yu's complete works, entitled *Lu Yu chi* 陸游集 (in five volumes in modern binding). The *Ju-Shu chi* is included in the *Wei-nan wen-chi* (Vol. 5, *Chüan* 43–48, pp. 2406–2459). The text of the *Wei-nan wen-chi* is based on the original Lu

---

or the date and place of publication). The former is a printed edition with punctuation marks and annotations on the upper margin of a page; the latter includes both complete Japanese translation of the *Ju-Shu chi*, with limited annotations, and the complete text of *Ju-shu chi* in printed, punctuated form. The *Ju-shu chi* in both volumes, however, is of much inferior textual quality, containing numerous and sometimes unthinkable errors.

31. Technical details of textual variations and corruptions are discussed in my translation of the *Ju-shu chi* under appropriate entries. In writing this chapter, I have consulted a large number of bibliographical studies and catalogues of rare books, but only a limited number of them can appropriately be cited in the footnotes; others are listed in the bibliography at the end of the book. If all of them were listed here, the writing would lose its balance and its main points of emphasis and significance. It must also be noted that one or two recent reprints of Lu Yu's complete works (*Ju-Shu chi* included) in Taiwan have been excluded from this textual discussion because they are careless reprints of the editions or reprints discussed above, issued for a quick profit; they add nothing to our textual knowledge of the *Ju-Shu chi*.

Tzu-yü edition, but it is also collated with the Hua movable-type and Chi-ku Ko editions.

A careful comparison shows that the *Ju-Shu chi* in this new collection is not at variance with the version I have followed in my translation. In fact, it actually confirms all the changes that I have suggested for my text.*

---

* A more detailed discussion of these points is presented in the Chinese abstract of the present essay.

陸游入蜀記之價值
與其成書、流傳、及版本之研究

（中文摘要）

張　春　樹

　　陸游（西曆一一二五年至一二一〇年）之入蜀記共六卷（或作四卷），起自南宋高宗乾道六年閏五月十八日（西曆一一七〇年七月三日）至同年十月二十七日（西曆一一七〇年十二月六日），外加開頭之乾道五年十二月六日（西曆一一六九年十二月二十五日）一則說明他得報差為夔州（治在今四川奉節）通判，但因方久病未堪遠行，乃改為明年夏初赴任。全記包括一百五十七日（其中有四日〔五月二十七日與三十日，六月二十一日與二十四日〕未寫，另有三日〔五月二十二日至二十四日〕合為一日），為現存我國早期日記中最長者（亡佚與殘存者，非國人所寫者不計），也是最具特別風格與價值之日記之一。

　　陸放翁的行程是先從他的家鄉山陰（今浙江、紹興）至南宋首都臨安（今浙江杭州），再沿運河北上至鎮江，然後再沿長江西上至夔州，全程共歷約五千二百多里。陸氏為南宋著名之文學家、史學家、歷史地理學家、與政治家，因此透過他銳敏之筆對所經之地詳作政治上的、文學上的、史學上的、歷史地理學上的、經濟上的、軍事上的、風俗上的、與山川景物方面上的種種的描述、觀察及評論。所記實為十二世紀末葉南宋帝國之一幅素描，而帝國所有之種種問題與困難以及政治、經濟和軍事上之癥結所在，亦因陸氏之常以愛國詩人之感情而撫今懷昔作銳敏之觀察與評論而活現於紙上，故入蜀記除在文學上有其特殊價值外，實為一研究南宋之最有價值之材料之一。

　　作者曾寫成十二世紀之南宋帝國一書，共二部，第一部為入蜀記之英譯與詳細研究，第二部為就入蜀記、有關陸游之資料、與其他相關之南宋資料對十二世紀末之南

宋帝國作一綜合研究。本文爲此書第一部之一小節，旨在討論入蜀記之成書年代，出版情形，自宋歷元、明、淸以至民國間之最重要與關鍵性之版本及其特點，日記四卷本與六卷本之分別和長短，所論多爲考證一類，爲析明大問題之一小細節。

　　本文作成於一九七六年春，至一九七七年中華書局在一九七六年十一月所印之新刊陸游集（共五冊）始流布海外，故本文未能將此一新本列入研究。細察此一新本，入蜀記六卷仍在渭南文集之四十三卷至四十八卷中（第五冊，頁二四〇六至二四五九），全文已加標點，但無人名、地名號，亦無考證校勘記，在行文上此本與本人所定之英譯本所本行文無異。又據中華書局編輯部所寫之「出版說明」，陸游集中之渭南文集是據北京圖書館所藏之宋嘉定十三年（西曆一二二〇年）陸子遹在溧陽縣（今江蘇、溧陽縣）之原刊本作底本，用明活字本和汲古閣刻本作了校補的，因將本人所論入蜀記各關鍵點之行文（請見英文原文之註九與二十四）在此新本中之寫法列表如下以爲比較：

卷　數		日　子	行　文	頁　數
序次	渭南文集			
1.	一　　四十三	六　月　五　日	陸　　意	二四〇八
2.	一　　四十三	六　月　八　日	八　　尺	二四〇九
3.	三　　四十五	七月二十四日	青　　溪	二四二八
4.	三　　四十五	七月二十八日	三　　尺	二四三〇

　　由此表觀之，「陸意、八尺、青溪、三尺」一系列應爲原刊本之行文，其他作「陸歆香、八測、淸溪、二尺」者乃後世複刊時之衍異。這點可補證本人在文中所作之論斷，故特補述於此。

出自第四十八本第三分（一九七七年九月）

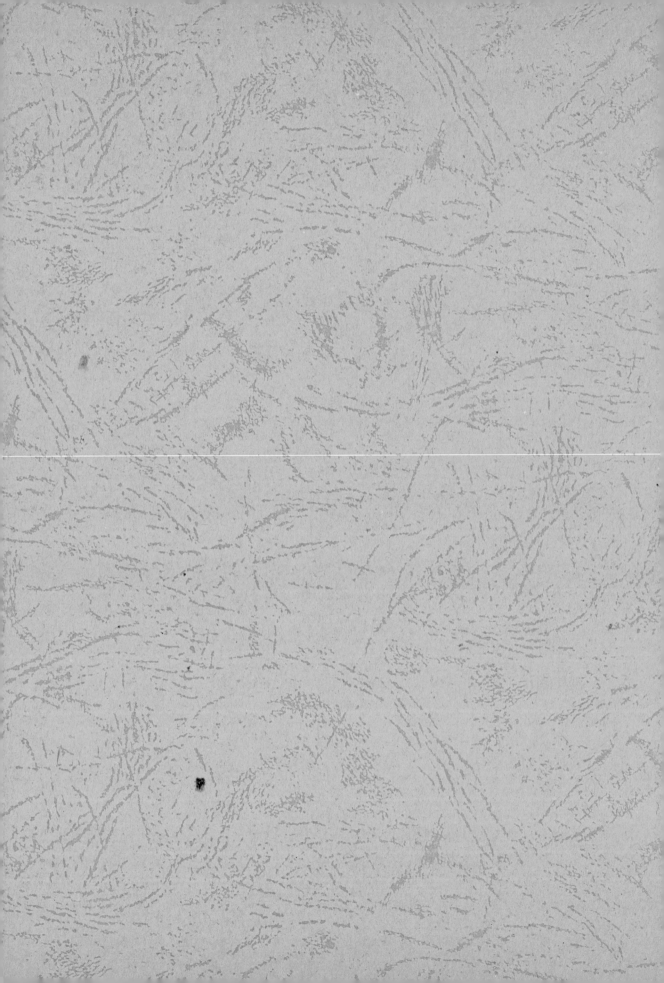